嘉善年鉴

JIASHAN NIANJIAN

2016

嘉善县地方志编纂委员会 编

方志出版社

图书在版编目(CIP)数据

嘉善年鉴．2016/嘉善县地方志编纂委员会编．—北京：方志出版社，2016.11

ISBN 978－7－5144－2215－3

Ⅰ．①嘉… Ⅱ．①嘉… Ⅲ．①嘉善县—2016—年鉴
Ⅳ．①Z525.54

中国版本图书馆 CIP 数据核字(2016)第 290711 号

嘉善年鉴(2016)

编　　者：嘉善县地方志编纂委员会
责任编辑：宁　芳

出 版 人：冀祥德
出 版 者：方志出版社
地址　北京市朝阳区潘家园东里 9 号(国家方志馆 4 层)
邮编　100021
网址　http://www.fzph.org
发　　行：方志出版社发行中心
电话　(010)67110500
经　　销：各地新华书店
设计排版：杭州美迪图文设计有限公司
印　　刷：浙江海虹彩色印务有限公司

开　　本：889×1194　1/16
印　　张：35.75
字　　数：976 千字
版　　次：2016 年 11 月第 1 版　2016 年 11 月第 1 次印刷
印　　数：0001～1000 册

ISBN 978－7－5144－2215－3　　**定价**：180.00 元

编 辑 说 明

一、《嘉善年鉴》是中共嘉善县委员会、嘉善县人民政府主办，由嘉善县地方志编纂委员会组织编纂的年度综合性、资料性文献。编辑出版《嘉善年鉴》，旨在全面、客观、详实记载上一年度嘉善县行政区域自然、政治、经济、文化和社会等方面的基本面貌，为各级领导决策和管理提供最新的信息和情报，为国内外人士了解、研究、宣传嘉善服务，为建设“县域科学发展示范点”服务。

二、《嘉善年鉴》(2016)，记载时限为2015年1月1日至2015年12月31日，部分内容作简要的历史回溯和适当延伸，以求内容完整。

三、本年鉴采用分类编辑法。全书分类目、篇目、分目、条目4个层次，即类目下设篇目、篇目下设分目、分目下设条目，以条目作为记述的主要形式。为方便检索，类目标题单页设置，篇目标题用1号隶体字通栏，分目标题用3号小标宋，条目标题用5号黑体字加方头括号【】表示。

四、本年鉴分设8个类目，即为概况、经济建设、政治建设、文化建设、社会建设、生态文明建设、街道镇、附录。概况类设5个篇目：特载、专题、专记、大事记、嘉善概貌；经济建设类设13个篇目：农业、工业、国内贸易、开放型经济及区域合作、经济园区、科学技术、金融业、财政税务、交通运输邮政、信息业、旅游业、建筑和房地产业、经济管理与监督；政治建设类设7个篇目：中共嘉善县委、嘉善县人民代表大会、嘉善县人民政府、政协嘉善县委员会、民主党派工商联无党派、人民团体、军事民防；文化建设类设4个篇目：精神文明建设、教育、文化体育、媒体；社会建设类设6个篇目：治安司法、城乡建设管理、卫生计生、人力资源与社会保障、民政、社会事务；生态文明建设类设4个篇目：环境水文与气象、国土资源管理、水利、环境保护；街道、镇类设2个篇目：街道、镇；附录类设4个篇目：国民经济统计资料、文件选编、名录、文论珍闻。年鉴前有目录，后有索引。

五、本年鉴在坚持内容安排的稳定性、连续性的基础上，注重突出年度特色和地方特色，注重实用性和可读性，配有以存史、宣传为主要目的的彩色插页照片和随文照片，以生动反映嘉善县各方面的情况。照片说明未注明年份的，均为2015年。

六、本年鉴采用的文稿，由嘉善县级机关各部门、各有关单位和所辖镇(街道)落实专人撰写或提供，并经撰稿和供稿单位领导审核。撰稿人或供稿人姓名加圆括号“()”列在条目后面右下方。书中各种数据均经有关部门、单位核实确认，综合性数据均以嘉善县统计年鉴公布资料为依据。

七、本年鉴有双重检索系统，书前目录有中文详细目录和英文要目；书后索引分汉语拼音音序索引和汉字笔画索引。采用主体分析索引的方法，按主题词首字汉语拼音字母和笔画顺序排列，使用方法详见索引说明。

八、本年鉴的编纂、出版工作，得到全县各有关部门、单位、镇(街道)和社会各界人士的关心、帮助和支持，广大撰稿人员付出辛勤的劳动，在此谨表示感谢！由于编辑水平有限，不当之处敬请批评指正。

2016年3月3日，召开嘉善县第十五届人民代表大会第五次会议（胡凌翔）

2016年3月2日，召开中国人民政治协商会议嘉善县第十三届委员会第五次会议（周　诚）

2月26日，嘉善县召开全县三级干部大会暨示范点建设誓师大会 （胡凌翔）

3月5日，召开省委第一巡视组巡视嘉善县工作动员会 （胡凌翔）

4月2日，嘉善县召开“一创建三复评”工作动员大会 （胡凌翔）

11月11日，全国政协副主席、民盟中央常务副主席陈晓光到嘉善调研 （顾立维）

8月6日，省委副书记、省长李强在嘉善调研深化改革工作 （胡凌翔）

5月21日，省委常委、省公安厅厅长刘力伟到嘉善调研指导公安工作 （县公安局）

5月18日下午，教育部副部长、总督学刘利民到嘉善调研教育改革工作（县教育局）

7月1日，共青团中央书记处书记徐晓到嘉善调研基层团建与青年创业工作（胡凌翔）

3月19日，国务院三峡办副主任、长江三峡工程整体竣工验收委员会移民工程验收组副组长陈飞到嘉善调研指导三峡外迁移民安置工作 （周 竑）

7月22日，福建省委常委、政法委书记陈东到嘉善考察“平安嘉善”和“县域科学发展示范点”建设情况 （赵 吉）

6月15日，全市“双推”启动，市委书记鲁俊到嘉善白龙港视察整治情况 （胡凌翔）

10月19日，嘉兴市委副书记胡海峰到县信访局接待来访群众 （县信访局）

4月13日，嘉善县主要领导以及相关部门负责人拜访荷兰王国驻上海总领事馆，荷兰王国驻上海总领事馆总领事Anneke Adema女士参与接待 （县外事办）

4月30日，县委书记姚高员会见来访的日东工业株式会社社长佐佐木拓郎一行 （县外事办）

8月5日，县委书记许晴走进浙江在线网络平台，讲述“两山”（即绿水青山就是金山银山）科学论断对嘉善县经济社会生态带来的发展和变化 （叶 奕）

11月11日，代县长祁海龙会见科特迪瓦驻华大使多索·阿达马 （县府办）

8月4日，县委书记许晴、代县长祁海龙看望慰问应征青年和体检站工作人员 （县人武部）

11月11日，代县长祁海龙陪同浙江大学肿瘤研究所教授、原浙江医科大学校长陈树，浙江大学医学院常务副院长兼浙江大学公共卫生学院院长陈智一行参观县疾控中心应急仓库 （郑建娟）

4月18日，县人大常委会主任郑明带队参加全县开展的“千人进社区,百日大整治”活动 （郑建娟）

12月28日，县政协主席冯伟看望慰问困难残疾人 （县残联）

10月9～10日，全省综合行政执法工作现场推进会在嘉善召开 （胡凌翔）

5月19日，苏、浙、沪15市（区、县）第64次警务合作会议在嘉善县召开 （县公安局）

5月28日，举行嘉善高铁新城新建项目集体开工仪式 （高铁新城服务区管委会）

5月29日，嘉善“工业4.0”光通信全产业链项目启动仪式在西塘镇举行 （胡凌翔）

8月14日，举行台湾铠胜集团嘉善产业基地项目签约仪式（胡凌翔）

1月15日，新华社、《人民日报》、中新社、中央人民广播电台、中央电视台、中国经济网等十多家中央媒体组成的“明厨亮灶”中央媒体采访团到嘉善采访“阳光厨房”建设（县市场监管局）

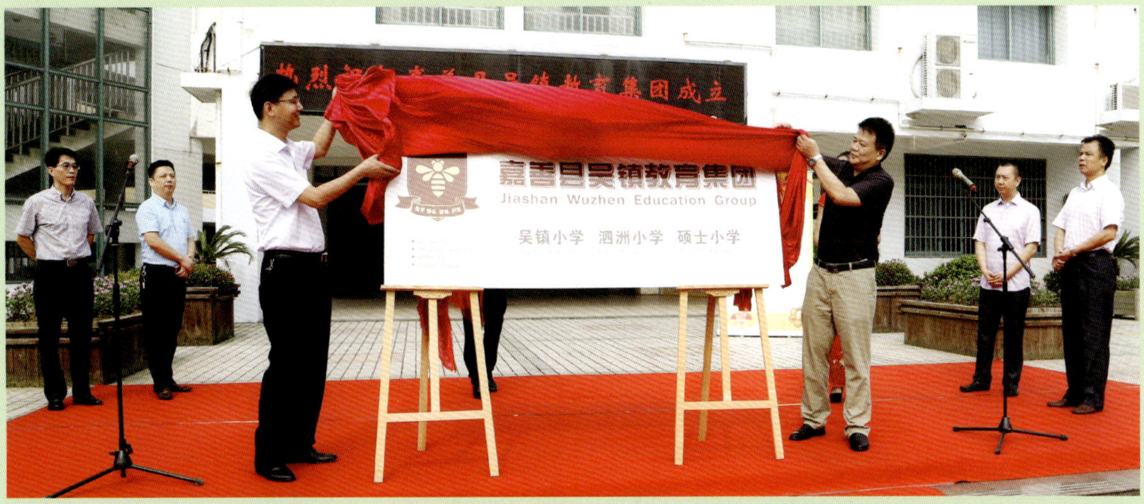

8月30日，嘉善县吴镇教育集团揭牌仪式在吴镇教育集团吴镇小学举行 （县教育局）

12月28日，浙江大学公共卫生学院、浙江大学肿瘤研究所、县人民政府合作设立的“公共健康协同创新中心”挂牌成立 （郑建娟）

1月15日，召开纪念嘉善民进组织成立30周年大会 （县委统战部）

10月，开展全县社区平安大巡防活动 （县委政法委）

5月1日，嘉善县网上政务服务应用平台运行（叶　奕）

9月30日，“我的抗战”抗日嘉善阻击战纪念活动在泗洲公园抗日嘉善阻击战纪念碑前举行（叶　奕）

8月18日，县委组织部、县委统战部与县留联会共同组织开展“海外留学生回嘉行”活动 （县府办）

10月28日，举行《嘉善县志（1989-2008）》出版发行首发式 （叶　奕）

9月25日，举行“2015感动嘉善——十大善人善事”暨第五届道德模范颁奖典礼 （胡凌翔）

4月10日，李宁•红双喜”杯2015年中国乒乓球协会会员联赛在姚庄水星家纺体育馆举行 （胡凌翔）

9月30日，大云镇歌斐颂巧克力小镇创造世界最大巧克力雕塑的吉尼斯世界纪录 （大云镇）

1月20日，嘉善首个家庭屋顶光伏发电站成功并网 （供电局）

目　　录

嘉善县政区图
嘉善县城区图

概　况

特　载

奋战“十三五”　奋力开新局　全力以赴推进县域科学发展示范点建设
——在县委十三届十次全体(扩大)会议暨政府十五届八次全体(扩大)会议上的讲话
县委书记　许　晴 …… 3
政府工作报告
——在嘉善县第十五届人民代表大会第五次会议上的讲话
嘉善县代县长　祁海龙 …… 13
担当起党委领导群团工作的重要政治责任
——在中央党的群团工作会议上的发言
中共浙江省嘉善县委 …… 22

县域科学发展示范点建设专题

文件选编 …… 24
嘉善县域科学发展示范点建设2015年重点工作计划 …… 24
嘉兴市支持嘉善县域科学发展示范点建设2015年重点工作计划 …… 34
嘉善县2015年综合配套改革任务分解和嘉善县综合配套改革2015年推进任务分解 …… 41
嘉善县域科学发展示范点建设2015年工作要点 …… 50
领导视察 …… 84
重要会议 …… 87
重大活动 …… 88
重要成果 …… 89
其他重要事件 …… 90

专　　记

嘉善县“五水共治”纪实 …… 91
推进“三改一拆”工作 …… 94
开展“一创建三复评”工作 …… 95
2015美丽嘉善建设工作总结 …… 99

大　事　记

2015年嘉善县大事记 …… 101

嘉善概貌

建置沿革 …… 117
概况 …… 117
行政区划 …… 117
概况 …… 117
村、社区名单 …… 117
土地和人口 …… 118
土地 …… 118
人口 …… 118
国民经济和社会发展 …… 118
概况 …… 118
加快经济转型 …… 118
积聚发展动力 …… 119

改善城乡面貌 …… 119
保障百姓生活 …… 119
优化生态环境 …… 120
新农村建设 …… 120
概况 …… 120
体制机制改革 …… 120
农村工作指导 …… 120
强村项目推进 …… 121
生活污水治理 …… 121
美丽乡村建设 …… 121
人民生活 …… 121
概况 …… 121
工资性收入 …… 121
经营净收入 …… 121
财产净收入 …… 121
转移净收入 …… 121
消费支出 …… 122
农村居民收支特征 …… 122

经济建设

农 业

综述 …… 125
2015 年度嘉善县无公害农产品产地一览表 …… 126
2015 年度嘉善县无公害农产品一览表 …… 129
2015 年度嘉善县市级以上农业龙头企业 …… 133
2015 年度嘉善县通过验收的省级现代农业园区情况表 …… 133
2015 年度嘉善县绿色食品一览表 …… 134
2015 年度嘉善县有机农产品一览表 …… 134
种植业 …… 135
概况 …… 135
粮食高产示范方创建 …… 135
农业园区建设 …… 135
大棚瓜菜种植 …… 135
食用菌栽培 …… 135
“粮经轮作”种植模式 …… 136
农村绿化 …… 136
经济林产业 …… 136
花卉苗木产业 …… 136
养殖业 …… 136
概况 …… 136
违章畜禽舍清理 …… 136
畜产品质量安全监管 …… 137
生猪定点屠宰管理 …… 137
渔业生产 …… 137
渔业转型 …… 137
高效生态渔业 …… 137
渔业渔政管理 …… 138
渔业科技推广 …… 138
农业科技 …… 138
农业科技项目 …… 138
农民素质与技能培训 …… 138
农机人员培训 …… 139
农业科技服务 …… 139
农民信箱工作 …… 139
农业机械化 …… 139
概况 …… 139
农业机械化作业 …… 139
农机社会化服务 …… 139
购机补贴 …… 140
农机安全生产 …… 140
农业综合开发 …… 140
概况 …… 140
土地治理项目 …… 140
产业化经营项目 …… 140

工 业

综述 …… 141
2015 年度嘉善县十佳传统产业转型升级示范企业 …… 143
2015 年度嘉善县十佳新兴产业发展示范企业 …… 143
装备制造 …… 143
概况 …… 143
格林策巴赫机械(嘉善)有限公司 …… 143
富信成机械有限公司 …… 143
浙江帕瓦传动设备有限公司 …… 143

木材加工及制品 …… 144
概况 …… 144
台升实业有限公司 …… 144
浙江华悦木业有限公司 …… 144
浙江裕华木业有限公司 …… 144
索菲亚家居(浙江)有限公司 …… 144
浙江龙森木业有限公司 …… 144
电子 …… 144
概况 …… 144
富通光通信全产业链项目 …… 144
铠嘉电脑配件有限公司 …… 144
纺织服装(服饰辅料) …… 144
概况 …… 144
嘉兴西猛人造毛皮服装有限公司 …… 145
浙江凌龙纺织有限公司 …… 145
嘉兴万源时装有限公司 …… 145
食品制造加工 …… 145
概况 …… 145
浙江嘉善黄酒股份有限公司 …… 145
嘉善斯麦乐食品有限公司 …… 145
医药化工 …… 145
概况 …… 145
诚达药业股份有限公司 …… 145
阿克苏诺贝尔涂料(嘉兴)有限公司 …… 145
新能源 …… 146
概况 …… 146
浙江昱辉阳光能源有限公司 …… 146
新材料 …… 146
概况 …… 146
浙江三赢医疗器械有限公司 …… 146
浙江欧丽数码喷绘材料有限公司 …… 146
船舶制造 …… 146
概况 …… 146
嘉兴市锦佳船舶制造有限公司 …… 146
供电 …… 146
概况 …… 146
姚庄电压序列优化建设 …… 147
杭州湾大桥北接线改迁 …… 147
终端集中器故障排查 …… 147
技术创新 …… 148
用户资产接收 …… 148
安全质量管控 …… 148
光伏站点信息接入 …… 148
供电配网评估 …… 148
110千伏里泽变改造工程竣工 …… 148
供电营销移动终端 …… 148
自动化信息采集 …… 148
首个家庭光伏发电站 …… 148
安全生产 …… 148
优质服务 …… 149
提升管理 …… 149

国内贸易

综述 …… 150
粮油购销 …… 150
概况 …… 150
落实县内粮食订单收购 …… 150
外省粮食购入 …… 150
粮食订单信用等级评定 …… 150
供销合作 …… 151
概况 …… 151
“银加善”品牌宣传 …… 151
魏塘供销社 …… 151
东方大厦扩大连锁网络 …… 151
红菱村级供销社 …… 151
农民专业合作社建设 …… 151
经营服务综合体 …… 151
烟花爆竹公司仓库投入使用 …… 151
巩固农产品网上交易平台 …… 151
县农产品经纪人协会 …… 152
群团活动 …… 152
烟草专卖 …… 152
概况 …… 152
卷烟销售 …… 152
专卖管理 …… 152
盐业专营 …… 152
概况 …… 152
碘缺乏病宣传防治 …… 152
规范盐业市场 …… 152
医药行业 …… 152
概况 …… 152
嘉兴英特医药有限公司 …… 152
浙江嘉兴百仁医药有限公司 …… 153

浙江嘉善长春大药房有限公司 …………… 153
嘉善正大药房有限公司 …………………… 153
嘉善百姓缘药品零售有限公司 …………… 153
嘉善长红大药房连锁有限公司 …………… 153
住宿　餐饮业 …………………………… 153
概况 ………………………………………… 153
嘉善罗星阁宾馆 ………………………… 154
梅园大酒店 ……………………………… 154
嘉善金悦王朝大酒店 …………………… 154
浙江世博大酒店 ………………………… 154
嘉善宾馆 ………………………………… 154
商场　超市 ……………………………… 154
概况 ………………………………………… 154
东方大厦 ………………………………… 154
大润发超市 ……………………………… 154
世纪联华超市 …………………………… 154
农工商超市 ……………………………… 154
专业市场 ………………………………… 154
农贸市场 ………………………………… 154
嘉善商城 ………………………………… 155
华东建材市场 …………………………… 155

开放型经济及区域合作

综述 ……………………………………… 156
招商引资 ………………………………… 156
概况 ………………………………………… 156
招商成效 ………………………………… 156
2015 年嘉善县利用外资情况表 ………… 156
外向型经济 ……………………………… 157
概况 ………………………………………… 157
龙头企业 ………………………………… 157
出口行业 ………………………………… 157
出口贸易 ………………………………… 157
全球市场 ………………………………… 157
2015 年嘉善县进出口情况表 …………… 158
2015 年嘉善县企业出口贸易方式分布情况表 ………… 158
2015 年嘉善县企业进口贸易方式分布情况表 ………… 158
2015 年县乡镇、部门外贸进出口完成情况表 ………… 159
外经外贸管理 …………………………… 159
海关 ……………………………………… 159
检验检疫 ………………………………… 159
区域合作和对口支援 …………………… 160
概况 ……………………………………… 160
对口帮扶 ………………………………… 160
融入上海 ………………………………… 160
合作交流 ………………………………… 160

经济园区

综述 ……………………………………… 161
嘉善经济技术开发区 …………………… 161
概况 ……………………………………… 161
招商引资 ………………………………… 161
产业转型 ………………………………… 161
项目推进 ………………………………… 162
科技创新 ………………………………… 162
平台建设 ………………………………… 162
“铠嘉电脑”落户 ………………………… 162
浙江中荷(嘉善)产业合作园 …………… 162
重大项目 ………………………………… 162
嘉善县电子信息产业园(嘉兴综合保税区B区) ………… 162
概况 ……………………………………… 162
综合保税区 B 区 ………………………… 162
富士康富鼎电子项目 …………………… 163
嘉兴富通集团项目 ……………………… 163
保税物流 ………………………………… 163
招大引强 ………………………………… 163
基础设施建设 …………………………… 163
中国归谷嘉善科技园 …………………… 163
概况 ……………………………………… 163
招才引智 ………………………………… 163
招商引资 ………………………………… 163
基础建设 ………………………………… 164
长三角嘉善科技商务服务区 …………… 164
概况 ……………………………………… 164
区域征迁 ………………………………… 164
项目建设 ………………………………… 164
招商引资 ………………………………… 164

浙江姚庄经济开发区 …………………………… 164
概况 ………………………………………………… 164
助推企业转型升级 ……………………………… 165
提升经济发展动能 ……………………………… 165
入选嘉兴市新经济园 …………………………… 165
企业“集中开工日”活动 ………………………… 165
镇(街道)工业功能区选介 ……………………… 165
魏塘工业园区 …………………………………… 165
天凝工业园区 …………………………………… 165

科学技术

综述 ……………………………………………… 166
科技创新体系建设 ……………………………… 166
概况 ………………………………………………… 166
科技综合服务中心建设 ………………………… 166
企业创新载体建设 ……………………………… 166
科技中介服务 …………………………………… 167
行业技术服务 …………………………………… 167
科技创新券发行 ………………………………… 167
国家可持续发展实验区创建 …………………… 167
2015 年嘉善县新增企业研发机构表 ……………………………………………… 167
科技计划与成果 ………………………………… 168
概况 ………………………………………………… 168
科技计划管理 …………………………………… 168
科技经费检查 …………………………………… 168
高新技术企业培育 ……………………………… 168
农业科技创新 …………………………………… 168
科技成果管理 …………………………………… 169
2015 年嘉善县新增高新技术企业和省科技型企业表 ……………………… 169
2015 年县级以上科技进步奖获奖项目表 …………………………………… 170
科技合作与交流 ………………………………… 170
概况 ………………………………………………… 170
科技合作 ………………………………………… 170
融入上海 ………………………………………… 170
知识产权保护 …………………………………… 170
概况 ………………………………………………… 170
知识产权宣传 …………………………………… 171
知识产权示范县创建 …………………………… 171
2015 年嘉善县专利申请与授权情况表 ……………………………………… 171
2015 年新认定专利示范企业表 ………… 171
嘉善县科技创业服务中心 ……………………… 171
概况 ………………………………………………… 171
招商推介 ………………………………………… 172
创业项目引进 …………………………………… 172
科创中心加速器建设 …………………………… 172
创新型企业培育 ………………………………… 172
科技投融资体系建设 …………………………… 172
创业服务管理 …………………………………… 172

金　融　业

综述 ……………………………………………… 173
银监 ……………………………………………… 174
概况 ………………………………………………… 174
推进金融服务 …………………………………… 174
强化风险防控 …………………………………… 175
加强督查 ………………………………………… 175
完善机制建设 …………………………………… 175
加强现场检查 …………………………………… 175
金融消费者权益保护 …………………………… 175
开展主题教育 …………………………………… 175
银行 ……………………………………………… 175
概况 ………………………………………………… 175
优化信贷服务 …………………………………… 175
推进现代支付体系建设 ………………………… 176
提升“双反”工作实效 …………………………… 176
推进征信体系建设 ……………………………… 176
加强外汇管理和服务 …………………………… 176
保险 ……………………………………………… 176
人保财险 ………………………………………… 176
人寿保险 ………………………………………… 177
太平洋财产保险 ………………………………… 177
联合财产保险 …………………………………… 177
证券 ……………………………………………… 177
中信证券 ………………………………………… 177
申银万国 ………………………………………… 177
东吴证券 ………………………………………… 177

财政税务

综述 …… 178
2015 年度嘉善县工业企业纳税大户 …… 178
地方财政 …… 179
概况 …… 179
加强收入管理 …… 179
服务经济稳增长 …… 179
支持特色小镇建设 …… 179
保障改善民生 …… 179
推进财政改革 …… 180
强化财政资金管理 …… 180
加强队伍建设 …… 180
2015 年嘉善县公共财政预算收支执行情况表 …… 180
国家税务 …… 181
概况 …… 181
服务转型升级 …… 181
推进征管改革 …… 181
深化国地税合作 …… 181
坚持依法治税 …… 181
优化纳税服务 …… 182
推进队伍建设 …… 182
2015 年嘉善县国税收入情况表 …… 182
2015 年嘉善县出口退(免)税情况表 …… 182
地方税务 …… 183
概况 …… 183
收入情况 …… 183
加强征收管理 …… 183
做好“营改增”准备 …… 183
支持转型升级 …… 183
减轻企业负担 …… 183
推动国地税合作 …… 184
加强税务稽查 …… 184
优化纳税服务 …… 184
加强队伍建设 …… 184
2015 年嘉善县地方税务各项收入情况表 …… 184

交通　运输　邮政

综述 …… 186
公路运输 …… 187
概况 …… 187
公路养护 …… 187
农村公路提升工程 …… 187
公路两侧整治 …… 187
行政执法 …… 187
水路运输 …… 188
概况 …… 188
基础设施建设 …… 188
航道养护 …… 188
港口管理 …… 188
安全管理 …… 188
铁路运输 …… 188
嘉善火车站 …… 188
高铁嘉善南站 …… 189
物流仓储 …… 189
概况 …… 189
嘉兴远方物流有限公司 …… 189
浙江茂鸿国际货运代理有限公司 …… 189
邮政 …… 189
概况 …… 189
嘉善县邮政局更名 …… 190
E 邮站启用协调会 …… 190
民政、邮政签署合作协议 …… 190
纳入农村电商建设体系 …… 190

信　息　业

综述 …… 191
电信 …… 191
概况 …… 191
光宽带网络 …… 191
移动网络建设 …… 192
信息化应用 …… 192
“十三五”信息化战略合作协议签约 …… 192
助推信息化报告获县领导肯定 …… 192
综合交通信息平台项目 …… 192

治安监控项目 …… 192
嘉兴综合保税区项目 …… 192
服务社会工程 …… 192
营业厅改造 …… 192
移动 …… 193
概况 …… 193
实施宽带战略 …… 193
发展4G业务 …… 193
社会信息化建设 …… 193
文化建设 …… 193
联通 …… 193
概况 …… 193
软件和信息技术服务 …… 194
概况 …… 194
两化深度融合 …… 194
智慧嘉善建设 …… 194

旅　游　业

综述 …… 195
旅游行业管理 …… 195
概况 …… 195
旅游总体规划编制 …… 195
旅游交通标识系统设计 …… 195
西塘AAAAA级景区创建 …… 195
旅游项目建设 …… 195
“旅游厕所革命”工作 …… 196
旅游宣传服务 …… 196
旅游安全监管 …… 196
诚信旅游建设 …… 196
文明旅游建设 …… 196
旅游资源 …… 196
概况 …… 196
大云温泉省级旅游度假区 …… 196
碧云花海——十里水乡 …… 196
嘉善国际木雕文化园 …… 197
姚庄浙北桃花岛生态旅游区 …… 197
吴镇故里 …… 197
拳王农庄 …… 197
孙道临电影艺术馆 …… 197
云澜湾温泉小镇 …… 197
歌斐颂巧克力小镇 …… 197
旅游活动 …… 197
概况 …… 197
嘉善民间菜品甄选系列活动 …… 197
旅游宣传 …… 198
对外联系 …… 198
西塘古镇景区 …… 198
概况 …… 198
古镇保护 …… 198
AAAAA创建 …… 199
旅游营销 …… 199
旅游宣传 …… 199
景区整治 …… 199
旅行社 …… 199
概况 …… 199
嘉善县旅行社 …… 199
嘉善县星级旅游饭店 …… 200
嘉善县A级旅游景区(点) …… 200

建筑和房地产业

综述 …… 201
建筑业 …… 201
概况 …… 201
建筑市场监管 …… 201
工程质量检查 …… 201
建筑节能 …… 202
创优工程 …… 202
人才队伍建设 …… 202
房地产业 …… 202
概况 …… 202
市场监管 …… 202
房地产去库存 …… 202
产权登记 …… 202
住房保障 …… 202
保障性住房建设 …… 203
住房公积金管理 …… 203
物业管理 …… 203
危旧房维修 …… 203
白蚁防治工作 …… 203

经济管理与监督

计划管理 …… 204
概况 …… 204
规划管理 …… 204
年度计划编制 …… 204
重点项目建设 …… 204
示范点建设 …… 205
综合配套改革 …… 205
“十三五”规划编制 …… 205
三产服务业管理 …… 205
概况 …… 205
重点行业发展 …… 205
服务业投资 …… 205
服务业创新 …… 206
重点企业培育 …… 206
产业集聚提升 …… 206
楼宇经济 …… 206
循环经济 …… 206
概况 …… 206
省级循环经济示范县建设 …… 206
能源工作 …… 206
概况 …… 206
输油气管道安全 …… 206
清洁能源建设 …… 207
燃煤锅炉淘汰 …… 207
天然气管线建设及应用 …… 207
工商行政管理 …… 207
概况 …… 207
审批制度改革 …… 207
服务小微企业转型升级 …… 207
放心市场创建 …… 208
商品交易市场管理 …… 208
商标品牌服务 …… 208
企业信用信息公示 …… 208
行政执法办案 …… 208
党风廉政建设 …… 208
2015年认定的嘉善县市级以上著名商标 …… 208
2015年度嘉善县省级知名商号(老字号) …… 209
质量技术监督管理 …… 209
概况 …… 209
标准强县 …… 209
质量强县 …… 209
品牌强县 …… 209
计量工作 …… 209
特种设备安全监管 …… 209
重点产品监管 …… 210
管桩行业规范管理 …… 210
执法打假 …… 210
服务发展 …… 210
队伍建设 …… 210
法治质监 …… 210
2015年度嘉善县被认定的市级以上名牌产品名录 …… 211
安全生产监督管理 …… 211
概况 …… 211
安全事故 …… 211
安全生产 …… 211
挂牌督办 …… 212
执法检查 …… 212
安全宣传 …… 212
安全教育培训 …… 212
职业安全健康监管 …… 212
基层基础建设 …… 212
依法行政 …… 212
防范体系建设 …… 213
食品药品监督管理 …… 213
概况 …… 213
基层网络建设 …… 213
食品安全责任保险 …… 213
阳光智慧监管 …… 213
餐饮服务食品安全监管 …… 213
校园食品安全 …… 213
药品安全监管 …… 214
食品药品专项整治 …… 214
国有资产管理 …… 214
概况 …… 214
国有企业监督管理改革 …… 214
规范行政事业单位国有资产管理 …… 214
招投标交易管理 …… 214
概况 …… 214

交易监管 …… 215
清理调整招投标交易制度 …… 215
政府投资项目标后信用评价 …… 215
招标代理机构管理 …… 215
电子化平台建设 …… 215
“三制二告知一评价” …… 216
购买办税服务项目 …… 216
定点采购 …… 216
批量集中采购 …… 216
社会治安动态视频监控建设租赁项目 …… 216
要素资源交易 …… 216
小型平台建设 …… 216
国有城镇企业管理 …… 216
概况 …… 216
资产管理 …… 217
企业安全生产 …… 217
服务工作 …… 217
扶贫帮困慰问 …… 217
物价管理 …… 217
概况 …… 217
价格调控预警 …… 217
价格调整 …… 217
收费管理 …… 217
价格检查 …… 217
夯实价格管理基础 …… 218
宣传教育 …… 218
统计 …… 218
概况 …… 218
推进县域统计科学发展示范点建设 …… 218
统计电子台账体系 …… 218
分片指导工作制度 …… 218
统计工作站建设 …… 218
统计服务 …… 218
“互联网＋智慧统计”模式 …… 219
健全工作制度 …… 219
星级统计中心评价 …… 219
统计诚信示范单位评创 …… 219
集体会诊辅导 …… 219
审计 …… 219
概况 …… 219
财政预决算审计 …… 219
民生资金审计 …… 220
政府投资项目审计 …… 220
权利运行监督 …… 220
督促审计整改 …… 220
提高内审水平 …… 220
审计创新 …… 220
队伍建设 …… 221

政治建设

中共嘉善县委

综述 …… 225
重要会议 …… 226
全县三级干部大会 …… 226
全县工业经济大会 …… 227
县委十三届九次全体(扩大)会议暨政府十五届七次全体(扩大)会议 …… 227
全县旅游发展大会 …… 227
县委读书会 …… 227
县委常委会 …… 227
重要决策与活动 …… 227
制定县第十三个五年规划的建议 …… 227
职能转变和机构改革 …… 227
纪念抗日战争胜利70周年 …… 227
“三严三实”专题教育 …… 227
全面加强基层党组织和基层政权建设 …… 227
省委巡视组反馈意见整改落实工作 …… 228
“美丽嘉善”建设 …… 228
党章、党规、党纪专题集中学习轮训 …… 228
创建国家生态文明建设试点示范县 …… 228
中共十八届五中全会精神宣讲 …… 228
加强县纪委派驻机构建设 …… 228
“五气共治” …… 228
办公室工作 …… 228
概况 …… 228
秘书信息工作 …… 228
综合调研工作 …… 228
督考法治工作 …… 228
机要保密工作 …… 229
纪律检查 …… 229
概况 …… 229

推动“两个责任”落实到位 …… 229
廉情抄告和约谈提醒制度 …… 229
加强执行财经纪律监督 …… 229
正风肃纪常态化 …… 229
强化党章、党规、党纪意识 …… 230
举办第十三个党风廉政宣教月 …… 230
纪检体制改革 …… 230
“学思践悟”大比武 …… 230
队伍建设 …… 230
组织 …… 230
概况 …… 230
干部人事制度改革 …… 230
干部署名推荐制度 …… 230
干部教育培训和实践锻炼 …… 230
深化党性教育模式 …… 231
干部监督管理 …… 231
干部能下工作 …… 231
县委权力公开透明运行试点 …… 231
公务员职务与职级并行制度 …… 231
干部人事档案专项审核 …… 231
高层次人才引育 …… 231
人才工作体制机制 …… 231
人才平台建设 …… 232
拓展引才渠道 …… 232
名校优生引才 …… 232
人才队伍建设 …… 232
突出贡献和优秀专业人才评选 …… 232
被列为全国农村基层党建工作座谈会现场观摩点 …… 232
四方红色联盟 …… 232
党支部活力提升工程 …… 232
企情在线系统 …… 232
“红色E家园”微信平台 …… 233
党员志愿服务总站实体化运作 …… 233
两地报到、双岗服务 …… 233
“创建美丽家园”先锋行动 …… 233
“两新”党组织“覆盖检修”行动 …… 233
青春班组领办助企攻坚项目 …… 233
万名农村党员大轮训 …… 233
宣传 …… 233
概况 …… 233
理论学习 …… 233
理论普及 …… 234
社科理论研究 …… 234
主流舆论引导 …… 234
社会公益宣传 …… 234
互联网管理 …… 234
一创建三复评 …… 235
文化惠民 …… 235
群众文艺创作 …… 235
“善文化”品牌建设 …… 235
文化创意产业 …… 236
统一战线 …… 236
概况 …… 236
助推示范点建设 …… 236
推进协商民主 …… 236
指导民主党派换届 …… 236
助力“五水共治” …… 236
服务引资引智 …… 237
推进沪浙协作 …… 237
维护民宗和谐 …… 237
落实民族政策 …… 237
建设慈善文化 …… 237
协调经济统战 …… 237
开展海外交流 …… 237
老干部工作 …… 237
概况 …… 237
新春团拜会 …… 238
领导重视 …… 238
文体活动 …… 238
纪念抗战胜利70周年活动 …… 238
纪念建党94周年活动 …… 238
参观调研 …… 238
老干部读书会 …… 238
离退休干部党支部书记培训班 …… 238
老干部医疗保健服务工作总结会 …… 238
县直机关党建 …… 239
概况 …… 239
“守纪律讲规矩”知识竞赛 …… 239
党章、党规、党纪教育活动 …… 239
基层组织建设 …… 239
机关党员教育管理 …… 239
四方红色联盟结对共建 …… 239
五型机关创建 …… 239

服务品牌创建 …………………………… 240
参与文明创建 …………………………… 240
机关文化活动 …………………………… 240
正风肃纪检查 …………………………… 240
党校教育 …………………………… 240
概况 …………………………… 240
助推示范点建设 …………………………… 240
干部教育培训 …………………………… 240
科研资政 …………………………… 241
对外培训 …………………………… 241
函授教育 …………………………… 241
信息化建设 …………………………… 241
自身建设 …………………………… 241
党史编研 …………………………… 242
概况 …………………………… 242
改革开放新时期党史专题征编 …………… 242
“中共嘉善县委重要文献”系列丛书选编 …… 242
抗日战争胜利70周年纪念活动…………… 242
党史资料征集 …………………………… 242

嘉善县人民代表大会

综述 …………………………… 243
重要会议 …………………………… 243
县十五届人大四次会议 …………………… 243
县十五届人大常委会会议 ………………… 243
县十五届人大常委会主任会议 …………… 244
常委会组织学法和培训会 ………………… 244
监督工作 …………………………… 244
常委会组织开展视察活动 ………………… 244
审议半年度政府工作 …………………… 245
镇人大全面推行政府性投资项目票决制 …………………………… 245
代表工作 …………………………… 245
小微企业问卷调查 …………………… 245
代表论坛 …………………………… 245
实现镇(街道)网上代表联络站全覆盖 …… 245
述职评议 …………………………… 245
代表议案建议 …………………………… 245
县十五届人大四次会议代表议案、建议、批评和意见情况 …………………… 245
议案建议交办督办 …………………… 245

嘉善县人民政府

综述 …………………………… 246
重要会议 …………………………… 248
政府十五届七次全体(扩大)会议 ………… 248
政府十五届八次全体(扩大)会议 ………… 248
县十五届政府第二十九次常务会议 ……… 248
县十五届政府第三十次常务会议 ………… 248
县十五届政府第三十一次常务会议 ……… 248
县十五届政府第三十二次常务会议 ……… 249
县十五届政府第三十三次常务会议 ……… 249
县十五届政府第三十四次常务会议 ……… 249
县十五届政府第三十五次常务会议 ……… 249
县十五届政府第三十六次常务会议 ……… 250
县长办公会议 …………………………… 250
办公室工作 …………………………… 250
概况 …………………………… 250
办文办会 …………………………… 251
协调督查 …………………………… 251
政府权力运行网络建设 ………………… 251
法治政府建设 …………………………… 251
政务信息服务 …………………………… 251
议案提案办理 …………………………… 251
应急管理能力建设 …………………… 251
法制工作 …………………………… 251
概况 …………………………… 251
完善学法议事制度 …………………… 251
规范行政决策机制 …………………… 252
推进行政审批制度改革 ………………… 252
规范行政执法行为 …………………… 252
预防和化解行政争议 ………………… 252
行政监察 …………………………… 252
概况 …………………………… 252
专项整治 …………………………… 252
中心工作督查 …………………………… 252
反腐败协调“四平台” ………………… 253
省委巡视组反馈问题整改落实 ………… 253
外事 …………………………… 253
概况 …………………………… 253
重要外事活动 …………………………… 253
主要出访 …………………………… 253

体制改革 …… 253
概述 …… 253
综合配套改革 …… 254
小城市培育试点 …… 254
特色小镇 …… 254
政策性农业保险工作 …… 254
机构编制 …… 255
概况 …… 255
编制管理 …… 255
事业单位管理 …… 255
政府部门管理 …… 255
政府机构设置 …… 255
行政执法改革 …… 255
部门改革和机构设置 …… 255
档案 …… 255
概况 …… 255
档案登记备份 …… 255
档案文化建设 …… 256
馆藏档案资源建设 …… 256
基层档案室规范化达标 …… 256
档案执法检查 …… 256
档案安全体系建设 …… 256
干部队伍建设 …… 257
地方志编研 …… 257
概况 …… 257
嘉善县志(1989～2008)出版发行 …… 257
《嘉善年鉴》获全国一等奖 …… 257
古籍整理 …… 257
地方文史资料搜集 …… 257
嘉善方言志编纂启动 …… 257
镇(街道)部门专业志编纂 …… 258
侨务工作 …… 258
概况 …… 258
海内外联络联谊 …… 258
成立县侨商服务联盟 …… 258
维护涉侨对象合法权益 …… 258
台湾事务 …… 258
概况 …… 258
服务企业互联网＋智能制造转型升级 …… 258
对台经贸合作 …… 258
服务台企 …… 259
对台宣传 …… 259
对台交流 …… 259
两会融合 …… 259
行政审批服务 …… 259
概况 …… 259
企业投资项目审批改革 …… 260
“零土地”技术改造审批改革 …… 260
一窗受理、全程代办 …… 260
五证合一、一照一码 …… 260
工业项目联合预审和验收 …… 260
审批绿色通道 …… 260
服务重点工作 …… 260
规范涉企中介机构服务监管 …… 260
政务服务大厅建设 …… 261
三级便民服务体系 …… 261

政协嘉善县委员会

综述 …… 262
重要会议 …… 262
全体会议 …… 262
常委会议 …… 262
主席会议 …… 263
政协活动 …… 263
团结联谊 …… 263
专题协商会 …… 264
专项集体民主监督 …… 264
思想政治建设 …… 264
参政议政 …… 265
委组工作 …… 265
选派民主监督员 …… 265
对口协商 …… 265
基层协商民主工作机制 …… 265
文史资料 …… 265
书画联谊会 …… 266
提案和社情民意 …… 266
十三届四次会议提案 …… 266
提案办理协商 …… 266
社情民意 …… 266

民主党派　工商联　无党派

中国国民党革命委员会 …… 267

概况 …… 267
支部活动 …… 267
参政议政 …… 267
服务“五水共治” …… 267
社会服务 …… 268
合作交流 …… 268
中国民主同盟 …… 268
概况 …… 268
盟员之家建立 …… 268
领导视察活动 …… 269
自身建设 …… 269
参政议政 …… 269
助推“示范点”建设 …… 269
专题调研 …… 269
参与“五水共治” …… 269
社会服务 …… 270
党盟联谊 …… 270
助力生态农场 …… 270
活动交流 …… 270
中国民主建国会 …… 270
概况 …… 270
助推科技创新 …… 270
提升履职水平 …… 270
加强组织建设 …… 271
中国民主促进会 …… 271
概况 …… 271
培训学习 …… 271
参政议政 …… 271
专家坐诊 …… 271
社会服务 …… 271
中国农工民主党 …… 271
概况 …… 271
自身建设 …… 272
助推示范点建设 …… 272
参政议政 …… 272
社会服务 …… 272
工商业联合会 …… 273
概况 …… 273
服务中心工作 …… 273
参政议政 …… 273
理想信念教育实践活动 …… 273
“善商”典型 …… 273
舆论宣传 …… 273
调查研究 …… 273
关心关爱会员制度 …… 273
助推轴承行业转型升级 …… 273
政企对话沟通 …… 274
开展专业知识培训 …… 274
指导基层商会工作 …… 274
新生代企业家培养 …… 274
对外交流合作 …… 274
无党派人士联谊会 …… 274
概况 …… 274
学习培训 …… 274
制度建设 …… 274
建言献策 …… 275
“优美庭院”创建 …… 275
社会服务 …… 275

人民团体

总工会 …… 276
概况 …… 276
县总工会第十四届委员会第二次会议 …… 276
嘉善县工会代表会议 …… 276
领导调研 …… 276
工资集体协商 …… 276
建功立业活动 …… 276
职工技能提升 …… 276
劳模精神宣传 …… 277
法治宣传 …… 277
企业民主管理制度健全 …… 277
和谐企业(园区)创建 …… 277
参与企业安全管理 …… 277
职工医疗互助保障 …… 277
工会帮扶 …… 277
企业职工文化 …… 277
工会服务网络建设 …… 278
基层组织建设 …… 278
基层工会规范化建设 …… 278
自身建设 …… 278
共产主义青年团 …… 278
概况 …… 278
岗位建功科技创新 …… 278

志愿服务机制 …… 278
青年志愿者活动 …… 279
开放合作 …… 279
民生幸福行动 …… 279
主题教育 …… 279
“善文化”实践活动 …… 279
媒体平台建设 …… 279
青年创富成才服务 …… 280
团组织建设 …… 280
青联少先队工作 …… 280
社会科学界联合会 …… 280
概况 …… 280
课题研究和成果评选 …… 280
社科宣传普及 …… 280
自身建设 …… 281
妇女联合会 …… 281
概况 …… 281
服务妇女创业 …… 281
构建幸福家庭 …… 281
打造美丽嘉善 …… 282
开展普法宣传 …… 282
妇女维权 …… 282
妇幼帮扶 …… 282
妇女组织建设 …… 282
妇女干部队伍建设 …… 283
妇女之家 …… 283
科学技术协会 …… 283
概况 …… 283
县科协第九次代表大会 …… 283
科技强企 …… 283
人才对接 …… 283
成果转化 …… 283
科普活动 …… 284
重点活动 …… 284
科普创建 …… 284
建家交友 …… 284
基层组织建设 …… 284
文学艺术界联合会 …… 284
概况 …… 284
纪念抗日战争胜利70周年系列活动 …… 285
“以文治水”系列创作活动 …… 285
文艺精品 …… 285
“中国新故事之乡”系列活动 …… 285
嘉善农民画展走进上海书画院 …… 285
“柳洲”文艺丛书创作研讨会 …… 285
“美丽嘉善”水墨丹青写生创作活动 …… 285
各文艺家协会换届 …… 286
第七次县文代会 …… 286
归侨侨眷联合会 …… 286
概况 …… 286
关爱归侨侨眷 …… 286
基层侨务工作 …… 286
建立“侨之家”平台 …… 286
侨务宣传 …… 286
台胞台属联谊会 …… 286
概况 …… 286
换届选举 …… 286
学习联谊 …… 286
服务台胞台属 …… 286
宣传交流 …… 287
参政议政 …… 287
青年联合会 …… 287
概况 …… 287
服务社会 …… 287
护航青年创业创新 …… 287
志愿公益青春奉献 …… 288
对外交流 …… 288

军事民防

综述 …… 289
国防教育 …… 289
概况 …… 289
“军人荣誉墙”建设 …… 289
国防动员考核 …… 289
“军事日”活动 …… 289
兵役工作 …… 290
概况 …… 290
征兵宣传 …… 290
兵役登记 …… 290
征兵体检 …… 290
民兵　预备役 …… 290
概况 …… 290
主题教育 …… 290

组织整顿 …… 290
信息员“报知周”活动 …… 290
岗位练兵 …… 290
战备工作 …… 291
军事训练 …… 291
安全保障 …… 291
后勤管理 …… 291
预备役工作 …… 291
军警民共建 …… 291
概况 …… 291
“双拥”工作 …… 291
抗日战争胜利纪念 …… 292
武装警察部队 …… 292
概况 …… 292
支部建设 …… 292
思想工作 …… 292
战备训练 …… 292
规范管理 …… 292
安全稳定 …… 292
后勤保障 …… 292
消防 …… 293
概况 …… 293
消防宣传 …… 293
消防安全管理 …… 293
消防综合治理 …… 293
消防规划编制 …… 293
消防设施建设 …… 294
人民防空 …… 294
概况 …… 294
人防指挥通信建设 …… 294
人防工程建设 …… 294
宣传教育 …… 294
基层人防(民防)建设 …… 294

文化建设

精神文明建设

综述 …… 297
思想道德建设 …… 297
概况 …… 297
“善文化”品牌建设 …… 297
道德模范评选 …… 297
志愿服务 …… 298
未成年人思想道德建设 …… 298
概况 …… 298
特色学校建设 …… 298
主题系列活动 …… 298
社会实践活动 …… 298
群众性精神文明创建 …… 298
概况 …… 298
一创建三复评 …… 298
基层系列创建 …… 299
文明单位动态管理 …… 299
关心下一代工作 …… 299
概况 …… 299
纪念抗日战争胜利系列活动 …… 299
关心青少年健康成长 …… 299
普法教育 …… 300
队伍建设 …… 300

教　育

综述 …… 301
学前教育 …… 302
概况 …… 302
督导评估 …… 302
师资培训 …… 302
幼儿园建设 …… 303
无证幼儿园整治 …… 303
中韩美术交流 …… 303
义务教育 …… 303
概况 …… 303
校园文化建设 …… 304
学籍管理 …… 304
特殊教育 …… 304
游泳首次进入体育中考 …… 304
校园足球特色学校 …… 304
高中教育 …… 304
概况 …… 304
高中段招生 …… 304
普通高校招生 …… 304
高中教育改革 …… 305

高等教育 …… 305
概况 …… 305
电大嘉善学院 …… 305
高等教育自学考试 …… 305
嘉善光彪学院 …… 305
职业教育 …… 306
概况 …… 306
师资队伍建设 …… 306
办学模式改革 …… 306
校企合作开发 …… 307
职业技能培训 …… 307
嘉善信息技术工程学校 …… 307
成人(社区)教育 …… 307
概况 …… 307
成校基础设施建设 …… 307
社区教育 …… 307
全国社区教育示范街道(乡镇)创建 …… 307
全国农村优秀学习型乡镇创建 …… 308
教师队伍建设 …… 308
概况 …… 308
干部队伍建设 …… 308
师德师风建设 …… 308
名师培养 …… 308
教师双向流动 …… 308
师训干训工作 …… 309
课堂教学研讨 …… 309
一师一优课,一课一名师 …… 309
网络学习平台 …… 309
嘉善县家庭教育系列读本 …… 309
学校设施建设 …… 309
概况 …… 309
学校建设 …… 310
数字校园建设 …… 310
图书馆建设 …… 310
校园影视节目作品获奖 …… 310
“空中课堂”参加全国展览会 …… 310
学生资助 …… 310

文化体育

综述 …… 311
群众文化活动 …… 311
概况 …… 311
示范区创建 …… 311
文化惠民活动 …… 312
文化交流活动 …… 312
全民读书月活动 …… 312
“文化四季”活动 …… 312
文化演出活动 …… 313
文化遗产 …… 313
概况 …… 313
培训交流 …… 313
非遗实物征集 …… 313
作品展览 …… 313
“文化遗产日”活动 …… 313
文物普查 …… 314
文物保护维修 …… 314
濒危项目抢救性记录 …… 314
文化场馆(站) …… 314
概况 …… 314
嘉善博物馆 …… 314
“5·18”国际博物馆日活动 …… 314
嘉善图书馆 …… 314
嘉善文化馆 …… 315
嘉善影剧院 …… 315
嘉善县电影公司 …… 315
孙道临电影艺术馆 …… 315
体育 …… 316
概况 …… 316
体育赛事 …… 316
全民健身活动 …… 316
汾湖水上运动中心建设 …… 316
县体育中心建设 …… 316
后备人才培养 …… 316
文化市场管理 …… 316
概况 …… 316
专项整治 …… 317
市场管理 …… 317
图书发行 …… 317
概况 …… 317
政治读物发行 …… 317
读书活动 …… 317

媒　体

综述 …………………………………………… 318
报纸 …………………………………………… 319
概况 …………………………………………… 319
舆论引导 …………………………………… 319
舆论监督 …………………………………… 319
专题栏目 …………………………………… 319
典型宣传 …………………………………… 320
队伍建设 …………………………………… 320
广播电视 ………………………………… 320
概况 …………………………………………… 320
新闻监督 …………………………………… 320
《IN 嘉善》全新开播 ……………………… 320
营造创建氛围 ……………………………… 320
抗日战争胜利 70 周年宣传………………… 321
主题新闻报道 ……………………………… 321
媒体新平台 ………………………………… 321
高清电视非编系统使用 …………………… 321
气象节目无带化传送 ……………………… 321
专业型人员培养 …………………………… 321
“嘉善发布”微信公众号上线 ……………… 321
新闻网站 ………………………………… 322
概况 …………………………………………… 322
主题宣传 …………………………………… 322
弘扬网络正能量 …………………………… 322
加快新媒体发展 …………………………… 322

社会建设

治安司法

综述 …………………………………………… 325
公安 …………………………………………… 327
概况 …………………………………………… 327
维护社会稳定 ……………………………… 327
保障中心工作 ……………………………… 327
世界互联网大会·乌镇峰会安保任务 …… 327
打击刑事犯罪 ……………………………… 327
治安突出问题整治 ………………………… 327
公安改革项目 ……………………………… 328
县域社会治安防控体系 …………………… 328
公安行政管理服务 ………………………… 328
区域警务合作 ……………………………… 328
公共安全监管 ……………………………… 328
“110”接处警工作…………………………… 329
执法规范化建设 …………………………… 329
公安队伍建设 ……………………………… 329
破获“5·13”魏塘花鸟市场虫草被盗案…… 329
破获一起故意杀人案 ……………………… 329
破获一起网络诈骗案 ……………………… 329
破获一起公安部打击毒品犯罪目标案件 …………………………………………… 329
检察 …………………………………………… 330
概况 …………………………………………… 330
专项整治 …………………………………… 330
接受监督 …………………………………… 330
突发事件应急预案 ………………………… 330
“三项检察”行动 …………………………… 330
依法监督收监罪犯 ………………………… 330
开通微信公众号 …………………………… 330
自身建设 …………………………………… 331
查办首例倒卖车票案 ……………………… 331
商品房购销合同案 ………………………… 331
全市首例 P2P 网贷平台非法集资案 ……… 331
“美容针”假药案件 ………………………… 331
微信传播淫秽物品牟利案 ………………… 331
法院 …………………………………………… 331
概况 …………………………………………… 331
被告人不穿囚服出庭受审 ………………… 332
立案排队叫号机 …………………………… 332
实行立案登记制 …………………………… 332
陪审员宣誓 ………………………………… 332
省高院省台办调研 ………………………… 332
司改试点工作调研 ………………………… 332
涉外申请公司清算案件听证会 …………… 332
情景案例课堂 ……………………………… 332
金融审判联席会议制度 …………………… 333
危险驾驶入刑四年审理情况新闻发布会 …………………………………………… 333
电台直播话执行 …………………………… 333
县法律援助中心人民法院工作站 ………… 333

宪法日微博视频直播庭审 …… 333
司法警察执法资格等级考试 …… 333
市农经局原副局长受贿案开庭 …… 333
司法行政 …… 333
概况 …… 333
法律服务 …… 334
人民调解 …… 334
社区矫正安置帮教 …… 335
法治宣传 …… 335
队伍建设 …… 335

城乡建设管理

综述 …… 336
城乡规划与管理 …… 336
概况 …… 336
“多规合一”试点 …… 337
城乡规划编制 …… 337
规划管理 …… 337
城市建设 …… 337
概况 …… 337
高铁新城建设 …… 337
城区亮化建设 …… 337
房屋改造征收 …… 338
“三改一拆” …… 338
“公铁”沿线整治 …… 338
村镇建设 …… 338
概况 …… 338
村庄布点规划 …… 338
村庄规划评审 …… 338
示范村试点建设 …… 338
农村通用图集编制 …… 338
农村危旧房改造 …… 339
市政公用事业 …… 339
概况 …… 339
市政养护 …… 339
交通拥堵综合治理 …… 339
市政行业监管 …… 339
数字化城市建设 …… 339
燃气行业监管 …… 339
五水共治 …… 339
生活垃圾无害化处理 …… 340
老旧公厕改造 …… 340
城乡交通 …… 340
概况 …… 340
天然气公交客车采购投运 …… 340
公交车实现CAN配置 …… 340
公共自行车 …… 340
平黎公路东接线工程一期 …… 341
公路改建工程 …… 341
洪溪大桥改建工程 …… 341
森林通道二期工程 …… 341
翔胜加油加气站 …… 341
长生桥改造工程 …… 341
平黎公路交叉口渠化改造 …… 341
公交首末站建设项目 …… 341
平黎公路路灯亮化工程 …… 341
平黎公路绿化补植工程 …… 341
2015年嘉善县城乡公交班车 …… 342
2015年嘉善县长途客运班车 …… 343
2015年嘉善县一级公交班车 …… 344
城乡供水 …… 344
概况 …… 344
地面水厂四期工程建设 …… 344
太浦河取水二期工程建设 …… 344
嘉善上海淞浦大桥应急备用水源合作 …… 344
魏塘水厂至白水塘安全供水管线工程 …… 345
老集镇供水管网改造工程 …… 345
城乡污水收集处理一体化 …… 345
节能减排 …… 345
嘉善大成环保污水厂扩容工程建设 …… 345
探索污水一体化运营管理模式 …… 345
收购嘉善大成环保有限公司 …… 345
实施城乡居民生活用水阶梯价格 …… 345
城市管理与监督 …… 345
概况 …… 345
综合行政执法改革 …… 345
依法行政 …… 346
市容管理 …… 346
“两违”管控及“三改一拆” …… 346
治理交通拥堵 …… 346
服务中心工作 …… 346
服务品牌建设 …… 346
队伍建设 …… 347

交通管理 …… 347
概况 …… 347
道路交通综合治理机制 …… 347
道路交通事故专项整治 …… 347
道路隐患排查整治 …… 347
“治堵保畅”工程 …… 348
“三小车”整治 …… 348
交通科技建设 …… 348
事故处理专业合成一体化建设 …… 348
车驾管服务创新 …… 348
黄标车淘汰治理 …… 348
春运道路交通安全管理 …… 348
交通安全宣传教育 …… 348

卫生计生

综述 …… 349
医院 …… 350
概况 …… 350
设施建设 …… 350
技术协作 …… 350
人才培养 …… 351
主要成果 …… 351
社区医疗与卫生院 …… 351
概况 …… 351
服务建设 …… 351
人才培养 …… 351
地方病防治 …… 352
概况 …… 352
血吸虫病防治 …… 352
疟疾防治 …… 352
丝虫病防治 …… 352
碘缺乏病防治 …… 352
布鲁氏菌病防治 …… 352
肿瘤防治和精神疾病防治 …… 352
概况 …… 352
肿瘤监测 …… 353
死因监测 …… 353
人均期望寿命 …… 353
大肠癌早诊早治项目 …… 353
重性精神疾病管理 …… 353
精神卫生知识教育 …… 353
精神残疾鉴定 …… 353
妇幼保健 …… 353
概况 …… 353
妇幼重大公共卫生服务项目 …… 354
婚前医学检查 …… 354
三项筛查 …… 354
母婴保健专项技术服务 …… 354
妇女健康检查 …… 354
疾病预防与控制 …… 354
概况 …… 354
禽流感防控 …… 354
疫情处置 …… 355
肠道传染病防控 …… 355
登革热防控 …… 355
免疫规划 …… 355
结核病和艾滋病防控 …… 355
蛔虫感染率调查 …… 356
卫生监督 …… 356
概况 …… 356
生活饮用水监管 …… 356
卫生监督协管 …… 356
打击非法行医 …… 356
职业健康检查 …… 356
其他重点卫生监督 …… 356
人口和计划生育 …… 356
概况 …… 356
责任落实 …… 357
法治计生建设 …… 357
“两非”整治 …… 357
计生帮扶 …… 357
优质服务 …… 357
队伍建设 …… 357
爱国卫生运动 …… 358
概况 …… 358
巩固“创卫”成果 …… 358
环境卫生整治 …… 358
病媒生物防制 …… 358
改水改厕 …… 358
健康教育 …… 358
红十字会工作 …… 358
概况 …… 358
红十字会救助 …… 358

遗体、器官(组织)捐献…… 358
应急救护培训 …… 359
新闻宣传 …… 359
“口福天使”及“博爱助医”项目 …… 359

人力资源与社会保障

综述 …… 360
就业 …… 361
概况 …… 361
就业服务 …… 361
推进创业 …… 361
社会保障 …… 361
概况 …… 361
扩大保险覆盖面 …… 361
完善保险制度 …… 361
落实保险待遇 …… 361
发放市民卡 …… 361
省级调剂金补助 …… 361
城乡居民合作医疗 …… 362
概况 …… 362
完善医疗保险制度 …… 362
提高医疗补偿标准 …… 362
规范基金管理 …… 362
人才人事 …… 362
概况 …… 362
人才引进 …… 362
精英引领计划实施 …… 362
人才培养和管理 …… 362
公务员、事业单位招聘…… 363
加强工资津贴分配管理 …… 363
职业技能培训 …… 363
概况 …… 363
评价体系建设 …… 363
“金色蓝领”工程实施 …… 363
实训基地建设 …… 363
劳动监察 …… 364
概况 …… 364
劳动保障监察 …… 364
构建新型劳动关系 …… 364
健全工资协商机制 …… 364
开展“双爱”活动 …… 364
抓好信访工作 …… 364
普法工作 …… 364
劳动人事纠纷调解 …… 364
劳动能力鉴定 …… 364

民　　政

综述 …… 365
社会救助 …… 365
概况 …… 365
提高社会救助水平 …… 365
推进“双帮圆梦”活动 …… 365
完善阳光救助机制 …… 366
完成省救急难试点 …… 366
社会福利 …… 366
概况 …… 366
提高“五保”供养水平 …… 366
保障困境儿童生活 …… 366
助推福利企业发展 …… 366
福利彩票发行 …… 366
民政事务 …… 366
概况 …… 366
防灾减灾 …… 367
殡葬服务 …… 367
地名管理 …… 367
移民帮扶 …… 367
婚姻登记 …… 367
养老服务 …… 367
概况 …… 367
养老服务设施建设 …… 367
多元居家养老建设 …… 367
养老补贴发放 …… 368
人才队伍建设 …… 368
敬老爱老活动 …… 368
优抚安置 …… 368
概况 …… 368
双拥工作机制 …… 368
基层双拥活动 …… 368
双拥文化建设 …… 368
双拥优抚政策 …… 369
退伍安置 …… 369
社会组织建设 …… 369

概况 …………………………………… 369
三社联动 ………………………………… 369
培育发展社会组织 ……………………… 369
发展壮大社工队伍 ……………………… 369
城乡社区建设 ………………………… 370
概况 …………………………………… 370
社区长效管理 …………………………… 370
基层民主建设 …………………………… 370
城乡社区建设 …………………………… 370
慈善事业 ……………………………… 370
概况 …………………………………… 370
资金募集 ………………………………… 370
慈善救助 ………………………………… 370
义工队伍 ………………………………… 371
慈善文化 ………………………………… 371
慈善公信 ………………………………… 371

社会事务

新居民事务 …………………………… 372
概况 …………………………………… 372
人口结构优化改革 ……………………… 372
居住证制度改革试点 …………………… 372
积分管理服务 …………………………… 372
新居民基础信息管理 …………………… 373
出租房屋登记管理 ……………………… 373
优化公共服务 …………………………… 373
法制宣传活动 …………………………… 373
家庭教育活动 …………………………… 373
文化系列活动 …………………………… 373
维权服务 ………………………………… 374
“再组织化”建设 ……………………… 374
健全管理网络 …………………………… 374
服务品牌建设 …………………………… 374
信访 …………………………………… 374
概况 …………………………………… 374
压实责任 ………………………………… 374
依法治访 ………………………………… 374
“阳光信访” …………………………… 375
破解难题 ………………………………… 375
队伍建设 ………………………………… 375
县长电话受理 …………………………… 375
消费者权益保护 ……………………… 375
概况 …………………………………… 375
消费维权月活动 ………………………… 375
行业约谈活动 …………………………… 376
行业自律承诺 …………………………… 376
商品质量抽检 …………………………… 376
义工体验活动 …………………………… 376
健全“12315”维权站点网络…………… 376
日常受理工作 …………………………… 376
民族　宗教 …………………………… 376
概况 …………………………………… 376
宗教事务管理 …………………………… 377
民间信仰活动场所登记编号管理 ……… 377
和谐寺观教堂创建 ……………………… 377
宗教文化系列活动 ……………………… 377
少数民族工作 …………………………… 377
残疾人事业 …………………………… 378
概况 …………………………………… 378
组织建设 ………………………………… 378
领导视察 ………………………………… 378
“全国助残日”活动 …………………… 378
文化艺术周启动仪式 …………………… 378
小康工程 ………………………………… 378
文体活动 ………………………………… 379
康复服务 ………………………………… 379
精准扶贫 ………………………………… 379
教育培训 ………………………………… 379
助残服务 ………………………………… 380
服务中心工作 …………………………… 380

生态文明建设

环境水文与气候

地理环境 ……………………………… 383
地理位置 ………………………………… 383
防震减灾 ……………………………… 383
概况 …………………………………… 383
科普宣传 ………………………………… 383
设施维护 ………………………………… 383
园林绿化 ……………………………… 383

概况 …… 383
绿化项目建设 …… 383
城市绿道建设 …… 383
城区绿化养护 …… 384
绿化行业管理 …… 384
水文 …… 384
概况 …… 384
河道、水系 …… 384
潮汐、潮位 …… 384
降雨水位 …… 384
水文建设 …… 385
水质监测 …… 385
气候与气象 …… 385
概况 …… 385
气候特征 …… 385
主要气候事件 …… 386
2015年嘉善县气象情况 …… 386

国土资源管理

综述 …… 387
土地规划 …… 387
概况 …… 387
规划中期调整完善 …… 387
规划预留指标管理 …… 387
争取新增建设用地指标 …… 387
土地开发利用 …… 388
概况 …… 388
城镇低效用地再开发 …… 388
建设用地监管 …… 388
农用地转用报批 …… 388
建设用地供应 …… 388
土地资源保护 …… 389
概况 …… 389
耕地保护机制 …… 389
“812”土地整治工程 …… 389
耕地有偿保护 …… 389
基本农田(示范区)划定 …… 389
占补平衡新机制 …… 389
土地管理 …… 389
概况 …… 389
不动产登记 …… 389
农民建房管理 …… 389
地矿管理 …… 390
信息化建设 …… 390
土地行政审批 …… 390
信访工作 …… 390
征地补偿 …… 390
阳光工程建设 …… 390
土地执法 …… 390
概况 …… 390
“两网化”管理 …… 391
土地巡查及案件查处 …… 391
专项整治行动 …… 391
法制宣传工作 …… 391

水　　利

综述 …… 392
农田水利 …… 392
概况 …… 392
农田水利标准化建设 …… 392
中央财政农田水利重点项目建设 …… 392
水利工程 …… 392
概况 …… 392
圩区整治 …… 393
老集镇防洪排涝改造 …… 393
节水改造和示范工程 …… 393
水利科技项目 …… 393
防汛防台 …… 393
概况 …… 393
防汛防台体系建设 …… 393
防汛责任制 …… 393
防汛预案 …… 393
抢险力量及物资准备 …… 393
水环境治理 …… 394
概况 …… 394
中小河流治理 …… 394
河道环境综合整治 …… 394
水利管理 …… 394
概况 …… 394
水资源管理 …… 394
圩区管理协会建设 …… 394
水政执法 …… 394

水利工程质量检查 …………………………… 394
太浦河(浙江段)工程维护 …………………… 395

环境保护

综述 …………………………………………… 396
生态保护 ……………………………………… 396
概况 …………………………………………… 396
辐射应急演练 ………………………………… 396
《环境功能区划》编制 ……………………… 396
生态环保宣教 ………………………………… 397
国家生态文明示范县创建 …………………… 397
主要污染物减排 ……………………………… 397
概况 …………………………………………… 397
主要污染物减排考核 ………………………… 397
排污权有偿使用和抵押贷款 ………………… 397
环境监察与监测 ……………………………… 397
概况 …………………………………………… 397
污染行业整治 ………………………………… 398
水污染治理 …………………………………… 398
大气污染治理 ………………………………… 398
环境信访 ……………………………………… 398
污染源常规监测 ……………………………… 398
特例监测 ……………………………………… 398
环境管理 ……………………………………… 399
概况 …………………………………………… 399
项目审批服务 ………………………………… 399
研发智慧环保新平台 ………………………… 399
辐射管理 ……………………………………… 399

街道、镇

街　　道

魏塘街道 ……………………………………… 403
概况 …………………………………………… 403
农业经济 ……………………………………… 403
工业经济 ……………………………………… 403
招商引资 ……………………………………… 404
服务业 ………………………………………… 404
科技创新 ……………………………………… 404
平台建设 ……………………………………… 404
环境整治 ……………………………………… 404
“五水共治” …………………………………… 404
“三改一拆” …………………………………… 405
水利建设 ……………………………………… 405
城乡建设 ……………………………………… 405
社会保障 ……………………………………… 405
公共服务 ……………………………………… 405
文化建设 ……………………………………… 405
社会治安管理 ………………………………… 406
干部队伍建设 ………………………………… 406
罗星街道 ……………………………………… 406
概况 …………………………………………… 406
农业经济 ……………………………………… 406
工业经济 ……………………………………… 407
服务业 ………………………………………… 407
社会事业 ……………………………………… 407
平安建设 ……………………………………… 407
城市建设 ……………………………………… 407
新农村建设 …………………………………… 407
违建整治 ……………………………………… 407
“五水共治” …………………………………… 408
实验室创建 …………………………………… 408
党建调研 ……………………………………… 408
新社区成立 …………………………………… 408
职校实训中心培训 …………………………… 408
餐饮及食品安全管理 ………………………… 408
人大联络站“互联网”模式 …………………… 408
村电子商务平台启用 ………………………… 408
开发区(惠民街道) …………………………… 409
概况 …………………………………………… 409
农业经济 ……………………………………… 409
工业经济 ……………………………………… 409
服务业 ………………………………………… 409
城乡建设 ……………………………………… 409
环境整治 ……………………………………… 409
社会保障 ……………………………………… 409
社会事业 ……………………………………… 409
文化建设 ……………………………………… 410
平安建设 ……………………………………… 410
机关建设 ……………………………………… 410
党的建设 ……………………………………… 410

美丽乡村建设 …… 410
"枫南金三洲"集中整治 …… 411
老集镇专项整治 …… 411
西塘镇 …… 411
概况 …… 411
农业经济 …… 411
工业经济 …… 411
旅游文化 …… 411
平台建设 …… 411
城乡建设 …… 412
环境整治 …… 412
社会事业 …… 412
社会保障 …… 412
平安建设 …… 412
姚庄镇 …… 413
概况 …… 413
农业经济 …… 413
工业经济 …… 413
城乡建设 …… 413
生态环境 …… 413
社会事业 …… 414
干部队伍建设 …… 414
平安建设 …… 414
服务业发展 …… 414
公共文化服务 …… 414
承办中国乒乓球联赛 …… 414
陶庄镇 …… 414
概况 …… 414
农业经济 …… 415
工业经济 …… 415
服务业 …… 415
城乡建设 …… 415
环境整治 …… 415
社会事业 …… 416
社会管理 …… 416
省级鳜鱼产业示范区 …… 416
居家养老托管运营 …… 416
全国青年赛艇锦标赛 …… 416
镇文化中心投入使用 …… 416
干窑镇 …… 417
概况 …… 417
农业经济 …… 417
工业经济 …… 417
生态建设 …… 417
城乡建设 …… 417
社会保障 …… 418
公共事业 …… 418
社会综合治理 …… 418
干部作风建设 …… 418
首例集体商标成功注册 …… 419
领导调研督查 …… 419
承办全县文化庭院暨家风家训建设工作现场会 …… 419
戴家湾窑墩修葺 …… 419
校园文化建设 …… 419
《干窑镇志》出版发行 …… 419
德国学子到干窑镇开展文化学习交流 …… 419
义和升云片糕制作技艺入选市非遗名录 …… 419
天凝镇 …… 420
概况 …… 420
农业经济 …… 420
工业经济 …… 420
服务业发展 …… 420
生态环境整治 …… 420
文化建设 …… 421
城镇建设 …… 421
社会事业 …… 421
社会管理 …… 421
洪溪村入选2015中国全面小康十大民生决策 …… 421
《天凝镇志》出版发行 …… 421
大云镇 …… 421
概况 …… 421
农业经济 …… 422
工业经济 …… 422
城乡建设 …… 422
环境治理 …… 422
平台建设 …… 422
旅游文化 …… 422
社会事业 …… 423
社会保障 …… 423
平安建设 …… 423
省特色小镇建设 …… 423

巧克力雕塑创吉尼斯纪录 …………………… 423
跨村联建创业园 ………………………………… 423

附 录

国民经济统计资料

2015 年嘉善县国民经济和社会发展统计公报 …………………………………… 427
2015 年嘉善县国民经济和社会发展主要经济指标 …………………………………… 433
2015 年全省及长三角城市主要经济指标 ……………………………………………… 434
统计示意图 …………………………………… 435

文件选编

嘉善县人民政府令第 38 号……………………… 442
嘉善县人民政府令第 39 号……………………… 447
文件目录 ……………………………………… 449
2015 年嘉善县人民政府规范性文件目录 ……………………………………… 449
2015 年中共嘉善县委发文目录 ………… 450
2015 年嘉善县人大常委会发文目录 ……… 450
2015 年嘉善县人民政府发文目录 ………… 452
2015 年政协嘉善县委员会发文目录 ……… 457

名 录

2015 年嘉善县新增领导人简介 ……………… 458
文化遗产 ……………………………………… 460
嘉善县非物质文化遗产名录汇总表（至 2015 年底）……………………………… 460
嘉善县文物保护单位 ………………………… 461
嘉善县文物保护点 ………………………… 463
文明单位名单 ………………………………… 465
2015 年嘉善县地名命名(更名) ……………… 466
先进名单 ……………………………………… 468
先进单位 …………………………………… 468
先进个人 …………………………………… 471
2015 年度嘉善县先进集体和先进个人名单 …………………………………………… 473

文论珍闻

新闻报道选录 ………………………………… 480
春到江南育生机 ………………………… 480
实干兴县开新局 ………………………… 481
美在星光灿烂时 ………………………… 484
许晴书记讲述嘉善“两山”故事 …………… 486
领导视察报道选录 …………………………… 489
李强在嘉兴调研深化改革工作时强调大胆创新深耕改革“试验田” …………… 489
王辉忠在海宁嘉善调研浙商回归工作时强调 当好服务浙商的“店小二” ……… 489
王辉忠在嘉善调研浙商回归项目落地情况时强调 抓好质量进度 做好精准服务 ………………………………… 490
王辉忠在嘉善调研浙商回归项目落地情况时强调 抓好质量进度 做好精准服务 ………………………………… 490
新闻报道目录 ………………………………… 492
2015 年嘉善电台被中央电台录用播出稿件(59 条) ……………………………… 492
2015 年嘉善电视台被中央电视台录用播出稿件 ………………………………… 493
2015 年中央级媒体报道嘉善文章目录 ……………………………………………… 494
文论选录 ……………………………………… 495
把纪律和规矩挺在前面 牢牢构筑从严治党不可逾越的底线 …………… 495
干部的内生动力如何激发 ……………… 495
做“四有”书记 …………………………… 496
张敏华的诗 ……………………………… 498
天价特效药 ……………………………… 500
善地珍闻趣事 ………………………………… 503

索 引

汉语拼音索引 ………………………………… 507
汉字笔画索引 ………………………………… 524

Contents

The administrative map of Jiashan County
The urban area map of Jiashan County

Overview

Important Notes

Fight bravely for the 13th Five Year Plan, spare no effort to open a new situation, and go all out to promote the construction of Pilot Site of Scientific Development for the County
—Speech of XU Qing, County Party Secretary at the 10th Plenary (Enlarged) Session of the 13th County Party Committee and the 8th Plenary (Enlarged) Session of the 15th County Government ······ 3
Government Work Report
—Speech of QI Hailong, Acting County Chief at the 5th Session of the 15th County People's Congress ······ 13
Take Important Political Responsibilities of the Party Committee Leading the Work of Mass Organizations
—Statements of Jiashan County Party Committee at the Central Party's Mass Work Conference ······ 22

Construction Project of Pilot Site of Scientific Development for the County

Selected documents ······ 24
The Key Work Plan of Construction of Pilot Site of Scientific Development for Jiashan County in 2015 ······ 24
The Key Work Plan of Jiaxing City Supporting the Construction of Pilot Site of Scientific Development for Jiashan County in 2015 ······ 34
Task Decomposition of Comprehensive Coordinated Reforms of Jiashan County in 2015 and Task Decomposition of Advancing Comprehensive Coordinated Reforms of Jiashan County in 2015 ······ 41
Key Points of Work of Constructing Pilot Site of Scientific Development for Jiashan County ······ 50
Leaders' inspection ······ 84
Important meetings ······ 87
Major activities ······ 88
Important achievements ······ 89
Other important events ······ 90

Special Materials

Record of "Five Water Treatment" in Jiashan County ······ 91
Promote the renovation of old residential districts, factories and urban villages, all existing illegal buildings in the urban area will be dismantled ······ 94
Conduct the work of "One Creation, Three Reevaluations" ······ 95
Summary of Building a Beautiful Jiashan in 2015 ······ 99

Chronicle of Events

Chronicle of Events in 2015 …………………… 101

General Views of Jiashan

Organization evolution ………………………… 117
Administrative division ………………………… 117
Land and population …………………………… 118
National economy and social development …………………………………………………… 118
New rural construction ………………………… 120
People's life ……………………………………… 121

Economic Construction

Agriculture

Summary ………………………………………… 125
Plant industry …………………………………… 135
Breeding industry ……………………………… 136
Agricultural science and technology ……… 138
Agricultural mechanization …………………… 139
Comprehensive development of agriculture …………………………………………………… 140

Industry

Summary ………………………………………… 141
Equipment manufacturing …………………… 143
Timber processing and products …………… 144
Electronics ……………………………………… 144
Textile and clothing (accessories) ………… 144
Food manufacturing …………………………… 145
Medicine and chemical engineering ………… 145
New energy ……………………………………… 146
New materials …………………………………… 146
Ship building …………………………………… 146
Power supply …………………………………… 146

Domestic Trade

Summary ………………………………………… 150
Purchase and sale of grain and oil ………… 150
Cooperation of purchase and sale …………… 151
Tobacco monopolization ……………………… 152
Salt—industry monopoly ……………………… 152
Pharmaceuticals industry ……………………… 152
Accommodation and catering industry …… 153
Shopping malls and supermarkets ………… 154
Specialized markets …………………………… 154

Open Economy and Regional Cooperation

Summary ………………………………………… 156
Investment attraction ………………………… 156
Export—oriented economy …………………… 157
Foreign economy and trade management …………………………………………………… 159
Regional cooperation and partner assistance ………………………………… 160

Economic Parks

Summary ………………………………………… 161
Jiashan Economic and Technical Development Zone ……………………… 161
Jiashan Electronic Information Industrial Park (Zone B of Jiaxing Comprehensive Free Trade Zone) ………………………… 162
China Guigu Science Park (Jiashan) ……… 163
Jiashan Science and Technology Business Service Area in the Yangtze River Delta region ………………………………… 164
Zhejiang Yaozhuang Economic Development Zone ……………………… 164
Selected industrial functional zones in towns (streets) ………………………… 165

Science and Technology

Summary …… 166
Construction of scientific and technological innovation system …… 166
Scientific and technological plans and achievements …… 168
Scientific and technological cooperation and communication …… 170
Intellectual property protection …… 170
Jiashan Service Center for Scientific and Technological Entrepreneurship …… 171

Financial Industry

Summary …… 173
Banking supervision …… 174
Banks …… 175
Insurance …… 176
Security …… 177

Finance and Taxation

Summary …… 178
Local finance …… 179
National taxation …… 181
Local taxation …… 183

Traffic, Transportation and Postal Service

Summary …… 186
Highway transportation …… 187
Waterway transportation …… 188
Railway transportation …… 188
Logistics and warehousing …… 189
Postal service …… 189

Information Industry

Summary …… 191
Telecom …… 191
Mobile …… 193
Unicom …… 193
Software and information technology services …… 194

Tourism Industry

Summary …… 195
Tourism industry management …… 195
Tourism resources …… 196
Tourist activities …… 197
The scenic area of ancient town Xitang …… 198
Travel agencies …… 199

Building and Real Estate Industry

Summary …… 201
Building industry …… 201
Real estate …… 202

Economic Management and Supervision

Plan management …… 204
Service industry management …… 205
Circular economy …… 206
Energy work …… 206
Industrial and commercial administration …… 207
Quality and technical supervision and management …… 209
Supervision and management of safety in production …… 211
Supervision and management of food and drugs …… 213
Management of state—owned properties …… 214
Management of bidding transactions …… 214
Management of state—owned enterprises in urban areas …… 216

Price control ………………………………… 217
Statistics ……………………………………… 218
Audit …………………………………………… 219

Political development

Jiashan County Party Committee of the Communist Party of China

Overview ……………………………………… 225
Important meetings ………………………… 226
Important decisions and activities ………… 227
Office work …………………………………… 228
Discipline inspection ……………………… 229
Organization ………………………………… 230
Propaganda …………………………………… 233
United front ………………………………… 236
Work of veteran cadre …………………… 237
Party construction of county—level organs ………………………………… 239
Party school education …………………… 240
Compiling and research of the Party history ………………………………… 242

People's Congress of Jiashan County

Overview ……………………………………… 243
Important meetings ………………………… 243
Supervisory work …………………………… 244
Representatives' work …………………… 245
Representatives' proposals and suggestions ……………………………………… 245

People's Government of Jiashan County

Overview ……………………………………… 246
Important meetings ………………………… 248
Office work …………………………………… 250
Legal work …………………………………… 251
Administrative supervision ……………… 252
Foreign affairs ……………………………… 253
Structural reform …………………………… 253
Institutional structure …………………… 255
Archival work ………………………………… 255
Compiling and research of chorography …… 257
Overseas Chinese affairs ………………… 258
Taiwan affairs ……………………………… 258
Administrative examination and approval ……………………………………… 259

CPPCC Committee of Jiashan County

Overview ……………………………………… 262
Important meetings ………………………… 262
CPPCC activities …………………………… 263
Work of organizing committee …………… 265
Proposals of committee members and public opinions ………………………… 266

Democratic Parties, Federation of Industry and Commerce, and the Politically Unaffiliated

Revolutionary Committee of the Chinese Kuomintang ………………………………… 267
China Democratic League ………………… 268
China Democratic National Construction Association ……………………………… 270
China Association for Promoting Democracy …………………………………… 271
Chinese Peasants' and Workers' Democratic Party ………………………… 271
Federation of Industry and Commerce …… 273
Sodality of nonparty personage ………… 274

People's Organizations

Federation of Trade Unions ……………… 276
The Communist Youth League …………… 278

Social Science Association …………………… 280
Women's Federation ………………………… 281
Science and Technology Association ……… 283
Federation of Literary and Art Circles …… 284
Returned Overseas Chinese Federation …… 286
Taiwan Compatriots Association …………… 286
Youth Federation …………………………… 287

Military and Civil Defense

Overview ……………………………………… 289
National defense education ………………… 289
Military services …………………………… 290
Militia and reserve forces …………………… 290
Joint efforts of the army, policemen and masses ………………………………… 291
Armed police ………………………………… 292
Fire fighting ………………………………… 293
Civil air defense …………………………… 294

Cultural Construction

Construction of Spiritual Civilization

Overview ……………………………………… 297
Ideological and moral education …………… 297
Ideological and moral education of juveniles ……………………………………… 298
Construction of mass spiritual civilization ……………………………………………… 298
Care of the next generation ………………… 299

Education

Overview ……………………………………… 301
Pre－school education ……………………… 302
Compulsory education ……………………… 303
Senior high school education ……………… 304
Higher education …………………………… 305
Vocational education ……………………… 306
Adult (community) education ……………… 307
Construction of teaching body ……………… 308
Construction of school facilities …………… 309

Culture and Sports

Overview ……………………………………… 311
Mass cultural activities …………………… 311
Cultural heritage …………………………… 313
Cultural venues (stations) ………………… 314
Sports ………………………………………… 316
Cultural market management ……………… 316
Book distribution …………………………… 317

Media

Overview ……………………………………… 318
Papers ………………………………………… 319
Radio and television ………………………… 320
News websites ……………………………… 322

Social Development

Public Security and Judiciary

Overview ……………………………………… 325
Public security ……………………………… 327
Procuratorial work ………………………… 330
Court ………………………………………… 331
Judicial administration …………………… 333

Management of Urban and Rural Construction

Overview ……………………………………… 336
Urban and rural planning and management ……………………………………………… 336
City construction …………………………… 337
Village and town construction ……………… 338
Municipal public utilities ………………… 339
Urban and rural transportation …………… 340

Urban and rural water supply ········ 344
City management and supervision ········ 345
Traffic control ········ 347

Health and Family Planning

Overview ········ 349
Hospitals ········ 350
Community health care and health centers ········ 351
Prevention and treatment of endemic diseases ········ 352
Prevention and treatment of cancer and mental diseases ········ 352
Maternal and child hygiene ········ 353
Disease prevention and control ········ 354
Health supervision ········ 356
Population and family planning ········ 356
Patriotic health campaign ········ 358
Work of the Red Cross ········ 358

Human Resources and Social Security

Overview ········ 360
Employment ········ 361
Social security ········ 361
Cooperative medical insurance system for urban and rural residents ········ 362
Talents and personnel affairs ········ 362
Vocational training ········ 363
Labor inspection ········ 364

Civil Administration

Overview ········ 365
Social assistance ········ 365
Social welfare ········ 366
Civil administrative work ········ 366
Service for the aged ········ 367
Veteran benefit and placement ········ 368
Construction of social organizations ········ 369
Urban and rural community construction ········ 370
Charities ········ 370

Social Affairs

Affairs of new residents ········ 372
Petition ········ 374
Consumer Rights and Interests Protection Committee ········ 375
Nationality and religion ········ 376
Cause for the disabled ········ 378

Construction of Ecological Civilization

Environment, Hydrology and Climate

Geographical environment ········ 383
Earthquake prevention and disaster reduction ········ 383
Landscaping ········ 383
Hydrology ········ 384
Climate and weather ········ 385

Management of Territorial Resources

Overview ········ 387
Land planning ········ 387
Land exploitation and utilization ········ 388
Protection of land resources ········ 389
Land management ········ 389
Law enforcement on land ········ 390

Water Conservancy

Overview ········ 392
Irrigation and water conservancy ········ 392
Water conservancy projects ········ 392
Flood prevention and fight against typhoons ········ 393

Water environmental governance …………… 394
Water management ………………………… 394

Environment Protection

Overview ……………………………………… 396
Ecological protection ………………………… 396
Emission reduction of key pollutants ……… 397
Environmental monitoring and detection …………………………………………… 397
Environmental management ………………… 399

Streets and Towns

Streets

Weitang Street ……………………………… 403
Luoxing Street ……………………………… 406
Development Zone (Huimin Street) ………… 409
Xitang Town ………………………………… 411
Yaozhuang Town …………………………… 413
Taozhuang Town …………………………… 414
Ganyao Town ………………………………… 417
Tianning Town ……………………………… 420
Dayun Town ………………………………… 421

Appendices

National Economic Statistics

Statistical Bulletin for National Economy and Social Development of Jiashan County in 2015 ……………………………… 427
Major economic indicators of national economy and social development of Jiashan County in 2015 ……………… 433
Major economic indicators of the whole province and cities in the Yangtze River Delta region in 2015 ……………… 434
Statistical diagrams ………………………… 435

Selected Files

The 38th Order of the People's Government of Jiashan County ……………………………… 442
The 39th Order of the People's Government of Jiashan County ……………………………… 447
File directory ………………………………… 449

Directory

Brief introductions to new leaders of Jiashan Country in 2015 ………………… 458
Cultural heritage …………………………… 460
List of civilized units ………………………… 465
Place names (renames) of Jiashan Country in 2015 ………………………………………… 466
Advanced units ……………………………… 468
List of 2015 annual advanced collectives and individuals in Jiashan County ……… 473

Articles and Tidbits

Selected news reports ……………………… 480
Selected reports on leaders' inspection …… 489
Catalogue of news reports ………………… 492
Selected articles …………………………… 495
Tidbits and interesting things in Jiashan …………………………………………… 503

Indexes

Index of Chinese phonetic alphabets ……… 507
Stroke index of Chinese characters ………… 524

概　况

奋战“十三五”　奋力开新局
全力以赴推进县域科学发展示范点建设

——在县委十三届十次全体(扩大)会议暨政府十五届八次全体(扩大)会议上的讲话

县委书记　许　晴

(2015年12月31日)

同志们:

这次会议的主要任务是:全面贯彻落实党的十八大和十八届三中、四中、五中全会以及中央、省市有关会议精神,回顾总结今年工作,全面部署2016年任务,审议通过《中共嘉善县委关于制定国民经济和社会发展第十三个五年规划的建议》,动员全县各级各部门和广大党员干部群众,抢抓机遇,开拓进取,奋勇争先,为取得“十三五”和示范点建设第二阶段“开门红”而努力奋斗。

下面,我代表县委常委会讲四个方面问题。

一、肯定成绩,振奋精神,进一步增强实现“十三五”良好开局的信心和决心

即将过去的2015年,是“十二五”规划的收官之年,也是示范点建设的“期中大考”之年。一年来,县委常委会牢牢把握“干在实处永无止境,走在前列要谋新篇”新使命,深入贯彻落实省市重大战略部署,以“建设县域科学发展示范点”为总目标,以“六大专项行动”为主抓手,奋勇拼搏,合力攻坚,全县经济、政治、文化、社会、生态和党的建设取得了新的业绩。预计全年实现地区生产总值增长8%左右;财政总收入66.7亿元,增长8%左右,其中一般公共财政预算收入35.5亿元,增长7.5%左右;规上工业总产值突破1000亿元;固定资产投资增长15%左右,其中工业生产性投资增长25%左右;合同利用外资6.6亿美元,实际利用外资4.5亿美元,实际利用县外内资80亿元;社会消费品零售总额增长8%左右;城乡居民人均可支配收入分别增长8.5%左右、8.5%以上。

回顾一年来的工作,主要体现在以下五个方面:

1. 示范点建设“期中大考”交出了满意答卷。一年来,县委常委会紧紧围绕“示范点建设全面攻坚年”这一主题,以改革增动力,以改革促发展。示范点影响力进一步扩大。今年5月,习近平总书记在浙江调研时将在嘉善开展县域科学发展示范点建设作为近年来中央重视和支持浙江改革开放的重大举措,夏宝龙书记在省委十三届八次全会报告中,就示范点建设、县城基础设施投融资改革和“善文化”区域道德文化品牌三次提到嘉善,这些为我县今后的发展赋予了新使命、增添了新动力。示范点建设核心任务基本完成。预计《建设方案》中提出的第一阶段6项主要发展指标总体实现预期目标,110项核心任务中,89项已顺利完成,21项正全力推进,第一阶段自评工作进展顺利。同时,全面推进综合配套改革,100项改革任务中72项已初步完成,24项改革被列为省级以上试点,并通过工作推进和督查考核强化改革举措落地。形成了一批有示范性的实践成果。我县作为全国唯一的县域单位在中央党的群团工作会议上作典型发言,网上信访工作做法在全国会议上作交流发言,姚庄"均衡发展"模式在全国新型城镇化高峰论坛上作典型交流,被列入全省十个践行"绿水青山就是金山银山"样本,治水经验获《人民日报》报道,承办全省综合行政执法工作现场推进会、全省特色小镇"比学赶超"现场推进会等重要会议。

2.经济转型升级取得了新的进展。一年来,县委常委会始终坚持发展第一要务,顺势而为,主动作为,转型升级系列组合拳成效显著。经济发展实现稳中有进。主动适应和引领经济发展新常态,召开全县工业经济大会,有针对性地出台工业经济"稳增长20条"等政策,开展"三问三促"系列活动,全力帮助企业提信心、促发展,1—11月,16个省"411"重大项目已完成年度计划投资的116%,预计全县规上工业总产值跨入千亿俱乐部。产业结构调整不断加快。先进装备制造、电子信息、新能源等新兴产业规模效应更加明显,预计年产值均超100亿元;低端行业整治深入推进,纽扣行业整治任务基本完成;"机器换人"、亩均绩效综合评价管理成效显著,预计全年减少直接用工超1万人,规上工业企业劳动生产率和规上工业亩均税收均增长10%以上。制定楼宇经济发展三年行动计划和"楼宇经济10条"扶持政策,建成和在建5000平方米以上单幢商务楼达到23幢,新增省服务业重大项目4个。农业上新增省级主导产业示范区2个,农业现代化发展水平列全省第五、全市第一,被列为首批国家农产品质量安全县创建试点县、省级农业社会化服务示范县,连续四年获农田水利标准化建设省级考核优秀。开放合作水平有效提升。融入上海迈出新步伐,与上海签订了省际水源地建设保护合作框架协议,50%以上的镇(街道)与上海相关工业园区签订了合作协议。招大引强取得新成效,成功引进总投资9亿美元的世界500强铠嘉电脑配件项目、总投资超50亿元的恒天项目、总投资超20亿元的软通动力项目、总投资超10亿元的三杰印刷和宝湾国际电商物流港等大项目,新增亿元以上项目22个,亩均投资强度为592.3万元/亩、增长93.2%,浙商回归项目44个、到位资金51.5亿元,连续13年跻身全省利用外资十强县。平台建设再上新台阶,嘉兴出口加工区B区升格为国家级综合保税区,县开发区获省"智慧园区"示范开发区称号,中荷产业合作园入选首批省国际产业园。资源要素保障持续强化。创新驱动作用逐步显现,省知识产权示范县创建通过验收,新认定国家高新技术企业6家、省级企业研发中心5家,6个产品被列入全省重点高新技术产品开发项目计划,新增"国千"专家5名、"省千"专家5名。"双闲置"整治专项行动和农村土地整治深入推进,1—11月已腾退低效用地1360亩,盘活闲置厂房43万平方米,农村土地整治复垦竣工验收面积564亩。金融保障不断强化,成立民间融资管理服务中心,新增基金公司28家,今年已发放中小企业转贷基金11.6亿元,田中精机成为今年全市第一家在深圳创业板上市的企业。

3.城乡统筹协调取得了新的提升。一年来,县委常委会坚持区域协同、城乡一体,协调推进美丽嘉善、新型城镇化和新农村建设。美丽嘉善建设强势推进。在深入推进"一创建三复评"的同时,全面部署开展美丽县城、美丽通道、美丽城镇和美丽乡村建设四大专项行动,持续掀起环境治理新高潮,目前,国家卫生县城、全国文明县城、省文明县"三个复评"均顺利通过省级验收。"五水共治""三改一拆""五气共治"等工作成效显著,全县所有河道实现河长制全覆盖,黑臭河道整治全面完成,农村生活污水治理实现行政村全覆盖,五类、劣五类常规水质监测断面全部消灭,太浦河取水口持续保持三类水质,交接断面水质考核保持优秀,1—11月"三改"累计开工213.7万平方米、拆违面积达156.6万平方米,其中拆除违章猪舍17.7万平方米,淘汰黄标车2592辆,PM2.5浓度同比下降了6.3%。新型城镇化纵深推进。中心城区万联城城市综合体、置地广场等重点项目加快推进,高铁新城建设不断提速,嘉善大道、宏业路全线通车,城市规划馆主体结构全部完成,电商产业园一期投入使用。城市有机更新加快推进，兴贤路(矿灯厂)地块进入攻坚扫尾，职工医院地块完成房屋拆除。城区交通拥堵治理深入实施，公共自行车二期项目加快推进。姚庄镇省级小城市培育和西塘市级小城市培育工作扎实推进，“嘉善巧克力甜蜜小镇”入选全省首批特色小镇创建名单。新农村建设全面推进。美丽乡村建设扎实推进，实现县级环境优美村和市级美丽乡村先进镇全覆盖，创建成为省级美丽乡村建设先进县。农房改造集聚有序推进，已解决刚需建房户 1048 户，被评为全省社会主义新农村建设优秀单位。深入推进第二轮“强村计划”，预计全县村均常规稳定性收入 150 万元，“三权三抵押”累计办理贷款 172 笔、发放贷款 2 亿元。

4.民计民生事业取得了新的成效。一年来，县委常委会始终坚持以人为本，大力发展各项社会事业，民计民生持续改善。民生实事工程取得突破性进展。十五届政府实事工程和“十大惠民实事工程”顺利推进，其中幽澜水厂四期工程已投入使用，生态能源发电项目已具备并网发电条件，吴镇书画院主体工程全面完成，体育路下穿沪昆铁路改扩建、体育路(中山路—320 国道)拓宽改造、县社会福利中心、丁诸线航道整治项目等工程全面启动，平黎公路东接线工程一期、疏港公路改建工程二期等项目加快推进，下甸庙等 8 个老集镇的防洪除涝改造工程基本完成。就业保障体系进一步完善。积极推进大众创业促进机制改革，新设各类市场主体 5821 户，同比增加 36.3%，新增就业岗位 10257 个，帮助 1238 名城镇失业人员实现再就业。社会养老保险、医疗保险基本实现全覆盖，“阳光医保”省级改革试点深入推进，职工医保与合作医疗实现同一平台运行。制定公共租赁住房管理实施意见，推动住房公积金扩面工作，新开工建设各类保障性住房 883 套，完成危旧房改造救助 80 户。省级“救急难”试点任务基本完成，获省级扶贫结对帮扶工作先进单位称号。公共服务体系进一步优化。顺利推进国家级公共文化服务体系示范区创建工作，启动县图书馆新馆、县博物馆新馆等重大文化惠民设施建设，建成 13 家农村文化礼堂，成功举办“善文化”微散文、微电影大赛等活动，“善文化”区域道德文化品牌培育获浙江省宣传思想文化工作创新奖。教育条件持续改善，嘉善三中、姚庄中心学校完成新校舍搬迁，成立浙江师范大学附属嘉善实验学校，实现与高校合作办学零的突破。医疗卫生体制改革不断深化，“分级诊疗”工作有序推进，县中医院搬迁改造工程扎实推进。社会养老服务省级试点深入推进，村(社区)居家养老服务照料中心基本实现全覆盖。老干部、人民武装、双拥、计生、科协、工青妇、关心下一代、残疾人、档案、史志、民族宗教等工作都取得了新进展。社会治理体系进一步健全。深入推进“平安嘉善”建设，大力推进“网格化管理”与全省平安建设信息系统“两网融合”，初步形成网上网下联动工作体系，健全多元化风险评估机制，创新实施“包案月约访”“五访联动”，网络舆情、安全生产、食品药品监管等工作全面加强，圆满完成第二届世界互联网大会等重要节点安保任务，实现省平安县创建十连冠。大力推进“法治嘉善”建设，“六五”普法通过省级验收，覆盖全县的公共法律服务网络全面建成，村级民主协商制度全面推广，洪溪村“文体活动创造文明幸福生活”入选“2015 中国全面小康十大民生决策”。

5.党的各项建设得到了新的增强。一年来，县委常委会坚持党要管党、从严治党，以党的先进性、纯洁性建设为主线，全面提升党建科学化水平。“三严三实”专题教育深入开展。严格贯彻落实中央和省委、市委精神，完成县处级党员领导干部专题党课，扎实开展专题学习研讨，深入学习习近平总书记系列重要讲话精神和党章党规党纪；深化把脉聚焦，按照“三个摆进去”的要求，深入查摆领导班子和党员领导干部“不严不实”问题，列出问题清单和整改清单，开展党的群众路线教育实践活动整改问题“回头看”；强化整改落实，深入开展“着力解决基层干部不作为乱作为等损害群众利益问题”专项整治，自上而下抓好“四个排查”，全面落实省委巡视组反馈意见整改工作。干部队伍建设持续加强。加强干部日常考察管理，实行中层干部选任预审制，开展超职数配备干部、领导干部企业社团违规兼职等专项整治，所有在职科级领导干部签订《不在企业兼职(任职)承诺书》，深入推进“三考一定”“双考双评双亮”、反向提名等工作，3 名领导干部被降职使用。开展第一批年轻干部“百人计划”，选派新录用公务员到基层一线“蹲苗”，统筹选派 500 余名干部参与招商引资、生猪养殖业转型升级、“五水共治”等各项中心工作。基层基础不断夯实。制定出台《关于全面加强基层党组织和基层政权建设的意见》,全面推进基层党建工作,我县被确定为全国农村基层党建工作座谈会现场观摩点。通过县委常委挂点、下派12名“第一书记”等措施,完成常规稳定性收入30万元以下的薄弱村转化工作。加强两新组织党组织标准化建设,开展“四方红色联盟”结对共建,全面推行“民情(企情)在线系统”,创新建立红船党建云平台,新居民党员“红色家园”工程和“红色E家园”网络平台建设获中组部肯定。加强村(社区)带头人队伍建设,开展万名农村党员干部大轮训,举办“强村论坛”,选拔百名村级后备干部,组织村干部赴县内外示范村实践锻炼,选树省“千名好支书”13名、市“先锋书记”3名。党风廉政建设扎实有力。严格执行中央八项规定,制定常态化推进正风肃纪工作的实施办法,配合省委巡视组做好巡视工作,全面落实党风廉政建设主体责任、监督责任,完善主体履责年初、年中、年底“三报告”制度,深入实施廉情“四必谈”。全面开展科级领导干部党章党规党纪专题集中轮训、各单位中层及以下干部党章党规党纪学习,实施党风廉政建设季度督察、“联合巡察”和“二级巡察”,继续以“一案双查”落实“一岗双责”,今年以来共查处党员干部73人。同时,深化纪检体制改革,实现县纪委派驻机构全覆盖。

2015年是“十二五”规划的收官之年。过去的五年,是嘉善发展历史上极不平凡的五年,是肩负重大使命、应对重大挑战、取得重大成就的五年,是在科学发展道路上迈出坚实步伐的五年。五年来,综合实力显著增强,预计地区生产总值和一般公共财政预算收入年均分别增长9.2%和12.3%,户籍人均地区生产总值超11万元,规上工业总产值突破1000亿元;转型升级加快推进,新兴产业培育和传统产业提升双管齐下,产业集群效应逐步显现,形成了先进制造业、现代服务业、现代农业互动并进的产业新格局;城乡统筹有效提升,城乡规划布局一体化、基础设施一体化和公共服务一体化深入推进,进入全面融合发展新阶段,城乡统筹发展水平列全省县(市、区)第7位;生态建设卓有成效,全面完成“十二五”节能减排目标任务,勇夺全省“五水共治”大禹鼎,交接断面水质考核全部实现优秀,创建成为国家生态县,荣获“国家生态文明建设示范区”称号;民计民生明显改善,城乡居民享受到了更均衡的教育、更完善的社会保障、更优质的医疗卫生服务、更舒适的居住条件、更丰富的文化活动,城乡居民可支配收入分别突破4.5万元和2.5万元,实现省平安县创建十连冠。党的建设走在前列,被评为全国创先争优活动先进县(市、区、旗)党委并得到习近平同志亲自颁奖和亲切勉励,作为全国唯一的县域单位在中央党的群团工作会议上交流发言。五年来取得的巨大成绩和积累的发展经验,为全面建成县域科学发展示范点奠定了坚实的基础。

在肯定成绩的同时,我们也要清醒地认识到发展中存在的困难和问题。一是稳增促调面临较大压力。经济下行压力依然存在,招商引资形势严峻,有效投入不足较为突出,自主创新能力不强,高层次人才引育环境仍需改善,土地等要素制约日益加剧,经济转型升级尚处于从量变到质变的过程中。二是城乡环境整治任务艰巨。最受群众关注的大气、水等污染状况还没有从根本上改变,县城、城镇、农村、主要通道部分区域环境脏乱差现象依然存在,打赢“四美”建设攻坚战任务十分繁重。三是让群众共享更多高质量发展成果尚需进一步努力。民生保障水平还需提高,惠民实事工程的推进力度需要加大,基本公共服务的重点、范围、力度和水平有待完善,社会治理机制尚需创新。四是干部能力和作风还不够。少数党员干部还不能适应新常态,发展办法不够多,改革勇气不够大,担当精神不够强,自律意识不够严。

二、坚定方向,明确目标,深刻把握实现“十三五”良好开局的总体要求

“十三五”时期是我县全面建成县域科学发展示范点的关键阶段,明年是“十三五”发展的开局之年和县域科学发展示范点第二阶段建设的起步之年。我们必须深入贯彻党的十八届五中全会精神,始终坚持创新、协调、绿色、开放、共享五大发展理念,主动适应和引领经济发展新常态,以“奋战‘十三五’、奋力开新局”为工作主题,大力开展环境攻坚年、转型提升年、改革深化年“三个年”活动,以时不我待的紧迫感、舍我其谁的责任感和走在前列的使命感,开拓进取、奋发有为,努力实现“十三五”良好开局,为全面建成县域科学发展示范点奠定坚实基础。

2016年我县经济社会发展的总体思路是:全面贯彻落实党的十八大,十八届三中、四中、五中全会,中央经济工作会议和省委十三届八次全会精神,坚持创新、协调、绿色、开放、共享五大发展理念,牢牢把握“干在实处永无止境,走在前列要谋新篇”的新使命和“更进一步、更快一步,继续发挥先行和示范作用”的总要求,坚持稳中求进总基调,以全面建设县域科学发展示范点为总目标,以全面深化综合配套改革为强大动力,扎实推进经济、政治、文化、社会和生态文明建设,全面加强党的建设,加快建设创业创新的现代化临沪新城,为“十三五”发展和县域科学发展示范点第二阶段建设起好步、开好局。

2016年全县经济社会发展主要预期目标建议是:地区生产总值增长7.5%;财政总收入增长7.5%,其中一般公共财政预算收入增长7%;固定资产投资增长10%,其中工业生产性投资增长12%;合同利用外资6亿美元,实际利用外资4亿美元,实际利用县外内资75亿元;进出口增长3%,其中出口增长5%;社会消费品零售总额增长8%以上;城镇居民人均可支配收入增长8%,农村居民人均可支配收入增长8%以上;完成上级下达的节能减排任务。

实现上述目标,必须牢牢把握三点要求:

实现“十三五”良好开局,必须要担当实干讲大局。明年,打好“十三五”发展和示范点建设第二阶段的第一仗,是我们最大的大局,必须牢固树立全县一盘棋意识,以担当实干的精神思考大局、顾全大局、推动大局。为此,要提振精神强担当,把有没有担当实干精神作为衡量好干部的重要标准,作为干部上和下的重要标准,把招商引资、环境治理、征地拆迁、信访维稳等一线火线作为检验干部担当实干精神的重要舞台,既要善谋一子,更要勇谋全局,让担当实干讲大局成为全县党员干部特别是领导干部的自觉行动,蔚然成风,相沿成习。要落实责任强担当,始终牢记示范点建设的重大使命,把责任记在心上,扛在肩上,落实在行动上,尤其是对那些复杂的事、难干的事、容易得罪人的事,都要确保事事有人领办、件件有人负责,真正做到没有旁观者、没有局外人,以强烈的责任心增强担当的坚定性和自觉性。要勇作示范强担当,充分发挥党员干部特别是领导干部主心骨和领头雁的作用,在担当面前亲历亲为、责无旁贷,自觉地挑重担、揽责任、树标杆,各主体、各部门主要领导要以一当十、以一率千,努力争做敢于担当、勇于担当、善于担当的表率。

实现“十三五”良好开局,必须要埋头苦干讲作风。埋头苦干是我们党的优良作风,也是我们明年实现两个良好开局的重要法宝。为此,我们必须真正动起来、沉下去,心无旁骛、顽强拼搏,一个声音喊到底,一个目标干到底。要在自我加压、爬坡过坎中优作风。明年的经济形势依旧复杂多变,经济下行压力依然较大,将处于爬坡过坎的紧要关头,特别是在制定明年工作指标和各项工作任务时,虽然我们也预见到了前路艰险、困难重重,但还是要着眼于经济社会全面协调可持续发展,牢固树立信心和决心,自加压力,负重拼搏,勇敢攀爬和跨越发展道路上的各种陡坡、各种沟坎。要在聚焦重点、攻坚克难中优作风。充分发扬“拼命三郎”的精神,牢牢把握有效投入、转型升级、“五水共治”“三改一拆”、美丽嘉善建设、综合配套改革等重点工作,瞄准靶心、聚准焦点,精准发力、持续发力,形成攻坚气势,切实完成既定目标。要在争先进位、勇创一流中优作风。作为示范点,我们的标准理应高一些。全县各级各部门、各条战线都要进一步拔高标杆,切实把争先进位创一流的作风转化成勇往直前的工作动力,勇于跟强的比、敢于向高的攀,尽全力让我们的项目更优一些、环境更美一些,发展的步子更快一些、质量更高一些,各级各类的“冠军”更多一些。

实现“十三五”良好开局,必须要创新巧干讲方法。面对科学发展中“躲不开”“绕不过”的种种难关和问题,我们不能拘于常法,而要另辟新路、巧干得法。要树立起战略眼光,始终坚持解放思想、与时俱进,主动认识新常态、适应新常态、引领新常态,要顺应“互联网+”、智能制造等新趋势,适应区域加快融合发展新态势,善于用显微镜查自身优劣,用望远镜看外部环境,在全国乃至全球的视野中把握发展机遇,在立足现实、展望未来中谋划长远发展,在更高的起点上实现跨越发展。要谋划好新的思路,紧扣自身发展实际,勇于质疑和善于发现问题,决不简单地按模式办事、凭经验办事、靠感觉办事,敢于摒弃不合时宜的观念,大胆提出切合实际的观点,创造性地开辟发展新思路。尤其是对照中央“五大发展理念”,必须要有与之相呼应、相匹配的思路,做到在创新发展上先人一步、在协调发展上更进层楼、在绿色发展上坚定务实、在开放发展上主动作为、在共享发展上切实提高群众的获得感和幸福感。要拿得出创新举措,始终讲究工作方法、工作技巧、工作艺术,用新眼光观察问题,从新角度提出问题,用新思路分析问题,用新方法解决问题,在体制机制、政策措施的创新上善于博采众长,既要做到坚持政策不走样,体现原则性;又要做到随机应对不教条,富于灵活性。明年的举措是否创新和高效,一切以项目质量高不高、投入产出快不快、环境改善大不大、群众得实惠多不多为检验的准绳加以衡量。

三、突出重点,狠抓落实,确保“十三五”发展实现良好开局

做好2016年工作,全县上下必须紧紧围绕“建设县域科学发展示范点”这一总目标,牢牢把握工作重点,以“高效、实效”为根本导向,确保实现“十三五”和示范点第二阶段建设的良好开局。

1.深入践行创新发展理念,努力在提升经济发展质量效益上下功夫。坚持把创新摆在发展全局的核心位置,打好转型升级组合拳,全力推进经济发展方式的深度转型。

一要千方百计抓有效投入。牢牢拧紧稳增长的“发条”,深入开展调研服务进千企等活动,推动各项助企政策的落地生效,帮助企业降低成本,全面营造政企抱团取暖的良好氛围,确保各项指标圆满完成、走在前列。大力开展四次项目集中开竣工月活动,完善县领导联挂、快审批快验收、项目前期工作管理等制度,着力推进富通、凯嘉等大项目建设投产,扎实做好“个转企、小升规”等工作。深入实施“互联网+”、智能制造战略,积极推进以“机器换人”为重点的企业技术改造,全力推进企业和行业“机器换人”,力争全员劳动生产率提高15%以上。深入实施新型工业化能力建设长风计划,积极推进名企、名品、名家“三位一体”的培育工作,探索建立“三名”培育、发展和激励机制。

二要坚定方向抓产业培育。围绕主导产业和新兴产业规模化,全力做大做强先进装备制造、电子信息两大主导产业以及节能环保、通用航空等新兴产业,着力在龙头企业引育、产业集聚、产业链打造等方面下功夫,为县域经济发展提供强大动力和重要支撑。围绕传统产业高端化,推动品牌木业家具和高档纺织服饰产业提升发展,尤其要综合运用亩均绩效评价管理的D类淘汰倒逼等手段,重拳推动小木业、管桩等低端行业整治,加快推进“僵尸企业”重组整合或退出市场。围绕服务业特色化,突出西塘、大云两大旅游核心,加快推进西塘AAAAA创建、大云温泉省级旅游度假区建设工作,并按照“突出休闲、面向上海”思路,紧紧抓住上海迪士尼开业的机遇,进一步完善配套、提升服务、做精特色,优先发展软件和信息技术服务、大数据和云服务等产业,培育发展生活性服务业,同步推进电商产业发展、房地产去库存和物流商贸业态提升。围绕农业新型化,在稳定粮食生产的同时,加快“两区”建设和土地流转,鼓励农民适度规模经营,提高精品农业、休闲观光农业发展水平,加强农业标准化、信息化建设,创新农业技术和农产品流通方式,着力打造现代农业示范样本。

三要强化导向抓创新驱动。把人才作为创新第一资源,大力实施人才优先发展战略,深入开展“双招双引”工作,成立嘉善县创业人才服务中心,建立大学生创业学院,加强人才公寓建设和管理,进一步完善人才扶持政策,优化人才引育环境,努力把嘉善打造成为人才创业创新的热土。强化企业创新主体地位和主导作用,鼓励企业建立研发中心、产学研基地等,实质性发挥北大创新研究院嘉善产学研合作中心作用,推动科技型中小企业健康发展,着力培育一批有影响力的创新型领军企业。全力建设高铁新城(上海人才创业园)、归谷科技园、科创中心三大创新主平台,加强创新资源整合,加大科技招商力度,加快优质企业、优质项目集聚。

四要多管齐下抓要素保障。深化落实“腾笼换鸟”、农村土地整治、“双闲置”专项行动等工作,总结推广干窑长丰村级工业园整治试点和开发区“腾笼换鸟”经验,花大力气做好存量土地和厂房的腾退工作。同时,积极争取重大项目点供指标,切实保障用地需求。加快金融改革创新,既要防范化解金融风险,又要畅通金融进入实体经济的血脉,加大金融融入上海推进力度,加快县私募基金创新园建设,吸引境内外特别是上海优质的股权投资企业落户嘉善。牢牢把握IPO重启的机遇,高度关注注册制改革新动向,鼓励企业兼并重组,加大企业股改、挂牌及上市培育力度,形成上市梯队,争取更多企业上市。扎实推进节能减排,确保完成上级下达的目标任务。

2.深入践行协调发展理念，努力在提升城乡融合发展水平上下功夫。深入贯彻中央城市工作会议精神，把握城乡融合新要求，坚持区域协同、城乡一体，在协调发展中拓展空间，在补齐短板中增强后劲。

一是中心城市要强活力。围绕打造中心城区城市新地标，深入实施高铁新城征迁攻坚战，全力推进滨水公园、江南风情水街一期、文化商务中心等项目建设，加快电商产业园二期、“跨河联接”工程等项目开工，宾阳大道建设力争明年上半年完成。以发展楼宇经济为着力点，科学定位楼宇的产业功能、特色，用好“楼宇经济10条”扶持政策，通过政府引导、专业招商、特色集聚等方式，“一楼一品”“一企一策”地引导行业集聚发展，加快集聚消费人群，营造商业氛围。结合美丽县城专项行动，通过综合实施新城区市政配套设施建设、老旧住宅小区改造以及原四中地块、卖鱼桥至西城半岛地块棚户区改造等工作，增强新城区的人口吸引力，全面提升新城区的人气，缓解老城区的人口压力。同步抓好交通拥堵治理、智慧城市建设、城市管线综合改造、城区绿化品质提升和景观亮化等工作。

二是城镇集镇要强提升。围绕自身优势和特色，高质量推进姚庄省级小城市培育试点、西塘市级小城市培育试点、大云省级特色小镇试点和天凝省级中心镇等建设，努力建出特色、建出品质。全面实施“美丽城镇”建设专项行动，推动各镇(街道)结合自身实际，按照“一镇一策”的要求，突出抓好老集镇改造、基础设施完善、公共服务优化、特色风貌提升等工作，努力建设环境优美、功能完善、实力增强、特色鲜明、群众满意的现代化美丽城镇。

三是新农村建设要强深化。严格落实农房改造集聚政策，探索实行房票制度，严控点外建房、未批先建等行为，全力解决农民建房刚需。全面启动新一轮“强村计划”，重点针对纯农业村、域边远村等经济薄弱村，进一步盘活村级资产，拓展经营服务，开展项目合作，力争年底常规稳定性收入50万元以下相对薄弱村全面转化。深入推进美丽乡村建设，结合调整后的村庄布点规划，大力推进以城乡一体新社区为代表的保留拓展点的改造提升，加快推进以省级历史文化保护村落为代表的保留点拓展点的拓展集聚，着力打造一批精品村。同时，完善基础设施建设，深入实施农村公路品质提升工程，加快推进丁诸线航道整治、杭州湾跨海大桥北接线二期等重大工程建设，实施兴善公路(魏塘至干窑段)、丁栅至新埭(疏港)公路改建工程二期(惠民大道至东升路段)等项目。

3.深入践行绿色发展理念，努力在提升生态环境建设水平上下功夫。牢牢把握“绿水青山就是金山银山”的绿色发展要求，打好一揽子环境治理组合拳，全面建设美丽嘉善。

一要打好“四美”建设组合拳。紧紧围绕“一年见效、三年到位”的总目标和“四美联动、五季攻坚、千人行动、万众参与”的总要求，打好美丽县城、美丽城镇、美丽乡村、美丽通道建设四大攻坚战。坚持项目化推进，建立完善美丽嘉善建设项目库，进一步明确每个项目的项目内容、投资额度、资金保障、时间进度和责任分工，实施挂图作战、限期销号、严格督查，确保所有项目顺利完成。坚持市场化参与，统筹运用好PPP、政府购买服务等方式，动员和争取方方面面的资金投入，全力保障美丽嘉善建设的资金需求。坚持长效化管理，抓紧研究建立一批长效管理机制，全面调动广大群众参与的积极性，并由县领导、各单位“一把手”带头建立一支“城市啄木鸟”队伍，加大监督力度，确保督到要害处、抓在关键处。

二要打好治水治气拆违组合拳。围绕省市工作部署，将“五水共治”进行到底，重点推进太浦河、红旗塘2条主要河道的环境治理，加快推进太浦河取水二期建设，深入抓好河长制长效保洁管理、工业污水治理、农村生活污水治理、城乡污水管网建设、污水处理厂扩容改造、“二轮圩区”整治等工作，确保交接断面水质考核保持优秀。深入开展“五气共治”，以“治水”的精神和力度，统筹推进工业废气、车船尾气、餐厨油烟、秸秆焚烧和建筑扬尘，全面提升大气环境质量。深入开展“三改一拆”，全力抓好畜禽养殖业拆违、减量、防反弹等工作，进一步加大公路沿线、建成区(集镇区)、城郊结合部、工业园区等重点区域的拆违力度，力争6个镇(街道)创建成为无违建镇(街道)。

三要打好系列创建组合拳。积极创建国家生态文明建设试点示范县，全面实施三年行动计划，指导和推进嘉善经济技术开发区国家生态工业示范园区创建，统筹抓好省级生态县和国家级生态镇、市级生态村复查等工作，确保顺利通过上级复查。巩固扩大"一创建三复评"阶段性成果,切实按照相关测评体系的要求,有机结合美丽嘉善建设,积极推进全国文明城市创建。大力实施绿化造林工程,积极推进绿道、绿化建设,提升城乡绿化品位,建设绿色生态家园。

4.深入践行开放发展理念,努力在提升全面融入上海水平上下功夫。顺应经济全球化和区域经济一体化深入发展大趋势,不断丰富开放内涵,拓展开放的广度和深度。

一要融入上海求实效。抢抓上海全球科技创新中心建设等重大机遇,全面深化与上海全方位、深层次、宽领域的合作交流,积极探索与上海毗邻乡镇的合作互动。对照上海标准打造各类平台、制定人才政策、改善创业环境,并进一步加强与上海自贸区、虹桥商务区以及张江、金桥、紫竹园等产业园区的深度对接,全力承接来自上海的高科技及先进制造业项目、现代服务业项目、浙商回归项目和高端人才。深化与上海的民生共享,研究梳理可行清单,落实专人负责,加快推进沪善共享应急备用水源建设、市郊列车开通、毗邻公交一体化、异地刷卡结算医院增设等工作,力争在引进上海优质医疗、教育资源上取得新进展。

二要招商引资求突破。坚持招商引资"一号工程"不动摇,强化大项目招商,结合浙商回归,着力引进符合我县产业发展方向的旗舰型、品牌型、创新型、实惠型项目,力争新引进世界500强或全球行业龙头企业投资项目3个以上,合同利用外资确保6亿美元、力争7亿美元,实到外资确保4亿美元、力争5亿美元。强化专业招商,学习嘉兴经开区等地区先进经验,抓紧制定出台专业招商合作政策,加快与国际知名会计事务所、咨询公司等中介机构建立合作关系,努力在中介机构帮助招引大项目、好项目上实现突破。强化产业链招商,瞄准县域龙头企业,聚焦园区主导产业,通过以商引商等各种形式补链延链,打造产业集群。强化新业态招商,重点围绕通用航空、节能环保等新兴产业,加强业务学习,开展定向招商,努力打造新的经济增长点。

三要平台能级求提升。按照"龙头为重、量质并举、特色集聚、功能完善"的要求,全力打造三大工业主平台。嘉善经济技术开发区要做大做强先进装备制造、电子信息两大产业,培育发展通用航空等新兴产业,提升发展品牌木业家具等传统产业,高标准加快推进中荷产业合作园建设,深入推进东区产业集聚和西区"腾笼换鸟",努力打造一流国家级开发区。嘉善电子信息产业园要全力抓好富通、保税仓库一期以及富鼎电子项目建设,通过龙头带动推进电子信息产业集聚,并充分发挥国家级综合保税区作用,积极寻求与上海自贸区等平台的跨境电商合作,推动进口贸易、保税物流、跨境电子商务平台建设和实质运营。姚庄经济开发区要进一步做大做强精密机械和光伏新能源两大产业,启动建设两岸青年创业创新试验区,积极探索沪浙产业协作,全面提升园区综合竞争力。其他各园区要积极推进"双创园"建设,加快就地提升步伐。

5.深入践行共享发展理念,在提升群众获得感幸福感上下功夫。紧紧围绕"人民对美好生活的向往",大力推进富民、惠民、安民工作,全面保障和改善民生。

一要多措并举促富民。围绕"互联网+"抓创业,进一步完善创业政策体系,大力实施电子商务拓展工程,鼓励传统企业"触网",大幅提高规上企业电商普及率,积极培育电商村、电商合作社、电商市场、电商园区、电商专精特新产品、电商特色服务企业和电商平台,不断壮大电商从业人员队伍。尤其把发展农村电商放在"三农"工作的突出位置来抓,研究制定农村电商扶持政策,深入推进并适时推广"一村、一企、一馆、二镇"农村电商试点,鼓励以高校毕业生为重点的有志青年回乡创业,以创业带动就业,全力促进农民增收。加大就业培训力度,经常性地开展就业援助月、民营企业招聘周、高校毕业生就业服务月等服务专项活动,进一步拓展就业渠道,推进公共就业服务品牌化建设。结合创业就业,全力抓好畜禽养殖户转产转业引导工作。

二要持之以恒抓惠民。稳步提高各类保障水平,积极做好社保关系的转移接续工作,深入开展"阳光医保"省级改革试点,扩大完善市民卡"一站式"服务内涵,完善住房保障体系,加大危旧房改造力度,完成344户以船为家渔民上岸安居工程,全面开展"救急难"工作,确保各类救助精确高效。打响"善文化"区域道德文化品牌,加快推进图书馆、博物馆以及农村文化礼堂建设,加强文艺精品创作,推动特色文化产业发展,全力创建公共文化服务体系示范区。大力实施教育改革突破行动，深入实施学前教育三年行动计划，加快实验小学南校区等建设，启用硕士小学、浙江师范大学附属嘉善实验学校，推进义务教育学校标准化建设，积极引进高端教育资源，全力创建成为全国社区教育实验区。全面推进“健康嘉善”建设，实施分级诊疗，深化与上海、杭州对口支援合作，推进县一院二期工程和姚庄医院一期工程建设，完成县中医院搬迁改造工程建设，全力改善城乡居民就医环境。加快社会福利中心、县老年活动中心改造等项目建设，推动居家养老照料服务中心提档升级，全面推进省级养老示范区建设。

三要全力以赴保安民。深化“平安嘉善”建设，加强社会风险源头防控，强力推进重大决策社会稳定风险评估“扩面、提质、强效”，健全“三色”预警机制，提升应急处置的能力和水平，加快以“五张网”为重点的立体化社会治安防控体系建设，实施“智慧安防”示范工程，发展壮大专兼职村居治安防控队伍，深化领导干部大接访和“五访联动”工作，有序推进全县统一政务投诉举报平台建设，加大初信初访办结力度，继续实施重要信访事项领导包案制度，加大信访积案化解力度，加强网上主流舆论阵地建设，完善网络舆情应对、分析、修复机制，深化新居民管理服务，狠抓安全生产和食品药品安全监督管理，努力实现省平安县创建“十一连冠”、夺金鼎。深化“法治嘉善”建设，加强法治政府建设，健全依法决策机制，改革和完善行政执法体制，健全以法治化为引领的“三治”建设，制订出台“七五”普法规划，不断提高党员干部法治思维和依法办事能力。

6.深入把握先行先试要求，在深化综合配套改革上下功夫。突出问题导向、精准发力、完善制度，加强供给侧结构性改革，深化综合配套改革和重点改革，全面打响“1+3”改革品牌。

一要打造“全能冠军”品牌。把综合配套改革作为“全能冠军”改革品牌来打造，按照全面完成综合配套改革任务的要求，倒排时间、倒逼任务，对启动慢、未完成的改革任务，进行重点推进、重点督察，发现问题要及时列出清单、明确责任、挂账整改；对已经完成的改革任务，要进行总结评估，可以深化的要继续攻坚突破，形成经验的要全面加强宣传，全面提升综合配套改革的品牌影响力。同时，把县域经济体制综合改革作为县域科学发展综合配套改革的切入点和着力点，按照省政府的部署要求，全力以赴抓好落实，努力在全省九个试点中走在前列。

二要培育“单项冠军”品牌。以最强的人力、物力、财力、精力保障，重点培育大众创业促进机制改革、综合行政执法改革以及县城基础设施投融资体制机制改革三项“单项冠军”改革品牌，全面落实三项改革的责任主体，抓紧抓实改革方案制定、落实、评估、宣传等各个环节，做到全程跟进、全程负责、一抓到底，全力打造具有标志性、特色性、引领性的重点领域改革品牌亮点。同时，要积极实施特色小镇梯度培育计划，梳理一批特色小镇培育对象，研究谋划好各小镇的产业定位、规划设计、功能配置、项目投资等工作，积极争取列入省市创建名单，全力把特色小镇打造成为新的经济增长点。城乡公共资源均衡配置体制机制改革、投资项目网上审批机制改革以及大都市毗邻县跨行政区域合作机制改革等其他重点领域改革也要抓住关键，主动出击，不折不扣抓落实、抓突破，确保各项改革取得预期成效。

三要谋好谋实改革红利。把改革的经验和红利作为示范点先行先试成功与否的重要标准，通过自身突破和上级支持，真刀真枪抓改革，真金白银收成效，集中精力打造一批管用实用、具有示范效应，并对当前中心工作有推动作用的改革创新嘉善模式。按照边改革边总结的要求，扎实做好综合配套改革三年行动计划的总结评估工作，全面提炼展示一批理论成果、制度成果、实践成果。加大宣传力度，不断扩大嘉善改革发展的影响力和知名度。

四、上下联动，凝心聚力，为实现“十三五”良好开局提供坚强的组织保障

实现“十三五”良好开局、全面建设县域科学发展示范点，要求我们必须深入贯彻落实十八届五中全会精神，坚持党要管党、从严治党，以改革创新精神全面加强党的各项建设，不断增强各级党组织的战斗力、创造力和凝聚力，为全县经济社会发展提供持久动力和组织保障。

一要进一步争做对党忠诚的表率。加强党委对意识形态工作的领导，坚持不懈用中国特色社会主义理论体系武装党员干部，深入学习贯彻党的十八届五中全会和习近平总书记系列重要讲话精神，推动广大党员干部特别是领导干部践行“三严三实”、增强“三个自信”,确保理想信念在任何时候、任何情况下都不犹疑、不含糊、不动摇。建立党委意识形态工作责任制,健全意识形态和社会舆情动态分析和责任追究机制,及时掌握、处置意识形态领域新情况新问题,有针对性地进行引导,维护意识形态安全。深入推进学习型党组织建设,充分发挥党校为领导干部提供理论教育和党性教育的重要作用,深化县委理论学习中心组、“柳洲论坛”“善政学堂”等各项学习品牌,推动领导干部下基层上党课,引导全县党员干部在思想上、政治上、行动上自觉与党中央保持高度一致。

二要进一步树立大抓基层的导向。全面贯彻全国农村基层党建工作座谈会精神,从严压实基层党建工作责任,持续推进党委书记基层党建项目领办制,认真开展抓基层党建述职评议。全面实施“整乡推进、整县提升”三年行动计划,打造一批基层党建工作特色群和精品示范带。积极抓好软弱落后村党组织滚动整转和村级组织换届选举试点工作,深化村党组织书记“领雁带创”计划,总结“治村36计”,组织开展“十佳最美村干部”和“十佳活力村两委”评选,加强村级后备干部教育培养,严把党员入口关,落实“三会一课”“党员固定活动日”等各项制度,强化党员党性教育。开展两新组织党组织“覆盖提升”行动,深化“四方红色联盟”结对共建,探索“党建+服务”“党建+产业”“党建+管理”“党建+生态”等各类有效模式,完善民(企)情联动体系、“红色E家园”等网络平台建设,不断提高基层党建工作科学化水平。加强和改进党对群团工作的领导,把群团组织建设纳入党建总体格局,积极探索创新群团组织体系和工作方式,充分发挥群团组织优势,不断增强党的群团工作的政治性、先进性和群众性。

三要进一步建设干事创业的队伍。明年是县、镇(街道)换届之年。要围绕好班长、好班子、好梯队建设,完善干部选拔任用工作流程,认真做好各级班子考察、人事调整、换届选举等工作,着力选优配强领导班子尤其是党政“一把手”,不断优化班子结构,激发班子活力,建设一支“敢闯敢当、善作善成”的狮子型干部队伍。强化干部教育培训和实践锻炼,把“三严三实”要求贯穿于干部教育培训全过程,继续选派干部参与招商引资、美丽嘉善建设等中心工作,加大选派优秀干部到中央部委和省级部门挂职力度,积极搭建比学赶超平台,全面激发干部干事创业的激情。坚持从严管理干部,从严审批领导干部社团兼职,全面完成领导干部超职数配备整治,深化预警调整、“三考一定”综合考评、“双考双评双亮”“反向提名”等办法,常态化推进干部能下工作。

四要进一步营造风清气正的环境。严格落实党风廉政建设主体责任、监督责任,完善主体履责年初、年中、年底“三报告”和廉情“四必谈”制度,探索基层纪检组织作用发挥新途径,特别是发挥好派驻机构“派的权威”和“驻的优势”,推行“两个责任”履责纪实管理机制,深入开展“联合巡察”“二级巡察”等工作,加大“一案双查”力度,推进监督执纪常态化、长效化。坚持严惩腐败不手软、狠纠四风不松劲,切实把纪律和规矩挺在前面,组织开展准则和条例学习、讨论、宣讲活动,实施“六大纪律”专项监督检查,完善廉政建设分级约谈、预警提醒等制度,灵活运用监督执纪“四种形态”,使“咬耳扯袖”“红脸出汗”成为常态,努力实现干部清正、政府清廉、政治清明。

同志们,新的一年迎来新的机遇,新的起点昭示新的希望。让我们紧密团结在以习近平同志为总书记的党中央周围,坚持实干苦干巧干,迎难而上、顺势而为,开拓进取、奋勇争先,为取得“十三五”和示范点建设第二阶段“开门红”而努力奋斗。

政府工作报告

——在嘉善县第十五届人民代表大会第五次会议上的讲话

嘉善县代县长　祁海龙

（2015年2月4日）

一、2015年主要工作和“十二五”发展主要成就

各位代表，2015年是全面完成“十二五”规划、谋划“十三五”发展的重要之年，也是县域科学发展示范点建设三年行动计划的冲刺之年。一年来，在县委的坚强领导下，在县人大、县政协的监督支持下，县政府团结带领全县人民落实稳增长、调结构、促改革、惠民生、防风险各项举措，较好地完成了县十五届人大四次会议确定的目标任务。全年实现地区生产总值425.5亿元，增长8.3%；一般公共预算收入35.6亿元，增长7.6%；固定资产投资294.7亿元，增长14.4%，其中工业生产性投资151.2亿元，增长25%；合同利用外资7.6亿美元，实际利用外资4.5亿美元，实际利用县外内资80亿元；进出口负增长4.7%，其中出口负增长1.6%；社会消费品零售总额168.2亿元，增长11%；城镇居民人均可支配收入46574元，增长8%，农村居民人均可支配收入27203元，增长8.6%。

全面攻坚示范点建设。习近平总书记在浙江调研时强调，示范点建设是近年来中央重视和支持浙江改革开放的重大举措。全县上下齐心协力、共同推进各项重点工作，综合行政执法改革经验获全省推广，打造“绿水青山”的平原生态样本被列入全省十个践行“两山”样本，大众创业促进机制改革方案获省政府批复，县城基础设施投融资体制改革成为国家级试点，交出了“期中大考”满意答卷。

全力以赴推动转型升级。出台工业经济稳增长促发展若干意见，规上工业总产值突破1000亿元，昱辉阳光产值突破100亿元，富鼎电子产值突破50亿元，田中精机成功上市。深入推进“四换三名”工程，大力实施工业企业绩效综合评价，腾退低效用地1541亩；实施“机器换人”项目314个，规上工业企业全员劳动生产率提高11.4%；基本完成纽扣行业整治。出台旅游发展总体规划、楼宇经济发展若干意见。划定永久基本农田。新增省级现代农业主导产业示范区2个，农业现代化发展水平列全省第五。

千方百计推进开放合作。主动对接上海中长期规划，与上海市开展省际水源地建设保护合作。成功引进总投资9亿美元的铠嘉电脑、总投资超50亿元的恒天文化旅游、总投资20亿元的软通物联网等重大项目，连续14年跻身全省利用外资十强县。成立民间融资管理服务中心、政府性融资担保公司。嘉兴出口加工区B区升格为嘉兴综合保税区B区，浙江中荷（嘉善）产业合作园入选首批省国际产业园。

坚持不懈改善生态环境。国家卫生县城、省文明县、全国文明县城通过复查。全面启动“美丽嘉善”建设，获评“浙江省美丽乡村创建先进县”称号。编制完成全县环境功能区划。“五水共治”“三改一拆”“五气共治”成效显著，完成洪溪污水厂提标改造，彻底消灭劣五类水质监测断面；完成“公铁”沿线环境整治；全面落实秸秆禁烧，PM2.5年均浓度改善率达6%，空气质量优良天数275天。

统筹兼顾加快城乡融合。基本完成“多规合一”改革试点任务，城乡统筹发展水平继续保持全省前列。全面加快高铁新城核心区块建设，体育路下穿沪昆铁路改（扩）建工程进展顺利。扎实推进小城市培育、中心镇建设，巧克力甜蜜小镇入选全省首批特色小镇创建名单。全县生活垃圾无害化处理率达到98%以上。林木覆盖率达到16.7%。

多措并举保障民生事业。基本建成生态能源发电项目、吴镇书画院，启动建设县社会福利中心，县中医院搬迁改造，博物馆、图书馆新馆等项目。完成80家无证幼托机构整治。全面加强安全生

产、食品药品监管等工作。进一步完善社会应急联动体系。正式发行《嘉善县志(1989—2008)》。连续9年保持命案侦破率100%,实现省平安县创建“十连冠”。圆满完成第二届世界互联网大会等安保任务。

一以贯之加强政府自身建设。深化“四张清单一张网”改革,主动承接省市部门下放事项162项,全面取消非行政许可审批事项。大力推进“法治嘉善”建设,建成覆盖全县的公共法律服务网络,办结行政复议案件30件。严格落实党风廉政建设主体责任、监督责任。实施县级财政专户资金竞争性存放。首创“善政学堂”,建立双周夜学、点题授课等制度。

各位代表,2015年全县经济社会发展各项目标任务的完成,为“十二五”划上了圆满句号。五年来,我们以示范点建设为总目标,以加快转变经济发展方式为主线,以富民强县、社会和谐为根本目的,深入实施融入上海、创新发展、统筹提升、生态立县、民生优先五大战略,全县经济社会发展取得了显著成就。与“十一五”末相比,地区生产总值增长54.1%,一般公共预算收入增长88.9%,固定资产投资增长64.1%,进出口、出口分别增长17.1%和29.2%,城乡居民人均可支配收入分别增长65.2%和89.1%,收入比缩小到1.71∶1。

五年来,我们坚定不移地推进示范点建设,深化综合配套改革。积极谋划示范点建设。紧紧围绕“十二五”规划提出的建设示范点总目标,通过全县上下不懈努力,《浙江嘉善县域科学发展示范点建设方案》经国务院同意,由国家发改委批复实施。建设任务如期推进。第一阶段6项主要发展指标总体实现预期目标,110项核心任务已完成89项。关键领域改革进展显著。始终坚持把先行先试、深化改革作为示范点建设的关键点和突破口,《嘉善县域科学发展综合配套改革总体方案》获省政府批复,100项改革任务已完成89项,农村产权制度改革等24项改革被列为省级以上试点。

五年来,我们坚定不移地调优产业结构,提高经济质量。三次产业协调发展。出台实施工业强县建设决定、“互联网+智能制造”战略行动方案,新增省级以上产业集群基地4个。农业“两区”完成投入6.3亿元,新建粮食生产功能区14.4万亩。古镇西塘通过国家AAAAA级创建景区景观质量评审,大云温泉省级旅游度假区获批。三次产业比例从7.5∶59.3∶33.2调整为5.5∶55.1∶39.4。转型升级步伐加快。高新技术产业产值占比提高7.2%;规上工业增加值、亩均产值、亩均税收、亩均投资强度分别提高47%、37%、106%、76%。

五年来,我们坚定不移地扩大对外开放,全面融入上海。合作内涵不断丰富。与上海市合作建立科学发展研究实践基地,设立上海自贸区嘉善项目协作区、上海固定电话覆盖开发区。取消上海移动通信在嘉善特定地区漫游资费。外向型经济发展迅猛。累计合同利用外资29亿美元,实际利用外资20亿美元,实到县外内资321亿元,引进喜力等世界500强项目3个,总投资超1亿美元项目12个。产业平台提档升级。开发区升格为国家级经济技术开发区,姚庄工业园升格为省级经济开发区。建成启用科创中心二期,归谷科技园被授予省“千人计划”产业园。

五年来,我们坚定不移地实施创新驱动,转换增长动力。创新主体实力增强。R&D占比从2.1%提高到2.7%,新增国家级科技项目46项、高新技术企业32家。累计授权发明专利273件。新增驰名商标2件、省著名商标9件、省市名牌23个,参与国际、国家和行业标准制(修)订35项。创新人才加速集聚。累计引育“国千”专家32名、“省千”专家20名;新资助“创新嘉善·精英引领计划”项目21个,新增院士专家工作站4个、国家级博士后科研工作站1个、省级企业研究院3个,实施技能型人才“金蓝领”计划。创新要素配置方式。实行差别化的税收、资源价格、信贷政策。全面推行排污权有偿使用和交易等环境资源总量制度。

五年来,我们坚定不移地统筹城乡发展,促进全面融合。城市功能有效提升。完成土地利用总体规划中期评估修改。完善城乡总体规划体系,实现县域控规全覆盖,县城建成区从25平方千米扩展到40平方千米。与华夏幸福基业采用PPP模式合作开发高铁新城。启动6个地块城市有机更新,完成24个开放式老旧小区改造。交通治堵累计投入8亿元,完成12个主要路口渠化改造,打通、新建道路17条,新增停车泊位10350个,投用公共自行车1500辆,实现城乡公交一体化经营管理。镇村建设步伐加快。姚庄镇在省级小城市培育试点考核中三年位列优秀,西塘镇在市级小城市培育试点考核中连续三年名列第一。村庄布点规划调整为 249 个,完成农房集聚改造 11845 户,村均常规稳定性收入从 85 万元提高到 150 万元。基础设施日益完善。公路通车总里程达到 804 千米,新建、改建农村公路 66.4 千米,大中修 98.5 千米,改建农危桥 105 座。完善电网及配套设施,新建各类燃气管道 352 千米。

五年来,我们坚定不移地加强生态文明建设,优化人居环境。"五水共治"出成效。编制完成城乡污水处理一体化规划,新建污水管网 230 千米,工业企业污水入网 1837 家,农村生活污水治理 3.6 万户,行政村治理覆盖率达 100%。全面完成"清三河",交接断面水质考核保持优秀。累计投入水利建设资金 14.2 亿元,启用幽澜水厂四期,日供水能力从 21 万吨扩容到 31 万吨。"三改一拆"动真格。拆除各类违法建筑 534 万平方米,"三改"开工面积 945 万平方米。划定畜禽养殖禁限养区,拆除违章猪(禽)舍 204 万平方米,生猪存栏从 45.2 万头削减到 6.5 万头。节能减排强推进。全面完成电镀、印染、造纸、化工、喷水织机等行业整治,淘汰黄标车 3072 辆,提前完成节能任务,基本完成减排任务。

五年来,我们坚定不移地贯彻以人为本理念,着力改善民生。保障力度逐步加大。民生支出占财政总支出比例从 72%提高到 77.6%。新增城镇就业人员 49474 人,实现城镇失业人员再就业 27121 人,净增五大类社会保险 280657 人。统一城乡居民低保标准并提高到 664 元。新建、改(扩)建养老机构 8 家,率先在全省实现居家养老服务照料中心村(社区)全覆盖。开工建设保障性住房 6115 套,发放住房货币补贴 780 万元;改造农村困难家庭危旧房 586 户。全面消除人均年收入 4600 元以下贫困现象。公共服务持续优化。"惠民十大工程"全部完成。新建、迁建、改(扩)建学校 37 所。深入推进基层医药卫生体制、县级公立医院综合改革,县一院完成整体搬迁,改造完成 100 家村(社区)卫生服务站。启用体育公园,32 所学校体育设施向社会开放;建成文化礼堂 49 家。完成食品药品监管体制改革,改造提升农贸市场 25 家,创建省级放心农贸市场 5 家。社会大局和谐稳定。加强"七张网"社会治安防控体系建设。化解(终结)疑难信访积案 140 件。推进居住证制度改革省级试点。全面加强安全生产责任体系建设。整治各类非法营运车辆 1288 辆。国防、民防、双拥、民族宗教、外事、侨务、气象、工青妇、老龄、残联、科协等事业取得长足进步。

各位代表,"十二五"期间我县经济社会发展取得的成绩来之不易。这是县委坚强领导和县人大、县政协监督支持的结果,是全县干部群众团结奋斗、开拓进取的结果。在此,我代表县人民政府向各位代表、委员,向全县工人、农民、知识分子、干部和武警官兵,向老同志,向各民主党派、工商联、无党派人士、人民团体和社会各界人士,向所有关心、支持嘉善建设和发展的海内外朋友,表示衷心的感谢,并致以崇高的敬意!

回顾过去的五年,我们也清醒地看到,全县经济社会发展中还存在很多困难和问题。主要表现在:转型升级步伐仍需加快,传统产业提升任务艰巨,先进制造业占比还不高,楼宇经济发展相对滞后,进入多层次资本市场的企业数量较少,企业"低小散"现象还大量存在;创新驱动发展基础不够扎实,高技术含量、高附加值、核心竞争力强的企业仍然偏少;城乡环境面貌、基础设施、基本公共服务与百姓期待仍有差距;政府职能转变有待持续深化,少数部门的改革意识、法制意识、担当意识还有欠缺,作风建设还需常抓不懈,等等。对此,我们将高度重视,采取更加有效措施,切实加以改进。

二、关于《"十三五"规划纲要(草案)》的说明

"十三五"是充满机遇、充满挑战的五年,是示范点建设和现代化建设的关键时期。根据县委《关于制定嘉善县国民经济和社会发展第十三个五年规划的建议》,县政府制定了《嘉善县国民经济和社会发展第十三个五年规划纲要(草案)》,提请大会审议。下面我就四个方面作简要说明:

(一)指导思想

高举中国特色社会主义伟大旗帜,以马克思列宁主义、毛泽东思想、邓小平理论、"三个代表"重要思想、科学发展观为指导,深入贯彻习近平总书记系列重要讲话精神,以"四个全面"战略布局为统领,以创新、协调、绿色、开放、共享五大发展理念为引领,牢牢把握"干在实处永无止境,走在前列要谋新篇"的新使命和"更进一步、更快一步,继续发挥先行和示范作用"总要求,坚持和深化"八八战略",坚持发展第一要务,以增进人民群众福祉为根本,以提高发展质量和效益为中心,切实加强经济、政治、文化、社会、生态文明建设和党的建设,全面建成县域科学发展示范点和更高水平的小康社会,努力率先基本实现现代化。

(二)发展定位

"十三五"我县发展定位是"一城、四地",即创业创新的现代化临沪新城,转型提升先行之地、开放合作前沿阵地、城乡融合示范高地、绿色水乡人文胜地。

(三)发展目标和发展战略

"十三五"我县总的目标是经济社会保持平稳较快发展,主要经济指标增速高于省市水平,提前实现"四个翻番",即到2020年,GDP和人均GDP在2010年的基础上提前一年实现翻番,城乡居民人均可支配收入在2010年的基础上提前两年实现翻番;具体目标是综合实力更加强劲、城乡发展更加融合、生态环境更加优美、人民生活更加幸福、治理体系更加完备。

"十三五"我县将实施六大发展战略:创新驱动战略。牢固树立创新是第一动力、人才是第一资源的观念,通过创新引导经济结构、发展方式转变,努力形成下一轮经济发展新的增长点。统筹提升战略。发挥区域城乡发展相对均衡的优势,实现城乡体制接轨、城乡产业融合、城乡基础设施配套共享、社会事业协调发展。绿色发展战略。牢固树立"绿水青山就是金山银山"的理念,以"美丽嘉善"建设为抓手,协同推进新型工业化、城镇化、信息化、农业现代化和绿色化。融入上海战略。把握大上海都市经济圈的战略机遇,在上海"四个中心"、自贸区建设等重大战略部署中主动寻求合作机遇,主动创造合作平台,努力实现共谋、共建、共享、共赢。民生优先战略。坚持以民为本,进一步健全基本公共服务均等化长效机制,促进社会公平正义,使全县人民有更多获得感,实现人民生活水平和质量普遍提高。法治保障战略。加快建设法治政府,努力构建法治社会。全面提高行政管理效率,提升社会治理水平。提高司法公信力,形成有效的"县域善治"治理体系。

(四)主要任务

坚持创新驱动,增强经济发展新动力。把创新作为引领发展的第一动力,着力提升创新空间,切实抓好创新人才引育,推动发展从主要依靠要素驱动、投资驱动向创新驱动转变,国家可持续发展试验区体制机制创新走在前列。

加快产业转型升级,实现经济发展新跨越。大力发展壮大电子信息、先进装备制造两大主导产业,培育发展节能环保、通用航空两大成长型产业,提升发展品牌木业家具、高档纺织服饰两大传统产业。重点发展休闲旅游、现代物流、健康服务、科技信息等服务业产业。打造现代农业示范区。

发挥临沪区位优势,构筑开放合作新格局。以"一带一路"和长江经济带国家战略实施为契机,加快融入长三角一体化步伐,全面实施融入上海战略。不断丰富对外开放内涵,创新开放合作模式,提高开放合作水平。

优化空间总体布局,彰显城乡融合新面貌。进一步优化城镇梯度延伸的空间布局,明确功能定位,突出中心城区的人口、产业、公共服务等集聚辐射能力,不断提升城乡建设水平,推动城镇特色化发展。

加快推进生态文明建设,全力打造"美丽嘉善"。坚持绿色发展,统筹推进生态环境保护、低碳经济发展和生态文明制度建设,严格实行生态红线制度,加大环境治理力度,联动推进"四美"建设。

优化基础设施网络,强化城乡统筹新支撑。围绕构建满足需求、适度超前、结构优化、功能完善的现代基础设施网络体系,突出事关民生领域的重大项目建设,加快实现更高层次的城乡一体化发展格局。

深入推进共享发展,打造民生幸福新家园。把保障和改善民生放在更加突出的位置,全面提高社会保障水平,加快社会事业基本公共服务体系建设,增强公共服务保障能力。

大力弘扬"善文化",增强县域文化软实力。全力培育发展以"善文化"为核心的地方人文品牌,促进社会主义核心价值观在基层大众化、特色化、实践化,提升文化产业层次和水平。

构建"县域善治"体系,提高治理能力现代化水平。树立善政善治、平等包容、服务为主的理念,创新县域治理体系,切实保障社会公共安全,推进"法治嘉善"建设,全面提升社会治理综合水平,形成具有地方特色的现代化社会治理新格局。

再创体制机制新优势,打造综合改革嘉善样板。着力推进综合配套改革,充分发挥市场在资源配置中的决定性作用，更好发挥政府作用和有效发挥社会力量作用，强化制度供给，加快推进政府职能、要素市场、社会领域等重点改革，争当深化改革排头兵。

三、2016年主要工作

2016年既是“十三五”发展的开局之年，也是示范点建设第二阶段的起始之年，做好今年政府工作意义重大。

综合考虑各种因素，建议2016年全县经济社会发展的主要预期目标为：地区生产总值增长7.5%，一般公共预算收入增长7%；固定资产投资增长11%以上，其中工业生产性投资增长12%以上；合同利用外资6亿美元，实际利用外资4亿美元，实际利用县外内资75亿元；进出口增长3%，其中出口增长5%；社会消费品零售总额增长10%以上；城镇居民人均可支配收入增长8%，农村居民人均可支配收入增长8%以上；完成上级下达的节能减排任务。为实现上述目标，着重抓好七个方面工作。

（一）围绕重大战略，激发经济发展新活力

*承前启后再谋示范点建设新篇。*全面启动第二阶段建设，做到力度更大、标准更高、劲头更足，全力打造示范点建设升级版。制定五年行动计划和年度实施计划，进一步聚焦重点任务、重大项目，建立健全工作统筹、建管、助推等机制，确保项目联动推进。主动加强与上级部门沟通衔接，积极争取支持。更加注重发挥群众主体作用，凝聚最大智慧和力量共同推进示范点建设。

*突出重点加快综合配套改革。*紧扣综合配套改革三年行动计划，确保全面完成各项改革任务。重点推进大众创业促进机制改革、县城基础设施投融资体制改革、综合行政执法改革等，力争在全省乃至全国形成样本。积极关注国家、省、市新的改革动向，充分发挥自下而上的首创精神，使“上级有所谋”与“基层有所求”相呼应，力争在改革层次、深度和广度上取得实质性突破。

*质效并举培育新的经济增长点。*加快巧克力甜蜜小镇建设，培育发展归谷智造小镇、互联网智造小镇等一批生产、生活、生态“三位一体”，产业、文化、旅游融合发展的特色小镇。积极培育光通信产业，依托富通光通信项目，加快引进一批关联的世界500强企业。积极培育物联网产业，依托软通物联网项目，加快建设关键技术公共实验室、人才实训基地等服务平台，大力引进一批关联项目。积极培育节能环保产业，加快中国节能环保集团公司嘉善科技产业园等专业特色园区建设。谋划发展通用航空产业，编制产业发展专项规划，加快引进一批航空装备制造、航空服务等项目。

*政企互动加大科技创新力度。*全面深化科技体制改革，建立政府产业基金，探索市场化、专业化运作模式，撬动产业转型升级。加快提升三大创新主平台，打造科技成果转化、科技企业成长、创新人才培养的重要基地。推动企业建立研发中心、产学研基地，支持行业骨干企业联合高校院所共建创新战略联盟，引导企业在研发新产品、掌握核心技术上下功夫。加大高新技术企业培育力度，新认定10家以上，新增省级科技型中小企业25家以上。探索建立创新激励机制，鼓励企业通过股权激励、科技项目销售分成等方式重奖科研人员。新引育“国千”“省千”专家8名。

（二）围绕转型升级，构建现代产业新体系

*大力发展新型农业。*转变农业发展方式，积极推动传统农业向现代农业转型。发展跨界农业新业态，深化“农业+旅游”模式，注重农业经济、科技创新、旅游产品、游客体验有机结合，加快实现高效生态农业、休闲旅游业等产业融合发展，进一步发挥三次产业联动效应。围绕“互联网+农业”，加强农村信息基础设施建设，大力推广农村电商，打造一批电商村、电商户。积极推进农业品牌建设，扩大“银加善”品牌效应。加快培育壮大新型农业主体，进一步发挥农民专业合作社作用，支持技术、信息、市场等输出。深化以“三权三抵押”为核心的农村产权制度改革。坚守耕地红线，新增粮食生产功能区2.4万亩。

*加快发展先进制造业。*大力推进“2+2+2”工业产业体系建设，做强做大龙头骨干企业。推进供给侧结构性改革，积极稳妥化解产能过剩，帮助企业降低成本。围绕“互联网+智能制造”，积极培育示范企业；深入实施重点行业、企业“机器换人”行动，规上工业企业全员劳动生产率提高15%以上；推进“腾笼换鸟”，腾退低效用地1500亩以上。完善工业企业绩效综合评价，加大小木业、管桩等“低小散”企业整治力度。加快推动“个转企”“小升规”“规改股”“股上市”，加大企业上市扶持力度，力争

新增上市企业1—2家,新三板挂牌企业3—5家,股改企业6—8家,完成“小升规”80家。

培育壮大现代服务业。牢固树立“大旅游、大景区、大产业”理念,优化旅游发展格局,推进旅游业态创新;古镇西塘创建成为AAAAA级景区,加快完善娱乐、住宿、会务等高端商务配套;大云温泉省级旅游度假区加快整合碧云花园、十里水乡、云澜湾温泉等资源,积极打造与巧克力甜蜜小镇相关的工业旅游、休闲旅游等特色产业;启动编制汾湖旅游规划。依托嘉兴综合保税区B区、仓储设施等资源,大力发展保税物流、快递等现代物流产业。编制健康产业规划,培育壮大医疗服务、医疗器械、健康食品、体育健康等业态。培育发展科技信息服务业,谋划研发设计服务、创业孵化服务、检验检测认证服务等业态。积极打造“空中园区”,制定出台楼宇产业指导意见,引导楼宇集聚发展、错位发展、特色发展,新增税收千万楼宇1—2幢。

差别配置要素资源。深化要素资源市场化配置改革,建立土地使用权、排污权、用能等要素综合交易平台,完善土地要素市场化交易机制。试点开展基本农田与高标准农田等量同质置换、产业用地差别化供应,全年新增建设用地计划指标2000亩、垦造耕地1500亩,消化批而未供土地2000亩。完善金融支持政策,防范和化解区域金融风险;启动小额贷款保证保险试点,加快建设省级农村信用体系试验区。实行居民生活用气阶梯价格。

(三)围绕融入上海,构筑开放合作新格局

推动资源共建共享。深入研究开行市郊列车(通勤列车)、快速公交体系;扩大上海固定电话和移动通信服务覆盖面;推动与上海高校、医院合作办学办医;加快两地市民卡、公交卡互通共用,把嘉善打造成为与上海基础设施互联互通、公共服务共建共享的先行地。抢抓上海全球科技创新中心建设等重大机遇,深化与上海自贸区、虹桥商务区、张江高科技园区等产业园区对接,使嘉善成为上海中高端产业的承接地。进一步加强与上海迪士尼合作,实现宣传互动、票务代理、客源共享、开通专线、项目承接,把嘉善打造成为上海市民和游客休闲旅游目的地。积极打造上海人才创业园,启用人才创业服务中心,建立大学生创业学院,加强与松江大学城等合作,使上海成为嘉善优秀人才的重要来源地。加强供沪农产品基地、入沪销售渠道和在沪销售窗口建设,全年供沪农产品30万吨,销售额超25亿元,使上海成为嘉善农产品的重要销售地。

优化招商引资举措。充分发挥驻点招商、以商引商等既有招商模式优势,积极推进中介机构专业招商,力争新引进世界500强或全球行业龙头企业投资项目3个以上。巩固对台招商优势,拓展欧美等重点区域,引进一批引领作用强、技术含量高、资源消耗少、综合效益好的优质项目和平台项目。推进产业招商,围绕产业发展方向,积极引进一批配套企业,做大产业集群。全面推进“浙商回归”,引进综合性总部,总投资15亿元、30亿元以上项目各1个。

全力扩大有效投入。实施三年行动计划,开展项目集中开竣工月活动,全力推动富通光通信、铠嘉电脑、恒天文化旅游、三杰印刷、宝湾物流等重大项目建设。引导企业加大技改力度,确保完成技改投资100亿元以上。完善政府投资项目建设管理机制,拓展资金筹措渠道,向社会推出一批PPP项目;严格落实政府投资项目前期工作管理办法。

打造专业特色平台。加大差异化考核力度,推动任务、政策、资源等向三大主平台倾斜,全面增强平台承载和集聚功能。加快建设专业特色园区,引导关联企业集聚发展,整体提升入园企业核心竞争力和抗风险能力,培育一批“单打冠军”。依托富通光通信、富鼎电子等龙头企业打造百亿级电子信息专业园区,利用国际合作规划建设中荷、中德产业园等一批“园中园”。大力推动其他工业平台围绕“双创园”建设要求转型提升,探索村级工业园整体腾退、集聚提升机制。

(四)围绕一体发展,实现城乡融合新提升

提高城区建设水准。尊重城市发展规律,提高城市工作全局性、系统性和城市发展持续性、宜居性水平。完成县域总体规划修编、首次地理国情普查。完善中心城区功能定位和空间布局,加快推进高铁新城“二片三路”“跨河联接”工程,基本建成江南风情水街一期等项目,探索建立合作区域市政管理机制。启动原四中、卖鱼桥—西城半岛等地块改造,完善老旧小区管理。实施城区主要道路管线上改下、绿化亮化品质提升工程,完成世纪大道、嘉善大道连接线等入城口改造,完成储备用地绿化工作,新增绿化面积4000亩。加快城市智能交通平台、城市交通微循环系统建设。

积极打造特色镇村。推进强镇扩权改革，完成第二轮省级小城市培育试点，启动第二轮市级小城市培育试点。稳妥推进农房集聚改造，探索实行房票制度，满足农民建房刚需；严控点外建房、未批先建。启动第三轮“强村计划”，加快推进跨区域抱团强村发展项目建设，力争消除常规稳定性收入50万元以下相对薄弱村。

增强基础设施功能。加快丁诸线航道整治、杭州湾跨海大桥北接线二期等工程建设，实施疏港公路二期等项目。推进农村公路品质提升工程。启动建设生态能源发电配套项目、大件生活垃圾处理工程，推进生活垃圾分类试点工作。扎实推进电网建设。

（五）围绕环境整治，塑造“美丽嘉善”新形象

突出抓好“四美”建设。按照“一年见效、三年到位”总体目标，落实“五个一”长效管理机制，明确责任主体、落实主体责任。逐步完善废旧商品回收交易、引导社会参与等机制。统筹推进“四美”建设项目库市场化运作。完成320国道等12条主要道路沿线环境整治。重点打造10个“美丽乡村”精品村，实现小循环线路全面贯通。

铁腕抓实治水拆违。全面深化“五水共治”体制机制创新区建设，打造26条综合整治示范河道，交接断面水质考核继续保持优秀。完成污泥无害化处置项目。抓紧实施太浦河取水二期、西部水务提标等工程。完成圩区整治16片、河道综合整治400千米、清淤疏浚332千米。完成老旧供水管网改造。扎实推进节水型城市创建，落实水资源管理“三条红线”。全力推进“无违建”创建，严格落实“两违”网格化管理，健全日常巡查防控和快速处置机制，完成“三改”100万平方米以上；坚持拆违、减量、防反弹三管齐下，继续开展违章猪（禽）舍清理工作。推进违法码头堆场清理整治。

大力实施节能减排。积极创建国家生态文明建设试点示范县、省级循环经济示范县。深入推进“五气共治”，严格落实标准化工地管理，探索建立餐饮油烟监管联动机制，推进秸秆综合利用，鼓励企业开展天然气改造，减少主要污染物排放总量。加大环境联动执法力度，形成严厉打击环境违法犯罪高压态势。

（六）围绕民计民生，落实惠民利民新举措

完善社会保障体系。建立创业就业转业增收机制。加快“阳光医保”辅助诊疗、诊间结算等平台联网应用。深化完善参保登记、医保报销、工伤生育待遇申领等服务向镇（街道）延伸。完善医保异地联网系统，推动市民卡一卡多用和省市范围内通用。健全养老服务体系，构建“一网九圈百站”养老服务格局。实施货币补贴、梯度保障为主要内容的公共租赁住房保障政策，落实化解房地产库存政策。

均衡社会事业发展。加快教育现代化建设，探索集团化办学、地方政府与高校合作办学，提高教育质量；大力实施新一轮学前教育三年行动计划，全面完成无证幼托机构整治。深化医疗卫生体制改革，逐步完善分级诊疗、双向转诊体系。引导社会资本办医办学。落实国家生育政策。加快构建现代公共文化服务体系，完善社区文化体育设施，全力打造“善文化”地方人文品牌。认真做好国防、民防、双拥、民族宗教、档案、外事、侨务、气象等工作，支持工青妇、老龄、残联、科协等事业发展。

维护社会和谐稳定。深入推进“平安嘉善”建设，争取省平安县创建“十一连冠”，夺取“平安金鼎”。加快社会治安体系建设，实施“智慧安防”示范工程，依法严厉打击各类违法犯罪活动。建设社会稳定风险防控体系。推进涉法涉诉信访改革，完善“3＋X”信访工作联动协作模式。加强网络舆情导控体系建设。全面推行新居民IC卡居住证。强化出租房屋管理。严格落实安全生产责任制，确保三项指标“零增长”。创建省食品安全县、农产品质量安全县。

（七）围绕职能转变，取得自身建设新成效

建设学习政府。以“善政学堂”为载体，突出学理论、学知识、学方法，深入探讨改革创新、转型升级、城市建设等重点工作和当前经济社会领域的新热点、新问题，加快促进各级干部更新知识结构、提高驾驭能力。广泛开展调查研究、现场办公，切实把调研成果转化为促进发展的工作思路、破解难题的有效方法。

建设法治政府。自觉接受人大及其常委会的依法监督、政协的民主监督、司法机关的司法监督以及社会公众和新闻舆论监督，高质量办理人大代表议案、建议和政协委员提案。坚持县政府常务会议学法制度，完善行政决策程序，强化合法性审查和备案审查。全面启动“七五”普法工作。加强电

子政务平台建设,加大信息公开力度。

建设高效政府。正确处理政府与市场的关系,继续深化"四张清单一张网"改革,建立健全动态调整机制,实现镇(街道)权力清单、责任清单全覆盖。扎实推进零土地技改项目审批改革,开展非独立选址项目不再审批试点。深化企业精准服务。继续打造"嘉善零距离"政务微信群品牌,提高政府办事效率。大力倡导和弘扬担当精神,推动干部敢于担当、善于担当。

建设廉洁政府。按照全面从严治党要求,高标准落实党风廉政建设责任制和廉洁从政各项规定,认真履行"一岗双责";严格执行中央八项规定和省委"六个严禁"要求,争做守纪律、讲规矩的表率。深化惩治和预防腐败体系建设,强化对重点领域、关键环节权力运行的监督制约,坚决查办违纪违法案件。进一步规范建设工程招投标行为。

各位代表,今年,我们围绕群众关心关注的热点、焦点问题,明确了十个方面的民生实事。

1.大气治理。全面淘汰10吨以下燃煤锅炉,完成3家热电厂脱硫脱硝,全面淘汰"黄标车"。

2.城乡治水。新建一、二级污水管网35千米,新建泵站17座,改造城区纳管点60个,全面完成农村生活污水治理三年行动任务;太浦河饮用水水源地水质达标率继续保持100%,与上海合作建设备用水源地。

3.教育事业。启用浙江师范大学附属嘉善实验学校、吴镇教育集团硕士小学,启动建设上海师范大学附属嘉善实验学校,建成实验三小,新建、改(扩)建幼儿园6所以上。

4.就业创业。城镇新增就业岗位10000人,城镇失业人员再就业3000人,困难人员再就业1100人,支持鼓励"4050"等灵活就业人员就业创业6000人。

5.住房保障。新增公共租赁住房补贴200户,竣工公共租赁住房330套、经济适用住房510套;全面完成以船为家渔民上岸安居工程;完成农村困难家庭危旧房改造100户以上。

6.医疗卫生。完成县中医院搬迁改造工程、大云卫生院改造工程;启动县一院二期、县二院迁建、康慈医院二期和惠民卫生院迁建工程。

7.文体生活。加快建设博物馆、图书馆新馆,新增馆藏图书8万册;新增文化礼堂13个以上;新建公园5个,建成城市绿道8千米。

8.帮困养老。加大精准扶贫、精准脱贫力度,逐步扩大低保覆盖面;实施困难残疾人生活补贴和重度残疾人护理补贴制度。实施环卫工人免费爱心早餐。加快建设县社会福利中心,实现居家养老服务流动车镇(街道)全覆盖。实施60周岁以上老年人政策性意外伤害保险。

9.食品安全。实施"三小一市场"整治,加大初级农产品检测力度,及时公布检测结果;创建省级放心农贸市场2家。

10.公共交通。完成体育路下穿沪昆铁路改扩建工程,启动平黎公路改扩建、兴善公路(魏塘—干窑段)、体育路拓宽等工程;提升改造农村公路23千米,改造农危桥10座,建成洪溪大桥,启动新天凝大桥建设;新增公交客车40辆,新布点公共自行车34处;实施60周岁以上老年人免费乘坐公交车政策。

名词解释:

【四张清单一张网】 是指行政权力清单、政府责任清单、投资负面清单、财政专项资金管理清单和浙江政务服务网。

【三大创新主平台】 是指归谷科技园、高铁新城、科创中心。

【"四美"建设】 是指"美丽县城"建设、"美丽城镇"建设、"美丽乡村"建设和"美丽通道"建设。

【"五个一"长效管理机制】 是指"一把扫帚扫到底""一把剪刀修到底""一把泥刀补到底""一把铲刀清到底""一把闸刀管到底"。

【特色小镇】 是指相对独立于市区,具有明确产业定位、文化内涵、旅游和一定社区功能的发展空间平台,区别于行政区划单元和产业园区。

【五气共治】 整治工业废气、严禁秸秆焚烧、治理汽车尾气、防治城市扬尘和治理油烟废气。

【上海"四个中心"】 是指国际经济中心、国际金融中心、国际贸易中心、国际航运中心。

【"95·5·3"养老格局】 是指到2020年,95%的老年人接受居家服务,5%的老年人在养老机构接受服务,不少于3%的老年人享有养老服务补贴。

【二片三路】 "二片"是指嘉善大道东片的跨境电商示范项目,以及西片的生态健康项目;"三路”是指嘉善大道、宏业路、宾阳大道。

【跨河联接】 是指白水塘跨河工程，涉及环东南路、亭桥路、伍子塘路、体育路、环西南路的南沿线。

【水资源管理“三条红线”】 是指水资源开发利用红线、用水效率控制红线、水功能区限制纳污红线。

【一网九圈百站】 “一网”，即智慧养老服务网；“九圈”，即实现9个镇（街道）村村相通的健康流动服务圈；“百站”，即全县154个社区居家养老照料中心全覆盖。

【“3+X”信访工作联动协作模式】 “3”是指县法院、县法制办、县信访局，“X”是指涉事职能部门。

【三小一市场】 是指食品生产加工小作坊、小餐饮、食品小摊贩和农贸市场。

担当起党委领导群团工作的重要政治责任

——在中央党的群团工作会议上的发言

中共浙江省嘉善县委

嘉善地处改革开放前沿。我们牢记习近平总书记建设县域科学发展示范点嘱托,把群团工作作为贯彻"四个全面"、落实"八八战略"、弘扬"红船精神"、促进科学发展的基础性工作,团结带领全县38万人民激情干事,奋力建设美丽嘉善,创造美好生活。

一、明方向、出思路

群团组织既是群众依靠,又是党的助手。县委抓群团,核心是把牢方向。一是坚定不移跟党走。始终按照中央和省委要求,突出强调群团必须把中央和上级党委重大决策部署作为工作方向,转化为群众自觉行动,党委指向哪,群团跟到哪。二是融入中心求作为。每年通过座谈、调研等与群团负责人沟通,帮助把握工作目标,理清工作思路。围绕建设"两美浙江"和县域科学发展示范点,指导群团从各自特点出发,开展有特色、有实效的主题活动,发动各领域群众合力推进事业发展。三是牢记主业搞服务。群团工作千条万条,最根本的是服务群众。要求群团把主要精力聚焦到服务群众上,做实便民利民惠民工作,在服务群众中引领群众、凝聚群众。

二、搭平台、压担子

群团越用越有用,越干越能干。县委抓群团,关键是创造条件支持他们上一线。一是上急难险重攻坚一线。嘉善每年防台抗洪任务重。我们支持团县委组建常态化青年突击队,作为抢险救灾预备队。前年抗击"菲特"特大台风,团委组织300多人的突击队在齐腰深的洪水里扛沙袋,打木桩,连续奋战9个多小时,带动群众筑起千人防线。二是上矛盾纠纷化解一线。嘉善民营、外资企业多,外来与本地居民数量接近1∶1。我们支持群团参与社会治理,建起300多个新居民职工之家、青年之家、妇女之家,探索新居民自我管理服务新模式。县总工会建立企业劳动争议调解委员会,第一时间介入劳资纠纷,一线处理解决矛盾问题,努力构建和谐劳动关系。三是上网络舆论引导一线。支持群团建设网站、微信、微博、手机报,组建千人"网络红军",勇当战士敢发声,广泛传播正能量。

三、拓职能、促服务

群众说好,群团工作才算真正好。县委抓群团,重点是推动群团把服务做到群众心坎上,让老百姓满意。一是为群众送政策。近些年,中央和省市出台许多惠民政策。我们发挥群团优势,通过联户联村联社区,送技术、送文化、送法律等,推动惠民政策走好"最后一步路"。二是为群众办实事。县妇联组织农村妇女在房前屋后建设微田园,户户争创优美庭院,村村建设美丽乡村,把猪棚、鸭棚、鸡棚变成菜园、果园、花园,赢得群众交口称赞。团县委建立县、镇、村、企四级志愿队,广泛开展助老助残、护水护绿等志愿服务。三是为群众解难题。要求群团在群众困难时,主动伸援手、真情送温暖。县总工会帮扶职工"春送岗位、夏送清凉、金秋助学、冬送温暖"。县妇联"阳光妈妈"家园一对一关爱失学、失教、失爱少年儿童,让孩子回归阳光家庭。

四、带组织、强队伍

党离不开群众,党建离不开群建。县委抓群团,始终坚持党建群建一体推进。一是工作部署上带。县委把群团尤其是工青妇纳入大党建工作格局,每年研究部署党建工作时,一并谋划群团工作。二是组织建设上带。县委组织部与工青妇分别制定党建带工建、团建、妇建规划,形成基层组织建设联动机制。在新经济组织和新社会组织中,已建党组织的同步建群团组织,暂不符合建党组织条件的先建群团组织。三是队伍培养上带。通过上挂下派、交流轮岗等,加强对群团干部尤其是年轻干部、女干部的培养锻炼。四是作风建设上带。按照"走村不漏户、户户见干部"要求,推动群团干部自觉践行“三严三实”，用脚步丈量民情，用跑步办理民事，用干部辛苦指数换群众满意指数。

五、抓保障、优环境

群团主要做人的工作。人心齐，事业兴。县委抓群团，必须舍得投入，这是花小钱办大事。我们将群团工作经费纳入财政预算并逐年增加，去年共支出1.4亿元，占全部财政支出的3.6%。群团服务阵地纳入城市建设总体规划，在黄金地段建职工服务中心、青少年宫、妇女儿童活动中心，党政机关、企事业单位、村（社区）党组织活动阵地与群团共享共用。县委把群团工作纳入目标责任考核，基层党组织书记述职必须述群团工作情况，以考核促保障。支持群团选树宣传“杰出职工”“青春榜样”“善美女性”，营造良好社会氛围。

县委处于党的群团工作一线。我们将认真贯彻习近平总书记重要讲话精神，更好担负起党委领导群团工作的重大政治责任，按照“干在实处永无止境、走在前列要谋新篇”新要求，持之以恒抓好群团工作。

文件选编

嘉善县域科学发展示范点建设2015年重点工作计划

浙嘉善示范办〔2015〕2号

单　位	重点任务	2014年完成情况	2015年推进计划	完成时间
省　委 组织部	1.推进"千人计划"产业园建设	转化中心累计引进产业化项目40个,其中"千人计划"项目20个,支持嘉善"千人计划"项目转化中心创建"省级千人计划产业园"	指导督促"千人计划"产业园建设,加快项目产业化,指导嘉善继续做好"千人计划"专家引育和服务工作。	12月底前
	2.继续支持嘉善和省直机关干部的上挂下派工作	省直机关1名处级干部下派嘉善,嘉善4名干部到省直机关挂职	加大嘉善和省直机关干部的上挂下派力度。	6月底
省　委 宣传部	1.组织开展嘉善示范点主题宣传活动	召开嘉善综合配套改革方案新闻发布会,组织中央和省级主流媒体到嘉善开展联合采访	①将嘉善列入全省重大主题宣传推荐点;	12月底前
			②协调争取中央台《新闻联播》、人民日报等中央级主流媒体报道嘉善示范点建设。	12月底前
	2.组织开展高层次的示范点研讨会	牵头举办首届"全面深化改革与县域发展·嘉善实践"理论研讨会	举办第二届理论研讨会,推动会议成果在《人民日报》上刊登。	5月底前
	3.支持嘉善文化产业发展和文化设施建设	授予嘉善"2013年浙江省农村文化礼堂建设先进县"称号;重点支持嘉善缪家村等5家文化礼堂建设;将嘉善中华两岸文化创意产业园项目列入省重点文化产业项目;省文化产业资金补助嘉善项目100万元	①指导嘉善大力发展文化产业;	10月底前
			②对嘉善文化产业发展予以政策倾斜,同等条件下优先将嘉善文化产业项目列入省重大产业示范项目;	12月底前
			③加大省文化产业发展转移支付资金对嘉善的扶持力度。	12月底前

续表

单　位	重点任务	2014年完成情况	2015年推进计划	完成时间
省　委 统战部	1. 组织开展统一战线助推嘉善示范点建设活动	4月在嘉善组织召开省统一战线助推示范点建设活动推进会	组织省统一战线专家在嘉善开展助推接轨上海、招商引智、科教文卫、生态环境等系列活动。	10月底前
	2. 发挥统一战线作用推进重大项目平台建设	推动富通集团项目、华侨产业基金项目等前期工作	支持嘉善中学、人民医院等与省级相关机构开展合作，支持嘉善统一战线教学实践“四个基地”建设。继续协助做好富通集团项目、华侨产业基金项目的推进工作。	12月底前
省　委 政法委	1. 指导嘉善健全“三治”相结合的基层治理工作机制	赴嘉善开展实地调研指导	①将嘉善列为省委政法委调研联系点，加强调研指导；	6月底前
			②指导嘉善制定完善村规、民约、社区公约。	12月底前
	2. 支持指导嘉善加强基层社会治理信息化建设		①将嘉善纳入社会治理信息采集上报以奖代补试点；	6月底前
			②指导嘉善建立网上网下联动的工作体系；	6月底前
			③指导嘉善建立统一的网格体系；	6月底前
			④指导嘉善搭建前端信息采集统一平台；实现社会治理领域的基本信息共享交换。	12月底前
	3. 支持指导嘉善健全立体化社会治安防控体系		①指导嘉善深化视频监控体系建设；	12月底前
			②支持嘉善推进全县村居专职治安防控队等群防群治组织建设。	12月底前
省　委 政研室	1. 指导嘉善研究制定县域科学发展评价指标体系	指导嘉善修改完善评价指标体系成果，并牵头召开论证会	指导做好指标体系发布工作，共同参与县域科学发展年度考核工作。	3月底前
	2. 指导嘉善开展综合配套改革	起草并向中央改革办报送嘉善综合配套改革专报	帮助总结提炼嘉善示范点建设经验和理论实践成果。	12月底前
省编委办	1. 指导嘉善开展综合行政执法改革	指导嘉善制定综合行政执法试点工作方案	帮助打造综合行政执法“嘉善”模式。	10月底前
	2. 指导嘉善创新开发区管理体制		指导嘉善推进各类开发平台整合，提升打造临沪产业合作园区，协调支持临沪产业合作园区创新管理体制，实行实体化运作，主要领导高配。	8月底前
	3. 协助支持嘉善开展教师人事管理制度改革		与教育厅等单位共同支持嘉善开展县教育人事管理制度综合改革试点工作。	10月底
省农办	1. 指导支持嘉善设立省级农村改革试验区	审议通过嘉善省级农村改革试验区方案	指导嘉善城乡均衡资源要素配置、城乡接轨社会保障配置、城乡共享公共事业配置等改革事项。	11月底前
	2. 支持嘉善美丽乡村建设	支持嘉善22个重点治理村524万元，支持北鹤村、渔民村、丁栅村、洪溪村历史文化村落保护利用一般村建设	指导支持嘉善县生活污水处理，农村垃圾减量化，资源化处理和美丽乡村先进县建设。	10月底前

续表

单　位	重点任务	2014年完成情况	2015年推进计划	完成时间
省发改委	1.履行省协调小组办公室职责	编发年度重点工作计划和项目计划，筹备省协调小组会议，指导嘉善示范点评价指标体系编制，向国家发改委、省政府编报示范点专报	①编制实施示范点建设年度计划和项目计划；	1月上旬
			②组织开展示范点建设年度考核；	3月底前
			③组织开展重点课题研究，帮助总结提炼示范点经验成果。	11月底前
	2.指导嘉善推进综合配套改革	指导编制并报省政府印发嘉善综合配套改革方案；推动嘉善县统筹城乡改革及小城市培育和中心镇建设；指导编制并报省政府批复相关省级专项改革试点	①推动综合配套改革实施，指导省级经济社会管理权限下放后实施工作；	全年
			②全面推进嘉善核准目录外企业投资项目不再审批改革试点和“五水共治”体制机制创新示范区建设。	全年
	3.支持推动接轨上海各项工作	将嘉善示范点纳入长三角主要领导座谈会、长三角联席会议纪要，纳入年度长三角合作重点工作计划	①推动嘉善示范点纳入年度长三角合作重要议事日程；	全年
			②推进临沪产业合作园区规划建设；	6月
			③推动嘉善与长三角城市群规划、上海“十三五”规划和相关专项规划的对接；	全年
			④推进利用既有沪昆铁路开行上海至嘉善的市郊列车前期工作实质性启动。	10月底前
	4.支持嘉善重大平台、项目建设	支持嘉善列入省重点建设项目18＋1个，省重大产业项目3＋4个，服务业重大项目4个	①有条件的情况下，支持古镇西塘列入省级服务业集聚示范区。支持嘉善设立通用航空机场并列入省级相关规划。	10月底前
			②支持嘉善项目优先纳入省重点建设项目、重大产业项目、省服务业重大项目；	4月底前
			③帮助嘉善争取各类中央资金补助，在省公共建设投资资金、省服务业引导资金、循环经济专项资金、园区专项资金、战略性新兴产业资金、光伏发电补助指标等方面加大支持力度。	10月底前
	5.配合国家发改委做好深入调查研究联系点工作	制定并上报联系点工作方案(代拟稿)	①配合国家发改委开展联系点调研和示范点建设第三方评估。	6月底前
				10月底前
省经信委	1.支持嘉善加快产业转型升级	嘉善被列为全省“腾笼换鸟”综合试点县；向嘉善下放省级相关权限；将嘉善织造行业列为省级第一批传统块状行业“腾笼换鸟”省级试点，补助资金150万元	①指导支持嘉善县实施省级“腾笼换鸟”综合试点三年行动计划； ②积极支持嘉善开展2015年“机器换人”试点行业申报，争取有一个项目或行业列入省级重点示范。	全年
	2.支持嘉善建设工业强县	嘉善被评为省级工业投资和机器换人技术改造考核评价一等奖，奖励资金120万元；补助嘉善13个省技术改造重点项目311万元	①积极支持嘉善开展工业强县建设；指导建设新型工业化产业示范基地。	全年
			②支持嘉善无油润滑轴承行业转型升级，积极支持嘉善开展省级“三名”培育试点，争取一家企业进入省级第二批试点；	9月底前
			③积极指导支持嘉善申报国家和省级重大项目。	10月底前

续表

单　位	重点任务	2014 年完成情况	2015 年推进计划	完成时间
省经信委	3. 支持嘉善发展信息经济	指导嘉善制定智慧嘉善建设总体规划和行动计划	指导推进“智慧嘉善”建设，实施两化深度融合十大行动计划，加强省级工业和信息化专项资金扶持。	全年
省教育厅	1. 指导支持嘉善开展教师人事管理制度改革	指导嘉善初步拟定了教师人事管理制度综合改革实施方案，向全省推广嘉善义务教育师资流动国家级试点经验	争取将嘉善县教育人事管理制度综合改革列为省级专项改革试点和教育部改革重点项目。	10 月底
	2. 指导支持嘉善教育机构建设	协调推动嘉善高级中学、嘉善二高、嘉善中学、嘉善中专与杭州有关学校合作；嘉善信息技术工程学校被评为第三批省发展和改革示范学校，省财政支持 400 万元	支持嘉善信息技术工程学校创建省一级重点职业学校，并争取上级财政支持。	9 月底
省科技厅	1. 指导嘉善开展科技体制改革	下放 22 项行政审批权限	争取将嘉善列为省级知识产权示范县。	10 月底
	2. 支持嘉善建设国家级可持续发展实验区	指导编制国家级可持续发展实验区规划	支持嘉善争取通过国家级可持续发展实验区新区创建评审，列为国家级可持续发展实验区。	全年
	3. 支持嘉善创新平台和科技项目建设	将嘉善主导产业关键技术项目列为省级科技项目	①符合条件要求的情况下，予以认定支持浙江众成包装材料有限公司建设省级工程技术研究中心；	8 月底
			②嘉善耐博精密仪器有限公司等企业由地方认定为省科技型中小企业，报省科技厅备案后，予以相关政策支持；	全年
			③指导嘉善提高区域创新能力和竞争力，在省级专项资金倾斜支持若干优秀重点领域。	11 月底
			④指导创建省级高新技术产业园区。	全年
省民政厅	指导嘉善养老服务业发展	将嘉善县列为省级社会养老服务示范区；支持嘉善县养老服务专项资金 401 万元，另争取国家养老补助 648 万元	①将嘉善县社会福利中心列为省级非营利性养老服务设施示范项目；	6 月底前
			②支持新建西塘安平老年健康生活社区一期养老中心和中山养护中心项目，符合规定的给于省级专项补助资金；	10 月底前
			③继续在养老服务业发展上给予政策和资金扶持。	10 月底前
省财政厅	1. 指导嘉善开展财政体制改革		①支持嘉善编制财政体制改革方案，支持嘉善县建立土地再开发提留费用新型收取政策机制；	3 月底 6 月底前
			②支持深化农村产权制度改革、促进土地节约集约利用示范点改革和村集体经济有效实现形式示范试点，补助资金 2500 万元；	8 月底
			③启动乡镇公共财政服务平台试点和深化完善乡镇财政国库集中支付改革。	3 月底 3 月底

续表

单　位	重点任务	2014 年完成情况	2015 年推进计划	完成时间
省财政厅	2.安排示范点专项补助资金	安排示范点专项补助资金5000万元,安排嘉善县地方政府债券2.2亿元	根据评估情况安排示范点建设省级年度专项资金。	8月底
	3.在安排省级专项资金和争取中央资金时给予倾斜支持	安排姚庄小城市培育试点4300万元;争取金太阳示范项目、垃圾焚烧项目、县中医医院搬迁改造、粮食产能规划田间工程等中央资金5761万元	①安排姚庄小城市试点培育资金4000万元; ②帮助嘉善光伏发电项目和垃圾焚烧等项目争取中央财政资金支持;	8月底前
省人力社保厅	1.指导嘉善推进公共就业服务工作	1.组织调研提出建设数字电视就业服务平台项目的意见,制定实施方案; 2.完成就业服务信息系统升级、就业资源数据整合; 3.完成试点村就业信息系统与社保五险系统连接; 4.落实数字就业服务平台建设	以就业服务“三通”(村村通、户户通、人人通)为目标,加快推进数字就业服务。 ①完善数字电视就业服务平台; ②拓展就业服务形式; ③建立就业与社保、民政、残联等部门相关的数据互通共享机制。	6月底
	2.指导支持嘉善推进“阳光医保”试点;	指导实施方案,建立总额预付制度,加强协议管理	建成“阳光医保”监管平台,年底前完成项目评估验收。	6月底 12月底
	3.协调推动嘉善开展与上海的医保异地就医服务平台试点		在国家确定跨省异地就医平台对接技术标准及规范后,在嘉善先行先试与上海的医保异地就医试点。	12月底
	4.指导支持嘉善县推进“社会保障市民卡”发放和异地就医联网应用建设	向离退休人群发放社会保障卡2万张	实现发卡23万张,实现省内就医异地实时结算。	12月底
	5.协助支持嘉善开展教师人事管理制度改革		与教育厅等单位共同支持嘉善开展县教育人事管理制度综合改革试点工作。	10月底
省国土资源厅	1.组织嘉善开展土地管理制度改革	将嘉善纳入全省深化土地管理制度改革先行先试试点及厅领导联系点,推荐嘉善申报全国首批农村土地制度改革试点	①批复《嘉善县土地管理制度综合改革实施方案》; ②加快推进城镇低效用地再开发工作;	6月底前
			③推进城乡建设用地增减挂钩试点和增减挂钩结余指标市场化交易试点。	全年
	2.指导嘉善开展规划修编	组织编制并论证《嘉善县土地利用总体规划(修编)》	帮助嘉善土地规划成果尽早获省政府批复。	1月底前
	3.指导嘉善推进土地利用差别化管理	2014年安排嘉善土地利用计划指标788亩,产业用地奖励指标363亩	①按照“总量稳定、增量减少、流量增加、存量盘活”的要求有效整合各类用地指标;	3月底前
			②及时下达省重点项目用地指标和重大产业项目奖励指标;	6月底前
	4.支持嘉善县推进高标准基本农田建设	将嘉善新增耕地1300亩列为基本农田	①支持嘉善全面完成16.8万亩高标准基本农田建设任务,进一步加大省级补助资金力度;	12月底前
			②支持开展整治集中连片高标准农田与基本农田实行空间置换试点。	1月底前

续表

单　位	重点任务	2014年完成情况	2015年推进计划	完成时间
省环保厅	1.指导嘉善县开展生态文明建设体制机制改革	将嘉善列为全省辐射环境综合管理示范县和排污许可改革试点	①指导嘉善在大气污染联防联控机制、环境监管机制、企业环境污染强制责任保险、环保责任追究制度等方面加大创新突破，适时总结经验并在全省推广；	6月底前
			②继续推进嘉善辐射环境综合管理示范点，进一步推进‘放心熔炼企业’建设，将浙江万泰特钢有限公司建设成为辐射管理示范企业；继续支持“绿色和谐电磁”项目建设。	8月底前
	2.支持嘉善县创建国家生态县建设试点	推动嘉善获得“国家生态文明建设示范区”称号	推动嘉善深入实施生态文明建设三年行动方案。	全年
	3.在环境资源要素配套上予以支持		对嘉善重点民生环保、战略性新兴产业和服务业项目，在全省总量减排指标中平衡或在省级排污权指标中给予适当调剂。	全年
	4.支持嘉善生态环保建设和“五水共治”项目	补助4个农村环境整治村236万元；支持大气复合污染立体监测网络嘉善超级站建设	继续指导支持嘉善县治污水等生态环保建设，协调和争取中央和省级专项资金补助。	8月底前
省建设厅	1.指导嘉善开展美丽县城建设	支持嘉善列入浙江省级美丽县城建设试点	指导嘉善开展总体规划修编，在城乡规划布局上加强与上海的对接融入。	12月底前
	2.帮助嘉善提升城乡一体化建设水平	指导嘉善生活垃圾分类处理体系建设，支持保障性住房建设、美丽宜居示范村建设、污水垃圾处理设施建设等项目资金6635万元	①协调建设部、财政部及时验收嘉善国家可再生能源建设应用示范县； ②继续指导支持嘉善加快生活垃圾分类处理设施体系建设。 ③保障性住房建设、美丽宜居示范村建设、污水垃圾处理设施建设等方面继续给于资金支持。	10月底前
	3.支持嘉善做好历史文化名镇保护工作	支持西塘镇历史文化名城名镇保护	批准并指导实施西塘历史文化名镇保护规划。	10月底
省交通运输厅	1.指导推动嘉善城市交通统筹发展	推动嘉善建设全国统筹城乡交通发展示范县、交通融入长三角示范县	支持嘉善城乡公交项目建设，协调推进上海市公交线路向嘉善县延伸。	12月底前
	2.支持嘉善重大交通基础设施建设	支持嘉善320国道(嘉善段)改造、丁凝公路、丁诸线航道等项目前期工作	①推动320国道(嘉善段)改造方案研究； ②尽快推动丁诸线航道项目开工，争取落实交通运输部补助资金； ③推动丁凝公路项目前期工作。	10月底前
	3.支持嘉善建设城乡智能交通	支持嘉善建设全国县域智慧交通示范县	继续支持交通运输部首个县域信息化示范工程嘉善县综合交通信息平台建设，协调争取与上海市实现数据共享及IC卡的互通。	10月底前
省水利厅	1.支持嘉善县开展中小河流治理重点县、综合整治及水系连通试点项目建设	推进5个项目区建设，完成计划投资8000万元	推进7个项目区建设，计划完成投资1.3亿元	全年

续表

单　位	重点任务	2014 年完成情况	2015 年推进计划	完成时间
省水利厅	2. 支持嘉善县开展第四批中央财政小型农田水利重点县项目建设	推进重点县项目建设,争取中央财政 1200 万元,省级财政补助 1000 万元	指导嘉善全面完成重点县项目建设。	全年
	3. 支持嘉善省级基层水利服务体系改革试点县建设	支持嘉善县基层水利机构标准化建设	进一步指导嘉善开展标准化镇(街道)水利站、圩区管理协会建设。	全年
省农业厅	1. 支持嘉善建设农业“两区”	支持嘉善县南部现代农业综合区和 1.89 万亩粮食生产功能区建设,补助资金 350 万元	①支持嘉善西塘—姚庄农业综合区建设;	全年
			②进一步加大粮食生产功能区建设补助。	8 月底前
	2. 支持嘉善县发展农业主导产业	将嘉善县精品农业项目列为省级农业重大项目,补助资金 3000 万元	①补助嘉善县精品农业项目资金 2000 万元;	8 月底前
			②指导培育嘉善拳王实业有限公司为省级农业龙头企业。	6 月底前
	3. 推进嘉善生态循环农业建设	将嘉善列为农产品质量安全放心示范县创建试点、现代生态循环农业发展整建制试点、农作物秸秆综合利用试点和农药废弃包装物回收处理试点	①支持申报省级生态循环农业示范区;	6 月底前
			②指导帮助嘉善开展无公害农产品产地认定,无公害农产品和绿色食品认证。	全年
省林业厅	1. 支持嘉善加快平原绿化建设	支持嘉善县姚庄沉香村、天凝东方红村推进省级森林村庄和省级绿化示范村建设	支持新创建省级森林村庄 2 个。	12 月底前
	2. 支持嘉善发展现代林业	支持嘉善发展彩色树种和杜鹃等花卉苗木产业	支持嘉善开展花木抵押贷款试点。	12 月底前
	3. 支持嘉善县开展湿地保护建设工作		指导支持嘉善编制湿地保护利用规划。	8 月底
省商务厅	1. 支持嘉善县建设吸引外资转型升级示范区	完成了有关调研,形成了吸引外资转型升级示范区的规划草案	完成吸引外资转型示范区实施计划,列入省商务厅吸引外资转型升级示范点。	12 月底
	2. 推动嘉兴出口加工区 B 区优化转型为嘉兴综合保税区	指导嘉善县编制了无水港和虚拟港的初步实施方案;已推动综合报税区申报材料上报国家有关部委,并多次衔接	协调推动嘉善正式设立无水港和虚拟空港,嘉兴出口加工区 B 区批准成为综合保税区。	10 月底前
	3. 支持嘉善进一步同境外开展经贸投资合作	同德国勃兰登堡州经济部门多次接触	支持指导嘉善以浙江省驻德国商务代表处为平台,开展对德国乃至欧盟的招商引资和市场开拓工作。	全年
	4. 帮助支持嘉善与上海自贸区对接,努力争取嘉善成为上海自贸区配套功能的优先承接区、制度创新率先复制区、开放红利的首批共享区	嘉善县同上海外高桥联合发展有限公司共建“上海自贸区嘉善项目协作区”工作有序推进	支持嘉善与上海自贸区管委会合作共建“上海自贸区嘉善项目协作区”;推动上海自贸区可复制、可推广的相关政策在嘉善实行。	12 月底前

续表

单　位	重点任务	2014 年完成情况	2015 年推进计划	完成时间
省商务厅	5. 指导支持嘉善设立“中博会”嘉善分会场	与商务部等有关部门开展了多次沟通对接	支持在嘉善举办中国工业设计博览会，争取在嘉善设立“中博会”分会场并冠名。	9 月底
	6. 支持嘉善经济技术开发区整合提升		指导支持嘉善经济技术开发区整合提升工作。	11 月底前
省文化厅	1. 支持嘉善申报世界文化遗产	指导嘉善制定西塘申遗实施计划	指导推进嘉善西塘的保护、管理和研究等各项申遗准备工作。	全年
	2. 支持嘉善开发保护非物质文化遗产	指导嘉善编制非遗馆展陈大纲；支持“嘉善京砖烧制技艺”和“淡水鱼捕捞习俗”申报第四批国家级非物质文化遗产名录	积极申报第五批省级非遗代表性名录和全省非遗传承基地等六大基地；指导嘉善开展省级非物质文化遗产优秀实践名册申报工作。	12 月底前
	3. 支持嘉善发展文化创意产业	支持嘉善县发展文化创意产业，推进国际信息科技产业园、吴镇国际文化创意产业园、中华两岸四地文化创意园等一批重点文化产业园区建设	支持嘉善国际木雕城创建国家级、省级文化产业示范基地。	8 月底前
省卫计委	1. 协调推进嘉善县医疗机构加强与上海和浙江省级医疗机构合作	协调嘉善县一院与上海中山医院、省肿瘤医院合作	协调推进县中医院与上海龙华集团、浙江省名中医馆、浙江省中医药大学的合作。	6 月底前
	2. 支持嘉善县卫生医疗机构建设		①支持嘉善县级公立医院硬件设施升级；	8 月底前
			②加强对嘉善卫生信息化建设指导；	10 月底前
			③落实省级卫生事业专项资金补助。	8 月底前
	3. 指导嘉善完善医疗服务体系	指导嘉善制定分级诊疗实施方案	支持嘉善建立县域临床检验、医学影像、病理诊断等共享中心，指导区域诊疗信息共享平台建设。	9 月底前
省统计局	推动建立嘉善县县域科学发展指标体系	召开专题会议研究讨论嘉善县县域科学发展指标体系	共同发布嘉善县域科学发展指标体系，共同开展年度示范点建设考核工作。	4 月底前
省旅游局	1. 支持嘉善西塘创建 5A 级景区	完成西塘古镇景区 5A 创建景观质量评估	指导嘉善推进西塘 5A 创建工作，争取国家局支持，力争年底前创建成功。	全年
	2. 支持嘉善创建大云省级旅游度假区	省政府正式批复嘉善大云旅游度假区为省级旅游度假区	支持大云省级旅游度假区重点项目建设。	全年
	3. 支持嘉善开展汾湖旅游业	将嘉善汾湖生态休闲度假旅游项目列入省重点旅游招商项目手册推广	指导汾湖旅游规划编制与实施。	12 月底前
省金融办	1. 支持嘉善县建设省级金融创新示范县	指导嘉善制定《省级金融创新示范县试点方案》，将嘉善列入民间融资创新管理试点	①指导嘉善县根据《嘉善县省级金融创新示范县试点方案》开展相关实施工作；	3 月底前
			②支持嘉善县组建民间投融资服务中心，吸引国内私募基金入驻。	6 月底前 5 月底前
	2. 强化对嘉善县重点企业的上市培育工作	推进田中精机上市工作	支持嘉善更多企业开展股份制改造，积极推动企业在境内外证券交易所上市和浙江股交中心、全国股转系统挂牌，推动田中精机等企业的上市进程。	全年

续表

<table>
<tr><th>单 位</th><th>重点任务</th><th>2014 年完成情况</th><th>2015 年推进计划</th><th>完成时间</th></tr>
<tr><td rowspan="2">杭州海关</td><td>1. 推动嘉兴出口加工区升级为综合保税区</td><td>已推动申报方案上报海关总署，并作了多次衔接</td><td>联系海关总署，协助地方政府推动国务院批复同意嘉兴出口加工区升级为综合保税区；以综合保税区为平台复制推广上海自贸实验区海关监管创新制度和苏州市加工贸易转型升级措施。</td><td>全年</td></tr>
<tr><td>2. 进一步推进长江经济带区域通关一体化改革</td><td>已在嘉善顺利启动长江经济带区域通关一体化改革</td><td>支持嘉善以长江经济带区域通关一体化改革为契机，进一步优化通关环境，促进县域贸易便利化，覆盖主要进出口企业。</td><td>全年</td></tr>
<tr><td rowspan="9">嘉兴市</td><td rowspan="5">1. 指导嘉善深入推进示范点建设</td><td rowspan="5">出台《关于推进嘉善县域科学发展示范点建设的实施意见》；建立协调机制，配合参与省级相关部门，共同指导嘉善开展“三区一园”建设</td><td>①出台嘉兴市 2015 年嘉善县域科学发展示范点建设重点任务推进计划。</td><td>3 月底前</td></tr>
<tr><td>②适时召开嘉兴市嘉善县域科学发展示范点建设协调小组会议。</td><td>9 月底前</td></tr>
<tr><td>③配合参与示范点建设重点课题研究论证工作。</td><td>11 月底前</td></tr>
<tr><td>④支持推进嘉善示范点《建设方案》和《综合配套改革方案》实施；</td><td>12 月底前</td></tr>
<tr><td>⑤优先支持嘉善申报省重大产业等各类重大项目库，在审批、政策、资金、用地、用电等方面给予支持。</td><td>6 月底前</td></tr>
<tr><td rowspan="3">2. 支持嘉善全面实施综合配套改革</td><td rowspan="3">支持将市级经济社会管理权限下放至嘉善；配合省级相关部门指导嘉善开展改革试点等工作</td><td>①支持嘉善县开展“多规合一”规划研究工作，全面纳入市域总体规划，协调嘉兴市区与嘉善接壤区建设；</td><td>7 月底前</td></tr>
<tr><td>②深化指导“五水共治”、综合行政执法、核准目录外企业投资项目不再审批、“多规合一”等已列入省级试点的改革项目，加大市级审批权限下放力度；</td><td>6 月底前</td></tr>
<tr><td>③配合参与省级牵头部门开展改革试点等工作。</td><td>8 月底前</td></tr>
<tr><td>3. 支持推进嘉善融入上海各项工作</td><td>协助嘉善与上海签署战略协议，共建中国(上海)自贸区嘉善项目协作区</td><td>支持深化上海自贸区项目协作区建设，与上海开展务实的合作。</td><td>11 月底前</td></tr>
<tr><td rowspan="5">嘉善县</td><td rowspan="2">1. 深入实施嘉善示范点《建设方案》</td><td rowspan="2">编制实施《2014 年度工作要点》；多次召开示范点建设推进协调会；启用示范点建设任务管理系统</td><td>①编制实施示范点建设 2015 年度《工作要点》；</td><td>2 月底</td></tr>
<tr><td>②召开全县示范点建设“誓师攻坚大会”；</td><td>2 月底</td></tr>
<tr><td rowspan="3">2. 深入实施嘉善示范点《综合配套改革总体方案》</td><td rowspan="3">编制《综合配套改革行动计划(2014—2016 年)》和《2014 年改革创新攻坚行动实施方案》；召开综合配套改革动员会大会；目前 100 项具体改革任务已启动实施 76 项</td><td>①编制《2015 年度综合配套改革实施方案》，制定 2015 年重点改革项目年度实施方案及配套政策；</td><td>2 月底</td></tr>
<tr><td>②深入实施综合行政执法、核准目录外企业投资项目不再审批等一批省级专项改革，100 项改革全面启动；</td><td>全年</td></tr>
<tr><td>③形成一批改革经验并在全省宣传推广。</td><td>12 月底前</td></tr>
</table>

续表

单　位	重点任务	2014 年完成情况	2015 年推进计划	完成时间
嘉善县	3. 配合国家发改委开展调查研究和评估工作	向国家发改委做好示范点建设专题汇报工作，并定期上报专报、简报	配合国家发改委开展深入调查研究嘉善联系点系列工作和示范点建设中期评估工作。	全年
	4. 配合省协调办开展评价考核工作	召开了嘉善县域科学发展评价指标体系论证会，并多次对指标体系进行了修改完善	①配合做好嘉善县域科学发展评价指标体系完善及公布工作；	1 月底
			②配合开展示范点建设年度考核工作。	3 月底前
	5. 深入推动融入上海各项工作	示范点建设纳入长三角主要领导座谈会、长三角联席会议纪要、2014 年度长三角合作重点工作计划	①上海自贸区嘉善项目协作区引进落地一批合作项目，争取与上海有关方面签订建设中博会嘉善分会场的合作协议；	3 月底前 全年
			②主动与上海市有关部门对接沟通，争取在民生共享、交通对接方面推进落实一批项目。	全年
	6. 深入推进重大平台、重大项目建设	国家级嘉善经济技术开发区荣获省“四换三名”示范开发区称号；姚庄开发区升级为省级开发区；出口加工区 B 区申报综合保税区工作已受理，大云温泉成功创建省级旅游度假区；启动西塘 5A 级景区创建工作	①争取浙江临沪产业合作园区、海峡两岸合作平台规划获省政府批复实施；	6 月底前
			②继续衔接争取嘉兴出口加工区 B 区申报综合保税区工作；	10 月底
			③做好设立无水港和虚拟空港相关前期准备工作；	10 月底
			④加快嘉善经济技术开发区东区、姚庄经济开发区二期、归谷嘉善科技园、西塘古镇二期、大云温泉省级旅游度假区、大云—惠民现代农业综合区，以及 5 大省级特色产业集群等重大平台、项目建设；	全年
			⑤加快建设和储备报批一批省级重大产业项目、重点项目。	全年
	7. 深入开展示范点宣传系列活动	开展《建设方案》获批一周年系列活动；召开首届全面深化改革和县域科学发展理论研讨会；启用科学发展主题展示馆、示范点建设门户网站；定期编印示范点建设简报和专报等	①做好第二届全面深化改革和县域科学发展理论研讨会筹备工作；	3 月底
			②开展示范点建设和综合配套改革主题宣传活动等。	全年
	8. 全面总结提炼示范点经验	深入开展一批省、市、县三级重点课题研究；启动《2014 年示范点建设年度报告》和重要资料汇编前期工作	①开展示范点建设重点课题研究；	全年
			②推进示范点建设展示点培育工作；	全年
			③梳理示范点建设三张清单（规划清单、制度清单和经验清单）；	11 月底
			④及时总结提炼示范点建设先进典型和成功经验；	全年
			⑤编制示范点建设年度报告。	12 月底

嘉兴市支持嘉善县域科学发展示范点建设2015年重点工作计划

嘉嘉善示范办〔2015〕1号

单位	重点任务	2015年推进计划	完成时间
市委组织部	1.推动县委权力公开透明运行试点	指导嘉善县深化县委权力公开透明运行试点，探索党委工作部门建立责任清单和权力清单制度。	全年
	2.支持嘉善和省、市直机关干部上挂下派	组织协调嘉善县干部到国家部委、省直机关、市直机关以及上海有关单位挂职。	6月底前
	3.推进“千人计划”产业园建设	顺应县域科学发展要求，探索县域人才发展新路径；支持嘉善“千人计划”产业园建设，加快推动“千人计划”项目产业化进程。	全年
	4.深化基层服务型党组织建设	①围绕“转型升级服务年”活动，指导嘉善县深化基层服务型党组织建设，构建“企情在线”信息化服务平台，助推企业转型升级。	9月底前
		②指导嘉善县推进城乡统筹基层党建行动计划，实施支部活力工程。	全年
市委宣传部	1.组织开展嘉善示范点主题宣传活动	组织开展嘉善示范点主题宣传活动，继续将示范点建设纳入全市重大主题宣传报道范畴，积极向上级媒体送片送稿，积极争取将嘉善列入全省重大主题宣传推荐点，协调中央和省级媒体报道嘉善示范点建设发展情况。	全年
	2.支持嘉善文化产业发展和文化设施建设	①支持嘉善文化建设，指导文化礼堂建设，推广嘉善文化产业发展经验，支持重点文化产业项目招商推介，指导嘉善文艺精品创作生产，做好省级文化产业专项资金转移支付工作。	全年
		②深入开展嘉善县“善文化”推广和宣传工作，完成《论善》一书编撰出版并举办首发式。	全年
	3.推动全国文明城市创建	指导嘉善县创建全国县级文明城市，指导做好2015年的测评准备工作。	全年
市委统战部	1.组织开展统一战线助推嘉善示范点建设活动	①加强对统战工作的指导，支持嘉善县围绕“富有实践成效、具有推广价值、体现地方特色”的目标要求，努力打造县域统战工作科学发展示范点。	全年
		②指导嘉善县开展协会商会承接政府部分技术性、服务性事项职能的探索性转移工作。	全年
		③上下联动，助推嘉善县干窑镇范东村王家浜美丽乡村建设，将其建成市级统战系统“同心”服务基地。	全年
	2.发挥统一战线作用推进重大项目平台建设	①配合嘉善县承接好全省统一战线浙商回归重要平台和省统一战线实践教育、党外干部实践锻炼、同心知联服务示范等基地建设。	全年
		②协调市级统战系统资源，助推招商引资、招才引资工作，牵头有关科技、教育、文化、医卫、法律等服务活动。	全年
市委政法委	1.指导嘉善健全“三治”相结合的基层治理工作机制	指导嘉善“三治”并举的基层治理建设，制定完善村规民约、社区公约，加快构建政府治理和社会自我调节、居民自治良性互动的基层社会治理体系。	全年

续表

单　位	重　点　任　务	2015年推进计划	完成时间
市　委 政法委	2.支持指导嘉善加强基层社会治理信息化建设	①指导嘉善深入推进“网格化管理、组团式服务”与平安建设信息系统的“两网融合”，优化调整网格化，进一步明确网格员的工作职责，在网格层面全面推广“平安通”移动终端，落实社会治理采集上报“以奖代补”工作机制，建立健全县、镇两级事件处理网上网下联动体系，实现一网联动、多方协作、限时办结。	全年
		②指导嘉善搭建前端信息采集统一平台，实现社会治理领域的基本信息共享交换。	全年
	3.支持指导嘉善健全立体化社会治安防控体系	①支持嘉善推进全县村居专职治安防控队等群防群治组织建设。	全年
		②指导嘉善深化视频监控体系建设，支持嘉善推进社会治安动态视频监控系统建设、联网、应用工作。	全年
市　委 政研室	1.指导嘉善研究制定县域科学发展评价指标体系	协助嘉善研究制定县域科学发展评价指标体系，协助做好指标体系发布工作，协助参与县域科学发展年度考核工作。	3月底前
	2.指导嘉善开展综合配套改革	协助嘉善开展综合配套改革，协助总结提炼嘉善改革经验和理论实践成果。	12月底前
市编委办	1.指导嘉善开展综合行政执法改革	①结合政府职能转变和政府机构改革，组织指导行政管理体制改革工作。	6月底前
		②指导嘉善开展综合行政执法试点工作，进一步完善部门配合协同机制，落实行政执法责任制，健全行政执法裁量基准制度，探索创建部门信息共享平台。	全年
	2.指导嘉善创新开发区管理体制	支持创新开发区管理体制，指导推进各类开发平台整合。指导姚庄经济开发区、嘉善归谷科技园实行区政合一管理体制。	全年
	3.协助支持嘉善开展人事管理制度改革	①指导嘉善县探索事业单位法人治理结构试点。	全年
		②配合省级部门支持嘉善开展县教育人事管理制度综合改革试点工作。	10月底
市农办、 市农业 经济局	1.指导支持嘉善设立省级农村改革试验区	①指导推进嘉善城乡均衡资源要素配置、城乡接轨社会保障配置、城乡共享公共事业配置等改革事项。	11月底前
		②深化农村产权制度改革工作，加快建立农村“三权到人(户)、权随人(户)走”的产权制度。	11月底前
	2.指导支持嘉善美丽乡村建设	指导支持嘉善县生活污水处理(完成52个村，新增受益农户17660户)，农村垃圾减量化，资源化处理(完成北鹤村和银水庙村试点工作)和美丽乡村先进县建设。	全年
	3.指导支持嘉善建设农业“两区”	①指导嘉善西塘—姚庄农业综合区建设，合力推进综合区提升发展；向省农业厅推荐嘉善拳王实业有限公司申报省级骨干农业龙头企业。	6月底前
		②指导支持嘉善县开展粮食功能区和新增千亿斤粮食生产能力项目建设。	全年
	4.指导支持发展现代生态循环农业	①支持申报省级生态循环农业示范区，引导嘉善现代生态循环农业“十百千”工程建设；指导嘉善整建制推进现代生态循环农业建设，支持嘉善农作物秸秆综合利用及农药废弃包装物回收处置试点县工作，验收7家现代生态循环农业示范主体。	全年
		②指导帮助嘉善开展无公害农产品产地认定，无公害农产品和绿色食品认证。	全年
	5.指导支持现代林业、和湿地建设	支持嘉善发展现代林业、加快平原绿化和湿地建设。支持新创建省级森林村庄2个和编制湿地保护利用规划。	全年

续表

单　位	重　点　任　务	2015年推进计划	完成时间
市发改委	1. 履行市协调小组办公室职责	①履行市协调小组办公室职责。出台嘉兴市2015年嘉善县域科学发展示范点建设重点任务推进计划，提请召开市协调小组会议。	6月底前
		②指导开展重点课题研究，帮助总结提炼推广示范点经验成果。	全年
	2. 指导嘉善推进综合配套改革	①支持推进嘉善示范点《建设方案》和《综合配套改革方案》实施。	全年
		②支持指导推进嘉善核准目录外企业投资项目不再审批改革试点和省级“五水共治”体制机制创新示范区建设。	全年
	3. 支持推动接轨上海各项工作	①推动嘉善与长三角城市群规划、上海“十三五”规划和相关专项规划的对接。	全年
		②支持推进利用既有沪昆铁路开行上海至嘉善的市郊列车前期工作实质性启动。	全年
	4. 支持嘉善重大平台、项目建设	①支持深化上海自贸区嘉善项目协作区、嘉善临沪产业合作园区规划建设。支持古镇西塘列入省级服务业集聚示范区。支持嘉善设立通用航空机场并列入省级相关规划。	10月底前
		②优先支持嘉善申报省重大产业等各类重大项目库	4月底前
		③支持嘉善县开展“多规合一”规划研究工作，全面纳入市域总体规划，协调嘉兴市区与嘉善接壤区建设。	10月底前
市经信委	1. 支持嘉善加快产业转型升级	指导支持嘉善县实施省级“腾笼换鸟”综合试点三年行动计划。积极支持嘉善开展2015年“机器换人”省级试点行业申报，争取有一个项目或行业列入省级重点示范。	全年
	2. 支持嘉善建设工业强县	①指导建设新型工业化产业示范基地；指导支持开展工业强镇培育，指导支持实施市镇工业园区整合提升和创业创新中心的建设。	全年
		②积极支持嘉善开展省级、市级“三名”工程培育试点，支持嘉善传统行业转型升级。	9月底前
		③积极指导支持嘉善申报国家、省级和市级重大项目。	10月底前
		④支持嘉善创建信息经济特色产业园。	全年
	3. 支持嘉善发展信息经济	指导推进“智慧嘉善”建设，实施两化深度融合五大行动计划。	全年
市教育局	1. 指导支持嘉善开展教师人事管理制度改革	支持嘉善县教育人事管理制度综合改革列为省级专项改革试点和教育部改革重点项目，指导相关材料准备工作。	10月底前
	2. 支持教育创建	支持嘉善创建省教育基本现代化县、国家社区教育实验区、全国农村职业教育成人教育示范县。	全年
	3. 指导支持嘉善教育机构建设	支持嘉善信息技术工程学校创建省一级重点职业学校，列入嘉兴市中等职业教育重点职业学校创建计划，配合省教育厅做好预评估工作，并争取上级财政支持。	9月底前
市科技局	1. 指导嘉善开展科技体制改革	①支持嘉善列为省级知识产权示范县。	10月底前
		②指导嘉善探索建立面向市场、开放竞争的项目征集和经费配置及全程监管机制，完善科技投融资体制。	全年
	2. 支持建设国家级可持续发展实验区	支持嘉善争取通过国家级可持续发展实验区新区创建。	全年

续表

单　位	重　点　任　务	2015年推进计划	完成时间
市科技局	3.支持嘉善创新平台和科技项目建设	①支持嘉善符合条件企业申报创建省级工程技术研究中心、省科技型中小企业。	8月底前
		②加快“千人计划”项目嘉善转化中心建设，支持嘉善企业研发中心，创新载体建设。	全年
		③指导创建省级高新技术产业园区。	全年
市民政局	1.指导嘉善养老服务业发展	①指导嘉善县完善《关于加快发展养老服务产业的实施意见》的配套政策体系，并积极争取安排福彩公益金进行支持。	全年
		②指导支持嘉善县社会福利中心建设，争取列为省级非营利性养老服务设施示范项目。	6月底前
		③支持新建西塘安平老年健康生活社区二期养老中心和中山养护中心项目，积极争取省级专项补助资金。	全年
		④指导支持嘉善县养老服务信息化建设，建立“智慧养老”服务平台。	全年
		⑤指导支持推进嘉善县居家养老服务社会化发展模式，积极争取居家养老专项资金支持。	全年
		⑥支持嘉善颐养惠老健康服务流动车项目。	全年
市财政局	1.配合省财政厅，指导支持嘉善开展财政体制改革	①支持嘉善县建立土地再开发提留费用新型收取政策机制。	6月底前
		②支持深化农村产权制度改革、促进土地节约集约利用示范点改革和村集体经济有效实现形式示范试点。	8月底前
		③支持深化完善乡镇财政国库集中支付改革。	3月底前
市人力社保局	1.指导嘉善推进公共就业服务工作	指导嘉善以就业服务“三通”（村村通、户户通、人人通）为目标，加快推进数字就业服务。完善数字电视就业服务平台。拓展就业服务形式，实现信息双向互通、人岗快速匹配、政策及时入户、服务延生到人。建立就业与社保、民政、残联等部门相关的数据互通共享机制。	全年
	2.支持大众创业驱动	指导支持嘉善推进大众创业，进一步拓展创业创新成果。优化大众创业投资环境。打造多元公共服务平台。建立创业辅导服务机制，多渠道引导创业创新。	全年
	3.指导支持嘉善推进“阳光医保”试点	协调推进嘉兴市“阳光医保”监管平台建设，配合做好“阳光医保”规则库的建立和运行。	全年
	4.指导嘉善县推进“社会保障市民卡”发放和异地就医联网应用建设	指导嘉善县推进“社会保障市民卡”发放。支持嘉善县实施基本医疗保险异地就医联网结算工作，指导支持在嘉善先行先试与上海的医保异地就医试点。	全年
	5.持嘉善开展教师人事管理制度改革	指导支持嘉善开展县教育人事管理制度综合改革试点工作。嘉善调整中小学校专业技术岗位结构比例。	10月底前
市国土资源局	1.组织嘉善开展土地管理制度改革	①指导嘉善探索建立工业用地等土地要素市场化配置机制。	全年
		②推进城乡建设用地增减挂钩和增减挂钩结余指标市场化交易试点。	全年
		③指导支持嘉善开展宅基地有偿退出试点。	全年
		④指导嘉善完成不动产统一登记机构建设。	全年
	2.指导嘉善开展规划修编	指导开展嘉善乡级、村级土地利用总体规划编制和及时审批工作。	全年

续表

单　位	重　点　任　务	2015年推进计划	完成时间
市国土资源局	3.指导嘉善推进土地利用差别化管理和执法工作	①推进城镇低效用地再开发工作，全年完成720亩。	全年
		②支持嘉善县综合执法试点工作，健全和理顺综合执法工作机制。	全年
		③指导做好2014年度土地卫片执法检查工作。	全年
	4.支持嘉善县高标准基本农田建设	①指导支持嘉善全面完成16.8万亩高标准基本农田建设任务。	全年
		②支持嘉善开展省级永久保护基本农田划定试点工作。	4月底前
市环保局	1.指导嘉善县开展生态文明建设体制机制改革	①支持推进国家生态县向国家生态文明示范试点县的提档升级。	全年
		②推动嘉善深入实施生态文明建设三年行动方案。	全年
		③继续推动嘉善辐射环境综合管理示范点建设，进一步开展“放心熔炼企业”建设，将浙江万泰特钢有限公司建设成为辐射管理示范企业。	8月底前
	2.在环境执法监管体系改革工作上予以支持指导	①指导探索环境执法监管“1＋3＋X”模式实践，突出抓好环保和公安、检察院、法院的联动，推进环保行政执法与公众监督、舆论监督、司法监督相结合，加快形成执法合力。	全年
		②指导、推动嘉善进行“全省移动执法试点县”建设，确保环境执法的公开公正。	全年
	3.指导嘉善VOCS治理示范区建设	在治理技术、行业验收标准等方面给予指导。加强协调，推动大气污染联防联控机制实施推广。	全年
	4.支持嘉善生态环保建设	指导支持嘉善县治污水等生态环保建设，争取中央和省级专项资金补助。	8月底前
市建委	1.指导嘉善开展美丽县城建设	①指导嘉善开展“多规合一”和县域总体规划修编，在城乡规划布局上加强与上海的对接融入。	全年
		②协调验收嘉善国家级可再生能源建设应用示范县。	10月底前
	2.帮助嘉善提升城乡一体化建设水平	①加大城镇保障性住房建设政策支持力度，指导创新住房保障模式，实行公共租赁房与廉租住房保障并轨运行，建立新型公共租赁住房制度，整合公共租赁住房政府资金渠道，积极协助争取省级及国家有关保障性住房建设补助资金。	全年
		②指导支持嘉善加快生活垃圾分类处理设施体系建设。	全年
		③协助做好县域内生活垃圾的无害化处理工作，在步云垃圾焚烧厂有剩余处理能力的情况下，启动市域垃圾处理应急预案，处理部分嘉善的生活垃圾。	3月底前
	3.支持嘉善历史文化名镇保护工作	指导实施西塘历史文化名镇保护规划。	10月底前
市交通运输局	1.指导推动嘉善城市交通统筹发展	支持嘉善城乡公交项目建设，协调推进嘉善公交线路与上海对接延伸。	全年
	2.支持嘉善重大交通基础设施建设	支持320国道(嘉善段)改造方案研究。尽快推动丁诸线航道项目开工，协助嘉善争取落实部、省补助资金。支持推动丁凝公路项目前期工作。	10月底前
	3.支持嘉善建设城乡智能交通	指导支持做好交通运输部首个县域信息化示范工程嘉善县综合交通信息平台建设。推进嘉善智慧交通与嘉兴智慧交通建设的融合。	10月底前

续表

单　位	重 点 任 务	2015年推进计划	完成时间
市水利局	1. 支持嘉善县开展中小河流治理重点县、综合整治及水系连通试点项目建设	推进7个项目区建设，计划完成投资1.3亿元。督促完成10月底前完成罗星、惠民两个项目区工程验收。大力推进魏塘、姚庄、大云、西塘、干窑五个项目区建设，力争12月底前完成主体工程建设任务。指导推进陶庄、丁栅两个项目区前期工作下半年全面开工建设。	全年
	2. 支持嘉善县开展第四批中央财政小型农田水利重点县项目建设	①指导嘉善全面完成重点县项目建设。督促嘉善完成2012年度项目县级自验，完成市级年度验收。加快推进2013年度调整项目标段建设，完成市级年度验收。指导推进2014年度项目建设，完成市级年度验收。	11月底前
		②指导嘉善做好各年度项目验收完成上报省水利厅、财政厅备案工作，督促指导工程台账资料整理，配合省厅完成对第四批嘉善重点县总体验收。	全年
	3. 支持嘉善省级基层水利服务体系改革试点县建设	进一步指导嘉善开展标准化镇（街道）水利站、圩区管理协会建设。巩固标准化镇（街道）水利站达标验收成果，加大基层水利员培训、培养力度，提高基层水利员业务工作能力。指导督促圩区管理协会建设，对具备条件的按照“建一个圩区、同步建一个协会，并发挥作用”的要求，切实解决重建轻管问题。	全年
市商务局	1. 支持嘉善县建设吸引外资转型升级示范区	①完成吸引外资转型示范区实施计划，争取列入省商务厅吸引外资转型升级示范点。	全年
		②支持嘉善进一步同境外开展经贸投资合作。支持指导嘉善以我省驻德国商务代表处为平台，开展对德国乃至欧盟的招商引资和市场开拓工作。	全年
	2. 帮助支持嘉善与上海自贸区对接	①支持嘉善与上海自贸区管委会合作共建“上海自贸区嘉善项目协作区”；推动上海自贸区可复制、可推广的相关政策在嘉善实行。	12月底前
		②指导支持嘉善经济技术开发区整合提升工作。	11月底前
	3. 指导支持嘉善设立“中博会”嘉善分会场	支持在嘉善举办中国工业设计博览会，争取在嘉善设立“中博会”分会场并冠名。	9月底前
市文化局	1. 支持嘉善申报世界文化遗产	指导推进嘉善西塘的保护、管理和研究等各项申遗准备工作。	全年
	2. 支持嘉善开发保护非物质文化遗产	指导支持申报第五批省级非遗代表性名录和全省非遗传承基地等六大基地。指导参与嘉善县建立省级现代非遗保护传承体系课题研究。指导参与嘉善县建立古镇西塘非遗保护传承集中展示区。	全年
	3. 支持嘉善发展文化创意产业	支持嘉善国际木雕城创建国家级、省级文化产业示范基地。	8月底前
市卫生局	1. 支持嘉善县医疗机构与市内外医院开展医疗合作	协调市级医院与嘉善县级医院开展专科合作。协调推进县中医院与上海龙华集团、浙江省名中医馆、浙江省中医药大学的合作。鼓励市级医院医生到嘉善县开展多点执业和自由执业。	6月底前
	2. 支持嘉善县卫生医疗机构建设	指导推进嘉善县级公立医院硬件设施建设和卫生信息化建设。	8月底前
	3. 支持嘉善县全面实施县镇村卫生一体化综合管理	借助市级医院技术力量，推进嘉善县域临床检验、医学影像、病理诊断、心电诊断等共享中心建设。指导区域诊疗信息共享平台建设。指导分级诊疗工作的实施。	9月底前

续表

单　位	重　点　任　务	2015年推进计划	完成时间
市卫生局	4.支持嘉善县提升医务人员素质	在嘉善举办4期省级或市级继续医学教育项目,解决医务人员工学矛盾。	12月底前
	5.支持加快嘉善县提高妇幼保健工作水平	帮助提升嘉善县妇幼保健管理和专业技术人员的能力水平。嘉善县选派妇幼管理人员挂职于嘉兴市妇保院,学习先进管理经验等;嘉兴市妇保院加强对嘉善县业务指导,进修培训相结合。	12月底前
市统计局	1.推动建立嘉善县县域科学发展指标体系	指导嘉善县开展县域科学发展评价工作。	6月底前
	2.推动统计示范点建设	指导支持嘉善开展统计服务科学发展省级示范点建设。指导嘉善姚庄统计示范点建设。	全年
市旅游局	1.支持嘉善西塘创建5A级景区	指导嘉善推进西塘5A创建工作,争取国家局支持,力争年底前创建成功。	全年
	2.支持嘉善创建大云省级旅游度假区	支持大云省级旅游度假区重点项目建设,指导通过年度考核。	全年
	3.支持嘉善开展汾湖旅游业	指导汾湖旅游规划编制与实施,做好旅游重点招商项目推介。	全年
市金融办	1.支持嘉善县建设省级金融创新示范县	①指导支持嘉善县根据《嘉善县省级金融创新示范县试点方案》开展相关实施工作;	3月底前
		②支持嘉善县组建民间投融资服务中心和嘉善私募基金创新园建设,吸引国内私募基金入驻。	6月底前
	2.强化对嘉善县重点企业的上市培育工作	支持嘉善更多企业开展股份制改造,积极推动企业在境内外证券交易所上市和浙江股交中心、全国股转系统挂牌,推动田中精机等企业的上市进程。	全年
嘉兴海关	1.推动嘉兴出口加工区升级为综合保税区后续工作	以综合保税区为平台复制推广上海自贸实验区海关监管创新制度和苏州市加工贸易转型升级措施。	全年
	2.进一步推进长江经济带区域通关一体化改革	支持嘉善以长江经济带区域通关一体化改革为契机,进一步优化通关环境,促进县域贸易便利化,覆盖主要进出口企业。	全年
嘉善县	1.深入实施嘉善示范点《建设方案》	①全面实施示范点建设2015年度《工作要点》。	全年
	2.深入实施嘉善示范点《综合配套改革总体方案》	①全面实施《2015年度综合配套改革实施方案》、2015年重点改革项目年度实施方案及配套政策,全面实施《总体方案》确定的改革任务,100项改革全面启动。	全年
		②深入实施综合行政执法、核准目录外企业投资项目不再审批等重点改革项目。	全年
		③形成一批改革经验,并推动在国家、省级媒体宣传推广。	全年
	3.配合国家发改委开展调研和评估	配合国家发改委开展深入调查研究嘉善联系点系列工作和示范点建设中期评估工作。	全年
	4.配合省协调办开展评价考核工作	①配合做好嘉善县域科学发展评价指标体系完善。	全年
		②配合开展示范点建设年度考核工作。	3月底前

续表

单　位	重　点　任　务	2015 年推进计划	完成时间
嘉善县	5. 深入推动融入上海各项工作	①上海自贸区嘉善项目协作区引进落地一批合作项目，争取与上海有关方面签订建设中博会嘉善分会场的合作协议。	全年
		②主动与上海市有关部门对接沟通，争取在民生共享、交通对接方面推进落实一批项目。	全年
	6. 深入推进重大平台、重大项目建设	①争取浙江临沪产业合作园区、海峡两岸合作平台规划获省政府批复实施；	6 月底前
		②做好设立无水港和虚拟空港相关前期准备工作。	10 月底前
		③加快嘉善经济技术开发区东区、姚庄经济开发区二期、归谷嘉善科技园、西塘古镇二期、大云温泉省级旅游度假区、大云—惠民现代农业综合区，以及 5 大省级特色产业集群等重大平台、项目建设。	全年
		④加快建设和储备报批一批省级重大产业项目、重点项目。	全年
	7. 深入开展示范点宣传系列活动	①做好第二届全面深化改革和县域科学发展理论研讨会筹备工作。	3 月底
		②开展示范点建设和综合配套改革主题宣传活动等。	全年
	8. 全面总结提炼示范点经验	①开展示范点建设重点课题研究。	全年
		②推进示范点建设展示点培育工作。	全年
		③梳理示范点建设三张清单（规划清单、制度清单和经验清单）。	11 月底前
		④及时总结提炼示范点建设先进典型和成功经验；	全年
		⑤编制示范点建设年度报告。	全年

嘉善县 2015 年综合配套改革任务分解和嘉善县综合配套改革 2015 年推进任务分解

善委办发〔2015〕18 号

嘉善县 2015 年综合配套改革任务分解

序号	项　目	牵头领导 牵头单位	编号	具　体　任　务	主办单位	配　合　单　位	备注
转型升级体制改革专项小组							
1	* 工业企业要素配置改革	曹国良 县经信局	1	建立以单位用地增加值、单位能耗和污染物排放、缴纳税金、全员劳动生产率等为主要内容的综合评价制度，对县域所有工业企业分类分行业公开排名，并配套实施差异化政策。	县经信局	县财政局、县环保局、县国土局、县人力社保局、县统计局	结转
			2	建立城镇土地使用税差别化征收、用地用水用电用气差别化价格机制。	县经信局	县发改局、县财政局、县国土局、县住建局、人行嘉善县支行、县水务集团、县城投集团、国网嘉善县供电公司	延续

续表

序号	项　目	牵头领导 牵头单位	编号	具　体　任　务	主办单位	配　合　单　位	备注
1	* 工业企业要素配置改革	曹国良 县经信局	3	差别化税费价格增收部分由嘉善县政府直接结算，专项用于支持企业技术改造、转型升级。	县财政局	县经信局	
			4	实行差异化的财政信贷支持政策。	县经信局	县财政局、人行嘉善县支行	延续
			5	建立高耗能高污染企业、落后产能和低效企业土地使用权、用能权、排污权按市场评估价收储制度，依法采取收回、收购土地的，可以给予原土地权利人一定数量的奖励。	县经信局	县环保局、县国土局、县财政局	延续
			6	探索建立土地二次出让有关政策支持的先行先试机制。	县国土局	县财政局	延续
			7	建立各类要素集中交易的统一平台。	县公管委	县审批服务中心、县经信局、县国土局、县环保局、县住建局、县农办	增补项目
2	产业平台建设管理体制创新	曹国良 县商务局	8	理顺开发区、出口加工区、服务业集聚区等平台建设的管理体制，探索产业平台市场化开发运营机制。	县商务局	县编委办、县督考办、县发改局、县经信局、嘉善经济技术开发区管委会、嘉兴出口加工区B区管委会、长三角嘉善科技商务服务区管委会、浙江姚庄经济开发区管委会	
3	科技体制创新	高　嵩 县科技局	9	建立由市场决定技术创新项目和经费分配、成果评价的机制。	县科技局	县经信局、县财政局	延续
4	* 大众创业促进机制改革	何全根 县人力社保局	10	出台综合性大众创业政策，强化政府促进大众创业责任。	县府办	县委组织部、县委宣传部、县发改局、县农办、县农经局、县经信局、县商务局、县服务业发展局、县国税局、县财政局、县教育局、县科技局、县住建局、县市场监管局、县新居民事务局、县审批服务中心、县供销社、县总工会、团县委、县妇联、县工商联、县民政局、县残联、县人力社保局、人行嘉善县支行	增补项目
			11	落实商事登记制度，完善个体工商户登记制度，放宽市场准入条件，消除创业准入障碍。	县市场监管局	县发改局、县审批服务中心、县财政局、县综合行政执法局	增补项目
			12	打造多元公共服务平台，提供公开透明的政府公共服务。	县人力社保局	县审批服务中心、各镇、开发区(街道)	增补项目
			13	搭建创业集聚平台，打造资源共享的创业园、孵化器，降低创业成本。	县科技局	县经信局、县商务局、县人力社保局、各镇、开发区(街道)、长三角嘉善科技商务服务区管委会	增补项目
			14	引导建立由社会主导的创业者交流合作机制，增进创业合作、良性竞争。	团县委	县总工会、县妇联、县工商联、县经信局、县商务局、县人力社保局	增补项目

续表

序号	项　目	牵头领导 牵头单位	编号	具　体　任　务	主办单位	配　合　单　位	备注
4	* 大众创业促进机制改革	何全根 县人力社保局	15	建立创业辅导机制，加大职业教育、普通教育投入，强化创业教育培训、辅导、引导，开展创业培训。	县教育局	县财政局、县人力社保局	增补项目
			16	建立由市场主导的创业服务机制，引进人力资源服务企业，发展人力资源服务外包。	县人力社保局	县商务局、县经信局、长三角嘉善科技商务服务区管委会	增补项目
			17	围绕主导产业、特色产业、电子商务、休闲旅游产业等重点培育产业，加强创业信息引导，建立引导创业的定向激励机制。	县发改局	县经信局、县商务局、县农经局、县服务业发展局、县旅游局、县财政局	增补项目
			18	完善创业投资和股权投资促进机制。	县金融办	县财政局、县科技局、人行嘉善县支行、县银监办	延续
			19	转变财政资金扶持模式，建立政府引导基金。	县财政局	县金融办、人行嘉善县支行、县银监办	增补项目
投资贸易便利化体制改革专项小组							
5	* 大都市毗邻县跨行政区域合作机制改　革	曹国良 县合作交流办 （县发改局）	20	以综合保税区为主平台，推进上海自贸区嘉善项目协作区实质性运作，率先打造功能配套区、制度率先复制区、开放红利共享区。	县商务局	县发改局、嘉兴出口加工区B区管委会	延续
			21	探索设立虚拟空港，开通空陆联程中转业务。	县商务局	海关嘉善办事处、国检嘉善办事处、嘉善经济技术开发区管委会、嘉兴出口加工区B区管委会	延续
			22	建立与上海各类规划对接机制，在上海规划中体现嘉善元素。	县发改局	县交通局、县住建局	增补项目
			23	建立产业平台常态对接机制。	县商务局	各镇、开发区（街道）	增补项目
			24	建立与上海迪斯尼乐园旅游合作机制。	县旅游局	县商务局	增补项目
			25	加快构建主动接轨上海的基础设施及重大项目的协同机制，争取上海市公交线路、轨道交通向嘉善县延伸。	县交通局	县发改局、县住建局	结转
			26	建立与上海公交“一卡通”制度。	县交通局	县财政局、县交投集团	
			27	探索建立与上海医保“一卡通”制度，实现嘉善与上海医院异地刷卡结算。	县人力社保局	县卫生局、县财政局	
			28	建立农产品质量安全认证结果互认机制。	县农经局	县质监局、县市场监管局	

续表

序号	项　目	牵头领导 牵头单位	编号	具　体　任　务	主办单位	配　合　单　位	备注
6	贸易便利化制度改革	曹国良 县商务局	29	放宽外商投资准入,允许外资进入商贸、文化、金融、社会等服务领域,争取上级支持嘉善县引进发展外资医院、外资学校、外资金融机构。	县商务局	县文化局、县金融办、县卫生局、县教育局等相关部门	
			30	开展外商投资企业外汇资本金意愿结汇。	人行嘉善县支行	县商务局、县金融办	延续
			31	推进个人境外直接投资试点。	人行嘉善县支行	县商务局、县金融办	
			32	支持符合条件的外国投资者自由转移投资收益。	人行嘉善县支行	县商务局、县金融办	
			33	争取上级支持建立跨境通平台,推动跨境电子商务发展。	县商务局	人行嘉善县支行	
城乡统筹体制改革专项小组							
7	* 农村产权制度改革	殳世平 县农办	34	以农村土地二轮承包为基础,开展土地所有权、承包权和经营权相分离的改革,实现承包经营权可抵押、担保。	县农办	县农经局、县国土局、人行嘉善县支行	结转
			35	以农村土地二轮承包为基础,率先开展农村土地承包关系长久不变的体制改革,组建农村土地股份合作社。	县农经局	县农办、县国土局、县市场监管局	结转
			36	推进农民住房财产权抵押、担保、转让试点。	县国土局	县农办、县住建局、人行嘉善县支行	结转
			37	加快开展集体经营性资产确权登记颁证,推行农民集体资产股份静态固化管理,赋予农民对集体资产股份的占有、收益、有偿退出及抵押、担保、继承权。	县农经局	县农办、县国土局	延续
			38	规范县农村产权交易中心,完善县镇村三级联动的农村产权市场交易运行机制,建立农村产权市场化评估体系,制定完善农村产权抵押融资和交易办法,促进农村各类产权公开、公正、规范流转交易。	县农经局	县农办、县国土局、县监察局、县公管委、人行嘉善县支行	延续
			39	引导村级股份经济合作社改制后进行工商登记,明确其法人地位,建立法人治理机制,保障集体经济收益权。	县农经局	县农办、县市场监管局	结转
			40	完善集体资产经营机制,鼓励村股份经济合作社与社员、企业等主体合股发展混合所有制经济。	县农经局	县农办、县市场监管局	

续表

序号	项　目	牵头领导 牵头单位	编号	具　体　任　务	主办单位	配　合　单　位	备注
8	土地管理制度改革	殳世平 县国土局	41	按照省国土厅批复，开展土地管理制度综合改革。	县国土局	县发改局、县环保局、县住建局、县农经局、县农办	
			42	开展集体建设用地有偿退出制度改革，进一步完善宅基地管理，探索农村宅基地在县行政区域范围置换、有偿使用、有偿退出机制。	县国土局	县农办、县住建局	
			43	探索农村土地三化整治—节余指标交易—山海协作指标置换—指标交易收益分配机制改革链。	县国土局	县发改局、县住建局、县农办、县农经局	延续
			44	探索工业用地市场化配置改革，率先建立工业用地价格市场化形成机制。	县国土局	县发改局	增补项目
9	* 城乡公共资源均衡配置体制机制改革	殳世平 县农办	45	完善城乡基础设施专项规划，整合各类建设资金，对城乡道路、水利、供电、供水、供气、排污等基础设施和教育、卫生、文化等社会事业，按照城乡一体化的要求统筹配置、高效利用，实现城乡基础设施共建共享。	县农办	县住建局、县发改局、县财政局、县环保局、县水利局、县卫生局、县文化局、县水务集团、县城投集团、国网嘉善县供电公司	延续
			46	推进户籍人口就地城镇化改革，剥离宅基地用益物权、集体资产股权、土地承包经营权、生育权与户籍的依附关系，建立按居住地登记，并享受当地城镇居民公共服务的制度。	县农办	县发改局、县公安局、县国土局、县农经局、县住建局、县人口计生局	
10	农村金融改革	何全根 人行 嘉善县支行	47	进一步推进农村信用评价体系建设试验区试点。	人行嘉善县支行	县金融办、县农办、县农经局	
			48	建立农村资金互助社，深化完善“三农”信贷担保机制。	县银监办	县农办、县农经局、县金融办、人行嘉善县支行、县供销社	
			49	建立农业巨灾保险机制。	县发改局	县农经局、县财政局、县金融办	
政府管理体制改革专项小组							
11	* 县域治理体系现代化改革	何全根 县府办	50	完善县域总体规划、调整产业发展规划、修编土地利用规划、出台生态保护规划，形成城乡建设、生产力布局、生态保护等有机衔接、多规合一的规划体制。	县发改局	县住建局、县国土局、县经信局、县环保局	延续
			* 51	深化以完善事中事后监管为重点的不再审批并同步推动快审批、快验收改革。	县审批服务中心	县发改局、县经信局、县商务局、县环保局、县国土局、县安监局、县气象局、县综合行政执法局、县消防大队	结转
			52	建立网络政务服务平台，开展中介机构管理改革。	县审批服务中心	县府办、县发改局、县环保局、县住建局、县国土局、县消防大队、县经信局、县交通局、县水利局、县安监局、县气象局	增补项目

续表

序号	项目	牵头领导 牵头单位	编号	具体任务	主办单位	配合单位	备注
11	* 县域治理体系现代化改革	何全根 县府办	53	开展政府职能转变和机构改革，推进审批“两集中两到位”。	县编委办	县审批服务中心	增补项目
			* 54	完善源头查处、重心下移、运行规范、执法高效的综合行政执法机制，全省率先形成嘉善样本。	县综合行政执法局	县编委办、县国土局、县安监局、县水利局、县农经局、县住建局、县环保局、县市场监管局、县公安局、县人防办、县教育局、县文化局、县旅游局、县民政局、县经信局、县发改局、县科技局、县人口计生局	结转
			55	建设县域信用体系。	县发改局	县府办、人行嘉善县支行、县市场监管局、县人力社保局、县经信局、县农经局、县环保局、县安监局、县质监局	增补项目
			56	建立“智慧嘉善”运行机制，提高信息化治理水平。	县经信局	县广电台、县电信局、移动嘉善分公司、联通嘉善分公司	结转
			57	制订出台鼓励引导社会资本进入基础设施和社会领域的政策制度，推进政府和社会资本合作(PPP)，深化完善政府向社会购买公共服务机制。	县发改局	县财政局、县民政局	延续
12	镇改市机制改革	何全根 县编委办	58	探索小城市试点镇改市的体制机制。	县编委办	县发改局、姚庄镇	增补项目
			59	探索镇投融资体制改革。	姚庄镇	县发改局、县财政局	增补项目
公共服务体制改革专项小组							
13	社保机制改革	何全根 县人力社保局	60	探索建立合理兼顾各类人群的社会保障待遇确定和正常调整机制。	县人力社保局	县国土局、县卫生局、县财政局	
14	公租房制度	施晓松 县住建局	61	整合现有住房保障政策，建立公租房制度。	县住建局	县发改局	
15	阳光医保改革	何全根 县人力社保局	62	深化“阳光医保”省级改革试点。	县人力社保局	县卫生局、县监察局、县财政局	延续
16	社会化养老改革	许春红 县民政局	63	深化县域社会养老服务省级改革试点。	县民政局	县财政局、县发改局、县国土局	延续
17	教师人事制度改革	高嵩 县教育局	64	深化义务教育阶段教师流动，开展教师人事制度改革。	县教育局	县编委办、县人力社保局、县财政局	结转

续表

序号	项　目	牵头领导 牵头单位	编号	具　体　任　务	主办单位	配　合　单　位	备注
18	县镇村卫生一体化改革	高　嵩 县卫生局	65	推进县镇村卫生一体化管理省级试点，完善基层首诊、分级诊疗、双向转诊制度。	县卫生局	县编委办、县发改局、县人力社保局、县财政局	延续
19	医生多点执业机制	高　嵩 县卫生局	66	建立城市医院医生到嘉善县开展多点执业机制。	县卫生局	县人力社保局、县财政局	
20	公共安全监管机制创新	滕根林 县委政法委	67	运用互联网技术手段，建立生产、交通和消防安全联动监管机制，加强社会应急联动体系建设。	县委政法委	县公安局、县安监局、县交通局、县消防大队等相关部门	延续
				生态文明体制改革专项小组			
21	五水共治体制机制创新	殳世平 县治水办	68	开展“五水共治”体制机制创新试点。	县治水办	县财政局、县发改局、县住建局、县环保局、县金融办、县水利局、县水务集团、县农办、县农经局、县经信局、县公安局、县综合行政执法局、县法院、县文明办、县编委办、县督考办	延续
			69	推进非居民用水超定额累进加价改革。	县发改局	县水务集团、县住建局、县经信局	
22	生态环境治理机制改革	曹国良 县环保局 （县生态办）	70	严格执行生态功能区规划，制订差别化的区域开发、资源配置和考核政策。	县委政研室	县环保局、县发改局、县住建局、县国土局、县财政局	
			71	推进形成行政执法与公众监督、舆论监督、司法监督相结合的环境监管机制，探索建立环保警察和环保法庭。	县环保局	县法院、县检察院、县公安局、县综合行政执法局、县委宣传部、县司法局	
			72	开展企业环境污染强制责任保险。	县环保局	县经信局	
			73	实行最严格的责任追究和赔偿制度。	县环保局	县综合行政执法局、县公安局、县法院	
			74	开展排污许可证制度改革试点、全省总量制度创新试点。	县环保局	县发改局、县经信局	增补项目

备注：(1)其中2014年已启动并完成、结转2015年深化推进的10项；2014年启动并延续推进的20项；2014年未启动及2015年应启动项目24项；根据部门申报和改革推进要求增补20项。

(2)打＊号为八项重点改革。

嘉善县综合配套改革2015年推进任务分解

编号	任务类别	重点工作	主要任务	牵头领导	责任单位
1	(一)加强研究部署	1.深入谋划部署	(1)编制2015年综合配套改革计划,分解年度改革任务	何全根	县改革办
2			(2)梳理2015年重点项目		
3			(3)制订深改组会议计划		
4			(4)召开深改组扩大会议,部署年度改革工作	姚高员	
5			(5)下达年度改革任务书	何全根	
6			(6)制定改革方案或项目年度计划	各项目牵头领导	各项目牵头单位
7			(7)确定2015年在镇(街道)试点项目		
8		2.加强改革研究	(1)与省发改委发展研究所合作,开展“十三五”改革思路研究	何全根	县改革办
9			(2)学习考察外地改革经验,推进集成创新	各项目牵头领导	各项目牵头单位、主办单位
10		3.加强对接联络	(1)定期向省市改革办、省发改委汇报综合配套改革进展情况、报送改革专报	何全根	县改革办
11			(2)与国家发改委对接改革工作		
12			(3)与对应的上级改革专项小组建立联系,争取列入上级改革计划	深改组成员	各项目牵头单位、主办单位
13			(4)向上级部门争取授权改革试点,及时汇报沟通改革项目进展情况,争取上级指导、认可、推广	各项目牵头领导	
14	(二)完善推进机制	1.推进八项重点改革	(1)定期召开县深改组(或扩大)会议,审议重点改革方案,研究、决策、部署重大改革问题	姚高员	县改革办
15			(2)不定期专题调研重点改革项目进展情况,推进重点改革项目顺利实施		
16			(3)开展重点改革项目专题研究、专题协商	县人大、县政协相关领导	县人大办、县政协办
17			(4)牵头研究重点改革项目,定期召开项目推进会议,统筹协调推进各项具体改革任务	重点改革项目牵头领导	各项目牵头单位
18			(5)牵头举办重点改革项目专题研讨会,邀请专家学者、上级部门权威人士、专业人员专题研讨,提炼嘉善经验		
19			(6)带队向上级部门汇报沟通重点改革项目进展、成效,争取上级认可推广		
20			(6)对重点改革项目组建写作班子,会商撰写专报信息,争取上级编发专报和领导批示		各项目牵头单位、县委办、县府办
21			(7)对重点改革项目量身定制宣传方案	宣传部长	县委宣传部、各项目牵头单位
22			(8)建立“推进八项重点改革专报”制度、“工作联系单”制度,加强实地调研,及时沟通重点改革项目动态	何全根	县改革办

续表

编号	任务类别	重点工作	主　要　任　务	牵头领导	责任单位
23	（二）完善推进机制	2.加强项目管理	（1）落实“时序化”推进要求和项目审批管理制度，协助送审各类改革方案，提高项目质量	何全根	县改革办
24			（2）修订维护任务管理系统，定期编制改革专报，报送县深改组、省发改委和上级改革办		
25			（3）指导承担试点的镇（街道）开展改革	各项目牵头领导	各项目牵头单位、主办单位
26		3.完善督查考评	（1）制定2015年综合配套改革专项考核办法，开展专项考核	何全根	县改革办
27			（2）开展部门镇（街道）互评、责任单位及镇（街道）反向测评、县领导测评、代表委员评议，保障考核客观公正		
28			（3）做好市改革办对县（市、区）改革考核工作		
29			（4）组织两代表一委员参加年中督查和年终评议	相关领导	县督考办、县改革办
30	（三）强化宣传推动	1.加强媒体宣传工作	（1）制订2015年综合配套改革宣传方案，有计划地开展全年改革宣传工作	宣传部长	县委宣传部
31			（2）在县级媒体开设改革专栏，做好改革宣传报道		
32			（3）组织中央、省级媒体、权威记者到嘉善蹲点采风，争取重量报道		
33			（4）突出县域综合改革这个核心，加强综合性宣传报道，拍摄县域科学发展示范点建设专题汇报片，展示改革推进示范点建设的成果经验		
34		2.加强政务信息工作	（1）主动与项目牵头单位、主办单位、县改革办联系，及时向上级党委政府报送嘉善各类改革信息	县委办、县府办相关负责人	县委办、县府办
35			（2）在示范点建设简报开设改革专栏、专刊，及时传递改革信息	何全根	县推进办
36		3.加强联络配合机制	（1）落实综合配套改革信息宣传联络制度，加强与县委办、县府办、县委宣传部、县级媒体的沟通联系	何全根	县改革办
37			（2）定期召开新闻发布会，发布综合配套改革进展与成效		
38			（3）每月提交下月改革宣传要点，配合媒体采访	各项目牵头领导	各项目牵头单位、主办单位
39			（4）及时向县委办、县府办、县改革办报送改革信息		
40	（四）做好评估提炼	1.做好项目评估工作	（1）开展改革项目自我评估，部分特色、亮点项目提交第三方评估	各项目牵头领导	各项目牵头单位
41			（2）组织2014年已完成的部分项目开展“回头看”，分析评估改革实施一年来的客观效果，形成分析报告	何全根	县改革办
42			（3）对接第三方评估咨询机构，对重点改革项目进行第三方评估	重点改革项目牵头领导	各项目牵头单位
43		2.做好总结评估工作	（1）编制综合配套改革年度评估报告	何全根	县改革办
44			（2）开展改革案例及展示点验收，编制《2014年综合配套改革案例选辑》		
45			（3）组织县级媒体年度改革总结宣传		

续表

编号	任务类别	重点工作	主要任务	牵头领导	责任单位
46	(四)做好评估提炼	3.做好各项配合工作	(1)配合上级改革办、上级发改部门来善调研、考察、评估、研讨等工作	何全根	县改革办
47			(2)配合项目牵头单位上级主管部门来善调研、考察、研讨、会议等活动		
48			(3)配合改革项目牵头领导、牵头单位开展研究、部署、推进工作		
49		4.做好改革档案工作	(1)编写年度综合配套改革大事记	何全根	县改革办
50			(2)建立综合配套改革项目档案		
51			(3)建立综合配套改革各类工作台账		

嘉善县域科学发展示范点建设2015年工作要点

善委办发〔2015〕29号

2015年是嘉善县域科学发展示范点建设全面攻坚之年，是示范点建设第一阶段任务的冲刺之年，也是全面深化县域科学发展综合配套改革的关键之年，示范点建设任务十分艰巨而繁重。必须紧紧围绕“建设县域科学发展示范点，争当全面深化改革排头兵”总要求，进一步增强工作的紧迫感、责任感、使命感，锐意创新，开拓进取，善作善成，努力实现新常态下县域经济社会平稳较快发展，全力迎接示范点建设“期中大考”。

2015年示范点建设的总体思路是：全面贯彻党的十八大和十八届三中、四中全会精神，按照“四个全面”战略布局，主动适应和引领经济发展新常态，贯彻落实省、市决策部署和协调小组会议精神，以“县域科学发展示范点建设全面攻坚年”为工作主题，以“迎接期中考、做好必答题、多争附加分”为工作要求，聚焦“转型见成效、城乡抓统筹、合作上水平、民生重幸福、改革求红利、落实强保障”六大重点，确保高标准、高质量地完成国家《建设方案》第一阶段目标任务，争当县域科学发展的“领头羊”和排头兵，努力交出县域科学发展示范点建设“期中大考”满意答卷。

2015年示范点建设主要预期目标是：地区生产总值增长7.5%以上；地方公共财政预算收入增长7.5%；城乡居民人均可支配收入均增长8%以上。

一、聚焦“转型见成效”目标，全力提升县域经济核心竞争力

进一步深化“三集一创”，加快推进“工业强县”战略，提升农业现代化发展水平，积极推动现代服务业发展，全力提升县域经济核心竞争力。

1.进一步深化集约发展。深入实施“双均”产出战略，继续严格落实“双评价”措施，深化完善亩均绩效综合评价分类管理。推进省级腾笼换鸟综合试点工作，推动“两退两进”，抓好小木业、喷水织机、管桩等低端行业整治。深入开展工业“机器换人”双百行动，加快提升现代农业装备和技术集成应用水平，进一步提高全员劳动生产率。

2.进一步深化集聚发展。探索实行全县发展平台分类管理，突出抓好重点平台建设。嘉善经济技术开发区东区和浙江姚庄经济开发区二期加快基础设施建设，全力引进大项目，做优主导产业。嘉善县电子信息产业园加强富通项目和富鼎二期、三期的推进力度。古镇西塘加快推进二期开发，力争通过国家5A级创建。大云温泉旅游度假区完成总体规划编制并加快建设步伐。深入推进粮食生产功能区建设，全面提升西塘—姚庄、大云—惠民两大省级现代农业综合区发展水平。

3.进一步深化集群发展。深入实施工业强县战略，大力推进电子信息、精密机械、光伏新能源、木业家具、高铁精密紧固件等五大省级特色产业集群建设，加快建设新型工业化产业示范基地。推进现代服务业发展，重点发展旅游、商贸物流、电子商务三大优势产业，积极发展环保、健康、金融等新兴服务业态，努力打造文化产业示范基地。大力发展“银加善”特色精品农业，着力加强新型农业经营主体建设。

4.进一步深化创新发展。充分发挥科技创新对产业转型升级的支撑作用，全力构筑科创中心、归谷科技园、高铁新城三大创新主平台，努力创建省级创新型县、省级知识产权示范县、国家级可持续发展实验区、高新技术产业园区。深化创新驱动战略，加强区域创新合作，加大科技型企业招商和招才引智力度，增强企业自主创新能力，全力推动科技成果的转化和产业化。深化推进“质量强县”工程和品牌战略。

二、聚焦“城乡抓统筹”目标，全力提升城乡一体化发展示范力

进一步提升城乡空间规划布局水平、基础设施建设水平、公共服务配置水平，加强新型城镇化建设，努力推动县域城乡统筹发展取得新成效。

1.进一步提升城乡空间规划布局水平。以实施“多规合一”改革为契机，加快形成县域科学发展的规划体系。进一步加快中心城区建设，姚庄、西塘小城市培育继续走在省、市前列，同步推进天凝省级中心镇及其他城镇建设，并有序推进各镇（街道）老集镇改造。完善村庄布点规划，推进“美丽乡村”建设。深入实施“强村计划”，确保村级可支配收入稳步增长。

2.进一步提升城乡基础设施建设水平。深化全国统筹城乡交通发展示范县建设，加快启动丁诸线航道整治工程一期建设，深入推进农村公路品质提升工程。加快城乡污水一体化建设，完成幽澜地面水厂四期、生活垃圾焚烧发电项目建设并投入使用。启用嘉善三中、姚庄中学新校舍，推进实验三小等学校新改建工程。加快推进县中医院、姚庄医院等迁建（改造）工程建设。加快建设图书馆、博物馆新馆，启用吴镇书画院。全面推进“智慧嘉善”建设。

3.进一步提升城乡公共服务配置水平。巩固扩大义务教育学校教师流动国家级试点成果。加快推进县镇村卫生一体化建设，进一步完善社区家庭医生制度。着力推进城乡统筹一体化医保体系建设，增加市民卡公共交通服务等功能，并完成制发工作。全面推进省级养老服务示范区建设，实现村（社区）居家养老服务照料中心全覆盖，构建“95·5·3”养老服务总体格局。

三、聚焦“合作上水平”目标，全力提升区域发展推动力

进一步深化以上海为重点的区域合作，以上海为窗口的国际合作，加快推动融入上海、融入长三角一体化发展，在长三角一体化核心区建设中扮演好嘉善角色。

1.进一步深化以上海为重点的区域合作。主动对接上海“十三五”、2040、2050规划以及产业、交通、旅游等专项规划，争取在上海的规划中体现嘉善元素。深度对接上海自贸区，努力把嘉善打造成为上海自贸区的功能配套优先承载区、制度创新率先复制区、开放红利首批共享区。强化“大虹桥”对接，争取在嘉善挂牌“中博会”分会场，并合作开展若干活动。加强与上海等地浙江商会交流。探索开展跨区域园区合作试验。建立沪善农产品质量安全认证结果互认机制。加快推进梅枫公交线延伸、通勤巴士开通、跨省异地就医结算等工作。

2.进一步深化以上海为窗口的国际合作。强化招大引强，拓宽项目信息来源渠道，高水平办好“善洽会”等重大招商活动。大力发展台资总部经济，扩大境外国外经贸合作，助推企业开拓国内外市场。完成嘉兴出口加工区B区升级为综合保税区申报工作，启动设立无水港和虚拟空港。完成浙江临沪经济产业合作园区的规划报批并启动建设，完成海峡两岸（嘉善）经贸合作平台的规划编制和报批。积极开展嘉善经济技术开发区扩区申报工作。

四、聚焦“民生重幸福”目标，全力提升建设幸福嘉善凝聚力

进一步全面推进环境治理、民生事业、社会治理等各项工作，持续改善民生，增加百姓福祉，全面提升城乡居民的幸福感和归属感。

1.进一步打造精致水乡。深入开展“五水共治”，加快工业企业污水全入网、农村生活污水治理等工作，完善污水管网建设管理体制，推进污水处理厂提标扩容，确保交接断面水质考核达到良好以上。深入实施“三改一拆”，全面推进“无违建县”创建。巩固扩大国家生态文明建设示范区创建成果，积极推进大气污染防治、“四边三化”、“四清四治”等工作。深入推进城乡环境综合治理，加快基础设施建设和生态环境保护，注重城市内涵挖掘和城市形象提升,进一步打造精致水乡。

2.进一步推进民生事业。完善促进城乡居民增收致富长效机制,实施积极的就业创业政策,加强就业创业培训,进一步形成大众创业、万众创新的良好氛围。全面推进家庭教育国家级试点工作,创建省教育基本现代化县。加快推进卫生信息化建设,全面提升公共卫生和基本医疗服务水平。加快县社会福利中心等项目建设,推进老年活动中心、镇(街道)区域养老中心等工程建设。进一步打响"善文化"品牌,形成培育践行社会主义核心价值观的县域样本。积极推动村级文化礼堂建设。

3.进一步创新社会治理。围绕"法治嘉善"建设,努力争创省平安县"十一连冠",进一步构筑打防管控一体的社会治安防控体系,健全完善重大事项社会稳定风险评估、"三色"预警等机制,强化社会应急联动体系建设,探索建立新居民人口流动调控引导机制。

五、聚焦"改革求红利"目标,全力提升县域科学发展源动力

进一步突出"问题导向",找准改革的主攻方向和发力点,用足用好示范点先行先试权,更加注重提质增效,以改革新成效推动示范点建设。

1.坚持问题导向抓改革。聚焦经济社会发展共性问题,创新产业平台建设管理体制,深化核准目录外企业投资项目不再审批改革,推进外贸便利化制度改革、综合行政执法改革试点,探索社会信用体系建设创新。聚焦社会关注热点,实施"多规合一"的规划管理体制改革、"五水共治"体制机制创新,推进生态文明体制改革,创新主动接轨上海的体制机制。聚焦民生诉求,推进"大众创业、万众创新"驱动机制改革,深化县镇村卫生一体化管理、"阳光医保"、养老服务业综合改革,探索开展教师人事管理制度改革。

2.突出重点领域抓改革。突出政府自身改革,推进县域治理体系创新,加快推进"零审批"改革项目开工后的事中事后服务监管评估、推行行业协会商会承接政府职能清单制等改革。突出经济结构调整,不断深化企业综合评价制度、投资贸易便利化改革,加快推进与上海产业配套发展的体制改革。突出城乡统筹,深化以"三权三抵押"为核心的农村产权制度改革,开展农村"三块地"制度改革,新型城镇化姚庄改革试点,推进城乡公共资源均衡配置。

3.借鉴先进经验抓改革。用足先行先试权,同步实施其他县市开展的省级改革试点,吸收试点经验做法,不断集成创新,借鉴推进县域科学发展综合配套改革。充分发挥群众首创精神,围绕群众最关心最直接最现实的利益问题开展改革,不断增强深化改革的动力。

六、聚焦"落实强保障"目标,全力提升示范点建设组织实施执行力

把示范点建设摆在更加突出的位置,进一步抓落实、强保障、造氛围,确保高标准、高质量地完成示范点第一阶段目标任务。

1.进一步突出工作重点。制定示范点建设2015年度任务分解、重大项目推进计划、展示点培育计划,着重梳理十大重点任务、十大重点项目和十大重点改革。抓好"十三五"规划和示范点建设的衔接。对《建设方案》任务的落实情况进行"回头看"和梳理评估。组织示范点重大项目建设情况验收。启动国家、省级有关部门对示范点建设的评估。

2.进一步完善推进机制。定期向国家发改委等上级部门汇报示范点建设进展情况,定期召开示范点建设领导小组会议,积极向上争取重大项目各项政策支持。探索建立更加紧密的沪善合作机制。强化示范点建设动态管理机制,完善专项考核办法。建立县领导领衔的重点任务专项攻坚小组,完善现场会办制、督查交办制、情况通报制等制度。

3.进一步加快成果转化。抓紧梳理规划成果、制度成果、经验成果"三张清单"。编制2015年度示范点建设年度报告。进一步推进展示点、展示线的整合提升,尽早形成若干更富有影响力、更具有整体效应的示范片区。进一步加强示范点建设重点经验的总结提炼,尽快形成一批可学、可示范的发展改革经验和理论研究成果。

4.进一步营造良好氛围。举办全面深化改革与县域科学发展·嘉善论坛,召开全县示范点建设誓师攻坚大会,进一步形成全民支持参与示范点建设的浓厚氛围。注重运用主流媒体对示范点建设过程、成果的宣传展示,扩大示范点效应。拍摄示范点建设专题汇报片。举办示范点建设专题成果展。开展2015年度示范点建设民意调查并形成专题报告。进一步加大力度整治城乡环境卫生、绿化美化环境,更加注重细化优化方案,全面改善城镇风貌、提升品位。

附1:嘉善县域科学发展示范点建设2015年度任务分解

（共5部分17类125项192条）

任务项编号	任务类	重点工作	主　要　任　务	牵头领导	牵头单位	责任单位
			一、推进实施(3类14项27条)			
1	(一)全面研究部署(3项5条)	1.深入谋划部署	(1)编制示范点建设《2015年度工作要点》(包含《2015年度任务分解》《2015年度重大项目计划》《2015年度展示点培育计划》《2015年度建设经验打造计划》),各牵头单位制定相关任务的年度计划,相关责任单位细化本单位年度重点工作和重点项目。 (2)建立县领导领衔攻坚小组,重点领衔抓好一批重大产业项目、一批惠民实事项目、一批基础设施项目,集中精力解决项目推进、指标达标等问题。	何全根	县推进办	县相关部门,各镇、开发区(街道)
2			(3)召开全县示范点建设誓师大会,部署2015年重点任务。		县委政研室	县推进办、县相关部门,各镇、开发区(街道)
3		2.加强对接联络	(1)定期向国家发改委和省、市协调办汇报示范点建设进展情况。 (2)配合省协调办做好与上海市有关部门的对接沟通,力争在合作共建上取得新的突破。	何全根	县推进办	县相关部门
4	(二)完善推进机制(4项7条)	1.优化督查推进机制	(1)定期召开县示范点建设领导小组全体会议,专题听取重大任务、项目推进情况。 (2)制订2015年度示范点建设督查工作方案,定期开展专题督查。 (3)大力推进展示点培育,形成2—3个更富影响力、更具整体效应的示范片区。	何全根	县推进办	县相关部门,各镇、开发区(街道)
5			(1)开展2015年度示范点建设民意调查并形成专题报告。		县统计局	
6		2.完善专项考核机制	(1)制订2015年度示范点建设推进工作专项考核办法,进一步加大对示范点建设核心任务完成情况和经验总结的考核权重,开展专项考核。	何全根	县推进办	县相关部门,各镇、开发区(街道)
7		3.建立动态管理机制	(1)抓好示范点建设110项核心任务完成情况的梳理和回头看。 (2)做好示范点建设任务管理系统的日常运行维护,对示范点年度各项任务进行动态管理。	何全根	县推进办	县相关部门,各镇、开发区(街道)
8	(三)加强宣传推广(7项15条)	1.开展系列主题宣传活动	(1)拍摄示范点建设专题汇报片,集中展示示范点建设成果。	何全根	县推进办	县相关部门,各镇、开发区(街道)
9			(1)举办示范点建设主题摄影展。 (2)举办全县青年干部辩论赛。 (3)举办县域科学发展示范点建设主题论坛。 (4)做好示范点建设先进典型、成功经验的宣传报道。	宣传部长	县委宣传部	

续表

任务项编号	任务类	重点工作	主　要　任　务	牵头领导	牵头单位	责任单位
10		2.做好日常信息报道工作	(1)做好县域科学发展主题馆、示范点门户网站的日常运行维护,并对主题馆进行优化提升。 (2)定期编印示范点建设简报和专报。	何全根	县推进办	县相关部门,各镇、开发区(街道)
11	(三)加强宣传推广(7项15条)	3.做好总结提炼工作	(1)与省社科联、省高校合作,完成一批社科研究课题。	宣传部长	县委宣传部	县相关部门,各镇、开发区(街道)
12			(1)开展中国县域科学发展研究院专题调研活动并形成成果。	滕根林	县委党校	
13			(1)推动县域科学发展评价指标体系在省级层面发布,做好2012—2014数据测算,并与全国其他同类地区进行比较。	丁金华	县委政研室	
14			(1)编印《2014年度示范点建设重要资料汇编》《2014年度示范点建设实践成果汇编》《县域科学发展示范点建设巡礼》等。 (2)梳理示范点建设规划、制度、经验“三张清单”。 (3)配合国家发改委开展深入调查研究嘉善联系点工作。 (4)配合国家发改委开展建设方案实施情况第三方评估。 (5)配合上级机构总结提炼示范点建设经验。	何全根	县推进办	
二、产业转型升级引领区(4类27项50条)						
15	(一)深化集聚发展(8项15条)	1.优化先进制造业产业布局	(1)嘉善经济技术开发区要做好东区开发建设和西区整合提升工作,着力打造县域经济发展的中心区和样板区,确保全年腾退低效用地400亩、力争500亩,力争新引进总投资超50亿元项目1个、超20亿元项目1个以上、超1亿美元项目2个以上,规上工业企业总产值330亿元以上、工业生产性投资45亿元以上。 (2)积极培育发展高端家具制造、高端装备制造产业,至少培育集聚1个特色鲜明的主导产业。加快推进中华两岸文化创意产业园开工建设并面向台湾招商,精迪敏科技产业园、国际信息科技城、吴镇国际文化创意产业园开园运行。	曹国良	开发区(惠民街道)	县发改局(服务业发展局)、县商务局、县经信局、县国土局、县住建局、县科技局、县委宣传部
16			(1)嘉善县电子信息产业园(嘉兴出口加工区B区)要加快培育发展电子信息产业,全力抓好富通项目以及富鼎电子二期、三期建设,力争全年产出超50亿元、税收超2亿元。	曹国良	西塘镇	县发改局(服务业发展局)、县经信局、县商务局
17			(1)浙江姚庄经济开发区要加快培育发展精密机械、光伏新能源、高端教育装备产业,至少培育集聚1个特色鲜明的主导产业,力争精密机械和光伏新能源两大相关产业产值超180亿元。	朱　苗	姚庄镇	县发改局(服务业发展局)、县经信局、县商务局

续表

任务项编号	任务类	重点工作	主要任务	牵头领导	牵头单位	责任单位
18	(一)深化集聚发展(8项15条)	1.优化先进制造业产业布局	(1)探索建立差异化考核办法,实行平台分类管理,推动任务、政策、人力、要素、服务向三大主平台倾斜。 (2)扎实做好“长风计划”全国示范区建设,积极创建省市“两化”融合示范基地和新型工业化产业示范基地。 (3)魏塘、天凝、干窑、大云、陶庄等主体的工业平台重点要做好存量就地提升的文章。	曹国良	县经信局	县发改局(服务业发展局)、县商务局、县财政地税局、县国土局,各镇、开发区(街道)
19		2.优化现代服务业产业布局	(1)加快发展320国道物流带为核心的商贸物流业,推动畅联物流、中食冷链物流、兴业木制品市场等项目建成投产,力争物流业销售额突破100亿元。	施晓松	县交通局	县发改局(服务业发展局)、县商务局,魏塘街道、开发区(惠民街道)
20			(1)全面实施全县旅游发展总体规划,编制旅游交通指引标识系统专项规划,推出嘉善景区联票。 (2)西塘古镇继续按计划抓紧实施项目建设和景区改造提升工程,全面落实迎接国家旅游局最终评定验收的各项准备工作,确保国家旅游局评定验收达标,年内成功创建成为5A级景区。 (3)全面推进大云温泉省级旅游度假区建设,完成总体规划编制,强化基础设施建设,完善旅游配套功能,加快区域旅游资源的有效整合,启动乡村旅游特色村落建设。 (4)加快汾湖休闲旅游开发,编制汾湖休闲旅游控制性详细规划。	许春红	县旅游局	县发改局(服务业发展局)、县经信局、县住建局、县农办,各镇、开发区(街道)
21		3.优化现代农业产业布局	(1)全年新建粮食生产功能区3.08万亩,保持粮食生产42万亩、18万吨规模,积极争创全国、全省粮食生产先进县。 (2)扎实推进农业“两区”及全省精品农业基础设施项目、农业综合开发项目建设,积极培育现代农业经营主体,新增省级农业主导产业示范区、特色农业精品园各1个,新增农业龙头企业2家、示范性家庭农场10家,完成土地流转1.1万亩,姚庄、大云要创建现代化农业综合服务示范片区。	殳世平	县农经局	县国土局,各镇、开发区(街道)
22			(1)大力实施全国第四批小型农田水利重点县项目,力争5月底前完成主体工程建设,12月底前完成2012—2014年度项目总体验收。大力开展农田水利标准化建设,争取省级考核优秀。	殳世平	县水利局	县财政地税局、县国土局、县农经局,各镇、开发区(街道)

续表

任务项编号	任务类	重点工作	主要任务	牵头领导	牵头单位	责任单位
23	（二）深化集群发展（6项13条）	1.深入实施工业强县战略	(1)围绕建设"工业强县"，按照"321"产业布局，大力推进电子信息、精密机械、高端装备制造、光伏新能源等产业集群建设，新增省级特色产业基地1个。全年工业生产性投资增长13%、力争增长20%、总额力争超150亿元。 (2)组织开展4次全县各主体联动的项目集中开竣工月活动。加快推动喜力啤酒、富鼎二期、大王椰等项目竣工投产，富通、新格有色金属、盛威安防等项目开工建设。 (3)狠抓规上企业产出，努力培育新增长点，全年培育产值超亿元企业220家，其中超5亿元企业20家，超10亿元企业10家，超50亿元企业1家，新进规上企业20家，完成"小升规"企业80家。确保全年规上工业总产值超1000亿元。	许晴 曹国良	县经信局	县商务局、县发改局（服务业发展局）、县统计局，各镇、开发区（街道）
24		2.加速发展现代服务业	(1)加快现代服务业集聚，重点发展旅游、商贸物流、电商三大优势产业，切实抓好乡村旅游特色村落建设、320国道商贸物流带打造以及以电子商务为载体的网络零售等工作，加快建设省级现代服务业集聚区，服务业增加值达到170亿元以上。 (2)确保万联城城市综合体一期、景辰大厦、建筑业大厦顺利开业，加快发展楼宇经济，不断集聚商气和人气。	沈康明	县发改局（服务业发展局）	县统计局、县经信局、县商务局、县旅游局、县住建局、县交通局、长三角嘉善科技商务服务区管委会，各镇、开发区（街道）
25			(1)推进智慧旅游建设，打造集旅游服务、咨询为一体的网络服务平台，年底前基本完成建设并初步试运行。启动西塘镇以景区中央数据库、旅游云数据中心为重点的"一库三基础四工程"项目。	许春红	县旅游局	县发改局（服务业发展局），各镇、开发区（街道）
26			(1)支持企业进入新三板及区域性股权交易市场，力争上市、上会企业2—3家。 (2)启用私募基金创新园，与券商、银行等合作设立政府产业引导基金，争取引进股权投资管理企业2家，股权投资企业15家，注册资本超5亿元。 (3)推进省级金融创新示范县建设，创新完善银行经营机制，建立健全重点产业发展的信贷引导和协调机制，发挥中小企业转贷基金作用，完善科技银行运行机制，鼓励企业拓展融资渠道。	何全根	县金融办	县经信局、县发改局（服务业发展局）、人行嘉善县支行、县银监办、县财政地税局、县工商联，各镇、开发区（街道）
27			(1)积极推进文化信息、创意设计、文化旅游、工艺美术等文化产业发展，力争完成全县文化服务业投资7亿元，全县文化产业增加值占全县GDP的5%。国际木雕城创建国家级、省级文化产业示范基地。	宣传部长	县委宣传部	县发改局（服务业发展局）、县文化局，各镇、开发区（街道）

续表

任务项编号	任务类	重点工作	主　要　任　务	牵头领导	牵头单位	责任单位
28	（二）深化集群发展（6项13条）	3.积极发展精品农业	(1)大力发展精品农业、都市型生态效益农业和休闲观光农业，鼓励工业企业进入农业领域，引导农业龙头企业加快向精加工、深加工转变，积极开拓大型连锁超市、专业批发市场、电商平台等新型销售渠道，不断提高农产品附加值，力争全县农业总产值48亿元。 (2)全年引进各类农业新品种(系)100个，建设3000亩优质种子种苗基地，全县良种覆盖率达到98%以上。 (3)健全农产品质量安全体系，新增无公害农产品10个、绿色食品2个，“三品”覆盖率稳定在65%以上。	殳世平	县农经局	县旅游局、县农办、县质监局、县市场监管局，各镇、开发区(街道)
29	（三）深化集约发展（6项11条）	1.提高亩均贡献率	(1)通过企业要素配置改革，力争淘汰落后低效产能项目150个以上，C类企业亩均税收增长10%以上，腾退低效用地800亩，最大限度腾出用能、排污空间。 (2)推进“腾笼换鸟”，完成市级以上淘汰落后产能项目10个，腾退闲置用地1300亩，盘活闲置厂房30万平方米以上。 (3)开展“小纽扣大整治”专项行动，按照“限期整治一批、纳管排放一批、倒逼提升一批、转移关停一批”的整治路径，确保在6月底以前、力争5月底以前完成集中整治。打好整治“组合拳”，建立长效机制，实现废水零直排、废气零排放、废料零污染、消防零隐患。 (4)启动开展小木业重点整治，制定小木业企业整治标准，重点完成四个省、市挂牌的小木业企业火灾隐患集中区的整治任务。	姚高员 冯　伟 曹国良	县经信局	县审批服务中心、县发改局(服务业发展局)、县商务局、县统计局、县国土局、县国税局、县财政地税局、县环保局，各镇、开发区(街道)
30			(1)以前期准入评价和后期跟踪评价“双评价”为手段，切实把好引进项目质量关，力争新引进项目亩均投资强度增长10%以上。	曹国良	县商务局	县经信局、县发改局(服务业发展局)、县审批服务中心、县国土局、县环保局，各镇、开发区(街道)
31			(1)全面启动管桩行业整治，3月出台整治方案，全年行业产品质量监督抽查合格率达到90%以上，行业总体产能削减率、企业数量减少率完成年度目标。	李小平	县质监局	县经信局、县环保局、县国土局、县安监局、县住建局、县财政地税局、县公安局，各镇、开发区(街道)
32			(1)开展“双闲置”整治专项行动和低效建设用地土地综合整治专项行动。强化土地要素保障，力争全年新增建设用地计划指标2000亩，垦造耕地1000亩，城镇低效建设用地再开发1000亩。	殳世平	县国土局	县经信局、县发改局(服务业发展局)、县审批服务中心，各镇、开发区(街道)

续表

任务项编号	任务类	重点工作	主要任务	牵头领导	牵头单位	责任单位
33	(三)深化集约发展(6项11条)	2.提高人均贡献率	(1)锁定100家"机器换人"企业,实行专人联系、包干服务,培育一批典型"机器换人"企业,力争减少直接用工1万人以上,全员劳动生产率增长15%以上,完成技改投入100亿元以上,增长25%以上。 (2)以电子电声、纽扣、轴承等行业为重点,积极推进行业"机器换人",力争1个以上行业实现全行业"机器换人"。	冯　伟 曹国良	县经信局	县审批服务中心、县发改局(服务业发展局)、县商务局,各镇、开发区(街道)
34		3.提高现代农业发展水平	(1)启动省级现代生态循环农业发展整建制工作,创建农作物秸秆综合利用、农药废弃包装物回收处置试点县,全年生猪存栏量控制在10万头以内,农作物秸秆综合利用率控制在95%以上。 (2)加快提升现代农业装备和技术集成应用水平,实施农业科技项目30个以上,粮食生产耕种收机械化水平73%以上,全县农业机械总动力稳定在24万千瓦左右,进一步提高农业劳动生产率。	殳世平	县农经局	县农办、县发改局(服务业发展局)、县国土局、县环保局、县科技局,各镇、开发区(街道)
35	(四)深化创新发展(7项11条)	1.提升创新平台建设	(1)归谷科技园突出医药(医疗器械)、软件(电子信息)两大产业发展方向,力争新引进科技项目20个,园区产值、税收均实现翻番,新引进培育"国千"专家1—2名,"省千"专家2—3名。	高　嵩	罗星街道	县委组织部、县科技局、县发改局(服务业发展局)、县经信局、县商务局、县人力社保局
36			(1)推进高铁新城电商产业园建设,确保一期投入运营,力争企业入驻率50%以上,新引进电商项目10个以上,其中龙头型或知名品牌电商1—2个;实质性启动跨境电商业务。	施晓松	长三角嘉善科技商务服务区管委会	县发改局(服务业发展局)、县商务局、县科技局,大云镇、罗星街道
37			(1)以开发区为龙头,制定《创建高新技术产业园区工作方案》,全面启动各项创建准备工作。 (2)县科创中心要着力整合全县各类科技创新服务资源,确保9月底前建立集各类服务于一体的科技创业综合服务中心;加大科技型孵化企业引进力度,力争新引进优质孵化项目35个,二期入驻率达到70%以上。	高　嵩	县科技局	县经信局、县发改局(服务业发展局)、开发区(惠民街道)
38		2.增强企业自主创新	(1)深入实施创新驱动发展战略,努力创建省级创新型县、省级知识产权示范县,全年研究与试验发展经费支出占比达到2.6%以上。 (2)大力培育高新技术企业,新增省级以上科技型中小企业确保25家、力争30家以上,新增高新技术企业确保5家、力争10家,规上高新技术产业产值达到300亿元以上。 (3)加大企业自主创新力度,突出企业创新主体地位,鼓励企业加大科研投入,深入开展"百企进高校、高校进百企"双向活动,推动科技成果的转化和产业化,力争全年新增省级企业研发中心4家以上。	高　嵩	县科技局	县经信局、县发改局(服务业发展局)、县质监局,各镇、开发区(街道)

续表

任务项编号	任务类	重点工作	主　要　任　务	牵头领导	牵头单位	责任单位
39	（四）深化创新发展（7项11条）	3.加大人才引育力度	（1）积极探索以政府购买服务的方式，为企业提供专业的人才服务，加强本地职业学校与企业人才培养的合作，引进一批既有创新技术、又有创业能力"双创"的人才，力争全年新引育"千人计划"人才7名以上，进一步打造以国家和省"千人计划"专家为主的人才高地。	朱学军	县委组织部	县人力社保局、县商务局、县科技局，各镇、开发区（街道）
40		4.推进"质量强县"工程	（1）深入实施名牌、标准化战略，深化"企业质量竞争力提升"活动，培育市级中小学质量教育基地1个，各镇（街道）各建立1家先进质量管理孵化基地。 （2）推进"嘉善制造"标准提升工程，推动重点行业实施1项"嘉善制造"先进联盟标准，培育市级以上重点标准化项目1项。	李小平	县质监局	县科技局、县经信局、县环保局、县住建局、县市场监管局，各镇、开发区（街道）
41			（1）落实"三名"工程，引导企业实施商标战略，积极开展商标品牌战略示范创建，培育省级著名商标2件、市级著名商标5件。	许春红	县市场监管局	县科技局、县经信局，各镇、开发区（街道）
三、城乡统筹先行区（4类22项40条）						
42	（一）统筹城乡规划布局（7项9条）	1.完善城乡规划	（1）推动"多规合一"工作，编制新型城镇化发展规划，优化完善土地利用总体规划，编制环境功能区规划，形成城乡一体化发展的规划体系。	何全根 施晓松	县府办	县发改局（服务业发展局）、县住建局、县经信局、县国土局、县环保局、县农办
43			（1）开展县域总体规划实施评估，高质量完成县域总体规划修改试点任务，推进全域城乡规划层级化覆盖机制，构建城乡规划"一张图"信息平台，完成县域基础设施建设规划，各镇完成镇区控制性详细规划编制，推广"数字嘉善"地理信息服务平台。	施晓松	县住建局	各镇、开发区（街道）
44		2.加快中心城区建设	（1）加快推进高铁新城建设，全力开展高铁新城征迁工作，9月底前完成大云出口—宏业路—嘉善大道周边区域的全拆迁，确保已确定项目实现无障碍施工；高铁站周边可视范围内的建筑物在6月底前全部拆除；加快江南风情水街一期建设，力争年底前初具形象，云湖基本完成开挖任务，滨水公园西侧基本建成，宏业路、嘉善大道二期6月底前完工，年底前城市规划馆基本建成。	许　晴 张炳祥 施晓松	长三角嘉善科技商务服务区管委会	县发改局（服务业发展局）、县住建局、县城投集团、县人防办，罗星街道、大云镇
45			（1）围绕网之城基本建成，大力推进置地广场、新嘉善宾馆等重点项目及市政配套建设。	施晓松	县住建局	县发改局（服务业发展局）、县城投集团、县人防办，罗星街道

续表

任务项编号	任务类	重点工作	主　要　任　务	牵头领导	牵头单位	责任单位
46	(一)统筹城乡规划布局(7项9条)	2.加快中心城区建设	(1)全面实施“4+1”城市有机更新项目,完成兴贤路地块征收扫尾,启动原民政局地块建设和地藏禅寺地块征收,改造开放式老旧小区5个,基本实现老旧住宅小区物业、准物业管理全覆盖;适时启动原四中地块的房屋征收,开展东门历史街区、火车站周边地块、卖鱼桥至西城半岛(河滨绿化带)地块的前期调研。 (2)深化城区及城市外围交通拥堵治理,实施体育路下穿沪昆铁路改扩建、体育路(中山路—320国道)拓宽改造工程,力争在2015年春运结束后启动改造,于2016年春运前涵洞拓宽、9月前整体完工;推进公共自行车系统二期前期工作;进一步优化公交线路,新增(更新)公交车辆73辆;新增公共停车泊位200个。	施晓松	县住建局	县发改局(服务业发展局)、县交通局、县综合行政执法局、县城投集团、县商投集团、县交投集团,魏塘街道、罗星街道、开发区(惠民街道)
47		3.加快中心镇建设	(1)扎实推进西塘第一轮市级小城市培育试点工作,在年度考核中继续走在前列;完成开源路和贞观路的延伸工程,贯通城市外环线;开展第四停车场建设前期工作,完成南苑路立面改造;康辉一期项目竣工并投入运营,西塘度假村项目竣工;加快出口加工区内道路、保税仓库、场地及辅助配套设施项目建设。 (2)推进天凝省级中心镇建设,进一步完善中心镇、核心区、农村新社区和现代装备制造产业园等规划,加大新镇中心区两个商业地块的招商力度,提升省级中心镇形象。	何全根	县发改局(服务业发展局)	县农办、县交通局、县住建局、县旅游局、县国土局、县农经局,西塘镇、天凝镇
48		4.加强中心村建设	(1)畅通农民建房通道,满足刚性建房需求。2015年6月前各镇(街道)至少启动一个中心集聚点、各村至少启动1个集聚的规划点,加强对保留点农房原拆原建的审批管理,力争年底基本满足农民建房刚性需求。同步推进宅基地复垦和土地综合整治。探索研究通过政策引导用存量房产置换农民宅基地。	冯　伟 殳世平	县国土局	县农办、县农经局、县住建局,各镇、开发区(街道)
49	(二)统筹城乡基础设施建设(7项9条)	1.深化全国统筹城乡交通发展示范县建设	(1)深化全国统筹城乡交通示范县建设,全力推进丁栅至新埭(疏港)公路改建工程二期、平黎公路东接线一期等工程,全面启动丁诸线航道整治工程一期建设,适时启动丁凝公路改建拓宽工程(平黎公路至新洪溪大桥)、杭州湾跨海大桥北连接线二期工程等项目。 (2)深入推进农村公路品质提升工程,提升改造农村公路6千米,完成大中修25千米,改造农危桥10座。	施晓松	县交通局	县发改局(服务业发展局)、县交投集团,各镇、开发区(街道)

续表

任务项编号	任务类	重点工作	主　要　任　务	牵头领导	牵头单位	责任单位
50	（二）统筹城乡基础设施建设（7项9条）	2.实施城乡垃圾处理一体化	（1）推进生活垃圾焚烧发电项目及配套工程，力争6月底前第一台焚烧炉试运行。 （2）开展城区生活垃圾分类试点工作，深入探索研究生活垃圾资源化利用途径，继续完善生活垃圾分类基础设施建设。	施晓松	县住建局	县发改局（服务业发展局）、县环保局、姚庄镇
51		3.实施城乡供气一体化	（1）推进城乡一体化天然气工程，新建天然气中低压管道20千米，并进一步向工业园区延伸，加快老城区天然气管道改造，新增天然气用户1000户，使用天然气人口占总人口比例在原有基础上增加5%。	施晓松	县城投集团	县住建局、各镇、开发区（街道）
52		4.实施城乡水务一体化	（1）理顺城乡污水收集处理一体化体制机制，建立健全“统一运营、分类处理”的运营维护管理体制，在5月份出台具体方案。整合建立天凝、西塘、姚庄、丁栅、中心城区污水系统统一调配机制。启动西塘污水处理厂2.5万吨/日扩容工程。	何全根 沈康明	县住建局	县发改局（服务业发展局）、县环保局、县治水办、县水务集团，各镇、开发区（街道）
53			（1）继续推进农村生活污水综合治理三年行动计划，日污水处理能力达到18.3万吨/日。因地制宜开展纳管处理、集中式处理或就地分散生态化处理，力争新增治理农户17660户，农户受益率达到70%以上，农村生活污水治理行政村实现全覆盖。	殳世平	县农办	县发改局（服务业发展局）、县环保局、县住建局、县治水办，各镇、开发区（街道）
54			（1）新建一、二级污水管网35千米，泵站6座，城区排污点纳管改造30个。及早确定污水处理厂扩容提升整体方案，完成洪溪污水处理厂扩容改造，启动建设东部污水处理厂3.5万吨/日工程。	沈康明	县水务集团	
55			（1）推进幽澜水厂四期供水工程，确保6月底前投入试运行；加快实施丁栅水厂二期工程，实现日供水能力31万吨/天，加快推进城乡供水管网建设。	何全根 沈康明	县水务集团	县发改局（服务业发展局）、县住建局，各镇、开发区（街道）
56	（三）统筹城乡公共服务配置（6项16条）	1.实施城乡教育一体化	（1）全面完成义务教育教师流动国家级改革试点任务，教师流动总目标达到50%，推进义务教育优质均衡特色发展，加快推进嘉善三中、实验三小等迁建、新建工程，九年义务教育入学率和巩固率、省义务教育标准化学校创建率均达到100%，县级特色学校达到40%以上，努力创建省教育基本现代化县。 （2）深入实施学前教育新三年行动计划，加快学前普惠工程建设，启动新建5所幼儿园，其中年底前干窑镇实验幼儿园主体结顶，西塘镇中心幼儿园主体施工。全年整治无证幼儿园60所。学前教育三年幼儿入园率达到98%以上，15年教育普及率达到99%。	高　嵩	县教育局	县公安局、县综合行政执法局、县新居民事务局，各镇、开发区（街道）

续表

任务项编号	任务类	重点工作	主要任务	牵头领导	牵头单位	责任单位
56	(三)统筹城乡公共服务配置(6项16条)	1.实施城乡教育一体化	(3)制订《促进民办教育健康发展的实施意见》,提升我县民办教育发展水平。 (4)深化与浙工大、杭电等高校的合作办学,进一步加强公共实训基地建设,嘉善信息技术工程学校创建成为省一级职业学校,努力创建全国农村职业教育成人教育示范县。 (5)完善县、镇(街道)、村(社区)三级社区教育网络,创建成为全国社区教育实验区,从业人员平均受教育年限达到10年。	高嵩	县教育局	县公安局、县综合行政执法局、县新居民事务局,各镇、开发区(街道)
57		2.实施城乡卫生服务一体化	(1)完善城乡公共卫生服务体系,完成县一院二期及三期工程、县二院迁建工程、县康慈医院二期工程、妇保院改扩建工程建设前期工作,力争年底前县中医院改造基本完成,姚庄医院完成结顶,千人医生数达到2.5人,千人医院床位数达到4.5张。 (2)加快惠民街道卫生院、大云镇卫生院建设进程。全县建成100家符合省级标准的社区卫生服务站。	高嵩	县卫生局	县发改局(服务业发展局),各镇、开发区(街道)
58		3.实施城乡社会保障一体化	(1)推动社会保险服务网络向村(社区)镇延伸,按国家有关规定提高城乡居民养老、医疗保险保障水平,养老保障和医疗保障覆盖面达到98%以上。 (2)推进职工基本养老保险、被征地居民养老生活统筹、城乡居民基本养老保险等保险制度的相互衔接,逐步提高城乡居民医疗保险、最低生活保障等各项保障标准。 (3)推进"扩覆建卡",推动社会保险扩面征缴工作,做好社会保险关系转移接续,扩大完善社会保障卡(市民卡)"一站式"服务内涵并全面完成制发工作,加强大社保"四位一体"公共服务体系建设。	何全根	县人力社保局	县民政局、县卫生局、县残联,各镇、开发区(街道)
59		4.建设省级社会养老服务示范区	(1)县社会福利中心力争6月底前启动建设,加快区域性养老服务中心建设,推进民办养老机构建设,西塘安平老年健康生活社区一期实现开园入住,县中山养护院投入运营,全县养老机构床位数达到每千名老人40张。 (2)实现村(社区)居家养老服务照料中心全覆盖,成立健康流动服务指导中心、老年家政服务配送中心、老年中央食堂(配送中心)三中心。 (3)开展医养结合试点,实现镇(街道)养老流动服务车全覆盖。 (4)扩大养老服务补贴范围,享受政府养老服务补贴的老年人数不低于2%。	许春红	县民政局	县发改局(服务业发展局),各镇、开发区(街道)
60		5.加大城乡住房保障	(1)基本建成保障性住房累计达到7.5万平方米。	施晓松	县住建局	县城投集团
61			(1)完成农村困难群众危(旧)房改造100户,累计完成400户。	许春红	县民政局	各镇、开发区(街道)

续表

任务项编号	任务类	重点工作	主　要　任　务	牵头领导	牵头单位	责任单位
62	（四）建设姚庄城乡一体化发展示范片区（2项6条）	1.培育省级小城市	(1)扎实推进姚庄第二轮省级小城市培育试点，完成小城市培育2015年年度任务，力争年度考核位列第一方阵。 (2)加快小城市项目建设和体制机制创新，姚庄中学完成建设投入运行，姚庄医院工程基本完工，民防应急疏散基地指挥保障中心等重点项目基本完成建设，力争投入运行姚庄法庭等一批新建项目开工建设。 (3)优化小城市整体形象，完善提升三个入城口节点形象，加强“数字城管”，实施城市精细化管理。 (4)深入开展全国“三新”（“新能源、新城镇、新生活”）城镇创建工作。	朱　苗	姚庄镇	嘉善县小城市培育试点工作领导小组各成员单位
63		2.建设城乡一体新社区	(1)加快城乡一体新社区二期姚庄新社区、丁栅新社区、俞汇新社区农房建设，力争12月底前全部完成二期建设，研究制订三期农房改造集聚政策和方案，力争全镇年度再完成交房300户以上。 (2)深化桃源新邨社区管理，加快社区农贸市场等配套服务设施建设，加强丁栅新社区和俞家汇新社区管理，创新管理办法，不断完善形成管理新模式。	朱　苗	姚庄镇	嘉善县小城市培育试点工作领导小组各成员单位
四、开放合作先导区（2类25项34条）						
64	（一）深化以融入上海为重点的区域合作（20项24条）	1.创新接轨上海的体制机制	(1)主动对接上海“十三五”发展规划思路、城市总体规划（2021—2040）、城市未来发展规划（2020—2050），充分借助上海市发展研究中心和民盟上海市委的力量，从战略层面上研究把脉嘉善的融入上海战略，争取在上海的“三个规划”中体现嘉善元素。加强与上海各相关部门对接，努力在与上海的产业规划、交通规划、旅游规划等专项规划上取得实质性进展。	何全根	县发改局（服务业发展局）	县委统战部、县经信局、县住建局、县国土局、县环保局、县交通局、县旅游局，各镇、开发区（惠民街道）
65			(1)拓展并提升与上海自贸区的合作，在与上海外联发公司合作建设上海自贸区嘉善项目协作区基础上，积极与上海自贸区扩张区域建立合作关系，力争与金桥开发区、张江高科技园区、上海陆家嘴三个扩张区之一签订合作协议；争取与更高层面建立合作机制，与上海自贸区管委会签订建立“嘉善复制辐射示范区”的合作备忘录，率先复制自贸区制度创新和政府职能转变成功经验，优先共享项目外溢红利。	曹国良	县商务局	县发改局（服务业发展局）、县经信局、县科技局、县外汇管理局、县金融办，各镇、开发区（街道）

续表

任务项编号	任务类	重点工作	主要任务	牵头领导	牵头单位	责任单位
66	(一)深化以融入上海为重点的区域合作(20项24条)	1.创新接轨上海的体制机制	(1)加强与上海各类平台对接,重点推进各主体与上海科技园区(高等院校、孵化器)、综合性高品质工业园区以及明确“退二进三”、整体拆迁的园区等三类园区建立对接机制,每个主体至少对接园区1个以上,三大工业主平台对接园区3个以上,其中嘉善经济技术开发区要确保与1个上海综合性高品质工业园区实现实质性合作。	曹国良	县商务局	县经信局、县发改局(服务业发展局)、县科技局,各镇、开发区(街道)
67	(一)深化以融入上海为重点的区域合作(20项24条)	1.创新接轨上海的体制机制	(1)创新主动接轨上海的体制机制,建立沪善农产品质量安全认证结果互认机制。	殳世平	县农经局	县市场监管局、县质监局,各镇、开发区(街道)
68	(一)深化以融入上海为重点的区域合作(20项24条)	2.促进科技成果转化	(1)深入推进面向上海科技型项目的招商工作,建立对接转化机制,力争全年引进来自上海的孵化成果10个以上,培育3家以上可看、可展示的科技型孵化转化企业,新引进外地高新技术企业20家以上。	高　嵩	县科技局	县发改局(服务业发展局)、县商务局、县经信局,开发区(惠民街道)、罗星街道、姚庄镇、西塘镇
69	(一)深化以融入上海为重点的区域合作(20项24条)	2.促进科技成果转化	(1)深入推进与国内外科研机构开展合作,继续开展“百企进高校、高校进百企”双向活动,高质量举办科技招商对接会1次以上,高水平组织开展规模较大的科技交流活动2次以上,参与组织与上海相关的招商活动10场次以上。 (2)制定并出台引进和培育高新技术企业考核权重和奖励权重的实施办法,加大考核权重、奖励系数,建立推动高新技术企业发展的激励机制。	高　嵩	县科技局	各镇、开发区(街道)
70	(一)深化以融入上海为重点的区域合作(20项24条)	3.吸引高端人才转移	(1)加强与复旦、交大等高校院所对接,深化与欧美同学会·中国留学人员联谊会等合作,策划举办“嘉善科技人才周”活动,全年举办招才引智活动不少于5次。 (2)紧盯海外和上海丰富的人才资源,着力引进一批有创新技术、有创业基础、有一定规模和实力的人才、企业及创新团队,力争引进重点科技创新团队5个,“创新嘉兴·精英引领计划”领军人才10名以上,新增人才项目产业化10个以上。	朱学军	县委组织部	县人力社保局、县科技局、县发改局(服务业发展局)、县商务局、县经信局,各镇、开发区(街道)
71	(一)深化以融入上海为重点的区域合作(20项24条)	3.吸引高端人才转移	(1)继续推进省统一战线专家支持示范点建设,帮助并参与嘉善开展的接轨上海、招商引智引才、科教文卫、生态环境等系列活动,协助加快富通项目建设,进一步推进嘉善尚品创意农业园、县一院肿瘤中心、嘉善急救中心、浙江开明画院嘉善艺术培训基地等合作项目。	阎靖华	县委统战部	县委组织部、县发改局(服务业发展局)、县商务局、县科技局、县文化局、县卫生局

续表

任务项编号	任务类	重点工作	主　要　任　务	牵头领导	牵头单位	责任单位
72	（一）深化以融入上海为重点的区域合作（20项24条）	4.吸纳现代服务业外溢	（1）深入对接“中博会”，努力在我县设立中博会工业设计（嘉善）分会场，力争2015年与上海中博会同步展览，并将西塘古镇列入中博会推荐旅游接待点。	曹国良	县商务局	县发改局（服务业发展局）、县经信局、县科技局、县旅游局，开发区（惠民街道）、西塘镇
73			（1）以上海迪斯尼主题公园开园为契机，推进嘉善与上海国际旅游度假区管委会的对接合作，探索建立游客资源分享合作机制，推进与上海市旅游公共服务中心合作开通嘉善旅游二日游线路，吸引高端游客及资源，共同打造上海旅游休闲后花园。	许春红	县旅游局	县发改局（服务业发展局）、县交通局，西塘镇、大云镇、姚庄镇
74		5.推进高端浙商回归	（1）深入实施浙商回归工程，继续参与举办上海市浙江商会年会等活动2场以上，推动优质浙商总部落户嘉善，确保浙商回归实际到位资金42亿元、力争45亿元。	曹国良	县发改局（服务业发展局）	县商务局、县经信局，各镇、开发区（街道）
75			（1）突出临沪优势，打造面向上海的优质浙商回归集聚区，引进上海优质浙商回归项目10个以上。	朱　苗	姚庄镇	县发改局（服务业发展局）、县商务局
76		6.增强产业配套服务能力	（1）积极承接上海产业转移，加快对接上海产业平台，大力引进优质产业项目，积极承接上海高端产业溢出，构建与上海产业配套互补的产业体系。	曹国良	县经信局	县发改局（服务业发展局）、县商务局、县科技局、县农经局，各镇、开发区（街道）
77			（1）发挥上海自贸区嘉善项目协作区作用，建成重点项目信息库，全面推行“3＋X”招商机制，引进贸易功能在区内、生产加工在区外的优质项目5个以上。	曹国良	县商务局	县发改局（服务业发展局）、县经信局，各镇、开发区（街道）
78			（1）完成浙江临沪产业合作园区规划报批工作，争取省政府批复并加快园区建设。	何全根	县发改局（服务业发展局）	县经信局、县商务局，开发区（惠民街道）、西塘镇、罗星街道、魏塘街道、姚庄镇
79		7.推进基础设施一体化	（1）加快促成利用既有沪昆铁路开通嘉善至上海市郊列车，形成可行性方案，并力争与上海铁路局方面达成共识。 （2）积极争取上海梅陇至枫泾公交线向嘉善延伸，推进实现沪善两地公交卡互通。 （3）开通嘉善高铁新城至上海松江地铁站的通勤巴士。	施晓松	县交通局	县发改局（服务业发展局）、县交投集团、县人力社保局
80		8.促进民生资源共享	（1）积极引进上海等长三角优质教育资源，力争与上海等长三角地区优质学校合作，建设嘉善幸福学校。	高　嵩	县教育局	县发改局（服务业发展局）、县人力社保局、县经信局、县商务局

续表

任务项编号	任务类	重点工作	主 要 任 务	牵头领导	牵头单位	责任单位
81	(一)深化以融入上海为重点的区域合作(20项24条)	8.促进民生资源共享	(1)推进民生资源共享,在国家确定跨省异地就医平台对接技术标准及规范后,争取成为浙江和上海医保异地就医刷卡结算试点。	何全根	县人力社保局	县发改局(服务业发展局)、县卫生局
82			(1)深入推进县一院与上海中山医院合作中心建设,与省肿瘤医院协作医院建设;深化县二院与上海仁济医疗集团、县中医院与上海龙华集团之间的合作内涵;推进县康慈医院与上海市精神卫生中心协作医院建设,加强与省立同德医院合作,共同推动康慈医院作为省精神卫生中心嘉善县分中心的服务能力和技术水平。	高 嵩	县卫生局	县委统战部、县发改局(服务业发展局)
83			(1)推动上海的文化演出、体育赛事走进嘉善开展活动,与上海浦东新区、长宁区、青浦区等地建立公共文化演出、培训与交流合作机制,与省际周边地区联合举办具有一定规模的“文化走亲”活动不少于5次。	高 嵩	县文化局	各镇、开发区(街道)
84	(二)推进以招商选资为重点的国际合作(5项10条)	1.优化引资结构	(1)坚持招商选资“一号工程”不动摇,巩固深化“四百招商”、招商项目县内统筹落户等举措,高水平办好2015年度善洽会,实现合同利用外资6亿美元、力争7亿美元,实际利用外资4亿美元、力争5亿美元,确保利用外资实绩继续保持全省“十强县”、全市领先。 (2)强化产业链招商,围绕全县“321”产业定位以及省七大产业,推进各主体抽调精干力量配强招商力量,成立若干个相应的产业链招商组、存量招商组(退低进高),建立健全招商信息县内共享机制,强势推进招商引资工作;突出招大引强选优,着力引进旗舰型、品牌型、创新型、实惠型的项目,力争新引进世界500强企业1—2个,超50亿元项目1个或超20亿元项目2个以上,超1亿美元项目3个以上;新引进国内外知名品牌项目5个以上。 (3)突出“家门口”招商,紧盯上海拆迁转移、扩张转移、成本转移的成熟产业项目开展选择性招商;加快构建完善中介机构专业化招商网络,着力引进一批品牌知名度高、投资体量大、社会效益好的优质项目。大力实施产业平台对接产业平台,着力进一批具有国际影响力、行业领导力、卓越生产力的企业总部和机构。 (4)创新吸收外资方式,积极引进外资新兴业态,争取在引进外资并购、投资性公司、融资租赁公司、创业投资公司等方面取得新突破。 (5)完成吸引外资转型示范区实施计划,列入省商务厅吸引外资转型升级示范点。	许 晴 曹国良	县商务局	县发改局(服务业发展局)、县经信局、县科技局、县农经局、各镇、开发区(街道)

续表

任务项编号	任务类	重点工作	主　要　任　务	牵头领导	牵头单位	责任单位
85	（二）推进以招商选资为重点的国际合作（5项10条）	2.增强外贸竞争力	(1)优化出口产品结构，确保进出口总额增长8%，其中出口额增长7.5%，高新技术和机电产品出口占全县出口总额55%以上。大力培育出口自主品牌，鼓励企业到境外注册商标，力争获得市级出口品牌3家，省级出口品牌2家。 (2)积极开拓国际市场，组织企业参加境内外各类国际展会，抢抓出口订单。加快“走出去”步伐，引导企业开展境外投资。	曹国良	县商务局	县国税局、县经信局、县农经局、人行嘉善县支行、海关嘉善办事处、国检嘉善办事处，各镇、开发区（街道）
86		3.大力发展服务外包	(1)大力发展服务贸易，着力引进软件、研发等服务外包项目，培育和引进服务外包企业5家，力争实现服务贸易额1000万美元，同比增长30%以上。	曹国良	县商务局	县科技局、县发改局（服务业发展局）、县金融办，罗星街道、开发区（惠民街道）
87		4.构建开放合作平台	(1)嘉兴出口加工区B区整合升格为综合保税区，加快保税仓库建设，建成投用保税仓库一期；推动与上海开展实质性合作，继续复制上海自贸区各项海关创新监管制度，努力打造上海自贸区功能配套优先承接区；建立“无水港”和“虚拟空港”，着力推进跨境电子商务项目招商，积极申报省级进口平台。	曹国良	西塘镇	县发改局（服务业发展局）、县商务局、县国土局、县财政地税局、县国税局、县工商局、县住建局、人行嘉善县支行、海关B区办事处、国检嘉善办事处
88			(1)加快海峡两岸（嘉善）经贸合作平台建设，着力推动浙江姚庄经济开发区与台北内湖科技园区、台中工业区等园区开展实质性合作，建立紧密型、经常性交流互动机制，发展台资总部经济和功能性机构，引进5个以上精密机械项目，力争引进地区总部1家，研发中心或营销中心2家。充分发挥海峡两岸（嘉善）生产力促进中心作用，推进一批企业借助台湾生产力促进中心实现转型升级。	朱　苗	姚庄镇	县台办、县发改局（服务业发展局）、县经信局、县商务局、县科技局、县工商联
五、民生幸福新家园（4类37项41条）						
89	（一）推进富民增收（7项9条）	1.加强技能培训	(1)进一步巩固深化省级创业型城市创建成果，深化创业带动就业机制；加强就业人员职业技能培训，新增高技能人才2400人以上，职业技能鉴定发证人数7000以上，创业培训400人以上。	何全根	县人力社保局	县发改局（服务业发展局）、县教育局，各镇、开发区（街道）
90		2.大力扶持就业	(1)继续实施积极的就业创业政策，加强就业创业培训，确保新增城镇就业人员1万人，实现城镇失业人员再就业3000人，充分就业镇（街道）全覆盖。加大就业创业扶持力度，发放各类促进就业补贴1500万元，公益性岗位进村率达到100%，城镇“零就业”家庭动态归零，城镇登记失业率控制在4%以内。	何全根	县人力社保局	县经信局、县农办、县民政局，各镇、开发区（街道）

续表

任务项编号	任务类	重点工作	主要任务	牵头领导	牵头单位	责任单位
91		3.推进审批提速提效	(1)开展证照联合办理服务、审批代办服务、项目竣工联合验收服务、项目联合确权验收服务;对涉及多个部门审批的项目,继续开展流程再造。 (2)全面实施核准目录外企业投资项目不再审批(简称“零审批”)改革,扩大“零审批”项目覆盖面,审批时间不超过15个工作日。 (3)出台涉企中介机构管理相关规定,提高服务效能,减少中介收费。完善中介网上信息平台,确保入驻网上平台中介单位100家以上。	曹国良	县审批服务中心	县发改局(服务业发展局)、县住建局、县国土局、县环保局、县经信局、县商务局、县消防大队,各镇、开发区(街道)
92	(一)推进富民增收(7项9条)	4.做大做强民营经济	(1)深化小微企业上规升级培育工作,完成“小升规”企业80家。	曹国良	县经信局	县统计局、县财政地税局,各镇、开发区(街道)
93		5.建立村级经济长效发展模式	(1)大力实施“强村计划”,深入推进全国农村综合改革“探索村集体经济有效实现形式”示范项目,稳步提高村均常规稳定性收入;全县村级集体经济总收入在3亿元以上,村均可支配收入超过250万元,消灭村级集体经济可支配收入在50万元以下的薄弱村。	殳世平	县农办	县委组织部、县财政地税局、县农经局,各镇、开发区(街道)
94		6.规范收入分配秩序	(1)完善分配制度,全面落实国家结构性减税政策,鼓励劳动者以资本、技术、专利等参与分配,调整居民收入在国民收入分配中的比重达70%。	何全根	县发改局(服务业发展局)	县财政地税局、县国税局、县统计局、县人力社保局,各镇、开发区(街道)
95		7.健全劳动关系协调机制	(1)完善县、镇(街道)、企业劳动关系三方协调机制,已建工会企业集体合同签订率达95%以上,适时发布岗位工资市场指导价,建立县劳动关系和谐指数评价体系。	何全根	县人力社保局	县发改局(服务业发展局)、县财政地税局、县总工会、县工商联,各镇、开发区(街道)
96		1.健全“善文化”体系	(1)持续用力做精做优“善文化”品牌,加强“善文化”特质挖掘培育、理论研究,出版发行《论善》,建成善文化主题公园,举办第四届全国“善文化·微散文”创作大赛。 (2)新完成文化礼堂建设10个,确保文化礼堂建设覆盖率占全县行政村的30%以上,开展农村文化礼堂“理事会负责制”试点。	宣传部长	县委宣传部	县文明办、县文化局,各镇、开发区(街道)
97	(二)建设文化强县(4项5条)	2.完善公共文化设施	(1)确保图书馆、博物馆7月启动建设,年底前城市规划馆基本建成、吴镇书画院投入使用;推进公益性文化设施有序免费向社会开放,完善“文化有约”平台运行机制。	高嵩	县文化局	各镇、开发区(街道)
98		3.健全公共文化服务体系	(1)积极配合创建国家级公共文化服务体系示范区,巩固乡村艺术团省级示范项目建设;做深“周末大舞台”品牌,深化“十万农民种文化”活动,全年举办各类文化活动不少于100次。	高嵩	县文化局	各镇、开发区(街道)

续表

任务项编号	任务类	重点工作	主要任务	牵头领导	牵头单位	责任单位
99	（二）建设文化强县（4项5条）	4.打造地方特色文化	（1）做好非遗展示中心功能布局、展陈设计等工作；加大保护和传承嘉善田歌等非物质文化遗产的力度，支持京砖烧制、传统纽扣制作、嘉善宣卷等传统文化发展，出版嘉善非遗系列丛书；做好西塘古镇入选"世界文化遗产"备忘录的复检工作。	高　嵩	县文化局	县旅游局、县住建局、姚庄镇、西塘镇、陶庄镇、干窑镇
100	（三）构筑精致水乡（15项15条）	1.提升生态文明水平	（1）巩固全国生态文明示范区建设成果，加快编制全县环境功能区划，做好省级生态县、国家级生态镇、市级生态村等复查工作，启动新一轮"四边三化"行动。	曹国良	县环保局	县农办、县农经局、县发改局（服务业发展局）、县经信局、县住建局、县水利局、县水务集团，各镇、开发区（街道）
101		2.开展"五水共治"	（1）基本完成50条黑臭河治理，加强已治理黑臭河、垃圾河长效保洁工作，强化保洁巡查，杜绝反弹；力争消灭监测断面5类和劣5类水质，继续加强四个省际交接断面综合治理工作，确保全年水质考核优秀。	郑　明 邹霞芳 殳世平	县治水办	县环保局、县水利局、县农办、县农经局、县发改局（服务业发展局）、县经信局、县住建局、县水务集团，各镇、开发区（街道）
102			（1）实施太浦河—长白荡饮用水水源地保护工程，深入推进水源地隐患联合排查工作，全面启动太浦河取水二期工程，完成长白荡饮用水备用水源地建设调整，饮用水水源地水质合格率达到100%。	沈康明	县水务集团	县发改局（服务业发展局）、县水利局、县环保局，姚庄镇、魏塘街道、干窑镇，西塘镇
103			（1）扎实推进水利"五大工程"，完成河道综合整治180千米、清淤疏浚220千米、圩区整治12片，启动3个老集镇防洪排涝改造提升。	殳世平	县水利局	县住建局、县发改局（服务业发展局）、县环保局、县治水办，各镇、开发区（街道）
104			（1）编制实施城镇节水中长期规划，积极创建省级节水型城市。	施晓松	县住建局	县水利局、县发改局（服务业发展局）、县水务集团、县文明办、县经信局，各镇、开发区（街道）
105		3.推进"三改一拆"	（1）以城乡环境综合整治为抓手，突出城市重点区域、城郊结合部、农村村庄，完成以城中村为重点的村庄改造20万平方米以上；以"两退两进"为抓手，突出建筑容积率低、厂房形象差、产业层次低等重点对象，完成旧厂房改造50万平方米；以城市有机更新为抓手，突出老旧小区及危房集中区域，启动旧住宅区改造30万平方米。	曹国良 施晓松	县住建局	县国土局、县经信局，各镇、开发区（街道）

续表

任务项编号	任务类	重点工作	主 要 任 务	牵头领导	牵头单位	责任单位
106	(三)构筑精致水乡(15项15条)	4.开展城乡环境综合整治	(1)加快推进11个“绿动嘉善”生态示范工程建设,全面完成“811”生态文明建设推进行动,通过上级考核验收。	曹国良	县环保局	县农办、县交通局、县发改局(服务业发展局)、县经信局、县住建局、县水利局,各镇、开发区(街道)
107			(1)继续做好14条道路沿线环境整治。打造美丽善江公路和美丽申嘉湖高速公路。重点推进善江公路大云高速出口至西塘出口加工区段(一期)道路两侧综合整治和形象提升工程。推进申嘉湖嘉善段道路两侧河道保洁、拆除违章(含禽舍)、旧厂房集中改造以及房屋有选择地进行墙面粉刷等工作,力争9月底前完成。	郑 明 宣传部长	县文明办	县相关部门,各镇、开发区(街道)
108			(1)加强绿化项目推进,实施世纪大道、晋阳西路(体育路—城西大道)路侧绿化工程等绿色城区工程,完成新区道路路侧绿化等项目建设。	施晓松	县住建局	县交通局、县水利局、县文化局、县城投集团、县商投集团、县水务集团,各镇、开发区(街道)
109			(1)大力推进城乡绿化造林建设,重点实施“六大”绿色工程,全面提升城乡绿化整体水平。全年新增或改造绿化面积4500亩,其中农村绿化3500亩。严格落实绿化建管结合长效机制,突出抓好沪杭高铁高速嘉善段等道路两侧的绿化提升和养护管理。	殳世平	县农经局	县住建局、县交通局、县水利局、县文化局、县城投集团、县交投集团、县商投集团、县水务集团,各镇、开发区(街道)
110			(1)推进大气污染防治工作,深化部门联动和区域联防机制,加大对燃煤(柴)锅炉、黑烟囱、秸秆焚烧整治力度,完成黄标车淘汰任务,切实改善大气环境质量;全年完成自备锅炉改造300台以上;PM2.5监测值好于长三角地区平均水平,空气质量处于长三角地区前列。	曹国良	县环保局	县经信局、县财政地税局、县交通局、县住建局、县公安局、县交投集团,各镇、开发区(街道)
111		5.推进“美丽乡村”建设	(1)开展农村环境专项整治,建设“美丽村庄”、“优美庭院”,保护开发北鹤村、洪溪村等省级历史文化村落,积极打造24个“美丽乡村”精品点,打造4条精品线,全力创建成为省级“美丽乡村”先进县。	郑 明 殳世平	县农办	县住建局、县环保局、县水利局、县妇联,各镇、开发区(街道)
112		6.大力发展低碳循环经济	(1)深入推进省级循环经济示范县创建工作,启动嘉善经济技术开发区循环化改造;完善光伏扶持政策,全县光伏发电装机容量累计达到45MW以上。	何全根	县发改局(服务业发展局)	县经信局、县住建局、县农办、县农经局、县环保局、县科技局、县财政地税局、国网嘉善县供电公司,各镇、开发区(街道)

续表

任务项编号	任务类	重点工作	主　要　任　务	牵头领导	牵头单位	责任单位
113	（三）构筑精致水乡（15项15条）	7.创建可持续发展试验区	（1）开展国家可持续发展实验区创建工作。	高　嵩	县科技局	县发改局（服务业发展局）、县环保局，各镇、开发区（街道）
114		8.建设国家可再生能源建筑应用示范县	（1）完成地源热泵建筑应用1万平方米，通过建设国家可再生能源建筑应用示范县验收。	施晓松	县住建局	各镇、开发区（街道）
115	（四）创新社会治理（11项12条）	1.建设平安嘉善	（1）深化“平安嘉善”建设，深入推进基层“三治”建设，深化“网格化管理、组团式服务”和“四头工作法”，健全完善重大事项社会稳定风险评估、全员维稳和“三色”预警等机制，强化社会应急联动体系建设，努力实现省平安县创建“十连冠”。	滕根林	县委政法委	县平安办成员单位，各镇、开发区（街道）
116		2.保障安全生产	（1）加强企业安全及安全生产基础建设，加大安全生产监督检查力度，确保三项指标“零增长”，亿万生产总值生产安全事故死亡率控制在0.13%以内。	曹国良	县安监局	各镇、开发区（街道）
117		3.健全社会应急联动体系	（1）进一步完善各社会应急联动成员单位网络，优化联动成员单位应急装备配备，举行全县性大规模应急演练2次。	滕根林 何全根	县应急办	县公安局（县社会应急联动指挥中心）、县社会应急联动工作领导小组成员单位
118		4.推进城乡防控一体化	（1）加强“七张网”社会治安防控体系建设，依法严厉打击各类违法犯罪活动；按照市部分单位行业反恐怖安全防范标准要求，完成重点单位和行业人防、物防、技防设施的建设。 （2）完成市下达的年度社会治安视频监控建设任务，确保高清点位达到50%以上，运行率95%以上；深化城乡社区警务战略，分类推进智安小区建设，新建单位和住宅小区安全防范技术工程验收率达到100%。	曹雪龙	县公安局	县相关部门，各镇、开发区（街道）
119		5.完善社会矛盾化解联动机制	（1）充分发挥好县交调会、医调会、婚调会、流动环调会、校调会、消调会六大专业性调委会和警调、诉调、检调衔接机制的作用；全县矛盾纠纷受理率和成功率分别达到99.5%和99.3%。星级规范化司法所建设有新提升，达到五星级3个、四星级3个、三星级3个。	殳世平	县司法局	县公安局、县交通局、县卫生局、县人力社保局、县妇联，各镇、开发区（街道）
120			（1）继续实施领导干部大接访和“五访联动”制度，加大初信初访办结力度，有效推进信访积案化解；打造“阳光信访”，全面实现信访业务办理信息化，推行群众满意度评价，引导群众“变上访为上网”，群众满意率达80%以上；推进“精准信访”，部门严格按照“责任清单”精准履责，精准办理。	滕根林	县信访局	县委政法委、县法制办、县纪委（监察局）、县公安局、县法院、县检察院、县司法局、县长电话，各镇、开发区（街道）

续表

任务项编号	任务类	重点工作	主　要　任　务	牵头领导	牵头单位	责任单位
121	(四)创新社会治理(11项12条)	6.开展新居民"控量提质"工作	(1)深化重大决策社会稳定风险评估信息化管理规范化建设省级试点工作;建立专职网格员队伍,确保每个网格配备不少于1名专职服务管理人员,着力打造"平安网格"。	滕根林	县委政法委	县委组织部、县市场监管局、县"365红色方阵"组成单位,各镇、开发区(街道)
122			(1)深入推进居住证制度改革,全面建成新居民基础信息移动采集终端系统,新居民登记发证率、信息准确率、居住房屋出租登记率、出租房屋责任书签订率分别达到90%、80%、95%、100%;深入推进新居民积分制管理,进一步优化外来人口结构。	李小平	县新居民事务局	县经信局、县综合行政执法局、县公安局、县教育局、县人力社保局,各镇、开发区(街道)
123		7.实施"阳光救助"	(1)健全社会救助体系,实行最低生活保障标准城乡一体化,民生服务团全年帮扶困难家庭1000户以上,救助资金安排不少于560万元。	何全根 许春红	县民政局	县财政地税局、县卫生局、县住建局、县教育局、县人力社保局,各镇、开发区(街道)
124		8.深入推进残疾人共享小康工程	(1)加强残疾人社会保障和服务体系建设,提高残疾人小康实现程度,全县残疾人小康实现程度达到85%以上。	许春红	县残联	县人力社保局、县民政局,各镇、开发区(街道)
125		9.健全公共法律服务体系建设	(1)完善覆盖城乡的基本公共法律服务体系建设,探索通过政府购买法律服务等方式,推动法律服务力量参与法治建设;实现县、镇、村(社区)法律顾问全覆盖;探索建立法律援助律师团。落实"六五"普法规划,建立一批可学可看可示范的法治文化阵地。新增国家级"民主法治村(社区)"1个、省级2个、市级5个。	殳世平	县司法局	县法制办,各镇、开发区(街道)

注:标注"____"表示《2015年度县委、县政府重点工作任务分解表》中的原文

附2:嘉善县域科学发展示范点建设2015年度重大项目计划

单位:万元、个

编号	项目名称	责任单位	建设内容和规模	总投资	2015年计划投资	2015年计划进度	示范点建设方案项目
合　计			50个	7012132	1577850		24个
产业转型升级引领区			23个	1976734	462730		5个
1	富通通信光纤预制棒、光纤、光缆新建项目	西塘镇	年产3000万芯千米光纤预制棒、3000万芯千米光纤、3000万芯千米光缆	600000	60000	开工建设	
2	富鼎电子平板电脑金属机构件扩建项目	西塘镇	扩建年产600万件平板电脑金属机构件	77753	30000	基本完成	

续表

编号	项目名称	责任单位	建设内容和规模	总投资	2015 年计划投资	2015 年计划进度	示范点建设方案项目
3	新格金属再生铝合金锭等新建项目	开发区（惠民街道）	年产 24 万吨再生铝合金锭、4 万吨再生铝液、2 万吨再生锌合金锭	111600	30000	主体施工	
4	上上德盛管道科技有限公司上上管道制品科技园项目	陶庄镇	上上管道制品科技园	150000	30000	主体施工	
5	乾大材料各类汽车配件新建项目	姚庄镇	年产汽车级高性能膜类产品 200 万片、汽车安全功能性产品 420 万片、汽车吸音棉 180 万片、精密模切产品 10500 万片、专业标签 2000 万片、绝缘材料 3000 万片	30000	20000	主体施工	
6	喜力啤酒项目	开发区（惠民街道）	年产啤酒 30 万吨	70000	20000	主体施工	
7	大王椰科技工业园新建年产 20 万套新型整体橱柜产业化项目	天凝镇	新建年产 20 万套新型整体橱柜	120000	55000	基本完成	
8	欧仁新材料光学保护膜新建项目	姚庄镇	年产光学保护膜 1.2 亿平方米	27500	15000	主体施工	
9	蓝怡医药免疫试剂、分析仪器新建项目	罗星街道	新建年产各类免疫试剂 4000 万测试（15KG）、免疫分析仪器 200 台	37800	12000	主体施工	
10	富鼎电子平板电脑金属机构件扩建项目	西塘镇	扩建年产 600 万件平板电脑金属机构件	77753	30000	基本完成	
11	斯麦乐巧克力乐园	大云镇	国内首个以巧克力文化为主题的文化体验休闲园	30000	10000	主体施工	
12	宏钢精密汽车气囊气体发生器配件等新建项目	干窑镇	年产汽车气囊气体发生器配件 6000 万件、飞机安全系统零件 1000 万件、电子通讯配件 500 万件、模具 100 套	15500	10500	主体施工	
13	盛威国际智能化安防枪柜项目	天凝镇	智能化安防枪柜项目	62000	5000	开工建设	
14	裕华木业拼花地板和装饰家具项目	魏塘街道	年产功能型拼花地板 500 万平方米；新增高端木质装饰家具 20 万套生产项目	117000	20000	主体施工	
15	云澜湾温泉旅游度假小镇	大云镇	总建筑面积 23.6 万平方米的温泉休闲旅游设施	120000	15000	部分投入使用	★

续表

编号	项目名称	责任单位	建设内容和规模	总投资	2015年计划投资	2015年计划进度	示范点建设方案项目
16	中华两岸文化创意产业园	开发区(惠民街道)	建筑面积8万平方米的集文化创意、创意创新、创智服务、国际交流、国际合作、会议展示、培训教育及其他配套服务为一体的多功能两岸文化创意产业园	32098	15000	主体施工	
17	东方兴业城	魏塘街道	建筑面积18.5万平方米的木制品交易、展示及配套服务	83480	25000	主体施工	★
18	森铂瑞建筑装配式预制构件新建项目	魏塘街道	年产装配式预制构件25万立方米	103000	15000	主体施工	
19	西塘度假村	西塘镇	建筑面积6.3万平方米,集星级酒店、名品展示于一体的旅游配套设施	19500	10000	主体施工	★
20	嘉善信息科技城	开发区(惠民街道)	建筑面积17万平方米;建设信息科技产业园、引入软件开发、智能控制、节能科技、电子商务、IT服务项目	60000	15000	一期投入使用,二期主体施工	
21	变焦马达、直线马达及手机摄像模组新建项目	开发区(惠民街道)	年产1.8亿颗变焦马达、直线马达及手机摄像模组	20000	16730	主体施工	
22	嘉善县精品农业基础设施项目	县农经局	计划建设6个单项工程,其中农业基础设施项目1个、农业生产设施项目1个、农业公共服务设施项目4个	10500	2500	开工建设	★
23	嘉善县新增千亿斤粮食产能规划2014年田间工程建设项目	县农经局	新(修)建排灌渠道32千米,新(修)建机耕路12.5千米,路旁绿化及新(修)建泵站等	1250	1000	基本完成	★
城乡统筹先行区			15个	3743934	1018622		9个
24	嘉善高铁产业新城科创园一期	长三角嘉善科技商务服务区管委会	建筑面积7.6万平方米,以电子商务为核心的科技创业园	35133	16000	部分完成	★
25	新西塘水街一期	长三角嘉善科技商务服务区管委会	占地133亩,建筑面积9.7万平方米,以仿古建筑为载体的高端商务、休闲设施	70000	9000	开工建设	
26	嘉善城市科技馆	长三角嘉善科技商务服务区管委会	建筑面积9766平米的城市科技馆	13286	10000	完成	

续表

编号	项目名称	责任单位	建设内容和规模	总投资	2015 年计划投资	2015 年计划进度	示范点建设方案项目
27	万联商贸中心	罗星街道	建筑面积约为 26.4 万平方米的商业用房	157232	43122	完成	
28	置地广场	罗星街道	建筑面积 123965.44 平方米的商业、办公设施	30262	7000	主体结顶	
29	浙江省小城市培育试点(姚庄)镇建设项目	姚庄镇	姚庄省级小城市培育七大类共 136 个建设项目 2015 年年度建设项目	1642000	541000	开工建设或部分完成	★
30	嘉兴市小城市培育试点(西塘)镇建设项目	西塘镇	西塘市级小城市培育四大类共 137 个建设项目 2015 年年度建设项目	1229069	309454	开工建设或部分完成	
31	嘉善至嘉兴第三通道(城西大道—北周浜)一期	县城投集团	道路长 2.7 千米，宽 40 米，含桥梁 5 座	15000	2300	至七洪公路段完成；至城西大道段开工建设	
32	丁诸线航道整治工程一期	县交通局	杭申线至 320 国道 9.16 千米、嘉善塘至白水塘 2.83 千米航道改造	60000	5000	开工建设	★
33	丁凝公路改建拓宽工程(平黎公路至新洪溪大桥段)	县交通局	一级公路约 5.3 千米，路基宽 26 米	15000	0	力争开工	★
34	农村公路品质提升工程	县交通局	农村公路等级提升、大中修、安保工程、农危桥改造、绿化补植提升、文明公路创建等	22626	5885	完成	★
35	天然气利用工程	县城投集团	天然气中压管网全长 158 千米，温泉大道连接线中压管道 4.5 千米；住宅小区天然气配套工程新旧小区燃气配套 30000 户；翔胜加油加气站建设站房及罩棚并配套相关设施	16383	1100	部分完成	★
36	西塘安平老年健康生活社区(二期)	县民政局	建筑面积 19.84 万平方米的养老社区。	67865	40000	主体施工	★
37	拆迁安置房和保障性住房建设项目	县城投集团	实验二小东侧小区建筑面积 5.2 万平方米；晋阳西路小区拆迁安置房、经济适用房建筑面积 10.79 万平方米；廉租房建筑面积 1.24 万平方米；子胥路西侧小区建筑面积 39600 平方米，桥梁长 21 米，宽 12 米	70079	17761	基本完成	★

续表

编号	项目名称	责任单位	建设内容和规模	总投资	2015年计划投资	2015年计划进度	示范点建设方案项目
38	统筹城乡农民安置房建设工程	县国土局	2015年度农房改造集聚约1000户	300000	11000	部分完成	★
开放合作先导区			2个	900000	0		2个
39	浙江临沪产业合作园区	县发改局(服务业发展局)	规划面积59.19平方千米,以重大平台为基础,打造呼应上海、面向浙江的优质民资转型示范平台和高端外资、央企国资的承载集聚平台,"十二五"开发重点区域24.8平方千米。	600000	0	完成规划编制,启动建设	★
40	海峡两岸(嘉善)经贸合作平台	县商务局	规划面积34平方千米,以国家级开发区、西塘为基础。	300000	0	完成规划编制,启动建设	★
民生幸福新家园			10个	391464	96498		8个
41	生态环境整治工程	县环保局	治污工程:建设城乡污水收集处理一体化管网120千米,10座泵站;治水工程:治理河道385千米;治气工程:锅炉改造350台	77521	34787	治水:治理河道约138千米;治污:完成污水管网35千米,泵站6座;治气:完成锅炉改造350台	★
42	防洪排涝改造工程	县水利局	圩区整治面积55.7万亩,并对5个镇(街道)12个老集镇防洪工程进行改造	76722	10000	完成圩区整治面积5万亩,汾玉、俞汇、惠民等3个老集镇防洪除涝改造基本完成	★
43	城乡供水安全工程	县水务集团	太浦河取水二期工程新建取水口1个、堤防、疏浚、隔堤、进水闸1座,护岸,原水管道18.8千米等;幽澜地面水厂四期工程由目前的11万吨/日扩建为21万吨/日,新建供水管道DN1000长度2千米,DN800管道4.1千米	40670	9745	幽澜地面水厂四期工程完成建设,魏塘水厂至白水塘安全供水管线工程、太浦河取水二期及供水管网开工建设	★
44	生活垃圾处理工程	县住建局	新建生活垃圾焚烧发电厂1座,日处理垃圾600吨,生活垃圾焚烧发电项目配套工程征地拆迁、安置、电力接入系统、市政道路桥梁等,新建新城区环卫停车场,建设15#分类式垃圾中转站综合体、生活垃圾分类宣传教育基地改造等环卫设施	42978	13851	生活垃圾焚烧发电及配套项目完成,新城区环卫停车场完成主体结构,15#分类式垃圾中转站主体结构完成,生活垃圾分类宣传教育基地改造完成	★

续表

编号	项目名称	责任单位	建设内容和规模	总投资	2015年计划投资	2015年计划进度	示范点建设方案项目
45	城乡交通治堵工程	县住建局	体育路下穿沪昆铁路双向二车道改为双向四车道，体育路（中山路—320国道）主车道改为双向四车道并进行交叉口渠化改造，实施斜家桥、平黎公路交叉口渠化改造、综合交通信息服务平台等工程，改建洪溪大桥，新建嘉善大道连接段，实施城区道路品质提升工程、魏塘街道车站社区公建配套等工程	30291	10615	体育路下穿沪昆铁路及体育路（中山路—320国道）改造完成部分，斜家桥路、洪溪大桥主体建设，完成平黎公路交叉口渠化改造、综合交通信息服务平台、城区道路品质提升，嘉善大道连接段、魏塘街道车站社区公建配套工程开工建设	
46	医疗卫生提升工程	县卫生局	中医院搬迁改造拆除建筑面积2655平方米，新建建筑面积1980平方米，建成后床位数400张；姚庄医院一期建筑面积23964平方米，设计床位200张；嘉善县公共卫生中心维修工程，修缮面积7500平方米；大云镇卫生院新建公共卫生综合楼1500平方米，装修2500平方米；县二院迁建工程设计床位400张，建筑面积40800平方米	39998	5400	中医院进行主体装修，姚庄医院主体施工，公共卫生中心维修完成，大云镇卫生院完成主体施工，开始装修，县二院开展前期工作	★
47	社会福利中心工程	县民政局	建筑面积44500平方米，设计床位830张	23037	3000	开工建设	
48	贫困家庭帮扶工程	县民政局	每年帮助就医、就学各300户，帮助就业、创业各100户，帮助养老200户	6000	2000	就医、就学各300户，帮助就业、创业各100户，帮助养老200户	★
49	学前教育普惠工程	县教育局	干窑镇实验幼儿园新建建筑面积5817平方米，西塘镇中心幼儿园迁建建筑面积6060平方米，大云幼儿园建筑面积6600平方米，陶庄镇中心幼儿园建筑面积6200平方米，天凝镇中心幼儿园建筑面积6000平方米	12911	2000	干窑实验幼儿园、西塘镇中心幼儿园主体施工，大云、陶庄、天凝幼儿园前期工作	★

续表

编号	项目名称	责任单位	建设内容和规模	总投资	2015年计划投资	2015年计划进度	示范点建设方案项目
50	文化惠民重点工程	县文化局	图书馆、博物馆项目地上建筑面积33000平方米，地下建筑面积15800平方米；吴镇书画院建筑面积6100平方米；体育中心改造面积2.52万平方米，文化艺术中心新建建筑面积500平方米，改造建筑面积1.05万平方米	41336	5100	吴镇书画院完成，图书馆、博物馆开工建设，体育中心改造完成，文化艺术中心改造开展前期工作	★

附3：县域科学发展示范点建设2015年度展示点培育计划表

（共88个）

序号	示范方向	展示主题	展示点名称	申报单位	进度计划	
					启动时间	完成时间
一、产业转型升级引领区展示点						
1	集聚发展	农业集聚发展	陶庄镇金湖村省级粮食生产功能区	陶庄镇	2015.2	2015.12
2		农业集聚发展	南部省级现代农业综合区核心区	县农经局、大云镇	2015.1	2015.6
3		农业集聚发展	农业气象实验基地	县气象局	2014.1	2015.12
4		农业集聚发展	智果农业创意谷	魏塘街道	2015.1	2015.12
5		农业集聚发展	国家农业综合开发嘉善县大通高标准农田示范工程项目	县财政局	2013.1	2015.6
6		智慧农业	创意农业产业园	县农经局	2014.1	2015.12
7		服务业集聚发展	电商产业园一期	长三角嘉善科技商务服务区管委会	2014.8	2015.12
8		服务业集聚发展	乔克国贸中心	县发改局	2015.2	2015.6
9	集群发展	二次创业	晋亿物流有限公司	开发区(惠民街道)	2015.1	2015.6
10		先进装备制造	浙江亿力清洁设备有限公司	罗星街道	2015.1	2015.12
11		传统产业提升	浙江裕华木业有限公司	魏塘街道	2015.1	2015.12
12		农业集群发展	干窑镇范泾草莓园	干窑镇	2015.1	2015.12
13	集约发展	机器换人	索菲亚家居(浙江)有限公司	县经信局、开发区(惠民街道)	2015.1	2015.9
14		机器换人	浙江众成包装材料股份有限公司	开发区(惠民街道)	2015.1	2015.6
15		机器换人	浙江华悦木业有限公司“机器换人”展示点	县经信局	2015.1	2015.12
16		机器换人	浙江智泓科技有限公司	姚庄镇、县商务局	2015.1	2015.12
17		机器换人	史丹利(浙江)工业工具有限公司	魏塘街道	2015.1	2015.12

续表

序号	示范方向	展示主题	展示点名称	申报单位	进度计划	
					启动时间	完成时间
18	集约发展	腾笼换鸟	中食冷链物流基地	开发区(惠民街道)	2015.1	2015.12
19		退低进高	浙江明烁节能科技股份有限公司	魏塘街道	2015.1	2015.12
20		退二进三	凯鸿物流电子商务展示点	县发改局、开发区(惠民街道)	2015.1	2015.9
21		电商换市	嘉善信息科技产业园	县发改局、开发区(惠民街道)	2015.1	2015.9
22		技术改造示范企业	大王椰(天凝)产业园	天凝镇	2015.1	2015.12
23		技术改造示范企业	嘉兴市福莱喷绘写真材料有限公司	姚庄镇、县商务局	2015.1	2015.12
24	创新发展	公共科技创新服务平台	省电子电声质检中心	县质监局	2013.1	2015.12
25		公共科技创新服务平台	浙江·嘉善国泰安协同创新科技园	县科技局	2015.1	2015.12
26		商标品牌建设	“嘉善杨庙雪菜”省级商标品牌基地	县市场监管局	2015.3	2015.12
27		企业科技创新	浙江能势信息技术有限公司	罗星街道	2015.1	2015.12
28		企业科技创新	嘉兴弘视智能科技有限公司	罗星街道	2015.1	2015.12
29		标准化生产	浙江协联飞轮线业有限公司	县安监局	2015.2	2015.12
30		商业模式创新	浙江农业联合科技有限公司(虹桥杜鹃园)	魏塘街道	2015.1	2015.12
二、城乡统筹先行区展示点						
31	城乡规划布局一体化	县城区建设	公共自行车服务系统	县交投集团	2013.5	2015.12
32		高铁新城建设	高铁新城城市规划展示馆	长三角嘉善科技商务服务区管委会	2014.12	2015.12
33		城乡环境整治	枫南老集镇改造展示点	开发区(惠民街道)	2015.1	2015.12
34	城乡公共服务一体化	城乡垃圾处理一体化	生活垃圾焚烧发电项目	县发改局	2012.1	2015.6
35		家庭教育服务体系	家庭教育示范点(县家庭教育指导中心、魏南社区好习惯家长学校、双飞企业家长学校)	县妇联	2013.1	2015.9
36		家庭教育服务体系	嘉善电大(家庭教育指导中心)	县教育局	2015.1	2015.6
37		城乡教育一体化	俞汇小学	县教育局	2015.1	2015.6
38		城乡教育一体化	嘉善信息技术工程学校	县教育局	2015.1	2015.6
39		城乡教育一体化	市级中小学质量教育基地(县食品农产品中心、省电子电声质检中心)	县质监局	2014.1	2015.12
40		城乡养老服务一体化	省级养老服务示范区展示中心	县民政局	2015.6	2015.12
41		城乡养老服务一体化	姚庄镇社会福利养老服务中心	姚庄镇	2015.1	2015.12

续表

序号	示范方向	展示主题	展示点名称	申报单位	进度计划	
					启动时间	完成时间
42	城乡公共服务一体化	城乡养老、卫生服务一体化	虹桥村居家养老服务中心、文化中心、便民服务中心	魏塘街道	2015.1	2015.12
43		城乡卫生服务一体化	康慈医院	县卫生局	2014.1	2015.6
44		城乡管理服务一体化	玫瑰里小区	县住建局	2014.1	2015.12
45		城乡管理服务一体化	妇女之家(江家村)	县妇联	2013.1	2015.12
46		社会管理服务一体化	西塘镇综合行政执法展示点	西塘镇	2015.1	2015.12
47		城乡公共文体服务一体化	魏南社区文化礼堂	罗星街道	2015.1	2015.12
48		城乡公共文体服务一体化	嘉善县图书馆	县文化局	2014.12	2015.4
49		城乡公共文体服务一体化	残疾人文化体育基地	县残联	2014.3	2015.6
50		农村产权交易	姚庄镇农村产权交易中心	姚庄镇	2015.1	2015.12
三、开放合作先导区展示点						
51	以上海为窗口的区域合作	优化开放合作环境	零审批—喜力啤酒(嘉善工厂)等项目	县审批服务中心	2014.1	2015.12
52		PPP 模式	长三角服务业商务科技集聚区	县发改局	2015.2	2015.6
53	以上海为重点的区域合作	文化艺术产业集聚	西塘吴越风情小镇	县发改局	2015.1	2015.12
四、民生幸福新家园展示点						
54	弘扬善文化	践行核心价值观	“善文化”主题公园暨志愿者服务总站	县委宣传部、团县委、罗星街道	2015.3	2015.12
55		践行核心价值观	陶庄镇翔胜村文化礼堂	陶庄镇	2015.1	2015.12
56		践行核心价值观	微看嘉善　纵论发展——县域科学发展理论成果展示厅	县委党校	2015.3	2015.12
57	构筑精致水乡	美丽乡村	微田园(洪字圩)	县妇联、姚庄镇	2014.5	2015.6
58		美丽乡村	陶庄汾南村	陶庄镇	2015.1	2015.12
59		美丽乡村	大云拖鞋浜美丽乡村精品点	大云镇	2015.1	2015.9
60		美丽乡村	范泾村虎啸浜	干窑镇、县水利局	2014.1	2015.12
61		美丽乡村	范泾村潘渡浜外来人口集聚点环境整治	干窑镇	2014.6	2015.12
62		美丽乡村	展幸村	姚庄镇	2015.1	2015.12
63		美丽乡村	北鹤村	姚庄镇	2015.1	2015.12

续表

序号	示范方向	展示主题	展示点名称	申报单位	进度计划	
					启动时间	完成时间
64	构筑精致水乡	美丽乡村	渔民村	姚庄镇	2015.1	2015.12
65		五水共治	荷池村荷池浜五水共治展示点	西塘镇	2015.1	2015.12
66		五水共治	河道综合整治(5条)	县治水办	2014.1	2015.12
67		五水共治	中小河流治理(2条)	县治水办	2014.1	2015.12
68		五水共治	王凝圩区平原抗洪设施精品示范点(汾湖泵站)	县水利局	2014.1	2015.6
69		五水共治	姚庄圩区姚庄港南口闸站	县水利局	2013.7	2015.9
70		五水共治	翠南村邬家浜河道整治工程	县水利局	2014.6	2015.6
71		五水共治	鑫锋村河道整治工程	县水利局	2014.6	2015.4
72		五水共治	嘉兴市永泉织染有限公司废水深度处理及节水工程	县环保局	2013.1	2015.6
73		五水共治	智能水利平台、农村生活污水处理监管平台	姚庄镇	2015.1	2015.12
74		大气污染治理	浙江省大气复合污染立体监测网善西超级站	县环保局	2014.3	2015.1
75		大气污染治理	气象防灾减灾综合平台	县气象局	2014.1	2015.12
76	创新社会治理	便捷化现金服务	现金服务示范网点	人行嘉善县支行	2015.1	2015.8
77		城乡防控一体化	姚庄派出所	县公安局	2015.1	2015.4
78		城乡防控一体化	训练实战中心	县公安局	2015.1	2015.5
79		城乡防控一体化	智慧平安天网项目	县委政法委	2015.2	2015.12
80		城乡防控一体化	港航红旗塘检查站	县交通局	2015.1	2015.12
81		城乡防控一体化	干窑镇安全保障中心	县安监局	2015.2	2015.12
82		社会救助一体化	残疾人小康阳光庇护中心	县残联	2014.2	2015.6
83		防空教育基地	国家人防群众防空防灾宣传教育和技能训练(嘉善)基地	县人防办	2015.1	2015.12
84		青少年健康人格教育	青苹果之家展示点	西塘镇	2015.1	2015.12
85		社会治理创新	公益一条街	县民政局	2015.2	2015.9
86		社会治理创新	魏中村农民工文化家园	县总工会	2015.1	2015.12
87		社会治理服务一体化	嘉善县青少年综合服务平台	团县委	2015.1	2015.12
88		强村计划	网埭港村经济合作社	魏塘街道	2015.1	2015.12

附4:县域科学发展示范点2015年度建设经验打造计划表

(共57个)

序号	经验类别	经验点名称	进度计划		责任单位
			启动时间	完成时间	
一、产业转型升级引领区					
1	集约发展	“五换”计划助推品质工业发展	2015.1	2015.12	县经信局
2		嘉善县以工业项目确权为抓手助推企业迈上新台阶	2014.2	2015.12	县审批服务中心
3		实施“四换三名”工程的经验做法	2015.1	2015.12	开发区(惠民街道)
4		粮食标准化生产机制	2015.2	2015.12	陶庄镇
5		发展生态循环农业　建设绿色农业强县	2015.1	2015.12	县农经局
6	集聚发展	全力打造工业设计小镇的主要做法	2015.1	2015.12	开发区(惠民街道)
7		姚庄镇创新发展省级经济开发区的做法与成效	2015.1	2015.12	姚庄镇
8	创新发展	嘉善县以“联盟标准”推动传统行业转型升级的主要做法	2014.1	2015.12	县质监局
9		创新旅游发展　打造智慧旅游模式	2015.1	2015.12	西塘镇
10		打造孵化—转化—产业化科技创新链模式	2015.1	2015.12	县科技局
二、城乡统筹先行区					
11	城乡规划布局一体化	从“两分两换”到农房改造集聚——姚庄镇新型城镇化道路	2015.1	2015.12	姚庄镇
12		创新城乡建设用地增减挂钩节余指标市场化交易方式	2014.12	2015.12	县国土局
13		新型城镇化的“姚庄模式”	2015.1	2015.12	县发改局
14		引入社会资本打造新城开发新模式	2015.1	2015.12	县发改局
15	城乡基础设施建设一体化	嘉善县全力推进城乡交通一体化的主要做法	2012.1	2015.12	县交投集团
16		嘉善县“六个一百”推进农村公路品质提升工程的主要做法和成效	2012.1	2015.12	县交通局
17	城乡公共服务一体化	创新开展“颐养惠老”老年健康流动服务车模式	2015.3	2015.12	县民政局
18		县镇村卫生一体化综合管理试点的主要做法	2013.12	2015.12	县卫生局
19		社区家庭医生制度试点的主要做法	2014.5	2015.12	县卫生局
20		打造“救急难”的工作模式	2014.10	2015.6	县民政局
21		搭建公共文化共建共享平台　提高农民工参与公共文化的积极性	2015.1	2015.12	县总工会
三、开放合作先导区					
22	优化开放合作环境	受理与审理流转一体化工作模式	2015.1	2015.12	县国税局
23		创新“一窗受理”机制　深化行政审批制度改革	2015.3	2015.12	县审批服务中心
24		推行工商注册登记“同城通办”模式　深化行政审批制度改革	2015.3	2015.12	县市场监管局
25	扩大对外开放	借助外力推进嘉善县教育实现内涵发展	2015.1	2015.12	县教育局
26		嘉善县鼓励外商投资企业利润再投资的主要做法和成效	2015.1	2015.12	县商务局
27		嘉善县结对上海平台实现产业联动发展的做法	2015.1	2015.12	县商务局
28		创新区域合作机制　实现旅游业深度融合	2015.2	2015.12	县旅游局
29		姚庄镇开展区域产业合作的做法与成效	2015.1	2015.12	姚庄镇

续表

序号	经验类别	经　验　点　名　称	进度计划		责任单位
			启动时间	完成时间	
四、民生幸福新家园					
30	创新社会治理	积极推广物联网技术构建社会治安防控体系	2015.1	2015.6	县公安局
31		创建省级流动人口结构优化示范县的主要做法	2014.10	2015.12	县新居民事务局
32		调裁工作保障社会和谐的经验做法	2015.1	2015.12	县人力社保局
33		嘉善县构建县域全民防空防灾宣传教育体系的主要做法	2015.1	2015.12	县人防办
34		干窑镇专职网格员队伍建设项目助推基层社会治理信息化建设的做法	2015.2	2015.12	县委政法委
35		基层新居民代表人士联谊会助推社会稳定的主要做法	2014.9	2015.12	县委统战部
36		创新“三社联动”发展模式	2015.1	2015.10	县民政局
37		“吾·善行”——罗星街道志愿服务联盟的主要做法	2015.1	2015.12	罗星街道
38		推行“平安通”打造灵活高效网格化管理平台	2014.9	2015.12	干窑镇
39		推进民情办理“三网”融合　实现“民情在线系统”线上线下互动	2015.1	2015.12	干窑镇
40		搭建“嘉善信访”网络平台　打造阳光信访工作新模式	2015.1	2015.12	县信访局
41		推进专业调解组织向矛盾多发领域全覆盖构筑矛盾纠纷化解网络体系	2015.1	2015.12	县司法局
42		构建综合行政执法体制“嘉善范本”	2014.9	2015.12	县综合行政执法局
43		嘉善全过程巧解“邻避”矛盾促进垃圾焚烧发电项目顺利落地开工的做法	2014.6	2015.12	县住建局
44		推进全国家庭教育指导服务体系示范点创建的主要做法	2013.6	2015.9	县妇联
45		创新“五议两公开”制度保障基层组织规范化建设	2015.1	2015.12	罗星街道
46		“双联四办”民事工作法畅通城市社区社情民意渠道	2015.1	2015.12	罗星街道
47		整合监管资源推进安全保障中心建设	2015.2	2015.12	县安监局
48		优化劳动监察网格化管理　维护工企双方合法权益	2013.12	2015.12	天凝镇
49		“服务千企、情系万家”大走访增进党群关系的经验做法	2015.1	2015.12	开发区(惠民街道)
50	构筑精致水乡	喷水织机治理的典型做法	2014.4	2015.6	县环保局
51		嘉善县从“五水共治”到“五水共管”的主要做法	2015.1	2015.12	县治水办
52		姚庄镇城乡环境整治管护一体化的主要做法	2015.1	2015.12	姚庄镇
53		姚庄镇洪字圩港生态修复的主要做法	2015.6	2015.12	县水利局
54	建设文化强县	和合村农村文化礼堂弘扬“善文化”的做法	2014.11	2015.5	县委宣传部
55		打造陶庄传统民间文艺特色村的主要做法	2015.1	2015.12	陶庄镇
56		打造农村文化礼堂“建管用”一体化模式	2013.3	2015.8	大云镇
57		创新镇级文化中心社会化运作模式	2014.5	2015.12	县文化局

领导视察

1月5日　省商务厅副厅长马洪涛到嘉善调研指导嘉善县域科学发展示范点建设,就落实《省商务厅、嘉善县共同推进嘉善县域科学发展示范点建设的战略合作备忘录》情况进行座谈。县领导许晴、曹国良陪同。

1月13日　省民政厅副厅长苏长聪率工作组到嘉善开展县域社会养老服务示范区建设中期评估工作。市民政局副局长任国明,县领导许晴、许春红陪同。

1月15日　省发改委巡视员、省协调办主任陈智伟一行到嘉善专题调研指导嘉善县域科学发展示范点建设。县领导姚高员、何全根等陪同调研。

1月21日　省委党校巡视员、副校长郑仓元一行到嘉善县参加中国县域科学发展研究院工作会议,专题研究2015年研究院工作。县委副书记滕根林参加会议。

1月23日　国家文物局副局长童明康率调研组对西塘古镇的申遗、保护、修缮、开发以及利用等情况进行调研指导。县领导许晴、高嵩陪同。

2月2日　省发改委副主任翁建荣一行到嘉善调研,实地走访国泰安教育、华瑞赛晶等企业,考察姚庄省级小城市建设。县领导姚高员、许晴、何全根、曹国良等陪同调研。

3月4日　省人力社保厅副厅长宓小峰一行到嘉善调研指导,实地走访归谷园区入驻企业。副县长高嵩陪同调研。

3月12～13日　省发改委巡视员陈智伟,县委常委、常务副县长何全根一行专程赴国家发改委,向国家发改委有关领导汇报嘉善县域科学发展示范点建设进展情况。

3月22日　国家发改委稽察特派员魏东平一行对嘉善县2014年中央预算内投资计划执行情况进行监督检查,并调研当前投资形势。县领导许晴、何全根陪同。

3月25日　国家发改委体改司副司长连启华一行到嘉善县调研,并就全面深化改革工作进行座谈。县领导姚高员、何全根陪同调研。

3月25日　浙江省质监局高鹰忠局长一行到嘉善调研“浙江制造”品牌建设工作。副县长李小平陪同。

3月27～29日　国家发改委城市和小城镇改革发展中心政策研究处处长范毅一行到嘉善调研,进一步总结示范点建设经验成果,县委常委、常务副县长何全根参加座谈会。

4月1日　省人防办主任李杭一行到嘉善县调研,实地走访姚庄镇民防应急疏散基地指挥保障管理中心建设项目并召开座谈会。县领导姚高员、沈康明参加座谈会。

4月1日　省司法厅副厅长吉永根到嘉善县调研公共法律服务体系建设工作。市司法局局长陆娟梅、副县长李小平等陪同调研。

4月17日　嘉兴市副市长盛全生到嘉善调研嘉兴出口加工区B区,部署推进嘉兴综合保税区优化提升工作。县领导许晴、曹国良陪同调研。

4月20日　嘉兴市政协主席高玲慧到姚庄镇调研生猪养殖业转型升级过程中农户转产转业情况。县领导姚高员、冯伟等陪同调研。

4月22日　省科技厅厅长周国辉到嘉善县调研科技创新工作。市政协副主席、市科技局局长邢海华,县领导许晴、高嵩陪同调研。

4月22～23日　省发改委主任谢力群一行到嘉善,调研县域科学发展示范点推进情况,县领导许晴、冯伟等陪同调研。

5月6日　省新闻出版广电局局长寿剑刚率省委宣传部“百名部长基层宣传思想文化工作大调研”嘉兴调研组到嘉善县开展调研。县领导姚高员、滕根林陪同调研。

5月13日　市委副书记、代市长林健东率市相关部门负责人到县开发区调研。县领导姚高员、许晴陪同调研。

5月14日　省委政法委副书记、维稳办主任李新强率督查调研组到嘉善调研政法维稳工作。县委副书记、政法委书记滕根林陪同调研。

5月15日　国家人防办副局长杨青山一行到

嘉善县调研人防工作。县委常委、副县长沈康明陪同调研。

5月18日　教育部副部长刘利民到嘉善县调研教育改革工作。省教育厅厅长刘希平、县委书记姚高员等陪同调研。

5月21日　省委常委、公安厅长刘力伟一行到嘉善县调研。市、县领导鲁俊、林健东、胡海峰、金志、姚高员、许晴、滕根林等陪同调研。

6月3日　省体育局局长孙光明到嘉善县汾湖水上运动中心开展调研，嘉兴市体育局局长包毓琮，县领导许晴、高嵩等陪同调研。

6月6日　由上海市政协常委、民革上海市委专职副主委兼秘书长李栋樑率领的民革上海市委经济中心考察团到嘉善交流考察。民革浙江省委会副主委、巡视员计时华，嘉兴市政协副主席、民革嘉兴市委会主委李水根以及县委副书记、政法委书记滕根林等陪同考察。

6月9日　省委政法委副书记、省综治办主任刘树枝一行到嘉善县，就社会治理网格信息中心系统运行平台及平安综治工作开展调研。嘉兴市委副秘书长、政法委副书记翁勤雄，县委常委、县纪委书记毛永忠陪同调研。

6月9日　省政府副秘书长盛刚率省政府经济工作督察组到嘉善，对嘉善县县域经济尤其是工业经济发展运行情况、固定资产投资情况和外贸出口情况进行督察调研。县领导姚高员、何全根、曹国良等参加座谈会。

6月15日　市领导鲁俊、林健东、刘冬生、高玲慧、胡海峰等率领各县(市、区)党政“一把手”、市级有关部门主要负责人到嘉善县，实地观摩嘉善县扩大有效投入、“三改一拆”“五水共治”、服务业发展等重点工作推进情况。县领导许晴、冯伟、滕根林等陪同。

6月17～18日　省侨联副主席张维仁带队的长三角浙籍侨商及海外华文媒体考察团到嘉善县，考察投资创业环境，交流文化传播事宜。市、县领导林健东、连小敏、朱静绮、滕根林、沈康明、李小平、阎靖华等陪同调研，或参加座谈会。

6月25日　嘉兴市发改委党组成员、市嘉善示范点建设协调办主任吴晓云到嘉善调研示范点建设等工作。

7月1日　团中央书记处书记徐晓一行到嘉善县，就嘉善县基层团建和青年电商创业等工作进行调研。团省委书记周艳，市、县领导胡海峰、许晴、滕根林等陪同调研。

7月24日　省商务厅副厅长马洪涛带工作组到嘉善县调研指导，进一步落实“厅县合作协议”，助推县域科学发展示范点建设。县委常委、副县长曹国良参加汇报会。

7月24日　国土资源部调控司巡视员董祚继一行到嘉善县调研科学发展示范点建设工作。市、县领导林健东、许晴、何全根、殳世平陪同调研。

8月5日　省政协副主席王建满到嘉善调研养老服务体系建设情况。县领导许晴、冯伟等陪同调研。

8月5～6日　省委副书记、省长李强到嘉兴市调研深化改革工作，调研期间，李强到嘉善县进行实地考察，并在嘉善县主持召开县域改革试点座谈会。

8月11日　省编委办副主任郑才法一行到嘉善县调研综合行政执法改革。县委常委、常务副县长何全根陪同调研。

8月14日　省发改委巡视员、省协调办主任陈智伟一行到嘉善县调研县域科学发展示范点建设情况。县领导许晴、何全根参加座谈会。

8月21日　省教育厅副厅长丁天乐到嘉善专题调研教师人事制度综合改革工作推进情况。副县长高嵩参加调研。

8月28～29日　国家发改委地区司规划处处长吴树林一行到嘉善调研县域科学发展示范点建设情况。省发改委巡视员、省协调办主任陈智伟，县领导祁海龙、何全根等陪同调研。

9月11日　省编委办主任鞠建林一行到嘉善县调研综合行政执法改革工作。县委副书记、代县长祁海龙等陪同调研。

9月25日　国家发改委城市和小城镇改革发展中心携部分中央媒体采访团到嘉善调研采访。县领导许晴、武曜云、殳世平、施晓松等出席座谈。

10月8日　省民政厅副厅长罗卫红率队赴嘉善县督查民政工作。副县长许春红等陪同调研。

10月10日　国家发改委农业经济司巡视员胡恒洋一行，到嘉善县专题调研当前沿海经济发达地区粮食生产安全及“十三五”规划期间粮食生产等工作情况。省发改委巡视员陈智伟，县领导何全根、殳世平、许春红陪同调研。

10月15日　省发改委副主任徐幸一行到嘉善调研省重点项目推进情况。县领导祁海龙、何全根等陪同调研。

10月26日　省政协副主席王建满带队到嘉善调研“两路两侧”“四边三化”专项整治工作。市、县领导林健东、李跃、许晴、祁海龙、冯伟、施晓松陪同调研。

10月29日　省财政厅副厅长邢自霞到嘉善县调研指导政府和社会资本合作(PPP)工作。

11月11日　全国政协副主席、民盟中央常务副主席陈晓光一行到嘉善调研示范点建设。市、县领导高玲慧、柴永强、许晴、冯伟、施晓松、俞鹤祥等陪同调研。

11月13日　省委统战部常务副部长金长征一行到嘉善调研统战工作。县领导许晴、俞鹤祥、阎靖华等陪同调研。

11月20日　省妇联副主席童丽君就基层妇女组织建设工作到嘉善县开展实地走访调研,市妇联主席陆英、副主席冯丹陪同调研。

11月23～24日　省法制办主任孙志丹一行到嘉善调研法治政府建设及法制工作情况。县领导许晴、祁海龙、何全根等陪同调研。

12月6日　省民政厅副厅长罗卫红率民政文化采风组赴嘉善县大云镇调研婚姻文化建设情况。

12月13日　省公安厅副厅长金伯中到嘉善调研指导寄递业实名制改革试点工作。县委常委、县公安局局长曹雪龙参加汇报会。

重要会议

2月26日　嘉善县召开三级干部大会暨示范点建设誓师大会，对2015年示范点建设进行全面动员和部署。县领导姚高员、许晴、郑明、冯伟、滕根林等参加会议。

3月18日　嘉善县召开全面深化改革领导小组（扩大）会议，听取2014年县域科学发展综合配套改革情况，部署2015年全县改革工作和重点改革任务。县领导姚高员、许晴、何全根、朱学军等参加会议。

5月16日　嘉善县召开嘉善县"十三五"规划重大项目、重大工程、重大政策"三个重大"谋划工作会议。县委常委、常务副县长何全根参加会议。

5月20日　嘉善县召开工业经济大会，研究分析当前经济形势，部署抓好下一阶段工作。县领导姚高员、许晴、郑明、冯伟、滕根林等参加会议。

5月22日　市委常委、常务副市长、市嘉善县域科学发展示范点建设协调小组组长梁群主持召开市协调小组第二次会议，总结交流前阶段工作进展情况，研究部署下阶段重点工作。县领导许晴、李小平参加会议。

6月2日　嘉善县召开全县领导干部大会，学习传达习近平总书记在浙江考察时的重要讲话精神和全省领导干部会议精神，研究部署嘉善县的落实工作。

6月26日　嘉善县召开示范点建设第一阶段自评工作动员会，全面动员部署开展自评工作。县领导许晴、何全根、武曜云等出席会议。

8月21日　嘉善县召开示范点建设第一阶段自评工作专题汇报会，听取各自评工作专题组的自评报告，部署下阶段工作任务。县领导何全根、陆军参加。

10月9～10日　全省综合行政执法工作现场推进会在嘉善县召开。省委常委、常务副省长袁家军，中央编办三司司长靳永龙，市、县领导林健东、张仁贵、许晴、祁海龙、何全根等参加会议。

11月23日　县政协召开十三届第四十三次主席会议，专题听取县域科学发展示范点建设情况通报。县政协主席冯伟，副主席吴建平、俞鹤祥、丁金华、陆才华出席会议。县委常委、常务副县长何全根应邀参加会议。

11月26日　县十五届人大常委会召开第三十三次会议，专题审议县域科学发展示范点建设进展情况。县人大常委会主任郑明，副主任张炳祥、顾林法、丁炳龙、邹霞芳参加会议。县委书记许晴出席会议，县政府领导何全根、沈康明、殳世平、高嵩、施晓松等参加会议，"两院"领导列席会议，县政协领导应邀参加会议。

11月30日　全省特色小镇"比学赶超"第一次现场会在嘉善召开。省发改委副主任翁建荣、副巡视员谢晓波，县领导祁海龙、何全根等参加现场会。

重大活动

1月15日　华夏幸福基业董事长王学文一行到嘉善考察，就2015年嘉善高铁新城开发策略和产业发展与嘉善县进行深入探讨。县领导姚高员、许晴、郑明、冯伟等陪同考察。

1月28日　嘉善县在上海举行“携手俱进·协作共赢”2015投资与人才(上海)说明会，来自上海市各行业协会、外国驻沪机构的代表，以及海外留学人才、优秀企业家等共60多位嘉宾应邀参加。县领导许晴、朱学军、曹国良参加活动。

2月8日　德国巴伐利亚州化学产业集群公司总经理丹尼尔·戈特莎尔德(高山)一行到嘉善县考察。县委常委、副县长曹国良陪同。

3月12日　浙江省各级上海商会秘书长组织开展嘉善行活动，上海市浙江商会与嘉善县签订《上海市浙江商会支持嘉善县人民政府浙商回归工作战略合作框架协议》，全力助推嘉善县示范点建设。省政府驻上海办事处主任朱绍平，上海市浙江商会秘书长吴仲春，县领导姚高员、曹国良等参加签约仪式。

3月14日　嘉善县与清华大学签订共建研究生社会实践嘉善基地协议。县领导曹国良、朱学军参加签约仪式。

5月18日　欧美同学会·中国留学人员联谊会第七期全国归国留学人员代表人士高级研修班在嘉善县开班。欧美同学会党组副书记、副会长、教育部副部长、总督学刘利民，欧美同学会党组成员、秘书长张学军，欧美同学会副秘书长许睢宁，市、县领导鲁俊、姚高员、朱学军等参加开班仪式。

8月3日　嘉善县在上海举办2015浙江嘉善(上海)商务恳谈会。县领导祁海龙、曹国良、顾林法参加会议。

8月5日　由省委宣传部、省委讲师团主办的纪念“绿水青山就是金山银山”科学论断十周年网络主题宣讲活动“我们这十年”推出“嘉善篇”。县委书记许晴走进浙江在线网络平台，论述“两山理论”在嘉善的生动实践。

8月14日　计划总投资9亿美元的省特重大项目——铠胜集团嘉善产业基地项目签约落户嘉善县经济技术开发区。省商务厅副厅长马洪涛、省台办副主任陈正仁，市、县领导林健东、盛全生、许晴、祁海龙、郑明、冯伟、滕根林等出席签约仪式。

9月22日　嘉善县举行软通动力嘉善物联网产业基地项目战略合作协议签约仪式。市县领导卜凡伟、许晴、祁海龙、冯伟、曹国良、朱学军、张炳祥、陆军等参加。

9月23日　世界500强、总投资9亿美元项目——铠嘉电脑配件有限公司在县开发区举行开工仪式。县领导许晴、冯伟、曹国良、顾林法等参加。

9月28日　嘉善县举行巧克力甜蜜小镇新闻发布会，新华社、《浙江日报》等20余家中央、省、市级媒体参加发布会。会后，媒体一行还实地参观斯麦乐巧克力乐园、云澜湾温泉、碧云花园休闲农庄等地。

10月28日　2015中国·嘉善国际经贸洽谈会召开，现场签约总投资157亿元的34个产业项目和6个平台项目。省商务厅副巡视员马建国，县领导许晴、祁海龙、郑明、冯伟、曹国良、毛永忠、曹雪龙、宁卫东、沈康明等参加会议。

12月6日　“善文化”微电影基地授牌仪式暨《恋恋西塘》首映式在嘉善县举行。省政协副主席、省慈善总会会长陈加元，市、县领导祝亚伟、许晴、祁海龙、滕根林、武曜云等参加仪式。

重要成果

1月15日　在全省“五水共治”工作视频会上，嘉善县获2014年度全省“五水共治”优秀县(市、区)大禹鼎，嘉善县成为嘉兴市唯一获此殊荣的县(市、区)。

1月22日　在由中国交通运输协会主办的2014中国交通运输信息化智能化发展推进大会上，嘉善县综合交通信息服务平台示范工程被评为中国交通运输信息化智能化建设优秀项目。

1月31日　嘉兴出口加工区B区申报国家级综合保税区经国务院办公厅批准正式设立。

2月2日　全县迄今为止最大的央企投资项目，全县旅游业乃至现代服务业投资体量最大的项目和西塘古镇开发中单体面积最大的项目——中国恒天集团祥符荡文化艺术产业园项目成功签约。县领导姚高员、许晴等出席签约仪式。

2月12日　嘉善县“e路畅优”品牌成功入选交通运输部“十二五”候选交通运输文化品牌名单，这是“十二五”期间内唯一一个成功入选交通运输部十大文化品牌候选名单的县级交通文化品牌。

2月28日　全国精神文明建设工作表彰暨学雷锋志愿服务大会在北京举行，嘉善县获得全国文明城市提名城市(县级)。县委书记姚高员作为提名城市代表参加会议。

3月31日　全省召开建设平安浙江工作视频会议。嘉善县以省平安建设考核全省第八、嘉兴市第二的成绩，被省委、省政府命名为2014年度省级“平安县”。这是嘉善县自2004年开始平安创建以来，连续第十年获此殊荣。

5月12日　国家防空防灾宣传教育技能训练(嘉善)基地项目正式获国家人防办批准，嘉善县成为全国第一个实施该国家级项目建设的县(市、区)。

5月29日　省经信委公布2015年度全省11个“小升规”重点县(市、区)及100个重点乡镇(街道、园区)名单，嘉善县天凝镇成功入围。

6月1日　第一批浙江省省级特色小镇创建名单正式公布，全省10个设区市的37个小镇列入首批创建名单。嘉兴市共有5个项目入选，嘉善县巧克力甜蜜小镇成功入围。

6月2日　2014年度浙江省小城市培育试点考核结果正式公布，姚庄镇以全省第三名的成绩被列为考核优秀单位，创造自全省小城市培育试点以来嘉兴市试点镇的最佳排名。

12月2日　《嘉善县大众创业促进机制改革方案》获省政府批复，标志着作为全省首创、唯一的试点，嘉善县大众创业促进机制改革进入实质性阶段。

12月20日　在北京举办的“2015第十届中国全面小康论坛”上，嘉善县的重大村务决策公决入选“2015中国十大民生决策”。

其他重要事件

1月27日起　上海移动用户在县开发区正式取消漫游费。这是继2013年上海固话“021”区号引入嘉善后，沪嘉通信一体化的又一次破冰，是嘉善县建设开放合作先导区的又一成果。

1月30日　嘉善县完成国家可持续发展实验区新区申报评审。县领导许晴、高嵩参加评审汇报会。

2月5日　上海市政府发展研究中心主任肖林率有关专家学者到嘉善对接上海中长期规划，并就推进嘉善示范点建设把脉问诊。县领导姚高员、许晴、何全根、曹国良等参加研讨会。

3月16日　长三角区域创新体系建设联席会议办公室第四次会议在上海召开。会议原则同意《关于推进浙江嘉善县域科学发展示范点建设的方案》。

4月16日　省旅游产业特色小镇调研组到嘉善调研大云、西塘申报创建省级特色小镇工作。县领导姚高员、许春红陪同调研。

5月14日　全省党外特约信息员培训班到嘉善县调研考察县域科学发展示范点建设情况。县领导姚高员、滕根林、李小平、阎靖华等陪同调研。

8月13日　嘉善县在省发改委的带领下专程赴上海对接嘉善示范点建设有关事宜。省发改委巡视员、省协调办主任陈智伟，县领导许晴、何全根等参加活动。

10月31日　在2015年“星耀南湖”精英峰会开幕式上进行“浙江‘千人计划’嘉善产业园”授牌仪式，标志着全省第二家“千人计划”产业园在嘉善县正式落户。

11月17日　县委书记许晴带领县发改局、县推进办相关同志赴省发改委，向省发改委主任谢力群，省发改委巡视员、省协调办主任陈智伟汇报示范点建设自评工作进展情况、后五年工作思路以及下阶段重点工作安排。

12月29日　省发改委巡视员、省协调办主任陈智伟，县委书记许晴一行专程赴国家发改委地区经济司，专题汇报嘉善县域科学发展示范点建设第一阶段实施情况，县委常委、常务副县长何全根参加汇报会。

嘉善县“五水共治”纪实

2015年，全县上下牢固树立“绿水青山就是金山银山”的发展理念，紧紧围绕省、市工作要求，深入推进“五水共治”工作，全年完成总投入11亿元，各项任务均圆满完成。通过近两年的集中攻坚，全县水质明显改善，14个地表水常规监测断面中，Ⅲ类断面增加至4个，Ⅴ类、劣Ⅴ类断面全部消灭，特别是枫南大桥省控监测断面从劣Ⅴ类水提升至Ⅳ水，交接断面水质考核自2014年以来一直保持优秀，太浦河取水口自2014年11月起持续保持Ⅲ类水质。被评为嘉兴市“五水共治”优秀县（市、区）。

一、明确任务，推进“三河”销号治理

一是抓“三河”整治。按照“分级排查、分类汇总、不留缝隙、不留死角”的要求，对全县河道开展多轮“地毯式”排摸，并全部落实治理责任主体，全面推进整治工作。229条垃圾河于2014年上半年完成治理，161条黑臭河道于2015年8月底完成治理，用两年时间完成“三河”治理任务。二是抓长效保洁。在“清三河”的基础上，注重常抓、长效，全县2241条河流实现“河长制”全覆盖，并建立河长保证金制度。2015年下半年起，再次开展“河长制”落实情况、水葫芦等河面漂浮物、黑臭河道、“清三河”回头看等专项督察，开展“清三河”复查评估等行动，推进河道长效保洁，防止“三河”反弹。同时，对全县所有河道实行网格化管理，落实865名河道保洁员队伍，定人员，定河段，定责任，定报酬，开展长效化、精细化保洁工作，并进一步完善拦污栅打桩布点，从源头减少漂浮物，确保水质持续改善。三是抓亮点打造。结合美丽乡村建设和全国中小河流治理重点县综合整治及水系连通试点工程，着力打造38条可看、可学、可示范的综合整治示范河道。到2015年底，38条综合整治示范河道建设已全部完成，其中白马龙港成为全市“双推”（推进重点工作、推动争先晋位）活动观摩点，获市领导肯定。

二、探本溯源，强化源头全面治理

工业污水治理方面。建立行业准入清单，探索推行“项目准入、用水准入、排污准入”三位一体的新建项目建设环境准入模式，对工业企业化学需氧量（COD）、氨氮、总磷等主要污染物排放总量指标实行量化管理，开展工业污水直排整治。至2015年底，361家企业完成市污水入网计划，占年度计划的100%。同时，深入开展“零点”“绿剑”等系列专项行动，完善电镀、喷水织机、纽扣等行业专项整治。在农村生活污水治理方面，积极推广纳管式、集中式、分散式等处理模式。行政村生活污水治理覆盖率达到100%，共完成17796户（占年度计划17660户的101%），累计受益农户62774户，受益率72.70%。在农业面源污染治理方面，实施畜禽养殖业转型专项行动，累计清理违章猪舍220.51万平方米、温室甲鱼棚93860平方米。生猪存栏量从2012年的45.22万头削减到2015年12月底的6.48万头。

三、标本兼治,完善污水收集处理

抓污水管网建设。编制完成《嘉善县城乡污水收集处理一体化专项规划》,通过加快污水管网建设,全面提升城镇生活污水收集纳管水平。新建一级、二级污水管网42千米,污水泵站20座,完成城区排污点雨污分流改造30个、城中村截污纳管64个点,初步形成15.8万吨/日的污水处理(输送)能力。抓污水处理厂建设。洪溪污水厂提标扩容项目试运行,西部水务污水处理厂提标改造工程开工,大成污水处理厂收购进入税务审计,已付部分收购款。

四、统筹兼顾,协同推进"四水"治理

在防洪水上,着力推进"二轮圩区"整治,基本完成圩区整治16片,保护面积2.71万公顷(40.6万亩),占规划面积3.67万公顷(55万亩)的73%;编制完成老集镇防洪规划,细化制定"一镇一策",做到成熟一个、实施一个,基本完成下甸庙、洪溪、杨庙、西塘、惠民、大通、俞汇、汾玉8个老集镇防洪除涝工程改造。在排涝水上,着力完善城市排涝设施,新建雨水管网10千米,提标改造管网12千米,雨污分流改造管网10千米,清淤排水管网120千米,增加500立方米/小时的应急设备,开展灾害性天气应急演练。在保供水上,切实加强太浦河长白荡饮用水源地一级、二级和准保护区的保护,并在水源地建立水质监测站,实现水质全天候、24小时监测。加快实施供水设施改造和新建,幽澜自来水公司地面水厂四期工程基本完工;太浦河取水二期工程完成管线工程水利工程招标并开工建设;丁栅水厂二期正在推进前期工作,初步设计完成评审,并完成送审稿编制。在抓节水上,围绕2015年"世界水日""中国水周"积极开展宣传活动,营造爱水、护水、节水的良好氛围。制定出台"最严格水资源管理制度考核办法",开展规范取用水资源"护水一号"专项行动,实行最严格水资源管理制度。至12月底,全县完成雨水收集系统81处、节水器具改造1000套、一户一表改造3699户。

五、立足长效,全面推进体制机制创新

作为浙江省三个"五水共治"体制机制创新区之一,嘉善县系统谋划,落实分工,稳步推进"五水共治"体制机制建设,专门制定下发《嘉善县"五水共治"体制机制创新工作实施方案》。主要做好8个方面的工作:

健全统筹城乡规划机制。按照"城乡一体、分布推进、全域治理"理念,科学制定《嘉善县城乡污水收集处理一体化专项规划》;按照"南北分块、一网贯通"的规划原则,出台《嘉善县城乡供水一体化规划》;按照"疏堵结合"原则,分别制定《嘉善县水系规划》和《嘉善县圩区整治规划》。健全投入机制。充分发挥政府在"五水共治"中的主导作用,积极鼓励社会力量参与投资,目前在生活垃圾焚烧项目及供水项目中引入PPP模式。健全推进机制。明确政府治水职责,健全考核体系,完善督察通报、约谈等机制,推行"河长制"和交接断面整治"断面长制"。健全价格机制。出台《嘉善县城乡居民生活用水阶梯价格和统一城乡居民生活污水处理费收费政策的实施方案》《关于实行差别化电价水价的实施意见》《嘉善县超计划用水累进加价水费征收管理办法》,将排污权有偿使用和交易指标扩展到氨氮和氮氧化物,实现4项主要污染物指标全覆盖。健全区域协作机制。加强与上下游河道关联区域的沟通协作,建立治水联商机制,定期召开联席会议,交流、通报"五水共治"进展情况,联合整治交接河道,实现联防联治。嘉善县与平湖市、秀洲区以及上海市青浦区、苏州市吴江区都建立区域协

青年志愿者下基层开展"五水共治"。　　(县治水办 提供)

作机制。健全管护机制。出台《嘉善县深化农村保洁一体化工作的实施意见》《嘉善县污水收集处理设施移交接管暂行办法》《嘉善县农村生活污水处理设施运维管护办法》，推动污水治理设施市场化、专业化运维。建立行业准入机制。率先出台"双清单"模式，严格执行核准目录外企业投资项目不再审批负面清单制度，推行"项目准入、用水准入、排污准入"三位一体的新建项目建设环境准入模式。健全执法体制。按照"覆盖全局、统筹城乡"的目标要求，整合环保、公安、水利、渔政等力量，深入开展"绿箭""铁拳""零点"等一系列专项整治行动，加大对涉水违法案件的打击力度。由综合行政执法局在全县9个镇(街道)派驻执法中队，将涉水的执法职能全部集中。　　　　(唐赟路)

推进“三改一拆”工作

2015年，嘉善县根据市委、市政府和省“三改一拆”办的总体部署，按照“队伍不散、力度不减、标准提高”的要求，继续做好“三改一拆”(旧住宅区、旧厂区、城中村改造和拆除违法建筑)工作。至12月31日，全县拆除违章建筑203.63万平方米(其中猪舍20.33万平方米)，完成市下达目标任务的169.69%；“三改”开工面积370.48万平方米，完成市下达目标任务的336.8%，其中旧住宅区改造91.09万平方米、旧厂区改造135.59万平方米、城中村改造143.8万平方米。

一、强势拆违城中村

2015年，出台《嘉善县2015年城郊接合部、城中村违法建筑整治方案》，在全县范围内开展城郊接合部、城中村违建集中整治行动，涉及罗星街道、魏塘街道、开发区(惠民街道)15个城中村。3月，罗星街道率先启动农居点违建整治，全面铺开对围墙内违建的第二轮集中整治；魏塘街道基本完成城东、城桥、庄港、车站、西项5个社区和国庆村城郊接合部的整治；开发区(惠民街道)完成横泾桥、张汇、毛家等社区以及周边的枫南村、惠通村、大通村的集中整治。到12月底，全县累计拆除城郊结合部、城中村违建19.42万平方米。通过城中村拆违整治，解决困扰当地政府多年的城中村违建老顽疾。

二、百日攻坚重整治

根据嘉兴市《关于开展“三沿两区”拆违百日攻坚行动的通知》，嘉善县结合城乡环境整治和“无违建示范河”“无违建示范路”的创建，开展“三沿两区”拆违百日攻坚，集中力量对“三沿两区”的违法建筑进行拆除整治。西塘镇结合AAAAA级景区创建，开展古镇景区安全整治；大云镇、干窑镇对善江公路集中整治，天凝镇对洪三线、申嘉湖高速沿线违建进行集中整治。通过“三沿两区”专项攻坚，累计拆除违建1988处，29.99万平方米。

三、综合治理出成效

借助“三改一拆”的东风，相继启动并完成惠民枫南、西塘下甸庙、天凝杨庙等老集镇改造，加快中心城区兴贤路(矿灯厂)区块城市有机更新步伐。结合“两新”(新市镇和新社区)工程，加快全县布点在城镇规划区的22个农村新社区建设。结合“退二进三”“机器换人”，进行小木业、水泥、纽扣等行业整治，推进旧厂区改造。2015年，“三改”累计开工面积370.48万平方米。

四、防控体系筑牢固

全面建立违法建筑防控体系，加快“无违建”创建步伐。2015年，重点做好拆违数据真实性、控新工作、党员干部违建等方面的督察。采取“一周一常规督察”“一月一专项督察”“一举报一检查”等督察方式，及时发现工作中出现的问题。对督察中发现的50起新增违建，通过督办单、全县通报等形式，责成各责任主体在规定期限内整改到位。 (吕鸣秋)

三改一拆 (县府办 提供)

开展“一创建三复评”工作

2015年.嘉善县围绕县域科学发展示范点建设目标，着眼于提升全民的文明素质和城乡建设环境水平，提出了创建全国文明城市，巩固全国文明县城、国家卫生县城、浙江省文明县创建成果的（“一创建三复评”）目标，认真对照《全国县级文明城市测评体系》和《全国未成年人思想道德建设工作测评体系》要求，坚持高起点规划、高标准建设、高水平管理，大力推进理想信念、乡风文明、经济民生、社会环境、生态文明、城乡一体化、未成年人思想道德七大建设，健全完善长效常态机制，创建工作成效显著。

一、加强理想信念建设

学习宣传贯彻习近平总书记系列重要讲话精神，学习宣传贯彻“四个全面”战略布局。开展中国特色社会主义和中国梦宣传教育。培育和践行社会主义核心价值观，持续深化“善文化”品牌建设。

二、加强乡风文明建设

1.打造廉洁高效的党风政风。制定“三严三实”专题教育实施方案，以县委书记带头讲专题党课开局，全面部署开展专题教育活动。加强对各类基层组织的领导，健全以村（社区）为重点的基层党组织体系，发挥“两新”组织党组织实质作用，深化“四方红色联盟”结对共建工作。深化行政执法体制改革，完善行政执法制度建设，加强行政执法监督。梳理、精简部门行政权力，优化审批流程，推进普法教育。

2.营造和谐淳朴的社风民风。组织开展便民利民、助老助残、生态环保、平安和谐等志愿服务活动，1.6万名志愿者参与，累计参与志愿服务活动518050.5小时，每年人均参与志愿服务26小时。成立嘉善县志愿服务总站，先后培育志愿服务团队4个。新成立城市啄木鸟、文明劝导、环境整治等志愿服务队50支，开展活动339场，参与1.8万人次。出台《关于推进社会信用体系建设的实施意见》《推进诚信建设制度化工作实施方案》，建立全县诚信建设制度化工作联席会议制度、“红黑榜”发布制度和信用信息共享制度。

3.打造绿色健康的网络环境。加强网络文明建设，传播网上正能量。与新浪浙江连续第4次合作，开展“生命的常数 善文化微散文大赛”。强化嘉善新闻网、嘉善在线等属地网站论坛监控管理，严厉查处违法违规网站。

三、加强经济民生建设

1.促进城乡居民增收致富。上半年，城镇居民人均可支配收入21994元，农村居民人均可支配收入15354元，分别增长8.4%和8.6%。

2.改善基本公共服务保障。大力发展公共交通，基本实现城区及所有行政村的全覆盖，着力推行全县公交一票制及IC卡一卡通。成立公共自行车服务有限公司，设置公共自行车租借点25个，前期向社会投放1500辆公共自行车。完善城乡供水体系。完善法律服务供给机制，推进覆盖城乡、惠及全民的基本公共法律服务体系建设。发展城市社区卫生服务并纳入城镇职工医疗保险定点机构，为居民提供优质、价廉、方便、快捷的基本医疗和预防保健服务。建立健全义务教育均衡发展的保障机制，“义务教育教师流动”国家级试点工作得到国务院副总理刘延东的两次批示肯定，教育部在全国推广嘉善经验。

3.构建公共文化服务体系。加强设施建设，培养壮大文化队伍，创建镇（街道）艺术团。创新文化活动为载体，组织开展各类文化体育活动，鼓励民间团体开展文化活动。

四、加强社会环境建设

1.加强公共安全，维护社会治安环境。落实社会治安防控体系建设，依法严厉打击各类违法犯罪活动，组建全市首支特警防控突击队PTU，连续第8年实现命案全破。嘉善县公安局于2005年被授予“全国模范公安局”称号，并连续6次被评为全国优秀公安局。夯实物防、技防、人防、消防等安全措施，完善突发公共事件应急处理和安全生产监管体系，严防重大食品药品安全事故发生。2015年，嘉善县获“平安县（市、区）”称号，实现平安建设“十连冠”。

2.全面改善城乡环境面貌。建立健全城乡生活垃圾无害化处理体系,出台《嘉善县深化农村保洁一体化工作实施意见》,县财政每年落实1000万元专项资金用于农村卫生保洁、设施维护等长效管理。累计投入5000多万元,完成9个农贸市场的改造提升,成功创建省级文明示范农贸市场3家、省放心农贸市场2家、省三星级农贸市场2家。深入推进城中村改造,加快全县布点在城镇规划区的22个农村新社区建设,累计拆除城郊结合部、城中村各类违章建筑11.99万平方米。大力推进申嘉湖高速、沪杭高速、沪杭高铁、沪杭铁路、320国道等重点路段的“公铁”环境沿线百日整治,累计完成整治点2161处,基本消除“公铁”沿线可视范围内的环境污点和景观垢点。探索完善数字城管平台功能,突出商业集中区、农贸市场、公共场所、建筑工地等重点区域环境综合整治,不断提高城市精细化管理水平。

3.全面提高公共服务质量。深入开展“青年文明号”“巾帼文明示范岗”等创建活动,落实金融、医疗、水电、邮政、电信等“窗口”行业的文明服务理念,坚持从持证上岗、文明用语、服务承诺、投诉处理等细节入手,不断改善服务态度和服务环境,提升服务形象和服务效率。在公安、市场监管、综合行政执法等部门开展文明执法行动,切实增强各类执法队伍的服务意识、法律意识和责任意识,坚决杜绝粗暴执法等问题,以优良的作风和良好的实绩,为群众营造整洁、和谐、文明的城市环境。

4.深化群众性精神文明创建活动。完善文明单位动态管理办法,强化对文明单位的社会监督,全县有全国文明单位3家、全国文明村镇2家、省级文明单位23家、省级文明镇3家、省级文明村11家、省级文明社区2家,市级文明单位、村、社区合计达110家,市级以上文明村建成率全市第一。大力推动西塘古镇、大云温泉等旅游景点文明创建活动。

5.切实维护社会公共秩序。推进文明交通行动,交警大队、综合行政执法局加强乱停车同步执法,在县城区主要路段和一些支路新增免费停车位1236个,并持续开展打击黑车、黄标车等专项整治。规范出租车、公交车、工程车运营行为,完善公共自行车交通系统。全年开展各类交通安全宣传讲座45次,受教育3000余人次;发放各类宣传册1万多份,劝导人们遵守交通信号、文明排队乘车、主动让座、机动车礼让斑马线等。加强经营性公共场所管理,在医院、学校、各大超市、商场、车站等公共场所全面禁烟,开展“嘉善县控烟先进单位和控烟积极分子”评创活动。整治和规范户外广告乱象,近两年累计拆除各类破损、无主等户外广告146块,办理违法户外广告设施相关案件27起。强化影剧院、图书馆、车站码头等公共场所的文明劝导,加大对乱扔杂物、随地吐痰、室内吸烟等行为的纠正教育力度。

五、加强生态文明建设

1.深入推进城乡绿化。2014年,嘉善县被授予“国家生态文明建设示范区”称号,被正式命名为国家生态县。提升现有公园绿地、道路、综合广场、住宅小区、出入口等区域的绿化档次,增加乔木树种比例,优化植物配置,2015年底,县城建成后绿地总面积1149万平方米,绿化覆盖率37.94%。加快新建公园、新建道路、河滨绿带、生态绿廊等绿化建设步伐,公园绿地面积226万平方米、道路绿地面积148万平方米,建成后人均公园绿地面积15.01平方米。开展背街小巷、城区支路的绿化,推进林荫式停车场建设,因地制宜开展垂直绿化和屋顶绿化,全县创建各级绿色社区38个,其中省级以上9个;创建省级绿色饭店6家、绿色企业8家、绿色医院2家、绿色家庭21户;所有学校创建为县级以上绿色学校,其中省级以上42所。在此基础上,探索强化城市绿地养护管理,开展全民义务植树活动,推进中心城区绿道网建设。

2.深入推进“五水共治”。开展“清三河”行动。全县229条垃圾河全部完成清理,161条黑臭河基本完成治理。全县所有河道实行网格化管理,配备865名河道保洁员,开展长效化、精细化保洁工作。编制完成《嘉善县城乡污水收集处理一体化专项规划》,累计完成污水管网建设480千米。开展工业污水直排整治,累计完成市考核任务929家,完成喷水织机、纽扣企业排污铁腕整治。全力抓好农村生活污水治理,行政村生活污水治理覆盖率100%,累计受益农户51384户,受益率59.51%。加强水源地保护管理,实行太浦河原水24小时监测。水源地水质检测做到“常规项目每日检测,46项指标每月检测,109项全套指标每年2次检测”。加快实施供水设施改造和新建工程建设,投资2.2亿元的幽澜公司地面水厂四期工程正式投入使用,

2015年改造供水管网83.7千米。2015年，嘉善县夺得2014年度浙江省“五水共治”优秀县大禹鼎。

3.深入推进“五气共治”。坚持源头治理、综合防治，倡导绿色低碳生产生活方式，及时制订“五气共治”工作计划，召开工作推进会，签订相关责任书，建立健全政府统领、企业施治、市场驱动、公众参与的大气污染防治新机制。建成PM2.5大气复合立体污染监测网络，2014年，空气质量全年优良天数为280天，优良率76.7%，至年末，有烟尘控制区3个，合计25.22平方千米。2015年，在全市率先开展喷涂（家具）行业挥发性有机废气治理，委托省环科院基本完成家具喷涂VOCS验收规范编制。以台升实业有限公司喷漆废气治理为突破口，确定18家家具企业VOCS整治任务，确保废气收集率和治理设施去除效率均在90%以上。大力推进工业园区集中供热和煤改气，强势推进热电企业脱硫脱硝工程，全县3家热电厂均开展脱硫脱硝废气治理设施升级改造项目，预计环保总投资3100万元。同时，大力推广天然气等清洁能源，实现县城区供气管网全覆盖。建立健全重污染天气监测、预警和应急响应体系，积极参与长三角地区治气降霾联防联控。

4.深入推进垃圾处理。出台《嘉善县城乡生活垃圾无害化处理管理办法（试行）的通知》，加大资金投入力度，推进城镇生活垃圾处理设施建设，完善垃圾处理设施维护保养机制，全县生活垃圾无害化处理率95.74%。2012～2015年，先后改造提升垃圾中转站10座。2015年底，基本建成总投资2.51亿元、占地面积6.2公顷（93亩）的生活垃圾焚烧发电项目，具备并网发电条件，日处理垃圾600吨。制定生活垃圾无害化处理实行责任区制度，探索建立生活垃圾分类体系，研究启动餐厨垃圾处理工作。鼓励用餐厨垃圾生产油脂、沼气、有机肥、饲料等。进一步完善城市生活垃圾处理行业标准、技术规范、操作规程和运营考核办法，推进城市生活垃圾处理市场化进程。研究出台各类优惠政策，按照法律规定的程序，鼓励和吸引各类社会资金积极参与生活垃圾处理的建设和运营。

六、加强城乡一体化建设

1.推进城乡统筹和基础设施建设。合理安排县域城镇建设布局，积极开展“多规合一”试点工作，完善“一主、一次、三片”的区域空间结构。加快推进统筹城乡体制改革试点工作，全县村庄规划布点优化调整为249个。至2014年底，全县集聚农户34803户，集聚率40%，姚庄桃源新邨、干窑月半湾等一批城乡一体新社区相继建成。加快打造镇域特色，姚庄镇获2014年度浙江省小城市培育试点考核第三名，西塘镇连续两年获嘉兴市小城市培育试点考核第一名。推进城乡基础设施建设，2015年，嘉善县县级公共财政在水电路气等基础设施和公共服务保障方面覆盖农村范围64.17%，全县农村的城乡供水、互联网、卫生厕所、有线电视、有线广播等覆盖率均100%。自2013年起，投入6.5亿元实施农村公路品质提升“六个一百工程”，全县通车总里程790千米，其中农村公路699.5千米，等级公路通村率和路面硬化率实现“双百”目标。2014年4月29日，《人民日报》头版头条刊文介绍嘉善农村公路发展经验。

2.推进公共服务一体化。努力构建和完善覆盖全县的公共文化服务体系，促进城乡公共文化服务均等化。2014年，县级财政预算中列支农村精神文明建设专项经费为47.5万元，其中“春泥计划”工作经费20万元。加强城乡文化基础设施建设和管理，加快吴镇书画院等一批重点文化设施建设，全县建成村（社区）文化中心（室）153个，覆盖率100%，其中省级文化示范村9个、村（社区）文化精品示范工程64个，建成村信息资源共享服务点118个。抓好县、镇两级文艺团队建设，重视群众自发文化活动，不断丰富城乡居民文化生活。全县发展民间文体队伍626支、文体骨干11220人，涌现“辣妈宝贝”、姚庄“一小时”文艺队等一批文艺团队。深入推进全国和省城乡居民养老保险试点县建设，加快农业转移人口市民化工作。2014年，全县参加新型农村社会养老保险7.44万人，农村新型合作医疗参保人数23.33万人，农村居民人均可支配收入25048元，比上年增长10.4%。

3.推进美丽乡村建设。积极推进省级美丽宜居示范村试点建设，桃源新邨创建成为省优秀村庄，缪家村创建成为省达标村。精心打造“绿色田园风光线、蓝色水乡活力线、魅力村庄风情线、善佳文化古韵线”四条美丽乡村精品线，把全县9个镇（街道）和104个行政村划分为“一干、五枝、一冠”三大功能区和21个精品农业村、18个乡村旅游示范村、19个农村新社区。积极开展优美庭园创建，实施“每天一次清扫、每周一次走访、每月一次整治、每季一次检查评比、每年一次评选”的“五个一”工作法。组建本土民间专家指导队伍，为不同样式的楼房庭院设计低成本优美庭院样本，为不同条件家庭提供经济实惠的创建样式。开展“微田园”创建活动，引导农村妇女拆除鸡棚、鸭棚、猪棚，改建成小花园、小菜园、小果园等“微田园”。全县成功创建市级“优美庭院”示范村30个，“微田园”示范片组占保留自然村落的20.5%。

七、完善长效常态机制

1.健全组织领导体制。将创建全国文明城市目标纳入全县经济社会发展“十二五”规划和县域科学发展示范点建设的重要内容。县精神文明建设指导委员会由县委书记任主任，县长任第一副主任，县委、县政府每年都将精神文明建设、巩固文明创建成果作为重点工作列入年度工作目标。分解落实年度创建任务，并纳入镇(街道)目标责任制考核，形成齐抓共管、合力推进的工作格局。2015年，在明确创建全国文明城市，巩固全国文明县城、国家卫生县城、浙江省文明县创建成果的目标后，迅速成立以县委书记、县长任组长，县有关领导任副组长，相关部门和镇(街道)主要领导任组员的“一创建三复评”工作领导小组，抽调专职干部成立县创建办。各部门、镇(街道)均成立由“一把手”领衔的工作班子，共同推进创建工作。

2.健全群众参与机制。积极开展多种形式的宣传引导，不断提升公众的文明意识，倡导文明健康的生活理念和文明习惯。发挥主流媒体作用，在报纸、电视台等设立专栏，在网站、论坛等制作专题网页和在线栏目，全方位宣传文明创建的有关情况。拓宽宣传阵地，在全县城乡道路、小区楼道、公交车站等主要公共场所张贴、发放各类宣传海报、公益广告、宣传标语、宣传资料等30余份，营造浓厚创建氛围。以村(社区)开展文明创建为主要内容的文艺演出近百场。开展全民参与的“千人进社区、百日大整治”活动，每周六上午组织全县党员干部到县城区的186个小区进行义务劳动和宣传劝导。全县共有124个责任单位包干路段卫生清洁行动，纠正各类不文明行为。组织200人的“城市啄木鸟”队伍，对不文明行为进行曝光。县城区主要路段的沿街单位、商店签订6000份“门前三包”责任书。

3.健全动态管理机制。牢牢把握文明创建精细化、常态化、长效化管理要求，全面落实覆盖城乡的“河长制”“路长制”，全县2241条、1829.5千米河道全覆盖，县领导领衔担责14条交通要道及沿线两侧环境。加快探索完善“一把扫帚”“一把剪刀”“一把铲刀”等城乡一体环境卫生机制。上半年，县、镇两级财政投入9816万元用于城乡环境整治，城乡面貌显著提升。完善“五有五联”结对共建机制，深入开展“双万结对共创文明”活动，全县346家县级以上文明单位与所有154个村(社区)开展结对共建，每年评选表彰共建先进单位。有序推进“一创建三复评”工作，建立健全县领导联系社区(村)、县级部门与社区(村)结对共建、街道市容环境路段责任包干、县领导现场办公、疑难问题协调会商、督查通报等10项工作机制，下发督查整改通知书135份，落实整改内容1500多项。

4.健全投入保障机制。文明城市建设经费列入财政预算并逐年增长，加强基层创建工作力量。全县各镇(街道)均成立创建办，配备专兼职人员。积极探索建立多元化文明城市建设筹资机制，广泛动员社会各界力量，对创建文明城市提供财力和物力支持。全方位筹集资金，解决硬件设施欠缺、档次落后等问题，夯实创建基础。　(县创建办)

4月18日，嘉善县启动“千人进社区百日大整治”活动。

(胡凌翔　摄)

2015美丽嘉善建设工作总结

2015年，嘉善县牢牢把握省委、省政府和市委、市政府关于“两美”建设的决策部署，深入践行“绿水青山就是金山银山”的重要思想，全面开展美丽嘉善建设，全力助推全国文明城市创建，为县域科学发展示范点建设提供有力支撑。

1.精心谋划，把握方向。一是明确总体目标。在列入全省十个践行“绿水青山就是金山银山”样本的基础上，提出“一年见效、三年到位”的总体要求，确定“建设宜居、宜业、宜游的美丽新家园”的工作愿景，力争通过（2016—2018年）3年努力，使嘉善的配套更加完善、管理更加有序、环境更加优美、社会文明程度不断提升，使嘉善的老百姓能享受到更加高品质的生活。二是明确工作任务。把美丽嘉善建设具体落实到四个专项行动上，其中美丽县城建设，重点是解决县城建设管理和环境面貌的突出问题，完善长效管理机制；美丽城镇建设，重点是推进镇容镇貌综合整治，完善提升市政基础设施和公共服务设施；美丽乡村建设，重点是实现农村人居环境从“一时美”向“持久美”转型，“局部美”向“整体美”转型，“风景美”向“风尚美”转型；美丽通道建设，重点是打造县内14条水陆主要通道成为“道路畅、路面洁、设施齐、沿线绿、墙体净、河道清、景观美”的景观长廊。三是明确工作思路。围绕上述目标任务，坚持“规划先行、注重特色，突出重点、整体推进，标本兼治、注重长效，政府主导、全民参与”的工作原则，积极主动推进美丽嘉善建设落到实处。特别是在资金保障方面，按照“政府投入一些、上面争取一些、银行贷款一些、民间吸纳一些”的思路，确保资金投入与工作任务相适应。

2.加强领导，落实责任。一是建立健全领导体系。9月18日，召开“美丽嘉善”建设动员大会暨浙江省文明县复评迎检推进会，动员全县上下全面加强生态治理、改善城乡面貌，努力建设美丽嘉善，创造美好生活，全力营造县域科学发展示范点建设良好生态环境。成立美丽嘉善建设领导小组，并相应建立4个专项工作组，其中领导小组由县委书记和县长担任组长，负责统筹抓好重大决策和总体推进；专项工作组由县相关领导担任组长，负责协调推动各自具体工作。二是层层分解工作任务。出台《美丽嘉善建设三年行动计划》和4专项行动实施方案，各镇（街道）、各相关部门结合各自实际，制定本单位的工作方案，做到力量到位、工作到位。美丽县城的38个专项方案初步拟定，6个镇的美丽城镇方案均完成专家论证，14条主要通道的“一路一方案”初步制定，美丽乡村22个精品点的专项方案全部编制完成。三是加强日常运作管理。在县级层面建立县美丽办，与县创建办合署办公，从19个部门先后抽调26名专职人员，主要负责美丽嘉善建设和全国县级文明城市创建的统筹、督考和推进工作。4个专项工作组分别成立专项办公室，并落实牵头部门和责任部门。各相关单位也相应成立领导小组和办公室。

3.创新举措，扎实推进。一是加强制度化推进。制定并实施10项工作制度，如工作例会制度（领导小组每季度召开工作例会，专项工作组每月分别召开工作例会）、工作督查制（每周督查不少于3天，督查内容以专报形式报送主要领导）、疑难会商制、现场办公制、“路长”“河长”制等，以此确保各项工作责任明确、落到实处。二是创新长效化机制。建立“五个一把”城市管理机制，实现长效管理全覆盖，具体包括城乡卫生保洁实现“一把扫帚扫到底”，城市绿化养护“一把剪刀修到底”，城区市政基础设施“一把泥刀补到底”，城区牛皮癣“一把铲刀清到底”，城区景观照明“一把闸刀管到底”。三是营造全域化氛围。加大社会宣传力度，充分利用简报、专栏、文艺演出、各类宣传资料等开展高频率、高密度的正面宣传。强化问题导向，通过新闻聚焦、民生十分等专栏节目，面向社会曝光各种典型问题。积极发挥群众监督作用，建立“城市啄木鸟”志愿者队伍、微信监督群和市民巡防团，开通投诉热线等。

4.起步稳健，态势良好。一是美丽县城强势推进。长效机制不断健全，国家卫生县城、全国文明县城、省文明县“三个复评”均顺利通过省级验收。高铁新城建设不断提速,交通拥堵治理顺利实施,启动县图书馆新馆、县博物馆新馆等重大文化惠民设施建设。开展市容市貌专项整治,全年累计投入1亿多元用于老旧小区改造、市政设施完善、环卫设施建设等。总投资2.51亿元的生活垃圾焚烧发电厂投入运行。二是美丽城镇纵深推进。高质量推进姚庄省级小城市培育试点、西塘市级小城市培育试点、大云省级特色小镇试点和天凝省级中心镇等建设,姚庄“均衡发展”模式在全国新型城镇化高峰论坛上作典型交流,西塘被评为全国特色景观旅游名镇名村示范单位。“一镇一品”的特色基本明确,承办全省特色小镇“比学赶超”现场推进会,巧克力甜蜜小镇和归谷智造小镇分别入选全省第一和第二批特色小镇创建名单,沪浙产业协同创新小镇、智慧通信小镇、汾湖水上运动小镇等加快培育。三是美丽乡村有序推进。落实22个美丽乡村精品点,创建成为省级美丽乡村建设先进县,被评为全省社会主义新农村建设优秀单位,实现县级环境优美村、市级美丽乡村先进镇“两个全覆盖”,洪溪村“文体活动创造文明幸福生活”入选“2015中国全面小康十大民生决策”。“五水共治”、“三改一拆”等工作成效显著,农村生活污水治理实现行政村全覆盖,2015年“三改”累计开工378.27万平方米,拆违面积203.63万平方米,完成率169.96%。四是美丽通道扎实推进。圆满完成“公铁”沿线环境整治百日会战,累计整治项目2292个,完成率105.09%。基本完成沪昆高速大云出入口改造工程,投资约2亿元参与跨杭州湾大桥北连接线工程,开展善江公路改(扩)建工程前期准备工作,在丁诸线航道整治工程项目上争取到交通部和省交通厅9亿元的建安费用。同时,平黎公路东接线工程一期、疏港公路改建工程二期等一批项目加快推进。

(县美丽办)

陶庄镇汾南村整村打造美丽乡村精品村。　　(陶庄镇 提供)

大　事　记

2015年嘉善县大事记

1月

1日　县委书记姚高员、县长许晴致《奋力谱写示范点建设新篇章》新年贺词。

同日起　全县实施城乡居民生活用水阶梯价格和统一城乡居民生活污水处理费收费政策。

8日　举行老干部迎春团拜会。

同日　浙江蓝怡医药有限公司奠基。项目位于归谷园区，占地48亩，总投资3亿元，注册资本1.2亿元。

同日　2014年度浙江新农村建设带头人“金牛奖”评选颁奖典礼举行，天凝镇洪溪村党总支书记陈俐勤获“金牛奖”。

9日　中共浙江省委党校召开2014年度全省党校系统表彰大会，嘉善县委党校获评2014年度先进单位。

10日　嘉善印刷行业协会召开三届一次会员大会，参加会员和有关人士215人。选举周福根为协会会长。

11日　嘉兴市创意设计协会在西塘举行成立仪式。协会由37个注重创意设计的优秀企业、中等院校组成。

11～12日　第三届全国服装辅料(纽扣)创意设计大赛在西塘镇举行，共征集作品1240多件。嘉善高级中学高三学生唐思语的《纽绣国宝月下融融》获最佳绿色创意设计奖，天路达公司入选“十佳品牌榜”。

13日　县委书记姚高员主持召开县委十三届五十七次常委会议。听取人大、政协工作和县“两会”筹备情况汇报，书面审议政府工作报告、国民经济和社会发展计划等报告。听取安全生产、财政预决算及2015年政府投资项目安排情况汇报。批准给予县水务控股集团有限公司原党委书记金良根、干窑镇政协联络室原主任陈土其开除党籍处分。

14日　县委召开党政军双拥工作座谈会。

15日　纪念嘉善民进组织成立30周年大会召开。表彰入会30年老会员及民进先进集体和个人。举行民进嘉善县委会社会服务基地授牌仪式和合作共建基地揭牌仪式。

同日　县人大常委会主任郑明主持召开县十五届人大常委会第二十四次会议。初审国民经济和社会发展计划(草案)、财政预决算(草案)等报告，听取并审议县十五届人大四次会议筹备、县人大常委会有关制度修订情况报告，审议通过关于补选县十五届人大代表资格的审查报告、县人大常委会工作要点和相关制度，表决通过县十五届人大四次会议列席人员名单，推荐郑明为县十五届人大四次会议人大常委会工作报告的报告人。通过有关人事任免事项。

同日　全省“五水共治”工作视频会议召开，嘉善县获浙江省“五水共治”优秀县大禹鼎，干窑镇获

2014年度“五水共治”工作先进集体。

16日 嘉兴市委书记鲁俊到嘉善检查党风廉政建设责任制落实情况。县委书记姚高员作工作情况汇报。

同日 省委赴嘉兴市整改落实督查组组长徐宏俊、副组长汪小玫到嘉善督查党的群众路线教育实践活动整改落实工作。

同日 嘉善“善文化”品牌培育工作获第三届浙江省宣传思想文化工作创新奖。

19日 县综合行政执法局市容管理执法中心成立。

20日 嘉善县域科学发展示范点建设推进办公室公布县域科学发展示范点建设县级展示点(2013～2014)名单。认定嘉善城市规划展示馆(县域科学发展主题馆)等57个展示点为县级展示点。

同日 县委书记姚高员到干窑镇调研农村基层组织建设工作。

22日 民革嘉善县支部委员会召开届中调整会议。审议通过民革嘉善县支部工作报告,选举产生新一任支部委员会,主委董铭勤,副主委倪秋霞。

同日 在2014中国交通运输信息化智能化发展推进大会上,嘉善县综合交通信息服务平台示范工程被评为中国交通运输信息化智能化建设优秀项目。

25日 金山、平湖、嘉善三地青少年书法联展暨嘉善竹泠印社成立仪式在县青少年宫举行。竹泠印社前身为道厚篆刻工作室,有社员83人。

27日 县委书记姚高员主持召开全县促进开放型经济发展部门座谈会。

27日起 上海移动在县开发区取消用户漫游费。

28日 嘉善县“携手俱进协作共赢”2015投资与人才(上海)说明会在上海举行。

同日 高效传热技术联合研发中心揭牌,该中心由浙江嘉熙光电设备制造有限公司和中科院工程热物理研究所合作共建,位于姚庄经济开发区。

下旬 谈公路集贸市场、施家路菜市场被认定为2014年度浙江省放心农贸市场示范单位,西塘农贸市场被认定为省三星级文明规范市场。

下旬 嘉善县肿瘤登记处被全国肿瘤登记中心授予“2014年度全国肿瘤登记工作突出贡献奖”,被评为2014年度全国肿瘤登记随访工作先进单位。

2月

3日 “2015年中国宏观经济形势分析”专题报告会在县委党校举行。中国社会科学院数量经济与技术经济研究所副所长齐建国作专题报告。

同日 嘉善县疾控中心被浙江医学高等专科学校确定为教学基地,举行挂牌仪式。

3～6日 县政协十三届四次会议举行。会议应到委员215名,实到207名。冯伟作工作报告,丁金华作提案工作情况报告。会议审议通过县政协十三届四次会议决议、县政协十三届四次会议提案审查情况报告。收到委员提案201件。县委书记姚高员参加会议并讲话。

4～7日 县十五届人大四次会议举行。会议应到代表209名,实到代表199名。县长许晴作政府工作报告,县人大常委会主任郑明、县人民法院院长傅杨杰、县人民检察院代理检察长钟益民分别作人大常委会工作报告、法院工作报告和检察院工作报告,并听取审议国民经济和社会发展计划报告、财政预算报告,通过《嘉善县人民代表大会议事规则》,作出各项决议,选举钟益民为县人民检察院检察长。会议收到代表建议154件。县委书记姚高员参加会议并讲话。

5日 举行嘉善县对接上海中长期发展规划专家研讨会。

同日 成立嘉善县预防医学会专业委员会,下设肿瘤防治、精神卫生、妇幼保健、卫生监督、传染病控制、卫生检验、慢性病控制和健康教育7个专业委员会,委员62名。

同日 中央电视台报道嘉善县工商部门在落实行政审批制度改革、一条龙服务企业等情况。

6日 中国社会科学院新闻与传播研究所等主办的首届万峰林国际微电影节颁奖晚会在贵州举行,嘉善朱利超创作导演的《盲人摄影师》获短片类一等奖。

8日 德国巴伐利亚州化学产业集群公司总经理高山到嘉善考察。

9日 民建嘉善县总支升格为民建嘉善县基层委员会,举行民建嘉善县基层委员会成立暨第一次会员大会。

上旬 惠民街道和西塘镇“旱地改水田”两个

项目列入省国土厅第一批“旱地改水田”耕地质量提升示范项目，规划“旱改水”面积15.57公顷。

上旬　省委赴嘉兴督查组组长徐宏俊到嘉善督查指导党的群众路线教育实践活动整改落实工作。

上旬　全县确定2015年县级重点工业投资项目132个。被确定为嘉兴市2015年“五个一批”重点工业投资项目71个、“机器换人”重点专项项目21个。

11日　召开全县政法信访工作暨基层社会治理信息化建设推进会。

同日　浙江同城市场投资开发有限公司在上海股权托管交易中心中小企业股权报价系统（简称“Q板”）挂牌。该公司投资建设方为嘉善国际木雕城。

同日　县委、县政府召开全县民营企业家座谈会，探讨新常态下企业转型、县域经济创新发展。企业家30多人参加座谈。

12日　县委书记姚高员主持召开县委十三届五十八次常委（扩大）会议。传达上级纪委全会精神及审议姚高员在县十三届纪委五次全会上的讲话和县纪委全会报告，审议2014年度综合考核和表彰有关事项，全县三级干部大会方案、工作报告及2015年县委、县政府工作思路和要点，书面审议《2015年度全县干部理论学习实施意见》和《2015年县委理论学习中心组学习计划》，同意免去徐金华县纪委委员职务。

同日　中国出版协会主办、年鉴工作委员会承办的第五届（2010年—2014年度）全国年鉴编纂出版质量评比结果公布，嘉善县地方志编纂委员会编纂的《嘉善年鉴》获综合一等奖、框架设计一等奖。

13日　中共嘉善县第十三届纪律检查委员会第五次全体（扩大）会议召开。研究部署全县党风廉政建设和反腐败工作。

16日　嘉兴出口加工区B区经国务院以国函〔2015〕13号文件批准为国家级综合保税区。

同日　县委书记姚高员主持召开县委十三届五十九次常委会议。研究县委在省委巡视组巡视工作动员会上的汇报材料。

同日　省民政厅、省发改委下发《关于开展养老服务业综合改革试点的通知》，确定嘉善县为省级养老服务业综合改革试点单位。试点期为2015年6月至2017年12月。

25日　中共嘉善县委决定：免去梁晓英的县委宣传部部长职务。

同日　县委书记姚高员主持召开县委十三届六十次常委会议。研究县委在省委巡视组巡视工作动员会上的汇报材料及有关人事问题。

同日　县教育局被全国妇联评为全国巾帼建功先进集体。

26日　全县三级干部大会暨示范点建设誓师大会召开，总结2014年工作，表彰先进，部署2015年任务。县委书记姚高员作《争先晋位强使命克难担当抓落实齐心协力交出县域科学发展示范点建设满意答卷》的报告。

28日　全国精神文明建设工作表彰暨学雷锋志愿服务大会在人民大会堂举行。嘉善县被中央文明办授予“全国文明城市提名城市（县级）”称号。

同日　嘉善县重大项目推进工作领导小组成立并召开首次会议。领导小组由许晴任组长，何全根、曹国良、丁金华任副组长，下设办公室。

3月

1日　在全县开展肉品和水产品安全专项整治“百日会战”行动，整治、打击肉品和水产品生产、经营、销售、储运等领域违法行为。行动至6月10日结束。

1～3日　中央党建工作领导小组秘书组处长鲍世斌到嘉善调研农村党建和群团工作。

3日　县委书记姚高员主持召开县委十三届六十一次常委（扩大）会议，研究部署省委巡视组到嘉善巡视工作。

4日　市委开展“转型发展服务年”活动，市委常委、组织部部长连小敏等到嘉善走访调研。5日，市委副书记胡海峰到嘉善走访企业、农户。

同日　中宣部公布第一批全国学雷锋活动示范点名单（50个）。高速公路交警总队嘉兴支队大云卡点入选。

5日　省委第一巡视组巡视嘉善县工作动员会召开，省委第一巡视组组长、正厅级巡视专员周益扬讲话。

同日　省平安建设考核组到嘉善考核平安建设工作。

同日　纪念“三八”国际劳动妇女节105周年暨“争当美丽典范共建美好家园”表彰大会举行。表彰“善美女性”10人、“善美家庭”10户、“善美团队”5个。

9日　全市文化产业工作会议在嘉善举行。考察中国归谷文化创意产业园、斯麦乐巧克力乐园、嘉善国际木雕城等文化产业项目。

11日　嘉兴市第三十九次血防(联防)工作会议在嘉善召开。

同日　县委书记姚高员带领县相关部门负责人到魏塘街道中寒圩村现场办公,研究破解村发展有关问题。

12日　县委书记姚高员督查调研纽扣行业整治工作情况。

同日　举行浙江省各级上海商会秘书长嘉善行活动,上海市浙江商会与嘉善县签订《上海市浙江商会支持嘉善县人民政府浙商回归工作战略合作框架协议》。

14日　嘉善县与清华大学签订《共建研究生社会实践嘉善基地协议》。

15日　为期40天的2015年春运结束。全县完成总旅客运输量235.91万人,其中铁路运输18.19万人,道路运输217.71万人。

16日　县委书记姚高员主持召开县委十三届六十二次常委(扩大)会议,传达学习贯彻全国“两会”精神并通报有关情况。

17日　县委书记姚高员主持召开县委十三届六十三次常委会议。听取提高企业养老保险最低参保率、领导干部企业兼职清理情况汇报,审议《关于进一步加强混凝土管桩行业规范管理的实施意见》,研究相关人事问题。

同日　县长许晴主持召开县十五届政府第二十九次常务会议。听取和审议《关于2015年规划编制计划情况的汇报》《嘉善县城乡生活垃圾无公害化处理管理办法》《嘉善县综合行政执法实施办法》等。

18日　召开全面深化改革领导小组(扩大)会议。部署2015年全县综合配套改革工作和重点改革任务。

19日　召开县委理论学习中心组(扩大)学习会,邀请上海市委党校经济学教研部主任、理论经济研究所所长王志平作《新常态背景下的中国经济转型升级》专题讲座。

同日　国务院三峡办副主任、长江三峡工程整体竣工验收委员会移民工程验收组副组长陈飞到嘉善调研指导三峡外迁移民安置工作。

19～20日　县领导下基层开展集中办公。19日到大云镇,20日到西塘镇,研究推进各镇重点工作。

20～21日　日本贸易振兴会和日本中部产业联盟到嘉善访问,考察浙江姚庄经济开发区“日本中小企业园”。

中旬　县史志办编辑整理的清嘉庆《嘉善县志》影印本由中华书局出版发行。

中旬　县中山养老服务中心开业,是全县首家民办养医结合养老机构。中山养老服务中心前期投入资金300万元,有床位100张。

25日　县人大常委会主任郑明主持召开县十五届人大常委会第二十五次会议。听取和审议国有企业集团管理运行情况和街道财政预算报告,表决通过2015年街道办事处财政预算决定和有关人事任免事项。

同日　司法部、民政部下发《关于表彰第六批“全国民主法治示范村(社区)”的通知》,嘉善县天凝镇洪溪村被评为全国民主法治示范村。

同日　浙江省质监局局长高鹰忠到嘉善调研“浙江制造”品牌建设工作。

26日　召开全县党建工作会议,总结部署全县党建工作。

同日　嘉善县消防大队被浙江省消防总队评为全省“2014年度基层建设标兵大队”、全省“2014年度执法质量先进大队”“2014年度全省安全无事故先进大队”,教导员吴益民被评为全省消防部队“年度优秀警官”。

27日　省工商联在西塘镇红菱村举行“五水共治”捐款仪式,万丰奥特控股集团向西塘镇红菱村捐赠50万元。

同日　县文联组织召开《柳州》文艺丛书创作研讨会。

28日　2015年浙江省海高会医疗器械“千人计划”专家嘉善行归谷园区对接活动在归谷园区举办。

31日　在全省建设平安浙江工作会议上,嘉善县被省委、省政府命名为2014年度省级“平安县”，连续十年获此荣誉。

下旬　《曙光村志》由中国文史出版社出版发行，是嘉善县第一部村志。

下旬　嘉善县创建为省级餐饮服务食品安全示范县。

3月　建立全县统一的医疗保险信息平台，城乡居民合作医疗征缴业务信息实现一体化。

同月　嘉善县交通运输局被交通运输部评为全国农村公路养护与管理先进集体。

4月

1日起　嘉善县实行“同城联办、局所一体”工商注册登记制度，“就近受理、网上流转、网上审批、就地发照”。

同日　省人防办主任李杭到嘉善调研人防工作。县领导姚高员、沈康明陪同。

2日　召开“一创建三复评”[全国文明城市(县级)创建暨全国文明县城、国家卫生县城、浙江省文明县复评]工作动员大会。

3日　召开全县农村环境专项整治工作暨创建“美丽乡村”先进县动员会，研究、部署全县农村环境专项整治和省级“美丽乡村”先进县创建等工作。

同日　县四副班子领导到罗星街道办事处集中办公，协调解决街道发展中面临的突出问题。

7日　召开全县“三改一拆”行动领导小组(扩大)会议。确定完成“三改”130万平方米、拆违120万平方米任务。

9日　中组部、农业部组织的2015年第一届大学生“村官”示范培训班在嘉兴碧云花园开班，浙江省100名大学生“村官”参加培训。

同日　省委两新工委书记、省委组织部副部长庄跃成到嘉善调研“两新”组织党建工作和企业出资人队伍建设情况。

10日　县委召开党管武装工作会议。县委书记、县人武部党委第一书记姚高员讲话，罗星街道、县开发区(惠民街道)、干窑镇作述职报告。

同日　“李宁·红双喜”杯2015年中国乒乓球协会会员联赛在姚庄水星家纺体育馆举行。全国37个乒乓球俱乐部的430多名运动员参加。

同日　嘉善县临床技能培训中心揭牌成立，由县第一人民医院与浙江医学高等专科学校共同建设，总投资400万元。

上旬　日本东京电视台专访嘉善县招商引资工作。采访在嘉善的日资或合资企业。节目于4月22日东京电视台经济栏目WBS(世界经济遍览)播出。

12日　启动嘉善县第八届全民读书月活动。活动以“书香伴文明”为主题，其间举办国学知识讲座、汉字听写大会等活动。

同日　国务院三峡办水库管理司副司长王殿常率检查组到嘉善检查三峡工程移民安置工作。

13日　姚庄镇、西塘镇入选嘉兴市2014年度综合考评十强新市镇。西塘镇在2014年度市级小城市培育试点考核中获“优秀”。

14日　县委举办理论学习中心组(扩大)学习会，上海市委党校副校长、上海行政学院副院长曾峻教授作“‘四个全面’与治国理政战略布局”专题辅导讲座。

15日　2014浙江旅游总评榜颁奖典礼在杭州举行，西塘景区获“年度十佳特色景点”，嘉善西塘国际旅行社被评为“年度十佳诚信旅行社”。

同日　省旅游局、省委宣传部、省建设厅、省发改委组成省旅游产业特色小镇调研组，到嘉善调研斯麦乐巧克力小镇和西塘中国吴越风情小镇申报创建省级特色小镇工作。

16日　县委书记姚高员主持召开县委十三届六十四次常委(扩大)会议，听取县领导落实2015年度党风廉政建设“一岗双责”计划、2012—2014年嘉善县劳模初评、县政府职能转变和机构改革工作方案、全县宗教工作情况等。同意设立嘉善归谷园区管理委员会、嘉善县政府政策研究室、政协嘉善县委员会研究室机构；审议通过《关于进一步强化党风廉政建设党委主体责任和纪委监督责任的实施办法》等。

同日　罗星街道新联、江南、泗洲社区成立。

18日　嘉善县启动“千人进社区百日大整治”活动，活动持续至6月。

同日　嘉善民间融资管理服务中心成立，由明达商贸集团发起，县国资局参股。

20日　嘉兴市政协主席高玲慧到嘉善调研生猪养殖业转型升级工作。

中旬　嘉善县被省民政厅评为“2014年度全

省民政工作先进县”。

22日 省科技厅厅长周国辉到嘉善调研科技创新工作。

同日 举行县女企业家协会换届大会,袁卫(中信银行嘉善支行)当选第三届女企业家协会会长。

同日 嘉兴市委、嘉善县委决定:免去钱国庆的中共嘉善县委常委、委员职务。

同日 嘉善县被国家卫生计生委确认为全国开展计划生育家庭科学育儿试点。

23日 省发改委主任谢力群到嘉善调研县域科学发展示范点建设推进情况。

24日 嘉善县服务贸易推介会在上海世博展览馆举行,主题为“融入上海、面向世界、调整结构”,参加客商40多人。

同日 嘉兴市推进小微企业“机器换人”加快工业有效投资现场会在嘉善举行。

同日 省政协“五水共治”长效机制建设监督调研组组长马永信到嘉善调研。

28日 县长许晴主持召开县十五届政府第三十次常务会议。审议、通过有关环境功能区划、实施“互联网+智能制造”战略加快工业经济转型发展、实行差别化电价水价、排污权储备与出让管理、在职职工住院医疗互助保障、调整农村环境卫生保洁经费补助、《嘉善县志(1989—2008)》出版发行、提高2015年度残疾人就业保障金征收标准、旅游发展总体规划(2014—2030)、打造长三角地区重要休闲旅游目的地、城区客运三轮车整治、城乡居民合作医疗保险职能整合、增加被征地农民基本生活保障养老金、省级金融创新示范县试点等方案或实施意见。

同日 嘉善县2014年度工业企业亩均绩效综合评价结果公布。全县占地3亩以上工业企业1772家,总面积44419亩,总税收36.51亿元,亩均税收8.22万元。

同日 嘉善县新居民阳丽平被授予“全国劳动模范”称号,参加在北京人民大会堂举行的庆祝“五一”国际劳动节暨表彰全国劳模和先进工作者大会。

同日 “五一”表彰大会暨在职职工住院医疗互助保障工作推进会举行。表彰2012~2014年嘉善县劳动模范15人。

29日 嘉善县被省农业厅命名为“浙江省农产品质量安全放心示范县”。

下旬 嘉善县被国家水利部列为全国第二批水土保持监督管理能力建设县。

下旬 嘉善县23个项目入选2015年浙江省技术改造重点项目计划,计划总投资174.47亿元。

5月

1日 嘉善县网上政务服务应用平台运行。

1日起 全县重点优抚对象优抚金标准提高。最低一类由每人每月993元提高到1028元;最高一类由每人每月3178元提高到3290元。全县有重点优抚对象159人。

4日 嘉善县第五届“十佳青年创业先锋”颁奖晚会举行,表彰“十佳青年创业先锋”10人、基层团组织建设示范点10个、2014年度“青年文明号”10个。

6日 省新闻出版广电局党组书记、局长寿剑刚率省委宣传部“百名部长基层宣传思想文化工作大调研”嘉兴调研组到嘉善调研。

7日 召开全县河长制工作会议,部署重点河道“河长制”及河道管理长效机制等工作,调整和再明确联挂工作。

8日 上海市工商联温州商会到嘉善考察。县委常委、副县长沈康明介绍嘉善投资环境与经济社会发展情况。

10日 庆祝“5·12”国际护士节暨“十佳护士”“名医名科”表彰大会在县影剧院举行。命名表彰2015年度嘉善县卫生系统重点医学学科10个、第三批知名医生8人、第二批名中医2人、2015年度“十佳护士”10人。

上旬 嘉善县老年公寓入选省级医养结合示范点。

12日 县政协主席冯伟主持召开政协十三届十八次常委会会议,专题协商“美丽乡村”建设,听取县政府关于县政协十三届十五次常委会“建设城乡统筹先行区进展情况建议案”办理情况报告。

同日 嘉善县第二十五次全国助残日暨第六届残疾人文化艺术周活动启动仪式在罗星街道和合社区文化大礼堂举行。

同日 国家防空防灾宣传教育技能训练(嘉

善)基地项目获国家人防办批准,县人防办是全国县(市、区)中第一个承担实施该试点项目建设的县级单位。

13日　市人大常委会主任刘冬生到嘉善调研地方人大立法准备工作,听取建议。

14日　全省党外特约信息员培训班学员到嘉善调研县域科学发展示范点建设情况。

同日　县领导姚高员、曹国良带队到上海宝山区,考察大宁德必易园、智力产业园、互联网创新园等园区建设发展情况,交流跨区域园区合作共建。

同日　省委政法委副书记、维稳办主任李新强带领督查调研组到嘉善调研维稳工作。

14～15日　举办上海—嘉善科技对接交流活动,邀请专家教授、行业协会代表、园区代表40多人到嘉善,帮助17家企业进行技术攻关。

15日　县委书记姚高员主持召开县委十三届六十五次常委会议。审议《关于推进当前工业经济稳增长促发展的若干意见》《嘉善县环境功能区划》《嘉善县旅游总体规划》和《关于促进嘉善旅游业改革发展加快打造长三角地区重要休闲旅游目的地的实施意见》,听取关于完善"两馆"(博物馆、图书馆)项目外立面设计的汇报。

同日　县长许晴主持召开县十五届政府第三十一次常务会议。听取和审议《关于推进工业经济稳增长调结构促发展的若干意见》等议题。

18日　欧美同学会·中国留学人员联谊会第七期全国归国留学人员代表人士高级研修班在嘉善开班,各省、区、市留学人员代表80多人参加。

同日　教育部副部长刘利民到嘉善调研教育改革工作。

19日　县委理论学习中心组召开(扩大)学习会,全国人大常委会委员、全国人大法律委员会主任委员乔晓阳作《全面推进依法治国建设社会主义法治国家——学习党的十八届四中全会〈决定〉》辅导报告。

同日　苏浙沪十五市(区、县)第64次警务合作会议在嘉善召开。

同日　县政府出台《关于推进当前工业经济稳增长促发展的若干意见》(简称"稳增长20条")。

20日　全县工业经济大会召开。县委书记姚高员主持会议并讲话,县委副书记、县长许晴部署工作。

中旬　省发改委、省国土资源厅公布第一批浙江省重大产业项目名单和预选名单,嘉善生态健康建设项目、浙江森铂瑞建筑科技有限公司新建年产装配式预制构件18万立方米生产项目被列为实施类项目,3个项目被列为预选类项目。

21日　省委常委、组织部部长廖国勋到嘉善调研组织工作。

同日　省委常委、公安厅厅长刘力伟到嘉善调研公安工作。

同日　德国巴伐利亚州化学产业集群(简称CCB)总经理高山与嘉善县签订战略合作备忘录,对接与探讨项目洽谈、园区共建。

22日　嘉兴市家庭教育工作会议暨家庭教育指导服务体系建设推进会在嘉善召开。

25日　县人大常委会主任郑明主持召开县十五届人大常委会第二十七次会议。听取和审议城乡污水收集处理一体化实施情况报告、县环境功能区划情况报告,表决通过《关于批准嘉善县环境功能区划的决议》《关于接受沈恩达辞去嘉善县第十五届人民代表大会代表职务请求的决定》,终止沈恩达十五届人大常委会副主任职务。任命梁吉鸿为嘉善县副县长,通过其他人事任免。

26日　省政协副主席汤黎路到嘉善参加富通项目工作推进会,听取富通项目筹备情况汇报。

27日　召开"公铁"沿线环境整治工作会议,部署320国道、沪杭铁路、沪杭高速、沪杭高铁等沿线环境整治工作。

28日　举行浙江省第二批省级现代服务业集聚区——嘉善高铁新城2015年度新建项目集体开工仪式暨电商产业园企业签约仪式。

同日　全县生态环保工作会议召开,动员部署国家生态文明建设试点示范县创建工作。

同日　唐盛银夫妇因捐献儿子孟熊遗体,入选"感动嘉兴2012～2014年度最美人物",陈俐勤、周浩、陈海明、陈显拾等获得提名。

29日　富通项目启动仪式在西塘镇举行。

同日　撤销嘉善县人民政府驻上海办事处。

5月　全县"十二五"期间水泥过剩产能化解淘汰工作完成。水泥生产企业由8家整合兼并减少至5家;淘汰直径2.4米以下水泥粉磨机,涉及产能140万吨;水泥行业年产能由400万吨降至320万吨。

6月

2日 召开全县领导干部大会。县委书记姚高员主持会议，县委副书记、县长许晴传达学习习近平总书记在浙江考察时的重要讲话精神。

2日～8月31日 开展城区路段环境百日整治行动，维护城市道路整洁，纠正不文明行为。参与整治责任单位124个，涉及县城主要道路20余条。

3日 第一批浙江省省级特色小镇创建名单公布，嘉善巧克力甜蜜小镇入选。

4日 县委书记姚高员主持召开县委十三届六十六次常委会议，听取市级先进党组织、优秀共产党员、先锋书记推荐预审情况汇报。

9日 省政府经济工作督查组到嘉善，督查调研工业经济发展运行情况、固定资产投资情况和外贸出口情况。

同日 省委政法委副书记刘树枝到嘉善调研社会治理网格信息中心系统运行平台及平安综治工作。

上旬 省商务厅下发《2014年度浙江省开发区综合考核评价报告》，嘉善经济技术开发区位列全省20家国家级开发区综合考核第12名。

11日 上海·嘉善"赛复流动科技馆暨和合馆"在罗星街道和合社区开馆。

12日 市人大常委会主任刘冬生到嘉善调研大气污染防治和再生资源回收利用管理工作。

同日 全市基层综合执法能力建设现场推进会在嘉善举行，推进"一机构一平台"(综合行政执法中心、"1＋x"综合执法联动平台)运作。

同日 国家发展和改革委员会、住建部公布深化县城基础设施投融资体制改革试点县名单，嘉善县入选试点县。

13日 《天凝镇志》出版发行。

15日 全市"双推"活动(推进重点工作、推动争先晋位)启动，市领导鲁俊、林健东、刘冬生、高玲慧、胡海峰等率队到嘉善调研"五水共治""三改一拆"、扩大有效投入、服务业发展等工作推进情况。

17～18日 省侨联副主席张维仁带"长三角"浙籍侨商及海外华文媒体考察团到嘉善考察投资创业环境。

18日 县委副书记、县长许晴主持召开县委十三届六十七次常委(扩大)会议，传达学习省委十三届七次全体(扩大)会议精神。

19日 市委文件通知，免去姚高员中共嘉善县委书记、常委、委员职务。

同日 2015浙商大会暨"互联网＋"峰会开发区(园区)高峰论坛在杭州召开，嘉善经济技术开发区列为全省15个"智慧园区"示范开发区之一。

中旬 嘉善县获评浙江省2014年度重大农业植物疫情防控工作优秀单位。

中旬 嘉善中专学生在全国职业院校技能大赛中获得单片机、工业产品设计两个项目金牌。

中旬 嘉兴碧云花园有限公司入选"全国农村科普示范基地"和"全国科普教育基地"。

中旬 2015年浙江精品西甜瓜评选结果揭晓，嘉善县小白龙果蔬专业合作社的"蜜天下"甜瓜获金奖。

23日 工业和信息化部人才交流中心主办的公益性政产学研交流平台"长风论坛"在嘉善举行。

同日 召开全县半年度经济形势分析会，研究分析1～5月全县经济运行情况。

26日 县委、县政府召开嘉善县域科学发展示范点建设第一阶段自评工作动员会，动员部署开展自评工作。

同日 省政协调研组到嘉善专题调研政协委员退出机制建设情况。

7月

1日 共青团中央书记处书记徐晓到嘉善调研基层团建与青年创业工作。

同日 县委、县政府召开"三改一拆"行动推进会。县委副书记、县长许晴要求全面完成年度目标任务。

同日 调整全县企业职工社会保险缴费工资基数。企业职工社会保险最低缴费工资基数调整为每人每月2420元，最高每人每月12093元。自谋职业(灵活就业)人员养老保险最低缴费工资基数每人每月3290元，最高每人每月12903元。

3日 全县农房建设与管理工作现场推进会召开。

6日 市委文件通知:曹国良任中共嘉善县委委员、常委;武曜云任中共嘉善县委委员、常委;免去梁晓英中共嘉善县委常委、委员职务。

6~7日 中央党的群团工作会议在北京召开。县委副书记、县长许晴赴会,作为全国唯一的县级代表作题为"担当起党委领导群团工作的重要政治责任"的大会交流发言。

8日 召开国家农产品质量安全县创建动员会。

9日 嘉兴市政协主席高玲慧到嘉善县看望市政协委员,听取意见、建议。

同日 嘉善县被中国民间文艺家协会故事委员会授予"中国新故事之乡"称号。

9~12日 第9号台风"灿鸿"影响嘉善。10日,启动防台Ⅱ级应急响应。10日8时至12日11时,全县面雨量35毫米。487座泵站、774座水闸投入使用,排摸危房1016间、建筑工地274个,设置安置点132个,转移人口3829人。关闭旅游景点6个,疏散游客1.7万人。

15日 开展纽扣行业专项整治"零点行动"。成立县纽扣行业专项整治工作指挥部,11个专项检查组130多人参与,检查纽扣企业(户)270家,查封142家,采取强制断电措施22家。

17日 县委召开全县领导干部大会。市委常委、组织部部长连小敏宣布省委、市委干部任命决定。许晴任中共嘉善县委书记,祁海龙任中共嘉善县委委员、常委、副书记。提名祁海龙为嘉善县县长候选人,提议许晴不再担任嘉善县县长职务。

同日 县人大常委会主任郑明主持召开十五届人大常委会第二十八次会议,表决通过县长许晴提请的人事任免议案。决定任命祁海龙、陆军为嘉善县人民政府副县长;接受许晴辞去县长职务、李小平辞去副县长职务的请求;决定祁海龙为嘉善县代理县长。

同日 县委书记许晴主持召开县委十三届六十八次常委(扩大)会议,传达学习贯彻中央党的群团工作会议精神和上级纪委有关精神,研究有关人事问题等。举行开展"三严三实"专题教育学习会。

同日 全省维稳工作会议在嘉善召开。与会人员参观嘉善县社会治理网格信息中心。

同日 嘉善县"两新"组织青春书记联盟成立。该联盟由县委两新工委、团县委倡导建立,有"两新"组织青春书记成员45人,涵盖全县各行各业。

18日 召开国家卫生县城复审推进会,部署国家卫生城市复查迎检冲刺工作。

22日 福建省委常委、政法委书记陈冬到嘉善考察"平安嘉善"和"县域科学发展示范点"建设情况。

同日 河南省商城县考察团到嘉善考察科学发展示范点、文明创建及"善文化"建设。

23日 省委第一巡视组巡视嘉善县情况反馈会召开,提出4个方面15条意见26个具体问题。市委常委、组织部部长连小敏对整改工作提出要求。县委书记许晴主持会议并作表态发言。

27日 县委书记许晴主持召开县委十三届六十九次常委会会议。审议县委全委会报告和《中共嘉善县委关于全面加强基层党组织和基层政权建设的意见》,研究有关人事问题。

28日 嘉善县政府职能转变和机构改革动员大会召开。下发《嘉善县人民政府职能转变和机构改革方案》,组建县卫生和计划生育局,不再保留县卫生局、县人口和计划生育局。组建县市场监督管理局。将县政府办公室承担的外事办公室职责和在县委统战部挂牌的县政府侨务办公室职责整合,设立县政府外事侨务办公室。县城市管理行政执法局更名为县综合行政执法局,挂县综合行政执法大队牌子。将县人民防空办公室与县住房与城市规划建设局合署,县人民防空办公室挂民防局牌子。整合接轨上海、经济技术对外合作、驻外联络机构职责,设县人民政府合作交流办公室,与县发展改革局合署办公。县委农业和农村工作办公室更名为县委、县政府农业和农村工作办公室,与县农业经济局合署办公。县公共资源交易管理委员会办公室与县行政审批服务中心合署,为县政府派出机构。

29日 10时15分,嘉善用电负荷达83.77万千瓦,为全年最高,比上年同期增长11.22%。

29~30日 召开县十五届人大常委会第二十九次会议。听取和审议上半年国民经济和社会发展计划执行情况报告、2014年财政决算和2015年上半年财政预算执行情况报告、2014年财政预算执行和其他财政收支的审计工作报告、嘉善县大气污染防治工作和再生资源回收利用管理工作实施情况报告。表决通过2014年财政决算,通过何全根受代县长祁海龙委托提请的有关人事任免事项和县人大常委会副主任邹霞芳受主任会议委托提请的有关人事任免事项。

31日 县委十三届九次全体(扩大)会议暨县政府十五届七次全体(扩大)会议召开。县委书记许晴代表县委常委会作《全力担使命奋力抓攻坚合力推进县域科学发展示范点建设》的工作报告,代县长祁海龙作《不辱使命大干实干全力推动县域科学发展继续走在前列》的书面报告,审议通过《中共嘉善县委关于全面加强基层党组织和基层政权建设的意见》。

同日 代县长祁海龙主持召开县十五届政府第三十二次常务会议,听取和审议"嘉善县大众创业促进机制改革方案"等议题。

同日 嘉善县社会福利中心与惠民街道社区卫生服务中心项目开工奠基。

同日 中国作家协会公布2015年新会员名单,张敏华被吸收为中国作家协会会员。

下旬 第十六届全国中学生电脑制作活动在安徽合肥举行,县大云中心学校学生吕豪获初中组机器人灭火竞赛项目一等奖。

8月

1日起 全县所有机动车环保检验机构全面停止黄标车检测业务,停止发放机动车黄色环保合格标志。

2日 公益微电影《恋恋西塘》开机仪式暨志愿者体验活动在西塘镇举行。

3日 2015浙江嘉善(上海)商务恳谈会在上海举行,海内外客商40多人参加。县委副书记、代县长祁海龙介绍嘉善经济发展和投资环境情况。

3～9日 2015年全国青年赛艇锦标赛U-16比赛在汾湖水上运动中心举行,代表队25支、运动员301人参加。嘉善县代表队获金牌8枚。

4日 农业部公布103个国家农产品质量安全县和4个国家农产品质量安全市创建试点单位名单,嘉善县入选。

5日 县全面深化改革领导小组召开2015年第3次会议,审议《嘉善县大众创业促进机制改革方案》《全面深化"县域善治"改革方案》《2015年嘉善县深化企业投资项目审批改革工作方案》。

同日 由浙江省委宣传部、省委讲师团主办,浙江在线新闻网站承办的"纪念'两山'科学论断十周年网络主题宣讲——《我们这十年》"活动推出嘉善篇,县委书记许晴讲述"两山"(即绿水青山就是金山银山)科学论断对嘉善县经济社会生态带来的发展和变化。

同日 省政协副主席王建满带队到嘉善县调研城乡养老服务体系建设工作,走访罗星街道玉兰社区居家养老服务照料中心和县老年公寓。

5～6日 省委副书记、省长李强到嘉善调研深化改革工作,考察大云巧克力甜蜜小镇、高铁新城电商产业园,主持召开县域改革试点座谈会。

上旬 中国归谷嘉善科技园的嘉善凯诺电子有限公司负责人职春星博士当选全球半导体联盟(GSA)亚太领袖议会成员。

11日 县政协主席冯伟主持召开政协十三届第十九次常委会议。传达全省政协主席读书会精神,审议通过有关人事任免。副县长陆军通报关于《进一步推进我县美丽乡村建设建议案》办理情况。

12日 县委召开理论学习中心组"三严三实"专题教育(扩大)学习会,邀请省纪委尹乐平作《当前党风廉政建设与反腐败斗争形势和任务》辅导报告。

13日 嘉兴福宁医疗器械有限公司在上海股权托管交易中心挂牌。

14日 台湾铠胜集团产业基地项目签约仪式在嘉善举行。项目选址县开发区东区,计划总投资9亿美元,生产用地42.93公顷。

同日 全县旅游发展大会召开。表彰优秀旅游企业、"十佳"优秀旅游人等。

同日 省发改委到嘉善调研,考察高铁新城电商产业园、新思考电机有限公司、尚品创意农业谷,了解"县域科学发展示范点建设"和特色产业平台建设、科技创新、"机器换人"、生态农业发展等情况。

同日 召开省文明县复评工作暨新闻舆论监督工作推进会。

14日 省经济和信息化委员会公布2014年度全省新上规企业"创业之星"名单,雷格兰弗特机车有限公司和嘉善诚源家具有限公司入选。

18日 县政协召开全县经济形势报告会。县委副书记、代县长祁海龙作全县经济形势报告。

同日　县委组织部、县委统战部与县留联会共同组织开展“海外留学生回嘉（即嘉善）行”活动。海外留学生及家长20人参加。

19日　全县基层党组织书记培训班开班。县委书记许晴为全体学员作题为“增强党章意识严守纪律规矩、争当群众喜爱的‘五有’好书记”的辅导报告。

同日　省检查组到嘉善考核验收省级“美丽乡村”先进县创建工作。

20日　体育路下穿沪昆铁路改扩建工程启动。该工程南起环北西路，北止开源路，道路长366米、宽28.8米，投资近1亿元。

同日　县人大常委会召开县人大代表审议《上半年政府工作报告》意见反馈会。

中旬　嘉善县同舟贷款担保公司成立挂牌。该公司为县政府出资设立的国有担保公司，注册资金5000万元。

21日　举办“嘉善·南投两岸邻里节”活动。台湾南投县24名村民到嘉善交流。

23日　亚洲赛艇联合会主席、中国赛艇协会副主席、万科集团董事长王石，国家水上运动管理中心主任李全海等到嘉善调研。慰问亚洲残疾人赛艇训练营运动员，考察陶庄汾湖亚洲赛艇训练基地建设情况。

24日　北京海外学人中心分中心和基地工作人员培训班在嘉善开班。欧美同学会副会长夏颖奇作《海外相处之道》的专题报告。

25日　县人大常委会主任郑明主持召开县人大常委会第三十次会议，补选祁海龙为嘉兴市第七届人民代表大会代表。

同日　纪念嘉善县公安局被国务院授予“模范公安局”十周年座谈会召开。

26～28日　国家卫生县城复审考核组到嘉善复查考核国家卫生县城创建。

28日　嘉善“辣妈宝贝”组合在西班牙“龙达国际民间艺术节”上演出。

28～29日　国家发改委地区司规划处处长吴树林等到嘉善调研县域科学发展示范点建设和经济发展平台建设、小城市培育、科技创新等情况。

30日　嘉善县吴镇教育集团成立，下属吴镇小学、泗洲小学、硕士小学3所学校。

9月

1日　代县长祁海龙主持召开县十五届政府第三十三次常务会议，听取和审议《嘉善县公共租赁住房管理实施意见》《嘉善县发展学前教育第二轮三年行动计划（2015—2017）》《嘉善县政策性老年人意外伤害保险实施方案》等。

同日　召开全县招商引资工作例会。县委书记许晴部署招商引资工作。

2日　全县“小微企业三年成长计划”动员会召开。

3日　在北京天安门广场举行纪念中国人民抗日战争暨世界反法西斯战争胜利70周年阅兵式。干窑镇人孟佳欢参加华南游击队英模部队方队，接受检阅。

6日　全县科级党员领导干部党章党规党纪专题集中轮训启动，全县500多名科级党员领导干部分3期参加轮训，每期3天，至9月中旬结束。

9日　中韩企业跨境电商交流会在西塘召开。举行“尚客猫”跨境电商平台启动仪式，韩国30多家企业现场展示、销售产品。

同日　举行庆祝全国第31个教师节表彰大会暨校（园）级领导演讲赛。表彰省、市级教坛新秀和市优秀教育工作者、优秀教师、最美教师等。

10日　县十五届人大常委会召开第三十一次会议。听取和审议县人民法院、县人民检察院、县公安局、县司法局关于依法履职、公正司（执）法情况的报告，并进行满意度测评。

同日　德国中小企业联合会驻上海办事处主任何马招与德国中小企业联合会黑森州代表到嘉善考察大云德国工业园区，洽谈项目引进、投资、合作等。

上旬　《干窑镇志》由中华书局出版社出版发行。

11日　举行入伍新兵欢送大会，欢送首批140名新兵赴军营。2015年全县应征入伍新兵中大学生占65%。

13日　中国记协和省记协联合主办的全国部分新闻单位夜班编辑走基层采访活动到嘉善。16家中央媒体和39家地方媒体的60多名编辑采访嘉善县和姚庄镇。

14日 召开全县生态环保百日攻坚行动动员大会。

15日 第9届国际民俗摄影"人类贡献奖"年赛颁奖活动在云南香格里拉举行，嘉善县周志军的作品《江南网船会》获国际民俗摄影"人类贡献奖"记录奖。

同日 嘉兴市政协主席高玲慧、副市长张仁贵带市七届政协第四十六次主席会议考察团到嘉善调研综合行政执法改革工作。

17～18日 许晴、祁海龙率嘉善县党政考察团到桐乡市，湖州市德清县、吴兴区，学习考察"美丽乡村"建设、城市建设以及长效管理等经验。

18日 14点30分，为纪念九一八事变，县城试鸣防空警报。全县各镇(街道)、单位开展疏散演练、人民防空知识宣教、灾难事故应急安全知识讲座等活动。

同日 召开"美丽嘉善"建设动员大会暨浙江省文明县复评迎检推进会，部署"美丽县城""美丽城镇""美丽乡村""美丽通道"建设任务和省文明县复评迎检工作，提出"一年见效、三年到位"目标。

19日 四川省阿坝州委常委、九寨沟县委书记罗振华带领考察组到嘉善考察县域科学发展情况。召开嘉善县—九寨沟县对口支援工作座谈会，签署《嘉善县—九寨沟县对口支援合作框架协议》。

21日 县委书记许晴主持召开县委十三届七十一次常委会议，举行"三严三实"专题教育第二专题学习研讨会。审议省委巡视组反馈意见整改落实情况报告，传达全省群团工作会议精神，听取大成污水厂收购事宜等情况汇报。

22日 县委书记许晴专题调研"美丽嘉善"建设情况。调研浙北果蔬市场、嘉善高铁南站、罗星苏家浜小区、善东路夜排档和城区部分农贸市场等。

同日 软通动力嘉善物联网产业基地项目签约入驻中国归谷嘉善科技园，项目总投资20亿元，总建筑面积约8.5万平方米。

同日 举行"中国城市无车日"活动，主题为"绿色交通——选择·改变·融合"。75名志愿者参加宣传活动。

22～24日 省文明县复评组到嘉善开展省文明县创建复评。24日，召开浙江省文明县(嘉善县)复评工作汇报会暨复评反馈会，同意嘉善县通过省文明县复评。

23日 中国归谷嘉善科技园"海智计划"工作站授牌仪式暨海归人才对接交流会在归谷园创业中心召开。首批7位"海智计划"专家与嘉善企业家代表交流，推介最新科研成果和产业化发展方向。

25日 "2015感动嘉善——十大善人善事"暨第五届道德模范颁奖典礼举行。王曙光、全会宝、程守月、朱聚红、张丽萍和5件善事被评为"十大善人善事"并受表彰。

同日 国家发改委城市和小城镇改革发展中心及部分中央媒体组成采访团，到嘉善采访新型城镇化和土地管理制度改革等。

同日 召开县十五届人大常委会第三十二次会议，听取审议县政府关于十五届人大四次会议代表议案建议办理情况报告和县人力社保局、县卫生计生局等工作情况报告，通过有关人事任免事项。

26日 首届歌斐颂国际巧克力节开幕。推介歌斐颂巧克力主题园区特色风情。

28日 2015中国·嘉善温泉文化旅游节暨云澜湾(度假)小镇开幕。

29日 县委书记、红旗塘县级"河长"许晴带领县环保局、县水利局、县交通局、县治水办等部门负责人，对红旗塘水环境进行巡查。

同日 嘉善县颁发首张"五证合一、一照一码"营业执照。

30日 "我的抗战"抗日嘉善阻击战纪念活动在泗洲公园抗日嘉善阻击战纪念碑前举行。县委副书记滕根林讲话，原128师将士家属代表顾远扬发言。县委宣传部、县政协办、县史志办、县档案局代表为"嘉善县抗战史料研究基地"揭牌。

同日 召开纪念抗日战争胜利暨世界反法西斯战争胜利70周年座谈会，原128师将士顾家齐、陈范、彭武胜家属及老干部、青年代表参加并发言。

下旬 嘉善县老年公寓被民政部确定为全国首批养老服务和社区服务信息惠民工程试点单位。

10月

1日起 嘉善县实施分级诊疗。

9～10日 全省综合行政执法工作现场推进会在嘉善召开。总结推广全省各地推进综合行政执法改革的试点经验和做法，宁波、衢州、舟山、义乌市和嘉善县作大会交流。

10日　在北京召开的国家新型城镇化试点工作经验交流会上，姚庄镇作《开展农房改造集聚推进城乡一体发展》的经验交流。

同日　嘉善县农业气象技术试验基地在县园艺所挂牌成立。该基地由县气象局与嘉兴市农科院园艺研究所合作建立，主要开展农业小气候观测分析和预测。

同日　省水利厅公布2015年浙江省河道生态建设示范工程名单，县开发区（惠民街道）的虹桥港、许家港整治工程入选河道生态建设示范工程。

上旬　公布2015浙江十大旅游风情小镇名单，西塘古镇以"生活小镇"入选。

12日　县委书记许晴调研幽澜自来水公司魏塘水厂四期工程建设情况。

13日　县人民政府主办的"善政学堂"开讲。县经信局作"互联网＋"课题讲座。

14日　县委书记许晴督察调研西塘创建国家AAAAA级旅游景区情况。

同日　在普陀举行的2015国际旅游度假目的地颁奖仪式上，西塘古镇获"最具文化创意旅游小镇"称号。

15日　县委书记许晴调研全县"五水共治"工作推进情况，察看姚庄镇清凉塘、申嘉湖高速公路沿线水环境状况等。

同日　省发改委副主任徐幸等到嘉善调研省重点项目推进情况。考察云澜湾温泉国际项目、嘉善跨境电商示范建设项目、魏塘街道世界浙商工业园等。

19日　代县长祁海龙主持召开县十五届政府第三十四次常务会议。听取和审议《嘉善大云省级旅游度假区总体规划》《嘉善县"十三五"规划基本思路》《关于进一步加快楼宇经济发展的若干意见》《嘉善县县级行政事业单位公款竞争性存放管理暂行办法》等。

同日　市委副书记、政法委书记胡海峰率市农办、市农业经济局、市委政法委、市科技局等负责人到嘉善督察经济转型升级和百日维稳工作。

20日　县委书记许晴，县委副书记、代县长祁海龙调研高铁新城建设情况。

20～21日　江浙沪十一县（市、区）第66次人大工作交流会在嘉善县举行。江苏昆山、吴江、太仓，上海嘉定、青浦、金山，浙江嘉善、平湖、海宁、海盐、余杭等地人大常委会参加。

中旬　县委、县政府制定《嘉善县国家可持续发展实验区建设总体规划（2014—2018）》。计划到2018年，全县生产总值突破550亿元，人均GDP13.5万元，人均公共绿地面积达15.8平方米，城乡居民养老保险覆盖率达到99.9%，率先建成惠及全县人民的更高水平小康社会。

中旬　经浙江省科技厅决定，浙江省众成POF热收缩膜制造技术研究院和浙江省长盛滑动轴承技术研究院被认定为省级企业研究院。

20日　县委书记许晴督察调研医疗资源建设情况，察看嘉善中医医院搬迁改造工程等。

21日　县委书记许晴督察调研科技创新推进情况，察看嘉善加斯戴克医疗器械有限公司、县科创中心科技创新综合服务中心。

同日　三店塘"市级河长"，市委常委、市纪委书记陈刚到嘉善调研督察三店塘水环境治理工作。

22日　县委理论学习中心组（扩大）学习会议举行，省委统战部副部长蒋学基作《中国共产党统一战线工作条例（试行）》辅导，省委人才办常务副主任张旭作"打造人才生态最优省份"辅导讲座。

23日　2015年江浙沪毗邻县（市、区）交通工作研究会在嘉善县召开，上海青浦、金山，江苏昆山、吴江，嘉兴市及嘉善县等交通部门负责人参加会议。交通运输部规划研究院综合运输研究所总工程师陈璟作《城市群交通运输一体化发展前景》专题报告。

同日　庆祝浙江省第19个环卫工人节暨总结表彰大会召开，表彰嘉善县优秀城市美容师26人。

25日　第三届世界浙商大会在杭州召开，浙江世博大酒店有限公司董事长李茂春获创业创新奖。

26日　省政协副主席王建满等到嘉善调研"两路（公路、铁路）两侧"、"四边三化"（即在公路边、铁路边、河边、山边等区域开展洁化、绿化、美化行动）专项整治工作。

同日　在杭州举行的浙江省PPP（公私合伙制）项目推介会上，嘉善县与嘉兴鼎泰园区建设发展有限公司签署《嘉善高铁新城新型城镇化项目合作协议》。

27日 “嘉善发布”微信公众号上线运行。

28日 2015中国·嘉善国际经贸洽谈会举行。英国、法国、比利时、波兰、意大利等外国重要客商,海内外知名人士、商界精英、企业家等近300人参加。现场签约34个产业项目和6个平台项目,总投资额约157亿元。

同日 县人民政府聘请10位经济顾问。

同日 举行《嘉善县志(1989~2008)》首发式。

同日 公布2016年浙江省哲学社会科学规划,“善治:中国县域治理现代化嘉善样本”课题入围。

30日~11月1日 浙江省高考新政颁布后首次高中学业水平考试和高考选考科目考试开考。嘉善县设考点嘉善高级中学,全县参加考试3800多人次。

31日~11月3日 2015第三届中华民族服饰展暨中国西塘汉服文化周在古镇西塘举行。

11月

3日 市委副书记、市长林健东到嘉善调研小城市建设进展情况,考察姚庄镇及姚庄经济开发区。

同日 嘉兴市“冲刺四季度、打赢攻坚战”督查组到嘉善县督查经济社会运行情况、重大项目推进等。

同日 2015中国·陶庄第五届了凡善文化节开幕式在陶庄镇举行,活动主题为“建设美丽陶庄创造美好生活”。

5日 嘉兴市委、嘉善县委决定:曹惠明任中共嘉善县委常委。

6日 “生命的常数”全国第四届“善文化微散文”大赛颁奖典礼暨《善文化唯美绘本Ⅳ》首发式举行。参赛作品6800多件,评选一等奖2件、二等奖4件、三等奖10件、佳作奖30件。

6~7日 中国电视艺术家协会、中央新影集团等主办的第三届亚洲微电影艺术节在云南举行。省慈善总会、嘉善县民政局共同制作的善文化微电影《恋恋西塘》获优秀作品二等奖。

9日 中国技术创业协会天使投资联盟、嘉善县人民政府联合主办的第二届两岸四地创业创新大赛暨2015年(第四届)中国天使投资与创业教育高峰会在嘉善举行。

同日 在宁波召开的全省民政事业发展规划工作会议上,嘉善县作全面推进城乡养老服务设施建设工作的经验介绍。

9日~11日 第14届全国人造板工业发展研讨会在嘉善县举行。主题为“积极迎接挑战创新驱动发展”。

10日 县委书记许晴主持召开县委十三届七十二次常委(扩大)会议。传达学习贯彻中共十八届五中全会精神等,审议嘉善县“十三五”规划基本思路、《嘉善县纪委派驻机构建设实施方案》、《嘉善县领导干部防止利益冲突暂行规定》等。

同日 县委召开老干部读书会,为期3天。参加老干部300多人。县委书记许晴作“美丽嘉善”建设专题报告。

上旬 在福州海峡国际会展中心举办的第十三届中国国际农产品交易会上,“嘉善杨庙雪菜”获农交会金奖。

11日 全国政协副主席、民盟中央常务副主席陈晓光等到嘉善调研,为民盟中央文化艺术研究院西塘分院暨嘉善盟员之家成立揭牌。

同日 代县长祁海龙会见来访的科特迪瓦驻华大使多索·阿达马。

同日 县残疾人康复中心在县康慈医院挂牌成立。

12日 省政协副主席陈加元到嘉善调研,考察大云特色小镇建设工作。

同日 第五届“浙江嘉善——上海金山——江苏吴江”社区教育合作论坛在嘉善举办。论坛主题是“信息化时代学习方式的变革”。

13日 省委统战部常务副部长金长征到嘉善县调研统战工作。

16~17日 在全省美丽乡村和农村精神文明现场会上,嘉善县被评为“浙江省美丽乡村创建先进县”。

18~19日 在省发改委举办的推进县域经济体制综合改革业务工作培训班上,嘉善县作综合改革经验介绍。

19日 县委书记许晴主持召开县委十三届七十三次常委会议。传达学习中央组织部关于深化县级“三严三实”专题教育着力解决基层干部不作为乱作为等损害群众利益问题有关精神,举行“三严三实”专题教育第三专题学习研讨会，研究有关人事问题。

同日　举办省委宣讲团党的十八届五中全会精神宣讲报告会暨县委理论学习中心组(扩大)学习会。省委宣讲团成员盛世豪作《决胜全面建成小康社会的行动指南》的专题报告。

中旬　嘉善县科技创业服务中心二期工程获2014～2015年度国家优质工程奖。

24日　科特迪瓦驻华大使多索·阿达马先生携考察团到嘉善县考察参观歌斐颂巧克力小镇。

26日　县十五届人大常委会召开第三十三次会议。听取和审议县政府《关于县域科学发展示范点建设情况的报告》《关于2015年政府投资项目调整情况的报告》《关于2015年财政预算调整情况的报告》，对县人社局、县卫计局评议意见落实情况进行满意度测评，表决通过有关人事免职事项。

27日　2015长三角通用航空产业发展嘉善论坛暨中国通航企业联盟高峰论坛在嘉善举行。县开发区与云南英安航空签订项目合作协议。

28日　在上海举行的“传承中华优秀传统文化培育和践行社会主义核心价值观”研讨会上，县委常委、县委宣传部部长武曜云就“传承中华优秀传统文化，培育和践行社会主义核心价值观”的“嘉善模式”作典型发言。

29日　穿透力公益之夜——2015首届中国公益微电影节颁奖典礼暨交响音乐会”在清华大学举行，“善文化”微电影《恋恋西塘》获最佳公益艺术表现奖、公益特别贡献奖。

30日　全省特色小镇“比学赶超”第一次现场会在嘉善县召开。全省37个特色小镇相关负责人参加。

下旬　浙江省农业和农村工作办公室、省旅游局公布第一批“浙江省农家乐特色乡镇”名单，嘉善县姚庄镇、大云镇入选。

12月

1～3日　海峡两岸经合会投资工作小组会议在嘉善县召开。县委副书记、代县长祁海龙推介嘉善投资环境。

2日　嘉善县生活垃圾焚烧发电项目成功并网发电。

同日　嘉善县人民政府与上海城投水务(集团)有限公司签订《关于太浦河饮用水水源地省级协作及嘉善应急水源合作框架协议》，明确黄浦江上游原水管线与嘉善应急取水管联通的配套设施建设、黄浦江系统反向供水调度机制等内容。

3日　县委读书会召开。学习贯彻中共十八届五中全会精神，交流县级领导重点课题，探讨研究“十三五”规划、示范点建设第二阶段和2016年的工作思路、目标和重点。

4日　嘉善县台胞台属第六次代表大会召开。审议通过县五届台联理事会工作报告的决议，选举产生六届台联理事会，涂志清当选六届台联理事会会长。

6日　“善文化”微电影基地授牌仪式暨《恋恋西塘》首映式在嘉善县举行。

8日　县委书记许晴主持召开县委十三届七十四次常委会议。研究有关机构设置事宜及人事问题，同意建立嘉善县不动产登记中心。

同日　嘉兴碧云花园有限公司在2015全国休闲农业与乡村旅游系列活动中获“2015全国十佳休闲农庄”称号。

9日　宝湾国际电商物流港嘉善项目落户县开发区。项目占地250亩，总投资超10亿元。

同日　嘉善县科技创业服务中心被科技部火炬中心认定为第三批“创业苗圃—孵化器—加速器”科技创业孵化链条建设示范单位。

10日　县科协第九次代表大会召开。听取县科协第八届委员会工作报告，选举产生县科协第九届委员会、常务委员会、主席、副主席、秘书长等，宣读《致全县科技工作者的倡议书》，郭瑾当选县科协第九届委员会主席。全县正式代表250人参加。

上旬　天凝镇洪溪村被国家减灾委员会、民政部命名为“全国综合减灾示范社区”。

上旬　嘉善县被省农业厅确定为2015年省级农业社会化服务示范县。

11日　2015年中国·嘉善服务业(楼宇经济)推介会在上海科学会堂举行。由县人民政府主办，县发改局、县服务业发展局、魏塘街道、罗星街道、开发区(惠民街道)等单位介绍全县服务业及楼宇经济发展情况。

19日　中节能(嘉善)节能环保产业园项目签约，落户县开发区，总投资12亿元。

20日 在北京举办的“2015第十届中国全面小康论坛”上，天凝镇洪溪村的“重大村务决策公决”入选“2015中国十大民生决策”。

上中旬 嘉善县全力做好第二届世界互联网大会·乌镇峰会安保工作。县公安局抽调警力70人到乌镇执行第二届世界互联网大会安保工作。

21日 县文学艺术界联合会第七次代表大会召开。讨论并审议通过县文联第六届委员会工作报告、《嘉善县文学艺术界联合会章程》及《嘉善县文学艺术界联合会第七次代表大会决议》，选举产生县文联第七届委员会，陆勤方当选第七届委员会主席。近150名代表参加会议。

22日 全县领导干部警示教育大会召开。播放以“身边案”为题材制作的警示教育片，发放《中国共产党廉洁自律准则》《中国共产党纪律处分条例》《警戒线》等廉政书籍。

同日 县政协召开经济形势分析会。县委书记许晴作全县经济形势报告。

23日 县政协十三届二十次常委会议召开。协商审议县“十三五规划”制定建议。

24日 县委书记许晴主持召开县委十三届七十五次常委(扩大)会议。审议《关于制定嘉善县国民经济和社会发展第十三个五年规划的建议》、县委全委会报告，听取党建、群团、政法、维稳信访工作汇报。

25～26日 共青团嘉善县第二十一次代表大会召开。审议通过《共青团嘉善县第二十届委员会工作报告》《嘉善青年文明行为公约》《嘉善共青团助推“美丽嘉善”建设》等。选举产生共青团嘉善县第二十一届委员会，俞娟当选新一届团县委书记，全县200余名团代表参加。

26日 嘉善台湾青年联谊会成立。宣读嘉善台协关于成立嘉善台湾青年联谊会的决议，审议并通过《嘉善台湾青年联谊会章程》，选举第一届理监事会干部，李国妃当选嘉善台湾青年联谊会会长。

28日 浙江大学公共卫生学院、浙江大学肿瘤研究所、县人民政府合作设立的“公共健康协同创新中心”挂牌成立。

29日 县十五届人大常委会召开第三十四次会议。听取和审议关于嘉善县2015年地方政府债务限额的议案和关于制定《嘉善县组织实施宪法宣誓制度办法》的说明，听取关于补选县十五届人大代表的议案，表决通过有关决议决定和有关人事任免事项。

30日 代县长祁海龙主持召开县十五届政府第三十六次常务会议。听取和审议《政府工作报告》《关于嘉善县2015年国民经济和社会发展计划执行情况、2016年国民经济和社会发展计划草案的报告》《关于2015年预算收入执行预计和2016年县本级预算收支安排情况的汇报》等议题。

31日 县委十三届十次全体(扩大)会议暨政府十五届八次全体(扩大)会议召开。县委书记许晴，县委副书记、代县长祁海龙分别代表县委常委会、县政府作报告，总结2015年工作，部署2016年工作任务，审议通过《中共嘉善县委关于制定国民经济和社会发展第十三个五年规划的建议》。

下旬 县政协、县委统战部举办各界人士新年茶话会。县政协主席冯伟、中国农工民主党嘉善县总支委员会主委王金龙致辞。

下旬 西塘旅游休闲度假区获批省级现代服务业集聚区。

下旬 全县纪检监察组织机构设置调整。县委研究同意，县纪委印发《关于加强嘉善县纪委派驻机构建设实施方案》，实现县级部门纪检派驻机构全覆盖。全县设立19家派驻机构，其中综合派驻10家、单独派驻9家。

嘉善概貌

建置沿革

【概况】 嘉善县历史悠久，从境内大往圩、独圩、张安村等文化遗址出土的文物证实，早在6000多年前的马家浜文化时期，已有先民在沼泽开田、种植水稻和饲养牲畜。春秋时为吴、越接壤的檇李、长水之地，初属吴，后属越。战国时越被楚灭，归于楚。秦初属长水县，秦始皇三十七年（前210），始皇东巡过长水，改长水为由拳县，属会稽郡。东汉永建以后属吴郡。三国吴改由拳县为禾兴县，不久又改嘉兴县，今嘉善地域为嘉兴县的一部分。隋代并省州县，废嘉兴县入吴县，属苏州。唐代复置嘉兴县，仍属苏州。五代吴越时，嘉兴县改属杭州，后又于其地置秀州。宋时于嘉兴县之魏塘镇置巡检司，元为魏塘务，明初改税课局，后又改巡检司。明宣德五年（1430）分嘉兴县东北境之迁善、永安、奉贤3个完整乡和胥山、思贤、麟瑞三乡之部分置嘉善县，定治魏塘，隶嘉兴府。"因旧有迁善六乡，俗尚敦庞，少犯宪辟，故曰嘉善"。清循明制。民国元年（1912）废府，嘉善属钱塘道。民国16年（1927）废道，嘉善直属省辖。民国24年（1935），全省设9个行政督察区，嘉善属第二行政督察区。民国26年（1937）11月，被日军侵占。民国28年（1939），嘉善属省第十行政督察区管辖。民国37年（1948）4月，属省第一行政督察区管辖。1949年5月11日，嘉善解放，隶属浙江省第一专员公署；11月，改属嘉兴专署。1958年11月21日，嘉善县建制撤销，并入嘉兴县。1961年4月9日，恢复县置。1983年8月，实行市辖县制，嘉善县隶属嘉兴市。

行政区划

【概况】 2015年，嘉善县共辖3个街道、6个镇，分别为魏塘街道、罗星街道、开发区（惠民街道）、西塘镇、姚庄镇、陶庄镇、干窑镇、天凝镇和大云镇。全县有104个村、50个城市社区。　（周　竑）

【村、社区名单】

村（104个）

魏塘街道（11个）：国庆、南北署、梁桥、长秀、三里桥、魏中、里泽、智果、中寒圩、网埭港、虹桥；

罗星街道（4个）：马家桥、亭桥、鑫锋、厍浜；

惠民街道（7个）：曙光、惠通、大泖、大通、新润、枫南、优家；

西塘镇（18个）：荷池、沈道、邗上、翠南、华联、地甸、东汇、金明、茜墩、荻沼、钟葫、大舜、鸦鹊、红菱、下甸庙、新胜、礼庙、星建；

干窑镇（9个）：长丰、长生、南宙、新星、黎明、干窑、范泾、胡家埭、范东；

大云镇（6个）：曹家、缪家、东云、洋桥、江家、大云；

姚庄镇（18个）：展丰、南鹿、姚庄、展幸、横港、北鹤、武长、清凉、中联、界泾港、俞汇、俞北、金星、银水庙、沉香、北港、丁栅、渔民；

陶庄镇（9个）：陶中、陶庄、金湖、湖滨、汾玉、翔胜、汾湖、汾南、利生；

天凝镇(22 个):南星、戴西港、凝北、蒋村、天凝、东顺、东方红、凝南、洪南、洪溪、三发、马塔塘、联谊、洪福、镇东、麟溪、光明、新联、三店、翁村、欣杨、宏杨。

城市社区(50 个)

魏塘街道(14 个):日晖、谈公、解放、小东门、中山、浒弄、西门、嘉辰、城桥、城东、车站、庄港、西项、香山;

罗星街道(14 个):玉兰、晋阳、南门、柳洲、子胥、李家、钱桥、魏南、和合、城西、城南、新联、江南、泗洲;

惠民街道(7 个):张泾汇、横泾桥、张汇、毛家、嘉湖、阳光、金嘉;

西塘镇(4 个):西园、西街、塘东、朝南埭;

干窑镇(1 个):干窑;

大云镇(1 个):大云;

姚庄镇(4 个):姚庄、丁栅、俞汇、桃源新邨;

陶庄镇(2 个):陶庄、汾湖;

天凝镇(3 个):天凝、洪溪、杨庙。

土地和人口

【土地】 嘉善县地处杭嘉湖平原,人多地少,人口密集。全县行政区域面积 506.6 平方千米。2015 年人口密度 764.9 人/平方千米。

【人口】 2015 年年末,全县总户数 125536 户,比 2014 年增加 323 户;户籍人口 387506 人,比 2014 年减少 32 人。总人口中男 190762 人、女 196744 人,男女性别比 1∶1.03。城镇人口 160478 人,乡村人口 227028 人,城镇人口占总人口的 41.41%。因区划调整,统计口径变化,2015 年城镇人口与对应的 2014 年非农人口 184033 人相比减少 23555 人。2015 年,全县出生 2617 人,其中男 1354 人、女 1263 人,出生男女性别比 1∶0.93,出生率 6.75‰,比 2014 年的 8.68‰减少 1.93‰;2015 年死亡 2957 人,死亡率 7.63‰。人口自然增长 −340人,人口自然增长率 −0.88‰。2015 年,全县迁入 1879 人,迁出 1277 人,人口机械增加 602 人,机械增长率 1.55‰,与上年基本持平。

(戴彧峰)

国民经济和社会发展

【概况】 2015 年,嘉善县坚持稳中求进总基调,深入开展"有效投入提质行动、改革创新提效行动、转型升级提速行动、城乡建设提档行动、惠民实事提升行动、干部队伍提神行动"六大专项行动,冲刺示范点建设,深化综合配套改革,全县经济社会总体运行情况符合预期。全年实现地区生产总值 425.54 亿元,按可比价格计算,比上年增长 8.3%,其中,第一产业增加值 23.55 亿元,下降 3.6%;第二产业增加值 234.33 亿元,增长 8.9%;第三产业增加值 167.66 亿元,增长 9%。三次产业结构比为 5.5∶55.1∶39.4。

【加快经济转型】 新建粮食生产功能区 0.21 万公顷(3.21 万亩),粮食总产量 15.49 万吨。建成重点休闲观光农业基地 13 处,新增省级主导产业示范区 2 个、省级农业龙头企业 2 家,新注册家庭农场 66 家。农业现代化发展水平列全省第五、全市第一。实施"机器换人"项目 314 个,全年减少用工 12870 人,木业家具行业"机器换人"纳入省级试点。淘汰落后设备 2469 台套,腾退低效用地 102.73 公顷(1541 亩)。开展以纽扣行业为重点的特色化行业整治,关停淘汰纽扣企业 394 家,基本整改到位小木业企业 73 家,完成工业自备锅炉淘汰整治 64 台。全年规上企业产值首次突破千亿,田中精机(嘉兴)有限公司在创业板上市。制定楼宇经济发展三年计划和"楼宇经济 10 条"扶持政策,推进楼宇经济提质发展。出台旅游发展总体规划,加快西塘古镇国家 AAAAA 级旅游景区创建和大云温泉省级旅游度假区建设。新增省服务业重大项目 4 个,云澜湾、康辉一期对外营业,嘉善巧克力甜蜜小镇入选全省首批特色小镇创建名单。全年接待国内外游客 1195.1 万人次,旅游综合收入 123.3 亿元,同比分别增长 12.1%、15%。县经济技术开发区获评省"智慧园区"示范开发区,东区基础设施建设基本完成,项目承载能力提升。嘉兴出口加工区 B 区升格为嘉兴综合保税区 B 区,姚庄经济开发区在全省 2014 年新升格的省级开发区考评中列第一,浙江中荷(嘉善)产业合作园入选首批省国际产业园。省级现代服务业集聚区高铁产业新城加快建设，西塘旅游休闲度假区入选省级现代服务业集聚示范区。

【积聚发展动力】 坚持招商引资“一号工程”不动摇，深化“四百招商”机制，抽调专职人员赴上海驻点招商。举办2015中国·嘉善国际经贸洽谈会，签约产业项目35个。引入总投资9亿美元的世界500强铠嘉电脑、总投资超50亿元的恒天文化旅游、总投资20亿元的软通物联网等重大项目，连续14年跻身全省利用外资十强县。高标准推进浙商回归，引进项目(含结转)44个，省外到位资金51.5亿元。优化行政审批程序，开展地方投资项目在线审批监管平台建设试点，推进审批提速提效。深化要素配置市场化改革，开展土地利用规划中期调整完善国家级试点工作，全面推进城镇低效用地再开发等省级试点，完成低效用地再开发66.93公顷(1004亩)，新增建设用地指标213.67公顷(3205亩)。加强金融对实体经济的支撑，成立民间融资管理服务中心、政府性融资担保公司，新增基金公司28家，累计发放中小企业转贷基金11.6亿元。成功列入国家可持续发展实验区，通过省知识产权示范县创建验收。制定大众创业促进机制改革三年行动计划，成立人才创业服务中心，建立创业服务清单和优惠政策清单。县科创中心新引进孵化项目40个，二期签约入驻项目37个；北京大学创新研究院嘉善产学研合作中心落户经济技术开发区。新认定国家高新技术企业6家、省级企业研发中心5家；新增“国千”专家5人、“省千”专家5人、“创新嘉善·精英引领计划”项目9个、高技能人才3453人。新增发明专利授权量128件、浙江名牌1个、省著名商标2件。

【改善城乡面貌】 完成“十三五”规划编制，全面启动县域总规修编，“多规合一”工作取得阶段性成果。建成新城核心区块城市规划展示馆，完成谈公北路与320国道等3个交叉口渠化改造，推进体育路下穿沪昆铁路改扩建工程，完成公共自行车二期工程前期选址，新增公交线路3条。兴贤路(矿灯厂)地块攻坚扫尾，职工医院地块完成房屋拆除。姚庄镇列省级小城市培育试点考核第三，西塘镇连续两年获市级小城市培育试点考核第一，两镇均入选嘉兴市十强新市镇。城乡统筹发展水平继续保持全省前列。成功创建省级美丽乡村建设先进县，实现环境优美村全覆盖，魏塘三里桥村、干窑范东村等7个村初步建成美丽乡村精品村。加快农房改造集聚建设，解决刚需建房户1048户。深化农村产权制度改革，累计办理“三权三抵押”贷款172笔，发放贷款2亿元。强村计划建成项目19个，村均集体经济常规稳定性收入150万元。完成交通运输基础设施建设投资2.49亿元，提升农村公路6千米，大中修26.8千米，平黎公路东接线工程、丁栅至新埭(疏港)公路改建工程二期等项目加快推进。全面启动“二轮圩区”整治工程，基本完成16片圩区整治和8个老集镇防洪除涝改造工程。完成洪溪污水厂提标改造，新建一、二级污水管道42千米，建设污水泵站20座。魏塘水厂四期工程投入试运行，太浦河取水二期工程开工建设。基本建成生态能源发电项目。

【保障百姓生活】 新设各类市场主体5821户，新增城镇就业岗位11329个，实现城镇失业人员再就业4418人。净增五大类社会保险19892人，社会养老保险、医疗保险覆盖率分别为99.89%和99.97%，争取到基本养老保险省级调剂金3.9亿元。加快建设省级养老服务示范区，县老年公寓被确定为全省首批医养结合示范点，开工建设县社会福利中心，累计建成居家养老服务照料中心151家，在全市率先实现城乡社区全覆盖。完善城乡最低生活保障制度，最低月工资标准提高到1660元，低保标准提高至每月664元。改造农村困难群众危旧房100户，开工建设各类保障房883套。成立全县首家教育集团(吴镇教育集团)，与浙江师范大学、上海师范大学合作办学，嘉善三中、姚庄中心学校新校区交付使用，完成80家无证幼托机构整治。开展县镇村一体化综合管理，实施分级诊疗制度，有序推进县二院迁建、县中医院改造工程等项目建设。深化“善文化”品牌内涵，博物馆、图书馆新馆建设进展顺利，基本建成吴镇书画院项目。推进残疾人共享小康工程建设，国防、民防、民族宗教、工青妇等社会各项事业同步协调发展。深化“平安嘉善”建设，实现省平安县创建“十连冠”。打造阳光信访，正式运行网上信访平台。推进“省级流动人口结构优化工作示范县”建设，实施居住证制度改革，开展IC卡式居住证制度省级试点工作。落实安全生产责任制，开展食品安全责任保险和药品安全专项整治。查获非法营运“黑车”391 辆、“三小车”236 辆。

【优化生态环境】 通过国家卫生县城、省文明县、全国文明县城复查。编制完成全县环境功能区划，启动“四美”建设专项行动。推进省级循环经济示范县创建和姚庄省级清洁能源示范镇建设，启动经济技术开发区循环化改造。加强主要污染物总量减排监测，完成 10 个水减排项目、9 个气减排项目和 1 个农业治理项目。实行刷卡排污、排污权基本账户、排污权有偿使用和交易、总量激励、总量准入等环境资源总量制度改革创新。抓农村生活污水治理，完成治理 17796 户。完成全部 390 条“三河”治理任务，消灭劣五类水质。满足功能区水质类别要求的断面比例上升为 50%，交接断面考核结果优秀。推进大气污染综合防治，加强秸秆焚烧和黑烟囱管控，淘汰报废黄标车 3072 辆，PM2.5 年度浓度改善率 6%，空气优良率 75.3%。开展“公铁”沿线环境整治工作，推进破旧农房立面等八大类整治。加快无违建创建，拆除违法建筑 203.63 万平方米(其中拆除违建猪舍 20.33 万平方米)。“三改”累计开工面积 370.48 万平方米。实施绿化造林工程，推进绿道、绿化建设，提升城乡绿化品位。

(计冰燕)

新农村建设

【概况】 2015 年，嘉善县按照“四化同步”发展要求，以建设“县域科学发展示范点”为契机，突出做好“科学谋划、产业增收、硬件提升、资源均衡、红利共享、社会稳定”六篇文章，全力提升统筹城乡发展水平，初步形成体制基本接轨、产业相互融合、社会协调发展、差距明显缩小的城乡发展新格局。在《浙江省 2014 年统筹城乡发展水平评价报告》中得分 93.32 分，比 2013 年提高 1.24 分，在全省 61 个按一级财政体制结算的县(市、区)中列第 10 位。

【体制机制改革】 按照统筹兼顾、点面结合的要求，推进城乡公共资源均衡配置体制机制改革和农村产权制度改革，激发农村发展活力。制订 2015 年嘉善县深化农村产权制度改革工作方案，确定推进三权确权颁证、“三权三抵押”机制深化、三权活权机制探索和农村产权交易平台建设等 4 项重点工作。以姚庄展幸、桃源新邨和罗星李家为试点，形成以“三权三抵押”为核心，配套农村产权确权赋能、活权运转和交易服务三大平台的“一核心、三平台”改革总体框架和制度体系。至年底，全县累计发放抵押贷款 172 笔，金额 20046.7 万元，其中，农村集体经济股权抵押 10 笔，贷款 196.5 万元；农民住房财产权抵押 59 笔，贷款 844.2 万元；农村承包土地流转经营权抵押 103 笔，贷款 19006 万元。实施城乡资源均衡配置。作为第二批省级农村改革试验区，制订 2015 年嘉善县城乡公共资源均衡配置体制机制改革工作方案，重点推进城乡“多规合一”试点、“村域善治”乡村治理模式、城乡公共“同域同待遇”配置机制、城乡大社保公共服务平台、城乡社会化救助福利机制、城乡教育均衡发展机制、农田水利设施产权制度改革和农业社会化服务拓展机制八大重点改革项目。到 2015 年底，进一步完善城乡基础设施配置、公益设施建设、人居环境提升 3 项机制，对创业就业服务、社会保险保障和社会救助福利等统一城乡标准。全县农民在合作医疗保险、社会保险征缴、居民养老征缴等方面与市民实现“同域同待遇”。

【农村工作指导】 7 月，县农指办指派 118 个行政村(农村社区)农村工作指导员 126 人，县级部门抽调优秀机关干部 12 人，派驻 9 个镇(街道)的经济薄弱村或软弱落后村，任县派农村工作指导员(第一书记)，镇派农村工作指导员 114 人。8 月，农村工作指导员参加 2015 年嘉善县基层党组织书记培训班，提高贯彻落实“三农政策”水平。加强农村指导员(第一书记)工作日常管理，完善“七项制度”和工作交办制度。带领村“两委”班子，发挥党组织和党员作用，积极推动“五水共治”“三改一拆”、农村环境综合整治等中心工作。上半年，农村工作指导员(第一书记)走访农户 17008 户，召开座谈会 346 次，集中宣讲政策法规 140 次，帮助落实经济发展项目 33 个和水、电、路等基础设施项目 31 个，争取各类扶持资金 1761 万元，捐赠物资价值 123 万元，参与调处矛盾纠纷 417 起，协助培养村级后备干部 93 人，联系组织“三下乡”等大型活动 94 次。同时，依托县“两台一报两网”以及省市等新闻媒体，宣传农村指导员（第一书记）先进典型和经验做法。

【强村项目推进】　德国工业园位于大云镇，为2015年推进县跨区域多村联建强村创业园项目，是引进以德资为主的欧美精密机械、装备制造业租赁生产企业。该园区占地3.33公顷（50亩），建设面积约4万平方米，总投资额7800万，由22个村抱团建设（含17个薄弱村）。该项目财政配套资金3000万元，2015年底，完成各项前期准备。另一个强村项目为天凝镇组团式跨村域强村项目。该项目分3个地块。投资957万，占地0.41公顷（6.22亩）的三村抱团项目（含2个薄弱村）开工建设；投资1100万，占地0.37公顷（5.6亩）的五村抱团项目（含3个薄弱村）年底前动工建设；投资6400万，占地1.8公顷（27亩）的八村抱团项目（含7个薄弱村）制订通过实施方案。该项目财政配套资金630万。

【生活污水治理】　按照省、市下达的年度治理任务要求，结合《关于深入推进农村生活污水治理工作的实施意见》三年治理计划，制订年度生活污水治理实施计划。2015年，全县投入资金12891万元，对93个行政村进行生活污水治理，完成治理农户17796户，完成省下达年度治理任务的101%。出台《关于进一步加强农村生活污水治理工程质量管理的通知》《关于切实加强对农村生活污水治理项目竣工验收管理的通知》等文件，加强农村生活污水治理质量管理。结合年度治理任务，实施项目式推进治理，分项目开展招标，实施治理，全年实施治理项目119个，其中纳管项目33个、集中收集处理治理项目55个、分散式生态治理项目31个，全县拨付农村环境专项整治——环境卫生保洁补助资金851.75万元。

【美丽乡村建设】　出台《嘉善农村环境专项整治工作方案》《嘉善县美丽乡村建设专项行动实施方案》，重点建设12个美丽乡村精品村，魏塘三里桥村，干窑范东村，姚庄北鹤村、丁栅村，西塘红菱村、荷池村，天凝洪溪村等一批精品村建设已初见成效。8月，嘉善县成功创建省美丽乡村创建先进县；新增魏塘、惠民2个嘉兴市美丽乡村建设先进镇（街道），实现市级美丽乡村先进镇全覆盖；姚庄、大云被评为全省首批“农家乐特色乡镇”；全县118个行政村（社区）全部通过环境优美村（社区）创建。开展历史文化村落保护利用，做好姚庄镇北鹤村、渔民村、丁栅村，天凝镇洪溪村和大云镇东云村5个省级历史文化保护利用一般村的建设，完成第一批姚庄镇北鹤村（自然生态村落）和渔民村（民俗风情村落）的建设任务。编写并上报《明代清官丁宾的故事》《渔村催生六塔鳖》等5篇“千村”故事。开展“寻找乡愁发现美丽”摄影大赛，评选出获奖作品125幅。

（徐　峰）

人民生活

【概况】　2015年，嘉善县委、县政府高度重视民生建设，各项惠民政策持续加码，各级各部门工作加力，居民增收效果初显。全年，嘉善县城镇居民人均可支配收入46574元，同比增长8%；农村居民人均可支配收入27203元，同比增长8.6%。

【工资性收入】　2015年，嘉善县提高机关、事业单位干部职工津补贴和绩效工资，提高社会最低工资标准，产业发展拓宽居民就业渠道，工资性收入持续增加。城镇居民人均工资性收入28848元，同比增长7%，拉动增长4.4个百分点。

【经营净收入】　受全县经济下行影响，2015年居民经营性收入不乐观。从主要经济指标看，净收入与上年相比基本持平，城镇居民人均经营净收入7639元，同比增长7.9%，增速比上年回落3个百分点，拉动收入增长1.3个百分点，拉动效用减弱。

【财产净收入】　由于楼市回暖，居民财产净收入平稳增长，红利、利息、房租等收入有较好表现。全县城镇居民人均财产净收入4543元，同比增长11.8%，拉动收入增长1.1个百分点。

【转移净收入】　2015年，全县城镇居民转移性净收入稳定增长，全年人均收入5544元，同比增长10.5%，拉动收入增长1.2个百分点。转移净收入增长的主要原因是机关事业单位离退休人员调整离退休费，离退休金收入增长。

【消费支出】 2015年,嘉善县城镇居民人均生活消费支出24789元,同比增长8.7%。受消费价格因素影响,食品烟酒支出仍保持较高增速,居民人均食品烟酒支出7439元、增长8.2%,居住支出5123元、增长2.2%,两项相加,占总消费支出的50.6%。人均交通通信支出4369元,教育文化娱乐支出3486元,衣着支出1570元,分别增长22.4%、17.7%和1.2%,三项支出占总消费支出的38%。医疗保健、生活用品及服务、其他用品及服务分别支出1025元、1328元、469元,比上年同期下降0.6%、1.5%和3.1%。总体消费支出增速与收入同步放缓。

【农村居民收支特征】 收入稳定增长。农村居民人均可支配收入27203元,同比增长8.6%,收入增长略高于城镇居民。四项收入齐头并进。一是工资维持稳定增长,2015年,农村居民人均工资性收入17235元,同比增长4.6%,是农民收入增长主要来源。二是随着退休人员增加和退休金标准提高,社会保障制度完善,农村居民转移性收入稳步提高,农村居民可支配收入中,转移性收入1431元,增长15.4%。三是经营性收入保持平稳增长,农村居民可支配收入中的经营性收入5728元,增长14.6%,成为农村居民收入的第二大来源。四是财产净收入增长强劲,农村居民人均财产净收入1809元,增长24.1%。城乡居民收入差距继续缩小。2015年,农村居民收入增速比城镇快0.6个百分点,城乡居民收入比缩小,收入倍差1.71,比上年同期缩小0.01。生活稳步向好。农村居民消费水平继续提高,消费结构逐步优化。一是生存消费增长平稳,其中食品烟酒、衣着、居住和生活用品及服务,人均分别支出5119元、975元、2675元和721元,同比增长8.9%、2.3%、11.3%和12.7%;二是享受型和发展型消费支出继续增加,其中交通、通信、教育文化娱乐、医疗保健支出为1377元、1025元、505元和211元,分别增长17%、19.9%、14.8%和11.8%。消费同步增长。收入增长的同时,居民生活消费支出与收入同步增长。农村居民人均生活消费支出15991元,比上年同期增长10.1%,八大类消费支出“七增一降”。 (戴彧峰)

经济建设

农　业

综　述

2015年,嘉善县农业总产值47亿元,可比下降4.8%;农林牧渔业增加值24亿元,可比下降3.2%;农民人均纯收入27100元,同比增长8.5%;村均集体经济常规稳定性收入155万元。嘉善农业现代化发展水平名列全省第五、全市第一;城乡统筹发展水平名列全省第十;成功创建浙江省美丽乡村建设先进县、浙江省农产品质量安全放心示范县、省级农业社会化服务示范县和第一批省级农产品质量安全可追溯县,并被列为国家农产品质量安全县(市)创建试点单位。县农经局被省农业厅确定为2015年度全省农业工作目标责任制考核优秀单位。

全年粮食生产呈现"春粮减、晚稻平、旱粮增"生产态势,总播种面积2.75万公顷(41.25万亩),总产量18.4万吨,超额完成省市下达的粮食生产任务。全年蔬菜复种面积1.6万公顷(23.97万亩),总产量57.7万吨,大棚番茄、草莓、甜瓜等均价较往年偏低。全年双孢蘑菇复种面积3954万平方尺(439.33万平方米),总产量2.57万吨,有工厂化食用菌基地4个,总面积4万平方米。全年水产养殖面积0.44万公顷(6.59万亩),总产量2.6万吨。全年花卉种植面积276.52公顷(4147.8亩),总产量1.7亿支(盆),继续举办2015中国(嘉善)杜鹃花展。

发展休闲观光农业(农家乐),推进"银加善"精品农业"融入上海"。通过举办上海杜鹃推介会、展示会、进上海社区等活动,实现嘉善杜鹃花进入上海、走进市民家庭;开展上海市民游嘉善农村、吃嘉善土菜等活动,吸引上海游客50万人次;开展嘉善精品农产品进上海市场活动,建立相对稳定的农产品供沪基地,实现供沪农产品25亿元。全县建有碧云花海农场、碧珑湾休闲农庄、丁栅渔村等13处重点休闲观光农业基地,三星级以上农家乐经营户(点)42家,全年吸引国内外游客420万人次,实现直接营业收入4.5亿元。形成以温泉度假、十里水乡、现代农业等为一体的大云温泉省级旅游度假区;以水产养殖、休闲垂钓、水上运动等为一体的陶庄汾湖"亲水渔业"体验等一批乡村旅游景点。

继续推动土地集聚发展,全县在册流转农村土地面积1.08公顷(16.2万亩),流转率47.69%,主要用于粮食、经作两大产业,县土地流转中心全年对33个经营主体办理抵押贷款,累计发放资金1.37亿元;全年新增省级农业龙头企业2家、市级农业龙头企业1家,累计有监测合格的县级以上农业龙头企业39家,其中市级22家、省级4家;全县正常运作的农民专业合作社201家,其中国家级示范社9家、省级示范社14家,总社员5111户,联系基地0.96万公顷(14.4万亩),带动农户3.25万户,全年销售总收入2.63亿元;全县经工商登记的家庭农场(渔场)218家,其中省级示范性家庭农场(渔场)3家、市级示范性家庭农场(渔场)5家,注册资金1.35亿元。引导农业主体发展农村电子商务,重点打造"一村一企两镇"(马家桥村、一里谷、西塘镇和姚庄镇),其中马家桥村电商综合平台正式上线,已销售甜瓜800单。对2014年度县级精品农业政策项目进行审核和实地验收汇总,涉及19类179个项目,补助资金2249.77万元。

2015年度嘉善县无公害农产品产地一览表

序号	认证主体名称	认证产品	产品商标	产品类别	年销售额（万元）	产地证书编号	产地证书到期日期	产地认定面积（公顷）
1	嘉善县丁栅镇农技服务部	番茄	东泉	蔬菜类	11520	WNCR—ZJ13—12173	2016—12—1	800
2	嘉善县惠民蔬菜专业合作社	鲜食大豆	翠丰	蔬菜类	550	WNCR—ZJ13—12163	2016—12—1	340.5
3	嘉善魏塘智果莴笋专业合作社	莴笋	—	蔬菜类	1649	WNCR—ZJ13—12164	2016—12—1	205.7
4	嘉善县干窑粮油工贸有限公司	稻米	干窑	粮油类	1000	WNCR—ZJ13—12167	2016—12—1	710.7
5	嘉善县锦雪农产品实业公司	茄子	锦雪	蔬菜类	12600	WNCR—ZJ13—12170	2016—12—1	266.7
		番茄	锦雪	蔬菜类	1300			
6	嘉善粮油食品工贸有限公司	大米	银杜鹃	粮油类	2100	WNCR—ZJ13—12165	2016—12—1	961.5
7	嘉善魏塘益农西甜瓜专业合作社	西瓜	银嘉膳	水果类	1350	WNCR—ZJ14—12133	2017—12—1	200
8	嘉善魏塘秀绿粮油专业合作社	番茄	银嘉膳	蔬菜类	735.4	WNCR—ZJ14—12035	2017—12—1	66.7
9	嘉善县惠民蔬菜专业合作社	黄瓜	翠丰	蔬菜类	1500	WNCR—ZJ15—13023	2018—9—30	133.3
10	嘉善汾湖观光果园	柑桔	汾湖滩	水果类	393.8	WNCR—ZJ16—11004	2019—4—30	35
11	嘉善尚品农业科技有限公司	芦笋	尚品源	蔬菜类	840	WNCR—ZJ13—12166	2016—12—1	40
12	嘉善县兴农粮食专业合作社	茭白	—	蔬菜类	918	WNCR—ZJ13—12169	2016—12—1	36
13	嘉善县陶庄黄桃专业合作社	黄桃	善丰	水果类	380	WNCR—ZJ13—12161	2016—12—1	34.33
14	嘉善金穗粮食专业合作社	大米	陶箩	粮油类	106.13	WNCR—ZJ13—12162	2016—12—1	66.7
15	嘉善靓尚品果业专业合作社	蓝莓	—	水果类	8570	WNCR—ZJ15—13024	2018—9—30	170
16	嘉善秀绿粮油专业合作社	草莓	—	水果类	4950	WNCR—ZJ15—11087	2018—6—1	807
		稻谷	—	粮油类				
17	嘉善保丰粮油专业合作社	稻谷	—	粮油类	1260	WNCR—ZJ14—12134	2017—12—1	500
18	嘉善县新润果蔬专业合作社	白菜	—	蔬菜类	516	WNCR—ZJ15—13079	2018—9—30	135
		黄瓜	—	蔬菜类	1125			
19	嘉善县干窑富硒农产品专业合作社	大米	—	粮油类	450	WNCR—ZJ15—12037	2018—8—1	200
20	嘉善县干窑镇范东植保专业合作社	稻谷	—	粮油类	600	WNCR—ZJ15—12038	2018—8—1	267
21	嘉善县长浜南瓜专业合作社	南瓜	—	蔬菜类	1000	WNCR—ZJ15—12039	2018—8—1	133
22	嘉善金湖猕猴桃种植园	猕猴桃	—	水果类	500	WNCR—ZJ15—11140	2018—6—1	34
23	嘉善县大云果蔬花卉发展有限公司	茄子	—	蔬菜类	200	WNCR—ZJ15—13022	2018—9—30	1000
24	嘉善星河葡萄专业合作社	葡萄	—	水果类	100	WNCR—ZJ15—13078	2018—9—30	33.3
25	嘉善兴龙果蔬有限公司	甜瓜	—	水果类	1000	WNCR—ZJ15—13082	2018—9—30	3.6
26	嘉善县临沪果蔬专业合作社	蘑菇	—	食用菌类	235	WNCR—ZJ15—13081	2018—9—30	3.33
27	嘉善杨庙雪菜专业合作社	鲜雪菜	—	蔬菜类	2400	WNCR—ZJ15—13080	2018—9—30	400

续表

序号	认证主体名称	认证产品	产品商标	产品类别	年销售额（万元）	产地证书编号	产地证书到期日期	产地认定面积（公顷）
28	嘉善县丰产粮油专业合作社	大米	—	粮油类	1750	WNCR—ZJ12—12346	2015—12—1	666
29	嘉善县新润果蔬专业合作社	茄子	—	蔬菜类	19500	WNCR—ZJ12—12347	2015—12—1	1133
		菜用大豆	—	蔬菜类	1500			
30	嘉善翔益粮食专业合作社	大米	—	粮油类	260	WNCR—ZJ12—12348	2015—12—1	135
31	嘉善聚丰粮食专业合作社	大米	—	粮油类	390	WNCR—ZJ12—12349	2015—12—1	200
32	嘉善县隆亿果蔬专业合作社	甜瓜	—	水果类	200	WNCR—ZJ12—12350	2015—12—1	36.6
33	嘉善县天凝庄精品粮油专业合作社	稻谷	—	粮油类	104	WNCR—ZJ12—12351	2015—12—1	40
34	嘉善县良丰甜瓜专业合作社	甜瓜	—	水果类	1210	WNCR—ZJ12—12352	2015—12—1	200
35	嘉善县窑温果蔬专业合作社	甜瓜	—	水果类	1140	WNCR—ZJ12—12353	2015—12—1	200
36	嘉善县长丰果蔬专业合作社	葡萄	—	水果类	300	WNCR—ZJ12—12354	2015—12—1	20
37	嘉善锦佳果蔬专业合作社	芦笋	—	蔬菜类	300	WNCR—ZJ12—12355	2015—12—1	13.33
38	嘉善青谷果蔬专业合作社	芦笋	—	蔬菜类	281	WNCR—ZJ13—11381	2016—7—31	13.88
39	嘉善锦港果蔬专业合作社	芦笋	—	蔬菜类	300	WNCR—ZJ13—11382	2016—7—31	13.33
40	嘉善银水庙果蔬专业合作社	双孢蘑菇	—	食用菌类	420	WNCR—ZJ13—11383	2016—7—31	3.33
41	嘉善县优侬瓜果种植场	甜瓜	—	水果类	4596	WNCR—ZJ13—11386	2016—7—31	224
42	嘉善张氏果蔬专业合作社	甜瓜	—	水果类	4360	WNCR—ZJ13—11376	2016—7—31	225
43	嘉善祥民果蔬专业合作社	黄瓜	—	蔬菜类	2293	WNCR—ZJ13—11380	2016—7—31	215
44	嘉善县农星植保专业合作社	大米	—	粮油类	235	WNCR—ZJ13—11375	2016—7—31	940.9
45	嘉善红菱粮油专业合作社	大米	—	粮油类	155	WNCR—ZJ13—11387	2016—7—31	666.7
46	嘉善百果岛生态农业科技有限公司	草莓	—	水果类	600	WNCR—ZJ13—11384	2016—7—31	14.5
47	嘉善苑博果蔬专业合作社	番茄	—	蔬菜类	230	WNCR—ZJ13—11399	2016—7—31	14
48	嘉善县姚庄镇兴华农场	芦笋	—	蔬菜类	300	WNCR—ZJ13—11400	2016—7—31	13.67
49	嘉善县银辉食用菌专业合作社	杏鲍菇	—	食用菌类	876	WNCR—ZJ13—11401	2016—7—31	365万棒
50	嘉善县青龙港果蔬专业合作社	葡萄	—	水果类	330	WNCR—ZJ13—11350	2016—7—31	15
51	嘉善县西塘镇农工商开发服务公司	大米	—	粮油类	160	WNCR—ZJ13—12637	2016—12—1	422.07
52	嘉善旺农蔬菜专业合作社	甜瓜	—	水果类	200	WNCR—ZJ13—12638	2016—12—1	13.33
53	嘉善五农食用菌专业合作社	蘑菇	—	食用菌类	360	WNCR—ZJ13—12639	2016—12—1	5.56
54	嘉善县干窑镇金丰休闲园	草莓	—	水果类	190	WNCR—ZJ13—12640	2016—12—1	10
55	嘉善县南加州葡萄庄园有限公司	葡萄	—	水果类	700	WNCR—ZJ13—12641	2016—12—1	50

续表

序号	认证主体名称	认证产品	产品商标	产品类别	年销售额（万元）	产地证书编号	产地证书到期日期	产地认定面积（公顷）
56	嘉善绿尚果蔬专业合作社	番茄	—	蔬菜类	870	WNCR—ZJ13—12642	2016—12—1	100
		甜瓜	—	水果类	420			
57	嘉善宏杨果蔬专业合作社	葡萄	—	水果类	240	WNCR—ZJ13—12643	2016—12—1	14
58	嘉善县乾贸黄桃专业合作社	黄桃	—	水果类	1080	WNCR—ZJ13—12644	2016—12—1	120
59	嘉善为丰农机专业合作社	大米	—	粮油类	2880	WNCR—ZJ13—12645	2016—12—1	1100
60	嘉善县小白龙果蔬专业合作社	甜瓜	—	水果类	800	WNCR—ZJ13—12646	2016—12—1	33.3
61	嘉善县三益果蔬产销专业合作社	葡萄	—	水果类	330	WNCR—ZJ13—12647	2016—12—1	14.7
62	嘉善三禧果蔬专业合作社	甜瓜	—	水果类	200	WNCR—ZJ13—12648	2016—12—1	15
63	嘉善县陶庄镇伯明农场	葡萄	—	水果类	22.5	WNCR—ZJ13—12649	2016—12—1	14.4
		甜瓜	—	水果类	148.8			
64	嘉善县陶庄丁家桥瓜果专业合作社	葡萄	—	水果类	280	WNCR—ZJ13—12650	2016—12—1	18.5
65	嘉善淞浩生态农业有限公司	樱桃	—	水果类	2560	WNCR—ZJ14—12403	2017—12—1	43
66	嘉善县银辉食用菌专业合作社	凤尾菇	—	食用菌类	897	WNCR—ZJ14—12404	2017—12—1	365万袋
67	嘉善县姚庄镇晨盛农场	芦笋	—	蔬菜类	132	WNCR—ZJ14—12405	2017—12—1	5.6
68	嘉善棚友蔬果专业合作社	番茄	—	蔬菜类	230	WNCR—ZJ14—12406	2017—12—1	5
69	嘉善天品果蔬专业合作社	番茄	—	蔬菜类	128	WNCR—ZJ14—12407	2017—12—1	13.5
70	嘉善嘉鹭休闲农业有限公司	罗勒、食用甘薯叶	—	蔬菜类	320	WNCR—ZJ14—12408	2017—12—1	8
71	嘉善县惠民街道农甜家庭农场	梨、李子	—	水果类	80	WNCR—ZJ14—12409	2017—12—1	7.3
72	嘉善县惠丰果蔬专业合作社	梨	—	水果类	40	WNCR—ZJ14—12410	2017—12—1	6.67
73	嘉善浩天果蔬专业合作社	厚皮甜瓜	—	水果类	150	WNCR—ZJ14—12411	2017—12—1	16.67
74	嘉善天缘果蔬专业合作社	葡萄	—	水果类	300	WNCR—ZJ14—12412	2017—12—1	17
75	嘉善荻沼水果专业合作社	桃	—	水果类	800	WNCR—ZJ14—12413	2017—12—1	6.67
76	嘉善康绿农产品专业合作社	厚皮甜瓜	—	水果类	160	WNCR—ZJ14—12414	2017—12—1	5.07
77	嘉善天鹏食用菌专业合作社	火龙果	—	水果类	37.5	WNCR—ZJ14—12415	2017—12—1	3.33
78	嘉善县南张雪菜专业合作社	分蘖芥	—	蔬菜类	140	WNCR—ZJ14—12416	2017—12—1	14
79	嘉善县宝农粮食专业合作社	大米	—	粮油类	46.4	WNCR—ZJ14—12417	2017—12—1	23.3
80	嘉善自胜粮油专业合作社	稻谷	—	粮油类	75	WNCR—ZJ14—12418	2017—12—1	66.67
81	嘉善县陶庄镇多多家庭农场	厚皮甜瓜	—	水果类	40	WNCR—ZJ15—11273	2018—6—30	3.59
82	嘉善凝丰粮油专业合作社	稻谷	—	粮油类	420	WNCR—ZJ15—11274	2018—6—30	100
83	嘉善县凝洪粮油农机果蔬专业合作社	厚皮甜瓜	—	水果类	20	WNCR—ZJ15—11275	2018—6—30	3.33

续表

序号	认证主体名称	认证产品	产品商标	产品类别	年销售额（万元）	产地证书编号	产地证书到期日期	产地认定面积（公顷）
84	嘉善县开欣家庭农场	菜用大豆	—	蔬菜类	120	WNCR—ZJ15—11276	2018—6—30	13.33
85	嘉善县绿缘生态农场	芦笋	—	蔬菜类	93	WNCR—ZJ15—11277	2018—6—30	3.53
86	嘉善县绿莓果蔬专业合作社	厚皮甜瓜	—	水果类	150	WNCR—ZJ15—11278	2018—6—30	13.33
92	嘉善县惠民水产专业合作社	凡纳滨对虾	三润	淡水养殖	—	WNCR—ZJ13—80284	2016—12—1	49
93	嘉善县东泉水产专业合作社	日本沼虾	东泉	淡水养殖	—	WNCR—ZJ13—80285	2016—12—1	55.3
94	嘉善县东记水产专业合作社	中华绒螯蟹	—	淡水养殖	—	WNCR—ZJ13—80049	2016—7—1	36.8
95	嘉善县白鱼荡蟹业专业合作社	中华绒螯蟹	河神	淡水养殖	—	WNCR—ZJ13—80053	2016—7—1	53.86
96	嘉善新胜水产专业合作社	加州鲈	—	淡水养殖	—	WNCR—ZJ13—80055	2016—7—1	40
97	嘉善县海丰水产专业合作社	青鱼、草鱼	夏墓荡	淡水养殖	—	WNCR—ZJ13—80054	2016—7—1	46.6
98	嘉善汾湖水产有限公司	鳜鱼	汾湖	淡水养殖	—	WNCR—ZJ13—80276	2016—12—1	30.68
99	嘉善县千窑生态鱼专业合作社	青鱼	千窑	淡水养殖	—	WNCR—ZJ13—80277	2016—12—1	19.2
100	嘉善长秀龟鳖养殖有限公司	中华鳖	—	淡水养殖	—	WNCR—ZJ13—80278	2016—12—1	13.33
101	嘉善农升鳅业特种养殖有限公司	泥鳅	—	淡水养殖	—	WNCR—ZJ13—80279	2016—12—1	13.5
102	嘉善县海丰水产专业合作社	草鱼、鲫鱼	夏墓荡	淡水养殖	—	WNCR—ZJ13—80280	2016—12—1	60
103	嘉善县净水渔业种苗基地（普通合伙）	沙塘鳢	—	淡水养殖	—	WNCR—ZJ13—80281	2016—12—1	21.7
104	嘉善三里桥现代生态农业园	泥鳅	—	淡水养殖	—	WNCR—ZJ13—80282	2016—12—1	16.8
105	嘉善汾湖水产有限公司	河蟹	汾湖	淡水养殖	—	WNCR—ZJ13—80286	2016—12—1	240
106	浙江省嘉善县六塔鳖业有限责任公司	中华鳖	六塔	淡水养殖	—	WNCR—ZJ13—80283	2016—12—1	34.2
107	浙江明辉饲料有限公司	翘嘴红鲌、南美白对虾	明辉	淡水养殖	—	WNCR—ZJ13—80051	2016—7—1	34.5
108	嘉善祥符罗氏沼虾专业合作社	罗氏沼虾	西塘	淡水养殖	—	WNCR—ZJ13—80052	2016—7—1	35
109	嘉善县新源水产种业养殖场	鳜	东泉	淡水养殖	—	WNCR—ZJ13—80050	2016—7—1	34.5
110	嘉善龙腾鳖业专业合作社	中华鳖	洪家滩	淡水养殖	—	WNCR—ZJ13—80287	2016—12—1	33.5

2015年度嘉善县无公害农产品一览表

序号	认证主体名称	认证产品	产品商标	产品类别	年产量（吨）	年销售额（万元）	产品证书编号	产品证书到期日期
1	嘉善县丁栅镇农技服务部	番茄	东泉	蔬菜类	48000	11520	WGH—03—00478	2016—12—27
2	嘉善县惠民蔬菜专业合作社	鲜食大豆	翠丰	蔬菜类	2500	550	WGH—03—00480	2016—12—27
3	嘉善魏塘智果莴笋专业合作社	莴笋	—	蔬菜类	12000	1649	WGH—07—06480	2016—12—27
4	嘉善县锦雪农产品实业公司	茄子	锦雪	蔬菜类	18000	12600	WGH—07—06478	2016—12—27

续表

序号	认证主体名称	认证产品	产品商标	产品类别	年产量（吨）	年销售额（万元）	产品证书编号	产品证书到期日期
5	嘉善县锦雪农产品实业公司	番茄	锦雪	蔬菜类	5000	1300	WGH—07—06479	2016—12—27
6	嘉善粮油食品工贸有限公司	大米	银杜鹃	粮油类	5000	2100	WGH—08—03931	2016—12—27
7	嘉善魏塘益农西甜瓜专业合作社	西瓜	银嘉膳	水果类	5200	1350	WGH—05—01612	2017—12—28
8	嘉善魏塘秀绿粮油专业合作社	番茄	银嘉膳	蔬菜类	4320	735.4	WGH—09—04717	2017—11—27
9	嘉善县惠民蔬菜专业合作社	黄瓜	翠丰	蔬菜类	7500	1500	WGH—12—09818	2018—12—1
10	嘉善汾湖观光果园	柑桔	汾湖滩	水果类	1068	393.8	WGH—09—08377	2016—1—31
11	嘉善县兴农粮食专业合作社	茭白	—	蔬菜类	2700	918	WGH—11—02544	2016—12—27
12	嘉善县陶庄黄桃专业合作社	黄桃	善丰	水果类	620	380	WGH—11—02543	2016—12—27
13	嘉善金穗粮食专业合作社	大米	陶箩	粮油类	500	106.13	WGH—11—02505	2016—12—26
14	嘉善靓尚品果业专业合作社	蓝莓	—	水果类	2550	8570	WGH—12—08993	2018—12—1
15	嘉善秀绿粮油专业合作社	草莓	—	水果类	4200	4950	WGH—12—05115	2018—6—18
16	嘉善秀绿粮油专业合作社	稻谷	—	粮油类	6003		WGH—12—05114	2018—6—18
17	嘉善保丰粮油专业合作社	稻谷	—	粮油类	4200	1260	WGH—12—05113	2017—12—28
18	嘉善县新润果蔬专业合作社	大白菜	—	蔬菜类	4300	516	WGH—12—17037	2015—9—30
19	嘉善县新润果蔬专业合作社	黄瓜	—	蔬菜类	5625	1125	WGH—12—08744	2015—9—30
20	嘉善县干窑富硒农产品专业合作社	大米	—	粮油类	1500	450	WGH—12—05996	2018—10—29
21	嘉善县干窑镇范东植保专业合作社	稻谷	—	粮油类	2000	600	WGH—12—06056	2018—10—29
22	嘉善县长浜南瓜专业合作社	南瓜	—	蔬菜类	1500	1000	WGH—12—06057	2018—10—29
23	嘉善县大云果蔬花卉发展有限公司	茄子	—	蔬菜类	15000	200	WGH—12—16243	2018—12—1
24	嘉善星河葡萄专业合作社	葡萄	—	水果类	100	100	WGH—12—14942	2015—9—30
25	嘉善兴龙果蔬有限公司	甜瓜	—	水果类	110	1000	WGH—12—17976	2015—11—1
26	嘉善县临沪果蔬专业合作社	蘑菇	—	食用菌类	385	235	WGH—12—10319	2015—10—31
27	嘉善杨庙雪菜专业合作社	鲜雪菜	—	蔬菜类	36000	2400	WGH—12—12678	2015—10—31
28	嘉善县丰产粮油专业合作社	大米	—	粮油类	3500	1750	WGH—13—18573	2016—9—30
29	嘉善县新润果蔬专业合作社	茄子	—	蔬菜类	19500	19500	WGH—13—14156	2016—9—30
30	嘉善县新润果蔬专业合作社	菜用大豆	—	蔬菜类	7800	1500	WGH—13—14155	2016—11—30
31	嘉善翔益粮食专业合作社	大米	—	粮油类	660	260	WGH—13—05144	2016—5—31
32	嘉善聚丰粮食专业合作社	大米	—	粮油类	970	390	WGH—13—05157	2016—5—31
33	嘉善县隆亿果蔬专业合作社	甜瓜	—	水果类	502	200	WGH—13—15261	2016—9—30
34	嘉善县天凝庄精品粮油专业合作社	稻谷	—	粮油类	344	104	WGH—13—18906	2016—5—31
35	嘉善县良丰甜瓜专业合作社	甜瓜	—	水果类	1350	1210	WGH—13—15577	2016—9—30

续表

序号	认证主体名称	认证产品	产品商标	产品类别	年产量（吨）	年销售额（万元）	产品证书编号	产品证书到期日期
36	嘉善县窑温果蔬专业合作社	甜瓜	—	水果类	1130	1140	WGH—13—15576	2016—9—30
37	嘉善县长丰果蔬专业合作社	葡萄	—	水果类	150	300	WGH—13—15575	2016—9—30
38	嘉善锦佳果蔬专业合作社	芦笋	—	蔬菜类	310	300	WGH—13—15493	2016—9—30
39	嘉善青谷果蔬专业合作社	芦笋	—	蔬菜类	320	281	WGH—13—04368	2016—5—31
40	嘉善锦港果蔬专业合作社	芦笋	—	蔬菜类	310	300	WGH—13—04535	2016—5—31
41	嘉善银水庙果蔬专业合作社	双孢蘑菇	—	食用菌类	425	420	WGH—13—03816	2016—5—31
42	嘉善县优依瓜果种植场	甜瓜	—	水果类	7661	4596	WGH—13—14665	2016—11—30
43	嘉善张氏果蔬专业合作社	甜瓜	—	水果类	7267	4360	WGH—13—04855	2016—5—31
44	嘉善祥民果蔬专业合作社	黄瓜	—	蔬菜类	14334	2293	WGH—13—04543	2016—5—31
45	嘉善县农星植保专业合作社	大米	—	粮油类	7057	235	WGH—13—17866	2016—12—10
46	嘉善红菱粮油专业合作社	大米	—	粮油类	5040	155	WGH—13—13316	2016—5—31
47	嘉善百果岛生态农业科技有限公司	草莓	—	水果类	30	600	WGH—13—18048	2016—5—31
48	嘉善苑博果蔬专业合作社	番茄	—	蔬菜类	1060	230	WGH—13—14326	2016—12—10
49	嘉善县姚庄镇兴华农场	芦笋	—	蔬菜类	310	300	WGH—13—14589	2016—12—10
50	嘉善县银辉食用菌专业合作社	杏鲍菇	—	食用菌类	1100	876	WGH—13—14825	2016—12—10
51	嘉善县青龙港果蔬专业合作社	葡萄	—	水果类	420	330	WGH—13—15155	2016—12—10
52	嘉善县西塘镇农工商开发服务公司	大米	—	粮油类	2215	160	WGH—14—01955	2017—3—17
53	嘉善旺农蔬菜专业合作社	甜瓜	—	水果类	500	200	WGH—14—01899	2017—3—17
54	嘉善五农食用菌专业合作社	蘑菇	—	食用菌类	650	360	WGH—14—13951	2017—3—18
55	嘉善县干窑镇金丰休闲园	草莓	—	水果类	240	190	WGH—14—13954	2017—3—18
56	嘉善县南加州葡萄庄园有限公司	葡萄	—	水果类	350	700	WGH—14—13952	2017—3—18
57	嘉善绿尚果蔬专业合作社	番茄	—	蔬菜类	4870	870	WGH—14—03537	2017—3—18
58	嘉善绿尚果蔬专业合作社	甜瓜	—	水果类	1050	420	WGH—14—03538	2017—3—18
59	嘉善宏杨果蔬专业合作社	葡萄	—	水果类	250	240	WGH—14—08676	2017—3—18
60	嘉善县乾贸黄桃专业合作社	黄桃	—	水果类	2160	1080	WGH—14—01902	2017—3—17
61	嘉善为丰农机专业合作社	大米	—	粮油类	6000	2880	WGH—14—01434	2017—3—17
62	嘉善县小白龙果蔬专业合作社	甜瓜	—	水果类	1000	800	WGH—14—05947	2017—3—17
63	嘉善县三益果蔬产销专业合作社	葡萄	—	水果类	220	330	WGH—14—04976	2017—3—17
64	嘉善三禧果蔬专业合作社	甜瓜	—	水果类	250	200	WGH—14—05636	2017—3—18
65	嘉善县陶庄镇伯明农场	葡萄	—	水果类	37.5	22.5	WGH—14—02250	2017—3—17
66	嘉善县陶庄镇伯明农场	甜瓜	—	水果类	372	148.8	WGH—14—02251	2017—3—17
67	嘉善县陶庄丁家桥瓜果专业合作社	葡萄	—	水果类	250	280	WGH—14—02118	2017—3—17

续表

序号	认证主体名称	认证产品	产品商标	产品类别	年产量（吨）	年销售额（万元）	产品证书编号	产品证书到期日期
68	嘉善淞浩生态农业有限公司	樱桃	—	水果类	480	2560	WGH—15—03458	2018—6—18
69	嘉善县银辉食用菌专业合作社	凤尾菇	—	食用菌类	1500	897	WGH—15—04950	2018—6—18
70	嘉善天品果蔬专业合作社	番茄	—	蔬菜类	400	128	WGH—15—05165	2018—6—18
71	嘉善棚友蔬果专业合作社	番茄	—	蔬菜类	750	230	WGH—15—03346	2018—6—18
72	嘉善县姚庄镇晨盛农场	芦笋	—	蔬菜类	147	132	WGH—15—04075	2018—6—18
73	嘉善县宝农粮食专业合作社	大米	—	粮油类	116	46.4	WGH—15—03889	2018—6—18
74	嘉善县南张雪菜专业合作社	分蘖芥	—	蔬菜类	1470	140	WGH—15—03460	2018—6—18
75	嘉善浩天果蔬专业合作社	厚皮甜瓜	—	水果类	500	150	WGH—15—03420	2018—6—18
76	嘉善天缘果蔬专业合作社	葡萄	—	水果类	260	300	WGH—15—03439	2018—6—18
77	嘉善荻沼水果专业合作社	桃	—	水果类	200	300	WGH—15—05317	2018—6—18
78	嘉善自胜粮油专业合作社	稻谷	—	粮油类	600.3	75	WGH—15—03174	2018—6—18
79	嘉善天鹏食用菌专业合作社	火龙果	—	水果类	12.5	37.5	WGH—15—03680	2018—6—18
80	嘉善康绿农产品专业合作社	厚皮甜瓜	—	水果类	300	160	WGH—15—04069	2018—6—18
81	嘉善县惠丰果蔬专业合作社	梨	—	水果类	100	40	WGH—15—03459	2018—6—18
82	嘉善县惠民街道农甜家庭农场	梨	—	水果类	40	60	WGH—15—04112	2018—6—18
83	嘉善县惠民街道农甜家庭农场	李子	—	水果类	15	80	WGH—15—04111	2018—6—18
84	嘉善嘉鹭休闲农业有限公司	罗勒	—	蔬菜类	95	180	WGH—15—05222	2018—6—18
85	嘉善嘉鹭休闲农业有限公司	食用甘薯叶	—	蔬菜类	95	140	WGH—15—05223	2018—6—18
86	嘉善县陶庄镇多多家庭农场	厚皮甜瓜	—	水果类	100	40	WGH—15—12362	2018—9—27
87	嘉善县绿缘生态农场	芦笋	—	蔬菜类	100	95	WGH—15—10311	2018—9—27
88	嘉善县绿莓果蔬专业合作社	厚皮甜瓜	—	水果类	400	150	WGH—15—12507	2018—12—1
89	嘉善县开欣家庭农场	菜用大豆	—	蔬菜类	200	120	WGH—15—12508	2018—12—1
90	嘉善县惠民水产专业合作社	凡纳滨对虾	三润	淡水养殖	350	—	WGH—05—00094	2017—7—28
91	嘉善县东泉水产专业合作社	日本沼虾	东泉	淡水养殖	60	—	WGH—04—00301	2017—7—28
92	嘉善汾湖水产有限公司	鳜鱼	汾湖	淡水养殖	97.5	—	WGH—14—05734	2017—7—28
93	嘉善县干窑生态鱼专业合作社	青鱼	干窑	淡水养殖	285	—	WGH—14—05735	2017—7—28
94	嘉善农升鳅业特种养殖有限公司	泥鳅	—	淡水养殖	40	—	WGH—14—01219	2017—3—17
95	嘉善县海丰水产专业合作社	草鱼、鲫鱼	夏墓荡	淡水养殖	95	—	WGH—14—05730	2017—7—28
96	嘉善县净水渔业种苗基地(普通合伙)	沙塘鳢	—	淡水养殖	12	—	WGH—14—05736	2017—7—28
97	嘉善三里桥现代生态农业园	泥鳅	—	淡水养殖	60	—	WGH—14—02564	2017—3—17
98	嘉善汾湖水产有限公司	河蟹	—	淡水养殖	95	—	WGH—03—00858	2017—3—17
99	浙江省嘉善县六塔鳖业有限责任公司	中华鳖	—	淡水养殖	180	—	WGH—03—00857	2017—3—17

续表

序号	认证主体名称	认证产品	产品商标	产品类别	年产量（吨）	年销售额（万元）	产品证书编号	产品证书到期日期
100	嘉善龙腾鳖业专业合作社	中华鳖	—	淡水养殖	213	—	WGH—12—02639	2017—7—28
101	嘉善县东记水产专业合作社	中华绒螯蟹	—	淡水养殖	35	—	WGH—14—14451	2017—12—14
102	嘉善县白鱼荡蟹业专业合作社	中华绒螯蟹	—	淡水养殖	55	—	WGH—14—14452	2017—12—14
103	嘉善长秀龟鳖养殖有限公司	中华鳖	—	淡水养殖	8	80	WGH—14—14442	2017—3—17

2015 年度嘉善县市级以上农业龙头企业

级　别	企业名称	经营主业或主导产品
省　级	浙江景明果品有限公司	水果
省　级	浙江拳王实业有限公司	配合饲料
省　级	浙江金大地肉类加工有限公司	生猪屠宰
省　级	嘉善浙北果蔬批发交易中心（嘉善曹安农产品批发有限公司）	蔬菜、瓜果、干货、家禽、水产
市　级	嘉兴碧云花园有限公司	花卉苗木、住宿餐饮会务培训、农业观光（花卉、葡萄、草莓、樱桃番茄、甜瓜、蔬菜）
市　级	嘉善宏联食品有限公司	速冻蔬菜及水产品
市　级	嘉善江南食品有限公司	雪菜
市　级	浙江嘉善杨庙蔬菜厂	雪菜、大头菜深加工
市　级	嘉善祥盛生态养殖有限公司	有机鳖的养殖
市　级	嘉兴年代速冻食品有限公司	速冻蔬菜
市　级	浙江凌龙纺织有限公司	粗纺呢绒、针织纱
市　级	浙江明辉饲料有限公司	特种水产配合饲料
市　级	嘉兴泰晟来福食品有限公司	速冻蔬菜系列产品
市　级	嘉善丁栅金鸿制丝有限责任公司	白厂丝
市　级	浙江省嘉善县六塔鳖业有限责任公司	鱼鳖混养主产品六塔鳖
市　级	嘉善子陵滩酒业有限公司	黄酒
市　级	浙江粤海饲料有限公司	种苗、饲料、生物制剂
市　级	嘉善县东麟湖蔬菜厂	东麟湖雪菜
市　级	嘉善尚品农业科技有限公司	农产品种植、收购及销售
市　级	浙江恒兴饲料有限公司	生产、销售配合饲料
市　级	嘉善粮油食品工贸有限公司	大米
市　级	嘉善佳佳豆制品有限公司	豆制品

2015 年度嘉善县通过验收的省级现代农业园区情况表

类　　别	名　　称
省级现代农业综合区	嘉善县西塘—姚庄现代农业综合区
	嘉善县南部现代农业综合区

续表

类　　别	名　　称
主导产业示范区	嘉善县魏塘蔬菜产业示范区
	嘉善县六塔鳖现代渔业主导产业示范区
	嘉善县省级汾湖蟹产业示范区
	嘉善县陶庄省级鳜鱼示范区
	嘉善县天凝镇农业主导产业雪菜示范区
	嘉善县罗星街道农业主导产业甜瓜示范区
特色农业精品园	嘉善县干窑草莓精品园
	嘉善县天凝葡萄精品园
	嘉善县省级明辉南美白对虾特色精品园
	嘉善县干窑省级青鱼特色精品园

2015年度嘉善县绿色食品一览表

序号	认证主体名称	认证产品	产品商标	产品类别	产品级别	年产量（吨）	年销售额（万元）	产品编号
1	嘉善县惠民蜜梨专业合作社	蜜梨	惠绿	水果类	初级产品	5313.7	2800	LB—18—1412117526A
2	嘉善县锦雪农产品实业公司	双孢蘑菇(鲜)	锦雪	食用菌类	初级产品	2000	805	LB—21—1504111709A
3	嘉善县洪家滩葡萄产业园	鲜食葡萄	洪家滩	水果类	初级产品	1050	110	LB—18—1512117779A
4	嘉兴市三高园艺研究所	鲜食葡萄	小蜜蜂	水果类	初级产品	100	100	LB—18—1512117712A
5	嘉善县惠民蔬菜专业合作社	鲜食大豆	翠丰	蔬菜类	初级产品	3480	750	LB—07—1601110617A
6	嘉善县范泾草莓专业合作社	草莓(鲜)	范泾	水果类	初级产品	2102	2400	LB—15—1308117600A
7	嘉善尚品农业科技有限公司	芦笋	尚品源	蔬菜类	初级产品	2000	2320	LB—15—1509115821A
8	嘉善县丰乐农技服务专业合作社	大米	缪家	粮油类	初级产品	175	350	LB—03—1308112798A
9	嘉善农绿蔬菜专业合作社	杏鲍菇	利锋	食用菌类	初级产品	360	750	LB—21—1402110478A
10	嘉善靓尚品果业专业合作社	蓝莓	靓尚品	水果类	初级产品	2550	550	LB—18—1407112255A
11	嘉善县西塘镇礼庙葡萄园	葡萄	礼庙	水果类	初级产品	110	72	LB—18—1409113905A
12	嘉善县锦雪农产品实业公司	锦雪锦绣黄桃	锦雪	水果类	初级产品	5250	6780	LB—18—1508113646A
13	嘉兴碧云花园有限公司	葡萄	碧云	水果类	初级产品	100	400	LB—18—1509113847A
14	嘉善县利丰黄桃专业合作社	锦绣黄桃	利锋	水果类	初级产品	750	1022	LB—18—1510114830A

2015年度嘉善县有机农产品一览表

序号	认证主体名称	认证产品	产品商标	年产量（吨）	年销售额（万元）	证书编号	证书到期日期
1	嘉善美华水产养殖场	中华鳖	华神	30	500	015OP1200317	2016—9—27

种 植 业

【概况】 2015年，全县粮食生产总体保持平稳发展。全年粮食播种面积2.75万公顷(41.25万亩)，同比略增20公顷(300亩)，总产量约18.49万吨。油菜播种面积0.07万公顷(1万亩)，同比略减60公顷(900亩)。春粮种植面积0.88万公顷(13.15万亩)，同比减少0.5%，其中小麦0.58万公顷(8.63万亩)、大麦0.23万公顷(3.49万亩)、蚕(豌)豆0.06万公顷(0.95万亩)、薯类53.33公顷(800亩)，平均单产266公斤/亩，同比增加0.7%，总产量3.5万吨，同比增加0.5%。晚稻种植面积1.63万公顷(24.5万亩)，与上年持平，单产570公斤/亩。旱粮(大豆、玉米、马铃薯)种植面积0.24万公顷(3.6万亩)，其中春夏秋三季大豆种植面积0.19万公顷(2.85万亩)、玉米面积0.03万公顷(0.4万亩)、马铃薯面积0.02万公顷(0.35万亩)。油菜种植面积0.07万公顷(1万亩)，同比减少8.2%，平均单产158公斤/亩，与上年基本持平，总产量1583吨，同比减少7.6%。

【粮食高产示范方创建】 以陶庄镇金湖、汾湖、湖滨3个村为中心建立农业部万亩高产创建示范区；在西塘镇创建整乡制推进试点，落实万亩示范区4个，面积0.29万公顷(4.35万亩)；建立4个水稻省级千亩示范片，分别位于干窑镇范东村、干窑镇长丰村、惠民街道大泖村、大云镇缪家村；在西塘镇星建村、陶庄镇汾湖村等地建立5个省级水稻百亩攻关方。在西塘镇星建村建立籼粳杂交稻“甬优538”10公顷(150亩)，经嘉兴市农经局组织专家现场测产，平均亩产874公斤，最高攻关田1.12亩亩产906.6公斤，同比对照田块亩均增产103.2公斤，辐射带动全县0.11万公顷(1.6万亩)“甬优538”平均增产52.3公斤，亩均增效156.9元，小计增效251.04万元。在陶庄镇汾湖村建立单季常规晚粳稻“绍粳18”“嘉58”“浙粳88”“秀水121”等4个品种33.33公顷(500亩)示范基地，经过省“浙江农业之最”办公室组织专家测产，“绍粳18”150亩平均亩产747.7公斤，最高攻关田1.072亩，亩产772.1公斤；“嘉58”150亩经县级测产，平均亩产686.36公斤；“浙粳88”100亩经县级测产，平均亩产704.1公斤；“秀水121”100亩经县级测产，平均亩产663.35公斤。该示范基地辐射带动全县1.47万公顷(22万亩)单季常规晚稻平均增产4公斤，亩均增效12元，小计增效264万元。

【农业园区建设】 验收通过天凝雪菜主导产业示范区，建设面积201.33公顷(3020亩)，生产模式先进，利用冬闲田实行菜稻、菜豆等粮菜水旱轮作模式，园区内雪菜良种覆盖率100%，整体通过无公害产地认证，亩均产出率高，推广“合作社＋农户＋企业”产业化生产模式，带动农民增收，稳粮增效和生态效益明显。验收通过嘉善县陶庄省级鳜鱼示范区，建设面积72.67公顷(1090亩)，联系上海海洋大学、浙江大学农业与生物技术学院合作发展沙塘鳢“鱼稻共生”养殖模式，申报“鱼稻共生”嘉善模式发明专利，注册“汾湖”商标，示范区成为鳜鱼、沙塘鳢产学研合作化程度较高的示范基地。全县累计建成省级现代农业综合区2个、主导产业示范区6个、特色农业精品园4个，验收面积0.87万公顷(13万亩)。

【大棚瓜菜种植】 全县瓜菜复种面积1.60万公顷(23.97万亩)，比上年减少5.67%；总产量57.7万吨，比上年减少7.13%；总产值10.46亿元，与上年持平。蔬菜复种面积1.43万公顷(21.52万亩)，比上年减少4.06%；总产量52.84万吨，比上年减少5.78%；总产值8.01亿元，比上年增7.09%；西甜瓜复种面积1400公顷(2.1万亩)，总产量4.26万吨，总产值1.88亿元；草莓播种面积233公顷(0.35万亩)，产量0.6万吨，产值0.57亿元。大棚瓜菜面积继续位居全省首位。冬春茬大棚瓜菜实种面积3347公顷(5.02万亩)，占瓜菜总面积20.94%；总产量17.37万吨，占瓜菜总产量30.10%；总产值5.9亿元，占瓜菜总产值56.41%；亩均产值11742元，亩均净收入8445元(未计人工成本)。露地、小拱棚瓜菜、水生蔬菜种植面积前八位分别是普通白菜、大白菜、雪菜、莲藕、茭白、结球甘蓝、萝卜、菜豆，大中棚瓜菜种植面积前八位分别是番茄、甜瓜、茄子、莴笋、瓠瓜(地蒲)、西瓜、草莓、黄瓜。

【食用菌栽培】 春秋两季双孢蘑菇栽培面积3954万平方尺(439.33万平方米)，比上年减少6.46%，总产量2.57万吨,同比减少3.38%,总产值1.67亿元,同比减少11.64%;年产杏鲍菇140万袋,同比减少72%,总产值170万元,同比减少73.85%。春季蘑菇栽培面积1977万平方尺(219.67万平方米),单价6.28元/千克,总产量1.49万吨,总产值0.93亿元;秋季蘑菇栽培面积1977万平方尺(219.67万平方米),单价6.85元/千克,总产量1.08万吨,总产值0.74亿元。食用菌产业处于转型升级期,部分食用菌生产主体已完成从传统向工厂化的转型,建成标准食用菌生产厂房,配套控温控湿通风设施,采用机械化操作,应用隧道式发酵技术,实现周年化生产,提高单位面积产出效益。至2015年底,全县有食用菌工厂化规模生产基地4个,总投资近亿元,总生产面积4万余平方米,年产双孢蘑菇、杏鲍菇等2300吨,年产值近2000万元。

【“粮经轮作”种植模式】 全县应用粮经轮作种植面积0.28万公顷(4.25万亩),平均每亩实现年产水稻1100斤,经济收入1.5万元。嘉善县通过20多年探索和实践,总结推广水旱轮作、隔年水旱轮作两大类20余种类型的粮经轮作生产模式,并得到广泛应用。形成一批集中应用“粮经轮作”模式的蔬菜专业村,如“大棚甜瓜/地蒲—水稻”轮作模式的马家桥村、“大棚番茄—水稻”轮作模式的北港村、“大棚莴笋—水稻”轮作模式的智果村、“雪菜—水稻”轮作模式的光明村等。嘉善县在“粮经轮作”种植模式推广应用走在全省前列,“千斤粮万元钱”农作制度被省农业厅授予“浙江省改革开放三十年农业科技发展创业创新十佳典范”称号。

【农村绿化】 2015年,涉及农村绿化完成绿化造林面积331.25公顷(4968.7亩),完成计划任务的140%。魏塘街道城东社区、惠民街道毛家社区、天凝镇镇东村被评为省级森林村庄。落实《关于加强城乡绿化养护管理工作的意见》精神,制定并下发《嘉善县农村绿化养护管理工作考核验收办法(试行)》。全年完成农村绿化养护面积373.11公顷(5596.6亩),其中林带补植面积83.49公顷(1252.3亩)。

【经济林产业】 全年新发展经济林面积177.81公顷(2667.1亩)。全县果树面积2314.73公顷(3.47万亩),其中以锦绣黄桃为主的黄桃面积1010.28公顷(1.515万亩),以翠冠蜜梨为主的梨树面积394.77公顷(5921.5亩),两大果树生产基地面积占全县果树总面积的60.7%。天凝镇设施葡萄面积194.47公顷(2917亩),占全县设施葡萄总面积的37%,太浦河沿线姚庄丁栅片、西塘大舜片和陶庄柑橘生产基地稳定。2015年,水果投产面积1816.16公顷(2.72万亩),水果总产量4.35万吨,全年经济林产值2.13亿元。

【花卉苗木产业】 全县有花卉苗木902.2公顷(1.35万亩),总产值1.3亿元。其中花卉面积206.60公顷(3098.9亩),同比减少26.4%;总产量1.21亿支(盆),同比减少44.3%;总产值6473.1万元,同比减少18.3%。杜鹃面积38.53公顷(578亩),增加66.6%。苗木面积695.64公顷(10434.6亩),苗木产业主要分布在魏塘、惠民、姚庄、陶庄等镇,以种植香樟、榉树为主,占全县苗木面积的71.8%。

养 殖 业

【概况】 2015年,全县生猪总存栏6.73万头,同比下降42.97%;家禽总存栏63.84万羽,同比下降34.99%;兔总存栏1.64万只,同比增加46.43%;羊总存栏2.14万只,同比增加29.7%。全年出栏生猪16.08万头,同比下降64.91%;家禽出栏146.01万羽,同比下降47.67%。肉类总产量12592吨,同比削减62.08%;禽蛋产量8111吨,同比削减31.35%。全县有专业户390户,其中养猪239户、养禽66户、养羊77户、养兔4户、养蜂3户、奶牛养殖1户。建立生猪养殖电子数据库,实现生猪养殖动态数据实时更新和预警分析,开始智慧畜牧业信息化管理系统招投标。开展羊、蜂、兔和种畜禽调查研究。新增羊小反刍兽疫疫苗的全面注射,在春防、秋防期间做到漏防补针。7～8月,会同县综合行政执法局开展城镇社区饲养家畜家禽和犬类集中整治行动。

【违章畜禽舍清理】 全县畜牧兽医工作者配合各镇(街道)和各部门推进违章猪(禽)舍清理工作,全年累计拆除猪舍12.44万平方米、禽舍8.94万平方米。7月、9月,县督查组先后两次到干窑、天凝、西塘、罗星等重点镇(街道)开展生猪养殖反弹情况督查,确保年度生猪养殖业转型升级目标任务顺利完成。年末,基本实现预期目标。

【畜产品质量安全监管】 县、镇(街道)两级配备专门人员对畜产品进行监督抽检,防止不合格畜产品流入市场;加强病死动物无害化处理,确保畜产品质量安全;健全违禁药物抽检机制;坚持养殖环节、检疫环节、屠宰环节三管齐下,加强违禁药物监督抽检,坚决杜绝使用违禁药物的不合格动物产品进入流通环节。全县全年共抽检生猪尿样6391户、18829份,检测盐酸克伦特罗、莱克多巴胺、沙丁胺醇,均未发现有疑似阳性样品。其中日常监测生猪尿样17120份;集中飞行抽检4次,抽检生猪饲养场(户)233户,抽检尿样587份;屠宰检测尿样416户,抽检尿样1122份。抽检肉牛尿样248户、976份,抽检羊尿样106户、591份。配合开展市、省、部级专项抽检3次;完成嘉兴市"食安委"所分配生猪尿样综合抽检计划,抽取并封样生猪尿样3批次50份,均未发生疑似畜产品质量安全事件。全县预混料备案688批次,1230.105吨,未发现可疑产品。出台《嘉善县人民政府办公室关于进一步完善动物无害化处理长效管理机制的实施意见》,明确动物无害化处理工作管理主体,完善奖励政策。将动物无害化处理对象由生猪扩大到全部畜禽种类,确保100%处理。全县全年无害化处理病死家畜58372头(其中猪53295头)、家禽19193羽;屠宰环节无害化处理4691.31头(包括有害废弃物折算)。

【生猪定点屠宰管理】 加强屠宰企业日常监管,坚持每周1～2次不定期开展监督检查,重点检查菜牛屠宰有无注水行为,动物进场验收和产品出场检验等制度执行,屠宰操作程序是否符合规范要求,以及台账数据记录等情况。强化对屠宰环节瘦肉精自检工作监管,督促企业规范检测程序,提高检测比例,从原来5∶2∶1提高到5∶5∶5,做到盐酸克伦特罗、莱克多巴胺和沙丁胺醇3个项目同步检测,全年企业自检生猪尿样36352份、牛尿样10135份,县质监局委托检测生猪盐酸克伦特罗尿样46460份。开展专项整治行动,针对城乡接合部、行政区域交界处、主要交通道路周边、肉食品加工集中地等区域实行重点监控,收缴私屠乱宰的白板肉和查处私屠滥宰窝点,打击私屠滥宰和销售不合格肉品违法行为。全年组织稽查125次,出动执法人员704人次,检查经营户(含屠宰场)2766户次;约谈鲜肉经营户23户、菜牛屠宰经营户18户;调查处理答复县长热线电话14起、群众举报电话6起;取缔非法生猪屠宰窝点8个;立案查处1起;会同有关部门联合执法,取缔非法家禽屠宰点16个;查获和销毁非法生猪产品448.1公斤,没收非法屠宰工具12件。

【渔业生产】 全县水产养殖面积0.44万公顷(6.59万亩),比上年减少74.33公顷(1115亩),其中池塘养殖面积减少4.8公顷(72亩),稻田养殖面积减少253.3公顷(3799.5亩),外荡养殖面积增加183.77公顷(2756.5亩)。全年水产品总产量2.61万吨,比上年减少100吨,其中养殖产量2.3万吨,比上年减少262吨;捕捞产量0.31万吨,比上年增加162吨。渔业总产值7.74亿元,比上年减少2612.39万元。全县水产养殖品种主要为青鱼、鳜鱼、河蟹、青虾、南美白对虾、甲鱼等,形成以鱼类、虾蟹类、龟鳖类三大养殖主导品种为主的养殖格局。试点推广稻鱼共生、稻鳖共生、稻蟹共生等稻田养殖模式和南美白对虾套养青虾、花白鲢,罗氏沼虾套养花白鲢等立体生态养殖模式。

【渔业转型】 围绕渔业转型促治水,实施养殖塘生态化改造、稻鱼共生轮作、禁限养区划定与整治三大工程。完成水产养殖塘生态化改造27.77公顷(415亩)、稻鱼共生轮作面积34公顷(510亩)、禁养限养区整治(温室甲鱼退养转产)9.13万平方米。嘉善县东泉荡水产养殖塘生态化改造于2015年6月完工,9月通过验收,该项目总投资253.95万元,建成标准化鱼塘32.33公顷(485亩)、养殖进水预处理池1.67公顷(25亩)、尾水一级处理池0.67公顷(10亩)、尾水二级处理区0.67公顷(10亩),完成进排水渠道建设4450米,年产鲈鱼等鱼类产品300吨,南美白对虾、罗氏沼虾等虾类产品20吨,总产值1000万元。项目采用微生物制剂净化水质,通过净化池预处理进水和尾水经处理后排放方式,保护和改善项目区生态环境。

【高效生态渔业】 2015年,全县完成水产养殖池塘生态化改造27.67公顷(415亩)。在魏塘街道、惠民街道、罗星街道和西塘镇等镇(街道)开展水产养殖塘生态化改造和生态养殖模式应用。对养殖场池塘、进排水设施、尾水处理设施等进行新建或改造,推广南美白对虾套养青虾、花白鲢,罗氏沼虾套养花白鲢等立体生态养殖模式;开展温室甲鱼专项整治行动,天凝镇178户温室甲鱼养殖户中,签订协议142户,拆除95户,拆除温室面积近10万平方米,拆除户数和面积均超过总数的50%;新发展34公顷(510亩)稻鱼共生养殖面积,推广稻鱼共生、稻蟹共生、稻鳖共生等模式,与县粮油站联合指导,为嘉善县4家水产养殖场免费赠送160斤“甬优12”稻种。10月,由中国水稻研究所主办的池塘种稻新型农作制度现场会考察选址嘉善县陶庄镇西潘荡家庭农场,水稻所多名专家现场指导。嘉兴喜多鲜农业生物科技有限公司落实魏塘街道工业园区,开展海水鱼循环水养殖。

【渔业渔政管理】 全年签发长期捕捞许可证664本、临时捕捞许可证134本,苗种许可证到期换证或新办证3本,受理外荡滩涂养殖证申请72份,涉及面积599.07公顷(8986.01亩),换发新渔业职务船员证书54本。完成渔业船舶“三证合一”新证书制作发放工作,换发“三证合一”渔业船舶新证书681本,其中机动渔船新证书537本,非机动渔船证书144本,《渔船安全生产责任书》有效签订率100%。组织各类渔业领域监督检查124次,其中水上巡查54次,联合县综合行政执法局开展检查45次,出动检查人员732人次,检查各类渔船1020艘次,养殖企业(户)120户次,收缴资源赔偿费6000元。省、县两级渔业资源增殖项目投入资金72万,完成放流大眼幼体100公斤、鲤鱼夏花485.25万尾、草鱼夏花230.18万尾、鳙鱼夏花634.77万尾、鲢鱼夏花675万尾、鲢鱼鱼种120万尾,以及鳙鱼鱼种60万尾。

【渔业科技推广】 委托上海海洋大学编制嘉善县现代生态渔业(水产养殖)发展规划。举办各类养殖技术培训班,组织开展专题养殖技术培训班7期,参加培训310人次,在干窑镇和姚庄镇举办水产品质量安全专题培训班。做好2015年嘉善县基层渔技推广体系改革与建设项目相关工作,开展渔业科技示范户、示范基地遴选工作和渔技指导员确认工作,遴选100户渔业科技户和3个渔业科技示范基地。开展技术培训和知识更新培训等工作,组织县、镇两级渔技推广人员分别到宁波大学和省海洋与渔业干部学校开展渔技人员知识更新培训,参加培训36人次。开展主推品种和主推技术筛选工作,筛选适合嘉善地区可重点推广的中华鳖、南美白对虾、罗氏沼虾等10个水产养殖主推品种,适合嘉善实际的罗氏沼虾、南美白对虾设施大棚多茬养殖技术,池塘鱼鳖、虾鳖等多品种生态混养模式与技术,稻虾、稻鳅、稻鱼等共生(轮作)模式与技术等主推技术。

农业科技

【农业科技项目】 坚持以项目管理为重点,项目效益为目标,组织科技人员开展科技创新和科技成果推广,指导和帮助各级农技推广单位和各农业经济组织申报各类农业科技计划,加强农业科技计划和成果的管理。全年组织实施省现代农业资金(现代渔业、生态循环)项目4项、各级农业技术推广基金会实施试验示范项目9项、农业丰收计划项目23项。主筛选、推广农业主导品种80个,主推技术46项,农业机械主推机具四大类17个。

【农民素质与技能培训】 围绕现代农业“两区”(粮食生产功能区和现代农业园区)建设、精品农业发展和农民科技需求开展农民培训,举办农民培训班206期,培训农民10283人(其中女性4216人),完成年初计划的113.8%,其中新型职业农民262人、“两创”(创造性转化、创新性发展)农村实用人才1301人、农业专业技能1237人、劳动力转移就业技能770人、农村后备劳动力231人、双证制培训1134人、高技能培训2682人、农民大学生16人、其他培训2650人。组织冬春农业科技大培训活动12期,1300人次。2015年,农广校招收农村财务会计、休闲农业与乡村旅游、农村综合管理3个专业、208名学员,列全省招生数量第一。至年底,中专在校生332人,远程教育大专以上学历教育在校生140人(浙大远程36人,嘉职院农民大学生37人,电大67人)。全年完成职业技能鉴定3期,3个专业共165人(其中在校生124人、社会生41人)。

【农机人员培训】 大云镇缪家村作为全国农村实用人才带头人培训基地，全年开办培训班8期，其中大学生“村官”示范培训3期、家庭农场主题4期、信息进村入户主题1期，参训学员759人。组织农技人员专题现代农业科技远程培训大讲堂、现代生态循环农业模式与实践、农村土地承包管理与确权登记、农产品电子商务和现代设施农业技术活动等，参训人员83人。组织开展农技人员知识更新培训7期，合计参加培训农技人员238人。

【农业科技服务】 2015年，遴选县级农业科技示范户550户，农业科技示范基地6个。开展“情系三农”、“365进网格送服务”、“三进三联三送”走亲连心和以“送政策、送科技、送农资、送信息、送服务”为内容的系列农技下乡服务活动。组织各类服务活动8次，83名农技专家、党员志愿者参与，活动现场接受农民咨询3300多人次，解答农民各类生产、养殖问题300多个，发放相关宣传资料2750份，赠送蔬菜种子500包、小型农药1700包、小型化肥500包，赠送各类农业科技用书460余册，到种、养殖专业户家中实地指导十多次。

【农民信箱工作】 全县农民信箱总用户36788人，启用规范数35117人，启用规范率95.4%。2015年发布发送“每日一助”信息313条、买卖信息606条、公共信息292条，共发布“每日一助”服务成效15篇、农产品商务信息16条、电子商务发展5条、媒体宣传5条、成效报送6条、掌上农民信箱宣传1次、农民信箱图标链接5个。通过发布“每日一助”，服务对象接到来自各地客户电话、短信等反馈501个；成交和达成意向120万元。全县118个村(农村社区)均建立万村联网村级支网站，2015年，全县万村联网信息发布8250条。

农业机械化

【概况】 2015年，全县农业机械总动力23.3万千瓦，拥有各类农业机械5.48万台(套)，机具总量减少、结构优化。柴油机、汽油机、电动机动力分别为112843千瓦、3279千瓦、116888千瓦，分别占总动力的48.43%、1.41%和50.16%。耕作机械4259台，小型拖拉机逐年减少，大中型拖拉机逐年增加，其中58.8千瓦(80马力)以上大型拖拉机发展迅速；种植机械143台，持续增长；排灌机械7438台，略为增加；植保机械1371台，保持稳定；收获机械137台，总量减少。机械装备向大马力、大粮仓、高效能、高配置方向发展。收获后处理机械23379台，总量下降，新型机具逐步增加，其中粮食烘干机增长显著，由上年78台发展到104台；农产品加工机械1262台，渔业机械4626台，食用菌机械143台，农田基本建设机械97台，其他机械10051台，均与上年持平；畜牧养殖机械527台，因减量提质转型显著减少；运输机械1353台，继续呈下降状态。全县乡村农机从业人员7197人，农机经营总收入1.5亿元。新增各类农业机械316台，县级以上农机化财政投入2479.27万元。

【农业机械化作业】 完成机耕面积2.71万公顷(40.65万亩)、机收面积2.47万公顷(37.1万亩)、机播面积0.39万公顷(5.8万亩)，耕种收农机化综合水平76.8%，比上年增长2.8%，机耕、机收面积接近播种面积。机械植保面积1.54万公顷(23.13万亩)，比上年增加66.67公顷(1000亩)；完成机械化秸秆还田面积1.19万公顷(17.92万亩)，比上年增加0.13万公顷(1.98万亩)；机械加工农产品8.42万吨，比上年增加0.12万吨；机械脱粒粮食12.85万吨，比上年增加0.11万吨；机械烘干粮食4.58万吨，比上年增加0.97万吨；机械水果分级1.69万吨，比上年增加0.03万吨；冷藏保鲜库存贮量3.59万吨，比上年减少0.16万吨；农机运输作业量1648.91万吨千米，比上年减少69.8万吨千米。

【农机社会化服务】 嘉善县探索家庭农场等新型农业经营主体自我服务和社会化服务相结合的新途径，培育发展农机专业合作社及育秧、烘干等区域性农机服务中心。全县通过财政补助项目建设水稻育秧中心9个、粮食烘干中心8个，全县水稻季集中育秧能力在0.1万公顷(1.5万亩)以上，粮食批次烘干能力1264吨以上。累计组建农机专业合作社25家，有各类农业机械928台/套，从业人员640余人，完成农机作业服务面积1.67万公顷(25万亩)，承担全县粮食功能区内的粮食生产全程机械化作业、60%以上农田耕作和机械植保。

【购机补贴】 农机购置补贴资金526.05万元。全县受理86户农户和27个从事农机作业的农业生产经营服务组织提交的购机补贴申请。经审核、审批、公示,发放指标确认通知书193份,受益户数113户,涉及补贴机具316台套、秧盘3.4万只。投入农机资金1421.31万元。全年新增大中型拖拉机38台、四轮乘坐式插秧机16台、粮食烘干机26台、联合收割机17台。首次推出责任农机员网上操作受理程序,强化信息公开、服务保障、监督检查,维护和保障农机生产者、销售者和使用者合法权益。分3批拨付农机购置补贴资金,在中央、省财政规定的补贴额基础上,对水稻插秧机和育秧播种设备、粮食烘干机及收割后切碎装置等机具追加县财政补贴。

【农机安全生产】 按照"安全第一、预防为主、综合治理"建设方针,建立健全农机安全监管体系,安全生产继续保持稳定向好态势。完善县、镇、村、农机手四级农机安全监管责任体系,通过层层分解指标,签订责任书,健全农机安全生产责任体系。严格农机牌证管理,做好拖拉机、收割机年检工作,做好外籍拖拉机及相关农业机械登记备案工作。开展"十个一"宣传活动,提高农业机械驾驶操作人员安全意识,保障农业机械作业安全。开展农机安全生产"打非治违"和农机安全隐患排查治理及外籍拖拉机整治等农机安全生产专项行动。开展拖拉机、联合收割机、烘干机、插秧机等定期实地安全检验工作,拖拉机、联合收割机年检验合格率分别为86%、93%。全年发生农机道路事故2起,受伤4人,无死亡事故。农田作业机械零事故。农业机械注册登记率、检验率、驾驶人持证率分别为98%、86.2%和98%。 (沈建伟)

农业综合开发

【概况】 2015年,全县投入农业综合开发资金2128万元,其中省以上财政资金1260万元,县财政配套资金560万元,镇、村自筹资金308万元。全年实施国家农业综合开发高标准农田建设示范工程项目2个,建设高标准农田800公顷(1.2万亩)。项目总投资2304万元,其中省以上财政资金1080万元,县财政配套资金540万元,镇、村自筹资金108万元。全年产业化补助项目扶持1个农业龙头企业,总投资400万元,其中省以上财政资金180万元,县财政配套资金20万元,自筹资金200万元。

【土地治理项目】 建设高一高标准农田建设项目和罗云高标准农田建设项目,开发面积800公顷(1.2万亩)。项目涉及大云镇缪家村、曹家村、大云村和罗星街道马家桥村4个行政村。项目新改建排灌站19座、215千瓦,投资123.89万元;衬砌渠道22.32千米,投资291.60万元;埋设管道14.35千米,投资384.36万元;建造渠系建筑物1679处,投资83.16万元。土地平整1.07公顷(16亩),投资0.24万元。铺设机耕路22.61千米,投资569.74万元;建造机耕桥4座,投资102.42万元。营造农田防护林2.66公顷(39.89亩),投资23.75万元。规划4个科技示范推广项目,总投资1728万元。项目区经改造后,新增和改善灌溉面积320公顷(0.48万亩),新增和改善除涝面积340公顷(0.51万亩),年节约水量108万立方米,增加农田林网防护面积26.67公顷(400亩)。

【产业化经营项目】 扶持农业龙头企业产业化补助项目1个,为嘉兴嘉德园艺有限公司的嘉善县500万株花卉组培苗生产改扩建项目,项目总投资400万元,获得财政资金扶持200万元,建成达产后,年新增百合、非洲菊和铁皮石斛组培苗(1年生)500万株。 (张栋梁)

工　业

综　述

2015年，嘉善县695家规上工业企业累计实现产值1004.5亿元，同比增长7.6%。规上工业实现增加值172.3亿元，同比增长11.2%，高于全市平均5.6个百分点。成功培育首家产值超百亿元企业——浙江昱辉阳光能源有限公司和第二家产值超50亿元企业——富鼎电子科技(嘉善)有限公司。全年新增工业投资500万元以上项目489个，同比增长39.71%。新增亿元以上项目25个，计划总投资164.31亿元，同比增长47.43%，其中超50亿元大项目2个，分别是总投资59.85亿元的富通集团和总投资57.6亿元的铠嘉电脑。在建工业生产性项目441个，累计完成投资151.16亿元，同比增长25.05%，全年实到县外内资80.2亿元。通过开展能源“双控”工作，万元工业增加值能耗下降10.8%，万元GDP能耗下降4.3%，超额完成“十二五”节能降耗目标任务。

出台工业经济稳增长促发展政策“新20条”，从“支持企业加快发展，全力稳定工业增长”“积极扩大工业投入，全力推动结构调整”“切实加大金融支持，全力改善融资环境”“深入推进改革创新，全力提升服务效能”4个方面制定20条政策条款，改变原有扶持政策较为单一的财政补助、奖励。继续做好中小企业转贷基金运作，帮助企业解决还贷和续贷期间出现的短期资金周转困难，全年办理转贷基金贷款400笔、转贷金额12.85亿元。新建注册资金5000万的政策性融资担保机构——嘉善同舟贷款担保公司，发放贷款4100万元。开展百企培育工程，印发《嘉善县2015年“百家重点成长企业培育”工作实施方案》，重点培育100家成长型企业。做好大企业培育，印发《2015年度嘉善县大企业培育工作计划》，确定21家行业龙头骨干企业为重点培育对象，安排县级领导联挂，全年规上工业产值前30位的企业同比增长18%以上，新增1家上市企业——田中精机(嘉兴)有限公司。推进小微企业上规升级，印发《嘉善县2015年小微企业上规升级工作方案》，选择100家小微企业为重点培育对象，确定天凝镇为小升规试点镇，入围全省“小升规”重点乡镇(街道、园区)。组织开展稳增长“三问三促”(问政于民、问需于民、问计于民，促作风、促发展、促合谐)、“鼓干劲、增信心”“解难题、助企业”活动等活动，帮助解决发展难题。开展“调研服务进千企”专项行动和机关中层干部联企服务活动，8月起，排出214家销售收入亿元以上工业企业，选派1名机关中层干部开展“一对一”服务，联企中层干部进企844人次，帮助企业解决问题116个，办结率99.15%。完善企业服务平台，开通支持企业发展微信服务平台，提供最新政策、发布信息等；开通企情在线系统，全年办理企业事项1279件，办结率98%。实施“长风计划”，举办“2015年中国经济的转型与升级”专题讲座、企业中层干部培训班等19期培训活动，培训人数3500多人次。

深化审批改革。确立16个工业企业投资项目作为零审批试点，涉及总投资222.64亿元。率先在全县范围内落实工业企业投资零土地技术改造项目改革精神，全县符合零土地技改项目(投资

500万元以上)276个,占全县新增项目数的56.44%,计划总投资265.87亿元,同比增长42.82%。完善机制,狠抓项目推进。成立县重大项目推进工作领导小组及办公室,建立六大推进工作机制,开展专题督察8次,召开疑难会商、专题协商和现场办公30余次,为23个亿元以上项目配备县级联系领导和部门联挂领导。集中开竣工156个项目,计划总投资227.88亿元。出台《嘉善县2015年度“机器换人”专项行动方案》,开展以“机器换人”为核心的企业技术改造“双百行动”,实施重点项目100个以上,完成投资100亿元以上。召开全县“机器换人”推进会,表彰2014年度全县“机器换人”先进主体和示范企业,聘请“机器换人”专家指导组。获得“机器换人”木业家具行业省级试点。举办“机器换人”培训班,组织全县100多家有意向实施或正在实施“机器换人”的企业参加培训。加强内资招商。强化内资任务分解,县经济开发区、姚庄镇、西塘镇三大主平台内资任务占全县总任务的57.69%。编制《2015年内资项目计划书》。新批县外内资项目181个,同比增长33.1%;新批项目总投资122.9亿元,同比增长56.6%。从项目产业分布看,新批项目属于数码电子、光伏产业、精密及装备机械、新材料等新兴产业的有60个,项目总投资85.7亿元,占全部投资的69.7%。强化主平台建设。2015年年初,嘉兴出口加工区B区(嘉善电子信息产业园)升格为综合保税区,县经济技术开发区东区建设基本完成,姚庄经济开发区在全省2014年新增考评中列第一。提升市镇园区能级。组织魏塘、罗星、西塘3个市镇工业园区申报市工业园区二次创业评定,全部通过乙级考核。大舜纽扣园列入市“两创”培育对象。积极申报西塘智慧通讯小镇和归谷智能制造小镇。

全面完成绩效评价工作。开展“亩均税收”为核心的绩效评价,评价占地3亩以上工业企业1772家,总面积2957.13公顷(44357亩),总税收36.51亿元,亩均税收8.23万元,同比增长15.3%。其中规上企业总用地面积1806.67公顷(27100亩),总税收30.4亿元,平均税收11.2万元/亩,同比增长9.8%。启动实施差别化水电价政策,出台《关于印发嘉善县关于实行差别化电价水价的实施意见(试行)的通知》,针对连续两年被评为C类的企业征收差别化电价和水价,电价在现行《浙江省电网销售电价表》中相应电价的基础上,每千瓦小时提高0.1元;自来水水价、污水处理费基础上分别加0.4元/立方米和0.3元/立方米,其中高污染、高水耗企业分别加价1.5元/立方米和1.4元/立方米。确定50家企业为征收差别化电价对象,53家企业纳入差别化水价征收范围。

制定《嘉善县“百企提升”“百企倒逼”双百行动方案》,鼓励企业通过上规升级、技术改造、转型转产、盘活存量等方式实现提档升级,加快淘汰落后产能和腾退低效用地。发布实施《嘉善县实施“互联网+智能制造”战略加快工业经济转型发展行动方案》,首批确定木业家具、轴承、纺织服装、电子电声、钮扣服饰、水泥管桩、印刷包装7个行业及台资企业1个企业组团,制定行业转型升级实施方案,开展企业对标、诊断辅导和培训培育工作。召开嘉善县木业家具行业实施“互联网+智能建材家居”部署会和魏塘片区木业家具行业实施“互联网+智能建材家居”推进会。6月23日,嘉善县与国家工信部人才交流中心联合举办“2015互联网+智能制造”论坛。制定《嘉善县“百企两化融合”工作方案》。组织信息经济与“两化融合”培训。

全年完成退低进高项目58个,腾退低效用地面积96.75公顷(1451.3亩),超额完成86.67公顷(1300亩)年度目标任务。加快落后产能淘汰,淘汰落后设备2469台套,完成率176.4%;腾出用能空间折算标煤10209.11吨。获得省财政13万元淘汰落后产能专项资金。

推进“低小散”块状行业整治,获得省财政95万元专项扶持资金。3月,开展魏塘街道南北暑重点区域小木业整治工作,关停企业4家,取缔“三合一”现象17处,增设安全出口39个。推进锅炉专项整治,纳入2015年自备锅炉重点整治区域的321台自备锅炉,完成整治45台,完成率14%,其中生物质改造8台、集中供热淘汰6台、拆除淘汰31台;完成未纳入年度整治计划锅炉126台,其中生物质改造19台、电加热改造17台、天然气改造3台、拆除淘汰87台。配合做好钮扣、混凝土管桩行业整治工作,将钮扣行业列入嘉兴市年度“低小散”块状行业整治重点行业。配合做好项目审批、锅炉淘汰、现场专项执法检查等相关工作。会同县质监局、县公安局、县交通局及所属主体,完成魏塘街道、罗星街道、姚庄镇11家管桩企业现场检查与汇总上报工作。

推进节能降耗，158 家企业固定资产投资项目通过节能审查，同比下降 26.54%。通过节能审查的项目合计新增综合能耗 17.84 万吨标准煤，同比下降 5%；平均万元工业增加值能耗 0.37 吨标准煤/万元，低于全县“十二五”期末单耗水平。推进用能权交易改革，实施用能交易 12 笔，涉及用能交易总量 12895.4 吨标煤，总计交易金额 76.98 万元。推进企业节能技改，确定重点节能技改项目 32 个，计划总投资 6.27 亿元，实施完成后预计年节约标准煤 3.18 万吨。全年开工 32 项，开工率 100%，完成投资 5.69 亿元，总投资完成率 90.75%。推进重点企业清洁生产审核工作，下发 2015 年强制清洁生产审核名单，全年完成清洁生产 24 家。

（方　伟）

2015 年度嘉善县
十佳传统产业转型升级示范企业

索菲亚家居（浙江）有限公司
特雷通家具（嘉兴）有限公司
浙江美声服饰辅料有限公司
嘉兴长鼻王食品有限公司
浙江裕华木业有限公司
浙江瑞欣装饰材料有限公司
嘉善海力达工具有限公司
浙江广泉包装有限公司
浙江正华纸业有限公司
嘉善新三缘服饰有限公司

2015 年度嘉善县
十佳新兴产业发展示范企业

浙江嘉日氟塑料有限公司
承田汽车配件工业（浙江）有限公司
阿克苏诺贝尔涂料（嘉兴）有限公司
晋亿实业股份有限公司
嘉善华瑞赛晶电气设备科技有限公司
浙江众成包装材料股份有限公司
富鼎电子科技（嘉善）有限公司
浙江昱辉阳光能源有限公司
浙江欧丽数码喷绘材料有限公司
浙江智泓科技有限公司

装备制造

【概况】　2015 年，嘉善县规模以上装备制造业企业 227 家，从业人员 47051 人，主要从事数控机床、自动化生产线、五金加工机械、各类木业机械、电镀设备、轴承、紧固件、金属制品、汽摩配件、园林工具、训练器材生产等。完成产值 338.01 亿元，同比增长 14.1%；实现销售收入 237.98 亿元，同比增长 4.0%。实现利税 28.17 亿元，占规模以上企业利税的 46.0%；利润 21.16 亿元。

【格林策巴赫机械（嘉善）有限公司】　2006 年筹备并兴建厂房，投资额 1600 万美元，注册资金 800 万美元，占地 0.51 公顷（7.7 亩），厂房面积 20774.17 平方米，员工 240 余人，专业生产、销售建筑材料生产专用机械、木材加工机械、石膏板生产专用机械、工业机器人及其零部件、输送设备，是浙江省高新技术企业。2015 年，投入 500 万元进行“机器换人”技改，引进日本等国家和地区加工中心设备 2 台（套），生产效率提高 15%，优质品率提高 30%。全年实现产值 3 亿元，同比增长 10%。

【富信成机械有限公司】　成立于 2014 年，占地 2.33 公顷（35 亩），总投资 2 亿元，员工 200 余人，主要生产数控机床、数控磨床等，主要应用于汽车零部件、医疗机构、五金模具行业、飞机零配件、轴承、刀具、刀柄、陶瓷、铝制品、不锈钢、硬质合金等半成品的加工及制作领域。2015 年，实现产值 4400 万元，利税 450 万元，分别同比增长 20%和 22%。

【浙江帕瓦传动设备有限公司】　前身为 1997 年 3 月筹备并兴建厂房的嘉善顺达汽车配件制造有限公司，2013 年 10 月更为现名。投资额 1000 万元，注册资金 1000 万元，占地 9390 平方米，厂房面积 8660 平方米，员工 130 余人，专业生产、销售汽车取力器、液压绞盘、起升回转机构，是浙江省高新技术企业。2015 年，投入 178.64 万元进行“机器换人”技改，引进加工中心等设备 10 台（套），生产效率提高 15.7%，优质品率提高 10%。全年实现产值 3480 万元，同比增长 16.5%；利税 482 万元，同比增长 14.5%。

（李小光）

木材加工及制品

【概况】 2015年,嘉善木业家具行业拥有规上企业97家,从业人数23437人,实现主营业务收入106.65亿元,同比增长4.95%;实现利税5.74亿元,同比增长2.5%,其中利润4.45亿元,同比增长11.22%。全县木业家具行业有中国驰名商标4个、省著名商标3个、市著名商标4个。木业企业主要分布在干窑镇、魏塘街道及开发区(惠民街道),干窑镇多为细木工板及胶合板生产企业,魏塘街道多为地板及集装箱底板生产企业;开发区(惠民街道)多为地板及家具生产企业,龙头企业主要集中在魏塘街道及开发区(惠民街道)。板材产品有细木工板、多层板、贴面板、刨花板、建筑模板、装饰地板、集装箱用板材等十大类80余个系列100多个品种,家具产品有古典式卧房家具系列、餐厅系列等十余个品种,地板有实木、复合、强化、竹木等10余个大类近千个品种。

【台升实业有限公司】 该公司建筑面积70万平方米,其中自动化仓储系统面积6万平方米,是亚洲第一、世界第三大的家具生产企业。公司第一期厂房于2002年11月开工建设,2004年1月投产。主要生产销售各类家具、运动器材、室内装饰材料、木地板等木制品,产品全部直接出口美国及欧洲。2015年,实现销售收入12.7亿元,利润亏损2498万元。

【浙江华悦木业有限公司】 该公司是国内最大的木门生产加工基地之一,占地面积26.37公顷(394亩),员工1800多人。专业生产实木复合门,拥有“梦天”品牌木门,“梦天”牌实木复合门在全国木质复合门生产行业中产值第一。主要生产经营装饰木门、门套、柜门、线条、地板等系列产品,产品销往美国、加拿大、日本、欧盟等国家和地区。2015年,实现销售收入8.08亿元,实现利税1683万元。

【浙江裕华木业有限公司】 该公司始建于1997年,2004年8月从胶合板转产为实木复合地板研发制造。2015年,实现销售收入10.06亿元,实现利税9072万元。

【索菲亚家居(浙江)有限公司】 公司成立于2012年9月,位于嘉善县经济开发区,注册资本1.2亿元。总投资3.2亿元,占地14.6公顷(219亩)。2015年,实现销售收入8亿元,实现利税9800万元。

【浙江龙森木业有限公司】 公司占地面积6万平方米,建筑面积3.9万平方米,总资产1亿元,员工300人,拥有中高级职称专业技术人员30人。产品出口美国、加拿大、英国、日本。2015年,实现销售收入2.87亿元,实现利税2810万元。(李　平)

电　　子

【概况】 电子产业(电子信息产业)是嘉善县工业强县建设的主导产业之一。2015年,59家规模以上企业累计实现产值117.31亿元,同比增幅19.6%,其中富鼎电子科技(嘉善)有限公司实现产值50.05亿元。省特别重大项目——富通光通信全产业链项目和铠嘉电脑配件有限公司启动。

【富通光通信全产业链项目】 富通集团在嘉善投资超过50亿元,建设集光纤预制棒、光纤和光缆以及原辅配套材料于一体的全球特大型光通信全产业链工厂。项目全部达产后,预计销售额超过100亿元。

【铠嘉电脑配件有限公司】 铠嘉电脑配件有限公司由和硕联合科技集团下属的铠胜集团投资设立。项目总用地面积42.93公顷(644亩),总投资超9亿美元,注册资本3亿美元,规划总建筑面积约65万平方米,分两期实施,5年内完成全部建设。11月4日,经省发改委牵头评审通过,成为浙江省特别重大产业项目。8月14日,项目签约,9月23日,一期26.27公顷(394亩)开工建设。(方　伟)

纺织服装(服饰辅料)

【概况】 2015年,全县有规模以上纺织服装(服饰辅料)企业81家,实现工业总产值68.58亿元,同比增长10.5%;利税2.24亿元,同比下降18.3%,其中利润0.86亿元,同比下降18.3%。全部从业人员月平均人数11731人，同比下降1.1%。

【嘉兴西猛人造毛皮服装有限公司】 1985年始建，是一家专业生产人造毛皮面料、家纺用品和宠物用品的企业，有员工250人。公司实行从面料生产到成品制作一体化生产。主要生产中高档人造毛皮面料、家纺用品和宠物用品，75%以上产品出口至美国及欧洲市场。2015年，实现产值1.05亿元，同比增长41.73%，利税716.81万元。

【浙江凌龙纺织有限公司】 创建于1983年，占地18.5万平方米，直辖两个生产区，南区位于惠民街道，占地13.33公顷(200亩)，建筑面积约4万平方米，为高档纱线主要生产基地，年可生产羊绒针织纱400吨；北区位于西塘镇，占地约5.33公顷(80亩)，建筑面积约2万平方米，为中高档纺织面料生产基地，年可生产150万米。2015年，实现产值1.35亿元，利税738.3万元。

【嘉兴万源时装有限公司】 成立于1980年，占地面积1.5万平方米，有员工800多人。以生产女装为主，产品主要销往日本、法国、波兰等国家和地区。2006年在法国注册品牌"FACILE"。2015年，实现产值1.01亿元，利税435.85万元。

（朱嘉稀）

食品制造加工

【概况】 2015年，嘉善食品制造加工业稳中有升，19家规模以上企业实现产值45.6亿元，同比增长7.8%，实现主营业务收入41.8亿元。

【浙江嘉善黄酒股份有限公司】 位于西塘镇，固定资产1.3亿元，占地面积20万平方米，职工1000余人，各类专业技术人员200余人。公司有万吨级传统工艺黄酒酿造生产线，机械化黄酒酿造设备和自动化灌装流水线，年生产黄酒能力10万吨。是一家集生产酿造、销售于一体的黄酒股份制企业，产品市场覆盖江、浙、沪"长三角"地区及鲁、皖等近20个省市，远销日、加、澳、美等10多个国家和中国香港地区。2015年，实施米仓技术改造、压榨工段技术改造、大罐贮存、中水回用等项目，全年销量1.85万吨，实现销售收入1.4亿元，上缴税收1757万元。

【嘉善斯麦乐食品有限公司】 是一家集食品和新型材料研发与生产、商贸与旅游、工业设计与文化创意等二、三产业相融合综合型集团企业，注册资本1.5亿元。旗下拥有斯麦乐食品有限公司、麦可可贸易(上海)有限公司、斯麦乐食品工业设计(嘉善)有限公司等5个子公司。2015年，歌斐颂巧克力乐园入选浙江省首批服务业特色小镇，是国内首个以巧克力文化为主题的工业旅游项目，集巧克力生产、研发、展示、体验、文化、游乐和休闲度假于一体。

（高峰伟）

医药化工

【概况】 2015年，全县有医药化工业规模以上企业38家，其中化工企业37家、医药企业1家，实现工业总产值141.84亿元，同比增长14.7%。

【诚达药业股份有限公司】 成立于1999年，位于嘉善县开发区，占地面积12.4公顷(186亩)，是一家生产医药中间体的国家级高新技术企业，主要生产环丙沙星系列中间体、替卡西林系列中间体、左旋肉碱系列产品、抗艾滋病系列中间体、合同制备等，产品销往20多个国家和地区。与清华大学进行溶剂回收合作；与浙江工业大学进行电氧化合作；与上海展昱有限公司、上海交通大学、常州三维工业研究所等进行科研技术攻关合作。建有小试实验室1个、公斤级合成实验室3个、原料药分析检测中心1个、多功能中试车间1个、中试洁净车间1个。2015年，实现主营业务收入1.87亿元，上缴税收1482万元。

【阿克苏诺贝尔涂料(嘉兴)有限公司】 位于嘉善县开发区，成立于2003年4月，占地面积7.47公顷(112亩)。经营范围包括开发和生产销售高性能涂料、油漆及其相关产品，提供有关技术服务，主要应用于建筑物、木器制品、消费电子产品、汽车内饰塑胶表面、易拉罐等。公司采用国际信息化管理系统ERP系统SAP；配备现代化实验和检验设备，建立技术研发高效高产模式。2015年，企业实现销售收入12.74亿元，产值12.62亿元，出口销售收入1亿元，税收1.67亿元，利税2亿元，被评为嘉善县外资企业纳税大户。（许建冬）

新　能　源

【概况】 2015年，全县有新能源规模以上企业4家，实现工业总产值104.76亿元，占全县规模以上产值10.43%，同比增长21.1%，实现利税1.04亿元。

【浙江昱辉阳光能源有限公司】 位于姚庄镇，成立于2005年6月，注册资金3.94亿美元，主要生产单晶硅棒、硅片，多晶硅锭、硅片，太阳能电池、组件、逆变器、灯具、控制器、支架等，是一家集研发、生产和销售于一体的高新技术企业。2015年4月，浙江昱辉集团总部在姚庄运作。全年实现产值100.08亿元，同比增长30.6%，利润总额7825.97万元，出口创汇9.82亿元，成为嘉善县首家年产值超百亿元企业，被评为嘉善县外资企业纳税大户。（许建冬）

新　材　料

【概况】 嘉善县新材料产业主要包括新型包装材料、特种钢材料、无油润滑材料、新型纺织植绒材料、新型建筑材料、新型金属材料、复核材料以及功能性无机非金属材料、碳纤维材料等。2015年，全县新材料企业33家，比上年同期减少10家，产值61.47亿元，产值占比6.12%，增幅32.4%；利税8.12亿元，同比上升32.5%，其中利润4.93亿元，同比上升29.7%。

【浙江三赢医疗器械有限公司】 成立于2007年10月，集科研、生产、销售为一体的实业型科技企业，主要产品为凝胶凉垫、冷热敷、冰盒等，在职员工172人，其中大专以上学历科技人员74人，研发骨干39人。公司推行医疗器械生产质量管理体系，已获得TUV ISO13485/欧盟CE/美国PDF五大产品系列注册。拥有发明专利7项、实用新型专利15项、外观专利15项，其中90%以上已转化为新产品；2013～2015年，转化新产品技术23项。2015年，实现销售收入2.63亿元，全部为高新技术产品销售收入，实现利税3436万元。

【浙江欧丽数码喷绘材料有限公司】 位于姚庄镇，是集喷绘写真设备及耗材研发、生产、销售于一体的综合性实业公司。于2010年5月投产，主要生产数码喷绘材料、印刷涂层复合面料、不干胶制品、不干胶标识等。厂区占地面积40000平方米，在职员工300余人，其中大专及以上管理、技术人员60余人，研发骨干6人。2015年，实现销售收入3.04亿元，缴纳税收611.3万元，净利润645.2万元。（刘　珏）

船舶制造

【概况】 2015年，嘉善县有修造船企业40多家、船舶修理企业20家。全年新建船舶105艘，载重41815吨，其中普通货船53艘、散装船舶40艘。

【嘉兴市锦佳船舶制造有限公司】 位于杭申线(甲级航道)红旗塘洪溪段北岸。前身为1987年建立的嘉善县塘东船厂，以制造各类钢铝混合结构、全铝合金结构高速公务艇为主，具有钢质一般船舶二级Ⅲ类生产基本条件认可证书。占地面积2.1万平方米，注册资金3002万元，有高级职称技术人员1人、中级职称技术人员6人，涵盖船、机、电专业。2015年，完成建造公务艇及其他类型船舶数量30多艘，实现营业收入2900多万元，实现净利润60多万元。（高峰伟）

供　　电

【概况】 2015年，嘉善县供电量46.61亿千瓦小时，比上年增长0.35%。售电量45.41亿千瓦小时，比上年增长0.02%。全局线损率2.58%，比上年下降0.25个百分点。全县用电最高负荷86.29万千瓦(8月3日10时55分)，全县最高日用电量1682.4万千瓦小时，比上年下降1.52%。城网供电可靠率99.97%，配网供电可靠率99.91%。综合电压合格率99.69%。全社会用电量47.11亿千瓦小时，比上年同期增长0.66%；全县人均用电量12157.42千瓦小时/年(47.11亿千瓦小时/

38.75万人),同比增长0.66%;全县人均生活用电量1177.45千瓦小时/年。

2015年,全县境内有500千伏变电所1座、220千伏变电所4座、110千伏变电所16座、35千伏变电所4座、35千伏系统开关站1座,110千伏用户变电所3座、35千伏用户变电所10座,20千伏配变288台、10千伏配变8156台,小火电厂3座、垃圾发电厂1座、光伏电站35座。新增110千伏主变2台,新投产垃圾发电站1座,新投产光伏电站5座。有500千伏及以上线路8条,220千伏线路13条,10千伏至110千伏线路405条、长度2936.49千米;低压线路长度3422.33千米。

2015年,国网嘉善县供电公司被评为浙江省电力公司"企业文化建设示范点",韩明华工作室获首批"国网公司劳模创新工作室示范点"称号,韩明华被授予"感动浙电——2014最美员工年度人物",电力调度控制分中心获"国网浙江省电力公司五星级班组(工人先锋号)"称号。"分布式光伏接入电网关键技术研究"获青年创新创意大赛发布会二等奖,《嘉兴嘉善110千伏亭桥变10千伏三里J890线调整灵秀872线负荷新建工程可行性研究报告》获优秀咨询成果一等奖,获"英大杯"交通安全双百日竞赛活动优秀组织奖。其中韩明华工作室QC小组的《降低配网架线作业临近高压线路感应电次数》获第13届"海洋王杯"全国QC小组成果发表赛优胜奖,检修(建设)工区变电QC小组《提高接地线及操作棒试验标识合格率》、调控中心网络达人QC小组《缩短供电所信通故障平均处理时间》获第13届"海洋王杯"全国QC小组成果发表赛一等奖。"分布式光伏电站运维管理体系的创新与实践"光伏项目获全国电力管理创新成果一等奖。检修(建设)工区、魏塘供电所被评为"国网嘉兴供电公司四星级班组"。

4月1日,嘉兴市总工会副主席沈禾丰调研韩明华劳模创新工作室。(县供电局 提供)

【姚庄电压序列优化建设】 1月,启动姚庄镇(丁栅区域)小城市电网电压序列优化暨20千伏电网建设与改造工作,至年底,完成姚庄丁栅区域20千伏需升压专变用户签订三方协议101户,占总用户数的89.38%,合同升压变压器容量26475千伏安,占需升压变压器总容量的92.15%。工程完成104台公用变改造升压施工工作,占公用变总用台数的53.93%,改造及新增升压公用变压器总容量23260千伏安;完成58户专变升压施工工作,占总用户数的35.80%,升压专用变压器总容量7490千伏安。

【杭州湾大桥北接线改迁】 杭州湾大桥北接线工程贯穿嘉善区域,南北长27.3千米,电力线路改迁工作包含5个乡镇、19个行政村,涉及0.4千伏及以上所有电压等级线路,包括低压台区85个、10千伏高压线路70余条。成立杭州湾大桥北接线工程指挥部,下设办公室和项目管理专员,落实负责人具体负责工作。12月,到罗星街道进行现场勘测、路径选址工作,为杭州湾大桥高速公路北接线工程电力线路改迁工作做前期准备。

【终端集中器故障排查】 春节前夕,对所有终端集中器进行故障排查。对接收信号不好的台区,现场调整集中器天线位置;对配变台区大、线路长及采集不稳定的集中器进行加装集中器补点;对未能采集成功的表计,通知抄收工及时进行维护。

【技术创新】 在110千伏陶庄变应用静电除尘新技术,定制两套静电除尘空气净化设备,有效吸附空气中的灰尘和颗粒物,防止开关室设备金属材料的大气腐蚀,保证电网安全运行,属浙江省首创。加强抢修队伍协同整合,探索主动抢修服务,发起主动抢修工单4553张。推广带电作业,建设标准化带电作业库房,执行标准化带电作业流程,带电作业项目覆盖4类29项。韩明华工作室累计获得专利授权79项、软件著作权7项,申请专利43项,国网浙江省电力公司级及以上科技成果15项,多个集体获得全国优秀QC小组称号;研制完成国内首套分布式光伏并网接口一体化装置,探索光伏电站运维模式,项目成果被评为2015年中电联管理创新成果一等奖。

【用户资产接收】 成立用户资产接收工作领导小组,明确用户资产接收职责分工。至4月底,完成全部居民小区供配电设施(资产价值6000余万元)用户资产移交接收任务。

【安全质量管控】 为提高施工现场安全质量管控水平,推出"创典型五星现场,提整体安质水平"活动,建立安全质量评价奖惩激励机制,实行"从定点策划到随机抽取,从定额完成到全面覆盖"模式,变安全质量管理被动接受为主动争取;实行"三级负责制"工程质量验收机制,强化"过程验收、投产验收、竣工验收"三级验收制度,明确责任界限,严控过程质量,采用"定额放大"和"责任转移"考核办法,建立"自己监督自己、一级监管一级、一级考核一级"质量监督管理模式;建立现场稽查管理团队,实行施工、验收、投产全过程安全质量监督。

【光伏站点信息接入】 至年底,嘉善县并网光伏电站35个,总容量4.41万千伏安。为提高电网运行安全稳定性,对光伏站点进行数据接入和实时监控,保证电网运行安全。

【供电配网评估】 提交姚庄镇丁栅村、北鹤村、桃源新邨3个配网系统评估报告及专项规划,完成区域内14个村庄、214个台区、35160户农户现状的调查和分析工作,提出对中、低压配网改造的建设意见。规划"一主二副、一核二片、一带二轴"空间架构,按照一村一特色、一点一景观建设格局,重点打造3条"美丽乡村"精品线、6个"美丽乡村"精品点。

【110千伏里泽变改造工程竣工】 4月19日,110千伏里泽变电所改造工程竣工投产。改造工程将110千伏设备调换为GIS设备,1号主变由3.15万千伏安增容为5万千伏安,2号主变大修,取消主变35千伏电压等级,拆除35千伏开关室设备,110千伏设备及10千伏开关柜设备加装微机五防闭锁装置,所有10千伏设备保护调换成带网络通信功能的PCS系统保护装置,进行变电所房屋维修及全所环境整治等。

【供电营销移动终端】 国网嘉善县供电公司作为浙江省电力公司移动作业平台推广应用试点单位,将移动终端(PDA)应用到实际生产工作中。用电检查人员在索菲亚家居(浙江)有限公司高压配电房,运用移动终端已下载工单中的用户信息,结合现场实际情况进行检查,按照智能终端提示逐项填写检查结果,通过其自动生成的高压客户用电检查工作单,完成电子签章及用户电子签名并保存上传至营销系统。

【自动化信息采集】 在10千伏塞纳蓝湾开闭所和云澜湾开闭所安装T200I程序(由国网嘉善县供电公司自动化运维人员、国电南自研发人员、施耐德技术人员联合研发),将遥测、遥信、遥调信息上传调度自动化DS3000系统。DS3000系统自2004年投运,已接入变电站21个、用户变及电厂13个、站内远动装置厂家6个。

【首个家庭光伏发电站】 9月,嘉善县江南乐章小区居民卜某在其40平方米屋顶上组建小型分布式"家庭光伏发电站",系统装机容量4.5千瓦,并网类型采用自发自用余电上网的方式,在平均日照条件下,一年发电约4700千瓦小时,相当于减少4～5吨碳排放量。

【安全生产】 2015年,检查作业现场3033个,查纠违章466人次,违章记分570分,排查发现事故隐患24起。联合政府实现镇、村、供电企业联动机制，完成全县 4568 台智能总保安装，总保覆盖率 100%。连续 3 年开展配网供电能力分析，提出改进建议 84 条，落实改造项目 47 个，完成改造资金 8753 万元。

【优质服务】 在全县 104 个村设立电力便民服务中心，通过社区服务热线“96345”与供电服务热线“95598”合作构建居民表后电力服务新模式，组建“社区电力服务加盟者”队伍，借助社会承装、承修力量累计服务群众 2 万余户。拓宽电费缴费渠道，新设电费代收报刊亭或村邮站 120 余个，实现支付宝等 20 余种缴费方式，发放优化用电建议书 16 万份。完成 13 户 35 千伏专变、4090 户中压专变和 3799 台公变 GIS 系统与营销系统对应工作，建立 24 万户低压用户“站—线—变—户”拓扑关系，结合停电分析到户成果，快速、准确发布停电短信通知。

【提升管理】 设置供电服务监控室，运用供电所监控系统平台，闭环管理工单处理跟踪和记录。建设专业计量表计库，实现全程操作视频可视化，延伸“配网综合抢修故障换表业务协同作业”，在抢修车辆上配置应急抢修备表箱，实现故障电能表现场更换。依托劳模工作室实训基地，举办各类专业培训，累计 1000 余人次参加。创建技能大师工作室，举办电力行业企业技能人才自主评价工作，组织电工技师培训，105 名农电员工取得电工技师（二级）职业资格证书。实施供电所减负工作，利用信息化手段，减负 40%。完成姚庄镇新型城镇、“美丽乡村”配电网试点规划工作，成果入选国家电网公司试点；推出姚庄区域“一带一村”精品台区试点引领方案。

（朱留明）

国内贸易

综　　述

2015年,嘉善县开展商贸流通体系建设,加快现代服务业的发展,落实国家扩大内需政策,拓展国际国内市场,开展市场秩序整顿,使商贸流通业在引导生产、服务企业、促进消费、扩大内需、推动全县经济平稳较快发展方面发挥重要作用。全年累计实现社会消费品零售总额168.17亿元,同比增长11.0%;限额以上批发业实现销售额21.11亿元,同比增长15.7%;限额以上零售业实现销售额119.78亿元,同比增长7.3%;限额以上住宿业实现营业额1.24亿元,同比增长17.7%;限额以上餐饮业实现营业额11.9亿元,同比增长1.8%;异地零售额实现9.58亿元,同比增长63.4%。

嘉善县商业开发投资集团有限公司实现营业收入1亿2188万元,其中房地产销售收入3620万元、市场租赁收入2464万元、商品贸易收入6104万元。实现利润总额加折旧1814.24万元,其中利润总额444.42万元(剔除补贴收入、支出)、折旧1369.82万元。至年底,集团总资产20.89亿元,净资产16.20亿元,分别比集团组建时增加305.63%和379.29%。 (蒋明明　蒋雨舟)

粮油购销

【概况】 2015年,嘉善县国有及国有控股粮食购销企业收购粮食3.23万吨,比上年增长43.6%,其中订单粮食收购2.51万吨,与上年增长46.8%。全年销售粮食2.23万吨。年末,储存中央储备粮、县级储备粮及商品粮6.82万吨。全县粮仓通过季度“四无”(无虫害、无霉变、无鼠雀、无事故)检查、考核,达到“四无”标准。经省粮食局考核,嘉善县粮食收储有限公司中心粮库、储备库继续保持“三星级粮库”称号。

【落实县内粮食订单收购】 2015年,全县国有及国有控股粮食购销企业与1854户种粮农户签订粮食订单合同,订单粮田面积5286公顷(79296亩),订单粮食2.51万吨。种粮面积在1.33公顷(20亩)以上的农户520户,种粮面积4677公顷(70148亩),订单粮食22485吨。订单农户数比上年减少26.3%,订单粮田面积比上年增长7.4%,订单粮食比上年增长51.5%。全年全县粮食经营企业县内收购晚稻谷3.81万吨,比上年增长19.4%。

【外省粮食购入】 全县粮食经营、转化企业从黑龙江、江苏、安徽等地购入粮食28.98万吨,比上年减少3.7%。其中小麦(含面粉折小麦)4.97万吨,比上年增长1.0%;稻谷(含米折谷)6.22万吨,比上年减少16.7%;玉米9.63万吨,比上年增长6.5%;大豆及豆粕6.94万吨,比上年增长108.4%;大麦及其他1.22万吨,比上年减少77.2%。

【粮食订单信用等级评定】 县粮食局、县市场监督管理局继续对县级粮食订单开展种粮农户粮食订单“守合同重信用”信用等级评定活动,对农户订单数量多、订单粮食履约率高、位居全县前三名的村授予“订单粮食信用村”称号，给予一定奖励。被评为A级信用等级以上农户，除享受订单粮食扶持政策外，还按照交售订单粮食数量，给予一定奖励。全年有475户县级粮食订单种粮大户有“守合同重信用”信用等级评定资格。475户种粮户订单粮食22279吨，实际交售粮食22866.4吨，占全县国有粮食收储企业收购量的70.9%。210户种粮大户被评为AAAA级，34户被评为AAA级，38户被评为AA级，193户被评为A级。魏塘街道长秀村、西塘镇礼庙村、姚庄镇姚庄村获“订单粮食信用村”称号，3个村有种粮农户3031户，其中订单农户112户，订单粮食3435.7吨，实际交售3549.5吨，占全县国有粮食收储企业收购量的10.8%。

（周　杰）

供销合作

【概况】 2015年，嘉善县供销合作社联合社（县农合联）实现商品总经营收入15.96亿元，同比增长7.55%；服务业营业额3018万元，同比增长7.21%；资产经营收入248万元，同比增长6.44%；实现综合经济效益962.41万元，同比减少13.11%；实现利润206万元，同比增长17.71%；社会贡献总额5747万元，同比增长6.86%。年内，获省、市供销社综合业绩考核优秀奖。8月20日，副省长黄旭明、朱丛玖对《嘉善县供销社实施五项战略提升“银加善”农业精品集体商标含金量》作出批示，建议把嘉善做法印发全省各市、县参阅借鉴。10月2日，嘉善县代县长祁海龙在《我县实施五项战略提升“银加善”农业精品集体商标品牌价值》上作批示：“通过‘银加善’集体商标，提高我县农产品的质量，规范我县农产品的生产、加工、销售，不断提升我县农产品的美誉度。”

【“银加善”品牌宣传】 2月5～9日，县供销社（农合联）组织“银加善”品牌授权使用单位参加“2015嘉兴市农产品展销会”。11月19～24日，组织“银加善”品牌授权使用单位参加浙江省农博会。在《嘉兴日报·嘉善版》做“银加善”宣传专版4期。多次参与县科协牵头组织的“科普月月行”活动，宣传推广“银加善”品牌。

【魏塘供销社】 县供销社修订《魏塘供销合作社经营效益考核办法》。魏塘供销社重新制定《魏塘供销社社有资产使用、出租管理办法》《魏塘供销合作社财务管理制度》等规章制度，做好固定资产的清查和规范房屋出租工作。实现营业收入3.49亿元，同比减少5.2%；实现综合效益304万元，同比减少8.98%。扩大正大药房零售连锁经营，新开3家连锁店，连锁药店总数50家。

【东方大厦扩大连锁网络】 1月28日，东方大厦西塘生活超市开业，经营面积约3200平方米，品种涵盖各类生活必需品。10月31日，东方大厦杨庙生活超市开业，除日用品外，增加新鲜蔬菜供应。至年底，有连锁门店9家。东方大厦全年总经营收入2.25亿元，基本与上年持平。

【红菱村级供销社】 完成3000平方米连栋大棚育秧中心，并投入使用。向国家商标局申请注册“红菱荡”牌大米，尝试品牌优质大米基地生产销售业务。

【农民专业合作社建设】 新领办、参办农民专业合作社5家，组建专业合作社联合社1家，农副产品营销额5.18亿元，比上年增长27%。做好各级示范社培育工作，指导专业合作社品牌建设，已有自有品牌21个，使用“银加善”集体品牌11个，其中3个品牌获市级著名商标。开展县级农民专业合作社规范化、示范性合作社评比工作，开展农民专业合作社“重合同、守信用”评定工作。

【经营服务综合体】 新增经营服务综合体2家。建设天凝（杨庙）经营服务综合体，总面积800平方米，总投资70万元，11月初开业。建设惠民经营服务综合体。新办农村综合服务社6家。

【烟花爆竹公司仓库投入使用】 供销烟花爆竹有限公司专用仓库竣工验收，搬迁并投入使用，总投资约680万元。

【巩固农产品网上交易平台】 维护好1号店“特产中国·嘉善馆”的运行，馆内交易额十多万元，比上年增长1倍，带动“银加善”品牌农产品网上交易额

500 万元,主要集中在雪菜、黄桃、甜瓜、甲鱼、食用菌等门类,实现线上线下良性互动。

【县农产品经纪人协会】 7月31日,县供销社(农合联)举办第二届高级农产品经纪人培训班,43名学员参加培训。8月20～21日,县供销社会同县农经局、县妇联组织42名农产品女经纪人培训班学员赴德清、安吉等地学习,了解德清农村电商、阿里巴巴农村淘宝经营发展情况,学习安吉竹子产业化示范区、农民专业合作社管理和经纪人创办的农家乐运行等方面经验。协会党支部深化“两新”组织党建“5S”标准化建设,推动工作创新和品牌塑造,提高工作科学化水平,被市委组织部列为全市两新党建示范点培育点。党建工作情况在全市农产品经纪人协会骨干培训班和全省第二届农产品经纪人协会大会上作专题介绍。

【群团活动】 机关工会进行换届选举,产生新一届领导班子,机关工会和科协工会联合开展文体活动。完成系统团委换届工作,班子人员精简。县社妇委会深化巾帼文明岗创建,开展岗村结对等活动,参加县妇联组织的巾帼志愿者活动,开展义务劳动、文明劝导等工作。（文稼穗）

烟草专卖

【概况】 2015年,嘉善县销售卷烟2.73万箱,查获各类涉烟违法案件164起,查获卷烟14211条,案值285.83万元,上缴罚没款39.72万元。移送工商案件14起,移送公安案件4起。办理许可证187份。

【卷烟销售】 2015年,嘉兴市烟草公司嘉善分公司销售卷烟27266.74箱,实现批发销售额11.42亿元,同比增长7.43%;实现税利3.1亿元,同比增长18.3%(其中利润2.54亿元,同比增长18.49%);实现毛利2.92亿元,同比增长16.88%;单箱销售额4.19万元,首次突破4万元,同比增长8.43%。

【专卖管理】 年内,破获国标网络案1起;查获涉烟违法案件164起,查获5万元或20万支以上卷烟大要案20起,同比增加11起;全年市场净化率98%以上;“1·28”互联网案件抓捕2人,上网追逃1人。内部监管规范有序,全年无5万元或20万支以上卷烟外流案件发生。（张家欢）

盐业专营

【概况】 2015年,嘉善县盐业有限公司(盐务管理局)做好各类盐产品组织供应工作,确保盐业市场监管到位,供应平稳有序。全年购进各类盐产品10242吨,完成年度计划的80%;销售各类盐产品10312吨,同比下降8.2%;营业收入1778万元,同比下降2.3%;实现利润198万元,同比上升50%。

【碘缺乏病宣传防治】 5月15日,与县卫生局开展宣传防治碘缺乏病活动,向农户宣传“坚持食用碘盐,对人生健康保障”,免费赠送农户碘盐400余包。5月19日,在县中医院旁、景文百货大楼广场开展宣传咨询活动,制作宣传横幅2条,展示宣传图板8块,接受群众咨询1000余人次,分发宣传资料1000份。

【规范盐业市场】 4月,开展食盐与腌制盐市场执法自查和联合专项检查,对县城区、杨庙、新联等地区进行检查,未发现盐业违法行为。全年出动盐政执法298人次,受检单位1260家,县内未发生大案、要案,市场总体平稳。（陆　斌）

医药行业

【概况】 2015年,全县医药行业继续保持良性发展趋势,全年新开办药品零售企业17家、注销2家。全县有药品生产企业2家、批发企业2家、药品零售连锁企业6家、医疗器械生产企业15家、医疗器械专兼营企业29家,药品零售企业229家(含乙类非处方药品零售企业17家)。

【嘉兴英特医药有限公司】 前身是浙江嘉善医药有限公司,于2011年被浙江英特药业有限责任公司并购。于2014年10月通过药品经营许可证换证和新版GSP认证。经济性质为有限责任,经营方式为批发,经营范围包括中成药、中药材、中药饮片、化学药制剂、抗生素制剂、生化药品、生物制品、第二类精神药品、蛋白同化制剂、肽类激素、医疗用毒性药品。公司经营场所面积1995平方米，仓库储存面积4018平方米，其中阴凉库面积2467平方米、常温库面积1519平方米、冷库库区容积143立方米、特殊管理药品（第二类精神药品、医疗用毒性药品）仓库面积8.25平方米。仓库配备制冷机组、空调、除湿机、RF（手持式数据终端）、智能数据记录仪等设备。仓库各库区安装24小时监控录像，特殊管理药品仓库配备110防盗报警装置等专用设备。有从业人员68人，其中有大专（含）以上文化程度的42人，占员工总人数的61.7%；各类专业技术人员41人，占从业总人数的60%；有药师（含）以上技术职称的34人，其中执业药师6人。2015年，含税销售额2.9亿元。

【浙江嘉兴百仁医药有限公司】 由嘉善县魏塘供销社牵头组建，成立于2003年5月，2010年1月由浙江嘉信医药股份有限公司控股。于2014年11月通过药品经营许可证换证和新版GSP认证。经营方式为批发，经营范围有中药材、中药饮片、中成药、抗生素制剂、生化药品（以上均不包含冷藏冷冻药品）。兼营第二类、第三类医疗器械、食品。有从业人员44人。药学专业技术人员26人，其中执业药师5人，从业药师和药师21人。有经营办公用房564平方米，仓库面积3622平方米，其中阴凉库2536平方米、常温库1086平方米。公司设施设备齐全，配有制冷设备和空调、温湿度自动监控设备、RF（手持式数据终端）、移动式验收平台、送货车等设施设备。在药品的进、销、存、运和售后服务、信息反馈等各个环节，严格按GSP的要求规范操作。2015年，公司实现销售额1.25亿元。

【浙江嘉善长春大药房有限公司】 成立于2003年，是一家药品零售连锁经营企业，经营范围有处方药与非处方药、中药材、中药饮片、中成药、化学药制剂、抗生素制剂、生化药品（以上均不包含冷藏冷冻药品）。2014年4月通过药品经营许可证换证和新版GSP认证。年末，累计连锁门店17家，其中直营店2家、加盟店15家。2015年，实现销售额550万元。

【嘉善正大药房有限公司】 于2004年5月由嘉善县魏塘供销社和浙江嘉兴百仁医药有限公司共同出资组建的药品零售连锁企业，同年8月通过GSP认证。2009年通过换证及GSP复认证，2010年2月被浙江嘉信医药股份有限公司控股。2014年5月通过药品经营许可证换证和新版GSP认证。公司经营范围有处方药与非处方药、中药材、中药饮片、中成药、化学药制剂、抗生素制剂、生化药品（以上均不包含冷藏冷冻药品）。公司不设配送中心，全部药品委托浙江嘉兴百仁医药有限公司负责配送。有门店49家，其中直营店33家、加盟店16家。有从业人员177人，其中药学专业技术人员122人，占职工总数的70%。2015年，实现销售额3600万元。

【嘉善百姓缘药品零售有限公司】 于2006年7月组建的药品零售连锁企业，2007年3月通过GSP认证。2015年11月通过药品经营许可证换证和新版GSP认证。经营范围为处方药与非处方药、中药材、中药饮片、中成药、化学药制剂、抗生素制剂、生化药品、生物制品。配送中心面积919平方米。门店22家，从业人员151人，其中药学专业技术人员68人，占职工总数的45%。2015年，实现销售额3500万元。

【嘉善长红大药房连锁有限公司】 于2010年1月组建的药品零售连锁企业，同年5月6日取得GSP认证证书。2014年12月通过药品经营许可证换证和新版GSP认证。配送中心面积536平方米，经营范围为处方药与非处方药、中药材，中药饮片、中成药、化学药制剂、抗生素制剂、生化药品（以上均不包括冷藏冷冻药品）。有门店10家，其中直营店6家、加盟店4家，有从业人员70人，其中药学专业技术人员34人，占职工总数的48.6%。2015年，实现销售额1300万元。（徐隽佳）

住宿　餐饮业

【概况】 2015年，嘉善餐饮市场呈现平稳增长的发展态势，全社会餐饮业零售额完成11.9亿元，同比增长1.8%。餐饮市场呈现的对实用性的推崇使餐饮文化更接地气；传统经营和现代电商相互融合共赢;主题经营与节日节点凸显企业的温情理念;以新、奇、特取胜,精细化的创新定位渐成趋势;装修文化、菜品文化、服务文化、员工团队文化等共同构成嘉善餐饮靓丽风景线的特点。

【嘉善罗星阁宾馆】 酒店有各种类型客房200余间(套),设中西餐厅、自助餐厅、行政酒廊、大堂茶吧等,餐位1100个左右,有康乐设施、室内泳池、健身房、桑拿中心等。2015年,酒店打造“嘉善·西塘会议之都”,吸引会议客源,组织策划“宴”遇罗星阁、十周年店庆、嘉善(西塘)美食节、罗星阁金秋蟹节等餐饮系列活动,通过国家五星级复核评定,全年营业收入2630万。

【梅园大酒店】 位于嘉善县城中心繁华地段,是集餐饮、住宿、会务、娱乐等于一体的综合性品牌酒店。总建筑面积1.6万平方米,高13层。有112间客房,餐厅可同时容纳近1000人就餐,设有KTV包厢、乒乓球室、棋牌室、健身房、商务中心、茶吧、西饼屋等。2015年,实现营业额3750万元,利税280万元。

【嘉善金悦王朝大酒店】 嘉兴隆聚餐饮集团有限公司(原浙江金悦王朝投资有限公司)下辖餐饮酒店之一,营业面积4800平方米,总餐位800多个。2015年,实现营业额1742万元,纳税总额95万元。

【浙江世博大酒店】 酒店有中、西、日式餐厅,满足不同客人需要。有无柱多功能宴会厅,可根据会议需要自由间隔,设有独立VIP接待室。有700平方米、500平方米、300平方米多功能厅。2015年,实现营业额1907万元。

【嘉善宾馆】 2015年,嘉善宾馆通过调整内部经营模式,拓展经营渠道,将重点转向百姓团体以及各类团队的接待,提升宾馆软硬件服务水平。2月,接待县政协第十三届四次会议的政协委员。11月,通过四星级宾馆复评工作。2015年,实现营业收入2161万元,其中餐饮收入889万元。接待国内游客28347人、海外游客1750人。 (蒋雨舟)

商场 超市

【概况】 2015年,全县商贸企业规模化经营龙头效应进一步显现,集聚化程度不断趋强。由于大商场、超市及连锁经营商店具有信誉、品牌优势,货源充足、品种丰富,并有价格优势,规模经营效果日渐明显,各企业做优做强,不断探索经营化理念、思路、发展,赢取市场份额。

【东方大厦】 创办于1998年,是集住宿、餐饮、购物、休闲于一体的多功能综合性商厦,隶属于嘉善县供销合作社联合社(农合联)。东方大厦党、团、工、妇组织健全,有员工800余人,总面积3万平方米,主楼高12层,商场酒店实行统一管理。有餐位900余个、客房111套、不同规格会议室6间,娱乐、会务配套设施齐全。商场营业面积约1.5万平方米,经营品种齐全。2015年,大厦销售收入2.3亿元。

【大润发超市】 嘉善大润发商业有限公司位于嘉善县罗星街道施家南路318号,隶属于台湾润泰集团,为会员制国际连锁时尚平价购物广场。2015年,销售业绩2.88亿元,纳税额超过1477万元。

【世纪联华超市】 世纪联华嘉善中山店是杭州联华华商集团有限公司旗下一家大型超市。卖场共3层,经营面积近万平方米,经营品种包括食品、百货、生鲜各个品类2万余种。2015年,实现销售4419万元。

【农工商超市】 农工商超市集团嘉善连锁有限公司隶属于农工商超市(集团)有限公司,是国资委下属光明食品集团的子公司。在嘉善乡镇地区拥有17家直营门店,总营业面积2.9万平方米。2015年,参与嘉善县公办学校校园配送服务项目。国税、地税缴税总额约230万元。 (蒋雨舟)

专业市场

【农贸市场】 2015年,县商投集团所辖农贸市场11个,其中中心城区8个,西塘镇、惠民街道、大云镇各1个。农贸市场租赁收入2197万,同比增长41.19%。魏塘农贸市场通过省级放心市场验收。

【嘉善商城】 嘉善商城位于魏塘街道谈公路北段，紧靠320国道。商城占地面积8.3万平方米，建筑面积6.04万平方米，建于1992年，主要经营副食品(含粮油、水果)、日用百货等。2015年，商城有经营户425户，从业人员2100余人。商城经营的副食品有4000多个系列3万余个品种，以中高档品牌为主，其中国内外驰名商品百余种。全年实现交易额35亿元，上缴国家及地方税收合计2800余万元。商城经营服务有限公司店面、仓库出租率100%，租赁及管理收入267万元，基本与上年持平。全年经营秩序稳定，无安全事故发生。 (蒋明明)

【华东建材市场】 地处魏塘街道北大门炮台口、320国道和善西公路交会处，是一家综合性建材市场。总占地面积30.6公顷(460亩)，有商业用房1118间，总建筑面积16.5万平方米。市场分木材、建陶、胶合板、五金、汽车、汽配、摩托、家具八大交易区，有上海、江苏、福建、浙江宁波等全国各地的经营户485户，主要经营商品有五金、灯具、卫生洁具、水暖器材、家具等。2015年底，市场拥有总资产9745万元，公有经营房、仓储房、可租场地出租率100%。全年销售总额10.6亿元，全年上缴税收1285万元，租金收入550万元。 (董秋林)

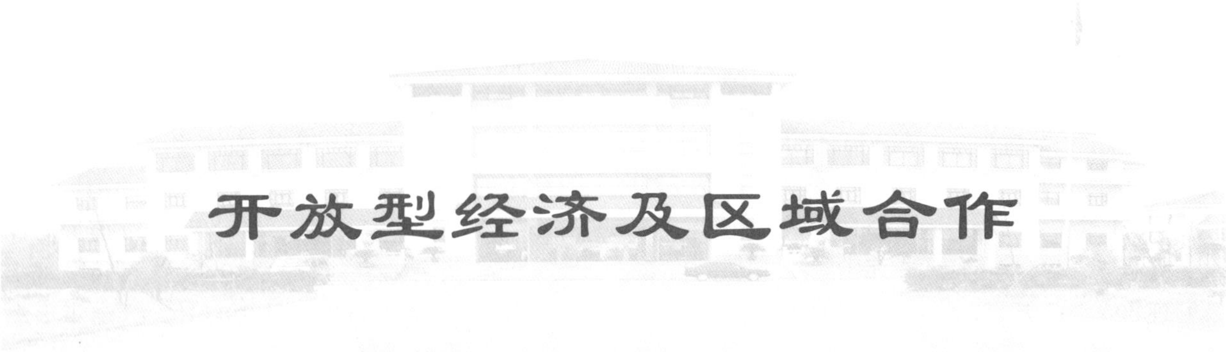

开放型经济及区域合作

综　述

2015年,嘉善县新批外商投资企业45家,其中新增13家;完成合同外资7.63亿美元,同比增长18.17%,完成县年度目标数的127.14%。实际外资完成4.47亿美元,同比增长6.75%,完成县年度目标数的111.68%,在嘉兴市五县两区排名中,实际利用外资第一,合同利用外资第二。全年服务外包合同签约9022万元,完成全年目标的180%;外包合同执行额3575万元,完成全年目标的111%。

全年自营进出口34.43亿美元,同比下降4.73%,其中进口7.76亿美元,同比下降14.17%;出口26.68亿美元,同比下降1.58%。外经项目备案7个,总投资2091.4万美元,中方对外直接投资额1101.75万美元,境外投资企业带动出口5950万美元。

把融入上海作为政府工作“首位战略”,把浙商回归作为招商引资“一号工程”,把对口帮扶作为区域协作主要任务,推进融入上海再创新业绩、浙商回归再上新台阶、对口帮扶再显新成效。扎实有序、积极稳妥推进各领域工作。

(沈丽娜)

招商引资

【概况】 2015年,嘉善县把深入上海腹地、全面对接各类优质平台作为招商“主战场”,加大“双招双引”(招商引资和招才引智)工作力度。成立4个工作小组分赴上海市外高桥、浦东张江、闵行区、嘉定区,开展“全天候、全方位、全覆盖”“双招双引”。4个驻点招商小组共走访客商825批次,邀请到嘉善考察客商92批次。签约项目(人才)11个,总投资15亿元,其中总投资超1亿美元项目1个;“国千”计划人才1名,“省千”计划人才2名。

【招商成效】 2015年,嘉善县在县外开展招商活动821次,县外对接企业项目1491次,对接平台448次,走访客商1983次,接待客商1754批次;县内走访企业、项目3778次;在排摸企业技改、增资、扩股过程中,获得项目329个,其中内资项目总投资98.76亿元,外资项目总投资2.43亿美元;参加招商培训312人次;开展招商宣传活动595次;发放宣传资料11606份。新增项目信息771个,其中获得“三类500强”和国际国内知名企业信息60个。项目签约342个,新批项目265个。新增人才信息274个,其中“国千”人才信息37个、“省千”人才信息23个。

2015年嘉善县利用外资情况表

单位:万美元

	项目数	同比(%)	总投资	同比(%)	注册资本	同比(%)	合同利用外资	同比(%)	实际利用外资	同比(%)
本年累计	97	0	128635.85	24.71%	53288.31	0.99%	76286.358	18.17%	44673.48	6.75%

续表

			项目数	同比（%）	总投资	同比（%）	注册资本	同比（%）	合同利用外资	同比（%）	实际利用外资	同比（%）
项目分析	新设项目		45	40.63%	86764.39	13.65%	46304.15	31.12%	44975.265	34.89%		
	其中	独资	34	41.67%	79648.70	22.00%	42470.81	43.41%	42470.81	43.41%		
		合资	11	37.50%	7115.69	−35.65%	3833.34	−32.74%	2504.455	−32.82%		
	增资项目		27	−27.03%	14373.65	−60.94%	8692.17	−58.52%	7098.325	−62.61%		
	其中	独资	17	−45.16%	7962.15	−77.20%	5187.67	−71.70%	5330.02	−70.92%		
		合资	10	66.67%	6411.50	243.08%	3504.50	33.70%	1768.305	171.67%		
	减资项目		4	0	−2102.19	0	−1348.01	0	−1348.010	0		
	其中	独资	3	0	−1923.01	0	−1208.01	0	−1208.010	0		
		合资	1	0	−179.18	0	−140.00	0	−140.000	0		
	撤销项目		2	100.00%	−400.00	−95.99%	−360.00	−89.71%	−360.000	−89.71%		
	外债项目		11	−50.00%	0	0	0	0	26258.348	48.15%		
	转股项目		7	75.00%	0	0	0	0	−337.57	−83.05%		
	调整项目		1	0	30000	/	0	−100.00%	0	−100.00%		

外向型经济

【概况】 2015年，全县自营进出口34.44亿美元，同比下降4.73%，其中进口7.76亿美元，同比下降14.17%；出口26.68亿美元，同比下降1.58%。外商投资企业283家，出口14.36亿美元，同比下降4.23%，占出口总额的53.82%；外贸自营生产企业405家，出口10.77亿美元，同比增长5.94%，占出口总额的40.38%；外贸流通公司110家，出口1.55亿美元，同比下降20.47%，占出口总额的5.8%。机电产品出口12.05亿美元，同比增长2.43%，高新技术产品出口2.66亿美元，同比下降16.40%，两者占全县出口额的55.12%。

【龙头企业】 外贸数据持续低迷。新华昌集装箱累计出口下降20.93%，跌幅较大。鹏超制衣出口继续下跌，同比下降12.36%。台升实业出口同比增长2.08%，盛基工业出口同比增长47.43%，裕华木业出口同比增长56.05%。累计出口排名前30位的企业中，新上榜企业保持较好增势，嘉兴市华盛化妆品有限公司同比增长119.80%，亿力清洁设备同比增长246.23%。全县出口增幅排名回落较大，列嘉兴市第四。

【出口行业】 家用电器及电子类产品出口同比增长5.98%，木制品及家具类出口同比增长5.75%，五金机械类出口同比下降3.01%，纺织服装出口同比下降4.99%，光伏能源行业出口同比下降41.85%。

【出口贸易】 一般贸易增加，加工贸易下降。2015年累计出口中，一般贸易同比增加3.40%，加工贸易则同比下降17.19%，其中，进料加工所占比例较大，同比下降17.56%。一般贸易和加工贸易出口贸易占比分别为79.79∶20.14。

【全球市场】 2015年，对日本累计出口1.02亿美元，同比下降7.94%；对韩国累计出口0.79亿美元，同比下降26.08%。对亚洲市场出口实绩7.06亿美元，同比下降11.04%，出口占比26.48%，其中对东盟出口1.56亿美元，同比下降4.82%。对拉丁美洲出口1.01亿美元，同比减少6.81%。对非洲出口0.36亿美元，同比增加1.07%。对欧洲出口5.16亿美元，同比下降7.56%，其中对俄罗斯出口2713万美元，同比下降42.28%；对欧盟出口4.37亿美元，同比下降1.80%。对美国出口11.17亿美元，同比增长8.47%，占出口总额比重的41.87%。对大洋洲出口1.03亿美元，同比增长9.61%。 （蔡　萍）

2015 年嘉善县进出口情况表

单位:万美元

进(出)口项目	金额	同比(%)	完成年计划(%)
地方自营出口	266815	-1.58	91.53
其中:三资企业出口	143606	-4.23	
县流通公司出口	15478	-20.47	
自营生产企业出口	107731	5.94	
全县进口总值	77616	-14.17	81.36
其中:三资企业进口	42538	-13.00	
县流通公司进口	19253	-20.52	
自营生产企业进口	15825	-8.60	

2015 年嘉善县企业出口贸易方式分布情况表

单位:万美元

贸易方式		当月	对比当月	同比(%)	累计	对比累计	同比(%)	出口占比(%)
所有方式(出口)		22749	25483	-10.73	266815	271099	-1.58	
一般贸易		18762	19746	-4.98	212887	205888	3.40	79.79
加工贸易		3955	5577	-29.08	53744	64904	-17.19	20.14
其中	来料	377	510	-26.08	5409	6270	-13.73	2.03
	进料	3578	5067	-29.39	48335	58634	-17.56	18.12
易货贸易								
保税区仓储转口货物		31	160	-80.63	68	174	-60.92	0.03

2015 年嘉善县企业进口贸易方式分布情况表

单位:万美元

贸易方式		当月	对比当月	同比(%)	累计	对比累计	同比(%)	进口占比(%)
所有方式(进口)		6110	7128	-14.28	77616	90430	-14.17	
一般贸易		5086	5317	-4.34	60057	62903	-4.52	77.38
加工贸易		938	1777	-47.21	16315	26289	-37.94	21.02
其中	来料	166	303	-45.21	2629	2897	-9.25	3.39
	进料	772	1474	-47.63	13686	23392	-41.49	17.63
外资企业作为投资设备进口		26	3	766.67	760	552	37.68	0.98
境外设备进区		10	14	-28.57	180	175	2.86	0.23
保税区仓储转口货物		43	13	230.77	179	298	-39.93	0.23
其他		7	5	40.00	125	213	-41.31	0.16

2015 年县乡镇、部门外贸进出口完成情况表

单位:万美元

乡镇、部门	2015 年 出口指标 (万美元)	1～12 月 出口实绩 (万美元)	2014 年同期 出口实绩 (万美元)	同比 (%)	1～12 月 进口实绩 (万美元)	2014 年同期 进口实绩 (万美元)	同比 (%)
开发区(惠民)	130132	122006	121052	0.79	31702	40831	—22.36
魏塘街道	64085	58969	59614	—1.08	15965	15800	1.04
罗星街道	10512	14128	9768	44.64	10287	11206	—8.20
西塘镇	2039	1619	1908	—15.15	930	1217	—23.58
干窑镇	11297	9196	10509	—12.49	538	2050	—73.76
姚庄镇	28710	25862	26708	—3.17	13897	14707	—5.51
陶庄镇	6781	5247	6308	—16.82	163	105	55.24
大云镇	19956	17021	18564	—8.31	1242	1285	—3.35
天凝镇	10967	7208	10202	—29.35	340	376	—9.57
科创中心	3415	2551	3177	—19.70	1824	2088	—12.64
国企办	3536	3008	3289	—8.54	728	765	—4.84
合计	291431	266815	271099	—1.58	77616	90430	—14.17

外经外贸管理

【海关】 2015 年,嘉兴海关驻嘉善办事处监管进出口货物 28.3 万吨,同比下降 39.48%;监管集装箱 24465 个标准箱,同比下降 1.37%;审核报关单 12805 份,同比下降 2.26%,征收税款 1.68 亿元,同比上升 12.52%;设立加工贸易合同 593 份,同比下降 2.79%,备案金额 2.2 亿美元,同比下降 42.26%。

推进区域通关一体化,报关无纸化改革落实到位。辖区内实际进出口报关单全部实施区域通关一体化模式,通关无纸化比 95.03%。运用综合业务管理平台,探索建立"全视角"、准"大数据"风险分析模式,加强与上海、宁波等口岸海关协调与联动,有效组织区域通关一体化模式下"属地申报,口岸验收"等多种监管模式的运用,降低企业物流成本和通关成本。对辖区内加工贸易企业及加工贸易货物实行分类管理,建立"加工贸易企业经理人关务月月会"制度及问题企业负责人约谈制度,注重政策法规宣传与引导,促进企业守法经营。每月开展规范申报自查自纠,报关单规范化申报正确率 100%。

联合地方相关部门开展"七彩嘉关与法同行"专题政策宣讲;与县市场监督管理局、国检县办事处等反走私工作成员单位对嘉善牛肉经营市场和销售门店进行进口牛肉合法性检查;推进嘉善新华昌新造集装箱海关监管场所通过杭州海关验收,有效破解新造集装箱出口监管难题,使生产企业缩短报关、退税时间,满足外商"先报关后送箱"需求;积极参与跨境电子商务课题研究和商务基地建设项目论证,为出口加工区 B 区升级为综合保税区做好海关政策支持工作。

做好党的群众路线和"三严三实"教育实践活动成果巩固转化工作;以纠正"四风"为目标,将各项廉政措施落到实处;坚持日常廉政教育与专题教育相结合,开展"以案说法"专题教育;通过走访企业,宣传海关政策、海关廉政要求,净化外部执法环境。 (吴金明)

【检验检疫】 2015 年,嘉兴出入境检验检疫局嘉善办事处检验检疫进出口货物 31142 批次,其中进口 782 批、出口 30360 批;涉检金额 8 亿 1958.3 万美元,其中进口 0.32 亿美元、出口 7.88 亿美元,同

比分别上升0.4%和1.0%。检出不合格68批,货值386.8万美元。签发各类原产地证书1.1万份,金额3.8亿美元。开展国外退运调查9批,金额25.01万美元,其中7批为非法检产品,经调查,退运原因主要为质量缺陷。

嘉善企业积极响应国家"走出去"战略,到非洲、东南亚、中国台湾等地区开设工厂、公司,为保障这些企业建设、投产和运行,嘉善办事处根据《企业出口自用物资检验监管办法》,在检验、放行、出证等环节提供高效便捷服务,解决企业实际困难和后顾之忧。

保障综合保税区B区建设。"三区一园"(高新技术产业园、特色旅游产业园、现代商贸物流园和新中心城区)建设是"示范点"建设核心内容,嘉善办事处以融入、助力为出发点,研究嘉善建设产业转型升级引领区和开放合作先导区的具体方案,找准检验检疫工作切入点,把加工区B区口岸的健康运行作为首要任务,借鉴上海自贸区检验检疫经验,突出检疫重点,加强有害生物和病媒生物的查验工作,以嘉兴局有害、病媒生物实验室为依托,严防疫情疫病传入。

投身"三严三实"活动。按照总局、省局和嘉兴市局有关"三严三实"专题教育活动精神,把"三严三实"的要求贯彻到修身做人、为官用权、干事创业的各个方面。 (石　松)

区域合作和对口支援

【概况】 2015年,嘉善县把融入上海作为政府工作"首位战略",把浙商回归作为招商引资"一号工程",把对口帮扶作为区域协作主要任务,推进融入上海、浙商回归、对口帮扶等。取消上海移动在嘉善经济技术开发区漫游资费,签订省际水源地建设保护合作框架协议,全县报市浙商回归省外到位资金61.63亿元,总投资15亿元以上特别重大项目5个,拨付结对帮扶资金538万元。

【对口帮扶】 2015年,嘉善县对口帮扶包括对口支援四川藏区、对口支援重庆涪陵和省内丽水地区,落实帮扶资金438万元。8月,县委书记许晴带队到青海省乌兰县开展协作交流,与该县签订结对帮扶合作交流框架协议,落实帮扶资金100万元,两县在经济协作、招商引资、农牧业发展、旅游开发以及教育、卫生、文化、体育等方面进行区域战略合作。组织企业到重庆参加"渝洽会",赴重庆涪陵进行对口帮扶交流。

【融入上海】 扩大产业合作,全县9个主体平台的5个平台与上海重要平台建立战略合作机制。全年从上海引入浙商回归重大项目44个,到位资金49.73亿元,总投资30亿元以上特别重大项目5个,浙商综合性总部项目1个,与上海市浙江商会签订战略协议,在项目招引、信息共享等方面给予支持。优化营商环境,对标上海自贸区贸易便利化制度,嘉善项目协作区复制推广25项制度改革,获取有效项目信息72个。嘉善海关在"简化通关作业随附单证""统一备案清单""批次进出集中申报"3项功能上完成对自贸区海关监管服务制度的复制。提高民生质量,两家民营医院与上海合作办医的基础上,是一院与上海半山医院、上海仁济医院建立了长期合作关系,设立上海参保人员医疗保险代办服务窗口,在嘉善常住的上海医保参保人可以就近办理医保报销,与上海旅游卡等实现互通。

【合作交流】 强化规划对接,举办嘉善对接上海中长期规划对接会,与上海市发改委规划处、地区处建立经常联系机制,从交通、产业、环境、旅游等与嘉善未来发展有直接影响或嘉善与上海互惠互利、互动发展的方面加强与上海的规划对接。智库资源对接,加强与上海市政府发展研究中心、上海市社科院等智囊机构交流合作,在嘉善建立科学发展研究实践基地,开展突破省际行政区划限制、助推嘉善融入上海、加快科学发展的系列重大问题研究。产业融合发展,加强与上海自贸区在产业招商、改革创新等方面合作,拓展与金桥开发区、张江高科技园区、上海陆家嘴3个扩张区合作,打造自贸区功能优先承接区、制度创新率先复制区、开放红利首批共享区。 (顾敏姝)

经济园区

综　　述

全县工业园区总规划面积73.75平方千米，已开发面积46.62平方千米，累计投入基础设施建设资金91.64亿元。进区企业4792家。2015年，全县园区完成规模以上工业产值971.88亿，实现利税117.4亿元。县经济开发区、姚庄经济开发区、魏塘工业园区、天凝工业园区、西塘工业园区成为百亿元工业园区，干窑、大云、罗星工业园区产值超50亿元。

2月，嘉兴出口加工区B区升格为综合保税区。全县有国家级嘉善经济技术开发区、嘉兴出口加工区B区，省级经济开发区浙江姚庄经济开发区，嘉善县电子信息产业园区、中国归谷嘉善科技园、大舜纽扣产业园等专业园区，及魏塘、罗星、西塘、陶庄、干窑、天凝、大云7个市镇工业园区。

（钱逸飞）

嘉善经济技术开发区

【概况】 2015年，嘉善经济技术开发区完成地区生产总值69.62亿元，增长7.5%；实现财政总收入17.85亿元，增长16%，其中地方财政收入7.57亿元，增长14.2%；完成固定资产投资61.37亿元，其中工业生产性投资42.57亿元、三产投资18.8亿元(不含房地产)；完成规模以上工业产值307.7亿元，增长4.7%，规模以上企业利税15.82亿元，其中利润8.7亿元；合同利用外资3.02亿美元，实际利用外资2.03亿美元，实际利用县外内资26.4亿元；完成进出口总额15.37亿美元，其中出口12.2亿美元。

【招商引资】 全年完成外资项目审批86个，内外资项目备案138个。突出上海主攻方向，对接上海高新园区、经济强镇(街道)，全天候开展驻点、蹲点、定点招商。加强与专业平台、中介机构、行业协会合作交流，先后赴德国、荷兰、立陶宛、比利时拜访外资企业总部及有关商贸机构，与鲁道夫沙尔平咨询机构、考纳斯自由贸易区建立同盟，与欧盟中国经济文化委员会多次互动交流，加盟工场网和德国中小企业联合会，紧密联系荷兰驻沪总领事馆、荷兰国家贸易促进中心、荷比卢商会等知名机构，组织参加荷兰国王日酒会、浙洽会等重大活动。全年累计举办各类招商推介活动277场(次)，跟踪各类项目信息200余个。

【产业转型】 实施“两化”融合战略，常态化开展“服务千企”大走访，推进“企情在线”管理，制定“1＋N＋X”联挂企业机制，发挥企业联动服务中心作用。推进工业企业“亩均绩效评价”，实施“百企提升”优化工程和“百企倒逼”腾退工程，80家企业实现提档升级，凯蒂滑动轴承被评为全省2015年度“百企装备优化提升”工程试点示范企业。推进“四换三名”工程，大力推进传统木业家具企业实施“互联网＋智能制造”战略，索菲亚家居技改项目列入省重点工业“机器换人”项目，新思考电机作为“腾笼换鸟”典型成为嘉兴市“双推”活动全县唯一的工业企业现场观摩点，晋亿实业董事长蔡永龙获市第四届“十大工业转型升级风云人物”称号，众成包装入选市第二批“三名”培育试点企业，获“2015 浙江‘智慧园区’示范开发区”称号。助推小微企业成长，4 家企业申报省成长型中小企业。全面掌握存量土地、厂房资源，为 31 家闲置用地企业定制二次开发方案，加大存量资源招商力度，全年腾退低效用地 2.93 公顷(447 亩)、盘活存量厂房 21 万平方米。

【项目推进】 奉行企业审批的全过程服务体系、企业建设的全方位服务体系、企业投产的长期性服务体系。针对重大项目成立项目服务班子，全程高效服务，精简审批流程，缩短建设时间。铠嘉电脑项目从签约到开工奠基用时 38 天，创下当年度获得信息、洽谈签约、开工建设的重大项目引进效率新高。推进县重点工业项目建设，开工率、竣工率分别为 100%、73%。

【科技创新】 推进“大众创业、万众创新”，加大与科研高校院所合作力度，引进人才型、科技型中高端项目，对北大创新研究院嘉善产学研合作中心首批 5 个创新项目确定专项扶持资金 700 万元，与上海交通大学机械动力与工程学院工程硕士教育中心缔结友好单位。组织申报国家“千人计划”5 人、省级“千人计划”7 人、“创新嘉兴精英引领计划”7 人，引进“国千”“省千”人才各 1 人，实现“国千零突破”。诚达药业、华瑞赛晶通过国家级高新技术企业复审，新申报国家级高新技术企业 2 家，申报省级科技型中小企业 6 家、市级创新型企业 5 家、市级技术中心 1 家。完成专利申报 638 件，华瑞赛晶申报市级专利示范企业。

【平台建设】 完善全区控制性详细规划，做好局部功能区块规划完善和重点项目规划调整，有序推进东区路桥及配套等建设，基本完成东区一期绿化，实施长江路、黄河路、新华路、玉山路等道路改造工程，抓好重点项目配套设施承建，充实招商一线与企业全线服务力量，全程跟踪式服务企业发展，全年园区基础建设投入 3.1 亿元。

【“铠嘉电脑”落户】 8 月 14 日，世界 500 强、总投资 9 亿美元项目——铠胜集团嘉善产业基地项目签约落户嘉善经济技术开发区。嘉兴市代市长林健东、副市长盛全生，省台办副主任陈正仁、省商务厅副厅长马洪涛，县领导许晴、祁海龙、郑明、冯伟、滕根林等参加签约仪式。9 月 23 日，铠嘉电脑配件有限公司在开发区举行开工仪式，县领导许晴、冯伟、曹国良、顾林法等参加。

【浙江中荷(嘉善)产业合作园】 12 月，浙江省人民政府办公厅发文公布首批浙江省“国际产业合作园”创建名单，浙江中荷(嘉善)产业合作园成为全省唯一的省级中荷产业合作园。产业园一期规划建设面积约 86.67 公顷(1300 亩)，二期 233.33 公顷(3500 亩)。一期项目包括工业智造区、工业旅游贸易区、荷兰风情文化区 3 个版块，涵盖工业、贸易、商品展示、工业旅游、生态休闲等。

【重大项目】 11 月 22 日，总投资超 10 亿元的浙江三杰印刷科技项目在县政府举行签约仪式，县领导许晴、祁海龙、冯伟、曹国良等参加；12 月 9 日，总投资超 10 亿元的宝湾国际电商物流项目签约落户嘉善经济技术开发区，县领导沈康明等参加；12 月 19 日，全县首个节能环保科技产业园——中节能(嘉善)节能环保科技产业园项目落户开发区，县领导许晴、祁海龙、曹国良、朱学军等参加。 (曹诚超)

嘉善县电子信息产业园(嘉兴综合保税区 B 区)

【概况】 嘉善县电子信息产业园规划面积 2.56 平方千米。2010 年 1 月，嘉兴出口加工区 B 区获国务院批准。2014 年 2 月，嘉善县人民政府与上海自贸区管委会签订协议，出口加工区 B 区作为上海自贸区项目协作区错位发展。园区先后有富士康科技集团、富通集团等落户。2015 年，园区实现规模以上工业产值 52.17 亿元，完成工业生产性投资 7.48 亿元，工业园区基础设施建设 6436 万元。完成合同利用外资 1.28 亿美元，实际利用外资 1.28 亿美元，实际利用县外内资 1.98 亿元。

【综合保税区 B 区】 2015 年 1 月，嘉兴出口加工区 B 区升格为嘉兴综合保税区 B 区，是浙江省第一个海关特殊监管区转型范例。嘉兴综合保税区

B区规划面积1.65平方千米，首期围网0.66平方千米。嘉兴海关、嘉兴出入境检验检疫局、中国人民银行嘉善支行外汇管理局等部门在区内设立专门机构现场办公，实行24小时、7天制通关运作。

【富士康富鼎电子项目】 项目由世界500强企业富士康科技集团投资，于2007年引进，2011年量产。2015年项目投资7.1亿元，产值50.1亿元，缴纳税收2.14亿元。富鼎电子已建、在建五期，已建厂房累计19万平方米，在建16.6万平方米。

【嘉兴富通集团项目】 富通光通信全产业链项目于2014年引进，是浙江省特别重大产业项目，占地73.33公顷(1100亩)，总投资59.8亿元，产值超100亿元。富通主体项目于2015年5月完成奠基，12月开工建设。9月，总投资4400万元的富通工业4.0智能制造研发中心建成并投用。2015年通过OEM委外加工模式，实现产值2.5亿元。

【保税物流】 实施简化统一进出境备案清单、简化无纸通关随附单证报关、批次进出集中申报、返区维修、保税货物区间自行流转5项海关监管创新制度。2015年，综合保税区B区完成保税物流票数6570票，监管货值2.15亿美元，实际进出区货物总值19.4亿美元。基本建成总投资9240万元的30000平方米保税仓库，从上海自贸区引进中粮项目。

【招大引强】 推动富通项目二次招商，配套富通项目建设，对接引进微软整机项目。加大保税物流、跨境电商优质项目引进力度，与“优船”“洋码头”“一号店”等跨境电商洽谈。

【基础设施建设】 按照《海关特殊监管区域基础和监管设施建设标准》《海关特殊监管区域信息化辅助管理系统基本配置》等文件要求，完成相关设施建设。建成不间断、全封闭式隔离围网，全长3780米。沿隔离围网建有宽4米、长3780米的海关监管、巡逻专用通道，沿巡逻通道安装照明设施和监控设施。建有可供海关、检验检疫部门使用的验货场地、验货平台，验货场地3.6万平方米，监管仓库建筑面积1000平方米，仓库内安装照明设施和视频监控系统。沿隔离围网配有照明设施、视频监控和报警系统，每隔70米设置固定式摄像机，有67对红外对射报警器、123台固定式摄像机、33台球形一体化摄像机，保证海关对围网周界全方位无盲区监控。建成符合海关、检验检疫监管要求的网络环境和计算机管理系统。建成符合进出口货物检疫检验要求的相关设施，主要包括隔离仓库、药品库、器械库、熏蒸设施及焚化池等。全长1100米的中兴路新建工程启动建设，全长680米的复兴大道拓宽竣工。 (马正之)

中国归谷嘉善科技园

【概况】 2015年，中国归谷嘉善园区引进国家“千人计划”专家3人、省“千人计划”专家1人，自主培育省“千人计划”专家1人，入围“创新嘉兴·精英引领”计划项目答辩6个。建立嘉兴市首个海智计划工作基地工作站。被省委组织部授予浙江省“千人计划”产业园。省委常委、组织部部长廖国勋，省人力资源和社会保障厅副厅长宓小峰，欧美同学会副秘书长许睢宁等分别走访调研园区，接待各省企事业单位观摩学习100多批次。举办浙江省海高会医疗器械专委会“千人计划”嘉善行、欧美同学会高研班留学报国服务团“走进嘉善”活动、第七期全国归国留学人员代表人士高级研修班等高端人才活动十余次。园区累计注册企业152家，总投资60亿元。实现产值4.95亿元、利税0.55亿元，分别增长81.8%、202.0%。全年实现税收收入2088万元。新入驻项目59个，新开工项目20个，新竣工项目20个。

【招才引智】 携手欧美同学会、北京海外学人中心、浙江省海高会医疗器械专委会等平台举办人才活动十余次。推选申报浙江省“千人计划”12人、国家“千人计划”4人，成功入围浙江省“千人计划”专家1人、国家“千人计划”答辩2人。

【招商引资】 招商模式由自主招商转变为入驻企业定向招商、建立园中园的发展模式。与软通动力签署总投资20亿元的投资协议，软通动力构建涵盖嘉善物联网产业实体、物联网产业基地、物联网产业关键技术公共实验室、众创创业创新公共服务平台、智慧管网公共服务平台、物联网产业人才实训基地的大物联网全产业链条。

【基础建设】 归谷一期40公顷(600亩)示范区建成使用,创业中心二期E－G号楼竣工验收。归谷二期基础设施建设中,白马龙港沿岸绿化景观基础设施建设项目总投资2000万元,全长2.6千米,绿化面积5.2万平方米。全年新开工项目有浙江宜葆现代农业科技有限公司、嘉善博特精密设备有限公司、嘉兴市融易创新投资置业有限公司、嘉兴安久生物科技有限公司、嘉兴耀权药业有限公司二期、嘉兴晶装电子设备有限公司、嘉兴微拓电子科技有限公司、浙江宜葆生物科技有限公司等20个。新投产项目有浙江和通电子科技有限公司、嘉兴耀权药业有限公司一期、创业中心5～7号楼、嘉善帕拉科技有限公司、嘉善罗星投资开发有限公司、嘉兴汉工汽车紧固件有限公司、浙江能势信息技术有限公司、嘉兴云印网络科技有限公司、浙江朗德电子科技有限公司等20个。 (周洪林)

长三角嘉善科技商务服务区

【概况】 2015年年初,服务区四至位置调整为东至环东南路、南至内纬四路、西至嘉善大道北段—内环北河—钟家港、北至世纪大道;调整后的集聚区面积2.9平方千米。开展征迁工作,截至年底,立项13个项目,开工13个项目(嘉善大道二期、宏业路二期、纬三路、城市科技馆、滨水公园、产业园一期、江南风情水街一期、孔雀城、颐和家园、嘉善大道管线、环湖路、污水泵站、白水塘河改造)。至11月底,区内纳入服务业统计直报企业141家,从业人数1429人,同比增长13.6%;营业收入21.14亿元,同比增长241%;营业利润2.06亿元,同比增加566%;总税收3.32亿元,同比增长407%。高铁新城区域累计完成投资24亿元,其中2015年完成投资22.1亿元,占年度计划投资17个亿的130%。

【区域征迁】 高铁新城征迁范围东至善江公路,南至沪杭高铁、中心河,西至兴善公路,北至白水塘路,面积约12平方千米,涉及罗星街道和大云镇的7个行政村(罗星街道的亭桥村、马家桥村、鑫锋村,大云镇的大云村、东云村、江家村、洋桥村)。征迁范围内有农户1302户、企业69家、商店34家。累计评估农户1053户、企业19家、商店15家,完成总量的75.01%;签约农户873户、企业7家、商店8家,完成总量的60.11%;腾空农户799户、企业6家、商店7家。合计兑付征迁资金9.15亿元。

【项目建设】 滨水公园完成开挖土方的95%,绿化择机进场施工。嘉善大道二期完成全线通车,处于竣工验收阶段。宏业路二期完成全线通车,处于竣工验收阶段。纬三路建成并通过竣工验收。城市科技馆项目基本完成,竣工验收准备中。颐和家园主体工程进入扫尾阶段,开始室外场地、绿化等市政工程。电子商务产业园完成竣工验收工作。江南风情水街一期示范区建成开放,水街部分施工中。孔雀城一期底层建筑回土完成,主体结构结顶,高层基础部分施工。环湖路一期进入施工扫尾阶段。污水泵站完成主体施工,正在进行围墙、工艺管铺设阶段。嘉善大道二期北沿管线完成布管。白水塘河改造开始土方开挖,正在处理拆迁问题。

【招商引资】 2015年招引项目27项,总投资2.20亿元,注册资金1.25亿元,租用面积9044平方米,分别占全部项目的69.2%、44.1%、62.8%、64.3%。5月28日,开展高铁新城二周年庆活动,20家企业签订合作意向书。跨境电商工作进一步推进,一批跨境电商企业展开对接并签订合作意向协议,义乌世辉电子商务有限公司、嘉善创嘉信息科技有限公司、嘉兴千亿电子商务有限公司、嘉兴坊众网络科技有限公司、池阳电子等18家完成注册;签订入区协议书27家,签订租赁合同6家,其余项目均在准备注册相关资料。电商产业园一期项目竣工。12月底,举办同行企业联盟高峰论坛,扩宽产业招商领域。 (朱文芳)

浙江姚庄经济开发区

【概况】 浙江姚庄经济开发区规划总用地面积25.36平方千米,核心区5.8平方千米,分两期建设,是嘉善县仅有的2个省级产业示范基地(光伏新能源和精密机械)的主要承载地。2015年,姚庄经济开发区合同利用外资1.37亿美元,实际利用外资5328万美元;县外内资实际到位16.62亿元;

完成工业生产性投资 33.74 亿元，同比增长 18.2%；完成规上工业产值 210.4 亿元，同比增长 7.5%，均超额完成全年目标任务。获得“浙江‘百亿级’工业强镇”“嘉兴市十强新市镇”等市级以上称号 12 项，省级开发区考核列全省新进省开单位第一位；浙江昱辉阳光能源有限公司实现产值 100.08 亿元，成为嘉善县首家“百亿企业”；姚庄镇新经济园（精密机械创新产业园）被认定为首批嘉兴市新经济园。市长林健东到姚庄调研，常务副市长楼建明、副市长盛全生、县委书记许晴批示肯定全面融入上海、多措并举打造工业强镇等做法。

【助推企业转型升级】 成功培育昱辉阳光成为全县首家百亿企业。“渔光互补”“良品铺子”等一批优质项目签约落户，成为全省 70 个工业强镇之一。两次承办全县“集中开竣工日”活动，13 家企业开工建设；6 个重点项目在善洽会上签约，总投资 23 亿元；从上海新引进各类项目 150 个，总投资 25.47 亿元。

【提升经济发展动能】 姚庄新经济产业园在省级开发区考核中列全省新进省开单位第一位。“帕瓦传动”“嘉熙科技”获评国家高新技术企业，“田中精机”获浙江省名牌产品，“嘉熙光电”和中科院工程热物理研究所合作共建联合研发中心，“粤海饲料”与中国工程院院士麦康森博士签订建立院士工作站。推进实施“机器换人”项目 67 个，田中精机登陆创业板，杜商精机在“新四板”上市。

【入选嘉兴市新经济园】 姚庄新经济产业园入选首批“嘉兴市新经济园”，成为全市 11 个新经济园之一，是全县唯一入选的新经济园。姚庄新经济产业园位于姚庄经济开发区二期核心地块，总投资 7000 万元，规划建设面积 18 万平方米，分 3 期建设。位于姚庄镇宝群东路南侧、清凉大道西侧。1 号至 8 号标准车间项目竣工，项目用地面积 29983 平方米，用地内布置 8 幢标准车间，总建筑面积 37774 平方米。

【企业“集中开工日”活动】 两次承办全县“集中开工日”活动。3 月 18 日，举行全县项目推进“集中开工日”现场活动，县领导姚高员、许晴、冯伟、何全根等参加，集中开工 5 个项目，总投资 13.5 亿元。8 月 18 日，举行项目推进“集中开工日”活动，县领导许晴、朱苗等参加，县级相关部门、相关镇（街道）和镇联挂部门的领导以及开工企业代表参加，镇长蒋晓平等陪同。 （周海峰）

镇（街道）工业功能区选介

【魏塘工业园区】 1999 年 5 月，魏塘工业园区组建。规划面积 18.53 平方千米，主要位于魏塘街道 320 国道北侧地块。至 2015 年年底，开发面积 453.87 公顷（6808 亩），进区企业 629 家，其中规模以上企业 84 家，企业固定资产总投资 84.32 亿元。园区基础设施总投资 6.6 亿元。2015 年，完成工业总产值 189 亿元，从业人数 25110 人。魏塘工业园区是省级特色园区、嘉兴市转型升级甲级园区、嘉兴市二次创业转型发展乙级园区、嘉善最大的市镇工业园区，享受国家级开发区的优惠政策。初步形成以高端木制品、精密机械、现代运输设备、健康产业为主的“四大优势产业集群”和以小家电、新材料包装为主的“两大新兴产业集群”。以高端装备制造、功能性新材料和电子信息为产业发展方向，重点发展专用设备、汽车零部件、品牌家电、工程机械、特种功能材料和复合材料等。完成 320 国道沿线改造控规。魏塘三产由以传统服务业为主向以生产性服务业为主转变。确定“大平台、大投入、大框架”和“整合、联结、提升、完善”思路，推进大平台建设。连续多年跻身嘉兴市利用外资十强乡镇（街道）。

【天凝工业园区】 位于洪三线以西，红旗塘以南，是嘉善县民营经济集聚区，规划面积 1213 公顷（18195 亩），开发面积 441.6 公顷（6624 亩）。2015 年，实现地区生产总值 34.33 亿元，增长 8.2%；财政总收入 2.8 亿元，增长 1.57%；完成规模以上工业总产值 65 亿元，增长 17%；固定资产投资 16.6 亿元，增长 5.23%，其中工业生产性投资 12.4 亿元，增长 6.5%；合同利用外资 2100 万美元，实际利用外资 1002 万美元；实到县外内资 12.74 亿元，增长 21.5%；浙商回归项目到位资金 4.05 亿元；规模以上企业 79 家，其中超亿元企业 16 家，形成轻纺（植绒）服装、五金机械、建材化工等特色工业产业，是全国最大的静电植绒产业镇。 （钱逸飞）

科学技术

综　　述

2015 年,嘉善县全面实施创新驱动发展战略,推进创新驱动五大专项行动,深化科技体制机制改革,优化创新创业环境,激发各类创新主体的创新创业活力和动力。至年底,全县规模以上工业企业全社会研究与试验发展经费支出 11.74 亿元,同比增长 8.3%;规模以上企业研发人员 4728 人,同比增长 24.7%;授权发明专利 128 件,同比增长 143%;规模以上工业新产品产值 414.86 亿元,同比增长 17.4%,高新技术产业产值 345.43 亿元,同比增长 20.2%;技术市场实现交易额 9368 万元,同比增长 31.2%;累计培育国家高新技术企业 58 家、省科技型中小企业 262 家,分别同比增长 11.5%、15.4%。创建省级创新型县、国家可持续发展实验区、省知识产权示范县通过验收和考核。

科技型企业队伍发展壮大,创新能力不断提升,新认定国家高新技术企业 6 家、省级科技型中小企业 35 家、市级创新型企业 22 家、县级创新型企业 18 家,新增省级企业研究院 2 家、省级企业研发中心 5 家、市级企业研发中心 7 家、县级企业研发中心 13 家,列入省级新产品计划 237 项、国家火炬计划 1 项。公共创新平台建设加速推进,县科创中心新引进孵化项目 40 个,新引进各类高层次人才 21 人,被科技部列为“创业苗圃—孵化器—加速器”科技创业孵化链条建设示范单位,嘉善科技综合服务中心建成并投入使用。产学研协同创新持续深化,举办“上海—嘉善科技对接交流活动”,组织“百企进高校、高校进百企”科技对接活动 6 次。推进科技体制机制改革,创新财政科技投入方式,全面推行科技创新券制度。

科技创新体系建设

【概况】 2015 年,加强公共科技创新平台和企业创新载体建设,健全科技创新服务体系,促进科技成果转化。县经济开发区筹建北大创新研究院嘉善产学研合作中心,浙江嘉熙光电设备制造有限公司与中科院工程热物理研究所联合组建高效传热技术联合研发中心。

【科技综合服务中心建设】 嘉善科技综合服务中心建成并投入使用,总面积 3500 平方米,与上海技术交易所联网合作,建立科技成果转移转化虚拟市场、网上技术交易市场,通过大型显示屏实时显示成果交易信息。在科创中心 9 号楼大厅设置专业查询设备,查询科研院所、项目成果、专家文献、企业技术难题等。整合县生产力促进中心、上海伯瑞杰知识产权代理有限公司、佰腾科技、中科联政、上海交大技术转移中心、中瑞税务师事务所等数十家中介、科技成果转移平台机构,建设集资源共享、专业服务、成果转化、科技融资为一体的科技公共服务平台。

【企业创新载体建设】 引导企业新建研发中心、工程技术中心、企业研究院等创新载体,新认定省级企业研究院 2 家、省级企业研发中心 5 家、市级企业研发中心7家、县级企业研发中心13家。至年底，全县企业研发机构累计有151家，其中省级企业研究院3家、省级工程技术研究中心1家、省级企业研发中心37家、市级企业研发中心29家、县级企业研发中心72家。

【科技中介服务】 县生产力促进中心完成第三方评估业务330项，其中县级重点项目立项评估33项、省级新产品验收207项、新产品鉴定43项、国家火炬项目验收3项、省级农业成果转化资金项目验收1项、县级项目会议验收30项，组织县级企业研发中心专家评审13家。推进网上技术市场工作，新增上网企业84家、网上技术难题86项，合同成交30项，实现成交额9368万元。

【行业技术服务】 加强对现有7个行业创新服务平台的服务和支持，举办全县电子电声行业座谈会，中科电声、西南自动化研究所等载体围绕“机器换人”、“两化”融合等企业技术需求，与县内企业开展深层次合作，为企业提供专业、优质、高效的服务。

【科技创新券发行】 11月，制定出台《嘉善县科技创新券实施管理办法(试行)》《嘉善县科技创新券使用及兑现实施细则(试行)》，全面推行科技创新券制度。科技创新券主要用于对企业和创业者开展科技创新活动和各类创新载体提供创新服务的补助，采取无偿资助方式支持企业或创业者科技创新，分为A券(技术服务券)、B券(资源共享券)、C券(成果转化券)、D券(专利服务券)4种形式。至年底，科技创新券发放253650元，企业申请使用科技创新券44张，总计金额168132.50元。

【国家可持续发展实验区创建】 1月30日，县长许晴代表县政府参加国家可持续发展实验区部门协调领导小组办公室组织的远程视频联席评审答辩，通过专家评审。9月，科技部发文确认嘉善县列入2014年度创建国家可持续发展实验区名单。

2015年嘉善县新增企业研发机构表

研发机构名称	承担单位	级别
浙江省长盛滑动轴承技术研究院	浙江长盛滑动轴承股份有限公司	省级
浙江省众成POF热收缩膜制造技术研究院	浙江众成包装材料股份有限公司	省级
万正特种印制电路省级高新技术企业研究开发中心	浙江万正电子科技有限公司	省级
力通五金行业信息化建设省级高新技术企业研究开发中心	嘉善力通信息技术有限公司	省级
亿米光电LED光源省级高新技术企业研究开发中心	浙江亿米光电科技有限公司	省级
加斯戴克临床检验仪器省级高新技术企业研究开发中心	嘉善加斯戴克医疗器械有限公司	省级
华瑞赛晶阀饱和电抗器省级高新技术企业研究开发中心	嘉善华瑞赛晶电气设备科技有限公司	省级
浙江龙森木材高附加值利用科技研发中心	浙江龙森木业有限公司	省级
嘉善县荣氏木业复合地板技术研究开发中心	嘉兴荣氏木业有限公司	省级
野牛木工钻具市级高新技术企业研究开发中心	嘉善县野牛工具有限公司	市级
玛仕兰光电技术市级高新技术企业研究开发中心	嘉善县玛仕兰电子有限公司	市级
嘉善县玉成其美光感互动市级高新技术企业研究开发中心	嘉善玉成其美软件设计有限公司	市级
嘉泰粉末涂料市级高新技术企业研究开发中心	浙江嘉泰塑粉有限公司	市级
晋吉高端紧固件市级高新技术企业研究开发中心	浙江晋吉汽车配件有限公司	市级
嘉熙光电相变抑制传热技术市级高新技术企业研究开发中心	浙江嘉熙光电设备制造有限公司	市级
野牛木工钻具市级高新技术企业研究开发中心	嘉善县野牛工具有限公司	市级
嘉善县亚欧光电LED照明透镜技术研究开发中心	嘉兴亚欧光电科技有限公司	县级

续表

研发机构名称	承担单位	级　别
嘉善县蓝天碧水宝水处理技术研究开发中心	嘉善蓝天碧水宝化工有限公司	县　级
嘉善县群展精密紧固件技术研究开发中心	浙江群展精密紧固件有限公司	县　级
嘉善县兴涛汽车空调离合器技术研究开发中心	嘉兴兴涛汽车零部件有限公司	县　级
嘉善县晟合服装新材料技术研究开发中心	嘉兴晟合衬布有限公司	县　级
嘉善县永信汽车液压和结构用精密钢管技术研究开发中心	嘉兴永信精密钢管有限公司	县　级
嘉善县承田汽配变速箱齿轮技术研究开发中心	承田汽车配件工业(浙江)有限公司	县　级
嘉善县通泰轴承技术研究开发中心	浙江通泰轴承有限公司	县　级
嘉善县道尔顿方块地毯技术研究开发中心	浙江道尔顿地毯有限公司	县　级
嘉善县圣诺盟聚氨酯家居用品技术研究开发中心	圣诺盟(浙江)聚氨酯家居用品有限公司	县　级
嘉善县鹏特电机技术研究开发中心	嘉兴市鹏特电机有限公司	县　级
嘉善县德达资源循环利用技术研究开发中心	嘉兴德达资源循环利用有限公司	县　级
嘉善县仙视商用液晶显示器技术研究开发中心	嘉兴仙视电子有限公司	县　级

科技计划与成果

【概况】 2015 年,围绕传统产业改造提升和战略性新兴产业培育发展,以企业、产业发展的重大技术需求决定科技项目支持方向,集中组织实施一批关键共性技术攻关项目。列入国家科技计划项目 1 项、省级科技计划项目 237 项、县级科技计划项目 85 项。获得浙江省科技进步奖 1 项、嘉兴市科技进步奖 2 项。

【科技计划管理】 推荐申报国家火炬计划项目 3 项,其中浙江众成包装材料股份有限公司承担的“包装用超低收缩力热收缩膜”获得立项。推荐申报省级新产品三批,累计 289 项,列入省级新产品试制计划 237 项。组织实施县级科技计划项目 85 项,其中县级科技计划项目 50 项(工业 9 项、农业 11 项、社科 30 项)、科技创新种子资金项目 12 项、高新技术产业化专项资金项目 13 项、科技合作专项资金项目 5 项、创新平台项目 5 项,下达科技计划项目经费 1043.76 万元。组织完成国家火炬计划项目验收 3 项、国家中小企业技术创新基金项目验收 2 项、省级新产品验收 207 项、省级重大项目验收 2 项、县级项目验收 46 项。

【科技经费检查】 根据省科技厅关于组织开展涉企科技经费大检查的通知,组织开展科技项目检查 127 项,其中省级科技计划项目 9 项、国家中小企业技术创新基金项目 8 项、县级科技项目 110 项。经费检查中,发现嘉善优铧网络科技有限公司等企业承担的项目在经费使用过程中存在不规范的问题,分别对项目做出中止并追回全部或部分项目拨付经费的决定。

【高新技术企业培育】 继续实施科技型企业梯级培育“163 计划”,选择成长性好的科技型小微企业,作为年度重点培育对象,加以培育扶持和跟踪服务。新认定省级科技型中小企业 35 家;新认定国家高新技术企业 6 家,到期重新认定 7 家,通过复审 6 家。新增市级创新型企业 22 家、县级创新型企业 18 家。至年底,全县累计有国家高新技术企业 51 家、省科技型企业 262 家。

【农业科技创新】 围绕农业发展的科技需求,组织实施蔬菜、水果、水产等精品农业科技成果转化项目。培育农业科技型企业,支持农业企业科技研发中心创建,新认定省农业科技企业 1 家、农业企业科技研发中心 2 家;尚品农业与以色列开展对接。精品稻米、设施农业被列为 2015 年浙江省科技特派员示范基地。

【科技成果管理】 推荐申报浙江省科技进步奖5项、嘉兴市科技进步奖10项。获浙江省科技进步奖三等奖1项、嘉兴市科技进步奖三等奖2项。

2015年嘉善县新增高新技术企业和省科技型企业表

企业名称	级别
飞天万谷智能科技有限公司	国家高新技术企业
浙江嘉熙光电设备制造有限公司	国家高新技术企业
浙江爱仕达生活电器有限公司	国家高新技术企业
浙江铧淳塑料有限公司	国家高新技术企业
浙江帕瓦传动设备有限公司	国家高新技术企业
嘉善玉成其美软件设计有限公司	国家高新技术企业
嘉善加斯戴克医疗器械有限公司	省科技型企业
浙江智联电子有限公司	省科技型企业
嘉善县双菱拉链厂	省科技型企业
嘉兴汇昌塑业有限公司	省科技型企业
嘉善卡固电气设备有限公司	省科技型企业
嘉兴华佳通塑业有限公司	省科技型企业
嘉兴晟合衬布有限公司	省科技型企业
飞天万谷智能科技有限公司	省科技型企业
嘉兴尚诺进出口有限公司	省科技型企业
浙江和通电子科技有限公司	省科技型企业
嘉善奥纳吉电子有限公司	省科技型企业
嘉善特沃姆机械制造有限公司	省科技型企业
嘉善三星轴承有限公司	省科技型企业
嘉兴博海信息科技有限公司	省科技型企业
嘉善恒发包装材料有限公司	省科技型企业
嘉善红贝壳纽扣有限公司	省科技型企业
浙江道尔顿地毯有限公司	省科技型企业
浙江南柯泰金属制品有限公司	省科技型企业
嘉兴仙视电子有限公司	省科技型企业
嘉善蓝天碧水宝化工有限公司	省科技型企业
稳利达电源技术有限公司	省科技型企业
嘉兴市宏宇新材料有限公司	省科技型企业
嘉兴永信精密钢管有限公司	省科技型企业
嘉兴美斯克电气科技有限公司	省科技型企业
嘉善龙翔人造毛绒有限公司	省科技型企业
嘉善县汾湖铸钢厂	省科技型企业

续表

企　业　名　称	级　　　别
浙江通泰轴承有限公司	省科技型企业
浙江建研科之杰新材料有限公司	省科技型企业
嘉善振杨汽车部件有限公司	省科技型企业
嘉善怡辉服装辅料有限公司	省科技型企业
嘉善保利来服饰有限公司	省科技型企业
嘉善天惠服饰有限公司	省科技型企业
嘉善铨胜自动化机械有限公司	省科技型企业
浙江舒康五金制品有限公司	省科技型企业
浙江汉能玻璃技术有限公司	省科技型企业

2015 年县级以上科技进步奖获奖项目表

项目名称	主要完成单位及协作单位	主要完成人员	等　　级
仿悬索桥主缆线性 PPWS 单元索股	浙江浦江缆索有限公司、上海浦江缆索股份有限公司	张海良、李刚、顾庆华、陆剑锋、沈诚、梁卫冲、严海青	省级三等奖
基于数字控制同步整流防逆充专利的太阳能 LED 照明装置	嘉善玛仕兰电子有限公司、湖北工业大学、浙江大学	李培芳、王超、李江、杨传东	市级三等奖
无稳压驱动电源大功率 LED 路灯	浙江嘉熙光电设备制造有限公司	李居强、杨宗明、杨俊强、吴邦贤、叶汉宗	市级三等奖

科技合作与交流

【概况】 2015 年，嘉善县加强科技合作交流，促进科技成果转化，全年举办科技对接活动 6 次，签订各类科技合作项目协议 102 项，合同金额 4.29 亿元。

【科技合作】 开展“百企进高校、高校进百企”系列活动。3 月，针对聚酯纽扣水抛光凹处抛光盲区晾干发白问题，邀请长三角纳米科技产业发展研究院专家到嘉善天路达工贸有限公司实地查看，经过专家对样品的检测分析研究等，最终解决并签订合作协议，合作金额 500 多万元。纳米研究院专家还帮助解决嘉善尚品农业科技有限公司纳米膜、嘉兴市永泉织染有限公司污水处理、陶庄鑫爱达公司游艇扶梯表面技术处理、姚庄罗杰公司的人造革透气技术等多项难题。4 月，组织全县各镇(街道)分管领导和部分企业代表赴上海交通大学、中科院声学所开展汽车配件相关产业科技对接交流活动。5 月，与浙江工业大学开展“浙工大海外人才专家教授嘉善行”活动，浙江工业大学机械和信息学院十多名专家教授分组走访企业，重点解决企业在“机器换人”、自动化等方面的难题，与“众盛金属”“亿力清洁”等近 10 家企业进行难题对接，思玛特公司与浙工大合作建立研究生实习基地。

【融入上海】 深化“沪—浙—善”科技合作机制，由省科技厅、上海市科委、嘉善县人民政府等联合举办“上海—嘉善科技对接交流活动”，组织 17 家上海高校、园区、孵化器、行业协会的 43 位专家与嘉善企业 28 个项目进行有针对性的对接，其中 18 个项目达成合作意向。举办上海欧美同学会第六期“海外留学人员创业培训班嘉善行”活动，达成多个项目合作意向；在上海举办嘉善县服务外包政策环境推介会等活动。

知识产权保护

【概况】 2015 年，推进省知识产权示范县创建工作,中小企业知识产权托管工作成为全省试点并获8万元奖励。专利量质并举,协同发展,全县申报专利4670件,其中申请发明专利534件,分别同比增长21.1%、24.8%;授权专利3773件,其中授权发明专利128件,分别同比增长64.8%、143%;下达专利补助经费929.77万元,其中县级专项资金890.27万元。新增专利示范企业19家,其中省级1家、县级18家。

【知识产权宣传】 组织"4·26"知识产权宣传周活动,通过报纸专版、横幅、宣传册、广场咨询等形式多方面、多渠道宣传;联合各镇(街道)分别举办知识产权培训班,做到全县"月月有培训"。全年举办专利培训9期,培训人员400余人次。

【知识产权示范县创建】 嘉善县于2012年12月被列为省知识产权示范创建县,2015年完善政策体系,修改专利专项资金管理办法,适当调整发明专利奖励金额,推动试点示范,4月,以全省第一名的成绩通过省知识产权局组织的专家验收。

2015年嘉善县专利申请与授权情况表

项　　目	2014年	2015年
专利申请数(件)	3855	4670
其中:发明专利	428	534
实用新型专利	1831	2885
外观设计专利	1596	1251
专利授权数(件)	2289	3772
其中:发明专利	53	128
实用新型专利	1146	2289
外观设计专利	1090	1355

2015年新认定专利示范企业表

企业名称	级别	企业名称	级别
浙江裕华木业有限公司	省级	嘉兴美斯克电气科技有限公司	县级
诚达药业股份有限公司	县级	嘉兴亚欧光电科技有限公司	县级
浙江宏竹塑胶五金有限公司	县级	浙江智联电子有限公司	县级
浙江澳华饲料有限公司	县级	嘉善三星轴承有限公司	县级
嘉善华阳木业植绒有限公司	县级	嘉善奥纳吉电子有限公司	县级
浙江嘉熙光电设备有限公司	县级	嘉善德诺轴承有限公司	县级
浙江光大合一文具有限公司	县级	嘉善天惠服饰有限公司	县级
嘉善龙翔人造毛绒有限公司	县级	嘉善保利来服饰有限公司	县级
众盛金属有限公司	县级	嘉善恩益迪电声技术有限公司	县级
嘉兴蓝森机械有限公司	县级		

嘉善县科技创业服务中心

【概况】 2015年,嘉善县科技创业服务中心(以下简称"科创中心")以建设国内一流的孵化器、加速器和产业园为目标,完善科技孵化链,促进科技成果转化,全年技工贸总收入66651.77万元,入驻企业上缴税金1391.83万元。经县政府批准,大云加速器增加面积6079平方米;12月,被国家科技部认定为第三批“创业苗圃—孵化器—加速器”科技创业孵化链条建设示范单位,为全省第二家。

【招商推介】 按照“六位一体”融入上海工作计划,巩固和加强与上海交通大学、漕河泾科创中心、张江高科技产业园等的合作对接,组织参与中国国际软件和信息服务交易会、中国国际医疗器械(春季)博览会、嘉善服务外包政策环境推介会、世界移动大会上海站、浙江—以色列科技对接会、上海微软办公云服务技术交流会、中国“火炬杯”创新创业大赛浙江区总决赛、善洽会、杭州国际人才交流合作大会、广州留交会等近30场各类人才项目交流大会,累计外出招商89批次,接待来访164批次。

【创业项目引进】 全年新引进高层次人才创业项目40项,其中注册资本1000万元以上企业12家,涉及软件信息、智能装备、光机电等新兴产业领域。引进各类高级人才21人,其中博士4人、硕士17人,留学归国人员5人。新引进“千人计划”专家2名,分别是2013年入选浙江省“千人计划”的英国诺丁汉大学博士张逢质、第九批国家“千人计划”专家刘增岗。至年底,累计引进孵化企业289家,在孵企业142家;累计引进各类高层次人才427人,其中归国留学人员75人。

【科创中心加速器建设】 完善“创业苗圃—孵化器—加速器—产业化基地”的全程发展模式,打造“预孵化—孵化—转化—产业化”的创新链、服务链和资金链。大云加速器入驻企业20家,租赁面积15485.8平方米,占可用孵化面积的69%;罗星加速器入驻企业12家,租赁面积12105平方米,占可用孵化面积的69%。

【创新型企业培育】 科创中心孵化企业认定国家高新技术企业1家、省科技型中小企业4家、省级企业研发中心3家、市级企业研发中心1家,嘉善加斯戴克医疗器械有限公司入选嘉兴市科技创新团队。毕业企业7家。推进中以高科技(嘉善)创新中心项目进度,累计洽谈项目28项,完成首个以色列项目——爱可声信息技术有限公司(Espro)的合作协议签订并开始运作。

【科技投融资体系建设】 加强科技金融工作,加强与民间资本、科技银行(商业银行)、风险投资、私募股权投资、浙江股交中心以及“新三板”等融资机构的联系,组织投资机构走访在孵企业,组织企业参加“一融创业分享会”等投融资活动,先后举办、参与全县企业上市辅导、产业基金培训班5次。继续助力企业融资,科技银行支持8家企业申请贷款额度2600万元。加强私募基金的管理,对已入驻的合伙制投资公司进行税收跟踪,在册的合伙制股权投资机构22家。孵化企业“好邻居”在浙江股交中心申请挂牌、“亿米光电”进入“新三板”申报流程,加斯戴克33%股权被上市公司迈克生物收购。至年底,科创中心在孵或毕业的企业中,已在浙江股交中心挂牌5家,在“新三板”上市1家,股权被上市公司收购2家,在港交所上市1家。

【创业服务管理】 强化孵化企业年度考核,其中优秀8家、合格37家、不合格18家,兑现企业房租奖励20.7万元。做好企业各类财政扶持补助工作,申报高层次人才补助19人,人才补贴26.68万元;发放种子扶持资金155万元。培育创业文化,组织企业参加桐乡乌镇互联网之光博览会、第二届嘉兴市大学生创业大赛暨电商换市创业精英赛、创意力量大讲堂等,举办第二届“‘国泰安杯’两岸四地创业创新大赛暨中国天使投资与创业教育高峰会”。

(周家旺)

金 融 业

综　　述

2015年，嘉善县金融机构认真贯彻稳健的货币政策，围绕“县域科学发展示范点建设全面攻坚年”工作中心，发展普惠金融，深化金融改革，增加信贷有效投入，拓宽投融资渠道，强化金融风险防控，金融总量不断扩大，实现全县金融平稳有序发展。

新引进银行分支机构1家，为浙江民泰商业银行嘉兴嘉善支行。截至年底，全县有各类银行业金融机构16家、金融网点119个、小额贷款公司5家、民间融资管理服务中心1家、保险业机构24家、证券营业部5家、拍卖企业1家、担保公司5家、典当企业5家。成立嘉善民间融资管理服务中心，为中小企业提供直接民间借贷的资金和渠道；设立嘉善私募基金创新园；推进科技银行工作，缓解小微企业融资难问题。初步形成银行、证券、保险、小贷等多种金融机构并存，区域性、地方性机构共同发展的多元化金融体系格局。

嘉善县金融机构本外币各项存款增速回落，年末存款余额600.83亿元，比年初增加30.25亿元，增长5.35%。其中人民币存款余额564.26亿元，比年初增加31.43亿元，增长4.79%。本外币非银行业金融机构存款余额164.57亿元，比年初减少13.22亿元。本外币住户存款余额331.25亿元，比年初增加28.85亿元，增长9.63%。

全县金融机构本外币各项贷款增长缓慢。年末，全县金融机构本外币各项贷款余额439亿元，比年初增加14.98亿元，增长3.53%。至年末，全县本外币住户贷款新增22.16亿元，同比多增14.13亿元，其中个人中长期消费贷款新增20.28亿元，同比多增14.78亿元；非金融企业及机关团体贷款比年初减少7.14亿元，同比少增40.99元，其中短期贷款减少7.71亿元，中长期贷款新增1.32亿元，票据融资减少4076万元。

全县社会融资规模适度增长，总体稳中趋升，支持县域经济平稳较快发展。12月末，全县社会融资规模580.2亿元，比年初增加39.99亿元，增长6.90%。

全县结售汇缩量下行，顺差规模缩小。全县银行实现结售汇总额27.75亿美元，同比下降12.07%，实现结售汇顺差16.25亿美元，同比下降19.63%。受人民币国际化进程加快、离岸市场人民币被做空等因素影响，特别是“811”新汇改后，在岸、离岸人民币汇率存在较大价差，企业境外结汇增加，银行结汇规模下降。全年境外结汇额2.43亿美元，同比增长3.86倍。随着国内外经济形势错综复杂，人民币汇率双向波动加剧，远期结汇价格预测难度加大，企业远期结汇意愿下降。全年实现远期结汇4.57亿美元，同比下降8.23%。

全县不良贷款实现“双降”，证券有所降温，保险平稳。12月末，全县金融机构不良贷款余额5.36亿元，比年初减少5781万元；不良率1.22%，比年初下降0.18%。全年清收不良贷款4.26亿元，其中银行主动核销和资产转让2.66亿元，实现不良贷款的双降。辖内4家证券公司新增开户数18902户，交易量2281.35亿元。12月末，全县各类保险机构保费总收入9.78亿元,同比增加5259万元;累计赔款和给付支出3.77亿元。

全县引进基金公司29家,注册资本1.23亿元;引进基金管理公司20家,注册资本2.03亿元。全县有基金公司71家,注册资本27.3亿元;有基金管理公司23家,注册资本2.24亿元。2015年,无新增设立小额贷款公司,已开业小额贷款公司5家,注册资本金总额6.54亿元,主要投向小微企业和“三农”。

浙江田中精机股份有限公司在创业板上市,嘉兴好邻居网络科技股份有限公司在浙江省股权交易中心成长板挂牌。全县有晋亿实业股份有限公司、浙江“新嘉联”电子股份有限公司、浙江众成包装材料股份有限公司、浙江田中精机股份有限公司、浙江昱辉阳光能源有限公司5家上市公司,其中浙江昱辉阳光能源有限公司以其海外壳公司在美国纽约证券交易主板挂牌上市;“新三板”挂牌企业浙江明烁节能科技股份有限公司1家;浙江省股权交易中心成长板挂牌企业2家,分别是嘉兴好邻居网络科技股份有限公司和浙江爱迪曼环保科技股份有限公司,创新板挂牌企业6家,分别是浙江金恩电器科技有限公司、嘉兴嘉诚动能设备有限公司、嘉善明世电力科技有限公司、嘉善德智医疗器械科技有限公司、嘉善申嘉科技有限公司和嘉善力通信息技术有限公司。

中国人民银行嘉善支行认真推进存款保险制度实施,由县政府牵头召开专题会议传达制度实施精神,贯彻落实《存款保险条例》,做好两家法人机构首期存款保险缴纳工作。做好全县金融系统综合管理工作,完成2014年度银行机构综合评价工作。会同县公安局联合开展打击网上非法买卖银行卡专项行动,借助“5·15”打击和防范经济犯罪日开展专项行动宣传,完成4轮网上非法买卖银行卡排查。协助县政府开展嘉善县金融风险防控专项整治,共同防范和化解企业风险。重点做好房地产、政府融资平台、环保污染、产能过剩行业的跟踪监测,对传统行业小微企业的信贷风险、房地产行业隐性风险和纽扣行业环保风险进行跟踪分析,及时反映情况,并作出风险提示。

在外汇管理上,辖内企业开展跨国公司外汇资金集中运行管理试点工作获批。争取到集中调配外债额度6.7亿美元,对外放款额度4.3亿美元。

积极推进全县金融法制建设和普法宣传教育,组织全县银、证、保机构开展“3·15”消费者权益保护日、“金融知识普及月”等宣传活动,统一印发《“金融消费者权益日”宣传手册》,依托网络发布平台、内部网站和微博、微信等网络媒体以及各类宣传阵地广泛普及金融知识。组织在全县范围开展全国第8个信用记录关爱日活动。组织银行机构深入农村、老年大学开展国债等金融知识宣传活动。做好辖区抗日战争胜利70周年普通纪念币、航天纪念币、纪念钞兑换工作。(杨敏芳　李檬丹)

银　监

【概况】 2015年,嘉善办事处贯彻落实银监会、浙江银监局和分局工作会议精神,持续深化“提升信用品质 服务实体经济”主题活动,提升服务质效,防控金融风险,推进改革创新,加强法治建设。截至年底,全县银行业各项存款余额593.69亿元,比年初新增32.55亿元,各项贷款余额439.02亿元,比年初新增16.29亿元,不良率1.22%,比年初下降0.18%。

【推进金融服务】 持续深化“提升信用品质 服务实体经济”主题活动,努力满足经济新常态下多元化市场主体的差异化需求。制定出台《2015年嘉善银行业小微企业金融服务意见》,把握服务社区化、数据模型化转型方向,深入实施微贷技术的试点和推广、小微企业金融服务评价等引导措施,加强对小微金融服务模式创新指导,解决融资难、融资贵问题;加强统计监测,建立考核通报,努力实现小微贷款增速高于全部贷款平均水平。以“新三权”贷款为重点,以家庭农场等新型农业主体为重点支持对象,推动农村集体经济改革和农村消费信贷市场的拓展;深化农业产业链金融服务试点,持续推进农村金融服务“村村通”工程,加大信贷投放力度,实现涉农贷款增速高于全部贷款平均水平;做好农村创业和扶贫帮困的金融支持,2015年各类创业贷款增幅高于农户贷款增幅。全力推进无还本续贷工作,重点是督导嘉善农商银行、联合村镇银行和上海农商银行嘉善支行开展该项工作,以企业为本,方便企业,惠利企业。指导和督促科技银行增量扩面,召开科技银行业务座谈会2次,就有关业务拓展中的问题进行座谈。会同县国税局、县地税局和建设银行嘉善支行，推出"税易贷"建设银行小微金融服务，是银、税、企三方共同探索激励守信纳税人，解决小企业融资难，推进"大众创业、万众创新"的一项重大举措。

【强化风险防控】 开展帮扶金融工作实践，加大帮扶力度，注重帮扶方式，帮助企业渡过难关、恢复生产，维护辖内银行业稳定。坚持"政府牵头、监管督促、银行帮扶、行业自律、企业自救"的原则；扩大帮扶部门，县金融办、县人民法院、县公安局共同对企业进行帮扶。帮助企业恢复生产，同时注重维护银行资产安全。强化企业诚信意识，在帮扶金融工作中体现"为民监管"思想；宣传金融安全知识，严厉打击企业逃废债行为。

【加强督查】 在配合分局对嘉善农商银行和村镇银行督查的同时，有选择地对3家银行进行督查，包括潜在风险较大的建设银行嘉善支行、推行联合授信管理工作进程不快的中信银行嘉善支行、实施无还本续贷工作不力的嘉兴银行嘉善支行。

【完善机制建设】 强化内控协作机制建设，推动开展联合检查；加大案件防控压力传导，强化银行机构第一责任，签订安全保卫案件防控责任书，推动风险排查，实现"主动排雷"、自查自纠，时刻保持案件防控高压态势；继续开展案件防控飞行检查，加大问题通报和披露力度。加强和完善"三项机制"建设，提升银行从业人员负面信息报送质量，加大动态监测和信息运用力度；开展跨行追责活动，强化问责追责的威慑力；加大监管督导力度，推进跨行信息查询工作实质性开展。

【加强现场检查】 加大现场检查震慑力，重点打好遏制"两违"(违规经营和违法犯罪)问题攻坚战，严格按照省局和分局统一部署，结合辖内实际，开展"两个加强、两个遏制"(加强内部管控、加强外部监管，遏制违规经营、遏制违法犯罪)专项检查行动，综合运用自查督导、现场检查、审核验收、违规问责、经济处罚、人事并举等多种监管手段，抓一批反面典型，重点查处银行业违规经营和违法犯罪问题。

【金融消费者权益保护】 正确处置调解好消费者投诉，强化银行机构服务纠纷处理第一责任人的压力传导，妥善调解处理收到的投诉。通过媒体送金融知识下乡活动，进行金融知识普及教育，提高金融消费者自我保护意识。加强银行柜面服务，上半年会同县文明办对全县银行业柜面服务进行督查，改进居民金融服务体验。

【开展主题教育】 以"三我行动"为动力，以"讲党性、守党规、严党纪"和"三严三实"主题教育为抓手，先后开展"三我行动"大讨论大检查。查找不足，提出建议，开展批评与自我批评。组织开展如何严以修身、严以自律和严以用权的研讨会，提升自我修养和约束意识。（宣　晶）

银　行

【概况】 2015年，全县银行业金融机构围绕示范点建设工作中心，贯彻稳健的货币政策，加大金融对实体经济的支持力度，优化金融生态环境，加强县域诚信体系建设，凝心聚力保稳定、促发展，为全县经济社会持续平稳健康发展提供坚强保障。

【优化信贷服务】 2015年，制定出台《2015年支持县域实体经济发展信贷指导意见》，提出保持信贷合理适度增长、推动经济转型升级、突出"支农支小惠民"、发展绿色金融、支持科技金融、严防信贷风险6个方面工作重点，确立年度信贷工作目标。组织全县金融系统开展"信贷支企、信用惠企、服务便企"专项活动，落实13项具体工作措施，举办专项活动启动仪式，现场进行定向式政银企授信签约，县内15家银行与63家"机器换人"企业及19个政府项目签订授信意向117.42亿元，截至12月，政银企签约履约率73.02%。制定出台《嘉善县财政性资金银行存放激励办法》，进行首期考核分配实施，激励银行机构加大对区域经济与社会事业发展的支持力度。修订完善《嘉善县金融机构支持经济发展考核办法》，把企业信贷覆盖率纳入考核指标。规范农村产权"三权三抵押"综合贷款试点业务，出台《三权抵押贷款管理办法》，推动"三权三抵押"综合贷款工作展开。截至12月，全县涉农金融机构累计发放"三权三抵押"贷款181笔，金额2.37亿元,提前1个月完成累放突破2亿元的年度目标。拟定《关于申请开展农村承包土地经营权抵押贷款试点的请示》,成为国家级试点。申请上报嘉善联合村镇银行2000万元支农再贷款获批并发放到位。做好转贷基金推广运用和审核管理,累计发放1088笔、37.4亿元,272家企业受益,其中2015年发放396笔、12.4亿元。

【推进现代支付体系建设】 指导县建设银行与县城市管理服务有限公司合作推进"嘉善县道路停车收费与诱导服务系统"项目,增加城区路面停车非现金缴费模式。推动县交通银行与县公交公司合作,开展首条公交旅游线路——高铁南站至西塘线试点金融IC卡"闪付"支付,完成基础硬件部署。推进银行卡助农服务点与村级电子商务服务点合作共建,确定30家服务点升级为电子商务点,打造两个"银行卡助农服务示范点"。深化网上支付示范区创建,向上申报省级和市级网上支付示范区各1个,实现水、电、税、天然气主要民生领域的"一户通"缴费及所有银行均能办理水电税"一户通"缴费业务、高中以上"校园一卡通"全覆盖。

【提升"双反"工作实效】 2015年,组织举办嘉善县银行业"反假工作在行动"微电影大赛,全县银行机构摄制9部微电影参赛,评出团体和个人奖项,并举行集中展播暨颁奖典礼活动,活动经验材料在三省(浙江、江西、福建)反假联席会议上作交流。开展反洗钱帮扶工作"百日提升活动",通过走访调查、业务培训、现场指导、知识竞赛等形式,指导嘉善农商银行建立健全反洗钱组织架构和长效机制。嘉善县召开全市农信机构反洗钱帮扶工作推进会。

【推进征信体系建设】 推进农村信用体系试验区建设。根据《嘉善县农村新型经济组织信用等级评定办法》,开展首次评定工作,评出AAA级专业合作社10家和家庭农场9家,AA级专业合作社24家和家庭农场11家,A级专业合作社13家。完成1.84万户农户信息收集并导入浙江省农户信息系统,入库数5.01万户以上,超全县农户总数的50%。推荐新增市级信用村7家、省级信用镇1个、省级信用村3个。开展并完成2014年度企业信用等级评定、守银行信用百家企业、农户"双百评定"工作。在全县银行机构推广应用浙江省企业信用信息辅助系统。举办征信系统业务培训。完成2015年县内金融机构征信从业人员上岗考试。县民间融资管理服务中心纳入企业信用信息使用范围。至年底,全县农户小额信用贷款余额4.21亿元,比年初增加2.03亿元,增长93.12%,3783户信用户受益,全年新增1410户。中国人民银行嘉兴市中心支行在嘉善召开全市"促三信成果转化,推三权抵押、助三农发展"农村信用体系试验区建设现场推进会,对嘉善县内2014年度省、市、县三级信用镇、信用村及AAA级新型农村经济组织通报表彰并授牌,现场签订授信总金额1687万元的"三权"抵押及信用贷款协议。新华社记者到嘉善开展对农村信用体系建设经验成果的采访。

【加强外汇管理和服务】 2015年,开展银企合作,助推外贸出口活动,举办出口贸易政策宣讲会,汇编《嘉善县特色融资产品介绍》。推进涉外企业网上银行办理出口收汇快捷结汇业务。会同县商务局共同签署《关于加快推进嘉善县招商引资合作备忘录》。开展"跨境人民币业务助推实体经济转型发展"活动,引导县内银行机构加强宣传,扩大业务量。县人民银行联合县交通银行举办跨境人民币业务交流会,邀请市人民银行业务专家为30多家外向型企业讲课并进行现场业务咨询。

(李檬丹)

保　　险

【人保财险】 2015年,中国人民财产保险股份有限公司嘉善支公司保费收入1.54亿元,同比增长14.75%。深化惠民工程,连续5年独家承保全县残疾人团意险;承保护航政府水利"五大工程"建意险项目;为嘉善县看守所服刑人员提供意外保险保障;承保嘉善县社区服务信息中心"96345"全体工作人员团意险项目;为全县六镇三街道2万余户农村家庭、10万余名农民群众和1.8万名育龄妇女提供意外风险保障;发展政策性农险业务。加快服务标准化建设,推动产品创新,推进技能培训。推进廉政文化建设和依法合规经营,开展"两加强、两遏制”专项检查及整改提升。推进信息新闻宣传工作全年累计发表稿件463篇，对外发稿268篇，其中省级以上127篇。运用广告投放、“中国人保——2015年文明出行”全省巡回宣传月大型公益活动——嘉善站、“3·15”现场宣传咨询活动、客户节活动、电台节目《局长在线》”等载体，宣传品牌文化、保险知识、企业形象。（朱李婷）

【人寿保险】 2015年，中国人寿保险股份有限公司嘉善县支公司总保费收入2.12亿元，占据市场主导地位。“三条渠道”重点工作部署落实到位，个险渠道做好全预算规划，提前安排、紧密部署；团险渠道紧盯市场，实现新增长；银保渠道明确目标，完成自营规模保费。重点关注客户关键信息完整及准确率、理赔服务效能、新契约时效、保单借款超长展期率、保险金转账支付率等。实施柜面收付费工作零现金管理，实行综合柜员制。开展反洗钱工作，加强内部控制管控。开展关键岗位风险防控主题教育活动。组织柜员进行服务礼仪训练。参与“3·15”国际消费者权益日宣传咨询活动，召开服务质量监督员恳谈会。落实党风廉政建设责任制，参与做好联镇挂村各项工作，开展扶贫帮困、献爱心活动。（陈　丽）

【太平洋财产保险】 2015年，中国太平洋财产保险股份有限公司嘉善支公司保费收入6287.15万元，其中车险保费收入4693.4万元、非车险保费收入1593.75万元。全年赔偿各类保险赔款3486.28万元。（张　旅）

【联合财产保险】 2015年，中华联合财产保险股份有限公司嘉善支公司推进“卓越工程”战略，加强企业文化和品牌建设，增强资本实力。全年保费收入1245万元，其中企财险145万元、机动车辆保险1031万元、货运险保费49万元、人意险等20万元。赔款支出720万元。（储　颖）

证　　券

【中信证券】 2015年，中信证券（浙江）有限责任公司嘉善晋阳西路证券营业部更名为中信证券股份有限公司嘉善晋阳西路证券营业部。在职员工25人，营业面积1500平方米，经营沪、深两市的A股、B股、基金、债券、国债回购等业务，支持提供自助委托、电话委托、现场下单委托、钱龙远程委托、手机炒股、网上交易等多种委托方式。开展融资融券、个股期权、挂牌公司股票公开转让、保险兼业代理、企融等业务。推出类固定、权益类、公募基金、现金管理、私募等理财产品。每周四举办财富课堂，课程内容包含基础知识、短线技巧和市场热点分析等。全年营业部交易总额886.7亿，新开账户7030户。（杨明明）

【申银万国】 2015年年初，申银万国证券股份有限公司与宏源证券合并上市，嘉善营业部更名为申万宏源证券有限公司嘉善体育南路证券营业部。有正式员工16人，营业面积980平方米，设自助委托交割办理区、期货IB业务办理区、高端客户理财中心、金融产品销售中心、综合业务发展中心。营业部通过手机短信、电子邮件、QQ群及股市沙龙等渠道为客户提供咨询服务，提供电话、手机、网上营业厅、大厅自助等委托方式。全年交易总额761亿元，新增开户4558户。（于　敏）

【东吴证券】 2010年5月成立，2015年更名为东吴证券嘉善体育南路证券营业部，辖下有东吴证券嘉善西塘镇证券营业部，在职员工15人。营业部服务品种有代理沪深A股、B股以及股票增发、配股等股票交易业务，证券投资基金代销、权证、创业板、“新三板”以及东吴基金、东吴集合资产管理计划，代销经核准的金融产品、港股通、融资融券等。（谈继云）

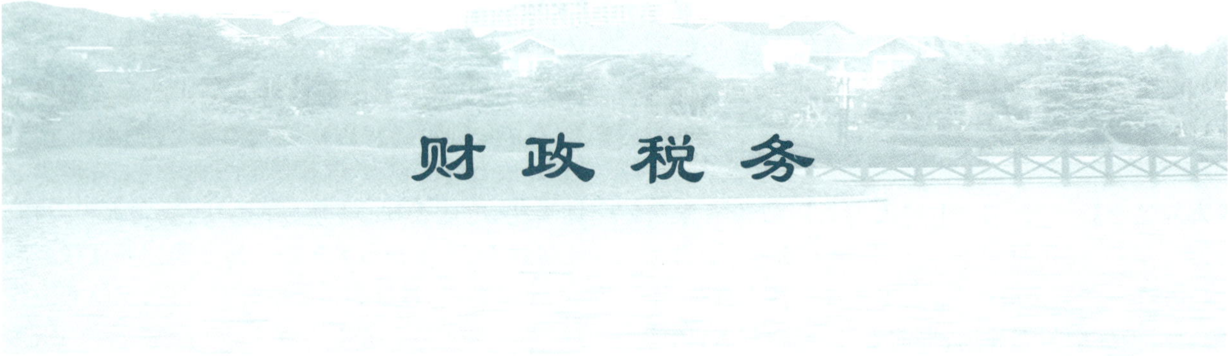

财政税务

综　　述

2015年,嘉善县主动适应经济发展新常态,深化财税改革,助推经济转型升级和民生事业改善。重点推进"大众创业、万众创新"、财政资金竞争性存放,政府和社会资本合作(PPP)等工作,支持嘉善巧克力甜蜜小镇省级特色小镇建设,全力统筹保障"美丽嘉善"专项行动实施,推动全县经济健康发展。

嘉善县国税部门加强税源管理,健全受理、审理流转一体化机制,提高征管绩效。全面贯彻结构性减税政策,全年累计落实各类税收减免4.7亿元,全县企业因"营改增"减负4672万元。开展国地税联合纳税评估,全年联合评估补缴税款1332.7万元。开展重点税源企业风险应对工作,累计入库税收2473万元。运用"三联三打"机制加强税务稽查,累计查补税金等收入5792万元。优化纳税服务,全力推进"五证合一、一照一码"登记制度改革,形成"半小时"办税、"零距离"服务的嘉善国税金税服务品牌。2015年,国税收入首次突破40亿元,达到40.34亿元,同比增长7.79%,创历史新高。

嘉善县地税部门健全税收保障机制,推动国地税合作,加强收入征管,完成省局下达组织收入任务,全年地税部门组织各项收入46.15亿元,同比增长12.5%。加强全县税收信息共享平台运用,提升信息管税能力,全面启动"五证合一、一照一码"工作,提高纳税服务水平,落实企业减税减负政策,支持转型升级。全县范围组织开展营业税专项清税清票工作,做好"营改增"准备。

2015年度嘉善县工业企业纳税大户

国税

富鼎电子科技(嘉善)有限公司
阿克苏诺贝尔涂料(嘉兴)有限公司
浙江昱辉阳光能源有限公司
晋亿实业股份有限公司
浙江嘉善农村商业银行股份有限公司
国网浙江嘉善县供电公司
索菲亚家居(浙江)有限公司
嘉兴市烟草公司嘉善分公司
特易购乐购(中国)投资有限公司嘉善分公司
浙江英鑫达电子科技有限公司

地税

嘉兴鼎泰园区建设发展有限公司
中信证券股份有限公司嘉善晋阳西路证券营业部
晋正企业股份有限公司
嘉兴京御房地产开发有限公司
浙江嘉善农村商业银行股份有限公司
浙江豪声电子科技股份有限公司
嘉善众祥房产开发有限公司
嘉善金鸿置业有限公司
浙江世博大酒店有限公司
富通集团(嘉善)通信技术有限公司

地方财政

【概况】 2015年，全县财政总收入66.91亿元，增长8.3%，其中一般公共预算收入35.55亿元，增长7.6%；一般公共预算支出43.89亿元，增长5.8%。一般公共预算收入占财政总收入比重为53.1%。税收收入24.77亿元，同比增长7.6%，占一般公共预算收入比重为69.7%。全年财政收支平衡。

【加强收入管理】 深化国地税合作，建立联席会议制度，通过信息交换发现差异3706笔，入库税费1252万元。加强全县税收信息共享平台运用，研发应用风险管理模块，累计补缴税费8000万元。建立完善优质税源培育对象税费数据统计分析机制，重点税源监控面80.0%。组织开展营业税专项清税清票工作，累计入库营业税8.5亿元，同比增长29.5%。扩大社会保险覆盖面，全县社保费累计入库18.02亿元，增长19.9%，占地税组织收入的39.05%。加强社保费年度结算后续管理，创新缴费评估方式，落实社保费缴费评估自查。开展劳务派遣和劳务用工情况自查，创新建立财政、地税、人社三部门社保基金征缴联动机制，主动应对社保基金征缴运行难题。推行社保费风险管理模式，完成1900户社保费结算异常户风险推送，补缴社保费2615万元。推进全省非税收入电子化征缴改革试点，并全省率先、全市首家成功完成银行数据清算，全年非税收入累计完成22.69亿元，同比增加0.7%。

【服务经济稳增长】 落实税费优惠政策。严格落实小微企业税收优惠政策，办理流程由备案减免统一改成备案管理，累计减免地税税收3.16亿元。加强涉企收费管理，开展收费专项清理规范工作。继续开展调整城镇土地使用税政策促进土地节约集约利用试点工作，完成全县土地等级区域的调整划分、2015年试点企业城镇土地使用税税收优惠核准，涉及企业1440户，减免税额6100万元。落实“营改增”等结构性减税和普遍性降费政策，开展收费专项清理规范工作。坚持创新驱动。参与制定《关于推进当前工业经济稳增长促发展的二十条意见》《关于支持楼宇经济发展的十条意见》，加快工业技改项目财政奖励速度。推进大众创业促进机制改革全省试点工作，全年拨付财政扶持资金1.27亿元，参与制定《关于进一步促进大众创业若干政策意见》。全年投入科技经费2.06亿元，推进高新技术产业化和科技公共平台建设。创新支持方式。整合财政性资金5亿元，开展财政性存款存放与银行贡献度挂钩激励工作，引导银行加大信贷资金支持。县财政出资5000万元成立国有担保公司，为中小企业提供融资担保。建立规模3亿元的政府产业基金，出台基金管理办法，引导社会资本投资合作。

【支持特色小镇建设】 获浙江省2015年第三批专项建设基金3200万元。由县级财政给予小镇概念性规划和建设计划编制费用的50%补助，规划范围内，新增财政收入县所得部分给予前三年全额返还，后两年返还一半。将大云旅游投资管理有限公司平台升格为县级国资控股。

【保障改善民生】 全县民生支出34.07亿元，占全年一般公共预算支出的77.6%。支持生态改善工程，安排生态建设和环境保护各类资金3.91亿元，保证国家卫生县城复检工作。财政全额保障6566万元，用于“一创建三复评”49个项目推进。支持三农发展，深化农村产权制度改革示范试点创建工作，试点工作得到浙江省副省长黄旭明批示。推进财政支农体制机制改革，修订“一事一议”财政奖补项目和资金管理办法，拨付奖补资金908万元。推进农业产业化项目建设，建成国家农业综合开发项目3个。统筹支持社保体系建设，完善“急救难”医疗救助制度，首次将非本县户籍的常住人口列入救助范围。提高最低生活保障救助标准至每月664元，同比增长12.9%。出台全县道路交通事故社会救助基金管理实施细则。推进省级县域社会养老服务示范区建设，实现城乡社区居家养老服务全覆盖。支持社会事业发展，全年用于全县教育事业发展和改革费用9.22亿元，同比增长7.6%。出台奖补管理办法，鼓励普惠性民办幼儿园发展。加强公共财政文化投入，安排文体事业经费1.16亿元，同比增长8.3%。全年投入2.87亿元，支持计生卫生事业，加大吸引优秀医学人才和推进医疗科技创新等补助力度。支持“平安嘉善”“法治嘉善”建设,全年“公共安全”支出2.84亿元。

【推进财政改革】 推进预算管理改革。细化预算编制,初步部署民生领域重点项目2016～2018年三年滚动预算试编工作,改进和完善部门预算编制,逐步实现功能分类和经济分类并重。强化乡镇财政管理。纳入乡镇公共财政服务平台项目30项,各镇(街道)平台数据全部实现与省财政厅联网,乡镇国库集中支付数量和金额均提高到50%。推进国资监管改革。加强行政事业单位国有资产管理,建立新增资产与财务入账衔接、新增资产与预算编制相结合的工作机制。拟定国有集团型企业工资总额管理办法,出台县级国企资产损失责任追究暂行办法。做好县级国有资产整合重组,开展县商盛物业有限公司等3家企业清算。规范国有企业债务管理,强化县级国有企业融资担保统计和审批。深化国库集中支付改革。提高国库集中支付资金总量,县本级支付19.15亿元,同比增长25.5%,占县本级财政支出47.6%。推进投融资改革。按照深化县城基础设施投融资体制改革试点方案,推动政府和社会资本合作(PPP)工作,出台实施办法,初步划定储备项目25个,生态能源发电项目进入运营阶段。推进政府购买服务工作。加快政府购买服务制度体系建设,制定出台相应采购管理办法以及当年度购买服务指导目录,全县编列政府购买服务预算项目192项,预算金额1.19亿元,预算执行率超过85%,涉及目录项目34项,占省定目录数的52.3%。

【强化财政资金管理】 加强存量资金管理。出台县级财政专户资金及行政事业单位公款竞争性存放管理办法,开展5亿元财政专户资金竞争性存放。盘活财政存量资金12亿元,收回2013年及以前年度部门国库集中支付结余资金8767万元。社保结余资金增值保值工作得到浙江省副省长熊建平批示。加强政府债务管理。启动政府债务限额管理模式,2015年限额80.8亿元。完成省厅下达的一类债务置换工作,置换额度22.14亿元。开展社保结余基金置换地方债务工作,制定运作方案,排定借款规模25亿元,年收益率4%。支持镇(街道)融资平台国有股权划转工作,完成6个平台股权划转手续。增强绩效管理。强化绩效目标申报制度执行和绩效评价结果应用,实现绩效目标申报全覆盖,开展公务卡制度执行等专项检查,“三公”经费支出3861万元,同比下降34.58%。开展涉农资金专项整治,修订资金项目管理制度。将招标代理等小额中介服务采购纳入定点管理,政府采购节约资金5752万元,节约率8.9%。

【加强队伍建设】 强化党风廉政建设。强化“两个责任”落实,开展违规违纪问题线索和廉政风险大排查,基层分局巡察工作。突出企业扶持资金分配、国有资产产权交易以及税费优惠政策管理等跟踪监管。抓好党的群众路线教育实践活动后续整改。完成局领导班子27项整改任务、“四风”问题专项整治23项,建立制度22个,完成民生实事办理18项,下属13个党支部的54项问题完成整改,完成率100%。加强财税文化建设。以周五学习日、周一夜学、传学帮带、“财税青年之苑”平台等为基础打造“大学习、大教育”格局,开展外派实习实践锻炼,安排青年干部到一线岗位锻炼。(颜亚芳)

2015年嘉善县公共财政预算收支执行情况表

单位:万元

项目	年度预算	2015年	2014年	为年度预算(%)	为同期可比(%)
一、财政总收入合计	671510	669084	600580	99.64	108.32
(一)一般公共预算收入合计	355020	355506	313341	100.14	107.58
1.税收收入小计	322410	322635	301657	100.07	106.95
2.非税收入小计	32610	32871	11684	100.80	114.19
(二)上划中央“四税”收入合计	316490	313578	287239	99.08	109.17
1.国内消费税	1100	3654	1061	332.18	344.39

续表

项　　目	年度预算	2015年	2014年	为年度预算(%)	为同期可比(%)
2.国内增值税	209250	203455	191610	97.23	106.18
3.企业所得税(60%)	80340	78688	70340	97.94	111.87
4.个人所得税(60%)	25800	27781	24228	107.68	114.66
二、一般公共预算支出合计	310000	438914	396038	141.59	105.77
1.县本级	250000	365908	332470	146.36	104.16
2.乡镇级	60000	73006	63568	121.68	114.65
三、政府性基金预算收入	235050	181199	207102	77.09	95.37
四、政府性基金预算支出	235050	180603	231339	76.84	85.03

国家税务

【概况】 2015年,嘉善县纳入国税管辖的纳税人2.94万户,增值税一般纳税人8539户。国税收入达40.34亿,首次突破40亿,同比增长7.79%。累计体现县财政总收入38.57亿元,同比增长8.34%;体现地方一般预算收入11.54亿元,同比增长9.18%。围绕嘉善县域科学发展示范点“三区一园”建设,开展经济税收调研,得到地方党政主要领导批示肯定。

【服务转型升级】 制定出台推进县域工业经济稳增长服务发展举措等10个方面意见,开展清理规范税收优惠政策工作,全年累计落实各类税收减免4.7亿元,其中落实小微企业税收优惠0.5亿元,小微企业减负实现全覆盖。全县企业因“营改增”减负4672万元,“营改增”试点行业税负平均下降44.64%。外贸企业出口退税审批权限下放试点和出口退税无纸化管理试点顺利推进,办理出口退(免)税23.59亿元,其中外贸企业出口退税1.51亿元。受理申报抵扣固定资产进项税额3.75亿元,拉动工业性投资25.8亿元。与建设银行等商业银行开展“税银互动——税易贷”。

【推进征管改革】 开展省市县三级重点税源企业风险应对工作,健全风险应对工作流程,组建县级风险管理团队,全年累计入库税收2473万元。构建“互联网+办税模式+纳税服务+后续管理+税务协作”的“智慧国税”模式,全力推进“五证合一、一照一码”登记制度改革。成立县级专业化服务团队,将个性化纳税服务拓展到省市县三级所有重点企业和重点项目。做好增值税发票系统升级版工作,全县累计完成升级近8000户,实现全覆盖。开展“5+1”所得税后续审核专项行动,帮助企业有效防范涉税风险。

【深化国地税合作】 2015年,县国税局落实国地税合作工作规范,建立国地税合作工作领导小组和联席会议制度。制定征管业务联动管理办法,联合组建风险应对纳税评估团队,加强联合发票管理控制等工作,在税源管理、委托代征、信息共享上谋求新突破。建立重点税源纳税评估国地税合作常态化机制,开展时间、地点、人员三集中的联合纳税评估活动,全年联合评估合计补缴税款1332.7万元。通过共建大厅、设置联合办税窗口、互派人员、互设自助办税设备等方式,整合办税服务资源,实现“进一道门,办两家税”。联合开展税收宣传、纳税辅导,建立常态化宣传机制。以纳税人学堂为平台联合开展培训辅导,通过共建师资队伍、共享培训资源、融合培训内容、定期开学授课、全程合作管理等方式实现新办纳税人辅导长效合作,为纳税人提供“1+1>2”的服务。联合开展干部挂职交流,加强考核结果应用,联合开展预防职务犯罪讲座,建立常态化的纪检监察和反腐败学习交流机制。

【坚持依法治税】 深化税务行政审批制度改革,规范并公开行政职权、行政处罚和法律救济3份清单,全面取消非行政许可审批事项。规范税收执法行为,制定出台进户执法管理办法,解决重复下户、多头检查等问题。开展"以案说法、走进乡镇""一案双说"服务企业宣传活动。推进重大税务案件说理式税务行政处罚文书和柔性执法方式,严格重大税务案件审理工作规程,落实重大税收违法案件公告。运用稽查工作机制,开展出口退(免)税企业、黄金交易企业、资本交易等税收专项检查和严厉打击发票违法犯罪活动工作,做到税务稽查重点突出、方向清楚、目标明确,全年累计查补税金等5792万元,进一步规范税收经济秩序。

【优化纳税服务】 推进便民办税春风行动总局联系点建设,全面实施《纳税服务规范》,出台"简政放权""服务发展"等5类15项37个服务措施。完善纳税服务系列制度,健全首问责任制、免填单、一次性告知等24项办税服务厅工作制度,成为浙江省税务干部学校全省首个纳税服务教学实践基地。打造"互联网+税务"新模式,深化网上、自助、移动、实体"四办联动"的办税服务体系,构建"全员、全程、全方位"大服务格局,全年累计举办纳税人培训课堂15场次,涉及新办纳税人、营改增政策、增值税发票升级版、企业所得税汇算清缴和进出口业务知识5类培训辅导。向社会力量购买服务,成立纳税人学堂,开设涉税辅导网络课堂,开展青年先锋志愿服务队、纳税信用等级评价等举措,实行"7×24"小时自助办税,"8小时实时咨询、24小时离线课堂"的全天候、全方位服务模式,实现"服务网点""同城通办""自助办税"全覆盖,窗口综合满意率提高到99%以上。

【推进队伍建设】 深入开展"三严三实"专题教育,组织作风建设"巩固深化拓展"、"正风肃纪"、"三比三看三想"、"明法纪、知敬畏、守底线、保平安"、金税先锋评比、新修订《条例》《准则》专题培训等主题活动。落实"党风廉政建设两大责任",制定出台党组《主体责任清单》70条、纪检监察《监督责任清单》30条,对落实年度党风廉政建设责任制情况和中央八项规定落实情况开展检查考核。发放"读文思廉"读本,编印《金税廉风》,全年发送廉政短信2000多条。打造"金税论坛"理论学习品牌,每月开展"清风扬帆"廉政沙龙活动。建立综合绩效、岗位绩效、征管绩效与纳税服务绩效四位一体的管理评价体系,营造高效规范政务环境。 (王芳芳)

2015年嘉善县国税收入情况表

单位:万元

税种	累计入库	同比增长率(%)
合计:国税收入	403377	7.79
增值税	284581	5.89
消费税	3654	244.39
内资企业所得税	39590	7.63
外资企业所得税	65400	12.34
储蓄存款利息个人所得税	1	0.00
车辆购置税	10151	7.78

2015年嘉善县出口退(免)税情况表

单位:万元

项目	全年累计	同比增长率(%)
出口退税	235909	32.88
其中:退税	159909	35.20
免抵调库	76000	28.26

地方税务

【概况】 2015年，嘉善县实现地区生产总值425.54亿元，同比增长8.3%。按户籍人口计算，人均生产总值109811元，同比增长8.3%。第一产业增加值23.55亿元，同比下降3.6%；第二产业增加值234.33亿元，同比增长8.9%；第三产业增加值167.66亿元，同比增长9%。三次产业结构比从上年的5.9∶55.7∶38.4调整为5.5∶55.1∶39.4。全县财政总收入66.91亿元，同比增长8.3%，其中一般公共预算收入35.55亿元，同比增长7.6%。全县城镇居民人均可支配收入46574元，同比增长8%；农村居民人均可支配收入27203元，同比增长8.6%。

【收入情况】 全县地税部门各项收入46.15亿元，同比增长12.5%，其中税收收入24.77亿元，同比增长7.6%，非税收入21.38亿元，同比增长18.6%，税收收入占一般公共预算收入的69.7%。强化规费收入管理，其中社保费收入18.02亿元，同比增长19.9%，高于全市平均增速5.56%，拉动收入增长率。受上半年股市行情影响，全县股权转让、限售股等入库1.2亿元，同比增收5792万元。应对税制改革，做好营业税清税清票工作，全年营业税入库8.5亿元，增收1.94亿元，同比增长29.5%，高于全市平均增速16.78个百分点，增速列全市第一。

【加强征收管理】 建立健全税收征管保障、涉税信息传递与交换等机制，实现与国土等10个部门税收征管保障联动。加强与法院、银行等职能部门协作，全年清理往年陈欠2688万元，同比增长65.8%。加强全县税收信息共享平台运用，累计获取涉税信息5.72万笔。研发应用风险管理模块，修正系统内差错数据40多万条，累计推送税收风险对象6461户次，补缴税费8000万元。建立完善优质税源培育对象税费数据统计分析机制，重点税源监控面80%。巩固分规模、分行业和分事项企业所得税分类管理模式，强化税源大户管理，提高预缴率，全年企业所得税入库2.21亿元，增收3301万元，增长17.5%。扩大社会保险覆盖面，全县社保费收入占地税组织收入的39.1%。加强社保费年度结算后续管理，通过对8735户正常缴费企业的结算申报数据进行分析，确定715户缴费异常情况企业，落实补缴处理。创新缴费评估方式，落实社保费缴费评估自查。开展劳务派遣和劳务用工情况自查，排摸劳务派遣单位12户、派遣用工10410人，涉及企事业单位223家。建立财政、地税、人社3个部门社保基金征缴联动机制，推行社保费风险管理模式，完成1900户社保费结算异常户风险推送，补缴2615万元。

【做好“营改增”准备】 全县范围组织开展营业税专项清税清票工作，组成10个辅导小组对130户房地产企业开展纳税辅导。成立营业税专项清理工作领导小组及办公室，对建筑业、金融保险业和年营业额在500万元以上营业税纳税人分期分批开展专项辅导。加强服务贸易对外支付税收管理，以及产权交易营业税征管。

【支持转型升级】 支持“四换三名”(四换，即腾笼换鸟、机器换人、空间换地、电商换市；三名，即名企、名品、名家)工作，建立支持浙商创业创新工作长效机制，实现工作常态化。继续开展调整城镇土地使用税政策促进土地节约集约利用试点工作，完成全县土地等级区域调整划分、2015年度试点企业城镇土地使用税税收优惠核准工作，1772户企业纳入综合评价范围。0.2公顷(3亩)以下制造业企业及非试点行业纳税人按调整的土地等级标准计征城镇土地使用税。通过“亩产税收贡献”指标评价体系，对试点行业的纳税人实行分类分档的城镇土地使用税减免政策，全县1440户企业获得税收优惠减免6100万元，鼓励企业转型升级。

【减轻企业负担】 按照《国务院关于税收等优惠政策相关事项的通知》精神，严格贯彻执行“营改增”以及小微企业税收优惠等结构性减税政策，累计减免税费3.16亿元，其中6121户小微企业享受营业税优惠政策，减免2599万元。落实企业所得税年度税收优惠政策，减免税面62.6%，减免税比率4.6%，免税收入9054万元，加计扣除4750万元，其中国家需要重点扶持的高新技术企业6户，减免税款408万元，21户企业自行申报财产损失，税前扣除987万元,弥补亏损66户,涉及金额7153万元。

【推动国地税合作】 成立国地税合作工作领导小组,建立联席会议制度、协商机制,联合开展企业纳税评估。通过全县税收信息共享平台,与县国税局建立涉税信息传递与交换机制,及时取得增值税、消费税数据(包括免抵数),对企业缴纳城建税等数据进行比对,发现差异数3706笔,入库税费1252万元。每月传递个体工商户国地税共管户定额信息和管理未到位户信息,加强国地税共管户定额管理。建立银税合作机制,与嘉善农商银行、建行嘉善支行分别签订"税银互动"合作协议,为纳税信用等级评定为A、B级的小微企业提供融资支持。

县地税局推广延时、预约服务,方便企业办税。(县财政地税局 提供)

【加强税务稽查】 加大涉税违法行为查处力度,查补税费、滞纳金、罚款等1795万元,查处大要案1起,涉及税费、罚款等62万元。开展年度税收专项检查,重点检查79户,责成自查94户。规范税收违法行为举报途径,受理各类举报16件,处理完毕并回复5件。联合县国税局、县公安局开展假发票"买方市场"整治,查处21起发票违法案件,涉及违规发票432份。在全市地税稽查案件复查和案件质量评审中,获集体二等奖,2个优秀案件分获二等奖、三等奖。

【优化纳税服务】 全面启动"五证合一、一照一码"工作,税务登记设立、企业所得税申报等同城通办涉税事项38项。严格实行行政许可清单管理,非行政许可审批事项全部按规定予以取消,减免税由审批转为办理。规范小微企业优惠政策办理流程,简化办税流程,由备案减免统一改成备案管理。深化"智慧行政、贴心服务"纳税服务品牌建设,在全县行政审批服务群众满意度测评中,全年满意率96.5%,未有不满意评价。支持嘉善大云甜蜜小镇省级特色小镇建设,成立由税务骨干组成的特色服务工作组,定向化解税收难题,针对工业旅游为小镇的特色服务项目,帮助做好"营改增"扩围预期和准备工作。

【加强队伍建设】 制订落实党风廉政建设责任制工作方案,开展违规违纪问题线索和廉政风险大排查、基层分局巡察工作。组织税收执法重点督察。制定全局绩效管理考核办法,实现上机运作和系统操作。完成税务经费结转结余清理工作,针对结余和结转两年以上的税务经费进行收回统筹使用,上缴县财政资金2616万元。注重文化育人,在浙江财经大学举办4期驻校培训,组织全体中层以上干部和70余名税收业务骨干参加。创设"周一夜学"课堂,组织全局47名30周岁及以下青年干部参加6个业务专题辅导讲座。安排17名青年干部到招商、信访、行政村等一线岗位锻炼。做好党的群众路线教育实践活动后续整改,局领导班子27项整改任务全部完成,"四风"问题专项整治23项,建立制度22个,完成民生实事办理18项,下属13个党支部的54项问题完成整改,完成率100%。 (程高华)

2015年嘉善县地方税务各项收入情况表

单位:万元

项　　目	累计入库	上年同期	增减额	同比增长%
收入总计	461545	410308	51237	12.49

续表

项　　目	累计入库	上年同期	增减额	同比增长%
一、税收合计	247692	230148	17544	7.62
其中:中央级	41058	35526	5532	15.57
省级	5463	4668	795	17.03
县级	201171	189954	11217	5.91
(一)税收收入(不含二税)	225684	199145	26539	13.33
1.营业税	85001	65626	19375	29.52
其中品目:金融保险	9035	7802	1233	15.80
邮电通信	1	986	−985	−99.90
建筑	25976	20910	5066	24.23
销售不动产	37406	24571	12835	52.24
2.企业所得税	22131	18830	3301	17.53
3.个人所得税	46302	40380	5922	14.67
4.其他税收小计	72250	74309	−2059	−2.77
(1)城建税	19781	17858	1923	10.77
(2)房产税	15758	17901	−2143	−11.97
(3)土地使用税	17446	21097	−3651	−17.31
(4)车船税	2724	2380	344	14.45
(5)印花税	6094	4702	1392	29.60
(6)土地增值税	10447	10371	76	0.73
(二)二税收入	22008	31003	−8995	−29.01
1.契税	19118	19876	−758	−3.81
2.耕地占用税	2890	11127	−8237	−74.03
二、其他收入	213853	180160	33693	18.70
三项规费收入	31664	28106	3558	12.66
1.教育附加	11894	10711	1183	11.04
2.地方教育费附加	7934	7147	787	11.01
3.地方水利建设基金	11836	10248	1588	15.50

综　　述

2015年,嘉善县完成基础设施建设2.44亿元,占全年计划的101.22%,其中公路站场建设(含绿化)完成投资1.86亿元,水运建设完成投资0.58万元。至2015年,全县通车公路总里程804千米,公路密度158千米/百平方千米,其中高速公路37.29千米、一级公路66.97千米、二级公路56.79千米、三级公路185.3千米。全县基本形成“三横两纵”道路交通框架,基本实现各镇10分钟上高速、镇域之间20分钟和村域之间40分钟的“102040”交通圈,与周边大中城市实现1小时互通。2015年底,全县有定级内河航道56条、320.12千米,定级航道密度63.2千米/百平方千米。至2015年,有港口码头企业306家,内河港口泊位411个,其中500吨级70个,300吨级13个,100吨级及以下328个。最大靠泊能力500吨级,船舶拥有量656艘,运力14.78万吨,形成“两纵两横”水运网络主骨架。2015年,全县有道路运输及相关业务企业4384家,各类机动车维修业户234家。全年检测汽车20382车次。全县有营运货车7595辆,比上年减少597辆(减少7.3%)。全县货运站场完成货运量1991万吨,货物周转量219098万吨千米。至年底,8吨以上重型货车(集卡车)2343辆,比上年增加135辆。营运客车410辆(不含出租车),其中省际班车23辆、市际班车19辆、县际班车26辆(含一级公交)、旅游包车35辆、县内公交307辆;更新客运班车(含一级公交)车辆7辆、旅游包车7辆。客运线路99条,其中跨省17条、跨市16条、跨县8条、县内公交线路58条。完成旅客运输量2120.49万人次。全年更新、新增县内公交车辆40辆。有出租车240辆,从业人员729人。

2015年,办理行政处罚案件1874件,办理行政许可案件620件,案件办理正确率100%,未发生行政复议。

全县农村公路品质提升工程完成投资5565万元,完成新改建提升道路15.5千米,大中修道路26.8千米,危桥改造8座。自2012年开始,实施农村公路品质提升工程,累计投入4.85亿元,品质提升工程完成79%,完成新改建农村公路52千米、大中修71千米、农危桥改建63座,实现全县农村公路指路体系全覆盖。

嘉善县综合交通信息服务平台示范工程作为目前全国唯一县域综合智慧交通示范工程,于12月底通过省交通厅组织的竣工验收。该工程完成投资6445万元,基础设施智能监控平台、运载工具智能监控平台、出行信息服务系统、可变情报板系统基本成型,“e路嘉善”作为全国首个在手机上独立运行的县域综合交通应用系统已向社会推广,实现公交线路查询,公共自行车、西塘停车位及流量查询,航空铁路数据查询等功能。至年底,公众出行系统已浏览和访问2.5万人次,手机端发布并提供下载,各项功能运行稳定。

“美丽通道”建设全速推进。细化和完善“美丽通道”建设专项行动工作方案。明确责任主体,梳理工作重点,确定每条通道绿化景观提升标准,初步拟定每条通道绿化提升项目。根据“美丽通道”建设专项行动工作方案，初步制定具体14条通道的专项建设方案，针对每条通道不同现状，突出重点，做到一路一方案。

“e路畅优”交通品牌建设进入常态化。制订“e路畅优”品牌创建实施办法和各品牌点19个创建标准，实行申报验收制度并列入年度目标责任考核内容。创建16个“e路畅优”品牌点。被授予“嘉兴市十佳服务品牌”，被交通运输部列入“交通运输部十大文化品牌”候选名单。（屠伟平）

公路运输

【概况】 2015年，全县公路总里程776.96千米，其中高速公路37.29千米。按路面类型分，高级路面里程774.61千米(其中水泥砼550.22千米、沥青砼224.39千米)，中低级路面里程2.35千米。按行政等级分，国道30.37千米、省道22.46千米、县道182.51千米、乡道312.73千米、专业公路9.19千米、村道219.7千米。全县公路桥梁814座，其中互通式立交桥1座、特大桥3座、大桥78座、中桥269座、小桥454座，新增桥梁9座(大桥、中桥各1座，小桥7座)。

【公路养护】 开展公路养护工作，保障公路通行安全。组建小修保养队伍，并利用专业养护设备，开展路面坑洞修补、路面灌缝及桥梁维修作业，快速消除路面、桥梁安全隐患。7月，投入200万元，将县道431万平方米通道绿化养护和补植工作推向市场；制定绿化养护考核标准，加大对绿化养护公司的监管，提升公路绿化整体形象。至12月底，路面修补维护共消耗沥青混合料6000吨，完成路面灌缝25000米；栏杆、伸缩缝等构件修复42座，标线漆划732平方米，示警桩、波型护栏维修分别为129根、658米；通道绿化养护230万平方米，累计投入养护资金约700万元。增加小修养护资金投入，针对7月“灿鸿”台风及11月冬季雨水集中影响，公路水毁情况严重，抢修丁枫线、洪三线和缪洪线等重要路段，投入资金310万元。

【农村公路提升工程】 2015年，完成县道大中修7.25千米(丁俞线1.25千米、丁枫线5.1千米、缪洪线0.9千米)，总投资约1100万元；完成安保工程(1.7千米防撞护栏和标志标线)，总投资100万元；完成荻沼大桥改造工程，总投资380万元。投入993万元对320国道沿线全长10千米、面积4.8万平方米的防护林进行补植和改造，完成人行道修复2000平方米，改建花坛2086平方米，维护排水沟设施2600米，修复侧石1000米，土方回填4.3万立方米，补植绿化4.6万平方米。完成2014年续建项目沪昆高速大云出入口(防护林)改造提升项目，年度投资由700万元增至965万元，绿化改造提升涉及面积约15.8万平方米，种植乔木约9500棵。

【公路两侧整治】 结合“四边三化”“三改一拆”、“公铁”环境专项整治、“卫生街道”“文明城市”等专项整治要求，与沿线乡镇(街道)联合执法，对320国道及重要县道开展公路及公路用地整治排摸统计，对安保设施进行每周进度上报。配合全县高速公路沿线广告管理，全年拆除高速公路沿线广告牌14块，完成二期拆除任务。在“公铁”沿线环境整治百日会战中，完成国道和县道公路用地内绿化整治、安全设施，整治堆放违建及非标241处。以“品质提升”和“美丽公路”创建为载体，建设兴善公路为县道示范路、魏俞线为县道美丽农村公路示范路。全年拆除违章建筑125平方米，清理路面堆积物5205立方米，清除公路沿线非标广告牌143块。

【行政执法】 5月，联合交警、公安特警开展联合治超，在重要道口24小时轮班值守。28日凌晨，多部门联合抓获8辆超限车辆，总超限量428.05吨，单车最低超限率87.3%。8月，开展对以水泥管桩等建材运输为重点货源的单位(货运企业、港口、码头、货物集散地)、货运车辆及货运从业人员的调查摸底工作和超限超载专项整治联合执法行动，出动执法人员(含交警、路政、运管等)2280人次、执法车399辆次，联合执法队伍检测车辆2594辆，查处超限超载车辆339辆，卸载货物1884.74吨，处罚金额43.681万元，交警部门对驾驶员记分2起。全年，320国道嘉善超限运输检测站总计检测车辆6258辆，查处违法车辆761辆，卸载货物4202.3吨。

（王利炯）

水路运输

【概况】 2015年,全县有限制性定级航道56条、320.12千米,定级航道密度63.2千米/百平方千米,形成"两纵两横"水运网络主骨架。至2015年,有港口码头企业306家,内河港口泊位411个,其中500吨级70个、300吨级13个、100吨级及以下328个,最大靠泊能力500吨级。有各类营运船舶656艘,14.78万载货参考吨,功率8.17万千瓦。完成货运量1356.33万吨,货物周转量18.49亿吨千米。港口吞吐量1671.74万吨,其中进港1098.5万吨,出港573.24万吨。

【基础设施建设】 2015年,嘉善县杨庙港航管理检查站迁址工程启动,该项目位于湖嘉申线航道天凝镇洪溪村航段左岸,征地0.36公顷(5.36亩),总投资800万元。项目新建业务用房建筑面积968平方米,码头长72米,设置1000吨级泊位1个,24米×18米船棚1个。船棚和码头工程于3月开工建设,8月完成除船棚钢结构以外的施工内容。

【航道养护】 实施芦墟塘航道养护工程一期项目。芦墟塘航道起于杨树浜口,终于太浦河管理所陶庄管理站,全长10.87千米,一期工程实施下甸庙集镇以北航道单面宽35米段,计划新建生态护岸6048米,绿化面积20328平方米,批复概算1025万元。工程于6月20日开工,12月底完工,实际新建生态护岸6850米,绿化面积23000平方米,完成投资约900万元。实施东清线航道养护工程二期工程。该工程起于茜泾塘大桥,终于清凉大桥以东400米,航道里程2.3千米,计划修建护岸1497米,批复概算676万元。工程于4月开工,11月底完工,实际修建护岸1530米,完成投资约576万元。

【港口管理】 完成"十二五"期间内河船型标准化工作,提高船舶平均吨位,增强船舶防污染能力,推进嘉善内河运输船舶转型升级。全年共申请拆解改造49艘、14343总吨位,补贴资金266.6万元。印发《嘉善县码头提升实施意见》,落实码头提升工作,加强和督促散货堆场建设围墙、防风墙或封闭设施。根据"五水共治""三改一拆"战略部署,对有条件的港口码头污水管接入城市污水管网,禁止直排航道内;对不符合要求的,配合政府开展拆除工作,拆除9座港口码头,注销港口码头19座。

【安全管理】 根据嘉善交通运输局《关于开展安全生产隐患大排查的通知》要求,以境内航行、停泊作业的各类船舶,港口作业企业,水路运输企业,航道建设与养护及水运在建工程为对象,集中开展地毯式排查,消除影响境内船舶航行与作业的不安全因素。全年出动安全生产检查组580个、检查执法人员2137人次,检查企业(船舶)1851家(艘次),查处非法违法行为37起。 (姜列峰)

铁路运输

【嘉善火车站】 2015年7月1日零时起,全国铁路实施新的列车运行图。嘉善火车站每日接发列车89对,其中开行旅客列车53对(包括直达特快旅客列车8对、特快旅客列车11对、快速旅客列车34对),开行货物列车36对(包括特快货物班列2对、快速货物班列5对、直通货物列车25对、零解货物列车4对)。停靠嘉善站办理客运业务旅客列车15趟,其中上海方向7趟、杭州方向8趟;停靠嘉善站进行调车作业货物列车3对,进行快运业务快速货物班列1对。全年发送旅客25.38万人次,日均发送旅客695人次,年货运吞吐量28.11万吨,货运装卸4950辆车。车站站场设正线2股、到发线3股(其中旅客列车到发线2股)、货场货物线4股、在站接轨的专用线2条;建有客运业务房屋786平方米(其中旅客候车室682平方米,行包房104平方米),可容纳旅客520人,旅客站台2座,站台雨棚600平方米,货物仓库1座2296平方米,货物雨棚2座、3092平方米;装卸机械8台,其中30吨门吊2台,起重能力为3吨的叉车6台。车站下设运转、客运、枫泾站3个班组。

铁路车站联合铁路公安部门连续第二年开展以"诚实守信,持票乘车"为主题的整治无票乘车专项行动。组织开展"旅客满意、货主满意"主题实践活动。铁路运输服务质量不断提升,旅客货主投诉明显下降,旅客货主满意度和美誉度明显提高,全年未发生责任问题投诉，杜绝严重路风事件。

嘉善站货运中心货运重点向服务经营型转变，提高全程物流服务水平；健全服务评价体系，拓宽业务渠道。抓好卸车组织工作，发挥“大南翔”优势，根据车辆到货情况，科学调配劳动力。做好汽车运输企业协调工作，做到快卸、快装、快运，缩短停靠时间，加快车辆周转，高峰时段每天卸车50辆以上。受物流行业大环境影响，全年货运运输量较往年出现大幅缩水，至2015年12月31日18时，嘉善站货运吞吐量28.11万吨。

以“五杜绝三控制两实现”（杜绝责任旅客伤亡事故，杜绝责任重工伤事故，杜绝打破车站安全天的责任行车事故，杜绝责任道口事故，杜绝责任火灾爆炸事故；控制路外伤亡事故，控制安全事故苗子，控制严重安全风险；实现安全生产连续4个百日，实现连续第17个安全年）为全年安全生产目标。加强安全教育，开展“劳动安全专项整治”“安全生产隐患排查治理”“安全大反思大检查”“百日安全反思”“接发列车专项整治”“调车安全专项整治活动”等专项整治活动，认真落实整改措施。畅通各类信息反馈渠道，有的放矢做好安全管理工作，把不安全因素消灭在萌芽状态，推动安全工作持续稳定发展。至2015年12月31日，车站实现12512个安全天。

全年举办学习培训班25期，参加南翔直属站及上海铁路局各类培训班8期，送培150人次，完成师徒教学合同11份。增强党建思想政治工作时代感和针对性，开展《中国共产党廉洁自律准则》《中国共产党纪律处分条例》学习教育活动，创建“五好党支部”活动，党员创先争优活动；组织干部职工开展大讨论活动，撰写心得体会；开展职工“面对面”谈心活动等。丰富职工精神文化生活，开展文艺活动、才艺比赛、文化大讲堂和“安全文化”书画、摄影作品创作等。（卜景喆）

【高铁嘉善南站】 高铁嘉善南站位于嘉善县大云镇江家村，隶属于上海铁路局嘉兴车务段。2015年，车站每日办理的高铁动车组列车54列，其中上海方向开行25列，杭州方向开行29列。全年发送旅客约164.25万人次，日均发送旅客约4500人次。车站客运服务质量不断提升，旅客投诉明显下降，旅客满意度和美誉度明显提高，全年未发生责任问题投诉。（殷宇哲）

物流仓储

【概况】 2015年，嘉善县持续加强交通物流工作。深入乡镇、企业走访摸底，完成交通物流行业调研报告。组织专题培训，加强道路运输安全教育。参与跨行业、跨区域横向协调，积极构建“货畅其流”的道路运输大环境。全年有道路运输业户4126户，营运货车7595辆、总吨位53225吨；全县在册营运船656艘、载重14.78万吨，水运企业在册3家（其中客运企业1家），普通货船109艘、载重43057吨，驳船9艘、载重2087吨，拖船2艘、载重387吨，客船2艘、20客位。现代物流企业如特易购、普洛斯等落户嘉善，晋亿物流、浦嘉仓储等相继开工。

【嘉兴远方物流有限公司】 成立于2001年，注册资本7093万元，占地面积8.2万平方米，已开发4.7万平方米作为储运。自有运营车辆23辆、总吨位121.10吨，从业人员200人，专线20条，在全国除港、澳、台外，其他省都设立运输网点。2015年，营业额3045万元，货运量76万吨，上缴税收120万元。该公司为AAA级企业和嘉兴十强物流企业，浙江省经济贸易委公布的浙江省流通领域50家物流配送试点企业。

【浙江茂鸿国际货运代理有限公司】 成立于2012年，总投资4500万元，注册资本2000万元，占地面积1.53公顷（23亩）。有88辆牵引车、123辆挂车、总吨位6645.26吨，有员工210余人，办公面积3350平方米。公司集国际货运代理、报关报检、保税物流仓储和集装箱运输为一体，为600余家企业提供物流服务。报关报检票数位居全省前列，代理进出口箱量和经营规模位居全市前列，是嘉兴市重点扶持的物流龙头企业。2015年，主营业务收入1.70亿元，利润总额293万元，上缴税收412万元。（李振瑜）

邮　　政

【概况】 2015年，嘉善邮政分公司服务地方经济和社会发展，全年实现业务总收入6724万元，完成省公司计划的101.12%,净利润524万元,完成省公司计划的100%,取得经济效益和社会效益双丰收。

【嘉善县邮政局更名】 5月1日,中国邮政集团公司启动省级邮政企业“子改分”(子公司改分公司)改革,浙江省邮政公司所属企业统一更名,嘉善县邮政局更名为中国邮政集团公司浙江省嘉善县分公司。

【E邮站启用协调会】 5月13日下午,嘉善县分公司召集嘉善县12家主要快递公司负责人参加E邮站启用协调会。嘉善县分公司介绍E邮站建设情况,讲解操作使用流程和注意事项。嘉兴邮管分局派员参加会议。

【民政、邮政签署合作协议】 7月21日,嘉善县分公司惠民所、干窑支局、姚庄所作为试点分别与惠民街道、干窑镇、姚庄镇签订“邮善促民生”民政、邮政合作协议。合作协议按照《民政部 中国邮政集团公司“邮善促民生”战略合作协议》,整合民政、邮政优势,以慈善超市为平台,增加民政公共服务供给,拓宽邮政业务范围,推动慈善超市转型升级,丰富民生服务功能,完善政府基本社会服务。

【纳入农村电商建设体系】 12月,嘉善县商务局《关于中国邮政集团公司浙江省嘉善县分公司建议将邮政企业纳入农村电商建设体系的复函》,同意将嘉善邮政纳入嘉善县农村电商建设体系。复函要求嘉善邮政将已建成的村级服务点纳入日常管理和统计报送范围,在原有农村村级电商服务点基础上改造提升;强化农村电子商务工作力度,提升农村电商村级服务点建设质量,开放网络销售平台,提高服务水平和配套支撑力度。 (薛志明)

信息业

综述

2015年，嘉善县信息化和信息产业工作围绕建设“科学发展示范点”和创建“智慧城市”目标，以“智慧城市”和“两化融合”工作为重点，取得较好成绩。省、市、县（市、区）信息化发展指数分别为0.917、0.953、0.960。“两化融合”发展指数74.01。浙江省信息经济发展综合评级为97.38，列省第28名，其中信息经济核心产业发展列省第9名。全年电信业务收入7.36亿元；固定电话用户14.88万户；移动电话用户70.53万户，其中4G手机用户29.66万户；互联网用户19.84万户。县域互联网出口带宽302G。

嘉善电子信息产业集群（“光伏＋电子”）45家规模以上企业，完成工业总产值199.23亿元，同比增长19.8%；主营业务收入151.57亿元，同比下降0.1%；利润总额11.94亿元，同比增长13.4%；税金总额14.29亿元，同比下降1.3%；从业人员平均人数1.91万人，同比下降4.7%；出口交货值63.46亿元，同比增长0.7%。信息产业规模占全县规模以上工业经济比重19.8%，占嘉兴市信息产业总产值比重21.73%，列全市第1名。

列入省信息服务业专项1项、列入省云工程云服务专项2项。富鼎电子科技（嘉善）有限公司列入2015年（第15届）浙江省电子信息制造业30家重点企业。列入嘉兴市2015信息产业重点项目、嘉兴市智能产品和智能装备开发项目、机联网项目、企业管理信息化项目、第三方服务机构项目、公共服务平台项目51项，总投资14.90亿元，其中2015年投资额7.05亿元。 （盛玉林）

电信

【概况】 2015年，中国电信股份有限公司嘉善分公司（简称中国电信嘉善分公司）围绕加快示范点“三区一园”建设目标，加大投资推进全光网络覆盖和“智慧嘉善”建设。移动、宽带、iTV、新兴业务、网络建设等取得稳步发展，电信服务社会能力进一步提升。全年主营业务收入1.7亿元，同比增长5.84%，其中宽带收入同比增长2.63%，移动业务收入同比增长13.08%，新兴业务收入同比增长28.77%。移动市场份额从年初的15.69%提升至18.09%。中国电信嘉善分公司在全省一级三类18个县分公司综合排第2名，全省第3，获得升档；在全省新兴业务“强县强局”竞赛中获得“年度卓越奖”。

【光宽带网络】 开展宽带跨越式光改提速工程，推进城区、乡镇全光网络覆盖，为智慧嘉善建设夯实网络基础。全年完成813个网格光改建设和17个小区近500个LAN交换机改FTTB，原有LAN交换机小区全部实现光网接入，全网光宽带用户8.1万户。全年完成40局、41局、西塘等20个华为GPON（无源光接入系统）的OLT（光线路终端）安装调试和业务上线，3套100G波分设备的安装调试，“9306”扩容和ME60（网关）扁平化改造，FTTH（光纤到户）覆盖能力达到17万线，年末出口带宽达到120G。

【移动网络建设】 开展“建设大提速、质量大提升”4G大会战活动,全年完成118个LTE站点建设和3套RRU(射频拉远单元)、18套直放站的安装工作;完成大众湖滨花园、维也纳酒店等12个室内分布系统建设,客运中心、人民医院等45个室分LTE(线性能量传递)接入改造;完成原有通信基站的资料普查,与铁塔公司完成站点交接;实施交换机退网工程,完成41母局、丁栅、杨庙、天凝的5ESS网工作,全年完成交换机退网91万线。

【信息化应用】 加大信息化产品应用,完善全业务服务体系。做好县公安局、县港航所视频会议日常维护;完成县水利局、县政府视频会议保障工作;解决县政府5号会议室视频会议系统问题,完成现场联调、维护和验收;提升中小企业智能管理水平,与嘉善多家中小企业签订综合办公协议、手机电访协议、天翼对讲协议及爱WiFi建设;做好部分银行及重要点位的电路核实、巡检、维护,全年完成100多条MSTP(多生成树协议)电路开通和调试;举办行业应用品鉴会,邀请3家SI(企业终端形象识别系统)合作产品现场演示。

【“十三五”信息化战略合作协议签约】 12月28日,中国电信嘉兴分公司与嘉善县人民政府签订“十三五”信息化战略合作协议。“十三五”期间,电信将加大对嘉善县网络基础设施建设投入,提升嘉善网络信息化水平。利用电信带宽优势,扩大互联网出口带宽。推动“互联网+政务”“互联网+创新创业”“互联网+协同制造”“互联网+智慧农业”“互联网+商贸流通”“互联网+益民服务”“互联网+绿色生态”等一系列互联网实事工程和项目在经济社会各领域的全面应用。

【助推信息化报告获县领导肯定】 3月中旬,中国电信嘉善分公司向县委、县政府递交2015年助推嘉善信息化建设的报告,得到县长许晴和副县长许春红的肯定并作批示。

【综合交通信息平台项目】 参与嘉善综合交通信息平台示范工程,历经3年完成该项目基础设施智能监控平台、运载工具智能监控平台、出行信息服务系统、公交电子站牌管理系统、物流管理和服务系统等八大应用系统和37个子系统的系统集成与软件开发、测试。整合县交通局、县公安局、县住建局、县旅游局、县气象局、县人防办、县交投集团等12个与交通相关部门的公共信息资源数据和1000多路视频监控点位,建立相应数据规范和完善数据交换机制,12月31日通过初验。“e路嘉善”公众出行服务手机客户端于2015年春节开始运行。

【治安监控项目】 完善治安视频监控项目运营体系建设,配合做好姚庄派出所视频监控机房搬迁和整治,完成公安视频专网扩容的多个交换机节点安装调试,确保全县视频监控网络安全畅通。8月12日,与县政法委签订15年社会治安视频监控协议,全县800个点位(实际875个点位),续签247个到期点位维护。至年底,完成光缆布放728个,供电接电完成703个,球机安装773个,实际开通229个。

【嘉兴综合保税区项目】 8月21日,与嘉兴出口加工区B区(西塘)管理委员会签订嘉兴综合保税区B区二期弱电及信息化系统建设协议,建设内容包括计算机网络系统、安全防范系统(包括外围网监控、抛物联动系统、卡口监控、监管仓库监控、监管查验场所监控、办证大厅监控)、海关监控中心、综合布线系统、机房工程以及UPS配电系统。

【服务社会工程】 以干窑镇为试点推广“综治E通”应用,建立全镇基层社会管理综合治理信息数据库,提升基层社会管理水平。与县政法委联合升级建设《嘉善县社会管理综合信息系统》,加快“综治E通”在全县所有镇(街道)的全覆盖;与嘉善第四中学、洪溪小学、仁冠教育等学校签订数字化校园综合协议,与里泽惠中小学等多家学校签订翼校通合作协议,与魏中小学等26家学校签约校园微门户认证。完成杉达大学网络改造,实现100M全覆盖。中高考期间,对校园周边动态治安监控、校园视频监控点进行巡检。开展2015年浙江省高考志愿填报公益讲座。

【营业厅改造】 开展营业厅亮窗行动,完成亭桥北路中心厅、里泽、大舜、洪溪、陶庄、杨庙等18家自有营业厅卖场化改造,规划厅店格局,在业务受理、

自助服务、手机销售、终端演示4个功能区外，增加流量辅导区和产品体验区，中心厅开设翼支付体验区和甜橙理财专柜。（沈秋萍）

移　动

【概况】 2015年，中国移动通信集团浙江有限公司嘉善分公司(简称中国移动嘉善分公司)通过深化战略转型，坚持改革创新，取得较好运营业绩，实现更高水平的可持续发展。全年运营收入超3.7亿元，累计通话用户数49万户，手机上网用户近38万户，家庭宽带客户5万户，手机上网、政企信息化持续成为新的业务增长点。2015年获“浙江省文明单位”“嘉兴市市直机关先进基层党组织”“浙江移动明星县公司”“浙江移动先进分工会”“浙江移动最佳实践党支部”“嘉兴移动四强党支部”等称号，晋吉路营业厅被评为2015年度县级文明单位，陶庄营业厅被评为“县级工人先锋号”。

【实施宽带战略】 加快以TD－LTE为主的无线宽带网络，初步建成覆盖城乡的宽带高速网络。在全市及行业内率先完成4G网络建设任务，至年底，4G基站数量532个，4G网络实现对城区、各乡镇、主要景区、交通干线等场所全覆盖，覆盖超过全县98％的人口。累计覆盖驻地网19.09万户，实现对主城区、各乡镇的光纤网络全覆盖。完成西塘景区节假日、姚庄体育馆重大赛事等各类重大活动、突发事件的通信保障任务。配合做好西塘富通项目、开发区喜力啤酒项目涉及通信基站、通信线路迁建。

【发展4G业务】 至年底，全县使用4G终端用户近25万户，4G活跃用户数超23万户。2015年，响应国家提速降费号召，优化降低上网资费，推出流量共享、流量加油包等服务。推出“4G＋”服务，无线上网理论速度由100M提升到300M。

【社会信息化建设】 完善“嘉善市民免费无线上网”工程，提升网络覆盖质量和上网速度；完成嘉善综合交通信息服务平台软硬件支撑等子项目、嘉善数字城管二期县城中心及姚庄分中心两个平台的建设，提升城市管理的信息化水平；与县气象局、各个乡镇等合作“城乡天眼”高空视频监控。推出公安警务通、新居民局“流管通”、住建局“城管通”、政法委“平安通”等移动办公应用，提升城市管理服务的效率。推广“嘉善手机报”“浙江新闻客户端”等新媒体平台，“嘉善手机报”单期发行量累计突破12.3万。

【文化建设】 加强社会主义核心价值观教育，开展“敬业守信”职业道德学习月活动，举办“善文化”道德讲堂活动。提炼“善为先，做最好”企业精神，开展学习型班组建设，实施员工关爱行动，创建和谐企业。6月27日，公司志愿者联合多家单位到天凝镇新联村开展“星期六义务劳动”活动。开展爱心捐款活动，为天凝中学初二学生、白血病患者王俊阳捐款11750元。参与落实结对社区、村的共建工作以及军民共建活动，慰问结对困难学生、老人以及老党员、退伍军人等。（史彦韡）

联　通

【概况】 2015年，中国联合网络通信有限公司嘉善县分公司以4G为引领，推进体制机制、经营模式、服务方向和网络能力转型，推进信息化应用、扩大信息消费、促进信息化和工业化深度融合。在业务拓展、客户服务、网络支撑、成本控制等方面开展QC(质量控制)活动，被中国通信行业评为2015年通信行业开展质量管理小组活动先进单位，其中黑蚂蚁QC小组凭“降低边界漫游投诉量”获“全国通信行业优秀质量小组”称号。促进地方信息经济建设，与嘉兴教育局签订教育云平台业务；采用自建、合作等方式，推动免费企业WiFi建设。实现3G网络人口覆盖率从82％提升至97％，4G网络人口覆盖率从5.6％提升至83.9％。开展“行风纠风”“扫黄打非·净网2015”“综合治理不良网络信息防范打击通讯信息诈骗”等专项工作；落实IP地址管理及备案、用户信息管理、IDC/ISP信息系统本地维护、网络分级备案、非法主叫拦截、网络安全评估等工作；落实“黑卡”(未进行实名登记并被不法分子利用实施违法犯罪活动的移动电话卡)治理专项工作要求，处理“黑卡”相关违法违规行为，实现实名率92.29％，其中新增用户实名率100％。

（唐　均）

软件和信息技术服务

【概况】 2015年,全县引进赫德信息等12个软件类项目,全县50余家软件类企业新开发软件类产品27个。建成县科技创业中心、中国归谷嘉善科技园、嘉善信息科技城,嘉善高铁新城跨境电商产业园初步建成。全县拥有软件和信息服务业企业130多家,其中通过“双软”(软件企业和软件产品)认证软件企业30家,软件和信息服务业产值近2亿元。嵌入式软件企业“明烁节能”在“新三板”上市。组织参加乌镇世界互联网大会,实际参加250人,组织预备队450人。完成信息服务业、重点软件企业月度统计。协助县统计局对3家信息服务业重点企业进行执法检查。自查国防信息动员工作情况,进行国防信息动员潜力调查,通过嘉兴军分区检查。

【两化深度融合】 对全县139家行业骨干企业进行一对一调研和辅导,筛选建立县百家“两化融合”培育企业库。组织全县规模以上工业企业“两化”现状调查。下发2015年度嘉善县“两化融合”工作方案。调研木业家具、装备制造、轴承行业骨干企业,召开全县木业家具行业、装备制造、轴承行业“两化”深度融合推进会。组织召开全县信息经济培训会、两化融合培训会、“机器换人”“两化融合”座谈会,组织主体和企业参加嘉兴市“两化融合”培训会、信息经济发展宣讲会、信息安全高峰论坛等会议,组织24家企业申报嘉兴市“两化”深度融合示范企业,19家企业列入市“两化融合”示范试点企业。富鼎电子科技(嘉善)有限公司获嘉兴市机联网示范企业、嘉兴市管理信息化示范企业,干窑镇、大云镇、罗星街道被评为嘉兴市“两化融合”示范镇(街道),干窑市镇工业园、大云市镇工业园、罗星市镇工业园被评为嘉兴市“两化融合”示范园区。组织县信息化学会研发通用版企业OA智能办公系统,免费赠送县内工业企业。

【智慧嘉善建设】 制定《嘉善县电子政务项目预审暂行办法》,统筹电子政务项目管理,避免重复建设,推进资源共享。启动部分智慧嘉善建设项目,围绕经济建设、城市运行、社会管理、公共服务重点领域,推进信息基础设施建设和居民信息应用能力建设,构建智慧应用体系建设。优先启动实施交通信息化示范平台、人力社保一体化、卫生信息化、天地图和子网站等项目。全年安排信息化项目22个,总投资1.48亿元,年度安排县财政资金4427万元。调查全县数据中心建设情况,评价“ijiashan”嘉善市民免费无线上网项目经费绩效。

(盛玉林)

旅　游　业

综　　述

2015年,嘉善县接待国内外游客1195.1万人次,同比增长12.08%,实现旅游总收入123.33亿元,同比增长15.04%。重点加快推进古镇西塘景区AAAAA级创建、云澜湾温泉小镇AAAA级创建工作。巩固和提升大云温泉省级度假区,加快项目建设,做好旅游厕所新改建等基础建设工作。

旅游行业管理

【概况】 2015年,嘉善县旅游工作围绕打造"长三角"地区重要休闲旅游目的地的目标,贯彻落实《国务院关于促进旅游业改革发展的若干意见》和省、市旅游发展大会精神,突出科学发展观引领下嘉善旅游的"全域休闲化""全域智慧化"和"全域生态化"发展战略,进一步优化产业布局,深化品牌建设,推动区域合作,完善配套建设,强化行业监管,旅游业得到较快发展。8月,出台《关于促进嘉善旅游业改革发展加快打造长三角地区重要的休闲旅游目的地的实施意见》,明确至2018年旅游业发展目标。全年受理旅游投诉43起,同比增加16.2%,结案率100%。发生理赔7起,总赔偿数额27350元。开展智慧旅游项目建设,发布智慧旅游APP,开通嘉善旅游微信号,实时推送嘉善旅游信息和促销活动,全年推送45期信息。开展旅游市场秩序及安全检查,出动检查人员120人次,检查旅游企业65家次。

【旅游总体规划编制】 组织起草《嘉善县旅游总体规划(2014—2030)》(以下简称《总体规划》),明确以"两核一心一带"("两核":西塘旅游发展核和大云旅游发展核;"一心":城市旅游综合服务中心;"一带":水乡风情休闲带)为总体框架,优化全县旅游发展格局,推进旅游目的地和集散地建设,完善提升旅游综合基础配套设施、旅游公共服务、整体形象宣传等,形成大旅游的整体优势和综合效应。《总体规划》于11月经县人民政府批复正式同意实施。

【旅游交通标识系统设计】 专题规划全县旅游交通指引标识系统,10月26日通过专家评审,汇总专家评审组及相关部门意见和建议后,由设计单位修改形成报批稿。该规划由县人民政府批准同意,正进行旅游交通指引标识系统图纸设计工作。

【西塘AAAAA级景区创建】 4月,由县委、县政府抽调40多人成立工作组,开展为期3个月的西塘古镇景区安全整治工作,出台《2015年嘉善县西塘古镇规范旅游秩序专项整治行动方案》。6～8月,开展集中整治活动,重点整治黑车黑导拉客、带客逃票,扰乱公共秩序等现象。11月,完成3.03平方千米的西塘古镇标识设计方案招标。上海清鹤入驻西塘古镇,开启智慧旅游建设项目。12月底,完成停车场智能收费系统安装;开始排布光纤线,为项目建设做前期基础设施准备。年底,AAAAA级景区创建通过国家级景区景观质量评审。

【旅游项目建设】 年内,全县旅游在建项目总投资

4.62万元，至年底，实际投资4.36万元。顾锡东戏剧艺术馆、宝鼎酒店、九德堂古玉博物馆、西塘留园大酒店竣工；康辉项目一期(西塘璞悦园)已竣工、二期正在供地阶段(拆迁)，三中地块处在方案制作阶段；歌斐颂巧克力小镇二期工程婚庆接待中心、婚庆摄影基地外景等在建，北区园区景观绿化工程基本完成；云澜湾温泉小镇VIP、温泉中心主体竣工，婚庆摄影二期4号楼、5号楼结顶，项目总建筑面积17.7万平方米，开业；万联城文化旅游项目东西区结顶，正在进行外墙装饰。

【“旅游厕所革命”工作】 按照国家、省旅游局部署的各项“旅游厕所革命”工作，对全县旅游景区、旅游线路沿线、交通集散点、乡村旅游点、旅游餐馆、旅游娱乐场所和休闲步行街的厕所现状进行摸底调查，统计上报2015～2017年上述场所新建、改建旅游厕所的计划。2015年至2017年全县计划新增旅游厕所29座，厕位436个；改建旅游厕所44座，厕位567个。至12月底，全县在建新厕所17座，改建旧厕所24座，完成年度任务。

【旅游宣传服务】 县旅游咨询服务中心在全县范围内设置17个旅游咨询服务站点，开展嘉善旅游宣传咨询服务活动；密切与上海旅游咨询服务中心和10家区旅游咨询服务中心的合作关系，全年累计向上海各旅游咨询服务中心发放宣传资料3.5万份，向县内各旅游咨询点发放宣传资料1万多份；完成嘉善旅游自驾游手册及旅游宣传画册的设计制作。

【旅游安全监管】 落实安全责任，完善安全监管体系，与全县31家旅游企业签订安全责任书。推行旅游安全“一岗双责”，进行分类安全检查和指导。开展安全生产宣传教育，制定旅游行业“安全生产月”活动方案，部署“安全生产月”活动；参加“安全生产月”宣传咨询日活动，制作安全宣传展板开展宣传；组织旅游企业采取悬挂横幅标语、利用LED显业屏播放、张贴安全警示标语、宣传栏宣传等形式开展宣传。11月，举办全县旅游行业消防安全知识培训会，并组织应急疏散和灭火器使用演练，提高应急预案的针对性、可操作性和时效性；开展平安旅游创建，6月启动创建工作，11月底，对全县各企业“平安旅游”创建工作对照考核标准开展检查和复核工作。全县23家旅游企业开展“平安旅游创建”复核，2015年新增创“平安旅游创建”单位4家，经综合考核，全部推荐为市级“平安旅游创建”单位。

【诚信旅游建设】 举办“3·15”消费者权益日宣传活动，通过宣讲、受理咨询及投诉等形式，向消费者宣传《中华人民共和国旅游法》《旅游投诉处理办法》等旅游法规。邀请旅游行风监督员、活动成员单位、消费义工代表50人开展“3·15”西塘景区消费体验活动，以游客身份来“找茬”，提高旅游者的依法维权意识和文明旅游意识。

【文明旅游建设】 在全县旅游行业中开展“文明旅游·安全出行”主题活动，印发活动方案，出版以“文明旅游”为主题的嘉善版宣传专版；策划、设计印制《文明旅游安全出行手册》并发放到各旅游企业；开设文明旅游宣传专栏，完善文明旅游活动信息上报制度；配合县文明办、县创建办做好全县“一创建三复评”相关工作。

旅游资源

【概况】 配合和指导西塘古镇AAAAA级景区创建，结合创建标准及国家、省、市旅游局暗访发现的问题，明确责任分工，制定整改方案；指导云澜湾温泉小镇做好创建AAAA级景区工作，12月31日通过省专家景观质量评估；指导云澜湾温泉小镇创建省中医药文化养生旅游示范基地，列入2015年度浙江省中医药文化养生旅游示范基地命名名单；指导歌斐颂巧克力小镇进行项目提升。

【大云温泉省级旅游度假区】 以“温泉、水乡、花海、农庄、婚庆、巧克力”为特色，景点各自特色鲜明又形成有机互补。有十里水乡、碧云花海农场、云澜湾温泉度假小镇、斯麦乐巧克力乐园、拳王休闲农庄等景点，是婚庆蜜月地之一。

【碧云花海——十里水乡】 由碧云花海与十里水乡景区组成，为国家AAAA级景区，位于中国鲜切花之乡、全国环境优美乡镇——大云镇。景区主要特点是自然、原始和生态。蓉溪两岸保存良好的原始风貌，植被茂盛，自然环境优良，有极富乡村野趣的自然原生态河道景观。开放区段有丰钱桥、双庙桥、“蓉溪拱绿”、“秋芦飞雪”、“云溪迟暮”等景观。

【嘉善国际木雕文化园】 国家AAA级旅游景区，汇聚木雕、根雕、竹雕竹编、红木家具、古典木制雕件等国际木艺精品；集中东阳木雕、乐清黄杨木雕、福建龙眼木雕和潮州(金漆)木雕四大木雕艺术精品，以及福建、云南、广西、四川、安徽等产地的根雕、竹编竹雕制品；汇聚历史悠久、独具代表性的“京作、苏作、广作、东作、仙作”五大古典流派各式红木家具，形成国内木制艺术品的集散中心。

【姚庄浙北桃花岛生态旅游区】 国家AA级旅游景点，位于姚庄镇北鹤村。四面环水，自然环境独特，村中遍布桃园，仿佛世外桃源，俗称“桃花岛”，是集农俗游赏、农耕文化展示、文化遗址游览于一体的特色农业生态旅游区。由看桃花、摘桃子、百果园、农家乐、垂钓乐园、茶坊、彩菱塘等景点组成。

【吴镇故里】 国家AA级旅游景点，位于嘉善县魏塘街道，占地面积2987平方米，建筑面积1658平方米，是元代四大画家之一吴镇的故居和墓葬地。有梅花房、吴镇墓、梅花亭、八竹碑、草书心经碑、梅花泉、洗砚池、仁本堂墨刻碑、古石碑、渔父图碑廊以及吴镇陈列室、吴镇雕塑像、彩笔轩、寒碧亭、扇亭、林泉居、滴水假山、石桥小景等主要古迹和景点。

【拳王农庄】 国家AA级旅游景区，位于大云温泉生态旅游区，规划面积16.67公顷(250多亩)，水面约4公顷(60多亩)，绿化覆盖率在80%以上，一期投资2000多万元。该农庄以餐饮业为主，有35个大小包厢，80余桌，其中拳王大堂可设38桌以上宴席和酒会。岛中央是状元阁(会议中心)，有可容纳20～80人不等的5个会议室。结合水产科技养殖，适度开展垂钓烧烤等旅游活动。休闲农庄目标是集休闲度假、餐饮娱乐、农事体验、商务会所为一体的旅游区。

【孙道临电影艺术馆】 国家AA级旅游景区，是国内第一个以影人命名的艺术馆。建筑面积7200平方米，馆内设孙道临生平陈列、中国电影史回顾陈列、600平方米场景式展示厅、小剧场、电影放映厅等。

【云澜湾温泉小镇】 是以温泉度假旅游为主导，联动健康养生、运动康体、休闲购物、商务会议、生态人居等相关产业链的产业复合体，通过艺术手段把世界温泉文化与当地文化内涵和水乡特色等相结合，打造集艺术温泉中心、德式温泉水疗馆、园林温泉区、动感温泉区于一体的“四季全天候运营”温泉艺术主题公园。2015年，通过AAAA级景观质量评估，列入2015年度浙江省中医药文化养生旅游示范基地命名名单。

【歌斐颂巧克力小镇】 歌斐颂巧克力小镇是由歌斐颂集团投资的浙江省级重点项目，是“国内首家、亚洲最大”的巧克力工业旅游项目。小镇以巧克力生产为依托，以文化创意为手段，拓展巧克力文化体验、养生游乐、休闲度假等功能，打造成为集巧克力生产、研发、展示、体验、文化、游乐和休闲度假于一体的经济综合体。歌斐颂巧克力小镇是第三批浙江省工业旅游示范基地、全省首批服务业特色小镇，是省级特色小镇嘉善巧克力甜蜜小镇的核心项目。歌斐颂巧克力小镇总体规划布局为“一心四区、八大项目”，包含歌斐颂巧克力制造中心、欧洲生活体验区(含歌斐颂市政厅、歌斐颂会议中心、瑞士小镇风情街、欧式观光小火车)、浪漫婚庆区(含歌斐颂婚庆庄园、玫瑰庄园、巧克力主题酒店)、儿童游乐体验区、可可文化展示区。

旅游活动

【概况】 推进旅游资源整合，以乡村旅游节为切入点，充分利用已有的休闲观光农业、农家乐、水乡地貌和景区(景点)等资源，整合嘉善节庆活动，推介旅游线路，推出内容丰富多彩、形式新颖多样的系列推广和宣传活动。

【嘉善民间菜品甄选系列活动】 举办古镇西塘杯“品善·膳品”嘉善民间菜品甄选系列活动，分社会征集、专家评审、全民票选、菜肴烹饪比赛及美食文化宣传5个阶段。社会征集阶段收到稿件309份,其中有效稿件201份,评选出腌笃鲜、白饼、响油鳝丝、油爆香、油盐蟹、馄饨老鸭煲、蝉衣包圆、糖醋桂鱼、清蒸甲鱼、蚬肉胡辣汤等10个民间菜品。

【旅游宣传】 4月,组织6家旅游企业参加由省旅游局主办的"2015浙江(江西)旅游交易会",发放旅游宣传册2万份、旅游小礼品1000余份;5月,选出6件精品参加2015浙江省旅游商品大赛;6月,组织西塘旅游公司和大云旅游公司参加"2015杭州都市圈旅游联合活动";10月,组织西塘旅游公司参加澳门世界旅游经济论坛"诗画浙江"旅游推介活动;11月,组织西塘旅游公司和大云云澜湾温泉参加"2015中国国际旅游交易会";12月,组织西塘旅游公司参加2015第八届(中国温州)网络旅游节。与《嘉兴日报·嘉善版》、《新民晚报》社区版开展合作宣传,全年在《嘉兴日报·嘉善版》推出6个版面,《新民晚报》社区版推出2个版面。与省自驾车旅游协会签订协议,在协会出版的《智慧游浙江》上刊登嘉善旅游版面。

【对外联系】 推荐1家优质旅行社与迪士尼进行业务对接;11月初,派员到上海申迪集团(上海迪士尼度假区中方合作公司)挂职。与申迪集团研究部、发展部、运营部、申迪园林、申迪旅游等主要职能部门和下属公司建立联系,探寻嘉善旅游与上海迪士尼度假区的合作机会,与上海市旅游局下属上海市旅游公共服务中心、上海旅游集散总站对接,计划在上海迪士尼度假区与嘉善(西塘)之间开通旅游专线。

西塘古镇景区

【概况】 2015年,西塘景区建设管理以科学发展观统筹全局工作,围绕申报世界文化遗产、创建国家AAAAA级旅游景区的总目标,推动西塘旅游事业发展。全年旅游门票收入1.48亿元,接待游客数759.23万人次,分别增长21.99%和16.23%。开展景区安全整治及旅游秩序规范整治工作;举行2015浙江(西塘)首届海峡两岸民宿发展峰会暨"好客民宿"品牌交流论坛;10月,古镇二期开发项目康辉水街开业运营;11月25日,总投资2800万元的西塘古镇智慧旅游建设PPP项目签约并开工建设;西塘旅游公司成为世界旅游论坛中国公司意向股东。西塘古镇被评为"第三批全国特色景观旅游名镇名村""长三角最佳慢生活旅游目的地",入围第三批浙江省非物质文化遗产旅游景区;西塘旅游休闲度假区列入省级现代服务业集聚示范区;西塘旅游公司获2015年度嘉兴市市长质量奖。

8月5日,西塘景区举行水上救援演练。 (县旅游局 提供)

【古镇保护】 结合古镇保护工作新要求及西塘古镇的实际情况,重点对《西塘省级历史文化保护区保护规划》(2002年版)进行修编完善。牵头成立包括县住建局、县文化局、县市场监督管理局、县综合行政执法局等9个部门在内的联合审批机制,起草制订《西塘历史文化名镇保护联合审查制度》(暂定)。全年受理古镇区内公(私)房屋立面的改动、修缮等事项233起,依法许可90起;土地性质权属变更依法许可22起。全年投入约1500万元进行古镇保护工程64处;投入200多万元对古镇西街、北栅街、塘东街等主要游览街道进行外立面、店招、电气线路等内容整治。

【AAAAA 创建】 完成南苑路一标段立面改造、二标段(4 号、5 号、8 号、9 号、10 号居民楼、派出所大楼、交警队大楼)立面改造工程以及南苑路人行道改造。投入 250 万对第一停车场的游客中心进行全面提升改造,改造后的游客中心面积731 平方米,集人工售票、自动售票、影视厅、医务室、母婴室、购物室等功能于一体。委托专业机构对古镇景区标识标牌进行统一设计、制作、安装,完成标识设计方案的招标程序,初步制定方案。根据新版 A 级厕所评定标准,对景区内的 11 座厕所进行提升改造。对景区停车场进行人车分流建设,完成车行与人行的线路划定。新购置 6 辆电动观光车,实现第一、三停车场无缝对接。围绕打造浪漫樱花小镇,投入 200 余万元种植樱花等景观植物;投入 45 万元建设松亭街、七老爷庙前等30 余处景观小品。对古镇区内 110 家餐饮单位完成油水分离器安装工作,并制订餐厨垃圾上门回收制度。

【旅游营销】 加强与互联网企业的合作,通过优化原有智游宝系统,将网络合作对象扩大至 9 家,包括携程网、同程网、去哪儿网、途牛网、驴妈妈、阿里旅行等。快速发展自身互联网营销渠道,完善公司天猫旗舰店及景区官网等网上销售平台。全年接待线上游客 16 万人次,同比增长 34%,实现销售额金额 1100 万元,同比增长 34%。

【旅游宣传】 举行“第三届中国西塘汉服文化周”活动。活动由金牌作词人方文山倡导发起,海峡两岸多地文化机构联袂协办,吸引全国各地汉服文化团体到西塘展示传统服饰。活动包括朝代嘉年华、高峰论坛、箭阵操练、水上嘉年华、汉·潮 T 台秀、千人汉服 BBQ、汉服集体婚礼等。举办 2015 浙江(西塘)首届海峡两岸民宿发展峰会暨“好客民宿”品牌交流论坛、2015 寻找最具文化创意的旅游度假目的地全国记者采风行、第 12 届亚非及地中海国际当代艺术展等大型主题活动;接待大型真人秀《暴走甜心》、网络电视剧《嘻哈白蛇传》、微电影《恋恋西塘》等影视节目组;策划“到西塘过中国百姓年”“过端午,到西塘”等传统活动。

【景区整治】 联动县公安局、县安监局、县住建局、县市场监管局等 7 个部门,对古镇景区酒吧、民居客栈、餐饮行业、其他商户、居民家庭用房及公共区域等方面的安全隐患进行集中整治,出台相应安全整治标准。走访景区内个体工商户、客栈、餐饮行业、咖啡吧、原住民 2035 户,整治包括消防安全、电气线路、食品安全、厨房安全、明火使用等隐患9497 条。联合县公安局、县综合行政执法局等部门,成立 15 人的联合整治执法队伍,对古镇景区黄牛、野导拉客逃票等违法违规行为进行严厉打击。排摸专职黄牛、野导 266 人,并对其基本信息进行登记、备案;查处违法违规行为 113 人次。对景区外围“三小车”(电动车、燃油助力车、摩托车)拉客逃票行为进行整治,查扣“三小车”735 车次,拆车顶棚 702 个,扣“三小车”电瓶 22 个。

旅 行 社

【概况】 2015 年,全县新增 1 家旅行社,至年底,有旅行社 14 家,其中嘉善西塘国际旅行社有限公司和嘉兴行游天下旅行社有限公司为四星级旅行社,嘉善金桥旅行社有限公司和嘉善旅行社为三星级旅行社。

(瞿佳乐)

嘉善县旅行社

企业名称	等级
嘉善西塘国际旅行社有限公司	四星级
嘉兴行游天下旅行社有限公司	四星级
嘉善金桥旅行社有限公司	三星级
嘉善旅行社	三星级
嘉善职工旅游有限公司	—

续表

企业名称	等级
嘉善中青旅游有限公司	—
嘉善银河旅行总社有限责任公司	—
嘉善嘉虹旅行社有限公司	—
嘉善金色假日旅行社有限公司	—
嘉善畅游旅行社有限公司	—
嘉善悠游假期旅行社有限公司	—
嘉善七彩旅行社有限公司	—
嘉善远足旅行社有限公司	—
嘉善县西塘镇与我同行旅行社有限公司	—

嘉善县星级旅游饭店一览

企业名称	星级
嘉善县罗星阁宾馆有限公司	★★★★★
浙江世博大酒店有限公司	★★★★★
嘉善宾馆	★★★★
浙江嘉善梅园大酒店有限公司	★★★★
嘉善东方大厦	★★★
嘉善西塘假日酒店有限公司	★★★
嘉善华展大酒店	★★★
嘉善城市宾馆	★★★

嘉善县A级旅游景区(点)一览

企业名称	等级
浙江西塘旅游文化发展有限公司	AAAA
碧云花海——十里水乡	AAAA
国际木雕文化园	AAA
嘉善县吴镇纪念馆	AA
嘉善浙北桃花岛生态有限公司	AA
嘉善拳王休闲农庄	AA
孙道临电影艺术馆	AA

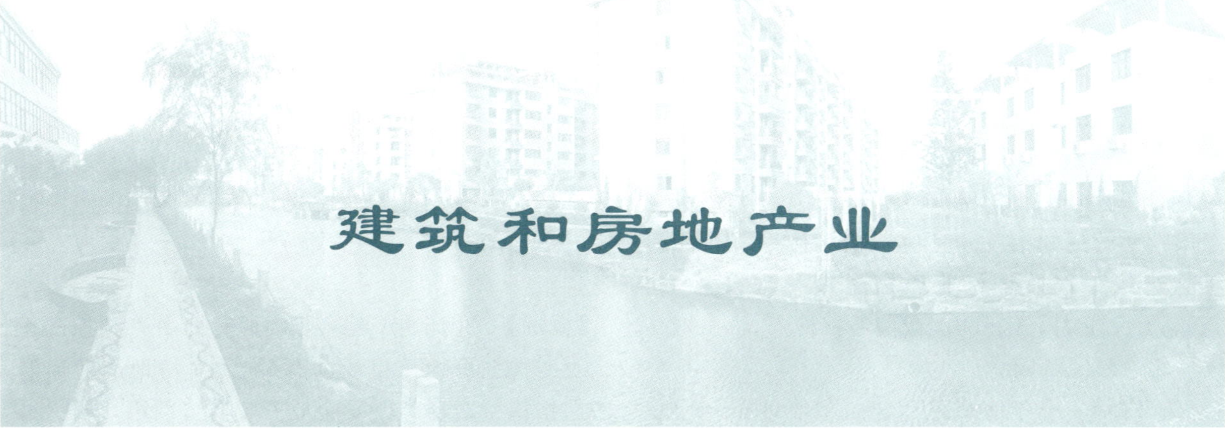

建筑和房地产业

综　　述

2015 年，嘉善县建筑业、房地产业运行良好。全年完成建筑业总产值 50.91 亿元(包括省外产值 17.84 亿元)，上缴税金 1.83 亿元，实现利润 0.84 亿元。进一步强化建筑市场监管，实施建设工程约谈制度，落实诚信体系建设，推行施工现场实名制管理，全年未发生重大安全事故。推进工程质量治理两年行动，积极开展建筑工程质量检查，开展建筑工程突发事故应急演练，加大建筑业违法行为处罚力度。抓好建筑节能和绿色建筑，推动建筑施工企业“创优夺杯”，13 个工程分别获得县、市、省、国家优质工程奖。年底，全县建筑业企业有 45 家，其中施工总承包企业 22 家、一体化施工与设计企业 3 家、施工专业承包企业 13 家。努力促进房地产发展，全县房地产开发企业 100 家，全年销售面积 109.38 万平方米，销售金额 72.22 亿元，同比分别增长 86.33%和 84.78%，其中住宅 101.24 万平方米，销售额 65.56 亿元，同比分别增长 84.8%和 98.2%。销售面积、销售额、比增长幅度位居全市第一。房地产其他主要指标“二增一减一持平”，即施工面积 564.1 万平方米，同比增长 4.67%；竣工面积 78.35 万平方米，同比下降 4.04%；商品房开发投资 62.17 亿元，同比基本持平。加强公积金管理和住房保障，新增建缴住房公积金单位 151 家，全年归集住房公积金 5.89 亿元，同比增长 14.14%；新增 82 户公共租赁住房补贴保障家庭和 30 户新居民租赁住房补贴保障家庭，全县公共租赁住房在保家庭增至 377 户。年底，全县城镇居民人均住房建筑面积 41.65 平方米，比上年底增长 3.68%。

(胡征球　刘露旭)

建　筑　业

【概况】 2015 年，全县建筑企业资质晋升 3 家，其中晋升为一级 1 家，二级 2 家；强化建筑市场监管，推进建设工程约谈制度，落实诚信体系建设，开展施工企业半年度诚信考核，公布诚信得分与等级；加强建筑节能监管，推进可再生能源的利用；实行进嘉善施工登记，普及施工现场实名制管理，维护民工合法权益。

【建筑市场监管】 严把工程招投标文件预审和招投标过程监督关。全年招标文件备案项目 108 个，处理招投标起诉案 2 起；新办施工许可证 189 个，涉施工面积 250.78 万平方米，造价 48.29 亿元；出具质量监督报告 402 份，涉受检面积 223.26 万平方米；竣工备案 504 个，涉竣工面积 409.81 平方米，造价 49.97 亿元。此外，做好施工工地风险点危险源防范工作；做好在善招标执业代理机构的指导、监管和年度检查工作；对建筑领域内农民工工资拖欠进行执法监督检查和清理，全年接访和处理拖欠工资信访 44 起，涉及 523 人、金额 2423 万余元。

【工程质量检查】 2015 年，行政处罚嘉善建筑业违法行为 28 起，涉及处罚金额 77.91 万元。开展多次监督检查工作,检查项目32个,通报批评4个。其中,涉嫌违法转包案和涉嫌违法分包案等6起案件移交嘉善县综合行政执法局处理,涉嫌未组织竣工验收擅自投入使用的违法行为进行立案查处。根据《嘉善县工程质量治理两年行动实施方案》,开展检查11次,提出整改问题159个。配合省厅、市建委开展3次检查,检查项目5个,出具责令限期整改通知书5份。完善信用体系,出台《嘉善县建筑工程监理行业诚信考核管理办法(暂行)》,4月、9月,开展两次诚信考核检查。

【建筑节能】 全年完成民用建筑节能评审50项,涉及建筑节能面积122.43万平方米。通过质监登记备案手续,确保新建民用建筑实施节能50%设计标准,建筑节能设计审查备案率100%。开展建筑节能专项检查,抽查在建工程27个,对建筑节能信息公示情况、建筑节能材料(产品)应用备案、建筑节能材料(产品)设计变更、建筑节能工程实体质量情况等检查抽测。推广建筑节能,嘉善县实验三小、第一人民医院二期、环卫基地3个建设项目使用地源热泵,应用面积4.87万平方米,推进嘉善中医院2.6万平方米既有公共建筑节能改造项目。推广以地源热泵技术应用和太阳能光热建筑一体化为重点的绿色建筑,嘉善县城市科技馆应用面积9766平方米,被评为二星级绿色建筑。

【创优工程】 开展县"泗洲杯"、市"南湖杯"、省"钱江杯"优质工程评创活动。经考评,姚庄文体展览中心文体展览馆、嘉善阳光大道综合楼,嘉善县第一人民医院迁建工程(后勤楼、综合楼、病房楼、门急诊医技综合楼、传染楼),嘉善县罗星街道江南幼儿园教学楼,浙江华悦木业有限公司办公楼等5个工程获县"泗洲杯"优质工程奖;嘉善阳光大道综合楼,嘉善县第一人民医院迁建工程(后勤综合楼、病房楼、门急诊医技综合楼、传染楼),姚庄镇文体展览中心文体展览馆,浙江华悦木业有限公司办公楼和博洋服饰嘉善物流中心项目(一期1号、2号宿舍、食堂)等5个工程获市"南湖杯"优质工程奖;嘉善县第一人民医院迁建(后勤综合楼、病房楼、门急诊医技综合楼、传染楼),姚庄镇文体展览中心文体展览馆等2个工程获省"钱江杯"优质工程奖。科技创业服务中心二期工程获2014～2015年度国家优质工程奖。

【人才队伍建设】 年内,全县28名专业技术人员申报中、高级职称,其中申报中级职称12人、高级职称16人。经评审,12人获中级专业技术资格,13人获高级专业技术资格。 (刘露旭)

房地产业

【概况】 2015年,嘉善县认真贯彻中央调控政策,及时关注房地产市场动态,强化对房地产业监管;严格执行对房产开发企业资金监管政策,强化供需调节,努力扩大销售,推动房地产去库存工作;开展危旧房检查和维修,完善和规范物业管理行为,确保全县房地产市场健康稳定发展。

【市场监管】 严格执行预售房制度,全年共发放预售证25张,批准预售房屋8887套,比上年下降30%,其中住宅7711套,同比增长31.74%。建立县房地产管理处与县人民银行沟通机制,加强对开发企业和相关商业银行的预售资金监管,全年组织两次专项检查,并抓好开发企业对检查出问题整改。

【房地产去库存】 全年商品房销售面积109.38万平方米,销售额72.22亿元,同比分别增长86.33%和84.78%,创历史新高。去库存效果明显,全县商品房存量从年初的202.14万平方米下降为年末的166.67万平方米,减少35.47万平方米,减少幅度17.55%。

【产权登记】 全年完成房屋各项登记55812件,发放房屋所有权证29121本,他项权证3805本,预告登记证明17072本。其中,房屋所有权初始登记11051件,登记面积317.51万平方米;变更登记661件,变更面积33.6万平方米;转移登记11100件,转移面积140.24万平方米;抵押登记14805件,抵押面积894.34万平方米。协助法院查封登记1113件;注销登记1107件。 (胡征球)

【住房保障】 完成廉租房和公共租赁住房并轨,出台《2015年度嘉善县公共租赁住房管理实施意见

(试行)》,形成公共租赁住房管理体系,公共租赁住房保障采用租赁补贴和实物配租结合并以租赁补贴为主的保障模式,实物配租主要用于解决县中心城区直管公有住房中危房的解危,租赁补贴金采用三类梯度标准按季度发放。全年新增82户公共租赁住房补贴保障家庭和30户新居民租赁住房补贴保障家庭。至年底,全县有公共租赁住房在保家庭377户(包括原廉租房),其中实物配租219户,货币补贴158户,当年发放补贴84.36万元。召开经济适用住房抽签选房大会,推出经济适用房房源300套,经审核,符合经济适用房申购条件家庭361户,350户参加抽签选房,262户当场领取准购证,245户办理购买手续。当年提供50户经济适用住房货币补贴名额,13户家庭领取购房货币补贴。至2015年,累计发放经济适用住房货币补贴152.43万元。

【保障性住房建设】 基本建成晋阳西路小区保障性住房,其中公共租赁住房230套,建筑面积1.15万平方米;经济适用住房510套,建筑面积4.09万平米。 (吕金红)

【住房公积金管理】 年内,全县归集住房公积金5.89亿元,同比增长14.14%。全年提取住房公积金4.13亿元,同比上升26.68%,其中购建房提取1.55亿元,归还贷款提取1.77亿元,购建房还贷提取占总提取额的80.2%。至年末,净增公积金1.6亿元,公积金归集余额13.7亿元。全年发放住房公积金贷款4.6亿元,发放户数1515户,贷款额同比增长99%,全年回收住房公积金贷款1.56亿元。至年底,公积金贷款余额12.28亿元,比年初净增3.03亿元,公积金存贷比89.6%。全年实现业务收入5065万元,业务支出2423万元,实现增值收益2642万元。新增建缴住房公积金单位151家,累计新增职工10440人,净增职工3094人,完成市下达目标任务的100.65%。 (何勤耘)

【物业管理】 按照县政府出台的3个物业管理文件,对物业小区和物业服务企业进行年底考核。全县有物业服务企业41家(县外注册的16家,县内注册的25家)。41家物业服务企业的资质,一级5家、二级8家、三级22家、暂定6家。接管物业项目188个(包括在建项目),总管理面积1111万平方米,从业人员2200余人,全行业经营收入8500万元。全县新建商品房物业管理覆盖率100%,县城区物业管理覆盖率在85%以上。累计成立业主委员会56个。抓好物业专项维修资金和物业保修金监管和使用,全县设有物业专项维修资金和物业保修金2个专用账户,全年缴存物业维修基金2167万元,物业保修金2672万元,使用物业维修基金46个小区299万元,使用物业保修金13个小区248万元。

【危旧房维修】 开展危旧房大排查工作,查出危旧房屋4865幢、公共建筑637幢,建立"一户一档"制度,由各镇、街道和公房产权单位作为主体,负责存档。建立和完善直管公房巡查维修机制及灾害性天气应急处置机制。

【白蚁防治工作】 全年收到白蚁新建预防合同160份,面积236万平方米。完成当年合同43份,面积37.19万平方米;完成历年合同37份,面积106.45万平方米。全年减免白蚁防治收费102.34万元。旧房灭治162户次,面积1.78万平方米。回访复查125个项目,面积151.26万平方米,回访率81.17%。 (胡征球)

经济管理与监督

计划管理

【概况】 2015年，嘉善县计划管理工作围绕“示范点建设全面攻坚年”主题，落实宏观调控政策，强化综合配套改革，加强预测分析，规范规划编制，推进项目建设，在加快信息化建设等方面履行参谋、调控、协调、服务职能，推动全县经济社会稳定健康发展。

【规划管理】 编制《嘉善县2015年度规划工作要点》，下发《嘉善县2015年度规划编制计划》《嘉善县2015年度规划编制调整计划》，立项规划34项，涉及县发改局、县住建局、县旅游局、县水利局、县国土局、县环保局、县农经局、县综合执法局、开发区(惠民街道)、西塘镇、陶庄镇、天凝镇、大云镇和姚庄镇14个单位，上报经费预算2275.98万元，计划经费预算2088.98万元，其中14项需县财政拨款，编制经费1065万元；3项镇级规划编制经费95万元；16项自筹编制经费868.98万元。

【年度计划编制】 起草《关于嘉善县2014年国民经济和社会发展计划执行情况、2015年国民经济和社会发展计划草案的报告》，经嘉善县第十五届人民代表大会第四次会议批准实施。起草《关于嘉善县2015年上半年国民经济和社会发展计划执行情况的报告》，通过县十五届人大常委会第二十九次会议审议。完成《关于对嘉善县2015年上半年国民经济和社会发展计划执行审议意见落实情况的报告》。2015年全县经济总体保持稳步发展态势，年初确定的19项计划指标中，地区生产总值、一般公共预算收入、固定资产投资、合同利用外资等17项指标完成年度计划目标，进出口总额和出口总额两项指标未完成人代会确定的预期增长目标。

【重点项目建设】 编制《嘉善县2015年度重点项目建设行动计划》，实施县“六个十大”重点建设项目，根据政府投资项目计划调整后，年度计划投资85.84亿元，实际完成投资86.42亿元，完成年度投资计划的100.7%。其中十大基础设施项目、十大新兴产业项目和十大转型升级项目均超额完成年度投资计划，十大实事惠民项目、十大城市提升项目和十大服务业发展项目未能完成年度计划目标。制定《嘉善县2015年度政府投资项目计划》，全县政府投资项目200个，总投资145.98亿元，年度投资计划为28.75亿元，完成政府投资项目投资30.04亿元，完成年度投资计划的104.5%。其中续建项目共91项，计划投资20.09亿元，完成投资21.75亿元，完成年度投资计划的108.3%。新建项目109项，计划投资8.66亿元，完成投资8.29亿元，完成年度投资计划的95.7%。2015年年初，确定新建总投资3000万元以上县级政府投资项目14个，总投资22.92亿元，2015年度计划投资3.78亿元。12月，经第十五届人大常委会第33次会议审议通过2015年度政府投资项目调整计划后，新建3000万元以上政府投资项目依旧为14项，项目总投资调整为31.03亿元，年度计划投资调整为3.17亿元，全年完成投资3.27亿元，完成年度投资计划的103.2%。

【示范点建设】《浙江嘉善县域科学发展示范点建设方案》中110项核心任务，完成89项，34个重大项目完成投资超300亿元。全面开展示范点建设第一阶段实施情况自评工作，梳理示范点建设经验成果34篇、创新案例21篇，制作完成示范点建设专题纪实片。强化示范点建设成果、建设经验总结提炼，累计形成经验成果73条、展示点57个。强化示范点宣传报道，中央及省市120余家主流媒体走进嘉善并宣传嘉善，刊播相关稿件300余条。示范点门户网站累计刊发各类信息6200余条，科学发展主题馆接待访客14300余人次。编发示范点建设工作简报(专报)25期。系统谋划示范点建设第二阶段工作思路，制定示范点建设第二阶段五年行动计划(2016—2020)。

【综合配套改革】对《嘉善县域科学发展综合配套改革总体方案》的改革项目进行梳理并分类处置。确定22个改革项目、74项具体改革任务，出台2015年综合配套改革任务分解，落实到19个牵头部门、10个主办部门、32个配合部门。综合配套改革100项任务中，有89项初步完成，11项正在推进中。新获批省级以上改革试点项目8个，其中大众创业促进机制改革方案获省政府批复，县城基础设施投融资体制改革成为国家级试点。9月28日，省政府发文推广嘉善等地经验，向全省实施经济体制综合改革；10月9～10日，省政府在嘉善召开综合行政执法改革现场会，向全省推进综合行政执法改革；11月30日，省特色小镇规划建设联席会议办公室在嘉善召开特色小镇"比学赶超"现场推进会，介绍巧克力甜蜜小镇典型经验。

【"十三五"规划编制】成立嘉善县"十三五"规划编制研讨组和"十三五"规划编制工作组，统筹推进规划编制。开展35个"十三五"规划重点课题调研，形成两批课题汇编。启动"十三五"3个重大谋划工作，研究谋划一批重大工程、重大政策和重大项目。在嘉善新闻网开设"十三五"规划编制专栏，新建"十三五"规划微信公众号，博采各方面意见、建议。10月19日县政府第三十四次常务会议、11月10日县委常委会先后审议并原则通过嘉善县"十三五"规划基本思路。10月，同步启动县委"十三五"规划建议和规划纲要的编制工作。12月31日，县委十三届十次全体(扩大)会议暨政府十五届八次全体(扩大)会议上审议通过"十三五"规划建议，"十三五"规划纲要形成初稿。制定《嘉善县"十三五"专项规划编制工作方案》，经十五届政府第35次常务会议审议下发，安排32项"十三五"专项规划，其中重点专项规划13项、一般专项规划19项。

(曹玉琴)

三产服务业管理

【概况】2015年，嘉善县服务业发展从深入推进县域科学发展示范点建设、全县产业转型升级出发，加快推进服务业改革创新，着力培育服务业重点企业，全面提升楼宇经济总体水平，服务业贡献度越来越高。全年实现服务业增加值167.66亿元，可比增速9%，占GDP比重为39.4%，同比提高2.9%，对全县GDP贡献率为89.55%；完成服务业固定资产投资142.87亿元，增速4.5%，占全社会固定资产投资的48.47%；实现服务业税收收入17.61亿元，增速10.8%，占全部税收收入的28.1%，其中服务业地税收入10.5亿元，增速14.38%，占全部地税收入的46.62%。

【重点行业发展】全县金融机构本外币存款余额600.83亿元，同比增长5.3%，贷款余额439亿元，同比增长3.53%；实现增加值24.08亿元，可比增速9.1%；旅游市场较为活跃，全年接待国内外游客1195.1万人次，旅游综合收入123.33亿元，同比分别增长12.08%和15.04%；交通运输、仓储和邮政业平稳增长，实现增加值22.46亿元，可比增速5%；商贸业较快增长，全年实现社会消费品零售总额168.17亿元，同比增长11%。

【服务业投资】全县服务业重点项目计划总投资75.99亿元，实际完成76.74亿元，完成年度计划投资的101%。新建项目34个，计划投资31.77亿元，完成投资31.92亿元，腾飞瑞资工业仓储设施标准仓库建设项目、江南风情水街一期、恒天花园、东鼎名人府邸等项目开工建设。续建项目48

个,计划投资44.21亿元,完成投资44.82亿元,华东兴业城一期、高铁新城科创园一期、西塘璞悦园等25个续建类项目投资超年度计划数,江南印象、西塘新天地等20个项目竣工。

【服务业创新】 坚持改革引领,探索省级服务业特色小镇试点建设,歌斐颂巧克力小镇入选浙江省首批服务业特色小镇建设创新试点名单。坚持创新、融合、特色发展,整合长三角嘉善科技商务服务区、中国归谷嘉善科创园、县经济开发区等平台资源,打造以科技研发、现代物流、电子商务为主的生产性服务业集聚平台,获第二批省级生产性服务业集聚平台建设试点。参与省服务业集约节约用地机制改革创新试点工作,参与嘉兴市省服务业集约节约用地机制改革创新试点工作,以姚庄小城市建设、干窑镇"退二进三"为主要内容,开展低效利用城镇建设用地再开发试点。

【重点企业培育】 开展重点企业监测及服务业引导资金申报,审核通过59个项目,兑付资金736.42万元。开展服务业重点企业考核,评选服务业纳税大户1家、杰出贡献奖4家、服务业重点企业10家。全年新增规模以上服务业企业24家,总数达166家。全年营业收入超亿元企业22家,税收超千万企业35家,其中浙江嘉善农村商业银行股份有限公司税收超亿元。

【产业集聚提升】 围绕特色产业,实施差异化发展战略,加快主导产业培育,加快建设科技、旅游等一批特色省、市级现代服务业集聚区,强化配套服务,形成现代服务业集群发展优势。中国归谷嘉善科创园入选嘉兴市第四批集聚区,大云温泉省级旅游度假区获批复。

【楼宇经济】 出台《2015年嘉善促进楼宇经济工作要点》《嘉善楼宇经济提质发展实施意见(2015—2017年)》《关于进一步加快楼宇经济发展的若干意见》。编制《嘉善县新城区楼宇项目招商手册》,重点依托上海静安区企业联合会、上海浙江商会等合作平台,助推楼宇"二次招商"。全县列入市重点的9幢楼宇,共实现税收7596万元,楼宇注册率、入驻率分别达98.35%、74.3%。 (朱 彬)

循环经济

【概况】 制定2015年度循环经济实施计划,提出7项重点任务和若干项重点工作。探索农业循环模式发展,打造循环农业基地,构筑循环农业生态链。发展循环工业,加大主导产业生产规模,构筑产业链延伸平台。发展旅游业,推进景区创A工作,培育新兴绿色服务业。推进节能降耗,推广节能产品使用,健全再生资源回收利用。加大整治力度,围绕"五水共治"、"五气共治"、生态建设等重点工作,控制污染物排放。集约高效利用土地,以"退低进高""腾笼换鸟"为手段,建立健全落后低效产能退出机制。加强政府引导,推广节能减排、绿色消费、绿色出行模式。

【省级循环经济示范县建设】 嘉善县于2013年底被列入第一批省级循环经济示范城市(县)创建地区,确定20项重要指标和16项重点建设项目。2015年,下发年度循环经济实施计划;开展资源环境领域中央预算内资金和省级专项资金的申报工作;嘉善经济技术开发区完成循环化改造方案编制,计划至2019年完成循环化改造关键补链项目和公共服务设施建设项目28项,总投资约16亿元。 (马炳文)

能源工作

【概况】 2015年,把推进"十二五"收官阶段节能减排、节能降耗作为重要任务,全面提升能源管理水平,在输油气管道安全、清洁能源建设、燃煤锅炉淘汰、天然气管线建设及应用等方面稳步推进。

【输油气管道安全】 根据《浙江省石油天然气管道建设和保护条例》规定,加强输油气管道安全隐患排查整治和保护力度,8月18日,由县发改局组织嘉善县输油气管道安全保护工作联席会议成员单位,对嘉善县境内4条输油气管道进行安全联合检查。检查发现西气东输嘉兴至甪直联络线,天凝镇凝南村兴美五金厂搭建厂房占压管道整改不到位、天凝镇天凝村1家小型钢筋加工厂占压管道;川气东送线,天凝镇翁村一平房距管道中心线0.8米,安全距离不足；甬沪宁原油白石线，大云镇卡帕路部分路段与管道交叉穿越、罗星街道库浜村吉祥滑动轴承有限公司新建厨房与管道安全间距不足等5处安全隐患。针对检查发现的安全隐患，要求所涉及镇、街道与输油气管道运营单位按照各自职责，采取整改措施。到2015年底，5处安全隐患均已整改到位，且无其他新增隐患。

【清洁能源建设】 做好2015年度分布式太阳能光伏发电项目建设和推进姚庄镇新能源示范镇建设工作。加快分布式太阳能光伏发电项目建设，对晋亿实业5兆瓦光伏项目、正泰—金善印染0.6兆瓦分布式光伏发电项目、浙江裕华家居材料有限公司0.32兆瓦分布式光伏发电项目、浙江群展精密紧固件有限公司2.04兆瓦分布式光伏发电项目、浙江天赐新能源科技有限公司0.12兆瓦屋顶分布式光伏发电项目、闳闳门业科技有限公司、嘉善山鹰纸业纸品有限公司、浙江裕华木业有限公司、嘉善布顿服装辅料有限公司厂房屋顶自建光伏发电系统等10个项目进行备案，全年完成并网发电14兆瓦。姚庄镇新能源示范镇建设开展顺利，垃圾焚烧发电项目进入试运行；白渔荡渔光互补50兆瓦光伏发电项目开展前期工作；太阳能热水器安装项目、农房集聚社区家庭屋顶光伏发电项目、光伏路灯项目开展前期工作；姚庄医院地热泵项目开展主体建设。

【燃煤锅炉淘汰】 基本完成高污染燃料禁燃区建设，淘汰高污染燃料禁燃区燃煤锅炉25台，完成目标任务92.59%。淘汰燃煤锅炉260台，基本完成年初目标。落实各镇、街道做好五炉系统信息填报工作。

【天然气管线建设及应用】 嘉善县城乡天然气公司完成管线建设44千米，嘉港天然气公司完成管线建设5千米，大澈天然气有限公司完成管线建设5千米，全年累计建成天然气供气管线54千米。嘉善县城乡天然气公司受气2900万立方米，销气2700万立方米，其中居民用气423.9万立方米；大澈天然气有限公司受销气2100万立方米，其中居民用气21.9万立方米；嘉港天然气有限公司受销气1400万立方米，全年累计受气6400万立方米，销气6200万立方米，居民用气445.8万立方米。

（叶俊杰）

工商行政管理

【概况】 2015年，嘉善工商行政管理部门积极探索行政审批制度改革，提高市场主体准入效率，全县新设各类市场主体6327户，比上年同期增加28.08%。服务小微企业成长，全县完成“个转企”211家，新设立小微企业1635家。全程服务企业商标注册，2015年申报注册商标480件，新增驰名商标1件、省著名商标2件、市著名商标7件、集体商标3件。开展企业信用信息公示，公示各类市场主体信息41215条。深化商品交易市场提升，三家农贸市场通过省级放心市场验收。探索执法办案新模式，全年办理案件340起，其中大要案104起。

【审批制度改革】 在全省率先推出“同城联办、局所一体”工商注册登记制，即根据嘉善县市场监管局工商注册登记委托授权权限，县域“一中心(县行政审批服务中心工商注册登记窗口)九窗口[各镇(街道)工商注册登记窗口]”实行统一受理，依申请工商注册登记，申请人可就近到任何一个工商注册登记窗口进行办理。全县异地办理“同城联办、局所一体”工商注册登记事项347件。全面贯彻执行国务院前置改后置审批事项改革，核发前置改后置营业执照3766张，涉及前置改后置项目4073项。联合县国税局、县地税局、县质监局、县统计局和县人社局等部门通过“一窗受理、一表流转、一次发证、一证互认”，推进“五证合一、一照一码”工作，累计发放“五证合一、一照一码”营业执照1335张，其中新设立405张，变更930张。10月，启动企业简易注销程序，办理企业简易注销登记27家，占全市企业简易注销量的24.5%。全县新设各类市场主体6327户，比上年同期的4940户增加28.08%。至年底，全县累计有各类市场主体38612户，其中内资市场主体37986户，外资市场主体626户。

【服务小微企业转型升级】 牵头实施“小微企业三年成长计划”，组织开展“当好店小二、服务小微企”百名市场监管干部服务活动。深化“个转企、小升规、规改股、股上市”工作,推进市场主体升级,全县共完成“个转企”211家,累计“个转企”1276家,新设立小微企业1635家,指导1家企业在“新三板”挂牌、7家企业在浙江股权交易中心挂牌。全年办理公司股权质押登记44件,被担保债权数额44179.36万元;办理动产抵押登记161件,为企业融资21.8亿元;开展商标质押融资行动,商标质押融资4000万元。

【放心市场创建】 通过“省级放心市场”“省星级文明规范市场”等,以点带面推进全县市场软硬件升级和长效管理。陶庄、干窑、魏塘3家农贸市场通过省级放心市场验收。新增一星农贸市场6家、二星级2家,实现星级农贸市场全覆盖。

【商品交易市场管理】 全县有商品交易市场30个,其中消费品市场25个、生产资料市场4个、服务市场1个;网上消费品交易市场3个。消费品市场中,农副产品市场23个,工业消费品市场2个。全县商品交易市场成交总额95.66亿元,同比上升7.9%,其中消费品市场成交额82.07亿元,同比上升7.38%;生产资料市场成交额13.15亿元,同比上升7.4%。网上市场成交额为4.57亿元,同比上升20.6%。

【商标品牌服务】 建立“下沉式”商标服务体系,为企业商标注册、运用、保护提供服务,全年申报注册商标480件,申报国际商标110件,核准注册商标390件,累计注册商标4210件。浙江裕华木业有限公司“鹦鹉”商标被认定为驰名商标,2件商标被认定为浙江省著名商标,7件商标被认定为市级著名商标,3件集体商标注册成功,浙江裕华木业有限公司获“省商标品牌示范企业”称号。“嘉善杨庙雪菜”获省专业商标品牌基地。完善“银加善”集体商标运作机制,拓展营销渠道,提升品牌知名度,提高品牌管理水平。

【企业信用信息公示】 把注册登记信息、备案信息、股权出质登记信息、动产抵押登记信息、行政处罚信息等向社会公示,公示各类市场主体信息41215条。开展企业信息抽查,建立被检查对象、检查人员“双随机”抽查机制,完成646家企业即时信息、出资信息、年报信息的抽查任务,对未按要求申报的企业依法作出处理并向社会公示。

【行政执法办案】 探索实施“统分结合、局所一体”综合执法办案模式,抽调骨干力量组成“大稽查大队”,下设若干个中队,承担阶段性、专项性、突发性行政执法工作任务。开展打击传销行动7次,捣毁传销窝点66个,驱散遣返传销人员380人,刑拘传销骨干分子3人。结合“三改一拆”“五水共治”“一创三复评”等工作,开展无照经营整治工作,开展公铁沿线废品收购点整治、汽车修理、大舜纽扣、木业企业、西塘景区、外来人员从事无照无证经营等专项整治行动,探索“无转有”工作机制,引导办照2700多户。开展“黑网吧”部门联合整治,断网103户次。严查商业贿赂,开展假冒产品和商标侵权“双打行动”。以房地产广告、户外广告、媒体广告为重点,严打虚假广告,全年办理案件340起,其中大要案104起。

【党风廉政建设】 进行党风廉政建设和业务工作同步部署、同步落实、同步检查、同步考核“四个同步”制度建设,制定《推进党风廉政建设与业务工作“四个同步”落实“两个责任”工作手册》,健全责任传导机制,落实主体责任、监督责任,履行“一岗双责”,全局各部门同步部署128次,同步落实122次,同步自查54次。创新基层考核体系,以“四个明确”为考核导向,构建“局所融合、权责匹配”运行机制,推进基层基础。 (张 晞)

2015年认定的嘉善县市级以上著名商标

商标名称	企 业 名 称	使 用 商 品	等 级
鹦鹉	浙江裕华木业有限公司	第19类/木地板	驰名商标行政认定
利锋	嘉善县利丰黄桃专业合作社	黄桃	省 级
张正	浙江张正文化产业发展有限公司	家具、漆器、软木、竹木工艺品	省 级

续表

商标名称	企业名称	使用商品	等级
洪申	嘉善冠通塑业有限公司	塑料管	市级
FACILE	嘉兴万源时装有限公司	服装	市级
GENIRL	嘉兴锦霓时装有限公司	服装	市级
泰迪	嘉善泰迪服饰制造有限公司	拉链、钮扣	市级
水知音	嘉善绿野环保材料厂	给水净水剂	市级
螺丝先生	嘉善永大螺丝有限公司	金属螺丝	市级
广胶	嘉善天胶装饰材料有限公司	工业用胶	市级

2015年度嘉善县省级知名商号(老字号)

延续认定:浙江众成包装材料股份有限公司

质量技术监督管理

【概况】 2015年,嘉善县质量技术监督局贯彻落实中共十八大和十八届三中、四中、五中全会精神,按照省、市质监局工作部署,紧紧围绕示范点建设,深入实施“三强一制造”(标准强县、质量强县、品牌强县以及浙江制造),严守质量安全底线。全面加强自身建设,重新印发《嘉善县质量技术监督局管理制度》,逐步形成以制度管事、管权、管人的工作机制。全年未发生区域性质量安全事故。

【标准强县】 引导企业参与标准制(修)订,2015年新增参与国家标准制(修)订4项,行业标准制(修)订1项。积极开展企业产品标准自我声明试点工作,至年底,全县14项企业产品标准完成自我声明。积极推动县民政部门申报国家级服务业标准化试点项目——养老服务业标准化,9月21日,国家标准化管理委员会纪检组组长、党组成员郭辉,副调研员梁德芳等到嘉善县调研,对全县养老服务标准化建设给予高度评价。

【质量强县】 完成第九届县长质量奖评审,浙江凯鸿物流有限公司、浙江嘉丰机电有限公司两家企业获奖,至年底,全县18家企业获评县长质量奖,实现县长质量奖六镇三街道全覆盖。浙江西塘旅游文化发展有限公司获评2015年嘉兴市市长质量奖,实现嘉善县市长质量奖零的突破。省电子电声质检中心成功创建省级中小学质量管理教育基地。

【品牌强县】 开展品牌创建,2015年新增嘉兴名牌2个、浙江名牌1个。加快推进“浙江制造”品牌建设,确定龙森木业、浦江缆索等十家企业3年培育计划,浙江浦江缆索有限公司成为全县首家通过“浙江制造”认证的企业,也是嘉兴市首批6家认证企业之一。

【计量工作】 完成列入“万家企业节能低碳行动”企业名单的9家重点用能单位能源计量审查工作;开展加油机、房屋面积测量用计量器具、定量包装商品净含量等重点领域计量专项监督检查,全年检定计量器具7410台件;4月,启动计量检测业务市场化改革,对全县计量检测业务中除强制检定外的一般检测业务以及校准等业务实行市场化运作,完成第三方校准公司组建、原计量测试所聘用人员解聘等工作。

【特种设备安全监管】 推动安全生产委员会出台《嘉善县进一步提升特种设备安全工作意见》,构建“433”特种设备安全监管模式(即齐抓共管责任体系、特种设备“四个率”考核体系、双向信息互通体系以及网格化监管体系四个体系,落实超期未检、隐患闭环以及日常巡查等3项基础工作,完善隐患闭环管理、工作日志式管理以及定期沟通交流等3项机制),受到市质监局领导肯定并获批2015年度全市质监系统创新项目。2015年,全县超期未检率从最高时的7.54%下降至最低时的0.86%,位列全市前列,重大隐患整改率100%,未发生特种设备重大安全事故,县质量技术监督局被评为2015年度县安全生产先进单位。

【重点产品监管】 印发《2015年嘉善县产品质量监督抽查计划》,全年安排定期监督抽查30种产品258批次,专项监督抽查5种产品60批,对重点行业、重点领域实现全覆盖,2015年度(2014年4季度～2015年3季度)全县制造业(工业)产品质量抽检批次合格率98.6%;强化分类监管,印发《嘉善县重点产品质量安全监管指南(2015年版)》和《2015年嘉善县重点产品分类监管实施方案》,确定木业、管桩、食品相关产品3个重点监管行业和混凝土管桩、胶合板等8个重点监管产品;印发《嘉善县食品相关产品三年质量提升工作方案》和《食品相关产品质量安全水平量化评价和分级管理办法》,完善《食品相关产品事中事后监管制度》;深化生产许可"三化"(规范化运行,动态化监管,优质化服务)工作,强化事中事后监管。

【管桩行业规范管理】 印发《关于进一步加强混凝土管桩行业规范管理的实施意见》,明确力争用2年时间,完成总体产能削减20%以上、企业数量减少30%以上的工作目标,成立领导小组,明确分管领导和联络员,健全工作网络。召开动员部署会和工作推进会,完成全县51家管桩企业调查摸底,实地走访调研相关企业和部分乡镇,推动乡镇(街道)和部门落实"一乡镇一方案""一部门一方案"以及"一企一策",其中干窑镇结合全县村级工业园区整治长丰村试点工作大力推进管桩行业整治成效明显。统筹推进管桩行业实施"互联网+智能制造"工作,组织部分乡镇、部门以及县混凝土与水泥制品商会相关人员赴江苏扬泰中天管桩有限公司参观学习。至年底,全县51家管桩企业拆除或关停12家,达到年度预期目标。

【执法打假】 组织开展蓝剑系列、纤检保健康、儿童用品等8个专项执法行动,出动行政执法人员680余人次,立案查处违法案件37起。规范"12365"投诉举报工作,按照标准流程统一受理、按时查办、认真答复,全年处理各类举报申诉咨询66起,根据举报线索立案查处4起案件,成功处理投诉8起。

【服务发展】 发挥检验检测机构技术优势,开展各类检验检测活动,累计完成各类监督检验438批次,委托检验3847批次,为地方政府行政监管和企业转型升级提供有力技术支撑。开展标准制(修)订、计量、特种设备安全操作、生产许可体系管理、条码等方面服务,累计举办特种设备作业人员培训8期,培训人员595人次。利用"3·15""5·20"世界计量日和"安全生产月""质量月"等,开展广场宣传、咨询服务等活动,营造良好质量氛围。

【队伍建设】 印发《2015年党风廉政建设和反腐败工作要点》等文件,推动落实主体责任、第一责任人以及"一岗双责"责任,严格落实"三书两报告"制度("三书"指责任分工报告书、牵头任务函告书、落实责任制建议书,"两报告"指年中报告和年末报告)。加强基层党组织建设,深化党员先锋指数考评,完成红船党建云平台等工作,组织开展"守纪律讲规矩"系列教育活动、党章党规党纪专题学习以及《准则》和《条例》学习宣贯,引导干部职工牢固树立规矩纪律意识。完善效能检查工作机制,累计开展效能检查41次。发挥党员先锋模范作用,组织党员干部开展"千人进社区·百日大整治"、道路及河道巡查等志愿服务活动,全年累计出动党员干部200余人次。

【法治质监】 以省级质监系统依法行政示范单位创建为抓手,全面深化全局依法行政工作。积极推动行政审批制度改革,稳妥有序承接省、市质监局下放的7项行政审批事项,全年未发生重大失误及服务对象投诉现象。进一步简政放权,优化服务,上门对部分偏远地区开展代码送证服务,落实清费减负政策,取消小微企业代码证书办证费,做好"三证合一、一照一码"登记制度改革相关工作,2015年办理代码5050家,累计减免费用30余万元。印发《罚没物品处置管理暂行办法》,规范细化行政处罚自由裁量权,减少履职和廉政风险。积极落实行政机关法律顾问制度,充分发挥法律顾问在案件办理、诉讼应对以及重大决策等方面作用,提升全局依法行政水平。

(任春浩)

2015 年度嘉善县被认定的市级以上名牌产品名录

企业名称	产品名称	商标	辖区	名牌类别
浙江华悦木业有限公司	实木复合门		开发区	浙江名牌
浙江田中精机股份有限公司	全自动绕线机	TANAC	姚庄镇	浙江名牌
嘉善金昌电子有限公司	天线	inchang®	大云镇	嘉兴名牌
浙江神州毛纺织有限公司	粗纺呢绒	鹿星	罗星街道	嘉兴名牌
嘉兴市福莱喷绘写真材料有限公司	喷绘写真用背胶 PP 合成纸	福莱森森	姚庄镇	嘉兴名牌
嘉善尚品农业科技有限公司	芦笋	尚品源	魏塘街道	嘉兴名牌
嘉善县洪家滩葡萄产业园	葡萄	洪家滩	天凝镇	嘉兴名牌
浙江道尔顿地毯有限公司	丙纶拼块地毯		魏塘街道	嘉兴名牌
嘉善西塘国际旅行社有限公司	旅游服务	西塘	西塘镇	嘉兴名牌

安全生产监督管理

【概况】 2015 年,嘉善县安全生产形势总体平稳。全年受理各类申请事项 369 项,完成申请事项 369 项。检查生产经营单位 267 家(次),发出现场检查记录 128 份、限期整改指令书 24 份、整改复查意见书 24 份、现场处理措施决定书 9 份,查出各类安全隐患 400 条,完成整改 400 条。立案查处违法案件 20 件,实施经济处罚 169.93 万元,实际收缴罚款 137.13 万元,全部结案。无行政复议和行政诉讼案件。

【安全事故】 年内,全县发生各类事故(不含生产经营性火灾事故)142 起,死亡 37 人,受伤 149 人,直接经济损失 255.11 万元。与上年同期相比,事故发生起数下降 0.7%,死亡人数下降 2.63%,受伤人数上升 11.19%,直接经济损失下降 2.33%。其中企业工伤事故 5 起,死亡 5 人,受伤 0 人,直接经济损失 245 万元,与上年同期相比,事故发生起数、死亡人数、受伤人数持平,直接经济损失下降 2%;道路交通事故 137 起,死亡 32 人,受伤 149 人,直接经济损失 101078 万元,与上年同期相比,事故发生起数、死亡人数持平,受伤人数上升 11.19%,直接经济损失下降 0.82%;全年发生 1 起较大道路交通事故,未发生水上交通事故。

【安全生产】 1 月 4 日,召开全县安全生产工作会议,各镇(街道)、县级部门和单位签订安全生产责任书。完善安全生产工作例会制度,定期召开全县安全生产工作会议、县安委会季度例会、安委会成员会议、镇(街道)安监办负责人会议。安全生产目标考核实行“一票否决”制。重大节假日及乌镇峰会等重要时期,县四套班子领导带队开展重点行业和领域安全生产督查,完善安全生产警示和问责制度,对发生较大事故和事故多发的镇(街道)、企业等进行约谈,分析原因,研究预防措施。

8 月 14 日,县领导带队督查危化品重点生产企业。 (龚 顺 摄)

【挂牌督办】 落实省、市、县挂牌督办的重大事故隐患整改,确定将嘉善县中莱芯板加工厂、嘉兴客盛木业有限公司等2家工业企业列入市级挂牌工商贸重大隐患整改单位,嘉兴市天翔旅游用品有限公司、嘉善千叶花塑料有限公司、浙江喜盈门啤酒有限公司等3家企业列入县级工商贸重大隐患整改挂牌督办单位。县级有关部门和镇(街道)加大挂牌督办隐患整治力度,妥善落实措施,科学治理,着力推进隐患的源头治理工作,对各个隐患单位整改进度进行跟踪督查,做到整改资金、整改期限、责任人员、整改内容、应急预案"五落实"。市级、县级重大隐患单位均已完成整改,分别由市、县安委办公布撤销。

【执法检查】 开展安盾系列执法专项行动,在危化行业、粉尘企业等领域有针对性地开展检查及专项执法。开展生产安全事故单位、工贸企业有限空间安全作业专项执法。"8·12"爆炸事故发生以后,县安监局对全县所有危险化学品和易燃易爆物品生产、经营、仓储、运输企业进行全面排查,针对港口危化品经营单位、危化品罐区、危化品经营企业、精细化工企业、石油化工企业、危化品特殊作业等6个重点领域,制定专项行动方案。全年组织各类检查组3103个,出动检查人员18091人次,打击各类非法违法行为、治理纠正违规违章行为2186起,责令改正、限期整改、停止违法行为2201起,暂扣或吊销有关许可证、职业资格1409个,责令停产、停业、停止建设17家,处罚罚款3338.23万元。

【安全宣传】 加强安全生产信息交流,及时更新嘉善安监网,定期出刊《安全生产动态》。依托电视台专栏节目《安监在行动》和第14个"安全生产月"系列宣传活动,组织专家开展现场咨询,报道安全生产典型案例,悬挂安全生产横幅32幅,设立咨询台30个,展出安全宣传教育展板56块。组织开展新《中华人民共和国安全生产法》系列宣贯活动,两会期间向两会代表发放相关资料1000余份,向全县141个村(社区)负责人发送安全生产公开信5000份;开通"嘉善安监"微信平台,通过微信答题有奖竞赛、户外电子彩屏播放公益广告、客车和出租车的彩屏滚动播放新安全生产法宣传动漫等形式开展法律法规、安全知识和事故案例宣传。

【安全教育培训】 开展对企业负责人、安全管理人员、特种作业人员等安全培训,对安全生产培训理论考试实行无纸化机考。转变单一的学校培训模式为送培训进企业"点单式"服务,全年组织开展基层执法人员新《中华人民共和国安全生产法》专题培训班一期,参与人数150人。对安监人员开展新安全生产法、新行政诉讼法、监察执法业务培训8期,全年举办各类培训班39期,考核发证3729人,其中上门服务培训6期,培训人数736人。

【职业安全健康监管】 成立职业安全健康监管科,初步建立职业病防治工作机制,制定《嘉善县用人单位职业病危害项目申报工作实施方案》《嘉善县涉及可燃爆粉尘、喷涂(喷漆、喷塑)企业职业病危害治理专项行动实施方案》,推动职业病危害申报、专项整治,强化职业病危害源头治理和前期预防。至年底,全县职业病危害网上申报累计671家。在全县范围内开展职业安全健康宣传周,联合天凝镇开展《中华人民共和国职业病防治法》宣传周现场咨询日活动。

【基层基础建设】 深入推进标准化创建、诚信机制建设、风险点排查"三位一体"工作机制。聘请专家240余人次,推动标准化创建工作。全县工贸企业共创建标准化(规范化)达标企业756家,其中一级达标企业1家、二级54家、三级701家。提升规下企业,特别是小微企业规范化创建参与率,探索制定地方性安全生产行业标准。以标准化建设达标为基础,融合推进企业安全生产诚信管理机制建设,深化企业生产岗位安全风险点排查。升级基层安全监管网络,完善安保中心监管模式,深化安全生产网格化管理,将安全生产网格与平安综治网格整合统一。积极探索开展安全生产社会化服务,弥补政府监管力量,全县28家危化企业中,12家企业长期聘请安全技术专家作为企业技术顾问,另有6家企业自身拥有专业技术监管力量。

【依法行政】 完善和明确一般程序案件处罚流程及文书制作的规定。通过权力清单、责任清单、权力事项信息梳理等,完善权力制衡,正确运用行政处罚自由裁量权,提升依法行政水平,制定《嘉善县安全生产监督管理局行政处罚案件办理规程》、编制重点企业安全检查重点指导目录，规范安全生产监管执法。

【防范体系建设】 深化科技强县，推进危险化学品企业入园工作，推进自动化安全控制系统升级改造，完成区域安全风险评估，督促园区外化工经营企业进化工规划区。开展应急救援演练及应急技能比武，提高企业职工应急自救能力，提升全县化工企业安全生产水平。（徐慧丽）

食品药品监督管理

【概况】 2015年，嘉善县加强食品监管基层网络建设，建立三级责任网格976个；推行“阳光厨房”创建，建成“阳光厨房”119家；对13家新居民学校及民办幼儿园食堂进行提升改造；加强农村集体聚餐风险防控，建成农村家宴中心20家，农村集体聚餐报告指导率在95%以上；在全省率先开展农村集体聚餐食品安全责任保险工作，投保额1950万元。全面完成药品经营企业的新版GSP认证换证，加强药品流通使用环节监管，开展中药材、中药饮片等专项整治，查处各类药械案件20起，继续保持重大药品安全事故零记录。

【基层网络建设】 调整食品安全基层责任网格，建立镇级责任大网格9个、村（社区）责任中网格154个、社组责任小网格813个，配备食品安全协管员154人、信息员1182人，建成“两员”报酬机制。建立定期工作督查制度和工作例会制度，每季度组织开展食品安全工作明察暗访，及时通报督查情况及部署下一阶段工作。利用网格化管理机制，探索基层食品安全社会共治模式，姚庄镇推出“一格一员一通一体系”社会化协同监管机制，将基层食品安全、市场监管工作融入镇、村（社区）网格化管理中，干窑镇将基层食品安全责任网和社会综合治理网“两网“融合，推进基层社会治理“一张网”建设。

【食品安全责任保险】 出台《嘉善县推进食品安全责任保险工作实施方案》，在全县食品生产、流通、餐饮服务以及食用农产品种养殖等环节推广实施食品安全责任保险，建立政府、保险机构、企业、消费者多方参与、互动共赢的食品安全责任保险制度，全县投保食品安全责任保险209家，其中生产环节64家、流通环节12家、餐饮环节133家（包括学校食堂83家），实现生产、流通、餐饮全链条覆盖，农村集体聚餐活动、集体用餐配送单位、校园食品配送企业、中小学校食堂、桶装饮用水和雪菜生产企业参保率均达到100%。

【阳光智慧监管】 把“阳光厨房”建设列入全县2015年度食品安全为民办实事项目任务，在全县大型餐饮单位、农村家宴中心、学校食堂和企业食堂中推行“阳光厨房”创建活动，建成“阳光厨房”119家。1月，新华社、《人民日报》、中央电视台等10多家中央媒体到嘉善采访“阳光厨房”建设。在食品生产企业、大型商超等食品生产经营单位推广“阳光车间”“阳光超市”建设，全县安装视频监控系统食品生产企业21家，安装视频监控系统食品经营单位15家。

【餐饮服务食品安全监管】 全面开展量化分级工作，对全县2863家餐饮服务单位进行评定，评定优秀等级49家、良好等级427家、一般等级2387家。继续开展餐饮服务食品安全示范创建，确定21家餐饮单位为2015年度嘉善县餐饮服务食品安全示范街、示范单位，8家通过市级“示范食堂”创建。投入近2000万元用于农村家宴中心改造建设，建成并投入使用20家，正在建设5家，发放补助资金23.5万元。出台《嘉善县农村集体聚餐风险防控工作考核奖励办法》，对各镇（街道）农村集体聚餐指导管理工作人员进行考核奖励。全年指导农村集体聚餐申报备案2904次、人数32.34万人次，农村集体聚餐申报备案指导率在95%以上，未发生食品安全事故。

【校园食品安全】 推进千万学生饮食放心工程，实施新一轮校园食品配送、校园品牌超市连锁经营和学生饮用水准入招标和管理工作，引入3家企业、2家桶装水企业、2家品牌超市分别参与食堂食品、桶装饮用水配送和商店连锁经营。对27所学校（幼儿园）食堂进行全面提升改造，按照“五常法”要求规范食堂操作。全县中小学校、幼儿园（含新居民及民办幼儿园）100%开展学校食堂“五常法”管理。开展无证幼托机构专项整治,对保留的22家学前儿童临时看护点食堂进行改造提升,强化监管措施。

【药品安全监管】 完成辖区药品经营企业和药品生产企业新版GSP认证和换证工作。开展药品电子追溯系统建设,完成零售药店电子监管批量入网工作,全县零售药店顺利对接国家药品电子监管码系统。在药品零售企业推广"四色"标识管理,深化信用等级评定。加强药品使用监管,对全县医院开展检查,规范医疗机构用药。开展药(械)不良反应(不良事件)监测工作,上报药品不良反应766例、医疗器械不良事件79例。对110家二类医疗器械经营企业进行备案。全年向公安部门移送销售假药案件6起,全部立案侦查,1起案件被国家食药总局列为挂牌督办案件,另1起案件入选"国家食品药品优秀执法案例"。

【食品药品专项整治】 开展肉产品、水产品"百日会战",查获违法行为33起,取缔私屠滥宰点8个、非法加工点1个,查处问题肉及肉制品、水产品1847.5公斤,涉案货值14.53万元。启动餐桌污染治理三年行动,结合"国卫"复审、"文明县"复评、"三改一拆""五水共治"等中心工作,开展小餐饮店、小副食品店、农贸市场、节日市场、校园周边、酒类市场等整治,净化食品市场秩序。开展中药材中药饮片质量安全专项检查、含麻黄碱类复方制剂专项整治、医疗器械"五整治"等行动,取缔无证经营药品窝点1个,发出责令改正通知书23份,立案21起,其中查处20起,涉案金额17.84万元。加强药品抽验工作,完成药品快检120批次,药品评价性抽样30批次。监督抽样114批次,不合格药品33批次。

(张 晞)

国有资产管理

【概况】 2015年,嘉善县国有资产管理部门依法履行国有资产出资人职责,健全国有资产监督管理制度体系,深化国资、国企管理改革,保障国有资产保值、增值。国有资产投资有限公司下属全资或控股子公司13家,其中集团型企业4家、参股企业7家。公司资产总额212.35亿元,增长7.04%;负债总额109.19亿元,所有者权益总额103.16亿元。

【国有企业监督管理改革】 出台《县级国企资产损失责任追究暂行办法》,拟定《嘉善县国有集团型企业工资总额管理办法》,印制《嘉善县国有资产管理制度文件汇编》。开展县级国有企业公务支出公款消费专项审计,对24家企业开展内审抽查并对审计发现的问题下发整改通知书,限期整改。经审计,2014年四大国有集团型企业公务支出公款消费实际支出数342.76万元,比2013年决算数1062.51万元下降67.74%,其中公务接待费下降87.92%。对15家县级国有企业资产出租情况开展检查,对有关违规行为责令整改。调整完善国有企业经营业绩考核办法,增加公务支出、公款消费考核内容。探索全面预算管理,优化预算报表体系。推动3家县级企业进行清算,在嘉兴产权交易所对1家企业100%国有股权进行公开挂牌出让。完善国有资本经营预算制度,编制国有资本经营预算,县级国有及国有控股企业上缴县财政国有资本收益257.41万元。

【规范行政事业单位国有资产管理】 针对国有资产管理工作中存在的制度缺失、管理脱节,新增资产未及时登记、资产处置程序不规范、国有房产出租程序不规范等问题,建立新增资产与财务入账衔接机制,构建新增资产与预算编制相结合机制,完善多元化监督工作机制。开展行政事业单位国有房产出租管理情况专项调查,规范行政事业单位国有房产出租行为,确保出租过程公开、公平、公正。2015年,县级行政事业单位上缴经营性收入6055万元,资产处置及有偿使用收入6263万元,其中出租收入2674万元。

(许震飞)

招投标交易管理

【概况】 2015年,嘉善县组织实施交易431场次,完成各类交易项目1813个,交易总额48.38亿元,通过规范交易实现增收(节支)5.31亿元。全年组织工程建设类交易活动177场次,成交项目166个,成交总额36.45亿元,比预算节约资金4.36亿元,节资率10.69%。其中公开招标项目141个,成交额12.82亿元，节支率17.46%；邀请招标项目(私产项目)24个，成交额23.57亿元，节支率6.55%；备案项目1个，金额515.35亿元。组织国有土地使用权交易28场次，成交地块63幅，分别为经营性用地13幅、工业用地50幅。两类用地交易总额9.27亿元。其中经营性土地交易额5.75亿元，比起始价增值7051.17万元，增幅13.97%；工业用地交易额3.51亿元，均为底价成交。组织政府采购194场次，成交项目1531个，交易额2.11亿元，比预算节约资金1792.22万元，节支率7.82%。其中公开招标项目78个，成交额1.21亿元，节支率15.39%，其他采购方式成交项目1451个，成交额0.91亿元，节支率3.6%。组织国有集体产权交易8场次，成交项目14个，交易额4905.77万元，比评估价增收377.51万元，增幅8.34%。组织其他公共资源交易12场次，成交项目27个，交易额520.45万元，比预算节约资金197.96万元，节支率27.56%。组织用能权交易12场次，成交项目12个，成交额76.98万元。

全县9个镇(街道)招标采购平台完成各类交易项目868个，交易总额3.39亿元，通过招标采购实现增收(节支)7777.78万元。其中小型建设工程项目成交566个，成交额3.24亿元，比预算节约资金7485.9万元，节资率18.78%；政府采购项目场内成交285个，交易额651.69万元，比预算节支129.28万元，节支率16.55%；产权交易成交项目17个，交易额853.81万元，比评估价增收162.6万元，增幅23.52%。

【交易监管】 全年为各类交易主体发布1693个项目的相关交易信息5000余条，为投标人提供报名审查服务3340人次，提供开评标现场服务431场次。收退保证金5650余笔，涉及金额21.96亿元。受理各类交易招标文件(招标公告)备案679份，备案纠错或提出修改建议3565条，开评标现场监督326场次，现场纠错并提出意见建议780条，出具监督报告334份。召开招投标交易工作部门联席会议4次，研究探讨评标办法的调整、协调处理农民安置房建设等问题4个。通过电子评标辅助系统的识别功能，对投标文件制作存在疑似串标等违法行为向行业主管部门进行移交，全年移交疑似串标案件4件，涉及10家投标单位，其中被行政主管部门认定为串标单位的8家。受理各类招投标投诉案件4件，其中工程建设项目3件，政府采购1件。

【清理调整招投标交易制度】 对涉及招投标的规范性文件进行全面清理，清理招投标规范性文件50件，保留40件、修改5件、废止5件。2015年年初制定出台《嘉善县县级国有企业建设工程有关服务项目采购管理暂行办法》；9月，对该办法进行调整，规范县级国有企业建设工程有关服务项目采购活动，完善公共资源采购操作程序。7～8月，相继出台《关于调整嘉善县政府投资工程监理项目招标评标办法的意见》《关于调整嘉善县建设工程项目有关招标评标办法的意见(试行)》。

【政府投资项目标后信用评价】 出台2015年度政府投资项目标后信用评价实施方案，对2013年度政府投资项目的施工、监理、招标代理机构、跟踪审计单位、结算审计单位的标后信用情况，由建设单位和考评组进行双向评价。全年对14个交通、7个水利、10个园林绿化、10个市政、19个监理、10个招标代理、8个跟踪审计、9个结算审计等87家建设单位所属的94个政府投资项目的标后信用情况进行了“双向”评价，评价结果进行公示并应用到2016年度县政府投资工程建设项目招投标交易中。

【招标代理机构管理】 开展招标代理机构和招标代理专职人员登记工作，12家工程招标代理机构和82名专职人员登记入库。所有专职人员均具备招标相关注册执业证书，其中中级及以上技术职称64人。全年累计发放专职人员证书82张，招标代理机构工作证60张。根据《嘉善县建设工程招标代理机构进场交易考核管理暂行办法》，对13家招标代理机构的进场交易行为进行考核，9家被扣分。

【电子化平台建设】 在建设工程项目和政府采购项目评标中运用电子评标系统，全年有177个工程建设项目和104个政府采购项目运用电子评标系统进行电子评标。继续使用评标专家语音通知系统和考核管理系统加强对专家评委的抽取和考核管理,全年191项目,抽取专家764人次,对工程建设项目评标专家708人次的评标情况进行考核。扩大招投标综合业务管理系统使用范围,由建设、市政等住建项目扩大到水利、交通等项目,全年142个项目通过综合业务管理系统进行招投标操作。继续做好投标单位网上注册工作,459家投标单位完成网上注册,其中施工单位374家、设计单位52家、监理单位27家、其他单位6家。

【“三制二告知一评价”】 在政府采购工作中推行“三制二告知一评价”(“三制”即采购项目标前做到采购需求预告制、标前答疑制、重大项目及质疑专家论证制;“二告知”即采购项目出现废标的,当场告知投标供应商、书面告知采购单位;“一评价”即建立政府采购标后回访制度,并将回访得到的履约信息作为供应商信用评价的依据)工作法。全年,进入县公共资源交易平台进行公开招标的政府采购项目78个,实施回访的项目50个,回访发现问题15个,听取意见、建议20条,处理问题3个。

【购买办税服务项目】 2月10日,嘉善县国家税务局办税服务厅服务外包项目在县公共资源交易中心实施公开招标,预算金额68万元。该项目通过公开招标产生中标税务师事务所,以人员进驻办税服务厅工作场所方式,承担税务局委派的各项工作任务。

【定点采购】 7~8月,受县财政局委托,对2015~2016年度嘉善县行政事业单位、团体组织的小额会计、审计、资产评估、招标代理、政府采购代理、工程咨询等中介服务项目实行定点采购。参与竞标供应商50家,确定定点商27家。在协议定点有效期内,县级各采购单位凡年度采购预算金额30万元(不含本数)以下的会计、审计、资产评估、工程招标代理、政府采购代理和工程咨询等服务项目,应在定点供应商中进行采购。

【批量集中采购】 对台式计算机、显示器、便携式计算机、打印机等通用类有关货物进行批量集中采购。全年近110家行政事业单位报送采购需求,采购笔记本218台、台式电脑2033台、显示器2030台、打印机289台、空调设备372台,总预算金额1125.52万元,集中打包成7个标项进行公开采购,最后确定中标品牌5个。成交总金额982.19万元,批量集中采购后,节约预算资金143.33万元,节支率12.74%。

【社会治安动态视频监控建设租赁项目】 7月17日,县公共资源交易中心受中共嘉善县政法委委托,对嘉善县社会治安动态视频监控建设租赁项目进行公开招标。该项目所涉系统中心平台按800个点的监控规模建设,并保证能平滑扩容到5000个点规模。项目采购预算价3500万元,中标单位中国电信股份有限公司嘉善分公司,成交价2318.54万元,通过公开招标节约财政资金1181.46万元。

【要素资源交易】 推进要素资源市场平台建设,围绕土地指标、用能权等要素资源,建立市场化运行机制,将用能总量指标交易、土地节余指标交易等要素资源逐步纳入平台,并实施公开交易。全年进行用能权指标交易12次,成交用能权指标委托出让总量指标(等价值)12895.11吨标煤/年,成交价总额76.98万元。

【小型平台建设】 在各镇(街道)和部门(单位)招标采购平台设置评标专家抽取系统远程抽取终端,进入各镇(街道)、部门招标采购平台交易的小型工程建设项目直接使用终端抽取县级评标专家库内的专家。全年646个小型工程项目通过终端抽取评标专家1964人次。推进对镇(街道)和县级部门小型平台业务指导,开展业务知识授课5次、信息发布和专家抽取终端系统业务操作培训2次,对部分镇、街道招投标项目进行个案指导。 (任 佶)

国有城镇企业管理

【概况】 2015年,嘉善县国有城镇企业管理办公室有在职人员25人,其中行政编制11人、事业编制6人,在职党员19人。内设综合管理科、组织人事科、财务管理科、企业管理科、离退休人员管理科。年内,根据年初确定的工作思路,突出重点,各项工作推进有力,成效显著。

【资产管理】 继续按照公开拍租(卖)方式做好存量资产的管理处置和盘活工作,协助配合县征迁办做好兴贤路地块政府征迁,基本完成征迁工作。加快乡镇资产处置准备工作,完成惠民街道、陶庄镇政府收储前的评估工作,完成大云镇政府资产签约、移交、收储工作。加大企业清算力度,对二轻总公司、三方玻璃钢有限公司等企业进行重新审计,三方玻璃钢厂清算基本完成。开展中兴木业有限公司内租赁企业全面整治,全部关停。

【企业安全生产】 调整安全生产领导小组和系统安全系统管理网络,组织企业开展应急预案演练活动4次。抓好重要时段特别是第二届世界互联网大会期间安全生产巡查工作,组织5次以上巡查,全年全系统无重大伤亡事故发生,完成与县政府签订的安全生产责任书各项指标。

【服务工作】 做好离退休干部管理服务工作,利用节假日、重阳节等走访慰问老干部,组织老干部开展有益健康的活动,做到“政治上尊重、思想上关心、生活上照顾”。全年处理来信15件,接待来访10多起18人次,终结多年疑难案件2件。为9名退休职工补缴漏缴养老保险金6.3万元,为14名因病丧失劳动能力的职工报鉴并按规定办理因病退休(退职)手续。

【扶贫帮困慰问】 做好元旦、春节期间困难职工,特别是癌症病人家庭扶贫帮困工作,发放帮扶经费9万余元。做好企业军转干部慰问工作,向44人发放春节、“八一”建军节慰问金31.27万元。

(吴 韬)

物价管理

【概况】 2015年,嘉善县围绕全面深化改革主线,以保持市场价格总体水平基本稳定为重点,落实价费政策改革,规范市场竞争行为,依法查处各类不正当价格行为,努力营造良好投资环境,为县域科学发展示范点建设提供动力和保障。

【价格调控预警】 加强日常价格信息采集和上报,重点监测节假日消费品价格,及时收集掌握物价信息,运用信息化手段完善监测预警体系,强化价格监测应急能力建设,提高监测预警水平,对生猪和晚粳稻开展专题调查。做好价格形势分析工作,加强价格动态情况分析和预警,提高价格形势分析与市场价格波动的契合性,为政府实施宏观调控和价格监管措施提供依据。

【价格调整】 做好差别化水价和电价的实施工作。自6月1日(用水时间)起,对连续两年综合评价结果为C类的53家企业实行差别化水价,在原自来水水价、污水处理费基础上分别加收0.40元/立方米和0.30元/立方米;自7月起,对连续两年综合评价结果为C类的50家限制类企业抄见电量执行差别化加价,每千瓦小时加价0.1元。自4月1日起,降低非居民用天然气销售价格0.19元/立方米(含税),由销售价格4.74元/立方米(含税)调整为4.55元/立方米(含税),并建立嘉善县非居民用天然气上下游价格联动机制。自11月20日起,降低非居民用天然气销售价格0.78元/立方米(含税),由销售价格4.55元/立方米(含税)调整为3.77元/立方米(含税)。做好居民生活用天然气价格调整工作。12月25日,召开居民生活用天然气价格调整听证会。

【收费管理】 合理核定两所民办学校学费,自2015年秋季学期起,嘉善县泗洲中学初中学费为8000元/生·学期。嘉善新世纪学校小学部普通班学费为8000元/生·学期,初中学费为8000元/生·学期。以上学费均可上下浮动1000元/生·学期。核定老年公寓基本服务收费标准,自8月起,标准间床位费调整为650元/月·床,套房床位费调整为750元/月·床。三级护理费调整为450元/月·人,二级护理费调整为600元/月·人,一级护理A费用调整为680元/月·人,一级护理B费用调整为780元/月·人。对全县53家收费单位实施行政事业性收费公示报告制度,将53家收费单位具体收费项目录入浙江省智慧价格平台,实现全省联网。

【价格检查】 全年,查处案件4件,涉案金额138.25万元,罚款15.99万元,没收0.96万元,退款121.3万元。7～9月,在全县开展涉农涉企收费重点检查,通过对县农经局、县交通局、县质监局、县市场监督管理局、县国土局、县人社局等11个部门的检查和5家中介机构的调查,未发现价格违法行为。联合县人社局、县市场监督局和县财政局开展医保定点医疗机构和药店检查,查处案件1件。检查中小学校和幼儿园服务性和代办服务收费政策、普通高中择校生收费政策和学前教育收费管理办法落实情况。加强西塘景区价格整治,实行地毯式检查和重点跟踪检查相结合。全年组织66人次开展景区价格检查,召开宣讲会3次,发放提醒函1800份、告诫书22份,行政处罚3件,通过整治,使西塘景区主街明码标价率在95%以上。维护好"12358"价格举报管理信息系统,1~11月,受理价格咨询和投诉59件,全部办结。

【夯实价格管理基础】 对照《浙江省定价目录》(2015版),对现行价格管理文件进行梳理,归类有效性文件,上传至浙江省智慧价格平台,向社会公布。对省级下放的定价项目(省内太湖流域城市公共管网的非居民用水的污水处理费、部分基本医疗服务价格),加强沟通衔接,确保价格政策平稳实施。通过对1家县老年公寓、10家乡镇(街道)养老服务中心、2家民办养老机构调研,剖析养老服务收费管理存在的问题,提出养老机构收费管理政策建议。

【宣传教育】 通过"3·15"国际消费者权益保护日、《中华人民共和国价格法》实施17周年纪念日和党代表接待日活动,开展价格法律法规和政策宣传,现场受理价格咨询和投诉,耐心解答群众价格疑问,发放价格法律法规和水价调整政策宣传资料近千份,参与有奖竞猜价格政策和知识300余人次。1月1日起,实施阶梯水价和全县城乡统一征收污水处理费政策,未收到关于水价和污水处理费投诉件。

(袁纯燕)

统　　计

【概况】 2015年,嘉善县统计局认真贯彻省、市统计工作会议精神,围绕嘉善县域科学发展示范点建设,加快统计改革,巩固统计基层基础,提高统计数据质量,优化统计服务,推进法治统计,较好地完成全年统计工作任务。

【推进县域统计科学发展示范点建设】 研究和落实《关于创新统计工作,推进县域统计科学发展示范点建设的意见》,创新统计工作,探索建立更为科学的县域统计体制机制。制定工作实施方案,建立统计工作重点项目推进机制,对项目工作进度实时监测,服务示范点建设,对《嘉善县域科学发展评价指标体系》中的32个指标进行搜集和计算,承担公众对科学发展建设成果满意率调查工作。

【统计电子台账体系】 探索建立统计电子台账工作。统计电子台帐体系是集统计原始记录、统计过录表格、统计台账、统计报表数据为一体的电子台账体系,统计调查单位根据统计原始记录输入相关数据,自动生成过录表格、电子台账以及统计报表需要的数据,减少企业因为计算原因造成的统计数据差错。完成统计电子台账初步框架,企业可以通过输入基础数据资料直接形成需要上报的统计指标。

【分片指导工作制度】 建立分片责任指导制度,制订并下发《嘉善县统计局关于开展局领导分片指导基层统计工作的通知》,根据统计基础、经济规模、工作配合等方面情况将全县各镇(街道)划分4个片区,每个领导班子成员及联系科室分别负责联系指导相应片区的统计工作,建立联系基层的长效工作机制。全年走访基层超300人次。

【统计工作站建设】 指导统计工作站健全工作职责与工作要求,建立人员和专业的岗位责任制,在统计基础、数据管理、统计服务等各方面完善制度,规范统计工作站的运行。探索在重点行业建立统计工作站,通过与县工商联、县经信局、县科技局等部门对接,建立归谷园区、纽扣园区、天凝植绒业统计工作站。拓展统计工作站功能,通过抽样调查等方式及时掌握特色行业、园区的经济运行情况,撰写《关于中国归谷嘉善科技园的建设现状及思考的调研报告》等统计分析报告。为特色行业或特色园区内的企业提供统计保姆式服务,通过统计工作一条龙式指导,帮助企业排忧解难。

【统计服务】 加大统计分析解读能力,全年完成嘉善统计简报46期,完成工作动态400篇,其中被省统计局录用72篇、市统计局录用160篇,被县"两办”录用33篇。开展2015年统计课题调研活动，4个调研组撰写8份调研报告，为全县发展提供可靠参考。对统计数据开发利用，组织各方力量对第三次经济普查资料进行研究开发。提高解读数据能力，发布统计公报，每月编印《嘉善经济动态》。利用统计服务信息平台，每月自动生成主要指标汇总表格，及时提供县领导和其他部门，方便数据查阅。完善统计新闻发布会平台，及时更新统计网站信息。拓宽统计在社会经济上的服务领域。服务小城市、特色小镇建设，指导姚庄镇、西塘镇开展统计工作，负责小城市建设部分项目。做好大云特色小镇统计工作指导，确保特色小镇数据不出现差错。监控社会经济运行主要指标体系，及时搜集全面建成小康社会和转型升级两个指标体系，关注指标在月度和年度的变化情况，及时汇报可能出现的波动。

【“互联网＋智慧统计”模式】 完善和巩固手机移动客户端，建立统计综合数据库，提升统计服务现代化水平。在以公布统计数据表格为主的手机APP统计服务信息化平台基础上，开发统计信息、调研分析等模块，打造综合信息化平台。探索开展网络统计教育培训，通过网上报名、网上授课、网上测试的形式开展统计继续教育培训，实现统计继续教育培训的高效、便捷化。

【健全工作制度】 出台固定资产投资、基本单位名录库、规上工业、规上服务业等重点专业的工作业务制度规范。制订每个专业的具体工作流程，着重突出数据评估制度、统计台账制度以及数据管理等工作制度，印发《嘉善县统计局部分专业统计制度汇编》。规范数据上报过程，禁止统计代报、私自修改统计数据等违反统计法律法规的情况；规范数据审核评估，统计中心专业人员按要求开展审核和评估；规范数据应用，统计中心由专人负责对外提供数据，确保数据符合统计要求。

【星级统计中心评价】 规范星级统计中心评价的检查验收过程，明确检查内容、检查流程、加扣分标准等，确保评价结果公平、合理。对星级统计中心进行差异化管理，对星级较低的统计中心，以辅导提高基层基础为重点，争取队伍力量的加强、数据质量的提高；对星级较高的统计中心，以指导统计特色、创新工作为主，探索适应新形势的有效统计工作方法，提高统计服务能力。

【统计诚信示范单位评创】 开展以统计诚信示范单位和统计“三好”单位评创为核心的统计调查对象正面清单工作。将统计机构健全、统计人员完备，统计台账和原始记录规范、齐全，统计报表制度贯彻执行良好，统计数据质量准确，统计信息化工作先进，统计资料管理制度健全，能模范执行统计法律、法规和规章的企业评为统计诚信示范单位。在全县范围内评选一批统计数据质量好、统计基础工作好、统计配合程度好的统计“三好”单位，并在报纸公布。

【集体会诊辅导】 对罗星、大云等镇(街道)开展集体会诊辅导工作，由局领导带主要专业人员赴乡镇开展座谈会，通过问答式交流，找出基层统计工作中存在的薄弱环节，并解决问题。 （戴彧峰）

审　　计

【概况】 2015年，嘉善县完成审计(调查)项目30项，在审项目4项。查处管理不规范金额12.33亿元，违规金额117.19万元，上缴财政109万元，督促收缴税金780万元，审减工程造价2744.41万元，边审边改涉及问题金额60余万元，提出并被采纳审计建议85条，出具审计报告47份、审计决定书4份，审计信息被各级采用59篇次，其中《假发票里发现端倪》和《嘉善县全面清理部门国库集中支付结余资金》在《中国审计报》上刊登，《探索新常态下落实党风廉政建设责任新路径》和《打通审计整改最后一公里》两篇审计论文在《浙江审计》上发表。嘉善县审计局获浙江省审计厅表彰的年度县级考核优秀单位，在全市审计工作目标责任绩效考核中被评为一等奖。

【财政预决算审计】 在“同级审”中发现2013年以前38个项目未结转资金1624.28万元，要求相关部门按《国务院办公厅关于进一步做好盘活财政存量资金工作的通知》严格执行。围绕中央八项规定精神、国务院“约法三章”要求和厉行节约反对浪费、单位编制控制等规定的贯彻落实情况，审计反映一些部门和所属单位公务接待审批手续不规范、套取资金、一些公务用车存在过度和重复维修、在食堂列支公务接待支出、事业编制人员在编不在岗等问题，并要求按规定严格整改。在“五水共治”审计中，发现污水治理项目工程质量不高、重点水利建设项目推进速度慢、饮用水水源保护形势严峻等问题。

【民生资金审计】 2015 年，“同级审”将财政资金投入与项目进展、事业发展以及政策目标实现统筹考虑。在财政资金使用和安全方面，发现新增债务和支付地方债券利息未纳入债务收支计划、近期偿债压力较大、政府投资项目计划执行率低、基建结余较大等问题。在县科技局经责审中揭示结余结转资金较大、影响资金使用效果等问题。在税收征管方面，审计指出两家房地产企业应缴未缴营业税 16.26 万元和土地增值税 733.09 万元。县地方税务局对审计发现问题高度重视并积极组织整改，580 万元营业税及土地增值税已征缴全额入库。

【政府投资项目审计】 在工程领域审计方面，共涉及投资额 4.97 亿元，核减工程款 2744.41 万元，收缴 88.02 万元，促使出台和完善相关政府投资项目管理制度两项。对政府投资项目跟踪审计情况进行专项审计调查，全方位揭示政府投资项目管理中存在的问题，为有关部门监管提供详实的依据，遏制工程领域腐败易发多发现象。

【权利运行监督】 围绕权力运行和责任落实，贯彻落实《党政主要领导干部和国有企业领导人员经济责任审计规定实施细则》，深化经济责任审计内容，在关注经济政策贯彻执行情况、重大经济决策情况、财政财务收支管理情况、领导干部遵守廉政制度情况的基础上，通过拓展审计监督内容，把单位“三公”经费、会议费、培训费及津补贴等支出和“吃空饷”等情况纳入审计重点监督范围，发挥审计机关在反对“四风”以及厉行勤俭节约、反对铺张浪费方面的监督作用。全年完成 7 家单位经济责任审计，办理离任交接 6 项，通过经济责任审计谈话制、开展民主测评等深化审计方式方法，发现部分资产未登记入账形成账外资产、部分工程未进行招投标、对下属企业缺乏监管等问题 18 个，查出问题金额 6649 万元，提出 18 条审计整改意见，得到县委、县政府主要领导高度重视和批示肯定。建立健全审计发现问题移送机制，定期向纪检监察一室抄送审计报告，定期对发现问题进行研判，并和相关部门及时沟通联系。

【督促审计整改】 对 2014 年审计整改“老大难”问题进行梳理，形成问题整改清单，对被审单位进行回访，实行整改“销号制”。全年审计整改率 90.11%。对部分整改或未整改的审计事项，调查了解产生原因，加强与被审计单位沟通，尽快落实审计整改事项，对涉及体制机制的问题，县委、县政府直接或责成相关部门制定和修订相关规章制度。针对项目概算编制不实，工程变更上报不及时，审批不严等问题，县政府制定《嘉善县政府投资项目变更审批办法》等 3 项制度。针对在公务支出公款消费审计中发现的问题，对涉审 12 家单位进行一对一函告，要求杜绝以上违规问题再次发生。县政府要求相关部门制定完善《关于进一步加强财务管理严肃财经纪律的通知》等 7 个制度。2015 年，“三公经费”和会议培训费决算支出与上年同期相比，总额下降 49%，其中“三公经费”下降 39.33%，会议培训费下降 66.43%。

【提高内审水平】 2015 年，内审工作从以真实性、合规性为主的财务审计向财务审计与管理审计并重转型，把出发点和落脚点放在促进发展、促进管理、促进提高效益、强化内部控制、防范风险上，借助审计项目，发挥审计主导作用。全年内审组织开展审计 70 个项目，完成对 21 名内管领导干部的经济责任审计，出具报告 72 份，提出建议 174 条，促使 32 项内控制度建立和完善。全县参加内审培训 160 多人，至年底，共 156 人取得资格证。

【审计创新】 创新审计组织方式，打破科室界限，强化资源整合。根据审计项目安排，选择三四个项目作为重点项目，以分管领导担任项目组长，实施“项目选主审，主审跨科室选成员”的审计组“1＋N”模式，实现业务骨干大聚集，多专业汇聚，为财会专业人员与计算机人员及土木工程技术人员的交流合作提供重要平台，以复合型审计搭档方式，加快审计进度，拓展审计深度。创新审计技术方法，利用《全部政府性资金联网审计系统》，构建“全面分析、筛选疑点、专项核查”审计模式，形成审计覆盖全面化、审计监督动态化、审计方法模型化的工作局面。注重审计成果运用，在项目立项时把握相关信息关注点，在具体实施过程中有的放矢，在项目结束后经过分析提炼，形成高质量的审计信息。出台《审计信息工作考核办法》，提高综合分析报告和专报信息的数量及质量。

【队伍建设】 在年度考核评分标准中，增加审计价值提升“新三项”标准的内容及分值。对未能认真履职、积极采取措施，造成审计项目价值不能体现的，在年度考核中扣分。制定《关于学习贯彻国务院加强审计工作的意见和浙江省审计条例的实施方案》，把《意见》和《条例》各项规定落到实处，加强审计监督，规范审计行为，提高审计质量，推动审计工作创新发展。通过开展“青年讲坛”“传帮带活动”等形式，加大年轻审计干部参与到实际审计项目和担当项目主审的机会，培养和造就一批复合型的审计人才。

（王仕超）

政治建设

中共嘉善县委

综　　述

2015年，嘉善县牢牢把握“干在实处永无止境，走在前列要谋新篇”新使命，贯彻落实省、市重大战略部署，以建设县域科学发展示范点为总目标，以“六大专项行动”为抓手，奋勇拼搏，合力攻坚，全县经济社会发展再上新台阶。

示范点建设取得阶段性成效。基本完成核心任务，《建设方案》中提出的第一阶段6项主要发展指标总体实现预期目标，110项核心任务中完成89项，第一阶段自评工作进展顺利。深入推进综合配套改革，100项改革任务初步完成72项，24项改革被列为省级以上试点。示范亮点不断涌现，作为全国唯一的县域单位，在中央党的群团工作会议上作典型发言，网上信访工作做法在全国会议上作交流发言，姚庄“均衡发展”模式在全国新型城镇化高峰论坛上作典型交流，被列入全省10个践行“绿水青山就是金山银山”样本，治水经验获《人民日报》报道，承办全省综合行政执法工作、特色小镇“比学赶超”现场推进会等重要会议。影响力进一步扩大，习近平总书记在浙江调研时，把在嘉善开展县域科学发展示范点建设作为近年来中央重视和支持浙江改革开放的重大举措，夏宝龙书记在省委十三届八次全会报告中，就示范点建设、县城基础设施投融资改革和“善文化”区域道德文化品牌3次肯定嘉善工作。

经济发展质量进一步提高。稳增促调扎实有力，召开全县工业经济大会，有针对性地出台工业经济“稳增长20条”等政策，开展“三问三促”系列活动，先进装备制造、电子信息、新能源等新兴产业规模效应更加明显，低端行业整治深入推进，纽扣行业整治任务基本完成，“机器换人”、亩均绩效综合评价管理成效显著，规上工业企业劳动生产率和规上工业亩均税收均增长10%以上。制定楼宇经济发展三年行动计划和“楼宇经济10条”扶持政策，新增省服务业重大项目4个。农业现代化发展水平列全省第五、全市第一，被列为首批国家农产品质量安全县创建试点县、省级农业社会化服务示范县，连续四年获农田水利标准化建设省级考核优秀。开放合作不断深化，融入上海迈出新步伐，与上海签订省际水源地建设保护合作框架协议，50%以上的镇（街道）与上海相关工业园区签订合作协议。招大引强取得新成效，成功引进铠嘉电脑配件（嘉善）有限公司、软通动力嘉善物联网产业基地、浙江三杰印刷科技项目和宝湾国际电商物流港等大项目，连续14年跻身全省利用外资十强县。平台建设再上台阶，嘉兴出口加工区B区升格为国家级综合保税区，县开发区获评省“智慧园区”示范开发区，中荷产业合作园入选首批省国际产业园。要素保障持续强化，创新能力稳步提升，省知识产权示范县创建通过验收，新认定国家高新技术企业6家、省级企业研发中心5家，6个产品被列入全省重点高新技术产品开发项目计划，新增“国千”专家5名、“省千”专家5名。“双闲置”整治专项行动和农村土地整治深入推进，金融创新不断强化，浙江田中精机股份有限公司成功上市。

城乡一体化水平进一步提升。城乡环境治理

强势推进,部署开展美丽嘉善建设,国家卫生县城、全国文明县城、省文明县“三个复评”通过省级验收。“五水共治”“三改一拆”“五气共治”等深入推进,全县所有河道实现“河长”制全覆盖,黑臭河道整治全面完成,农村生活污水治理实现行政村全覆盖,五类、劣五类常规水质监测断面全部消灭,太浦河取水口持续保持三类水质,交接断面水质考核保持优秀,细颗粒物(PM2.5)浓度同比下降6%。新型城镇化纵深推进,高铁新城建设加快推进,电商产业园一期投入使用,城市有机更新加快推进,城区交通拥堵治理深入实施,姚庄镇省级小城市培育和西塘市级小城市培育工作扎实推进,“嘉善巧克力甜蜜小镇”入选全省首批特色小镇创建名单。新农村建设全面推进,创建成为省级美丽乡村建设先进县,被评为全省社会主义新农村建设优秀单位。大力开展“三权三抵押”(破除农村产权在城乡合理自由流动的体制障碍为改革方向,以创新农村集体经济股权、农村承包土地经营权、农村住房财产权抵押)改革,深入实施第二轮“强村计划”,全县村均常规稳定性收入150万元。基础设施建设扎实推进,幽澜水厂四期工程投入使用,生态能源发电项目全面建成,体育路下穿沪昆铁路改扩建、体育路(中山路—320国道)拓宽改造、丁诸线航道整治项目等工程全面启动,平黎公路东接线工程一期、疏港公路改建工程二期等项目加快推进,下甸庙等8个老集镇的防洪除涝改造工程基本完成。

社会和谐稳定局面进一步巩固。就业保障体系进一步完善,积极推进大众创业促进机制改革,社会养老保险、医疗保险基本实现全覆盖,阳光医保省级改革试点深入推进,制定公共租赁住房管理实施意见,推动住房公积金扩面工作,省级救急难试点任务基本完成,获评省级扶贫结对帮扶工作先进单位。公共服务体系进一步优化,国家级公共文化服务体系示范区创建工作顺利推进,农村文化礼堂建设扎实推进,“善文化”区域道德文化品牌培育获浙江省宣传思想文化工作创新奖。嘉善三中、姚庄中心学校完成新校舍搬迁,成立浙江师范大学附属嘉善实验学校。医疗卫生体制改革不断深化,“分级诊疗”工作有序推进,社会养老服务省级试点深入推进,村(社区)居家养老服务照料中心基本实现全覆盖。老干部、人民武装、双拥、计生、科协、工青妇、关心下一代、残疾人、档案、史志、民族宗教等工作取得新进展。社会治理体系进一步健全,深入推进“平安嘉善”建设,大力推进“网格化管理”与全省平安建设信息系统“两网融合”,创新实施“包案月约访”“五访联动”,网络舆情、安全生产、食品药品监管等工作全面加强,圆满完成第二届世界互联网大会等重要节点安保任务,实现省平安县创建十连冠。大力推进“法治嘉善”建设,“六五”普法通过省级验收,覆盖全县的公共法律服务网络全面建成,村级民主协商制度全面推广。

党的各项建设进一步加强。“三严三实”专题教育深入开展,深入学习习近平总书记系列重要讲话精神和党章、党规、党纪,完成县处级党员领导干部专题党课,深入查摆领导班子和党员领导干部“不严不实”问题,强化整改落实,全面落实省委巡视组反馈意见整改工作。干部队伍建设持续加强,强化干部日常考察管理,深入推进“三考一定”“双考双评双亮”、反向提名等工作,开展第一批年轻干部“百人计划”,选派新录用公务员到基层一线“蹲苗”,统筹选派500余名干部参与招商引资、生猪养殖业转型升级、“五水共治”等各项中心工作。基层基础不断夯实,制定出台《关于全面加强基层党组织和基层政权建设的意见》,被确定为全国农村基层党建工作座谈会现场观摩点,完成常规稳定性收入30万元以下的薄弱村转化工作。强化“两新”组织党组织标准化建设,全面推行“民情(企情)在线系统”,加强村(社区)带头人队伍建设,选树省“千名好支书”13人、市“先锋书记”3人。党风廉政建设扎实有力,严格执行中央八项规定,常态化推进正风肃纪,全面落实党风廉政建设主体责任、监督责任,做好省委巡视组反馈问题整改工作,开展科级领导干部党章、党规、党纪专题集中轮训、各单位中层及以下干部党章党规党纪学习,深化纪检体制改革,实现县纪委派驻机构全覆盖。

重要会议

【全县三级干部大会】 2月26日,召开全县三级干部大会。县委书记姚高员作题为“争先晋位强使命 克难担当抓落实 齐心协力交出县域科学发展示范点建设满意答卷”的重要讲话。县委副书记、县长许晴作总结讲话。会议认真贯彻落实中央和省市有关会议精神，总结 2014 年工作，表彰先进，部署 2015 年任务，动员全县上下，争先晋位强使命、克难担当抓落实，齐心协力交出县域科学发展示范点建设满意答卷。

【全县工业经济大会】 5 月 20 日，召开嘉善县工业经济大会。县委书记姚高员主持会议并提出要求。县委副书记、县长许晴作重要讲话。会议表彰先进，分析当前工业经济运行情况，部署下一阶段工作。

【县委十三届九次全体(扩大)会议暨政府十五届七次全体(扩大)会议】 7 月 31 日，召开县委十三届九次全体(扩大)会议暨政府十五届七次全体(扩大)会议。县委书记许晴作《全力担使命 奋力抓攻坚 合力推进县域科学发展示范点建设》的重要讲话。县委副书记、代县长祁海龙作《不辱使命 大干实干 全力推动县域科学发展继续走在前列》的工作报告。会议回顾总结上半年的工作，研究部署下半年任务，动员全县上下进一步坚定信心、勇担使命、奋力攻坚，确保圆满完成全年各项目标任务，合力推进县域科学发展示范点建设。

【全县旅游发展大会】 8 月 14 日，召开全县旅游发展大会。嘉兴市旅游委员会主任张硕出席大会。县委书记许晴作重要讲话。会议回顾总结全县旅游工作情况，表彰先进，全面部署当前和今后一个时期旅游业发展任务，动员全县上下进一步统一思想，提高认识，明确任务，强化措施，努力推动嘉善旅游业大发展、大繁荣。

【县委读书会】 12 月 3 日，召开县委读书会。县委书记许晴作重要讲话。会议贯彻中共十八届五中全会精神，明确提出嘉善“十三五”发展、示范点建设第二阶段和 2016 年的工作思路和重点工作。

【县委常委会】 2015 年，第十三届县委常委共召开 19 次常委会议。研究县域科学发展示范点建设、有关机构设置事宜以及重大人事问题等，开展“三严三实”专题学习教育 3 次，传达学习贯彻上级有关精神 12 次，审议相关政策意见、工作方案等 15 个。

重要决策与活动

【制定县第十三个五年规划的建议】 12 月 24 日，县委召开十三届七十五次常委(扩大)会议，专题研究“十三五”规划建议。12 月 31 日，县委十三届十二次全体(扩大)会议审议通过《关于制定嘉善县国民经济和社会发展第十三个五年规划的建议》，该建议明确“十三五”时期发展的指导思想、发展定位、主要目标和发展战略。

【职能转变和机构改革】 3 月 31 日，《嘉善县人民政府职能转变和机构改革方案》经市委、市政府同意印发。7 月 28 日，召开全县政府职能转变和机构改革动员会。同日，县委办下发《关于嘉善县人民政府职能转变和机构改革“三定”工作的实施意见》和《关于严明纪律确保县政府职能转变和机构改革顺利实施的通知》。

【纪念抗日战争胜利 70 周年】 开展纪念中国人民抗日战争暨世界反法西斯战争胜利 70 周年系列活动。4 月 3 日，嘉兴市纪念抗日战争胜利 70 周年文艺界采风活动在嘉善启动。活动先在抗日嘉善阻击战纪念碑前缅怀抗战先烈，后实地走访嘉善抗战纪念遗迹，了解抗战史实。9 月 30 日，召开嘉善县纪念中国人民抗日战争暨世界反法西斯战争胜利 70 周年座谈会，举行全县烈士公祭活动暨“我的抗战”抗日嘉善阻击战纪念仪式，缅怀抗战英烈，弘扬抗战精神。

【“三严三实”专题教育】 5 月 28 日，县委办印发《关于在县处级领导干部中开展“三严三实”专题教育的实施方案》，确定县委书记带头讲“三严三实”专题党课、县委理论学习中心组开展“三严三实”专题学习研讨、召开“三严三实”专题民主生活会和组织生活会、强化整改落实和立规执纪 4 项活动内容。同日，召开全县“三严三实”专题党课暨专题教育部署会。7 月 17 日、9 月 21 日、11 月 19 日，县委分别开展“三严三实”专题教育学习研讨会。

【全面加强基层党组织和基层政权建设】 7 月 22 日，召开加强基层党组织和基层政权建设征求意见座谈会。8 月 5 日，县委下发《关于全面加强基层党组织和基层政权建设的意见》,明确全面加强基层党组织和基层政权建设的重大意义、总体要求和主要目标。

【省委巡视组反馈意见整改落实工作】 7月23日,召开省委第一巡视组巡视嘉善县情况反馈会。8月6日,县委下发《关于印发〈落实省委巡视组反馈意见整改方案〉的通知》。针对省委巡视组反馈的4个方面15条反馈意见26个具体问题,明确整改的总体目标、责任分解、具体措施及工作要求。10月14日,县委下发《中共嘉善县委关于省委巡视组反馈意见整改落实情况的通报》。

【"美丽嘉善"建设】 见"'美丽嘉善'建设"专记。

【党章、党规、党纪专题集中学习轮训】 9月23日,召开落实党风廉政建设主体责任汇报会暨领导干部党章、党规、党纪学习会,县委书记许晴,县委常委、纪委书记毛永忠在会上作重要讲话。会议深入推进党风廉政建设主体责任和监督责任落实到位,切实把纪律和规矩挺在前面。9月,举办3期全县科级党员领导干部党章、党规、党纪专题轮训班,全县500多名干部参加。

【创建国家生态文明建设试点示范县】 10月16日,召开全县推进生态文明建设暨互联网大会环境质量保障工作会议。11月30日,县委办、县府办印发《关于印发〈嘉善县创建国家生态文明建设试点示范县三年行动方案(2015—2017年)〉的通知》。

【中共十八届五中全会精神宣讲】 11月19日,举办省委宣讲团中共十八届五中全会精神宣讲报告会暨县委理论学习中心组(扩大)学习会。11月27日,县委办下发《关于开展党的十八届五中全会精神宣讲活动的通知》,组建县委中共十八届五中全会精神宣讲团,在全县范围内开展宣讲。

【加强县纪委派驻机构建设】 12月2日,县委办下发《关于加强嘉善县纪委派驻机构建设实施方案》,明确全县各机关部门、县直属单位,设立派驻机构,实现县纪委派驻机构全覆盖。

【"五气共治"】 12月8日,成立嘉善县"五气共治"工作领导小组,由县委书记许晴,县委副书记、代县长祁海龙任组长,领导小组下设办公室,与县生态办合署办公。

办公室工作

【概况】 2015年,县委办公室主动适应新形势,紧紧围绕县委工作中心,充分发挥办公室"参谋、协调、督查、服务"等职能,较好地完成各项任务。

【秘书信息工作】 严格按照制度规范办文流程,完成县各类大型会议的会务工作,做好中央、省、市及兄弟县市到嘉善考察的接待工作,主动与各镇(街道)和部门联系沟通,认真处理并协调好面上有关工作。全年,县委发文25号,善委办发文81号,善委干发文77号,善委办传发文164号,发常委会议纪要20期、书记专题会议纪要17期、县委办通报14期、中心组学习通报5期。立足服务上级、服务本级、服务基层的宗旨,突出本级信息和上报信息两条主线,通过《嘉善党务微报》《嘉善信息》《值班信息快报》等刊发各类刊物388期,为领导了解情况、科学决策发挥积极作用。全年上报各类信息625条,被上级采用290条,招商引资工作、实体经济发展、社会组织管理等工作获得上级领导批示肯定,农村产权"三权三抵押"工作在省级推广。

【综合调研工作】 围绕"县域科学发展示范点"建设和"十三五"发展,研究确定14个县级领导重点调研课题,参与调研起草一号课题《深入贯彻"四个全面"战略布局与深化完善县域科学发展示范点内涵的研究》。深入调查研究,策划并参与县委赴嘉兴桐乡市及湖州吴兴区、德清县学习考察。完成县委读书会、嘉善县国民经济和社会发展第十三个五年规划的建议等重大文稿的起草工作,为县委谋划"十三五"发展、示范点第二阶段建设提供思路和决策参考,全年撰写汇报材料、大会报告、会议讲话等各类材料170多篇,把关条线各类材料100多篇。认真编辑《嘉善通讯》,提高稿件质量,提升编辑水平,全年编辑《嘉善通讯》6期。增设综合二科。

【督考法治工作】 成立县委、县政府督查考评办公室，认真抓好县委领导批示件及现场办公交办事项跟踪督办工作，全年累计督办17件。扎实推进县领导下基层集中办公活动，全年累计跟踪督办基层反映问题60个。深入开展县委主要领导下基层督查调研活动，刊发督查专报9期，对61个交办事项进行跟踪督办。配合做好省、市委督查组到嘉善督查工作，全年累计接待上级督查7次，对上级督查整改35个具体事项进行跟踪督办。科学制定2015年镇（街道）、部门工作目标责任制考核办法，稳步推进镇（街道）差异化考核。严格落实党内法规制度，加强法治嘉善建设专项考核，开展市级法治镇（街道）创建活动。

【机要保密工作】 加强新形势下机要保密工作，积极实施全省党政系统信息化建设工作，保障党委、政府涉密视频会议51次。在县委党校和机关事业单位开展多种形式的保密知识宣教活动，开展全县保密检查，全年抽查49家单位783台电脑，下发23份整改通知书，有效提升全县保密工作水平。

（顾正侃）

纪律检查

【概况】 2015年，嘉善县纪检监察系统深入学习贯彻中纪委全会精神，突出"执纪监督问责"，创新机制，狠抓各项工作落实。全年受理信访举报281件，同比减少9.06%，立案93件。其中涉及科级领导干部5人，经济类案件12件，3人被采取"两规"措施，处分党员干部78人，为国家和集体挽回经济损失400余万元，为干部澄清问题25个。

【推动"两个责任"落实到位】 提请县委制定出台《关于深化党委主体责任纪委监督责任的实施办法》，明确各级党委履行主体责任的工作重点和纪委履行监督责任的工作方式，并制定落实"两个责任"的工作流程图，明确党委和纪委的工作任务和工作程序。把问责作为督促落实"两个责任"的重要手段，以最严厉的问责推动责任落实，坚持用"一案双查"推进落实"一岗双责"。全年，对发生顶风违纪问题、落实主体责任不到位的2家单位进行问责追究。协助县委落实"一年三汇报"制度，即：年初县委召开常委会听取相关领导专项任务工作安排，县纪委"一对一"听取各镇（街道），部门一把手落实主体责任工作口头汇报；年中县委召开主体责任汇报会，听取各镇（街道）党委书记主体责任落实情况和部门牵头任务进展情况；年底县委召开常委会听取各常委履行"一岗双责"和牵头专项任务完成情况汇报。全年，县纪委常委会听取9个镇（街道）和22个重点部门主体责任落实情况报告，专题听取工程建设领域6家单位副职分管领导落实"一岗双责"情况汇报。

【廉情抄告和约谈提醒制度】 协助县委开展"廉情四必谈"（班子成员受到党政纪处分的必谈，党风廉政建设责任制考核排名靠后的必谈，履行主体责任不到位的必谈，在巡察中发现问题比较多的必谈）工作，对部门、镇（街道）在主体责任落实、相关制度执行等方面存有苗头性、倾向性问题的单位，由县委书记委托分管县领导对该单位党委（党组）主要负责人进行廉情约谈。"四必谈"制度要求延伸到各镇（街道）和各部门（单位）党委（党组），基层也同样实施。全年，有6位县领导对4个镇（街道）、6家部门的党委（党组）"一把手"进行廉情约谈，县纪委对6名科级干部及1个单位领导班子进行诫勉谈话。

【加强执行财经纪律监督】 进一步强化纪律要求，拟定规范党政机关工作人员外出活动的实施办法，严格控制各类外出活动，严格规范审批程序，严格财务审核报销，严格外出活动工作纪律。联合财政、审计下发严肃财经纪律的通知，开展严肃财经纪律专项检查和机关事业单位津补贴专项检查。检查中发现的公务接待不规范、违规发放津补贴、财务管理制度执行不严等8个问题，全部整改落实到位。

【正风肃纪常态化】 制定常态化推进正风肃纪工作的实施办法，明确正风肃纪监督检查责任分工，确保正风肃纪工作力度不减、频率不降、标准不松。全年，开展正风肃纪各类检查1788次，发现问题290个，发放整改通知书76份，通报曝光15期，198名直接责任人受到责任追究，41名科室负责人或分管领导被问责，5名党员干部受到党纪处分。切实加强日常监督，变"年终考"为"常态督"。巡察过程中共发现问题371个,问责处理10人。

【强化党章、党规、党纪意识】 组织全县600余名科级领导干部开展党章、党规、党纪专题集中轮训,学习贯彻新修订的《中国共产党廉洁自律准则》和《中国共产党纪律处分条例》。通过理论中心组学习会、专题辅导报告、上门送学等多种形式开展学习宣传,增强党员干部的纪律意识和廉洁意识。各单位在开展中层及以下干部党章、党规学习的基础上,召开党章、党规、党纪专题学习会,系统开展纪律教育。充分运用互联网思维,打造网上和网下两个阵地,创新推出“互联网+”教育模式,突出指尖上的警示教育和党纪法纪教育。每周手机廉政短信提醒,纪委网站微信、微博信息通报实时更新。

【举办第十三个党风廉政宣教月】 召开全县领导干部警示教育大会,突出理论课堂、情景课堂、流动课堂和助廉课堂“四大课堂”。组织理论教育60余场次,举办流动课堂80余场次,会同县法院、县检察院开展“情景案例课堂”活动4场次。举办全县“守纪律、讲规矩”知识竞赛,并在全市比赛中获第二名。注重挖掘提炼、借鉴吸收优秀传统文化、家规家训文化营养,整理袁了凡、陈龙正等嘉善县历史名人的优秀传统家规。

【纪检体制改革】 完成9个镇(街道)纪委书记、副书记及专职纪检干事人事调整。按照“全面派驻、分类设置、明确职能、权责一致”的原则,设立19家派驻机构,实现县级机关部门和直属单位全覆盖。强化对下级纪委的领导,细化纪检监察组织向县纪委报告工作制度,指定36项具体内容,督促、指导和支持下级纪委积极履职。

【“学思践悟”大比武】 每周组织一次“学思践悟”学习讨论会,并开展“党章、党规、党纪”主题学习和“学思践悟”学习交流两个系列教育活动。由常委、室主任和部分基层纪检组织负责人对“学思践悟”主题内容结合工作谈认识,说体会;每月一期“纪检业务我来讲”室主任讲坛;在委局各室中开展比业务素养、比服务基层、比岗位贡献,争星级的“三比一争”竞赛活动。开设全县纪检监察系统“学思践悟”业务培训班,组织基层执纪监督案例评选,有效提升了纪检监察干部的自身素质和履职能力。

【队伍建设】 开展纪检监察干部重大事项报告工作,完善纪检监察干部谈心谈话(约谈)制度,深化基层纪检组织廉情报告制度,规范内部监督工作流程。推行履职日志制度,加强平时考核和管理。出台《嘉善县纪检监察干部纪律要求及问责办法(试行)》,召开纪检干部监督工作会议,严格日常监督和管理。全年发放履职日志134份,收到履职清单47份、执纪监督报告84份、廉情信息报告65份。对纪检监察干部违纪违法行为零容忍,发现一起、查处一起,严防“灯下黑”,1名纪检干部因违反八项规定精神被党内严重警告处分,并调离纪检监察岗位。

(吴　鹏)

组　　织

【概况】 2015年,全县组织工作紧紧围绕县委中心工作,认真落实各级组织工作会议精神,突出全面从严治党主线,积极适应组织工作新常态,紧扣中心选干部配班子、抓基层强基础、聚人才强队伍,努力开创组织工作新局面,为全面建设县域科学发展示范点提供组织保障。

【干部人事制度改革】 深入实施“三考一定”综合考评,组建4个回访考察组,对全县9个镇(街道)、62个县级机关部门(单位)开展全覆盖考察,全面掌握领导班子运转状况、领导干部综合表现,以及后备干部有关情况。结合年度考核和条线考评情况,对每名领导干部确定一至四等不同等次,作为评先评优、选拔任用的重要依据。

【干部署名推荐制度】 制定《署名推荐科级领导干部人选暂行办法》,明确领导班子换届、领导班子回访考察、领导职位出现空缺等6种情形下可进行定向非定向推荐。10月,在县委全委会成员及县处级领导干部中开展署名推荐领导干部工作,29名领导署名推荐75人次干部。

【干部教育培训和实践锻炼】 举办科级干部、优秀年轻干部、统战干部、依法治国等一系列培训班,抓好新修订《干部教育条例》学习宣传。积极对接联系中央、省级部门和发达先进地区，针对性选派4名干部赴中央部委、省级部门挂职，选派13名优秀年轻干部赴上海开展驻点招商。着眼于围绕中心、服务大局，推动干部力量向中心工作集聚，选派286名干部参与“三改一拆”“五水共治”、全国文明城市创建等中心工作。强化实践锻炼，制定出台《嘉善县新录用公务员基层一线实践锻炼暂行办法》，选派88名新录用公务员到基层一线开展实践锻炼，提升综合素质。启动第一批年轻干部“百人计划”，221名年轻干部通过组织推荐、个人自荐等方式报名参加，通过面谈综合确定100名左右的“百人计划”人才库。

【深化党性教育模式】 举办党性教育专题培训班，深化“两会一评一课”（组织生活会、党性剖析会、党建专家点评、专题授课）教学方式，构建“红色线路·精品课程·经典案例”课程体系。优化干部教育培训方式，实行现场、网络、互动“三位一体”的教学方式，挖掘干部教育现场教学基地，加强讲解员队伍建设，完善基地制度建设。

【干部监督管理】 开展两轮领导干部在企业、社团兼职（任职）清理“回头看”工作，所有在职科级领导干部签订《不在企业兼职（任职）承诺书》。制定领导干部监督信息综合收集办法，通过定点划片联系、全员日常考察、联席监督会议等10项举措，及时收集掌握领导干部婚姻变化、因私出国（境）等信息。按照12%的比例，抽查核实74名科级领导干部个人有关事项报告。开展因私出国（境）证件专项治理、干部人事档案专项审核等工作。修订完善中层干部选拔任用规定，通过职数审核、方案预审、讨论列席、任免备案4项措施，进一步规范中层干部选任工作。

【干部能下工作】 建立健全领导干部预警调整、“双考双评双亮”“三考一定”、调整动议“反向提名”等制度，推行先预警、后调整的干部阶梯式能下模式。2015年，调整不适宜担任现职领导干部8人，其中有3人被降职使用。

【县委权力公开透明运行试点】 发文调整中共嘉善县委权力公开透明运行试点工作领导小组，抽调3名人员进行集中办公，到县政法委、县编办、县发改委等7家单位进行实地调研、对接工作，与省委党校、省社科联等单位的党建专家进行沟通交流，听取意见、建议，形成初步工作思路。对照新要求健全完善权力清单，初步梳理出县委集体职权17项，其中县党代会5项、县委全委会6项、县委常委会6项，并对职权内容进行修改完善。8月13日，省委组织部副部长陆发桃到嘉善调研指导试点工作，予以充分肯定。

【公务员职务与职级并行制度】 落实公务员职务与职级并行制度，对县以下机关公务员设置5个职级，由低到高依次为科员级、副科级、正科级、副处级和正处级。公务员主要依据任职年限和级别晋升职级，按照干部管理权限进行审批。晋升职级后享受相应职务层次非领导职务的工资待遇，不享受相应职务层次非领导职务的政治和工作待遇。至年底，完成民主测评、考核和公示并行文上报75人，其中晋升正处级职级的12人、晋升副处级职级的43人、晋升正科级职级的11人、晋升副科级职级的9人。

【干部人事档案专项审核】 6月起，全面启动全县干部人事档案专项审核工作。主要针对全县公务员和参照管理人员的档案，县委管理的企事业单位领导班子成员干部人事档案进行全面审核，重点审核干部的出生时间、参加工作时间、入党时间、学历学位、工作经历、干部身份等重要信息。至年底，完成2416卷干部人事档案的审核登记工作。

【高层次人才引育】 全年，新引育国家“千人计划”专家5人、省“千人计划”专家5人，新引进“创新嘉兴·精英引领计划”领军人才项目11个，新增院士工作站2家。至年底，全县累计引育国家“千人计划”专家32人、省“千人计划”专家20人、“创新嘉兴·精英引领计划”领军人才项目53个。

【人才工作体制机制】 制定出台《中共嘉善县委人才工作领导小组成员单位工作职责》等文件，完善考核机制，实施各镇（街道）人才工作个性化考核，首次对重点部门下达量化引才指标。首次将人才工作纳入全县开放型经济考核奖励办法中，占比10%。首次在考核中设立招才引智奖。建立健全“双招双引”工作机制。组建全县“1＋9”“双招双引”小分队，14名双招员驻点上海开展“双招双引”工作，初步建立招商引智“同招、同考、同奖”工作机制。

【人才平台建设】 省委组织部正式命名嘉善县为全省第二家“千人计划”产业园。北京大学创新研究院嘉善产学研合作中心成功落户县经济技术开发区。省“千人计划”专家钱承林创办的田中精机成为嘉兴市首家创业板上市的“千人计划”专家企业。

【拓展引才渠道】 深化与欧美同学会等机构合作，举办欧美同学会·中国留学人员联谊会第七期全国归国留学人员代表人士高级研修班，80多名欧美同学会学员到嘉善县开展为期一周的考察学习；举办浙江省海高会医疗器械“千人计划”专家嘉善行、北京海外学人中心分中心和基地工作人员培训班等活动7场次。

【名校优生引才】 与清华大学共建研究生社会实践嘉善基地，首批17名清华大学博士生到县重点企业开展为期6周的社会实践活动，助推企业转型升级，期间申请相关技术专利3个，形成有关嘉善专题调研报告3篇，嘉善支队在全国80个支队中获银奖。

【人才队伍建设】 推进新型工业化能力建设“长风”计划。加强嘉善企业家人才队伍建设。大力推进“金蓝领”计划，开展各类技能培训9835人，新增高技能人才3453人。开展全省新型职业农民培育试点县工作，新增新型职业农民262人。深化全国企业社会工作试点工作，出台《嘉善县社会工作人才扶持激励办法(试行)》。制定出台《大学生“村官”积分制管理办法》，首次与社会机构合作举办全县大学生村官知识更新培训班暨创业创新培训班，全年新招录“村官”8人，16名“村官”考取公务员或事业编制。

【突出贡献和优秀专业人才评选】 年内，评选出有突出贡献人才6人和优秀专业人才16人，进一步营造全县重才爱才的社会环境。

【被列为全国农村基层党建工作座谈会现场观摩点】 6月5～6日，全国农村基层党建工作座谈会在浙江省召开，嘉善县被确定为会议的现场观摩点。6月5日，中央组织部、中央政策研究室，福建省、四川省、重庆市、湖北省、云南省、甘肃省等与会领导现场参观姚庄村、洪溪村、魏中村的基层党建工作。

【四方红色联盟】 印发《关于开展“四方红色联盟”结对共建活动的通知》，在“三方红色联盟”基础上新增城市社区，组织全县90个县级部门与118个村、119个企业、15个城市社区建立“四方红色联盟”。围绕“五水共治”“三改一拆”等重点工作，编制“服务村村行”实事项目清单，实施共建项目475个。2015年，“四方红色联盟”结对共建工作在全市推广。

【党支部活力提升工程】 建立县级部门(单位)党(工)委书记和党(工)委委员、镇(街道)党委书记和党委委员、村党组织书记抓基层党建“五张责任清单”。开展党委书记、基层党组织书记抓基层党建述职评议工作。深化镇(街道)党委书记领办基层党建重点项目制度，并推广到县级部门(单位)党(工)委书记。滚动整转软弱落后党组织，通过县委常委挂点、下派12名“第一书记”等措施，推动6个软弱落后村、9个相对薄弱村(社区)整转提升，推进第二轮“强村计划”，重点推进22个村跨区域抱团强村项目(建设大云镇德资工业园)、天凝镇八村抱团项目、洪溪村五村抱团项目。在全市率先建立红船党建云平台，将1000多个党组织、2.5万名党员等纳入平台。

【企情在线系统】 依托“17871”企业联动服务中心，整合协调26个涉企部门服务资源，将全县1829家占地3亩以上工业企业以及重点在建项目纳入系统管理，深入开展“调研服务进千企”活动，建立“干部—镇(街道)—县级涉企部门—县领导”四级联动服务机制，帮助企业解决转型发展难题。2015年，收集办理企业意见、建议和需求1279件，办结率98%。“企情在线系统”得到市委常委、组织部部长连小敏批示肯定，在全市推广，并入选2015年度全省组织系统特色工作。

【"红色 E 家园"微信平台】 依托微信平台，镇、村两级分别建立"红色 E 家园"微信群、微信公众号，组建新农村建设、民主管理、矛盾化解、文化活动等功能型党员群组。探索党员教育"微模式"，组织开展"网络微党课""两美论坛""我为发展献一计""热点难点大家议"等活动，党员参与情况纳入先锋指数考评管理。全县建立农村党员微信群、QQ 群 127 个，将 3000 多名党员纳入信息化群组管理。中组部《党员教育通讯》第 4 期、《浙江信息》第 24 期、省委组织部《时代先锋》第 3 期刊发"红色 E 家园"做法。

【党员志愿服务总站实体化运作】 深化党员志愿服务总站建设，明确成员单位职责，新建 17 个党员志愿服务分站和 22 支党员志愿特色服务队。建立党员志愿服务项目领办制度，2015 年，县级层面确定领办项目 20 个，各镇(街道)确定领办项目 93 个。开展"文明创建·先锋善行"志愿服务项目设计大赛，召开志愿服务项目对接会，组织 24 家单位运作 22 个志愿服务项目，资助金额 19.2 万元。表彰优秀志愿服务项目 5 项、优秀党员志愿服务团队 10 支、优秀党员志愿者 20 人。

【两地报到、双岗服务】 组织 4919 名在职党员到居住社区报到，360 名党员领导干部返村报到，认领服务岗位 11500 多个。实行党员楼道长制，设立党员楼道长 3781 人，开展优秀楼道长评选活动。

【"创建美丽家园"先锋行动】 围绕"五水共治""三改一拆""优美庭院"创建等，通过制定先锋公约，设立党员责任岗、创建"党员两美示范户"等措施，引导党员带头治水护水、带头治违拆违、带头扮美家园。

【"两新"党组织"覆盖检修"行动】 与招商引资、人才引进、楼宇经济、特色小镇等工作同步，开展党员大排查，2015 年新建"两新"组织党组织 14 个。通过派驻党务"红领"、县委"两新"工委委员结对指导、区域组织共建等方式，对 15 个"易瘫""两新"组织党组织进行重点帮扶。印发《非公企业"三强"争创行动实施方案》，制定"三强"企业争创标准，建立"三强"服务联盟，对 18 家重点培育企业，实行"一对一"结对帮扶。深化"三联三会"工作，实行区域组织生活制度，组建青春书记联盟，评选"最具创意组织生活"10 个。

【青春班组领办助企攻坚项目】 在车间班组、研发中心、销售团队中建立青春党组织，围绕技术创新、节能环保、企业文化等，组织青春班组领办实施攻坚项目。2015 年，领办攻坚项目 50 个，为企业创造经济效益 1000 多万元。

【万名农村党员大轮训】 以"学党史、知党情、强党性"为主题，全县组织 16 个村党组织党员到县委党校进行集中培训，各镇(街道)依托基层党校、"双休日课堂""道德讲堂"等学习平台，对农村党员开展大轮训活动。全县 10750 余名农村党员参加集中培训。该工作得到市委常委、组织部部长连小敏批示肯定。

(邹晓津)

宣　　传

【概况】 2015 年，嘉善县宣传思想战线深入贯彻中共十八大和十八届三中、四中、五中全会和习近平总书记系列重要讲话精神，积极应对经济社会发展新形势，准确把握宣传思想工作新要求，有力担当文化繁荣发展新使命，为推进县域科学发展示范点建设提供思想保证、精神动力、舆论支持和文化条件。年内，嘉善县被确定为全省基层宣传思想文化工作"十百千"典型培育县。

【理论学习】 以学习习近平总书记系列讲话精神、"三严三实"专题教育为重点，制定 2015 年县委中心组学习计划、全县干部理论学习实施意见、领导干部学法计划和"三严三实"专题教育活动方案。全年，县委中心组开展专题讲座学习 10 次、研讨交流学习 4 次、读书会 1 次，人民日报理论版头条大幅刊发中心组理论文章《深入学习贯彻习近平同志关于县域治理的重要论述》。以"三学一考"竞赛活动为抓手，深入推进学习型党组织建设，抽调全县 830 名适龄干部参加集中闭卷统考。深化青年干部讲座中心学习，举办纪念战争胜利 70 周年专题辅导报告会、"智汇十三五 共建示范点"第三届嘉善县青年干部辩论赛。做好基层思想政治建设工作。高标准推进基层党校建设，西塘镇、大云镇基层党校分别被评为省级示范党校、省级先进党校。注重非公企业思想政治教育,富士康集团被评为浙江省第二批员工心灵港湾工作坊示范单位。

【理论普及】 以学习宣传中共十八大、十八届三中、四中、五中全会精神和弘扬“红船精神”为重点,开展中国特色社会主义理论体系宣传教育活动。加强“形势政策宣讲团”“百姓课堂宣讲团”“文化礼堂·百姓讲师团”三大宣讲团队建设,完善三级宣讲教育体系,全年开展各类主题宣讲活动480余场次、受众5万余人。围绕学习宣传中共十八届五中全会精神,结合省委、市委宣讲团宣讲活动,制订宣讲计划,组建县委宣讲团,举办培训班,以各级党委(党组)中心组为主平台,举办专题宣讲报告会15场。开展“弘扬红船精神 坚定理想信念”主题微党课宣讲比赛,以农村文化礼堂、道德讲堂为主平台,组织开展优秀微党课选手基层巡回宣讲活动27场。以习近平同志提出“绿水青山就是金山银山”理论十周年为契机,配合做好全省“纪念‘两山’科学论断十周年网络主题宣讲——《我们这十年》”活动,嘉善县成功入选全省践行“两山”理论研讨会10个样本县(市、区)之一作交流发言,并在浙江在线推出《绿水青山风正举——“两山”嘉善故事》。

【社科理论研究】 借助省级社科理论研究力量,开展重大课题研究,重点做好“深入贯彻‘四个全面’战略布局与深化县域科学发展示范点内涵的研究”“践行‘绿水青山就是金山银山’理念 打造平原地区生态文明建设‘嘉善样本’”“论善”“善治:中国县域治理现代化嘉善样本”等课题的研究。组织开展省市社科课题、优秀成果申报,全年申报省社科课题21项、市社科课题45项,其中“善治:中国县域治理现代化嘉善样本”课题作为全省唯一地方党委负责人课题列入省级规划课题,列入市社科规划课题9项,获得市级重点课题一等奖1项、三等奖2项,市级优秀成果三等奖1项。加强县级社科的研究力量,举办首届全县社科骨干培训班。深化“柳洲大讲堂”社科理论普及品牌,开展社科普及月活动,建立“嘉善社科联”公众微信号,普及社科知识,活跃学术交流,全年累计举办“柳洲大讲堂”讲座20场次、各类社科普及活动67场次,推送社科普及微信30条。

【主流舆论引导】 先后策划推出“难忘总书记关怀”“争创全国文明城市”“打好‘四大战役’”和“全力推进工业强县建设”等多个专题专栏。强化舆论监督,以《新闻聚焦》节目为重点,实行曝光问题定期跟踪通报制度,全年播出110期,先后17次得到县主要领导批示。加快推进传统媒体和新型媒体融合,加强全媒体运营,整合推出“1+2+3+N”发布矩阵(“1”即嘉善新闻网;“2”即嘉善微博、嘉善发布微信公众号;“3”即嘉善报社、嘉善广电台、嘉善电台;“N”即全县各级党政机关官网、两微)。至年底,“嘉善发布”微信订阅超过1.2万人,最高新闻关注度3.5万人次。加强新闻队伍建设,召开庆祝第十六个记者节暨“两观”教育实践活动座谈会,开展嘉善县第五届“十佳新闻工作者”评选。外宣工作出新出彩,先后开展海外华文媒体嘉善行、全国部分新闻单位夜班编辑走基层采访、巧克力甜蜜小镇新闻发布会、中央媒体城镇化试点嘉善行等重大外宣活动。

【社会公益宣传】 加强公益广告硬件设施建设,完成嘉兴银行外立面LED户外大屏、市民广场LED户外大屏建设任务,并新增1座社会主义核心价值观立体字景观。不断充实公益广告数据库,充分利用迎风旗、户外大型广告牌、电子显示屏、户外LED大屏、农民信箱等多种宣传载体,在黄金时段、重要版面和显著位置实现公益广告常态化刊播,为“一创建三复评”营造了浓厚的社会氛围。会同县农办、县治水办,联合县摄影家协会共同举办“寻找乡愁 发现美丽”摄影大赛。发挥爱国主义教育基地作用,积极指导孙道临电影艺术馆申报市级爱国主义教育基地,广泛宣传展示社会主义核心价值观内容,持续营造社会主义核心价值观浓厚的社会氛围。

【互联网管理】 配合做好第二届世界互联网大会网络舆情监控等工作。在属地网站论坛开展2015网上“扫黄打非”专项行动、“网络敲诈和有偿删帖”专项整治工作。重点关注涉嘉善网络舆情50余起,编发《一周舆情摘报》19期、专报3期、舆情抄告单3期。针对网民发帖反映陶庄某村支书欺压百姓、西塘景区火灾、大云镇某企业工人因欠薪跳楼、城区垃圾围城等社会关注的敏感热点舆情，第一时间上报、研判、处理，疏导公众情绪，积极回应社会关注，删除有害信息60余条，有效挤压各种负面信息的传播空间。

【一创建三复评】 建立全国文明城市（县级）创建工作领导小组，下设“一办三组”。建立文明创建县领导联系村、社区工作制度。建立五大重点整治组，由5位县领导牵头负责，着力推进城郊结合部、“城中村”环境整治等10项重点整治内容。建立县城区路段责任包干制度，由125个单位负责城区的125个包干路段，落实76个县级部门（单位）与全县151个村（社区）开展结对共建。各镇（街道）建立相应的创建工作领导小组和办公室，抽调专职人员进行办公。根据创建工作进度和难点问题，同步制定专项整治方案。组织现场办公和专项整治，全年县城区累计拆除违章建筑16.11万平方米，取缔户外广告牌130余处，餐饮油污、沿街店面空调外机等整治工作基本完成。顺利通过国家卫生县城、浙江省文明县复评。

【文化惠民】 全力推进公共文化服务示范区创建。加快县级重点文化设施“三馆一院”建设，县图书馆新馆、县博物馆新馆、县非遗馆新馆完成项目招标，吴镇书画院顺利结顶。全县31所学校体育场地设施免费对社会开放。深化农村文化礼堂建设。全年新建文化礼堂13家，建成47家。建设企业文化礼堂2家，拓展企业文化建设内涵。探索嘉辰社区、晋阳社区建设城市社区文化家园试点。推广农户文化庭院建设模式，建设文化庭院61家。深化文化礼堂“建管用育”一体化。完成全省“网上文化礼堂”建设任务，启用与中国美院合作打造的缪家村文化礼堂。推广文化礼堂理事会、“星期日活动”制度，实现文化礼堂专职管理员全覆盖，完善县农村文化礼堂公共文化服务平台，推出《嘉善县农村文化礼堂新常态活动指导目录》和文化礼堂点题服务菜单。开展“我们的村晚”、传统戏曲进文化礼堂、传统文化礼仪展示和“七个一批”送文化送服务等各类文体活动2860场次。深化群众文化活动品牌。开展地嘉人善“文化四季”活动，举办“嘉善之春”春节文艺晚会、全县舞龙展演、第四届村歌大赛、善文化·微电影大赛等文化活动，打响“周末大舞台”“百姓剧场”“十万农民种文化”等品牌，连续举办了凡·善文化节、吴镇文化艺术节、孙道临电影艺术节等活动。

【群众文艺创作】 抓好《嘉善县重大题材文化精品工程扶持管理办法》落实，完善县级文艺家培养、文艺创作扶持、创作成就展示机制，建立县文艺人才库。全力培养打造文艺工作者队伍，实现全县行政村宣传文化员全覆盖，推动有条件的社区配备宣传文化员，举办村级宣传文化员系列培训3期。推动县文化馆文化员下派工作，实施城乡一体化艺术团队“十、百、千、万”培育工程。本土作家朱个、夏烁、沈晔冰入选省“新荷计划”。加强文艺精品创作，一批文学作品在《人民文学》《中国诗人》等平台刊发，图书《百年传唱〈五姑娘〉——民歌〈五姑娘〉研究》《善的教育》等获嘉兴市第十二届精神文明建设“五个一工程”奖。本土作家曹琦作品图书《七天七夜》、县戏剧曲艺家协会作品戏剧《绿袍情》入选2015年度嘉兴市重大题材文化精品工程扶持项目，《七天七夜》同时入选浙江省文化精品扶持工程第十批扶持项目。开展文艺采风活动，组织开展“追忆抗战往事”纪念抗战胜利70周年主题征文活动等大型采风创作活动。鼓励和引导群众自办文化，扶持洪溪“辣妈宝贝”等一批民间文艺队伍发展，“辣妈宝贝”作为国内唯一的艺术团体受邀参加西班牙第四十一届龙达国际民间艺术节活动。

【“善文化”品牌建设】 制定出台《2015年嘉善县“弘扬善文化 培育和践行社会主义核心价值观”主题活动实施方案》，明确全年“善文化”建设工作的目标任务及活动内容。强化“善文化”理论研究和底蕴挖掘。加强与省社科联、省伦理学会合作，编撰完成《论善》书籍。受邀参加上海思政研究会、上海市委宣传部主办的“传承中华优秀传统文化 培育和践行社会主义核心价值观”研讨会，交流培育“善文化”品牌的经验做法，与上海奉贤、湖北孝感、浙江慈溪和上虞等地共同推动“慈善孝贤”文化相关地区的合作研究工作。建成了凡？善文化陈列室。利用文化礼堂、中小学校等阵地，通过书法展、故事赛等形式，开展家风家训展示、传承活动，并召开文化庭院暨家风家训建设工作现场会。强化“善文化”宣传弘扬。“善文化”频道播出《善商印象》《爱在行动》等专题节目60期,《点赞嘉“善”人》栏目推出一批优秀村干部系列、劳模系列和普通市民系列文章近200篇。成功举办全国第四届“善文化微散文”大赛、嘉善县第二届“善文化”微电影大赛,提升“善文化”品牌的知名度和美誉度。强化“善文化”阵地建设。探索建立“公园+公益”运行模式,建成善文化主题公园。开展品种多样“善文化”主题活动,各镇(街道)结合地域特色,开展各类主题实践活动近300场。

【文化创意产业】 建立县文化产业协会平台,加强协会组织自身建设,吸引全县39家文化产业领头企业入会,搭建政府与文化企业沟通交流的桥梁。组织会员参加深圳文博会、杭州文博会等专题活动。加大产业培育力度,组织开展文化产业蹲点招商、专题招商、平台项目招商及展会活动招商活动,指导镇(街道)和文化产业园区平台加快文化产业项目注入。建立文化产业重点项目库,编制文化产业重大项目培育发展计划。做大做强产业发展平台,嘉善巧克力甜蜜小镇成功入选省特色小镇项目;成立浙江省善文化微电影基地;浙江同城市场投资开发有限公司入选浙江省30家重点文化企业名单;嘉善国际木雕城和嘉善西塘文化创意产业基地通过市级文化产业园区复评;中国归谷嘉善科技园新入选嘉兴市第二批文化产业园区。(张育慧)

统一战线

【概况】 2015年,嘉善县委统战部学习贯彻党的十八届四中、五中全会精神,以承接省统一战线资源为重点,以助力“五水共治”“三改一拆”等中心工作为抓手,充分发挥统一战线作用,为加快县域科学发展示范点建设做贡献。建立民主党派、无党派人士联谊会调研制度,鼓励、支持党派调研履职。指导成立专题调研小组参与五水共治监督,提出助推“五水共治”长效机制等相应意见、建议。推进“同心”社会服务实践基地建设,拓宽服务领域,提高服务质量。发挥县社会主义学校作用,统筹做好全县党外代表人士、民主党派新成员等统一战线各方面成员的教育培训工作。2015年,获嘉善县域科学发展示范点建设及综合配套改革优秀部门二等奖,在部门工作目标责任制考核中被评为良好单位。

【助推示范点建设】 协助浙江省继续医学教育(嘉善)培训基地、浙江省肿瘤医院·嘉善县第一人民医院协作医院、肿瘤中心、急救中心和民进浙江省委会医卫专家工作站等平台保持良好运行态势;牵线浙江中医药大学合作支持嘉善县中医事业发展。开展长三角浙籍侨商及海外华文媒体到嘉善投资考察、台湾专家到嘉善指导生活垃圾分类处理、农家乐旅游开发等活动,推进嘉善尚品农业文化创意园建设;成立民盟中央文化艺术研究院西塘分院暨嘉善盟员之家。促成民盟省委会向“教育帮扶基地”——嘉善县柳州学校捐赠价值47万元的书和书架;与九三学社省委会对接开展“九善合作”工作;组织农业主体参加省台盟农村电子商务培训研讨班等。争取省市民宗部门支持,重点做好龙庄讲寺争创浙江省佛教文化篆刻创作基地、“五水共治”重点寺院评选、少数民族帮困、民族团结进步创建等方面的助推承接工作。

【推进协商民主】 组织学习贯彻《中国共产党廉洁自律准则》和《中国共产党纪律处分条例》,学习贯彻中央、省委统战工作会议和《条例》精神,推进协商民主发展。通过与全县各民主党派、无党派人士联谊会负责人举行座谈会等形式,广泛征求党外人士对县委、县政府工作的意见和建议。对政府有关部门与民主党派、工商联、无党派人士联谊会对口联系工作,进行专项督查。

【指导民主党派换届】 支持县民建、农工党总支调整为基层委员会;指导民革县总支完成届中调整;指导嘉善民进成立30周年,中国民建、民进成立70周年,农工党建党80周年纪念活动;指导做好县各民主党派、无党派人士联谊会2016年换届摸底工作。与县委组织部沟通协调,储备优秀党外干部,推荐、调整党外副科级后备干部和80后党外后备干部;做好县政协委员、特邀委员的届中调整、增补工作。

【助力“五水共治”】 会同干窑镇继续抓好省侨联农村污水治理示范点——范东村王家浜农村污水

治理推进工作；省工商联发起“千企联千村 合力治污水”行动，并捐赠50万元资金用于西塘镇红菱村生活污水治理。配合省工商联，助力西塘镇红菱村生活污水治理，打造浙商在嘉善治水样板村。

【服务引资引智】 依托省市统一战线资源优势，做好“请进来”文章。2015年，协助做好省统一战线重大助推项目——富通集团“工业4.0”光通信全产业链项目在嘉善西塘落户，光通信智能研发中心投入试运行；民建省委会牵线搭桥的重要科技创新项目——中以高科技（嘉善）创新中心·爱可声（嘉善）信息技术有限公司正式步入经营实施阶段；“国千”专家刘增岗携嘉善同嘉交通设备有限公司项目落户县科创中心；侨商引荐的总投资超20亿元的软通动力嘉善物联网产业基地项目签约落户；省民革挂职干部牵线北京大学创新研究院嘉善产学研合作中心获批。

【推进沪浙协作】 由省委统战部牵线，县委、县政府领导多次带队赴上海，与上海市委统战部、民主党派上海市委，就上海市统一战线助推嘉善县域科学发展示范点建设事宜进行对接；协助上海浙江商会在嘉善召开11个地市区秘书长会议，就进一步推进浙商助推县域科学发展示范点建设交流座谈；协助召开沪、浙民盟助推嘉善示范点建设座谈会，民盟上海市委会就嘉善县交通接轨上海事宜，向上海市政协提交专门提案；协助做好民革浙江省委会、上海市委会助推嘉善工作。

【维护民宗和谐】 全面推进“三改一拆”涉及宗教违法建筑处置工作，完成基督教标志物整改处置。做好民间信仰场所登记编号工作，确定第一批30处民间信仰场所纳入登记编号管理。开展宗教界“同心同行、共建和谐”活动，引导宗教与社会主义社会相适应。至年底，全县27处宗教活动场所有24处被评为市平安宗教活动场所，达标率88.9%。19处宗教活动场所创建成为市三星级平安宗教场所（省级达标），3处被评为省级和谐寺观教堂先进场所，1处为全国先进场所。

【落实民族政策】 贯彻落实中央及省委民族工作会议精神，组织开展自查，推进城市民族工作。在试点学校柳洲学校推进民族团结进步教育和创建活动，以民族体育、民族文化为重点，开展各类活动。

【建设慈善文化】 围绕向善、慈善、弘善三大主题，组织开展宗教文化系列活动。协助组织全县宗教界人士，参与扶贫、济困、助学等爱心公益活动；提升慈善超市数量和质量，古药师寺、大云禅寺、地藏禅寺、圆觉禅寺等慈善超市项目在建设中。2015年，全县宗教场所用于慈善活动支出30多万元。

【协调经济统战】 与县工商联共同制定出台《关于以守法诚信为重点深入开展理想信念教育实践活动的实施意见》，引导非公经济人士守法律、讲诚信、做表率。发动民营企业参与县水环境综合治理，参与“五水共治”长效推进。引导新生代企业家履行社会职责，为环卫工人建立10万元“送爱心早点基金”，与嘉善信息技术工程学校建立长效校企共建机制。

【开展海外交流】 加强与海外乡亲、港澳同胞的联络联谊，牵线开展经济、文化等交流活动。成立县侨商服务联盟，做好侨港资企业的服务工作。深化与嘉善农商银行合作的“涉侨惠贷”服务，为侨界人士提供方便。指导“留学生家属英语学习俱乐部”开展活动，做好留学生工作。加强统一战线思想宣传工作，长三角浙籍侨商及海外华文媒体到嘉善活动的报道在《钱江侨音》《法国侨报》《欧华联合时报》和意大利侨网等海内外媒体上刊登。（徐文婷）

老干部工作

【概况】 2015年，嘉善县老干部工作坚持“让县委放心、让老干部满意”的目标，认真学习贯彻全国“双先”表彰大会精神，深刻认识新常态下老干部工作的特殊重要地位，切实加强离退休干部思想政治建设和党支部建设，进一步落实老干部的政治生活待遇，充分发挥老干部活动中心和老年大学两个阵地作用，发挥老干部正能量，不断推进全县老干部工作，全力助推“县域科学发展示范点”建设。至年底，全县有离休干部106人，享受县（处）级待遇59人，享受科（局）级待遇47人。其中赴外地安置11

人、省市属单位及各地到嘉善安置代管 2 人。

【新春团拜会】 1 月 8 日上午，召开嘉善县老干部迎春团拜会与迎春茶话会。县四套班子领导姚高员、郑明、冯伟、滕根林、何全根等参加会议，县委书记姚高员代表县委、县人大、县政府、县政协向老干部们致以新年的祝福和崇高的敬意，并向老干部们通报 2014 年全县经济社会发展主要工作及 2015 年工作重点。全县离休干部、在副科级以上领导岗位上退休的干部和部分曾经担任过科（局）级领导的退休干部参加。

【领导重视】 1 月 9 日上午，县委副书记、县长许晴向实职县处级离退休干部征求县第十五届人民代表大会第四次会议《政府工作报告（征求意见稿）》意见，并看望他们。许晴简要通报 2014 年全县各项工作的开展情况、2015 年的主要工作目标任务等内容。12 月 26 日，嘉善县委组织召开老干部座谈会，征求老领导、老同志对“十三五”规划建议、县委全委会报告的修改意见和建议，县委书记许晴代表县四套班子对老领导、老同志多年来对嘉善各项事业的关心和支持表示感谢。

【文体活动】 5 月 7 日，举办嘉善县第六届老干部运动会。嘉善县委书记姚高员，嘉兴市委组织部副部长、市委老干部局局长汪政旭，县委副书记滕根林等领导参加开幕式。县直机关各部门、直属各单位、各镇（街道）800 多名离退休老同志参加。运动会设趣味比赛和竞技性比赛两大类 8 个比赛项目，全县 2960 余人次离退休干部参加，其中参加 3 项（含 3 项）比赛以上 550 余人，1849 人次老干部获得各类奖项。10 月 17 日，举办嘉善县第十二届老干部游园会。以弘扬“尊老、敬老、爱老、助老”传统美德，丰富老干部晚年精神文化生活，增进老同志之间交流与了解。游园会设 10 个游园项目。

【纪念抗战胜利 70 周年活动】 在全县离退休干部中开展以“铭记抗战历史、弘扬爱国精神”为主题的“九个一”系列活动。即铭记历史——参观抗日战争纪念碑；牢记光辉历史、传承抗战精神——纪念抗战胜利百题知识竞赛；红色记忆——座谈会；激情岁月——图片展；珍爱和平——文艺演出；牢记抗战史 胸怀中国梦——教育讲座；学习英雄 关爱抗日老兵——走访慰问活动；峥嵘岁月——抗战回忆录；正视历史——看一部抗战题材的电影。

【纪念建党 94 周年活动】 纪念建党 94 周年，开展“五个一”系列活动。组织 1 次专题学习；开展 1 次走访慰问；组织 1 次社区志愿服务活动；观看 1 部电教片；组织 1 次爱心捐款。

【参观调研】 4 月 13 日上午，组织 60 多位离休干部到泗洲公园瞻仰抗日嘉善阻击战纪念碑。10 月 20～23 日，组织部分离退休老领导赴湖州市委党校开展以“展示阳光心态、享受美好生活、喜看发展变化”为主题的培训及考察活动。组织部副部长吴暄、老干部局局长陆木兴等陪同考察。11 月 30 日，组织老年大学工作人员及学员干部 51 人赴萧山区老年大学学习交流。

【老干部读书会】 11 月 10～12 日，县委举办全县老干部读书会。县委书记许晴到会并作“美丽嘉善”建设专题报告，向全县老干部通报全县经济社会发展情况及“美丽嘉善”有关内容。县委副书记、政法委书记滕根林主持会议。全县离休干部（包括军队干休所、代管和到善安置的离休干部）、在副科级以上领导岗位上退休的干部、部分曾担任过科局级领导的退休干部 400 多人参加此次读书会。

【离退休干部党支部书记培训班】 12 月 1～2 日，嘉善县离退休干部党支部书记培训班在嘉善县委党校开班，全县 33 个党支部 32 名书记参加培训。培训班围绕进一步加强和改进新形势下离退休干部党支部建设，充分发挥离退休干部党支部和党员的积极作用的目标，以认真学习贯彻中共十八大、十八届三中、四中、五中全会精神和习近平总书记系列重要讲话精神为主要内容，积极引导老同志有所作为，不断为党的事业增添正能量。县委组织部副部长、老干部局局长陆木兴主持开班仪式，县委两新工委副书记、部务会议成员、组织科科长冯永强作培训动员讲话。培训邀请县委党校讲师曾现锋作《学习宪法知识，推进宪法实施》的专题辅导报告。

【老干部医疗保健服务工作总结会】 12 月 16 日

下午，召开“情暖夕阳”老干部医疗保健服务工作年终总结座谈会。县委组织部副部长、老干部局局长陆木兴、卫生局副局长斯其连和魏塘街道社区卫生服务中心许建新院长参加会议。会上，各服务小组分别介绍2015年为老干部服务的情况、老干部的身体状况，并就工作中碰到的困难和不足进行交流和探讨。 （顾忠强）

县直机关党建

【概况】 2015年，县机关党工委围绕机关党建“服务中心、建设队伍”两大任务，不断加强县直机关党的建设，较好地完成各项任务，为县域科学发展示范点建设做出积极贡献。全年发展新党员45人，预备党员转正53人，转接党员组织关系243人。至年底，县直机关共下辖党委6个、党总支12个、直属支部32个，共有党员2230人；下属基层工会45个、团支部9个、妇女组织39个、民兵分队1个。

县机关党工委编制4人，实有工作人员8人，县直属机关纪工委编制3人，实有工作人员2人。按照县委统一部署，县直属机关纪工委由县纪委单独派驻。

2015年，由机关党工委牵头开展的“四方红色联盟”结对共建工作得到嘉兴市委常委、市委组织部部长连小敏的充分肯定并在全市推广，被评为嘉兴市机关党建工作“十佳创新成果奖”。机关党工委被县委、县政府评为“一创建三复评”工作先进部门和法治建设考核良好部门。县直机关11个基层党组织和31名共产党员被县委评为先进基层党组织和优秀共产党员，22个基层党组织被县委组织部命名为五星级基层党组织。年内，全国党建研究会机关专委会主任委员陈祥如、秘书长文建国，中直机关工委调研室主任张辉、省直机关工委调研室主任谢国民，嘉兴市委副秘书长、市直机关工委书记周梅芳，县委书记许晴等先后到机关党工委调研指导机关党建工作。

【“守纪律讲规矩”知识竞赛】 6月9日，会同县纪委、县委宣传部，组织全县机关党员干部开展“守纪律讲规矩”教育活动。44个单位、176名选手参加知识竞赛，县公安局等6个单位分获一、二、三等奖。

【党章、党规、党纪教育活动】 在全县科级党员领导干部专题集中轮训的基础上，9月中旬开始，组织所属50个基层党组织，利用2个月时间，采取集中学习、讨论交流、撰写体会文章等方式，开展党章、党规、党纪集中学习。先后邀请市纪委有关领导作“打造作风效能建设新常态”专题讲座，组织59名支部书记到乔司监狱开展警示教育，组织12名片组长到海宁盐官廉政文化教育基地参观学习，增强机关党员干部的廉洁从政意识。

【基层组织建设】 8月起，通过制订实施方案、规范选举程序、举办业务辅导等形式，指导届满支部认真做好公推直选工作，29个单位先后进行换届选举或届中调整。

【机关党员教育管理】 5月、6月、9月，分别举办党支部书记、入党积极分子、党务干部等3个培训班，95名支部书记、127名入党积极分子和88名党务干部参加培训。全年，先后组织230名党员干部祭扫烈士陵园、49名党员干部参加“3·5”学雷锋活动、25名机关民兵参加民兵点验、210名党员干部参加“学国学、讲传承”专题讲座、130名党员干部参加“微党课”报告会。组建县直机关关心下一代工作委员会，成立一支由47个基层党组织、140名党员干部组成的志愿者队伍。

【四方红色联盟结对共建】 会同县委组织部、县委“两新”工委，组织指导全县92个县级机关部门、118个村、34个城市社区、122家企业开展“四方红色联盟”结对共建活动。结对四方按照“六个有”的要求，确定共建项目475个，开展共建活动1350余次，参与活动近2万人次，结对困难家庭4370户，办理实事600余件，投入共建经费420余万元。

【五型机关创建】 牵头组织开展“五型机关”创建活动，共有9个镇（街道）和32个县级部门参加创建。围绕“五水共治”“三改一拆”、畜禽养殖业转型升级等县委、县政府中心工作，先后召开2次创建工作交流会，多次深入创建主体进行业务指导。年底，会同11个成员单位进行考核，评出2015年度“五型机关”10个创建优秀单位和10个表扬单位。

【服务品牌创建】 按照有理念、有标识、有内容、有措施、有过程、有评估、有成果"七个有"要求,连续4年开展机关党建服务品牌创建活动,先后形成25个较有特色的党建服务品牌,其中2015年新增4个。年内,县民政局"善心为民"服务品牌被评为嘉兴市第三批机关服务品牌。

【参与文明创建】 围绕"一创建三复评"工作,牵头开展无烟机关创建,牵头抓好共建社区卫生整治,向机关党员干部发放"公共场所禁烟倡议书"4500份,对3个街道的20个卫生先进单位进行督查,在包干路段进行巡查、劝导,助推文明卫生创建工作。

【机关文化活动】 先后举办"五一"体育健身活动、气排球比赛、三人制篮球比赛、羽毛球比赛等活动,组建成立县直机关篮球队。组织开展职工疗休养工作,全年共组团18批、454人,单位自行组织11批252人。

【正风肃纪检查】 按照县纪委《关于明确正风肃纪检查责任分工的通知》要求,对26个党组织关系隶属在党工委、本单位又不设纪检组织的单位开展正风肃纪活动,采取单位自查、联合检查、交叉检查、明察暗访4种形式,对机关的工作纪律、工作效能、公务行为等进行监督检查。 (胡伟刚)

党校教育

【概况】 2015年,嘉善县党校教育以学习贯彻中共十八大和十八届三中、四中、五中全会精神为主线,紧扣县域科学发展示范点建设,围绕县委、县府中心工作,以提高教学质量和党员干部队伍素质能力、打造县域有影响的研究团队、服务全国干部教育发展为工作出发点,推动教学科研等各项工作。在全县三级干部大会上被评为良好单位;获县域科学发展示范点建设优秀部门三等奖,同时被评为2015年度县域科学发展示范点建设及综合配套改革十大标兵;获2015年度浙江省党校系统优胜单位、2014～2015年度全省党校系统科研工作组织奖、嘉兴市党校系统教学工作一等奖、科研工作一等奖、信息工作一等奖。

【助推示范点建设】 继续推动"三大平台"建设。配合市委党校关于嘉善县域科学发展示范点建设特色专题资源库建设,服务全省党校系统干部教育培训及大数据运用。服务配合好中国县域科学发展研究院开展好各项重点工作,协助研究院开展课题调研和下派人员挂职工作,推进课题的结题和研究成果的出版。抓好落实"长风计划",举办创新驱动总裁专题研修班、经济管理干部研修班等各类培训15期,培训人员1100余人。借助"三大基地"资源,做好中国浦东干部学院现场教学示范点、浙江省干部教育培训现场教学示范基地、浙江省统一战线教育培训实践教学基地的工作。向中国浦东干部学院申报的"嘉善城乡基本公共服务均等化的创新实践案例"成功立项。统筹编写《嘉善县域善治案例集》。

【干部教育培训】 全年开展"四个全面"战略部署相关内容的学习培训6次。在全年25期主体班中,安排与"四个全面"相关的课程33堂。理论教师备课完成12堂"四个全面"相关党课。积极开展党性教育主题活动。对全县9个街道16个村的农村党员进行"学党史、知党情、强党性"为主题的集中培训,培训1298人次,安排理想信念、作风建设等方面的党性教育专题课24堂。在短期班上推广"微型党课入课堂"活动,实现党性教育在每期主体班次上的全覆盖。探索深度党性教育模式。深学重要讲话,组织专题讲座,采取专家领导领学的方式,深入学习习近平总书记系列重要讲话精神;深植红船精神,通过组织到习近平同志联系嘉善时考察过的大云镇缪家村、县老年公寓、田家英和合调查纪念馆、嘉善县党建展示厅等现场教学点考察学习;深化群众观点,安排学员到基层一线、综合执法、民生服务相关单位进行短期深度体验;深研科学发展,结合总结提炼县域科学发展示范点建设的嘉善经验模式,分别确立若干科学发展现场教学点,组织开展现场讲解,穿插理论教学。做好干部教育培训工作。全年举办主体班次25期,培训2250多人次。发挥行政学校作用,举办公务员初任培训班2期,培训学员150人。举办统战干部培训班8期,培训620人。与县纪委、县委组织部联合组织全县近600名科级干部开展3期9天的党章、党规、党纪专题轮训班。继续开展教学研磨，全年，举行6次教学“双月双提升”专题研磨活动。

【科研资政】 申报省委党校第17批规划课题，15个申报课题获得立项。获省社会主义学院“统一战线理论与实践调研点”委托课题立项1项、省社会科学界联合会2015年度研究课题立项1项、环太湖发展研究中心2015年度立项课题2项；获得市社会科学界联合会2015年度研究课题立项18项，中国浦东干部学院教学案例立项1项。在市党校系统第十批课题申报中，7个课题全部获得立项。完成省委党校第16批规划课题结项8个，环太湖发展研究中心结项1个；完成市党校系统第九批规划课题结题8项。在《江南论坛》《现代商业》《湘潮》《中国市场》等国家、省市级刊物发表文章5篇。编发《县情调研成果参阅》4期，3篇参阅获县委书记许晴批示，1篇获县委常委、副县长曹国良批示；中青班学员调研文章全部在《嘉善通讯》上刊登，其中1篇获县委书记许晴批示、1篇获副县长高嵩批示；2篇调研报告分别获2015年度浙江省党校系统优秀调研成果二等奖、三等奖。组织召开县党建研究会理事会议2次，在市党建研究会立项课题14个，组织开展县内课题研究活动，收集县内课题申报25个。在全校范围内开展关于习近平总书记“县域治理”思想的系列研究。形成《习近平同志县域治理观中的正定、嘉善和兰考》等8篇文章。组织参加第二届“县域治理与发展”研讨会，与正定县委党校、兰考县委党校共同开展跨党校、跨区域的习近平同志县域治理思想研究。

【对外培训】 努力开辟培训资源，形成以嘉善为重点的面向全市的培训体系。从县域科学发展的典范、江南水乡文化的代表、东部创业创新的高地、中国红船精神的源头4个方面，建立党建、统筹城乡、转型升级、综合配套改革试点等24个培训主题，100多个现场教学点。拓宽培训渠道，拓展培训来源，既有传统的嘉兴市委党校、浙江省委党校、安徽宁国市委党校、湖北宜都市委党校等党校系统培训，也有部门的委托培训、浙江大学委托培训等党校系统以外的培训。全年，接待来自省委党校、中国浦东干部学院、浙江大学等43期的现场教学培训班，培训人数2300人，涉及9个省13个市。努力提升培训实效，继续探索“研究式现场教学”的新模式，提升对外培训效果。

【函授教育】 坚持正确办学方向，树立服务社会理念。继续与嘉兴学院、重庆大学、四川农业大学、电子科技大学、江南大学5所高校合作，针对企业重点开设工商管理、机械设计自动化、人力资源、机电一体化等专业，针对社会重点开设水利水电、法学、行政管理、土木工程、环境工程等特色专业。年内，在校生387人。

【信息化建设】 建立特色信息资源库，有针对性地走访各部门收集资料，内容涉及“十改联动”“两分两换”“两新”工程、党建以及与统筹城乡发展相关的新做法、政策文件等15个方面。同时，向省委党校申报第二批特色专题资源库项目——嘉善县域科学发展示范点建设特色专题资源库，为全省各地提供综合资讯。

【自身建设】 巩固和深化群众路线教育实践活动成果，对已经完成的整改事项进行“回头看”。领导班子完成应整改总数9项，4位领导均完成个人整改项目；全部完成5项计划办理的民生实事项目；开展班子交流会议5次。推进依法治校，从严治校，加强对教师课堂政治性的强调，从严把关课堂教学内容；继续开展“一员双岗”活动，通过送教、捐款、劳动等方式服务村（社区）群众。建设与深化“四个全员”品牌，以“双月双提升”为载体开展团队科研活动，形成“协商民主”科研团队等19个课题团队。通过百姓课堂、红色宣讲团等平台进行形势政策及中共十八届三中、四中、五中全会的宣讲，全年点对点开展宣讲171场次，受众13000多人次。每位教师联挂两个现场教学点，确定教学点专门联系人，保持动态联系，坚持至少两月一次的调研。完善现场教学点基地简介、讲解词、教学方案等相关内容，并根据需要，组织学员到现场教学点开展研究式现场教学。落实科研“双月双提升”制度，督促理论教师根据申报课题到基层、部门开展调研，每逢单月组织一次调研交流座谈会。开展暑期蹲点调研活动，8月，7位教师到县农办、县民政局等7个部门、机构、村挂职蹲点。强化学风，严格培训纪律，全过程贯彻“八项规定”。加强正风肃纪，全

年开展正风肃纪活动38次，做到有规必依、执规必严、违规必究。 （沈　洁）

党史编研

【概况】 2015年，全面贯彻落实全省第九次党史工作会议和省委书记夏宝龙讲话精神，落实“党史姓党”要求，以改革开放新时期党史编研为重点，开展党史征编工作，为编写中共嘉善党史第三卷做准备。抓好党史专题编写、文献征集编研、党史资料征集和纪念抗日战争胜利70周年4个方面工作，编辑出版党史著作3部。

【改革开放新时期党史专题征编】 全县确定党史专题180个，落实74个部门(镇、单位)进行编写，计划分3年完成。3月30日，县史志办召开党史专题编纂培训会，邀请省委党史研究室三处处长俞红霞作专题辅导，编印下发《嘉善县改革开放新时期党史专题编纂工作手册》。4月10日，县委常委、组织部部长朱学军在全县史志工作会议上对专题征编进行动员部署。年底前，77个专题完成初稿。编辑出版《春回大地——改革开放新时期嘉善县党史专题集(第一辑)》，入选专题28个，40万字。

【“中共嘉善县委重要文献”系列丛书选编】 从“开放、实力、智慧、统筹、文明、法治”等方面，整理、选编1978～2014年，中共嘉善县委重要文献，包括县委及其常委会的重要决定、决议和决策，重要文件、领导讲话、工作报告，及县委在各领域、各个历史阶段的重点工作、重要议题、重大活动等有关文献资料等。年初，启动丛书编辑，计划3～4年完成。年底前完成文献资料的收集工作，收集到文件、讲话、报告等1193个，1000余万字，按专题进行分类，开展文字的输入工作。编辑完成县委文献选编第一辑《民主法治·公平公正》(上下册)，约68万字。

【抗日战争胜利70周年纪念活动】 开展“追忆抗战往事”纪念抗日战争胜利70周年征文活动，收到征文43篇。抗日战争胜利纪念日前夕，编辑出刊《烽火不熄》特刊，约15万字，从档案、文献、口述、专题、纪实、人物等多个角度记录嘉善县抗战历史，收录珍贵照片112幅(其中随文照片69幅)。9月30日，与县委宣传部、县政协文史委等部门在嘉善县泗洲公园抗日嘉善阻击战纪念碑前举行全县烈士公祭活动暨“我的抗战”抗日嘉善阻击战纪念仪式，150多人参加。配合县委组织部、县委宣传部等单位做好纪念抗日战争胜利70周年各类活动。组织参加浙江省党史系统纪念中国人民抗日战争胜利70周年征文活动，上报论文5篇，县史志办报送的《浅析抗战歌曲及其对抗日战争的影响》和《曾遭日寇洗劫的善邑古迹——日本侵略者摧毁“嘉善历史文物”罪行调查》入选省党史系统学术研讨会，分获嘉兴市二等奖、三等奖。

【党史资料征集】 收集整理党和国家领导人与嘉善相关的资料和“县域科学发展示范点”建设等资料。2015年，收集到“县域科学发展示范点”建设资料12万字，其中文件报告4万字、各级新闻媒体报道8万字。每天采集“五水共治”大事，全年编辑大事记100条，1.5万字。 （苏丽华）

嘉善县人民代表大会

综　　述

2015 年，嘉善县第十五届人民代表大会常务委员会坚持全面贯彻中共十八大和十八届三中、四中、五中全会和习近平总书记系列重要讲话精神，继续围绕建设“县域科学发展示范点”总目标，紧扣事关全县经济社会发展和深化改革的重大问题，推进城乡统筹发展、致力民生改善、维护社会稳定，认真履职，注重实效，充分发挥代表作用，着力加强自身建设。至 2015 年 12 月 31 日，县十五届人大常委会实有组成人员 21 人，人民代表大会实有代表小组 10 个、代表 202 人。

重要会议

【县十五届人大四次会议】 2 月 3～7 日召开，应到代表 211 人，实到代表 210 人。会议共举行 4 次全体会议、4 次主席团会议，听取和审查县人大常委会主任郑明作的人大常委会工作报告、嘉善县人民政府县长许晴作的政府工作报告、人民法院院长傅杨杰作的县人民法院工作报告、检察院代理检察长钟益民作的县人民检察院工作报告，通过各项决议，审查和批准《嘉善县 2014 年国民经济和社会发展计划执行情况报告与 2015 年国民经济和社会发展计划》和《嘉善县 2014 年财政预算执行情况报告和 2015 年财政预算》。会议期间，代表们共提出议案、建议、批评和意见 154 件，其中代表 10 人以上联名提出的议案 17 件。

【县十五届人大常委会会议】 全年，人大常委会举行全体会议 11 次，听取“一府两院”专项工作报告和计划预算报告 31 项，依法作出决议决定 16 项，依法任免国家机关工作人员 44 人次，审查备案政府规范性文件 23 件，受理司法机关报备的特定案件 67 件。1 月 15 日下午，县十五届人大常委会召开第二十四次会议，听取和初审嘉善县 2014 年国民经济和社会发展计划执行情况和 2015 年国民经济和社会发展计划（草案）报告、嘉善县 2014 年财政预算执行情况和 2015 年财政预算（草案）报告；听取并审议县十五届人大代表资格审查委员会关于补选县十五届人大代表的资格审查报告、县人大及其常委会有关制度修订情况的说明以及县第十五届人大四次会议筹备工作情况的报告。表决通过代表资格审查委员会关于补选嘉善县第十五届人民代表大会代表的资格审查报告，审议通过县十五届人大常委会 2015 年工作要点，表决通过县十五届人大四次会议列席人员名单，推荐郑明为县十五届人大四次会议人大常委会工作报告的报告人。会议还通过常委会相关制度。3 月 25 日，县十五届人大常委会召开第二十五次会议。会议听取和审议国有企业集团管理运行情况和街道财政预算的报告，常委会有关制度制定说明，表决通过 2015 年街道办事处财政预算的决定。4 月 21 日上午，县十五届人大常委会召开第二十六次会议。会议听取市检察院关于报请许可对犯罪嫌疑人沈某某采取强制措施的报告，表决通过关于许可对县十五届人大代表沈某某采取强制措施的决定。5 月 25 日，县十五届人大常委会召开第二十七次会议。会议听取和审议县政府关于城乡污水收集处理一体化实施情况的报告、关于《县环境功能区划》编制情况的报告。经审议,会议表决通过关于批准《嘉善县环境功能区划》的决议。7月17日,县十五届人大常委会召开第二十八次会议。会议表决通过县长许晴提请的人事任免议案,决定任命祁海龙、陆军为嘉善县人民政府副县长,接受许晴辞去嘉善县人民政府县长职务,接受李小平辞去嘉善县人民政府副县长职务的请求,并决定祁海龙为嘉善县人民政府代理县长。7月29～30日上午,县十五届人大常委会召开第二十九次会议。会议听取和审议县政府关于2015年上半年国民经济和社会发展计划执行情况的报告、关于嘉善县2014年财政决算和2015年上半年财政预算执行情况的报告及关于嘉善县2014年财政收支审计情况的报告、关于大气污染防治和再生资源利用工作情况的报告,表决通过关于批准嘉善县2014年财政决算的决议。8月25日,县十五届人大常委会召开第三十次会议。会议听取、审议并表决通过关于补选祁海龙为嘉兴市第七届人大代表的议案。9月10日,县十五届人大常委会召开第三十一次会议。会议听取和审议县人民法院、县人民检察院、县公安局、县司法局关于依法履职、公正司(执)法情况的报告。9月25日,县十五届人大常委会召开第三十二次会议。会议听取和审议县政府关于十五届人大四次会议代表议案建议办理情况的报告,听取和评议县人力社保局、县卫生计生局工作情况的报告。11月26日,县十五届人大常委会召开第三十三次会议。会议听取和审议县政府《关于县域科学发展示范点建设情况的报告》《关于2015年政府投资项目调整情况的报告》《关于2015年财政预算调整情况的报告》。会上还对县人社局、县卫计局评议意见落实情况进行满意度测评。12月29日上午,县十五届人大常委会第三十四次会议召开。会议听取和审议关于嘉善县2015年地方政府债务限额的议案和关于制定《嘉善县组织实施宪法宣誓制度办法》的说明,听取关于补选县十五届人大代表的议案。

【县十五届人大常委会主任会议】 全年,举行常委会主任会议18次,研究处理日常重要工作,听取和讨论“一府两院”有关工作汇报。3月20日,县十五届人大常委会召开第四十五次主任会议,听取县政府关于备用水源地建设工作情况的报告,对县政府提出的长白荡备用水源地扩容、第二水源建设工程两种方案及国有企业集团管理运行情况进行讨论。听取县人大常委会监督司法机关工作办法草案的说明。4月21日上午,县十五届人大常委会召开第四十六次主任会议,听取关于报请许可对沈恩达采取强制措施情况的通报。4月22日上午,县十五届人大常委会召开第四十七次主任会议。听取县政府关于行政审批改革情况的汇报,通过关于2015年深化司法监督工作的实施方案。5月21日下午,县十五届人大常委会召开第四十八次主任会议。听取关于《嘉善县环境功能区划》编制情况、关于嘉兴联合污水厂提标改造增资情况、关于城乡污水收集处理一体化实施情况调研的汇报。6月19日,县十五届人大常委会召开第四十九次主任会议。听取县政府关于嘉善县推进嘉兴市创建国家公共文化服务体系示范区工作情况的汇报。7月17日下午,县十五届人大常委会召开第五十一主任会议。听取提请关于祁海龙副县长任嘉善县人民政府代理县长的议案。7月28日下午,县十五届人大常委会召开第五十三次主任会议,听取有关人事任免事项。10月27日下午,县十五届人大常委会召开第五十六次主任会议,听取县政府关于创建省教育基本现代化情况的汇报。

【常委会组织学法和培训】 全年,县人大常委会举行辅导报告会3次。4月30日上午,县人大常委会举办《环保法》辅导报告会及全县开展大气污染防治、再生资源回收利用管理工作专项审议动员会。6月1～3日,嘉善县在省委党校举办人大代表培训班。6月4日下午,县人大常委会召开《预算法》辅导报告会。8月26日上午,举办《行政诉讼法》学习辅导报告会。12月8日下午,县人大常委会举办四级人大代表培训班,在嘉善的全国、省、市、县200余名人大代表在县委党校参加中共十八届五中全会精神专题学习辅导报告会。12月11日,县人大常委会举办读书会集中交流活动。

监督工作

【常委会组织开展视察活动】 4月15日,县人大常委会视察全县农贸市场改造提升工作情况。6

月10日，县人大常委会视察县残疾人保障工作情况。10月16日，县人大常委会视察县城乡公共交通一体化运营情况。

【审议半年度政府工作】 8月1～5日，县人大组织全体县人大代表分代表小组书面审议《上半年政府工作报告》，并于8月20日下午专门召开意见反馈会，面对面向政府集中反馈审议意见。会上，来自9个镇（街道）的10个代表小组围绕政府工作报告，结合县域科学发展示范点建设总目标，向政府提出意见和建议52条，内容涉及经济转型升级、农民建房、垃圾处理、交通建设等方面。县政府提出逐条分解落实人大意见、建议并做好反馈意见办理工作。

【镇人大全面推行政府性投资项目票决制】 1月，县人大常委会在总结干窑镇人大推行政府性投资项目票决制经验的基础上，指导各镇全面推行票决制的做法。通过会前对政府性投资项目的征集意见、拟定预备名单，会中审议讨论、投票表决，会后对项目资金、进度、质量的跟踪监督等多项举措，进一步加强镇人大对政府性投资项目的监督，确保政府性投资项目实施的民主化、科学化、规范化。

代表工作

【小微企业问卷调查】 嘉善县各镇（街道）人大根据《关于组织开展"人大代表进小微企业"问卷调查活动的通知》要求，组织辖区内的人大代表走进小微企业，与企业主面对面座谈，听取小微企业成长中遇到的困难和问题，并发放调查表，开展问卷调查。

【代表论坛】 10月30日，县人大常委会举办"代表论坛"活动。活动前期以10个县代表小组为基础，分别就城市交通拥堵、村域善治、优化教育资源配置等10个调研课题开展定向调研，并提交调研报告。活动当天，各代表小组分别就调研情况进行交流发言，同时向县交警大队、县商务局、县农经局、县住建局等被调研相关单位当场发问，由各被调研单位负责人即时对代表提问进行回复，提高代表对相关部门工作的知晓度，促进代表更好履职。

【实现镇（街道）网上代表联络站全覆盖】 县人大常委会根据省、市人大的工作部署和要求，在推进镇、村两级人大代表联络站（室）规范化建设的基础上，积极推进网上代表联络站的建设。至11月，全县9个镇（街道）的网上代表联络站全部建成并开通运行。全县有镇（街道）人大代表联络站9个、村（社区）人大代表联络室18个、网上代表联络站9个。

【述职评议】 嘉善县各镇（街道）人大组织辖区内的县人大代表向选民述职，并邀请不少于40位来自各村、社区和企业的选民代表参加会议，对县代表们进行满意度测评。

代表议案建议

【县十五届人大四次会议代表议案、建议、批评和意见情况】 县十五届人大四次会议期间，大会收到代表10人以上联名提出的议案17件。审查后，将17件代表议案转为重要代表建议、批评和意见办理。会议还收到代表个人或联名提出的建议、批评和意见137件。内容主要涉及要素保障、城市管理、养老医疗、"三改一拆""五水共治"等方面。

【议案建议交办督办】 县人大对154件议案建议进行梳理、分类、编号、登记，确定承办单位。3月24日，县人大、县政府、县政协联合召开县十五届人大四次会议代表建议和政协十三届四次会议委员提案交办会，将议案建议交办到县政府及有关组织和单位，提出办理要求。其中，代表议案建议涉及办理部门、单位34个，由政府及其职能部门主办的147件，占95.5%；由县委党群系统主办的7件。至法定办理期限，154件代表建议按时办结率99.4%。至12月31日，落实52件、正在落实60件、作出解释42件。经代表对办理工作的满意度测评，代表对建议办理过程满意111件，占72.1%；代表对建议办理结果满意64件，占41.6%；代表对办理结果不满意12件，其中3件对办理过程不满意。经二次办理、二次测评，代表对办理结果不满意的仍有3件，其中1件同时对办理过程不满意。总满意率98.1%。（寿吉俐）

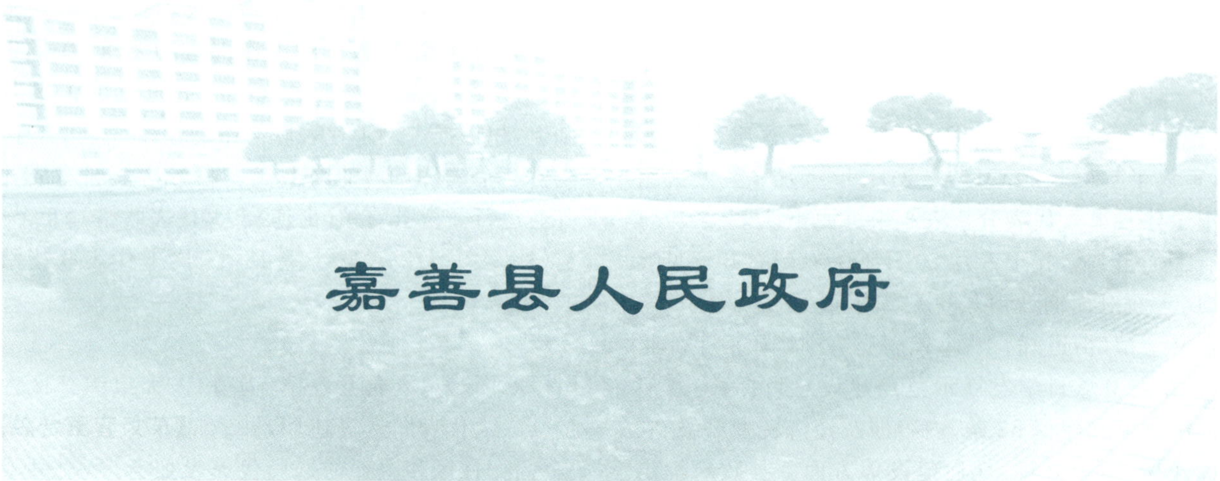

嘉善县人民政府

综　述

2015年,嘉善县面对复杂多变的国内外环境和艰巨繁重的改革发展稳定任务,全县上下紧紧围绕"示范点建设全面攻坚年"工作主题,深入实施"六大专项行动",统筹落实稳增长、调结构、抓改革、促开放、惠民生等各项工作,全县经济社会继续保持平稳健康发展。全年实现地区生产总值425.54亿元,可比增长8.3%。完成财政总收入66.91亿元,增长8.3%,其中地方财政收入35.55亿元,增长7.6%。完成固定资产投资294.72亿元,增长14.4%,其中工业生产性投资额151.16亿元,增长25.0%。合同利用外资7.63亿美元,增长18.17%;实际利用外资4.47亿美元,增长6.75%;实际利用县外内资80.2亿元,增长4.69%。外贸进出口34.44亿美元,增长-4.7%,其中出口26.68亿美元,增长-1.6%。全社会消费品零售总额168.17亿元,增长11.0%。城镇居民人均可支配收入46574元,农村居民人均可支配收入27203元,分别增长8%、8.6%。

全面攻坚示范点建设三年任务。国家建设方案中提出的第一阶段6项主要发展指标总体实现预期目标,110项核心任务中的89项顺利完成,21项正全力推进,开展第一阶段自评及第二阶段谋划工作。同时,全面推进综合配套改革,100项改革任务中的72项已初步完成,28项正在推进,24项改革被列为省级以上试点。开展《深入贯彻"四个全面"战略布局与深化县域科学发展示范点内涵的研究》。全面深化"县域善治"改革,提出的28个方面69项改革任务已基本完成,并有20项改革任务将继续深化。启动深化县城基础设施投融资体制改革国家级试点,深入推进深化县城基础设施投融资体制改革国家级试点,排定储备项目库,56个项目入库。《嘉善县大众创业促进机制改革方案》获省政府批复同意。推进要素市场化配置改革,修订完善工业企业绩效分类评价办法。加快"零审批"改革,建立联合审验、项目监管服务等配套制度,县级层面确立16个工业企业投资项目作为零审批试点,涉及总投资222.64亿元。"零土地"技改方面,全县符合"零土地"技改的项目(投资500万元以上)276个,占全县新增项目数的56.44%,计划总投资265.87亿元,增长42.82%。加快农村产权制度改革,率先试点开展股权流转改革,全省首创股权抵押强村贷款。正式启用政务服务应用系统,新增48家中介机构进驻县中介机构信息平台。启动大都市毗邻县跨行政区域合作机制改革。

全力推动经济发展提质提效。全年实现农业总产值47.27亿元,新增省级现代农业主导产业示范区2个,农业现代化发展水平列全省第五、全市第一,被列为首批国家农产品质量安全县创建试点县、省级农业社会化服务示范县,连续4年获农田水利标准化建设省级考核优秀。出台工业经济"稳增长20条"等政策,开展"三问三促""调研服务进千企"等活动。规模以上工业企业实现产值1004.47亿元,增长7.6%。修订完善工业企业绩效分类评价办法,对连续2年综合评价结果为C类的企业实施差别化水电价。评价占地3亩以上工业企业1772家，亩均税收8.23万元，增长15.3%。重点培育21家行业龙头骨干企业、100家成长型企业，田中精机成功上市。实施“机器换人”项目314个，完成投资96.65亿元，规上工业全员劳动生产率增长11.4%，富鼎电子、索菲亚家居列入省级百项“机器换人”示范项目。2015年实现服务业增加值167.66亿元，增长9.0%。新引进亿元以上服务业项目6个，新增省服务业重大项目4个。制定《嘉善县旅游总体规划(2014—2030)》和《促进旅游业改革发展加快打造长三角地区重要的休闲旅游目的地实施意见》。巧克力甜蜜小镇入选全省首批特色小镇创建名单及全省服务业发展重点领域试点名单。全县接待国内外游客1195.1万人次，旅游综合收入123.33亿元，分别增长12.08%、15.04%。大力推进创新驱动五大专项行动，顺利通过省级创新型试点城市(县、区)测评和省级知识产权示范县验收。全县新引进“国千”专家5名、“省千”专家5名，“创新嘉兴·精英引领”计划领军人才项目9个。

全力推动开放合作跨越提升。与上海签订省际水源地建设保护合作框架协议，50%以上的镇(街道)与上海相关工业园区签订合作协议。大力实施区域通关一体化，率先将“属地申报、属地放行”、分送集报等上海自贸区创新制度复制至综合保税区。启动上海参保人员医疗保险代办服务。县职业中等专业学校与上海工业技术学校开展合作办学，县社区学院、镇(街道)社区教育中心与上海金山、江苏吴江建立社区教育合作联盟。与德国巴伐利亚化学产业集群签订合作备忘录。组织开展春季百日双招双引大会战，新引进1亿美元以上项目2个，新批工业投资500万元以上项目489个，平均投资规模增长2.24%。大力推进浙商回归，引进项目60个，省外到位资金74.17亿元。大力推进工业园区“二次创业”，完成基础设施投入7.18亿元。县开发区获评省“智慧园区”示范开发区，中荷产业合作园入选首批省国际产业园。出口加工区B区整合申报综合保税区获国务院批复。土地利用总体规划中期调整完善成果获省政府批准，顺利通过2014年度土地卫片执法检查。加强金融保障力度，民间融资管理服务中心正式开业。

全力推动城乡一体纵深发展。成立市容管理执法中心，中心城区开放式老旧住宅小区物业管理实现扩面。完善城乡生活垃圾无害化处理管理机制。加快高铁新城建设，核心区块城市规划展示馆、跨境电商产业园等项目推进顺利。职工医院地块完成整体拆除。启动体育路下穿沪昆铁路扩建工程，完成谈公路下穿沪昆铁路改扩建工程设计方案；移交谈公南路等3个社会停车场管理职能并实施收费管理。姚庄镇列2014年度全省小城市培育试点考核第三，西塘镇列2014年度全市小城市培育试点考核第一，均入选2014年度嘉兴市十强新市镇。推进落实省级中心镇扩权改革工作。着力满足农民刚性建房需求，村庄规划布点优化调整为249个，完成农房改造集聚2221户。桃源新邨、缪家村完成省级示范村建设任务，其中桃源新邨被评为优秀村庄。嘉善县被评为全省社会主义新农村建设优秀单位。深入推进第二轮“强村计划”，全县村均常规稳定性收入155万元。成立杭州湾跨海大桥北接线工程指挥部，全面启动丁诸线航道项目征迁，丁栅至新埭(疏港)公路改建工程二期、平黎公路东接线一期等工程推进顺利。

全力推动生态治理美丽嘉善建设。强势推进美丽县城、美丽通道、美丽城镇和美丽乡村建设四大专项行动，实现县级环境优美村和市级美丽乡村先进镇全覆盖，创建成为省级美丽乡村建设先进县。完成“清三河”治理任务，消灭劣Ⅴ类断面，跨行政区域交接断面水质考核继续保持优秀。完成全县污水管网普查、城乡污水处理一体化方案编制等工作，新建污水管网42.1千米，洪溪污水厂提标扩容项目顺利推进。扎实推进全国中小河流治理重点县综合整治及水系连通试点项目区、全国第四批小农水重点县项目建设。与平湖市签订共用备用水源地框架协议，太浦河取水二期工程有序推进。全面实施城乡居民生活用水阶梯价格。深入开展“无违建”创建，强势推进“三沿两区”百日攻坚和城中村拆违集中攻坚行动，开展违章猪(禽)舍拆违治污扫尾攻坚行动。成功列入全国文明城市提名，强势推进重点领域、重点区域环境整治。全面启动“公铁”沿线环境整治工作，扎实推进破旧农房立面等八大类整治。深入推进国家生态文明建设试点示范县创建，编制完成全县环境功能区划。积极开展“五气共治”，扎实推进秸秆综合利用等省级试点，空气优良率77.3%。

全力推动民生保障普惠共享。十五届政府实

事工程和“十大惠民实事工程”顺利推进，其中幽澜水厂四期工程已投入使用，生态能源发电项目已具备并网发电条件，吴镇书画院主体工程全面完成。全年新增城镇就业11329人，帮助城镇失业人员和就业困难人员实现再就业4418人，净增五大保险参保人员10560人。出台加强工伤保险管理工作意见，建立职工大病保险制度，合作医疗保险、社会保险、城乡居民养老保险征缴业务实现信息一体化。省级社会养老服务示范区建设通过中期评估，县社会福利中心完成项目前期工作，村(社区)居家养老服务照料中心基本实现全覆盖。省级“救急难”试点任务基本完成，获评省级扶贫结对帮扶工作先进单位。新开工建设各类保障房883套，完成农村困难群众危旧房改造救助100户。顺利推进国家级公共文化服务体系示范区创建工作，启动县图书馆新馆、县博物馆新馆等重大文化惠民设施建设。嘉善三中、姚庄中心学校完成新校舍搬迁，新设浙江师范大学附属嘉善实验学校，实现与高校合作办学零的突破。医疗卫生体制改革不断深化，“分级诊疗”工作有序推进，扎实推进县中医院搬迁改造工程。国防、民防、民族宗教、气象、工青妇、档案、史志、侨务等工作都取得新进展。社会治理体系进一步健全。深入推进“平安嘉善”建设，大力推进“网格化管理”与全省平安建设信息系统“两网融合”，网络舆情、安全生产、食品药品监管等工作全面加强，圆满完成第二届世界互联网大会等重要节点安保任务，实现省平安县创建十连冠。大力推进“法治嘉善”建设，“六五”普法通过省级验收，覆盖全县的公共法律服务网络全面建成，村级民主协商制度全面推广，洪溪村“文体活动创造文明幸福生活”入选“2015中国全面小康十大民生决策”。(费亚建)

重要会议

【政府十五届七次全体(扩大)会议】 7月31日召开，代县长祁海龙主持。

【政府十五届八次全体(扩大)会议】 12月31日召开，代县长祁海龙主持。

【县十五届政府第二十九次常务会议】 3月17日召开，研究审议“2015年水稻、大麦、小麦、油菜等四个政策性农业保险品种政策调整”《2015年规划编制计划》《嘉善县城乡生活垃圾无害化处理管理办法(试行)》《嘉善县临时改变房屋用途管理暂行办法》《嘉善县综合行政执法实施办法》《嘉善县综合行政执法责任追究办法(试行)》《关于提高企业养老保险最低参保率的建议》《关于进一步加强混凝土管桩行业规范管理的实施意见》《嘉善县国有土地使用权出让违约金收入使用管理办法》《关于陈土其受贿、滥用职权错误的处分建议》等议题。县府办、县发改局、县经信局、县财政局、县国土局、县环保局、县监察局、县法制办、县农经局、县住建局、县农办、县综合行政执法局、县编委办、县人力社保局、县质监局等单位列席。

【县十五届政府第三十次常务会议】 4月28日召开，研究审议“嘉善县环境功能区划”《嘉善县实施“互联网+智能制造”战略加快工业经济转型发展行动方案》《关于实行差别化电价水价的实施意见(试行)》《嘉善县排污权储备与出让管理办法(试行)》《嘉善县在职职工住院医疗互助保障工作实施办法》《关于调整全县农村环境卫生保洁经费补助政策的通知》《关于〈嘉善县志(1989—2008)〉出版发行有关问题的请示》《关于提高2015年度残疾人就业保障金征收标准的通知》《嘉善县旅游发展总体规划(2014—2030)》《关于促进嘉善旅游业改革发展加快打造长三角地区重要休闲旅游目的地的实施意见》《嘉善县城区客运三轮车整治工作方案》《嘉善县城区客运人力三轮车回收工作实施方案》《关于做好城乡居民合作医疗保险职能整合后相关工作的通知》《关于增加被征地农民基本生活保障养老金的方案》《嘉善省级金融创新示范县试点工作方案》等议题，学习《中华人民共和国行政诉讼法》。县府办、县发改局、县经信局、县财政局、县国土局、县环保局、县监察局、县法制办、县农经局、县住建局、县台办、县工商联、县商务局、县科技局、县质监局、国网嘉善县供电公司、县文化局、县水务集团、县总工会、县农办、县史志办、县残联、县旅游局、县交通局、县交警大队、县人力社保局、县卫生局、县编委办、县金融办、人行嘉善县支行、县银监办等单位列席。

【县十五届政府第三十一次常务会议】 5月15日

召开，研究审议《关于推进工业经济稳增长促发展的若干意见》《关于对招商引资有关人员进行奖励的建议》《组建嘉善县国有担保公司的建议方案》等议题。县府办、县发改局、县经信局、县财政局、县国土局、县环保局、县监察局、县法制办、县商务局、长三角嘉善科技商务服务区管委会等单位列席。

【县十五届政府第三十二次常务会议】 7月31日召开，研究审议《嘉善城区城市节约用水中长期规划》《嘉善县推进政府和社会资本合作(PPP)模式的实施办法(试行)》《关于政府投资项目调整的汇报》《嘉善县丁诸航道整治工程贷款等事项》《农宅公寓式安置房价格结算情况汇报》《嘉善县行政应诉工作规定》《嘉善县大众创业促进机制改革方案》《嘉善县创建国家农产品质量安全县实施方案》《嘉善县永久基本农田(示范区)划定方案》《嘉善县企业投资项目“一窗受理、全程代办”实施办法(试行)》《嘉善县同舟贷款担保公司管理暂行办法》《嘉善县政府产业发展基金管理办法》《2015年度土地利用计划新增建设用地指标安排方案(预安排)》《关于与德国巴伐利亚州产业集群公司开展战略合作情况的汇报》《2015年安全生产工作情况汇报》《关于2015年上半年度全县消防安全形势分析情况的报告》等议题。县府办、县发改局、县经信局、县财政局、县国土局、县环保局、县监察局、县法制办、县国资局、县住建局、县水务集团、县水利局、县民政局、县交通局、县城投集团、县法院、县人力社保局、县科技局、县改革办、县金融办、县农经局、县市场监管局、县质监局、县审批服务中心、县委组织部、县编委办、人行嘉善县支行、县商务局、县安监局、县消防大队等单位列席。

【县十五届政府第三十三次常务会议】 9月1日召开，研究审议《关于政府投资项目调整情况》《大成环保有限公司收购方案》《嘉善县污水处理设施移交接管暂行办法》《棚户区改造申请国开银行融资方案》《嘉善县公共租赁住房管理实施意见》《嘉善县发展学前教育第二轮三年行动计划(2015—2017年)》《嘉善县政策性老年人意外伤害保险实施方案》《关于加快推进适度普惠型儿童福利体系建设的实施意见》《关于进一步完善动物无害化处理长效管理机制的实施意见》《嘉善县农作物秸秆综合利用实施方案》等议题。县府办、县发改局、县经信局、县财政局、县国土局、县环保局、县监察局、县法制办、县交投集团、县水务集团、县国资局、县住建局、县城投集团、县新居民事务局、县民政局、县教育局、县人力社保局、县编委办、县农经局等单位列席。

【县十五届政府第三十四次常务会议】 10月19日召开，研究审议《大云温泉省级旅游度假区总体规划》《嘉善县创建国家生态文明建设试点示范县三年行动方案(2015—2017年)》《关于新形势下进一步加强环境保护工作的实施意见》《嘉善县“十三五规划”基本思路》《关于进一步加快楼宇经济发展的若干意见》《关于政府投资项目调整情况》《关于推进财政支农体制机制改革的意见》《嘉善县县级行政事业单位公款竞争性存放管理暂行办法》《嘉善县社会保险基金保值增值运作方案》等议题，学习《中华人民共和国食品安全法》。县府办、县发改局、县经信局、县财政局、县国土局、县环保局、县监察局、县法制办、县交警大队、县农经局(农办)、县旅游局、县文化局、县交通局、县住建局、县水利局、县市场监管局、县治水办、县综合行政执法局、县编委办、县水务集团、县广电台、人行嘉善支行、县人力社保局等单位列席。

【县十五届政府第三十五次常务会议】 12月4日召开，学习《浙江省重大行政决策程序规定》，研究审议《嘉善县工业企业绩效综合评价办法》《嘉善县超计划用水累进加价水费征收管理办法(试行)》《世界浙商工业园地块规划调整方案》《嘉善县农村宅基地使用权登记发证实施细则》《嘉善县城乡生活污水治理三年行动计划(2015—2017)》《嘉善县2016年度城乡居民合作医疗筹资与补偿管理实施细则》《关于嘉善县2015年度政府投资项目计划执行情况和调整情况》《嘉善县‘十三五’专项规划编制工作方案》《2015年度规划编制计划调整计划》《关于专项建设基金项目申报和进展情况汇报》《嘉善县政府投资项目前期工作管理暂行办法》《嘉善县居民生活用天然气价格调整方案》等议题。县府办、县发改局、县经信局、县财政局、县国土局、县环保局、县监察局、国网嘉善县供电公司、县水务集团、县住建局、县综合行政执法局、县治水办、县审批服务中心、县农经局(农办)、县人力社保局等单位列席。

【县十五届政府第三十六次常务会议】 12月30日召开，研究审议《政府工作报告》《关于嘉善县2015年国民经济和社会发展计划执行情况、2016年国民经济和社会发展计划草案的报告》《关于嘉善县2015年财政预算执行情况和2016年财政预算草案的报告》等议题。县府办、县发改局、县经信局、县财政局、县国土局、县环保局、县监察局、县住建局、县法制办等单位列席。

【县长办公会议】 3月28日召开，研究审议关于大成污水处理厂收购工作的相关问题。县府办、县发改局、县住建局、县财政局、县环保局、县治水办、县水务集团、姚庄镇等单位列席。4月2日召开，研究审议《关于高铁新城建设投资结算情况的请示》《关于预拨陶庄镇农村土地整治资金的请示》《关于农村生活污水治理项目实施方案审批有关事项的请示》《关于实行工伤保险浮动费率的请示》等议题。4月27日召开，研究审议《2014年度经济适用房配售定价方案》《关于支付湖嘉申线航道(嘉兴段)二期工程对区域防洪、水环境及水资源影响分析项目技术咨询费的请示》《关于整体收购嘉善大成环保有限公司的请示》《嘉善县支持浙商创业创新产业基金管理办法》等议题。5月11日召开，研究审议《关于嘉善县社会福利中心(惠民街道社区卫生服务中心)和长江黄河路绿化亮化改造要求明确资金来源的情况说明》《嘉善县永久基本农田示范区划定方案》等议题。5月20日召开，研究审议《关于嘉兴联合污水处理厂提标改造工程资本金筹措事宜的请示》《关于嘉善县城乡污水收集处理一体化工作情况的报告》《关于要求整体转让嘉善县广联信息网络有限责任公司的请示》等议题。7月2日召开，研究审议《关于调整职工基本医疗保险有关政策的通知》的议题。9月1日召开，研究审议《关于罗星街道农发行融资项目有关情况的报告》《关于天凝镇农发行融资项目有关情况的报告》等议题。9月16日召开，研究审议《关于整合全县政务投诉热线建设统一投诉举报平台的实施方案》《嘉善县人民政府关于进一步加强行政执法统筹协调指挥工作的意见》《关于打造“四个平台”推进基层治理体系建设的实施意见》《“美丽嘉善”建设三年行动计划(2016—2018)》《嘉善县“美丽县城”建设专项行动实施方案》《嘉善县“美丽城镇”建设专项行动实施方案》《嘉善县“美丽乡村”建设专项行动实施方案》《嘉善县“美丽通道”建设专项行动实施方案》《嘉善县土地利用总体规划预留指标管理办法》《关于开展“善政学堂”主题学习活动的方案》等议题。9月30日召开，研究审议《关于县城投集团北门街小区房产拍卖有关情况的汇报》《北门街小区房产拍卖方案》《2015年嘉善国际经贸洽谈会总体方案》《关于对未取得绿色环保标志汽车实施全县县域道路上禁止通行的通告》等议题。10月27日召开，研究审议《嘉善县农村特岗教师津贴的实施方案》《嘉善县公办幼儿园财政补助资金管理暂行办法》《嘉善县科技创新券实施管理办法(试行)》《关于加快特色小镇规划建设的实施意见》《关于进一步促进大众创业的若干政策意见》《嘉善县城乡规划管理技术规定》《关于进一步深化改革推进节约集约用地的实施意见》《嘉善县全面推进城镇低效用地再开发工作若干意见》《关于调整完善工业用地履约保证金制度的方案》《嘉善县备用水源工程方案》《关于嘉善县工业企业污水直排整治继续执行补助的方案》《嘉善县政府经济顾问名单》《关于进一步鼓励生猪养殖业转型发展的意见》等议题。11月24日召开，研究审议《关于嘉善县2015年度政府投资项目计划执行情况和调整建议的汇报》《关于部分政府投资项目调整情况汇报》《嘉善县关于优化整合妇幼保健和计划生育技术服务资源的实施方案》等议题。12月9日召开，研究审议《关于加快嘉善县以船为家渔民上岸安居工程实施的有关意见》《嘉善县城市节约用水管理办法》《嘉善县城市节约用水‘三同时’管理办法》《嘉善县工业项目提高容积率奖励操作细则》《关于进一步加快创业创新中心标准厂房建设促进经济转型升级的实施意见》《2015年嘉善县第二批计划指标安排方案》《嘉善县重点楼宇“楼长制”管理工作方案》等议题，听取县开发区管委会关于浙江三杰印刷科技项目有关情况和关于整体回购浙江金大地农业集团有限公司嘉善肉类加工分公司有关情况的汇报。

(张冬强　陈晓昱)

办公室工作

【概况】 2015年，嘉善县人民政府办公室围绕“县域科学发展示范点建设”总目标，认真贯彻落实全县重点工作部署和“六大专项行动”，主动谋划，攻坚克难，强化服务，促进发展，切实履行各项职责，努力当好参谋助手，积极推动政府各项工作任务的完成。

【办文办会】 进一步精简各类文件，严格规范行文程序，完善发文审批制度，有效控制发文数量。2015年印发县政府、县政府办公室文件311件，较上年同期减少5.6%。认真组织筹办政府全体会议、政府常务会议、县长办公会议、经贸洽谈会等重大会议活动。

【协调督查】 围绕县委、县政府重点工作和六大专项行动、领导批示、政府工作报告落实情况、政府规范性文件、人大建议政协提案办理、民生实事项目建设等开展督促检查。督办县长批示件54件，印发《督查通报》和《督查专报》15期。及时做好人大代表、政协委员对《政府工作报告》《国民经济和社会发展计划执行报告》《财政预算执行情况报告》《审计情况报告》等的意见、建议办理答复的分解交办督办工作。

【政府权力运行网络建设】 深入推进“四张清单一张网”(政府权力清单、企业投资负面清单、政府责任清单、部门专项资金管理清单、政务服务网)工作，建设民政大救济系统、投资项目在线审批监管平台；完成全县权力运行系统的部署以及镇村政务服务网网点建设，有序推进镇村事项网上运行，推动适宜上网运行事项实现“一网运行”，建立规范、透明、便民的基层网上服务体系；梳理形成镇(街道)法定类等权力事项178项，镇村社会保障类等公共服务事项93项。努力推进全县行政审批事项、行政处罚事项结果网上公开，5716项事项纳入全县权力运行系统。率先在全省推进行政处罚网上办理及监管系统建设，建成法律法规库、行政处罚管理、现场处罚等功能，实现对外公开行政处罚事项信息、对内形成“事前审批、事中检查、事后处罚、全程监察”的系统。

【法治政府建设】 制定出台《2015年度县政府常务会议学法计划》，重点抓好新修订法律法规的贯彻实施。严格执行规范性文件“三统一”(统一登记、统一编号、统一发布)制度，2015年，对27个文件出具合法性审查意见，对9个报备文件提出备案审查意见。清理全县44项非行政许可审批事项。深化行政处罚结果公开，推行“公开制度报表”“公开数据报表”报送制度，提高行政执法透明度和公信力。进一步规范抄告单使用管理，出台《抄告单使用管理办法》，严格执行好政府工作规则。

【政务信息服务】 围绕政府中心工作和热点、难点问题，采编各类信息3588条，出刊微报、专报等刊物408期，更新门户网站动态信息2168条。做好“两大网站、五大系统”的日常维护管理工作，全年更新、上传维护信息9600多条。县政府主动发布各类政府公开信息5941条，主动公开规范性文件122件。受理申请政府信息公开21件，按时答复21件。积极打造“嘉善零距离”政务微信群品牌，努力提高政府办事效率。

【议案提案办理】 建立办理进度定期汇报制度、督查督办制度，健全部门联合办理制度，强化领导重点领办制度。全年政府系统领办的人大建议均在法定时限内办结，办结率100%，最终办理满意率98.1%。

【应急管理能力建设】 理顺社会应急联动组织框架体系，梳理完成49件政府专项应急预案，新修订政府专项应急预案2件，协调组织全县性大规模应急联合演练；健全应急物资储备动态管理制度，开展公共安全风险管理工作情况调查，对22家联动单位的社会应急联动工作进行专项督查，对存在突出问题督促限期整改。 (范丽民)

法制工作

【概况】 2015年，县政府法制工作围绕县委、县政府工作大局，坚持依法行政，加快政府职能转变，着力构建权责统一、权威高效的依法行政体制，努力推动将政府各项活动纳入法治轨道。

【完善学法议事制度】 坚持县政府常务会议学法制度，举办全县领导干部依法行政培训班，依法行政知识纳入全县“三学一考”必考范围，组织开展全县领导干部法律知识考试，不断锤炼领导干部法治思维,提高依法行政的能力。县政府常务会议、县长办公会议专题研究部署综合行政执法、行政审批制度改革等依法行政重大事项,从议题变成措施,从问题变成办法。

【规范行政决策机制】 建立嘉善县重大行政决策公众参与制度、专家论证制度、合法性审查制度、集体决策制度和实施后评估制度。加强行政规范性文件的管理,2015 年,县政府和县政府办公室制发行政规范性文件 23 件,全部由法制机构进行合法性审查,网上公开征求公众意见,纳入“三统一”管理,并向县人大常委会报送备案。建立规范性文件与政协协商制度,重大决策前充分听取政协协商意见。开展规范性文件清理工作,落实“文件生命周期”后续管理,经对正在施行的 188 件行政规范性文件的清理,继续有效的规范性文件 156 件;暂时保留的规范性文件 12 件;废止、宣布失效的行政规范性文件 20 件。加强行政机关合同管理,标的额 50 万元以上的行政机关合同全部纳入县、镇(街道)两级法制机构合法性审查范围,县政府及各镇(街道)、主要县级行政机关全部聘有法律顾问,在依法行政中发挥积极作用。

【推进行政审批制度改革】 全面取消非行政许可审批事项,通过实施模拟、并联、代办、联合等方式推动快审批、快验收。实施“零地”项目不再审批,创新“清单管理、并联办理、承诺验收、一窗受理、全程代办”等工作机制,简化审批手续,提高审批效率。在全省率先试点核准目录外企业投资项目不再审批改革,实现项目设立“零审批”、建设许可“零障碍”、指导服务“零距离”、竣工验收“零时差”、政府监管“零容忍”。

【规范行政执法行为】 落实县法制办列席监督县级部门行政处罚听证会与案审会制度,确保行政处罚案件听证程序规范实施率 100%,重大或复杂行政处罚案件集体讨论决定率 100%。贯彻落实《浙江省行政处罚裁量基准办法》,结合推行综合执法的新情况,细化和完善行政处罚裁量基准,使裁量基准更加符合执法规律和实践需要。探索行政调解、行政指导等柔性执法方式,与行政处罚、行政强制等刚性执法手段形成刚柔相济的执法监管模式。组织 2 次县级行政执法案卷评查,形成案件评查报告,对发现的问题逐一反馈,限期整改,对优秀执法案卷示范推广、发文表彰。

【预防和化解行政争议】 关注行政争议高发领域,加强分析研判,研究制定预防和化解措施。在“三改一拆”“五水共治”、政府信息公开等重点工作和案件多发领域,县法制办积极开展预防性研究和解剖式研究,向有关部门提出有针对性的意见、建议。发挥好行政复议解决行政争议的主渠道作用。2015 年,县政府收到各类行政复议申请 44 件,经复议审理受理 38 件,2015 年度办结案件 30 件,其中维持 12 件、撤销 10 件、撤回终止 6 件、确认违法 1 件、驳回 1 件。建立行政复议助议员制度,协助开展争议调处。全面审查案件证据事实,注重实地调查。强化听证审理,组织听证数占办结案件的 30%以上。学习贯彻新行政诉讼法,修改完善《嘉善县行政应诉工作规定》,明确应诉责任、完善应诉机制、提高应诉能力。严格落实行政机关负责人出庭制度,自觉履行法院生效判决。落实府院联席会议、行政复议与行政审判联席会议等制度。实现以县政府为被告的行政诉讼“零败诉”。 (蒋安平)

行政监察

【概况】 2015 年,嘉善县行政监察工作重点围绕“五水共治”“三改一拆”、示范点建设重点任务推进、第二届世界互联网大会·乌镇峰会等中心工作开展监督检查。

【专项整治】 全面贯彻落实基层党风廉政建设“五大行动”,明确工作任务,以落实基层党风廉政建设主体责任为主线,统筹推进宣传教育、专项整改、集中整治、纪律审查、民主管理等 5 项重点工作,“1+5”工作模式得到上级纪委肯定。重点围绕农村财务管理、“三资”处置不规范,涉农项目资金拨付使用过程中监管不到位,征地拆迁、宅基地审批、土地承包转让等问题开展专项整治,查处侵害群众利益案件 9 件,给予党纪处分 9 人。

【中心工作督查】 出台纪律保障规定,建立问责事项移送机制,加强对第二届世界互联网大会·乌镇峰会、“五水共治”“三改一拆”等中心工作的监督检查。对县委、县政府重点工作办公室，如推进办、创建办、治水办等移送的效能建设和执行力建设方面的问题通过月度上报、季度通报、重点督办等方式，严肃查处违反纪律的行为，保证政令畅通。

【反腐败协调“四平台”】 充分发挥反腐败协调小组成员单位职能作用，搭建制度运行、信息共享、统筹协调和监督检查等4个平台，构筑责任落实、联动配合、审查协调、责任追究4项机制，切实加强组织协调，形成纪律审查的强大合力。建立问题线索数据库，规范化管理问题线索，加强对违纪违法问题线索搜集、分类管理和督查督办工作，确保问题线索从受理、登记、转办、核查和备案等环节程序规范，做到件件有着落、查处有结果。开展处分决定执行情况检查，发现各类问题23个，并逐一予以纠正，维护纪律严肃性。

【省委巡视组反馈问题整改落实】 充分发挥职能作用，协助县委严格按照省委巡视组反馈意见抓好整改落实，针对26个具体问题，加大督促检查力度，确保整改落实到位。对4项牵头任务逐项制订整改方案，明确责任，明确时限，明确要求，确保整改到位。

（吴　鹏）

外　事

【概况】 2015年，全县办理因公出国（境）自组团组16批62人次，参加双跨团组18批20人次；实际因公出国（境）77人次（因故取消出访5人次）。

【重要外事活动】 4月13日，中共嘉善县委书记姚高员，县委副书记、县长许晴，县委常委、副县长曹国良，以及相关部门负责人拜访荷兰王国驻上海总领事馆。荷兰王国驻上海总领事馆总领事艾晓安女士热情接待。

4月30日，县委书记姚高员会见到访的日东工业株式会社社长佐佐木拓郎一行，县领导曹国良、丁炳龙参加会见。

5月21日，嘉善县人民政府与德国巴伐利亚州化学产业集群签署战略合作备忘录，双方将合作共建中德高科技产业项目创业创新中心。县领导许晴、曹国良出席签约仪式。

8月3日，嘉善泗洲中学举行2015年国际英语夏令营开营仪式。泗洲中学新八年级300多名学生和加拿大魁北克孔子学院的6位大学生志愿者参加。

11月11日，县委副书记、代县长祁海龙会见到访的科特迪瓦驻华大使多索·阿达玛一行。

11月24日，科特迪瓦政府及企业人士组成的访问团到嘉善，就巧克力产业合作开展考察及商务洽谈。中共嘉善县委副书记、代县长祁海龙会见访问团，副县长陆军参加会见。

【主要出访】 4月13～20日，县委常委、常务副县长何全根带队赴德国、立陶宛进行经贸洽谈和友好访问活动。代表团重点考察德国先进制造业及相关产业，在德国汉诺威工业博览会上举行系列经贸招商活动。积极推动与立陶宛考纳斯市开展经济贸易等方面的交流合作，签订《嘉善县·考纳斯市友好合作协议》。

4月21～28日，中共嘉善县委书记姚高员带队赴澳大利亚、新西兰开展项目对接洽谈、招商引资工作。代表团先后访问澳大利亚嘉民物流公司、黎氏兄弟公司、新西兰艾斯豪斯公司等，达成投资意向；拜访澳大利亚白马市政府、澳洲浙商协会、维省华人联谊会；召开嘉善投资环境说明会。

6月24日至7月1日，县委常委、副县长曹国良带队赴荷兰、德国进行招商引资活动。代表团先后拜访荷兰喜力啤酒总部、荷兰国家贸易促进中心、阿克苏诺贝尔总部，德国格林策巴赫总部、赫希斯特工业园区、德国工商协会中德经济合作部等，洽谈项目合作，成功签约2家高端合作机构。

8月26日至9月7日，嘉善“辣妈宝贝”艺术团应邀去西班牙参加龙达国际民间艺术节。在艺术节期间，“辣妈宝贝”带去具有中国特色、江南水乡特点的舞龙、二胡独奏、水乡舞蹈等8个节目。

（高　蕾）

体制改革

【概述】 2015年，嘉善县积极把握新常态下结构性改革要求，充分发挥综合改革优势，从体制机制上有力保障和推进县域科学发展示范点建设，逐步形成具有嘉善特色的综合改革和专项改革品牌。在2014年启动76项、完成56项的基础上,2015年实施22个改革项目、74项具体改革任务,累计完成89项改革。同时,积极向上争取授权试点,新获批省级以上改革试点项目8个。至年底,全县正在实施的省级以上改革试点项目24个,其中,国务院及国家部委批复4个,省委、省政府及其办公厅,省级有关领导小组及其办公室批复11个,省级部门批复9个。

【综合配套改革】 围绕专项改革重点突破,进一步完善攻坚推进机制,确立"1+X"的改革架构。在面上推进科学发展综合配套改革的基础上,确定大众创业促进机制改革、综合行政执法改革、城乡公共资源均衡配置体制机制改革等8项重点改革。对重点改革项目实行深改组审议机制、县领导领衔机制、人大政协专题研究协商机制、改革办跟踪管理机制,2015年召开3次县深改组会议集体研究决策重点改革项目方案,点题点名听取重点改革牵头单位工作汇报,县人大常委会主任会议、县政协主席会议专题研究、协商重点改革,各领衔领导召集改革论证、协调会议30余次。各项改革实现整体推进、各方联动。经济转型方面,创新大众创业促进机制,激发创业创新活力。成立人才创业服务中心,出台"创十条",建立创业服务清单和优惠政策清单;大力培育特色小镇,打造转型升级新引擎。巧克力甜蜜小镇入选全省首批特色小镇创建名单;深化要素差别化配置改革,推进企业转型升级。修订完善形成"工业企业全覆盖、评价指标多要素"的综合评价和差别化配置体系。县域治理方面,开展县城基础设施投融资体制改革国家级试点,推进市政基础设施管理体制和运行机制改革创新,推广政府和社会资本合作(PPP)模式。构建精简审批—联动监管—综合执法的行政管理新机制,率先推进投资项目在线审批监管平台建设。深化综合行政执法改革,进一步理顺部门监管与综合执法协调统一的体制机制,率先建立镇(街道)综合行政执法"一机构一平台"。城乡统筹方面,深化农村产权制度改革,以"三权三抵押"为切入点打通"城乡同权"通道。推进教育体制机制创新,成立首家教育集团(吴镇教育集团)。深化基层医疗卫生机构综合改革,全面开展县镇村一体化综合管理。大力发展居家养老服务,实现城乡社区居家养老服务照料中心全覆盖、流动服务车上门服务模式全覆盖。

【小城市培育试点】 姚庄镇在2014年度全省小城市培育试点考核中列第三名,名次比2013年度提升5位,等级为优秀;西塘镇连续两年列小城市市级考核第一名。召开县小城市培育试点工作领导小组会议,审议通过2014年度姚庄、西塘小城市培育试点工作要点,确定年度重点推进改革创新项目和县级重点建设项目。召开小城市培育试点工作推进会,对全年小城市培育试点工作进行全面部署和动员。2014年年底,根据省强镇扩权指导意见,县政府出台《嘉善县加快推进强镇扩权改革实施意见》,下放省级中心镇经济社会管理权限115项。2015年,对下放的各类扩权事项进展情况及存在问题进行摸底、梳理,并结合综合执法"一机构一平台"工作,抓好扩权事项的落实,推进管理和服务重心下移。积极落实省级中心镇相关扶持政策,上报2015年度浙江省中心镇培育专项资金补助项目。做好市对新市镇考核工作,姚庄、西塘入选2014年度嘉兴市十强新市镇,排名分别列第一、第六。

【特色小镇】 按照生产、生活、生态"三生融合"和产业、文化、旅游"三位一体"的标准,统筹谋划、加快推进特色小镇建设,打造转型升级新引擎。巧克力甜蜜小镇入选全省首批特色小镇创建名单,出台关于加快特色小镇规划建设的实施意见,从用地、资金、公共服务配置、融资平台能级等方面加大对特色小镇的支持力度。2015年巧克力小镇累计完成投资14.18亿元,接待游客121.07万人次,同比增长36%,实现旅游总收入6180万元,同比增长25%。全省特色小镇"比学赶超"第一次现场推进会在嘉善县召开。

【政策性农业保险工作】 召开政策性农业保险2015年度预算工作协调会,完成2014年度政策性农业保险全年参保情况核查和财政补贴结算工作。调查全县种植业、养殖业情况,确定2015年嘉善县政策性农业保险基数,完成2015年度政策性农业保险的预算工作。出台《嘉善县人民政府办公室关于做好2015年度政策性农业保险工作的通知》,开展2015年度政策性保险险种参保工作,全县大小麦、油菜、水稻统一

参保，由县财政追加保险费用。（秦垚歆）

机构编制

【概况】 2015年，全县机构编制工作按照县委、县政府部署要求，围绕建设“县域善治”，实施政府职能转变和政府机构改革，抓好综合配套改革工作，强化机构编制管理和创新，为“县域科学发展示范点”建设提供体制机制保障。

【编制管理】 根据机构编制工作规则，做好机构编制的日常管理。按照“控制总量、盘活存量、优化结构、增减平衡”和财政供养人员只减不增的要求，做好机构编制的动态调整和余缺调剂。完成行政事业编制控编减编工作，全年核减行政编制26人，事业编制142人。严格机关事业单位用编计划审核，完善实名制系统数据库建设，做好日常人员出入编信息更新及数据库维护工作。出台规范机关事业单位编外用工、股级职数管理相关意见。

【事业单位管理】 完善事业单位管理机制，规范事业单位分类管理，优化事业单位资源整合。做好事业单位法人年检，法人年度报告公示、换证、中文域名注册管理和事业单位网站开办资格复核及加挂网站标识工作。加强事业单位法人证书、印章的管理。同时，为社会公益类事业单位用编需求提供服务。

【政府部门管理】 做好政府部门权责清单调整完善工作，确保省权力事项库与实际行使的权力事项信息相一致。做好政府部门非行政许可事项在省政府权力事项库中的调整工作。根据镇（街道）、村（社区）政务服务事项目录，建立政务服务事项库，建设镇（街道）网上服务站，公开镇（街道）、村（社区）政务服务办事指南。

【政府机构设置】 根据《嘉善县人民政府职能转变和机构改革方案》《关于嘉善县人民政府职能转变和机构改革“三定”工作的实施意见》以及《关于严明纪律确保县政府职能转变和机构改革顺利实施的通知》等文件精神，县政府进行机构设置调整，设置工作部门25个。同时，制定本轮机构改革涉改部门（单位）“三定”规定，完成机构改革评估总结工作。

【行政执法改革】 依据《嘉善县综合行政执法实施办法》，试点出台以“开展统一政务咨询投诉举报平台和行政执法协调指挥机制”为主要内容的“一主两配”（即从符合行政执法改革为主抓手，同步推进建设整合全县政务投诉举报统一受理平台和行政执法协调机制两项配套工程）改革举措。设立县信访联合接待中心、县政务投诉举报电话受理中心和县行政执法指挥协调中心，实行“三中心”三位一体整合运行改革模式。10月9～10日，全省综合行政执法工作现场推进会在嘉善县召开，省委常委、常务副省长袁家军，中央编办靳永龙等领导出席会议。

【部门改革和机构设置】 开展乡镇综合治理、综合行政执法、市场监管、便民服务“四个平台”建设。完成不动产登记机构编制调整，开展教师人事管理制度综合改革，完成纪检机构派驻全覆盖工作。设立嘉兴综合保税区B区管理委员会、浙江姚庄经济开发区管理委员会、长三角嘉善科技商务服务区管理委员会、嘉善归谷园区管理委员会、嘉善大云温泉省级旅游度假区管理委员会5个功能区科级管理机构。（陈　旭）

档　案

【概况】 2015年，嘉善县档案工作深入实施“两个推进”“五个档案”发展战略，加快推进“三个体系”建设，提升服务能力。年内，接待利用档案资料3902批次，利用档案7676卷次、1498件次，涉及146个馆藏全宗。民生档案“就近申请，远程出证”工作查询范围扩大到20种。全年提供远程查档服务1610例，出具证明802份。至年底，嘉善县档案馆有馆藏全宗202个，文书、会计、科技、业务等档案16.4万卷、22.6万件，底图7729张，照片档案1.5万张，图书资料1.6万册，寄存档案11.48万卷。全县一级机构专职档案管理员75人，其中大专以上文化程度68人，兼职档案人员121人。室藏档案总数1120196卷和1013897件。三峡移民档案整理收集保管工作，获国务院三峡办公室的高度肯定。

【档案登记备份】 继续深化档案登记备份工作，推进登记备份工作规范化、法治化、常态化发展。完成市备县1.91TB，异地备份、开化档案局异地容灾备份24.41TB。完成重点涉民单位电子业务档案登记备份6家,业务系统7个,其中在线备份3家。完成丁栅至新埭(疏港)公路改建工程、嘉善信息科技城建设项目等16个列入省(市)重点建设项目登记工作,并对浙江云澜湾旅游发展有限公司云澜湾温泉国际一期工程、斯麦乐食品有限公司等9个县级以上通过档案验收的重点建设项目进行登记备份,登记备份率100%。

【档案文化建设】 纪念抗日战争胜利70周年,挖掘馆藏抗战史料及民间档案史料收藏研究会会员相关抗战藏品,布置嘉善抗战档案史料陈列室。于"6·9"国际档案日期间开展,接待参观近2500人次;与嘉善电视台合作,完成《纪念抗战胜利70周年·走进档案馆》纪录片拍摄;配合湖南凤凰电视台、嘉兴电视台、嘉善电视台等新闻媒体拍摄抗战专题片;开展《嘉善抗战》进校园宣讲;参与县委宣传部主办的"我的抗战——纪念嘉善抗战大型纪念活动"。举办"6·9"国际档案日宣传系列活动,开展档案服务进社区、进学校、进企业宣传活动;组织中小学生开展档案教育社会实践活动,接待25批次500多人次爱国主义教育活动。加强挖掘地方档案史料,编印《魏塘话旧》《嘉善记忆》刊物;《嘉善农耕风物笔记》获省档案学会编研成果三等奖;与嘉善报社联合,开展嘉善记忆——老工厂照片、史料公布,刊登20多期。开展档案文化示范基地创建工作,完成魏塘街道魏中村、罗星街道和合社区等10个省"乡村记忆示范基地"、2个省"企业记忆之窗示范点"的创建,有序推进农村文化礼堂建设。

【馆藏档案资源建设】 开展"十二五"期间第三批年满10年进馆档案的接收,接收档案973卷12815件;做好机构调整中撤并单位档案接收工作,接收县计划生育局2011～2013年计生档案6089件;开展"三重一特"档案资源建设,加大对重大活动、重大事件档案的征集力度,启动开展嘉善抗战有关的档案征集,征集到实物15件、书画12件,对一二八师最后一名抗战老兵做口述档案。做好名人档案征集,增补嘉善籍名人顾锡东等档案资料276件。征集到全县中小学26位教师书画作品41件,民间收藏爱好者捐赠的各类资料、票证、实物等17件。根据《嘉善县民生档案资源建设规划(2013～2015年)》,尽力把各类民生档案收集齐全,整理规范。接收县民政局2014年的婚姻档案4306件、县第一人民医院、县第二人民医院出生医学证明档案24046件。拓展民生档案资源共享范围,新增馆藏出生医学证明档案、人员调动档案、退休审批档案、职称评聘档案、退伍安置档案等8类民生档案,在全市范围内民生档案资源共享20种以上。完成2014年度利用档案统计及分析工作,做好2014年图书资料整理,新增图书1500余册。完成田家英和合调查档案的抢救保护工作,同时启动2015年省级重点档案"嘉善抗战档案"抢救和保护项目。开展中央、省级废止、失效文件清理,涉及文件1861件。

【基层档案室规范化达标】 2015年,指导开展出生医学证明和信访档案资料整理,指导格林策巴赫、恒兴公司等企业开展建档工作。鼓励机关单位达标创建,促进档案规范管理,组织2015年综合档案室档案达标、数字档案室创建计划申报工作。嘉善经济技术开发区(惠民街道)、嘉善县公路管理段两家单位创建省级示范数字档案室,并通过省一级综合档案室验收,天凝中学、杨庙小学两家单位成功创建省三级综合档案室,县府办、县委办、县气象局、县经信局、县妇联、县发改局、县水利局、县商务局、县科技局、县民政局10家单位创建市级规范化数字档案室。

【档案执法检查】 3月,联合县法制办对9个镇(街道)的档案工作进行专项执法检查。制订检查计划以及方案,明确档案检查的责任人、档案检查的重点内容、档案检查的详细标准等。10月,联合县法制办对镇(街道)、村(社区)进行执法检查,并就检查情况出具9份针对性通报,要求各乡镇(街道)根据检查反馈及时整改。配合市局完成国土资源系统档案专项执法检查。并对13个县级政府投资项目出具档案验收意见。

【档案安全体系建设】 开展馆藏档案数字化转换。完成馆藏档案数字化加工630万页,验收通过483万页,数字化率85%。完成2014年度单位新增室藏文书档案数字化加工及登记备份工作,累计完成69家259.12GB,其中直属一级单位66家253.85GB。编写《嘉善县档案局数字化加工质监软件》,对数字化加工过程中的预检验数据进行全方位的质量检测,检验 67 家单位 42217 件,合格率 99.47%。档案信息管理通过嘉兴市公安局安全等级保护(二级)测评。开发嘉善县档案一体化综合管理平台并开展平台的部署推进工作。7 月,开展针对一级单位,镇、村(社区)的软件培训 6 期,培训 243 人次。平台累计用户 242 个,迁移数据 66 家,导入条目 31.7 万条、全文 14.3 万条,9 个镇(街道)外全部开通并使用档案一体化综合管理平台。

【干部队伍建设】 巩固"双比"活动成果,开展党的群众路线教育活动问题整改。参与联村中心工作,参与"五水共治""三改一拆"等中心工作,深入推进"党群连心、双帮圆梦"计划和困难家庭"1+X"组团帮困工作。深化机关党员干部"两地报到、双岗服务"工作,开展认领"微心愿"等活动。全面加强档案人才队伍建设。通过在职岗位培训、以老带新、鼓励职称考试、建立讲解员志愿者队伍、查档大厅轮流值班、档案大讲堂、岗位技能大比武等形式提高局机关内部队伍素质,制作档案业务 PPT10 个。开展基层档案业务培训 11 次,培训 250 人次,远程查档实务操作培训 9 次,160 余人次;软件操作培训 6 期,培训 243 人次。增进与周边先进同行的交流与学习,发挥档案学会、地方档案史料收藏研究会会员的专业优势,充实档案人才队伍。

(费　悦)

地方志编研

【概况】 2015 年,嘉善县贯彻落实第五次全国地方志工作会议精神和李克强总理的批示精神,坚持"一业为主,多业并举"工作要求,加强地方志编研工作。抓好县志终审出版、年鉴编纂出版、镇志部门志指导、古籍整理点校和地方史料研究 5 项工作,编辑出版地方志著作 6 部。

【嘉善县志(1989~2008)出版发行】 完成《嘉善县志(1989~2008)》编修。全书分上、下册,220 万字,设 42 编、183 章、685 节,收录志首照片 151 幅、地图 12 张、随文照片 353 幅、随文表格 512 张。志书全面、客观、系统记述嘉善县 1989 年到 2008 年间的自然、政治、经济、文化和社会的发展历史和现状,能够较好地体现嘉善改革开放的时代特征和落实科学发展要求的地方特色。《嘉善县志》编修历时 9 年,全县 9 个镇(街道)、148 个单位参与该书编纂,编修人员 280 多人。查阅档案 86200 多卷,制作文字资料卡片 34700 件,征集图片 2270 多幅。调查走访 1320 多人次,召开座谈会 225 次 1700 多人次,采编口碑资料 342 件、11.9 万字。2012 年 1 月,形成县志合成稿。5 月 20 日,县政府第三十次常务会议听取县志编纂情况汇报,同意《嘉善县志》交中华书局出版。10 月 28 日,举行《嘉善县志》出版发行首发式。

【《嘉善年鉴》获全国一等奖】 年初,《嘉善年鉴》被中国版协评为 2010~2014 全国年鉴编校质量综合一等奖、纲目框架设计一等奖。该质量评比为 5 年举办一次,评奖内容包括框架设计、条目编写、装帧设计和编校质量 4 个部分,参评年鉴近 400 部,由全国年鉴领域的 40 位专家评委评审确定。《嘉善年鉴》获地州区、县年鉴一等奖,浙江省仅 5 家。

【古籍整理】 2015 年,整理旧志 3 部。完成清光绪《嘉善县志》(江峰青)点校工作,交中华书局审核。该志书 36 卷,另加民国《校勘光绪嘉善县志札记》《光绪嘉善县志部分列传人物索引》等附录,共 180 万字。影印出版清嘉庆《嘉善县志》(万相宾修编),共 12 册,列 20 卷。影印出版清雍正《续修嘉善县志》(戈鸣岐等续修),共 12 卷。

【地方文史资料搜集】 基本完成《嘉善历史人物集》编辑,送中国文史出版社出版。主要收录嘉善民国之前历代官员、社会贤达、文艺大家、名医、名匠、名僧等知名人士 1300 余人,约 22 万字。收集、整理《人民日报》关于嘉善的报道,收集嘉善民国部分资料和嘉善县地方小志等资料。

【嘉善方言志编纂启动】 5 月,县政府办公室下发《关于编纂〈嘉善方言志〉的实施意见》,启动《嘉善方言志》编纂工作,以语音、词汇、语法、音标等方法,全面记载嘉善方言。该书由县地方志编纂委员会主持,县史志办组织实施,聘请杭州师范大学徐越教授编纂,计划 2017 年出版。至年底,完成志书编纂方案和志书纲目编制,启动资料搜集整理工作。

【镇(街道)部门专业志编纂】 年内,全县在编镇志11部、部门专业志17部、村志1部,共29部。年内评审6部志书。12月底,出版8部;通过评审7部;完成初稿或进入评审8部。即将完成初稿3部。《工业志》《物资志》《体育志》3部开始启动。

（苏丽华）

侨务工作

【概况】 2015年,嘉善县侨务工作以科学发展观、邓小平理论和"三个代表"重要思想为指导,对外联络联谊,维护侨众利益,服务中心大局。

【海内外联络联谊】 进一步健全海外联谊网络,突出做好海外重点人士工作。先后接待在杭台商和台籍大学生到善考察,长三角浙籍侨商及海外华文媒体到善投资考察,香港嘉善同乡会会长沈跃跃、美国华人化学博士张永康等100多人。发挥留联会作用,进一步密切与留学人员的联系,组织开展活动,为留学生提供服务。

【成立县侨商服务联盟】 1月中旬,县委办、县府办发文成立嘉善县侨商服务联盟。制作500本《县侨商服务联盟政策汇编》及50份侨商服务联盟通讯录。

【维护涉侨对象合法权益】 1月,就侨眷徐永源之女吴记恩替母争取廉租住房保障货币补贴一事进行协调。为香港同胞黄煜豪、华侨子女梁欣玥子女入学问题做好协助工作。 （高 蕾）

台湾事务

【概况】 2015年,嘉善县认真贯彻落实中央对台工作方针政策和省、市工作部署,围绕中心,服务大局,加强对台经贸合作,推进台资企业转型升级,深化善台交流交往,不断提升嘉善县对台工作水平。宣传信息工作受全省通报表彰。

【服务企业互联网＋智能制造转型升级】 积极推动实施"互联网＋智能制造"战略,加快工业经济转型发展。开展台资企业转型升级的调研摸底工作,研究制定《台资企业实施"互联网＋智能制造"转型升级行动方案》,明确工作推进目标、路径和措施。联合台商协会召开动员部署会议,部署具体工作,开展政策宣传,营造推进"互联网＋智能制造"的良好氛围。与台湾生产力中心合作,开展12家工业企业转型升级专项辅导试点,重点对企业自动化改造、流程再造以及管理信息化等方面进行诊断、辅导和改善。通过召开结案报告会,对辅导改善成效联合审核评价,并编制辅导案例手册,总结经验加以推广,指导企业"互联网＋智能制造"转型升级。按照"互联网＋智能制造"行动方案要求,以"133推进计划"为抓手,建立项目化推进机制,重点抓好10家标杆示范企业、30家重点目标企业、30个增资技改项目。重点推进30个总投资19.5亿元的增资技改项目,推动台企加快实施"机器换人"自动化设备和生产线的智能制造。提高产品数字化、智能化的科技含量,推动嘉兴大钲机械有限公司、晋正自动化工程(浙江)有限公司、嘉兴奥比机电有限公司、浙江精勇精锻机械有限公司等8家台企的产品创新。创新营销模式,推动嘉兴晋亿物流有限公司、伍合富儿童用品(嘉善)有限公司、嘉兴大恩食品有限公司及家具台企运用互联网＋、物联网等信息技术,建立O2O的线上与线下相结合的营销体系。提升信息化管理水平,推动台升家具有限公司、浙江嘉丰机电有限公司等台企应用数字化、信息化管理系统,促进企业管理升级。

【对台经贸合作】 加强对台经贸合作,推动海峡两岸经贸合作平台建设。起草编制经贸合作平台建设方案,在吸取部委意见和建议的基础上,将海峡两岸青年创业创新作为重要内容纳入方案,最后形成海峡两岸(嘉善)青年创业创新试验区建设方案。加强与台中工业园的产业对接合作,扩大对台经贸合作。协助姚庄经济开发区多次赴台开展招商活动,对接项目信息7家,引进精密机械的台资项目3个。推动两岸青年创业创新的合作,对接台湾青年创业机构、台北内湖、新竹等科技产业园区等,吸引台湾科技人才、海外留学生等到嘉善创业发展,引进2家台湾科技公司落户县科创中心。开展与上海台协的联席联谊,加强与在沪台企台商互动交流,协助开发区、姚庄对接项目信息5个,积极承接上海闵行、松江等地优质台企产业转移。2015年,全县新批台商投资企业19家,台企增资项目16个,合同利用台资

4.55 亿美元，实际利用台资 3.54 亿美元，分别占全县合同利用外资和实际利用外资的 59.6%、79.2%。

【服务台企】 开展“台资企业服务月”活动，定期走访调研全县台资企业，了解台企经营，增资技改投入等情况，实行项目跟踪、服务推进。建立联系台协理监事活动制度，通过县领导参加台商会协理监事活动，加强与台商面对面沟通交流，直接听取台商意见和建议，快速有效地予以协调和解决。实行疑难问题领导会商机制，妥善解决容安机械等环保方面的疑难问题。进一步强化复杂问题部门联合协调机制，切实解决台企在劳资、海关、商检等方面遇到的问题 30 多起。启动跨区域协调和涉台民商事协调机制，妥善解决浙江友信机械工业有限公司等台企在跨区域经营中的经济纠纷和美声服饰辅料有限公司等台企劳资纠纷。实行“绿色通道”直通卡制度，为台商签换证、子女就学、就医等提供便捷服务。嘉善台资“12345”的发展模式和“台商服务模式”得到海峡两岸经合会的高度认可。

【对台宣传】 开展多形式涉台宣传，以青少年为对象，举办第四届“宝岛在我心中”主题书画比赛、“快乐为媒闹中秋”两岸青少年拓展训练营活动，促进两岸青少年交流交往。开展海峡两岸“学校教育与家庭教育”学术交流活动，邀请台湾著名教育实践家李崇建到嘉善为 50 名学校教师作家庭教育个案工作专题指导；加强嘉善县赴台就学大学生的行前辅导教育。成立嘉善台湾青年联谊会，召开青年台商座谈会，为台湾青年在善创业创新搭建新平台。开展“创业嘉兴·最美台胞”宣传展示活动，发布台资企业转型发展的专题宣传报道。

【对台交流】 开展善台两地多领域交流，组织经贸、农业、文化和教育等考察团赴台交流 47 人次，企业赴台商务活动 55 人次。台湾中小企业家参访团、南投县妇女工会、台籍大学生交流团等 5 个基层团队 97 人次到嘉善考察交流。深化基层交流交往，开展“两岸邻里节”交流互访。7 月，组织罗星街道基层交流团赴台湾南投鹿谷乡、新北社区等地结对交流。8 月，邀请台湾南投水里乡基层交流团到嘉善开展“两岸邻里节”活动，水里乡水里村与罗星街道合和社区达成结对意向，共同营造“互帮互爱、和谐温馨”的两岸邻里关系，进一步增进两岸基层民众感情。

【两会融合】 积极发挥台商协会和县台联会的桥梁纽带作用。以台商沙龙为平台，定期举办台资企业转型升级辅导、环保、安全生产专题讲座以及有关政策培训。开展“百名台商献爱心、送温暖”、“爱心午餐”助学子、向白血病女孩献爱心等活动，累计捐款十多万元。举办插花、油画培训班，两岸保龄球联谊赛、青年台商羽毛球赛等活动，组织台商赴上海、福州等地考察交流。做好第六次台胞台属联谊会换届选举工作，对全县 400 多名在档台属进行信息更新，制作《善台携手颂亲情》纪念册。12 月 4 日，召开嘉善县台胞台属联谊会第六次代表大会。做好在善台胞台属服务联络工作，开展传统节假日走访慰问。组织台胞台属参加嘉兴市“海峡两岸裹粽友谊赛”，分获团体和个人一等奖。（于　瑾）

行政审批服务

【概况】 2015 年，嘉善县行政审批服务中心（以下简称中心）围绕“规范、高效、优质、便民、廉洁”服务

8 月 21 日，举办“嘉善·南投两岸邻里节”活动。（县台办 提供）

理念,加强和创新行政审批服务平台建设,在加强政务服务、提升服务效能、优化投资环境等方面取得新突破,获2015年度嘉兴市行政审批制度改革先进单位,助力县域科学发展示范点建设。全年,受理行政审批事项39377件,办结行政审批事项39205件,平均办结时间2.11个工作日,提速88.62%,办结服务事项37111件。

【企业投资项目审批改革】 深化以完善事中事后监管为重点的不再审批并同步推动快审批、快验收改革。8月28日,出台《2015年嘉善县深化企业投资项目审批改革工作方案》,9月底,召开全县改革推进会,就方案提出的加强事中事后监管、实现负面清单外工业项目试点全覆盖、清理精简行政审批事项等12条改革措施进行任务再布置。至12月底,规范中介机构管理、强化区域评价应用、实现项目全程代办服务、建设运营智能化政务服务平台4项工作基本完成。加强事中事后监管、清理精简行政审批事项、优化联合验收制度、建立联合测量测绘制度等8项工作的相关实施细则或目录正在抓紧编制和征求意见中。

【"零土地"技术改造审批改革】 加快推进"零土地"技术改造审批改革,9月28日,会同县经信局等6部门出台《嘉善县工业企业"零土地"技术改造项目审批方式改革实施办法》,以"清单管理、并联办理、承诺验收、一窗受理、全程代办"为目标,简化审批手续,提高审批效率。至12月底,全县完成符合"零土地"技术改造审批改革立项备案的项目276个,其中代办中心代办完成全县首个"零土地"施工许可事项承诺备案的项目。

【一窗受理、全程代办】 8月28日,出台《嘉善县企业投资项目"一窗受理、全程代办"实施办法》,进一步加强县级审批代办中心建设,由县委组织部抽调4名后备中层干部担任专职代办员,10月8日到岗,至12月底,为23个项目提供全程代办服务,为代办项目办结各类审批服务事项51项,协调解决审批难题7个。代办涉及罗星街道的零地技改项目、大云镇新增用地外资项目、高铁新城·上海人才创业园项目及全县的强村计划抱团项目等,通过定制审批清单、全过程精细服务,有效破解"办事难"问题。同时,通过开展红色代办专题培训等方式继续加强对各镇(街道)审批服务代办服务队伍的建设,确保审批代办服务全覆盖。

【五证合一、一照一码】 "五证合一、一照一码"工作自10月1日起全面铺开,由县市场监管局、县质监局等5个部门分别核发的不同证照,改为由市场监管部门核发加载法人和其他组织统一社会信用代码的营业执照,采取"一窗受理""一套表格"的办事程序。流程更为简单,且取消相关收费。至12月底,全县累计发放"五证合一、一照一码"营业执照1335张,其中新设立405张、变更930张。

【工业项目联合预审和验收】 全年,召开联审会议22次,联审项目188个,总投资122.24亿元,注册资本25.5亿元,盘活存量土地296.77亩、厂房27.52万平方米,新增用地3304.94亩。协调解决容积率、建筑密度等各类问题45个。对浙江通泰轴承有限公司等58家企业进行联合竣工验收,对嘉善科技信息项目开展联合竣工预验收,对杜商精机(嘉兴)有限公司等4家企业进行竣工达产验收,同时对9个违规建设项目进行确权工作。

【审批绿色通道】 县重大建设项目及人才科技项目快速推进,创新服务模式,确定专人负责,相关窗口参与,采取"组团式服务"方式,对富通、喜力、铠嘉、裕华等重大项目、重点企业和高铁新城、归谷园区的重点平台进行主动服务、现场办公、联合会商等,及时帮助解决审批过程中遇到的难题,确保县重点项目审批、验收顺畅高效。

【服务重点工作】 牵头制定出台《在纽扣行业整治中相关项目准入审批工作的意见》,以进一步规范纽扣及配套企业的市场准入要求等;制定《关于推进加快城乡污水管网和农村生活污水治理项目开工建设的审批服务管理意见》,建立项目审批服务跟踪机制,对年度建设计划内的城乡污水管网和农村生活污水治理项目报建情况进行全过程的跟踪,实行每月通报。

【规范涉企中介机构服务监管】 8月28日,出台《嘉善县加强规范行政审批中介机构和服务监管工作方案》，通过公布中介服务事项清单、培育发展中介市场、健全服务标准和信用评级体系、扩展中介服务平台、建立监管督查机制等措施，加强中介服务机构管理力度，推动中介服务市场有序健康发展。加快中介机构信息平台建设，积极引进优质中介，全年引进35家中介机构。至年底，有118家中介机构进驻信息平台，做到每个中介服务事项有3家及以上中介服务公司。开展中介目录编制工作前期摸底调查。

【政务服务大厅建设】 做好政务服务网建设运行的事项梳理、信息公开、效能监察等配合工作，全县"四张清单"全部上网公布，涉及权力4857项，其中行政许可296项、审核转报事项270项。完成对非行政许可事项的取消工作，全年为公众提供便民服务信息1138条。加强县政务服务权力运行系统平台运作，自5月1日系统运行以来，平台受理行政审批事项6469件，收到办事咨询、投诉互动150多次。开展向乡镇延伸事项的梳理工作，至年底，各镇网上服务站建立，镇(街道)、村(社区)政务服务事项在网上公布，提供办事指引。

【三级便民服务体系】 会同县民政局等部门积极推动全县镇(街道)、村(社区)便民服务网络建设，结合强村计划项目实施，完善和提高便民服务中心平台软硬件建设。加强对镇(街道)、村(社区)便民服务业务指导，对省级中心镇、小城市试点镇加强镇所需行政审批事项的下放，下放经济管理放权事项69项、社会管理放权事项46项；对一般镇重点加强与群众日常生活密切相关的便民服务事项的梳理工作，梳理出镇(街道)公共服务事项94项。通过上挂下派方式解决扩权镇相关工作人员紧缺、业务不熟等问题，提高镇(街道)、村(社区)便民服务中心的办事能力。 (任　佶)

政协嘉善县委员会

综　　述

2015年,政协嘉善县第十三届委员会由22个界别的215名委员组成,政协常务委员会实有组成人员33人。还有政协特邀委员69人。政协嘉善县十三届委员会下设工作机构有政协办公室、5个专门委员会和9个镇(街道)政协委员联络室。5个专门委员会分别为提案委员会、文教卫体与文史委员会、经济科技委员会、社会法制与港澳台侨联谊委员会和委员工作委员会;9个镇(街道)政协委员联络室分别为魏塘街道、罗星街道、开发区(惠民街道)、大云镇、姚庄镇、干窑镇、西塘镇、天凝镇、陶庄镇政协委员联络室。

重要会议

【全体会议】 2月3～6日,召开中国人民政治协商会议嘉善县第十三届委员会第四次会议。会议审议并通过政协嘉善县第十三届委员会主席冯伟代表常务委员会所作的工作报告,听取丁金华副主席代表常务委员会所作的关于十三届三次会议以来提案工作情况的报告,表彰2014年度先进组、室,优秀政协委员、特邀委员,优秀提案,政协提案先进承办单位,重视政协民主监督工作先进单位,先进民主监督组和优秀民主监督员。会议期间,委员们列席嘉善县第十五届人民代表大会第四次会议,重点对县政府、县人民法院、县人民检察院等的工作报告进行协商讨论。精选大会发言材料29篇,12名政协委员在献计献策大会上作专题发言,县委、县政府领导对大会发言作高度评价。会后,经梳理汇总的意见、建议36个方面152条,政协及时将委员的意见、建议向县委、县政府及有关部门反映,得到县委、县政府的重视和采纳,并在年中专门发文《关于县政协十三届四次会议期间委员讨论〈政府工作报告〉有关意见建议的答复》进行书面答复,许多建议被采纳或转化为政府的工作内容。全会期间,收到提案形式的意见、建议201件,经审查转为提案184件(含29篇大会发言)转为提案。

【常委会议】 全年,召开县政协常委会议5次,先后围绕县政协年度重点工作安排及各委组室工作计划、“美丽乡村”建设、“十三五”规划的制定等议题开展集中协商。3月26日上午,召开县政协十三届第十七次常委会议,会议审议通过县政协2015年重点工作安排及各专委会、活动组、联络室2015年工作计划。5月12日,召开县政协十三届第十八次常委会议,就嘉善县“美丽乡村”建设进行专题协商,形成《关于进一步推进我县美丽乡村建设的建议案》提交县委、县政府。会议还听取县政府关于县政协十三届十五次常委会“建设城乡统筹先行区进展情况”建议案办理情况的报告。8月11日,召开县政协十三届第十九次常委会议,县政协主席冯伟传达全省政协主席读书会精神,强调要立足本职、担当使命,以“干在实处永无止境、走在前列要谋新篇”为引领,推进政协履职能力现代化建设。会议审议通过有关人事任免,任命陈斌为县政协经济科技委员会副主任(正科级),免去管立人的县政协办公室主任职务，免去张勤兰的县政协天凝镇政协委员联络室副主任职务。副县长陆军通报县政协十三届第十八次常委会议关于“进一步推进我县美丽乡村建设”建议案的办理情况。县委党校副校长高福弟作题为“认真学习总书记重要讲话精神·协调推进‘四个全面’战略布局”的专题讲座。12月23日上午，召开县政协十三届第二十次常委会议，协商审议县“十三五规划”的制定建议。12月23日下午，召开县政协十三届第二十一次常委会议，审议县政协十三届五次全会有关事项，听取县府办相关负责人通报县政协十三届四次会议提案办理工作情况。会议通过有关人事任免，任命沈庆中为嘉善县政协办公室主任，免去郁根明的县政协魏塘街道政协委员联络室主任职务，免去金明敏兼任的县政协干窑镇政协委员联络室副主任职务，同意增补沈庆中、赵勇、芮红卫、陆维新、陈杰、俞娟、仇桂珍、芦金刚、卓晓燕、季卫钢10人为政协嘉善县第十三届委员会委员，同意王敏杰、周宏、许慧明、袁洁、匡平平、王洁、金明敏、张勤兰、蒋定飞9人因工作调动等原因辞去政协嘉善县第十三届委员会委员职务。

【主席会议】 全年，召开主席会议10次。分别围绕“科学发展示范点”建设成效评估、“五水共治”、“三改一拆”长效机制建设、鼓励社会资本进入公共服务领域、探索全县发展平台分类管理体制机制、加强县综合行政执法改革推进配套建设、发展新城区楼宇经济、深化基层医疗改革、新型城镇化建设、引进培育优质高端教育等主题协商议政。3月19日，召开县政协十三届第三十五次主席会议，审议2015年县政协重点工作安排，各专委会、活动组、联络室2015年工作计划，活动组、联络室考核细则。4月28日，召开县政协十三届第三十六次主席会议，协商审议引进培育优质高端教育，并确定2015年重点提案、重要提案。5月7日，召开县政协十三届第三十七次主席会议，协商审议“鼓励社会资本进入公共服务领域”事项。6月26日，召开县政协十三届第三十八次主席会议，协商审议“发展新城区楼宇经济”。8月10日，召开县政协十三届第三十九次主席会议，协商审议“探索全县发展平台分类管理体制机制”，提出考核科学分类、区别权重、考核重点上突出专项、实施差异化财政政策等建议。8月27日，召开县政协十三届第四十次主席会议，协商审议“新型城镇化建设”事项，建议要始终坚持以人为核心，以提升质量为关键，结合创业创新、公共服务、社会治理、绿色低碳等方面的要求，全面提升城镇集聚辐射功能和农村公共服务水平，保护和打造良好生态环境，赋予城镇化以新内涵、新形态和新功能，全面打造具有嘉善特色的新型城镇化模式。9月29日，召开县政协十三届四十一次主席会议，协商审议“五水共治”长效管理机制，提出从“突击行动”向“常态治理”、从“主攻水中”向“水岸同治”、从“分兵进击”向“联动联治”、从“行政推动”向“依法治理”、从“硬件支撑”向“科技保障”拓展，从“重在治水”向“人水共治”拓展的建议。10月28日，召开县政协十三届第四十二次主席会议，协商审议“深化基层医疗体制改革——构建分级诊疗体系”，与会人员还进行集中学习，听取县法制办讲授《中华人民共和国行政复议法》相关内容。11月24日，召开县政协第四十三次主席会议，听取嘉善县域科学发展示范点推进办公室《关于嘉善县域科学发展示范点建设情况的通报》，对全县县域科学发展示范点建设工作给予肯定，并对接下来的工作提出意见、建议。12月21日，召开县政协十三届第四十四次主席会议，协商审议“县综合行政执法改革配套建设”，建议相关部门要统一改革认识，明确执法定位，厘清执法职能，进一步加强部门协作，确保配合顺畅；要加快县级政务信息平台建设，切实做到部门间的信息共享，严格落实首问责任；要加强队伍建设，优化人员结构，提升执法人员的业务素质和执法能力。

政协活动

【团结联谊】 通过举办座谈会、个别走访、来访接待等活动，密切与港澳台同胞和海外侨胞以及社会各界人士的联系。邀请群众代表、外来建设者、台商和知名人士等列席政协全体会议，或参加座谈讨论，汇聚各阶层力量，共同致力于嘉善经济社会建设。8月18上午，县政协召开全县经济形势报告会。县委副书记、代县长祁海龙向县政协委员、特邀委员、各民主党派、工商联和无党派人士，作2015年全县经济形势报告。9月24日，县政协和县委统战部联合举办社会各界人士中秋茶话会，县领导许晴、祁海龙、郑明、冯伟、滕根林等出席茶话会。茶话会上,县委书记许晴代表县四套班子向与会人员表达问候和祝愿。12月22日,县政协召开全县经济形势报告会,县委书记许晴应邀作全县经济形势报告。12月31日,县政协、县委统战部举办各界人士新年茶话会,县领导许晴、祁海龙、郑明、冯伟、滕根林等出席茶话会,县委书记许晴代表县委、县政府向社会各界人士致问候和祝愿。

【专题协商会】 县政协十三届四次会议组织经济、民生两场政协专题协商会。许晴、滕根林等县领导出席政协专题协商会,20多个职能部门的主要负责人应邀参加。会上,政协委员们就经济、科技、城建、卫生、教育、文化、食品安全、"五水共治"长效机制等百姓普遍关注的重要经济和民生问题,与县委、县政府领导,有关职能部门负责人展开面对面的协商讨论,得到县委书记许晴和其他县领导的充分肯定。围绕"农村产权制度改革""五水共治"等内容做深、做精、做实专题协商会议题。6月19日,县政协召开关于深化农村产权制度改革,全面推进"三权三抵押"工作专题协商会议,建议县委、县政府对推进县农村产权制度改革的"三权"确权工作的复杂性和艰巨性要引起高度重视,并要认真研究和积极采取相应对策措施进行突破。11月30日,嘉善县政协召开"五水共治"长效机制建设委员议政会。全县各民主党派及无党派联谊会围绕"五水共治"长效机制建设,与6个相关部门(单位)开展议政活动。5个民主党派和无党派联谊会分别领衔1个课题,就全县的"五水共治"工作开展情况和存在的问题对6个相应的职能部门进行一对一和面对面的协商议政和监督,县委书记许晴全程参加议政会,并对议政会议的方式和成效给予充分肯定。

【专项集体民主监督】 围绕省、市、县"五水共治"的决策部署和省政协关于开展"三级政协联动、万名委员同行,助推'五水共治'专项集体民主监督活动"的要求,发动全县各政协组织和全体政协委员,联动开展合力助推"五水共治"专项民主监督活动。年初,嘉善县在全省政协"五水共治"专项民主监督电视电话会议上,作为全省唯一的一个县级政协作表态发言。按照"就地就近就便"原则,将在善的省、市、县三级委员编成9个小组40个小分队,建立治水工作联系点19个,实地查看河道357千米,走访和查看企业98家,发现并向当地党委政府及有关部门反馈问题109个,完成整改90个,正在整改19个,向党委政府提出各类意见、建议93条,被党政部门采纳的意见、建议65条。选聘147名政协委员作为"五水共治"专项民主监督员,统一委派到镇(街道),通过调研视察、座谈走访、明察暗访、反映社情民意等多种方式开展监督,对各镇(街道)五水共治长效机制建设及工作推进情况进行经常性监督。同时,加强对"五水共治"方面的提案督办力度,多次组织"三方"办理协商会,促进18件涉水提案的办理落实。省政协副主席王建满、省政协"五水共治"监督调研组组长马永信等领导专程到嘉善调研县"五水共治"专项民主监督开展情况,对嘉善县政协"五水共治"专项民主监督给予充分肯定。

【思想政治建设】 把加强思想政治建设摆在各项工作的首位,组织开展主题鲜明、内容丰富、形式多样的学习培训和主题教育活动。通过全县经济形势报告会、常委读书会、政协委员集中培训、会前学习和网上学习等形式,组织机关干部和广大政协委员深入学习中共中央关于人民政协的重大理论、方针政策、重要文件精神,深入学习中共十八届五中全会精神和习近平总书记系列讲话精神等。结合党组(扩大)理论中心组学习、主席会议开展法律学习年活动,先后学习《中华人民共和国行政诉讼法》《中华人民共和国行政处罚法》《中华人民共和国行政复议法》《中华人民共和国安全生产法》等。开办"政协讲堂",每个月邀请一个部门或单位主要负责人讲解部门和单位工作职能及工作情况,先后邀请县发改局、县经信局、县国土局、县金融办的主要负责人为政协机关、联络室的干部以及政协委员进行专题讲解,拓展政委机关和全体政协委员的知识面,为进一步知情明政创造条件。深入开展"三严三实"专题教育。根据中央和省委、市委关于在县处级以上领导干部中开展"三严三实"专题教育的部署要求,以解决"不严不实"问题为导向,严格遵循和落实教育实践活动各个环节的具体要求,认真开展党组书记带头讲专题党课活动,组织党组成员亲身体验"重走一大路・党性再锤炼"现场体验式教学,积极参加市委开展的党章、党规、党纪和县委开展的"把纪律挺在前面"等教育活动。

【参政议政】 注重加强与各民主党派、工商联、无党派人士和人民团体的合作共事,及时通报有关情况,联合开展调研视察,经常邀请民主党派和无党派人士等参加政协组织的视察调研、会议座谈、提案督办等活动。2015 年,全县各民主党派、无党派人士联谊会作大会发言 6 篇,提交提案 108 件,其中集体提案 28 件,4 件提案被列为重点提案,1 件为 2014 年重点跟踪提案,6 件提案被列为重要提案,10 件提案获 2014 年度优秀提案。全县 6 个各民主党派、无党派人士联谊会的“同心社会服务实践基地”都围绕助推嘉善县域科学发展示范点建设这个中心谋篇布局,特别是以发挥各自界别特点优势为抓手,通过各种方式、利用各种渠道、开拓各种服务,合力助推全县经济社会发展。积极配合做好“省统一战线助推嘉善县域科学示范点建设”系列活动,主动对接各民主党派中央、省委会,利用其人才优势、平台优势、影响优势支持嘉善县域示范点建设,为嘉善争项目、争试点和争可用资源。

委组工作

【选派民主监督员】 围绕全县中心工作开展民主监督活动,以党委政府制定出台的重大决策、实施的重大民生工程、重点工作、“两会”重要意见建议和提案以及确定 1 个重要服务部门的“五重”为主要内容,发挥政协委员熟悉基层情况,联系群众密切的优势和独特作用。县政协把深化统一选派民主监督员工作作为民主监督的重要抓手创新发展。选派 80 多名委员到 10 个职能部门,选择“五水共治”“三改一拆”的相关工作为监督重点,通过开展专题视察、明察暗访、现场走访等,向被派驻部门发出民主监督建议书 10 份,督促被派驻部门整改,同时在监督中收集民意,反映群众诉求。各监督组还对 2014 年监督 10 个部门形成的监督建议书继续进行跟踪回访,并推选出 3 个特别重视政协民主监督工作的先进单位。年初,下发《嘉善县政协关于政协委员联络室开展政协民主监督活动的通知》,对镇街道政协联络室开展政协民主监督工作提出具体工作意见,融民主协商于民主监督之中,使民主监督的范围更宽、触角更深。

【对口协商】 10 个活动组以委员约谈会等形式广泛开展对口协商活动,改变以往委员约谈会单一在政协会议室的约谈形式,采取部分课题由分管主席带领小组委员深入相关部门进行面对面的约谈,取得实在的效果。各组就推进传统行业中低端产能专项整治、老旧小区和城中村改造、精品农业增产增值、规范民办医疗机构、发展新城区楼宇经济、整合提升旅游资源、加大工业有效投入等课题,通过视察、调研、座谈等形式,积极建言献策,有关意见、建议在相关决策和工作中得到采纳和吸收。其中“老旧小区和城中村改造”课题是 2015 年县政协的重点协商议题,也是涉及民生的热点、难点问题,县政协从 2009 年开始,就通过主席会议、委员约谈、专题视察、社情民意等多种形式持续关注,如东门历史街区的保护和开发等工作已经形成较为成熟的方案。

【基层协商民主工作机制】 不断健全各镇(街道)政协委员联络室基层协商民主工作机制,建立协商成果报送、成果办理反馈、办理情况督查 3 个工作制度。年内,各镇(街道)政协委员联络室积极搭建协商平台、拓展协商渠道、扩大协商范围、不断拓宽基层协商民主的形式和方法,就政府实事工程建设、镇村规划、美丽乡村、生猪养殖业转型升级、“五水共治”“三改一拆”、社区养老、行业整治、民营医院发展等课题,开展各类基层民主协商活动 23 次,提出各类意见、建议 52 条,推动各项工作落实 15 项。

【文史资料】 贯彻落实全国、省、市文史工作会议精神,彰显嘉善人文资源禀赋,积极保护、抢救珍贵文史资料。开展委员治水、水乡记忆、古镇风情和历史文化名人等“三亲”(亲历、亲见、亲闻)史料的征集工作,编辑出版《嘉善文史》4 期。举办纪念中国人民抗日战争暨反法西斯战争胜利 70 周年活动,9 月,编辑出版嘉善抗战史料《嘉善抗战史料图文集》,并获 2015 年度嘉善县社会科学优秀成果一等奖。该图文集包含图片 151 张、文字 35 万字,收集到的史料图片成为嘉善开展宣传活动的第一手资料,并利用史料将抗战将士列入英雄集体录,得到湖南省凤凰县和省民政厅有关部门的高度重视。做好政协文史资料的征编工作,发挥文史资料“存史资政,团结育人”作用。

【书画联谊会】 2015年,县政协书画联谊会重点做好专题参展和举办会员画展工作。在嘉兴市政协主办的“纪念中国人民抗日战争胜利70周年——嘉兴市书画作品展”中,嘉善县政协书画联谊会会员积极投稿,其中蒋彬宽的书画作品获得金奖,多人作品获优秀奖。分别在西塘西园和积萃艺苑书画艺术馆举行“翰墨缘·故乡情”蒋彬宽西塘风情作品展,展出作品60多幅,展现包括西园、朝东埭、钟介福药店等场景和顾锡东、胡蒙子等人物。

提案和社情民意

【十三届四次会议提案】 县政协十三届四次会议以来,收到以提案形式提出的意见、建议204件。经审查,立案187件,立案率91.7%。提案交由42个承办单位办理,全部办理并答复。提案所提问题已经解决或基本解决45件,占提案办理总数的24.1%;正在解决或正列入计划准备解决132件,占提案办理总数的70.6%;因受条件限制或其他原因有待以后研究解决的10件,占提案办理总数的5.3%。委员对提案办理情况全部作评价反馈,其中表示满意176件,占94.1%;表示基本满意11件,占5.9%。

【提案办理协商】 县政协主席会议、常委会将提案工作列入重要议程。2015年,县政协主席、分管联系副主席就提案工作开展专题调研,提出明确要求。将重点提案、重要提案纳入督办范围,加大督办力度。2015年督办24件重点、重要提案。增加重点提案办理协商密度。认真贯彻落实县委领导阅批党派重要提案制度,助推县委、县政府领导领办、县政协领导督办重点提案实现常态化、制度化。扩大提案办理协商面。推动提案承办单位集中办理提案协商,提高办理面商率。继续探索和优化提案督办,完善提案专题协商,提高协商实效。选择2014年对县民政局办理的10件提案的提案撰写质量和提案答复办文质量进行双向分析评估,以更好地推进提案工作整体水平。丰富完善网络协商方式。运用提案办理QQ群和微信等新媒体手段,搭建网络协商平台,加强提案办理协商的透明度和群众参与度。发挥专委会、活动组、联络室组织平台作用。探索以活动组、联络室为主体,参与提案办理调研和协商,促进提案办理协商与界别协商的有机结合。县政协各委办和10个活动组、9个联络室组共参与提案办理协商30多次。

【社情民意】 把了解和反映社情民意作为政协履行职能的重要环节来抓,着力健全机制,创新方法,壮大信息员队伍,畅通渠道,通过定期组织委员约谈、开通社情民意信箱、主席会议成员走访委员等形式,广泛收集和反映社情民意。全年,向上级政协报送社情民意信息60篇,通过《社情民意信息专报》向县委、县政府报送社情民意信息17期,其中一些群众广泛关注、社会反映强烈的问题,引起高度重视并得到解决,受到充分的肯定。《体制调整后县域食品安全工作存在的问题及建议》等社情民意上报到省政协,《关于加强民间信仰活动场所管理的建议》《关于采用“六字诀”调处劳动纠纷的建议》等被市政协录用。《关于人民大道与嘉善大道十字路口环岛交通改建建议》《建议西塘景区尽快依法建立游客人数临界上报和紧急处置机制》等多篇获县委书记许晴和县长祁海龙的批示,引起相关部门重视,有效发挥政协社情民意“直通车”的作用。同时,开展“走亲连心”活动,了解民意,及时向县委、县府反映全县经济社会发展中的问题,协商解决各类社会矛盾和基层群众的困难,协助党委政府做好新形势下群众工作。 (辛国瑞 王 玲)

中国国民党革命委员会

【概况】 2015年，中国国民党革命委员会嘉善县支部深入学习贯彻中共十八大，十八届三中、四中、五中全会精神及习近平总书记系列重要讲话精神，坚持开展中国特色社会主义学习实践活动，服务嘉善县域科学发展示范点建设。民革嘉善县支部党员中，有市人大代表1人、县政协常委1人、县政协委员2人、副科级领导干部2人，其中1人为新任县人大常委会财经工委副主任。与县台办、县司法局共同开展对口联系活动，在县司法局全县基层综治司法信访干部培训班作题为“集体经济中的合同法风险”讲座；与民革德清县基层委员会交流、探讨民革法律工作服务站建设等问题，参与嘉善县第六次台胞台属代表大会。2015年，民革嘉善县支部获民革嘉兴市委员会考核特等奖，1名党员获嘉兴市统一战线“同心·治水”先进个人荣誉。《关于深入推进我县“三改一拆”工作的建议》提案，获县政协2014年度优秀提案，2名党员获“优秀政协委员”称号。

【支部活动】 1月，民革嘉善县支部召开届中调整会议。民革嘉兴市委会副主委沈晓琴、嘉善县政协副主席、县委统战部部长阎靖华等出席会议。会议审议并通过支部工作报告，选举产生新一任支部委员会，黄铭勤任主任，倪秋霞任副主任。全年，支部集中学习6次，组织党员参加培训座谈28人次。参与民革市委会组织的“两美嘉兴”书画摄影活动展，4件作品入展。6月，组织全体党员参观嘉善城市规划展示馆暨县域科学发展主题展示馆、嘉善科创中心和浙江中科空间信息技术应用研发中心。

【参政议政】 在县“两会”上，支部作题为“工业转型升级背景下的科技创新研究”的发言，提交《关于嘉善新城区商务楼宇运营分析与建议》集体提案1件，提交《提倡第三方托管 呼吁全民环保》《关于加强公共文化设施建设利用和管理的建议》《关于当前“个转企”后企业遇到的问题及建议》《关于大力推进嘉善生活垃圾分类处理的建议》《关于加强雨污分流管理的建议》《关于促进我县农业经营组织化服务社会化的建议》等个人提案6件。在嘉兴市七届四次人大会议上，党员、市人大代表向大会递交关于全民普法建议案。全年，支部提交社情民意6条。参与各种民主监督活动，其中3名党员分别担任县教育局、县新居局、县交投集团民主监督员，1人担任县人民检察院民刑联络员。

【服务“五水共治”】 围绕“五水共治”，支部积极建言献策。3月，省政协副主席王建满一行到嘉善视察“五水共治”工作，召开“五水共治”长效机制座谈会。会上，党员就“五水共治”长效机制建言献策。支部党员还以智能手机和4G网络等新技术，参与设计建设“掌上河长”移动管理系统。11月，支部赴海盐县参观学习镇村出入境治水考核工作；同月，在嘉善县政协召开的“五水共治”长效机制建设政协委员议政会上，支部负责人就水源地保护和水质监测问题向县环保局问政。

【社会服务】 鼓励、引导和支持广大党员发挥专业优势,量力而行,参与各类社会服务活动。4月,尼泊尔发生8.1级地震,西藏地区受灾严重,支部一博士率团队赴藏,参与卫星遥感与无人机遥感地震应急,为灾情遥感评估提供数据支持。支部一党员律师,参加县"百姓课堂"宣讲团,为乡镇、学校、社区提供法律服务。11月,参加省委统战部组织的民主党派法律专家团到浙江省乔司监狱,开展"博爱·牵手——走进高墙法律帮教活动",利用"博爱·牵手"阳光法制大讲堂,为服刑人员作法律知识讲座。关心帮助结对贫困户,为贫困村民发起慈善捐款。

【合作交流】 4月,由支部牵线,民革浙江省委会、民革嘉兴市委会、嘉善县政府、县委统战部及有关部门赴民革上海市委会,召开"浙沪民革合力助推嘉善经济社会发展工作交流座谈会",重点对养老和招商等方面工作对接,以及如何利用上海民革的资源优势推进嘉善经济社会发展等进行交流与沟通。4月,台湾台北中小企业家参访团一行10人,到嘉善进行访问交流活动,参观考察嘉兴和新精冲科技有限公司和晋亿物流有限公司自动化立体仓储。6月,民革上海市委会经济中心一行20位民革党员、企业家到嘉善考察交流,与嘉善县企业家开展点对点对接。民革浙江省委会副主委、巡视员计时华、嘉兴市政协副主席、民革嘉兴市委会主委李水根、中共嘉善县委副书记滕根林等领导参加。 (赵凤娟)

中国民主同盟

【概况】 2015年,中国民主同盟嘉善县基层委员会有盟员120人,其中在职盟员72人,全年发展盟员6人。民盟下设嘉善教育总支和嘉善综合总支,两个总支分别下设4个支部。盟员中来自教育界46人、经济界21人、卫生界23人、科技界16人、其他界别14人,具有高级职称59人、中级职称49人。有市、县人大代表各2人,省政协委员1人,市政协常委1人,县政协委员17人、特邀县政协委员2人;担任县领导职务的盟员11人,其中,副处级2人、正科级1人、副科级8人;另有副校长1人,学校中层干部10人。2015年,民盟嘉善县委被民盟嘉兴市委评为2014年度民盟嘉兴市思想宣传工作先进集体、社会服务工作先进集体,获"学盟章、读盟史"竞赛活动优秀组织奖。11月,举办县民盟第一届运动会。嘉善盟员有4人分别被评为2013～2014年度浙江省政协优秀履职委员、2014年度嘉善县优秀政协委员、2014年度嘉善县政协优秀民主监督员。2家盟员企业获工业积极发展贡献奖,分别被评为十佳工业亩均产出示范企业、十佳科技创新与成果转化示范企业。4位盟员获评2014年度优秀农技推广人员,盟员李宗海获评2013～2014年度优秀文史通讯员,盟员郑娟被评为嘉善县第三批知名医生。全年,编印《嘉善盟讯》4期,向盟员赠阅《浙江民盟》《嘉兴盟讯》《嘉善盟讯》1450余份。

【盟员之家建立】 11月11日,民盟中央文化艺术研究院西塘分院暨嘉善"盟员之家"成立仪式在西塘张正根雕馆新馆举行。全国政协副主席、民盟中央常务副主席陈晓光,全国人大常委、民盟中央副主席张平,民盟浙江省委会主委成岳冲,民盟上海市委会,民盟浙江省委会,民盟嘉兴市委会,民盟浙江各地市领导,嘉兴市政协主席高玲慧,中共嘉善

11月11日,民盟中央文化艺术研究院西塘分院暨嘉善盟员之家在西塘张正根雕新馆成立。 (县民盟 提供)

县委书记许晴等市、县两级领导，嘉善民盟基层组织盟员代表出席成立仪式并参加座谈与交流。陈晓光、张平、成岳冲、许晴分别为嘉善"盟员之家""民盟中央文化艺术研究院西塘分院""民盟中央文化艺术研究院创作基地"揭牌。

【领导视察活动】 9月16日，香港工商总会副主席刘京科一行走访盟员企业——浙江裕华木业有限公司，与盟员企业家金月华、钱承林交流座谈。9月26日，民盟中央副主席、上海市人大常委会副主任、民盟上海市委员会主委郑惠强一行考察盟员张正位于西塘的文化创意工厂和位于张正根雕新馆的"盟员之家"建设情况，听取关于在张正根雕新馆设立民盟中央艺术研究院西塘分院的相关工作汇报。11月12日，全国政协副主席、民盟中央常务副主席陈晓光和全国人大常委、民盟中央副主席张平，视察盟员金月华任董事长的浙江裕华木业。

【自身建设】 学习中共十八届三中、四中全会精神和习近平总书记一系列重要讲话精神，开展"加入民盟为什么、历史责任是什么、我为浙江做什么"大讨论和《道路自信、理论自信、制度自信》征文活动。6月，民盟嘉善县基层委员会召开基层委员会扩大会议，学习中央统战工作会议的相关精神和习总书记到浙江视察期间的讲话精神。9月，新入盟的24位盟员参加全县各民主党派、无党派人士新成员培训班，听取《当代中国的多党合作制度》和《社会主义核心价值观》的讲座。11月，民盟嘉善县基层委员会召开扩大会议，传达中共十八届五中全会精神，开展学习型支部创建活动。11月，民盟嘉善县基层委员会20位盟员参加嘉善县委统战部组织的中央统战工作《条例》精神读书会。12月，近20位盟员参加嘉善县委统战部组织的中共十八届五中全会精神学习会。全年，嘉善民盟召开主委、支部主任以上会议6次。

【参政议政】 助推"县域科学发展示范点建设"和"五水共治"中心工作，发挥参政党在经济社会发展中作用。县民盟浙江省政协委员在省政协十一届三次会议期间，围绕"如何促进民办教育健康发展"主题，在教育组和教育、文化、科技界别联组讨论中发言，并向大会提交《关于尽快建立民办学校教师社会保险制度的建议》的提案。在嘉兴市人大七届四次会议、嘉善县十五届人大四次会议期间，盟员代表提交《关于切实增强对我市农业经济发展存在问题的分析研判》《确保农业增效农民增收的建议》《关于要求水产养殖业等夜间用电同等享受峰谷电价的建议》等提案。会议期间，盟员就嘉善县发展现代精品农业和建设法治政府等方面提出建设性意见并接受媒体采访。在嘉善县政协十三届四次会议期间，民盟向大会递交提案17件，其中集体提案7件、个人提案10件，并在政协献计献策大会上作题为"关于深化'五水共治'工作 推进'两美'嘉善建设的建议"的发言。《关于推进我县"五水共治"工作的建议》提案被评为嘉善县政协十三届三次会议以来优秀提案。2015年，9位盟员受聘担任县政协派驻部门民主监督员，与对口联系部门进行工作交流、开展专题督查活动。全年，民盟领导应邀参加中共嘉善县委、县政府和县级有关部门的协商会、民主推荐会、情况通报会，履行参政议政职责。

【助推"示范点"建设】 发挥民盟优势，助推接轨上海。嘉善民盟与上海市盟委协商交通接轨事宜，上海民盟以联合提案形式向上海市政府建言，得到重视和推进。在民盟浙江省委会的支持下，促成嘉善中医院与浙江中医药大学对接中医扶持项目。浙江中医药大学拟在医疗支持，强化产学研结合等方面支持嘉善中医事业发展。

【专题调研】 2015年，嘉善民盟撰写调研报告10篇。内容涉及深化"五水共治"工作，推进"两美"建设，生态循环农业发展现状与对策，提升职业教育服务转型升级，扎实推进"美丽乡村"建设，加强环保教育、推进"五水共治"，加快东门历史街区、老火车站等地块旧城改造，推进县水利工程建设，新医改下完善基层医疗机构服务能力，吸引在沪商回归嘉善，智慧交通引领嘉善交通新发展等。

【参与"五水共治"】 多次组织盟员，对河道进行现场督查，了解治水工作现状和存在的问题，提出以种养结合的方式妥善解决农业面源污染对水体的影响的建议。11月，在嘉善县政协召开的"五水共治"长效机制建设政协委员议政会上，嘉善民盟就农业面源污染治理问题向县农经局议政，并就如何提高土壤肥力，减轻作物对化肥农药的依赖和如何完成2015年的生猪减量目标等问题提出3点建议。

【社会服务】 嘉善民盟创办的教育服务中心列入《浙江省企业经营管理人员培训基地》名单。2015年，嘉善教育服务中心举办暑假学生全科辅导班8个班359人次、企业干部培训4个班190人次。6月，民盟嘉善教育总支与县政协教育组联合，送教到民盟“帮扶基地”新居民子女学校——柳州学校。7月，到罗星街道城西村特困户鲁长仁家进行慰问。10月，组织盟员到姚庄桃源新村，开展送医送药、医疗服务、法律咨询、农技指导、社保咨询等“三下乡”活动，接受群众咨询250余人次。

【党盟联谊】 1月，嘉善民盟领导到嘉善高级中学进行“党盟联谊”交流活动，就嘉善民盟推进的绿色生态农业培育模式与学校新课程改革中选修课程设置的关联度进行交流、探讨，并协商确定，嘉善民盟对高级中学开设生态种植选修课给予包括场地改造提升、日常性作物维护方面的支持，而高级中学的种植试验地可以作为绿色农场对外宣传的平台。4月，嘉善民盟和县教育局领导、县研训中心专家、双方课题组成员，协商讨论省、市、县三级联动课题，就教育现代化背景下基础教育教师队伍建设、区域教师管理机制的创新等课题展开讨论，并在课题设计上达成一致。9月，召开嘉善民盟与县农经局联席会议，聚焦“五水共治”。双方确定2015年工作重心是农业面源污染防治，助推“五水共治”长效机制建设。

【助力生态农场】 民盟嘉兴市委柴永强主委、民盟浙江省委会专职副主委徐向东考察嘉园生态农场，嘉善民盟无偿资助10万余元，助力嘉园生态农场建设。嘉园生态农场作为一项全新的农业产业模式，注册会员超百人。

【活动交流】 嘉善民盟和民盟各支部在春节、“三八”妇女节、教师节、重阳节等节日开展慰问活动。8月，慈溪市民盟一行到嘉善，参观嘉园生态农场，双方就农场模式的推广和复制工作、一产和三产的融合、“盟员之家”建设、盟务工作开展、参政议政等方面进行交流。9月，徐承浚的《三闲集》、戴宝华的《戴宝华书画作品集》、朱凌霄的《南方公园》3位盟员的著作签名本，分别捐赠给民盟浙江省委和浙江图书馆。12月，靖江市民盟到嘉善参观民盟中央文化艺术研究院西塘分院和“盟员之家”，并就盟务工作进行交流。

(顾立维)

中国民主建国会

【概况】 2015年，民建嘉善县基层委员会学习贯彻中共十八大，十八届三中、四中、五中全会，习近平总书记系列重要讲话和中央统战工作会议精神，开展坚持和发展中国特色社会主义学习实践活动，加强自身建设，履行参政党职能，各项工作取得新成绩。至年底，民建嘉善县基层委员会下辖3个支部、7个专门委员会，有会员53人，全年新发展会员4人。会员中担任市人大代表1人、县人大代表2人、市政协委员4人、县政协委员12人。

【助推科技创新】 2月9日，召开民建基层委员会成立大会暨县科创中心、县归国园区等2个县民建社会实践服务基地授牌仪式；4月17日，邀请民建浙江工业大学基层委员会一行十多名专家教授到嘉善开展科技合作交流，在科创中心、归国园区及罗星街道与当地企业交流座谈；关注中以科技(创新)中心建设，助推引进优质科技创新资源。

【提升履职水平】 参加县委、县政府召开的民主协商会、意见征求会等，对“十三五”规划意见、政府工作报告、“三严三实”教育活动、党外代表人士队伍建设等提出意见、建议。其中，关于加快发展农村电子商务、实施嘉善籍人才回归工程、大力发展乡村旅游、加快建设高新技术园区等多条建议、意见被采纳并写入有关工作报告。在2015年度市“两会”上，县民建的市政协委员向嘉兴市政协提交提案3件，其中《关于加快生活垃圾分类收集处理的建议》提案被列入市政协专题协商会议题；在县“两会”上，县民建的政协委员，向县政协提交4篇集体提案和7篇个人提案，内容涉及食品安全、互联网大会、招商选资、管网建设等，并在县政协会上作《深化招商选资 着力推动经济转型升级》的提案发言，该提案被列为县政协重要提案，嘉善县委常委、副县长曹国良作批示。4名会员被评为县优秀政协委员，5 名会员担任县政协民主监督员。

【加强组织建设】 组织传达、学习中共十八届三中、四中、五中全会精神，中共统战工作会议精神和习近平总书记系列重要讲话精神，组织骨干会员和新会员赴上海黄炎培故居、上海田字坊历史文化街区参观学习，进行民进优良传统教育。围绕现代服务业发展情况，重点就“楼宇经济发展”这一议题与县发改局开展协商联系活动。2 月 9 日，召开民建嘉善基层委员会成立暨第一次会员大会，对 2003 年总支成立以来的工作进行系统的梳理回顾。民建省委会专职副主委郭吉丰、县委书记姚高员、县人大主任郑明、县委统战部部长阎静华等领导以及县内各民主党派、县工商联、对口联系单位负责人应邀出席。民建省委会专职副主委郭吉丰和县委书记姚高员分别作重要讲话。会议下发重新修订后的《优秀会员评选方法》《参政议政表彰奖励办法》2 个文件。制定基层委年度工作要点，建立领导班子成员分工合作责任共担机制，推动会务工作制度化、规范化。 （严嘉灵）

中国民主促进会

【概况】 2015 年，中国民主促进会嘉善县委员会围绕县域科学发展示范点建设大局，开展坚持和发展中国特色社会主义学习实践活动，加强自身建设，提高参政党建设科学化水平，有序推进各项工作。至年底，民进嘉善县委会有会员 108 人，全年新发展会员 5 人。会员中，担任市人大代表 2 人、县人大代表 2 人、市政协委员 2 人、县政协委员 16 人。文化支部被评为民进全国先进集体，卫生一支部被评为民进全省优秀基层组织。

【培训学习】 开展坚持和发展中国特色社会主义学习实践活动，组织骨干会员、新会员参加全县统一战线组织举办的各类培训和专题讲座活动。8 月，组织第三期全体民进会员暑期读书会，邀请民进浙江省委会秘书长刘毅作题为“开来继往 明道守正——学习贯彻中央统战工作会议精神，做好参政党工作的思考”的讲座，嘉兴市政协副主席、民进市委会主委王淳应邀参加。邀请县委党校教师刘武作题为“学习传统文化 提高会员素质”的讲座。

【参政议政】 县“两会”期间，向县政协大会提交提案 18 件，其中集体提案 7 件，并在大会上作题为“关于推进我县美丽乡村建设的建议”的发言，该建议被列为重要提案。同时被列为重要提案的还有《关于缓解西塘古镇旅游旺季交通拥堵的建议》《关于实现我县旅游业跨越式发展的建议》被评为年度优秀提案。会员撰写的社情民意《体育路涵洞封闭施工期间如何缓解交通压力》获县委书记许晴的批示。《“夕阳红”老年低价旅游团现象亟待关注》《排污权交易存在三大难题亟需解决》等 8 篇社情民意被市政协录用，其中《市场主体登记住所（营业场所）合法使用证明问题亟待破解》等 5 篇被民进省委会采纳。5 名会员担任县政协民主监督员。

【专家坐诊】 2015 年，民进医卫专家工作站，借助省委会的资源，邀请省内医学专家到嘉善巡医问诊。省委会副主委、浙大附属义乌医院院长、著名传染病专家陈亚岗到嘉善坐诊，并为嘉善二院全体医护人员和西塘各社区的医卫工作者作题为“浅谈医患纠纷预防与处置”的讲座。浙江口腔医院副院长傅柏平、浙江中医院副院长许茂盛、邵逸夫医院骨科主任施培华、省中医院内分泌科主任倪海祥等专家也多次到嘉善二院坐诊。

【社会服务】 民进嘉善县委会组织书画家赴罗星街道和合社区，创作以“善文化”为主题的宣传墙画，开展送春联、送文化下乡活动。6 月，医卫界会员到玉兰社区居家养老服务中心举办冬病夏治讲座。7 月，文化支部和罗星街道和合社区联合举办“同心共建”非遗暑期剪纸培训班；重阳节，在和合社区开展“我们的节日”重阳节系列活动，为老年人拍摄彩色照片、进行欢乐全家福摄像，举办戏曲专场演出等。11 月，县委会教育界部分学科骨干会员前往嘉善县行知小学社会服务基地开展“一对一”帮教活动。 （严嘉灵）

中国农工民主党

【概况】 2015 年，中国农工民主党嘉善县总支建言献策，积极有为，助推县域科学发展示范点建设，发挥参政党的作用。至年底，有党员 68 人，其中担任市人大代表 1 人、市政协委员 3 人、县人大常委会委员 1 人、县政协常委 2 人、县政协委员 7 人，副科级领导干部1人。全年发展新党员3人。总支获评农工党中央全国先进基层组织。主委获评省委会坚持和发展中国特色社会主义学习实践活动先进个人。7名党员被评为市级优秀党员,12位党员被评为县级优秀党员。2人获评第五批嘉兴市非物质文化遗产项目(吴氏中医内科、唐氏中医妇科)传承人。《关于发挥金融核心作用,服务地方经济发展的建议》获2014年度优秀提案。2名县政协委员被评为年度县政协优秀委员、1名县政协委员被评为优秀民主监督员。全年出刊《嘉善农工》4期,办好农工党嘉善县总支网站。11月,经市委会批复同意,嘉善农工党总支升格为基层委员会。12月,党员企业培育的优质农产品在省农博会上,获省委书记夏宝龙肯定。

【自身建设】 巩固多党合作的共同政治思想基础,加强党员自身建设。先后组织党员参加县政协委员履职培训班、省委会参政议政骨干培训班、市委会新党员培训班、县委统战部党派新成员培训班等培训学习,听取县主要领导作的全县经济形势报告,学习中央统战工作会议和《中国共产党统一战线工作条例(试行)》精神,参加中共十八届五中全会精神学习会。农工党建党85周年期间,邀请省委会组织部部长作党课专题讲座,组织全体党员参与全党"学精神、学党章、学党史"知识竞赛,参与市委会建党85周年征文和"和·信"书画摄影作品展等活动。3月,总支党员之家授牌暨"三八"妇女节活动在尚品农业创意谷举行。重阳节,组织退休党员到平湖参观学习。

【助推示范点建设】 借力农工党省委会优势资源,开展医卫项目助推工作。农工党浙江省委会副主委兼秘书长田野、原专职副主委陆国钦,副厅级巡视员、组织部部长舒愉,市人大副主任、农工党市委会主委金成胜等领导多次到嘉善指导助推县域科学发展示范点建设工作,相关项目顺利推进。嘉善县第一人民医院与浙江省肿瘤医院建立协作医院、肿瘤中心等医卫平台,实现省专家定期赴该院门诊、手术长期化、制度化;农工党浙江省卫生计生委基层委员会联合农工党嘉兴市委会,到嘉善开展新年义诊科普宣讲系列活动,开设肿瘤预防、高血压诊治、结核病防治等专题讲座,开展大型义诊活动,并就进一步助推县域科学发展示范点建设,推动县第一人民医院医疗卫生事业发展,与嘉善同仁进行探讨。做好农业方面的对接工作,建立长效机制。4月,农工党浙江省委会领导考察嘉善尚品农业创意谷产业园,指导农业产业转型升级。参与做好农工党省委会常委、富通集团总裁王建沂在嘉善项目的产业转型升级,12月,富通集团(嘉善)光通信智能制造研发中心正式建成,并试运行。由党员企业公司投资建立的全县首家安全农业OTO直销平台——"一里谷"安全农业OTO平台正式上线。

【参政议政】 2015年,农工党嘉善县总支负责人参加县委、县政府召开的协商通报会、民主生活会、征求意见座谈会等,就县委常委民主生活会、政府工作报告、"十三五"规划等提出意见、建议。参加"大众创业、万众创新""五水共治"、医疗资源建设等专题调研,提出建设性建议。"五水共治"调研组,赴县住建局和城市社区开展城镇生活污水治理调研,实行民主监督。11月,在县政协召开的"五水共治"长效机制建设政协委员议政会上,总支就城市生活污水治理议题问政县住建局,提出对新建住宅项目规划做好雨污分流、老旧居民小区尽快启动阳台排水管道雨污分流改造等建议。另外,总支与县卫计局、县环保局建立对口联系,列入双方年度工作要点,落实日常联系制度。在县"两会"上,积极建言献策,提交提案20件,其中集体提案4件。会上,党总支作题为"关于做好我县分级诊疗工作的建议"的大会发言。

【社会服务】 在市委会的指导、支持下,发挥农工党医卫优势,为基层提供优质服务。坚持每月第一周周六,派2~3名具有中高级职称的农工党医卫专家到姚庄镇卫生院同心社会服务实践基地坐诊,开设健康大课堂讲座、开展冬病夏治中药贴敷服务等。6月,农工党市、县两级组织联合在姚庄镇桃源新邨开展"三下乡"为民服务活动,进行公共卫生、环保知识宣传,并向市民赠送价值3000多元的药品。8月,与兄弟党派的医卫专家在善园开展"为民服务"活动。12月,赴姚庄镇丁栅社区开展"三下乡"服务。参与陶庄镇卫生院每周一次、为期一年的支医活动;在县中医院开设老中医专家门诊,到县抗癌俱乐部、老年大学授课。加强农工医

6月，农工党市、县两级组织联合在姚庄镇桃源新邨开展“三下乡”为民服务活动。（县农工党 提供）

疗诊所管理，做好为社区服务工作。组织党员医疗小分队，下村、下社区开展冬病夏治，贴敷病人9000余人次。（赵凤娟）

工商业联合会

【概况】 2015年，嘉善县工商业联合会（以下简称县工商联）围绕中共十八届四中、五中全会和中央统战工作会议精神，以创建“五好”县级工商联为抓手，助推“县域科学发展示范点”建设，全力推动工商联事业科学发展。至年底，县工商联有会员企业1430家，下属镇（街道）商会9个、行业商（协）会13个、异地商会3个。县工商联被评为“三比一争”工作服务表扬部门。

【服务中心工作】 组织机关干部开展环境卫生综合治理和文明劝导，参与“文明县城”创建。抓“三改一拆”，定期到姚庄镇中联村协助实施违章猪舍拆违。深化“五水共治”，通过省工商联从万丰奥特控股集团有限公司争取到50万元专项资金用于西塘镇红菱村水环境综合治理。作为联挂县经济开发区（惠民街道）11个部门的牵头单位，组织参与抗台防汛、农村危旧房巡查、信访接待、“世界互联网大会”期间维稳等方面工作。

【参政议政】 充分发挥工商联界别“传声筒”作用，积极向党委、政府反馈意见，建言献策。工商联界别中的县人大代表提交议案11件、建议8件，县政协委员提交提案19件、社情民意2件。

【理想信念教育实践活动】 以中央统战工作会议和《中国共产党统一战线工作条例（试行）》精神为重点，组织非公有制经济人士开展专题学习和辅导会，实施普法教育和诚信意识教育，引导非公有制企业既抓产品、又重人品，既讲效益、又塑形象。

【“善商”典型】 开展“嘉善县第五届优秀中国特色社会主义事业建设者”评选活动，评选出10名优秀建设者。组织推荐非公有制经济人士参加嘉兴市第四届“十大风云人物”评选活动，4位企业家分别获全市“十大民企风云人物”“十大青年创业风云人物”“十大电商风云人物”等称号。

【舆论宣传】 在《善商》杂志、嘉善电视台《善商印象》栏目、微信平台、嘉善商会网等媒体上报道民营企业家创业创新、公益慈善等先进事迹，增进社会各界对非公有制经济人士的认同与支持，营造重商、亲商、利商氛围。

【调查研究】 领导班子下基层调研，开展下企业“走亲连心”、开年问计大走访、“四张清单一张网”等主题调研活动，走访重点企业、基层商会，宣传政策，加强沟通，解决问题，发挥桥梁纽带作用。启动企业上市融资和轴承行业转型升级两个课题专项调研。

【关心关爱会员制度】 制定《嘉善县工商联、总商会关心关爱会员企业制度》，通过激励关怀、走访慰问、企业家联谊、健康体检等举措，营造社会氛围，增进商会与企业家的感情联系。

【助推轴承行业转型升级】 作为轴承行业转型升级的牵头单位，调研轴承企业40多家。将浙江长盛轴承股份有限公司(以下简称浙江长盛)和浙江双飞无油轴承股份有限公司(以下简称浙江双飞)作为标杆企业打造。浙江长盛搬迁项目总投资约2亿元工程基本竣工,其中约1/3投资用于更新设备;浙江双飞首期投入1300万元进行技改,并与海宁辛帝亚自动化科技有限公司合作,请德国专家帮助企业提升改造。部分小微企业投入资金进行技改,力争进入规上行列。

【政企对话沟通】 召开政府与工商联联席会议,民营企业家与县政府领导以及18个政府部门负责人对话交流,共谋发展大计。组织企业家代表参加全县民营企业家座谈会,与全县四套班子领导一起找问题,谋思路。邀请政府部门领导为企业家做政策解读。

【开展专业知识培训】 举办"新三板"上市培训讲座,组织企业家参加2015中国(嘉兴)金融创新峰会和"企业股权架构与股权激励"总裁讲座,举办工伤管理专项培训等,满足企业上市融资和经营管理方面的专业知识需求。

【指导基层商会工作】 以基层商会秘书长为核心,建立健全培训、考核、例会、信息报送等制度。根据嘉善县委有关县财政对新成立行业协会给予资金补助的规定,为5家行业协会申请到一定的财政扶持资金。指导各基层商会举办财税制度、安全生产、劳动纠纷处置等讲座,开展会员企业走访、对外经贸交流、党员教育实践等各类活动。

【新生代企业家培养】 高度重视新生代企业家教育引导工作,指导新生代企业家协会组织开展赴北京参加高级研修班专题培训,与嘉善信息技术工程学校建立合作关系并进行创业交流,到丽水松阳县开展送教育、送健康等活动,优化新生代企业家成长成才的环境。

【对外交流合作】 按照"走出去、引进来"的工作思路,与省内的杭州萧山区、宁波鄞州区、绍兴柯桥区等地工商联和省外的江苏太仓市、江苏高邮市、江苏溧阳市等地工商联开展交流,建立合作,帮助企业搭建经贸往来平台。(周　翟)

无党派人士联谊会

【概况】 2015年,嘉善县无党派人士联谊会围绕县中心工作,积极参政议政,开展民主监督,加强自身建设,推进特色工作,助推嘉善县域科学发展示范点建设。联谊会有会员89人,全年发展新会员5人。其中,市人大代表7人、市政协委员3人、县人大代表8人、县政协委员36人(其中常委5人),副科级以上领导8人,市工商联副主席1人,市总商会副会长1人,县工商联副主席7人。1名会员获"嘉兴市优秀社会主义事业建设者"称号,3名会员获嘉兴市统一战线"同心·治水"先进个人荣誉,5人被评为优秀政协委员,2人被评为优秀民主监督员。会员提案《关于优化行政审批软环境的建议》《关于出台喷水织机整治关停政策的建议》《大力推进社区建设,促进城市和谐发展的建议》《提高人均亩均应重点关注的几个问题》获评2014年度优秀提案。《关于"农作物秸秆循环利用"》被市人大推荐为优秀建议案。会员创作的国画作品《清荷》、书法作品《念奴娇》入展"第三届省统战系统廉政文化宣传教育书画作品展",并获优秀作品奖。

【学习培训】 5月,组织全体会员专题学习习近平总书记"四个全面"讲话精神。6月,对会员中的政协委员进行履职培训。7月,听取嘉善县代县长祁海龙所作的经济形势报告。9月,组织新会员学习培训。11月,学习贯彻中央统战工作会议、《中国共产党统一战线工作条例(试行)》精神。12月,学习中共十八大和十八届五中全会精神,同时听取县委书记许晴所作的经济形势报告。

【制度建设】 参与建立党外人士与各镇、开发区(街道)中共党员领导干部交友结对制度。建立和完善学习培训制度、工作例会制度、参政建言机制、联络联谊制度、社会服务制度等各项分会制度。3月,召开分会会长和秘书长联席会议,推进分会各项工作常态化、规范化。完善联络工作机制。做好"带节"联谊联络工作,春节前后,走访分会会长;"三八"妇女节,组织县、镇两级40多名女会员到干窑镇范东村王家浜和斯麦乐巧克力乐园,学习考察美丽乡村建设和民营企业转型升级情况。编印全县会员通讯录，建立分会QQ群。

【建言献策】 参与县委常委会民主生活会、县政府工作报告征求意见会、县"十三五"规划征求意见会、"五水共治"重点项目督查现场会等，知情知政，参政议政，建言献策，发挥无党派人士作用。提出"大力推进西塘为中心的周边乡镇旅游资源开发力度、加快服务业发展"等建议。在深入调研的基础上，就建立"五水共治长效机制"方面开展议政活动。组织会员赴富阳市尖沙岛、宁波市北仑区沙头村学习、考察美丽乡村建设和农村生活污水治理经验，编制PPT，提出加快农房集聚区雨污分流力度、美丽乡村点的集中式生态模块应创造条件纳管、采用设计施工管理一条龙的BOT方式等建议。服务党委和政府的中心工作，开展调查研究，真实反映民意、积极建言献策，促进政府决策的科学化和民主化。在政协全会上，无党派人士代表作《关于建立污水治理长效机制的建议》的大会发言，向大会提交提案24件，其中集体提案3件。《关于建立污水治理长效机制的建议》《关于切实重视我县农业可持续发展的建议》被列为大会重点提案，《关于加快启动我县政法信息资源共享平台建设的建议》被列为重要提案。会员中的市人大代表、市政协委员也积极向市"两会"建言献策。

【"优美庭院"创建】 助推"美丽乡村""优美庭院"建设，每个分会负责协助创建1家"优美庭院"。前期组织全体分会秘书长赴海盐考察学习，在创建过程中，联谊会会长们多次到现场踏勘，请专家和县住建局村建办分别提供设计初稿，拓宽"优美庭院"户创建内涵，并结合经费要求进行调整。8月，组织各镇秘书长实地学习创建经验，参观创建成果。

【社会服务】 围绕樱桃园区培育发展、杜鹃花特色品牌推广、旅游品牌推广、生态水质治理四大主题，做好同心社会服务实践基地——嘉兴碧云花园的社会服务工作。同时，结合企业的需求导向，开展服务工作。利用专业技术优势，实地勘察，提出"滤池＋反冲洗"处理工艺。建议政府和相关部门支持"互联网＋农业"发展以拓宽农业销售渠道，支持农业设施智能化改造。年内，2家会员企业获慈善奖，1家会员企业获爱心奖，1名会员被评为嘉善县慈善工作先进个人。 （赵凤娟）

人民团体

总　工　会

【概况】 2015年,嘉善县各级工会组织认真贯彻落实中央、省委党的群团工作会议精神,围绕嘉善“县域科学发展示范点建设全面深化”这一总目标,突出工会工作法制化、服务职工普惠化和基层工会建设规范化3个重点,扎实开展工会法治建设年、职工素质提升年、普惠职工服务年、组织建设规范年“四个年”活动,各项工作都呈现良好发展态势。

【县总工会第十四届委员会第二次会议】 4月1日,县总工会召开第十四届委员会第二次全体会议,县总第十四届委员会全体委员参加会议,县委组织部副部长吴暄到会并作重要讲话。会议增补徐金华为县总工会第十四届委员会委员、常委、副主席。

【嘉善县工会代表会议】 10月16日,召开嘉善县工会代表会议暨县总工会第十四届委员会第三次全体(扩大)会议,县总工会第十四届委员会全体委员、第十四届经费审查委员会全体委员以及各镇、街道、直属系统工会主席等参加会议。会议作出《关于钱大忠等四位同志替补为县总工会委员免去张玉庭等五位同志县总工会委员职务的决定》;选举产生出席嘉兴市工会第七次代表大会的代表43名。

【领导调研】 2月2日,省总工会党组书记、常务副主席戴震华到嘉善调研指导基层工会工作,市人大副主任、市总工会主席邵建华,县委副书记滕根林,副县长李小平,县总工会主席许萍等领导参与调研。戴震华一行实地走访魏中村工会联合会(省级农民工文化家园),并在姚庄镇总工会召开镇级工会工作座谈会。

【工资集体协商】 全年,全县累计签订集体合同(含工资专项协议)1506份,覆盖企业3110家、职工21万人,相关数据及时录入省总数据库。进一步巩固礼庙、长秀、南北署村区域性行业性工资集体协商规范化建设成果。南北暑村胶合板行业作为全省22家工资集体协商规范化建设试点,2015年示范开展“第五轮”精细化协商。12月1日,县总工会召开全县工资集体协商提质增效活动推进会,对工资集体协商规范化建设和典型培育进行再部署。

【建功立业活动】 组织开展“两美”嘉兴重点工程立功竞赛活动,全县25个市以上重点工程参与。继续推进高技能人才创新工作室建设和“五小”(小发明、小创造、小革新、小设计、小建议)创新活动,16家高技能人才创新工作室全年开展创新或技术攻关项目74个(其中创新成果转化52个),创造经济效益11363万元;获得发明专利72项(其中国家专利27项);培训职工4692人次。组织职工参与“争当工人发明家,创新逐梦促发展”主题活动,1名职工入选嘉兴市十大“工人发明家”。

【职工技能提升】 举办第七届职工技能运动会,开展管道工、汽车驾驶员(公交车)、护理技能、抹灰工4项县级一类比赛和维修电工、叉车司机、服装缝纫工等25项镇、开发区(街道)、系统级二类比赛,全县500多家企事业单位的2000多名职工参与,18名职工获评县级技术操作能手,1532名职工取得或晋升技术等级,其中1088名职工晋升为高级工。承办市电焊工技能比赛;选拔选手参加省、市技能比赛,4人获奖。年内,全县2180家企事业单位开展各类劳动竞赛,14.7万名职工参与。

【劳模精神宣传】 年内,推荐评选全国劳动模范1名,省五一劳动奖章1名,“最美嘉兴人·杰出职工”1名、市“优秀职工”1名、市“优秀工会工作者”5名、市“优秀工会积极分子”4名、市“职工之友”1名,县级劳模15名、“最美嘉善人·杰出职工”10名,县级“工人先锋号”20家。做好“五·一”系列宣传活动,与县电视台联合拍摄《展示劳动者风采》电视专题片;在《嘉兴日报》(嘉善版)开设《点赞嘉善人·劳动最光荣》专栏;县职工艺术团以全国劳模阳丽萍为原型编排话剧小品《热心阳大姐》;开展“争当好职工、奉献中国梦”主题活动,杰出职工代表劳模先进典型向全县职工发出《建设县域科学发展示范点,争当全面深化改革排头兵》的倡议。

【法治宣传】 以“科学发展 法治同行”为主题,组织开展《中华人民共和国工会法》《中华人民共和国劳动法》学习宣传活动。邀请省总法工部领导到嘉善做“两法”知识专题辅导。工会普法图片巡展累计走进企事业单位近百家,向基层赠送法律书籍1万余册,发放各类宣传品、宣传册1.2万份。举办“我学法、我懂法、我守法”为主题的电视法律知识大奖赛,全县9个镇(街道)和七大产业系统16支代表队近200名职工参赛。选派3名选手代表嘉兴市参加全省职工法律知识竞赛并获奖。

【企业民主管理制度健全】 积极推动职代会、厂务公开、职工董监事等民主管理制度在企业的落实,引导职工依法有序表达利益诉求。全县非公有制企业厂务公开、职代会建制率在92%以上。在全省厂务公开民主管理工作专项考核中,县受检单位的民主管理规范化建设工作受到考核组好评。理论文章《新常态下加强企业厂务公开民主管理的思考》在省职工民主管理研究会举办的全省优秀厂务公开民主管理调研文章评选中获一等奖。

【和谐企业(园区)创建】 开展好“企业关爱职工,职工热爱企业”活动,进一步深化劳动关系和谐企业(园区)创建。2015年,成功创建省级劳动关系和谐企业1家、省级劳动关系和谐园区2家,至2015年年底,全县累计创建省级和谐企业7家、和谐园区4家。县总工会被评为2015年度省创建和谐劳动关系暨“双爱”活动先进组织。积极参与协调因欠薪、工伤事故等原因引起的劳资纠纷,协助党政做好劳资两方面的工作,促进企业和职工队伍和谐稳定。全年工会系统累计参与调处欠薪案件232起、工伤事故313起,为职工提供法律援助13起。

【参与企业安全管理】 全县六镇三街道全部建立劳动保护监督检查委员会,劳动保护分级管理制度建制企业2012家。举办“安康杯”竞赛、安全生产合理化建议征集、班组安全成果展示等活动,全年征集合理化建议2010条,2家企业的班组安全工作法分别获全省班组安全管理成果展示活动一等奖、三等奖。

【职工医疗互助保障】 4月22日,召开嘉善县职工医疗互助保障协会一届二次理事(扩大)会议,会议讨论修改《嘉善县在职职工住院医疗互助保障工作暂行办法》,增加起付标准内个人自负部分的补助和住院补助,补助金额最高给付限额由2万元提高到3万元。会后,县政府出台《关于印发嘉善县在职职工住院医疗互助保障工作实施办法(修订)》。至年底,全县参保职工34120人,83人次领到医疗互助保障金85.7万元。

【工会帮扶】 开展春送岗位、夏送清凉、金秋助学、冬送温暖“四季”帮扶活动。“工会就业援助月”活动,为职工提供就业岗位信息7240个,成功实现就业再就业2749人次;和县广电局联合开展“夏日送关爱”活动,走访慰问夏季坚守岗位的一线职工560人;给48名困难职工家庭子女发放助学款6.65万元;春节、元旦两节“送温暖”活动惠及困难职工221户;组织部分劳模参加疗休养活动,组织126名劳模参加健康体检。针对不同职工群体的实际需要开展各类特色服务。

【企业职工文化】 加强工会文化阵地建设,新建县级职工书屋16家，获评全国级职工书屋示范点1家、省级示范职工书屋2家、省级农民工文化家园1家。开展“职工喜爱的优秀读物赠企业”“送书进企业，书香润职工”系列活动，全年向基层赠送各类图书2000余册。开展以“聚力·逐梦”为主题的系列职工文化活动，举办“劳动者之歌”庆“五·一”职工文艺会演，职工羽毛球比赛、乒乓球比赛、趣味运动会、歌手大赛等各类文娱活动。加强职工文艺人才的培养，主动做好企业文化建设辅导、指导工作，协助企业开展好各类文娱活动。

【工会服务网络建设】 加强网站、微信、微博等工会新媒体终端建设，改版升级县总工会网站，开发县总工会微信公众号，打造“指尖上的工会”。加强职工服务中心(站、点)实体平台建设，坚持以提高职工服务中心(站、点)的服务能力为重点，逐步实现各级服务中心(站、点)从单纯的硬件建设向丰富服务内容和提升服务质量转型，进一步完善县、镇、村(社区)、企业四级服务网络。

【基层组织建设】 完成魏塘街道总工会、罗星街道总工会和天凝镇总工会换届工作；成立县金融系统工会；全年新增单建基层工会32家，新增工会会员6522人。完成“农民工入会集中行动月”活动任务目标。广泛开展干部培训，在省总工会干部学校举办为期3天的基层工会干部培训班；组织基层工会干部参加省、市总工会培训6批次。

【基层工会规范化建设】 开展“双比双创”优秀基层工会创建评选活动，即在镇(街道)总工会开展“比六好、创五优”活动，在村(社区)工会联合会开展“比五好、创五星”活动，在企业工会开展以“六有”和“五双”促“双亮”建设活动等，全年获评市“六好”镇(街道)总工会2家、市“五好”区域性(行业性)工会2家、市“新居民入会示范窗口”1家、市“活力职工之家”3家、市级“先进职工小家”2家。创新开展合格职工之家建设和模范职工之家争创活动，出台《嘉善县合格职工之家、模范职工之家经费补助办法》，对基层工会建家活动给予经费支持。

【自身建设】 切实加强工会机关党建工作，机关党支部召开换届选举公推直选党员大会，选举产生新一届支部委员、支部书记。通过各级各类传媒大力宣传工人阶级和嘉善工会，全年，全国、省、市各类报刊录用报道118篇。 (殷 泉)

共产主义青年团

【概况】 2015年，共青团嘉善县委围绕“示范点建设全面攻坚年”主题，树立共青团工作“新常态思维”，引领青年岗位建功，深入开展志愿者服务，服务党政大局、服务社会发展、服务青年需求，团结带领广大团员青年为加快建设县域科学发展示范点做出贡献。

【岗位建功科技创新】 开展“号手岗队”岗位竞赛24场次，新建省级青年文明号1家、市级4家、县级10家，青年安全生产示范岗4个，涌现青年岗位能手3人。开展“十佳青年创业先锋”评选、青年科技创新团队技术攻关、青春班组建设等活动。1个青年科技创新项目被团市委选送参加中国青年APP大赛浙江赛区比赛。

【志愿服务机制】 整合全县34个志愿者服务分站、381支志愿服务队伍以及846个岗点资源信

3月，嘉善县志愿服务总站启用。 (团县委 提供)

息，制作完成志愿服务地图，公布全县志愿服务资源分布以及联络方式和服务内容。3月，建成县志愿服务总站，有4个志愿服务组织入驻。志愿服务网站和志愿嘉善微信工作号同时正式启动，实现志愿服务信息网上发布、志愿者网上注册管理，2015年有2万余名注册志愿者。制定出台志愿服务时间记录、嘉许反馈、星级评定等制度，进一步完善志愿服务管理制度体系。举办县第二届志愿服务项目设计大赛，召开县志愿服务工作重点项目对接会，全年完成27个志愿服务项目的对接工作，筹集志愿服务资金19.1万元。挖掘志愿服务伙伴，发展商品零售、交通运输、技能服务等各领域志愿服务伙伴单位24个，分享志愿服务成果。每月5日，组织举办志愿服务沙龙，探索交流志愿服务经验，团结凝聚一批志愿服务精英骨干。

【青年志愿者活动】 组织青少年参与重大活动、重大赛事接待、咨询、联络等志愿服务活动220余次。组建常态化青年突击队56支、志愿者800余人，参与抗洪抢险、应急救援。开展助老、助幼、助残、助困等志愿服务，参与青少年800余人次。开展爱心义卖、手工制作、文明宣传、卫生清扫等志愿服务活动1326次，为白血病男孩、藏南地震灾区募集5万元善款。近1万人次志愿者，参与秸秆禁烧、城乡道路环境整治、生猪养殖转型升级等综合整治工作。开展交通文明、素质提升、校园文明、网络文明等系列活动12次，出动志愿者1300人次。每周六上午组织50名团员青年到农村、社区参加义务劳动，共计1200人次。做好“五水共治”工作，发挥县、镇、村(社区)三级186支青年护水队作用，开展保护母亲河、“小鱼洁水·清源治水”等活动60余次。举办第五期、第六期“放飞少年梦·共圆中国梦”微心愿点亮行动，为1000余名孩子成功实现微心愿。设立青少年维权岗、开通“12355”青少年热线，帮助11名闲散青少年重返课堂或就业。建设各级青少年综合服务平台27家，青年社会组织在15所学校开展防踩踏、应急自救等安全教育。

【开放合作】 加强北京·嘉善青联、上海·嘉善青联等跨区域青联组织的建设指导，开展“嘉善青年菁英家乡行”等活动。指导在外青联组织开展项目对接、交流联谊等活动21次。建立沪嘉共青团团日活动基地和沪嘉青年联谊会。开展嘉兴市青年企业家协会“走进嘉善”活动，邀请全市优秀青年企业家到嘉善考察交流、共商发展。选派优秀青年社会组织负责人、志愿服务工作者等参加全省社会组织负责人培训等活动，联络整合资源推进嘉善本地社会公共事业发展。

【民生幸福行动】 以“双网互动”为统揽，发挥各网格内青年服务队伍作用，开展服务小区、服务村庄等民生幸福行动197次。举办“拒绝毒品·拥抱健康”国际禁毒日活动、世界环保日主题活动、“善满家园——晒晒我的欢乐幸福年”摄影比赛、“喜气洋洋闹元宵、幸福梦想亮善城”元宵节活动、春节寄笑脸回家活动、城市啄木鸟行动等。发挥机关团干部服务联盟作用，开展下基层送文艺、送服务等“六送”活动50余次，参与社会巡防、爱心捐款、走亲连心等活动十余次。

【主题教育】 学习贯彻中共十八届四中全会、五中全会精神，开展依法治国、“四个全面”等主题教育活动，解读新时代中国精神、中国梦内涵。全年，进学校宣讲60余次，举办青年辩论赛22场。“两会”期间，开展青年热议活动124场。举办“红船精神”走进高校专场报告会，开展“好人好事”点赞、“善行善举”大家传活动和“我为核心价值观代言”系列活动。

【“善文化”实践活动】 举办“善文化”主题宣讲活动24次，成立红领巾记者团，开展采访活动10次。统筹建设国土资源宣传教育基地等青少年活动基地70多个，开展各类主题活动35次。评选表彰县“美德好少年”和县第十届“十佳孝星”。组织青少年4000余人次参与“3·5”学雷锋、世界环保日等纪念日活动70余次。开展“文明创建·先锋善行”等党团联合活动36次。

【媒体平台建设】 推进共青团“网报博信群”媒体平台建设，发布各类信息500余条，网上发起活动42次，“青春嘉善”公众微信号每日发布1期。举办“嘉善好声音”“奔跑吧英雄”“绿色长征”等活动，把公益等价值元素融入各类活动，2200多名青少年参与。拍摄青春微电影“奔跑吧青春”，传唱原创歌曲“我的青春我的梦”,举办“青年时尚文化季”“校园文化月”“红领巾文化周”等活动20余次,营造青年发挥所长、积极作为的氛围。深化“双网互动”工作,推进“三网三站”建设,打造9个特色网格典型。推出《2015年嘉善团工作县级重点项目菜单》,完善“团干部+网格+项目”运行机制,提升基层团组织运转能力。

【青年创富成才服务】 联系金融部门设立青年创业小额贷款项目,发放小额贷款290笔;开办各类就业创业培训12场,受益青年1200多人次;组织200多名青年到就业创业基地见习,实施“青·帮你找工作”公益服务项目;举办青年招聘会15场,发布就业信息756条,256名青年实现就业;开展“邮储银行杯”农村青年电商创业创富大赛,召开农村创业青年座谈会,各镇(街道)团委成立青年电商协会,鼓励支持青年进军电商产业。搭设青年论坛等交流平台20多个,开展“青年说·分享汇”系列活动。开展微电影技巧培训等110场次和各类竞赛比武、才艺表演116场次,参与青少年6000余人次。

【团组织建设】 开展县、镇(街道)团委和县属团组织集中换届工作,举办全县团组织换届培训会,做好镇(街道)和县级团组织换届试点工作。12月25～26日,召开共青团嘉善县第二十一次代表大会,选举产生共青团嘉善县第二十届委员会及常务委员会。完善团干部协管制度,选优配强团干部队伍,全面完成基层换届工作。抓好“团干部修身计划”,开展《关于加强和改进党的群团工作的意见》“党章、党规、党纪”等专题学习会以及工作技能培训、新媒体运用应对等37期。学习贯彻“三严三实”,召开双述双评会议,落实“五联五帮”等工作机制。开展共青团组织与人大代表、政协委员面对面活动,通过深入调查、研究,撰写《关于加大农村基层青少年活动阵地、场所建设及管理的建议》等提案,向县十五届人大四次会议提交。党建带团建,推进农村和“两新”组织团建工作,全年新建团组织73个。推广非公有制企业团建5S标准化建设,新命名县级团建示范点10个。

【青联少先队工作】 加强青联组织建设,发挥青联委员在各个领域的作用。全年联合青联开展活动13次,实施青联委员合作项目3个,与汇优文化传媒有限公司签订战略合作协议。加强少先队组织建设和对少先队组织指导带领。召开县少工委七届三次全委会,举办县少先队辅导员培训班,编印《少先队活动课案例集》。加强县志工办和县志愿者协会建设,推动优秀志愿服务项目参加社会公益创投,3个项目入选。配合县青少年宫,开展各类公益性活动,全年举办活动72场,10000余名青少年参与。

(吴　洁)

社会科学界联合会

【概况】 2015年,嘉善县社会科学界联合会下属学会(协会、研究会)20个。围绕中心,发挥优势,组织开展课题研究和成果评选、社科宣传普及,提升联合会的服务能力。

【课题研究和成果评选】 组织开展县社科优秀成果评奖工作,研究制定《嘉善县社科优秀成果评选办法》,收到申报成果91项,其中著作类11项、论文类80项,评出优秀成果22项。组织开展省、市社科课题和优秀成果申报工作,全年申报省级社科课题21项,市级社科课题45项,其中列入省级课题3项,市级规划课题9项,获得市社科联重点课题一等奖1项、三等奖2项,市级社科优秀成果三等奖1项。组织开展县重大课题研究工作,做好“善治:中国县域治理现代化嘉善样本”“深入贯彻‘四个全面’战略布局与深化县域科学发展示范点内涵的研究”“论善”“践行‘绿水青山就是金山银山’理念 打造平原地区生态文明建设‘嘉善样本’”等课题的研究。其中“善治:中国县域治理现代化嘉善样本”课题作为全省唯一地方党委负责人课题列入浙江省社科规划课题;嘉善县成功入选全省践行“两山”理论研讨会10个样本县(市、区)之一作交流发言,并在浙江在线推出网络宣讲片《绿水青山风正举——“两山”嘉善故事》。

【社科宣传普及】 组织做好社科普及月活动,10～11月,举办各类活动85场,发放宣传资料50多种6000余份。组织开展“红船精神”宣讲活动,邀请市“红船精神宣讲团”到上海杉达大学光彪学院、

“柳洲大讲堂”开展主题宣讲，受众200余人。组织开展“弘扬红船精神 坚定理想信念”主题微党课比赛，全县甄选出14名优秀微党课宣讲员到基层巡回宣讲27场、受众3000余人。创新和完善县社科人文讲堂品牌“柳洲大讲堂”的工作机制和运行模式，整合全县各类讲堂资源，开设分讲堂，全年开展专题讲座20场，受益9300人。组织“纪念抗战胜利70周年”系列活动，开展理论座谈会、主题征文活动等。

【自身建设】 加强社团交流和联系，经常性开展走访、慰问、学术交流、课题研讨等活动，指导社团开展工作。制定下发《2015年嘉善县社科联工作要点》，组织各有关学会(协会、研究会)负责人以及基层社科骨干召开“推动嘉善社科发展”研讨会。抓好社科骨干业务专题培训，将社科骨干培训列入县委党校主体班培训计划，举办首届全县社科骨干培训班。各级社科普及基地开展各类特色性社科普及活动，各学会(协会、研究会)创建和办好各类社科学术刊物。推动新媒体普及方式，创建“嘉善社科联”微信公众号。做好社团登记、备案工作，及时掌握、积极指导社团换届工作。 (陆斌超)

妇女联合会

【概况】 2015年，嘉善县妇联学习贯彻中央和省委党的群团工作会议精神，围绕县委、县政府决策部署，落实上级妇联的工作要求，找准妇女工作着力点，紧贴妇女实际需求，在助推中心工作、服务妇女发展、提升自身建设等方面取得新进展。年内，在市妇联目标责任制考核中被评为优秀单位，承办嘉兴市家庭教育工作现场会，县教育局妇委会获评全国巾帼建功先进集体。

【服务妇女创业】 帮助妇女在“互联网+”新业态中主动作为，实现创业创新梦想。举办电子商务、女大学生SYB创业培训、市场营销等各类培训109期，受训妇女约7000人次。引导妇女实现“家门口”创业创富，大力培育农产品女经纪人、巾帼来料加工示范基地，命名第二批县级巾帼创业创新实践基地10个。9月28日，举办“你我同心·创业同行”巾帼创业结对交流活动，9名创业导师分别和从事农业种植、微商销售、家庭农场、来料加工行业的巾帼创业代表牵手结对。11月6日，成立西塘吾巧盘扣手工编织社。全县累计有十字绣、针织品等来料加工点162个，从事来料加工的女经纪人235人。继续开展小额贴息贷款工作，办理女性创业小额贴息贷款1273万元，贴息金额22.5万元，受益妇女50户。创新开展“巾帼创业致富直通车”活动，将创业政策、转型转产项目、致富先进典型、资金扶助、创业知识技能等送到妇女手中。全年开展直通车活动37次，发放宣传资料近2万份，服务妇女1万多人次。5月26日上午，全县“巾帼赛”活动工作会议召开，进一步部署深化县“巾帼赛”活动。

【构建幸福家庭】 开展“善美”评创活动，“三八”节期间，举办嘉善县第二届“善美”家庭文化节，挖掘、选树、表彰十佳善美女性、十佳善美家庭及十佳善美团队。在全县机关干部家庭中开展“立家训·树家风”活动，在村、社区、学校开展采风活动、读书活动、暑期活动、文化活动等主题活动。深化特色家庭创建活动，继续开展文明家庭、平安和谐家庭、绿色家庭评选评创。深化全国家庭教育试点工作。继续完善与推广好习惯家长学校、十五分钟微课堂、阳光家园等家庭教育指导服务品牌，形成一套规范化、长效化的管理机制。重点推进企业家教“十五分钟微课堂”，出台《嘉善县企业家长学校等级认定实施意见》，全年新增企业微课堂100家，创精品微课堂20家。进一步发挥县家庭教育指导中心作用，全年开展“科学家教城乡行”、“教子有方”大讲堂、优秀家长沙龙等活动85场次，组织家庭教育讲师深入农村、社区、企业普及先进家教理念。其中一期海蓝博士主讲的家庭教育大型讲座，有800多名家长参与，赢得良好的社会反响。5月22日，嘉兴市家庭教育工作会议暨家庭教育指导服务体系建设推进会在嘉善县召开，省妇儿工委办主任、省妇联副主席方颖，副市长、市妇儿工委主任祝亚伟，县委副书记滕根林等领导出席会议。开展巾帼志愿服务活动。打造“与善同行”志愿服务品牌，重点关注贫困妇女、留守流动妇女儿童、失能老人、失独家庭等特殊人群的特殊需求，广泛开展爱心帮扶、结对互助活动。12月3日上午，嘉善县“邻里守望·姐妹相助”巾帼主题志愿服务在晋阳社区善园内启动。全年,全县妇联组织开展各类巾帼主题志愿活动300多次,参加人员5000多人次。

【打造美丽嘉善】 继续开展"十佳善美女性"评选表彰活动,开展"女性素质提升行动",举办女性社会工作、社交礼仪、心理健康等各类辅导培训12期。阳光妈妈阳丽平获"全国劳动模范"称号,行游天下旅行社总经理孙莹莹获评嘉兴市"十佳最美嘉禾女性"。打造美丽团队。5月29日,举行嘉善县"美丽家园巾帼先行"主题活动暨"寻找巾帼美丽团队"启动仪式,授牌成立县巾帼志愿者服务总队及爱心帮扶、法律维权、清洁家园等9支巾帼志愿者分队。4月22日,嘉善县女企业家协会换届大会召开,县女企业家协会会员63人参加。会议选举产生嘉善县女企业家协会第三届理事会、会长、副会长、秘书长、副秘书长。设立"美丽基金",对困难妇女儿童进行帮扶。建设美丽家园。3月5日,举行纪念"三八"国际劳动妇女节105周年暨"争当美丽典范 共建美好家园"表彰大会,宣读《创建优美庭院 共建美丽嘉善》倡议书。启动第二轮优美庭院创建工作,出台微田园创建标准,进一步扩大"微田园"创建面,在全县1/3的自然村保留点建设"微田园"。新增县级"微田园"示范组62个,11个村成功创建为市级"优美庭院"示范村。开展"优美庭院进农家"科普宣讲活动,招募28名专家学者、科技人员、环保志愿者等组成讲师团,进农家宣传传统美德、科技知识、环境保护、文明礼仪。开展"两美"主题报道、寻找最美庭院(阳台)摄影大赛、县级"优美庭院"示范户评比表彰等活动。

【开展普法宣传】 以男女平等基本国策实施20周年为契机,广泛宣传基本国策和《中华人民共和国妇女权益保障法》,全县妇联系统开展讲座、论坛、沙龙等活动35场次,5000余人次参与。男女平等基本国策被列入县委理论中心组学习内容,全县200多名科级领导干部参加学习。以普法宣传为抓手,先后开展镇(街道)妇联主席参与典型案件的"庭审观摩"、基层妇联干部主题沙龙、法官"走村进企入户"宣传等活动,并在电视台开辟《以案说法》栏目,增强法律意识,提高依法维权的能力。

【妇女维权】 充分发挥县、镇(街道)两级婚调委的作用,推动婚姻家庭矛盾纠纷调解工作深入开展,县镇(街道)两级妇联全年接待来信来访来电137件,矛盾纠纷调处率98%。联合县公安局、县人民检察院、县人民法院、县司法局等部门出台《嘉善县家庭暴力告诫制度实施办法(试行)》,严格按照该办法告诫轻微家庭暴力违法行为人,打击严重暴力伤害家庭成员的犯罪行为。加强与民政等部门的合作,支持致缘社工服务社实施婚姻家庭调适社工项目,开展婚姻家庭法规咨询、家庭矛盾调解、情感心理问题疏导、婚前孕前保健指导等服务。

深入开展"三八"维权周活动,通过维权简报评比、维权案例征集、维权上街宣传、法制故事宣讲、文艺下乡等活动,引导与帮助妇女理性维权、依法维权。在"11·25"国际除暴日期间,联合县委综治办、县司法局、县公安局等部门举办"反对家庭暴力"大型广场宣传咨询服务,现场发放资料近1500份,征集反家暴签名500余个。

【妇幼帮扶】 召开妇儿工委专题会议,推动妇女儿童发展"十二五"规划的全面实施,部署"十三五"规划编制工作。9月28日,召开嘉善县妇女儿童"十二五"规划终期监测评估暨"十三五"规划编制工作部署会。完成对妇女儿童发展规划169个指标的监测评估,着手开展"十三五"规划的前期调研,初步确定一批妇女儿童实事项目。继续实施城乡妇女"两癌"免费检查项目,完成"两癌"筛查31000多人,获省"两癌"补助8人。开展贫困患病妇女儿童救助工作,发动县女企业家协会为1名陷入困境的母亲捐款6万余元。"六一"期间,开展走访慰问与微心愿点亮行动,县、镇两级共走访学校54所,发放慰问经费约13万元,帮助全县427名儿童点亮微梦想、实现微心愿。县电视台合办"爱在行动"公益活动,为4户困难家庭筹集救助资金2.7万元。

【妇女组织建设】 适应城乡发展变化的新态势,创新基层妇联组织的设置形式和存在形态。至年底,全县应建"两新"妇女组织598个,已建535个,完成89.46%;覆盖"两新"组织1658家,覆盖率82.94%。探索以爱好、职业为纽带凝聚各行各业女性社团,培育发展女性柔性组织。凝聚转产转业妇女,发展妇女联谊组织,成立以十字绣为特色的大云"绣美社团"、以手工盘扣为主的西塘"吾巧"手工盘扣编织坊等。加强与女摄影家协会、农产品经纪人巾帼分会等各类专业、特性妇女团体的联系，最大限度地实现对妇女群众的组织覆盖、工作覆盖。

【妇女干部队伍建设】 完善妇联干部联系服务妇女群众制度，建立妇联干部联系镇(街道)、妇联执委联系企业、妇女代表联系群众等“三联”制度，以“四访四问”为载体定期走访妇女群众。9月，县、镇(街道)、村(社区)三级妇联干部同步开展“进万家门、访万家情、结万家亲”大走访大调研活动，了解妇女情况、家庭情况、基层组织建设情况。三级妇联组织发放调查表格1500多份，召开座谈会21次，走访基层妇联干部150多人，走访家庭5600多户，慰问困难创业妇女、困难基层妇女干部、重病困难妇女群众等27人。抓好妇联干部培训工作，先后举办优秀村级妇女组织负责人、“两新”妇女组织负责人、巾帼文明岗岗长、基层妇女干部培训班6期，参训人员180人，提升妇女干部群体素质。

【妇女之家】 以妇女主任进文化礼堂理事会以及妇女活动融入农村文化礼堂“星期日”活动为契机，广泛开展文体文化文艺活动。开展星级评创活动，年度新增四星级、五星级“妇女之家”各9个。打造妇女之家示范点，打造惠民街道惠通村慈孝“妇女之家”、西塘镇鸦鹊村生产型“妇女之家”等特色示范。3月15日，中办群团工作调研组到嘉善调研妇联工作，实地走访调研魏中村妇女之家的运作情况。11月20日，省妇联副主席童丽君就基层妇女组织建设工作到嘉善开展实地走访调研，相继走访魏塘街道魏中村和姚庄镇桃源新邨妇女之家。

（孙　美）

科学技术协会

【概况】 2015年，嘉善县科学技术协会(简称县科协)所属学(协会)26个、企业科协5个，单位会员676个、个人会员2593人。至年底，全县有国家级科普示范社区1个，全国农村科普示范基地和全国科普教育基地1个，省级科普示范镇(街道)8个、示范村8个、示范社区3个、科技示范户48户；市级科普示范镇(街道)9个、科普示范村42个、示范社区16个、科技示范户76户。县科协被浙江省科协评为2015年度县级科协工作先进单位，在县级科协工作目标责任制考核中被嘉兴市科协评为优秀单位。

【县科协第九次代表大会】 12月9～10日，召开县科协第九次代表大会。省科协副主席梁细弟、市科协副主席李轩渠莅临指导。县委、县人大、县政府、县政协四副班子主要领导和分管领导出席大会。来自全县各条战线的250名科技、科普工作者参加大会，选举产生县科协第九届委员会。在随后召开的县科协九届一次全委会上，选举产生新一届常委会。

【科技强企】 围绕服务企业转型升级，大力开展高端科技人才引进，增强企业创新能力。通过项目合作的方式，院士专家与企业形成研发共同体，帮助企业走精品高端发展之路。2015年，中国海洋大学麦康森、二炮工程设计院侯立安两位院士及其团队分别与姚庄镇浙江粤海饲料有限公司、魏塘街道浙江爱迪曼环保科技股份有限公司两家企业开展技术合作，成立院士专家工作站，至年底，全县累计成立院士专家工作站5家。浙江浦江缆索有限公司发挥院士专家工作站作用，和同济大学项海帆、范立础两位院士合作开发的1960MPa等级悬索桥主缆单元索股编制技术填补亚洲技术空白，为企业取得显著的经济效益。

【人才对接】 依托嘉兴·长三角“海智”基地，县科协积极搭建海外人才智力为国服务平台，为促进全县人才、技术、项目需求与海外智力资源的有效对接作出新尝试，建立嘉兴市首家“海智计划”工作站。9月23日，召开中国归谷嘉善科技园“海智计划”(嘉善)工作站授牌仪式暨海归人才对接交流会，来自美国、比利时等6个国家的7位“海智”专家专程回国参与活动。组织归谷园区有关负责人参加中国及省市科协组织的海外人才项目对接会，推动归谷园区主导产业与海外专家开展项目对接。

【成果转化】 抓好“金桥工程”项目的申报、立项、实施工作，促进科技与经济结合，加快科技成果向现实生产力的转化。各镇(街道)科协、县级学(协)

会积极参与“金桥工程”申报，着重选择引进推广新材料、新技术、新方法、新品种和节约资源、保护环境的项目。2015 年，立项“金桥工程”36 项，实现年增利税 5184.34 万元，节约资金 1988.76 万元。开展技术咨询服务，维护企业知识产权呈现良好态势。协助企业申报各类专利 160 件，其中有 12 件发明专利被国家专利局授权。

【科普活动】 4 月 22 日，牵头召开全县公众科学素质领导小组会议，全面部署 2015 年工作。印发《2015 年嘉善县实施〈全民科学素质行动计划纲要〉工作要点》。发放《科普天地》《绿色家园》等科普书籍，鼓励领导干部和公务员担任科普志愿者，开展形式多样的科普咨询活动。组织科普讲师团到中山、张泾汇、罗星等社区举办科普讲座，普及低碳环保、五水共治、养生保健等方面知识。通过春季五下乡、学雷锋、社区共建等载体，以科普知识图板展示、科普资料发放、科普讲座等形式组织科普宣传进社区。办好农函大实用技术培训班，召开农业新生代座谈会。做好全县农民技术人员职称评定和晋升工作，53 名农民技术人员符合评定条件。举办全县青少年科幻画大赛，收到作品 362 件，67 件作品获奖。开展专利知识科普宣传，提升企业的专利意识。组织百人科普讲师团进企业开展科普知识讲座，帮助企业维护合法权益。

【重点活动】 开展沪、苏、浙城际科普交流活动，推进优质科普资源共建共享。结合科普融入文化礼堂试点工作，在罗星街道和合社区引进上海科普教育发展基金会科普项目“赛复流动科技馆”，陶庄镇翔胜村建成全县首家农村青少年科普活动中心。组织开展科普周、全国科普日主题宣传活动，全县集中开展各类科普活动 86 项。邀请中科院 3 位资深科学家为县 6 所小学作科普报告，2000 多名青少年学生参加。开展《科普新说》电视专栏、科普电视大奖赛等一批针对不同人群的科普活动。持续开展“科普月月行”，2015 年，县科协组织科普志愿者分别在罗星街道柳洲社区、魏塘街道魏中村等 12 个村(社区)、企业开展科普宣传，直接惠及群众 12000 多人。

【科普创建】 嘉兴碧云花园成功创建全国农村科普示范基地和全国科普教育基地。嘉善县惠民蜜梨科普示范基地成功创建省级农村科普示范基地。嘉善县九熊黄桃专业协会成功创建省级农村专业技术协会。嘉善鑫海精密铸件有限公司、斯麦乐集团有限公司被命名为市级科普教育基地。王志康等 6 人获选第九批省级农村科技示范户。逐步形成“培养一个科技示范户、创建一个基地、扶持一个农技协、带动一个产业、打造一个品牌、致富一方群众”的农村科普“六个一”工作模式。

【建家交友】 组织科技人员完成重点课题研究 140 项，内容涉及经济发展、美丽乡村建设、企业科技创新、科技资源配置等 8 个方面。鼓励科技人员总结学术成果，推荐上报 13 篇优秀学术论文参加嘉兴市第十届自然科学学术奖评选。召开科技界迎春茶会为科技工作者沟通交流创造机会。组织科技人员建言献策，全年县科协向县委、县政府提交调研报告 7 篇，分别得到县委、县政府领导的批示。县金融学会组织“新常态、新理念、新探索”为主题的调研活动，撰写调研文章 30 篇，推动金融业创新服务，支持经济科学发展。

【基层组织建设】 以增强学(协)会活力、提升学(协)会能力为重点，着力抓好学(协)会的组织建设，健全学(协)会各项制度。开展“练内功 提能力助力创新驱动”等主题活动，提高学(协)会的学术影响力、会员凝聚力、社会公信力和自主发展能力。配合县民政局做好所属县级学(协)会年检工作，指导学(协)会遵照章程落实相关制度。扩大基层组织队伍，2015 年，新成立县无线电协会。指导所属学(学)会承接政府职能。做好县级学(协)会承接政府职能资质认证工作，努力建设能负责、能问责的学(协)会。至年底，县科协所属学(协)会承接政府转移职能 13 项。支持所属学(学)会开展学术活动。

(高全星)

文学艺术界联合会

【概况】 2015 年，嘉善县文学艺术界联合会(以下简称县文联)围绕全面推进“县域科学发展示范点”建设的工作大局，以习近平总书记在文艺工作座谈会上讲话精神为指针，紧扣“学、采、送、种”工作要求，坚持以人民为中心的创作理念和为基层服务、为社会主义服务的创作方向，百花齐放，百家争鸣，突出原创性、本土化，以“以文治水”和纪念抗日战争胜利70周年为创作重点，繁荣文艺创作和文艺活动。完成所属各文艺家协会换届和召开县文联第七次代表大会，推进文联组织建设、制度建设全面进步。

【纪念抗日战争胜利70周年系列活动】 在配合做好“我的抗战”——嘉兴市纪念抗日战争胜利70周年文艺采风创作活动的同时，组织举办包括文学创作、书法展览等主题性系列纪念活动。纪念抗日战争胜利70周年文学创作主题征文活动，突出“我的抗战”主题，征集到一批记录发生在嘉善的或嘉善人抗战的原创作品，丰富嘉善抗战史实资料。重点安排反映七昼夜抗日阻击战史实的长篇小说《七天七夜》创作。长篇小说《七天七夜》为市、县扶持的重点创作项目，作者曹琦，初稿计28万字。

【“以文治水”系列创作活动】 将2015年度的“新农村·新风貌·新故事”采风创作暨全县戏剧、曲艺、新故事征文活动主题确定为“以文治水”，组织县作家协会、县民间文艺家协会和县戏剧曲艺家协会等会员，分批到各镇、街道采风走访创作，用文艺的形式更加有效地提升人们的环境意识。收到征文作品59件，评选出一、二、三等奖和优秀作品奖30件。举办“以文治水”主题嘉善县第二届农民书法作品大赛。收到参赛书法作品159件，评选获奖作品39件，命名第二批嘉善农民书法家、嘉善书法村。配合县治水办举办“以文治水”征文活动，调动全社会的力量宣传“五水共治”，参与“五水共治”。

【文艺精品】 《中国诗人》2015年第2卷刊《诗版图·嘉善诗人群作品选》，刊载张敏华、起子等8人52首诗，嘉善诗人首次群体集中亮相。《鉴湖》第6期，张敏华、起子等6人刊发诗作。《人民文学》2015年第2期刊发张敏华组诗《潮湿的隐喻》，《人民文学》2015年第4期刊发起子组诗《近乡情更怯》。沈晔冰诗集《流淌的诗画》由浙江工商大学出版社出版。陈书缘长篇小说《星辰夜空之疯狂三人帮》(星空系列第一部)由中国电影出版社出版，《年复一年，你在身边》由吴越电子音像出版社出版。省十四届水彩画展上，夏子作品获优秀奖，赵溶、孙伟、阿土作品入展。朱个、夏烁、沈晔冰入选省“新荷计划”(共30人)，分别被表彰为实力作家、活力作家、潜力作家。

【“中国新故事之乡”系列活动】 7月，在嘉善开展中国民协第十二届民间文艺山花奖·民间文学作品奖复评工作。中国民协命名并授予嘉善县为“中国新故事之乡”。举办第三届“吴根越角”新故事创作征文邀请赛，19个省、市(区)200多名作者308件作品参加。举办“善文化杯”全省少儿故事大王演讲比赛决赛。8月，决赛由全省7个地市16名少儿参加，最后评选出一等奖3名、二等奖5名、三等奖8名。姚庄小学的李新月获得一等奖。11月，组织县民协、县作协和县戏协等30多名会员赴“中国故事之乡”和“中国故事创作培训基地”余杭区考察学习，和余杭的故事同行进行交流座谈并举办新故事创作培训活动。其间，邀请省故事专业委员会主任、《山海经》杂志主编毛晓青和“山花奖”得主、省故事专业委员会副主任丰国需，分别就新故事创作和演讲专题讲课。

【嘉善农民画展走进上海书画院】 8月，在上海书画院展示姚庄农民画90多幅。近年来，姚庄农民绘画群体不断扩大，农民画影响不断扩大。先后有20多幅作品被选送到美国、西班牙、捷克等地展出，30多幅作品在浙江省和中国美协举办的展览与评比中获奖。

【“柳洲”文艺丛书创作研讨会】 选择10位作者的个人创作作品集，出版《柳洲》文艺丛书。3月27日，邀请省作协、省文学院、市作协和《江南》《西湖》《浙江作家》及《上海文学》等领导、专家，对《像奔跑那样美好的事》等《柳洲》文艺丛书的每一个作品都进行点评，并对嘉善文艺创作的发展给予指导。

【“美丽嘉善”水墨丹青写生创作活动】 组织县美协会员21人，以水乡·田园·人家为内容，完成采风写生和创作作品68件，在写实的基础上，艺术地展现县域科学发展示范点建设进程，讴歌“两美”嘉善建设新成就。

【各文艺家协会换届】 7月,县文联向县委提交《关于做好所属各文艺家协会换届工作的报告》。从8月开始,所属各文艺家协会相继按要求成立换届工作小组,研究与制定换届工作方案。9月底开始,所属各文艺家协会陆续召开代表大会(或会员大会)。到12月10日,9个文艺家协会全部完成换届工作。

【第七次县文代会】 12月21日,召开嘉善县文学艺术界联合会第七次代表大会。出席大会的正式代表160人,列席、特邀代表104人。会议选举产生县文联七届委员会。 (卓国荣)

归侨侨眷联合会

【概况】 2015年,嘉善县侨联以科学发展观、邓小平理论和"三个代表"重要思想为指导,贯彻落实科学发展观,奋发进取、务实创新,在对外联络联谊、维护侨众利益、服务中心大局等方面开展大量工作。

【关爱归侨侨眷】 春节期间,会同市侨联对县内2名归侨进行上门慰问,县侨办对全县21名侨眷进行上门慰问。嘉兴市侨商会会长戴其丰、常务副会长陈春平等对干窑镇范东村4户困难户看望慰问。继续推进"金融惠侨"工作,通过与嘉善农商银行合作的"涉侨惠贷"绿色金融服务平台向2名涉侨人士发放贷款150万元。

【基层侨务工作】 实现全县基层侨联全覆盖,出台关于加强各镇、开发区(街道)侨联组织建设的文件,要求基层侨联围绕"五个有"的标准争先创优。走访基层侨联,督查"五个有"标准开展情况,通过倾听基层声音更好地做好指导工作,确保基层侨联工作发展。

【建立"侨之家"平台】 探索在城区魏塘街道成立"侨之家"平台,让城区的涉侨人士有地方可聚、有活动参加,增强沟通。

【侨务宣传】 积极开展侨务法规的宣传和普及,以基层侨联组织建设为平台,推进侨法知识进村、进社区、进党校、进学校、进企业等活动。 (严嘉灵)

台胞台属联谊会

【概况】 2015年,嘉善县台胞台属联谊会(以下简称台联会)深入贯彻党的对台工作方针政策,团结广大台胞台属,在维护台胞台属合法权益、积极参政议政、推动全县经济发展等方面创新工作方法,改进工作作风,圆满完成年度任务。

【换届选举】 做好第六次台胞台属联谊会换届选举工作,12月4日,举行嘉善县台胞台属联谊会第六次代表大会,选举产生台胞台属联谊会第六届理事会。对全县400多名在档台属进行信息更新,制作《善台携手颂亲情》纪念册。

【学习联谊】 全年,县台联会召开理事会议4次,学习中共十八届五中全会、习近平总书记等重要讲话精神,传达中央、省、市对台方针政策。积极参加市、县举办的各类形势报告会、读书会等,切实提高台联会干部的自身素质。定期开展外出考察交流,参观考察由国台办和省政府着力推进、两岸共同打造的浙江省一级生态项目——世合·理想大地。组织台胞台属参加嘉兴市"海峡两岸裹粽友谊赛",分获团体和个人一等奖。接待江苏连云港台谊会交流考察团,与连云港赣榆区台联会结为友好协会,并达成初步合作意向。

【服务台胞台属】 完善县台联会理事联系基层工作制度和县台联会干部联系重点台属制度。加强台联会干部与台胞台属的经常性联系和沟通,及时掌握基层情况。结合自身特点,开展上门走访和慰问活动,走访和慰问台胞台属40多户。了解台胞台属与台湾亲戚的联系交往情况,宣传台海形势、中央对台方针政策,发挥台胞台属在促进两岸关系和平发展中的重要作用。充分发挥县台联会服务协调职能,解决台胞台属反映的问题和困难,对能解决的力求做到即时解决。针对需要多部门协调处理的复杂问题,积极协调各部门服务台企机制,联合相关部门进行协调解难。协调处理台属唐玉梅寻找台湾亲人、台属邱彩珍生活困难、台胞陈勇先突发哮喘生病住院无钱治疗等问题20多件,受到台胞台属的肯定。

【宣传交流】 用“请进来走出去”的方式，巩固深化对台交流与宣传。深化基层交流，开展“两岸邻里节”活动，与罗星街道交流团赴南投县永兴里和鹿谷乡开展互访交流活动，接待台湾南投水里乡基层交流团开展“两岸邻里节”活动。开展善台两地多领域交流，接待台湾中小企业家参访团、南投县妇女工会、台籍大学生交流团等5个基层团队97人次到嘉善考察交流。联合县台办开展多形式涉台宣传，以青少年为对象，举办“快乐为媒闹中秋”两岸青少年拓展训练营活动，邀请在善的台籍学生与大陆学生开展活动，促进两岸青少年的交流交往。开展海峡两岸“学校教育与家庭教育”学术交流活动，邀请台湾著名教育实践家李崇建到嘉善为50名学校教师作家庭教育个案工作专题指导。

9月，举办海峡两岸青少年拓展训练营活动。 （县台办 提供）

【参政议政】 台联界政协委员结合自身特长，围绕全县中心工作，切实履行政协委员职能，积极参政议政。县政协十三届第四次全会期间，委员们围绕县委、县政府中心工作和全县经济、政治、文化、社会、生态文明建设中的重要问题以及人民群众反映的热点、难点问题，撰写6件联合或个人提案，得到领导和有关部门的肯定。县台联会在县政协十三届全会召开前夕，多次组织台联界委员召开会议，开展调研，深入企业，撰写完成《借助上市公司 推动并购重组》的调研报告。县政协十三届四次全会期间，县台联会会长涂志清代表台联会作大会发言。成立调研小组，围绕美丽嘉善展开讨论，并提出意见、建议。由会长主持起草调研报告《关于健全完善美丽城市建设长效管理机制的思考和建议》。

（于　瑾）

青年联合会

【概况】 2015年，嘉善县青年联合会高举爱国主义和社会主义伟大旗帜，围绕服务党政大局、服务社会发展、服务青年需求开展工作，护航青年创业创新，团结、激励青年为共同目标奋斗，各项工作取得较好成效。

【服务社会】 围绕中共十八届四中、五中全会精神开展宣讲60余次；“两会”期间开展青年热议活动100余场；组织青年参加辩论赛，为好人好事点赞等活动；组织青联委员观看纪念中国人民抗日战争暨世界反法西斯战争胜利70周年大阅兵。引领广大青年投身生态文明建设，营造社会良好风尚。围绕“践行善文化、传递正能量”主题，举办“善文化”主题宣讲活动24次，引导青年务实、守信、崇学、向善。开展为藏族孤儿送温暖、青联委员认领微心愿等活动，服务社会。

【护航青年创业创新】 围绕建设美丽嘉善目标，为广大青年搭建报效祖国、建设家乡的广阔舞台。利用青联组织的社会资源，开展各类就业创业培训，受益青年1000余人。组织青年创业基地见习，实施“青・帮你找工作”公益服务项目。举办青年招聘会15场，发布就业信息756条，200余名青年实现就业。通过开展创业项目沙龙、导师结对帮扶、创业小额贷款等活动，帮助广大创业初期青年解决各类创业难题。加强青年人才培养和注重青年职工工作能力提升。通过“青年说・分享汇”等20多个交流平台及100多场次专业技术培训活动，开展“号手岗队”岗位竞赛24场次。开展“青年十杰”“青年创业先锋”等评选表彰活动和青年科技创新团队技术攻关、“青春班组”建设等活动，形成青年成才的正面导向，护航青年人才培养,促使青年人才健康成长。

【志愿公益青春奉献】 组织开展“微心愿”圆梦公益行动、关爱新居民子女、青联委员关爱行等志愿服务活动 100 余次,筹集发放各类爱心款十多万,帮助 300 多名困难学生圆梦。参与“放飞少年梦·共圆中国梦”微心愿点亮行动,使 1000 余名孩子成功实现微心愿。通过青少年维权岗、“12355”青少年热线建设,主动倾听青年心声,帮助 11 名闲散青少年重返课堂或就业。走进 15 所学校开展防踩踏、应急自救等安全教育。开展迎新春保护母亲河、“小鱼洁水·清源治水”等活动 60 余次。开展交通文明、素质提升、校园文明、网络文明等系列活动 12 次,助推“创建全国文明城市、共建美丽嘉善”工作。

【对外交流】 完善主席会议、常委会议、界别活动等青联组织制度,各界别组结合自身特点,开展走访考察、座谈联谊等活动,并定期交流。开展嘉善青年菁英家乡行、献计献策等活动 5 次,在外青联组织活动 7 次。加强跨区域青联组织交流,建立“沪嘉共青团团日活动基地”“沪嘉青年联谊会”。开展项目对接、交流联谊等活动 21 次,与各界青联组织联络整合资源,推进嘉善本地社会公共事业发展。

(吴　洁)

军事民防

综　　述

2015年，嘉善县人武部坚持把思想政治建设放在首位，举旗铸魂，筑基固本，以习近平系列讲话精神和“四个全面”战略布局为统领，深刻吸取郭伯雄、徐才厚案件的教训，肃清其影响，确保干部职工永远听党指挥、跟党走。按照“不变质、能打仗、有活力、保稳定、上台阶”的目标要求，紧贴实际，精心筹划，确保各项工作顺利完成。按计划完成首长机关、专武干部、民兵连长和基干民兵训练，修订完善11个大规模作战配套方案，建设民兵情报信息网，完成兵器室改建和武器库搬迁任务。围绕深度融合，推进国防动员和后备力量建设。调整国防动员平时办事机构和战时指挥机构设置，做好国防动员基础性、经常性工作，完成3类35支分队1991人的基干民兵组织整顿任务。全面完成新兵征集任务，大学生占65.9%。对全县所有现役嘉善籍干部进行走访，并送去慰问品和慰问金。嘉善民间拥军人士赴新疆、河南、杭州等部队进行慰问。组织专项清查整治，开展干部工作大检查和财务工作大清查。加强党委机关能力建设，强化党委委员责任心，当先锋作模范，树正气作表率。以党委班子和领导干部为重点，以转作风、反腐败、整风肃纪为重心，着力开展“三严三实”专题教育整顿活动、“条令学习月”活动。着力解决管理松懈、作风松散、纪律松弛等现象，塑造军队形象，依法治军、从严治军。对涉及干部职工切身利益的征兵、经费管理、房地产出租等具体事项，做到程序规范，在阳光下操作，按规矩办事。

以双飞无油轴承有限公司民兵党支部创建为样板，在全县民营企业中开展民兵“红旗党支部”创建活动。

国防教育

【概况】 依据《浙江省国防动员建设纲要》，调整国防动员平时办事机构和战时指挥机构设置，整改2014年国防动员综合考评中发现的问题。每月按时召开国动委各项例会和联络员会议，检查机构运行情况，落实国防动员工作。推进国防动员和后备力量建设，夯实国防动员建设基础。

【“军人荣誉墙”建设】 嘉善县国防教育委员会办公室在县人武部、县教育局和各学校的支持配合下，在全县40所中小学校开展“军人荣誉墙”制作张贴活动。至12月，33所学校完成“军人荣誉墙”的制作张贴工作，完成率82.5%。

【国防动员考核】 7月1日，嘉兴市政府副秘书长仲旭东一行到嘉善考核国防动员工作。考核组对照《浙江省国防动员工作考核实施办法》，通过听取汇报、静态检查、问卷调查和重点核查4个方面，对嘉善县近3年来国防动员工作进行综合考核，充分肯定嘉善县国防动员工作取得的成绩。

【“军事日”活动】 4月10日下午，县人武部组织县“四套班子”领导、国动委“八办”主要负责人、县国教委负责人、各镇(街道)和各局办主要领导57人,在县民兵训练基地开展领导干部“军事日”活动。活动分为民兵武器装备展示和轻武器实弹射击2个部分。 (丛冬健 肖 华)

兵役工作

【概况】 嘉善县征兵工作坚持强化宣传,加强组织领导,配强征兵队伍,坚持集体审批定兵,落实廉洁征兵,圆满完成年度征兵任务。同时,县征兵办完善优抚政策,提高义务兵优待金标准。协调地方有关部门,创新优抚方法,提高义务兵优待金标准,对到西藏和新疆部队服役的战士,给予一次性2万元的生活补助,鼓励适龄青年积极应征。

【征兵宣传】 坚持“一季征兵,四季宣传”,深入学校、村(社区),运用多种方式,开展征兵宣传发动工作。县电视台播放征兵宣传短片,以滚动广告形式播放征兵宣传标语;嘉善新闻网和《嘉兴日报·嘉善版》开设征兵工作专栏;城区电子广告屏滚动播出有关征兵宣传语;各镇(街道)以悬挂横幅、出专栏等形式营造浓厚征兵氛围。8月1日~9月20日,运用电视、电台、网络、报刊、微博、微信、手机短信等各种媒体,集中开展征兵宣传。9月20日后,做好定兵会和新兵欢送会的宣传报道以及总结工作。

【兵役登记】 2015年,嘉善县兵役登记工作集中登记阶段于4月1日展开,6月30日结束。兵役登记工作采取镇(街道)集中登记、各高级中学设点登记和逐家逐户上门登记相结合的方式进行。县征兵办协调县公安局和县教育局列出18周岁青年名单,各镇(街道)和各村(社区)进行核对,保证兵役登记率和网上登记率达到100%。

【征兵体检】 7月2日,县征兵办组织召开目测初检工作部署会,对基层目测工作的时间、方法、标准、体检站设置等作出明确要求。7月7~10日,全县9个镇(街道)同步开展目测初检工作。7月31日~8月8日,县组织应征青年上站体检。体检期间,市体检组到县进行检查,县四套班子主要领导看望慰问应征青年和体检站工作人员,并对征兵体检工作给予充分肯定。 (许振龙 肖 华)

民兵 预备役

【概况】 根据上级要求,强化队伍政治思想建设,积极参与地方中心工作。民兵骨干在接受上级点验、抗击台风、参建援建等大项任务中模范带头,出色完成任务。抓民兵党支部组织体系规范建设,开展“红旗党支部”创建活动。加强民兵情报信息网建设,开展“信息员报知周”活动。完成年度民兵整组任务,加强民兵集中训练,参训民兵在考核和竞赛中军事成绩优秀。加强预备役队伍建设,实施跨区联训,进行应急救援和后勤保障等方面的演练,提高预备役官兵的实战意识和实战能力。

【主题教育】 创新民兵政治教育模式,丰富教育内容,利用民兵整组、点验、拉动时机,在民兵分队中开展“学习践行强军目标,做新一代后备军人”主题教育,增强基干民兵信念信仰、练兵动力、身性胆气。2015年,民兵分队在接受上级点验、防汛抗台、参建援建等重要任务中,主动挑大梁,努力做贡献。

【组织整顿】 2015年第一季度,嘉善县人武部调整布局,优化结构,按时完成应急、支援和储备年度民兵组织整顿任务。4月,分两批对全县基干民兵进行拉动点验,并按照要求,严密组织“三个现地”训练(现地明确任务、现地组织训练、现地协同演练),增强后备力量的组织动员、快速反应和支援保障能力。

【信息员“报知周”活动】 3月,协调县政府应急办、县公安110指挥中心、县气象局、县林业局、县消防大队等部门,召开军地情报信息互通协作联席会议,互通共享辖区信息,完善军地情报会商机制,常态运行民兵情报报知系统,建强民兵情报信息网。并根据省军区司令部情报处统一部署,于3月9~13日,集中全县40名民兵信息员参加第一季度民兵信息员“报知周”活动。

【岗位练兵】 深入开展岗位练兵活动,着力提升首长机关实际指挥能力。对照实战化训练标准,科学制订训练计划;克服工训矛盾,严格按纲施训,突出补智能、精技能、强体能训练。全年,组织首长机关岗位练兵10期56天，完成识图用图作业、新版战术标图，组织轻武器实弹射击。3月，组织20千米战斗体能训练。4月，参加军分区组织的干部手榴弹实投演练。县人武部机关干部参加嘉兴军分区组织的指挥技能集训和体能达标考核。

【战备工作】 吸取上海踩踏事件情况掌握处置不当的教训，1月12日～2月11日，组织参加“情报战备值班加强月”活动。活动包括动员部署、学习教育、检讨反思、专项整治、检查验收。通过活动，健全战备值班机制，提高快速反应能力。4月，县人武部贯彻军分区小型作战会议精神，结合任务需要和辖区实际，修订联防分区大规模作战方案，并与军分区进行对接。完成制订指挥所编成编组和侦察情报保障、信息通信保障、机要密码保障、测绘气象保障、作战数据保障、工程伪装保障、政治工作、后勤保障、装备保障、局部动员11个配套方案。参加军事威慑、地面防卫作战计划专项行动计划修订。12月，军分区工作组通过“听、查、考、拉”等方式，对嘉善县大规模作战人民武装动员准备情况进行全方位、立体式检验评估。

【军事训练】 2015年，嘉善县人武部依据省军区实战化训练增补纲目，运用省军区实战化训练成果，在民兵分队中抓实战化基础训练。通过对实战化训练内容、方法、步骤、保障、评估等方面研究探讨，提升训练水平。6月，县民兵应急连125人参加嘉兴市民兵应急分队军事技能“红红对抗”考核。对抗考核设置7个科目。县民兵应急连取得电台操作项目第一名、综合第四名。同月，6名民兵骨干参加省军区组织的工兵、应急维稳等4个专业的跨区联训。7月，组织冲锋舟操作手集训。全年，组织民兵军事训练8批，各项训练指标均达到或超过上级要求。

【安全保障】 贯彻落实安全管理“四个管出”要求，深化“安全管理六个规范”成果，以“条令学习月”和夏冬两季“百日安全竞赛”活动为抓手，以“人、车枪、弹、密”为重点，开展安全隐患排查整治。全年，组织实弹射击15次，均实现安全无事故。做好驾驶员作风纪律教育整顿和预防季节性车辆事故教育工作，全年累计出车400多台次，总行驶里程3万多千米，均未发生安全责任等级事故。在武器弹药调运过程中，做到严格保密、严密防范、集中保管、安全稳妥、万无一失。投入资金改造营院监控设施。（肖　华　许振龙）

【后勤管理】 建设机关兵器室，建立智能监控、电子标签、室内温湿度遥感、红外报警、防震报警、双密码钢质防盗门等设施并投入使用。根据有关文件精神和省军区、军分区首长的指示要求，对2014年度财务和资产情况进行清查。针对人武部营区生活设施老化、居住环境差的现状，筹措资金，对干部单身宿舍、接待间、家属公寓楼等进行重新装修，解决干部单身宿舍和干部家属居住区房屋漏水、管道破损、电压载荷过低等问题，改善干部、职工家庭居住环境。（罗　成）

【预备役工作】 3月下旬，嘉善直属队在县交通局进行为期4天的新队员入队训练。4月下旬，全县预备役官兵在县民兵训练基地接受嘉兴军分区和嘉兴陆军预备役防化团领导整组拉动点验。5月下旬，参加省军区在省防化兵训练基地组织的为期9天的全省民兵预备役部队防化干部骨干跨区联训。6月，在县交通局和嘉善百斯特汽车维修中心进行为期15天的成建制训练暨新大纲试训，以提高预备役官兵专业技能和核应急救援能力。8月上旬，配合省军区核应急救援检验性演习考核，出动预备役人员10人，参加嘉兴陆军预备役防化团连队运输保障任务演习。

军警民共建

【概况】 2015年，嘉善县重视双拥创建活动和军警民共建工作，县委、县政府节日走访慰问全县现役军人，为军人家属协调解决就业，做好涉军法律援助。民间拥军人士远赴新疆等部队慰问。大云碧云花园被评为省拥军模范企业。

【“双拥”工作】 春节、“八一”等节日期间，县人武部协同嘉善县委、县政府领导对全县现役军人及其家属进行走访慰问。采取分组分片方式，对所有嘉善籍现役干部家属逐家逐户登门慰问，送去慰问品、慰问信和“光荣之家”牌，走访慰问现役军官

126人。为军人家属协调解决就业问题,开展涉军法律援助等。民间拥军人士还赴新疆、河南、杭州等地部队进行慰问。

【抗日战争胜利纪念】 协同民政部门组织开展纪念抗日战争胜利70周年系列活动,邀请抗战老兵宣讲战争经历;举办"牢记烽火岁月·传承光荣使命"参战事迹报告会;举行抗日嘉善阻击战烈士公祭仪式。

(丛冬健)

武装警察部队

【概况】 2015年,中国人民武装警察部队嘉善县中队围绕"抓班子强统筹能力、抓中心强实战素养、抓教育强军人血性、抓精细强工作标准、抓保障强服务效能"总体思路,各项工作全面推进。一、二、三季度纲要考评均获流动红旗,并获评先进中队。年内,1人获二等功1次,1人获三等功1次。

【支部建设】 学习习近平主席系列重要讲话、中共十八届五中全会精神,开展"郭、徐案件教育整顿",组织官兵开展影像制品、文档资料、报刊杂志大清理。学习贯彻总队、支队党委扩大会议精神,从形势、政策、工作实际3个方面对《按纲建队规划》中的6个内容进行修订。针对工作中"内容标准不清楚、工作方法简单粗放"等问题,组织官兵学习《军队基层建设工作手册》,落实每月写一文、每月上教育、每季一讲评的制度。中队党支部风气建设常抓不懈,正风肃纪率先垂范。战士入党、技术兵选送、骨干选配等事关官兵切身利益的问题,严格按程序进行。发挥两大群众组织推荐作用,全年,推荐入党4人、晋升中士3人、改选士官3人、评功评奖12人,8人参加各类集训、考学。

【思想工作】 灵活运用教育骨干队伍、"六小阵地"(广播电视、板报屏幕、灯箱橱窗、图书报刊、文体活动、信息网络)、"三帮一带"(帮思想进步、帮技能提高、帮身心健康、带优良传统)等工作载体,落实思想政治工作。开展主题教育,将月教育作为经常性思想教育主要手段。"三互"(互帮、互学、互教)、"双四一"(干部要主动知道战士在哪里、干什么、想什么、需要什么、有什么困难;战士要主动向干部汇报在哪里、干什么、想什么、需要什么、有什么困难依靠组织解决)、"三帮一带"、"六小阵地"4个载体合一,充分发挥思想骨干引导和激励作用,做好"一人一事"思想工作,聚合"阵地"效能。

【战备训练】 全年,中队担负押解勤务54批次,出动兵力108人次,押解对象267人,完成以执勤处突为中心的各项任务。与目标单位召开联席会议,配置新式哨位系统,提升执勤安全系数;勤务训练采取实情、实地训练方式,抓四哨动作、情况处置、"三圈"方案演练,提高哨兵的情况处置能力。2015年,中队执勤官兵有9人分获总队、支队级"四优"执勤人员荣誉。按照《军事训练"八落实"标准》,紧盯全员、全时、全科目,坚持做到"三训法"(模范带头训、发扬民主训、荣誉激励训),取得一、二、三季度军事训练比武考核前三名的好成绩。做好春节、"两会"及敏感期战役战备执勤工作,落实应急班实战演练、战备值班和应急备勤等工作,保持良好的战备状态。

【规范管理】 抓人员,治隐患,树标准,树立官兵"心中有防线"的思想底线。支部坚持从思想教育入手,着力强化官兵高标准意识,以科学发展观精神为指导,推进部队正规化建设。日常管理归纳为执勤训练、政治教育、作风纪律、内务卫生四大项,以班为单位进行评比,每周讲评通报挂红旗,促进相互竞争,提高工作标准。组织官兵学习《基层正规化管理规定》《士官管理规定》《浙江总队两手管理规定》,以规章制度强化管理的高质量。抓日常行为养成和日常制度落实,提高正规化管理水平。

【安全稳定】 全面落实特殊时期6条刚性措施,确保部队内部安全稳定。重视开展暑期百日安全和安全大竞赛活动,学习、排查、整改三步走,把安全贯彻到日常工作、训练、生活中,筑牢广大官兵"安全第一"的思想防线。2015年是实行9月退役的第一年,中队支部开展"学老兵、赞老兵、颂老兵"活动,向警徽、哨位告别仪式,为老兵制作退伍纪念DV,开展"老兵我为中队留什么"等活动,受到总队政治部领导的高度评价。

【后勤保障】 重视后勤队伍建设,做好后勤专业兵培训工作。重点做好保中心、保生活、保官兵需求。严格落实食谱制订、食物验收登记、食品留样和经济民主制度,抓好食品管理,做好实物验收和检查工作,保证食品安全。做好水、电、气安全管理,账目公开透明,计划开支,日清月结。提高生产效率,改善官兵生活。 (沈越超)

消　防

【概况】 2015 年,嘉善县消防大队认真履行《消防法》,坚持科学发展观,消防工作综合竞争实力提高。通过火灾隐患排查整治,消除一批火灾隐患,改善消防安全环境,增强抵抗火灾能力。全县火灾发生保持相对平稳态势,连续 14 年未发生重大恶性火灾事故。全年,发生火灾 553 起,造成直接经济损失 697.92 万元;消防队伍接警 831 起,出警 831 次(含增援),出动消防车 1396 辆次、消防人员 8475 人次,抢救被困人员 202 人,疏散人员 122 人,抢救财产价值 998.4 万元,无人员伤亡。同比 2014 年,接警起数下降 2.69%,火灾起数下降 6.27%,出动次数下降 5.19%,出动车辆数下降 8.21%,出动消防人员数下降 7.39%,抢救被困人员数上升 84.11%,疏散人员数下降 71.89%。2015 年,嘉善县消防大队被总队评为全省"创满意"先进大队,大队军政主官被支队评为"一对好主官"。

【消防宣传】 调动多方力量,把消防宣传工作向社区和农村居民家庭推进。采取丰富多彩的形式,全方位、多层次宣传贯彻《消防安全常识二十条》,开展消防宣传"七进"活动(即进社区、进学校、进企业、进农村、进家庭、进机关、进网站)。在"七进"的基础上,制作流动消防宣传车,编发《嘉善县消防工作手册》,悬挂消防宣传公益广告牌,向市民广场、商业网点、农贸市场延伸,扩大宣传效果。对外开放消防站,进一步拓展消防宣传教育面。广电部门深度报道消防安全知识和典型火灾案例,教育引导市民增强消防意识和抗御火灾能力;督促消防工作者和单位领导、职工增强消防责任意识,开展经常性的消防安全检查,做到安全自查、隐患自除、责任自负。县电视台在黄金时间滚动播出宣传字幕;县新闻信息中心、县广播电台和镇、村广播站在不同时段播出消防知识,进行媒体造势,强化新闻媒体宣传教育作用。对单位消防安全责任人、管理人、专兼职消防安全管理人员和消防控制室值班操作人员等消防安全从业人员进行消防安全专门培训,发动社会单位开展针对员工的消防安全教育培训,提高其自防自救能力。

【消防安全管理】 召开消防安全会议,专题部署夏季消防安全检查、火灾等安全事故综合治理防控工作;召开领导小组协调会、专项治理现场推进会,及时协调解决难点问题;对辖区 3 家重大火灾隐患单位、5 处区域性火灾隐患单位实行挂牌督办。逢重大活动、节假日,组织相关部门到生产、经营企业一线进行消防安全检查,对重大火灾隐患以及区域性火灾隐患单位重点督导检查。全年,检查单位 2077 家,发现火灾隐患 1456 处,督促整改火灾隐患单位 1398 处,下发《责令限期改正通知书》655 份,处罚单位 70 家,拘留 5 人,责令"三停"17 家,强制关停 1 家,临时查封 11 处。2015 年,全县举办重点单位责任人、管理人、涉危人员、人员密集场所经营管理人等消防安全培训班 9 期,培训 1800 多人次,各镇(街道)组织消防安全培训累计 6000 余人次。

【消防综合治理】 做好火灾预防工作,构筑群防群治火灾防范体系。建立健全消防机构日常监督管理、重点单位网上"户籍化"管理、基层"网格化"管理的"三重"管理模式,做好消防安全自查自纠,消防设施维护、保养工作,落实单位内部消防培训和灭火疏散预案,增强基层单位火灾防控能力。基层派出所配合消防部门,做好辖区内消防检查、监督、管理工作,进行消防执法,并圆满完成"世界互联网大会·乌镇峰会"等重大活动期间的消防保卫工作。明确全县居民社区消防工作组织领导、各部门职责和长效管理机制,细化居民社区消防工作要求,落实各主管部门和设计、建设单位责任,统一居民社区消防工作标准,并将住宅小区审核、验收与社区消防工作有机结合。开展综合治理体系建设。2015 年,成立各级"体系"建设领导小组。各街道全面启动责任签约,提高各类主体消防安全意识。

【消防规划编制】 编制县"十三五"消防规划,在此基础上,各镇编制小城镇消防规划,突出公共消防设施建设与社会经济协调发展。至年底,嘉善县消防专项规划(2014—2020)和6个镇消防专业规划及专篇均通过专家评审,并批准实施。

【消防设施建设】 加大城市公共消防设施建设投入。追加车辆款和装备器材款,用于消防装备建设。消防通道与消防水源建设与城市改造同时规划、同时建设、同时交付使用。至年底,全县市政消火栓673只,消防水源建设达到国家标准的97%。

(县消防大队)

人民防空

【概况】 2015年,嘉善县人防工作主动适应机构改革新常态,努力找准深化县级人防改革与发展切入点,较好地完成各项工作任务。完成国家人防办军事斗争准备检验评估,接受嘉兴市国防动员工作综合考评。全年,受理人防工程易地建设审批及备案163项,竣工人防工程6个,竣工面积14149.39平方米;新增人防停车位270余个;人防工程在建面积147119平方米,同比增加33.40%。国家防空防灾教育训练(嘉善)基地项目成功获批。

【人防指挥通信建设】 组织开展嘉善"银盾—15"人民防空检验性演习,组织参加浙江省人防指挥部演习以及全省人防机动指挥系统跨区域演练。组织"5·12""9·18"两次人防警报试鸣,鸣响率100%。在国网嘉善供电公司成立人防工作领导小组;接入重要经济目标单位的监控视频,组织指导丁栅水厂开展伪装防护演练,提升重要经济目标单位组织防护能力。联合县民政局完成全县15个避灾中心(点)的双挂牌工作。

【人防工程建设】 姚庄镇民防应急疏散指挥保障管理中心项目通过竣工验收,该项目被评为2014年度全县工程建设先进项目。完成新增人防工程的前期审查、指导服务、检查验收、竣工备案、平战转换方案审查等工作,切实把事前、事中、事后"三监督"落到实处。加强规划引导,坚持地下空间开发融入城市建设。根据《嘉善县中心城区地下空间开发利用规划——人防工程规划专篇》要求以及高铁产业新城人防建设实际需求,促进人防工程建设融入城市建设。联合县城投集团启动中央公园地下空间开发项目的立项等前期工作。

【宣传教育】 5月12日,国家防空防灾宣传教育技能训练(嘉善)基地项目正式获国家人防办批准,嘉善县人防办成为全国第一个承担实施该试点项目建设的县级单位。5月15日,国家人防办副局长杨青山到嘉善实地检查指导县筹建工作,对嘉善县的基地建设项目筹备工作给予充分肯定。联合县教育局成立全省首个县级民防教育教研机构——嘉善县学校民防教育教研指导中心。各镇(街道)初步实现农村人防(民防)宣传教育全覆盖。全年,先后举办宣教活动20项,8500余人次直接参与宣教活动。结合各项宣教活动,发放防空防灾宣传资料2.5万份。县人防网站上传信息报道256篇,被《中国人民防空》杂志录用8篇,被国家人民防空网站录用稿件24篇,被《浙江民防》杂志录用稿件13篇。

【基层人防(民防)建设】 巩固基层人防规范化建设成果,加强镇(街道)民防应急指挥平台的维护管理。完成惠民街道示范镇(街道)和浒弄社区、中山社区、谈公社区人防规范化建设的创建工作,全县有市级人防规范化示范镇3个、人防规范化社区14个。9月,嘉辰、南门社区通过省减灾办、省人防办等单位组织的省级综合减灾示范社区创建工作联合检查验收,并于11月26日得到浙江省减灾委员会正式文件命名。

(张　华)

文化建设

精神文明建设

综　　述

2015年，嘉善县围绕学习贯彻落实中共十八大，十八届四中、五中全会精神和习近平总书记系列重要讲话精神，以培育、践行社会主义核心价值观为根本，以创建全国县级文明城市为总抓手，开展精神文明建设工作，深化“善文化”人文品牌和公民思想道德建设。开展“浙江好人”“嘉兴好人”推荐评选工作和“万张红榜送好人”等活动，发挥道德模范示范引领作用，形成尊崇、礼遇、关爱“好人”的社会氛围。志愿服务活动成为常态化，创建多个志愿服务平台。重视未成年人思想道德教育，开展社会主义核心价值观教育实践活动、“中国梦”主题系列活动、各类社会实践活动，以德树人，培养青少年快乐、健康成长。开展群众性精神文明创建，提升公民文明素质和社会文明程度。

思想道德建设

【概况】 围绕提高全民的思想道德素质，结合实际，创新载体，全面深化“善文化”品牌建设，开展丰富多彩“善文化”主题活动；开展道德模范选树关爱活动，推进志愿服务活动常态化。

【“善文化”品牌建设】 与省社科联、省伦理学会合作，编撰完成《论善》一书；受邀参加“传承中华优秀传统文化 培育和践行社会主义核心价值观”研讨会，与上海奉贤、湖北孝感、浙江慈溪、上虞等地合作，开展“慈善孝贤”文化（特别是县域文化核心品牌——“善文化”）研究、交流。建成集了凡生平事迹、了凡书斋（局部）和了凡音像播放于一体的了凡·善文化陈列室；利用文化礼堂、中小学校等平台，通过书法展、故事赛等形式，开展家风家训展示传承活动；召开文化庭院暨家风家训建设工作现场会，宣传弘扬“善文化”；嘉善电视台“善文化”频道《点赞嘉“善”人》栏目精品化，全年播出专题节目60期，相关文章近200篇；成功举办全国第四届“善文化 微散文”大赛、嘉善县第二届“善文化”微电影大赛，提升“善文化”知名度和美誉度，推进“善文化”阵地建设。探索建立“公园＋公益”运行模式，建成“善文化”主题公园和志愿服务总站。各镇（街道）结合地域特色，开展“善文化”主题实践活动近300场。

【道德模范评选】 开展“浙江好人”“嘉兴好人”推荐评选工作，全年向市文明办推荐“好人”候选人14人，2名个人、3个团队入选“浙江好人”榜，阳丽平、沈照琴被评为嘉兴市第五届道德模范。开展“2015感动嘉善——十大善人善事暨第五届道德模范”评选表彰活动，评选表彰5位道德模范、5例感动嘉善善事。全年，走访慰问道德模范26人次，将走访慰问道德模范制度化。了凡·善基金奖励凡人善举31000元，并组织开展“万张红榜送好人”活动，发挥道德模范示范引领作用。开展“我为核心价值观代言”活动，6人被评为“善行义举榜”上榜好人，向广大市民发出“参与志愿服务 共建文明嘉善”倡议。开展“嘉兴市道德模范 身边好人故事汇”基层巡演活动，以寓教于乐形式传播道德正能量。

【志愿服务】 有效整合社会资源、培育优秀志愿服务组织和志愿服务项目。成立志愿服务总站、“善人家”公益街、西塘镇志愿服务社会化运作中心等多个志愿服务平台，“96345”社区服务信息中心高效运行。至年底，嘉善县有志愿服务组织381个，注册志愿者34020人，志愿者人数占县城区总人口的12.13%，321名志愿者被认定为一星级以上志愿者。高速交警嘉善大云卡点被评为全国首批学雷锋活动示范点，西塘镇大舜村纽扣行业公益爱心基地——“捆钱基地”被评为“浙江好人”。有省级优秀志愿者、省级关爱行动优秀项目专员各1名，省级优秀志愿服务项目1个。

未成年人思想道德建设

【概况】 贯彻全省中小学育人工作座谈会以及省市基层宣传思想文化教育工作会议精神，以立德树人为根本，在全县未成年人中进行社会主义核心价值观教育，开展“美丽校园”“文化校园”建设和“中国梦”主题系列活动，在社会实践活动中，教育、培养青少年行善向善、健康成长。

【特色学校建设】 各中小学校均设立“时事宣传栏”，便于学生及时了解和掌握时事动态。将《大禹纪念歌》列为中小学生校园必会曲目，举办中小学百家社团展评、社团建设与学生个性发展论坛。出台《关于全面加强校园文化建设的实施意见》，全面实施“美丽校园”“文化校园”建设，全县33所中小学校被评为特色学校。开展“美德好少年”“十佳孝星”等评选活动，营造崇善向善的校园氛围。全县评选表彰100名美德好少年，其中7人被评为市级美德好少年、1人被评为省级美德好少年。开展“万名好人进校园”活动，用道德模范、身边好人、美德少年先进事迹激励青少年学习、崇尚先进模范，快乐健康成长。

【主题系列活动】 组织落实四项集中性活动。清明节组织学生“网上祭英烈”；“六一”节组织“做一个有道德的人”网上签名寄语；“七一”期间组织“童心向党”歌咏活动；“十一”期间组织网上“向国旗敬礼”活动。大云中心学校在嘉兴市“童心向党”歌咏比赛中获二等奖。开展“洒扫应对”“认星争优”“日行一善”3项经常性活动，教育孩子热爱劳动、积极向上、努力向善。开展以“抗战胜利70周年”为主题的爱国主义教育，有“老党员讲历史”“走红色之旅，寻先辈足迹”等活动。开展“学雷锋·我是好少年”“点亮微心愿”、爱心义卖、“美丽乡村 美好家园”百名青少年保护母亲河等学雷锋志愿活动，培养学生乐于助人的优良品德和自觉的环保意识。

【社会实践活动】 2015年，嘉善县青少年社会教育实践基地工作召开专题会议，嘉善县档案馆等25家单位被命名为“嘉善县青少年社会教育基地”。结合文化礼堂建设使用，实施“春泥计划”，探索建设集传承传统手工技艺、民俗文化、阅读娱乐为一体的“春泥文化园”，全年组织开展各类“春泥计划”活动2000余次。开展“品民俗年味”“寒假嘉年华”“承非遗文化”“我做小小图书管理员”等一系列寒假少年社会实践活动；以“行善向善 全面成长”为主题，组织开展“写家书 扬家风 传真情”“阅读伴我成长”“文明创建我参与”等一系列暑期青少年社会实践活动。发挥乡村学校少年宫作用，开展“美德扬正气”“关爱生命 文明出行”“传承留记忆”“吾客嘉善银”“阅读伴我成长”“感恩母亲节 圆梦微心愿”等系列活动。

群众性精神文明创建

【概况】 2015年，嘉善县以“一创建三复评”工作为抓手，广泛开展群众性精神文明创建活动，开展基层系列创建工作，发挥各级文明单位示范引领作用。顺利通过省级验收和全国县级文明城市创建年度测评。

【一创建三复评】 2月，嘉善县获“全国文明城市提名城市(县级)”称号。建立创建工作领导小组，部署开展以全国县级文明城市创建和全国文明县城、国家卫生县城、浙江省文明县复评为主要内容的“一创建三复评”工作。围绕城市形象提升和市民素质提升两大工程，建立健全县领导联系社区(村)、县级部门与社区(村)结对共建、县领导现场办公、疑难问题协调会商等10项工作机制。由5位县领导分别牵头推进城郊接合部、“城中村”环境整治等10个重点项目;启动“一创建三复评”建设项目49个,总投入近7000万元;建立县城区路段责任包干制度,开展“千人进社区 百日大整治”“奋战四十天 合力解难题”等活动,每周组织全县党员干部开展义务劳动。县领导现场办公20余次,对“城中村”小区、县城区各类市场、善江公路等重点区域、重点通道进行督查。针对马路市场、“僵尸车”、餐饮油污、沿街店面空调外机等问题,召开专题协调会议30余次。对违章搭建、小区环境等群众关心的热点、难点问题进行整治,全年3个街道累计拆除违章建筑面积16.11万平方米,粉刷小区楼道1875个,设置小区公益宣传牌500个、绿化带提示牌1100个。加强老旧小区的基础设施建设、卫生保洁、绿化养护等。做好日常督查工作,下发督查整改通知单462份,涉及各类问题1695个。同时,落实创建工作长效机制。充分运用报纸、电视、微博、微信等平台,做好创建活动信息宣传。设置创建主题迎风旗、大型公益广告牌、阅报栏宣传画、绿化带宣传地插等,并利用LED显示屏、电子屏滚动播放公益广告。在县城区新增文化墙22处,累计长度2800余米;发放文明礼仪宣传手册1万份、宣传折页6万份、倡议书3万份、门前“三包”责任书5000份。运用新闻宣传、社会宣传、环境宣传等手段,提高群众知晓率。关注、曝光各类不文明行为,县广电台《新闻聚焦》曝光问题36个。开展“城市啄木鸟”活动,招募社会志愿者近200人,采纳有效信息75条,整改率100%。到2015年年底,3项复评均顺利通过省级验收,全国县级文明城市创建完成年度测评。

【基层系列创建】 做好文明家庭系列评创,评选表彰“善美”家庭10户;召开城市文明社区共建工作会议,表彰文明社区共建先进单位43家,并结合全国县级文明城市创建、社区志愿服务等重点工作,部署落实城市社区文明共建。县公安局获“全国文明单位”称号,姚庄镇、大云镇、县市场监管局、县地税局顺利通过全国文明村镇、文明单位复评。新增省级文明街道1家、省级文明单位3家、省级文明村3家、市级文明单位8家、市级文明村5家,已有的省级文明单位和村镇全部通过复评。1个街道、5个社区顺利通过市级文明街道和市级文明社区考核验收;16家单位、6个村、2个社区通过县级文明单位、村、社区考核验收。

【文明单位动态管理】 做好文明创建动态管理和工作指导。对市级文明村镇、街道、行业、社区进行复评指导,确保顺利通过复评。发挥各级文明单位示范引领作用,督促引导各级文明单位全面参与“一创建三复评”工作以及各类道德实践活动。县文明办与团县委连续第4次开展认领贫困家庭子女“微心愿”倡议活动,为180多名寒门学子点亮“微心愿”;24家文明单位、“两新”组织参与全县志愿服务项目对接会,与22个优秀志愿服务项目结对,资助金额19万元;各级文明单位组织员工参与道德讲堂、文化礼堂、村(社区)结对扶贫帮困活动。

(陈小东　张殷贺　沈　健)

关心下一代工作

【概况】 2015年,全县关心下一代工作注重发挥“五老”(老党员、老专家、老教师、老战士、老模范)优势,参与社会治理,为青少年办实事做好事,取得良好成果,促进全县关心下一代工作全面开展。

【纪念抗日战争胜利系列活动】 全县各级关工委组织开展纪念中国人民抗日战争暨世界反法西斯战争胜利70周年系列活动,对全县广大青少年进行爱国主义教育。县关工委报告团到全县各中小学校作纪念抗日战争胜利70周年主题巡回宣讲28场次,受教育青少年7036人次。同时,将“铭记历史 缅怀先烈 珍爱和平 开创未来”图片做成展板,同步进行巡回展出。组织纪念抗日战争胜利70周年征文活动,收到征文223篇。

【关心青少年健康成长】 县关工委与县文明办、县教育局联合发文,开办嘉善县青少年社会教育实践基地,并为首批25家嘉善县青少年社会教育实践基地单位授牌。暑假期间,组织开展以“文明作伴 快乐成长”为主题的全县青少年暑期社会实践活动,涉及教育、文体、公益、征文等内容,组织活动437次,参与中小学生15344人次。开展“五小”活动485次,参与活动6965人次。各级关工委通过多种途径,做好帮困助学工作,资助贫困学生352人,资助金额110.54万元。

【普法教育】 各级关工委参与法治社会建设,组织报告团送法律进学校、社区、企业、家庭,以普法教育讲座和报告会形式对青少年进行普法教育。全年,报告团作法制报告20场次,受教育青少年6710人次。与县教育局、县司法局、县新居民事务局联合在全县八年级学生中开展第九届“法育未来”法律知识竞赛和第三届“关爱明天 普法先行”青少年普法教育活动。联合相关部门开办好每月1期的《家园》专题节目和《未来苑》专栏,举办全县第十届“十佳孝星”评选活动。发挥“五老”作用,全县20名“五老”志愿者对76家网吧开展监督活动300余次。

【队伍建设】 加强县关心下一代工作委员会队伍建设,充实县机关党工委关工委主任和县教育局关工委主任为县关工委副主任,明确嘉善县关心下一代工作委员会成员单位职责。重视企业关工委组织建设,召开全县企业关心下一代工作会议。开展“五老”队伍建设调研,形成《关于加强“五老”队伍建设的调查与思考》调研报告,县主要领导分别在县关工委上报的调研报告上批示,肯定全县关工委和广大“五老”在关心下一代工作中发挥的积极作用。召开纪念关工委成立25周年暨“五老”座谈会,举办“五老”培训班。在《嘉兴日报》(嘉善版)开设《“五老”风采》栏目,登载“五老”典型事迹,并编印《“五老”风采汇编》。下发《关于加强“五老”队伍建设的意见》,促进全县关心下一代工作的科学发展。

(唐小萍)

教　育

综　述

2015年，嘉善县教育工作以办好人民满意教育为目标，围绕“聚焦主业、深化改革，全面提高教育教学质量”工作主题，全面推进教育优质、均衡、特色发展。嘉善县被省教育厅推荐为全国职业教育和成人教育示范县、全国社区教育实验区。

实施教育办学体制改革。嘉善县实施集团化办学，发挥优质学校辐射带动作用，8月，成立吴镇教育集团。下半年，与浙江师范大学合作，成立浙江师范大学附属嘉善实验学校；与上海师范大学合作，成立十二年一贯制民办学校上海师范大学附属嘉善实验学校，实现高校合作办学。

完善教育教学评价工作。对学校考核采取“实地考核＋校长互评＋民主测评”评价方式，引入第三方评价机制。建立以教育质量为主要内容的学校目标责任制考核办法，制定出台《嘉善县教育局关于全面加强校园文化建设的实施意见》。开展特色项目、特色学校、美丽校园评创工作。2015年，全县23所中小学（幼儿园）重点项目被评为市级重点项目，5所学校被评为县示范性美丽校园，20所学校被评为县美丽校园。评出县特色学校15所，累计48所；特色项目学校2所，累计83所。公办特色学校和特色项目学校占98.2%。

推进各类教育协调发展。义务教育入学率、高中段升学率和省三级以上幼儿园儿童在园率达到省市级要求。“三残”少儿入学率100%。高考万人比在全市保持领先，第一批上线人数、比例实现双增长。122名学生获得“211”高校、“985”高校及省属名校自主招生资格。出台《关于深化义务教育课程改革的实施意见》，确立20所学校为推进课程改革试点学校，确定10所学校为“导学”课堂实践成果提炼基地学校。俞汇小学在4月召开的省深化义务教育课改工作视频会议上作经验介绍。加强职业学校专业建设。2015年高考，县高职类考生303人，上线率98.4%。在全省中职技能大赛上，嘉善县获三金八银八铜，在全国技能大赛上获三金两银，金牌总数列全市第一。探索建立以现代学徒制为主要特征的管理制度，建立职教集团5个，校企合作型企业135家。举办第五届“浙江嘉善—上海金山—江苏吴江”终身教育联盟合作论坛。

全面实施素质教育。2015年，全县学生在学科竞赛、艺术素养、科技创新等方面获国家级一、二、三等奖388人次，比上年增加109人次，省市获奖1443人次。优化课程结构，全县高中推行选课走班制度，形成各具特色学校个性化选修课程体系，19门课程被评为市精品校本选修课程。探索特长学生培养方式，嘉善二高被评为全省首批特色示范高中，嘉善高级中学、嘉善中学分别被评为省一级、二级特色示范高中。

加强学校硬件设施建设。根据《嘉善县2015年度政府投资项目计划》，全年续建项目6项，总投资6243万元；新建项目2项，总投资1100万元。嘉善三中、姚庄中心学校完成新校舍搬迁，高级中学综合实践楼及校舍改造二期项目基本完成；实验小学南校区（36班）、吴镇教育集团硕士小学（24班）、原华仕计算机学校（36班）改造等项目在建中。学前教育普惠工程顺利推进。天凝幼儿园和大云幼儿园新建项目完成初步设计审批,惠民中心幼儿园、丁栅幼儿园项目在建中,干窑实验幼儿园主体工程进入扫尾阶段。

推进教育信息化建设。建立嘉善"空中课堂"平台,"空中课堂"作为嘉兴市唯一以县域层面开展的教育信息化创新应用成果,被推荐参加第十五届中国教育信息化创新与发展论坛暨2015年全国教育信息化创新应用成果展览会。省教育厅副厅长于永明对嘉善县空中课堂实现优质资源共享、助推教育均衡的做法表示充分肯定。

强化教师队伍建设。出台《嘉善县教育局机关中层干部选拔任用暂行办法》《嘉善县学校领导干部管理办法(试行)》,举办校级领导干部党章、党规、党纪专题集中轮训,校长书记专题研讨班,读书会,后备干部培训班等,建立每两月一次校(园)长工作例会制度。深化教师流动改革试点。嘉善县教师人事制度综合改革被浙江省教育厅列为全省改革试点,省教育厅副厅长丁天乐到嘉善专题调研。制定出台嘉善县名教师管理办法,组建第四届特级教师预备队,加强县级名师、学科带头人、骨干教师培训。实行培训项目"竞争性"承办制度,设置"竞争性"承办培训项目93个。2015年,1人获浙江省"中小学教坛新秀"称号,4人获"嘉兴市中小学教坛新秀"称号。72名教师获嘉善县"'四有'好老师"称号。出台《关于进一步提高师德师风建设实效的实施意见》《关于建立师德定期报告制度的通知》,严格教师从业规范。教师家访覆盖率100%。在全省优秀教育教学论文评比中,全县教师获奖篇数继续保持全省县(区、市)第一,嘉善高级中学和嘉善杜鹃幼儿园被评为浙江省教科研先进集体。

加强学校德育工作。研究制定《关于进一步加强和改进中小学德育工作的实施意见》,配套出台德育项目、活动品牌等方面的实施方案,探索"善的教育"有效途径,将德育工作纳入学校年度目标责任制考核内容。成立家庭教育指导中心,县、镇、村三级分别建立"教子有方"公益讲堂,开展社会主义核心价值观教育和"三生"(生命教育、生活教育、生存教育)教育。围绕"善文化"主题,全面打造"善的教育"育人品牌。《中国德育》以聚焦县域方式对嘉善县德育工作进行连续一周实地采访,并刊登系列文章予以推广。

重视学校平安工作。全县校区配备保安331名、"七件套"180套、重点部位视频1736个、校内红外报警1411个。严格实行外来人员登记制度,教师、门卫值班巡逻制度,各幼儿园及部分中小学低年级接送卡制度。开展"安全文明岗"创建,44所学校门卫被评为第一批"安全文明岗"。全县学校基本完成食堂"五常法"(事物常分类,天天常整理,环境常清洁,工作常检查,人人常自律)创建。开展学校"阳光厨房"创建,全县有24所学校食堂被评为省示范食堂。做好道路交通安全工作,保证现有30辆校车实现安全接送。

学前教育

【概况】 2015年,全县有幼儿园30所,在园幼儿12158人,其中,嘉善籍6472人,占53.23%;非嘉善籍5686人,占46.77%。省三级以上幼儿园29所,入园幼儿人数11969人。2015年,适龄儿童入学率98.91%,学前一年幼儿入园率100%,在等级幼儿园入园率95.89%。幼儿园教职工1127人,其中,教师704人,持证数670人,持证率95.17%;保育员249人,持证数230人,持证率92.37%。全县幼儿园教师大专及以上学历占86.51%,专任教师大专及以上学历占86.05%。

【督导评估】 召开全县学前教育工作推进会和全县民办幼儿园专题工作会议,开展民办幼儿园办学水平星级督导评估。开展新一轮幼儿园等级重新认定工作,做好一级与二级幼儿园评定初评及统筹组织工作、三级幼儿园评定(复核),实行网上即时审核、现场点评反馈、限期整改报告、拟认定结果公示。全县16家幼儿园通过新标准等级评定,其中,二级新评幼儿园1家、三级复评幼儿园15家。出台《2015年幼儿园招生工作的指导意见》,组织指导全县幼儿园完成学前教育学生管理信息系统与资助子系统学校信息录入工作,30所幼儿园11987名学生,全部录入全国学前教育管理信息系统。

【师资培训】 加大幼儿教师力量配备,组织县内公办幼儿园到有关幼师院校举办招聘专场,全年公开招聘幼儿教师32人。严把幼儿教师准入资格关,

95%幼儿教师持证上岗。组织幼儿园园长参加各层次岗位培训、提升培训及研修,遴选培养一批幼教名师和幼教骨干,同时,实施幼儿园教师全员培训,支持鼓励幼儿园教师参加学历进修。加强对幼儿园园长和幼儿看护点举办者的政策法规、规范管理、专业知识等专项培训。保障全县幼儿教师在职称评定、工资待遇、社会保障、评优表彰等方面的合法权益,2015 年,幼儿园非在编教师人均年收入 44422 元。

【幼儿园建设】 编制《嘉善县发展学前教育第二轮三年行动计划(2015—2017 年)》,9 月 1 日由县政府办公室下发执行。完善学前教育设点布局,提出《嘉善县各镇(街道)2015—2017 年幼儿园建设安排》。根据第二轮三年行动计划,天凝、大云中心幼儿园异地重建工程完成规划审批,罗星街道嘉华春晓幼儿园正在办理农用地转用,同欣幼儿园完成施工招标,泗洲幼儿园(统筹统建)完成立项,魏塘街道里泽幼儿园改扩建项目完成初步设计审查,干窑实验幼儿园完成主体施工,陶庄中心幼儿园新建工程按计划加快推进。2015 年 1 月 1 日,《嘉善县公办幼儿园财政补助资金管理暂行办法》施行,该办法加大县级财政在人员经费补助、项目资金补助、奖励补助等方面的奖补额度。

【无证幼儿园整治】 根据《嘉善县清理整顿无证托幼机构工作方案》《嘉善县学前儿童临时看护点建设管理若干意见》,落实“审定一批、整改一批、分流一批、关停一批”的工作要求,坚持依法规范、部门联动、疏堵结合、妥善分流的原则,全面完成全县 34 所无证托幼机构整治任务。

【中韩美术交流】 2015 年,是中韩美术交流第 18 个年头。12 月底,韩国釜山市 BOM 幼儿园园长金仁基教授到西塘,与西塘镇中心幼儿园携手开展“西园雅集 · 画溢童梦”第 19 届中韩美术交流活动。活动在西园进行,展出绘画作品 100 余幅、手工作品 50 余件。

义务教育

【概况】 2015 年,全县有义务教育学校 47 所(公办义务教育学校 34 所、民办初中 1 所、民办新居民子女学校 12 所),其中,初中 15 所、小学 32 所,九年一贯制学校 4 所。初中在校学生 12482 人,应届毕业生 4178 人,招生 4171 人,全县初中入学率 100%,巩固率 100%;小学在校学生 32785 人,应届毕业生 4923 人,招生 5586 人,小学入学率 100%,巩固率 100%。2015 年度,开展嘉善县中小学(幼儿园)“校园文化建设年”活动重点项目申报工作,42 所学校申报,其中 13 所中小学(幼儿园)重点项目被评为市级重点项目。落实义务教育段深化课改工作,全县有深化义务教育课程改革试点学校(小学和初中)20 所。成立嘉善县教科书选用委员会和学科组,开展义务教育小学段教材选用工作。制定并实施《2015 年嘉善县义务教育阶段公办学校招生办法》《嘉善县义务教育阶段学生学籍管理办法(试行)》。连续 8 年实行民办初中“电脑派位”和自主招生相结合。开展第一批美丽校园创建,评出县级美丽校园 20 所、示范性美丽校园 5 所。切实减轻学生课业负担,推进学校 5 项制度建设(教学活动安排公示制度、学生体质健康情况通报制度、课业负担征求意见制度、加重学生课业负担责任追究制度、家校联动制度)。2015 年,全县

12 月,举办“西园雅集 · 画溢童梦”第 19 届中韩美术交流活动。

(县教育局 提供)

报考全国剑桥少儿英语1512人次。

【校园文化建设】 2015年度中小学德育工作会议暨全县校园文化建设工作动员会召开，出台《嘉善县教育局关于全面加强校园文化建设的实施意见》，开展“文明过节我倡议”“红领巾相约中国梦·核心价值观记心中”、“放飞少年梦 共圆中国梦”微心愿点亮行动、“认星争优”“美德好少年”、第十届县“十佳孝星”、“孙道临杯”中小学生中华经典诵读节、第八届“阅读伴我成长”暑期读书活动、纪念抗日战争胜利70周年等活动。

【学籍管理】 加强对新居民子女学校招生工作的指导，监督和做好嘉善县公办、民办学校新居民子女学籍管理工作，组织实施2015级新生初中学生综合素质评价工作。根据省市异地高考、异地中考的文件精神和《新居民随迁子女接受义务教育后在本县参加高中段学校录取资格审核实施办法(试行)》，做好初三外省籍学生资格审核验收工作，有324名外省籍学生符合嘉善县高中段学校录取资格。

【特殊教育】 出台嘉善县特殊教育三年行动计划，2015年，全县义务教育段办证适龄三类残少儿童入学率100%。建立和完善“一人一案”制度，开展适龄持证残疾儿童少年入学情况专项检查。编制完成《嘉善县特殊教育工作手册》，全程记录学校随班就读和送教上门工作情况，做到每位在籍持证残疾学生“一人一册”。落实和保障随班就读和送教上门经费，嘉善三中和大云中心校各建1个资源教室。

【游泳首次进入体育中考】 2015年体育中考实行新方案，采取必测和抽测相结合形式。其中耐力项目为必考项目，为男子1000米、女子800米。抽测项目分技能类(篮球运球、足球运球、排球垫球、100米游泳)和素质类(50米、立定跳远、掷实心球、100米游泳)，游泳首次进入体育中考。考前统一抽签确定类别，然后由考生在确定的类别中选择一项测试。

【校园足球特色学校】 嘉善县第二实验小学获评2015年全国青少年校园足球特色学校和全国学校体育工作示范学校。嘉善县第二实验小学创新提出“5+X”体育锻炼模式，规范体育课堂，提升大课间质量，拓展课外体育锻炼渠道。创办排球、武术、足球、篮球等20多个体育俱乐部，各体育俱乐部在省、市级比赛中都取得优异成绩。开展校园足球课题研究，开发校本课程“快乐足球”，组建校园足球队，并且班班有足球队，人人爱踢足球，每年举行班际足球联赛、单项足球技能竞赛等，在市校园足球联赛中取得良好成绩。

高中教育

【概况】 2015年，全县有省级重点高中3所，另有新世纪学校高中部。全县普通高中133个班级，在校生5761人，其中女学生3060人，住宿生3654人，应届毕业生2159人，招生1833人。嘉善高级中学42个班级1713人，应届毕业生686人，招生537人；嘉善第二高级中学32个班级1511人，毕业生548人，招生459人；嘉善中学49个班级2166人，毕业生751人，招生733人；新世纪学校高中部10个班级371人，毕业生174人，招生104人。全县普通高中教职工588人，其中专任教师552人。具有研究生学历的专任教师40人，占7.25%；大学本科毕业509人，占92.21%；大专毕业3人，占0.54%。2015年，全县高中段招生考试报名4025人，录取普通高中1833人，全县初中毕业生升入高中段99.16%。继续深化高中课程改革，4所普通高中学校继续推进特色课程建设，同时推进高考制度改革。

【高中段招生】 2015年，全县高中招生继续采用重点高中提前自主招生与初中毕业学业考试相结合的方式，做好普通高中保送生招生工作，2所省一级重点普通高中招收并轨生880人，其中440人分配到各初中学校，分配比例50%，实现省重点高中学校提前自主招生比例达到普高并轨生50%的目标。普通高中取消“三限生”(限分数、限人数、限钱数)，无跨学区和跨县域违规招生行为。普通高中与中等职业学校招生比例为1.05∶1。组织高中学业水平考试。参加高中学业水平考试报名24825人次。

【普通高校招生】 2015年，全县普通高校招生考试报名2199人，其中文科640人、理科1390人、艺术类121人、体育48人。普通高校招生录取1997人,其中文科录取573人、理科录取1280人、艺术类录取103人、体育录取41人,自主招生录取64人。全县文理第一批上线人数392人(理科327人、文科65人),上线率17.83%,比上年提高3个百分点。嘉善高级中学第一批上线298人,嘉善二高第一批上线人数89人,两校第一批人数均比去年增加8人。嘉善中学文理第一批上线5人。全县文科最高721分,列全市第三名,理科最高分715分,列全市第六名,680分以上36人。全县122人获"211"高校、"985"高校及省属名校的自主招生资格,其中嘉善高级中学通过预审人数与嘉兴一中并列,16人通过中国科学院大学(国科大)、清华大学、北京大学、上海交通大学、复旦大学、中国科技大学等全国著名高校笔试、面试入围。60多人在浙江工业大学、浙江财经大学、浙江温州医科大学等浙江名校三位一体考试中入围。有6人获加拿大多伦多大学、滑铁卢大学、美国密歇根大学等外国著名高校申请资格。嘉善二高首次有4人获同济大学、华东理工大学等著名高校的自主招生资格,通过预审人数进入全省前100位。嘉善二高、嘉善中学54人参加高职院校提前招生并被录取。嘉善中学体育、艺术一批上线人数55人,其中2人首次实现音乐第一批上线。全县2次组织高校三项考试,9974人次参加,其中听力考试4122人次、通用技术考试3282人次、信息技术考试2570人次。

【高中教育改革】 普通高中学校继续推进特色课程建设,整合和共享当地选修课程资源。组织全县精品选修课程推介和评比活动,19门普通高中选修课程被评为嘉兴市第六批精品校本选修课程。继续实施选课走班制度。加强高三工作管理指导,进一步完善高三教育调研制度和质量抽测监测制度,及时进行质量评析,提高普通高中教育质量。推进特色示范高中建设。嘉善高级中学和嘉善中学分别被评为省一级普通高中特色示范学校和省二级普通高中特色示范学校。

高等教育

【概况】 2015年,全县高等教育稳步发展。电大嘉善学院办学规模继续保持高位,成人学历教育在校生3732人。高等教育自学考试(学历考试)规模稳定,全年接纳报名考生3592人次。嘉善光彪学院作为上海市文明单位,参与地方共建共创文明单位活动;面向上海、浙江等20多个省市招收2015级新生3161人,向总校输送2014级学生3565人。

【电大嘉善学院】 2015年,成人学历教育在校生3732人,其中,开放教育本科345人、开放教育专科1564人(由成人学校承办的"一村一名大学生"专科883人);远程教育在校1736人,其中,浙大远程986人、奥鹏教育750人;全日制中专在校87人。学院与部门、企业、成人学校合作,全年招收业余学历教育本科新生499人、专科新生856人("一村一名大学生"专科287人),其中,开放教育本科102人、专科700人,浙大远程本科283人、专科43人,奥鹏教育本科114人、专科113人,开放教育招生万人比13.97。全年,本科毕业650人、专科毕业822人,其中,开放教育本科206人、专科684人("一村一名大学生"专科228人),浙大远程本科244人、专科50人,奥鹏教育本科200人、专科88人。

【高等教育自学考试】 2015年,全县高等教育自学考试(学历考试)规模稳定,全年接纳报名考生3592人次,报考4507课次,平均报考千分比2.36‰。全年3个项目的非学历考试报名总人次3996人次,其中,全国英语等级考试报考1642人次、全国计算机等级考试报考842人次、全国剑桥少儿英语考试报考1512人次。学历、非学历自学考试报考规模居嘉兴市前列,超全省平均水平。

(张国锋)

【嘉善光彪学院】 嘉善光彪学院校区占地27公顷(406亩),建筑面积13万平方米。2015年,设置32个本科专业、4个专科专业。7月,向总校输送2014级学生3565人(其中本科生3271人、专科生294人)。9月,面向全国20多个省市招收2015级新生3161人(其中本科2836人、专科325人)。分层教学与多元化考核。学院在大学英语尝试分层教学的基础上,推广"分层教学"模式。在2015级学生计算机基础教学中采取分层教学,分提高班和普通班。商学院综合采用“文献推送”“案例教学”“演讲比赛”等方式,引导学生从被动学习向自主学习、主动学习转变。实行多元化考核方式,避免“一卷定成绩”。搭建自主学习平台。搭建英语自主学习平台、计算机自主学习平台、演讲平台,培养学生的自主学习和自我管理的能力。2015 年,学院大一学生代表参加全国大学生英语竞赛,获一等奖 1 名、二等奖 8 名、三等奖 15 名;3 月,全国计算机考试合格率 93.3%,152 人优秀;参加海峡两岸大学生信息素养大赛获一等奖 1 个、二等奖 3 个、三等奖 5 个、单项金奖 1 个、单项银奖 2 个;参加 MOS 全国大赛、上海市大学生计算机应用能力大赛等均获得好成绩;学生胡子娅在嘉兴市国家安全宣传教育演讲比赛总决赛中获一等奖、学生陈华明获二等奖。开展素质养成教育,教育学生尽快实现“两个转变”(从高中生向大学生转变,从家庭到社会转变)和“四个学会”(学会学习、学会做事、学会共处、学会发展)。成立由民乐团、西乐团、舞蹈团、话剧团、合唱团等组成的大学生艺术团;建立创新团队,开展“杉达之秋”创新创业项目展示宣讲会。学生作品方面。10 月 13 日,《中国教育报》发表 2014 级新闻学(网络与新媒体方向)学生朱清的评论文章《“诺奖热”应该“热”什么》;12 月 23 日,学生杨捷的评论作品《电影盛宴不该变成追星风向标》刊登于《东方教育时报》。设立新生奖学金,发放奖学金 28.1 万元。2015 年,学院先后与嘉善县司法局、建设银行嘉善支行等 20 多家单位签订共建合作协议。联合嘉善县公共卫生工作委员会、县卫生和计划生育局、县疾控中心、罗星街道卫生院举办预防艾滋病宣传和演出活动;联合县卫生和计划生育局、县疾控中心举办“行动起来,向零艾滋迈进”主题晚会。《嘉兴日报》以“校园志愿者招募,走出校园走进社会组织”为题,报道学生志愿者活动。12 月 4 日,参加无偿献血,226 名学生现场报名,206 名学生、2 位教师参加献血,900 多人加入无偿献血“活血库”。学院志愿者服务队获嘉善县“2015 年度慈善义工优秀团队”称号。学院图书馆开设嘉善县地方文献专架。

(彭前进)

职业教育

【概况】 2015 年,全县有中等职业学校 2 所,教学点 1 个,114 个班,在校学生 4102 人。其中,嘉善中专教学班 54 个,在校生 2074 人;嘉善信息技术工程学校教学班 57 个,在校生 1950 人;嘉兴城市中专嘉善教学点(嘉善电大)中职类教学班 3 个,在校生 78 人。毕业生 1615 人,招生 1316 人。全县职业学校开设加工制造类、信息技术类、财经商贸类等 9 个专业大类 23 个专业,应届毕业生初次就业率 96.9%。年内,全县高职类考生 294 人,上线 287 人,上线率 97.6%,其中 39 人考上本科。嘉善中专学生浦栋烨获浙江省高职考工美专业第一名,学生蒋佳杰获浙江省高职考电子专业第三名。全县 1615 名中等职业学校实习生全部参加学生实习责任险投保,投保率 100%。2015 年,全县职业教育专项经费从 700 万元增加到 800 万元。嘉善信息技术工程学校被省教育厅命名为浙江省一级中等职业学校。

【师资队伍建设】 全县职业学校有教职工 309 人,其中专任教师 296 人,专任教师中大学本科以上学历 287 人,占 92.58%;专业课和实习指导教师 142 人。“双师型”教师 129 人,“双师型”教师占专业课和实习指导教师的 90.85%。“双师型”教师中具有中级职称及中级职业资格证书以上(双中)74 人,“双中”教师占专业课和实习指导教师的 52.1%。加快专业结构调整,嘉善中专以机电、电子、数控、模具、财会等服务二产为主,嘉善信息技术工程学校以电子信息、物联网、动漫、物流、酒店旅游服务、现代农艺服务三产为主。全县建成省级示范专业(基地)6 个。

【办学模式改革】 开展国家级农村职业教育和成人教育示范县创建,并上报教育部评审。职业学校办学模式改革全面启动。两所中职学校分别制定课程改革推进方案,明确分步实施时间表和工作推进措施;两所中职学校在高一和高二年级中进行选修课和走班制教学实践,63 个班级 2385 名学生参与,累计推出选修课程 244 门。加强与上海、杭州、宁波等地大专院校、中职学校联系合作,与 24 家校(院)开展“3+2”、五年一贯制合作办学。开展现代学徒制试点工作,加强与 109 家合作企业的深度合作,由企业派出业务能力强的技术人员和学生结对。与合作企业共同研制体现现代学徒制特点的教学管理制度，制定学分制管理办法、考核制度和校企双方督查制度；建立校内和企业内实习实训考核评价制度、定期检查、反馈教学质量监控制度；制定学徒管理办法，学徒报酬分配制度、购买学徒工伤保险等一系列的管理制度；打造富有特色的选择性课程体系。

【校企合作开发】 10月，嘉善信息技术工程学校汽车运用与维修专业启动校企合作课程开发，11月，该校又和上海绿盒子网络科技有限公司举行物流服务与管理现代学徒制签约仪式暨校企合作课程开发启动仪式；由学生、学生家长、学校和企业签订四方协议，实施"招生即招工"。

【职业技能培训】 2015年，中职学校面向企业职工、退役士兵、新型农民、进城务工人员、被征地农民和家政等服务人员，开展每年单人30学时以上职业技能培训和就业再就业培训。嘉善中专和嘉善信息技术工程学校开展社会培训8514人。建立家政服务人才培训网络，开展家政服务人才培养培训，1582人参加培训，占全县常住人口的0.28%。举办嘉善县第五届中职学校技能节，技能节设基础项目、省赛项目、特色项目三大类41个小项，特色项目26个，参加学生1736人。在浙江省中职学校学生技能大赛暨全国职业院校技能大赛选拔赛上，嘉善中专、嘉善信息技术工程学校学生获奖牌19枚(三金八银八铜)，并在全国职业院校技能大赛上获得3块金牌、2块银牌，实现全国大赛金牌历史性突破。

【嘉善信息技术工程学校】 嘉善信息技术工程学校系浙江省改革发展示范学校，学校在强化特色专业建设、提高师生技能水平、创新德育管理机制、推进课程改革、服务地方经济建设等方面取得显著成效。学校有电子信息技术、旅游商贸和交通运输三大专业，开设物联网技术及应用、数字媒体技术、电子与信息技术、旅游服务与管理、物流服务与管理等11个专业；拥有全省领先的职业教育开放实训基地，实训基地建筑面积16513.8平方米，总投入1800万元；涵盖电子信息技术、旅游商贸、交通运输三大实训中心，拥有数字媒体、动漫、影视后期制作、物联网技术及应用、汽车商务、物流配送等108个专业实训室，其中电子电声实训基地是省级实训基地。

成人(社区)教育

【概况】 全县有镇(街道)成人文化技术学校8所，乡镇成校覆盖率100%，全部为省标准化成人学校(简称成校)。各镇(街道)依托成人学校建立社区教育中心，各村(社区)建立社区学校，社区教育实现全覆盖。2015年，全县乡镇成校有专职教师及管理人员38人，其中本科及以上学历21人，占专职教师总数55%，专科学历15人，兼职教师183人。全县有成人中、高等教育学历进修班在校生2613人，当年毕业1312人。全县各级各类成人学校和社区学校培训162041人次，占全县常住人口的28.3%。全面开展扫盲教育工作，脱盲7737人，完成年度扫盲任务的134.5%。

【成校基础设施建设】 2015年，陶庄镇投资500多万元的成人学校(社区教育中心)新校区投入使用，学校占地面积8亩，建筑面积2500平方米，设多媒体报告厅、图书阅览室、体育健身室等各类教室、活动室，提升成人社区教育基础设施水平。

【社区教育】 2015年，全县评出社区教育示范镇(街道)2个、示范村12个。开展社区教育数字化平台建设，建成社区教育在线学习平台——"善学网"。开展金山、嘉善、吴江三地社区教育合作交流，11月12日，第五届三地合作论坛在嘉善县举行。魏塘街道、罗星街道、西塘镇、天凝镇、姚庄镇等镇(街道)初步形成具有区域特色、有较强吸引力的"一镇一品"。2015年，社区教育进社区，进企业，指导社区教育中心开展课题研究、项目开发、品牌建设，搭建社区教育平台。开展全国社区教育实验区创建工作，被推荐参加全国评审。

【全国社区教育示范街道(乡镇)创建】 魏塘街道、罗星街道联合县科协、县妇联、县新居局、县农技站等部门联合开发新居民适应性教育系列读本、家政服务培训等具有街道特色的社区教育品牌，编写一批农业教材和《实践与探索——社区教育实验项目与论文集》，挖掘提炼"一社一品""文化礼堂"等具有区域特色的优质社区教育品牌。2015 年,魏塘街道、罗星成校被浙江省教育厅授予全省首批“家政服务人才培养培训学校”称号,魏塘、罗星街道成功创建全国社区教育示范街道(乡镇)。

【全国农村优秀学习型乡镇创建】 西塘镇重视社区(成人)教育基地建设,各村、社区均建有社区学校,社区教育网络健全,资源丰富。实施“以古镇文化为载体,推进社区善文化建设”教育实验项目,培育践行社区“善文化”。11 月,经中国成人教育协会农村成人教育专业委员会发文批准,西塘镇成为第一批全国农村优秀学习型乡镇。

教师队伍建设

【概况】 至年底,全县在职教职工 3804 人(其中公务员 9 人),离退休教职工 1815 人(其中离休 8 人)。2015 年新招聘教师 116 人,其中提前录取优秀毕业生 13 人,招聘幼儿教师 18 人。全年办理退休教职工 52 人,外县调入教师 11 人,调出教师 30 人,辞职教师 9 人。选派教师赴新疆支教 2 人。受理教师资格认定报名 98 人,全部通过教师资格认定。全年 197 人申报各类教师职务,156 人晋升或确定各类教师职务。在职教师中,109 人取得硕士学位。专任教师学历合格率,小学 100%、初中 99.71%、普通高中 99.2%、职业高中 95.12%。小学、初中专任教师学历高标率分别为 94.9%和 95%。

【干部队伍建设】 制定出台《嘉善县教育局机关中层干部选拔任用暂行办法》《嘉善县学校领导干部管理办法(试行)》。建立每两月一次的校(园)长工作例会制度。开展教育系统校级领导干部党章、党规、党纪专题集中轮训活动,全县 280 余名校级领导干部参加。举办全县中小学校长、书记专题研讨班,84 名中小学校长、书记及后备干部参加。举办 2015 年教育系统后备干部暨 80 后青年干部培训班,全县各中小学、幼儿园 33 名后备干部参加。举办校级领导暑期培训班,全县中小学、幼儿园校(园)级领导及机关中层以上干部近 300 人次参加。对全县中小学领导班子和校级领导进行考察回访,开展民主评议学校领导工作。

【师德师风建设】 落实教师师德师风定期检查报告制度,制定《关于进一步提高师德师风建设实效的实施意见》《关于建立师德定期报告制度的通知》《转发关于开展中小学校和在职中小学教师有偿补课专项治理工作的通知》《转发关于严禁中小学校和在职中小学教师有偿补课专项治理工作情况和典型案例的通报的通知》等文件。建立师德师风督查小组,落实教师师德师风明察暗访检查制度,形成中小学教师师德建设长效机制。举办“最美教师”、争创“四有”(有理想信念、有道德情操、有扎实知识、有仁爱之心)好老师等评选活动,举行庆祝第 31 个教师节表彰大会和“克难担当,改革创新”教育系统校(园)长演讲比赛,树立教师先进典型。

【名师培养】 出台《关于开展 2015 年各类名师、名师工作室、导师、特级教师预备队员考核及年度优秀师徒组、优秀导师、优秀徒弟评比办法》,推进名师工作室工作。全县 46 个名师工作室参与考核评比,其中优秀 14 个、良好 16 个、合格 16 个;216 位名师和 46 位县级导师参与考核,县级优秀导师 10 人、优秀徒弟 41 人,市级优秀徒弟 11 人。组建第四届特级教师预备队,开展送教学术活动、“读名家著作,提教学品位”读书活动。出台嘉善县“善教杯”课堂教学系列评比活动实施方案,开展“善教·新锐杯”和“善教·创新杯”课堂教学评比,全县 233 位 45 周岁以下教师参加县级评比。100 名骨干班主任参加培养工程培训。2015 年,全县教师参加各类比武、评比,省级及以上获奖 131 人次;省级课题新立项 9 项,市级课题新立项 89 项;在省“优秀教育教学论文评比”中,全县 101 人获奖,获奖篇数占全省总获奖篇数 9%,排名全省第一。杜鹃幼儿园园长谢芳被评为浙江省先进个人、嘉兴市科研校长,高级中学宋婕、姚庄中心学校张伟群、丁栅中心学校俞月华被评为嘉兴市科研标兵,嘉善二高张微微获嘉兴市中小学班主任基本功大赛一等奖,实验中学朋元获全国首届洋思高效课堂教学大赛特等奖。

【教师双向流动】 2015 年,嘉善县完成为期 5 年的义务教育学校教师流动国家教育体制改革试点工作。2011~2015 年,全县参与流动教师 891 人,流动比例占适流教师的 52.6%,完成试点工作目标任务的105%,首次流动教师占95%。227名骨干名师由县城学校流入农村学校,在全省率先实现城乡教师双向多元流动、农村义务教育学校名师和名师工作室全覆盖。嘉善县教师流动工作两次受到中央政治局委员、国务院副总理刘延东的批示肯定,教育部在全国推广该试点工作成功经验。至年底,全国13个省(自治区、直辖市)的50多个市(县、区)到嘉善考察取经。

【师训干训工作】 2015年,嘉善研训中心有计划开展中小学教师与校长培训工作,完成各项培训任务。培训项目的"竞争性"承办、教师的分层培训、培训质量的监控和评价考核等创新做法,得到上级部门和省内同行高度认可,先后有湖州师干训培训中心、温岭市教师进修学校、开化县教师进修学校、嘉兴南湖区研训中心等到嘉善交流学习。2015年,嘉善县研训中心被评为浙江省"十二五"师训干训工作先进集体。

【课堂教学研讨】 举办嘉善县第三届"课博会",设立初中数学、科学,小学数学、科学等4个学科课堂教学展示专场,邀请福建、江苏及省内专家22人,推出展示课24节、专家报告8场。市内外兄弟学校800名教师与会观摩交流。

【一师一优课,一课一名师】 2015年,组织全县教师晒课1351节,晒课率45.66%,完成市晒课计划129.9%、县晒课计划的112.77%,晒课完成进度和晒课率位居全市首位。组织开展"优课"评选活动,全县收到各校推荐"优课"422节,评出一等奖72节、二等奖79节、三等奖134节。择优推荐县"优课"参加市"优课"评比,获市一等奖26节、二等奖25节。25节"优课"获得省级优课奖,15节参加国家级推优评选。7月10日,浙江教育技术中心网站对嘉善县晒课、评优、推优组织工作进行专题报道。

【网络学习平台】 5月,微课学习网络平台——嘉善空中课堂运行上线。确定11所应用管理试点学校,组建微课资源建设核心团队,初中学段先行先试。完成初中语文、数学、英语、科学、社政五大学科同步微课资源924个,累计402人次教师参与微课资源的开发和建设工作,网站注册学生6397人。年内开播21期,学生登录观看19177人次,视频累计点击量113107人次,1526人次学生参与作业在线测试;3960人次学生开展学习疑惑和问题同伴互助解答。《中国教育在线》《浙江日报》、中国教育装备网、浙江省教育技术中心网、浙江省教育厅等媒体和主流网站对嘉善县空中课堂进行报道。10月24～25日,作为教育信息化创新应用成果被推荐参加2015全国教育信息化创新应用成果展览会。

【嘉善县家庭教育系列读本】 《嘉善县家庭教育系列读本》由华东师范大学出版社正式出版。该书根据不同年龄阶段孩子的身心成长特点,着眼家庭教育方面的热点、难点问题,集科学性、本土性、针对性于一体。系列读本分早教、幼儿、小学、初中、高中和职教6本,填补嘉善县在家庭教育指导上教材和文本的空缺。

学校设施建设

【概况】 2015年,全县预算内教育经费9.22亿元,法定增长7.56%,高于财政经常性收入。累计到位省级补助资金5937.6万元。完善公办学校经费保障机制,县财政继续实行义务教育阶段公办学校住宿生和小班化生均公用经费补助政策,对高中段学校全年累计投入12169万元,安排3954万元专项经费用于职业教育建设和发展。提高公办学校教师内部考核奖,做好学生资助工作。加大经费保障力度。加大学校建设力度,全年实际完成投资7900万元。全县基础教育技术装备资产累计总和16575.5万元,生均拥有教育技术资产3270元。当年净增教育技术装备资产83.29万元,教育装备总投入1360.47万元,基础教育生均教育技术装备资金268元。全县38所学校实验室被评为市级标准化实验室,其中农村学校占63%。在第十二届全国中小学校园影视奖评选活动中,嘉善县39个作品获奖。参加嘉兴市机器人比赛,获一等奖4个、二等奖12个、三等奖11个。参加2015中国教育电视优秀教学课例评选活动,获一等奖1个、二等奖2个、三等奖3个。嘉善第二实验小学纳英特智能挑战赛——"九宫乐园"获省一等奖,大云中心学校的初中足球比赛项目获全国一等奖。

【学校建设】 2015年,全县初中学校占地面积553029平方米,校舍建筑面积223799平方米;全县高中学校占地面积290791平方米,校舍建筑面积163287平方米;全县中等职业学校占地面积159462平方米,校舍建筑面积99540平方米;全县小学占地面积563865平方米,校舍建筑面积222653平方米;县培智学校占地面积1287平方米,校舍建筑面积987平方米;全县幼儿园占地面积145393平方米,校舍建筑面积73949平方米。全县小学、初中和普通高中生均校舍建筑面积分别为6.79平方米、17.93平方米和28.34平方米。嘉善三中、姚庄中学迁建项目按年初计划顺利完成工程综合竣工验收,并于8月交付使用;实验小学南校区新建项目主体工程结顶;惠民街道中心幼儿园新建项目竣工并交付使用;干窑实验幼儿园项目主体进入扫尾、西塘中心幼儿园项目开工建设。

【数字校园建设】 2015年,全县重点推进数字化校园、书香校园和科技校园建设。做好全县空中课堂平台建设工作,开展学校优秀网站、优秀图书馆网页评比。全年,全县新增五星级数字校园1所、四星级数字校园2所,全县所有公办学校全部成为3星级及以上数字化校园。义务教育段学校教育计算机网千兆宽带学校接通率100%,校园网百兆通达所有教室和教师办公室率100%,教师网络学习空间开通率95%。全县义务教育段民办学校多媒体班套比(班级数与班级多媒体数之比)为1∶1。全县中小学拥有计算机11507台,中小学计算机生机比为4.34∶1,高于全省7.1∶1的平均比例。

【图书馆建设】 2015年,全县有37所学校图书馆达到县标准化图书馆以上水平,其中省、市级示范性学校图书馆21所,城镇学校图书馆全部达到县级以上图书馆标准,农村学校县级以上学校图书馆比例为93.54%,领先全省水平。嘉善四中等7所学校图书馆(室)被评为县中小学标准化图书馆(室),2所学校申报省级示范性图书馆,4所学校申报市级示范性图书馆。至年底,全县小学生生均图书27.18册、初中学生生均图书61.17册,生均图书增加2册。

【校园影视节目作品获奖】 12月5日,由中国教育电视协会、中央电化教育馆主办,中国教育电视协会中小学校园电视专业委员会承办的第十二届中国中小学优秀校园影视作品大赛颁奖活动上,嘉善县有39件校园影视节目参选作品获奖,其中金奖8个、银奖11个、铜奖20个。

【“空中课堂”参加全国展览会】 10月24～25日,举办2015全国教育信息化创新应用成果展览会,嘉善“空中课堂”作为嘉兴市唯一的以县域层面开展的教育信息化创新应用成果被推荐参展。省教育厅副厅长于永明对嘉善县“空中课堂”实现优质资源共享、助推教育均衡的做法表示肯定。

【学生资助】 适当资助义务教育家庭经济困难学生。2015年,全县困难学生享受营养改善计划718人次、资助金39.49万元,营养餐805人次、资助金14.09万元;发放普通高中国家助学金961人次,资助金96.85万元,减免学费、代收费31人次,资助金5.04万元;学前教育贫困家庭子女享受资助1人次,资助金0.23万元;发放中等职业学校国家助学金557人次,资助金55.7万元;中等职业学校学生免学费8627人次,资助金1380.32万元,做到应补尽补。

(张国峰)

文化体育

综　　述

2015年，嘉善县深入贯彻落实科学发展观，坚持社会主义先进文化发展方向，巩固群众路线实践教育活动成果，坚持以基层为重点，以需求为导向，努力提升公共文化服务水平，大力发展群众体育事业，挖掘和保护历史文化资源，提升嘉善县文体软实力，促进文体事业繁荣和发展。

完善公共文化服务体系。2015年，全县文体基础设施建设步伐加快，博物馆、图书馆新馆开工建设；吴镇书画院项目外墙施工基本完成；文化艺术中心、文化站、图书馆旧馆改造工程进行；全县建成36个村级文化礼堂；姚庄镇、魏塘街道、陶庄镇文体中心投入使用。

创建公共文化服务示范区。制定下发《关于开展嘉善县公共文化服务品牌项目评选活动的通知》《关于印发〈乡镇（街道）综合文化站公共服务规范〉（试行）的通知》等文件，发挥“文化有约”平台作用，向群众提供“菜单式”服务项目。实施下派文化员制度，向各乡镇下派文化员9人，进行各类辅导与培训。全县有村级宣传文化员125人（村118人、社区7人），村级文化专职管理员实现全覆盖。“以县带镇”的乡村艺术团建设“嘉善模式”，成为浙江省首批公共文化服务体系示范项目。

开创文化发展新局面。2015年，公共文化服务体系推向村镇、社区。组织“十万农民种文化”、第四届村歌大赛、嘉善县村级宣传文化员才艺大赛、周末大舞台等群众文化品牌活动；开展送图书、送戏、送培训、送展览、送电影、送服务等下乡活动；推进公益性文化场馆免费开放，组织开展文化走亲等文化交流活动；基层文化设施提档升级，有基层特级文化站1个、一级文化站6个、二级文化站2个。

加强文化市场管理。规范文化市场经营秩序，落实市场监督管理举措，强化市场专项整治和平安建设。2015年，执法部门开展“扫黄打非”“清源”“秋风”“净网”等一系列专项行动。进行网络巡查、出版物市场监管、广电市场管理，重点整治、严厉打击网吧违规接纳未成年人和无证经营违法行为。提高办证窗口行政效率和服务质量，完善一次性告知制度，全年受理、办结各类审批项目305件。

群众文化活动

【概况】 2015年，群众文化工作以创建国家公共文化服务体系示范区为抓手，进一步抓好队伍、建好平台、强化机制和强化服务，推进示范区创建工作，抓基层文化设施提档升级。开展2015年公共文化服务品牌项目评选活动，收到23个具有创造性、时代性、特色性、有效性、示范性、推广价值的可操作的公共文化服务创新项目。编撰《嘉善县公共文化服务创新案例汇编》，收录31个公共文化服务创新案例。

【示范区创建】 完成嘉兴市创建国家级公共文化服务体系示范区中期督查，制定《关于开展嘉善县公共文化服务品牌项目评选活动的通知》等一系列文件，开展创建宣传，落实资金，加强文化设施建设。2015年,全县建有图书馆分馆9个、农家书屋118个;姚庄镇、魏塘街道和陶庄镇文体中心投入使用,大云镇文体中心通过设计改造;落实39家村(社区)公共电子阅览室建设,完成县图书总馆、县文化馆、各镇(街道)图书分馆、中心村和市级以上文化示范村(社区)公共电子阅览室全覆盖。全年举办"周末大舞台"演出活动25场;开展第十个"文化遗产日"系列活动;举办第二届孙道临艺术节"善文化"微电影大赛;举行村歌采风活动、县第四届村歌大赛;开展嘉善县平安建设文艺巡演、会演活动;建立文化下派员制度,设立村级文化专职管理员;开办村级宣传文化员、主持人、音响和化妆等各类培训班,102名学员参加。承办第十三届嘉兴市"社区之声"——优秀戏曲展演活动。"以县带镇"的乡村艺术团建设"嘉善模式"是浙江省首批公共文化服务体系示范项目。

【文化惠民活动】 举办2015年"春节"文艺晚会。晚会以"善・若水"为主题,分欢乐嘉善年、和谐嘉善情、美丽嘉善梦3个篇章,9个镇(街道)的300多名演员参加演出。春节期间,举办舞龙和赏灯、猜谜等民俗活动。建立全县村级民间文艺团队交流展示共享平台,组织开展"十万农民种文化"、第四届村歌大赛、嘉善县村级宣传文化员才艺大赛、周末大舞台等各种形式的群众文化品牌活动;实施文化惠民工程,打造乡镇(街道)综合文化站、图书分馆、村级分馆、农家书屋体系和星级艺术团队。面向县级成人培训班、基层培训班和在建学校的六大培训基地开展各艺术门类培训。开展送图书、送戏、送培训、送展览、送电影、送服务等下乡活动。免费开放公益性文化场馆,将公共文化服务体系推向村镇、社区,满足基层百姓文化需求。县图书馆老馆改造完成,扩大服务面积,改善阅读环境。

【文化交流活动】 举办"2015・感受我们的非遗"——非遗物品、非遗技艺展示活动和"平湖—嘉善非遗走亲"等跨县文化走亲活动;邀请江西上高县歌舞团演出大型民俗风情歌舞《追梦的山里人》(2014年)、《人间正道是沧桑》(2015年);嘉善田歌《五姑娘》参加"中国民间文化艺术之乡"民歌、山歌展演暨第十二届吴江区域文化联动开幕式;嘉善田歌合唱团参加在青岛市举办的首届"中国和之声"声乐比赛;王丽编创的舞蹈《鱼儿》参加日本・大阪国际艺术节舞蹈大赛;群星艺术团排舞社团赴上海参加2015年"缤纷长三角・浦东潍坊杯"排舞邀请赛,《七朵莲花》获单曲排舞金奖,《乡村爵士乐+不能依靠你》获串烧排舞银奖。

【全民读书月活动】 4月,举办"全民读书月"开幕仪式。县图书馆开展读书节每日活动——"你点书,我买单"、网站荐书、现场赠送"向日葵"小册等;世界读书日特别活动——"你点书,我买单","动听,阅尔"微信留声活动;"六一"节特别活动——寻书活动、读书知识竞猜,端午、六一游园活动;"读书月"月度活动——绘本送书活动、书签制作比赛、好书推荐书架、少年儿童影视展、"童心向上,快乐成长"绘本故事会、"十佳阅读之星"评选、少儿故事比赛;周末不同主题活动——图书小医生、"我为图书找新家"图书交换活动、"阅读的春天"、"我心中的图书馆"绘画比赛、非物质文化遗产培训等。

【"文化四季"活动】 全年举办"文化四季活动"25场。第一季"周末大舞台"之嘉善"好声音"全民歌手大赛活动,500多名选手参赛;第二季为第二届

举办平湖、嘉善文化走亲活动。 (县文化局 提供)

孙道临艺术节"善文化"微电影大赛、村歌采风活动、嘉善县纪念抗战胜利70周年百场文艺下乡暨窑乡艺术团巡回展演进文化庭院活动以及"天蓝蓝·水清清""五水共治"文艺展演,各地文艺团体送戏下乡演出490场次。第三季宣传文化员才艺大赛活动,包括嘉善县第四届村歌大赛、嘉善县平安建设文艺巡演、会演活动等,同时,承办第十三届嘉兴市"社区之声"文艺调演——优秀戏曲展演活动。第四季2015年度全县"十万农民种文化"优秀节目展演、2015嘉善县排舞大赛等活动。

【文化演出活动】 积极参与省、市各类比赛活动,承办上级组织的演出2场。参加全省第九届排舞大赛、省幼少儿舞蹈大赛、第十三届嘉兴市"社区之声"文艺调演优秀戏曲节目展演活动、省第四届社会艺术团队文艺会演、省第四届故事会、省首届文化礼堂文化员才艺大赛、嘉兴市第八届"石榴奖"校园文化艺术节等活动;承办"潮起钱塘 情系鉴湖"绍兴市赴湖州、嘉兴、杭州文化走亲演出;承办第十三届嘉兴市"社区之声"文艺调演优秀戏曲节目展演。全年,举办"周末大舞台"演出25场。组织民间越剧爱好者走进乡村文化礼堂,开展越剧经典名段巡演活动。嘉善民乐队参加浙江省第四届社会艺术团队文艺会演,获兰花奖;沈一青在浙江省首届文化礼堂文化员才艺大赛中获曲艺类兰花奖;梅春燕与王永强创作的故事《采菱妹子》、何俊与唐彩生创作的故事《老虎头上拍苍蝇》获浙江省第四届故事会优秀奖;钟爱文、苏丽君创作的故事《硬伤》在"吴根越角"故事大赛中获金奖,郑少鉴创作的故事《酒瓶情缘》获银奖;舞蹈《鱼儿》参加日本·大阪国际艺术节舞蹈大赛,张靓昱等7位青年舞蹈演员获金奖;王丽编导、王燕辅导的舞蹈《童年故事》参加2015年浙江省幼少儿舞蹈大赛,获兰花奖;嘉善田歌合唱团亮相2015首届"中国和之声"声乐比赛,《水车 水车》《船娘谣》《四个姑娘去踏车》获成人组室内女声合唱最美和声奖。

文化遗产

【概况】 抓好"非遗志愿者队伍"和"非遗专家组"两支队伍建设,每季度组织开展"非遗志愿者队伍"培训等活动。建立非物质文化遗产保护新机制,建立非遗项目、传承人、传承基地"三位一体"的保护传承模式,加快嘉善县非遗展示馆、文化礼堂非遗馆建设步伐。组织开展国家级、省级和市级非遗名录项目申报工作,完成第五批嘉兴市非物质文化遗产项目名录申报工作。会同湖州师范学院相关专家,将普查收集的文字资料进行整理、归档,拟出版"嘉善非遗系列丛书"。西塘镇成功入选第三批浙江省非物质文化遗产"江南生活方向的非遗主题小镇",深化田歌"八个一"保护措施。6月,参加浙江省文化厅举办的"非遗薪传——浙江曲艺展演展评",嘉善宣卷《第五把手》获省市专家好评;10月,嘉善民乐演奏团复排演绎《将军令》《水龙吟》《柳腰锦》等一批传统曲牌音乐;11月,嘉善田歌项目受邀参加省文化厅主办的"特色小镇·非遗之光"2016浙江省非遗电视春晚录制。

【培训交流】 2015年先后成立非遗志愿者队伍、非遗专家组,每季度开展非遗培训、交流等活动。组织非遗专家组、非遗志愿者以及各镇(街道)文化站站长赴桐乡非遗中心开展学习交流活动。

【非遗实物征集】 2015年,全县征集到贝壳纽扣、盘窑泥刀、宣卷唱本等非遗实物20余件。其中,传统纽扣制作技艺传承人陶云林搜集各种型号贝壳纽扣1000多粒,以及海贝、河蚌等制作原料;京砖烧制技艺传承人沈步云将收集到的相关资料,无偿捐赠给县非遗中心;嘉善宣卷传承人沈王荣捐赠宝卷、嘉善田歌传承人吴菊生捐赠田歌资料。县非遗保护中心从嘉兴张觉民处征集到99件农具和生活用具,在嘉善县非遗展示馆展示。

【作品展览】 3月,举办"民防在我身边"剪纸作品展览活动,全县选送剪纸作品近60幅,在各镇(街道)巡回展览。10月,县非遗中心整理出《嘉善·奏》《姚庄农民画》《唐氏中医妇科》等10个嘉兴市第五批非物质文化遗产项目,制作移动展板,在全县范围内进行展览。11月,周向阳拍摄的以西塘古民居建筑艺术为主题的摄影作品,亮相2015丽水摄影节。

【"文化遗产日"活动】 组织举办非遗展示与演出等活动,打响古镇西塘"非遗小镇"的品牌。组织研讨国家非物质文化遗产项目嘉善田歌的保护与传承、《五姑娘》音乐剧旅游版本创作，启动嘉善非遗系列丛书出版工作，与高校合作，开展课题研究，形成初稿。参加江南水乡古镇申报世界文化遗产工作推进会和《世界遗产公约与江南水乡古镇申遗》专题讲座，掌握申遗标准和要求，按照江南水乡古镇联合申报世界文化遗产工作任务分解，开展世界文化遗产申报工作。

【文物普查】 对嘉善县博物馆、吴镇纪念馆、孙道临电影艺术馆、东方美术馆、东方博物馆、嘉善浙北民间收藏博物馆进行年检。基本完成省级文物保护单位钱氏船坞档案记录工作，完成省级文物保护单位魏塘叶宅测绘工作，完成县博物馆馆藏文物信息、藏品账册及电子档案整理和2935件藏品信息采集、录入和报送工作。对可移动文物进行普查。

【文物保护维修】 “5·18”国际博物馆日期间，举办玉器收藏讲座、抗战扑克展览、民间收藏鉴定等一系列活动，开展嘉善县文物保护单位折页宣传。成立文物保护领导小组和文物古建筑检查小组，对县域内的全国、省、市、县级文物保护单位及博物馆、纪念馆等单位进行消防安全检查和治理。加大对文物保护、修缮和维修保养力度。启动省级文物保护单位魏塘叶宅维修方案设计；按照“不改变文物原状”原则以及《文物保护工程管理办法》有关规定，投入维修资金13万元，对孙家宅、天凝戴家楼、宝善桥、广安桥、干窑戴家湾窑墩、陶庄积善桥、西塘沈家厅等文物保护单位和文保点进行修缮和保养。完成西塘镇县级文物保护单位东岳庙山门维修方案设计。

【濒危项目抢救性记录】 实施濒危项目代表性传承人多媒体抢救性记录活动。对第四批、第五批县级非物质文化遗产项目中的盘窑技艺、嘉善·奏、吴氏中医内科等重点项目进行走访调研，对传承人进行登记建档，采集图片资料近300张、音频视频资料近200分钟、文字资料2万余字。

文化场馆(站)

【概况】 2015年，嘉善县有序开展一馆(嘉善博物馆)一院(吴镇书画院)筹建工作，图书馆旧馆主体改造工程竣工，古籍普查工作顺利完成。整理博物馆馆藏文物信息，为“一普”平台数据录入提供保障。整合资源，促进教育基地发展。嘉善文化馆组织全年演出活动174场，孙道临电影艺术馆展厅接待参观人员165批次、2007人。

【嘉善博物馆】 2015年，开展嘉善博物馆新馆建设项目规划方案调研、编制、招标工作，就陈列设计召开3次座谈会征集意见，形成初步方案，年底破土动工。吴镇纪念馆改扩建工程——吴镇书画院项目完成主体建设。1～11月，嘉善博物馆举办“中华美德图片展”“崇尚科学，抵制邪教图片展”“嘉善第七届兰花展”“人防和民防宣传教育图片展”“‘小手牵大手，民防伴我行’儿童画创作获奖作品展”“纪念中国人民抗日战争暨世界反法西斯战争胜利70周年扑克展”“‘薪火传承’——嘉善县第三次全国文物普查成果展”“‘铭记历史、缅怀先烈、珍爱和平、开创未来’纪念抗战胜利图片展”“2015年快乐童画秋季画展”“庆祝新中国成立66周年图片展”“吴镇老年书画社庆国庆书画展览”等各种展览19次。组织初一上街“送祝福”、吴镇书画社、清明学校祭拜吴镇大师、县收藏协会玉器讲座、嘉善抗日阻击战与抗战遗存讲座等活动14次。利用文化资源，组织开展“崇尚科学，抵制邪教”主题宣传教育活动和“博物馆资源下基层”等活动。向全社会免费开放，做好优质服务，全年接待游客17322人次，未发生投诉事件和重大安全事故。3～10月，开展藏品影像采集和藏品数据离线采集工作，完成2935件藏品的信息采集、录入和报送工作。

【“5·18”国际博物馆日活动】 5月19日上午，举办县收藏协会年会，为在2014年捐赠民俗物品的会员颁发收藏证书，董纪法、朱铭等11名会员向县博物馆捐赠民俗物品22件。邀请中国社会科学院研究所林子钰作《玉器鉴定》讲座，20多人携带50余件藏品参加鉴宝。举办“纪念世界反法西斯战争暨中国抗日战争胜利70周年扑克展”，展出县收藏协会理事余胜勇私人珍藏的扑克20多副。

【嘉善图书馆】 嘉善图书馆旧馆主体改造工程完成，外部环境改善，书架等老旧设备全部更新。把活动场地搬到学校，搬到分馆，扩大阅读推广范围，增加读者群。2015年，嘉善图书馆总藏书869754册，新增图书149906册，人均年增新书量0.26册，借阅864835册次，年流通率0.99，到馆总人数1941244，年人均到馆次数3.38次。开办各类展览30余次，参观人数3万余人；举办讲座3次；举办老年人电脑培训、手工坊活动20余次，参与3000余人。8月，开始古籍普查工作，至2015年年底，完成结题。嘉善图书馆有馆藏古籍5282部21011册，其中民国前古籍3505部16223册，民国时期传统装帧书籍1777部4788册，分别占总数的66.42%和33.57%，其中善本343种2414册，占11.4%。组织员工参加继续教育和岗位业务培训，全年在职员工脱产培训天数131天。增加乡镇（街道）图书流通点，拓展外延服务，新增缪家村文化礼堂、惠民文化礼堂、魏塘嘉辰社区及西塘富士康4个图书流通点，分别配送图书2200册、3000册、2000册、1500册，并为残联提供图书1300多册。

【嘉善文化馆】 2015年度嘉善文化馆组织全年演出活动174场，其中，承办、协办大型文艺演出22场，送戏下乡演出118场，举办“周末大舞台”25场，承办上级组织演出活动2场、县级其他演出活动7场，并参加各类省市级演出活动。建成培训基地九大类17个，辅导项目涉及书法、美术、泥塑、排舞、戏曲、故事等。以县文化馆和县群星艺术团骨干师资为主，学校艺术教师为辅，为学生提供免费校内文化艺术辅导培训。先后在县实验小学、吴镇小学、江南幼儿园等培训基地学校开设文化艺术培训项目。2015年，全县各镇（街道）基层宣传文化员实现全覆盖。县文化馆安排专业老师对宣传文化员开展化妆、调音、主持等3项专业技能培训，累计授课超24课时，参加人数160余人。分批次走进村（社区）文化礼堂，为宣传文化员提供专业技能辅导，组织开展“村级宣传文化员才艺大比武”，20个舞台表演类节目、23个视觉艺术类作品参与。举办《嘉善文化》创刊35周年系列活动，包括纪念抗日战争胜利70周年征文活动、全县中学文学社学生作文比赛、编辑出版30万字的文学刊物《绿杨荫里》。梅春燕、俞冰的论文《传统期刊向数字化转型的设想》获全国文化馆年会理论征文三等奖、浙江省第十七届公共文化论坛征文二等奖；梅春燕、徐静的论文《从全国文化馆评估谈如何提升艺档工作水平》获第七届浙江省艺术档案理论征文大赛二等奖。嘉善群文网全年访问量13万余人，网上发表文章364篇，文章点击量12万余次。《嘉善文化》出刊12期，每期6000份，免费赠送各机关事业单位、图书分馆、文化礼堂、村（社区）、各中小学校及省内文化馆。

【嘉善影剧院】 2015年，嘉善影剧院演出、租场550场，接待剧团23个。承办公益类演出活动，其中“周末大舞台”演出活动31场，免费“百姓剧场”演出活动14场。举办浙、沪、赣、闽、粤、澳越剧票友大会串演出活动，江、浙、沪“男子越剧”专场，杭州越剧艺术研究会精品折子戏专场，上海青浦练塘太浦韵沪剧《大雷雨》演出，嘉善、平湖两地戏曲文化走亲演出等活动。嘉善影剧院全年演出325场，观众逾3万人次，经营收入120万元。

【嘉善县电影公司】 嘉善县电影公司影院实现“互联网+电商”、银行等多元化销售合作经营模式，建立多个OTO平台，合作电商12家，网上票务销售比例超过70%。加强农村电影放映管理，提高服务质量，有效放映率接近100%。2015年，电影放映9145场次，观众219769人次，营业收入863.8万元。农村公益电影放映1507场次，观众43.6万人次，完成全年任务的102.3%。完成孙道临影城4号厅杜比全景声改造，全面提升影城观影条件。

【孙道临电影艺术馆】 年内，孙道临电影艺术馆创建市级爱国主义教育基地并通过嘉兴市委宣传部考核评审。全年，孙道临电影艺术馆展厅接待参观人员165批次、2007人。发挥基地教育功能，与嘉善县文化馆联合举办2期艺术公益培训班，开设钢琴、篆刻、水彩画、素描、动漫、少儿线描、陶艺、少儿绘画、小演员班、新居民子女合唱班、书法、摄影、泥塑、表演、古玩鉴赏等14个班级，近400多名文艺爱好者参与。成功举办2015中国·嘉善孙道临艺术节暨第二届“善文化”微电影大赛，19部参赛作品入围评选，15部微电影作品入围，《爸蒸糕》《星星的孩子》获最佳微电影奖，《爸蒸糕》还摘得评委大奖、观众大奖、最佳导演奖3个单项奖。嘉善县文化艺术中心改造项目之一的王文娟越剧展厅和孙道临遗物展厅的设计工作进展顺利,设计效果良好。

体　　育

【概况】　2015年,嘉善县发挥资源优势,承办多项国际国内高水平赛事。开展台球、乒乓球、羽毛球、健步走、健身排舞、笼式足球、健身气功展示等全民健身活动。推进体育设施对外开放,全县有32所学校的体育场馆对社会公众开放。嘉善少体校为国家培养体育后备人才,成绩显著。全县56个体育彩票销售网点,销售金额7980万元。

【体育赛事】　承办2014～2015年、2015～2016年中国女子排球联赛,中国女子排球联赛嘉善赛区再次被评为最佳赛区。2015年,中古国际女篮对抗赛、中国乒乓球协会会员联赛(浙江嘉善站)、全国青年赛艇锦标赛U16、2015年中美篮球邀请赛、第七届中国小康村篮球赛等国际国内高水平赛事在嘉善举办。承办2015年浙江省少儿乒乓球积分赛(总决赛)、省市青少年皮划赛艇锦标赛、市青少年武术套路锦标赛等体育赛事。2015年,嘉善县首次承办国家级乒乓球会员联赛和省青少年乒乓球积分赛等两项小球类高水平赛事。按计划举办全县篮球、足球、排球、跆拳道、田径、幼儿趣味运动会等赛事。2015年,嘉善代表队参加市第八届运动会所有大项比赛,获金牌81枚、银牌45枚、铜牌38枚,总分1457.5分,列赛事金牌榜第五、总分第六。全年有28名嘉善籍运动员代表嘉兴市参加省青少年皮划赛艇锦标赛,获八金八银十二铜。8月,在汾湖举办的全国青年赛艇锦标赛U16中,嘉善县代表队取得八金二银三铜,获团体总分第二名。

【全民健身活动】　2015年,由县级各体育协会承办的台球、乒乓球、羽毛球、健步走、健身排舞、笼式足球、健身气功展示等全民健身活动,在全县范围广泛开展。各协会办赛事各具特色,开发区(惠民街道)举办运动会、工会羽毛乒乓赛、供电系统趣味运动会等;县老年体协周周有赛事,月月有活动;县乒协每月组织积分赛,吸引上海市、江苏省、嘉兴市五县二区乒乓球爱好者参赛;县足协与县电视台合作,定期播放县足协比赛集锦。嘉善体育代表队参加嘉兴市第三届市民运动会A组(除舞龙以外)的10个项目和B组全部项目比赛,获A组团体第四名、B组最高分。县武术协会代表嘉兴市参加省健身气功站点分站赛、总决赛和省第八届健身气功大会,均取得好成绩。

【汾湖水上运动中心建设】　汾湖水上运动中心是国家级、省级后备人才基地,被国家体育总局水上管理中心命名为2013—2016高水平后备人才基地。2015年,承办亚赛联残疾人训练营,亚赛联主席王石到水上中心调研指导。

【县体育中心建设】　2015年,嘉善县体育中心举行各类文体活动48场,接待参加活动人数约5万人次。做好县体育场的日常运作和管理工作,发挥场馆功能作用,承办嘉善县全民健身职工健步走、市公安局民警招工体能测试、县三十五届“三好杯”田径运动会、县校园足球联赛、县公安局专职巡防队伍大比武、市电力系统职工文化体育年趣味运动会等各类体育赛事和活动。全民健身运动在体育中心灯光球场、排舞广场等对外开放场所健康有序开展,全年接待健身锻炼人数约10万人次。两片室内门球场提供给县老年体协使用,并签订使用合同。抓安全生产,与各租赁单位签署安全生产责任书,每月对各租赁单位开展安全生产大检查。基本完成体育中心改造项目,体育中心监控系统和绿化提升工程竣工验收。

【后备人才培养】　嘉善少体校为国家培养体育后备人才。年内,全校有280名学生(不包括水上项目)代表嘉善县参加嘉兴市第八届运动会,获5项团体第一、1项团体第二和3项团体第三,获得金牌36枚、银牌29枚、铜牌32枚。全年,向省市体校输送9名体育后备人才。

文化市场管理

【概况】　2015年,嘉善县规范文化市场经营秩序,落实市场监督管理举措,强化市场专项整治和平安建设。开展整治网吧违规接纳未成年人专项行动,严格执行《广播电视管理条例》,加强广电市场管理。加强执法队伍建设,通过执法人员业务培训,提高执法人员综合执法水平。推进阳光政务制度实施，实现多载体、多渠道信息公开，通过网站“政务公开栏”“嘉善县政府信息公开网”以及办公区域制度上墙，对社会公开文化市场行政执法结果。通过集中法规培训、检查现场劝诫、行风监督会、业主代表座谈会等形式，对业主进行政策法规教育，促使业主规范守法经营。

【专项整治】 2015年，嘉善文化执法部门出动检查人员484人次，开展各类专项整治。检查经营单位900家次，办理行政处罚14件，结案12件，罚款22800元，查获违法经营音像制品1500张(盒)、非法书籍210册。开展“扫黄打非”“清源”“秋风”“净网”等一系列专项行动。安排专人进行网络巡查，实现网上网下一起抓；组织全面清查，强化出版物市场监管，加大对印刷经营单位的检查力度，重点加强对印刷单位的监管；对全县邮政报刊亭进行全面排查，重点加强火车站、高铁站、客运中心等出版物销售门店的检查。严格执行文化部《关于加大对网吧接纳未成年人违法行为处罚力度的通知》要求，行政执法大队以日常巡查和特殊时段检查相结合方式开展行政执法，先后查处3家违规营业网吧、2家无证经营娱乐场所。

【市场管理】 初步建成远程监控中心，实行对网吧、演出等场所远程实时动态监管。完善“嘉善县文化市场管理系统”建设，及时了解场所动态信息，辅助执法管理，提高执法效能。加强广电市场管理，规范全县公共视听载体播放活动。对全县大型电子显示屏、楼宇电视、公共交通内显示屏等公共视听载体的播放类别、播放方式、显示屏类别等信息进行登记、备案，和相关单位、个人签订责任书。建成可管可控的智慧IP应急调度中心和制播中心，完成全县118个行政村(农村社区)农村1053只应急广播喇叭的安装，实现全县应急广播全覆盖。

(曹　琦)

图书发行

【概况】 2015年，嘉善县新华书店有限公司根据省集团公司统一要求，强化管理，开拓创新，完成预算目标任务。全年，完成销售比上年同期增长7%，实现利润440万元，比上年同期增长71%。企业总资产8505万元，比上年同期增长0.81%。

【政治读物发行】 做好党和国家重点政治读物发行工作，完成省集团公司布置的各项任务。征订发行《中国共产党第十八届中央委员会第五次全体会议文件汇编》等政治类读物，全年征订三读丛书1033套、党员读本6164册、《习近平谈治国理政》1077本。

【读书活动】 连续8年举办全民读书月活动，倡议发起“读书，让城市更美好”活动。新增“小连锁”1家，“小连锁”、农家书屋实现全覆盖。在高中学校内开办校园书店。

(费　磊)

媒　体

综　述

2015年,嘉善新闻单位有嘉兴日报社嘉善分社和嘉善县广播电视台2家,全县新闻宣传从业人员176人,其中大专以上学历169人,副高职称6人,中级职称32人。全县有数字电视终端数15万只,数字电视整体转化率100%。《嘉兴日报》(嘉善版)日发行量1万份。

全年,县级新闻单位围绕县委、县政府"建设'三区一园'践行科学发展"中心工作,推出《难忘总书记关怀》专栏,回顾习总书记在嘉善考察调研时的嘱托,总结成绩,激发全县上下共建示范点的热情;围绕"一创建三复评",推出《争创全国文明城市》专题专栏,通过新闻、通讯、专访、现场报道等多种形式,解读工作部署、重点任务,及时报道工作动态;围绕三级干部大会,推出《打好"四大战役"》《行进嘉善·精彩故事》等专栏,以全县企业转型升级、主体转型发展、部门提供相关服务为主要报道内容,进行连续报道;围绕工业强县建设,相继推出《嘉善制造》和《全力推进工业强县建设》两个专栏,对全县企业发展中涌现出来的嘉善品牌、创业创新典型进行集中报道;"点赞嘉善人"专题专栏,将目光对准身边人、身边事,传递人间真情,凝聚社会真爱。

县级新闻单位以《新闻聚焦》为重点,集中曝光河道污染、生猪养殖污染、违章搭建、环境脏乱差等一批热点问题,发挥新闻媒体科学、准确、依法的监督工作,用建设性的舆论监督和新闻力量,推动各项重点、难点工作顺利开展。县督考办、县委宣传部通过反馈报道,对整改不及时、不到位的单位定期通报,并根据年度工作目标责任制考核办法给予扣分。2015年,总计刊播《新闻聚焦》110期,县主要领导批示17次。《文明创建,你我共参与》《民生十分》《嘉善闲话》等节目通过对与民生密切相关的问题的曝光,推动问题解决,服务百姓民生。

加强对外宣传力度。县委宣传部精心策划海外华文媒体嘉善行、全国部分新闻单位夜班编辑走基层采访、巧克力甜蜜小镇新闻发布会、中央媒体城镇化试点嘉善行等重大外宣活动。《人民日报》《经济日报》、新华社、中央电视台、《法国侨报》《中希时报》《钱江侨报》等中央及海外华文媒体通过新闻通气会、实地走访考察等形式,密集关注嘉善县经济发展情况。其中,中央电视台新闻频道播出《国家新型城镇化综合试点:农房置换城镇房 宅基地复垦流转》报道;《走遍中国》播出嘉善县端午传统习俗《五毒醒 端午临》节目;《浙江日报》头版先后推出《嘉善试水综合行政执法改革 千项行政处罚权"沉到底"》《嘉善早引项目紧抓开工》《春到江南育生机——省统一战线助推嘉善科学发展纪事》报道。县委书记许晴走进浙江在线网络平台,以生动故事讲述"两山"(绿水为山就是金山银山)科学论断对嘉善县经济社会生态带来的发展和变化,引起巨大反响。县委宣传部把握抗日战争胜利70周年重大节点,先后接待《浙江日报》、浙江卫视、浙江之声、浙江在线等上级主流媒体到嘉善采访嘉善阻击战,寻找抗战记忆,缅怀抗战英雄,推出《嘉善阻击战:七昼夜浴血奋战》《嘉善血战七昼夜 日寇寸步难前行》等抗战系列报道。2015年,关于嘉善的新闻报道，中央电视台播出 4 条，浙江电视台播出 180 条，嘉兴广电集团新闻频道播出 784 条。中央人民广播电台（包括“中国之声”和“乡村之声”栏目）用稿 32 条，浙江电台（浙江之声）用稿 331 条，嘉兴电台用稿 3095 条。《浙江日报》刊发近 150 篇，其中头版 8 篇；《嘉兴日报》头版刊发 73 条，其中头条 11 条。此外，《“县域善治”的生动样本》（刘文书）获 2014 年度浙江新闻奖一等奖。

（陆　烨　盛思佳）

报　　纸

【概况】　2015 年，嘉兴日报社嘉善分社围绕“建设县域科学发展示范点、争当全面深化改革排头兵”的总目标，紧贴县委、县政府中心工作，贯穿深化改革、转型发展主线，突出重点，注重落实，各项报道深入推进，为全县各项工作引领新常态、实现新发展营造良好舆论宣传氛围。全年，《嘉兴日报》（嘉善版）出刊 247 期（电子版同步），有效发行 270 万份。编发《嘉善手机报》608 期，移动用户每期发送量 17 万户。1 月1 日，“爱嘉善网”城市生活门户网站开通，“掌上嘉善”APP 安装用户 1.1 万户，微信、微博关注数超 1.5 万，《善商》杂志出刊 4 期（总 16 期），有效发行量 1.2 万份。《嘉兴日报》（嘉善版）、手机报、爱嘉善网、微博微信、新闻客户端、阅报栏、屋顶广告等媒体，常年性进行“讲文明、树新风”、社会主义核心价值观等公益广告宣传发布，传播党的主张，反映人民心声，推进科学发展。在《人民日报》、新华网、人民网、《浙江日报》、浙江在线（浙江新闻）等省级以上媒体录用或转载新闻稿件、照片 196 篇（幅）。报业总收入突破 1000 万元。至年底，报社在编和编外合同制人数 46 人，拥有各类专业技术职称人员 35 人，其中新闻专业技术职称 26 人（副高 1 人、中级 6 人、初级 19 人）。《嘉兴日报》（嘉善版）新闻作品，获 2014 年度嘉兴新闻奖二等奖 1 件、三等奖 1 件，浙江省县市区域报新闻奖一等奖 1 件、二等奖 4 件、三等奖 5 件，中国县市区域报新闻奖一等奖 1 件、二等奖 4 件、三等奖 3 件。

【舆论引导】　全年，围绕县委、县政府中心工作，紧扣“经济、改革、生态、文化”等关键词，做强新闻宣传报道工作。推出《打好“四大战役”、全力建设产业转型升级引领区》《嘉善制造》《全力推进工业强县建设》等栏目，同时，刊发转型升级、嘉善品牌、创业创新等一批典型企业的相关报道 50 多篇；围绕科学发展综合配套改革方案，大众创业、万众创新促进机制，农村产权制度，企业要素配置改革，审批改革等八大重点，推出《建设科学发展示范点 争当深化改革排头兵》栏目，刊发报道 20 篇；以“一创建三复评”“五水共治”“三改一拆”和“美丽嘉善”建设等为切入点，宣传“绿山青山就是金山银山”理论在嘉善的实践活动，全方位报道全县城乡改善环境、打造美好新生活的典型，刊发报道 30 篇；深化“善文化”活动内涵，推出“点赞嘉善人”专栏，以典型人物、善人善事，引导善文化弘扬，形成系列报道（优秀村干部系列、劳模系列和普通市民系列）70 多篇；刊登记者随行采访嘉善志愿者赴青海藏族女子孤儿学校送温暖活动稿件 12 篇。通过《两富路上》栏目，讲好普通劳动者在创业创新、转业转产中增收致富故事。

【舆论监督】　开设舆论监督类栏目《新闻聚焦》，全年推出 40 期。针对当前工作中存在的热点、难点问题，重点关注，主动作为。栏目内容涉及“三改一拆”“五水共治”等中心工作中的难点，聚焦与百姓生活息息相关的治堵、治水、治气问题。创新选题方式，对垃圾倾倒、污水偷排、畜禽饲养污染等进行深入采访，及时曝光，剖析根源。多期曝光报道引起县委书记许晴的重视，并批示要求各基层单位加强对问题的整改，取信于民。

【专题栏目】　以社会热点为切入点，专题栏目与中心工作紧密结合。继续办好周末版的《嘉善故事》《嘉善记忆》《追忆》等栏目，深入挖掘嘉善人文历史，形成专题系列。《嘉善故事》老工厂系列重点推出《嘉善油脂化工厂——智慧炼出“黄金油”》《嘉善味精厂——别样滋味在心头》《泰山公司——我国近代民族工业的重要实体》等 11 篇，累计 24 期。纪念抗日战争胜利 70 周年专题，刊发《惠民地区抗日纪事》《嘉善抗日嘉善阻击战七日记》《日寇铁蹄下的嘉善沦陷区》《抗日烽火燃嘉善 · 军民同心守家园》等长篇系列报道，并在《柳洲采风》上开设《铭记历史 开创未来》子栏目，刊登抗战报道 40 多篇。话题类专题栏目《嘉言善议》《就事说事》，推出“文明创建,我们怎么看,怎么办”“我们身边的文明榜样”系列话题,前后刊发24个整版,引导市民爱护环境,共同参与文明创建。

【典型宣传】 做好党的群众路线教育实践活动的宣传,对农村基层党组织建设、党群连心活动、“四方红色联盟”等重点工作进行宣传报道,以典型引路,推出一批优秀基层党员干部典型;做好“三严三实”专题教育活动宣传,重点策划、撰写习近平总书记到嘉善视察过的几个地方的学习情况、示范点“三区一园”建设的牵头部门学习贯彻情况以及基层党建和弘扬“善文化”、践行社会主义核心价值观的生动实践等报道,取得较好的报道效果。与县纪委合作,开设《落实“两个责任”进行时》专栏,报道各地各部门高标准执行八项规定,始终保持正风肃纪高压态势,切实贯彻落实党风廉政建设“两个责任”的典型做法,维护风清气正的政治生态。

【队伍建设】 开展政治理论和采编业务学习培训,领导班子和党员通过班子会和党员学习网络,打造“政治强、业务精、纪律严、作风正”的队伍。通过“派出去和请进来”的方式,开展业务技能培训,提高采编业务素质。 (陆雪明)

广播电视

【概况】 2015年,嘉善县广播电视台(简称县广电台)坚持突出重点、开拓创新、健全管理模式,优化运行机制,加强新闻传播力,广播电视各项事业迈上新台阶,获县级部门工作目标责任制考核考评争先进位奖。年内,县广电台被中央人民广播电台中国乡村之声评为2015年度供稿先进单位,获2015年度嘉兴市电视新闻协作先进集体二等奖、广播新闻协作先进集体二等奖,2015年度全省广播电视新闻协作县级电视三等奖、广播二等奖。在2015年度全省对农节目服务工程考核中,广播对农栏目获优秀奖和省政府奖二等奖。另有19件作品获嘉兴市广播电视新闻、文艺、播音主持和广告作品奖。全年,被中央人民广播电台录用广播节目59条,被中央电视台录用电视节目8条。

【新闻监督】 2015年,县广电台建设性舆论监督类节目《新闻聚焦》提档升级,从每周1期增加到每周2期,加大曝光热点问题,助推中心工作。全年,播出66期节目,其中涉及“三改一拆”31篇、“五水共治”20篇、文明创建15篇,并且做好跟踪报道和后续工作。县委书记许晴对《新闻聚焦》报道先后做出7次批示。节目播出后的次日一早,栏目组以舆情专报形式上报县委宣传部并呈县主要领导审阅。县督考办跟踪督查,县纪委(监察局)、县委组织部等共同参与督促整改。

【《IN嘉善》全新开播】 2015年,县广电台推出电视杂志节目《IN嘉善》。节目下设楼市风向标、车市导航仪、健康今日谈等子版块,针对不同受众需求,涵盖当下“两美”建设、风俗习惯、新政解读等,具有信息积累、消费导向、服务受众等多种功能。以活动化操作与观众互动,提高节目可看性。建立微信公众号,在公众号、嘉善新闻网、嘉善电视台节目视频发布平台、《嘉善广播电视报》等同步发布,形成全方位推送格局,提高节目覆盖面和影响力。全年,播出52期,播出专题300多个,微信公众号发布信息近1500条、视频365个,微信号关注人数约1200人。

【营造创建氛围】 2015年,县广电台围绕全县“一创建三复评”中心工作,打好宣传“主动仗”。《嘉善新闻》开设《争创全国文明城市》专栏,宣传报道全县“千人进社区 百日大整治”、“两美”建设、市容环境整治、结对共建等活动及创建工作阶段性成效等,全年,播出报道40多篇。《科学发展在嘉善》《新闻聚焦》《民生十分》等栏目从舆论监督角度,关注和报道创建工作。新闻、专题、系列报道等有机组合,形成创建报道“组合拳”。4月,嘉善新闻网推出8期“文明创建大家谈”系列网络访谈,并同步在嘉善新闻网“热点话题”版块推出“争创全国文明城市需要您的积极参与”话题,征集网友对创建工作的意见、建议。开设《嘉善县争创全国文明城市专题》《美丽乡村优美庭院》等专栏,每天更新创建工作最新进展。制作公益广告十余条,每天播出约150秒。开展大型公益性综合活动,年内,举办“善美女性”、县基层食品安全工作实务知识竞赛等多场大型公益活动。与相关单位共同摄制创建微视频、微电影等,专题栏目《IN嘉善》开设《我爱我家》专栏，宣传县各地“优美庭院”，平均每周播出70次。

【抗日战争胜利70周年宣传】 2015年，策划制作15分钟抗日专题片《嘉善阻击战》；重点策划“9·3”阅兵式组合报道；6～9月，《嘉善新闻》开设《纪念抗战胜利70周年》专栏，播出《走进档案馆》系列报道、《纪念抗战胜利70周年·我说抗战》系列报道等12篇，同时，播出全县各地各界组织庆祝抗战胜利70周年等相关报道20多篇。全年，“善文化”频道播出《回首抗战纪录节目展播》，播放《雄关漫道:抗日战地记忆》等多部纪录片。新闻综合频道推出《回首抗战影视剧展播》，播出《东北抗日联军》等28部电视连续剧，近1000集。强化抗战胜利70周年公益宣传，4月，嘉善新闻网分别在《新闻频道》《观天下》《网视频道》等专栏做好抗战胜利70周年网站专题报道。8月，集中在各频道播出公益宣传片近80次，并在市民广场等多处户外大屏滚动播出4条公益宣传片。至9月底，新闻频道和网视频道分别刊发新闻稿件50余条，均为原创，《观天下》转载稿件篇数200余篇。微博发布有关内容40余条，阅读量8万以上，转发200多次。微信公众号发布有关内容30余条，阅读约3万次。县广电台陈开瑜、张凯毓、周华江等3位主持人参加全市优秀爱国主义影视剧配音大赛，为《太行山上》《亮剑》两部优秀爱国主义影视剧片段配音。

【主题新闻报道】 2015年，县广电台围绕发展主线，推出近200篇报道。年初，推出《克难攻坚抓落实》专栏，刊出9篇系列报道。以县域科学发展示范点建设全面攻坚之年为背景，推出《行进嘉善·精彩故事》系列报道；在“全县工业经济工作会议”召开前夕，推出“全力推进工业强县建设”大型系列报道，并作为工业经济类报道总栏目，先后推出《稳增长、强创新》等专栏。围绕示范点建设主题，推出一系列报道，重点报道县综合行政执法等各项改革工作内容、推出“牢记总书记要求”系列报道等。此外，还阶段性报道嘉善县经济发展成绩单。

【媒体新平台】 3月底，嘉善房产信息网手机微网正式开通。房产微网建设分多期进行，首期为公众提供基本信息服务和承载广告客户的内容，主要的表现形式是与PC端网站专题同步推出的微网专题、以广告客户为主要内容的楼盘推荐具体引导信息及若干个便捷工具功能。

【高清电视非编系统使用】 县广电台投资360多万元建设的高清电视节目非编系统，于10月下旬正式投入使用。系统以光纤存储阵列和功能服务器群为核心，配置6个传统接口上下载工作站、15个编辑工作站、4个配音工作站、1个审批工作站和1个独立节目包装工作站，并配套款式新颖的操作台。该项目改造具有大容量存储、多操作工位、高标清兼容技术等特点，县广电台节目制作质量和制作能力得到提升。

【气象节目无带化传送】 8月下旬起，县广电台采用光纤实时传输数字视音频信号方式，实现气象节目播出的无带化传送，减少气象节目二次采集产生的图像损失，提高传送效率和图像质量。6月，县广电台与县气象台签订气象灾害预报预警信息传播合作协议，改进气象影视节目传送方式，为县气象台推荐备选设备、协助联系供应商，并分别完成台机房和气象台机房光纤线路对通、设备安装及调试等工作。经过多轮播出测试，县广电台正式启用传输通道和设备，实现气象节目无带化传送。

【专业型人员培养】 4月下旬，县广电台启动实施专业型记者、编辑、主持人三年培养工作。培养工作以宣传口部门中层干部、导师、新秀为团队负责人为主，明确研究课题，组建团队，通过团队采访报道、交流研讨、专题培训、汇报演讲等多种形式实施培养计划。计划用3年时间，以项目化运作，提升采编播人员专业素质，使其成为该领域的专业型记者、编辑、主持人，提升县广电台宣传报道的专业性、权威性和影响力。

【“嘉善发布”微信公众号上线】 10月下旬，“嘉善发布”微信公众号正式上线，县委副书记、政法委书记滕根林，县委常委、宣传部部长武曜云共同启动上线按钮。“嘉善发布”微信公众号(jsfabu)是由县委、县政府授权，嘉善县人民政府新闻办公室实名认证的微信公众号，是“1＋2＋3＋N”嘉善发布平台的重要子平台，是党委、政府权威信息发布、政策解读、服务民生的又一重要渠道。“嘉善发布”微信公众号下设《嘉·声音》《善·能量》等栏目以及《微信发布大厅》《微博发布大厅》《善文化》《善印·象》等10个子栏目。 (朱慧婷)

新闻网站

【概况】 2015年,嘉善新闻网利用自身宣传和技术优势,围绕“美丽嘉善”、文明创建主题,开设“绿水青山就是金山银山”嘉善实践报道专题;借助网站、微信、微博等新兴媒体平台,进行网络宣讲,发布新闻信息;设置创建专题,做好网络宣传;配合阶段性重点工作推出网络访谈等。嘉善新闻网采写的专题《墨汁河变脸记》获浙江省好新闻奖三等奖、浙江省网络新闻奖评比一等奖,访谈《冬日里的正能量》获二等奖。同时,嘉善新闻网获2014年度浙江在线创新支站奖,@嘉善微博获评新浪微博2014年度浙江省政务微博影响力十强。

【主题宣传】 2015年,嘉善新闻网以“绿水青山就是金山银山”为主题,推出“两山”系列报道。刊播县委书记许晴宣讲视频,连续10天发布相关内容专题报道十余篇。开设网站创建专题,设置“城市啄木鸟”曝光台、“大家谈”系列访谈,分别邀请魏塘街道、罗星街道、开发区(惠民)、县市场监管局、县住建局、县卫计局、县教育局、县行政执法局等单位领导作“活跃在创建中的老娘舅”专题访谈。在创建验收各个时间点,配合阶段性重点工作,举办善文化微散文大赛,开设防汛抗台网站专题,人大、政协主要领导“两会”网络访谈等。开展“寻找乡愁、发现美丽”摄影大赛,组织“拍客”到美丽乡村采风。

【弘扬网络正能量】 全年,策划开展春节慰问结对户、陪老人过年、送腊八粥、端午送温情、夏日送清凉、关爱“小候鸟”、中秋重阳送温暖、衣旧情深等系列活动。参与社会救助,对干窑烧伤聋哑母亲和天凝白血病学生,在网站、微博和微信中发起救助倡议,组织爱心志愿者捐款2万余元。网站开设《暖新闻》专栏,在“两微”中宣传、弘扬善人善事。尖峰救援队到西藏救援后,刊播1期题为《尖峰救援千里援藏》访谈,报道尖峰救援队西藏救援情况,营造爱心志愿者品牌。

【加快新媒体发展】 9月开始,嘉善新闻网成立编辑部,由县委、县政府授权,嘉善县人民政府新闻办公室实名认证的微信公众号“嘉善发布”于10月27日正式上线,至2015年年底,订阅粉丝数超过2万人。“嘉善新闻”微信公共账号有18000多人订阅。 (刘文书 沈 波 钱家兴)

社会建设

治安司法

综　　述

2015年，嘉善县政法综治部门以服务保障“县域科学发展示范点”建设为着力点，以“创新基层社会治理推进年”活动为载体，坚持法治引领、问题导向、效果导向、改革创新，坚持和发展“枫桥经验”，有效防范各类社会风险，全力推进平安综治维稳工作，有效维护全县大局的安定有序。年内，嘉善县成功实现平安县建设“十连冠”、满堂红目标，被嘉兴市委、市政府评为2014年度社会管理综合治理优秀县(市、区)。

服务县委中心工作。围绕“五水共治”“三改一拆”等县委中心工作，重拳打击相关领域违法犯罪行为，组织开展法律咨询和宣传，为县委重点工作提供法理支撑和舆论支持，推动以法治思维和办法破解发展难题、建立长效机制。公安机关加强对破坏水环境案件的立案查处，检察机关集中开展破坏环境资源专项立案监督。围绕促进经济平稳运行、维护正常经济金融秩序，县公安局、县检察院、县法院联手严厉打击整治恶意“逃废债”、非法集资、“涉网三领域”(通讯网络诈骗、P2P平台非法集资、危害电商发展犯罪)等工作，取得良好效果。年内，全县公安机关立侦经济犯罪案件62起，挽回经济损失350.36万元。县委政法委牵头健全涉企维稳风险防范处置工作，依法妥善处置因企业资金链、互保链断裂等引发的涉稳案(事)件，为全县加快经济转型升级、全面深化改革发挥保驾护航作用。

维护社会大局稳定。推进反恐怖能力建设，健全公安、武警街面武装巡逻工作机制，有效防止暴力恐怖活动发生。加强对“法轮功”“实际神”等邪教组织的防范打击，成功侦破多起“法轮功”反宣案件。强化全员维稳责任制，深入开展“百日维稳攻坚大会战”，完成纪念抗日战争胜利70周年、第二届互联网大会·乌镇峰会等重大活动和重要敏感时段维稳安保任务，保持全县社会大局安全稳定。健全完善矛盾纠纷常态化排查、每周维稳形势会商研判、重大决策社会稳定风险评估和重大群体性事件预防处置等工作机制，统筹网上、网下两个战场，最大限度地发挥整体作战优势，进一步加强大调解体系建设，预防化解一大批矛盾纠纷。年内，全县排查出各类矛盾纠纷9088起，调处成功率99.52%；对80个重大项目进行社会稳定风险评估，暂缓实施2件；成功处置20多起影响较大的涉稳事件，及时化解1起市级挂牌督办重大不稳定问题。

推进“平安嘉善”建设。紧扣新一轮平安建设的目标任务，及时将100项平安考核条款分解落实到9个镇(街道)和56个职能部门，并制定出台《重点责任部门平安综治工作考评办法》，以责任倒逼落实。项目化推进平安实事工程，将各镇(街道)的9件突出问题作为全年平安攻坚任务，消除各类重大隐患，确保平安。强化约谈问责制度，对平安建设中出现失分较多、问题突出单位，及时启动约谈问责制度，由县领导亲自约谈，年内，对4个镇(街道)和7个部门负责人进行约谈，对1名分管领导进行问责处理，真正做到动真格、抓责任。优化考评工作机制，完善半年度县领导督查、每季暗访检查、每月测评通报等制度，加强业务指导，督促镇

(街道)及各主体精准研判、整改提高。建立健全平安建设公众参与机制,扎实开展平安宣传“五进”活动(进机关、进企业、进农村、进家庭、进媒体),依托电视、报纸、网站、街面广告牌等宣传媒体,以“一台戏、一场电影、一档节目、一段广告、一次摄影、一期巡防、一个专栏、一轮测评”等“八个一”活动为主要载体,不断增强宣传实效,营造宣传氛围,提升“平安四率”(社会治安满意率、党委政府重视率、平安建设知晓率、群众见警率)。

创新基层社会治理。以网格化为依托,以“创新基层社会治理推进年”活动为契机,推进基层网格与省平安建设信息系统“两网融合”,积极搭建县、镇两级综合指挥平台,打通201个基层站所信息渠道,并按照“一网一格一通”要求,全县813个基础网格配备“平安通”移动终端1014部,建立健全网上、网下联动工作体系,初步构建起全县统一的社会治理“一张网”。年内,通过“平安通”采集矛盾纠纷、治安安全隐患、民生服务等各类信息14716条,办结14183条,办结率96.38%。该项工作得到省委政法委副书记、综治办主任刘树枝,省综治办副主任谢小云的肯定,平台建设经验在全省推广。以践行核心价值观和“善文化”精神为引领,切实抓好全县154个农村(社区)的村规民约、社区公约制订修订工作,扎实推进基层社会治理“法治、德治、自治”建设,发展基层民主,保障村(社区)自治。

管控公共安全风险。围绕群众关切,密集组织开展“两打三防”大会战、打击整治“三非”、整治涉网治安违法犯罪“断链”、电话“黑卡”治理、“打四黑除四害”、防范打击通讯(网络)诈骗等专项行动,强化对各类违法犯罪活动打击力度,保持9年命案全破,七类案件破案率100%。扎牢织密立体化社会治安防控体系。年内,全县新增社会治安动态视频监控探头800个,视频监控总数4900个,通过视频侦查,抓获违法犯罪嫌疑人471人,并相继侦破“4·21”魏塘街道杀人纵火案等案件580余起,取得良好的社会效果。充分运用物联网、大数据、云计算等手段,在30个小区开展“智安小区”建设,全力打造智慧安防模式。完成“智安”标准化改造小区的刑事警情均实现“零发案”或同比大幅下降。集中开展安全生产大检查和“三场所三企业”安全专项整治,开展重大火灾隐患集中整治和劳动密集型企业消防安全专项治理等活动,全年安全生产形势继续保持平稳态势。探索食品药品安全社会化协同监管机制,加强农村食品市场监管,“阳光厨房”建设经验被新华社、《人民日报》、中央电视台等十多家中央媒体宣传报道。组织开展药品安全示范县创建工作“回头看”,查处食品、药品案件152起,罚没款102.74万元,其中大(要)案56起,全县食品、药品市场环境得到有效净化。加强舆情分析研判,进一步完善30名核心层、400多名紧密层以及600多名外围层的“三层”网军队伍,并通过组织开展网络沙龙、有机更新、模拟演练等活动,提高核心层网军队伍的实战能力;建立突发事件应急处置新闻发布小组,对网民发帖反映陶庄某村支书欺压百姓、西塘景区火灾、大云镇某企业工人因欠薪跳楼、城区垃圾围城等社会关注的敏感热点舆情,通过声、屏、报、网等平台,及时疏导公众情绪,回应社会关切,有效挤压各种负面信息的传播空间。深化“省级流动人口结构优化工作示范县”建设,推进“九大”专项行动(以业管人、治安管人、以房管人、工商管人、积分管人、计生管人、拆违管人、安全管人、就业管人)。依法加强出租房屋安全管理,预防和减少安全事故发生,努力控制新居民人口规模、提高流动人口素质、优化实有人口结构。至2015年年底,全县新居民登记数34.62万人,比2011年(最高值41.6万人)下降16.79%。全力抓好社区服刑人员管教帮扶工作,完善精神障碍患者监管机制,加强对闲散青少年服务管理和对流浪儿童救助,严格刑满释放人员衔接管理,提升强制隔离戒毒人员监管教育工作水平,从源头上预防减少公共安全问题的发生。

加强政法队伍建设。加强思想政治建设,结合“三严三实”主题教育,开展党的政治纪律、组织纪律、保密纪律教育。加强业务能力建设,组织开展“信仰法治、守护公正”主题教育实践活动。建立健全学习培训体系,按照面向实战、讲究实用、注重实效的原则,有计划有步骤、分级分类开展执法司法培训。切实加强监督管理,充分运用案件评查、信访督办等手段,加大对执法环节、政法各单位的监督力度。2015年,评查案件28起,发现瑕疵案19起并予以纠正。加大正风肃纪力度,严格铁规禁令,重点整治政法干警参与“酒局”、酒驾醉驾和进入营业性娱乐场所接受有偿陪侍服务等问题,以“零容忍”的态度严肃查处违纪违法问题。持续开展“政法干警进网格”、基层“走亲连心”等志愿服

务，健全完善民情民意收集办理机制，营造风清气正、干事创业的良好氛围。（赵　吉）

公　安

【概况】 2015 年，嘉善县紧扣县域科学发展示范点建设和全面深化公安改革主题，以智慧警务为引领，全力推进“四项建设”（基础信息化、警务实战化、执法规范化、队伍正规化建设），在服务大局、平安建设、合成打击、治安防控、规范执法、队伍建设等方面取得新进步，确保全县社会治安持续平稳。年内，县公安局获评全国文明单位、全省公安队伍正规化建设优秀单位、全市优秀公安局等，连续第 9 年在全县目标责任制综合考评中获得一等奖，寄递业实名制改革、缉毒、打击污染水环境违法犯罪工作获市、县领导批示肯定。

【维护社会稳定】 落实各项安保举措，顺利完成各级“两会”、中共十八届五中全会、纪念抗日战争胜利 70 周年等重要活动和敏感节点的安保工作。推进重点单位行业反恐怖安防标准建设，对高铁站等反恐重点部位开展常态化武装执勤。灵通情报信息，向党委政府和上级公安机关上报不安定因素 124 起、149 条，处置西塘大舜堵路等一批群体性事件，并治安拘留违法行为人 19 人。推进涉法涉诉信访工作改革，开展日常信访接待办理、领导干部集中下访和每月开门接访工作。做好为期 3 年“抓打强促”的收官工作。部署开展立案突出问题专项治理工作，加强信访专项督察，确保各项信访工作部署落实到位。强化网上维稳工作，以三级互联网监控中心为依托，完善“全警发现”的巡查机制，实现全警全时全方面巡查的局面。

【保障中心工作】 积极投身全县“三区一园”“一创建三复评”“五水共治”等中心工作，出动警力 1260 余人次，参与现场秩序维护 93 场次，化解因“三改一拆”引发的矛盾纠纷 27 起。落实“河道警长制”，严打涉水环境污染违法犯罪活动，查处污染水环境案件 22 起，其中刑事案件 14 起，比 2014 年上升 27%，采取刑事强制措施 17 人。深入推进城市拥堵综合治理，参与体育路下穿隧道拓宽、320 国道商城路口等交通节点渠化改造和交通组织分流，创新机制推进“三小车”（电动车、燃油助力车、摩托车）、黄标车淘汰治理等工作。年底，超额完成市下达的黄标车淘汰任务，完成率 105.4%。

【世界互联网大会·乌镇峰会安保任务】 全警动员，全力以赴，做好第二届世界互联网大会·乌镇峰会安保工作。围绕“稳控重点人、防范涉稳事、监管危险物、严控社会面”等重点，在严格本地社会面管控的同时，组织 200 余名警力增援乌镇镇区及环乌卡点安保工作，共筑“乌镇峰会”护城河，被市委、市政府评为第二届世界互联网大会乌镇峰会保障服务工作先进集体。12 月 18 日，省委副书记、政法委书记王辉忠在市委常委、市公安局长金志的陪同下到环乌幸福桥检查站（嘉善执勤点）视察指导“乌镇峰会”安保工作。

【打击刑事犯罪】 坚持专项整治与常态严管并重，强化“打击破案”的主业意识，年内组织开展“两打三防”大会战、打击整治“三非”、电话“黑卡”治理、“打四黑除四害”、防范打击通讯（网络）诈骗、“保平安、强服务、惠民生”、打黑除恶“铁拳”等一系列专项行动，进一步加大对各类违法犯罪活动打击力度。全年，全县刑事立案 5501 起，侦破 2353 起，提请逮捕 838 人，移送起诉 1459 人，抓获各类网上逃犯 83 人。加大对现发严重暴力犯罪侦破力度，成立重特大案件侦查预备队，探索分层分级的集中办案模式。全年，全县发生命案 6 起，比前 5 年平均数下降 28.6%，五类案件破案率 100%，连续 9 年保持命案全破。依托合成作战中心，固化每周一合成作战会商和周二至周日的即时合成作战模式，全年常态案件合成作战流转 8748 起，抓获违法犯罪嫌疑人 236 人，获全市合成作战第一名。维护市场经济秩序，开展投资咨询类公司、股指期货类公司的排摸，主动介入昆明泛亚投资等事件。加大对现行涉众型经济犯罪案件的查处力度，先后破获集资诈骗、非法吸收公众存款案件 3 起，涉及人数 1500 余人，涉及金额 3000 余万元。

【治安突出问题整治】 严厉打击整治多发性侵财违法犯罪活动，累计打击侵财犯罪嫌疑人 662 人，“两抢”案件破案率 61.8%。在姚庄镇试点应用电动车 FRID（射频识别）防盗技术，辖区偷盗电动车发案降幅超过60%。整治黄、赌、毒丑恶现象，破获黄、赌刑事案件66起，采取强制措施221人，比2014年分别上升61%、10%；破获食品、药品、环境领域案件30起，刑事打处61人，比2014年分别上升58%、11%，其中2起公安部督办案件均成功告破。推进"无传销街道(社区、村)"创建工作，会同县委政法委、县市场监督管理局等部门开展打击传销清查行动，加强跨省非法传销打防协作，打击传销违法犯罪活动，有效遏制传销违法犯罪活动势头的发展和蔓延。

【公安改革项目】 扎实推进寄递业实名制、命案侦防网络体系建设、县级公安机关干部综合评价等公安改革项目落地，初步形成"面上铺开、点上出彩"的局面。以收寄验视、实名收寄和过机安检3个100%为目标，探索实施寄递行业实名收寄改革，实现寄递行业收寄信息实时上传和信息化管理。11月初，寄递业实名制改革被确定为全省第一批全面深化公安改革试点项目。12月，该工作做法得到嘉兴市委常委、常务副市长楼建明的批示肯定。

【县域社会治安防控体系】 贯彻中央办公厅《关于加强社会治安防控体系建设的意见》，坚持夯实基础和改革创新并重，大力推进智慧警务建设。提请县层面出台治安防控体系建设实施方案，明确34个重点建设项目，分解到县级责任部门。刑事警情比2014年下降1.3%，侵财类刑事警情下降1.9%。积极打造智慧安防新模式，充分运用物联网、大数据、云计算等手段，创新开展智安家庭、智安小区、智安街区建设。以嘉辰小区、临江景苑等11个小区为试点完成首批"智安小区"创建工作，配套开发"智安小区"管理分析平台，探索物联网智能采集模式，推动信息化建设向深度应用。完成"智安"标准化改造小区的刑事警情均实现"零发案"或同比大幅下降。启动城区街面实战化动态巡处勤务机制，按照"一区三警、一键响应、一体联防、一站多能"的模式，进一步整合中心城区街面警力，依托恒利联勤警务站，推动勤务重组和联勤工作，有效提升街面快速反应能力。8月，联勤警务室运行后，商贸区侵财案件的发案率同比下降19.2%。

【公安行政管理服务】 推行出入境网上预约办证、取消台胞签注和机动车远程检测、省内机动车异地检验、驾驶人科目三考试智能评判等新举措。6月15日起，推行"114"社会化移车服务。全年，受理、审批中国公民因私出国申请12308人次，比上年增加39.2%，因私出境申请15249人次，比上年增加7.3%；办理机动车注册登记8808辆、异地检验1997辆。改建升级全县派出所户籍窗口，制定《户籍窗口服务工作规范(试行)》，建立户籍窗口信息交换机制，推行居民身份证省内就近补领服务等多项便民举措，提升户籍窗口服务质量。

【区域警务合作】 深化"长三角"地区区域警务合作。5月19日，承办苏、浙、沪十五市(区、县)第64次警务合作会议。加强与江苏吴江等相邻地区的对接协调，探索建立区域间重大案事件、联动救助等警情联勤指挥制度，实现信息共享、警务资源互补，进一步拓展警务合作空间。

【公共安全监管】 严格落实《大型群众性活动安全管理条例》，及时完善应急工作预案，加强监管指导，相继完成清明节祭扫、全国女排联赛等安保工作任务。调派机关警力支援西塘景区开展治安防控、道路交通管理等执勤工作，维护景区治安秩序。

恒利联勤警务室。 (县公安局 提供)

贯彻落实中央领导关于加强安全生产工作重要批示指示精神，组织开展涉危企业滚动式排查整治工作。开展缉枪治爆专项行动，破获涉枪案件16起，打处涉枪违法犯罪嫌疑人15人，缉枪治爆工作被评为全市优胜单位。强化监管场所安全管理，以智能视频分析报警系统应用为抓手，推进监所管理机制创新，推行规范管理教育新模式，保障诉讼顺利进行。全年，新收押犯罪嫌疑人、被告人、罪犯1063人，月均关押量472人。

【"110"接处警工作】 围绕"指挥部、作战部、参谋部"功能定位，不断完善"110"指挥勤务体系，深化指挥规范化建设，扎实推进实战型指挥中心建设。依托一体化"智慧指挥"系统，深入推进可视化指挥平台、大屏显示、视频综合应用、PDT(数字集群)数字对讲四大升级改造工程，全面加强派出所综合指挥室建设，严格落实接处警九项制度，切实履行接警受理、指挥调度、警情研判和处警监督等职能。全年，全县受理报警249337起，同比下降0.1%，其中有效报警102796起，同比上升2.8%；日平均接警683起。

【执法规范化建设】 进一步拓展执法积分制工作，派出所专职法制员全部配置到位，推行网上执法办案管理模式，加强执法源头管控。深化执法办案、案管、物证管理"三个中心"建设，并按照"统一受理、统一管理、统一审核、统一出口"的四统一工作模式要求建设县局案管中心。全年，执法质量获全市第二，继续获评全省执法质量优秀单位。部署开展立案突出问题专项治理，主动接受县人大开展深化司法监督工作，积极推进"阳光执法"体系建设，办理公开处理案件73起、说理性执法75起。

【公安队伍建设】 开展以培养人民警察核心价值观和职业荣誉感为核心的思想政治教育，部署开展"三严三实"和"守纪律、讲规矩、听指挥"等主题教育实践活动。探索干部人事制度改革新机制，创新实施中层干部绩效评估末位淘汰制，解决干部"能上不能下"的问题，中层干部末位解聘2人、辞去职务1人。8月25日，县委、县政府举办纪念嘉善县公安局被国务院授予"模范公安局"十周年座谈会，就嘉善公安工作的传承、创新、发展进行深入探讨和交流。全年，有2名民警荣立二等功，2个集体、14名民警荣立三等功，8个集体和119名民警获得嘉奖，139名协辅警获得荣誉奖章和嘉奖，1人获嘉兴市第三届"我最喜爱的十大人民警察"称号。

【破获"5·13"魏塘花鸟市场虫草被盗案】 5月13日凌晨，魏塘街道花鸟市场青海玉树冬虫夏草专卖店价值20多万元的虫草被盗。案发后，县公安局立即展开侦查破案工作，通过查看视频及现场勘查，成功锁定福建籍嫌疑人兰某某，并于5月18日在上海将其抓获归案并挽回经济损失。

【破获一起故意杀人案】 4月21日14时33分，魏塘街道魏中村永星新村735号房子发生火灾，经全力扑救火势得到控制，火灾现场发现一具尸体，通过技术勘查检验确系他杀。案发后，县公安局启动命案侦破工作机制，全局命案预备梯队70余名警力同步上案，并于4月25日下午在魏塘街道永星新村抓获犯罪嫌疑人周某。经审讯，犯罪嫌疑人周某对当日上午窜至魏塘街道魏中永星新村735号实施抢劫杀人、纵火灭迹的犯罪事实供认不讳。

【破获一起网络诈骗案】 6月，县公安局在日常网络巡查工作中发现有人在嘉善通过QQ发布销售廉价苹果手机的虚假信息进行大肆诈骗，涉案金额20余万元。立案后，县公安局立即组成专案组进行侦查，于9月24日至10月15日，分别在魏塘街道晶都华庭小区、河南平顶山、洛阳等地抓获犯罪嫌疑人夏某某、马某某、晋某某等人，成功破获该起网络诈骗案。

【破获一起公安部打击毒品犯罪目标案件】 1月，县公安局在案件侦查和线索拓展中发现，盘踞在浙江湖州长兴县的俞某某、周某、胡某某等人合伙大量从广东邮购毒品到长兴进行囤货并集散到嘉善县、上海市、江苏省苏州等地，数量巨大，后该案被确定为公安部目标案件。县公安局成立专案组，多次前往湖州、长兴、上海、江苏等地展开侦查。5月底，犯罪嫌疑人吕某某、彭某某、郝某某等20余人先后在嘉善、长兴、上海、江苏等地被抓获，成功摧毁一条广东至江浙沪的贩毒通道，缴获冰毒11公斤。

（时　帆　毛佳伟）

检 察

【概况】 2015年,嘉善县检察工作以严格规范司法和深化检察改革“两轮驱动”为重点,坚持执法办案,强化法律监督,推进自身建设,促进社会公平正义。1月,召开公检法规范执法工作联席会议,形成会议纪要指导具体办案。全年,受理各类提请批捕案件554件761人,批准逮捕480件654人。受理各类审查起诉案件1077件1474人,向法院提起公诉936件1279人。其中,“两抢一盗”案380件502人,危险驾驶案222件222人,“黄、赌、毒”案134件214人;报送市人民检察院审查起诉6件10人。落实宽严相济刑事司法政策,对涉嫌犯罪但依法无逮捕必要的,决定不批准逮捕113人;办理不起诉案件93件130人、未成年人犯罪案件48件78人,对75起未成年犯罪案件实行轻罪犯罪记录封存。立案查办各类贪污贿赂案件10件10人,其中贪污案1件1人、受贿案8件8人、挪用公款案1件1人;立案查办渎职侵权犯罪4件5人,其中滥用职权案3件4人,滥用职权、受贿案1件1人。做好预防职务犯罪年度报告,开展预防调查2件,撰写案件分析2篇。组织开展预防宣讲15场次,受理行贿档案查询申请235次。加强刑事诉讼监督,办理立案监督案件11件12人,办理提请批准延长羁押案件6件13人,对重大刑事案件提前介入4次,追诉漏犯20人,对不需要继续羁押的11名犯罪嫌疑人建议变更强制措施。按照刑事审判监督程序提请嘉兴市人民检察院抗诉3件。加强民事行政检察监督,7起案件经提请抗诉后获法院再审改判。办理支持起诉案件1件。办理息诉案件4件。发出民事审判监督和执行监督检察建议4份,发出行政执法监督检察建议8份。加强刑罚执行和监管活动监督,继续深化开展“减刑、假释、暂予监外执行”专项监督。开展指定监视居住执行现场监督2起,办理监督财产刑执行案件5件,开展全县社区矫正对象动态监督18次。深入推进涉法涉诉信访工作改革,受理群众信访281件次,办理刑事申诉案件2件,依法纠正和妥善处理2起信访积案。深化检务公开,全年公开案件程序性信息2160条、重要案件信息66条、法律文书675份。完善保障律师执业权利,全年接待律师261人次,安排辩护人阅卷261件次。姚庄检察室出台《基层检察室办理公诉案件工作办法》,推进基层平安法治。

【专项整治】 围绕职务犯罪侦查、侦查监督、公诉、民事行政检察、刑罚执行和监管活动监督、控告申诉检察、预防、案管等部门和环节,按照动员部署、对照检查、整改落实、总结验收4个阶段逐步开展专项整治,规范司法行为专项整治突出整治8个方面的不规范问题。

【接受监督】 根据省、市人大的统一部署和县人大常委会《关于2015年深化司法监督工作的实施方案》的具体安排,5～11月,县人民检察院开展自觉接受人大专项监督活动,就十五届人大以来检察机关依法履职、公正司法等情况进行全面自查并向人大专题报告。针对人大监督组提出的评议意见,制定整改方案,明确改进措施和时间表,切实加以落实。

【突发事件应急预案】 制定出台《应急处置突发性事件工作预案》,成立应急处置工作领导小组,下设5个专项应急处置组,分别承担信访突发性事件,办案安全突发性事件,恐怖组织或者邪教组织的破坏事件,自然灾害、事故灾难和突发性公共卫生事件以及重大负面舆情信息传播事件等5类涉检突发性事件的应急处置工作。

【“三项检察”行动】 推进“环保检察”,把依法严厉打击污染环境犯罪作为检察机关服务保障“五水共治”等中心任务的重要举措,依法起诉污染环境案6件7人。主动谋划“金融检察”,成立打击和防范金融犯罪办案组,出台《金融检察工作实施方案》,全年,批准逮捕金融诈骗、非法集资等涉及金融领域的犯罪案件1件1人,起诉12人。深化开展“知识产权检察”,围绕转型发展,服务市场监管体系和社会诚信体系建设,起诉涉及侵犯知识产权犯罪案件3件5人。

【依法监督收监罪犯】 持续加强社区服刑人员脱管漏管检察工作,强化对交付执行特别是审前未羁押罪犯被判实刑后交付执行的监督工作,重点深化减刑、假释、暂予监外执行同步监督,全年依法监督纠正并收监执行8名罪犯。

【开通微信公众号】 12月28日,开通官方认证微信公众号“嘉善检察”，适时发布各类检察动态和工作信息，进一步深化检务公开。

【自身建设】 开展“三严三实”“信仰法治、守护公正”“践行核心价值、公正文明司法”以及“增强党性、严守纪律、廉洁从政”等主题教育实践活动，举办道德讲堂，参加微型党课比赛。全年，组织全体检察人员参加《检察机关作风纪律常用规定》专题培训，受训68人次，对院内干警进行廉政谈话26人次，其中新进人员5人次。落实“执法档案”和“一岗双责”制度，开展执法执纪专项督察，确保每周检务督察不少于一次。开展“亲情助廉”活动，对检察干警所居住的17个社区(村)进行走访。组织参加各项岗位练兵、业务轮训611人次，派员出庭公诉960件次，3名干警参加全市优秀公诉人业务竞赛并获“优秀公诉人”称号。全年，35个集体和个人受到县级以上记功表彰，公开发表检察调研论文18篇。

【查办首例倒卖车票案】 1月，县人民检察院依法起诉卢某涉嫌倒卖实名制火车票案。经审查，2013年12月至2014年2月，被告人卢某以营利为目的，使用其购买的抢票软件及虚假身份信息抢订电子客票获取订单号，倒卖给他人，票面金额近7万元人民币。该案是铁路实名制售票后嘉善县查办的首例倒卖车票刑事案件。

【商品房购销合同案】 3月，县人民检察院就5起商品房购销合同案，以调解协议损害社会公共利益为由，向市人民检察院提请抗诉。经嘉善法院依法再审认为，检察机关的抗诉理由成立，予以采纳，对5起案件作出改判，撤销原民事调解书。

【全市首例P2P网贷平台非法集资案】 4月，县人民检察院以集资诈骗罪依法对被告人颜某等3人提起公诉。经审查，2012年1月至2014年3月，被告人颜某注册设立网站从事P2P网络借贷。运营期间，通过注册虚假会员、发布虚假借款标书，并以承诺支付高额利息、网站奖励为诱饵等方式，促使网站会员进行资金充值，累计9000余万元，用于个人借贷、偿还网站投资会员借款本息等。被告人盛某、傅某作为公司员工，伪造大量虚假会员、发布或翻新借款标书，积极为颜某犯罪提供帮助，构成共同犯罪。该案系嘉兴市首例利用P2P网络平台实施的新型集资诈骗案。

【“美容针”假药案件】 4月，以销售假药罪对王某等9名涉嫌销售“回春素”“肉毒素”等医疗美容药品的被告人提起公诉。经审查，自2012年9月开始，被告人王某在未取得国家相关部门许可的情况下，以进行微整形培训为名，结伙被告人李某等6人销售医疗美容药品，其中“回春素”(肌肉型)360余瓶、“回春素”(除皱型)38瓶、“保妥适”4瓶，销售金额人民币13万余元。被告人吴某在其经营的某医学体验中心内销售“回春素”(肌肉型)4瓶。被告人刁某在上海地铁站处销售“肉毒素”150瓶左右。

【微信传播淫秽物品牟利案】 9月，以传播淫秽物品牟利罪依法对犯罪嫌疑人赵某批准逮捕。经审查，自2015年6月开始，犯罪嫌疑人赵某建立多个微信群，并与群内其他4名成员达成共识，以分别收取50元和20元会员费的方式拉人进入微信群，至案发时，群内累计发布视频文件605个，后经勘验，认定其中529个视频属淫秽物品。 (周倩芸　胡　园)

法　　院

【概况】 2015年，县人民法院深入学习贯彻中共十八大及十八届三中、四中、五中全会精神，依法助推嘉善县域科学发展示范点建设，各项工作取得新进展。全年，受理各类案件11219件，同比上升3.2%，办结9814件，一线法官年人均结案222件，是全国平均数的2.5倍，多项工作走在全省、全市法院前列，被省高院记集体二等功。新收刑事案件1035件，同比上升5.8%，审结950件，判处罪犯1271人，其中判处三年以上有期徒刑94人，同比下降4.1%。新收民商事案件6423件，同比上升3.9%，审结5491件，结案标的金额18.5亿元，关注就业、医疗、住房、婚姻家庭等与群众生产生活密切相关领域的群众诉求，加强诉讼调解工作，全年案件调撤率74.4%。认真贯彻落实新行政诉讼法，新收行政案件36件，审结32件，同比分别上升89.5%、113.3%，其中驳回原告诉讼请求、驳回起诉18件，通过协调实质性化解行政争议后原告撤诉10件，判决撤销具体行政行为、确认无效，或要求履行法定职责4件。依法审查工商、环保、交通等部门申请法院强制执行的行政处罚、征收等案件127件,对其中符合法定条件的95件予以强制执行。全年新收执行案件3359件,同比上升6%,执结2994件,执结标的总金额4.3亿元。

【被告人不穿囚服出庭受审】 2月26日,最高人民法院发布《最高人民法院关于全面深化人民法院改革的意见》。意见指出,彰显现代司法文明,禁止让刑事在押被告人或者上诉人穿着识别服、马甲、囚服等具有监管机构标识的服装出庭受审。县人民法院积极落实被告人不穿囚服的规定,要求被告人所着便服应当整洁得体,不得有损法庭严肃性。

【立案排队叫号机】 3月30日,县人民法院立案大厅引入排队叫号系统。当事人可以根据自己的业务内容选择"民、商事立案""执行、刑事立案""开票、领款业务""综合缴费业务""法律文书签收"5个不同业务类型。

【实行立案登记制】 5月1日起,县法院立案由审查制变为登记制,很大程度上缓解起诉难的问题。立案登记制是指法院接到当事人提交的民事起诉状时,对符合法定条件的起诉,应当登记立案。县法院应对立案登记制改革后案件增长态势,加大简易程序适用力度,保障当事人诉权。5月1日至年底,受理各类案件5932件,平均审理天数较上年同期缩短16天。

【陪审员宣誓】 6月12日,县人大常委会人民陪审员任命书颁发仪式在县人民法院隆重举行,49名来自各行各业的新任人民陪审员面向国旗庄严宣誓。县人民法院分别于2014年4月、2015年3月先后两次启动人民陪审员增选工作。经过宣传发动、推荐自荐、资格审查、择优筛选、院长提请、人大任命等一系列选任程序,增选人民陪审员25人,并顺利完成2010届人民陪审员换届选任工作,至此,县法院人民陪审员增至69人,是全院在职法官人数的106%,完成人民陪审员"倍增计划"。

【省高院省台办调研】 6月30日下午,省高院民四庭庭长沈晓鸣、省政府台湾事务办公室协调处处长林洪一行到县人民法院,调研涉台民商事司法案件协调机制运转情况。市台办、县台办负责人和中级法院、县人民法院相关干警参加座谈。2015年,县人民法院全面落实涉台民商事案件协调机制,审结涉外、涉港澳台商事案件66件,结案标的金额5650万元。

【司改试点工作调研】 7月9日下午,市中院政治部主任吴建英一行到县人民法院召开司法改革试点工作调研会。县人民法院副院长陈忠富、政治处主任马振及干警代表十余人参加座谈会,两级法院就司法改革中遇到的实践问题和意见、建议进行交流。至7月,县人民法院完成该院司改工作相关数据统计和情况摸底。

【涉外申请公司清算案件听证会】 7月17日上午,县人民法院召开申请人惠德国际有限公司与被申请人长谷川精密机床(浙江)有限公司申请公司清算一案听证会,这是该院首次涉当事人为外国法人的清算听证会。惠德国际有限公司登记的住所地为塞舌尔共和国马埃岛维多利亚,而长谷川精密机床(浙江)有限公司是日本和塞舌尔共和国马埃岛维多利亚合资企业。

【情景案例课堂】 8月25日下午,县人民法院围绕"如何预防农村基层干部职务风险"主题在嘉善姚庄镇开设"水乡清风"情景案例课堂,采用"重

8月25日,嘉善法院情景案例课堂走进姚庄。 (潘子菁 摄)

现—深析—互动—自查”授课流程，为镇村干部说案例、讲纪律、析法理。来自该镇18个行政村的两委班子全体成员和联村领导、农村工作指导员等130多名党员干部参加活动。

【金融审判联席会议制度】 10月23日下午，县人民法院与县金融办、县银监办联合召开嘉善县银行业金融案件工作联席会议。会上，县人民法院通报涉银行金融案件审理过程中发现的问题，并对银行业进一步提高金融风险防控能力提出意见、建议。2015年，县人民法院审结金融借款合同纠纷案件190件，同比上升29.2％，结案标的金额3.5亿元。

【危险驾驶入刑四年审理情况新闻发布会】 11月13日上午，县人民法院召开危险驾驶入刑四年审理情况新闻发布会，《嘉兴日报》、嘉善电视台等市、县新闻媒体记者到会采访。《刑法修正案（八）》于2011年5月1日施行，至2015年10月，县人民法院累计审结危险驾驶刑事案件839件，判处刑罚839人，占全部刑事案件数量的20％左右，占全部罪犯人数的13％左右。发布会上，县人民法院副院长陈忠富通报4年来县人民法院危险驾驶案件审理情况，并梳理危险驾驶案件的特点、原因及相应的对策建议。

【电台直播话执行】 11月20日上午，县人民法院副院长单文军和执行局局长朱锡锋作为嘉宾作客《局长在线》栏目，以《执行案子的那些事》为题录制一期访谈节目，详细讲解法院破解执行难的对策建议和相关法律规定。2015年县人民法院加大执行查控力度，全年累计查询被执行人存款记录15万条，冻结存款1063万元，网上布控被执行人349人，同期执结率99.22％，全省排名第十六。

【县法律援助中心人民法院工作站】 11月30日上午，县法律援助中心人民法院工作站正式启用。工作站主要负责日常法律援助咨询工作，免费为来访群众提供法律咨询，为被告人提供必要的法律援助；对自诉人、再审申请人、申诉人等有关人员的法律援助申请进行初审；同时对符合援助条件的刑事案件被告人，县人民法院刑事审判部门将《提供法律援助通知书》《商请辩护公函》等法律援助相关文书经工作站转交给法律援助中心。每周两天，由各法律援助站派员到法院工作站开展维权法治宣传和提供法律咨询、援助等服务。

【宪法日微博视频直播庭审】 12月4日，全国第二个宪法日上，县法院通过新浪微博视频直播一起刑事庭审案，也是该院首次利用微博视频直播庭审，当天该院新浪官方微博增添新粉丝349名，是法院传统媒体与新媒体融合发展的一种尝试。

【司法警察执法资格等级考试】 12月19日上午和12月24日下午，县法院全体司法警察参加全国法院司法警察执法资格等级（初级）考试的笔试和技能大训练考核并全体通过，考试涵盖司法警察工作基础理论、警务实务技能操作等内容。

【市农经局原副局长受贿案开庭】 7月16日上午，嘉兴市农业经济局原党委委员、副局长（副处级）周某某（男，1961年3月出生）涉嫌受贿罪一案，在县法院一审公开审理。公诉机关指控，1999年至2014年，被告人周某某在担任嘉兴市郊区南汇镇党委书记、王店镇党委书记、王江泾镇党委书记兼任嘉兴·中国纺织城管理委员会主任、嘉兴市农业经济局副局长期间，利用职务便利，为相关企业和个人在土地出让、土地款补助、资金拆借、项目投资建设、农业项目补助、龙头企业申报等方面谋取利益，非法收受或索取他人财物共计价值人民币2370000余元，其中索贿人民币370000元。公诉机关认为周某某身为国家工作人员，利用职务便利，为他人谋取利益，非法收受或索取他人贿赂的行为，已触犯刑法相关规定，应当以受贿罪追究其刑事责任。

（潘子菁）

司法行政

【概况】 2015年，嘉善县司法行政工作紧紧围绕党委、政府的工作大局，紧扣“法治嘉善”、“平安嘉善”建设和“三改一拆”“五水共治”、经济转型发展等工作重点，以抓“三严三实”教育为根本，认真履职，锐意创新，认真做好各项工作的推进和落实，助推县域科学发展示范点建设三年计划的全面完成，在全市司法局工作目标考核中，嘉善县司法局获评优胜单位，刊发的《整合公共法律服务资源，健全公共法律服务网络——嘉善公共法律服务资源城乡均等化取得初步成效》专报，受到县委书记许晴的批示肯定，20余篇案例、经验等材料被省、市刊物录用。

【法律服务】 全年，公共法律服务三级实体平台建设全面推进，县级司法行政法律服务中心被评为省三星级规范化司法行政法律服务中心，9个镇(街道)公共法律服务中心(站)建成率100%，村(社区)公共法律服务窗口实现全覆盖。并且形成良好的运作衔接机制、产品供给模式和绩效评估机制。2015年，三级平台受理群众来访咨询2266人次。虚拟平台建设充实完善，“12348”公共法律服务专线通过开展电话在线咨询、周末便民热线、电视老娘舅调解案件受理等便民服务措施，提升法律服务社会效果，接听来电咨询747人。公共法律服务网络平台于9月完成升级改版。普遍建立政府法律顾问制度，县政府、9个镇(街道)、154个村(社区)和25个政府部门法律顾问覆盖率达到100%。会同县信访局，联合出台《关于进一步加强律师参与信访工作的通知》，有效推动信访工作落实“法定途径优先”原则。积极推动律师参与基层民主管理，组织村(社区)法律顾问全面参与村规民约、社区公约修订工作，开展主题法治宣传活动17场、法治讲座7场次，发放宣传资料5000余份，提供法律咨询86件，提出意见和建议14条，工作成效受到省专项督查组的肯定。开展法律服务党委、政府中心工作和“转型发展服务年”专项活动，会同县经信局组织开展企业“一对一”定点式法律帮扶活动，会同县住建局针对兴贤路(矿灯厂)地块旧城改造项目组建法律服务团，组织律师参与规范罗星街道李家股份经济合作社股权流转管理项目。多措并举，促进法律服务市场健康有序发展。新成立律师事务所1家，新增执业律师9人、基层法律服务工作者3人。全年，各法律服务机构代理民商事案件2041件，同比增长22.56%，刑事辩护373件，同比下降3.37%，业务收费2090.5万元，同比增长11.43%。县公证处新增公证员1人，全年，办理公证案件4076件，业务收费362万余元。借助嘉兴市律师协会嘉善分会的自治平台，通过季度例会、青年律师沙龙、参观学习和律师党员活动等载体，深化行业监督和素质提升教育。开展村(社区)公共法律服务窗口“法律巡诊”活动，入选市委组织部2015年度党员志愿服务领办项目。选派9名青年律师到9个司法所挂职锻炼，参与当地调解、信访、法律咨询等工作。组织市律师协会嘉善分会与上海杉达学院嘉善光彪学院签订结对合作意向书。落实法律援助的风险告知和案件回访等日常案件管理制度，注重提高法律援助案件办理质量，启动结案后发放补贴制度。开展志愿律师、志愿法律工作者征集工作，执行周末法律援助中心惠民值班制度，继续开辟特殊群体法律援助绿色通道，畅通群众受援渠道。全年，受理法律援助案件350件，受援人数1242人，同比增加29.92%，实际挽回经济损失1772万元，同比增加46.2%，其中涉及农民工群体性追索劳动报酬纠纷案20件，912人，涉及标的金额1197万元，解答法律咨询1540件/批/次，同比增加21.45%。

【人民调解】 按照浙江省司法所建筑外观和形象标识要求，以星级司法所创建为契机，全面推进基层司法所规范化建设。县经济开发区(惠民)司法所通过五星级规范化司法所复评。结合公共法律服务体系建设，统一规范村(社区)调委会的标牌标识。抓好司法所队伍建设，县司法局下辖9个司法所，有工作人员63人，其中局派司法行政专编公务员23人(含指导员)。通过组织开展司法所所长季度例会、参加上级培训、调解协议卷宗制作培训等活动，提升基层司法所人员素质。加强衔接，扩大人民调解覆盖范围。2015年，会同县公安局在全县范围内全面推行警调衔接机制，新建10个驻所工作室。年内，全县警调衔接工作室累计14个，在全市率先实现镇(街道)全覆盖。各驻所工作室受理警调衔接案件197件，调解成功率100%。联合县住建局建立物业纠纷行政调解与人民调解衔接机制，为解决物业纠纷提供新渠道。继续推动诉调、检调等衔接工作机制的作用，指导县联合人民调解委员会驻法院工作室，成功化解4起涉及“三改一拆”的矛盾纠纷。整合资源，提高矛盾纠纷化解能力。全年，县交调会受理化解矛盾纠纷2930件，涉及标的金额3269.61万元；县医调会调处医疗纠纷24件，继续保持自成立以来全县医疗纠纷“零医闹”的记录；县婚调会受理调处各类婚姻家庭纠纷189件。2015年，全县各人民调解组织受理调处各类矛盾纠纷5697件，调处成功5695件，调解成功率99.96%，涉及标的金额9943.59万元，各级人民调解组织信息和矛盾纠纷化解情况均在信息平台上录入，实现信息化管理。《嘉善老娘舅》电视调解节目全年播出51期,累计播出111期,社会效应显著。

【社区矫正安置帮教】 严格执法,落实监督制度。在社区矫正和安置帮教安全稳定工作"百日大会战"活动中,严格走访、外出请销假、信息化核查以及考核奖惩等各项制度,确保重新犯罪"零发生"。开展社区矫正执法检查、社区矫正脱漏管和虚管清理以及社区服刑人员"特赦"审报3项专项行动。推进指挥中心的规范化建设,完成信息监管新旧平台转换,并在全市率先启用社区服刑人员风险评估系统。至年底,全县在册社区服刑人员338人,其中缓刑289人、假释41人、暂予监外执行8人,在册归正人员1397人。全年,出具书面警告42份,收监执行5例,予以表扬13例,落实保外就医鉴定9例。开展审前社会调查47例,开展风险评估630人次,走访3467人次。分类施教,建立教育参考课题清单。完善政府购买社区矫正服务工作,认真落实好"两个八小时"等规定。注重个别教育,对赌博、盗窃、酒驾等人员,落实专题教育,对有心理波动或家庭发生重大变故等人员落实好"三个必谈"等个别教育。注重心理矫治。组织心理讲师团开展心理知识巡讲,对个别有心理异常的人员进行心理疏导并建立心理档案。全年,全县开展集中教育4102人次、个别谈心谈话教育4233人次,开展心理咨询740人次、社区服务4039人次。整合资源,形成帮教合力。做好"两类"人群的帮困扶助工作。年内,对24名困难人员发放人均500元的困难补助金,为21名人员解决宅基地、承包田和养老保障等实际困难。加大监地协作力度,通过"送亲情""面对面"座谈等活动,赴监狱开展帮教活动6次。发挥安置帮教基地作用,镇(街道)9个帮教基地妥善安置归正人员18人,县级层面2个大型过渡性帮教基地为7名人员提供就业岗位。

【法治宣传】 组织全县领导干部和公务员法律知识考试,落实科局级领导干部年度述法工作。3月,召开全县"六五"法治宣传教育工作推进会暨总结验收动员大会,部署总结验收工作。开展法治文化展示展评活动、印制《嘉善县"六五"普法工作回眸》图册、在《嘉兴日报》(嘉善版)出版3期"六五"普法专版、印制发放"六五"法治宣传品。成立由县领导任组长的4个考核验收小组,对4个镇(街道)和4个部门进行考核验收。6月和7月,市"六五"普法考核组和省普法办"六五"普法督查组分别对嘉善县开展专项考核验收。开展企业经营管理人员学法工作,全年,通过法律知识宣传展板巡回展出、企业法律顾问法律体检、法治宣传系列讲座等活动,帮助企业家更新法律知识;组织开展市级"诚信守法企业"创建活动,推动企业依法经营。组织"乡音普法讲师团"到工厂车间及新居民聚集区,开展法治宣传活动。开展第三届"关爱明天、普法先行"青少年普法教育活动,举办法治副校长系列法治讲座。开展法律知识乡村(社区)行、法治文艺进农村等活动,实施农村普法阳光工程。推进法治文化建设,会同县有关部门开展"善文化"法治微电影评选、法治文化成果展示展评、法律讲师团巡讲等活动,完成法治散文、法治漫画等征集上报工作。在《嘉兴日报(嘉善版)开设每月1期的《司法行政》专版,累计出版14期。推出法治宣传公众微信号。天凝镇洪溪村被司法部评为全国民主法治示范村,新申报7家市级"民主法治村(社区)"和4家市级"诚信守法企业"。

【队伍建设】 组织全系统干部职工学习中共十八届四中、五中全会精神,《中国共产党廉洁自律准则》和《中国共产党纪律处分条例》,召开"三严三实"专题学习会,举办"学法送廉"读书会。进监狱实地警示教育,开展"守纪律、讲规矩"知识测试、观摩庭审现场、参观党建展示等。出台2015年党风廉政建设工作要点和责任分解意见等文件。班子成员抓好分管范围内党员干部的党风廉政建设,落实"两个责任"和"一岗双责",与各科室、司法所签订党风廉政建设责任书。局主要领导对司法行政系统的党员干部职工集体廉政谈话。加强日常监督管理,通过省、市、县的专项资金审计和财务审计,配合完成人大司法监督工作。运用党风廉政建设反向测评机制,约谈党员干部8人次。以法治思维和法治方式推动党建工作,举行"一把手"上党课专题学习会议,局主要领导带头授课辅导。开设机关干部"80、90后"微党课论坛、中层干部讲实务党课等党员活动。加强基层组织建设,开展党建"七个一"活动,增强党组织凝聚力和战斗力。开展党员志愿服务活动,组织党员律师开展"牢记使命、无愧时代"依法治国主题教育活动,组织机关党员,深入共建单位,开展法律服务、法治宣传、整治环境等活动。 (徐碧贤)

城乡建设管理

综　　述

2015年,嘉善县城乡规划、建设、管理工作围绕“示范点建设全面攻坚年”和“美丽嘉善”建设的要求,统筹推进城乡规划管理,加快基础设施建设,强化行业监管,城市综合承载能力不断提升,城乡人居生态环境全面改善,有力推进全县城乡建设事业科学发展。至年底,中心城区建成区面积34.5平方千米,县城区污水集中处理率、生活垃圾无害化处理率分别为90.56%和100%,人均城市道路面积26.92平方米。

完善城乡规划编制体系。县域“多规合一”工作取得阶段性成果,确定“2020”城镇建设用地规模和划定“2020”城镇控制线,完成县域规划“一张图”和“一本规划”阶段性成果。启动总体规划评估修编,完成总体规划实施评估报告初稿和意见征求。完成老城区控规、北区控规、东门历史街区策划研究、炮台口城市设计和新区核心区评估。编制完成产城融合规划、县域农村特色风貌研究、归谷园区控规、吴镇文化公园和老火车站地块等相关规划。县域村庄布点规划和6个建制镇的总体规划批准实施,全县93个村庄完成规划方案编制。

加快城市建设和管理。提升中心城区功能品质,推进城区绿化建设和养护管理,加快城区景观亮化工作,年内新建城区绿道3.39千米,出台《嘉善县城市景观照明设施移交管理办法》,推进城区亮化项目移交养护管理,完成地下空间开发面积32万平方米。高铁新城建设13个项目全部开工,至年底竣工4项,基本完成4项。加快城区交通拥堵治理,年内采取26项措施、实施44个建设项目,其中重点工程——体育路下穿沪昆铁路涵洞改扩建工程实现封道施工。修订出台《嘉善县城乡生活垃圾无害化处理管理办法》,基本完成生活垃圾焚烧发电建设项目,具备并网发电条件。加快旧城改造,城区兴贤路(矿灯厂)地块征收工作进入攻坚扫尾阶段,职工医院地块完成房屋拆除。强势推进“三改一拆”和“公铁”沿线环境整治,全年超额完成市下达的目标任务,完成2292个公路铁路沿线环境整治点整治。加快“无违建”创建步伐,2015年度86个申报“无违建村(社区)”完成考核验收。大力开展“五水共治”,明确城乡污水收集处理一体化体制,推进污水收集处理基础设施建设和改造,加快污水处理厂提标改造,着力推进城市防涝工程,抓好供水管网新建和提标改造,大力开展城市节水工作。

推进测绘与地理信息工作。加快地理信息公共服务平台建设,推广“数字嘉善”应用,年内完成地名管理、农房改造等22个应用示范系统开发应用。开展测绘资质巡查工作,严格执行测绘成果使用申请、审批、保密等制度。推进基础测绘“十三五”规划编制,开展第一次地理国情普查,《嘉善县第一次地理国情普查(县情普查内容)技术方案》通过专家评审,“五水共治”专题等七大专题普查有序推进,完成中心城区“一区两率”(城市建成区,绿地率、绿化覆盖率)普查成果。

(顾　玫)

城乡规划与管理

【概况】 2015年,嘉善县不断完善城乡规划编制体系，积极推进“多规合一”和县域总体规划评估修编，加快各镇总体规划和控规编制，大力开展专项规划编制和城市设计，进一步规范规划管理机制，加强规划批后监管工作，全县城乡规划水平得到提升。

【“多规合一”试点】 按照“一张蓝图、一套机制”的统筹发展理念，县住建局与县发改局、县国土局、县环保局等部门密切配合，开展“多规合一”试点工作，先后完成“生态、农业、城镇”和“城镇建设用地规模线、永久基本农田控制线、自然生态红线、产业区块控制线”的“三区四线”划定和“嘉善县域规划一张图”的拼合工作，并于年底向市政府提交“多规合一”成果。

【城乡规划编制】 完成嘉善县域总体规划实施评估专家评审，为县域总体规划新一轮修编打下基础。全县6个镇的总体规划经县政府批准实施。控制性详细规划不断推进，2015年完成《嘉善县中心城区北区控规》编制和《嘉善县老城区控规》修编。中心城区控规编制实现全覆盖，面积110平方千米；6镇完成控规40.37平方千米，在编12.69平方千米，覆盖率90%。专项规划有序开展，《西塘国家级历史文化名镇保护规划》上报省政府批准。开展《嘉善县产城融合规划》编制，促进产业发展与城市空间构架的有效融合。推广城市设计，开展老火车站地块、吴镇文化公园地块和体育路立交区块的城市设计，提升城市品位。村庄规划加速编制，《嘉善县域村庄布点规划》批准实施，全县93个应编制村庄全部完成规划方案编制，准备报批。

（魏　涛）

【规划管理】 加强制度建设，用制度确保规划的实施。制定《嘉善县城乡规划技术管理技术规定》，完善管理技术标准。出台《关于进一步加强全县控制性详细规划编制工作的意见》《嘉善县控制性详细规划编制审批工作流程》《嘉善县控制性详细规划修改工作流程》，规范规划编制程序步骤。结合实际出台《县住建局推进工业企业“零土地”技术改造项目审批方式改革实施细则》《嘉善县建设工程规划批后管理办法》《嘉善县“阳光规划”实施细则》等规定，开展建设工程规划验线工作，强化建设项目批后监管。

同时，严格规划许可。全年核发《建设项目选址意见书》96份，涉及用地面积146万平方米；核发建设用地规划许可证205份，涉及用地面积483万平方米；核发建设工程规划许可证260份，涉及建筑面积469万平方米；核发建设工程竣工规划核实确认书172件，涉及建筑面积345万平方米。

（苏超英）

城市建设

【概况】 2015年，嘉善县不断提升中心城区城市功能品质，加快高铁新城建设步伐，推进老城区城市有机更新，着力抓好城区景观亮化建设和管理，大力推进“三改一拆”和“无违建”创建，实施“公铁”沿线环境整治攻坚，全县城乡环境面貌得到明显改善。

【高铁新城建设】 由嘉善县与华夏幸福基业有限公司合作开发建设的高铁新城，全年立项并开工建设项目13个，分别为嘉善大道二期、宏业路二期、纬三路、城市科技馆、滨水公园、产业园一期、江南风情水街一期、孔雀城、颐和家园、嘉善大道管线、环湖路、污水泵站、白水塘河改造项目。至年底，完成投资24亿元。其中，嘉善大道二期工程、宏业路二期工程、纬三路工程全线通车；嘉善电商产业园一期项目完成竣工验收；城市科技馆一期工程项目基本完成；颐和家园主体工程进入扫尾阶段；滨水公园完成开挖土方95%；孔雀城一期底层建筑回土完成，主体结构结顶，高层基础部分开始施工。

（孙雨田）

【城区亮化建设】 出台《嘉善县中心城区景观照明电费补贴办法》，并根据该办法完成2014年度亮化电费补贴工作。出台《嘉善县城市景观照明设施移交管理办法》，完成县城投集团、县城发公司和县园管处等多家单位十多个亮化项目的移交接管，建立城市景观照明设施维护工作机制。做好城市景观照明设施方案评审工作，完成嘉善图书馆、博物馆、嘉善体育中心、吴镇书画院、景辰大厦、置地广场、嘉善大道沿线建筑（世博名邸小区、嘉湖阳光花园商业裙楼）景观照明设施方案评审。实施“一把闸

刀”控制,至年底,累计38家单位景观亮化设施纳入县城区“一把闸刀”控制系统。（左劲松）

【房屋改造征收】 完成西门老区的调查摸底和老城区航拍。抓好兴贤路(矿灯厂)地块征收扫尾,至2015年底,累计签约679户,签约率96.71%,腾空670户,腾空率95.58%,累计拆除600余户旧房。其中,当年完成签约10户,腾退11户,组织6次专题工作例会,聘请律师、公证处负责征收程序审查、文书拟定、起诉、诉讼等涉法事务,年内报送14户被征收户征收决定补偿方案,县人民政府签发7户征收补偿决定书。推进“阳光征收”工作,细化国有土地上的房屋“阳光征收”工作规程,加快推进平台建设。年内,县人民政府作出国有土地上房屋征收决定项目3个,即西塘镇粮仓改造项目(拆除建筑面积2.7万平方米)、嘉兴市金伟玻璃纤维制品有限公司建设项目(拆除建筑面积1.1万平方米)、魏塘街道体育北路隧道工程建设项目(拆除建筑面积0.85万平方米),至年底全部完成征收任务。

（马斯基）

【“三改一拆”】 以城郊结合部、城中村、主要道路两侧、工业园区为重点,强势推进城中村拆违、“三沿两区”百日攻坚、推进“三改”综合成效、强化督查控新工作,城乡环境面貌得到明显改善。年内启动并完成2015年度86个申报“无违建村(社区)”考核验收,全年超额完成市下达的目标任务。“三改”方面,旧住宅区改造91.09万平方米、旧厂区改造135.59万平方米、城中村改造143.8万平方米,完成市下达目标任务的336.8%;“一拆”方面,拆除各类违法建筑203.63万平方米,其中猪舍20.33万平方米,完成市下达目标任务的169.69%。

【“公铁”沿线整治】 年内对“公铁”沿线排摸出的8大类2181个问题,建立问题档案,实行重大问题领导领衔攻坚“销号”制,推动问题逐个解决。按照“一路一方案、一路一对策”的原则,以道路两侧绿化补植、农房美化和整治乱搭建为重点,制订320国道、沪杭高铁和沪杭高速、沪杭铁路、申嘉湖高速等4个专项整治工作方案,并通过建立集中清理、联合执法、疑难会商、现场办公等制度,及时解决工作中碰到的各种问题。至年底,全县“公铁”沿线环境整治点完成整治2292个,完成率105.09%。

（唐丽春）

村镇建设

【概况】 2015年,嘉善县村庄布点总体规划批准实施,实现村庄规划编制县域全覆盖,省级美丽宜居示范村试点建设加快推进,开展农村通用图集编制,继续抓好农村困难群众危旧房改造救助工作,村镇建设水平得到提升。

【村庄布点规划】 《嘉善县村庄布点总体规划(2013—2030)》于2015年4月23日经嘉兴市人民政府批准实施。规划嘉善县域总体形成“21+66+144+18”(1+X+Y1+Y2)共249个布点的城乡新社区布局;城镇新社区设21个点,建房形式以公寓式为主,适当配套联排式;农村新社区66个,建房形式以联排式为主,适当配套公寓式;配套点162个,其中保留拓展点144个,自然村落保留点18个。同时,规划要求新增户均以公寓房进行安置。

【村庄规划评审】 创新村庄规划评审,增加专家预审环节,邀请上海、杭州等地高校及设计院专家组成村庄规划专家预审小组进行预审,以提高村庄规划编制质量,增强规划实用性和可操作性。全年完成村庄规划专家预审93个;完成部门规划专家评审28个,批准实施1个。村庄规划编制实现县域全覆盖。

【示范村试点建设】 2015年,干窑镇干窑新社区、范泾村,大云镇大云村,西塘镇翠南村,天凝镇洪南村、三店村、东方红村共7个村完成示范村建设任务。其中,干窑镇干窑新社区、范泾村通过省美丽宜居示范村领导小组督察验收。至年底,全县有4个省级美丽宜居示范村试点通过督察验收。姚庄镇北鹤村被列入市级村庄规划和村庄设计试点,干窑镇干窑新社区(施家浜新区)被列入市级农房设计落地试点。至年底,2个试点均完成方案编制。

【农村通用图集编制】 在2014年全县“美丽宜居”优秀村居设计大赛获奖设计方案的基础上,开展农村住房通用图集编制(含27套农房建筑施工图及27套农房效果图),经专家、部门讨论完善后,于2015年年底形成《嘉善县农村建房通用图集》初稿。

【农村危旧房改造】 2015年,完成100户农村困难群众危旧房改造救助,救助面积7687平方米。危房改造农户档案全部录入住建部全国扩大农村危房改造试点农户档案管理信息系统。（沈建华）

市政公用事业

【概况】 2015年,嘉善县积极推进"五水共治",加快环卫和市政公用设施建设,强化市政基础设施养护,深化城区交通拥堵治理,加大行业监管力度,推进市政公用行业管理工作再上台阶。

【市政养护】 按照《2015年市政设施养护市场化操作工作计划》、《嘉善县城区市政设施养护管理办法》《嘉善县市政养护监理工作手册》,市政养护中雨水管道养护、亮化设施养护、标志标线养护、桥梁养护均通过公开招标确定养护施工单位和2016年城市道路市场化养护单位;实施市政监管服务外包,聘请3名市政监理员,负责市政养护日常监管工作;市政养护考核采用平时抽检和季度考查方式,考核结果与资金支付挂钩,以确保市政养护工作质量。全年围绕"一创建三复评"工作,借助数字城管平台,推进市政设施养护工作,投入养护资金1400万元,完成环北东路、谈公路菜场南侧道路等面积2万多平方米的沥青摊铺;完成晋阳路(千秋桥—环东路)北侧、解放东路(乐安桥—环东路)南侧等约15500万平方米人行道维修。新城区12条道路和1个广场纳入城建处养护管理范围;完成城区39座公交候车亭移交县城投集团负责养护,实现建管分离。

【交通拥堵综合治理】 制定2015年嘉善县城区交通拥堵综合治理工作方案,成立嘉善县城区交通拥堵综合治理办公室,全年计划投资2.16亿元,推进并实施44个治堵项目和26项治堵措施。体育路下穿沪昆铁路改扩建工程于9月1实行封道施工,完成谈公北路等5条道路中央硬格离设施和谈公北路与320国道等3个渠化改造,完成谈公南路等3个社会停车场管理职能移交并实施收费管理,完成中医院东侧、新四中南则停车场建设;推进晋阳路"绿波交通"试点道路建设,启动城市静态交通违章抓拍系统一期50个点建设,开展"一校一策"试点;启动商城和归谷园区两个公交首末站建设,完成公共自行车二期项目前期选址;加大文明出行宣传力度,结合全县"一创建三复评",加大文明出行宣传和教育,开展文明出行上街劝导,引导市民遵守文明规范。

【市政行业监管】 开展市政公用施工企业定期监督检查工作,年内,对全县范围内已注册的2家市政公用工程施工总承包二级、12家市政公用工程施工总承包三级和1家城市及道路照明工程专业承包三级施工企业的企业资质、资格和企业市场行为进行检查,规范市政企业的市场行为。

【数字化城市建设】 数字城管二期系统运行正常,各项功能逐渐完善。2015年,嘉善县数字化城市管理监督指挥中心通过系统平台受理各类正常案件32516件,其中,事件5293件、部件1495件。

【燃气行业监管】 年初,制定安全生产检查计划,与各燃气企业签订安全生产目标管理责任书,随后采取定期常规检查与不定期专项检查方式,对全县3家瓶装燃气企业、3家天然气企业和1座天然气加气站进行安全生产检查。全年开展安全大检查5次,发现安全隐患11个,下发燃气企业整改通知单4份。牵头制定《西塘古镇餐饮场所燃气安全专项治理工作实施方案》,全程参与古镇景区安全整治。

【五水共治】 出台《嘉善县污水收集处理设施移交接管暂行办法》,年内完成全县一、二级雨污水管网普查921.16千米,新建污水管网42.1千米、泵站9座,完成城区30个排污点和乡镇15个生活小区雨污水分流改造,开展魏塘、罗星、惠民3个街道66个城中村污水治理,完成洪溪污水处理厂提标改造,开工建设西部水务污水处理厂提标改造工程。完成《嘉善县城区排水(雨水)防涝综合规划》完成评审,新建雨水管网10千米,提标改造管网12千米,雨污水分流改造管网10千米,完成排水管网清淤120千米,增加应急设备(500立方米/小时)。新建供水管网14.9千米,改造供水管网71.3千米。编制完成《嘉善县城区城市节约用水中长期规划》,出台《嘉善县城市节约用水管理办法》《嘉善县城市节约用水“三同时”管理办法》和《嘉善县超计划用水累进加价水费征收管理办法(试行)》等规范性文件,并积极开展各类城市节水宣传活动;年内新增雨水收集系统81处,改造节水器具1000套,改造供水“一户一表”3514户。

(朱建平)

【生活垃圾无害化处理】 3月27日出台《嘉善县城乡生活垃圾无害化处理管理办法》,5月1日起正式实施,完善县域城乡生活垃圾“户集、村(社区)收、镇运、县处理”一体化收运处理体系。总投资约2.5亿元的生活垃圾焚烧发电项目基本建成,于2015年12月3日启动设备调试运行,该项目采用机械炉排炉工艺,欧盟2000环保标准,一期配置2台300吨/日机械式炉排和1台12兆瓦汽轮发电机组,正式运行后,全县生活垃圾处理无害化处理率可达100%。

【老旧公厕改造】 2015年,完成晋阳东路、日晖、善西3座老旧公厕的改造工作,改造内容包括外立面改建,内部平立面改造,增设方便老幼、残疾人用厕设施及无障碍通道等。(郁　赟)

城乡交通

【概况】 2015年,全县新增城乡公交线路5条;开行临时公交线路6条;撤销公交线路3条;优化调整线路走向和站点的公交线路16条;启用港湾式停靠站9个;报废公交车辆18辆,新增公交车辆40辆。县交投集团承担政府投资项目29个,总投资20.52亿元,计划完成投资1.11亿元。

【天然气公交客车采购投运】 2015年,善通公司采购LNG天然气车辆21辆,其中LNG天然气公交车15辆、LNG天然气客车6辆,并于当年度投入运营。

【公交车实现CAN配置】 更新全县公交车车载设备配置,统一对接通讯协议,实现车速信号CAN(控制区域网,用于汽车上的一种技术)总线传输和共享,记录仪、DVR(数字视频录像机,也就是车载监控系统)直接通过CAN总线获取数据,做到仪表显示车速、记录仪记录车速、DVR视频画面嵌入车速三者统一,为安全管理提供更加准确的数据。

【公共自行车】 2015年,嘉善县公共自行车办卡2277张,总租车次数706649次,客运周转量376.50万人千米。推出“叮铃铃”服务驿站,提供免费借伞、免费充电等一系列便民服务措施,全年提供各项服务3647次,发放公司宣传册2000份。与县委组织部在7个区域服务亭创办“红立方”党员志愿服务站。组织工作人员开展“每周三办卡进社区活动”,76人次参加,办理公共自行车租车专用卡21张。3月,公共自行车项目二期进入前期准备。至7月,对34个服务网点进行现场勘查、具体选址,同时,对原一期项目中7个服务网点进行扩容,现场勘察与筛选。10月29日至11月2日在《嘉兴日报》(嘉善版)进行公示。年底,基本完成前期工作。

市民租用公共自行车。(县交投集团 提供)

【平黎公路东接线工程一期】 平黎公路东接线工程一期，总投资7850万元，全长1.47千米，路幅宽度24米，路线与相关道路平面交叉4处，设238.86米大桥1座、33.74米中桥1座、涵洞7道。按二级公路标准设计（兼顾城市道路功能），设计行车速度60千米/小时。项目于2013年6月17日完成招标工作，8月1日开工，至2015年12月，实际完成投资1740万元，超额完成投资计划340万元。累计完成投资5700万元，占总投资的73%。

【公路改建工程】 丁栅至新埭（疏港）公路改建工程二期，总投资8331万元，路线全长4.19千米，路基总宽27米。按公路一级标准设计，设双向四车道，设计速度80千米/小时，同时兼顾城市道路功能。该项目为省重点项目，是丁栅至新埭（疏港）公路改建工程一期的南向延伸段。项目于2013年12月19日完成招标工作，2014年3月18日开工。至2015年12月，项目完成交工验收。

【洪溪大桥改建工程】 洪溪大桥改建工程，总投资4350万元，全长740米，跨红旗塘Ⅲ级航道，桥长537米。建设内容包括主桥及东侧辅道，辅道于2014年10月25日开工，由天凝镇政府代建完成。至2015年12月，实际完成投资1400万元，完成计划投资数。累计完成投资1950万元，占总投资的45%。

【森林通道二期工程】 森林通道二期工程，总投资500万元，绿化面积约33.67公顷。主要在沪杭高速大云互通至嘉兴段及高铁大云互通至嘉兴段4千米两侧各30米进行绿化，同时，对高铁南站站前段进行提升改造。项目于2013年4月28号进场施工，当年完成投资200万元。2014年完成投资120万元。2015年完成投资180万元。项目于2015年6月交工验收。

【翔胜加油加气站】 平黎公路翔胜加油加气站项目，由嘉善县中国石化经营有限公司承建，总投资1000万元（不包括加气部分），主要建设站房及罩棚并配套相关设施，总建筑面积774.83平方米。有30立方米埋地汽油罐2台、30立方米埋地柴油罐2台、电脑加油机4台8枪。2015年，计划完成投资30万元，实际完成投资30万元，累计完成投资830万元。

【长生桥改造工程】 白水塘长生桥（桥梁部分）改造工程总投资2450万元，该项目主要建设桥梁并配套相关设施，长321.04米，桥梁宽8米。2015年，计划完成投资500万元，实际完成投资500万元，完成计划投资数。占总投资的20%。白水塘长生桥改造（道路接坡）工程，总投资1877万元，该项目主要建设道路接坡，全长285.5米，其中南侧接坡90米、北侧接坡长195.5米，路幅宽度11米，项目用地0.46公顷。2015年计划完成投资300万元，至12月底，招标完成，进入施工准备阶段。

【平黎公路交叉口渠化改造】 平黎公路交叉口渠化改造，总投资500万元。主要针对平黎公路与环北路、台升大道交叉口渠化改造。2015年9月，项目完工。

【公交首末站建设项目】 公交首末站建设项目，总投资335万元。建设商城（木雕城）首末站与城西开发区（归谷）首末站，木雕城首末站选址于木业大道西侧沿河区域，归谷首末站选址于世纪大道与灵秀路交叉口西侧沿河地块，项目总用地面积0.23公顷，总建筑面积75.88平方米。该项目于2015年10月初完成招投标，当年12月底项目基本完工。

【平黎公路路灯亮化工程】 2015年，平黎公路路灯亮化工程（大云段）总投资150万元。主要在平黎公路沪杭高速大云杭州出口至丁家浜桥路段（长约2.2千米）中央绿化带内间隔40米安装双挑悬臂路灯53座。2015年8月底，项目开工建设，10月完工，并投入使用。

【平黎公路绿化补植工程】 平黎公路绿化补植工程，总投资1069万元，内容包括晋阳路口北至公铁立交南左右两侧、320国道跨线桥北至红旗塘大桥南左右两侧、西汉大道至复兴大道段、沿线路口节点绿化提升工程、安保工程。该项目于2015年10月底开工，11月底建设完工。 （戴程莉）

2015年嘉善县城乡公交班车

序号	线路	起点	讫点	总班次	车辆数	备注
1	K101	铁南路	铁南路	68	8	城市
2	K102	人民医院	木雕城	117	10	城市
3	K103	姚庄	客运中心	48	4	城市
4	K105	弥禧马	客运中心	98	9	城市
5	K106	火车站	火车站	42	2	城市
6	K108	环北西路停车场	人民医院	62	2	城市
7	K201	客运中心	火车站	74	5	城市
8	K205	火车站	惠民文化广场	102	6	城市
9	K701	火车站	火车站	118	10	城市
10	K702	高铁南站	高铁南站	64	7	城市
11	K703	客运中心	客运中心	90	6	城市
12	K222	高铁南站	西塘景区	44	4	城市
13	K228	火车站	毛家	72	4	城市
14	K230	火车站	枫南	32	2	城市
15	K203	火车站	火车站	18	2	二级
16	K206	火车站	费家浜	16	1	二级
17	K208	火车站	姚浜	34	2	二级
18	K209	火车站	里巷港	18	1	二级
19	K210	火车站	洪溪	80	11	二级
20	K211	火车站	大云	105	8	二级
21	K212	客运中心	大通	94	8	二级
22	K213	客运中心、姚庄	丁栅	144	19	二级
23	K215	客运中心、西塘	荻沼	96	16	二级
24	K216	客运中心	汾湖	134	21	二级
25	K217	客运中心	洪溪	50	5	二级
26	K218	客运中心	天凝	112	14	二级
27	K219	客运中心	杨庙	67	7	二级
28	K221	火车站	范泾	42	3	二级
29	K223	庄港	湾里、西招圩、秀北	16	1	二级
30	K226	木雕城	木雕城	16	2	二级
31	K225	客运中心	新光村	—	0	停运
32	K301	西徐浜	展丰村	58	4	三级
33	K302	西浒	大金	16	1	三级
34	K303	大云	大云	26	2	三级
35	k305	西塘镇中心小学	百果岛	16	1	三级
36	k306	龙口	洪溪汽车站	40	4	三级

续表

序号	线路	起点	迄点	总班次	车辆数	备注
37	k307	丁栅汽车站	俞汇	14	1	三级
38	k308	洪溪	洪溪	25	2	三级
39	K309	姚庄	北鹤村	34	2	三级
40	K310	湖滨村	水闸桥	24	1	三级
41	K312	范泾	范泾	13	1	三级
42	K313	前村江南	西塘汽车站	20	1	三级
43	K315	四吕村	钱家甸	14	1	三级
44	K316	天凝小学	洪溪大桥南	36	4	三级
45	K317	西塘	高家浜·大舜	12	1	三级
46	K318	钟埭	潮泥滩	15	1	三级
47	K319	姚庄汽车站	银水庙	16	1	三级
48	K320	卫红村	肖家圩	16	1	三级
49	K321	西塘	嘉善收费站	22	2	三级
50	K322	杨庙社区	杨庙社区	36	4	三级
51	K323	雨落	西塘汽车站	20	1	三级
52	K326	北港村	丁栅汽车站	36	1	三级
53	K327	俞汇	姚庄汽车站	25	2	三级
54	K531	中寒圩	城桥	2	1	三级
55	K533	火车站	枫南	4	1	三级
56	K534	湖滨村	圆觉寺	2	1	三级
57	K535	邗上	西塘汽车站	2	1	三级
58	K536	北胜	西浒村	2	1	三级
59	K304	大云	大云西环线	—	0	停运
60	大润发			78	4	
	机动				36	
	停驶				23	
					307	

2015 年嘉善县长途客运班车

序号	起讫地及站名	序号	起讫地及站名
1	嘉善(嘉善客运中心)—上海(上海汽车南站)	7	嘉善(嘉善客运中心)—苏州(苏州汽车南站)
2	嘉善(嘉善客运中心)—上海(上海汽车总站)	8	嘉善(嘉善客运中心)—无锡(无锡汽车西站)
3	嘉善(嘉善客运中心)—常州(常州汽车站)	9	西塘[嘉善北站(西塘)]—吴江(吴江汽车站)
4	嘉善(嘉善客运中心)—枫泾(枫泾汽车站)	10	嘉善(嘉善客运中心)—盐城(盐城汽车站)
5	嘉善(嘉善客运中心)—江阴(张家港汽车站)	11	西塘[嘉善北站(西塘)]—上海(上海汽车总站)
6	嘉善(嘉善客运中心)—南京(南京汽车东站)	12	嘉善—昆山

续表

序号	起讫地及站名	序号	起讫地及站名
13	西塘[嘉善北站(西塘)]—杭州(杭州客运中心站)	19	嘉善(嘉善客运中心)—慈溪(慈溪客运站)
14	嘉善(嘉善客运中心)—杭州(杭州客运中心站)	20	嘉善(嘉善客运中心)—孝丰(安吉孝丰站)
15	嘉善(嘉善客运中心)—长兴(长兴汽车总站)	21	嘉善(嘉善客运中心)—余姚(余姚汽车西站)
16	嘉善(嘉善客运中心)—湖州(湖州浙北客运中心)	22	西塘[嘉善北站(西塘)]—绍兴(绍兴客运中心)
17	嘉善(嘉善客运中心)—路桥[台州客运中心(南站)]	23	嘉善—海宁
18	嘉善(嘉善客运中心)—宁波(宁波汽车南站)	24	嘉善—桐乡

2015 年嘉善县一级公交班车

序　　号	线　　路	起　　讫　　点
1	K151	嘉善—嘉兴(北站)
2	K152	西塘—嘉兴(北站)
3	K153	嘉善—嘉兴(嘉兴汽车客运中心)
4	K155	天凝—嘉兴(北站)
5	K165	嘉善—平湖

城乡供水

【概况】 2015 年，嘉善县城乡供水工作围绕“五水共治”“一创三复评”及县重大民生工程等中心，在促进全县经济社会发展、服务保障民生中承担重要责任。全年，全县实施续建工程 6 个、新建工程 6 个，前期工程 5 个，计划投资 1.83 亿元，实际完成投资 1.95 亿元，占投资计划的 106.2%。全年安全供水 6576 万立方米，售水 5408 万立方米，同比基本持平，管网漏损率控制在 14%以内。六镇三街道区域全年收集处理污水 2437 万吨，同比增长 11%。

【地面水厂四期工程建设】 6 月 30 日，魏塘水厂四期工程投入试运行，12 月底，基本完成道路、绿化等辅助设施建设，当年完成投资 8182 万元，全县供水能力提升至 31 万立方米/日，根本解决困扰城乡居民多年的夏季高峰期供水缺口问题。

6 月 30 日，魏塘水厂四期工程投入试运行，全县供水能力提升至 31 万吨日。（县水务集团 提供）

【太浦河取水二期工程建设】 完成前期工作，基本完成全长 18.8 千米的 DN1400 原水管道沿线政策处理工作。工程于 11 月底正式开工建设。

【嘉善上海淞浦大桥应急备用水源合作】 加强与上海城投（水务）集团的对接合作，签订《关于太浦河饮用水水源地省际协作及嘉善应急水源合作框架协议》,加快实施嘉善上海淞浦大桥应急备用水源工程,与上海市共享应急备用水源,实现太浦河水环境联动保护,进一步提升嘉善原水保障能力。

【魏塘水厂至白水塘安全供水管线工程】 完成招投标等前期工作,并于12月中旬开工建设,年内完成管道铺设3千米。建成后,县域南部供水环网更加完善,供水安全更有保障。

【老集镇供水管网改造工程】 计划用3年时间,总投资2700万元,实施姚庄、天凝等10个老集镇区域120千米供水管网的改造,解决老集镇、老小区周边"水量少、水压小"等问题。2015年,累计改造老旧管网83.7千米,改造"一户一表"4000户。

【城乡污水收集处理一体化】 2015年,重点实施南片污水收集管网工程、工业企业污水全入网工程、城乡污水收集处理一体化管网工程、喜力啤酒厂至姚庄污水处理厂污水管道工程等重点项目。累计新建或改建一、二级污水管网55.8千米,建设污水泵站20座,全年完成投资8395万元。

【节能减排】 完成县政府下达的节能减排任务。其中南排系统运行负荷率75.3%,输送污水量1870万吨,同比提升1.4%,创南排二期运行历史新高;姚庄污水处理厂运行负荷率77.5%,处理污水量567万吨,同比基本持平。姚庄污水厂全年完成化学需氧量(COD)去除量1841吨,完成年度任务的109.5%;氨氮去除量142吨,完成年度任务的129.1%。全年签约新增污水量9514吨/日,累计签约污水量12.1万吨/日。

【嘉善大成环保污水厂扩容工程建设】 加快实施3.5万吨/日处理能力的嘉善大成环保污水厂扩容工程,计划投资2.5亿元,年内完成工程立项。

【探索污水一体化运营管理模式】 向县政府提交《嘉善县城乡污水收集处理一体化(全国资)运营方案》。根据《嘉善县污水集中处理设施移交管理暂行办法》要求,充分利用管网普查成果,加快实施全县一、二污水管网及配套设施移交管理。

【收购嘉善大成环保有限公司】 根据县相关会议精神初步拟制嘉善大成环保有限公司股权转让协议,9月,抽调技术骨干进驻大成环保衔接过渡,年内完成原嘉善大成环保有限公司的人员安置,为县国有企业首次收购民营污水企业奠定基础。

【实施城乡居民生活用水阶梯价格】 1月1日起,全面实施城乡居民生活用水阶梯价格和统一城乡居民生活污水处理费收费政策。城乡居民生活用水阶梯价格"一户一表"用户第一级水量(240立方米及以下/年)2.1元/立方米;第二级水量(241—480立方米/年)3.05元/立方米;第三级水量(481立方米及以上/年)5元/立方米;非"一户一表"用户2.4元/立方米。城乡居民生活污水处理费统一0.8元/立方米。根据《嘉善县工业企业绩效综合评价办法(试行)》要求,对连续两年综合评价结果为C类的企业自6月1日起执行差别化水价。

(王永刚)

城市管理与监督

【概况】 2015年,嘉善县围绕"综合行政执法改革深化年"为主线,深化"统筹'两违'管控、综合行政执法协作"两个平台建设,深入开展"六大行动"(全面履职提效行动、综合执法提速行动、"两违"治理提升行动、美丽城乡提档行动、品质服务提质行动、队伍管理提神行动),助推县域科学发展示范点建设。加强综治维稳,畅通信访渠道,接到各类投诉、举报、咨询8818件,办结率100%。年内,获评全市综合行政执法先进集体、市级社会管理综合治理先进集体等。省委常委、常务副省长袁家军,中央编办司长靳永龙等先后莅临检查指导工作。

【综合行政执法改革】 健全城乡一体化执法网络,全县9个镇(街道)均建立综合行政执法中队(分局),并对32个城郊结合部的村(社区)、中心村进行驻点管理,将县内86%的综合行政执法人员配置到镇(街道)执法中队,实现执法力量城乡均等化;建立多功能"四位一体"的"1+X"基层大综合执法平台(问题发现、指令督办、会商联动、考核评价),提升基层执法联动治理能力;完成综合执法行政处罚裁量基准制度，处罚裁量基准的下发、公布工作；建立执法过程全记录监督体系，完善“立、审、监”“三权”分离机制，落实行政检查和执法办案“双卡”监督。全年，召开案审会2次，讨论决定重大行政处罚案件6件。全省综合行政执法工作现场推进会和全市基层综合执法能力建设现场推进会到县综合行政执法局参观，听取经验介绍。省委常委、常务副省长袁家军对综合行政执法工作汇报及“一机构一平台”建设等工作进行批示，嘉兴市副市长张仁贵对全力推进基层综合执法能力建设进行批示。

【依法行政】 指导、规范综合执法工作，制定《嘉善县综合行政执法局行政处罚大要案标准及审定办法》等7部制度，编印《综合执法法律文书汇编》《综合执法法律汇编》，下发《关于扩大简化一般程序案件办案流程范围的工作意见》，参与制定《嘉善县关于加强综合执法协作配合的意见》及相关配套制度等，协调组织与15个部门联合签订协作配合制度，加强业务协调。开展法制培训、考试各5次，技能大比武1次。修改案件立案系统，增加检索统计功能，完善案件信息化管理。全年，办结一般程序案件868件、简易程序案件10836件(其中违法停车案9046件)，受理行政许可1812件，准予许可1781件。办案总数、新领域案件数量、覆盖职能类型等有明显上升。

【市容管理】 1月19日，成立嘉善县市容管理执法中心。建立网格化市容管理机制，实现对主城区市容市貌的提档管理。各执法中队充分行使属地监管权，强化镇容镇貌执法管理力度。推进“一创建三复评”，开展六大专项整治行动(户外广告设施，主要道路两侧环境，城区“牛皮癣”，校园周边环境，废品收购点，“五水共治”之洗车、餐饮、洗浴行业专项整治等)，完成国家卫生县城复审迎检相关任务。组织开展各类专项整治行动，累计开展校园周边环境整治185次，取缔无照经营302人次，纠正违法行为786次，查处违法行为408次，劝离外来养蜂户22户，排摸破损或者有安全隐患的户外广告设施102块，取缔废品收购点70余处。完善建筑垃圾运输处理工作，强化建筑垃圾处置监督，推进白水塘路建筑垃圾堆场二期项目，清理偷倒点。

【“两违”管控及“三改一拆”】 完善违法建设“打防控”工作机制，合力推进“无违建”县创建。全年发现、查处、配合处置违法建设824起，涉及违法用地面积135187.4平方米，违法建筑面积111575.9平方米。其中，自行组织拆除202起，拆除面积11143.7平方米，自行查处违法用地20起，整改土地5772.5平方米；配合镇街道拆除违法建设593起，98913.4平方米；配合整改土地26起，63515.7平方米。

【治理交通拥堵】 优化县城区静态交通环境，提升县城区停车收费管理水平。年内，对县城区165个收费泊位收费，支付率95.38%，日均周转率7.54次/车位。县城区解放西路停车场、亭桥北路停车场、恒利广场等停车场开展停车收费，公共停车场实行按次收费。解放西路停车场和谈公南路停车场，10月1日起开始试行停车包月收费。联合县住建、县交警等部门，对施家路、谈公路、亭桥路、晋阳路、中山路、解放路等10条道路免费施划人行道停车泊位1379个。配合做好“黑车”“三小车”专项整治，暂扣涉嫌非法运营车辆348辆，移交县运管所处理案件331起。

【服务中心工作】 开展“五水共治”行动，联挂治理“坟头港—三里塘”等3条河道，落实每月两次巡查，累计参与河道清理活动40余次。做好“四边三化”工作，推进“城中村”环境整治行动62次，累计出动886人次。组织主要道路及两侧环境整治，全年开展各类整治行动386次，出动5172人次，整治废品收购点、小烟囱等105处。

【服务品牌建设】 深化亲民服务品牌。履行“民生十事”承诺，完成“办理自产自销证751张”等10件实事。深化“96310”志愿服务，组织开展“星期六义务劳动”15次，出动886人次，清理河道逾20千米，打扫路段15千米。开展“城管体验日”“嘉言善行 你我同行”等互动交流活动23次，参与学生1000余人，综合执法广场法律宣传10次，组织“红蓝大风车”、绘制宣教漫画、城市管理暑期实践活动等。开展“我耀我善”“护新城 助创建”“情暖夕阳”

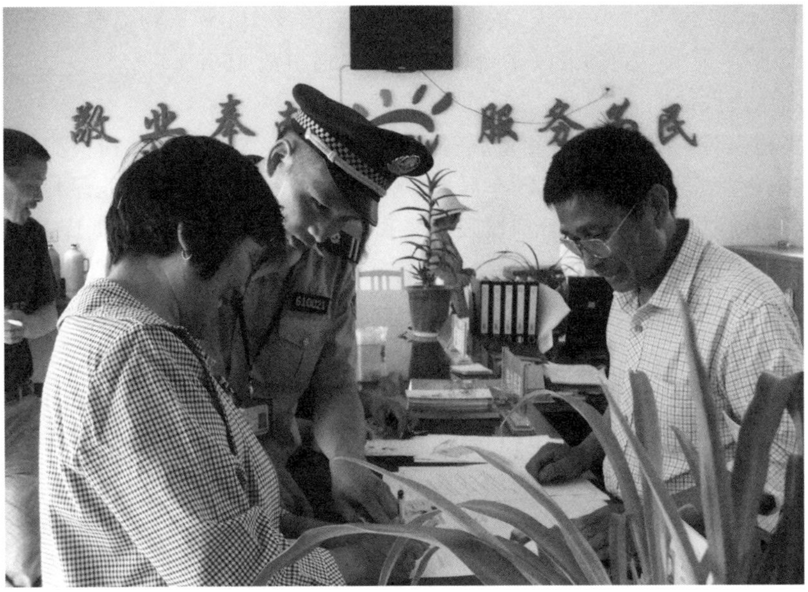

嘉善县综合行政执法局罗星中队的队员上门为自产自销户办理自产自销证。（县综合行政执法局 提供）

“清风阅读”等系列活动，先后组织爱老、助老行动14次，受益老人200余人，征集并兑现贫困学生微心愿56个。

【队伍建设】 配备政委及教导员，健全思想政治工作制度。全年，开展各类政治理论学习144次。完善制度体系建设，出台《影响机关作风效能和执行力建设责任追究的若干规定(试行)》，修订《局目标责任制考核办法》《执法队员百分制考核指导意见》，将31项内部管理制度编印成《执法队伍建设手册》。开展监督检查89次、内部监督检查240余次，实行实名通报。创新“双督”模式，开展联合督察7次，整改问题15处。完成社会督察员的续聘工作，组织开展社会文明督察员会议，组织开展廉政警示教育活动12次。（傅晓岚）

交通管理

【概况】 2015年，嘉善县道路交通安全管理工作紧紧围绕“安全、有序、畅通、发展、和谐”的交通管理工作总体目标，以交通事故“控大控量”为核心，以强化城市治堵工程为突破口，持续深化交通秩序专项整治，不断夯实交通管理基层基础，各项工作取得较好成效。全年，发生上报道路交通事故137起、死亡32人、受伤149人，交通事故四项指数同比分别持平、持平、上升11.2%、下降0.8%，全县道路交通安全形势总体平稳。

【道路交通综合治理机制】 围绕平安建设争创“十一连冠”工作，将全县道路交通安全管理工作纳入党委、政府重要议事日程，不断完善“政府主导、部门协作、企业主体、社会参与”道路交通社会化管理综合治理机制。加强部门联动配合，深入推进道路交通安全社会化管理。7月30日，县政府专门召开全县道路交通安全工作会议，全面部署全县道路交通安全管理工作。进一步强化“平安交通一盘棋”意识，完善交通安全监管、保障体系，扎实推进道路交通长治久安。

【道路交通事故专项整治】 坚持将重点违法查处作为事故防控重要抓手，立足路面管控，深入开展“三查三治”专项整治行动、“道路运输平安年”活动，深化“打非治违”、道路交通领域整治、黄标车淘汰治理等专项行动，全面排查道路安全隐患漏洞，严厉查处酒后驾驶、超速行驶、客车超员、货车超载、疲劳驾驶以及闯红灯、摩托车违法载人等严重交通违法行为。全年，开展各类集中统一行动40余次，查处各类交通违法21.7万起，其中酒后驾驶485起、醉酒驾驶260起、毒驾6起，依法追究刑事责任259人，圆满完成春运交通管理等工作任务。

【道路隐患排查整治】 以道路交通委员会名义下发《嘉善县关于建立道路安全隐患排查治理长效机制的工作意见》《嘉善县2015年预防道路交通事故的工作意见》《嘉善县道路运输安全综合治理工作方案》3个文件，加强与政府有关部门协调，扎实开展交通标志标线排查整改专项行动，有力推进公路交通安全防控体系建设；建立内部巡查纠违、事故处理、隐患治理与隐患排查“三同步”长效机制，落实责任，跟踪督办，进一步提升事故防控水平。2015年，全县排查道路隐患483处，其中市级事故多发点1处、县级事故多发点2处，发送督办整改函43份,全部整改治理完毕。

【"治堵保畅"工程】 按照县政府《嘉善县人民政府关于县城区交通拥堵综合治理工作的实施意见》,继续加大政府规划投入,严格落实道路基础设施建设、交通节点渠化改造、城区交通组织优化等具体措施。配合推进体育路下穿隧道拓宽、320国道商城路口等交通节点渠化改造和交通组织分流,深化智能交通平台数据共享应用,配合启动停车诱导系统建设拥堵综合治理工作。深入开展城市交通秩序集中整治,全年查处"十类"重点违法139370起,其中闯红灯15312起、非机动车违法载人或在机动车道内行驶10520起;违法停车50210起,同比增长60.6%。

【"三小车"整治】 围绕服务推进全县"县域科学发展示范点建设""一创建三复评"工作大局,抽调1名副大队长牵头组建50人规模的"城市交通联合执法大队",联合整治城区"三小车"交通违法和非法营运车辆。6月1日起,全面启动人力客运三轮车自愿回收工作,采取"先摸底预约、再按序分批回收"举措,回收工作稳步有序。全年,查处人力三轮车安装电机交通违法389起,收缴电机389个次,查处三轮车无牌无证、非法载客236起;回收人力三轮车480辆。

【交通科技建设】 2015年,政府立项投入专项资金,新建城区道路违法抓拍系统,实施16套智能卡口系统、19处路口电子警察、1处省际卡点系统升级改造工程,推进交通管理方式由"人海战"的传统模式向"传统+科技"的模式转变。进一步加大交通科技装备投入,更新、购置6F测速仪、酒精测试仪及单警执法记录仪、警务通、对讲机、事故现场勘查设备等装备,提升交通管理信息化水平。

【事故处理专业合成一体化建设】 进一步完善"属地处警、疑难会商"事故处理体制机制,推进轻微交通事故O2O网上平台快速处理新模式,提升全员接处警专业化、规范化、信息化水平。深化建设"110"接处警二级指挥平台,强化"三岗一室"功能,加强部门联动协作,强化信息收集、分析研判、视频作战、指挥协调等多种职能,提升综合作战能力。全年侦破交通肇事案件33起,采取刑事强制措施33人,重大逃逸事故破案率100%。物损事故处理O2O平台处理轻微交通事故1689起。

【车驾管服务创新】 严格落实机动车远程检测、省内机动车异地检验、驾驶人科目三考试智能评判、档案管理权限下放和"114"社会移车服务数据库升级业务,加强车驾管软硬件建设,全面提升车驾管理业务规范、高效、便民综合实力。全年办理机动车注册登记8808辆,办理机动车异地检验1997辆;受理预约科目一考试21417人,制发驾驶证21755本,利用智能评判系统实施科目三驾驶人考试13707人。

【黄标车淘汰治理】 坚持"政府主导、镇(街道)主体、部门联动、全社会积极参与"原则,发挥黄标车淘汰治理领导小组办公室作用,完善信息互通共享、联合执法、定时督查考评、每周进度通报、"一车一档"制度。改造升级系统和基础数据导入采集,及时启动县城区、全县县域范围限行管理;严把车辆注册、转入登记等环节的源头关口;完善内部工作体系。全年查获黄标车闯禁2428起;淘汰黄标车3072辆,完成率105.4%。

【春运道路交通安全管理】 坚持以预防重特大事故为中心,围绕"保安全、保畅通、保稳定"的总体目标,2月4日至3月15日,精心组织,全面落实各项道路交通管理措施,确保春运期间全县道路交通安全形势总体平稳。其间,全县发生上报道路交通事故2起、死亡0人、受伤3人、经济损失4000元,与上年春运同期相比分别下降50%、持平、下降40%、下降2.4%。

【交通安全宣传教育】 深入实施文明交通行动计划,发挥县广播电视、报刊、县级门户网站、"两微一视"(微信、微博,电视)等宣传优势,深化警媒合作,邀请媒体记者驻点警队、随警作战,开设实时连线电台专栏,举行大型宣传活动。深化"五进"宣传,构建全方位立体式宣传网络。全年,在各类媒体上刊播交通安全信息392件,开展"五进"宣传580余场次,上交通安全课148场次,发放各类宣传资料2.5万份,发送手机提示短信120万余条,公众微信关注人数超过7000人;累计教育新驾驶人20219人,其中满分驾驶人7534人、审验教育4378人。 (毛佳伟 杨晓兰)

卫 生 计 生

综　　述

2015年,嘉善县有各类医疗卫生机构165家,其中医疗机构157家、公共卫生机构5家[疾病预防控制中心、卫生监督所、妇幼保健所、肿瘤防治所、急救中心(站)]、其他卫生事业单位机构3家(卫生财务核算分中心、卫校、中药加工场)。医疗机构中有县级医院4家、镇(街道)卫生院(社区卫生服务中心)9家、社区卫生服务站101家、民营医院4家(东方康复医院、枫南骨伤医院、嘉辰外科医院、五洲中西医结合医院)、其他医疗机构39家(包括门诊部、诊所、医务室)。全县医疗机构总人数3162人,其中卫生技术人员2699人[执业(助理)医师930人、注册护士996人、药师(士)197人、技师(士)129人、其他卫技人员447人]。全县有病床2053张,平均每千人拥有医生2.45人、护士2.62人、病床5.4张。

是年底,卫生计生系统在编职工1843人(卫生院549人),其中卫技人员1701人(卫生院528人)。其中,研究生47人、本科生1058人、大专生434人、中专生113人、高中及以下49人。有正高职称25人、副高职称144人、中级职称586人、助级职称476人、员级430人、无职称40人。全系统离退休人员867人(其中离休13人)。

全年,县公立医疗机构门急诊372.54万人次,比上年增长14.99%;完成住院床日43.73万个,比上年增长12.30%。实现业务收入8.61亿元,比上年增长8.71%,其中县级医院7.12亿元,比上年增长4.86%;公立医疗机构净资产4.67亿元,比上年上升27.25%。

7月,县卫生局、计生委两个部门完成机构改革、职能转变,正式组建县卫生和计划生育局。整合卫生、计生部门资源,出台《嘉善县关于优化整合妇幼保健和计划生育技术服务资源的实施方案》,组建成立县妇幼保健计划生育服务中心。12月底,县、镇两级妇幼保健和计划生育机构完成挂牌,原镇(街道)计划生育服务站承担的计划生育宣传教育、优生指导、药具发放等职能完成交接。

县人民政府和浙江大学公共卫生学院、浙江大学肿瘤研究所加强合作,在嘉善县设立"公共健康

12月28日,浙江大学公共卫生学院、浙江大学肿瘤研究所、嘉善县人民政府公共健康协同创新中心揭牌签约。（郑建娟 摄）

协同创新中心”“浙江大学公共卫生学院博士生社会实践基地”。12月28日,举行“公共健康协同创新中心”揭牌签约仪式,浙江大学副校长罗建红、浙江大学医学院常务副院长兼浙江大学公共卫生学院院长陈智、浙江大学肿瘤研究所所长张苏展等出席仪式。县长祁海龙、副县长高嵩及县各有关部门领导和卫生计生系统有关人员参加。

嘉善县公共卫生实验室作为省级重点实验室,在省疾控中心赠送设备、下派挂职、给予培训基础上,顺利通过实验室资质认定的扩项评审。疾控中心实验室,生活饮用水标准检测能力在40项常规检测项目基础上,成功扩项63项(包括方法扩项),生活饮用水国家标准检测能力92项,处于全省县级疾控中心领先水平,标志着县级公共卫生重点实验室建设基本达到预期目标。

推进医疗卫生资源共享。完成临床检验管理信息系统、医学影像管理系统、临床心电管理系统、“120”急救指挥系统等招标采购工作;6月,信息中心硬件系统完成部署,逐步开展各信息软件平台安装调试。年内,相继完成更新“区域医学影像存档与传输系统(区域PACS)”“心电会诊”“区域检验”等,即将正式启用“影像会诊中心”“心电会诊中心”,实现优质医疗资源规模化、集约化利用。

加快卫生信息化项目建设进程。至年末,初步完成县卫生局信息中心机房改造;区域LIS升级、区域PACS建设签订合同;除县妇保所外的所有医院及卫生院部署完毕,区域会诊中心实现互联互通;原电子健康档案数据转存到县卫计局新设备中心;全面启用新平台,全县卫生院全部切换完成区域HIS系统。在系统切换同时开展“嘉兴市就诊卡”的统一应用工作。预算为680万元的设备采购及系统集成招标工作顺利实施,通过初步验收。全县医疗机构妇幼保健信息系统统一使用嘉兴市妇幼保健信息系统,孕产妇保健册、儿童保健册全部录入新系统。整个建设规模总投资4800万元,上级财政到位资金817万元。

深入开展“三好一满意”暨“医德医风建设年”活动。成立活动领导小组和办公室,以县卫生局领导班子成员为组长,建立6个督查组,每月督查,指导各联挂单位开展活动,领导小组每季召开1次专题会议。县一院、县二院、陶庄卫生院和姚庄卫生院4个先进集体受到表彰。 (郑建娟)

医　院

【概况】 2015年,全县有公立医院4家,总核定床位1200张。嘉善县第一人民医院,三级乙等综合医院,核定床位660张;嘉善县第二人民医院,二级乙等综合医院,核定床位200张;嘉善县中医医院,二级甲等中医综合医院,核定床位250张;嘉善县康慈医院,核定床位150张。民营医院6家,其中综合医院2家、专科医院3家、护理院1家,总核定床位438张,均未等级评审。嘉善东方医院,按照二级综合医院建设,核定床位130张;嘉善枫南骨伤医院,核定床位40张;嘉善嘉辰外科医院,核定床位58张;嘉善五洲中西医结合医院,核定床位50张。年内,新增嘉善安平护理院(核定床位50张)、嘉善嘉辰医院(按照二级综合性医院建设,核定床位110张)2家民营医院。

【设施建设】 县一院二期工程取得初步设计批复,三期工程列入2015年度政府投资项目前期计划;县二院迁建工程列入2015年度政府投资项目前期计划,12月,取得迁建项目可行性研究报告批复;县中医院搬迁改造工程,6月18日开工建设;县康慈医院二期工程进入前期建设阶段,12月经过初步设计审查。

【技术协作】 推进“双下沉、两提升”工程,提升县级医院技术和管理水平。县一院肿瘤外科与上海中山医院普外科合作,泌尿外科与上海仁济医院泌尿外科开展医疗合作;依托省民进医卫专家在县二院建立的工作站,省邵逸夫医院继续对县二院开展技术支持;县中医院疼痛科与上海龙华集团下属医院疼痛科开展合作;康慈医院与上海精神卫生中心继续协助医院建设,派遣专家支援县康慈医院;省肿瘤医院与县一院继续推进合作医院建设,支持嘉善县临床病理诊断中心、嘉善县第一人民医院肿瘤诊疗中心,每周安排6个学科专家,在县一院开展技术支持。省立同德医院结对帮扶嘉善县康慈医院,推进“浙江省精神卫生中心嘉善县分中心”建设;嘉兴市级医院与嘉善各县级医院开展多形式的结对帮扶工作。县急救站(急救指挥中心)设立于县公共卫生中心,下设县一院、县二院、县中医院、嘉善东方医院4家院前急救网络医院。2015年，相继完成“120”院前急救指挥调度系统、卫生应急指挥决策系统建设。

【人才培养】 巩固完善住院医师规范化培训制度，加强规范化培训基地管理。县第一人民医院被评为国家级住院医师规范化培训后备基地，全年招收学员45人。举办全县3家培训基地优秀带教老师讲课比赛，邀请嘉兴医学院教授为全体带教老师讲授PBL临床教学方法。发挥省级医学继续教育培训(嘉善)基地作用，全年开展3期省级继教培训班。4月10日，正式启用嘉善县临床医学技能培训中心，省高等医学专科学校和县一院签订共建协议书，并转赠价值100万元的培训设备，省级教育平台内涵扩大。开展第三批名医、名中医、名科评选活动以及2015年“十佳护士”评选活动。5月10日，举行庆祝“5·12”国际护士节暨“十佳护士”“名医名科”表彰大会，表彰2015年度嘉善县十佳护士10人、嘉善县第三批知名医生8人、第二批嘉善县名中医2人、嘉善县卫生系统重点医学学科10个。

【主要成果】 全年，申报省级科研项目5项、中医项目3项、继续医学教育学习班4项。依托浙江省疾控中心与嘉善县疾控中心“疾控科学发展示范基地”共建重点实验室建设，2015年，浙江省疾病预防控制中心相继在嘉善县举办公共卫生化学应急检测技术国家级继教班和食源性疾病监测报告系统试点使用省级培训班。省级适宜技术中期评估获得优秀。通过上海、杭州等医院帮扶、合作，拓宽全县医务人员接受先进诊疗技术和前沿医学知识再教育渠道，提升县级医院整体诊疗能力水平和县医疗技术人员的整体素质。较好开展内镜下胃肠道肿块切除、腹腔镜下肾肿块切除、胸腔镜肺癌切除、颈淋巴清扫、腔镜结肠癌根治术、甲状腺经皮穿刺活检等多项高难度新诊疗技术，县区域内职工医保和合作医疗住院比例同比提高5.6个百分点，县域内门诊就诊比例97.6%。 (孔垂峰)

社区医疗与卫生院

【概况】 至年底，全县有街道社区卫生服务中心3家、镇卫生院6家、社区卫生服务站101家。甲等卫生院3家，分别为陶庄镇卫生院、姚庄镇卫生院、天凝镇卫生院。在岗人员850人，其中社区卫生服务中心140人，镇卫生院386人，社区卫生服务站324人。2015年，3家县级医院与9家卫生院签订协议，建立县镇医疗联合体，实现县镇村卫生一体化综合管理全覆盖。卫生院诊疗人次呈现快速增长，合作医疗门诊基层就诊率提高7.6个百分点。

【服务建设】 姚庄医院(姚庄卫生院扩建)建设工程主体结顶，完成幕墙安装；惠民街道社区卫生服务中心开工建设；大云镇卫生院改造工程建设揭顶。基本完成县公共卫生中心维修工程。推进县镇医疗合作，县一院、县二院、县中医院3家县级医院与9家卫生院自由组合，从管理、技术、人才等多方面结对合作；县中医院和罗星街道社区卫生服务中心、惠民街道社区服务中心、大云镇卫生院、天凝镇卫生院进行一体化结对合作。6月底，县政府出台分级诊疗工作实施方案。7月底，县卫生和计划生育局出台分级诊疗双向转诊工作实施细则，明确转诊流程、转诊标准、工作要求，指导各医疗机构顺利开展分级诊疗双向转诊工作，并自10月1日起正式实施。12月23日，县卫生和计划生育局、县人力社保局等四部门联合出台双向转诊与医保支付制度补充办法，从2016年1月1日起，需要转诊的疾病暂时减少为高血压和糖尿病，进一步完善分级诊疗工作，方便群众就医。2015年，嘉善县在已建临床检验中心、病理诊断中心基础上，基本完成区域医学影像系统、心电会诊系统信息化建设，选择天凝镇卫生院试点测试影像会诊中心、心电会诊中心，逐步实现县域内相关临床诊断资源的共享，切实提升基层诊断水平，患者住在卫生院，能获得县级医院验血、拍片、心电图、病理等检查。4月，嘉善县完成公立医疗机构第一批药品目录制定，县级医院确定基本药物品种912种，基层医疗机构全部配备基本药物，基本药物配备中80%以上品种从上述912种选取。实现县级医院与基层医疗机构80%匹配率的要求。5月，根据省里统一部署，启用新基本药物目录，有效控制基层医疗机构使用非基本药物，解决群众用药需求矛盾。

【人才培养】 全面加强基层卫生技术人员继续教

育,开展竞赛评比,推动专业技术提升。2015 年,开展以全体基层医生、社区护士为主的专业知识理论竞赛、技能操作竞赛,总参赛 850 人次。

(孔垂峰)

地方病防治

【概况】 2015 年,嘉善县坚持“预防为主、防治结合”的工作方针,进一步完善“政府主导、部门协作、社会参与”工作机制,倡导依法防治、科学防治、创新防治,顺利通过消除疟疾考核评估和消除碘缺乏病考核评估,巩固地方病防治成果,确保全县人民身体健康。

【血吸虫病防治】 春、秋两季,全县投入人力 3266 工,查螺 117 个村 2193 条块 1427340 平方米。在惠民街道枫南村查到 2 个螺点,有螺面积约 2100 平方米,对捕获的 803 只钉螺全部进行解剖,无阳性钉螺。对惠民街道枫南村螺点开展灭螺及巩固性灭螺工作,投工 200 工,灭螺及巩固性灭螺 14400 平方米,使用灭螺药物氯硝柳胺 200 公斤。开展病情监测,门诊监测疑似血吸虫病病人 458 人,血清学阳性 2 人;输入传染源监测 2528 人,血清学阳性 8 人;对惠民街道枫南村 300 人进行血吸虫病监测,血清学阳性 5 人。对嘉善县和平湖市血吸虫病血清学阳性者及新申请晚期血吸虫病人内科救助人员开展大便孵化工作,检测 60 人份,未查到血吸虫虫卵和毛蚴。开展晚期血吸虫病人内科治疗救助项目工作,全年新申请晚期血吸虫病人 9 人,死亡 15 人,在册管理晚期血吸虫病人 110 人。组织在册晚期血吸虫病人进行健康体检,97 人参加。加强血防联防,做好嘉兴市第 39 次血防联防值班县相关工作。加强队伍建设,县公卫办、县卫计局首次举办全县血防查螺技能比武,各镇(街道)代表队 36 人参加比赛。组队参加嘉兴市血防技能比武竞赛,嘉善县获团体二等奖。

【疟疾防治】 各医疗单位开展对疟疾、疑似疟疾、不明原因发热病人进行血检疟原虫门诊监测,监测 1000 人,未发现疟疾病人。“全国疟疾日”前后,举办疟疾防治技术培训班,开展疟疾防治督导。做好消除疟疾工作,通过消除疟疾工作市级考核评估。

【丝虫病防治】 2015 年年初,全县有慢性丝虫病人 251 人,全年死亡 26 人。各镇(街道)血防专管员和内科医生对辖区内 217 名慢性丝虫病人进行随访(另有 8 人常住外地无法随访)。

【碘缺乏病防治】 开展碘缺乏病病情监测,对大舜小学、姚庄小学、县第二实验小学、城西小学、洪溪小学 5 所小学二至四年级(8～10 岁)学生进行甲状腺肿大检查、尿碘检查。检查学生 204 人,发现甲状腺肿大学生 2 人,均为 Ⅰ 度,甲状腺肿大率 0.48%,学生尿碘中位数 203.75 微克/升。在魏塘街道、罗星街道、西塘镇、姚庄镇、天凝镇对 102 名孕妇进行尿碘监测,尿碘中位数 153.3 微克/升,对其中 52 名孕妇进行健康教育知识问卷,平均得分 7.2 分(总分 10 分)。开展居民食用碘盐监测工作,对魏塘、罗星、姚庄、天凝、西塘等 5 个镇(街道)300 户居民食用盐进行全定量检测,合格 288 份,合格碘盐食用率 96%,非碘盐 3 份,碘盐中位数 21.90 毫克/公斤。对盐业加工厂每月进行 1 次全定量监测,合格率 100%。通过消除碘缺乏病考核评估工作及浙江省重点地方病防治工作终期考核评估工作。

【布鲁氏菌病防治】 加强对重点人群的监测,对 101 家牛羊养殖户的 120 名从业人员开展布鲁氏菌病监测,其中 2 人虎红平板凝集试验为阳性,经判断为既往感染者。加强对畜禽养殖从业人员和医务人员相关知识的培训,针对性开展健康教育工作。

(冯群青)

肿瘤防治和精神疾病防治

【概况】 2015 年,嘉善县肿瘤防治所编内卫技人员 7 人,编外人员 6 人,重点开展全县恶性肿瘤发病和死亡及全死因监测、恶性肿瘤随访管理、大肠癌早诊早治筛查工作。2015 年,获全国肿瘤登记工作突出贡献奖,被评为全国肿瘤登记随访工作先进单位。重视加强精神疾病防治,全年,全县登记在册确诊重性精神疾病患者 2033 人,重性精神疾病患者管理率 51.3%,其中住院 135 人、社区随访管理有 1898 人。其中,规范管理重性精神疾病患者 1359 人,规范管理率 66.8%。11 月,嘉善县残疾人康复中心正式启用。县康慈医院被浙江省卫生计生委、浙江省环保厅评为2015年度浙江省绿色医院。

【肿瘤监测】 2015年，全县新发恶性肿瘤1861例，粗发病率480.20/10万，其中男性新发肿瘤969例(粗发病率507.66/10万)，女性892例(粗发病率453.54/10万)，男女性别比1.09∶1。发病前十位依次为肺癌、结直肠癌、甲状腺癌、胃癌、乳腺癌、肝癌、胰腺癌、前列腺癌、脑肿瘤、膀胱癌，粗发病率分别为94.94/10万、60.64/10万、52.90/10万、38.19/10万、35.35/10万、32.77/10万、17.03/10万、14.71/10万、13.16/10万、11.35/10万，甲状腺癌和前列腺癌发病率上升明显。甲状腺癌成为女性第一位恶性肿瘤(粗发病率83.39/10万)。全年，全县肿瘤死亡985例，死亡率254.16/10万，其中男性肿瘤死亡641例(死亡率335.82/10万)，女性344例(死亡率174.91/10万)，男女性别比为1.86∶1；死亡前十位依次为肺癌、肝癌、结直肠癌、胃癌、胰腺癌、胆道癌、食管癌、乳腺癌、脑肿瘤、白血病，粗死亡率分别为72.25/10万、31.22/10万、27.09/10万、24.25/10万、17.55/10万、9.55/10万、9.03/10万、5.68/10万、5.42/10万、5.42/10万。恶性肿瘤死亡发病比0.53∶1。

【死因监测】 2015年，全县居民死亡2994人，死亡率772.55/10万，死因前十位依次为恶性肿瘤、呼吸系统疾病、脑血管病、心脏病、损伤与中毒、糖尿病、消化系统疾病、精神障碍疾病、神经系统疾病、泌尿系统疾病。其中，男性死亡1636人，死亡率857.11/10万，男性死因排名前三位与男女合计死因排位相同；女性死亡1358人，死亡率690.48/10万，死因排名前三位也与男女合计死因排位相同。

【人均期望寿命】 2015年，嘉善县居民0岁组人均期望寿命82.15岁，其中男性79.84岁，女性84.59岁，比2014年略有下降。

【大肠癌早诊早治项目】 2015年，在魏塘街道和罗星街道实施大肠癌早诊早治项目，40～74岁应检目标人群24395人，实际参加筛查10729人，初筛顺应率43.98%；经初筛确定高危人群2478人，初筛阳性率23.1%；高危人群及非高危人群完成电子肠镜检查2910人，肠镜检查顺应率72.96%。检出各种大肠疾病858例，检出率29.48%，检出大肠癌27例(早期癌15例)，检出各类大肠息肉828例(腺瘤691例，非腺瘤性息肉137例)，对大肠癌、大部分息肉病例进行及时治疗。

(李其龙)

【重性精神疾病管理】 推进686项目工作，全面完成全县严重精神障碍患者再次排摸和复核评估。实施社区重性精神病人规范化随访和计算机信息化管理，与国家卫计委严重精神障碍患者信息化管理系统进行对接交换。完善在册管理重性精神疾病患者医疗救助机制，全面启动贫困精神残疾人服用基本抗精神病药物费用全额保障工作。邀请省、市专家为社区精防医生授课，提高社区精防医生专业技能及业务能力。举办专题培训讲座，巩固重性精神疾病管理治疗项目成果。

【精神卫生知识教育】 加强对项目管理人员、个案管理员、精神科医师、护士、数据管理员、民警和居(村)委会人员等相关人员的培训。全年，邀请上海精神卫生中心、省卫计委疾控处、省立同德医院等专家开展精神障碍防治项目相关专题培训4期。以“精神卫生日”“世界睡眠日”等卫生日为主题，向社会大众进行精神卫生知识健康宣传教育、义诊、咨询活动16场，发放宣传资料2000余份，举办“走进社区”大型授课活动16场。

【精神残疾鉴定】 全年，开展4次精神残疾鉴定工作，接待办理人员160人次，符合条件办理精神残疾证人员133人次、智力残疾证人员27人次。加强嘉善县重度残疾人托养所和嘉善小康·阳光庇护中心日常管理工作，至年底，托养人员42人次。

(董　琼)

妇幼保健

【概况】 2015年，全县户籍活产新生儿2710人，孕产妇死亡率0/10万，围产儿死亡率3.31‰，新生儿死亡率0.37‰，婴儿死亡率1.85‰，5岁以下儿童死亡率2.21‰。孕产妇系统管理率97.6%，建册率100%,住院分娩率100%,新法接生100%。7岁以下儿童保健管理率99%,3岁以下儿童系统管理率97.99%。省外新居民活产2930人,孕产妇建册率128.87%(建册3776),保健管理率108.98%,0～6岁新居民儿童保健管理率93.54%。为新居民孕产妇建立围产保健册4233份,早孕建册率32.55%。进行计划生育技术服务质控检查,全年,各项节育手术12795例(不包括中期引产121例),并发症发生率23.45‰。加强镇、村妇幼基本公共卫生服务管理。对保健人员进行培训,规范孕产妇及0～6岁儿童健康服务。

【妇幼重大公共卫生服务项目】 继续实施农村孕产妇住院分娩补助项目,2014年10月至2015年9月,补助502人25.1万元。增补叶酸预防神经管缺陷项目,新增服用2014人,叶酸服用率100%,依从率81.28%,知晓率99.54%。农村妇女"两癌"检查项目,完成宫颈癌检查3554例(其中国家任务2054例、省任务1500例),乳腺癌检查400例,查出CINⅡ和CINⅢ7例、微小浸润癌2例。开展预防艾滋病、梅毒和乙肝母婴传播项目检查,婚检、孕产妇HIV抗体检测16610人次,检测率99.71%,未检出艾滋病病毒抗体阳性。初次产前体检中检出梅毒感染孕妇24人,乙肝表面抗原阳性孕妇208人。住院分娩梅毒感染产妇9人,乙肝表面抗原阳性产妇190人。开展艾滋病、梅毒和乙肝免费筛查6182人,补助费用173096元。

【婚前医学检查】 全年,为5924人提供免费婚前医学检查,检查率99.53%,检出疾病548人,患病率9.25%。对影响婚育疾病的14人提出医学指导意见,占婚前医学检查人数的0.24%。

【三项筛查】 新生儿听力筛查4526人,筛查率99.85%,听力障碍率3.98‰。新生儿疾病筛查4526人,筛查率99.85%,确诊先天性甲状腺功能减退症2人、苯丙酮尿症1人、葡萄糖—6—磷酸脱氢酶(G6PD)缺乏症6人。嘉善户籍产妇产前筛查2571人,筛查率96.29%,产前诊断人数1320人,产前诊断确诊异常11人。继续实施新生儿疾病筛查免费项目,免费新生儿四病筛查2537人、听力筛查2536人。

【母婴保健专项技术服务】 加强对母婴保健技术服务执业许可证的检查和管理。严格母婴保健技术服务人员考核合格证书、母婴保健专项技术服务执业许可证的发证工作。进行产科质量检查,剖宫率35.72%,本地孕妇剖宫产率46.27%。按要求免费签发4710本出生医学证明,发证率104.16%,当年出生当年发证率92.29%,废证率0.23%。开展出生医学证明电子化存档工作,对2013年前的725盒35485件出生医学证明进行扫描电子化后存入县级档案馆。开展助产服务的3家县级医院,均通过国家级爱婴医院复核,全县母乳喂养率93.74%,纯母乳喂养率59.54%。

【妇女健康检查】 全县妇女常见病筛查60430人,筛查率45.48%,其中免费检查48239人,患病率51.85%。实施嘉善县妇女"两癌"免费检查工作,县级方案检查宫颈癌7004人、乳腺癌10291人,查出宫颈癌前病变2例、乳腺癌癌前病变1例、宫颈癌1例、乳腺癌3例。 (唐永勤)

疾病预防与控制

【概况】 2015年,嘉善县疾病预防控制中心以巩固国家卫生县城、县级公共卫生重点实验室和疾控科学发展示范基地建设等重点工作为载体,开展"五型疾控"(学习型、技术型、创新型、节约型、和谐型)建设,提升疾控业务指导、突发公共卫生事件应急处置、实验室检验检测、科研立项执行等各方面能力,促进疾病预防控制事业全面、可持续发展。疾病预防控制中心在编卫技人员32人,设办公室(应急办、城乡办)、健教科、传防科、地病科(卫生监测科)、慢病科、检验科(质管办)。中心实验室有仪器设备216件,其中万元以上63件,仪器设备A类配置率97%,B类配置率94%,实验室检验能力不断增强。A类检验项目112项,开展率95%;B类检验项目51项,开展率84%。全年,报告法定传染病17种3508例,报告发病率596.00/10万,比上年(731.53/10万)下降18.53%;报告死亡4例,其中戊肝2例、艾滋病1例、人感染H7N9禽流感1例,报告死亡率0.68/10万,比2014年(0.51/10万)上升33.10%。

【禽流感防控】 4月17日,惠民街道张汇村发生1

起人感染 H7N9 禽流感疫情。嘉善县立即启动应急预案，迅速开展流行病学调查、消杀、监测、健康教育等工作，疫情得到有效控制，未产生不良社会影响。根据联防联控工作要求，县疾控中心对全县禽类养殖场、农贸市场等场所开展 H7N9 禽流感病毒外环境监测采样，采集外环境样品 289 份、职业暴露人群样品 9 份，检测发现 51 份外环境样品为 H7N9 核酸检测阳性。开展活禽交易场所负责人消毒技术培训，严格落实清洗消毒及休市制度，指导阳性农贸市场规范消毒，配合相关部门做好阳性市场重启评估，深入开展健康教育工作。

【疫情处置】 2 月，干窑镇敬老院发生一起戊肝暴发疫情，戊肝确诊病例 12 例，其中 2 例死亡，为一起突发公共卫生事件。在省、市、县疾控中心指导下，县、镇两级政府落实管理传染源、切断传播途径等综合防制措施，县疾控中心主动科学防控疫情，并做好疫情网络报告，疫情得到有效控制，未引起社会负面影响。

【肠道传染病防控】 开展肠道门诊、外环境、食品与从业人员霍乱监测，做到“有泻必采，有样必检”。全年检测各类样品 15324 份，其中，从业人员健康体检大便 11603 份、肠道门诊大便 3463 份、外环境水源 216 份、各类水产品 30 份、公共厕所大便 12 份，未检出霍乱弧菌。开展霍乱防控知识培训，县、镇两级培训医务人员 700 余人；县一院实行腹泻病人霍乱自主检测。全县累计报告手足口病 1582 例，较上年同期下降 37.12%，其中 1 例为重症病例，无死亡病例报告。开展手足口病实验室监测，采样 85 份，其中，EV71 阳性 8 份、CoxA16 阳性 12 份、其他肠道病毒阳性 54 份。

【登革热防控】 开展登革热防控工作，5～10 月，选择魏塘街道、罗星街道、天凝镇和西塘镇为监测点，开展外环境成蚊密度和当地伊蚊幼虫滋生情况调查。5～10 月，全县成蚊平均密度 10.5 只/人·小时，布雷图指数 37.42。6 月，组织召开全县相关医疗机构登革热防控业务培训会议，开展应急演练。11 月，县疾控中心开展卫生院登革热防控应急拉练，首次对登革热蚊媒进行监测和风险评估。

【免疫规划】 2015 年，全县 12 家预防接种门诊，累计接种 11 种免疫规划第一类疫苗 138173 剂次，其中常规接种 130302 剂次。指导各接种门诊按照“知情、自愿、自费”原则规范开展第二类疫苗接种，累计接种 15 种疫苗 69973 剂次（含狂犬病疫苗 24192 剂次）。年内，中心新增冷库 1 台，县红十字会捐赠接种门诊空气紫外线净化消毒仪 14 台和急救箱 14 套、人体模型 2 套。在魏塘街道社区卫生服务中心建立首家县级免疫规划实践教学基地，全年，有 11 人通过实践考核。首次开展接种门诊在岗人员“三基”（基本理论、基本知识、基本技能）考核，85 人通过再注册考核。开展“优化管理模式 共促均衡发展”新居民儿童免疫预防主题活动。全县累计报告麻疹疑似病例 62 例，实验室确诊 38 例，较 2014 年上升 375%，累计报告发病率 6.47/10 万，暴发疫情 4 起。2015 年，嘉善县为浙江省卫计委麻疹疫苗卫生经济学评价项目县之一，完成 21 例病例调查。嘉善县为流行性腮腺炎和水痘疾病监测项目县之一，开展病例流调、血及咽拭子采样工作。嘉善县为浙江省疑似预防接种异常反应监测项目县之一，全年报告 92 例，其中一般反应 55 例、异常反应 30 例、偶合症 7 例，均已痊愈。组织预防接种异常反应专家组诊断 1 例狂犬病疫苗引起的严重荨麻疹的异常反应，由厂家完成补偿工作。

【结核病和艾滋病防控】 2015 年，县内各医疗单位转诊可疑结核病人 791 人，转诊到位 766 人，转诊到位率 96.84%；网络直报 797 人，重卡 1 人，到位 775 人，总体到位率 96.23%。全年，登记活动性肺结核病人 228 例，同比下降 2.15%；新涂阳病人 78 例，同比下降 17.89%；外省户籍病人 121 人，占总病人数 53.07%。项目满 1 年初治涂阳病人治愈率 93.75%（90/96），复治治愈率 83.33%（10/12），总治愈率 92.59%（100/108）。全年，累计免费检查初诊病人 727 例，减免检查费用 24232 元。新增抗结核散药免费政策，减免散药药品费用 22895 元。全年，对全县结核病病案系统登记的辖区内户籍人口及流动人口涂阳肺结核病人发放补助 52200 元。全县累计登记 MOR－TB 可疑者数量 49 例，培养 49 例，培养阳性 39 例。未发现新的结核菌耐药病人。重点人群艾滋病抗体检测

61233人次,发现阳性感染者20例。开展男男干预工作,干预311人次,发现阳性感染者2例;强化流动人口干预,覆盖流动人口88451人次,检测4256人次,未发现阳性感染者。管理病人88例,其中镇(街道)管理60例。全年,随访288人次,CD4检测270人次,对符合治疗标准84例病例进行规范抗病毒治疗。对HIV感染者配偶或性伴按要求定期进行HIV抗体检测,应检测配偶23人,实际检测23人。全年,10家艾滋病快速检测点检测3969人次HIV抗体,发现快速检测阳性3例,其中2例经实验室确诊HIV感染者。开展12月1日"世界艾滋病日"系列宣传活动,在《嘉兴日报》(嘉善版)和嘉善在线网站开展艾滋病防治知识竞赛活动,在大润发广场和上海杉达学院嘉善光彪学院开展大型舞台演出,宣传艾滋病知识。

【蛔虫感染率调查】 县疾控中心、干窑卫生院、罗星卫生院等单位联合开展14岁以下儿童蛔虫感染率调查工作,调查3所学校学生577人,其中男生286人、女生291人,男女比例0.98∶1,检测结果均为阴性。

(徐荣华)

卫生监督

【概况】 2015年,审批发放行政许可事项899件,受理并调处群众来电来访等投诉举报32起,围绕县委、县政府"一创建三复评"工作,加大对公共场所和生活饮用水卫生监管力度,实施卫生监督检查6000余户次,监测各类样品894份。开展各类专题培训20期次,受训751人次。实施各类行政处罚案件15起,处罚金额5.35万元,收缴药品器械折合人民币2.31万元,移送公安机关2起。由县卫生监督所承办的某歌城公共场所(卡拉OK歌厅)许可案和某游泳馆水质不符合国家卫生标准案,分获嘉善县2015年度优秀行政执法案卷一等奖和二等奖。

【生活饮用水监管】 开展集中式供水单位与二次供水单位专项监督检查与抽检,每季对集中式供水单位进行一次检查。全年,抽检出厂水6份、管网水59份,合格率100%;水质全分析2份,合格率100%;二次供水单位10份、源水2份,均合格。创新工作方法,实现关口前移,在姚庄镇丁栅社区启动全县首个社区生活饮用水卫生检测示范项目,投入23万余元在县一院、姚庄镇政府安装两套生活饮用水水质在线监测设备,开展饮用水在线监测工作,提高生活饮用水卫生监督监测能力,确保群众饮水安全。

【卫生监督协管】 加强基层卫生监督协管队伍建设和网点建设。2015年,魏塘、罗星、惠民街道和大云、西塘、陶庄镇卫生院6家单位顺利通过考核,并被省卫计委命名。嘉善县9家镇(街道)卫生院实现省级卫生监督协管服务示范点"满堂红"。

【打击非法行医】 开展打击非法行医,出台《嘉善县打击非法行医日常巡查和回访复查工作规定》。加强与部门配合,落实联席会议制度、工作联络制度、协查通报制度、联合执法制度等。全年,实施行政处罚10起,处罚金额3.25万元,收缴药品器械折合人民币2.31万元,移送公安机关追究刑事责任案件2起,移送2人,开展联合执法10次。

【职业健康检查】 开展职业健康检查服务专项治理行动,职业健康检查8869人,检出职业禁忌人员183人,发现疑似职业病人14人,确诊职业病病人2人。

【其他重点卫生监督】 继续推行公共场所卫生监督量化分级管理,开展生活美容场所专项整治行动和游泳场所夏季保健康专项行动,完成假日期间公共场所卫生专项检查。加强医疗卫生监管,按照要求,每年对医疗机构开展消毒隔离监督检查和精神卫生监督检查,开展消毒产品和餐饮具集中消毒监督检查和抽检。启用"浙江省学校卫生管理与监督信息系统",对44家学校教学环境开展监测,覆盖率100%。做好病媒生物预防控制服务单位备案工作。

(潘曙勤)

人口和计划生育

【概况】 2015年,嘉善县人口计生工作以"促进人口长期均衡发展"为主题,注重创新发展,强化依法行政,优化服务管理,全县人口计生工作继续保持健康、平稳态势。年末，全县总人口 387506 人，比上年减少 32 人；已婚育龄妇女总数 73619 人，比上年减少 2349 人；出生 2440 人，年出生率 6.32‰，比上年下降 2.23 个千分点；死亡 2994 人，年死亡率 7.73‰；计划生育率 98.57%，比上年下降 0.34 个百分点；年自然增长率－1.41‰，比上年下降 2.67 个千分点；总和生育率 0.991；出生人口性别比 100∶107.13。

【责任落实】 计生工作坚持党政领导“一把手”亲自抓、负总责，做到“三到位”（责任到位、措施到位、投入到位）。改革考核指标体系，推动人口均衡发展，将出生人口性别比治理纳入考核。县政府与 9 个镇（街道）、12 个相关部门，各镇（街道）分别与村（社区）、机关部门和企事业单位，层层签订目标责任书。严格执行“一票否决”制度，审核拟推荐先进集体或个人 20 批次，其中，先进集体（单位）396 个，否决 7 个；先进个人 242 名，否决 2 人。

【法治计生建设】 以信息化建设助推法治计生建设，实现行政征收、审批工作“提质提速”。全年，发出社会抚养费征收告知书 71 份、决定书 69 份，申请法院强制执行 36 份，征收社会抚养费 358 万元；再生育审批 1049 对，无一例征收、审批违法或侵权行为发生。圆满完成上报 2014 年 1 月 1 日以来的出生人口信息和生育登记信息。开展全县出生人口统计专项督查，通过自查，全县汇总上报未作统计处理的出生信息 35 例，查找原因，落实整改。稳妥实施“单独两孩”生育政策，5 月，对“单独两孩”政策实施情况进行评估，为生育政策的完善调整提供基础数据信息。

【“两非”整治】 2015 年，印发《嘉善县整治“两非”专项行动实施方案》，明确细化相关部门职责分工，落实镇（街道）职责任务，成立由公安、卫生、综合执法等部门组成的整治“两非”专案组，并开展线索排摸，进行查处打击。年内，对安徽、湖北等地移送 5 起涉嫌“两非”案件按规定进行查处，4 起合并由公安机关立案侦查；各镇（街道）会同县级相关部门对辖区内医疗机构进行督查，对新居民集聚区存在非法行医隐患、场所进行突击检查，开展排查 18 次。对再生育对象和新居民怀孕对象实施孕情全过程管理，落实登记管理制度。加强与流动人口户籍地联系，核实掌握育龄人员生孕信息，出现孕情消失情况，及时启动孕情倒查机制，展开跟踪调查，防范“两非”行为发生。年内，嘉善县与湖南湘乡市、河南省桐柏县签订双向协作协议（累计与 70 多家流动人口相对集中重点县区建立区域协作），落实协作责任和协作方式，核查流入育龄妇女信息数 75157 条，修改录入平台育龄妇女人数 64216 人，对 96206 条信息进行注销。对未持流动人口婚育证明等五类重点对象信息及时通报户籍地，通报此类信息 92157 条。全县在册管理流动人口孕妇 2118 人。2015 年，嘉善县出生人口性别比 107.13，顺利完成市对县考核任务。

【计生帮扶】 深化计生特殊家庭帮扶，完善特殊计生家庭关怀服务体系，全县享受奖扶对象 10205 人、特别扶助对象 781 人，合计补助金额 1658 多万元；与计生特殊家庭结对帮扶 336 对。推进“幸福家庭”建设。加快“三优”指导中心建设，建成姚庄、西塘省级示范中心 2 个，教育普及率在 85%以上。启动实施国家科学育儿项目，确定姚庄镇、罗星街道和陶庄镇为计划生育家庭科学育儿项目点。发挥青春健康教育基地作用，鼓励各镇（街道）立足实际，创建和培育有特色的青春健康教育基地，推进青春健康教育常态化。

【优质服务】 拓展宣传渠道和方式，营造计生服务、生育关怀良好氛围。为 2178 对计划怀孕夫妇进行国家优生项目免费检查，目标人群覆盖率 92.24%，高风险对象 322 对，做好随访和优生指导，落实避孕方法知情选择，减少非意愿妊娠。免费为新居民育龄妇女提供四项手术等服务，开展各类计生培训，增强新居民妇幼保健、优生优育、依法生育意识。落实计划生育分级随访服务规范，明确随访职责，提供个性化服务。

【队伍建设】 完善人口计生目标管理责任制考核，县、镇（街道）、部门层层落实目标管理责任制。明确基层计生管理服务职责，加强培训，保证有人管事、有钱办事、照章理事、有能力办好事。加强镇（街道）、村（社区）计生干部业务培训，县级层面组织开展政策统计、宣传科技、依法行政、信息应用、

流动人口服务管理等方面的业务培训7期。县、镇两级计生干部,分两期参加省卫计委举办的素质提升培训班。 (孙　丽)

爱国卫生运动

【概况】 2015年,嘉善县爱国卫生工作,围绕省市爱国卫生工作重点,结合各类卫生创建契机,带动和促进卫生管理、环境治理、病媒生物防制、健康教育等各项工作。魏塘街道、惠民街道成功创建为浙江省卫生街道。全年,成功创建省级卫生先进单位2个、市级3个、县级2个,省级卫生村3个、市级2个,省级控烟先进单位1个,省级控烟积极分子4人,县级无烟单位6个、示范单位2个,爱国卫生示范单位19个。

【巩固“创卫”成果】 以“一创建三复评”为契机,做好国家卫生县城和国家卫生镇复审工作,开展专项整治,完善长效管理机制。全年,下发督查整改通知单78份,落实整改内容1300多项。加大财政投入,年内县财政投入4816万元,3个街道投入近5000万元,用于环卫设施、市政设施、绿化工程等33个项目建设,有效改善城市面貌,并顺利通过新一轮复审,嘉善县第四次被全国爱卫会确认为国家卫生县城,姚庄镇第二次被确认为国家卫生镇。

【环境卫生整治】 开展第二轮城乡环境卫生整洁行动(2015—2020)和“全民参与爱国卫生,共建共享健康嘉善”为主题的第27个爱国卫生月活动。全年,卫生整治244次,治理脏乱环境724682平方米,清除垃圾6246.5吨,清除乱张贴20604张,消灭病媒生物孳生地1324处。开展宣传活动223次,发放宣传资料97528份,受教育人数63335人次。

【病媒生物防制】 加强对四害孳生地和重点区域改造和治理,开展除害灭病活动。年内,委托PCO公司在县城区内重点场所投放毒鼠屋1000只,诱蝇笼2000只,并进行管理。加强城区生活垃圾的管理和消杀工作,开展除“四害”工作,发放鼠药23555公斤,使用灭蟑毒饵23500包,灭蟑烟雾弹1340只,同时,做好四害密度监测工作。

【改水改厕】 全面实现城乡供水一体化,自来水普及率及合格率均达到100%,实施乡村农户生活污水治理工程,扩大农村卫生厕所普及面和无害化处理率。2015年,全县新建改建无害化厕所7878只,卫生厕所普及率99.63%,无害化卫生厕所普及率95.24%。

【健康教育】 运用电视、网络、报纸、户外电子屏等各种载体开设健康教育专栏,以创建为载体,加强学校、单位、医院健康教育。通过百场健康教育课进社区、各类卫生宣传日街头宣传等进行健康教育。全年县级讲师团巡讲122次,听课7200多人次,出动医务人员158人次,展出版面120块,分发各类健康教育资料及小礼品14000份,接受群众咨询3600多人次。开展“巩固国家卫生县城创建成果,提高城乡居民健康素养水平”知识竞赛活动、巩固国家卫生县城暨世界无烟日为主题的大型广场演出宣传咨询活动、“嘉善县青少年健康教育基地”共建活动。在各镇(街道)选取一条健康步道,布置大型健康教育知识墙面,促进健康知识宣传。

(王　燕)

红十字会工作

【概况】 2015年,县红十字会通过开展结对困难学生、慰问器官捐献者家属、“博爱助医”“口福天使”等项目,累计支出款额46.8万元。开展宣传工作,及时报道红十字会工作动态。拓宽急救知识普及面,全年在村、社区、企事业单位等开展42期救护培训,发证950人,普及10225人。

【红十字会救助】 联系嘉兴星程电子有限公司,结对帮困嘉善高级中学贫困学生,向其捐款5000元;做好“红十字博爱送万家”活动,向25户贫困家庭送去慰问款物25000元;向2名器官捐献者家属分别送去10000元慰问金;为2014年人体器官捐献者郑关菊的孩子争取到专项助学资金。向12家医疗卫生单位捐赠14台空气净化消毒仪和14台疫苗反应急救箱,向魏塘卫生院捐赠2台教学模型。

【遗体、器官(组织)捐献】 2015年,县红十字会的四方面工作(志愿服务、造血干细胞捐献、义务献血和慈善捐赠）被列入新居民积分制管理计分标准，分值40分。全年，新增6名遗体捐献志愿者，累计28人；新增7名器官捐献志愿者，累计33人；新增7名眼角膜捐献志愿者，累计33人；实现器官和眼角膜捐献各2例，累计实现捐献4例。2015年，嘉善县首位器官捐献志愿者为身患脑肿瘤的夏兵儿；5月18日，李培文成功捐献1对肾脏、1个肝脏和1双眼角膜，成为嘉善县第3例器官捐献者；7月，胡雪花成功捐献1对肾脏、1个肝脏和1对眼角膜，是嘉善县第4例器官捐献者；9月，石红英和石嘉敏母子，同时填写遗体捐献和器官捐献协议书。器官捐献志愿者家属唐盛银夫妇当选嘉兴市“十大最美人物”。

【应急救护培训】 县红十字会应急救护培训被列入工作目标责任制指标，2015年，调动团县委、保险公司、县公安局、县供电公司和县人防办等单位的积极性，组成救援志愿队，多方位，全领域开展普及型救护培训；联合县公安局、县供电公司、县人防办和旬彩长者服务中心等单位开展主题为“急救与老龄化人群”的“2015世界急救日”宣传活动，引导市民掌握老年人常见急救知识及急救处理技能。发放宣传手册1500册，1549人受益。积极参与罗星派出所“110宣传日”活动，发放宣传资料200余份。

【新闻宣传】 2015年，嘉善电视台播放红十字新闻7条，《嘉兴日报》（嘉善版）采用3篇，《嘉兴日报》采用2篇，县卫生网采用信息12条，市红十字采用4篇，县府、县委信息公开网采用2条，县红十字会信息公开网上公布工作动态17条。同时，嘉兴在线、浙江在线、网易、《钱江晚报》《杭州日报》、人道网、嘉兴人网等媒体就李培文器官捐献事迹多次进行报道和宣传。

【“口福天使”及“博爱助医”项目】 拓展“口福天使”项目，2015年根据救助对象要求，把“口福天使”项目向卫生院拓展，新增陶庄镇、天凝镇2家卫生院作为定点医院，以解决救助对象的交通困难。对全县65周岁以上的贫困家庭的老人安装全口义齿，一次性补助1000元，定点医院补助100元，全年支出10000元；继续开展“博爱助医”项目，2015年，就激励优秀医学类应届毕业生到嘉善医疗卫生单位工作，对县一院、县康慈医院等5家单位的16名毕业生下发资金37.4万（按项目管理规定，按大学学制5年发放）。下发资金以及募捐资金及时在红十字网站上进行公布。（韩秀风）

人力资源与社会保障

综　　述

2015年,嘉善县人力社保工作围绕服务发展、改善民生、维护稳定三大领域,以科学发展观为统领,主动适应经济发展新常态,改革创新、转型提升,强化政府促进就业的责任,加强创业服务,完善社会保障制度,加强人力资源市场监测,各项工作成绩显著。

落实政府促进就业责任。制定有利于促进就业的产业、贸易、财政、税收、金融等政策,健全促进就业综合政策体系。鼓励企业吸纳劳动者就业,全面落实补贴政策(岗位补贴、社会保险补贴、职业培训补贴等),发展家庭服务业。支持劳动者灵活就业和自主择业,完善促进就业创业的税费减免和小额贷款贴息等各项补贴政策,支持失业人员自谋职业和自主创业,把自主创业作为就业的重要增长点。坚持创业培训、政策扶持、创业服务三位一体,营造全民创业氛围,发挥创业带动就业的倍增效应。

强化公共就业服务。加大对创业者、新创办企业及其吸纳劳动者的公共就业服务,指导创业企业开展职工岗前培训和在职培训,建立与培训机构的“校企合作”机制,大力开展定向、订单培训,为创业企业培养合适人才。依托有资质的创业培训机构,针对创业者特点和创业不同阶段的需求,开展多种形式的创业培训。鼓励有创业要求和培训愿望、具备一定创业条件的城乡劳动者以及处于创业初期的创业者参加创业培训。

加强创业服务。健全创业服务组织体系,全面巩固省级创业型城市创建成果。依托公共就业服务机构和基层就业服务平台,完善创业指导服务组织,建立创业指导服务中心,在镇(街道)、经济开发区和各类创业园区(基地)建立创业指导服务工作室,在职业学校和大学生创业园建立大中专学生创业指导站,为创业者提供有针对性的创业服务。建立由企业家、创业成功人士、专家学者和政府工作人员组成的创业指导服务专家队伍,实行专兼职相结合,推动创业指导服务工作的开展。整合创业服务资源,构建以中小企业为重点的创业服务超市,为创业企业提供综合性服务。

完善社会保障制度。省级“阳光医保”试点工作稳步推进。人才工作扎实有效,人才支撑工程日趋强化。新修订出台《嘉善县高层次人才引进服务管理办法(试行)》,针对非公企业、事业单位引进人才以及领军人才制定详细的补助奖励政策以及服务政策,为推动全县高层人才创新平台建设和高层次人才引进工作提供政策保障。

加强人力资源市场监测。开展人力资源市场快速调查,定期做好职业供求状况分析,化解人力资源市场热点、难点问题,增强对市场的调节掌控能力。完善人力资源市场信息发布制度,及时发布职业供求、工资指导价位和职业培训等信息,为劳动者求职择业、用人单位招用人员以及培训机构开展培训提供服务,促进供求双方有效对接。

推进阳光人事工程,加快人事制度改革,开展“双爱”(企业爱职工、职工爱企业)活动,营造和谐劳动关系。

就　业

【概况】 优化公共就业服务，推进公共就业服务制度化、专业化和标准化建设，实施就业优先战略，消除影响平等就业的制度障碍和就业歧视，加快形成创业新机制，完善劳动者终身职业培训体系和公共就业服务体系，实现充分、公平和高质量就业。

【就业服务】 全年，新增就业岗位11329个，完成市目标任务的177%；帮助4418名城镇失业人员实现再就业，完成市目标任务的152.4%，其中，帮助“4050”等就业困难人员实现再就业1793人，完成市目标任务的163%；城镇登记失业率控制在2.9%。推出各类就业岗位58700个，使18918名城镇失业和农村（外来）劳动力实现就业再就业。同时，先后单独组织、协同举办县内招聘会60场次，有1846家单位进场招聘，提供岗位55971个，36541人（次）进场求职，初步达成意向15761人。组织县内企业分别赴嘉兴、杭州、宁波、西安、上海、南京等地参加综合性招聘会及校园招聘活动15次，78家企业参加招聘，推出招聘岗位1100多个，引进各类专业人才350多人。协助县委组织部选聘大学生“村官”8人。协助有关主管部门公开招录国有企业职工85人，国企劳务派遣职工9人。

【推进创业】 牵头编制改革方案，于8月上报省政府并复函同意。继续出台一系列配套文件和政策，推进嘉善县大众创业促进机制改革工作。2015年，有114名嘉善籍高校毕业生在网上进行就业帮扶登记，实现100%帮扶就业。举办首届嘉善籍返乡大学生创业培训班。其中，85名优秀大学生通过创业意识培训获得人社部颁发的SYB创业培训结业证书。在第二届嘉兴市大学生创业大赛暨电商换市创业精英赛中，嘉善县有6家企业推出参赛项目。嘉善县木映舞创业团队获大赛三等奖，并与创业项目提供企业——嘉善国际木雕城经营管理有限公司签订意向协议。

社会保障

【概况】 加大城乡统筹、制度统筹和资源统筹力度，扩大社会保障覆盖面，完善政策制度，合理、稳步提高待遇，加强基金监管，强化社保信息化建设。

【扩大保险覆盖面】 至年底，企业养老保险净增参保人数6128人，完成市目标任务的197.7%；基本医疗保险净增参保人数3763人，完成市目标任务的125.4%；工伤保险净增参保人数2002人，完成市目标任务的100.1%；生育保险净增参保人数2442人，完成市目标任务的122.1%；失业保险净增参保人数6181人，完成市目标任务的206%。城乡居民参保人数68535人，城乡合作医疗参保人数234819人，社会养老保险、医疗保险覆盖率分别为99.89%和99.97%。

【完善保险制度】 拟定出台《关于实行工伤保险浮动费率的通知》《职工医保大病保险制度》《关于调整嘉善县生育保险有关政策的通知》等文件，同时，完成合作医疗和职工医保的资源整合和流程再造，合作医疗保险信息数据的迁移、整理和开发建设；实现社会保险征缴、城乡居民养老保险征缴业务信息一体化，城乡居民合作医疗征缴开启全新征缴模式。开展上海参保人员医疗保险代办服务，方便上海参保人员在嘉善就医和报销医疗费用。

【落实保险待遇】 至年底，有发放各类养老保险退休待遇人员120975人。其中，企业职工养老退休人员72157人、机关事业退休人员5190人、农村养老退休人员872人、土征退休人员700人、城乡居保退休人员42056人。9月起，全县启动实施机关事业养老保险经办服务工作，至年底，全县机关事业单位工作人员信息数据整理并录入省机关事业养老采集系统，在职9630条、退休4700条。

【发放市民卡】 2015年，对234819名城乡居民基本医疗保险参保数据进行比对，完成需勘误数据和信息采集232158人。计划待市民卡中心完成卡片招投标工作后，全面启动本县医疗保险参保人员市民卡制发工作。

【省级调剂金补助】 联合县财政部门向省人力社

保厅、省财政厅争取省级调剂金补助。2015年,收到省人力社保厅文件,明确补助嘉善县基本养老保险省级调剂金3.91亿元(其中2014年度补助1.56亿元,2015年度预拨2.35亿元)。

城乡居民合作医疗

【概况】 2015年,嘉善县城乡居民合作医疗年人均筹资1000元,其中,县、镇财政按实际参保人数各资助305元/人,个人缴费300元/人。全县234819人参保,参保率99.72%,比上年增加0.19个百分点。合作医疗基金全年预算收入2.33亿元,实际到位基金2.37亿元,到位率101.42%。

【完善医疗保险制度】 扩大城乡居民合作医疗参保范围,将"婚嫁迁入"人员纳入中途参保对象。中途参合办理手续截至2015年11月30日。提高医疗保障水平,在镇级定点医疗机构就诊门诊费用,按可补偿费用50%给予补偿,封顶线不变。严格执行省人力社保厅文件精神,将格列卫等15种特殊药品纳入大病保险支付范围。取消意外伤害及交通事故累计补偿3万元及5000元的最高支付限额。配合县卫生局制定出台《嘉善县分级诊疗工作实施方案(试行)》,并于2015年10月1日起正式启动实施分级诊疗工作,实行差别化医保支付制度。

【提高医疗补偿标准】 2015年,全县2530463人次得到医疗补偿,其中,住院补偿33143人次,4578.19万元;特殊门诊补偿34602人次,296.13万元;普通门诊补偿2462718人次,22.49万元。全年,补偿支出总额21735.9万元,其中住院支出15173.51万元、特殊门诊支出1024.66万元、普通门诊支出5537.73万元。与2014年支出18951.06万元相比,支出同比增长14.69%。

【规范基金管理】 2015年1月起,对全县所有医保定点医疗机构启用阳光医保智能审核系统,全年,分析处理250多万条就诊记录,筛选出15585人次的可疑待审核费用,通过人工复审及定点单位反馈,追回医保基金239768.12元。

人才人事

【概况】 围绕"人才强县"目标,发挥领军人才引领作用,实施"精英引领计划"。发放高层次人才补贴,制订新版引进高层次人才政策。加快高技能人才培养步伐,全面推开专技人才网上申报。强化阳光人事工程,规范事业单位招聘,加强公务员队伍建设。创新大学生"村官"考录,完善事业单位岗位设置。加强对军转干部的服务,做好工资福利管理工作。建立全县事业单位人员基本信息库,核查、维护事业单位人员信息7149条。全年完成事业单位人员聘任606人,其中高级85人、中级231人、初级290人。

【人才引进】 配合省人力社保厅开展"专家联系企业、助推创新驱动"工作试点实施,完成1家博士后科研工作站、2家省级博士后工作试点单位信息和4家企业意向信息上报。协助县委组织部开展清华大学研究生到嘉善社会实践工作,完成清华大学17名博士与15家企业项目申报对接,有3名省"151人才工程"专家到嘉善为企业服务。推荐斯麦乐集团项目申报和2016年度外国专家组织(EO)项目和国家级引进境外技术管理人才项目申报。

【精英引领计划实施】 承接中法企业家协会、日本专家协会、海联网等机构组团的生物医药组10名海外高层次人才到嘉善考察。组织十余人参加第二届嘉兴国际人才交流与合作大会。组织有关企业参加2015"星耀南湖"精英峰会暨领军人才企业产品展示对接会、国际人才合作交流大会、2015浙江·杭州国际人才交流与项目合作大会和"红船领航——天通杯智资对接会"等高层次人才交流对接活动。完成51个"创新嘉兴·精英引领计划"领军人才及项目申报初审,其中,10个创业项目和1个创新人才成功入选。重启陈磊博士"创新嘉善·精英引领计划"项目。5家企业申报市重点企业技术创新团队,1家成功入选。

【人才培养和管理】 全年,举办各类技能培训班292期,培训9835人次。新增高技能人才2453

人，完成市目标任务的102%；创业培训576人，完成市目标任务的105%；鉴定发证数7868人，完成市目标任务的105%。完成市下达200家企业自主评价任务。2015年1月，正式启用初定专业技术资格网上申报平台，至年底，有646人网上申报，初定通过454人，其中，初级426人、中级28人。布置二级建造师、审计、监理工程师等37类职称考试报名工作，654人获相关专业技术资格；全年，发放各类资格考试合格证书1272本。做好农林、建筑初评委以及中小学教师中评委评审工作。做好社会工作者、群文图书、工艺美术、高级会计师、高级经济师、教授级高工、高级统计师等系列的专业技术资格送审工作，送审465人。全年，由评审获得专业技术资格521人，其中，初级273人、中级148人、高级100人(其中，正高5人)。首次公布《嘉善县事业单位引进高层次特殊专业技术紧缺人才目录》。全年，对高层次人才实施补贴，183人通过审核，其中，事业96人、企业87人，发放补贴204.64万元。

【公务员、事业单位招聘】 2015年，嘉善县计划招录公务员105人，因报名人数不足核减招考计划7人，实际招考98人，确认1904人报考，实考1633人，参考率85.77%。县部分事业单位计划招聘工作人员64人，确认813人报考，因报名人数不足核减招考计划11人，另1名考生放弃体检，实际招考52人。

【加强工资津贴分配管理】 启动并完成全县机关事业单位在职人员基本工资标准调整和离退休人员增加离退休费工作，涉及14765人。组织开展公务员职务与职级并行有关数据的采集工作。出台《关于进一步加强机关事业单位津贴补贴管理的通知》，加强全县机关、事业单位津贴补贴管理。出台《关于进一步规范机关事业单位带薪年休假制度执行的通知》，进一步加强对全县发放年休假补贴的管理。

职业技能培训

【概况】 开展职业技能培训，培养全县高技能人才，健全政府购买培训服务机制，推进技能人才评价工作，加强政策研究，健全职业技能培训制度和企业技能人才评价标准化体系，夯实基础，规范管理，以高质量的职业技能培训和鉴定工作，促进全县技能人才的培养。

【评价体系建设】 推行企业自主评价体系，全年完成市下达200家企业自主评价任务。扩面增量，发挥企业技能人才评价的自主权，探索、研究其他地方先进做法。按工业规上企业数多少，给镇(街道)下达指标，并结合对镇(街道)考核，对未完成任务的镇(街道)予以扣分。开展企业培训师师资培训，与高技能人才评价和直接认定工作相结合。经常下企业进行现场指导，召开交流会，企业与企业之间进行切磋和探讨。

【“金色蓝领”工程实施】 协调相关部门全面落实《嘉善县实施技能型人才“金蓝领”计划工作方案》，出台对技能人才培养的相关政策措施。选择100家以上规上企业开展全县大练兵大比武活动，激发企业员工技能比武热情。配合县教育局举办职业学校技能节，联合县总工会、县妇联、县经信局和团县委等部门举办技能运动会，选拔和发现优秀技能人才。参与省市技能竞赛活动，向上级输送优秀选手。实施技能型人才“金色蓝领”工程。完善职业学校(培训机构)与企业合作培训机制，加快企业技能人才自主评价体系建设步伐。全年，培训各类技能人才9835人次，包括新增高技能人才2453人，完成任务数的102%；创业培训576人，完成任务数的105%；鉴定发证数7868人，完成任务数的105%。

【实训基地建设】 年内，完成嘉善县公共实训中心基建工程。规范专项资金列支渠道，研究出台《嘉善县促进就业创业资金管理办法》，落实各类扶持资金及使用。全县有企业技能人才评价标准化体系建设200家。全年，在市、县、镇(街道)及企业开展技能竞赛68场次，参与职工数近1万人次，参与企业突破100家，市级技术能手5人。在嘉善县举办的全市电焊工竞赛中，嘉善县选手获第一名、第二名。在各级技能竞赛活动中，1人获全市第一，2人获全市第二，2人获全市第三。申报省、市技能大师工作室各2家。

劳动监察

【概况】 围绕劳动保障监察效能建设工作主线，确立人性化劳动维权，规范化劳动执法的工作思路，推进“两网化”管理，完善制度机制，加强基层执法队伍建设，提高劳动保障监察能力和社会公信力，构建和谐劳动关系，维护社会稳定。

【劳动保障监察】 会同县住建局、县交通局等部门联合执法，开展农民工工资支付专项行动，排查用人单位1693家，涉及职工63492万人，其中农民工50332人，农民工签订合同人数45422人。联合县公安局、县市场监管局等部门，开展清理整顿人力资源市场专项行动，检查职业中介机构19户、用人单位126家，参加行动252人次。9月，全县范围内开展为期5个半月的欠薪整治专项行动，主要对辖区内各类加工制造、建筑施工、餐饮商贸等领域、易发生欠薪隐患的劳动密集型企业进行拉网式排查，落实整改措施。

【构建新型劳动关系】 对劳动关系新趋势进行调研，并研究对策，加强全县木业、纺织和水泥制品等传统行业劳动关系动态监测和发展趋势分析。开展劳动保障书面审查及信用等级评价工作，首次采用网上申报及现场办理相结合的形式，至年底，全县完成书面审查6336家，完成市目标任务的105.6%，信用等级评价1321家，完成市目标任务的110%。健全工资支付保障长效机制，建立健全欠薪事件应急处置机制，完善劳动保障监察“网格化”监管体系，至年底，全县6517家用人单位被列入网格化管理范围，涉及从业人员196653人，社会保险参保率58.91%。6月开始，采用与书面审查相结合方式采集网格化数据，完善用人单位的基本信息，建立数据库和劳动用工情况电子档案。

【健全工资协商机制】 根据劳动力市场工资指导价位制度，制定《2015年度嘉善县人力资源市场工资指导价调查实施方案》，在200家样本企业中开展工资调查，发布160个具体岗位、3种不同学历人力资源市场的工资指导价位。2015年，县、镇(街道)两级全部建立协调劳动关系三方机制，劳动合同签订率在99.5%以上，已建工会企业集体合同签订实现全覆盖，企业劳动管理制度日臻完善。

【开展“双爱”活动】 完善“双爱”活动工作机制，制定《嘉善县深入推进“双爱”活动计划(2015—2017年)》和评价标准，组织各镇(街道)开展“双爱”活动交流会，广泛宣传“双爱”先进和典型，总结推广实践中涌现出的成功经验。开展“双爱”活动，规模以上企业627家，参与率100%，签订“双爱”共同约定书1161份，发出倡议书单位3497个。发放“双爱”宣传资料1.6万份。

【抓好信访工作】 全年，接待各类来访106件，涉及450人次；收到各类信函40件，涉及204人次；复查信件4件，较上年同期信访件、涉及人数均有下降。办结率100%，无集体上访事件发生。发挥“12333”电话咨询服务作用，至年底，“12333”来电量21556个，人工服务6779个，通过语音服务10456个，接通率约80%。

【普法工作】 对全县各镇(街道)企业经营管理人员进行工伤认定、城乡居保、工伤保险及生育保险待遇等法律法规政策培训。先后4次为台商、木业、管道企业及大云镇商会80余家规上企业进行现阶段劳资风险防控培训。

【劳动人事纠纷调解】 全年，立案受理劳动人事调解449件，较上年同期上升23.4%，上期结余42件。处理结案435件，结案率96.9%，其中，裁决结案112件、调解和撤诉结案337件，调解率74.3%，涉及职工1226人，涉及金额2645.4万元。各镇(街道)调解案件476件，涉及金额2315.5万元。调处重大集体争议案件3起，涉及职工605人，涉及金额684万元。

【劳动能力鉴定】 全年，受理工伤认定申请3211件(交通事故伤亡229件)，作出工伤认定决定3170件，其中，工亡17件(交通事故死亡6件)，结案率98.7%。通过简易程序处理工伤案件927件。劳动能力鉴定1852人次，其中，工伤伤残等级鉴定1732人次、病退鉴定120人次。 (梁　铮)

民　政

综　述

2015年，全县民政工作按照县委、县政府“示范点建设全面攻坚年”的要求，履行民政部门“最基本的民生保障、最基础的社会服务、最基层的社会治理”等职能，深入实施“养老服务示范行动、社会管理创新行动、幸福家园共创行动、服务能力提升行动”，为建设幸福民生新家园作出贡献。

年内，嘉善县先后被评为2014年度全省民政工作先进县、全省水库移民工作目标考核优秀县，县老年公寓获“全省最美家园”称号。嘉善还被省民政厅确定为全省养老服务业综合改革试点单位，县老年公寓被确定为全省首批医养结合示范点。全省唯一省级养老服务示范区建设工作，顺利通过省民政厅组织的中期评估；省级“三社联动”示范观察点工作接受民政部、省民政厅领导实地考察；嘉善三峡外迁移民安置工作代表浙江省接受国务院三建委检查，顺利通过考核验收；省级困难群众“救急难”试点工作任务全面完成；推进城乡养老服务设施建设工作和民政文化宣传工作，均作为全省县(市、区)唯一代表，在省级会议上作经验介绍。全年，争取到省、市民政部门拨给嘉善各类民政专项补助资金2796.52万元；全县年度民政事业费支出12883.3万元，比上年增长7.6%。

社会救助

【概况】 2015年，嘉善县社会救助工作贯彻国务院《社会救助暂行办法》和《浙江省社会救助条例》，坚持以“托底线、救急难、可持续”为原则，规范程序，阳光操作，强化监管，不断健全适度普惠的新型社会救助体系。

【提高社会救助水平】 低保救助标准实现城乡一体化，严格按照“宽进、慎出、严管”的低保救助工作新要求，稳步提高低保占比，重点向孤老、残疾人、重特大疾病患者等困难人群倾斜。12月1日起，全县低保标准每人每月从588元提高到664元，增长12.9%。至12月，全县有低保对象1827户2402人，1～12月累计救助26973户、34566人次，发放低保金1342.15万元。完善城乡困难人员医疗救助政策，全年，医疗救助人均筹资15元，救助比例由原来40%提高到70%，救助限额封顶线由5万元提高到8万元，全年，救助40701人次，发放医疗救助金596.85万元(其中资助免费参合92.49万元)。年内，完成农村困难群众危旧房改造100户，发放救助金93.41万元。

【推进“双帮圆梦”活动】 开展新一轮“党群连心、双帮圆梦”活动，创新实施困难家庭“1+X”组团帮困机制，按照分户施策、帮扶到户、责任到人的形式，编一张“爱心网”、发一张“连心卡”、定一位“贴心人”、记一本“暖心记录”、做一名“红心义工”，完善“五心”帮扶举措，推进困难群众造血帮扶和输血帮困，帮助有创业、就业能力困难家庭，抓好致富项目，找到就业岗位。全年，累计投入帮扶资金2000多万元，结对帮扶困难家庭1179户。

【完善阳光救助机制】 投入十多万元,率先在全省建立社会救助信息大平台,平台在《嘉善县政务服务网》设置"我要问、我要看、我要办"三大功能模块,纵向覆盖全县9个镇(街道)和151个村(社区),横向覆盖民政、教育、住建、司法、工会、残联等10个部门,整合城乡低保救助、医疗救助、教育救助、住房救助、就业援助、司法援助等16类救助信息,实现互联共享。全面规范救助家庭居民经济状况核对制度,深化阳光救助。全年,家庭经济状况核对中心对申请低保、低保边缘户、医疗救助、慈善助学、廉租房、经济适用房等3113户家庭5716人的经济状况进行核对,其中,515户1229人未通过申请标准,未通过率16.54%。

【完成省救急难试点】 在全省率先出台《嘉善县困难群众"救急难"实施办法》,全面实施"县、镇、村"三级联动、部门横向合作联动,多举措提升"急难"救助力度,保障困难群众基本生活。推行社会救助"一门受理、协同办理"工作机制,在全县9个镇(街道)151个村(社区)统一建立社会救助服务窗口。强化救助资金保障,全县设立"救急难"专项救助资金200多万元,并引入"急难"慈善公益基金400万元。2015年,累计救助4308人次,发放救助金263.68万元,有效缓解困难群众突发性急难问题。

社会福利

【概况】 2015年,全县社会福利工作重点围绕提升社会养老服务水平和保障孤儿等困境儿童基本生活,推进老年人福利、儿童福利、残疾人福利、福利彩票公益金等工作,构建新型社会福利体系。

【提高"五保"供养水平】 至年底,全县8家公办养老服务中心,集中供养"三无""五保"老人333人,集中供养率达到100%,人均年供养标准12240元,全年,发放集中供养资金407.6万元。

【保障困境儿童生活】 至年底,全县有孤儿13人,其中机构养育孤儿5人、社会散居孤儿8人。全年,发放孤儿生活费10万多元,其中机构养育孤儿基本生活费标准每人每月1331元,社会散居孤儿每人每月800元。出台《嘉善县加快推进适度普惠型儿童福利体系建设实施意见》,将全县孤儿和困境儿童全面纳入普惠型福利保障范围,明确事实无人抚养困境儿童按照社会散居孤儿基本生活费标准发放;低保、低保边缘户家庭儿童分别按照当年度社会散居孤儿基本生活费标准的20%和15%发放;低保家庭重残、重病和罕见病儿童按照当年度社会散居孤儿基本生活费标准减去最低生活保障金后差额发放;低保边缘户家庭的重残、重病和罕见病儿童,按照当年度社会散居孤儿基本生活费标准的30%发放。

【助推福利企业发展】 至年底,全县有福利企业46家,全年完成销售收入11.75亿元,实现利润38125万元,安置残疾职工1028人,残疾职工人均月收入2227元。2015年,减免福利企业增值税3218万元,减免城镇土地使用税等170万元,发放福利企业超比例安置残疾职工财政奖励资金56.4万元。定期举办"就业帮扶、真情相助"残疾人劳动就业专场招聘会,19家福利企业提供60多个残疾人就业岗位,80名残疾人参加招聘会,达成聘用意向33人。常态化督查,对福利企业残疾职工的安置比例、岗位安排、上岗情况、出勤情况、工资发放、福利待遇、养老保险、劳动合同、无障碍设施等情况进行全面检查和核算,覆盖面100%。组织全县福利企业统一安装人像指纹考勤系统,实现实时电子监控和精细化管理。

【福利彩票发行】 坚持"保安全运行、保健康发展"方针,大力发展福利彩票事业。在西塘镇开办"中福在线"销售厅,配备10台视频彩票投注机,12月正式营业。年内,全县销售福利彩票1.34亿元,其中,"中福在线"销售额4185万元,全年,筹集福利彩票公益金670万元。

民政事务

【概况】 2015年,全县社会事务工作坚持以群众需求为导向,推进惠民殡葬,提升防灾减灾能力,加强地名管理,优化婚姻登记,不断提升社会管理和公共服务水平,提高人民群众的满意度。

【防灾减灾】 推进镇（街道）避灾安置中心规范化建设，新增县级避灾安置中心1家、村（社区）避灾安置点30家，累计建设县级避灾安置中心1家、镇级避灾安置中心9家、村级避灾安置点106家。开展综合减灾示范区创建工作和防灾减灾应急演练工作，天凝镇洪溪村、魏塘街道嘉辰社区、罗星街道南门社区分别创建国家级、省级综合减灾示范区。指导罗星街道、姚庄镇和53个村（社区）完善应急预案，开展防灾减灾应急演练55场。成功防御2015年9号台风“灿鸿”，全县116个避灾安置点转移人员3829人，投入救灾资金50多万元，发放毛毯、水、方便面、饼干等救灾物品。

【殡葬服务】 落实惠民殡葬政策，2015年，减免2713人次殡葬服务费用221.89万元。加快殡葬基础设施建设，县殡仪馆扩建工程通过使用功能验收，嘉善陵园殡仪服务综合楼改扩建项目完成基建工程；善西公墓完成壁葬九区建设，新增850个壁葬格位；西塘公墓在无新增土地的情况下，挖掘潜力，建成新墓200余套；大云等3家农村公益性骨灰寄存堂改造提升工程顺利完成。推广绿色生态殡葬，连续7年举办海葬活动，2015年，有11位逝者海葬，累计海葬54位。

【地名管理】 5月起，全市率先取消“地名核准”非行政许可审批，转为行政确认，全年，批准或确认新地名48条，编制门牌10000多条，并与县住建局合作完成新的门牌系统。全面启动嘉善县第二次全国地名普查工作，制定实施方案，梳理补录地名236条。分别启动第三轮“苏浙线”“善平线”和“洲善线”行政区域界线联合检查工作。

【移民帮扶】 落实移民政策，加大帮扶力度，保障移民合法权益，获评2015年度全省水库移民工作目标考核优秀县。全年，发放大中型水库移民后期扶持直补资金35.16万元，发放春节困难移民慰问金1.38万元，发放移民大学生就学补助款6000元。至年底，全县有三峡移民498人，处于劳动就业年龄段427人。

【婚姻登记】 2015年，全县办理结婚登记2992对、离婚登记908对，出具无婚姻登记记录证明4402件，办理收养登记18件，婚姻和收养登记合格率达到100%。

养老服务

【概况】 2015年，全县围绕建设省级社会养老服务示范区目标，完善体制机制，强化政策措施，加强规范管理，优化服务供给，基本形成以“五化五融合”（即突出城乡融合、养老服务网络全域化，突出供需融合、养老服务形式多样化，突出政社融合、养老服务参与社会化，突出学用融合、养老服务队伍专业化，突出养文融合、养老服务氛围亲情化）为主要内容的城乡一体社会化养老服务体系，并在全省率先构建起“96·4·2”的养老服务格局。

【养老服务设施建设】 10月30日，县社会福利中心正式开工建设，该项目总投资2.15亿元，年底前完成桩基工作。西塘镇社会福利养老服务中心顺利竣工；天凝、陶庄新建用房工程展开初步设计，县老年公寓完成信息化项目改造。民办养老机构发展步伐加快，验收通过县中山养老服务中心和县保利安平和熹会老年公寓2家民办养老机构，分别拥有100张和124张纯护理型养老床位，其中中山养老服务中心入住率超过50%。至年底，全县有养老机构11家，其中国办老年公寓1家，区域性养老服务中心8家，民办养老机构2家，养老机构床位数4160张，护理型床位2080张，每百名老年人拥有床位数4张。启动县老年活动中心、养老服务指导中心项目前期工作。

【多元居家养老建设】 按照“五规范”（设施规范、制度规范、运作规范、管理规范、服务规范）要求，推进居家养老服务照料中心建设，至年底，全县累计验收通过城乡居家养老服务照料中心151家，其中农村社区104家、城市社区47家，在全市率先实现城乡社区全覆盖目标。照料中心达到5A级标准的有46家，累计发放照料中心建设资金补助1027万元，运行补助资金280万元。全面拓宽居家服务范围，采取“走出来”和“走上门”两种模式，为老年人全面提供生活配送、特需订单服务、健康流动服务、快速应急服务、义工结对服务等，年内，开展配送餐服务的照料中心20家，配餐3万人次。全年，为1.6万人次老人提供生活配送服务,通过“96345”提供派单服务9000件次,到居家养老服务照料中心接受日间照料的老人有3万多人。推广健康流动服务车上门服务模式,实现全覆盖,有服务车10辆,并做到标识统一、功能统一。

【养老补贴发放】 2015年,对全县80周岁以上及其他符合养老服务补贴政策的老年人开展综合评估工作(约1.5万人),符合政府养老服务补贴政策老年人2000多人,占老年人口总数的2%。在养老服务需求评估基础上,采取政府补贴形式,为老年人接受居家养老服务或者入住养老机构提供支持,并根据补贴对象的不同划分为三大类九档补贴标准,最高1000元/月,最低100元/月。采用政府集中购买服务,为补贴对象提供如送餐、生活照料、医疗服务、家政服务、精神慰藉等服务内容。

【人才队伍建设】 举办全县养老护理技能培训,64人参加,经考核,61人达初级水平,3人达中级水平。规范养老护理员持证上岗制度,普及老年人服务与管理、老年家政服务、老年护理知识和实际操作等方面技能,全年培训2050人次。2015年,县信息工程学校招收养老护理专业学生29人,其中13人来自庆元。培育社会组织,引进养老服务业人才,全县成功推出9个公益创投为老服务项目,培育致恺社工服务社等7家养老服务企业和社团,建立为老服务团队400多个,专业社工288名,专业社工开展为老年人服务个案38例、小组活动151个。

【敬老爱老活动】 开展“敬老月”活动,县四套班子领导走访慰问20位百岁老人;县慈善总会、老龄工作委员会联合推出“关爱高龄老人”活动,为全县所有城乡常住户口且年满90周岁以上高龄老人,发放一次性慈善长寿保健补助,惠及老人1686人,发放补助金101.16万元;全县基层走访慰问贫困、高龄、百岁老人18000余人,发放慰问钱物245万元;开展各类老年文体活动80多次,38000多位老年人参与活动。举办全县“敬老月”活动表彰大会暨第六届老年文体艺术周文艺会演,范忠芳等家庭被评为“十佳敬老家庭”,王桂英等10人被评为“十佳老有所为之星”。开展老年人电大教育活动,全县有老年电大教学点9个,教学班16个,秋季入学老年人16590人,占老年人总数的16.70%。

优抚安置

【概况】 2015年,全县双拥优抚安置工作,坚持“军民深度融合”工作方针,完善机制,加强保障,营造氛围,实现军地相互促进、协调发展,巩固省级双拥模范县创建成果。

【双拥工作机制】 强化“五纳入、六坚持”双拥工作机制,将双拥工作纳入县委、县政府重要工作和会议议事日程,纳入政府规划纲要,纳入党委、政府年度工作计划总结,纳入年度领导干部绩效考评和军民共建工作考评,纳入每年县财政预算;坚持召开议军会议制度,坚持召开政府常务会议制度,坚持召开党政军双拥工作座谈会制度,坚持征兵体检期间县四套班子领导到征兵体检站现场办公制度,坚持在“八一”建军节和春节期间县领导两次走访慰问驻嘉善部队和嘉兴军分区制度,坚持开展庆“八一”军警民文艺联欢活动制度。

【基层双拥活动】 下发《深入开展2015年“双拥在基层”活动通知》,组织基层全面开展“双拥一条街”“军民共建文化村”“双拥进企业”“社区双拥服务站”四大特色活动,帮助驻军官兵及优抚对象解决实际困难。开展双拥慰问活动,春节期间,召开全县党政军双拥座谈会,县四套班子领导走访慰问驻军,送去慰问钱物12.8万元,全县各级走访慰问优抚对象1100人次,发放慰问钱物63.3万元。“八一”节期间,举办“庆八一·军民鱼水情双拥文艺晚会”,发动社会各界为困难、高龄优抚对象和参战、立功老兵上门送温暖、送健康服务,惠及500余人。全县累计千家非公企业以吸纳退役军人、军属就业等形式参与双拥共建活动。每个镇(街道)都创建1个以上的军民共建文化示范村,26个城市社区建立社区双拥工作服务站,志愿者人数保持在500人左右。碧云花园被省民政厅、省军区政治部命名为嘉兴市唯一一家省级拥军模范企业。

【双拥文化建设】 开展纪念抗日战争胜利70周年系列活动,宣扬“老兵”精神,邀请参战老兵宣讲战争经历，并邀请《嘉善新闻》《嘉兴日报》《嘉兴新闻》等多家媒体采访县抗战老兵陈群；举办“牢记烽火岁月·传承光荣使命”参战事迹报告会，邀请对越边境自卫还击作战老兵为驻嘉善部队现役军人、复退军人、青少年和双拥工作者作爱国主义教育讲座。组织党政干部、抗战老兵、社会各界代表300余人，在抗日嘉善阻击战纪念碑前举行烈士公祭仪式。利用电台、报社等媒体，开展国防与双拥宣传，全年，制作节目20余期、报道150余篇。在县城和各镇主要街道入口设置双拥宣传牌、宣传墙，在医院、火车站、汽车站、旅游景点等窗口设置“军人优先”标志，设置绿色通道。清明节期间，全县各界开展纪念先烈活动，有48批次4659人到县烈士陵园凭吊先烈。

【双拥优抚政策】 贯彻《浙江省军人抚恤优待办法》，实现优抚对象城乡一体普惠化保障水平。2015年，全县发放重点优抚对象优抚金1903人次、314.06万元，“两参”人员生活补助1183人次、57.74万元，60周岁以上农村籍退役士兵老年生活补助9751人次、89.62万元；发放在职残疾军人抚恤金等87.27万元；发放义务兵家属优待金761.28万元，发放2014年入伍南疆兵一次性生活补助费75万元；发放优抚对象各类医疗补助410人次、41.57万元。全年，安排101名优抚对象短期疗休养。

【退伍安置】 加快推进城乡退役士兵安置一体化进程，2015年，接收安置2014年度冬季退役士兵181人，2015年度秋季退役士兵132人。2014年度城镇退役士兵安置费标准提高到每人38667元（人均提高5212元），农村退役士兵安置费标准提高到每人25185元（人均提高7862元）；发放城镇退役士兵安置费86人、357.74万元，农村退役士兵95人、246.8万元。2015年度城镇退役士兵安置费标准提高到每人42874元（人均提高4207元），农村退役士兵安置费标准提高到每人32735元（人均提高7550元），发放城镇退役士兵安置费75人、330.97万元，农村退役士兵安置费57人、186.59万元。开展退役士兵职业技能教育培训与就业推荐工作，158人报名参加学历教育培训，1人报名参加浙江省单招单考，推出150个就业岗位，安置130人就业。

社会组织建设

【概况】 2015年，全县社会组织管理工作坚持“三社联动”发展方向，坚持培育发展和管理监督并重，加快建立政社分开、权责明确、依法自治的现代社会组织体制，推动社会组织健康有序发展。

【三社联动】 创新出台《推进基层“三社联动”实践示范点建设实施方案》《关于挖掘社区本土社工人才推进专项社区社会工作室建设的通知》等政策文件，完善“三社联动”制度顶层设计。举办全市首个领导干部“三社联动”专题培训班，县委社工委成员单位的领导和各镇（街道）党群书记、民政分管领导、民政办主任等63人参加培训。全县50%的村（社区）开展城乡社区对口见学活动。

【培育发展社会组织】 制定出台《社会组织扶持激励办法》，成立全市首家社区社会组织培训学校。完善县社会组织培育发展中心平台功能，成功打造全省首条“公益街”——“善人家”，全面完成公益一条街整体布置和建设，并发挥“善银行”“善工场”“善立方”等特色服务功能的公益平台作用，该做法被省民政厅和市委转发推广。加快镇（街道）社会组织培育服务中心建设，姚庄镇完成建设，罗星、西塘、惠民、陶庄等镇（街道）启动建设。开展第二届公益创投活动，确定28个创投项目，全部达到预期效果。加强社会组织年检评估，开展行业协会商会与政府脱钩工作，规范行业协会商会涉企收费清理工作。组织开展全县“十佳社会组织”评选表彰活动，举办全县社会组织秘书长业务培训班、财务管理培训班等各类培训活动。全年，新增社会组织75家，其中社会团体6家、民办非企业69家。至年底，全县有社会组织275家，其中社会团体160家、民办非企业单位115家，直接登记29家，备案社区社会组织1285个。

【发展壮大社工队伍】 出台《嘉善县社会工作人才激励扶持办法》，拓展社工服务领域。组织开展“全国社会工作督导人才培养计划”和“本土社会工作督导人才培养”工程建设，建立完善与知名高校建立专业社工人才资源支持互动机制。引进优秀专业社工机构和人才，提高社工专业化水平。至年底，全县有专业持证社工 372 人。组织开展“国际社工日”系列活动，举办全县首届社工知识竞赛，开展县十佳社工、案例评选活动。深化全国企业社会工作试点，在首批 10 家企业基础上，又发展 30 家企业开展企业社会工作。

城乡社区建设

【概况】 2015 年，全县城乡社区建设工作坚持以建设服务完善、管理民主、和谐幸福的社会生活共同体为目标，突出社区管理服务创新，推进基层民主建设，全面增强城乡社区自治和服务功能。

【社区长效管理】 推行社区公共服务准入申报制，制定社区依法履行职责事项、协助政府工作事项和创建评比项目。编制出台《村（社区）盖章证明事项清单》，厘清政府与社区的职能边界，其中，村（社区）依法履行事项 33 项，协助党委政府事项 35 项，社区考评创建项目保留 8 项，村保留 11 项，村（社区）盖章证明事项 44 项。

【基层民主建设】 深化基层民主协商机制，全县 75 个村成立议事会，开展相关议题协商 300 多个，创新打造“阳光村务 · 协同善治”议事品牌。全市率先完成村规民约、社区公约的制定修订工作，8 月，嘉善县代表嘉兴市接受省督查组检查，获督查组肯定，县委书记许晴批示肯定。

【城乡社区建设】 深化省级“三社联动”示范观察点建设，配套制定《嘉善县推进基层“三社联动”实践示范点建设实施方案》，全县确定 20 个村（社区）作为“三社联动”实施示范点，围绕社区服务平台建设、社区社会组织和社工人才队伍建设、“三社联动”运行机制建设等打造嘉善特色样本。开展城乡社区建设对口见学活动，建立完善部门联动合作机制，整合基层社会治理的行政职能、服务资源和专业力量，引导支持社会组织、社会工作者参与社区治理。2015 年，50％的村（社区）开展对口见学活动。加强“96345”社区信息服务规范化建设，打造“信息平台＋加盟企业＋社会组织＋专业社工＋志愿者”服务模式，全年，受理群众求助 5.5 万件，群众满意率 99.99％。

慈善事业

【概况】 2015 年，全县慈善工作坚持“扶贫济困”宗旨，广泛募集资金，加大救助力度，发挥慈善在社会保障体系的重要补充作用，收到良好社会效益。全年，共募集慈善资金 737.06 万元，发放救助款 663.12 万元，惠及困难群众 11627 人次。

【资金募集】 开展“慈善一日捐”活动，全县有 261 家企事业单位近万人参与捐款，募集善款 383 万元。开展慈善冠名基金筹资活动，全县冠名基金 48 家，新增 1 家，全年，收到 37 家冠名企业的捐款 218.66 万元。创新推出由个人、家庭、单位或小团体冠名的“小额慈善冠名基金”，建立 3 个，基金总额达 45 万，分 10 年到账。开展村级慈善帮扶基金募捐活动，全年，募集慈善资金 59.83 万元。开展社会公益事业和个人救助项目定向捐赠活动，募集资金 85.44 万元。

【慈善救助】 坚持公正、公平、公开的原则，开展助医、助学、助残、助困等救助项目，增强救助实效。开展元旦、春节送温暖慈善大救助活动，发放慰问金 160.5 万元，惠及 486 户困难家庭。开展“圆我大学梦”助学活动，救助困难学生 350 人次，发放助学款 106.95 万元，其中，新结对困难学生 111 人，发放助学款 24.55 万元；结对期内的历年困难学生 239 人，发放助学款 82.4 万元。开展重点优抚对象遗孀及驻嘉善部队官兵家庭“爱心帮扶”活动，救助 90 人次、18.5 万元。开展慈善助老项目救助，发放高龄老人长寿保健补助 101.34 万元，惠及老人 1689 人。开展困难群众救急难试点工作，发放救助款 47 万元，惠及 129 人。开展“关爱尿毒症患者”等重大疾病慈善项目救助，全年救助 208 人，发放救助金 105.63 万元；救助白血病患者 20 人，发放救助金额 27.3 万元；救助精神病患者 568 人，发放救助金 5.2 万元。开展村级慈善项目救助，全年发放救助金 47.95 万元，惠及困难群众 1159 人次。开展“了凡 · 善基金”资助活动，对勇救落水群众的陈海明等 4 名见义勇为人士、1 例遗体捐献者家属和“感动嘉兴 2012—2014 年度最美人物”获奖者和提名者进行奖励，发放资金3.1万元。

【义工队伍】 通过开展专场招募等多种形式，壮大慈善义工队伍，至年底，全县拥有20支义工服务队，招募义工600多人，“96345义工队”等开展义工服务30余场，服务群众20000多人。在公益一条街，设立由“善银行”“善立方”“善工厂”组成的“善人家园”。其中，全市首创的“善银行”业务，创新探索慈善义工服务的政策保障和工作机制，统筹整合各类社会救助资源，有效推进义工服务供需对接平台建设，发布各类义工服务信息600多条，1000多名义工成为“善银行”储户，其中600名储户为自己存入第一笔“爱心币”，累计12000多个。

【慈善文化】 将西塘古镇打造成为“善文化”微电影拍摄基地，与省民政厅合作拍摄微电影《恋恋西塘》，获第三届亚洲微电影艺术节二等奖。依托媒体营造慈善氛围，加大户外、楼宇慈善广告宣传，坚持每周在《嘉兴日报》(嘉善版)的《慈善之窗》专栏刊登信息，宣传慈善先进单位和典型事迹。在嘉善民政网上开辟“慈善之窗”专栏，对每月资金使用、财务管理以及救助项目落实情况等，及时向社会公布，接受群众监督。开展“善的种子、爱的阳光——企业在行动”慈善专题公益宣传活动，开通嘉善慈善总会微信公众号，每周1次，推送不同类型的慈善资讯。

【慈善公信】 修订出台嘉善县慈善总会《资金管理办法》《冠名基金管理办法》《慈善分会工作规程》等制度，规范慈善组织的工作职责和资金使用。完善审核机制，对申请救助家庭进行家庭经济状况核对，并委托第三方社会组织——“幸福365”社工组织抽查部分慈善救助对象，开展实地走访，确保慈善救助公平公正。强化内部管理，严格遵守财务制度，管理好和使用好善款，自觉接受社会各界和新闻媒体的监督。加强队伍思想作风建设，组织各类学习培训，提高慈善队伍专业化水平和业务素养。

(周　竑)

社会事务

新居民事务

【概况】 2015年,嘉善县新居民工作按照"控总量、优结构、提素质"的总体要求,适应服务工作新常态,以人口结构优化改革为工作主题,以居住证制度改革为重点,全面推行积分制管理,提升基础信息精准化,提高新居民综合素质水平,促进全县经济转型和社会发展。年内,县新居民事务局获省人口服务管理工作群众满意单位和嘉兴市新居民管理服务工作一等奖。至年底,嘉善县新居民登记在册人数346153人(其中未满16周岁儿童43577人),分别来自31个省份、46个少数民族,人数列前5位的是苗族、土家族、彝族、侗族和壮族。高中及以上学历占新居民人口总数14.07%,初中学历214795人,占70.99%,小学以下文化占14.94%。新居民在一二三产就业比例1.2∶72.3∶26.5。

【人口结构优化改革】 贯彻落实《关于完善和创新新居民管理服务 促进人口结构优化的意见》和《2014—2016年嘉善新居民人口结构优化工作计划》2个文件,组织实施新居民人口结构优化为主要内容的"九大"专项行动(产业转型升级、新居民子女积分入学管理、流动人口集聚区治安清查、无证无照集中取缔、出租房集中整治、新居民人口计生管理大清查、"三合一""六小"场所安全隐患排查整治、"拆违攻坚"、加强就业管理和劳动保障),形成"政府调控产业、产业带动市场、市场选择去留"企业用工格局和系统治理、依法治理、综合治理、源头治理的联动治理格局。年内,出台《关于完善和创新新居民管理服务主要任务分解的意见》,明确各镇(街道)、36个职能部门包括15大项、37条具体内容的新居民管理服务职责。

【居住证制度改革试点】 全面实施《嘉善县居住证制度改革省级试点工作实施办法》,推进以合法稳定住所、合法稳定就业为主要内容的居住证登记申领制度,全年办理新版浙江省临时居住证22884张,新版浙江省居住证3342张,居住证办证比例27.07%。5月,嘉善县被确定为IC卡式居住证省级试点,通过前期广泛调研和技术测试,起草业务功能、技术开发、管理实施等3个方案,确定首批加载7种应用功能(居住证应用、金融应用、公交应用、图书卡应用、电影院应用、商业应用和企业应用)。

【积分管理服务】 推进新居民积分管理服务,调整《嘉善县新居民积分制管理办法(试行)》的相关内容,开展第二轮新居民子女积分入学工作。至7月底,全县受理积分申请3040人,其中新居民子女积分入读公办幼儿园340人次,入学义务教育阶段公办小学1998人次、公办初中898人次。11月,启动第一轮新居民积分申请公共租赁房屋补贴工作。至12月底,有49名符合条件的新居民进行申请,最终按照新居民年度保障名额和新居民申请人积分由高至低排序确定30人享受公共租赁住房租赁补贴。魏塘街道推出积分享受文化中心免费服务和赠送《嘉兴日报·嘉善版》各100人;西塘镇推出积分享受游古镇项目，排名前50位获赠景区门票。

【新居民基础信息管理】 深化“以房为主、以业为辅、以证为线”的新居民基础信息管理，全面规范使用新居民信息移动终端，做到“底数清、情况明、信息实、可掌控”。组织开展新居民基础信息百日专项排查、新居民基础信息核查月、治安系统基础信息大排查等活动，强化“人来登记、人走注销”工作。至年底，新居民居住登记率、登记信息准确率、居住出租房屋登记率及治安责任书签订率分别94.57%、93.92%、100%和100%。开展信息动态变化测报工作，建立流动人口信息动态变化测报点245个，其中精准测报点30个、一般测报点215个，监测分析新居民人口数据动态新变化。

【出租房屋登记管理】 落实出租房屋登记管理制度，推进出租房屋“二维码”管理。推广出租房屋“契约式”，在姚庄桃源新邨试点推行“出租房超市”管理模式，强化主体责任，健全长效管理。4～6月，完成西塘景区出租房屋安全专项整治。下半年，研究出台《嘉善县居住出租房屋安全管理实施办法(试行)》和《嘉善县居住出租房屋安全综合整治工作实施方案》，明确镇(街道)、有关部门职责分工，理顺工作关系，集中开展为期3个月的全县居住出租房屋安全综合整治工作。至年末，排查居住出租房屋47654户，存在安全隐患26618户，占总数55.9%，其中居住出租房屋47365户，存在隐患26534户，占总数的55.7%。劳动密集型企业员工宿舍289户，存在隐患84户，占总数的29%。全年整治隐患592处。

【优化公共服务】 全力推进惠民政策落实，配合计生部门，广泛宣传生殖健康科学知识和计划生育政策，开展咨询、技术服务活动。联合计生部门进企业、进村(社区)开展各类计生培训44场次，培训人数3789人。发放各类计生宣传资料78594份、“三查”通知单37509份、计生服务卡35217份，查验婚育证明23022人次。传递新居民孕情信息2665条，协助计生部门处理84人。加强与社保部门联动，引导新居民参加各类技能培训和成人学历教育。为新居民就业提供服务，搭建招聘求职平台，联合举办新居民人力资源专场等招聘会计3场次，提供4500余个岗位，约2500名新居民入场求职。联合县广电台在《人在嘉善》广播栏目、电视台图文频道中开辟企业用工信息板块，做到基本公共服务均等化。

【法制宣传活动】 制定《2015年嘉善县新居民法制宣传教育工作要点》，以提高新居民法制意识、文明素养为重点，落实普法主要力量，指导各镇(街道)和有关成员单位开展年度法制宣传教育工作。整合各类资源。依托新居民乡音讲师团、新居民文艺队等力量，开展平安综治双月宣传活动、安全防范宣传和法制宣传活动等。4月，承办全市新居民志愿服务活动动员推进暨“百场法宣进新居民”启动仪式，组建新居民法治宣传志愿服务队。全年，开展法制宣传“六进”活动56场，9026人次参与。

【家庭教育活动】 制定《2015年嘉善县新居民家庭教育工作计划》，定期定点组织开展各类家庭教育活动，搭建亲子交流平台。加强与学校的合作，通过授课、阅读、观影、演讲、实践等多种方式，推进“新二代”教育；重点关注“三失”(失学、失业、失管)新居民青少年群体，发挥“阳光妈妈”等志愿者队伍力量，开展上门走访、结对帮扶、课业辅导、心理疏导等关爱服务活动。年内，组织开展嘉善县第八届新居民亲子趣味运动会、“快乐成长·和谐家庭”新居民家庭教育主题系列活动(变废为宝·环境创意手工制作比赛、今天我当家·漫画创意比赛、读书有益/无益演讲比赛)，新居民子女参加160人。“六一”儿童节期间，走访新居民子女就读学校16所，捐款赠物1.89万元，助学结对36人。暑假期间，登记新居民儿童3212人，举办暑期安全培训31次，开展暑期社会实践活动36次。

【文化系列活动】 以节假日为契机，组织开展“2015新居民迎春联欢会”“我们的节日”“全民读书月”等系列文化艺术活动。全年，举办联欢会等文艺活动89场次，参与新居民16465人。配合开展全市新居民迎春书画作品展活动、市法制宣传公益广告作品比赛、“生命的常数”微散文大赛、“我的嘉兴”征文比赛、新居民摄影比赛、“迎中秋庆国庆”

歌唱比赛、“新居民身边人身边事百场巡展巡讲”等活动，新居民协管员阳丽平获全国劳动模范称号。微视频宣传片《热心阳大姐》获“嘉善县党员电教片(微视频)大赛”最佳内容奖。新居民乡音讲师团和王曙光分别获“2015感动嘉善——善人”暨“助人为乐模范”和“2015感动嘉善——善事”称号。

【维权服务】 完善部门协作机制，开展法律援助活动，发挥“一家一站五室”〔新居民党员之家、新居民需求服务站、柳洪银新居民和谐工作室、新居民党员和谐工作室(和阿姨阳丽平百事坊)、新居民家园工作室、新居民议事委员“奔辉工作联络室”、民情工作室“以新调新”服务平台作用，为新居民提供纠纷调处、疑难解答、政策咨询等方面服务。全年，受理各类纠纷128起，涉及新居民862人，挽回经济损失933.06万元，接受法律咨询5700人次。

【“再组织化”建设】 加强“党建带妇建团建”工作，健全组织体系，注重经常教育，强化帮扶服务，搭建奉献平台，助推新居民党员“红色家园”工程建设。9月，全国基层组织建设工作情况简报刊登《浙江省嘉善县实施“红色家园”工程，强化新居民党员教育管理》典型经验。深化“窗口入工会”工作机制，引导新居民个体工商户等加入新居民联合工会，维护新居民合法权益。至12月底，全县建成新居民党员之家9个，地缘性党支部18个，登记在册新居民党员1006人，团员1923人；新居民青年之家9个，新居民妇女之家90个；新居民工会窗口35个，发展新居民工会会员13.27万人。促进新居民和谐促进会和新居民代表人士联谊会在镇级层面的拓展延伸，完善新居民参政议事制度，聘任新居民县级议事委员26人。

【健全管理网络】 健全县、镇(街道)、村(社区)三级管理服务网络，落实“五有”工作要求，推进基层所(站)制度化、规范化。全县累计建成村(社区)新居民工作站151个、百人以上规模企业新居民工作站126个，考核建成率100%。定期组织专职协管员进行法律知识和实务培训，发挥新居民协管员的五大员(采集员、宣传员、监督员、服务员、情报员)责任，提升新居民管理服务水平，至年底，全县专职协管员427人。

【服务品牌建设】 深化“同一片蓝天、同一个家园”品牌建设，依托致和社工服务社，推动“社工＋志愿者”一社双工机制，开展志愿服务活动。以“共建美丽嘉善·同创美好生活”为主题，围绕“一创建三复评”“五水共治”“三改一拆”“3·5”学雷锋日等重点，全年，组织开展志愿活动138次，新居民志愿者超过1800人次。4～8月，全局干部职工坚持周六上午到指定村(社区)和包干路段参加义务劳动，其间出动240人次。编制《新居民“同一片蓝天、同一个家园”建设宣传资料》，面向新居民进行专题宣传和发放，全年发放宣传资料6.7万份。 (全　秋)

信　访

【概况】 2015年，县信访局围绕维护社会和谐稳定，推行依法治访，创新工作机制。受理群众信访1465件，同比下降10.1%。其中来信205件，同比下降14.2%；来访1049批2960人次，同比批次下降11.5%、人次下降12.7%；网上信访211件，同比上升2.9%。

【压实责任】 实行目标管理，年初召开全县政法信访工作会议，部署年度信访工作目标任务，制定《2015年度嘉善县信访工作目标管理考核评分办法》，县、镇街及重点部门、村(社区)逐级签订信访工作目标管理责任书。加强协调联动，健全信访工作联席会议制度，调整成员单位并完成更名，联合县司法局制定完善律师参与信访工作制度，聘请1名律师担任县信访局法律顾问，健全信访志愿者队伍，选聘县级信访监督员9人，组织志愿者活动12批64人次。强化监督问责，发挥信访“三项建议权”，县信访联席办通报批评相关事项2起，建议属地党委政府启动问责程序并向县委、县政府作书面情况说明。

【依法治访】 推进分类处理，落实31家单位梳理汇总通过法定途径分类处理清单，全年，不予受理涉法涉诉信访事项37件。加强信访终结，年内收到复查申请19件，其中作出复查意见13件、经调解申请撤回1件、不予受理5件；复查后，向市政府申请复核9件，其中作出复核意见8件、不予受理1件。依法打击处理，县公检法联合下发《关于依法处理信访活动中违法犯罪行为的通告》。开展信访宣传，以《信访条例》宣传月和大接访活动为载体，通过图文展板、公益广告等形式以案释法，营造依法信访、理性维权的氛围。

【“阳光信访”】 承接省、市信访改革试点任务，整合网上信访渠道，探索建立“统一政务咨询投诉举报平台”，该做法在全国网上信访工作会议、全省信访工作改革推进会等会议上作交流发言。依托浙江省网上信访平台，开展有效初次信访事项满意度评价工作，督促事权单位提高办理质效，引导评价，提升群众参评率和满意率。坚持实行每月15日“五访联动”（县领导巡回下访、部门领导分类接访、镇级领导随时接访、村级干部上门走访、县镇领导预防接访）工作机制。全年，县、镇（街道）、部门（单位）领导干部在镇村两级接待来访群众551批998人次，县环保局、县住建局等9个部门“一把手”“民生面对面”活动走访企业单位93家、接待群众113批328人次，县信访局联合接待来访群众845批1830人次，镇（街道）机关干部、村（社区）干部、网格长（员）上门走访群众13693户。开展重要时段县领导值班接访、下访走访工作。

【破解难题】 开展信访专项督查，县信访工作领导小组、县委组织部联合下发《深入践行“三严三实”切实开展信访督查专项行动方案》，组建督查工作组和督查人力资源库，纳入县级督查项目库的135件督查事项，整改完善119件，整改率88.1%。攻坚调处信访积案，年初，梳理确定县级挂牌信访积案21件，全部落实县领导包案，化解（终结）15件，信访联席会议会商调处信访问题10件。确保重点时段稳定，开展“百日维稳信访攻坚大会战”，落实矛盾纠纷“再排查、再研判、再稳控”专项行动，健全完善“每日三见面”、“一把手”每日审签、每日会商研判等工作制度，完成各级“两会”、“9·3”阅兵、十八届五中全会、第二届世界互联网大会等重要节点的维稳安保任务。维护日常信访秩序，完成省委第一巡视组驻善期间信访接待服务工作，劝导接待来访群众120批290人次。全年，协调来访群众76批1412人次，维护县行政中心信访秩序；完成“一创建三复评”、全市“双推”等重点活动的信访安保任务17次。

【队伍建设】 践行“公正、廉洁、奉献、进取”的嘉善信访精神，充实信访工作力量，1名挂职中层干部提拔为县信访局副局长，2名信访干部提拔为中层副职，调入优秀年轻干部1人。举办基层综治、司法、信访干部培训班，召开信访事项规范化办理座谈会，开展答复（处理）意见书形式审核工作。承编县史志办党史专题编撰工作，编写完成《改革开放以来人民信访工作综述》。全年，接收新提拔副科级领导干部4批6人到县信访局接访窗口挂职锻炼，并安排罗星街道、开发区（惠民街道）、西塘镇、姚庄镇优秀年轻干部4人驻京挂职参与信访工作，接收县文化局新录用公务员1人、县财政局“80后”干部2批4人、开发区（惠民街道）信访干部1人参与实践锻炼。 （蒋耀锋）

【县长电话受理】 全年，受理群众来电来信14350起。其中，受理县长电话12253件，承办市长电话197起、县委书记县长短信1337条、县委书记县长信箱396起，协助县委宣传部受理民生频道投诉（求助）167起，同比下降13.53%，较好地搭建起“百姓与政府沟通、政府为群众服务”桥梁。

（范丽民）

消费者权益保护

【概况】 2015年，嘉善县市场监督管理局贯彻实施新《中华人民共和国消费者权益保护法》，更新维权理念、创新维权方式、完善维权机制，有序推进各项工作，提升消费维权科学化水平，努力营造安全放心的消费环境。

【消费维权月活动】 确定3月作为全县市场监督、消保委系统“消费维权服务月”，启动消费宣传教育主题活动。3月15日上午，县市场监督管理局和县消保委在西塘景区，以“携手共治、畅享消费”消费宣传年主题，共同举办嘉善“3·15”国际消费者权益日纪念活动，副县长许春红以及20多个职能部门参加。各部门现场重点讲解《中华人民共和国消费者权益保护法》和即将实施的《侵犯消费者权益行为处罚办法》相关内容，各所（分局）也在各自辖区进行现场宣传咨询活动。“3·15”期间，提供咨询1081人次，发放宣传资料6569份，设置宣传展板

77块,宣传横幅23条。与嘉善电视台合作,开设"关注'3·15'"专题节目,制作相关报道10期。

【行业约谈活动】 3月10日下午,召开消费维权重点行业行政约谈会议,4个行业27名经营者代表参加。县市场监督管理局向参会经营者通报2014年度消费维权重点行业投诉处理情况,学习《侵害消费者权益行为处罚办法》相关内容,对参会企业提出重视消费维权工作,健全并落实各项管理制度等5个方面要求。约谈会上,2家单位代表作表态发言,参加会议的经营者签署行政约谈书。

【行业自律承诺】 3月13日,县市场监督管理局与西塘分局联合组织西塘酒吧行业自律承诺活动。县市场监督管理局、西塘镇党委、英国国际洋酒协会、西塘酒吧协会等领导和代表以及酒吧业主代表参加,并邀请省、市、县多家媒体共同见证和监督。西塘酒吧协会会长在活动上代表行业经营者作承诺,英国国际洋酒协会代表发言并赠送铜牌,对洋酒瓶进行公开销毁。

3月13日,西塘酒吧行业进行洋酒瓶的公开销毁活动。

(县市场监督管理局 提供)

【商品质量抽检】 5月19～20日,对全县范围内的加油站点销售的车用汽油、柴油进行抽样检验,样品经检测全部合格。9月10日,组织对城区4家经营户的10个电风扇商品进行抽检,经检测,有6个样品不符合标准,被判定不合格,并对涉及不合格商品的4家经营户予以立案查处。8月、10月和11月,对辖区的灯具、电线、服装、袜子和羽绒服进行抽检。全年,抽检5次,抽检样品64批次,判定不合格30批次,总体不合格率47%。对销售不合格商品16家经营户予以立案查处,并及时发布消费警示。

【义工体验活动】 3月15日,组织西塘景区旅游消费体验活动。活动专门召集50名消费者以普通游客身份进入景区,帮景区找茬、挑刺。8月20日,县消保委与省市消保委联动,组织全省60多名消费维权义工代表赴嘉善西塘古镇景区开展消费体验活动,再次对古镇西塘景区进行消费满意度方面的评价。

【健全"12315"维权站点网络】 根据消费维权"五进"(商场、企业、学校、社区、村镇)总体要求,进一步完善消费维权网络。4月,对全县维权服务站进行清理,重新设定40个"12315"消费维权服务站,更新标识标志牌。另外,各个村、社区维权监督(联络)点也进行清理登记,并新增部分监督(联络)点,年内,全县累计建立维权监督(联络)点151个,覆盖全县各村(社区)。

【日常受理工作】 完善"12315"受理和处理工作程序,畅通消费者诉求渠道,加强受理投诉、和解机制建设等方面功能,搭建投诉纠纷综合解决平台。全年,受理电话1487件,其中咨询1076件、举报221件、投诉190件,为消费者挽回经济损失45.91万元。做好诉转案工作,把投诉作为发现并查处违法行为的有效途径,全年,通过投诉转办案件27件,罚没款29.97万元。 (沈剑虹)

民族 宗教

【概况】 2015年,嘉善县坚持维护民族宗教领域和谐稳定,依法加强民族宗教事务管理,积极引导宗教与社会主义社会相适应,切实发挥民族宗教工作在平安嘉善建设中独特作用。至年底，全县依法批准开放的宗教活动场所27处(其中佛教寺院13处、基督教堂13处、天主堂1处)，首批纳入登记编号管理的民间信仰点30处，宗教教职人员101人，登记信教群众近2万人。全县包括新居民在内，有43个少数民族28833人，其中有嘉善户籍的少数民族1480人。人口在千人以上的有苗族、土家族、彝族、侗族、壮族。嘉善县民间信仰登记编号管理工作被嘉兴市民宗局评为先进集体。

【宗教事务管理】 推进宗教场所、宗教活动、教职人员的依法管理。凡宗教场所举办宗教活动均须进行审批，保证宗教活动依法、规范、安全、有序举行。全年，行政许可非通常性宗教活动14次。组织有关部门和街道，合力取缔打击非法传教活动2次。根据市统一部署，会同县防范和处理邪教问题领导小组办公室和县公安部门，对县内基督教私设聚会点进行排查。开展佛、道教乱象整治工作，取缔西塘景区非法场所——“财神堂”，并对全县教职人员身份进行网上审查，未发现不良记录。完成全省宗教信息管理系统有关嘉善县宗教场所、佛教新认定教职人员等信息数据填报和输入工作。做好各宗教活动场所在重大节日、重大活动期间的消防安全工作，全面落实消防安全管理责任。针对互联网乌镇峰会，制定下发《关于做好当前和圣诞、春节期间宗教场所消防安全工作的通知》。年内，分组对所有宗教场所进行消防安全地毯式检查3次，发现问题及时指出并指导整改。协调处理涉及民宗领域的矛盾纠纷，结合开展百日维稳大会战活动契机，妥善处置解决朝尊禅寺、天凝基督教堂停车场、大云禅寺基建欠款纠纷等问题。做好天主教佘山宗教活动安全工作，确保天主教“朝圣”活动有序、稳定和安全。协助西塘镇做好基督教堂的稳控工作。“三改一拆”涉及宗教违法建筑处置工作得到市民宗局的通报表扬。

【民间信仰活动场所登记编号管理】 4月21日，召开民间信仰管理工作会议，传达省、市有关会议精神，制定下发《关于实行民间信仰活动场所登记编号管理的实施方案》，明确工作目标、工作机制、工作方法和工作流程。4月23日，组织各镇、开发区(街道)统战委员到全省首家颁证的民间信仰场所——刘王庙参观考察。对全县民间信仰场所进行调查摸底，至年底，全县有民间信仰点122处。按拟纳入、拆除、合并、改作他用等分类统计上报，经市民宗局审核，确定全县30处民间信仰场所纳入首批登记编号管理，将场所数据信息等统一录入全省网上宗教信息管理系统，并予以发证授牌。对场所负责人日常事务、消防安全工作等进行培训和规范管理。集中统一印制场所规章制度，提高民间信仰场所自我管理能力和水平。2015年，民间信仰场所登记编号管理工作得到市民宗局肯定，被评为先进集体。

【和谐寺观教堂创建】 制定下发《关于嘉善县2015年度“和谐寺观教堂”创建工作实施意见》，举办宗教场所负责人创建工作培训会，提升场所规范化管理水平。至年底，全县有24处场所被评为平安宗教活动场所，达标率88.9%。有19处场所达到嘉兴市三星级平安宗教场所(省级达标所)标准，3处场所被评为浙江省和谐寺观教堂先进场所，1处场所达到省五星级宗教场所标准。开展全县宗教界“同心同行、共建和谐”活动，做好推荐市级佛教重点寺院工作。年内，嘉善县圆觉禅寺通过市第二批佛教重点寺院考核。

【宗教文化系列活动】 围绕向善、慈善、弘善主题，组织开展宗教文化系列活动，打造嘉善宗教界善文化特色品牌。3月17日，龙庄讲寺在嘉兴博物馆举办“方寸皆菩提——百位名家佛印篆刻作品展”，省民宗委主任冯志礼、副市长祝亚伟等有关领导出席开幕式；6月19日，大云禅寺举办第二届善文化素食文化节暨慈善捐助仪式活动，为部分特困户代表送上善款和素粽，并专门赴敬老院送上“爱心”素粽；云台禅寺新建“百善孝为先”主题壁画浮雕教育展廊，展廊全长30米、总面积25.92平方米，通过孝文化教育，弘扬佛教善文化。组织全县宗教界参与扶贫、济困、助学和各类社会慈善公益活动。走访慰问敬老院、高龄老寿星、困难信众和社会弱势群体，办好宗教慈善超市，全年，参加宗教“善文化”活动累计500多人次。龙庄讲寺、大云禅寺被评为嘉善县2015年度“慈善爱心奖”先进单位。

【少数民族工作】 做好城市少数民族工作，维护少数民族合法权益,巩固和发展平等、团结、互助、和谐的社会主义新型民族关系。落实少数民族考生加分优惠政策,做好在善少数民族学生民族成分审核工作。全年,办理民族成分变更2人,出具中考、高考民族成分证明9份。组织少数民族联络员赴龙庄讲寺参观考察,召开少数民族新春座谈会,加强联谊联系,增进民族感情;开展每年1次的民族知识竞赛,深化柳洲学校民族团结进步创建试点工作,指导学校开展民族团结书画比赛,协助制作一批民族团结宣传牌和宣传手册。3月,策划摄制1期《少数民族在嘉善》节目,在嘉善电视台《党群天地》栏目播出,受到广大少数民族群众好评。开展下基层走亲连心活动,关心少数民族工作和生活,对7名患病、生活困难少数民族同胞进行走访慰问,分别送上慰问金和慰问品,推选1名少数民族代表人士列席旁听"两会",邀请少数民族骨干参加全县各界人士新春、中秋座谈会(茶话会)。做好少数民族的维权工作,接待青海回族同胞的访问,帮助协调解决少数民族子女就学等。（李　鸣）

残疾人事业

【概况】 2015年,县委、县政府将残疾人工作纳入对镇(街道)工作目标考核,把维护残疾人权益工作纳入"平安嘉善"考核内容,制定《嘉善县人民政府残工委成员单位2015年度主要目标任务责任分解》和《2015年度嘉善县人民政府残工委成员单位目标责任制考核办法》,厘清职责,强化责任。推进"十大小康·阳光保障行动"和"十大残疾人服务能力工程",落实康复服务规划、就业扶持、无障碍环境、住房和教育等工作。加大对残疾人事业经费投入,每年增幅不低于地方财政经常性收入增长比例,福彩公益金按比例用于助残项目,从机制上确保残疾人工作健康发展。开展"十三五"规划的调研、论证和编制工作,促进残疾人事业与全县经济、社会协调发展。

【组织建设】 完善残工委运行机制,分解主要目标、任务和责任,对残工委成员单位的主要目标任务进行责任分解、考核。4月和10月,对全县残疾人专职委员就残疾人帮扶政策、残疾人心理学知识、残疾人专职委员工作实务进行业务培训,191人次参加。4月8日,召开全县残疾人5个专门协会(盲人协会、聋人协会、肢残人协会、智力残疾人亲友会、精神残疾人亲友会)工作座谈会,促进专门协会工作常态化。做好残疾人安置就业工作,加强四级助残志愿服务队伍体系(县助残志愿者服务总队、镇街道系统助残分队、村社区助残小队、助残志愿服务专业团队)建设。制定《嘉善县助残志愿服务章程》,规范助残志愿者招募、培训、注册、管理和考核。5月,建立助残志愿者管理网络实名注册制度,全县有实名登记助残志愿者560人。

【领导视察】 6月,县人大常委会对残疾人保障工作进行专题视察,实地查看县培智学校、康慈医院和大通村康复示范站,听取县残工委工作汇报,并对县残疾人事业提出意见、建议,促进残疾人政策全面落实与提升。同时,落实县政协专委对残疾人工作的意见、建议,丰富扶残助残内涵。

【"全国助残日"活动】 邀请县四副班子主要领导走访慰问部分残疾人家庭,送上慰问品和慰问金。举行"飞翔的梦"残疾人自强事迹征文活动,收到稿件87件。举办孤独症(智障)儿童康复家长培训、全县残疾人钩针编织、刺绣培训和棋类比赛等,丰富残疾人业余文化生活。

【文化艺术周启动仪式】 5月12日下午,嘉善县第二十五次全国助残日暨第六届残疾人文化艺术周活动启动仪式在罗星街道和合社区文化大礼堂隆重举行。启动仪式上,表彰嘉善县2014年度"善心家庭""善心单位"和"善心个人",并邀请浙江省残疾人艺术团(千手观音)到社区演出。

【小康工程】 建设残疾人系列小康工程[基本生活保障工程、残疾人康复工程、重度残疾人托(安)养工程]。全年,对全县796名低保和低保边缘户重度残疾人全额享受单独施保,补助金额510.83万元;为20名残疾人进行白内障免费复明手术,为10名残疾人免费验配助听器,为10名残疾人免费验配助视器,为4名残疾人免费安装假肢;规范生活不能自理残疾人的认定,审批确定机构托养和居家安养的残疾人员名单,其中托养74人,补助金额55.56万元;居家安养712人,补助金额314.85万元。对0～6周岁残疾儿童实施抢救性康复，年内在训22人，其中语言残疾3人、肢体残疾（含脑瘫）3人、智力残疾14人、孤独症2人。

【文体活动】 指导镇（街道）开展各种小型文化体育活动，至年底，各镇（街道）都拥有一个以上的特色或精品节目，“一镇一品”初见成效。西塘镇在省级残疾人文化艺术示范基地创建检查中，得到省、市领导高度肯定。4月，被省残联、省文化厅命名为第二批省级残疾人文化艺术示范基地。开展康复宣传教育活动，参加全县残疾人钩针编织培训20人、刺绣培训17人、中国结盘扣技艺培训40人、剪纸培训38人、书法培训51人、电子商务培训86人、农民画培训35人和棋类比赛35人，分别决出肢体、视力、听力前3名。在“爱耳日”“爱眼日”等节日期间，挂横幅10条，出黑板报110块，发放宣传资料2000份，设置电子显示屏6块，同时利用残联网站进行宣传，邀请3个专业机构开展健康义诊、知识讲座等宣传活动。9月10日，“向祖国献礼——嘉兴市残疾人优秀摄影作品巡回展”嘉善站启动仪式在县文化馆展示厅举行，各镇（街道）残联工作人员、县摄影家协会会员和残疾人摄影爱好者56人参加。开展第五届“残疾人健身周”活动，22人参加羽毛球比赛、21人参加乒乓球比赛、18人参加聋人三人制篮球比赛。各镇（街道）残联也结合本地实际和区域特色，组织开展国际盲人节活动，组织24名助残志愿者上街设摊免费为残疾人服务，38名盲人“观看”励志电影《海洋天堂》，举办盲人定向行走培训，提高盲人独立出行能力。

【康复服务】 重点做好0～7周岁残疾儿童抢救性康复工作，动员有适应指征、符合条件的残疾儿童家庭接受专业康复机构训练。其中，听力残疾儿童康复训练3人、脑瘫儿童康复训练3人、孤独症儿童康复训练2人、智力残疾儿童康复训练14人，对3名听力残疾儿童进行人工耳蜗手术。针对残疾儿少需求，调研并出台《嘉善县残疾儿少居家康复补助办法》，规定凡符合条件的对象可享受每人每月200元的康复补助。3月，重新制定出台残疾人辅助器具需求服务实施办法，全方位开展为残疾人辅助器具的赠送、补贴、代购、借用、转介等服务，有67名残疾人享受该项服务。年内，新完成17家康复站提升，累计31家康复示范站实施提升工程，满足就地、就近康复的实际需求。全县检出各类重性精神病人2023人，检出率5.3‰，其中住院137人、社区管理1886人。为115名贫困精神病患者分级负担住院费，为284名特困精神病人服用基本药物提供全额保障，为181名贫困精神病患者发放门诊补助券。11月，成立嘉善县残疾人康复中心。政府购买助残服务规范启动，大云、罗星被列为首批工作试点。

【精准扶贫】 全面落实扶贫基地与超比例安置就业的奖励政策，坚持每季度举办1次专场就业招聘会。至年底，全县有劳动能力和简单劳动能力的残疾人4232人，其中按比例分散就业残疾人1265人、在福利企业集中就业982人、从事个体就业424人，务农1285人，就业率93%。2015年，新增就业104人，全县47家福利企业，超比例安置残疾人282人，县残联拨付奖励资金28.2万元。加强扶贫力度，将无固定收入残疾人生活补贴标准由100元/人/月提升到125元/人/月，全年，发放生活补贴162.99万元，与残疾人扶贫结对566人，结对帮扶金额41.6万元，还为全县8056名残疾人办理免费公交“爱心卡”刷卡补助资金94.89万元，发放省爱心助残特殊救助资金、危房改造、贷款贴息等补助资金60多万元。9月，制定《嘉善县残疾人临时救助实施办法》，办法规定持证残疾人因灾、因病等突发性特殊原因造成生活暂时困难的，均可申请500元、800元、1000元不等的临时救助。继续为全县所有持证残疾人投保人身意外伤害保险与大病医疗商业保险（公开招投标），投入资金86.6万元，年内，有373名残疾人获得保险赔偿46.83万元。

【教育培训】 2015年，全县有6～15周岁各类残疾儿童99人，其中随班就读21人、送教上门25人、县外特教学校就读13人、县培智学校40人，残疾儿童少年入学率达到100%。完成残疾人及残疾人家庭子女结对助学120人，资助金额31.27万元。为县培智学校40名残疾学生补助14万元。补助4名高考录取残疾学生1.2万元，一次性补助2名函授毕业残疾学生4000元，补助1名非义务教育残疾学生1250元。积极组织和推荐残疾人参加各种技能培训，开设盲人按摩、电脑、手语、网络远程教育、刺绣、钩针编织和残疾职工就业等培训班。全年,举办各类培训班66期,培训2000多人次。

【助残服务】 组织助残志愿者开展“心手相牵·共享阳光”系列助残志愿服务。活动以生活救助、潜能开发、缺陷补偿等为重点,包括康复训练、心理疏导、帮助外出、卫生清洁、法律援助、代办服务、慰问关爱、政策咨询、农技服务、电子商务、就学帮助等11项。2015年,全县各镇(街道)志愿者结对帮扶残疾人721对,助残志愿服务累计14532小时。

【服务中心工作】 县残联结对罗星街道马家桥村,参与“五水共治”“三改一拆”等中心工作,每月下村大接访。抽调机关干部,到罗星街道鑫锋村帮助开展生猪养殖业提质减量转型升级工作;到厍浜村协助指导开展全国卫生县城复查迎检;到城西社区参与4条河道的整治;参加浒弄社区凝秀新居“千人进社区 百日大整治”和参加创建全国文明城市(县级)和平安嘉善建设等。下发《关于开展培育需求导向式社会助残创新项目的通知》,探索开展培育需求导向式社会助残创新项目。 (曹志芳)

生态文明建设

地理环境

【地理位置】 嘉善县地处太湖流域杭嘉湖平原，位于浙江省东北部、江浙沪两省一市交会处，北纬30°45′36″～31°1′12″，东经120°44′22″～121°1′45″。境域轮廓呈田字形，东邻上海市青浦、金山两区，南连平湖市、嘉兴市南湖区，西接嘉兴市秀洲区，北靠江苏省吴江市和上海市青浦区。全县总面积506.6平方千米，其中陆地占85.71%、水域占14.29%。地势南高北低，平均高程3.67米(吴淞标高)。县城东距上海市90千米，西至杭州市110千米，南濒嘉兴港35千米，北接苏州市91千米，处于长江三角洲中心地带。 (周 竑)

防震减灾

【概况】 2015年，嘉善县加强灾害预防、监测预报、应急救援三大工作体系建设，加强防震减灾科普知识宣传教育，做好地震监测设施观察维护，抓好建筑抗震设防前期评审。

【科普宣传】 "5·12"防灾减灾日宣传周期间，在《嘉兴日报》(嘉善版)刊出防震减灾知识宣传专版，在嘉善电视台开展防震减灾知识公益性标语宣传，在嘉善新闻网开展地震科普专题宣传活动。利用"7·28"唐山地震纪念日、普法宣传日、科技活动周、国际减灾日等时机，推进防震减灾知识"六进"(进机关、进企业、进学校、进社区、进农村、进家庭)活动，参与科普广场宣传、科技下乡等活动。全年开展防震减灾知识现场咨询宣传活动7次，发放防震减灾宣传资料1000多份。

【设施维护】 做好罗星地震台观察维护工作。做好监测台站运行维护，保障台站设备安全，确保设备和线路正常，做好监测设施环境保护等日常工作。根据要求，每周对运行情况进行2次观察记录，两周对设备进行一次重启与维护，每月对不间断电源(UPS)备用电源进行一次放电与维护。

(周家旺)

园林绿化

【概况】 2015年，嘉善县以"美丽嘉善"建设为抓手，优化人居环境、提升生活品质，扎实开展城区绿化提升行动，完善行业管理机制，提高城市绿化建管水平。至年底，城区绿化覆盖率37.94%，绿地率33.30%，人均公园绿地面积15.01平方米。

【绿化项目建设】 按照城乡绿化造林年度计划，完成亭桥南路高压走廊二标段绿化、平黎公路改造提升工程(一期)两侧绿化等工程，全年县城区新增绿地73万平方米。

【城市绿道建设】 城市生态绿道建设坚持"融合、民享、生态、低碳"原则，逐步推进。至年底，新增伍子塘绿道、城西大道绿道、体育南路绿道等城市生态绿道3.39千米。围绕"路通、景美、设施全、标志清、管护好”总体要求,提升绿道8.67千米。

【城区绿化养护】 结合“一创建三复评”,完成环北路与平黎公路交叉口等20余处绿地改造提升和基础设置更新,以及11个社区34个开放式小区约4万平方米绿化补种。实施沿路管辖范围外绿化整治,整治面积9.8万平方米。全年,县园管处新接管城区绿化面积37.4万平方米、行道树730株。至年底,县园管处养护管辖面积140余万平方米、行道树12000余株。全年摆放各类草花70余万盆。

【绿化行业管理】 重视企业资质管理,完成嘉善县水利建设工程有限公司等3家公司资质变更及嘉善宏业园林绿化有限公司申报三级企业资质审查。至年底,全县有园林绿化企业17家,其中园林绿化三级企业16家、二级企业1家。完成审批事项115项,其中临时占用城市绿地核准10项,砍伐城市树木审批6项,工程改变绿化规划、绿化用地使用性质审批21项,各类绿地方案审批(查)17项,建设工程竣工规划核实61项。组织园林企业参加嘉兴市“南湖杯”园林绿化建设优质工程评选活动,柳洲公园养护工程等2个养护项目和科创中心二期绿化工程等3个建设项目获2015年嘉兴市“南湖杯”园林绿化优质工程奖。通过开展社区共建结对、宣传进学校等多种形式的活动,增强市民爱绿护绿积极性。组织园林企业参加市城乡规划建设管理委员会、市人力资源和社会保障局、市总工会等部门联合举办的嘉兴市“荣林杯”花卉工技能比武,取得团体优胜奖和2个三等奖。

(宗尚华)

水　　文

【概况】 嘉善县地处北亚热带南缘东亚季风区,四季分明,雨量充沛,多年平均雨量1151.4毫米(1956～2015年),70%的年份降水量超过1000毫米,降水年内、年际变化较大。全县降水量季节分配不均匀,呈“双峰型”特点,一年中有2个雨季和2个相对干旱期。2015年,嘉善设潮水位站9个,其中国家基本站3个;水文站5个,其中国家站1个;地下水监测点5个;雨量站1个,另有水文巡测断面12个、水质监测断面20个。

【河道、水系】 全县河道2240条(包括河浜1214个),总长1829.5千米,河道分布密度为每平方千米3.61千米。根据《嘉兴市河道管理办法》规定,涉及全县的市级河道6条,分别为太浦河、红旗塘、茜泾塘、三店塘、塘港(含俞汇塘、南塘港)、大坝水路,长度50.29千米。10千米以上长度河道4条,最长红旗塘20.53千米;100米以上宽度河道3条,最宽太浦河175米。全县湖泊众多,共55个,分布在320国道以北各镇,其中水域面积≥1平方千米的湖泊6个。全县水域面积总计73.71平方千米,水面率14.5%,其中河道水域面积53.92平方千米,湖泊水域面积19.79平方千米。

【潮汐、潮位】 受黄浦江潮汐影响,境内河道均为感潮河道。潮汐为不规则半日潮,在1个太阴日(24小时50分)内出现2次涨潮和2次落潮。每月2次大潮汛(农历初二和十八左右)、2次小潮汛(农历初八和二十三左右),年最大潮汛在农历八月。涨潮历时4个多小时,落潮历时7个多小时。嘉善站多年平均潮位0.87米(1985国家高程基准),最高潮位2.38米(2013年),最低潮位0.04米(1970年)。潮波量能自东向西逐渐减弱,东部河流较西部河流潮差大,清凉站最大潮差0.86米,平均潮差0.45米,嘉善站最大潮差0.47米,平均潮差0.20米。2015年,嘉善站潮水位,从年初平均潮位0.86米,先降低至年最低值0.56米(2月15日)后逐步抬高,4月出现年内第一个高点1.75米,至7月,出现年最高值2.04米(7月12日),后缓慢回落,其中9月底出现年内另一高点1.96米,至年底,平均潮位在1.2米左右。

【降雨水位】 2015年,嘉善站全年降雨量1419.4毫米。其中10～90分钟最大降雨量出现在8月15日,10分钟最大降雨量13.5毫米,6～24小时最大降雨量出现在9月29日,24小时最大降雨量69毫米。汛期(4～10月)嘉善站总降雨量930.4毫米,雨日91天,降雨总量较常年均值偏多,为历年均值的1.12倍,雨量集中在6月、7月梅雨和台风“灿鸿”期间,6月、7月总雨量336.8毫米,雨日37天。7月10～12日“灿鸿”影响期间,雨量41.5毫米。嘉善站全年雨量1417毫米,雨日146天。6

月7日入梅,7月12日出梅,梅汛期35天,梅雨总量301.9毫米,比历年平均偏多39%,最大日降雨量28.3毫米,降雨天数28天,日均雨量10.8毫米。梅汛期特点入梅早,出梅晚,入梅比常年偏早6天,出梅偏晚4天,梅汛天数比历年平均多10天;梅期长,期间雨量较平均,没有特别大的降雨日,一般维持在10~20毫米,期间分布6个雨期;河网水位出现3次明显涨水过程,其中受台风梅雨双影响的第3次涨水,嘉善站水位从1.5米,跃升至2.04米。嘉善全年超警戒水位(1.46米)天数79天,超保证水位(1.76米)天数13天。超警戒水位集中在7月、8月,2个月超警戒水位天数45天,7月初,连续十多天都在保证水位以上。

【水文建设】 2015年,全县水文项目投资405万元,为历年最多,"十二五"期间累计投资748万元。年内,完成8个流量自动化测站设备改造,数据纳入省防汛通信平台,实现省、市、县三级实时共享;20个水质监测断面消灭V类水,水功能区水质达标率超40%。浙江省中小河流水文监测系统建设项目的子项目嘉善县水文巡测基地总投资215万元,建筑面积455平方米,年底通过"五水共治"考核。全县设水文巡测断面12个,其中东排线7个、北排线5个,巡测基点站5个。各巡测段每年测量计算涨落潮流量各15次,然后根据各基点站相应流量确定流量关系线,推导出整条巡测线水量。全年东排线进水量23.36亿立方米、出水量57.23亿立方米,北排线进水量20.76亿立方米、出水量13.89亿立方米。

【水质监测】 2015年,嘉善县设20个水质监测断面,23个水功能区,根据《地表水环境质量标准GB 3838—2002》要求,设监测项目19项,饮用水源地增加5项指标,采用单项水质参数评价法。完成《地表水资源质量通报》6次;完成《嘉善县地表水资源质量及水功能区评价报告》。县水文站负责外业采样和同步测流,12小时内将水样送浙江省水资源监测中心嘉兴分中心检测化验。对一般监测断面2个月监测1次,逢单月监测;集中式饮用水源地监测断面每月监测1次。在5月水功能区水质监测中,全县23个水功能区中11个达标,达标率47.8%,取得全市历史最好水平。 (吴骏彦)

气候与气象

【概况】 嘉善县位于北亚热带南缘的东亚季风区,四季分明、温和湿润、光照充足、雨量充沛、无霜期长,宜于作物生长。但地处沿海中纬度地带,气候变化明显,具有春湿、夏热、秋燥、冬冷特点,主要灾害性天气有暴雨、连阴雨、干旱、寒潮、大雪、雾霾、高温和台风。常年平均降雨量1188毫米,最多年份雨量1683.4毫米,出现在1999年;最少年份雨量695.1毫米,出现在1978年。年平均雨日136天,一日最大降水量167.6毫米,出现在1977年8月22日。全年有2个相对雨季和干季,4~7月是第1个雨季,其中4~5月为春雨、6~7月为梅雨,7月中旬~8月中旬处于副热带高压控制下,高温少雨。8月下旬~9月是第2个雨季,受台风和冷空气影响,雨量明显增多,10月起,降水减少,成为第2个少雨时段。常年平均降雪日数7.4天,1月最多,3.1天。最大积雪深度22厘米,出现在2008年2月1日。常年平均气温16.3℃,1月最冷,月平均气温4℃,极端最低气温-10.8℃,出现在1977年1月31日。7月最热,月平均气温28.3℃,极端最高气温40.2℃,出现在2010年8月12日。春季,日平均气温稳定通过10℃的平均初日为3月27日。夏季,日平均气温稳定通过22℃的平均初日为6月4日。秋季,日平均气温低于22℃的平均初日为9月30日。冬季,日平均气温低于10℃的平均初日为12月2日。平均每年日最高气温≥35℃天数有12.2天,最多为2010年,有31天。常年平均初霜日11月18日,终霜日3月23日,平均无霜期240天。平均初结冰日12月2日,年平均结冰天数38天。常年平均日照时数1953.6小时,其中,1~2月最少,平均在125小时以下;7~8月最多,平均在220小时以上。常年平均风速2.8米/秒,瞬间风速≥17米/秒的大风平均每年5天,历年出现的最大风速35.5米/秒(12级),出现在1987年3月6日。

【气候特征】 2015年,气温较常年偏高,降水明显偏多,日照时数异常偏少。上半年气候条件与常年相差不大,属正常年份。下半年出现2段相对异常天气气候现象。梅雨时节较往年偏长,雨量偏多,对农业生产略有影响;11月进入秋收冬种后呈现雨水偏多态势,雨日也明显增多,对秋收冬种进程不利,导致晚稻收割一推再推,严重影响产量,小麦播种延后。全年平均气温16.9℃,较上年16.8℃偏高0.1℃,较常年16.3℃偏高0.6℃。其中,除夏季气温偏低外,其他三季气温都较常年偏高。1月平均气温5.8℃,是除去上年6.0℃外的历史第二高值。7月气温较常年偏低,为近十年来最低值。日最高气温≥35℃的高温日数13天,集中出现在7月底到8月初。日最低气温≤0℃的低温日数17天。年极端最高气温38.7℃(8月4日),年极端最低气温-5.0℃(1月2日)。终霜日出现在3月12日,初霜日出现在11月27日,无霜期259天,较常年(237.1天)偏多。全年降水量1509.2毫米,较上年1362.4毫米偏多146.8毫米,较常年1188毫米偏多321.2毫米,属降水偏多年份,为嘉善有历史记录以来第三高值。全年除夏季降水正常外,其他三季降水量都较常年偏多。特别是11月,降水量和雨日都超历史极值。全年雨日158天,较上年139天偏多19天,较常年136天偏多22天,为有气象资料以来次高,仅次于1975年的162天。2015年下半年阴雨偏多,导致日照明显偏少。全年日照时数1572.2小时,较去年1695.8小时偏少123.6小时,较常年1953.6小时偏少381.4小时,属异常偏少年份,为历史次低,仅次于1976年的1490.9小时。

【主要气候事件】 雾霾。1月和12月连续多次出现中度霾以上污染天气,能见度差,空气污染严重。此外,2月和5月多次出现大雾天气,能见度不足100米,对道路交通运输有一定影响。低温冰冻。1月、2月受冷空气影响,多次出现阶段性的低温天气,2个月内出现结冰日数19天,最低气温达-5℃,有较严重的冰冻。11月下旬和12月中旬出现2次寒潮天气,气温下降明显,并伴有大风,对设施大棚和露地作物有一定影响。连阴雨。2015年连阴雨天气较多,其中前半年以7天以内较短天数阴雨为主;梅雨时节(6月至7月上旬)和11月出现长时间连阴雨天气。1～4月受大气环流调整影响,冷暖空气较为活跃,多次出现连续的阴雨寡照天气,极度匮乏的光照和过多的降水给露地、大棚果蔬等各类农作物生长带来不利影响。梅雨。6月7日入梅,7月12日出梅。入梅时间较常年(6月12日)略偏早,出梅时间较常年(7月8日)略偏晚,梅雨期35天,较常年(24.4天)偏多。梅雨期间出现5轮集中降水过程,全县梅汛期面雨量294.9毫米,嘉善站梅雨量284.5毫米,比常年(248.6毫米)略偏多,其中大云353.4毫米。强对流。年内多次出现短时强降水、雷雨大风等强对流天气。其中,强度最强的一次为4月28日,出现强雷电和7～8级大风天气,丁栅、陶庄和西塘出现冰雹天气,同时有大到暴雨。台风。2015年,影响嘉善的台风有4个,分别为“灿鸿”“苏迪罗”“天鹅”和“杜鹃”。其中影响最强的为“灿鸿”,出现阵雨和风力增大过程,2个站点出现8级以上大风,分别是北鹤(17.7米/秒)和杨庙(17.2米/秒);累计面雨量35.1毫米,其中大云出现暴雨,累计雨量56.1毫米。

(宋　亚　蒋文轩)

2015年嘉善县气象情况

月份		一	二	三	四	五	六	七	八	九	十	十一	十二	全年
气温(℃)	2015	5.8	6.7	10.6	16.1	20.8	24.3	26.7	27.7	24.1	19	13.5	7.5	16.9
	常年	4.0	5.8	9.4	15.0	20.4	24.1	28.3	27.9	23.8	18.4	12.5	6.4	16.3
雨量(mm)	2015	59.4	108.3	158.6	123.1	103	173.3	151.6	136.2	158.5	108.5	147.8	80.9	1509.2
	常年	65.5	67.9	110.9	97.6	103.6	185.1	149.1	146.9	105.1	56.4	55.9	42.0	1188.0
雨日(天)	2015	10	12	12	11	11	20	15	13	11	9	21	13	158
	常年	10.8	11.3	14.0	13.1	12.0	14.2	12.1	12.8	10.4	8.6	8.9	7.8	136.0
日照(小时)	2015	128.3	100.3	149.7	183.5	155.5	81.4	148.3	188.4	125.7	144	51.2	115.9	1572.2
	常年	123.0	120.0	136.2	158.9	182.2	157.4	224.2	224.9	174.6	168.1	142.2	142.0	1953.7

说明:按中国气象局规定,以上常年平均值为近30年(1981～2010年)平均值

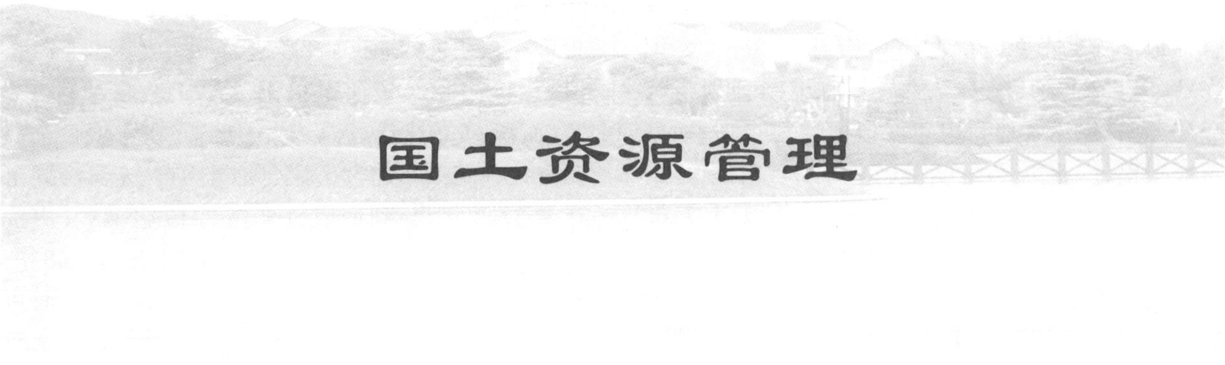

国土资源管理

综　　述

2015年，嘉善县国土资源管理工作围绕“建设县域科学发展示范点，争当全面深化改革排头兵”的总要求，全面落实“稳增长、促改革、调结构、惠民生”各项要求，以“工作落实年”“转型发展服务年”和“示范点建设全面攻坚年”活动为载体，着力在“强队伍、抓基础、提效益、作示范”上下功夫，全力把握工作新定位，扎实推进国土资源各项重点工作落实。全年，上报农用地转用及征收(用)批次19个，项目258个，面积277.17公顷(4157.6亩)；供应土地194宗，面积218.57公顷(3278.6亩)；完成农村土地整治复垦39.87公顷(598亩)；完成土地开发113.15公顷(1697.22亩)；除省下达新增建设用地切块计划指标34.27公顷(514亩)外，合计取得各类奖励计划指标179.4公顷(2691.14亩)；完成城镇低效用地再开发66.93公顷(1004亩)，消化批而未供土地面积245.4公顷(3681.5亩)。土地行政审批制度改革深入推进，县行政审批中心国土窗口受理各类办件4888件，办结4888件，办结率100%。土地卫片违法用地耕占初始比0.45%。抓好农民建房管理，解决农民建房刚需户1048户。全年支付四项补偿费用4.33亿元，安置农业人口948人，支付安置补助费0.79亿元。完成2014年度土地利用变更工作，颁发各类土地证11557本。

土地规划

【概况】 嘉善县作为全省唯一县级土地利用总体规划中期调整完善国家级试点，全部完成土地利用总体规划中期调整完善工作。村级规划编制试点迅速推进。落实规划局部调整工作。统筹安排新增建设用地指标，全力保障经济社会发展急需用地。

【规划中期调整完善】 2月28日，嘉善县土地利用总体规划中期调整完善成果和嘉善县中心城区土地利用总体规划中期调整完善成果获省政府批准。7月27日，西塘等5个镇的土地利用总体规划中期调整完善成果获市政府批准。嘉善县作为村级土地利用规划编制省级试点，完成工作方案，并取得省厅批复。同时，大云镇缪家村作为试点村，完善具有土地利用与管理内容的村规民约。

【规划预留指标管理】 出台《嘉善县土地利用总体规划预留指标管理办法》，加强规划预留指标管理，规范规划局部调整工作。获批规划落实方案5项，涉及项目总数59个，项目总用地面积142.13公顷(2131.86亩)，使用预留新增建设用地指标100.63公顷(1509.46亩)，使用预留基本农田指标95.54公顷(1433.07亩)。

【争取新增建设用地指标】 省国土资源厅下达年度计划指标新增建设用地34.27公顷(514亩)；省重大产业项目奖励指标38.87公顷(583亩)；台风“菲特”抢险救灾专项新增建设用地计划指标49.48公顷(742.14亩)；浙商创业奖励指标1.33公顷(20亩)；农民建房专项用地计划指标9.07公

顷(136亩);追加2015年度计划指标新增建设用地78.67公顷(1180亩),其中33.33公顷(500亩)省单独下达专项用于嘉兴综保区B区建设;市下达2014年度耕保考核奖励指标2公顷(30亩)。合计取得新增建设用地计划指标213.68公顷(3205.14亩)。县国土资源局及时编制计划指标分配方案,优化土地利用年度指标计划管理,做好重大工程、产业集聚区、基础民生等项目用地保障。同时保障全县经济薄弱村用地8.47公顷(127.08亩)。

土地开发利用

【概况】 2015年,嘉善县以深入推进城镇低效用地再开发为抓手,贯彻落实"亩产倍增"行动计划,深入推进土地要素保障创新行动,开展城镇低效用地再开发、全省批而未供和闲置低效土地处置"百日攻坚"专项行动等节约集约用地工程,土地利用水平得到提升。

【城镇低效用地再开发】 将城镇低效用地再开发工作列入县二十二大重点工作土地要素保障创新行动中,出台《关于全面推进城镇低效用地再开发工作的若干意见》,对报批程序、规范运作、扶持内容和方式等方面进行全面部署。全县目标任务在市考核的基础上升至66.67公顷(1000亩),实际完成再开发面积66.93公顷(1004亩),占市政府年度任务的39.44%。

【建设用地监管】 开展全省批而未供和闲置低效土地处置"百日攻坚"专项行动。分类明确处置完毕节约集约用地专项督察,发现14宗闲置土地。批而未供土地持续减少。根据市政府考核要求,2015年年末,批而未供土地面积控制在360.87公顷(5413亩)以下,较2010年年底605公顷(9075亩)下降244.13公顷(3662亩)。至年底,全县批而未供土地总面积359.57公顷(5393.5亩),下降量245.43公顷(3681.5亩),完成下降任务数的100.5%。供而未用土地消化利用专项行动强势推进,全年完成市考开工项目76个,面积174.71公顷(2620.69亩),开工率90.48%;竣工项目98个,面积230.79公顷(3461.79亩),竣工率85.22%,分别超过市考核目标90%、70%的要求。盘活(供应)存量建设用地占比逐年提高。全年盘活(供应)存量建设用地109.99公顷(1649.81亩),完成比例138.64%,占供地总量50.32%。全年发送各类提醒、履约通知书61份,合计收取各类违约金1114.28万元。受理审核土地竣工验收项目137宗,面积462.82公顷(6942.3亩)。在建项目全部实现挂牌施工。加大出让金收缴力度,全县合同出让金8.53亿元,到期应付金额8.49亿元,其中按期已缴8.42亿元,土地出让金收缴率99.08%。全县2012～2014年新供应建设项目371宗,面积804.86公顷(12072.87亩),其中合同约定开工数303宗、面积653公顷(9796亩),开工项目285宗、面积614.99公顷(9224.88亩),其中正常开工281宗、面积600.7公顷(9011亩),按期开工率92.74%。

【农用地转用报批】 全年上报农用地转用及征收(用)批次19个,项目258个,面积277.17公顷(4157.58亩),同比增加23%,其中农用地229公顷(3435.26亩)、耕地212.4公顷(3186.2亩);计划批次17个,面积268.5公顷(4027.72亩),其中农用地221.23公顷(3318.48亩)、耕地204.97公顷(3074.52亩);盘活批次2个,面积8.66公顷(129.9亩),其中农用地7.79公顷(116.8亩)、耕地7.45公顷(111.7亩)。

【建设用地供应】 编制《2015年土地供应计划》,全县2015年度国有建设用地供应总量控制在353.22公顷(5298.2亩)以内。其中新增建设用地控制在106.63公顷(1599.46亩)以内,占30%。消化"批而未供"和盘活存量土地246.58公顷(3698.78亩)左右,占70%。新增储备地块39.19公顷(587.85亩)。全年供应土地194宗,面积218.57公顷(3278.6亩),同比减少29.6%。其中招拍挂出让土地66宗,面积127公顷(1909.5亩),同比减少27.9%,出让价款9.16亿元,同比增加1.6%。出让土地中,工业用地50宗,面积97.66公顷(1464.9亩),同比减少31.1%,出让价款3.22亿元,同比减少21.7%;商服用地9宗,面积6.35公顷(95.3亩),同比减少76.9%,出让价款0.78亿元,同比减少80.1%;住宅用地

5宗，面积21.08公顷（316.2亩），同比增加196.3%，出让价款5.02亿元，同比增加412%；公共管理与公共服务用地4宗，面积5.63公顷（84.5亩），同比减少36%，出让价款0.32亿元，同比减少9.8%。

土地资源保护

【概况】 2015年，全面落实耕地保护共同责任机制，严守耕地红线，深入推进“812”土地整治工程，基本完成永久基本农田（示范区）划定等试点工作，落实耕地占补平衡新要求，耕地保护水平得到提升。连续5年获“嘉兴市政府耕地保护目标责任制考核优胜单位”称号。

【耕地保护机制】 建立和落实耕地保护“一把手负总责”制度，逐级签订耕地保护目标管理责任书。以耕地保护责任目标考核为抓手，逐级落实耕地保护共同责任，充分调动党委、政府、相关部门和社会公众耕地保护主动性、自觉性，健全耕地保护共管举措，破解执法难题，提升管理水平，构建“党委领导、政府负责、部门协同、公众参与、上下联动”耕地保护工作格局。

【“812”土地整治工程】 全年，农村土地整治复垦39.92公顷（598.77亩），占年度目标任务38公顷（570亩）的105%；农村土地整治立项87.13公顷（1307亩），占年度目标任务86.67公顷（1300亩）的100.5%；土地开发113.15公顷（1697.22亩），占年度目标任务33.33公顷（500亩）的339.4%。市下达嘉善耕作层剥离再利用任务15.33公顷（230亩），实际完成10个项目，剥离土方量6.2万立方米，剥离面积21.67公顷（325亩）。

【耕地有偿保护】 连续2年开展基本农田有偿保护工作。将基本农田保护补偿资金发放与补偿对象考核年度内违法用地和其他破坏耕地行为发生情况相挂钩，补偿基础标准50元/亩。对农业两区、高标准基本农田、经济薄弱村实行差别化补偿，2015年涉及基本农田保护面积2.36万公顷（35.43万亩），合计发放基本农田保护补偿资金1771.78万元，村均获得补偿资金约17万元。

【基本农田（示范区）划定】 嘉善作为全省平原地区永久基本农田（示范区）划定试点单位，先行先试。围绕“一好两高”划定原则，通过反向举证，依据已经批准的嘉善县级（含中心城区）及镇级土地利用总体规划调整完善成果，划定永久基本农田38.3万亩（含规划预留基本农田0.6万亩）和永久基本农田示范区17.1万亩，文本及数据库上报省厅。

【占补平衡新机制】 按照占优补优、占水田补水田的新要求，在建设项目用地预审阶段即落实耕地占补平衡新要求，农转用报批前必须由地块开发管理单位落实占补平衡责任，缴纳用地指标费。实施“旱改水”耕地质量提升示范项目建设。完成惠民街道和西塘镇2个“旱改水”质量提升示范项目建设，规划“旱改水”面积15.57公顷（233.53亩），并申报市级验收。

土地管理

【概况】 2015年，土地管理强化基础保障，不动产统一登记稳步推进，农房集聚稳妥推进，地矿转型升级不断完善，信息化建设水平不断提高，信访维稳妥善处理，行政审批提速增效明显，固本强基水平得到提升。

【不动产登记】 成立不动产统一登记工作领导小组，建立不动产统一登记部门联席会议制度，印发《嘉善县不动产统一登记工作实施方案（试行）》《关于不动产登记职责有关事项的通知》等文件，对不动产统一登记工作步骤做详细安排。设立县不动产登记局（内设机构）和嘉善县不动产登记中心（副科级事业单位）。开展全县不动产统一登记系统（过渡期）及国土业务数据整合项目，对照不动产登记标准完善现有国土登记业务数据，与房产登记部门开展深入对接，梳理不动产统一登记业务规范，拟定登记业务整合方案。

【农民建房管理】 年初，对全县农民建房情况，尤其是农村无房户、危房户建房用地需求情况再次进行全面排摸，制订工作计划全面实施。全县确认规划布点249个，其中21个点为集镇型新社区（中心集聚点)、66 个点为城乡一体新社区(一般集聚点)、144 个点为保留拓展点、18 个点为特色自然村落保护点。完成县域布点规划,并于 4 月 23 日经市政府批准。规划编制初稿全部完成,完成全县 92 个村的村庄规划专家预审。中心点除陶庄外已启动 13 个点,已建公寓房 209 幢、2926 套。一般点启动 39 个,拓展点启动 12 个,美丽乡村全部启动 18 个。全年完成集聚户 2211 户,其中引导 1084 户刚需户进集聚点。农民建房用地及空间应保尽保。重点保障农民建房用地指标。上级下达年度计划指标总量中切块 10%,年均约 5.33 公顷(80 亩)专项用于农民建房;城乡建设用地增减挂钩指标优先保障农村土地整治项目农房建新区用地;上级下达农民建房用地计划单列指标全额用于"危房户、无房户"建房;从县盘活指标中拿出 26.67 公顷(400 亩),专项用于农民建房。

【地矿管理】 根据地质灾害危险性分区评估成果,做好地质灾害"承诺制"管理。在国土网站阳光矿政专栏公示《嘉善县地质灾害危险性分区评估成果应用实施办法》。完成"魏塘罗星地区地热资源勘查项目"预可行性论证。组织开展善热 3 号井、嘉热 4 号井地热温泉水储量评审及省厅备案工作。开展"善热 3 号井"(温泉屋顶农业项目)概念性方案设计招标工作。配合做好城市地质调查相关资料收集,完成全县城建档案的钻孔资料、重大项目及线型工程项目基础资料、典型工程等项目的基础资料收集。

【信息化建设】 深化办公自动化系统应用,完成从业务内网向政务网迁移,与市国土局及其他县市国土局互通,并实现移动办公。初步完成本级"一张图"数据库建设,建设用地报批管理信息系统、土地综合整治管理信息系统、土地开发整理备案审查系统、土地供应和市场管理信息系统、规划管理网上审批系统等系统上线运行,审批信息系统与"一张图"数据库平台同构,数据基本做到实时更新。

【土地行政审批】 全年,受理各类土地行政审批案件 4888 件,办结率 100%,其中行政许可 632 件、其他行政权力事项 4256 件。其中,划拨补办出让 536 宗,面积 16092.3 平方米,收取出让金 1782.5 万元;颁发各类土地证 11557 本;执收各项规费 11.2 亿元;建设用地项目预审报备 96 宗;为县以上重点项目和外资企业出具用地审查意见 6 宗;为加快用地单位开工建设速度,在办理土地证前,提前办理用地规划许可证及工程规划许可证,先行为用地单位出具用地证明 14 宗;完善政务服务网行政审批网服务事项,答复在线咨询 12 件。

【信访工作】 制定信访工作实施方案,建立"白加黑""五加二"信访值班工作制度,未有重大群体性信访事件发生。全年,受理群众信访件 254 件(其中部级 14 件、省级 34 件、市级 21 件、县级 103 件、局级受理 82 件),同比减少 22.1%。其中,受理群众来信 144 件,同比上升 42.6%;受理群众来访 110 批 211 人,同比减少 51.1%,下降 37.4 人次,办结 245 件,办结率 96.5%。部、省、市领导批示重要信访件 2 件,按时办结 2 件,办结率 100%。部、省、市交办信访件 45 件,同比上升 55.2%,按时办结 45 件,办结率 100%。代办信访复查 7 件,办结率 100%。化解信访积案 1 件(任某征地养老信访)。信访类型中涉及违法用地类 108 件、补偿安置类 74 件,两类信访占总信访量的 72%。

【征地补偿】 严格执行"告知、确认、听证"和"两公告一登记"制度程序,规范征地程序,提高征地透明度,保障失地农民知情权、参与权和监督权。2015 年,完成四项征地补偿结算项目 124 个,结算征地面积 158.2 公顷(2373.13 亩),支付四项补偿费用 4.33 亿元,其中,房屋拆迁 29128.36 平方米,支付拆迁费 6366.59 万元,安置农业人口 948 人,支付安置补助费 7960.83 万元。

【阳光工程建设】 开展"阳光征迁""阳光规划""阳光执法"等系列专项行动,实行"阳光征地拆迁五公开""阳光执法六公开""阳光征地一张图""阳光规划一张图"上墙工程等机制,在县国土局门户网站开设专栏,并实现"阳光国土"在有线电视上点播。

土地执法

【概况】 2015 年,嘉善县土地执法监察工作强化依法管理,深入开展执法监察"两网化"管理。严格落实违法用地预警、约谈、问责机制和动态巡查责任追究相关制度，抓实土地执法巡查工作，抓严土地违法案件查处工作，抓好土地卫片执法检查整改工作，抓牢“三改一拆”“五水共治”、生猪养殖转型升级等专项整治工作。根据土地卫星遥感暨变更调查上报数据，2015 年，卫片违法用地初始耕占比 0.54%，为历年最低。

【“两网化”管理】 全县有 511 个基础网格，每个镇(街道)都有 1 支不少于 8 人的“两违”巡查处置队伍；每个网格都有镇、村及各部分相关责任人负责。全县 73 人获嘉兴市国土资源法律监督员证，做到持证上岗。2015 年与市国土资源局统一对“两网化”系统进行模块升级和系统维护，做到市、县、镇三级联网。

【土地巡查及案件查处】 全年，开展巡查 1020 余次，发现并制止违法用地 52 起，涉及土地面积 1.48 公顷(22.16 亩)，拆除违法建筑面积 1.24 公顷(18.53 亩)。通过土地执法动态巡查，每年至少有 50～60 起土地违法案件被发现并制止在萌芽或刚开工阶段。加大土地违法案件查处力度，全年立案查处土地违法案件 38 件，涉及土地面积 6.22 公顷(93.25 亩)，其中耕地面积 3.89 公顷(58.28 亩)。退还土地 6.22 公顷(93.25 亩)，拆除建筑物(构筑物)1.37 万平方米，没收建筑物(构筑物)4.04 万平方米，罚没款 117.11 万元。向纪检部门建议党纪处分 16 件，向法院申请强制执行 32 件。

【专项整治行动】 全面推进“三改一拆”，“五水共治”，生猪养殖转型升级，“一户多宅”，农村宅基地非法转让，占用基本农田挖塘养殖和公铁沿线废品收购点、码头、乱堆放场所专项整治行动等重点工作。全年拆除违章猪舍 20.33 万平方米，涉土面积 21.4 公顷(321 亩)；全县“一户多宅”292 户，建筑面积 3.5 万平方米，全部拆除；严格执行“河长制”，每月 2 次对联合河道巡查，并将巡查情况及时上报县治水办；开展“四边三化”工作，完成公路铁路沿线环境整治项目 138 宗，面积 8.51 公顷(127.68 亩)，所有排摸问题全部整改完成。

【法制宣传工作】 以“4·22”世界地球日、“6·25”全国土地日为契机，全方位、多形式开展宣传。在《嘉兴日报》(嘉善版)专版报道《凝心聚力促发展 倾心尽力护热土》；拍摄全市首部国土宣传微电影《阳光国土·亲情大地》；在大润发广场进行法律法规政策咨询并发放系列宣传资料。组织人员深入社区、园区、农村、学校、企业开展法制宣传活动。公开曝光国土资源违法典型案件 2 起。（严津津）

6 月 27 日，全国土地日宣传之国土法律法规政策咨询。
（县国土局 提供）

水利

综述

嘉善县域面积506平方千米，其中水域面积14.5%，境内河道水系发达，大小河道2240条，总长度1829.5千米。

2015年，嘉善县水利投资3.14亿元，完成省考核的108%。其中河道治理投资1.63亿元，比2014年增长21%。农田水利标准化建设连续4年获浙江省考核优秀；获"嘉兴市最严格水资源管理考核优秀县"称号；获省水利厅1250万元绩效考核奖励。成功申报成为2016年全省农田水利设施维修管护重点县之一。全国第四批"小农水"重点县建设完成3个年度的市级验收，圩区整治超额投资2%。基层防汛防台体系规范化建设通过省级考核验收。首个县级防汛物资储备中心库建成。水利改革全省领先。全县水利系统有高级职称12人、中级职称26人，占水利行业人员的32.2%。7个镇(街道)水利站达到标准化要求。1月14日，嘉善县水利改革经验在全省农村工作会议上作书面交流。县境内水质明显变好，7月地表水检测中，水功能区水质好于嘉兴其他县市，达标数全市第一。

农田水利

【概况】 2015年，嘉善县围绕全面提高农田水利灌溉能力，整合各类田内工程，推广高效节水技术和水利信息化技术，实施中央财政小型农田水利重点县项目和现代农业设施建设，完成一批灌区改造，建成一批农业水利设施，提高农田水利基本建设水平。

【农田水利标准化建设】 全年嘉善县在农田水利标准化建设，6项指标均超额完成任务，涉及新增旱涝保收面积886.7公顷(1.3万亩)，扩大灌溉面积0.0016公顷(232亩)，新增固定式喷微灌面积0.0027公顷(0.04万亩)，圩区整治面积3466.7公顷(5.2万亩)，农田渠道改造60.2千米(灌区干支渠沟长度1.5千米)。 (李　炳)

【中央财政农田水利重点项目建设】 中央财政小型农田水利重点项目覆盖天凝、西塘、魏塘、陶庄、姚庄、大云、惠民、干窑8个镇(街道)。完成灌区改造19处，高效节水灌溉22处，新(改)建灌溉泵站327座，埋设地下输水管道329.06千米，衬砌渠道331.17千米，新建水闸44座、排涝站50座，修筑排涝沟道40.36千米，改善灌溉面积1.10万公顷(16.51万亩)，其中发展管道灌溉面积3780公顷(5.67万亩)、喷灌53.33公顷(800亩)、微灌110.67公顷(1660亩)。 (王　峰)

水利工程

【概况】 2015年，嘉善县推进水利工程建设，加快二轮圩区整治，逐步形成以"中格局为主、大中小格局相结合、大小圩区嵌套、分级设防"为标准的防洪排涝体系，提升全县防洪减灾功能。

【圩区整治】 圩区整治工程列入县十五届政府实事工程之一。至年底，25片圩区均启动建设，完成16片受益面积27120公顷(40.68万亩)，占规划面积的74%。其中完成建设10片(城西、虹桥、丁西、茜墩、南早、大舜、明星、西北、长春、杨庙)，受益面积10166.7公顷(15.25万亩)；基本完成建设6片(王凝、姚庄、西塘、俞汇、姚北、范泾)，受益面积16953.4公顷(25.43万亩)。

【老集镇防洪排涝改造】 2014年起，落实专人负责，组织专题调研，对12个老集镇防洪排涝问题逐个分析，提出一镇一策治理方案。委托省水利河口研究院专家以镇(街道)为单位做防洪排涝规划方案，分年度实施。至2015年年底，基本完成下甸庙、洪溪、杨庙、西塘、惠民、大通、俞汇、汾玉等8个老集镇的工程改造。

【节水改造和示范工程】 依托第四批中央财政小农水重点县建设项目，以天凝镇杨庙片为重点开展灌区改造和高效节水改造建设。项目于2015年年底通过市级年度验收，3年投资1.15亿元，建设高效节水灌溉工程5项，新建管灌面积350公顷(5250亩)；建设灌区改造工程11项，受益面积4933.33公顷(7.4万亩)，新改建泵站117座，修筑渠道165.97千米，新建水闸44座、排涝站50座、排涝沟道40.36千米。

【水利科技项目】 探索科学现代化技术与农田水利建设应用结合，在提升水利设施管理现代化水平上取得突破。2015年度完成西塘镇水果蔬菜滴灌技术推广项目，并通过验收。魏塘街道成功申报浙江省水利科技推广项目——轻便智能型大排量防洪抢险泵，为嘉善县网埭港村灌区改造工程临时灌溉使用。 (李 炳)

防汛防台

【概况】 2015年，嘉善县围绕“一个中心，二个结合，三个确保”(以保障经济平稳较快发展和社会和谐稳定发展为中心；实行兴利与除患相结合，工程措施与非工程措施相结合；确保重要城镇、重要基础设施的防洪安全；确保骨干河道重要堤防及圩区水利工程度汛安全；确保灾害期间城乡居民基本生活用水安全)，健全防汛责任制，加强汛前检查，完善落实防汛预案，全面完成基层防汛防台体系规范化建设，实现全年安全度汛目标。

【防汛防台体系建设】 按照“组织健全、责任落实、预案实用、预警及时、响应迅速、全民参与、救援有效、保障有力”的要求，规范化建设嘉善基层防汛防台体系。纳入基层防汛防台体系规范化建设的9个镇(街道)、148个行政村(社区)，划分各类责任区网格806个，落实网格责任人员814人。11月，经省考核组对县本级和2个镇、4个村的随机抽查，全县基层防汛防台体系规范化建设工作通过省级验收，考核成绩优秀。

【防汛责任制】 调整充实县防指领导及成员，明确县领导和县防指33个成员单位防汛责任，完善各项防汛责任制。召开全县防汛工作会议，县政府与各镇(街道)签订年度防汛责任书。在《嘉兴日报》(嘉善版)通版公布2015年度基层防汛防台体系网格责任区重要堤防巡查、管理责任人，重要水闸、排涝站管理责任人名单，接受社会监督。

【防汛预案】 年初，嘉善县对辖区内的各类防洪排涝工程以及机电、通信、道路等设施进行拉网式自查，对各镇(街道)辖区内备汛工作开展情况进行重点抽查。集中开展防汛隐患整改专项督查，30项重点防汛隐患全部整改到位，其中修复防洪墙1处50米、损毁(坍塌)护岸1处50米；加高加固土方圩堤7处1315米；抢修排涝站7座；更换(扩容)排涝机泵3台，新建水闸5座等。对不能及时完成整改的，均落实相应的应急度汛方案。组织修订《嘉善县防汛防台抗旱应急预案》，在新编制《嘉善县抗旱专项预案》的基础上，汛前县防指办重点指导各镇(街道)、县防指主要成员单位及时做好各类预案修订和编制工作。全县编制修订县、镇、村和相关企业防汛防台抗旱总体预案、抗旱专项预案等多个类别的应急预案186个，基本覆盖应对各类突发自然灾害的需要。

【抢险力量及物资准备】 充实全县专业抢险力量和防汛防台抢险物资。全县建立县、镇两级防汛防台抢险队伍170支，落实抢险人员3000余人，其中县级抢险突击队15支310人、县级专业抢险队6

支122人,村、社区和有关单位按实际需要组建相应的应急抢险分队。投资120万元建成县级防汛物资储备中心库,建筑面积675平方米,9月投入使用。主要储备编织袋1.2万条、各类水泵电机63台套、小型发电机组4套,总价值120余万元。按《嘉善县镇(街道)、村(社区)防汛物资储备标准》,各镇(街道)结合自身实际,在汛前购置相当数量防汛抢险物资。 (王 坚)

水环境治理

【概况】 2015年,加大水环境治理工作,中小河流治理重点县综合整治项目138千米,投资1亿元。水系连通工程9项22处,完成19处水系沟通,有效提高水体流动性,提高河水自净能力。惠民街道的虹桥港、许家港整治效果显著,被省水利厅评为浙江省河道生态建设示范工程、罗星街道的白马龙港河道整治工程被嘉兴市双推工作会议确定为美丽乡村建设示范展示点现场。

【中小河流治理】 2015年,全县有白水塘惠民段治理工程和嘉善塘魏塘、罗星段治理工程2个中小河流治理项目,其中白水塘惠民段11.9千米,建设堤防护岸16.43千米,投资2952万元,年内完成投资2320万元,完成治理河道7千米。嘉善塘魏塘、罗星段5.97千米,其中建设护岸3.62千米、疏浚河道2.45千米,投资1131万元,年内完成投资950万元,治理河道2.9千米。

【河道环境综合整治】 至年底,全县完成223.3千米河道疏浚,超额完成县下达220千米河道疏浚任务。加强水系沟通,继续对河道沉船进行打捞清障。全县打捞沉船5289条,拨付县级沉船验收补助资金370.23万元。通过沉船打捞,基本清除县境内河道主要阻水物。加大河道长效保洁力度。全年打捞垃圾24万吨,出动保洁人员17万人次,出动保洁船只9.6万次,各乡镇累计投入资金约2200万元。 (薛 冬)

水利管理

【概况】 2015年,嘉善县不断深化水利改革,加大水利宣传,加强水利监管,积极推进水利现代化建设,水利管理水平得到有效提升。

【水资源管理】 开展“3·22”世界水日、中国水周、水法宣传工作。对全县700多名村干部开展水法律法规知识问答评比,组织5600多名中小学生开展“水利杯”“五水共治·文明共享”征文及童谣征集等系列竞赛活动。在村(社区)开展节水宣传,向自备取水单位发放7000多份便民服务卡及宣传品。全年,征收水资源费1103万元,增长约3.8%。受理取水许可审查审批事项24件,新批23家,变更审批1家,新审批水量56万立方米。全县安装取水实时监控设备企业69家、监控点78个。 (姚文婷)

【圩区管理协会建设】 至年底,完成组建城西、大舜、虹桥、五一、姚庄镇等圩区管理协会以及北港、鑫锋等一批村级水利会;实现农村水利工程民主决策、民主理财、民主管理和民主监督。出台《嘉善县小型水利工程建设与管理体制改革实施方案》。申报2016年农田水利设施维修管护中央补助资金项目,获得中央补助资金550万元。 (李 炳)

【水政执法】 2015年,县综合执法局立案查处水事违法案件16个,罚款金额120200元。办理涉河涉堤建设项目行政许可65件,其中永久占用42件,征收占用水域补偿费1448.34万元;完成占补平衡8件,平衡水域面积11.89万平方米。办理水土保持方案审批17件,其中报告书9件,完成水土保持方案登记备案40件,按规定依法征收水土保持补偿费183.79万元。 (杜弼婧)

【水利工程质量检查】 抓好工程开工前、施工中、评定环节等过程监管。累计监督项目26个,项目总投资约9.5亿元。专项质监活动24次,下发质监纪要24份,督促相关参建单位在工程建设中严格履行职责,对在建项目实体进行128组次及工程原材料58批次抽检工作,每月开展1次全县范围内工程原材料专项抽查行动。做好在建水利工程施工安全监管工作。开展质监巡查,对施工现场用电、材料驳运、安全防护及临时用房等安全隐患点进行重点检查,累计巡查抽查施工现场96次,制发

35份检查意见书，督促整改落实。

【太浦河(浙江段)工程维护】 以防洪安全和改善水环境为立足点，发挥工程应有效益，确保河道堤防、护岸及附属设施完整、整洁，岸线稳定，水闸工程运行良好，随时能投入正常运行。2015年，在遭遇第九号台风“灿鸿”、水质污染事件、水葫芦盛长期、杭嘉湖区域调水试验期间，3个枢纽水闸安全运行60天，取得显著效果。同时，维修养护到位资金85.2万元，中央特大防汛抗旱补助费(应急度汛)项目补助资金50万元，为开展维修养护和损毁工程的及时修复提供资金保障。 (汪建敏)

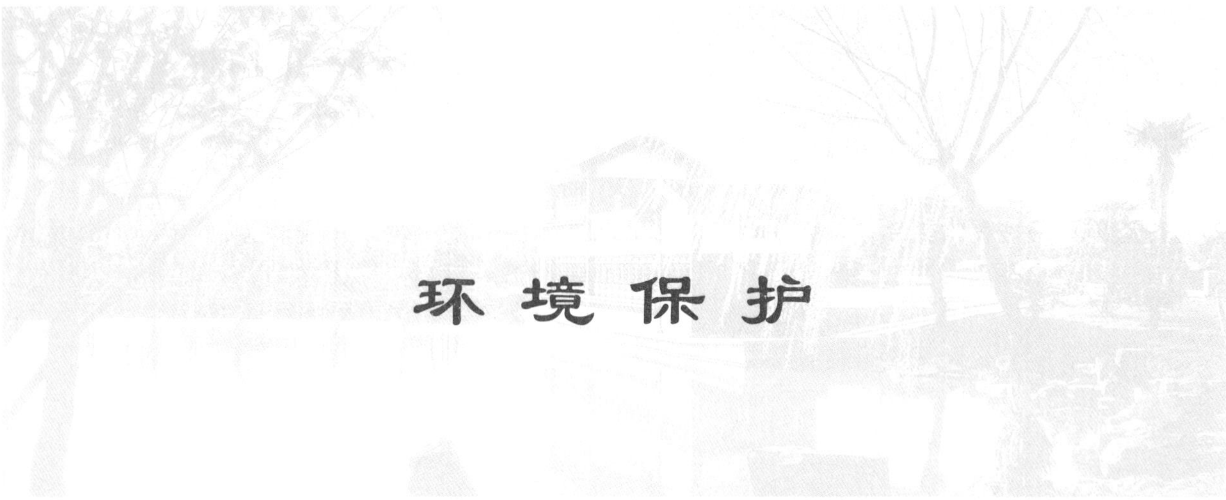

环境保护

综　　述

2015年,嘉善县环保工作围绕治污减排、“五水共治”“五气(尾气、尘气、烟气、废气、毒气)共治”、生态建设等重点工作,着力解决突出环境问题,不断强化环境监管,努力推进生态环保各项工作。2015年,全县14个地表水常规监测断面中,Ⅲ类及Ⅳ类水占比由2014年的85.7%提高到100%。全面消灭Ⅴ类及劣Ⅴ类水质断面,其中,Ⅲ类水质断面由上年的1个增加至4个,水质功能区达标断面由上年的3个增加至7个,为嘉兴市最多;城市集中式饮用水源地水质持续改善,太浦河取水口水质自2014年11月起持续保持Ⅲ类水质类别(按26因子评价指标进行评价),满足功能区水质类别要求。饮用水源地水质达标率排名全市第一。2015年出入境交接断面考核结果为“优秀”,出境水质高锰酸盐指数、氨氮和总磷三项指标较上年均有改善,其中氨氮、总磷下降幅度较大,分别为30.58%和19.13%。全年,环境空气克服上海、苏南春冬污染区域输送不利影响,实际有效监测334天,达到二级标准以上275天,占总有效监测天数75.3%;细颗粒物(PM2.5)年均浓度47微克/立方米,与2014年同期相比,环境空气达标天数比例下降1.4个百分点;改善率从一季度恶化10.2%扭转到全年改善6%。县区域环境噪声监测点101个,平均等效声级52.3分贝,城市区域环境噪声总体水平等级二级,评价为较好。2015年全县交通噪声等效声级68.5分贝,道路交通噪声强度二级,评价为较好。

生态保护

【概况】 编制《嘉善县创建国家生态文明建设试点示范县三年行动方案(2015—2017年)》和《国家生态文明建设试点示范区指标(试行)》任务分解文件。完成环境功能区规划编制工作,撰写《践行“绿水青山就是金山银山”理念,打造平原地区生态文明建设“嘉善样本”》,在全省“绿水青山就是金山银山”理论研讨会上作典型交流。开展全县辐射突发环境事故应急演练。通过开展中期评估、下达督办通知、二次会议专题部署与推进、总结亮点特色工作,生态县建设工作取得成效。

【辐射应急演练】 首次承办全市突发辐射环境污染事故应急演练现场会,嘉兴市各县(市、区)两级环保、公安、卫计部门领导及有关人员和部分重点辐射工作单位负责人共60余人观摩现场演练。加强辐射安全管理,收贮1枚废旧放射源,完成10个核与辐射项目审批、10个项目验收,组织环保、公安、安监三部门联合检查,确保辐射环境安全。

【《环境功能区划》编制】 按照全省关于县市《环境功能区划》(以下简称《区划》)编制要求,及时与编制单位、乡镇主体、各单位对接,修改完善。3月30日,县环境功能区划通过专家评审和技术审查,4月、5月间,先后通过县政府和县人大审议,5月22日,县人大常委会批准《区划》决议。落实省环保厅专家审查意见，对《区划》进行修改完善，9月11日，以县政府请示形式上报市政府，由市政府统一上报省政府审批实施。

【生态环保宣教】 创新思维手段，引入“互联网＋”理念，助力生态环保宣教工作。改版县环保局门户网站，出台管理办法，落实专人实时更新，常规公开环保工作动态、公示公告、空气质量、项目审批等各项内容；政务微博“嘉善环保V”回应群众关注，加强网络舆情引导；创建嘉善环保微信公众号，实现“两微一网”三平台信息同步。11月，微信举报平台正式开通，环保网络投诉开启点对点“飞行”模式。

【国家生态文明示范县创建】 启动国家生态文明试点示范县创建。与“美丽嘉善”(美丽县城、美丽城镇、美丽乡村、美丽通道)系列创建衔接，修改完善创建国家生态文明建设试点示范县三年行动方案(2015～2017年)和指标任务分解文件，由县委办、县政府办联合发文实施。指导姚庄镇完成国家级生态乡镇典型案例编制，省环保厅将嘉善案例作为全省10个典型案例之一上报环保部，指导县经济技术开发区开展国家生态工业示范园区创建，与省环境保护科学设计研究院合作启动生态工业示范园区建设规划编制。

主要污染物减排

【概况】 2015年，完成减排项目20个，完成率100%，包括10个水减排项目、9个气减排项目和1个农业治理项目。全县全年化学需氧量(COD)排放总量7904.3吨，同比下降1.41%；二氧化硫排放总量4503.78吨，同比下降3.76%；氨氮排放总量1364.78吨，同比下降1.12%；氮氧化物排放总量3698.53吨，同比增加4.6%。产生排污权交易241笔，合计交易COD总量361.45吨，交易额781.90万元；二氧化硫总量42.06吨，交易额21.03万元；氨氮总量51.15吨，交易额126.45万元；氮氧化物总量197.43吨，交易额98.72万元；总交易额1028.99万元。在完善初始排污权有偿使用和交易工作的基础上，深化排污权交易制度，扩大交易指标范围，新增加氨氮、氮氧化物两类初始排污权交易。全县主要污染物排污权经环保部门核定，第一批589家企业2016～2020年排污权在2015年12月24日《嘉兴日报》(嘉善版)公示。

【主要污染物减排考核】 制定下发2015年度主要污染物减排工作实施方案和减排目标责任书，做到减排项目化、项目时间化、时间责任化，计划关停56家环境统计范围内规模化养殖场工作稳步推进。完善和细化减排考核细则，以减排工作“六个率”(减排项目完成率、生活污水入网率、清洁能源使用率、农业减排完成率、高污染机动车淘汰率、排污权交易执行率)为考核指标，强化对乡镇减排工作的考核，推动各项减排工作顺利开展。

【排污权有偿使用和抵押贷款】 按照《嘉善县主要污染物初始排污权有偿使用办法(试行)》，完善主要污染物初始排污权有偿使用工作。全年，初始排污权有偿交易491笔495家。化学需氧量总量2850.79吨，交易额2309.38万元；二氧化硫总量5130.85吨，交易额1055.76万元，交易总额3365.14万元，全部纳入交易中心专用账户，实行专款专用。在推进排污权交易过程中，企业将排污权作为抵押品进行贷款。全年，抵押贷款1笔209万元，5家企业办理排污权抵押化学需氧量805.83吨、二氧化硫852.65吨，贷款5笔、562.03万元。

环境监察与监测

【概况】 2015年，全县累计出动环境执法人员13346人次，检查企业4997厂次，对各类环境违法行为立案351起，下发处罚决定书232起，处罚金额1324.33万元，其中移送公安机关34起，行政拘留涉案人员9人，取保候审11人。完成建设项目“三同时”(同时设计、同时施工、同时投入生产和使用)竣工验收86个，完成应急预案备案27起，受理并调处各类环境信访2555件，排污费开征金额2297.43万元，全年累计到账3437.36万元。县环境监测站做好对县域内大气、地表水、噪声等环境要素监测分析，做好水、气自动站运行维护，对污染源单位进行监督监测，对环境污染事故和污染纠纷进行仲裁监测，提供准确可靠的监测数据和监测报告。至年底，具备七大类130个项目的监测能力，其中包含水(含大气降水)和废水65项,环境空气和废气35项,土壤/底质/固体废物13项,植物/煤质2项,噪声9项,电离辐射3项,电磁辐射3项。全年分析样品8842个,获各类监测数据39318个,出具监测报告1188份、验收报告102份,监测收费290万元。同比2014年监测数据量增加5.29%,部署全县生态环保工作"百日攻坚"行动,开展"绿剑8号—12号"集中统一行动5次。

【污染行业整治】 加快重污染行业整治工作。在完成全县印染、造纸和化工行业整治整体验收基础上,重点推进纽扣特色行业整治,由县环保局和西塘镇分管领导牵头蹲点,成立专项工作组,进驻纽扣生产聚集区,开展集中整治攻坚行动。划定重点准入区、重点整改区和禁止准入区,倒逼、规范"两手抓",全力打好整治"组合拳"。组织"铁腕"系列专项执法检查3次,查封纽扣生产户354户,行政拘留7人。企业新上环保处理设施472套,内部新建、改建雨污管线近60千米,生产型企业从1030家削减到636家,削减率38.25%。

【水污染治理】 开展工业企业污水直排普查、出境断面和劣Ⅴ类断面沿线污染源调查。研究制定治水工作攻坚方案,推进工业污水全入网,市、县下达的考核任务(361家、608家)全部完成。对出境断面所在河道200米沿线及关联河道开展全整治,对出境断面所在河道、敏感支流及下游河道开展加密监测,全面实现"消灭劣Ⅴ类和基本消灭Ⅴ类水质断面"的目标。完成嘉善县水功能区、水环境功能区调整方案编制,制定水源地污染防治监管办法。太浦河嘉善取水口上游5千米处水质自动站建设完成。新增毒理性指标和挥发性总有机物2项特殊指标监测。强化供水安全保障,在长白荡水源地通过绿化大堤、防护河以及铁丝网三层防护,实现100%隔离。与上海方面签订备用水源地共享框架性协议,获省环保厅认可。

【大气污染治理】 以挥发性有机物有机废气治理、锅炉整治、黄标车淘汰、秸秆禁烧、建筑扬尘等为重点,推进大气污染治理。至年底,累计关停造纸、印染、化工等企业33家,原地提升整治77家,搬迁入园项目3个。启动省家具喷涂挥发性有机物重点整治示范区创建,明确有机废气和烟粉尘治理第二批任务28家企业,其中工业挥发性有机废气治理任务18家企业,全部启动实施。加强工业烟粉尘治理,重点推进10吨(不含)以上锅炉烟粉尘治理,完成市下达10吨以上锅炉整治任务2家。全县淘汰整治锅炉265台,完成嘉兴市下达淘汰260台年度目标任务,小锅炉冒黑烟现象明显减少。开展联合执法,县公安局、县环保局、县交通局等部门采取每周至少2次集中整治行动,增加设卡密度和检查频次,实行电子警察和卡口排查,对违反黄标车限行规定的行为加强处罚。全年,淘汰黄标车32个批次2362辆,灭失893辆,完成率109%。坚持"堵疏结合,以疏促堵"的原则,加强秸秆禁烧工作。第三季度末,面对空气质量细颗粒物(PM2.5)改善率不达标的情况,县环保局借势世界互联网大会·乌镇峰会环境质量保障工作,启动最严空气管控举措,组织多部门精干力量分成多个检查组开展24小时巡查,对重点地区、重点时段的秸秆露天焚烧和"黑烟囱"加强巡查密度和频次,发现情况及时通报属地镇(街道)处理,严控入冬后尘霾污染问题。

【环境信访】 落实信访处置"六大制度""三单一记录"等信访工作制度。用制度促进协作,用制度促进落实,共同创造良好的执法环境和工作环境。全年,受理各类群众投诉2555件,同比下降14.9%,县域内未发生因环境污染而引发的群体性事件。

【污染源常规监测】 加强重点污染源监督监测、污水处理厂、涉重金属污染企业和危废企业的监督监测工作。全年完成省控以上废水污染源监督监测63厂次,省控以上废气污染源监督监测11厂次,污水处理厂监督监测16厂次,废水在线监控系统比对监测84厂次,废气在线监控系统比对监测9厂次。涉重金属重点防控企业监测4厂次。每月查看省控以上企业自行监测情况,并将网上检查结果及时反馈。

【特例监测】 2015年,县监测站完成102家企业"三同时"验收工作。委托监测102厂次,为企业竣工验收不断提高服务质量和水平,全年客户满意率始终保持100%。

环境管理

【概况】 做好环保服务，强化环境管理，严把建设项目审批关，加大突发环境事件应急管理，发挥自动监管作用，切实保障环境安全。全年，污染源自动监控系统发送报警信息3568条，及时向业务部门上报在线运行情况联系单，全年上报反馈联系单196份。联网率98.65%，运行率99.62%。短信报警3568条，异动报警312条。7月，制作完成“嘉善环保天地图”并投入试用，实现环保在线监测、监视和监控。10月，制作完成“嘉善环保天地图”公众版并投入试用。

【项目审批服务】 发挥环保审批在预防环境污染和生态破坏方面的“源头控制”作用，切实执行好“三位一体”的环境准入制度和“两评结合”的决策咨询机制，确保项目建设、运营符合空间环境准入制度、总量环境准入制度和环评审批要求，符合公众意愿。全年，完成建设项目环境影响评价文件审批369件。全面梳理2003年以来审批的项目，逐一开展现状核查，对核查过程中发现的未批先建、未验收先投产等违法违规行为依法查处，并督促企业做好整改工作。

【研发智慧环保新平台】 借助物联网技术，在原有的污染源在线监控软件平台基础上，在全省首家研发打造智慧环保新云平台——嘉善环保天地图，并于7月运行。该地图分污染源、生态文明、环境质量、应急预案4个模块，其中污染源采用GPS定位，能直观、动态地了解全县103个污染源在线监控企业、9个地表水站、2个大气站、3个噪声点的具体位置、基本情况、当前及历史在线数据、视频等。企业污染物一旦超标，该平台会明确污染源的确切位置，系统会在地图上以红标闪烁，同时发送报警短信。提供信息查询、数据输入输出、统计分析等各项便利。地图公众版建设于9月底完成并上线运行。

【辐射管理】 全年，完成9项核与辐射项目审批、核发辐射安全许可证4个(含许可证变更)、完成7个电离辐射项目和6个电磁辐射项目验收，同时加快违法违规项目清理，排摸的7家验收不及时的项目均完成整改。切实强化日常执法检查，对全县所有核技术利用单位和废旧金属熔炼企业进行现场检查监测，未发现辐射水平异常的情况。在全市率先开展核技术利用核安全文化宣传贯彻，组织对全县核技术利用单位和金属熔炼单位负责人开展宣传贯彻。探索制作放射性职业病危害告知卡、辐射工作人员权益告知卡和废旧金属熔炼放射性污染风险防控告知卡印发给企业，强化企业和辐射工作人员的自我安全意识。组织企业辐射专管员参加辐射知识培训，辐射工作人员持证上岗率100%。

(程超瑜)

县发展和改革局（县服务业发展局、县人民政府合作交流办公室）是主管全县国民经济和社会发展宏观调控、指导总体经济体制改革以及物价管理、服务业发展、合作交流的县政府综合职能部门。同时承担县推进办和县改革办的管理职能，负责嘉善县域科学发展示范点建设和县域科学发展综合配套改革推进工作。下设办公室、综合规划科等10个内设科室，下属参公及事业单位6个，全局有在职在编人员60人，连续10年以上获县委县政府目标责任制考核优秀，2015年获“三比一争”考核、党风廉政建设考核等11个考核项目的优秀或先进单位称号。

全局廉政教育学习大会

服务业招商大会

《中华人民共和国价格法》实施十八周年宣传咨询现场

嘉善县域科学发展主题馆

推进寄递业实名制改革试点项目。

2015年，嘉善县公安局围绕县委、县政府中心工作，紧扣县域科学发展示范点建设和全面深化公安改革主题，以智慧警务为引领，以“全国模范公安局”十周年为契机，大力推进“四项建设”，统筹抓好社会面管控工作，努力在服务大局、平安建设、合成打击、治安防控、规范执法、队伍建设等方面实现新突破，确保全县社会治安的持续平稳，全年全县刑事警情、刑事立案及破案绝对数呈现两降一升的良好态势。

县委、县政府举行纪念嘉善县公安局被国务院授予“模范公安局”十周年座谈会。

召开114社会化移车服务和出入境预约办证服务新闻通气会。

严查酒驾、超员等交通违法行为。

创新开展“智安家庭”“智安小区”“智安街区”
设，推动信息化建设向深度应用。

开展“两打三防”大会战等专项行动，严厉打击各类违法犯罪活动。

护航世界互联网大会·乌镇峰会。

民警向市民宣传防盗、防骗、交通安全和禁毒等方面的知识。

市公安局党委委员、副局长吕桂华专程到魏塘派出所看望慰问因公负伤民警聂光兵和陆冬清。

开展全警“练精兵、强素质、提绩效”比武竞赛活动。

整合警力资源，创新推出“一区三警”街面勤务机制改革，提升城区治安防控能力。

加强队伍教育管理

5月15日，国家人防办副主任杨青山一行到嘉善调研指导。

9月8日，省住建厅村镇处副处长王山红到嘉善调研渔民上岸安置工作。

6月11日，副县长施晓松与县人大代表见面沟通，征求城建意见。

10月21日，县委常委、副县长沈康明到县公积金中心调研扩面工作。

8月2日，国家优质工程奖专家复查组对嘉善科技创业服务中心二期工程进行现场复查。

11月30日，县住建局组织局属各部门相关专业人员对全县农民建房通用图集优化进行讨论。

3月5日，专家组对姚庄镇文体中心“南湖杯”优质工程进行复查。

4月20日，省专家组对嘉善县第一人民医院“钱江杯”优质工程进行复查。

11月6日，嘉善县举行村庄规划预审。

5月16日，在嘉善县体育馆召开经适房配售大会。

9月1日，体育路下穿沪昆铁路改扩建工程封道施工。

晋阳东路东入口景观改造工程

车站南路东侧（人民大道至阳光路）人行道改造及维修工程。

车站南路西侧（人民大道至阳光路）人行道改造及维修工程。

嘉善县生活垃圾焚烧发电项目

嘉善县生活垃圾焚烧发电项目

平黎公路改造提升工程（一期）路侧绿化之世纪大道交叉路口段绿化工程。

12月4日，《嘉善县基础测绘“十三五”规划》顺利通过评审。

12月30日，省美丽宜居示范村领导小组到嘉善县督查美丽宜居示范村建设工作。

青龙桥港整治工程

3月24日，省农业厅副厅长王建跃到嘉善调研省级农产品质量安全放心示范县创建工作。

7月29日，农业部处长张梦飞到嘉善调研农产品质量安全追溯体系建设。

12月18日，省农业厅执法总队总队长陆元林、省质监处调研员虞轶俊到嘉善调研农产品质量安全工作。

7月8日，省农业厅领导对嘉善创建国家农产品质量安全县作专题培训。

7月8日，召开创建国家农产品质量安全县动员大会。

在全省草莓管控视频会议上，嘉善作典型发言。

农产品质量安全监管员在基地巡查，并利用“农安嘉善”智慧监管APP上传巡查信息。

9月7日，创建国家农产品质量安全县系列宣传活动走进子胥苑社区。

12月27日，农产品质量安全暨创建国家农产品质量安全县“三进”系列宣传活动走进大润发超市。

国土资源部人事司司长张陟在姚庄国土资源所调研干部管理体制及干部队伍建设工作

《破解国土资源困局的思考和对策》主题讲座

实地踏勘农村土地整治现场

召开嘉善县村干部国土资源法律知识培训会

局领导走访慰问

在全国国土资源系统纪检监察干部培训班上，局领导做勤政廉政绩效管理平台情况介绍。

嘉善县土地利用总体规划（2006-2020年）（2013年调整完善版）规划成果省级评审会

县国土局开展第24个全国土地日宣传活动

局领导班子专题民主生活会

县国税局为入驻电镀产业园的电镀企业送去污水处理劳务退税、环保设备抵减等优惠政策

国美广场开展“猜税谜”活动

2015年是“十二五”规划的收官之年，嘉善县国税局在省、市局和县委县政府的正确领导下，主动应对经济发展新常态、作风建设新常态，勇于担当、有所作为，圆满完成“十二五”时期各项工作目标任务。五年来，全县国税系统组织税收收入从30亿元上升到40亿元，累计完成172.51亿元，年均增长9.65%，累计完成县财政总收入164.08亿元,年均增长9.9%，完成地方一般预算收入47.68亿元，年均增长11.2%。2015年，国税收入首次突破40亿元，达到40.34亿元，创历史新高，确保地方可用财力稳定增长，为嘉善县域科学发展示范点建设作出积极贡献。

五年来，累计落实各项税收减免12.9亿元，受理申报抵扣固定资产进项税额15.1亿元，拉动工业性投资88.8亿元，办理出口退（免）税96.13亿元，其中落实小微企业税收优惠1.5亿元。同时，出台助推县域科学发展示范点建设30条、春风行动总局联系点建设50条、推进县域工业经济稳定增长10条、便民办税提速提效减负专项行动18条等一系列举措，充分发挥税收在稳增长、调结构、促转型、惠民生的作用。

五年来，嘉善国税获县级以上荣誉100多项，多次被评为嘉善县工作目标责任制考核优秀部门、落实党风廉政建设责任制优秀单位和嘉兴市国税系统绩效考核优秀单位，实现全系统服务民生满意站所（窗口）满堂红，其中西塘税务分局获省级群众满意基层站所。

税法进校园活动

第24个税收宣传月税法宣传进企业“新常态 新税风 新梦天”文艺汇演

1月12日，县委副书记、县长许晴督查安全生产工作。

1月12日，县人大常委会主任郑明带队检查安全生产工作。

4月10日，市安监局长徐建设到嘉善调研指导工作。

8月13日，县领导带队督查危化品重点企业安全工作。

6月16日，举行安全生产咨询日活动。

7月17日，举行建筑工程突发事故应急救援演练。

11月11日，浙江大学肿瘤研究所教授、原浙江医科大学校长郑树，浙江大学医学院常务副院长兼浙江大学公共卫生学院院长陈智一行13人到嘉善，与嘉善县政府协商开展公共卫生建设合作事宜。县长祁海龙、副县长高嵩陪同参观县疾控中心应急仓库。

4月15日，县领导姚高员、滕根林、高嵩等调研国卫复查迎检工作。

4月18日，县人大常委会主任郑明带队参加全县开展的“千人进社区，百日大整治”活动。

3月31日，县卫生系统启动“三好一满意”暨“医德医风建设年”活动。

5月10日，举行庆祝“5·12”国际护士节暨“十佳护士”“名医名科”表彰大会。

9月9日，县卫计局、县总工会联合举办嘉善县医务人员综合技能比武。

4月10日，举行技能培训中心签约仪式。

11月8日，举办嘉善县卫生计生系统第二届职工运动会。

10月27日，县委书记许晴在县社会组织培育发展中心进行专题调研。

1月13日，嘉善县顺利通过“省级社会养老服务示范区”建设中期评估。

3月19日，国务院三峡办副主任陈飞率调研组到嘉善县调研指导三峡外迁移民安置工作。

12月6日，公益微电影《恋恋西塘》首映式在县孙道临电影艺术馆举行。

2015，嘉善民政事业得到快速发展。

推进养老服务示范区建设有新成效。全县养老机构床位数4160张，每百名老年人拥有床位数4张，建成城乡居家养老服务照料中心151家，实现全覆盖，并在全省率先实现城乡养老服务“96·4·2”目标。

“救急难”试点任务全面完成。制定出台《困难群众“救急难”实施办法》，在全县9个镇（街道）151个村（社区）统一建立社会救助服务窗口，2015年累计资助6869人次，发放救助金375.42万元。

创新基层社会治理模式有新发展。成功打造全省首条“公益街”——“善人家”，经验做法得到省民政厅和嘉兴市委的肯定。

7月31日，县社会福利中心（惠民街道社区卫生服务中心）工程开工建设，项目占地44.6亩，新建建筑面积约4.45万平方米，设计床位830张，总投资2亿多元。

市长质量奖评审

省质量技术监督局领导在嘉善调研浙江制造认证企业

开展节前大型游乐设施专项检查

召开管桩行业规范管理工作会议

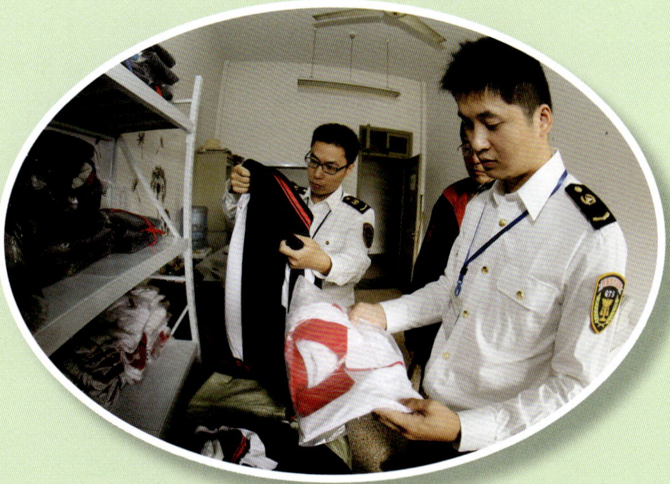

校服质量抽查

计量执法检查

公共场所电梯安全专项检查

5月18日下午，教育部副部长、总督学刘利民专门就嘉善县教育改革工作开展调研。图为刘利民在嘉善高级中学指导工作。

8月21日，省教育厅副厅长丁天乐到嘉善专题调研教师人事制度综合改革工作推进情况。

9月10日，举行嘉善县庆祝第31个教师节表彰大会和“克难担当，改革创新”教育系统校（园）长演讲比赛。

嘉善县第二实验小学获全国青少年校园足球特色学校称号

8月30日，嘉善县吴镇教育集团揭牌仪式在吴镇教育集团吴镇小学举行。

2015年，嘉善县中职学生在全国中职学校学生技能大赛上创历史最好成绩，获3金2银；在浙江省技能大赛上，获3金8银8铜，金牌总数列全市第一。

4月28日，2015香港·江浙沪“中国传统文化教育”论坛在泗洲小学举行。

12月底，举行“西园雅集·画溢童梦”第19届中韩美术交流活动。

11月6～8日，嘉善县第35届中小学生“三好杯”田径运动会在县体育场举行。

1月10日，嘉善县文联新年音乐会举行。

2月19日，嘉善县博物馆举办新春“送展览、送祝福”活动。

12月8日，召开嘉善县博物馆历史文化陈列设计第三次专家评审会议。

10月6日晚，中美篮球邀请赛——浙江稠州银行VS美国波士顿联队的比赛在县体育馆举行。

7月9日，嘉善县文化馆总分馆及“两员”建设推进会在姚庄镇体育馆召开。

2015“善文化”微电影大赛剧本创作讨论会、导演演员编剧见面会、业余演员选拔赛、创作培训班在县文化馆举行。

9月13日，嘉善县群星艺术团民乐社团以参赛曲目《荷塘月色》，亮相温州市东南剧场。

7月10日，嘉善县被中国民间文艺家协会故事委员会授予“中国新故事之乡”称号。

上海浦东合唱团文化走亲嘉善行

平湖、嘉善文化走亲

10月16日晚，2015嘉善县村歌大赛在魏塘街道西项社区“文化礼堂”广场举行。

江西上高文工团到嘉善文化走亲演出

9月29日，县环保局局长邵小华陪同县委书记许晴巡察红旗塘水环境治理工作。

3月10日，省环境监测中心主任张胜军到嘉善县善西空气超级站调研。

9月21日，县环保局局长邵小华陪同县委常委、副县长曹国良到天凝检查环保工作。

4月1日，大舜纽扣行业整治现场会。

12月11日，嘉兴市突发辐射环境污染应急演练现场会在嘉善县召开。

6月27日，县环保局组织市民检查团进行“黑名单企业摘帽“检查。

嘉善县环保局成立于1996年11月，是主管全县环境保护工作的政府工作部门，实行县政府和市环境保护局双重领导，以县政府领导为主。设有办公室、法规宣传科、环境管理科、行政许可科、生态辐射科、信息中心、机排中心7个科室；局下属事业单位2个，分别为环境监察大队和环境监测站；另有魏塘、西塘、姚庄、天凝和开发区等5个派驻镇（街道）的环境保护所；环境监测站下属企业1个，即排污权交易中心。

4月1日，在大舜纽扣行业整治检查中采样。

9月22日，嘉善县“无车日”活动。

嘉兴市住房公积金管理中心嘉善县分中心

公积金受理窗口

部、省、市主管领导及副县长沈康明一行到分中心检查指导工作

庆祝嘉兴市住房公积金制度成立20周年，开展上街咨询服务活动。

嘉兴市住房公积金管理中心嘉善县分中心(原嘉善县住房资金管理中心)成立于2006年6月，为县政府直属副科级纯公益类事业单位，主要负责全县范围内的住房公积金归集、使用和运营管理工作。分中心始终坚持“服务为本”的理念，以广大缴存职工的期盼为导向，着力推进公积金归集、使用的提速增效，进一步发挥在居民住房消费和促进房地产去库存方面发挥积极作用。

2015年，分中心全年归集住房公积金5.899亿元，同比增长14.37%；全年提取住房公积金4.13亿元，同比增长26.69%；全年发放贷款1504户，4.6亿元，同比增长100%。

嘉善塘河道疏浚（全国中小河流治理项目）

县长许晴检查抗击台风“灿鸿”工作

“十二五”时期，嘉善县坚持水利建设和改革创新“两轮驱动”，深化水利改革，加快项目建设，水利事业获得长足发展。五年间，全县水利总投资14.2亿元，完成“十二五”规划目标任务，是投入最大、建设最快、改革最好的一个时期。嘉善县先后获全国农田水利基本建设先进单位、全省第一批小型农田水利重点县绩效考评优秀县、2011-2014全省农田水利标准化建设考核优秀单位、全省市县水利工作综合考核优秀等。

王凝圩区汾湖泵站

干窑镇王家浜（全国中小河流治理重点县综合整治及水系连通试点工程）

嘉善县博物馆

邀请专家举办免费鉴宝活动

新春"送展览、送祝福"活动

嘉善县博物馆是一所公益性的县级博物馆，与吴镇纪念馆、嘉善县文保所合署办公，地址位于花园路178号吴镇纪念馆内。2015年，嘉善县博物馆在第一次全国可移动文物普查工作中，登录藏品2936件，举办新春"送展览、送祝福"活动、"5·18国际博物馆日"宣传活动、"文化资源进社区"文化遗产日纪念活动、纪念抗战胜利70周年活动等，全年组织活动、展览40余次，参与、参观人数5.5万人次。嘉善县博物馆新馆正在建设当中，地点位于阳光大道档案馆东侧，面积约1.2万平方米，开放后将成为市民新的学习、游览和休闲中心。

第一次全国可移动文物普查

嘉善县第七届春兰展

纪念抗战胜利70周年系列活动

"心意水乡·情写西塘"徐晔中国画作品展

"文化资源进社区"文化遗产日纪念活动

5月19日，由省政协民宗委主任沈雪生带队的调研组一行到嘉善县就民间信仰文化现象进行专题调研。

嘉善县龙庄讲寺在嘉兴博物馆举办“方寸皆菩提——百位名家佛印篆刻作品展”。

11月19日，嘉善县民间信仰活动场所集中颁证授牌大会在县社会主义学校举行。

消防演练

12月4日，嘉善县民宗局在县社会主义学校举办全县宗教系统消防安全知识培训班。

县图书馆、博物馆项目开工仪式

县图书馆理事会成立大会

2015年，县图书馆围绕嘉兴市国家公共文化服务体系示范区创建主题，推动全民阅读，进一步加强和完善县图书馆总分馆体系建设，有效地推进县图书馆事业的建设与发展。2015年县图书馆藏书总量869754册，人均藏书量1.51册，新增图书150364册，人均年增新书量0.26册，借阅总册次864835册次，年流通率0.99，到馆总人数1941244人次，年人均到馆次数3.38次，组织下基层服务166次，举办各类读者公益培训24期，参加人数1000余人次。至2015年底，办理各类有效借阅证62498张。2013年8月，开始古籍普查工作，至2015年底完成，历时两年半。普查馆藏古籍5282部21011册，其中古籍3505部16223册、民国时期传统装帧书籍1777部4788册，分别占总数的66.42%和33.58%。

新馆建设方案落定，预计2018年底建成开馆。新馆与县博物馆合

县图书馆新馆东侧沿街透视

图书馆理事受颁聘书

新馆图书馆门厅

建，总投资3.63亿，图书馆主体部分5层，17700平米（不含地下部分），共享区3700平米。 基本完成旧馆改造，改造后的图书馆将给读者提供更多的空间与服务、将相对分散的空间变成相对集中。更新基本设备，新增停车位20个，有效改善读者停车困难的局面。新建成的多功能报告厅能够容纳100余人。

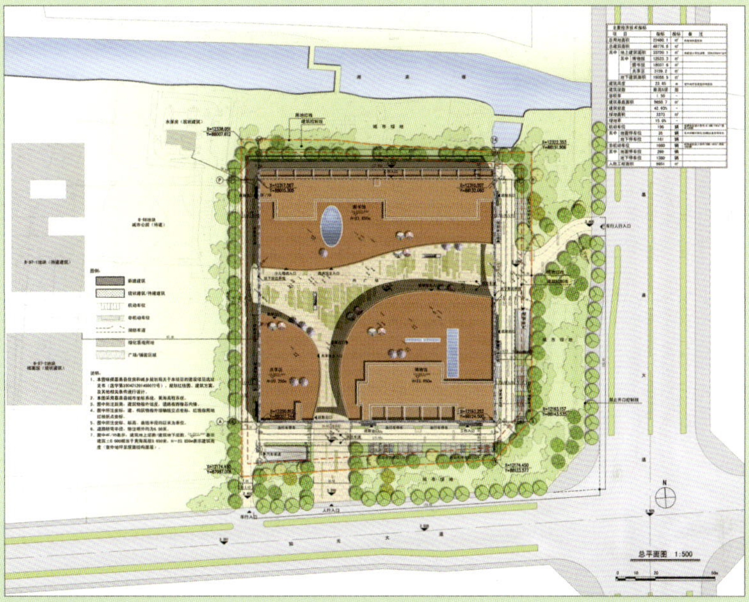

新馆总平面图

县图书馆新馆北侧沿河透视

一里谷农业科技园

恒利购物广场

美丽小区

五水共治

浙商工业园

村歌大赛

拆违

优美庭院

9月22日下午，软通动力嘉善物联网产业基地项目战略合作协议签约落户嘉善归谷园区。

10月31日，浙江省“千人计划”产业园授牌。

3月4日，嘉善志愿服务总站在罗星街道正式成立。

9月23日，中国归谷嘉善科技园“海智计划”工作站授牌仪式暨海归人才对接交流会在归谷园区成功举办。

罗星街道薛家桥小区通过“一创建三复评”和“三改一拆”，小区面貌焕然一新。

10月14日，罗星街道马家桥村电子商务综合平台正式启用，开启“线上、线下”联合销售新模式。

全县第一家文化家园——晋阳社区文化家园。

8月13日，中国归谷嘉善科技园诞生首家上海股交所成功挂牌企业——嘉兴福宁医疗器械有限公司。

罗星街道推进城乡融合发展，街道下辖10个村（城郊社区），平均集体经济可支配收入预计超过600万元。

白马龙港生态景观河道建设初显成效。

罗星街道陈泾港经过半年多的综合整治，面貌一新。

罗星街道“五水共治”持续发力，辖区内161条中小河流实现河长制全覆盖。

8月11日，县开发区（惠民街道）党委书记、主任陆春浩对嘉善华瑞赛晶电气设备科技有限公司进行实地调研。

5月13日下午，市委副书记、代市长林健东率市相关部门负责人到县开发区调研。

县开发区浙江中荷（嘉善）产业合作园入选首批省国际产业合作园。

11月19日，县开发区（惠民街道）第二届全民健身运动会开幕。

9月23日，总投资9亿美元的世界500强项目——铠嘉电脑配件有限公司一期厂房新建工程在县开发区举行开工仪式。

8月14日下午，台湾铠胜集团与嘉善经济技术开发区管委会就铠胜投资嘉善产业基地项目在县会展中心举行签约仪式。

8月18日上午，开发区（惠民街道）联合上海市金山区枫泾镇，出动400多人，对枫南村金三洲地区开展为期5天的环境卫生集中整治。

4月10日上午，县开发区（惠民街道）组织9支先锋志愿服务方队80余人到张汇社区开展环境集中整治行动。

县开发区（惠民街道）虹桥港、许家港整治工程。

11月2日，喜力酿酒（浙江）有限公司进入生产设备调试阶段，12月底投入试生产。

鸟瞰开发区

总投资超50亿元的恒天项目成功签约，被列为省级重点示范项目预选类。

西塘被评为浙江旅游总评榜十佳度假景区。

1月31日，嘉兴出口加工区B区正式升格为国家级综合保税区，是全省第一个海关特殊监管区成功转型范例。

2015年全省综合行政执法现场会在西塘召开。

5月29日，富通集团“工业4.0”光通信全产业链项目在西塘奠基。

安平老年生活社区

西塘镇宣传文化员原创节目《八老太剥画皮》

4月7日世界卫生日，镇村居民共同参与“共创西塘国卫镇·健康生活你我行”的“千人健步行”活动。

富通项目全面建设，工业4.0智能制造研发中心投入使用。

“五水共治”成效显著，23条垃圾河、黑臭河全部转入长效保洁。

2015年，晚稻百亩示范方、攻关示范田亩产分别达到877公斤和912公斤，连续5年列全县第一。

白墙灰瓦雨如烟，古意石桥月半弯。

姚庄镇位于浙江省嘉善县东北部，东与上海市青浦区、金山区相连，西北面与江苏省吴江市隔河相望，被称为浙江省接轨上海“桥头堡”。姚庄镇区域总面积74.48平方公里，辖18个村4个社区，户籍人口39887人，新居民28514人（含不满16周岁儿童4251人），耕地面积4127.89公顷（6.19万亩）。2015年，全年实现地区生产总值61.77亿元，同比增长8.3%；实现工农业总产值285亿元，同比增长6.7%，其中规上工业产值突破210亿元，同比增长8.2%；财政一般预算收入5.76亿元，其中地方公共财政预算收入2.42亿元；全社会固定资产投入49.6亿元，同比增长13.9%，其中工业生产性投入33.7亿元，同比增长18%；合同利用外资1.37亿美元，同比增长55%，实际利用外资0.54亿美元；县外内资实际到位数16.6亿元；农村居民人均可支配收入同比增长12.1%。列浙江省小城市培育考核全省第三名，获评全省政务信息工作先进单位，工业强镇综合评价排名69名，同时，获省级平安镇、创建法治镇先进单位、嘉兴市生猪养殖业转型发

姚庄村晚

中古篮球对抗赛

项目开工

中国乒乓球协会会员联赛浙江嘉善站比赛现场

浙江昱辉一厂

展工作先进基层单位、“无违建镇（街道）”创建工作先进集体，嘉兴市消防工作先进集体、浙江省园林镇、省“五水共治”工作先进集体、浙江省农家乐特色乡镇、浙江省农业技术推广基金会“宝业奖”、全国第三次经济普查市级先进集体、全国计生协先进单位、全国群众满意的十佳计生机构、省级新居民计划生育规范化服务中心等称号。

光伏小区

垃圾焚烧发电厂

《渔之梦》——杨阳

姚庄镇防涝站

新经济产业园

网船会暨“民间民俗 多彩浙江”主题活动现场

WEN HUA
TAO ZHUANG
文化陶庄

陶庄镇，位于嘉善县西北部，地处江、浙、沪两省一市交界点，境内湖、塘、河、荡星罗棋布，一派典型的江南水乡风貌，其中尤以汾湖最为著名，系古吴越分界湖，且上连太湖下通黄浦江，为湖州至上海的湖申乙线航道，是嘉兴三大名湖之一。全镇总面积46平方公里，下辖9个行政村，2个社区居民委员会，1个水产养殖场，户籍人口3万人，外来人口约1万人。2015年，全镇实现地区生产总值18.53亿元，可比增长4.6%；工农业总产值96.85亿元，同比增长1.8%；规模以上工业产值42.03亿元，同比增长3%；固定资产投资9.25亿元，同比增长34.8%；引进县外内资3.03亿元，同比增长28.6%；外贸出口总额5247万美元，同比下降16.8%；财政总收入1亿元，同比下降6.82%；地方财政收入4129万元，同比下降3.49%；农民人均可支配收入27816元，同比增长13.5%。2015年，陶庄镇成功创建省级鳜鱼产业示范区、浙江省放心农贸市场，获嘉兴市“美丽乡村”建设先进镇，陶庄镇卫生院获国家级“群众满意的乡镇卫生院”、省级卫生监督协查服务示范点称号。

了凡善文化陈列室

2015嘉善陶庄投资环境说明会

11月3日，2015中国陶庄第五届了凡善文化节开幕。

陶庄镇汾南村打造美丽乡村精品村

嘉善鑫海精密铸件有限公司文化礼堂

水稻万亩高产示范方汾湖村核心示范基地

2015年全国青年U-16赛艇锦标赛在汾湖水上运动中心举行

修缮一新的嘉善县文物保护点——积善桥

11月，陶庄镇新文化中心建成并投入使用。

10月，嘉善县文化庭院暨家风家训建设工作现场会在干窑召开，图为县委常委、宣传部长武曬云参观干窑村文化礼堂。

5月，干窑镇范泾村潘度浜新貌。

2015年，干窑镇党委、政府紧紧围绕“干在实处永无止境，走在前列要谋新篇”这一新使命和“建设县域科学发展示范点”这一总目标，以时不我待的紧迫感和勇挑重担的责任感，团结带领全镇广大党员干部和群众，聚合力强执行、攻重点破难题、争先进位，全镇经济社会事业得到全面发展。

11月，在建的干窑实验幼儿园。

12月，干窑镇康民路“退二进三”地块的商业住宅初具规模。

浙江省美丽宜居示范村——范泾虎啸浜一角

11月，嘉善县村级工业园区整治试点长丰村土地平整现场。

5月，干窑镇首批蓝莓成熟。

6月，干窑镇范东村烘干育秧中心投入使用。

6月5日，全国农村基层党建工作座谈会代表现场考察天凝镇洪溪村。

8月18日上午，浙江盛威安防科技有限公司开工奠基。

11月8日下午，2015浙江嘉善“洪峰杯”第七届中国小康村篮球赛在天凝镇篮球馆开幕。

嘉善大王椰整体橱柜有限公司

天凝镇洪溪村高浜成功创建美丽乡村精品村

8月26日至9月7日，嘉善"辣妈宝贝"参加西班牙龙达国际民间艺术节演出。

11月10日，嘉善雪菜获第十三届中国国际农产品交易会金奖。

10月，天凝镇派出所办公大楼投入使用。

嘉兴支队政委王洪裕与嘉善县委书记许晴共商消防相关事宜。

4月17日，洪溪高速车祸救援。

大队组织官兵上街宣传，为等待乘车的市民发放宣传资料，讲解消防安全知识。

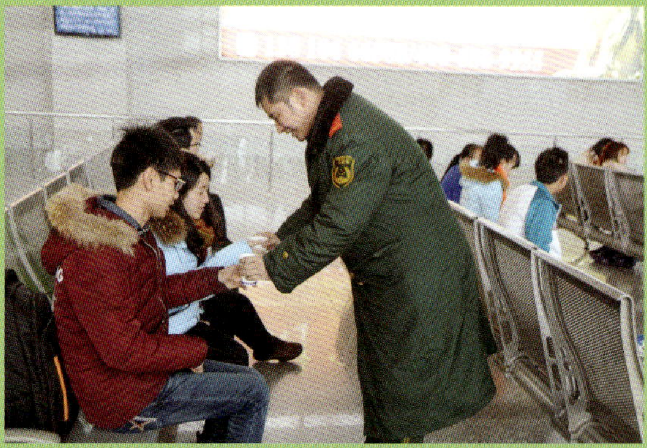

在“霸王级”寒潮来临之际，中队官兵在嘉善高铁南站为广大旅客送姜茶、送温暖。

嘉善消防大队进商场开展消防安全宣传活动

嘉善白水塘路附近农贸市场内一辆小货车凌晨起火，消防紧急扑救。

嘉善成冠教育组织幼儿园小朋友参观消防营区

街道、镇

街　道

魏塘街道

【概况】　魏塘街道区域面积 57 平方千米，耕地面积 2305.5 公顷（3.45 万亩）。常住人口 181281 人，其中户籍人口 85387 人、新居民 95894 人（半年以上），辖社区 9 个、村 16 个，居民小组 924 个、村民小组 328 个。2015 年，实现生产总值 100.16 亿元，同比增长 8.5%；其中第一产业 2.37 亿元，同比增长 3.1%；第二产业 35.64 亿元，同比增长 9.0%（其中工业完成 33.6 亿元，同比增长 8.20%）；第三产业 62.15 亿元，同比增长 8.6%。一、二、三产业比重为 2.37∶35.58∶62.05。财政总收入 7.14 亿元，同比下降 4%，其中地方财政收入 3.14 亿元，同比下降 3.4%；农村居民人均纯收入 30358 元，同比增长 12.0%；城镇居民人均收入 46574 元，同比增长 8.0%。年内，魏塘街道被省政府授予浙江省文化强镇（街道），获浙江省卫生街道、省基层征兵工作先进集体、全省劳动人事争议基层调解优秀单位，被嘉兴市委、市政府授予第二届世界互联网大会·乌镇峰会保障服务工作先进集体、社会管理综合治理先进集体等荣誉。

【农业经济】　2015 年，全镇农业总产值 4.75 亿元，农作物复种面积 5689.06 公顷（85336 亩），其中粮食复种面积 2795.53 公顷（41393 亩），总产量 17352 吨，粮经比例 48.5∶51.5，超额完成全年粮食生产任务。善绿汇、尚品源、九熊黄桃、东征草莓等本地农业自主品牌发展势头迅猛。成立村级农产品质量安全协管员队伍，实现农产品质量安全监管全覆盖。集种植、科研、示范、创意、生态、教育等为一体的“一里谷”现代科技农业园区正式投产，全县首家立足安全农业的 OTO 电商直销平台正式上线。作为全县唯一参加省农博会的企业代表，其利用纳米膜技术种植的蔬果产品得到省委书记夏宝龙高度肯定。全县最大杜鹃花出口生产基地——嘉善联合农业科技有限公司建成连栋大棚 3.46 万平方米，可培育杜鹃花苗 60 万株。嘉善乾贸黄桃专业合作社等 13 家农业生产主体全部配备农产品质量安全追溯系统。

【工业经济】　全年完成工业产值 210.1 亿元，同比增长 5.5%，其中 90 家规模以上企业累计完成工业产值 138.54 亿元，增长 5.9%，32 家亿元企业全年累计实现产值 118.9 亿元，占全部规模以上产值的 85.8%，同比增长 13.5%。传统产业转型升级成效明显，省重点项目裕华木业利用“双反”成功优势，加快项目建设，一期 5.4 万平方米厂房投入使用，并向红木家具产业延伸。特雷通、圣诺盟等高端家居用品生产企业快速发展。引进久源实业、国泰网业、兴金成纸塑等企业，浙江明烁节能科技股份有限公司成为全县首家在全国中小企业股份转让系统挂牌交易的公司。加快推进落地项目建设进度，实行全过程跟踪服务。全年千万元以上工业项目 55 个，其中新建项目 45 个，完成投资 7.09 亿元；竣工项目 49 个，其中当年新建项目竣工 40 个。列入全县年度重点工业项目 11 个，实施“四换”项目 30 个，其中机器换人 22 个，减少用工 829 人，削减能耗6545吨,新增主营业务收入17.5亿元以上;产品换代4个,项目换质4个。获嘉兴市"二次创业转型发展"乙级工业园区荣誉。

【招商引资】 开展融入上海、浙商回归两大专项行动,创新开展驻点招商、二次招商、以商引商、网络招商、产业链招商等多种形式。派驻4名干部蹲点上海,走访企业75家,走访政府机关、中介机构23家,获取上海及"长三角"地区项目信息15个,引进该地区到位资金14.06亿元;引进浙商回归重大产业项目3个,总投资4亿元,完成目标任务的111%。组织人员赴上海、广东、江苏等地招商70次,接待投资考察人员112批次。全年已批项目38个,总投资6.9亿元;在批项目6个,总投资1亿元。合同利用外资3752万美元,实际利用外资1756万美元;实到县外内资10.52亿元;新增注册资本4.67亿元。

【服务业】 以重点项目为依托,按照总体规划,加快推进320国道商贸物流带建设,发挥服务业发展规模化效应。东方兴业城完成一期13幢主体建设,进入竣工验收阶段;华东国际建材家居城顺利结顶;开华实业仓储物流项目、润土嘉和两个项目年内竣工。福特江铃汽车4S店、水韵金城大酒店开工建设;浙江同城市场投资开发有限公司在上海股权托管交易中心、中小企业股权报价系统挂牌上市,实现嘉善文化产业对接沪上资本市场"零突破"。列入县重点服务业项目11个,全年服务业固定资产投资17.6亿元,同比增长15.6%;房地产投资7.5亿元,同比增长22.5%。新增法人单位287家,引进总投资超亿元项目1个、超5000万元项目4个、超3000万元项目4个、超1000万元项目6个。

【科技创新】 突出企业创新主体地位,加大科技创新投入。裕华木业成为全县唯一一家省级专利示范企业申请单位。长盛滑动是全县仅有的2家省级企业研究院申请单位之一。嘉兴北化高分子助剂有限公司与首批国家级千人计划特聘教授胡国华签订合作合同,实现街道"国千计划""零突破"。爱迪曼环保科技入选第7批院士工作站,并授牌。裕华木业"鹦鹉"牌地板是全县唯一一个浙江出口品牌。龙森木业申报"浙江制造"。2015年,街道规模以上高新技术产业产值23.82亿元,同比增长21.6%。工业新产品产值72.1亿元,产值率52.1%。研发资金2.1亿元,发明专利授权9项。申报省级新产品立项33项,申请专利543项,其中发明专利71项,实用新型专利339项,外观专利133项。

【平台建设】 深化园区建设管理。完成"一纵三横"道路建设,新建园区道路1.98千米;完成魏中村湘家路、迎春路改造工程及木业大道北支路建设;启动中寒圩至智果康庄联网道路的"一路一桥"工程;新增绿化面积1.81万平方米,绿化率26%;污水管网铺设2878米;征地拆迁37户。全年基础设施建设投入3895万元,完成全年任务的129.84%。

【环境整治】 按照"一创建三复评"要求,成立7个专项整治组,投资1500万元,对城桥、城东、车站、西项、庄港等城郊结合部的村(社区)进行全面综合整治。取缔废品收购点160家、小锅炉17只,整治五小行业539家。严控216家重点企业污染物排放,并制定一企一策,无发生秸秆焚烧、垃圾焚烧事件。重点对国庆村六庵浜整治。组织"千人进社区,百日大整治"和"奋战四十天、合力解难题"行动,整治卫生死角1301处,清理乱堆放1493处、乱张贴13841处,清除平整土地4公顷(60亩)。完成22个小区补绿工作,补绿面积2.53万平方米;改造施家北路、县府路、中山路等主要道路两侧围墙651处29647.36平方米。40个重点区域的弱电线路全部整改到位。街道创建浙江省卫生街道。通过国家卫生县城、全国文明县城、浙江省文明县复评和全国文明城市的第一年测评。

【"五水共治"】 落实"河长制",细化"一河一策"。完成陈家浜、墙门埭、西江泾、湘家浜、莫海浜、新开河、郎家浜、安桥8条黑臭河整治,47条"三河"全部通过县级验收。打造张家桥、梅家浜、岳家圩、柱头港4条示范河道。疏浚河道20千米,建设生态护岸16千米,清理河道沉船158艘,阻水坝基3处。制定《魏塘街道河道长效保洁考核办法(试行)》,落实河长巡查机制,实现街道220条河道河长制全覆盖。完善防汛防台体系建设,调整防汛网格及责任人，成功抵御台风“灿鸿”。完成农村生活污水治理984户、工业企业污水入网81家，超额完成目标任务。城郊接合部陈家浜、安乐桥、南洋浜等8个集聚小区开展生活污水改造工程，涉及913户。

【“三改一拆”】 全年完成“三改”面积76.2万平方米，其中旧住宅区改造23.8万平方米、城中村改造41.4万平方米、旧厂区改造11万平方米。“一拆”全年累计拆除2241户，拆除面积32.99万平方米。全面启动农房集聚小区拆违攻坚行动，拆除违章建筑1643户14.9万平方米，城东、城桥等6个城郊村(社区)集聚小区基本实现“无违建”。完成2014年度遗留的卫片执法任务，拆除45宗，复垦土地16.12公顷(241.79亩)。城东、城桥等11个村(社区)申报“无违建村”。拆除违章猪舍2.45万平方米，禽舍2.01万平方米，虹桥、三里桥等4个村申报无违建猪舍村。

【水利建设】 基本完工二轮圩区整治项目虹桥圩区，改建堤防6.4千米，新改建防洪墙2千米，新建排涝站1座；朝南圩区加高加固堤防5千米。第四批小农水重点县项目——长秀灌区改造工程全部完工，加高加固堤防9.6千米，修建护岸9.85千米，改建水闸10座，新建排涝站3座。网埭港灌区改建完成4座泵站，进入渠道建设阶段。

【城乡建设】 村庄布点规划并启动建设，解决农民刚需建房478户。完成中心点C区(善和苑)7幢公寓房建设。对51.8千米通村道路和70座桥梁进行日常维修。完成城区农房危房解危18户。制定车站四社城中村改造方案。完成跨海大桥北接线(魏塘段)、丁诸航道(魏塘段)、地面水厂第二原水管道等工程前期调查摸底工作。基本完成三里桥柱头港生态河道、九曲桥、“微田园”、万亩桃园等工程建设。城桥、城东通过市级优美庭院示范社区考核验收，三里桥柱头港、里泽潘家浜等7个点通过县级“微田园”示范组考核验收。实施第二轮强村计划，涉及7个村。

【社会保障】 城乡居民社会养老保险、合作医疗基本实现全覆盖。新增参保人数552人，1678人次享受“4050”社会保险补贴，城乡居民合作医疗参保34623人，参合率99.94%，其中个人筹资1035万元、街道财政补助1055万元，合作医疗基金补偿37.5万人次，补偿金额3008万元。推进大众创业促进机制，累计新增就业岗位3700个，帮助2300名失业人员再就业，办理就业失业证401人次，签到领取失业金4367人次，完成全民参保和就业状态调查登记工作，入户调查85461人，录入浙江省全民参保和就业状态调查登记系统22983人，完成目标任务。构建和谐劳动关系，对535家规模以下租赁企业及规模以上成长型企业进行欠薪隐患排查，处置欠薪案件102起，涉及418人，涉及金额256万元，成功创建浙江省劳动人事争议基层调解优秀单位。拥军优属活动形式多样，开展节日走访慰问活动，及时足额发放优抚金和退伍军人安置补偿金。全面完成征兵工作任务，获评浙江省征兵工作先进集体。落实完善计划生育关怀行动，探索帮扶路径，促进失独家庭关爱工作开展；深入推进“幸福家庭关爱工程”，打造“关注男性健康，构建和谐家庭”魏塘品牌。不断完善社会养老体系，实现城乡社区居家养老服务照料中心全覆盖。

【公共服务】 加大教育投入，扶持学前教育，启动里泽幼儿园改扩建工程，加强对无证幼托机构整治规范工作，2015年，审批8所看护点，关停16所无证幼托机构。深化新居民融合教育，着力提升新居民子女教育水平。依托社区教育中心推进职业教育、成人教育和社区教育，争创全国社区教育示范街道。加大环卫基础设施投入力度，健全公共卫生保障机制，开展大肠癌和妇女“两癌”筛查工作。加强食品药品安全监督和专项整治，重点开展企事业单位和民办学校食堂日常监督和整治，创新乡村厨师规范管理，成立嘉善县首个乡村厨师协会。街道便民服务中心创建成市级巾帼文明岗，得到省委组织部部长廖国勋的肯定。全年接受群众电话咨询1500余件，办结解答各项便民服务事项16328件，按时办结率、现场办结率100%。

【文化建设】 文化阵地建设不断完善，街道文化中心主平台和市场化运作机制作用发挥明显，6个村级文化礼堂全面进入日常化管理，9个城市社区“一社一品”特色文化更加丰富。文化四季(好声音、好舞蹈、好童声、好戏曲)赋予基层文化新的内容。2015年,举办各类文化活动816场次,其中大型活动89场次、文艺下乡119场次、群众文化培训34项172场次、放映电影436场次,受益群众25万人次,原创节目21个,获县以上比赛金奖9项。成功创建浙江省文化强镇、第三批“浙江省老年体育特色项目之乡”,魏塘田歌合唱团获全国首届“和之声”最美和声奖。

【社会治安管理】 创建嘉兴市法治街道、嘉兴市平安街道。大力推进“省平安建设信息系统”与“网格化管理、组团式服务”的“两网融合”,将原有的161个网格优化调整为143个,设网格长461人。完成城桥社区治安重点区域整治,初步建成街道“智安小区”。依法开展社区禁毒、社区矫正工作,全年未发生社区戒毒(康复)人员及矫正人员重新犯罪案件。通过“六五”普法考核验收。做好互联网大会安保工作。明确包案领导和责任单位,落实重点人、重点事的化解稳控措施,安全生产实现3个“零增长”。省级火灾隐患重点区域南暑木业集中区、市级火灾隐患重点区域320国道魏塘段两侧提前完成整治,通过省市级验收。国际木雕城建立全县首家消防体验馆。获嘉兴市互联网安保工作先进集体。

【干部队伍建设】 深化基层党组织建设,先后被列为全国农村基层党建工作座谈会和全省基层组织建设现场会观摩点,新居民党建工作经验被中组部确定为典型经验。落实党委党风廉政建设主体责任和纪检监察组织监督责任,履行“一岗双责”制度,建立党风廉政建设责任10项工作机制。开展村级财务审计二级巡察。2015年,查处各类违纪案件15起。针对公款购物送礼、食堂公务接待、工作纪律等内容进行明察暗访,开展正风肃纪检查43次,严防“四风”问题反弹。配齐“三员队伍”,创新“一单三会”、“七岗”监督、监督晒廉等机制,深入推进村务监督工作。 (董秋林 丁海萍)

罗星街道

【概况】 2015年,罗星街道区域面积39.50平方千米,辖14个社区居民委员会、4个村民委员会、515个居民小组、83个村民小组。总户数17972户,户籍人口50596人。耕地面积1726.5公顷(25897亩)。实现地区生产总值49.25亿元,按可比价格计算,同比增长7.3%。第一产业增加值1.58亿元,同比下降11.8%;第二产业增加值14.57亿元,同比增长4.8%(工业9.36亿元,同比增长14%,其中建筑业5.22亿元,同比增长-8.5%);第三产业增加值33.1亿元,同比增长9.4%。产业结构比3.2∶29.6∶67.2,第三产业比重明显上升,同比提高4.2个百分点。财政总收入4.76亿元,同比增长4.32%,其中地税收入2.16亿元,同比下降2.94%。全年合同利用外资8430.3万美元,同比增长157.2%,实际利用外资1410.17万美元,同比增长-58.5%。外贸进出口总额2.44亿美元,同比增长16.4%。农民人均收入30610元,同比增长12%。年内,街道先后被评为省级“千人计划”产业园、海智计划工作站、浙江省“生态文明教育基地”、浙江省第三次经济普查省级先进集体、利用内资工作十强镇(街道),嘉兴市“二次创业转型发展”乙级工业园区、市级现代服务业集聚区、“无违建镇(街道)”创建工作先进集体等。

【农业经济】 2015年,农林牧渔业总产值2.98亿元,按可比价计算,同比增长-9.3%。农业产值2.79亿元,同比增长-8.8%,其中粮食作物2819.7万元,同比增长7%,油料作物53.2万元,同比增长-20.6%,蔬菜作物1.44亿元,同比增长-9.2%,花卉园艺1149万元,同比增长-20%,茶、桑、果9435.3万元,同比增长-10.4%;牧业产值947.7万元,同比增长-36.4%;渔业产值681.3万元,同比增长24.3%;农林牧渔服务业产值275万元,同比增长8.3%。全年粮食作物面积1393.7公顷(20905亩);经济作物复种面积1534.9公顷(23023亩),经济作物中果用瓜412.6公顷(6189亩)、蔬菜面积1009.4公顷(15141亩)、油菜29.8公顷(447亩)。全年粮食作物总产量9076吨,其中春粮2346吨、晚稻5796吨。经济作物总产量5.76万吨,其中蔬菜4.16万吨、果用瓜1.59万吨。农作物复种面积2928.5公顷(43928亩),农作物复种指数169.62%,粮经比例48∶52。全年农业机械总动力3220台,功率1.42万千瓦,其中,耕作机械总动力578台,功率5437千瓦;排灌机械517台,2422千瓦;运输机械总动力72台,1538千瓦。

【工业经济】 全年街道实现工业增加值9.36亿元，同比增长14%；完成工业总产值63.4亿元，同比增长5.5%。其中工业区完成产值57.47亿元，同比增长8.5%。规模以上工业企业（年主营业务2000万元及以上企业）30家，完成产值43.32亿元，同比增长16.4%，实现销售收入37.4亿元，同比增长16.2%；实现利税3.6亿元，同比增长5.3%。销售收入超亿元企业13家，实现销售收入30.79亿元，销售收入占规模以上企业总额的82.3%，三大主导产业（装备制造业、纺织业、家具制造业）实现销售收入26.38亿元、利税2.64亿元、利润1.77亿元，占总量比重分别为70.5%、75.7%、73.3%。新增成熟项目信息78个，签约项目42个，实施机器换人项目34个，总投资6.58亿元，完成目标任务的320%。

【服务业】 培育和发展楼宇经济，在上海举办两次楼宇经济专题推介活动，全年税收千万元以上楼宇5家，分别是财富广场、时代广场、开元广场、科创中心、归谷创业中心，楼宇经济考核全县名列前茅。加大招商力度，引进5000万元以上服务业项目7个、3000万元以上项目6个、1000万元以上项目25个。提高投入质量，街道聚焦北京、天津、上海、"长三角"等地科技园区、中介机构、人才协会等，推进"四百招商"。成功举办浙江省海高会医疗器械"千人计划"专家嘉善行、欧美同学会高级研修班等一系列大型招商活动。拜访、接待客商250批次，新增成熟项目信息76个，签约项目42个，全年完成到位资金3.99亿元，完成全年目标任务的111%。全年高新技术产业实现产值23.24亿元，增加值4.84亿元，分别同比增长20.3%和15.7%。加大对企业技术改造和科技创新支持力度，出台科技项目及专利财政扶持政策，发放科技补助16.63万元。街道全年申报省级新产品38项，县级科技产业化项目2项，列入省科技型中小企业3家，认定市级创新型企业3家、县级2家，认定市、县级研发中心各1家，9家企业30多项省级新产品申报验收鉴定。

【社会事业】 保障体系不断完善，村、社区实现就业全覆盖。办理就业失业登记证323人，发放失业金超过390万元。完成"4050"社保补贴1256人，补贴金额近250.8万元。合作医疗参保人员21666人，参保率99.68%，其中低保、特困职工、优抚、残疾人员参保率100%。发放合作医疗补偿（包括联网医院）227324人次，补偿总额超过2002.78万元。发放低保、社会救助、困难优抚等各类资金超过400万元，惠及1228人。启动嘉华春晓、同欣、泗洲、祥云4家幼儿园建设，整治无证托幼机构，开拓思路，破解学前教育入园难题。推进"善文化"建设，举办2015年嘉善县台球擂主大赛、街道第二届男子篮球赛、原创作品大赛，举办文化体育活动186场次、送电影下乡60次。

【平安建设】 加强社会治安综合治理，推进平安建设，化解社会矛盾，调处各类矛盾纠纷210起，调解成功率100%，涉及429人次，经济标的金额435万元。受理群众来信来访125件，同比下降14.38%。圆满完成第二届世界互联网大会·乌镇峰会安保任务，被嘉兴市委、市政府授予"第二届世界互联网大会·乌镇峰会保障服务工作先进集体"称号。

【城市建设】 万联城、温州大厦等一批重点建设项目顺利推进，新城区12个重点项目投资17亿元，完成年度计划的131.2%。高铁新城征迁，2015年完成评估223户、签约205户、腾空279户，确保新城建设顺利推进。杭州湾跨海大桥北岸联接线征迁工作全面启动，城西地藏禅寺城市有机项目扎实推进，签约搬迁各类企业27家。

【新农村建设】 完成鑫锋、库浜、马家桥等3个村庄总体规划修编，并进入报批阶段。制定出台《罗星街道实施新增户公寓房安置的若干意见（试行）》。加快中心集聚点建设，总投资2568万元的5幢116套公寓安置房建设基本完成。鑫锋村潘家浜小区二期基础设施全面启动。完成鑫锋村横港小区一期基础设施建设。马家桥村姚浜新社区建设进入招投标阶段。库浜村严家浜、鑫锋村蔡家桥港2个美丽乡村保留点基本建设完成。推进"优美庭院"建设，库浜、鑫锋、李家等3个村（社区）创建为市级"优美庭院"。

【违建整治】 3月，在全县率先开展城中村拆违，因地制宜拆改结合的方式,拆除农户违建点934处34000多平方米,钱桥社区沈家埭小区违建农家菜馆等一批社会影响大的重点违建得到彻底整治,城中村居住环境显著改善。李家、魏南、城南等社区探索基层违建管控机制,将违章搭建管控纳入村规民约,与居民年终考核相结合,调动居民积极性,强化群众自治意识,有效推进违建整治工作。魏南社区实施油车新村东区改造,拆除违章建筑。

【"五水共治"】 年内,实现辖区内161条中小河流"河长制"全覆盖。加快养殖业转型,拆除违章猪舍46户4482平方米、禽舍6户9257平方米、羊棚5户4978平方米,年末生猪存栏356头,实现生猪养殖"自由落体"。探索政府购买服务治水新机制,在鑫锋村试点开展市场化长效保洁,提升长效保洁水平。打造治水样板工程,投入超过2500万元,实施白马龙港综合整治项目,建设成全市"双推"活动现场观摩点。

【实验室创建】 2月,中国归谷嘉善科技园嘉善博耐精密仪器有限公司下属子公司标信材料检测技术(上海)有限公司经中国实验室计量认证,获得CMA证书,创建为国家认可、完全民营的金属材料检测和失效分析专业实验室。博耐精密仪器有限公司于2011年入驻中国归谷嘉善科技园,主要从事材料检测自动精密仪器产品研发和制造,同时提供检测材料一体化解决方案,产品设计、改进,新产品质量鉴定,现场质量鉴定和分析,机械材料理化性能检测(力学性能、金相检验、化学分析),及相关技术咨询服务、技术培训。标信材料检测技术(上海)有限公司是上海市机械失效分析协会秘书处挂靠单位,拥有郑文龙、王印培、张寿柏等资深失效分析专家十余名。

【党建调研】 3月3日,中央党建工作领导小组秘书组处长鲍世斌到和合社区调研农村基层党建工作。嘉兴市委组织部、嘉善县委组织部、罗星街道等领导陪同调研。鲍世斌一行参观和合社区"两堂四廊"和"田家英和合调查"展室,了解文化礼堂开展宣讲活动具体情况。

【新社区成立】 4月,街道在原先5个城市社区基础上再新成立新联、江南、泗洲3个城市社区。3个新社区地处县城市发展建设新区,将正式开始承担城市社区各项功能与服务,建设和管理。

【职校实训中心培训】 3月24日,位于街道城西工业园区内的嘉善县优资人力资源职业培训学校实训中心开班启用,近百名学员学习"起重机械操作与管理"相关理论和实践操作知识。该校创办于2012年5月。2014年10月,学校开工建设自己的实训中心,建筑面积3000平方米,有电焊工实训部、电工实训部、起重机实训部和叉车实训部等8个教学部,至年底,开设电工技术、叉车工技能、汽车维修、食品安全管理等20多个培训项目,年培训8000人以上,可为3000人提供就业机会。实训中心是浙江省质量技术监督局设立的特种设备考试考点之一,也是全省唯一的县级考点。

【餐饮及食品安全管理】 5月20日,全县首家乡镇、街道层面的餐饮协会——嘉善县罗星餐饮协会成立。12月,街道出台《罗星街道餐饮行业食品安全积分检查实施方案(试行)》,向辖区内每家餐饮店发放"食品安全积分检查卡。"至年底,街道内餐饮单位超过600家,实行食品安全积分管理主要针对道路沿线所有营业单位,有效弥补原有网格化监管的盲区和漏洞,提升监管覆盖面。

【人大联络站"互联网"模式】 8月,全县首个人大代表网上联络站——罗星街道人大代表网上联络站正式开通运行。网上联络站开通标志选民和人大代表联系方式进入"互联网"模式。群众可通过上网了解罗星街道人大工作最新动态,通过点击"我们的代表",查看罗星街道各级人大代表个人基本信息,同时将自己想提的建议及意见提交到网站上,人大代表收到留言后,按照有关法律法规及时处理。2015年,人大代表联络站接待选民55人次,收集意见、建议16条。

【村电子商务平台启用】 10月14日,马家桥村建立全县首个农村电子商务村级综合服务平台并举办启用仪式,县、街道、村、社区有关领导和种植大户40余人出席。马家桥村是农业部认定的全国"一村一品"示范村,有"中国甜瓜之乡"称号,是嘉善首个国家级农业示范区。全村大棚种植面积233.33公顷(3500亩),占耕地面积88%以上,90%以上的农户从事大棚瓜果蔬菜种植。甜瓜成为村民增收的重要产业。村电子商务平台建立,通过“1+N”运作模式,把甜瓜产品进行线上推广,逐渐推动甜瓜销售模式从单一传统模式向“线上、线下”联合销售新模式转变。 (周洪林)

开发区(惠民街道)

【概况】 嘉善经济技术开发区(惠民街道)区域面积65.5平方千米,下辖7个村、3个农村社区和4个城市社区,常住人口2.8万。2015年,街道地区生产总值69.62亿元,比上年增长7.5%;财政总收入17.85亿元,比上年增长16%,其中地方财政收入7.57亿元,比上年增长14.2%;农民人均纯收入29038元,比上年增长13.5%。

【农业经济】 2015年,街道完成1333.33公顷(2万亩)粮食功能区建设,粮食产量2.45万吨。抓好粮食高产示范方建设和晚稻新品种试验,以新润村为晚稻整村制绿色防控试点,启用大泖村育秧烘干中心,加强农业社会化服务。现代生态循环农业示范区建设,推广农业循环资源化利用模式,抓好生猪减量提质转产转业工作,引进农业新品种、新技术、新模式,在沪举办蜜梨推介会,扩大优质农产品供沪销售市场。抓好农产品品质管理,建立农产品质量安全协管员队伍,规范农产品经纪人管理。新规划申报高标准农田建设666.67公顷(1万亩)。抓好农村土地综合整治,土地复垦立项14.27公顷(214亩)、竣工7.33公顷(110亩),土地开发立项10.13公顷(152亩)、验收8.33公顷(125亩)。

【工业经济】 见“经济园区”篇目中“嘉善经济技术开发区”分目。

【服务业】 全年,街道服务业投资20亿元,规模以上服务业营业收入42.93亿元。引进宝湾物流等重大服务业项目。设立爱婴室物流总部,推动华润——特易购成立华东地区物流总部,争创省级服务业集聚平台。鼓励科技型企业主辅分离,发展楼宇经济,推进区中园生产性服务业项目招商,建立每月房地产企业统计反馈机制。完成第二届商会换届选举,商会大厦主体建设基本完成。

【城乡建设】 推进农房改造集聚,完善新村庄布点规划,实施农户参与农村土地整治项目选择公寓房安置工作,安置54户。落实渔民陆上安居政策并开展前期工作。推进虹桥圩区二期建设,完成投资5100多万元。推进老集镇防洪改造。推进农村道路建设,加强路桥日常养护管理,改造完善老集镇基础设施。基层防汛防台体系规划建设通过省级验收。

【环境整治】 实施白水塘惠民段、嘉善塘南岸护岸等河道综合整治工程,中小河流治理重点县综合整治及水系连通试点工程进入扫尾阶段。全面落实“河长制”,国控断面水质考核为优秀,整治黑臭河道19条,综合整治示范河道4条,新改造农村生活污水治理1272户,改造率超80%,拆除违章猪舍(羊棚)1.8万平方米,落实河道专业化长效保洁。推进“城乡环境综合整治三年行动计划”,突击“两违”整治,先后对横泾桥、张汇、毛家、大通、优家等村(社区)实施集中攻坚拆违,累计拆除违章建筑1500余处、面积27.3万平方米,实施“三改”面积50.5万平方米。抓好“公铁”沿线环境整治,完成卫片执法整改27处、面积7.07公顷(106亩)。加强秸秆综合利用,有效减少对环境影响。

【社会保障】 2015年,街道财政支出投入民生事业1.17亿元,同比增长12.6%,占财政总支出的80.5%。规范城乡居民低保运作,对特困群众及时救助,累计发放低保金、救助金、慰问金和补贴185万余元,受益群众600多户、近700人;慈善工作帮助尿毒症患者免费血透20人;危旧房救助改造14户。开展节假日慰问以及“党群联心、双帮圆梦”结对帮困活动。促进就业,实施技能人才培训。扩大社会保障覆盖面,全年职工基本养老保险净增1861人,医疗保险净增1737人,生育保险净增1703人,城乡居民合作医疗参保率99.6%,城乡居民社会养老保险续保率95%以上。

【社会事业】 创建浙江省文明街道、卫生街道。开展第27个爱国卫生月活动和健康教育,做好病媒生物防治和“除四害”,落实控烟工作。基础教育成果持续巩固,中心幼儿园创建省二级幼儿园,开展无证幼托机构整治。提升学前教育看护点6所、取缔10所,社区教育服务功能增强。统筹人口与计划生育工作,全年享受政策奖扶834人、特扶61人,优生“两免”工作走在全县前列,开展流动人口均等化服务。社会化养老服务不断加强,县社会福利中心项目开工建设,优化村(社区)养老服务照料中心建设,创新开展健康流动服务车项目。落实双拥优抚,做好重点优抚对象结对帮扶和退伍军人安置工作。开展“村(社区)慈善帮扶基金工程”竞赛,发放各类慈善扶助金23.2万元。人民防空、人民武装工作走在全县前列,老干部、老龄、关心下一代、工青妇、史志、档案、民族宗教工作进一步加强。

【文化建设】 弘扬社会主义核心价值观,开展“五季文化大比拼”活动,发挥村级“文化礼堂”阵地作用,华悦木业建成街道首家企业“文化礼堂”。举办第二届全民健身运动会。抓好村级宣传文化员、企业职工艺术团、村(社区)文艺表演队等3支队伍,开展“文化走亲、文艺联办”活动,参加各类文艺会演、文体竞赛取得优异成绩。注重文化传承并修缮了凡墓等文化遗产。《惠民镇志》出版。

【平安建设】 落实全员维稳责任,开展“八大领域”创安专项行动,完成第二届世界互联网大会·乌镇峰会服务保障工作。全年接处警数下降2.7%,其中刑事警情下降16.4%。接待群众民生诉求办结率96%,调处各类矛盾纠纷257件、调处成功率99.6%,获市平安创建先进街道。加强网格化、信息化管理,建立“一格一员一‘平安通’”模式,做好禁毒、反邪教、社区矫正和安置帮教工作,完善重大决策社会稳定风险评估机制。加强劳动监察,规模以上工业企业劳动合同签订全覆盖,及时调处各类劳资纠纷、工伤纠纷,有效预防、化解群体性欠薪事件。开展安全生产专项整治和隐患排查整改,推动企业安全生产标准化、网格化、社会化建设,新增安全生产标准化企业7家,完成36家企业作业场所职业病危害因素识别、检测与评价,开展危险化学品和易燃易爆物品安全生产综合整治专项检查,投入20余万元改造枫南木业集中区域消防设施。培训企业主要负责人、管理人员及特种操作人员,持证上岗777人。普及食品安全法律法规及食品安全知识,开展食品、药品安全专项整治,严打无证制售假冒食品违法行为,加强重点单位食品安全监管及药品安全监管,启动枫南村“家宴中心”建设,开展“土厨师”集中培训,保障农村家庭聚餐安全。推进“三治”融合建设,加强“六五”普法宣传,落实“一村一社区一法律顾问”,推进“三社联动”工作,构筑文明和谐社会。完善流动人口管理,深化居住证制度改革,实施新居民积分制管理,服务提高新居民综合素养,营造和谐共荣氛围。

【机关建设】 2015年,完成机关内设机构“大部制”改革,开展全员岗位竞聘,公开招录招商专员、宣传文化员、村级后备干部以及社区工作人员。开展以“比激情、比担当、比业绩”为主要内容的“争先、创先、率先”主题实践活动,建立“双承诺”绩效管理机制。“走亲连心”活动重心转向民事办理,全街道7517户农户实现走访100%,办结民生实事5361件。

【党的建设】 开展“三比三先”主题实践活动,开展党员先锋志愿服务。新增10家企业加盟“四方红色联盟”,“1+X”组团帮困结对困难家庭268户,落实党员“两地报到、双岗服务”,组建“621”先锋志愿服务方队,推进志愿服务项目化运行。按照“网格党建+专业合作社党建”模式,优化基层组织结构,开办“民情茶坊”(党员先锋站),农村党员参加组织生活到会率由60%提高到85%。强化软弱落后党组织整转工作,以“飞地抱团”模式推动“强村计划”。深化非公企业5S标准化党建,推进“和合共同体”建设,组建青春班组16个,中心企业实现领办党建项目全覆盖。落实党风廉政建设责任制,学习贯彻新《准则》与《条例》,开展廉洁从政教育,规范重大事项决策机制和选人用人机制,加强中心工作督查督办。完善岗位廉政风险排查和风险防控机制。完成5个村(社区)党风廉政二级巡察。开展执纪审查,立案查处党员违纪违法案件5件。

【美丽乡村建设】 以深化提升村庄整治工程为载体,推进“一廊两片四形五区”建设。在惠通村小桥港沿线及枫南新社区打造美丽乡村精品点，编制建设规划，细化项目清单，确定完成时间。通过河道综合整治、农村生活污水治理、环境卫生整治、沿路沿线农房改造美化、景点小品建设、环境氛围营造、道路整修改造、绿化种植提升、特色文化挖掘和产业提升十大工程，推动美丽乡村建设。

【“枫南金三洲”集中整治】 8月18日，开发区（惠民街道）联合上海市金山区枫泾镇出动400多人，对枫南村金三洲地区开展为期5天的环境集中整治，拆除大规模连片违章搭建、清理废品收购点、整治黄赌毒乱象。当天拆违面积超过5000平方米，清理废品收购点十多个。

【老集镇专项整治】 1～8月，分别对惠民、大通、枫南3个老集镇沿路沿街违章建筑进行专项整治。前期，开展调查摸底、发放整改通知书。整治中，枫南集镇拆除南大街、新枫街、千泾塘路、三星路、国道南街违章建筑217处，面积66263平方米；大通集镇拆除新一街、通兴路、通政路违章建筑129处，面积2000平方米；惠民集镇整治拆除小锅炉6只。3个集镇改造提升效果明显，为区（街道）创建“无违建”街道奠定良好基础。 （曹诚超）

西　塘　镇

【概况】 西塘镇位于嘉善县北部，镇域面积82.92平方千米。2015年，全镇户籍人口5.74万人，流动人口800万人次，辖18个村、4个社区。全镇实现地区生产总值50.5亿元，增长13%。财政收入6.51亿元，增长14.7%，其中地方财政收入3.01亿元，增长14.3%。规模以上工业产值76.5亿元，增长24.3%。实现利税12.3亿元，其中利润11.73亿元。县内外资引进、固定资产投资等指标连续多年保持两位数增长。连续2年列全市小城市考核第一，连续3年列嘉善县目标责任制考核第二，连续6年被评为嘉兴市利用外资十强乡镇、全市新市镇考核前十。

【农业经济】 完成粮食复种面积5933公顷（8.9万亩），产量4万吨。晚稻百亩示范方、攻关示范田亩产分别877公斤和912公斤，连续5年均列全县第一。获沼等4个部级粮食高产核心示范基地和星建等3个万亩“新增千亿斤粮食”项目建设顺利推进。加快发展精品农业，兴龙果蔬创建县级精品农业示范点，新增鸦鹊、柑橘2个县级无公害农产品。农业与旅游产业融合发展，引进特色农产品玫瑰花。农民人均纯收入28116元，增长13.5%。

【工业经济】 实施“机器换人”项目48个，减员2509人，富鼎电子被列入省级百项“机器换人”示范项目。引进总投资超亿元工业项目3个。总投资超50亿元的恒天项目成功签约，列为省重点产业示范项目预选类。合同利用外资1.5亿美元，实际利用外资1.3亿美元，分别完成年度任务的153%和167%。实际利用县外内资8.6亿元，完成年度任务的132.8%。出台纽扣业转型发展扶持政策7条。新增“个转企”企业48家、“小升规”企业7家、新进规上企业3家，产值超亿元工业企业10家。科研与试验发展经费支出占比2%，规模以上企业高新技术产值占比80%。新增国家级高新技术企业1家、国家级星火计划1项、省级科技型中小企业4家、省级新产品19个、申请专利475件、市级专利示范企业1家，创建市级科普示范镇。

【旅游文化】 西塘省级现代服务业集聚示范区获批。全年引进投资超千万元项目20个。服务业投资16.6亿元，增长22.1%。新增服务企业107家，服务业税收7503万元，增长11%。国家AAAAA级景区创建推进顺利，引进智慧旅游PPP（公私合作关系）模式，启动智慧旅游信息化工程建设。完成西入口游客中心等7项服务功能提升工程。举办第三届西塘汉服文化周活动。西塘景区列入第三批全国特色景观旅游名镇名村示范名单。旅游公司获嘉兴市市长质量奖，实现全县市长质量奖零突破。接待游客759.2万人次，增长16.2%，旅游票房收入1.48亿元，增长22%。

【平台建设】 嘉兴出口加工区B区正式升格为国家级综合保税区，是全省第一个海关特殊监管区转型范例。工业园区基础设施建设投入8000余万元，完成年度任务133%。综合保税区二期围网、监管场地、信息系统等基础设施建成运行,建设经验得到市政府领导肯定。电子信息产业园配套功能不断完善,中兴路新建、复兴大道拓宽、知玄港改道等工程建成使用,沈道路、南港路启动建设。完成大舜服装辅料创业园大舜路、强舜路等6条主干道"三纵三横"生态防护林建设。

【城乡建设】 加快路网建设,贞观路—开源路北外环线全面贯通,完成南苑西路延伸段、西丁公路改扩建工程,推进祥符南路建设。加快城市有机更新,完成总投资3100万元的南苑路立面改造。启动新城南区老工业园及农户征迁。评估企业10家,签约2家,农户签约36户。大舜、下甸庙2个老集镇道路、雨污水管网、停车场规划、执法管理延伸、环境保洁等工作推进顺利。综合行政执法"一机构一平台一张网"管理模式在全省推广。按照"一村一品"建设目标,启动4个美丽乡村示范点和3个美丽乡村精品点建设,荷池浜被列为市级优美庭院,茜墩杨家溇、礼庙西庙浜等7个自然村被列为县级微田园示范点。

【环境整治】 完成大舜村长浜、东汇村饭箩港等4条黑臭河治理,23条河道全部转入长效保洁。完成大舜老集镇污水管网改造工程,新建污水管网10千米,累计98.5千米。农村生活污水治理6800户,其中集中式收集处理约占50%。河道疏浚35千米,综合整治10千米,创建荷池村荷池浜、红菱村网埭浜等3条县级示范河道。防汛抗台能力加强,大舜、南旱、茜墩3片圩区通过验收。启动西塘污水处理厂改造提标建设。125家餐饮单位厨房安装污水油水分离器。整治纽扣行业,开展以查封产污设备,拆除自备锅炉为内容的"零点行动"等专项执法4次。纽扣生产企业由原来的1030家削减至636家,削减率近40%,淘汰各类产污设备5577套。创建"无违建"镇,全年旧厂区、旧住宅区和城中村改造63.1万平方米,拆除各类违章建筑30.7万平方米,其中拆除违章猪舍1.2万平方米,生猪存栏量减少6827头。联动县行政执法局、县新居民局等部门500余人,开展翠南新社区违章搭建集中整治行动,通过省级美丽宜居示范村验收。完成申嘉湖高速公路西塘段、善江公路西塘段、西丁公路等主要道路重点区域环境综合整治。

【社会事业】 正式启用嘉善三中新址。大舜幼儿园改扩建工程竣工。西塘镇中心幼儿园迁建项目开工建设,举办第十九届中韩儿童美术交流活动。卫生计生事业稳步发展,完成大舜等12座村级垃圾中转房和地甸等4个家宴中心建设,获沼村、朝南埭社区等4个单位被评为省、市卫生工作先进单位。镇"三优"指导中心列为省级示范点。文化事业繁荣发展,被评为省级非遗主题(试验)小镇。开展篮球赛等各类文体活动408场次,新增礼庙村等文化礼堂4个,新增室外文体活动场地2100平方米。村级宣传文化员实现全覆盖。统计工作被评为第三次经济普查市级先进集体。工青妇、史志、关心下一代等工作取得新成效。

【社会保障】 城镇失业人员再就业580人,农村劳动力转移就业850人,开发政府公益性岗位129个。农民再就业培训被列为第一批全国农村优秀学习型组织。西塘工业园区被列为省级和谐劳动关系暨双爱先进园区。社会保障日益完善,户籍人口养老保险参保率98.3%,净增五大类社会保险7712人次。城乡居民合作医疗参保率99.77%。完善劳动关系三方协商机制,被评为省级劳动人事争议基层调解优秀单位。渔民上岸安居工程安置签约34户。养老事业多元发展,镇社会养老服务中心完成装修,安平养老护理院投入运营,形成"机构养老+社会养老""双统筹"服务模式。每百位老人拥有养老床位数3.78张。镇慈善部门被评为省级残疾人文化艺术体育示范基地和市级无偿献血工作先进单位。

【平安建设】 推进"平安西塘"建设,连续9年被评为市级平安镇。化解县领导包案信访积案2件。化解大舜腾成化工项目引起的群体性事件。完成乌镇峰会等重要时间节点安保任务。全镇重点信访人员得到有效教育管理,信访工作连续4年列全县前列。正式运行新居民积分旅游模式。深化安全生产和消防安全责任体系建设,探索实施危化品行业安全生产隐患排查服务外包模式。开展为期4个月的景区安全专项整治,累计整改消防安全、电气线路、食品安全、住宿登记等隐患问题9497条。全面推行景区网格化管理。成立全县首个镇级消防大队。

(周　真)

姚 庄 镇

【概况】 姚庄镇域面积74.48平方千米，辖18个村、4个社区，户籍人口39887人，新居民28514人，耕地面积4127.89公顷(6.19万亩)。2015年，实现地区生产总值61.77亿元，同比增长8.3%；工农业总产值285亿元，同比增长6.7%，其中规模以上工业产值210亿元，同比增长8.2%；财政一般预算收入5.76亿元，其中地方公共财政预算收入2.42亿元；社会固定资产投入49.6亿元，同比增长13.9%，其中工业生产性投入33.7亿元，同比增长18%；合同利用外资1.37亿美元，同比增长55%，实际利用外资0.54亿美元；县外内资实际到位16.6亿元；农村居民人均可支配收入同比增长12.1%。年内，获浙江省小城市培育考核第3名、浙江政务信息工作先进单位、浙江工业强镇综合评价69名、浙江平安镇、创建法治镇先进单位、浙江园林镇、“五水共治”工作先进集体、浙江农家乐特色乡镇、浙江农业技术推广基金会“宝业奖”、浙江新居民计划生育规范化服务中心等荣誉；获评全国计生协先进单位、全国群众满意十佳计生机构；获评全国第三次经济普查嘉兴市先进单位、嘉兴生猪养殖业转型发展工作先进基层单位、“无违建镇(街道)”创建工作先进集体、市消防工作先进集体。

【农业经济】 姚庄黄桃申请集体商标、产业走向“互联网+”、大型超市直销等多模式发展。投资3000万元的蘑菇周年化生产项目开工建设，新增家庭农产26家，联建现代农业综合区成为第六批省级现代农业综合区。农绿合作社获省级著名商标。“三权三抵押”改革试点坚持“确权+登记+颁证”同步推进。完善18个行政村股份合作制改革，完善农村集体土地使用证。至12月底，农村集体经济股权确权率95.5%。“抵押”贷款95笔，占全县总量55.23%；贷款资金6636万元，占总量33.1%，改革经验在央视七套《聚焦三农》栏目专题报道。

【工业经济】 2015年，姚庄镇被评为省70个工业强镇之一。两次承办县“集中开竣工日”活动，13家企业开工建设。渔光互补、良品铺子等一批重点项目在善洽会上签约，总投资23亿元。实施“机器换人”项目67个。浙江田中精机股份有限公司登陆“创业板”，获浙江省名牌产品，杜商精机(嘉兴)有限公司在“新四板”上市。光伏龙头企业浙江昱辉阳光能源有限公司2015年度实现产值100.08亿元，同比增长30.6%。姚庄新经济产业园入选首批嘉兴市新经济产业园，省级开发区考核新进单位。新经济园区，总投资7000万元，规划建设面积18万平方米，分3期建设。项目用地29983平方米，用地内布置8幢标准车间，总建筑面积37774平方米。浙江帕瓦传动设备有限公司、浙江嘉熙科技有限公司获国家高新技术企业。浙江嘉熙光电设备有限公司和中科院工程热物理研究所共建联合研发中心，中国工程院院士麦康森博士在浙江粤海饲料有限公司建立院士工作站。

【城乡建设】 加快姚庄法庭、姚庄医院项目建设进度。推进城东绿地、核心区绿道、西区路网绿化带建设，洪福路、学仕路、兴学路电力上改下全面完成。姚庄体育馆、茜泾塘河滨景观带项目获“钱江杯”和“南湖杯”优质工程。小城市考核获全省第三名，蝉联嘉兴市“十强新市镇”第一名。新改扩建城乡道路5.4千米。完成市场街停车场建设和丁栅停车场大修改造工程。路灯节能改造，路灯亮化率保持95%以上。姚庄、丁栅新社区竣工安置房15万平方米，抽签选房352户。完成18个行政村庄规划评审及报批，北姚浜、洪字圩等美丽乡村精品点形象不断提升。

【生态环境】 开展“一复评三创建”工作，实行集镇和园区卫生保洁市场化运作。加强沿路沿河、城乡结合部、临时摊点等重点、难点部位环境整治。通过国家卫生镇复查，创建省级园林镇、省级农家乐特色镇、省级新能源示范镇。完成85条垃圾河、黑臭河整治，推行河道考核申报制，疏浚河道28条21.8千米。新增农村生活污水治理2455户，工业污水治理66家，3个交接断面水质考核持续优秀。姚北、丁东等6个圩区项目建设和重点中小河流综合整治，建成姚庄智能化圩区管理中心。全年拆除违法建筑236处17.99万平方米，其中拆除违章猪禽舍177户5.8万平方米，实施“三改”面积32.26

万平方米,评为市级"无违建镇(街道)"工作先进集体。

【社会事业】 全年举办招聘会6场、技能培训班10期,村(社区)居家养老服务全覆盖。承办全县"三社联动"现场会和全国企业社会工作试点座谈会。建成全县唯一镇级社会组织创益园,设立全省首个镇级创投公益基金。举办各类文体活动642场次,承办中国和古巴国家女篮对抗赛、中国乒乓球协会会员联赛、全省美丽乡村杯篮球赛。办理征地养老493人,城乡居民参保率98.8%,合作医疗参保率99.8%。健全维稳信访调处机制,应对网络舆情,调处社会矛盾,预防和减少犯罪。完成第二届世界互联网大会姚庄各项任务。率先推行"五证合一""一证一码"。统筹做好国防、双拥、民宗、民防、人口计生、档案、工青妇、科协等各项工作。

4月22日,中古国际女篮对抗赛在嘉善姚庄举行。(姚庄镇 提供)

【干部队伍建设】 坚持依法行政,接受镇人大依法监督和政协民主监督,办理人大代表意见、建议18件。镇人大对综合行政执法局姚庄分局、镇财政局等4个部门评议。加强"五二三"干部队伍建设,开展周末课堂、锦绣论坛·青年说、干部"双月度"汇报等学习交流。落实党风廉政建设主体责任和监督责任,开展《中国共产党廉洁自律准则》《中国共产党纪律处分条例》、党章、党规学习。启动农村基层党风廉政建设巡察工作,完成9个村二级巡察。落实中央八项规定等有关精神,接受市审计局经济责任审计,"三公"经费节支17.15%。

【平安建设】 完成村规民约、社区公约修订,基层"三治"工作不断深化。利用现代技术,加强小城镇平安建设。在规划区内装上"数字城管"系统,采用三维和二维相结合的地图信息,覆盖镇规划区8.4平方千米,覆盖率90%,涉及公安、住建、交通、环保等镇属职能部门28个,管理对象为城市管理的六大类部件和五大类事件。至10月底,"数字城管"系统立案1073件,其中事件类933件、部件类140件,结案1050件,结案率97.9%。

【服务业发展】 2015年,引进台湾美丽信酒店集团项目。服务业新增千万元以上项目15个,完成固定资产投资16亿元,嘉兴嘉兆仓储设施有限公司投入运营。

【公共文化服务】 11月26日,丁栅文化礼堂推送的原生态田歌《五姑娘》代表嘉善县参加由省文化厅主办、省文化馆承办的"文化集市百姓节日"2015年浙江省农村文化礼堂群众文艺展演舞台。12月26日,"我们的村晚"姚庄镇2016迎新晚会暨"美丽乡村·美好生活"村级优秀节目展演在嘉善影剧院上演。打造"欢乐村村行""一小时文化""姚庄书场""丁栅戏曲大家唱""俞汇小剧场"等多个群众文化品牌。以姚庄农民画家庄菊华《捞水葫芦》为代表的8幅农民画,被日本东京中国文化中心收藏。

【承办中国乒乓球联赛】 4月10日,"李宁·红双喜杯"2015年中国乒乓球协会会员联赛(嘉善赛区)在姚庄水星家纺体育馆开幕。国家体育总局乒乓球羽毛球运动中心管理中心乒乓球二部部长戴启军、浙江省乒乓球协会会长吕毅强、浙江省体育局巡视员应祖明、浙江省体育总会副秘书长陈剑影和市、县相关领导出席开幕式。 (顾怀红)

陶 庄 镇

【概况】 陶庄镇域面积46平方千米,下辖9个行政村、2个社区居民委员会、1个水产养殖场，户籍人口3万人，外来人口约1万人。2015年，全镇实现生产总值18.53亿元，同比增长4.6%；工农业总产值96.85亿元，同比增长1.8%；规模以上工业产值42.03亿元，同比增长3%；固定资产投资9.25亿元，同比增长34.8%；引进县外内资3.03亿元，同比增长28.6%；外贸出口总额5247万美元，同比下降16.8%；财政总收入1亿元，同比下降6.82%；地方财政收入4129万元，同比下降3.49%；农民人均可支配收入27816元，同比增长13.5%。获评嘉兴市“美丽乡村”建设先进镇、省级卫生监督协查服务示范点。

【农业经济】 2015年，全镇粮食功能区建设582.33公顷(8735亩)，实施农业部水稻“万亩高产示范片”690.06公顷(10351亩)，推广晚稻统防统治713.33公顷(10700亩)，机插秧433.33公顷(6500亩)，常规晚稻最高亩产806公斤，蝉联浙江省单季常规晚稻最高亩产记录。投资497万元，加快陶庄和汾玉老集镇防洪排涝改造工程建设。启动中小河流重点县治理工程，完成工程40%。投资60万元，完成以泵站改造和闸门更新为主要内容的2015年度农田水利标准化建设补充项目。投资250万元，完成“菲特”台风水毁修复工程。提升“陶箩”系列农产品和“汾湖”系列水产品品牌。全年流转土地70.67公顷(1060亩)。农村集体经济股份制改革，完成股权登记办证工作，成立镇村两级农村产权交易中心。加强农村专业合作社经营监督管理，培育新型农业经营主体，新增家庭农场6家，总数36家。健全农产品追溯系统，强化无公害产品认证，建成无公害基地1个，创建浙江省放心农贸市场。

【工业经济】 开展各类招商考察100多批次。与上海青浦、嘉定、松江、闵行等工业园区、经济强镇建立招商合作关系，与上海市闵行颛桥产业园区签订合作平台协议。举办第五届嘉善·陶庄投资环境说明会，引进建昊建材、松维电力、置彩润滑油等6个新项目，总投资3亿元，预计产值9亿元。新签约舒能新能源、天书密封件、欧德雅装饰材料等3个项目，总投资14.2亿元。全年技改项目20个，投资5.85亿元，其中机器换人项目16个，总投资4.8亿元，淘汰落后设备104台，减员417人。申报省、市级企业技术中心各1家，县级9家，省科技型中小企业4家，省级著名商标2家、著名商号1家，鑫海精密铸件有限公司获县长质量奖。7家企业获科技项目补助116万元。土地整治4.47公顷(67亩)，土地开发2.33公顷(35亩)，消化利用批而未供土地0.51公顷(7.67亩)，盘活8.77公顷(131.54亩)，盘活存量厂房1.5万平方米。

【服务业】 全年，新增服务业35家，注册资本3.1亿元。注册资本5000万以上单位1家、3000万以上单位1家，服务业投资项目10个，累计投资2.87亿元。修编完善汾湖休闲旅游总体规划，加强汾湖旅游开发招商引资工作，启动汾湖水上运动特色小镇项目，完成前期申报及规划设计。

【城乡建设】 投资156万元建成消防队营房，翻修陶庄派出所。完成《陶庄镇城镇总体规划》报批、《镇区控制性详细规划》编制工作，陶芦公路至翔胜新社区联网公路一期工程路基填筑。完成汾湖中路两侧雨污管网改造工程和南玉港桥、放鸟桥、南玉港3座农危桥改造。实施陶庄老集镇雨水管道疏通、汾玉集镇道路维修、汾湖路西侧雨水管道铺设、集镇餐饮单位污水纳管和路灯养护等工程。建设完成三期污水管网，完成工业企业全入网(直排整治)20家。新一轮美丽乡村建设规划(2015—2017)部署，指导汾南村“美丽乡村”精品示范村建设，拆除近10000平方米破旧房屋和违章建筑，按水乡风格美化村居农舍760户。创建市级“优美庭院”村1个、县级“微田园”示范组7个，9个市级生态村通过复查。

【环境整治】 落实“河长”责任制，整治金湖村东漾浜、汾南村夏河浜、湖滨村南浜、汾湖村徐河浜4条综合示范河道，新增拦污栅6个，修复16个，打捞沉船1067条。汾湖南部水域5家水上餐厅关停拆除。开展陶芦公路、西汾公路等主干道沿线乱搭建、乱堆放拆违百日攻坚专项整治，清理违法建筑14.23万平方米。城中村改造5.27万平方米。创建“无违建村”3个，清理违建猪禽羊舍1.09万平方米。拆除一类危房6000平方米。投入资金596.03万元，农村生活污水治理受益农户1839户。

完成陶庄村东珠浜等5个集中式生态模块建设任务,受益农户313户,汾南村冯家桥纳管工程,受益农户55户,分散式生活污水模块建设1471户。

【社会事业】 创建嘉兴市学前教育先进镇、省级卫生监督协查服务示范点,镇卫生院获国家级"群众满意乡镇卫生院"。推进计生特殊家庭帮扶项目,启动计生家庭科学育儿指导服务试点工作。完成城乡居保、就业入户调查登记,基础信息采集及省全民参保调查系统数据录入工作。城乡居民合作医疗参保率99.56%,低保、"五保"、特困户参保率100%。农村专业技能培训155人,农民转移就业培训19人,农村实用人才培训100人,其他类培训260人。低保政策动态管理,月救助资金最高18万元,同比提高18%,全年发放低保救助金184.7万元。结合节日慰问救济困难群众580户,农危房改造救助14户。慈善募捐28万元,助困、助学、助医80人,救助金额25.7万元。推行全镇居家养老服务社会化托管运营。新建汾湖村文化礼堂,招募村级文化宣传员11人。举办第五届了凡善文化节、陶庄文化志愿者服务周系列活动等,全镇文化志愿者人数500人。做好非物质文化遗产项目(宣卷)传承,加强积善桥、冯家桥等重点文物修缮保护。举办第六届全民读书节、"我们的节日"传统民俗活动等。全年,完成各科文艺演出22场次,参与上级活动十余次,其中省级演出2场次,受益群众3万多人。

【社会管理】 推进基层综治工作"8+X"窗口建设,"网格化管理、组团式服务"与平安建设信息系统"两网融合",率先完成浙江省平安建设信息系统二维地图绘制,60个网格全省统一编号。完善重大事项社会稳定风险评估和社会稳定研判制度,完成风险评估6件。完善《陶庄镇网格专职信息员工作考核办法》,制定社会治理信息采集上报"以奖代补"实施办法。落实平安建设领导责任制,坚持领导包案,实行领导干部大接访,化解信访积案,全年办理群众来信来访102件,上级转办件及群众来访件办结率100%,调处化解各类矛盾纠纷220起,调处成功率100%。建设治安监控224个,运行率95%以上,通过视频侦破案件占总破案件数20%。获评全市第二届世界互联网大会·乌镇峰会保障服务工作先进集体。

【省级鳜鱼产业示范区】 6月,陶庄镇鳜鱼养殖基地被省海洋与渔业局评为省级鳜鱼产业示范区。示范区包括湖滨村、陶庄村、镇农场72.67公顷(1090亩)。2015年,产鳜鱼苗种80万尾,商品鱼112吨,其他鱼类45吨,产值1100万元。

【居家养老托管运营】 6月,陶庄镇8个AAA级以上村(社区)居家养老服务照料中心陆续与嘉善旬彩长者服务中心签订托管协议,通过购买服务实现全镇村(社区)级居家养老服务照料中心公办民营式运营管理。

7月,修缮后的嘉善县文物保护点——积善桥面目一新。

(陶庄镇 提供)

【全国青年赛艇锦标赛】 8月,2015年全国青年赛艇锦标赛U-16竞赛在汾湖水上运动中心举行。竞赛为期7天,项目包括2000米单人赛、4000米单人双桨赛、2000米单人双桨、2000米双人双桨赛、1000米单人双桨、1000米双人单桨、1000米双人双桨赛等。万科集团董事会主席王石以亚洲赛艇联合会主席身份,与国家水上运动管理中心主任李全海共同看望慰问国家残疾人赛艇运动员。

【镇文化中心投入使用】 陶庄镇文化体育活动中心(成人技术文化

学校)投入使用。中心总投资700余万元,占地面积0.4公顷(6亩),建筑面积2000平方米,其中综合楼面积1780平方米。中心集综合文化站、成人学校等多重功能,落成后能满足广大群众阅览、舞蹈、运动等文化教育需求。（于　洋）

干　窑　镇

【概况】 干窑镇位于嘉善县中部,距县城4.5千米,全镇区域面积37.08平方千米,下辖9个行政村、1个社区。总人口45092人,其中新居民20219人。2015年,全镇地区生产总值23.15亿元,增长6%;财政总收入2.39亿元,增长6.18%,其中一般公共财政预算收入1.11亿元,增长12.64%;固定资产投资14.76亿元,增长23.91%,其中工业生产性投资7.29亿元,增长11.95%;服务业投资7.47亿元,增长38.33%;农民人均可支配收入28185元,同比增长11.8%。获评全省“五水共治”工作先进集体。

【农业经济】 2015年,全镇粮食作物种植面积2493公顷(37396亩),粮食总产量17735吨,统防统治服务680公顷(10200亩)。全镇建设3个烘干育秧中心,其中范东村和长丰村2个育秧中心投入使用。培育100名职业农民,服务粮食生产的农业社会化服务体系基本形成。新增千亿斤粮食生产能力的田间工程项目及农业公共服务中心项目完成报批、征地等前期工作。全年抽检农产品750个批次,未发现不合格农产品。以范泾草莓、富硒大米、干窑青鱼三大精品园和沿文明路两侧农业三产产业带格局初具规模。全年完成水利投资3300.7万元,疏浚河道4900米,修建生态护岸2200米。投资1912.2万元完成黎明村省级圩区整治工程,新建渠道8.4千米、防洪墙1.35千米、护岸8.5千米、机埠3座。投资1100万元新建水闸6座、排涝站8座。投资288.5万元,完成干窑村、长生村、范东村河道整治护岸工程,总长度4.2千米,疏浚河道3.5千米。

【工业经济】 新增规模以上企业2家,全年规模以上工业企业产值53.09亿元,增长6.36%。全年合同利用外资1230万美元,实到外资435.27万美元、县外内资3.51亿元,实到注册资本1.60亿元。14个县重大工业投资项目中,新建12个,新开工11个,竣工9个,投产8个,实施“机器换人”项目20个,完成技改投入5.49亿元,减少用工人数540人,淘汰落后设备261台(套)。土地复垦4.6公顷(69亩),涉及项目通过省、市、县三级验收。土地综合整治立项7.4公顷(111亩)、土地开发0.66公顷(9.8亩)、批而未供土地消化利用5.4公顷(81亩)、退低进高11.73公顷(176亩)、盘活存量厂房3.8万平方米、城镇低效用地再开发4.73公顷(71亩)。全力推进长丰村工业园区整治工作,一期33家企业主体均完成评估,签约22家,拆除5家。加强科技工作,立项省级新产品23项,申请专利593件,浙江九通电子科技有限公司被列入国家高新技术企业复审企业,嘉善三星轴承有限公司、嘉善县双菱拉链厂、嘉善蓝天碧水宝化工有限公司被列入省科技型中小企业,浙江万正电子科技有限公司被列入省级企业研发中心,规模以上高新技术产业产值增长7.4%。

【生态建设】 全年种植绿化面积31.06公顷(466亩)。全镇河道实现“河长制”全覆盖,黑臭河道整治全面完成。完成工业污水全入网任务,农村生活污水治理完成年度目标任务并通过省、市两级抽样检查。全年改造旧厂区、城中村、旧住宅区、拆除违章建筑(“三改一拆”)工作方面累计开工21.4万平方米,拆除违章建筑面积14万多平方米。主要道路、河道两侧的猪禽棚舍全部拆除。依托谷歌地球软件及GPS卫星定位系统等高科技手段,对辖区内公路沿线制作9张卫星定位“作战图”并下发各村。

【城乡建设】 康民路名人府邸项目一期房屋主体完工,二期开工建设。江南春晓、水乡学府苑等房产项目基本完工,镇派出所和实验幼儿园基本建设扫尾,进入装修阶段。镇区河东街、窑兴路、停车场等维修工程,叶新路50户雨污分流改造工程,小窑港道路电力管道工程,施家浜桥、洪字宇桥工程,镇西路和窑砖北路等新建人行道工程均完工;善西公路干窑段、范泾大道、范兴路、开元路、文明路等城乡5条道路路灯工程和康民东路、百诺道路、庄驰西路支路等道路工程正在施工;镇北路东延工程、干窑大道改造工程、胡家埭钟家浜至南北渡桥道路工程、叶新路上改下电力管道工程展开前期工作。农房集聚中心点干窑新社区长生小区一期基础设施工程基本完成,月半湾二期、三期办理报批手续,施家浜新社区完成办理设计和报批手续,启动中心社区公寓房安置工作。确定各村拓展点首期启动位置、范围和面积,部分村完成首期征地工作。在参加全市深化统筹城乡综合配套改革暨农业农村工作会议上,干窑镇代表嘉善就农房集聚工作作发言交流。启动范东村美丽乡村扩面工作,将美丽乡村建设延伸至茆港、长浜和短浜3个自然村。提升范泾村虎啸浜和潘渡浜建设水平,虎啸浜创建为省级美丽宜居示范村。长生村坐机浜、长丰村上南浜、胡家埭村东龙港、黎明村鹿形浜、南宙村三元浜和新星村宋家浜等开展全面整治工作。

【社会保障】 2015年,全镇推出公益性岗位12个,补助资金10万元。春季人才交流会推出岗位300多个。办理灵活就业补贴473人,发放失业金483人次。新增参加城乡居民社会养老保险39人,全镇职工养老保险累计参保7700人,城乡居民合作医疗参保人数15593人,参保率99.88%。发放大病医疗救助及即时医疗救助38万元,临时救助126人次,完成农村危旧房改造10户。实现村(社区)居家养老服务照料中心建设全覆盖,并引入“幸福365”社工服务中心。举办全县首届残疾人电子商务培训,86名残疾人参加。成功创建市级残疾人体育示范基地。

【公共事业】 干窑中学被省重点中学录取学生人数在全县乡镇中学中名列前茅。成人(社区)教育全年开展各类培训11期,693人次参加。国家免费孕前优生健康检查率90.4%。南宙村为省级卫生村,干窑镇政府机关为县级控烟先进单位,干窑中学、干窑小学、范泾小学为健康教育促进学校银牌单位。镇农贸市场通过省级文明规范市场验收。镇垃圾中转站设备完成安装并投入运行。新居民管理服务工作在全县名列前茅。工程建设领域管理中进场交易小型工程项目81个,中标价3800多万元,节资率26.9%。老龄、档案、史志等工作取得新进展。开展编创一台以展示窑乡家庭美德和“两美”乡风文明为主的专场文艺演出和各类大型文体活动十多场次,开展各类优秀家风家训活动。干窑村举办首届农民书画笔会活动并被命名为“嘉善书法村”;范泾村建春泥计划园,结对范泾小学,开办“国学班”;长生村举办第二届孝德文化节。新建黎明村文化礼堂1个。新增文化庭院10户,开展活动200多场次,参与群众近万人次。村企联姻活动送电影、文艺、党课进企业20余场次。各中小学校开展“学子善记”活动。干窑镇被评为嘉兴市关心下一代工作先进集体。

【社会综合治理】 深入推进平安建设,连续第10年被评为全市“平安镇”。扎实推进省平安建设信息系统与“网格化管理、组团式服务”,在全县范围内成立首个乡镇网格信息中心,并对全镇15个职能部门开通浙江平安建设信息系统账号,完善网上网下的事件信息联动配合和流转交办机制。全年通过信息平台人工采集和“平安通”采集各类信息5400多条。开展矛盾纠纷的排查与化解,完善镇村(社区)法律顾问制度,开展法律援助,加强对重点人员的管控。开展民主法治村和诚信守法企业的创建工作。多地领导到干窑镇调研基层社会治理信息化工作和公共法律服务体系建设工作,并先后在干窑镇召开全县基层社会治理信息化工作推进会和全县村规民约、社区公约制定修订工作推进会。对长丰村村级工业园区整治项目、范泾村虎啸浜垃圾码头搬迁事件、黎明村施家浜农村聚集点项目、嘉善县精品农业建设项目(干窑农业公共服务中心项目)、干窑镇“城乡统筹一体化”农民安置房建设长生小区一期工程、平黎公路至干窑新社区(二期)工程6项风险项目进行全面评估。全年开展各类安全生产大检查和专项整治行动8次,累计检查各类生产经营单位1700多家(次),排查整改安全隐患2500多条。全镇安全生产标准化达标企业82家,其中省级达标2家、市级80家,规范化达标企业21家。借助“云视通”监控系统,在食品生产企业、餐饮单位、大型商业超市、农村家宴中心等17家食品生产经营单位安装视频监控系统进行远程实时监控。加强对食品安全预防性监督和管理,全年,279户农村家庭申报聚餐,上门指导400多人次,就餐3.2万人。

【干部作风建设】 落实中央八项规定和省、市、县委有关规定，“三公”经费支出下降45%。办理镇人大代表建议和意见14条。干窑村党委书记宋大夫、黎明村党总支书记戴立新入选省“千名好支书”，范东村党总支书记任其荣被评为市“先锋书记”。选派4名村干部到镇相关部门、2名村干部跨县、2名机关干部到村挂职锻炼。党风廉政建设巡察工作全覆盖，召开工作会10次，发出测评表498份，个别谈话201人次，收集意见、建议27条，督促整改问题61个，收到整改方案10份。全年开展正风肃纪行动46次，出动督查人员98人次，13人受到责任追究，其中11人口头告诫、2人通报批评，16人被廉政约谈。立案5件，给予开除党籍4人、警告处分1人。办理（办结）信访件9件，其中上级转办7件、二级巡察接办2件。举办第13个党风廉政宣教月活动，基层党组织开展廉政学习65场次，参加党员2706人次。

【首例集体商标成功注册】 3月28日，经工商总局商标局批准，嘉善县干窑轴承协会申请的“干窑”集体商标成功注册。轴承行业是干窑镇的主导产业，块状经济特色明显。据统计，全国有70%的轴承出自嘉善，干窑镇轴承企业超过140家，占嘉善轴承企业总数的70%以上，其中规模以上企业6家。

【领导调研督查】 2月11日，浙江省文化厅公共文化处副处长阮可与浙江文化艺术研究院副院长张卫中到干窑镇调研文化庭院创新工作，走访干窑村潘培华庭院和月半湾社区单利华庭院，实地察看文化庭院的现场氛围和活动台账，召开文化庭院工作座谈会。4月21日，省“五水共治”督查组到干窑镇检查河道整治情况。督查组一行通过实地走访，对2014年“摘帽”的部分垃圾河、黑臭河进行“回头看”，重点对新泾港、王家浜进行仔细查看，并对干窑“五水共治”工作取得的成绩给予肯定。

【承办全县文化庭院暨家风家训建设工作现场会】 11月，全县文化庭院暨家风家训建设工作现场会在干窑镇召开。县委宣传部、县文化局等主要领导，县相关部门、各镇（街道）分管领导60多人参加。与会者在范东村听取文化庭院活动开展情况的介绍，参观干窑村农民书画室的家风家训书法作品和由图文展示百余条优秀家训的百米家训墙，并在干窑小学听取学校家风家训建设情况。县委常委、县委宣传部部长武曜云对该项工作提出要求。

【戴家湾窑墩修葺】 3月，在县文保所和县博物馆的指导下，戴家湾窑墩完成修葺工作。该窑墩位于干窑镇黎明村，距今100余年，占地面积890平方米，由1座和合窑、1座馒头窑组成。2010年5月，被列为县级文保点。

【校园文化建设】 4月，范泾小学举办首届校园足球文化节。文化节活动包含会徽设计比赛、班级足球队吉祥物设计比赛、班级参赛口号评比、足球摄影展，足球征文比赛等足球文艺比拼和足球小游戏、班班足球联赛等竞技活动。8月，干窑村、范泾村、黎明村为学龄前儿童举办开蒙礼仪式，包括正衣冠、行拜师礼、朱砂启智、击鼓明志等。

【《干窑镇志》出版发行】 10月，《干窑镇志》由中华书局出版社出版发行，是全县第二部正式发行的全面、系统、客观地记述干窑镇历史发展与现状的地方志。《干窑镇志》33章、157节、80万余字。志书记载时间跨度长，上限为事物发端、可追溯的史实，下限至2010年；于2010年启动编写工作，历时5年完成。

【德国学子到干窑镇开展文化学习交流】 10月，德国阿勒市南城高级文理中学代表团一行20多名学生，到浙江省第五批省级文物保护单位——干窑镇沈家窑进行中外文化学习交流。学生们听取窑主沈刚对古窑及京砖烧制技艺的介绍，参观窑主家的私藏博物馆，观看京砖的制作过程。之后，到干窑镇龙庄讲寺听本义师傅对院内建筑及中国佛教文化的介绍，学习禅坐等，体会中国佛教文化。

【义和升云片糕制作技艺入选市非遗名录】 干窑镇的传统糕点制作技艺（义和升云片糕制作技艺）入选市政府发文公布第五批嘉兴市非物质文化遗产代表性项目名录，成为干窑镇自京砖烧制技艺及马灯舞后，又一获得市级及以上非物质文化遗产称号的项目。

（万秀龙）

天 凝 镇

【概况】 天凝镇域面积75.6平方千米,辖22个村、3个社区,总人口5.73万人。2015年,地区生产总值34.33亿元,同比增长8.2%;财政总收入2.90亿元,同比增长1.38%,其中地方公共财政预算收入1.14亿元,同比下降4.82%;规模以上工业总产值65亿元,同比增长17%;固定资产投资16.6亿元,同比增长5.23%,其中工业性投资12.4亿元,同比增长6.5%;合同利用外资2100万美元,实际利用外资1002万美元,同比增长234%;县外内资12.74亿元,同比增长21.5%;浙商回归项目到位资金4.05亿元;农村居民人均可支配收入25090元,同比增长13.55%。获评全省小微企业培育检测工作考核优秀基层单位、嘉兴市平安镇、嘉兴市学前教育先进镇、嘉兴市美丽乡村建设先进镇等。列为全国农村基层党建工作座谈会现场考察点,“红色E家园”网络党建平台建设在中组部《党员教育通讯》上宣传报道。城乡建设用地增减挂钩节余指标13.6公顷(204亩)跨区域成功交易,被确定为小微企业上规升级专项行动试点镇,成功创建县级信访工作“三无”乡镇。

【农业经济】 加强粮食生产功能区建设保护力度,杜绝新增违法用地,基本农田保护资金全部落实。全年粮食产量3.55万吨。创建省级主导产业示范园区1个、县级精品农业示范点2个。杨庙雪菜获第十三届中国国际农产品交易会金奖。配合国家级农产品质量示范县工作,加强粮食、农产品质量安全。建成农产品质量安全追溯体系示范点13个,农产品质量抽检合格率100%。水利强基升级,实施圩区整治工程,王凝圩区(洪溪片)项目投资近1000万元,西塘圩区(天凝段)整治工程全部完成;中央小农水重点县项目基本完成。

【工业经济】 引进风凌新能源、万林新材料等多个亿元以上大项目。大王椰二期完成土地挂牌,盛威安防动工建设,县级重点项目开、竣工全县第一。完成天凝现代装备制造产业园控制性规划编制,加快天凝·周浦产业园建设进度,方案报县级层面。工业企业亩均投资增长9.9%,亩均税收增长13.24%。“机器换人”项目34个,投资11.09亿元,减少用工2185人,淘汰落后设备210台(套)。腾退低效用地8.96公顷(134.4亩),完成全年任务112%,盘活存量厂房2.54万平方米,完成全年任务140.88%。消化批而未供土地14.7公顷(220亩),新增奖励计划指标4.26公顷(64亩)。土地开发立项12.93公顷(194亩),验收12.01公顷(180.21亩);土地整治立项20.04公顷(300.68亩),验收18.85公顷(282.79亩)。扶持小微企业上规,“小升规”12家。创建省级新能源示范镇。引导企业实施专利、标准化和品牌战略,创新型企业2家、省级科技型中小企业4家、省级新产品10个,验收省级新产品11个、研发中心4家,申报专利446项、县级专利示范企业4家、县级科技项目3项,发布企业技术难题8项、沪杭同城合作项目11项,新增国际商标2个,填补天凝镇国际商标注册空白。

【服务业发展】 2015年,全镇服务业投资4.2亿元,固定资产投资占社会固定资产投资的25%。新增服务企业40家、个体工商户365家,新增注册资本5.47亿元,新增服务业“个转企”25家、“小升规”5家。

【生态环境整治】 持续综合整治环境,“五水共治”力度不减,与王江泾镇、油车港镇建立交界区域水环境联治联席工作机制,加大区域水环境联合治理力度。落实“河长制”管理,实施长效保洁机制,其中外港河道由专业保洁公司负责长效保洁。蒋村北蒋浜、马塔塘村东圣浜两条县级黑臭河整治通过验收。完成农村生活污水治理任务,46家工业企业污水全入网,新建4.2千米城镇污水管网。完成洪溪污水处理厂提标改造工程。温室甲鱼退养转产,累计签约145户,占81%,拆除110户、面积10.75万平方米,养殖户蒸汽锅炉全部拆除。完成8个“无猪村”创建,“三改”面积30.9万平方米,完成率359%,“拆违”22.52万平方米,完成166%。开展申嘉湖高速公路(天凝段)、洪三线公路、天洪公路(洪峰段)环境综合整治。麟溪村创建市级“优美庭院”示范村,镇东村陈家浜等8个自然村落保留点创建县级“微田园”示范组。洪溪村高浜、东方红村唐家浜创建美丽乡村精品村。环境优美村创建全部达标。

【文化建设】 加强农村文化阵地建设，开展文化礼堂精品村、特色村创建。新建文化礼堂3家，嘉兴市“美丽乡村·全民健身广场”2家、嘉兴市“美丽乡村·体育休闲公园”1家。新增村(社区)宣传文化员19人，宣传文化员全覆盖。承办第七届中国小康村篮球赛总决赛。8月26日至9月7日，“辣妈宝贝”艺术团受邀参加西班牙第42届龙达国际民间艺术节。加强文物保护力度，完成县级文保点广安桥、宝善桥修缮工作。

【城镇建设】 根据《嘉善村庄布点总体规划》，完成全镇村庄规划编制、农房普查工作。农房集聚工作适度推进，违规建房有效管控，布点规划区内实行联排建房，公寓房安置全面推进。天凝派出所项目投入使用；招商科技综合服务中心主体工程竣工；完成杨庙农贸市场改造提升工程。完成凝溪公路大中修工程招标、落实天凝大道延伸段工程用地指标；与县交通局协调新天凝大桥建设前期工作。洪溪大桥改建工程在建设之中，该大桥南侧铺道工程、新洪溪大桥交叉路口完善工程完成建设。启动美丽城镇建设，完成天凝、洪溪集镇部分路面改造。围绕园区和项目建设，全年农房拆迁近200户。12月30日，东方红村、洪南村、三店村接受浙江省、嘉兴市住建部门专家组关于创建省级美丽宜居示范村工程考核验收。

【社会事业】 完成天凝中心幼儿园迁建工程前期工作，3所幼儿园通过等级复评，创建市级学前教育先进镇。实施“单独两孩”政策，计划生育率98.47%。关怀计划生育特殊家庭，享受扶助2341人。巩固省级卫生镇、市级卫生强镇创建成果。安置公益性岗位39人，培训各类职业人才175人。合作医疗报销34.39万人次，实报3357.38万元。双帮结对，122户家庭得到帮助。全年发放慰问金50余万元、低保救助金246万元、低保补助金72万元、临时救助金23万元、医疗救助金87万元，危房改造15户。启动养老中心二期建设，22个村(社区)建成居家养老服务照料中心。

【社会管理】 全年调处各类矛盾纠纷180余起，办理信访案件43件69人次，处理县长电话273件，化解信访积案1件。劳动争议调解案件57起1013人次，金额911万元。处理工伤案件62件，涉及62人、金额450万元。按照“一网格一平安通”要求，全镇配专职网格员114人，配发“平安通”手机227部。25个村(社区)完成村规民约(公约)修订。免疫家禽26万羽次，安全生产联合执法检查645家(次)，消除隐患4421条。开展“三场所三企业”劳动密集型场所等专项整治。加强出租房安全检查、学校周边食品安全专项整治，肉品和水产品安全专项整治“百日会战”行动，启动餐桌安全治理三年行动计划。

【洪溪村入选2015中国全面小康十大民生决策】 2015年，洪溪村被列为全国农村基层党建工作座谈会现场考察点，该村“文化活动创造文明幸福生活”入选“2015中国全面小康十大民生决策”，是全国唯一一个获此殊荣的村；获“全国民主法治示范村”“全国综合减灾示范社区”等称号。

【《天凝镇志》出版发行】 6月13日，《天凝镇志》出版并举行首发式。《天凝镇志》历时7年编纂而成，29章、153节，54万多字，系统记述天凝镇有史记载到2009年6月行政区划内的历史资料和现实状况，时间跨度近600年。 (邱丽娟)

大 云 镇

【概况】 2015年，大云镇域面积28.7平方千米，总人口3.5万人，下辖6个村、1个居民委员会。全年实现地区生产总值17.6亿元，同比增长8.17%；财政收入2.75亿元，同比增长8.25%，其中一般公共预算收入1.27亿元，同比增长9.98%；社会固定资产投资18.73亿元，同比增长48.08%；农民人均可支配收入34196元，同比增长13.55%。《嘉善大云温泉省级旅游度假区总体规划(2014—2030)》通过市级联席审查。承办全省特色小镇“比学赶超”现场推进会，在会上作经验交流。获评浙江省农家乐特色乡镇、省级信用乡(镇、街道)、嘉兴市“无违建镇”、嘉兴市征兵工作先进镇、嘉兴市平安镇等，镇人武部被评为全市标兵人武部。

【农业经济】 推进南部省级现代农业综合区1266.67公顷(1.9万亩)、粮食功能区建设面积416.4公顷(6246亩),全年产量7930吨。投入350万元完成缪家农业综合开发特色园建设66.67公顷(1000亩)。加快农业种养结构调整,引导农户种植名特经济作物,景观农业、休闲农业进一步发展。农产品质量安全监管体系建设,在美华水产养殖场等13个农业主体设立二维码追溯系统,接受省、市、县农产品质量安全抽检47批次,合格率100%。农村土地承包经营权确权工作全县试点,缪家村"两规合一"省级试点、农村土地民主管理县级试点。全年实现农业产值4.92亿元。

【工业经济】 2015年,全镇固定资产投资18.73亿元,同比增长48.08%,其中工业生产投资5.02亿元,完成县下达目标任务的100.34%;招商引资突出德国元素和"旅游+"发展方向,重视以商引商、二次招商和专题招商。全年合同利用外资2007万美元,完成目标任务的111.5%;实际利用外资1324万美元,完成目标任务的110.3%;利用县外内资3.8亿元,完成目标任务的126.7%。浙商回归资金4.67亿元,完成目标任务的203.04%。实施"机器换人"项目16个,累计投入3.29亿元,平均提高生产率20.3%,嘉善卡固电气设备有限公司、富亿德塑胶(嘉善)有限公司2家企业作为市、县"机器换人"现场会参观点。创新主体实力增强,规模以上企业科技活动经费支出9978万元,同比增长14.32%。新产品产值率44.81%。3家企业通过国家高新企业复审,申报创新型企业6家,完成任务的300%;列入省新产品43个,完成任务的268%;申报各类专利489个,完成任务113.7%。实现"小升规"企业9家。全年规模以上企业实现产值41.13亿元,同比增长3.21%。

【城乡建设】 完成镇区控制性详细规划编制,完成青云路和云溪南路改造工程、善江公路大云段路灯亮化工程、镇政府广场西侧绿化改造工程、旧农贸市场拆除等。完成新一轮农村输电线路改造、卫生院改扩建等工程。投入7031万元,完成巧克力大道、温泉大道延伸段等度假区主要道路建设,实施花海大道路面提升,推进主要道路沿线环境提升及绿化整体提升工程。新集聚农户180户(累计2970户),集聚率67.2%,保持全县第一。美丽乡村精品点小循环路线建设全面启动,包括1个新农村集聚点、6个旅游景点、2个自然特色村落,实现美丽乡村建设与旅游开发、农业产业提升、农民增收有机结合。大云村创建为省级美丽宜居示范村,全县农房集聚现场会参观缪家新农村。

【环境治理】 2015年,实现全镇150条河道"河长"全覆盖,完成3条县级示范河道和7条镇级示范河道创建。农村生活污水处理458户,完成目标任务的105.3%,承办全县"五水共治"工作现场会,创建全县首批"清三河"达标镇。"三改"面积15.9万平方米,完成目标任务的185%,拆除违章建筑6.93万平方米,完成目标任务的169%,创建全县首个无违建猪舍镇,"无违建村"实现全覆盖。结合省级旅游度假区开发和"四美"建设,推进农村环境综合整治,县级环境优美村全覆盖,完成公(铁)路沿线环境整治任务。

【平台建设】 巧克力甜蜜小镇完成土地规划空间布局调整32.8公顷(492亩),争取省预拨土地指标13.33公顷(200亩),省发改局专项建设资金3200万元,筹措发展资金13亿元。大云旅游投资管理有限公司升格为县级国资控股平台。腾退长胜砖瓦厂低效用地7.15公顷(107.2亩)。全年土地综合整治10.13公顷(152亩),完成年度任务的317%,土地整治立项7.13公顷(107亩),完成年度任务的155%。累计盘活存量厂房25280平方米。

【旅游文化】 大云温泉省级旅游度假区总体规划通过县、市审评。嘉善巧克力甜蜜小镇规划完成控制性详规和1平方千米城市设计初审。2015年,投资12.28亿元,其中核心项目歌斐颂巧克力项目投资4.59亿元,云澜湾温泉项目投资5.09亿元。9月28日,温泉中心开业。9月24日至11月8日,围绕"浪漫大云、甜蜜小镇"主题,举办2015甜蜜小镇旅游文化系列活动,推出首届歌斐颂国际巧克力节、歌斐颂巧克力嘉年华、云澜湾温泉旅游文化节、云澜湾开业国庆酬宾七天乐、碧云首届音乐节等16项活动。分别在上海、深圳举办甜蜜小镇专题招商会推介宣传。全年接待游客突破120万人次,同比增长36.36%,实现旅游总收入6180万元，同比增长104.1%，《中国改革报》《浙江日报》等多家媒体持续报道。

【社会事业】 教育事业再创佳绩，多项指标乡镇第一。启动镇文化中心改建工程，新启用村文化礼堂2家，覆盖率83%，其中缪家村文化礼堂作为全省12家基层示范文化礼堂正式启用。文化礼堂建管用机制在省级会议上作交流。全面推进文化产业，新增文化企业27家，增幅43%。完成养老服务中心装修，全县首家实现村级居家养老全覆盖。全年，收到社会慈善捐款58.8万元，获评全县慈善工作先进集体。

【社会保障】 实施“4050”人员养老补助政策，办理就业困难人员养老补助512人98.82万元，发放失业保险219人次24.82万元，安置被征地农民养老335人，合作医疗参保率99.8%。发放低保救助金53.46万元，慈善救助金29.1万元，医疗救助1.52万人16.13万元。做好企业职工工资投诉接待处理，协调解决多起企业欠薪事件，维护职工合法权益。

【平安建设】 开展“领导干部大接访”，实行信访疑难案件领导包案制，化解信访积案1起，办结疑难访件7件，获全县“三无镇”称号。受理县长电话139件，办结率反馈率100%。推进“两网融合”工作，完成村规民约、社区（公约）制定修订工作，建成“610”主题公园及法治文化广场，完成省级“无邪教示范镇”创建工作。加强安全生产责任体系建设，安全生产形势总体平稳。

【省特色小镇建设】 6月1日，嘉善巧克力甜蜜小镇入选全省首批37个特色小镇创建名单。甜蜜小镇规划面积3.87平方千米，核心区规划面积0.99平方千米，涵盖大云温泉省级旅游度假区最具特色的巧克力、温泉、水乡、花海、婚纱摄影基地等旅游资源。

【巧克力雕塑创吉尼斯纪录】 9月30日，歌斐颂巧克力小镇打造重10187千克巧克力雕塑，打破2012年8273.3千克记录，创造新吉尼斯世界纪录。该雕塑长4.08米、宽2.39米、高2.02米，外形如童话中的城堡，供游客参观。

【跨村联建创业园】 在县委组织部和县农办指导下，由22个村跨区域联建强村创业园。该项目位于大云镇中德生态工业园，占地3.33公顷（50亩），总建筑面积约40000平方米，标准厂房，总投资8000万元，其中大云2600万元。各参与村按投资额的10%保底分配，不足部分由大云镇政府托底支付。

（王　炜）

附　　录

2015 年嘉善县国民经济和社会发展统计公报

2015 年，是全面贯彻落实党的十八大和十八届三中、四中全会精神之年，是"十二五"收官之年。面对经济发展新常态，全县人民在嘉善县委、县政府的正确领导下，以"示范点建设全面攻坚年"为工作主题，以"三区一园"建设为核心任务，以改革创新为强大动力，全县经济、文化、社会和生态文明建设扎实推进。

一、综合

初步核算，2015 年全县生产总值 425.54 亿元，可比增长 8.3%。其中第一产业增加值 23.55 亿元，可比下降 3.6%；第二产业增加值 234.33 亿元，可比增长 8.9%；第三产业增加值 167.66 亿元，可比增长 9.0%。三次产业结构由上年的 5.9∶55.7∶38.4 调整为 5.5∶55.1∶39.4。按户籍人口计算，人均生产总值 109811 元(按年平均汇率折算为 17631 美元)，比上年增长 8.3%。

全县地区生产总值及增速

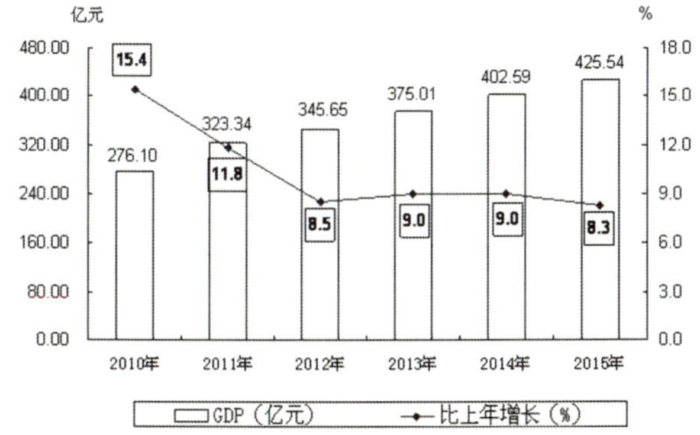

全年财政总收入 66.91 亿元，比上年增长 8.3%，其中公共财政预算收入 35.55 亿元，比上年增长 7.6%。一般公共预算支出 43.89 亿元，比上年增长 5.8%，其中民生发展类支出 34.07 亿元，占一般公共预算支出的 77.6%。

全县一般公共预算收入与支出

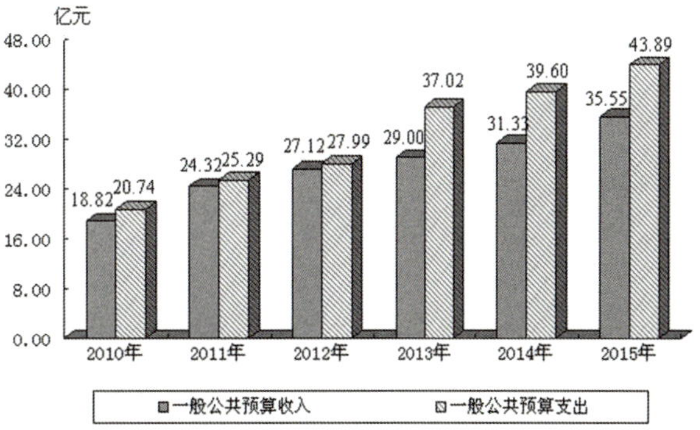

全年新增城镇就业人数 1.14 万人，提供就业岗位 5.60 万个。年末城镇登记失业率为 2.9%，与上年持平。年末全县共有职业介绍机构 21 家，全年举办各类劳动力招聘活动 60 次。

二、农业

主要农产品产量

产　　品	单　位	2015 年	±%
粮食	吨	154910	4.0
油菜籽	吨	1629	－4.9
蔬菜	吨	581726	3.8

续表

产　　品	单　位	2015年	±%
食用菌	吨	24785	−6.6
果用瓜	吨	63768	2.2
禽蛋	吨	9948	−36.0
水产品	吨	26099	−0.4

2015年,全县预计农林牧渔业总产值47.17亿元,按可比价格计算,比上年下降4.8%。全年粮食播种面积22508公顷,比上年增长1.2%(注:粮食生产统计监测调查数据);油菜籽播种面积701公顷,比上年下降3.5%;蔬菜播种面积15560公顷,比上年增长4.1%;果用瓜播种面积2176公顷,比上年增长4.8%;花卉苗木播种面积1236公顷,比上年增长14.7%。全年粮食总产量15.49万吨,比上年增长4.0%(注:粮食生产统计监测调查数据);蔬菜总产量58.17万吨,比上年增长3.8%。

全年生猪饲养量21.48万头,比上年下降70.6%;其中年末生猪存栏6.48万头,比上年下降44.9%。家禽饲养量311.92万只,比上年下降21.4%;水产品产量2.61万吨,比上年下降0.4%。

截止2015年底,全县已有种子种苗基地8个;引进新品种64个;现有农业地方标准17项,有103个农产品通过国家级无公害农产品认证。休闲农业基地13家,农民专业合作社201家,登记家庭农场218家。累计验收通过现代农业综合区2个,主导产业示范区6个,特色农业精品园4个,面积13万亩。现有农业龙头企业39家,土地流转率达47.73%。

三、工业和建筑业

主要工业产品产量

产　　品	单　位	2015年	±%
饲料	吨	282946	−21.2
布	万米	3540	−0.8
印染布	万米	15879	−0.5
服装	万件	2243	0.3
人造板	立方米	1066666	5.2
人造板表面装饰板	平方米	4355671	−59.7

续表

产　　品	单　位	2015年	±%
实木木地板	平方米	259759	−17.1
复合木地板	平方米	14243776	38.3
家具	件	7018127	−0.6
纸制品	吨	77154	32.0
化学试剂	吨	276511	−1.5
塑料制品	吨	64417	−9.4
水泥	吨	2521074	−17.1
散装水泥	吨	2243188	−16.9
商品混凝土	立方米	1425120	8.6
预应力混凝土桩	米	22302213	6.9
钢材	吨	1428444	−1.7
铁合金	吨	127160	−3.3
泵	台	537484	129.9
滚动轴承	万套	2678	−3.4
金属紧固件	吨	292171	−17.2
电子元件	万只	49251	−1.6

2015年,全县工业增加值214.52亿元,可比增长9.2%,占全县生产总值的比重为50.4%。规模以上(年主营业务收入2000万元及以上)工业企业695家,工业总产值1004.47亿元,比上年增长7.6%,其中重工业总产值661.03亿元,比上年增长5.1%;轻工业总产值343.43亿元,比上年增长12.8%。全县规模以上工业战略性新兴产业、高新技术产业和装备制造业增加值分别增长14.8%、17.1%和13.8%,占规模以上工业增加值比重分别为39.1%、40.0%和45.6%。

规模以上工业企业全年主营业务收入886.01亿元,比上年增长4.9%;利税总额61.18亿元,比上年增长4.7%,其中利润总额39.30亿元,比上年增长7.0%。经济效益指标中,产品销售率94.69%,总资产贡献率8.91%,资本保值增值率112.53%,成本费用利润率4.63%,资产负债率48.57%,亏损率10.77%。

2015年,全县建筑业增加值20.02亿元,可比增长5.7%。具有建筑业资质的独立核算企业完成建筑业总产值28.14亿元,比上年下降10.6%。

完成房屋建筑施工面积 266.35 万平方米，比上年下降 22.0%，其中新开工面积 117.01 万平方米，比上年增长 3.2%。

四、固定资产投资

2015 年，全县固定资产投资 294.72 亿元，比上年增长 14.4%，其中投资项目投资 232.56 亿元，比上年增长 10.6%；房地产开发投资 62.17 亿元，比上年下降 2.6%。在固定资产投资中，第二产业投资 151.16 亿元，比上年增长 25.0%；第三产业投资 142.87 亿元，比上年增长 4.5%。基础设施投资 30.05 亿元，比上年下降 8.3%。

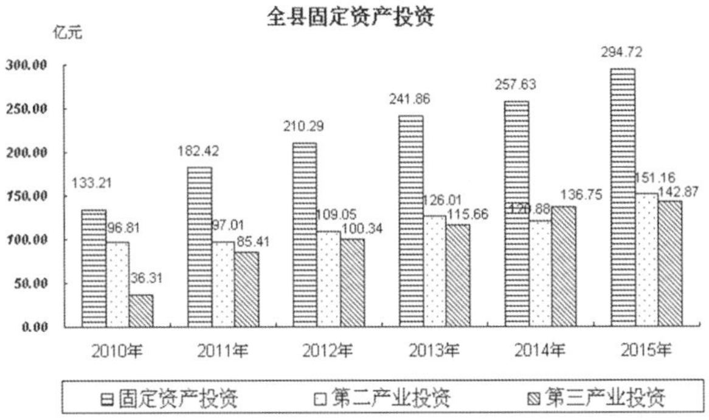

全县非国有控股固定资产投资 257.24 亿元，比上年增长 9.7%，占全部固定资产投资比重为 87.3%。

全县固定资产投资当年施工项目 682 个，比上年增长 9.8%；当年新开工项目 564 个，比上年增长 30.9%；建成投产项目 532 个，比上年增长 8.4%；新增固定资产 238.04 亿元，比上年增长 9.8%。

全县房地产开发企业完成房屋施工面积 564.10 万平方米，比上年增长 4.7%；房屋竣工面积 78.30 万平方米，比上年下降 4.0%；商品房销售面积 109.38 万平方米，比上年增长 86.3%。

2015 年县"六个十大"重点项目根据政府投资项目计划调整后，年度计划投资 85.84 亿元，全年完成投资 86.42 亿元，完成年度投资计划的 100.7%。十大实事惠民项目，总投资 39.15 亿元，计划投资 8.05 亿元，全年完成投资 7.86 亿元，完成年度投资计划的 97.7%。十大基础设施项目，总投资 24.88 亿元，计划投资 4.26 亿元，全年完成投资 4.93 亿元，完成年度投资计划的 115.6%。十大新兴产业项目，总投资 88.66 亿元，计划投资 16.92 亿元，全年完成投资 17.89 亿元，完成年度投资计划的 105.7%。十大转型升级项目，总投资 79.18 亿元，计划投资 22.05 亿元，全年完成投资 27.95 亿元，完成年度计划的 126.8%。十大城市提升项目，总投资 73.93 亿元，计划投资 18.02 亿元，全年完成投资 13.62 亿元，完成年度投资计划的 75.5%。十大服务业发展项目，总投资 50.76 亿元，计划投资 16.53 亿元，全年完成投资 14.17 亿元，完成年度投资计划的 85.7%。

五、国内贸易和旅游

2015 年，全县全社会消费品零售总额 168.17 亿元，比上年增长 11.0%。城镇市场零售额 127.13 亿元，比上年增长 11.1%；农村市场零售额 41.04 亿元，比上年增长 10.6%。批发零售贸易业零售额 140.89 亿元，比上年增长 8.8%；住宿餐饮业零售额 13.14 亿元，比上年增长 5.2%。在限额以上批发零售贸易业零售额中，粮油食品饮料烟酒类比上年增长 6.9%，中西药品类比上年增长 11.7%，汽车类零售额比上年增长 31.9%，服装、鞋帽、针纺织品类比上年下降 10.9%，日用品类比上年下降 15.8%，家用电器和音像器材类比上年下降 18.7%，石油及制品类比上年增长 37.8%，通讯器材类比上年下降 22.2%，书报杂志类比上年增长 6.9%。年末全县拥有成交额超亿元市场 4 个，其中超 10 亿元市场 2 个。

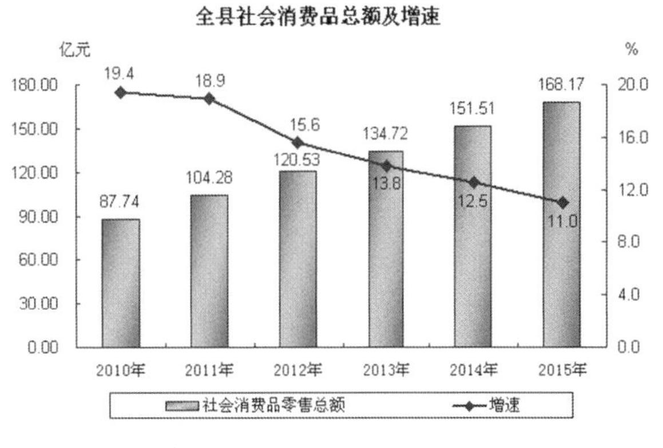

全县接待海内外游客 1195.10 万人次，旅游总收入 123.33 亿元，分别比上年增长 12.1% 和 15.0%。其中接待外国、港澳台游客 21.82 万人次，比上年增长 12.8%，旅游外汇收入 0.49 亿美元，比上年增长 12.6%；接待国内游客 1173.28 万人次，比上年增长 12.1%，国内旅游收入 120.28 亿元，比上年增长 15.1%。其中西塘景点接待国内游客 738.08 万人次，比上年增长 16.3%；接待海外游客 21.15 万人次,比上年增长 15.2%。

六、对外经济

2015 年,全县进出口总值 34.44 亿美元,比上年下降 4.7%,其中出口总值 26.68 亿美元,比上年下降 1.6%,进口总值 7.76 亿美元,比上年下降 14.2%。五金机械、木制品及家具和纺织服装类产品等居出口主导地位,五金机械产品出口 8.61 亿美元,比上年下降 3.0%,占全县出口总额的 32.3%;木制品及家具产品出口 7.90 亿美元,比上年增长 5.8%,占 29.6%;纺织服装类产品出口 3.55 亿美元,比上年下降 5.0%,占 13.3%。经济外向度保持较高水平,进出口总额占全县生产总值的比例 50.4%(按当年汇率计算),其中出口额占比为 39.1%。

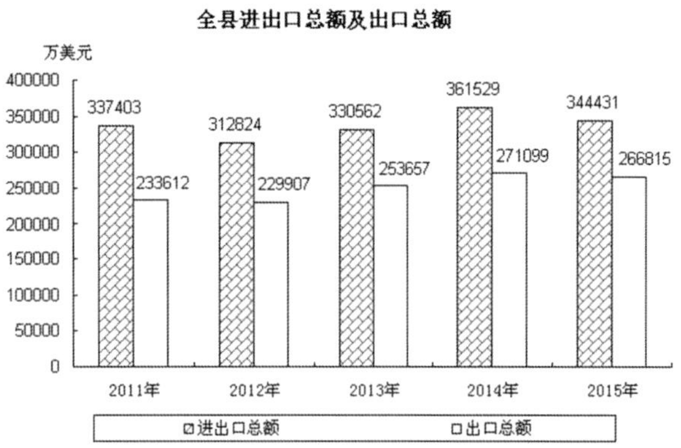

全县新批外资项目 97 个,其中新设项目 45 个。合同利用外资 7.63 亿美元,比上年增长 18.2%;实际利用外资 4.47 亿美元,比上年增长 6.8%。全县新引进县外内资项目 214 个,全年实际到位县外内资 80.20 亿元,比上年增长 4.7%。

七、交通和邮电

2015 年,全县各种运输方式(不包括铁路,下同)货物运输量 3347 万吨,比上年增长 2.6%。货运周转量 403966 万吨千米,比上年增长 4.2%,其中公路 219098 万吨千米,比上年增长 4.4%,水运 184868 万吨千米,比上年增长 3.9%。全年完成道路旅客运输量 2020.50 万人,比上年下降 0.1%。年末境内等级公路里程 804 千米,其中高速公路里程 37.29 千米。2015 年,一般国道机动车当量交通量为 25047pcu/日,比上年增长 6.4%;汽车当量交通量为 23000pcu/日,比上年下降 1.9%;自然交通量为 16388 辆/日,比上年减少 18.0%。

年末实有出租汽车 240 辆,公交线路 57 条,大卖场专线 4 条,公共自行车服务网点 51 个,投用公共自行车 1500 辆。

全年邮电业务收入 8.04 亿元,比上年增长 26.1%。其中邮政业务收入 0.67 亿元,比上年增长 2.4%;电信业务收入 7.36 亿元,比上年增长 28.8%。年末固定电话用户 14.88 万户,比上年末下降 0.2%;移动电话用户 70.53 万户,比上年末增长 1.1%,其中 4G 手机用户 29.66 万户,比上年末增长 178.4%;互联网用户 19.84 万户,比上年末增长 20.2%。

八、金融、证券和保险

全县共有金融机构 16 家,年末金融机构本外币存贷款余额分别为 600.83 亿元和 439.00 亿元,比上年末增长 4.3%和 3.5%。其中人民币存贷款余额分别为 564.26 亿元和 418.73 亿元,比上年末增长 4.8%和 4.1%。城乡居民储蓄存款余额 329.71 亿元,比上年末增长 10.7%。

2015 年年末全县上市公司 5 家,其中本年新增上市 1 家;共募集资金 64.04 亿元,其中首发上市融资 33.54 亿元,上市后融资 30.5 亿元。年末全县拥有资金账户 57929 户,比上年增加 1120 户。全年证券交易额 1180.70 亿元,比上年增长 210.2%。

全县保险业保费收入 9.78 亿元,比上年增长 5.6%。其中财产险保费收入 4.33 亿元,比上年增长 12.0%;人寿险保费收入 5.45 亿元,比上年增长 1.1%。全年赔款支出 3.77 亿元,比上年增长 18.2%。其中财产险赔款支出 2.17 亿元,比上年增长 3.4%;人寿险赔款支出 1.60 亿元,比上年增长 46.0%。全年退保金额 1.26 亿元,比上年增长 7.2%。

九、教育和科学技术

2015 年,全县拥有各类学校(含幼儿园)86 所,在校学生 67314 人。普通高中 4 所,在校学生 5761 人;初级中学 15 所,在校学生 12482 人;小学 32 所,在校学生 32785 人。初中、小学入学率和巩固率均达到 100%;初中毕业生升高中段各类学校比例为 99.02%;高考报名 2502 人。全年高等自学考试报考 2805 人,获得大专以上文凭 24 人。成人教育(含远程教育)招收学生 1460 人,毕业学生 1532 人,其中远程教育毕业 502 人。

2015 年,全县专利申请量和专利授权量分别为4670件和3772件，其中发明专利授权128件。全县公有制企事业单位专业技术人才资源总量6661人，比上年增加155人。全年通过鉴定或验收的科技成果（新产品）289个，其中国家级4个，省级239个；获县级以上政府奖的科研成果3项，其中省级1项，市级2项。全年开展科普活动100项，举办科技培训班202期，参培8216人。全县年末国家高新企业51家，省科技型中小企业215家。全县规模以上工业新产品产值414.86亿元，比上年增长17.6%。全县研究与试验发展经费支出占全县生产总值的比重为2.71%，比上年提升0.05个百分点。财政科技投入2.06亿元，比上年增长12.8%，占财政支出的比重为4.7%。

全县研究与试验发展经费支出

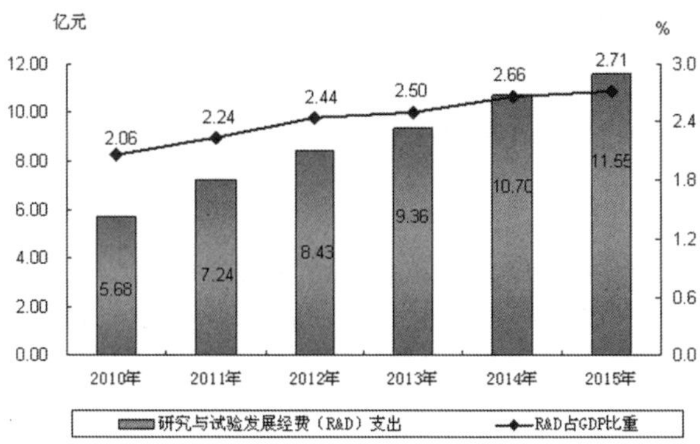

十、文化、体育和卫生

2015年年末，全县拥有文化馆1个，文化站9个，博物馆5个，公共图书馆1个，图书馆面积8532平方米，图书总藏量86.98万册。全县影剧院3个，电影放映单位13个，全年放映电影27156场，观众126.75万人次。广播电视台1个，每周自办文字节目60.5小时，乡镇广播电视站9个，县乡广播电视干线3040千米。接装数字电视终端22.95万只；播出模拟电视7套，数字电视164套。

2015年年末，全县拥有体育场馆5个，等级裁判574人。全年组织举办30场体育竞赛，参加人数约1.01万人次。嘉善代表团参加市级以上各类体育比赛共获得101枚金牌、64枚银牌、62枚铜牌。

年末，全县共有医疗卫生机构165个，其中社区卫生服务站101个。各类卫生工作人员3162人，其中医生930人，注册护士996人，医疗床位2053张。平均每千人拥有医生2.40人，每千人拥有医疗床位5.30张。全县无偿献血3406人次，献血量110.01万毫升；无偿献血占临床用血比例达100%。

全县卫生技术人员与床位数

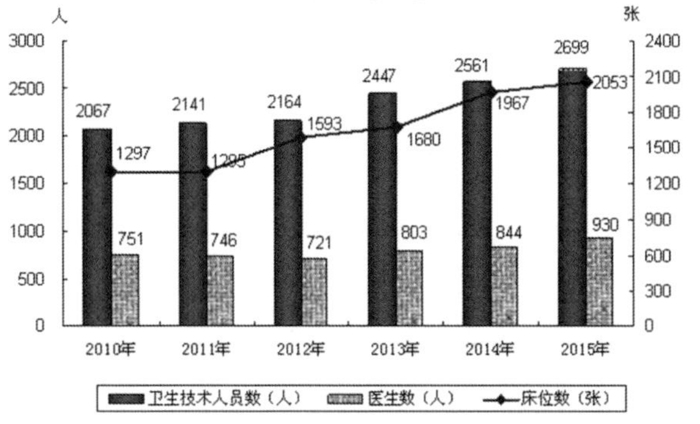

十一、人口、就业、社会保障与人民生活

2015年年末，全县户籍人口387506人，比上年末减少32人，其中城镇人口160478人。全县户籍人口出生率6.75‰，死亡率7.63‰，自然增长率－0.88‰。全年迁入人口1879人，迁出人口1277人，人口机械增长率1.55‰。

据1%人口抽样调查结果推算，年末全县常住人口为57.06万人，比上年增加0.02万人；城镇人口比重为56.3%，比上年提高2.1个百分点。

2015年，全县城镇居民人均可支配收入46574元，比上年增长8.0%；农村居民人均可支配收入27203元，比上年增长8.6%。城乡居民人均消费支出为24789元和15991元，分别比上年增长8.7%和10.1%。城乡居民家庭恩格尔系数（即居民家庭食品消费支出占家庭消费总支出的比重）分别为30.01%和32.01%。年末城镇居民家庭人均住房建筑面积41.65平方米；农村居民人均生活用房建筑面积64.99平方米。

全县城乡居民收入

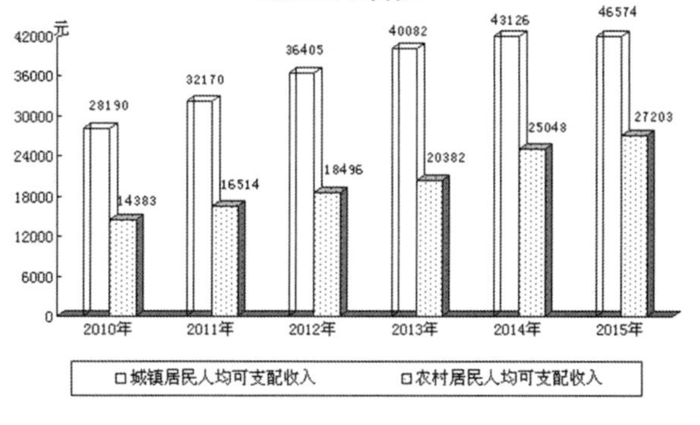

注：2010－2013年为城镇居民人均可支配收入和农村居民人均纯收入。

全县参加城镇基本养老保险23.50万人，比上年增长2.7%；参加新型农村社会养老保险6.85

万人,比上年下降7.9%。全年共发放养老金18.68亿元,比上年增长12.2%。参加失业保险12.33万人,比上年增长4.7%;领取失业保险金1.11万人,比上年增长10.1%。参加城镇基本医疗保险19.06万人,比上年增长2.0%,其中离退休人员3.25万人,在职职工15.81万人。

2015年全县城乡敬老(福利)院13个,年末床位4160张,比上年末增加1015张,年末在院2835人。年末社区服务设施1266个,比上年末增加127个。城乡居民获最低生活保障人数分别为378人和2361人,分别比上年减少181人和414人。县镇两级共发放低保金1342.15万元,比上年增长15.7%。提供城乡各种社会救济3.81万人次,比上年增长79.6%。

年内共发行各类福利彩票1.35亿元,比上年减少0.07亿元,共筹集公益金670.60万元。

十二、资源和环境

实施“五水共治”,2015年完成整治黑河、臭河33.92千米。加快污水处理设施建设,新增工业废水纳管整治企业361家;新建污水管网7.43千米,累计完成220.74千米。2015年城市污水处理率91.98%,比上年提高2.06个百分点;城市生活垃圾无害化处理率为100%;城市用水普及率为100%;城市燃气普及率94.95%,公园绿地面积226万平方米,比上年增长6.1%。

截止12月底,纳入2015年自备锅炉重点整治区域的321台自备锅炉中,已完成整治45台,完成率为14.0%,其中:生物质改造8台,集中供热淘汰6台,拆除淘汰31台;完成未纳入年度整治计划的锅炉126台,其中:生物质改造19台,电加热改造17台,天然气改造3台,拆除淘汰87台。

2015年,空气质量全年优良(AQI<100)天数为275天,优良率75.3%,比上年同期下降1.4个百分点;PM2.5平均浓度下降6.0%。年末有规范化饮用水源保护区1个,烟尘控制区3个(25.22平方千米),噪声达标区2个(21.91平方千米)。截止2015年年末,累计创建国家级生态镇9个,创建率100%;创建市级生态村100个,创建率96.2%。

2015年,全县规模以上工业企业综合能源消费(等价值)128.82万吨标准煤,比上年下降0.9%;万元工业增加值能耗下降10.8%。初步测算,单位生产总值综合能耗下降4.3%。

据调查,2015年全县人民群众安全感满意率达到96.05%,比上年下降0.02个百分点。全年全县共发生各类事故(不含火灾)142起,比上年下降0.7%;死亡37人,比上年下降2.6%;受伤149人,比上年上升11.2%;直接经济损失255.11万元,比上年下降2.33%。

注:

1.本公报所列各项数据为年度初步统计数据。

2.全县地区生产总值和各产业增加值总量按现价计算,增长速度按可比价计算。

3.全县人均地区生产总值按年平均户籍人口计算,美元按年平均汇率计算。

4.粮食播种面积和粮食产量为粮食生产统计监测调查数据。

5.AQI:即空气质量指数(Air Quality ndex),是定量描述空气质量状况的无量纲指数。针对单项污染物的还规定了空气质量分指数。参与空气质量评价的主要污染物为细颗粒物、可吸入颗粒物、二氧化硫、二氧化氮、臭氧、一氧化碳等六项。

(嘉善县统计局提供)

2015年嘉善县国民经济和社会发展主要经济指标

指　　标	单　位	实　绩	增幅(%)
生产总值	亿元	425.54	8.3
一产增加值	亿元	23.55	−3.6
二产增加值	亿元	234.33	8.9
其中:工业	亿元	214.52	10.3
三产增加值	亿元	167.66	9.0
人均GDP	元	109811	8.3
三次产业比	5.5∶55.1∶39.4		
农林牧渔业总产值(现价)	亿元	41.17	−4.8
主要农产品产量:粮食	万吨	15.49	4.0
蔬菜	万吨	58.17	3.8
果用瓜	万吨	6.38	2.2
水产品	万吨	2.61	−0.4
社会消费品零售总额	万元	1681695	11.0
固定资产投资	万元	2947236	14.4
财政总收入	万元	669084	8.3
地方财政收入	万元	355506	7.6
金融机构年末存款余额(人民币)	万元	6008313	4.3
城乡居民储蓄余额	万元	329.71	10.7
农村居民人均纯收入	元	27203	8.6
城镇居民人均可支配收入	元	46574	8.0
全社会用电量	亿千瓦时	47.11	0.7

(嘉善县统计局提供)

2015年全省及长三角城市主要经济指标

地区	地区生产总值		公共财政预算收入		固定资产投资		全社会消费品零售总额		实际利用外资（亿美元）		城镇居民人均可支配收入	
	绝对值	±%	绝对值	±%	绝对值	±%	绝对值	±%	绝对值	±%	绝对值	±%
浙江省	42886.49	8.0	4809.53	7.8	26664.72	13.2	19784.74	10.9	169.60	7.4	43714	8.2
杭州	10053.58	10.2	1233.88	9.8	5556.32	12.2	4697.23	11.8	71.13	12.3	48316	8.3
宁波	8011.49	8.0	1006.31	8.1	4506.58	13.0	3349.63	12.0	42.34	11.1	47852	8.4
温州	4619.84	8.3	403.07	7.0	3456.39	13.2	2674.38	11.0	3.01	−43.4	44026	8.7
嘉兴	3517.06	7.0	350.35	7.1	2513.82	13.2	1494.57	11.0	26.84	7.6	45499	8.0
湖州	2084.27	8.3	191.31	7.3	1402.64	12.9	963.92	10.6	9.42	−4.3	42238	8.4
绍兴	4466.65	7.1	362.89	5.8	2582.84	12.1	1621.06	9.0	9.42	40.3	46747	8.3
金华	3406.48	7.8	309.69	8.8	1836.16	15.1	1783.10	12.0	2.74	−1.5	43193	8.5
衢州	1146.16	6.6	94.02	8.8	882.04	12.8	550.98	9.4	0.60	−14.3	33212	8.6
舟山	1094.67	9.2	112.72	6.4	1134.76	18.1	415.52	10.3	0.78	−61.0	44845	8.1
台州	3558.13	6.5	298.02	5.6	1996.03	13.0	1826.68	11.0	1.16	−51.9	43266	8.8
丽水	1102.34	6.4	94.57	9.0	751.52	13.0	519.28	9.0	2.16	21.3	32875	8.1
南京	9720.77	9.3	1020.03	12.9	5425.98	−0.1	4590.17	10.2	33.35	1.3	46104	8.3
无锡	8518.26	7.1	830.00	8.1	4901.19	7.0	2847.61	9.2	32.02	10.3	45132	8.1
常州	5273.15	9.2	466.28	7.5	3398.97	6.7	1990.45	10.3	17.21	−28.6	42710	8.2
苏州	14504.07	7.5	1560.76	8.1	5965.44	−1.5	4461.62	9.0	60.00	−26.1	50390	8.0
南通	6148.40	9.6	625.64	13.8	4376.03	12.3	2379.46	9.9	23.16	0.5	36291	8.7
扬州	4016.84	10.3	336.75	14.1	2856.82	18.2	1236.96	9.7	8.48	−38.9	32946	8.7
镇江	3502.48	9.6	302.85	9.0	2541.07	18.6	1113.71	11.0	13.05	0.8	38666	8.2
泰州	3655.53	10.2	316.56	13.9	2695.66	22.6	1001.64	10.9	10.66	13.4	34092	8.8
上海	24964.99	6.9	5519.50	13.3	6352.70	5.6	10055.76	8.1	184.59	1.6	52962	8.4
省内位次	6	8	5	7	5	3	7	6	3	5	4	11
“长三角”位次	13	14	10	13	13	5	11	4	7	6	7	15

统 计 示 意 图

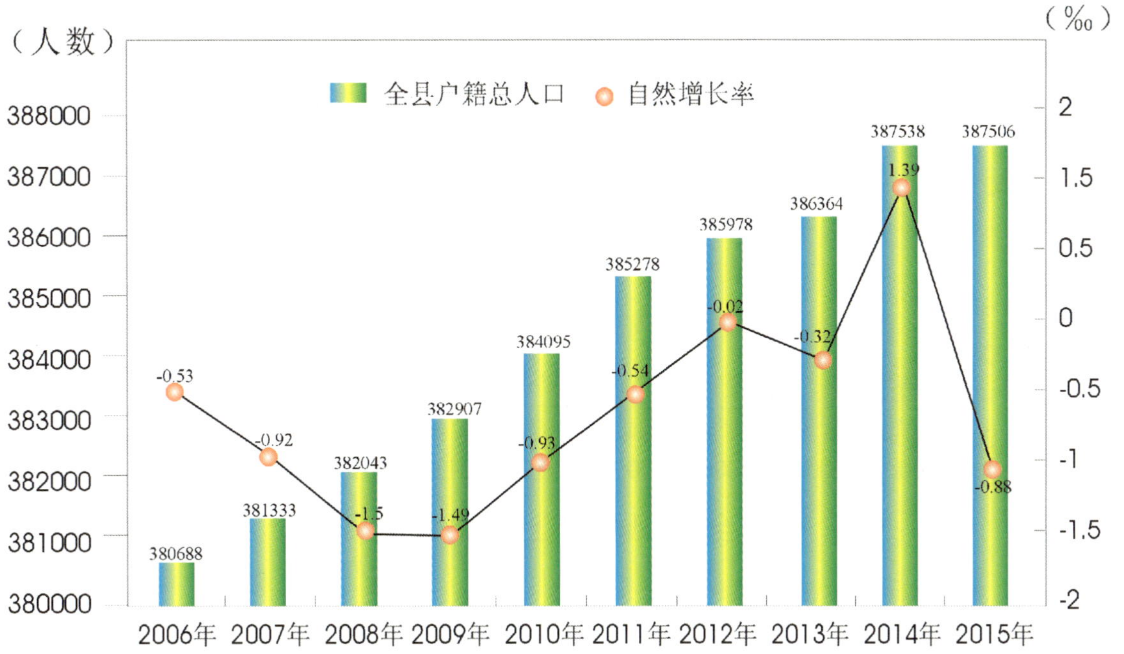

全县户籍总人口数与自然增长率

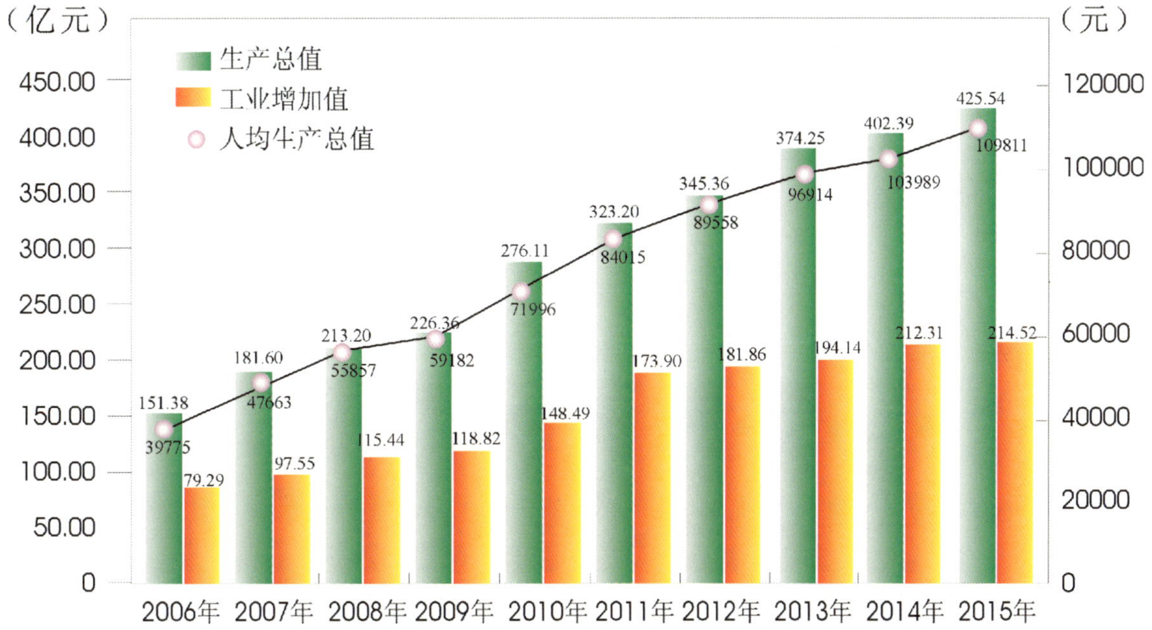

全县生产总值、工业增加值与人均生产总值

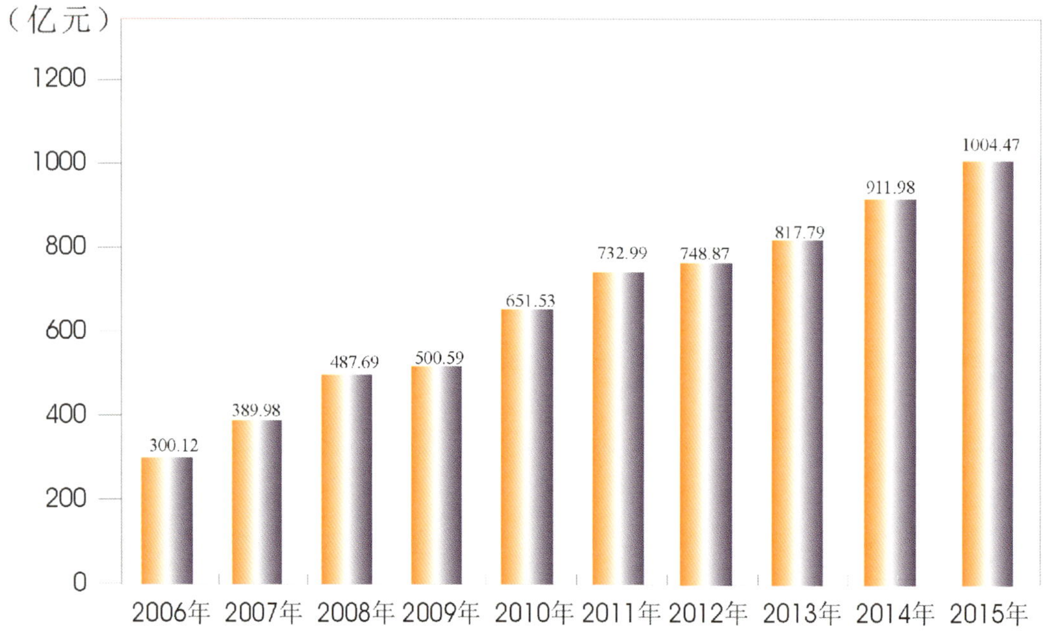

全县规模以上工业总值

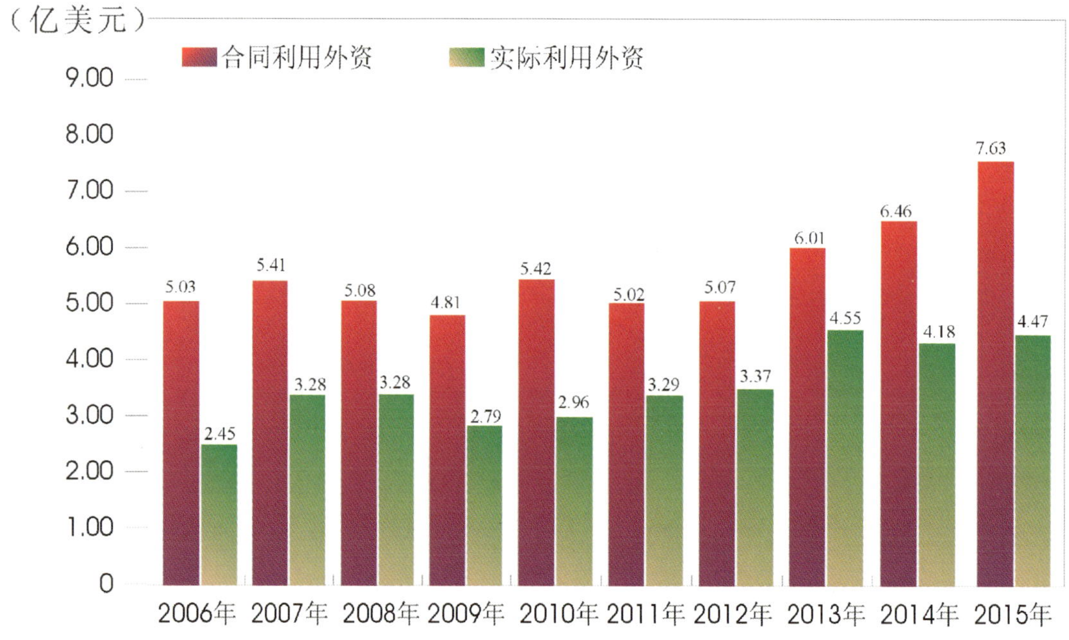

全县利用外资总额

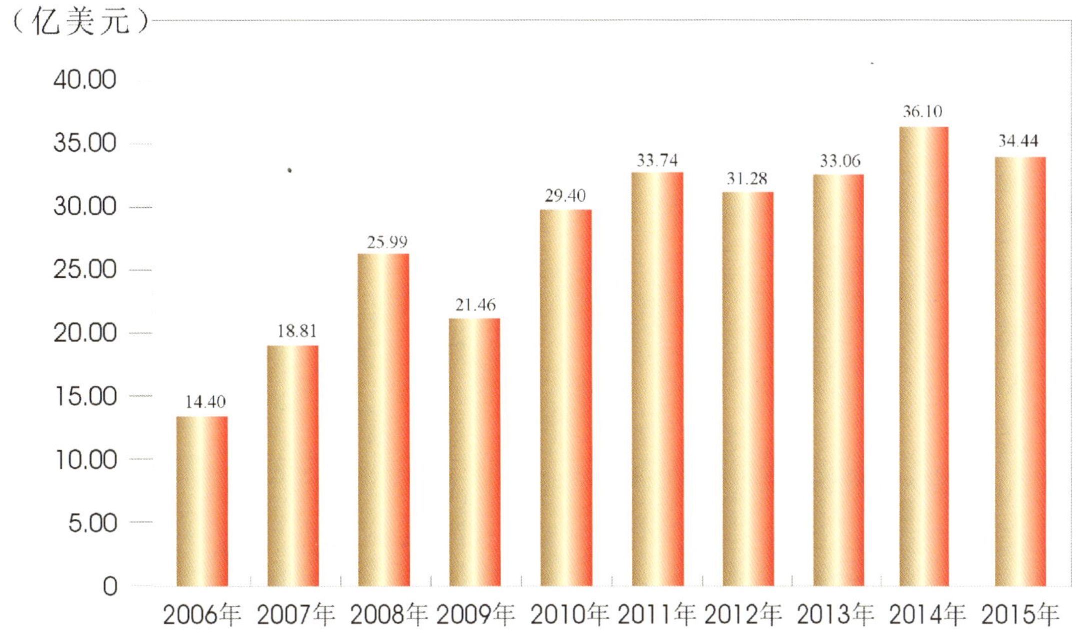

全县外贸进出口总值

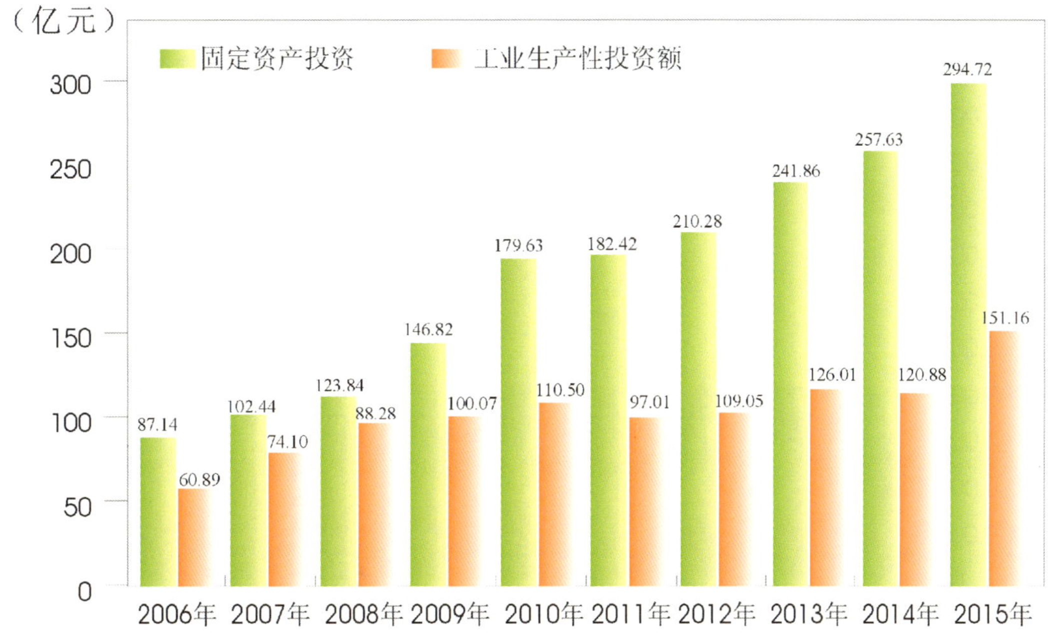

全县固定资产投资与工业生产性投资额

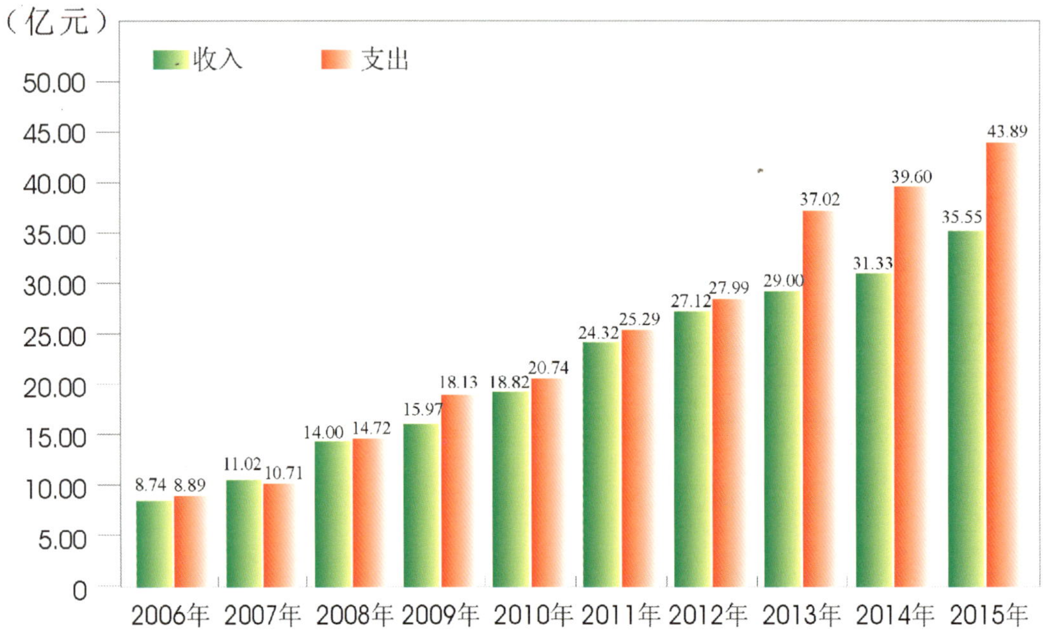

全县财政一般预算收入与支出

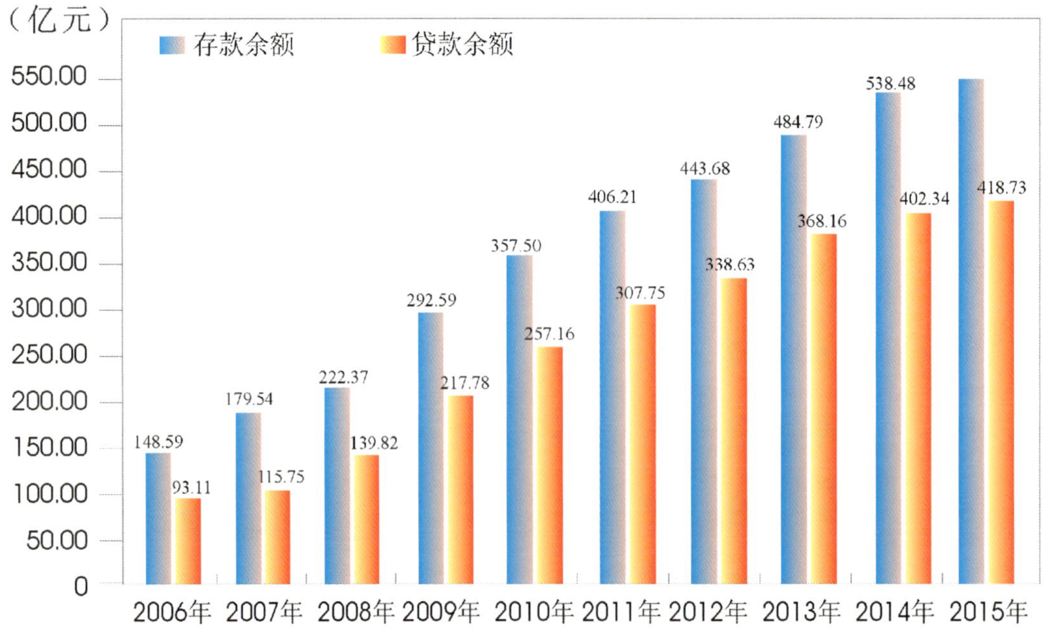

全县金融机构人民币存贷款余额

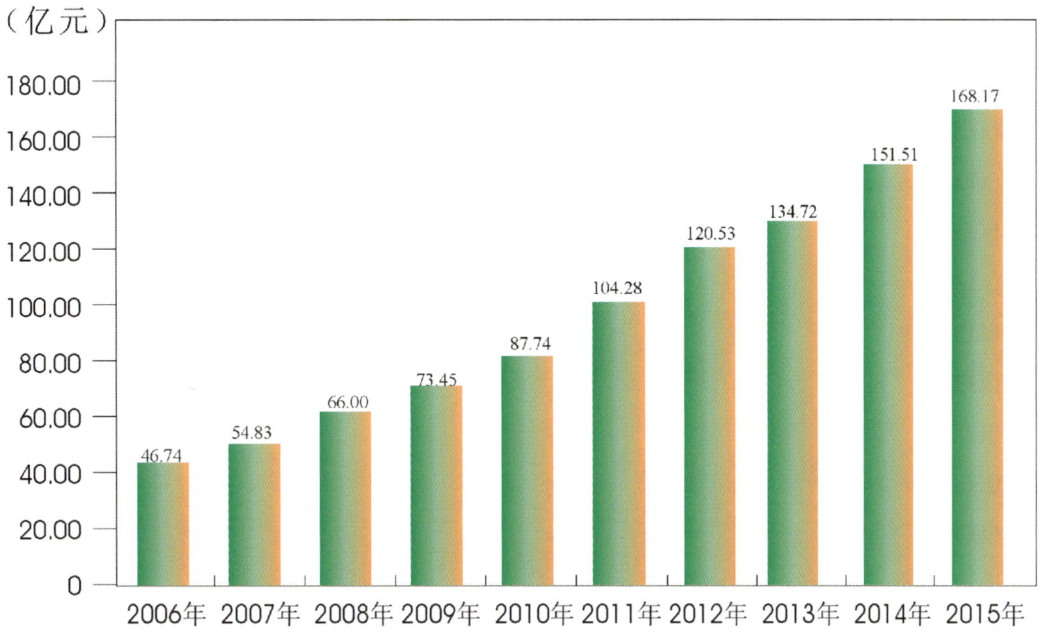

全县社会消费品零售总额

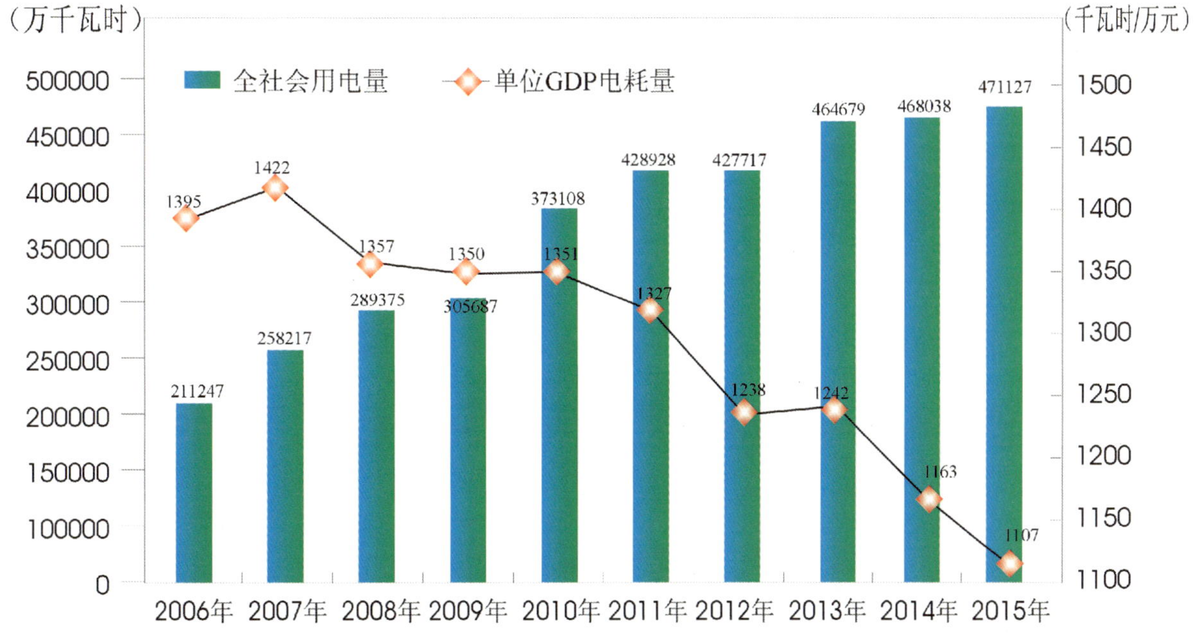

全县全社会用电量和单位 DGP 电耗量

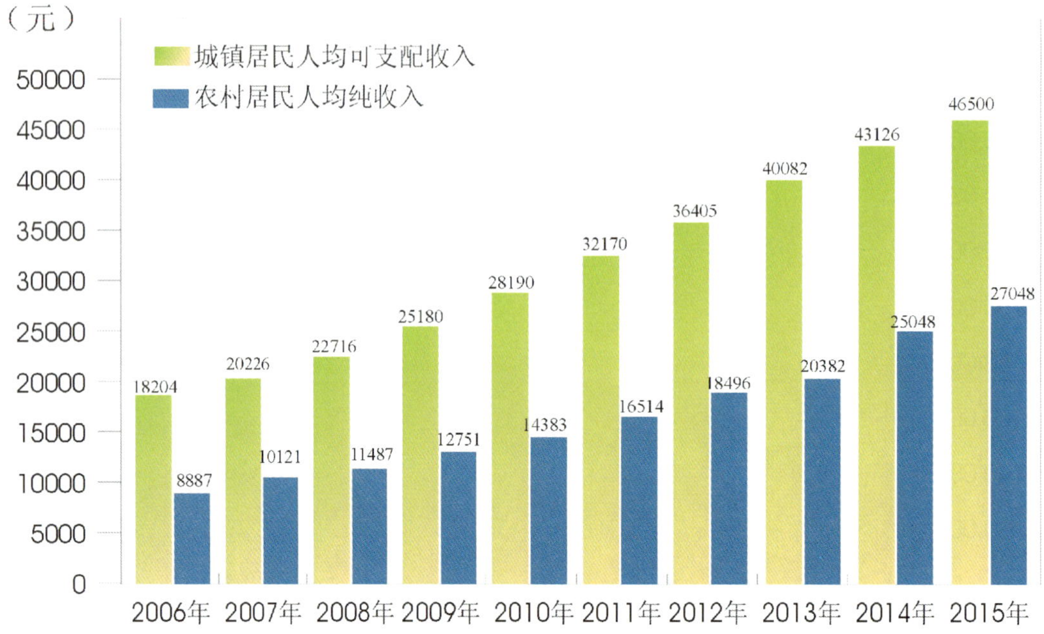

全县城乡居民收入

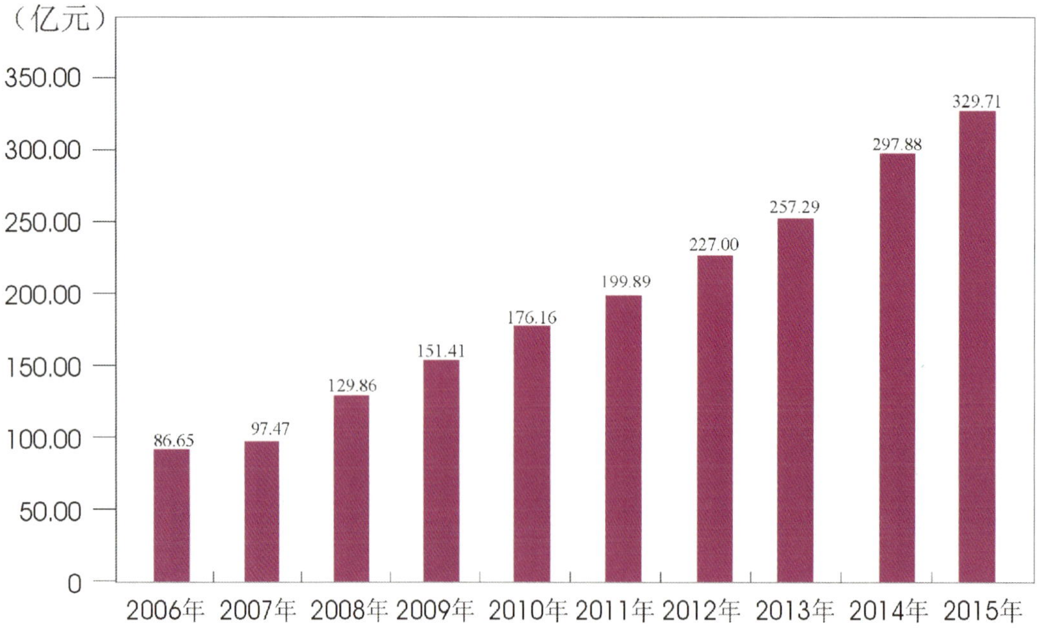

全县城乡居民储蓄余额

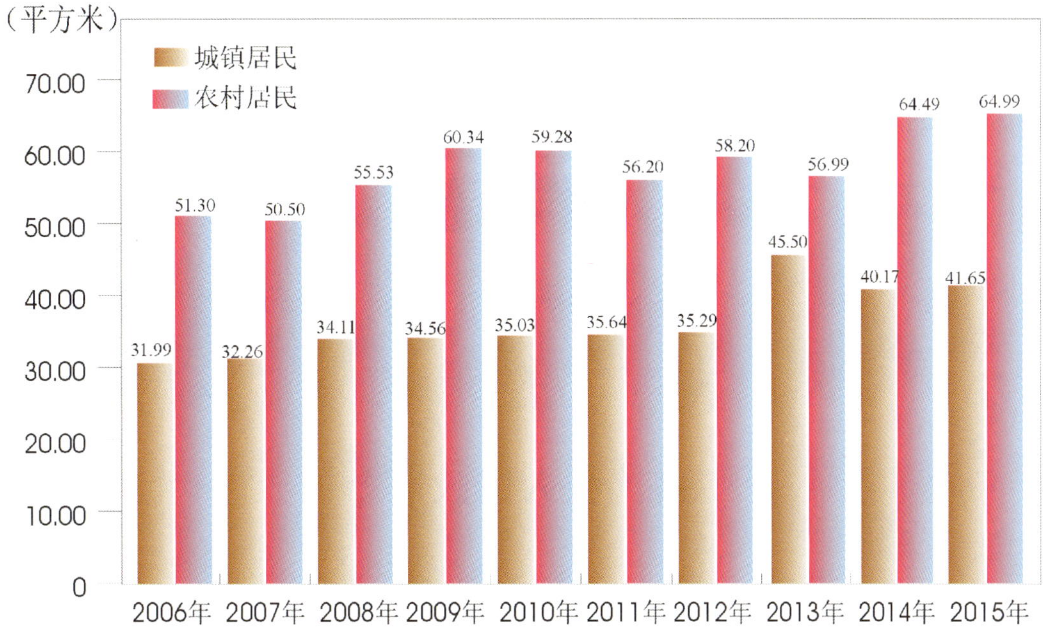

居民人均住房面积

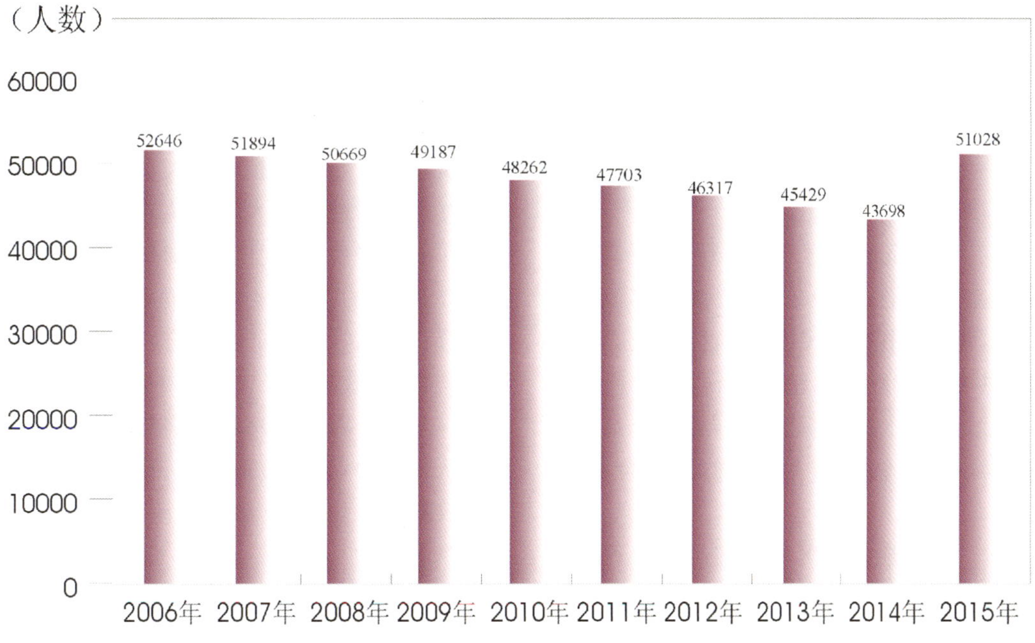

普通中小学在校学生人数

嘉善县人民政府令

第38号

《嘉善县综合行政执法实施办法》已经县十五届政府二十九次常务会议审议通过,现予发布,自2015年4月1日起施行。

县长 许 晴

二〇一五年三月二十七日

嘉善县综合行政执法实施办法

第一章 总 则

第一条 为规范综合行政执法行为,提高综合行政执法效率和水平,保护公民、法人和其他组织的合法权益,根据《中华人民共和国行政处罚法》、《中华人民共和国行政强制法》、《浙江省人民政府关于深化行政执法体制改革 全面推进综合行政执法的意见》(浙政发〔2015〕4号)等规定,结合实际,制定本办法。

第二条 在本县行政区域内实施综合行政执法工作,适用本办法。

前款所称的综合行政执法是指依照有关法律、法规的规定和省政府的决定,由一个行政执法部门集中行使相关业务主管部门的全部或部分行政处罚权,以及法律、法规规定的与行政处罚权有关的行政强制措施权。

第三条 综合行政执法工作实行统一领导、分级负责、协同配合、稳步推进的原则。

综合行政执法协作配合工作应当坚持分工科学、责权明确、衔接有序、运行顺畅的原则。

第四条 县人民政府领导全县综合行政执法工作。县、镇(街道)两级成立综合行政执法领导小组,加强综合行政执法日常组织协调工作。

县人民政府根据区域面积、人口数量、综合行政执法职权范围和核定的人员编制数等状况,合理配置综合行政执法人员和执法装备,综合行政执法工作所需经费纳入县、镇(街道)两级财政预算。

第五条 县综合行政执法局是集中行使有关综合行政执法职能的县政府工作部门,依法履行后续监管、行政处罚及其相关的行政强制等职责。

县综合行政执法局向各镇(街道)派驻的执法中队(分局),具体负责所在镇(街道)区域内的综合行政执法工作,以县综合行政执法局的名义对外开展执法。

县综合行政执法局根据需要可以在特定区域派出综合行政执法分支机构,具体实施特定区域内的综合行政执法工作。

第六条 县国土资源、安监、水利、农经、住建、环保、市场监管、公安、人防、教育、体育、旅游、民政、经信、发改、科技和人口计生等涉及执法职能划转的部门(以下简称相关业务主管部门)按照各自的法定职责,加强源头监管和协调指导,强化事中事后监管,协助县综合行政执法局开展综合行政执法工作。

县监察、机构编制、政府法制、财政等部门应当对全县综合行政执法工作进行监督检查,监督检查中发现的问题,应当及时予以纠正;对存在违纪行为的,依法依规追究直接责任人、领导责任人的行政责任。

第七条　各镇人民政府(街道办事处)应当提高自身依法履职能力,通过规划指引、提升服务、矛盾调解等方式,对涉及面广、社会敏感度高的问题,坚持"抓早、抓小、抓苗头",及时预防和控制。

第八条　公民、法人和其他组织应当支持、配合综合行政执法工作,发现违法行为,有权进行劝阻、举报。

发挥基层自治组织、志愿者组织在综合行政执法工作中的作用,鼓励社会组织参与协助综合行政执法活动。

第二章　职责和权限

第九条　县综合行政执法局在本县行政区域内依法集中行使下列行政处罚权以及相关行政强制措施权:

(一)依照城市市容和环境卫生方面法律、法规、规章的规定,对违反城市市容和环境卫生管理规定的行为实施行政处罚;

(二)依照城乡规划方面法律、法规、规章的规定,对违反城乡规划管理规定的行为实施行政处罚;

(三)依照城市绿化方面法律、法规、规章的规定,对违反城市绿化管理规定的行为实施行政处罚;

(四)依照市政公用方面法律、法规、规章的规定,对违反市政公用管理规定的行为实施行政处罚;

(五)依照工商行政管理方面法律、法规、规章的规定,对室外无照经营的行为实施行政处罚;

(六)依照公安交通管理方面法律、法规、规章的规定,对侵占城市人行道的行为实施行政处罚;

(七)依照环境保护管理方面法律、法规、规章的规定,对社会生活噪声污染、建筑施工噪声污染、城市饮食服务行业违法排污的行为实施行政处罚;

(八)依照旅游管理方面法律、法规、规章的规定,对违反旅游管理规定的行为实施行政处罚;

(九)依照价格监督管理方面法律、法规、规章的规定,对违反明码标价规定的行为实施行政处罚;

(十)依照体育管理方面法律、法规、规章的规定,对违反体育管理规定的行为实施行政处罚;

(十一)依照民政管理方面法律、法规、规章的规定,对违反民政管理规定的行为实施行政处罚;

(十二)依照石油天然气管道保护管理方面法律、法规、规章的规定,对违反石油天然气管道保护管理规定的行为实施行政处罚;

(十三)依照安全生产监督管理方面法律、法规、规章的规定,对违反安全生产监督管理规定(危险化学品管理、烟花爆竹管理、矿山安全管理、职业卫生监督管理和生产安全事故处理除外)的行为实施行政处罚;

(十四)依照能源管理方面法律、法规、规章的规定,对违反节约能源、煤炭管理规定的行为实施行政处罚;

(十五)依照循环经济管理方面法律、法规、规章的规定,对违反循环经济管理规定的行为实施行政处罚;

(十六)依照防震减灾管理方面法律、法规、规章的规定,对违反防震减灾管理规定的行为实施行政处罚;

(十七)依照人口计划生育管理方面法律、法规、规章的规定,对违反人口计划生育管理规定的行为实施行政处罚;

(十八)依照土地和矿产资源监督管理方面法律、法规、规章的规定,对违反土地和矿产资源管理规定(土地矿产卫片执法检查发现的需要立案查处的违法用地、违法勘查开采矿产资源除外)的行为实施行政处罚;

(十九)依照水行政管理方面法律、法规、规章的规定,对违反水行政管理规定的行为实施行政处罚;

(二十)依照人防(民防)管理方面法律、法规、规章的规定,对违反人防(民防)管理规定的行为实

施行政处罚;

(二十一)依照教育管理方面法律、法规、规章的规定,对违反教育管理规定的行为实施行政处罚;

(二十二)依照建筑业管理方面法律、法规、规章的规定,对违反建筑工程施工许可管理、建筑工程发包承包管理规定的行为实施行政处罚;

(二十三)依照房地产管理方面法律、法规、规章的规定,对违反房地产开发经营管理、物业管理、房屋管理、房地产经纪管理和商品房租赁管理规定(资质资格管理除外)的行为实施行政处罚;

(二十四)依照工程建设管理方面法律、法规、规章的规定,对违反建设工程勘察设计管理、建设工程监理管理规定(资质资格管理除外)的行为实施行政处罚;

(二十五)依照渔政管理方面的法律、法规、规章的规定,对违反渔政管理规定的行为实施行政处罚;

(二十六)依照林政管理方面的法律、法规、规章的规定,对违反林政管理规定的行为实施行政处罚;

(二十七)省人民政府决定的由县综合行政执法局集中行使的其他行政处罚权。

第十条 划转或调整的行政处罚权及相关行政强制措施权的具体事项,由县综合行政执法局会同相关业务主管部门提出事项清单,报经县编委办、县政府法制办核准后,在浙江政务服务网等载体上公布。

第十一条 职能划转后,除已经立案但未结案的以外,相关业务主管部门不得再行使已由县综合行政执法局行使的行政处罚权及相关的行政强制措施权。仍然行使的,其作出的行政处罚及相关的行政强制措施一律无效。

第十二条 县综合行政执法局的主要职责是:

(一)在已划转的行政处罚职能和“三定”方案规定的其他执法职能范围内履行行政执法职责;

(二)研究制定全县综合行政执法的规章制度、管理目标、考核标准和年度工作任务,并组织实施;

(三)加强全县综合行政执法队伍建设,组织开展业务培训,提高综合行政执法人员素质;

(四)承办县人民政府交办的其他事项。

第三章 执法规范

第十三条 县综合行政执法局应当加强执法队伍建设和执法责任制建设,坚持法定职责必须为、法无授权不可为,勇于负责,敢于担当,完善执法规范,建立执法全过程记录制度,健全行政裁量权基准制度,坚决排除对执法活动的干预,促进执法水平的提高。

第十四条 综合行政执法人员应当具备相应的综合法律知识和专业业务知识,经培训考试合格,依法取得行政执法资格,并持有《浙江省行政执法证》,未取得行政执法资格的人员不得从事行政执法。

第十五条 综合行政执法人员从事执法活动时,应当着统一制式服装,佩戴统一标志标识,做到仪容严整、举止端庄、语言文明、行为规范。

基层综合行政执法服务窗口、执法车辆应当设置统一的标志标识,保持整洁、完整、有序。

第十六条 综合行政执法人员在执法活动中,应当持证上岗,亮证执法。在调查取证时,应当符合法定程序,不得以利诱、欺诈、胁迫、暴力等非法手段收集证据,不得伪造、隐匿证据。

通过非法手段获取的证据不能作为认定违法事实的依据。

第十七条 县综合行政执法局根据工作需要,经县编委办核定,可以配备协管员,承担执法过程中的辅助性工作。

协管员等聘用人员必须经培训合格后,方可上岗,并严禁以执法人员名义进行执法。

第十八条 县综合行政执法局作出行政处罚决定前,应当告知当事人作出行政处罚的事实、理由、依据,并告知当事人依法享有陈述权、申辩权。当事人进行陈述和申辩时提出的事实、理由或者证据成立的,县综合行政执法局应当采纳,不得因当事人陈述和申辩而加重处罚。

对符合听证条件的,县综合行政执法局应当告知当事人有要求举行听证的权利;对情节复杂或者重大违法行为给予较重的行政处罚,县综合行政执法局的负责人应当集体讨论决定。县综合行政执法局召开行政处罚听证会与案审会的,应当严格执行《嘉善县人民政府办公室关于建立县法制办列席监督县级部门行政处罚听证会与案审会工作制度的通知》(善政办发〔2014〕145 号)有关规定。

第十九条　县综合行政执法局依法作出行政强制执行决定或者申请人民法院强制执行前,应当事先书面催告当事人履行义务。

第二十条　县综合行政执法局应当建立违法行为举报处理制度,并向社会公布统一的举报电话及其他联系方式。县综合行政执法局收到举报后,应当及时核查,并将核查、处理情况告知举报人。县综合行政执法局应当为举报人保密。

第二十一条　综合行政执法严格执行罚缴分离和收支两条线管理制度,罚款、没收违法所得和没收非法财物拍卖款项,按规定全额上缴国库。

第二十二条　对重大、复杂、社会影响大或者争议大的案件,在作出行政处罚决定前,县综合行政执法局可以邀请人大代表、政协委员、市民代表等组成公众评议团对案件进行评议。

第四章　执法协作

第二十三条　县人民政府建立健全综合行政执法协调机制,负责县综合行政执法局与相关业务主管部门之间的综合行政执法协调工作。

县综合行政执法局与相关业务主管部门建立联席会议制度,做好因案件管辖争议或者其他执法争议事项的协调处置工作。

第二十四条　县综合行政执法局在履行职责过程中发现综合行政执法范围以外的其他违法行为的,应当按照有关规定及时移送相关业务主管部门处理。

相关业务主管部门在履行日常管理和监督检查职责过程中,发现已纳入综合行政执法范围的违法行为的,应当按照有关规定及时移送县综合行政执法局查处。

县综合行政执法局和相关业务主管部门无正当理由,不得拒绝接受移送的案件。对于移送的案件,应在五个工作日内抄告处理意见,并在规定期限内抄告处理结果。

第二十五条　县综合行政执法局和相关业务主管部门应当建立和完善首问责任制。对涉及综合行政执法监管事项的举报、投诉、咨询,首问责任单位应当受理,并负责办理。

涉及已划转行政处罚职能的举报奖励,由相关业务主管部门根据规定处理。

第二十六条　相关业务主管部门应当将与综合行政执法事项相关的行政许可等管理信息通过网络系统共享或者其他适当的方式及时、定期抄告县综合行政执法局。

相关业务主管部门应当将与划转职能有关的上级主管部门文件及时抄告县综合行政执法局。

相关业务主管部门和县综合行政执法局应当加强涉及划转职能的业务培训,逐步完善综合行政执法队伍的法律培训和业务培训机制。

县综合行政执法局应当将已作出的行政处罚、行政强制决定及其执行情况等案件信息通过网络系统共享或者其他适当的方式及时、定期抄告相关业务主管部门。

第二十七条　县综合行政执法局与相关业务主管部门应当互相通报、共享下列行政执法信息:

(一)县综合行政执法局行政处罚案件相关统计分析数据;

(二)涉及已划转行政处罚职能的法律、法规、规章、技术规范、国家标准等及其更新情况;

(三)涉及已划转行政处罚职能的行政裁量标准;

(四)各部门的各类行政执法工作流程;

(五)依法共享在履职过程中收集、掌握、制作的涉及行政管理相对人的各类动态信息,包括监督检查记录、执法工作简报等。

相关业务主管部门因行业管理、统计分析、档案管理、上级督查考核等,需要县综合行政执法局提供相关行政处罚数据材料的,县综合行政执法局应当积极配合,在规定期限内向相关业务主管部门提供。

第二十八条　县综合行政执法局在查处违法行为过程中,需要相关业务主管部门提供咨询意见的,相关业务主管部门应当自收到书面征询之日起五个工作日内出具书面意见。情况复杂的,可以延期,但延长期限不得超过十个工作日。

县综合行政执法局查处违法行为,需要相关业务主管部门认定或者需要技术鉴定的,相关业务主管部门或者技术鉴定机构应当及时认定、鉴定。

县综合行政执法局在执法活动中发现有重大治安、安全、社会稳定隐患的,应当及时通报相关业务主管部门,或者向县人民政府报告并提出监管建议。

第二十九条 相关业务主管部门应当加强与县综合行政执法局的协作，共同做好违法行为查处后的后续监管工作。

对于违法行为多发的领域和环节，县综合行政执法局应当通报给相关业务主管部门。相关业务主管部门应当及时进行分析、研究，完善制度建设，运用综合管理手段，从源头上预防或者减少违法行为的发生。

第三十条 县综合行政执法局应当坚持监督检查、发现问题和隐患、依法实施行政处罚相同步的执法监管原则，建立和完善巡查机制，加强监督检查，及时发现并向相关业务主管部门通报巡查中发现的问题隐患，提出工作建议，并依职权制止、查处违法行为。

县综合行政执法局与相关业务主管部门可以根据职能划转或调整的事项，共同订立执法协作文本、制定重点或专项联合监督检查计划，共同实施监督检查。

县综合行政执法局与相关业务主管部门在监管责任方面发生重大争议的，按照最密切联系、最有利处置原则进行处理。

第三十一条 县综合行政执法局在履行职责过程中，发现违法行为依法应当追究刑事责任的，应当按照有关规定及时移送司法机关查处。

第五章　执法监督

第三十二条 县综合行政执法局应当推行行政执法公示制度，依据权力清单向社会全面公开职责范围、执法依据、裁量基准、执法程序、处罚结果、监督途径等事项。

第三十三条 县综合行政执法局应当建立和完善行政执法监督机制，实行办案质量终身负责制和错案责任倒查问责制，防止和纠正违法的或者不当的行政行为，保证和监督行政执法人员依法履行职责。

第三十四条 公民、法人或者其他组织发现县综合行政执法局或相关业务主管部门及其工作人员不履行职责或者有违法违纪行为的，有权向县监察部门检举、控告，监察部门应当及时处理。

公民、法人或者其他组织对行政执法行为有权提出建议和批评。县综合行政执法局应当认真处理，及时纠正执法过程中的违法或者不当行为。

第三十五条 公民、法人或者其他组织对县综合行政执法局作出的具体行政行为不服的，可以依法向县人民政府或者嘉兴市综合行政执法局申请行政复议，也可以直接向嘉善县人民法院提起行政诉讼。法律、法规规定应当先向行政机关申请复议，对复议决定不服再向人民法院提起诉讼的，依照法律、法规的规定。

第六章　执法保障

第三十六条 县综合行政执法局应当推进行政执法队伍正规化、专业化建设，加大教育培训力度，提高行政执法能力，建立重心下移、力量下沉的法治工作机制。

第三十七条 县综合行政执法局及其人员依法从事执法活动受法律保护，任何组织和个人不得阻碍综合行政执法人员依法执行职务。

公安机关应当依法协助和配合县综合行政执法局履行职责。

第三十八条 各镇(街道)应当加强对县综合行政执法局派驻机构的必要协管员、经费等保障。

驻镇(街道)执法中队(分局)年度协管员经费、日常办公业务费由县综合行政执法局与相关镇(街道)确定，并纳入年度预算。

第三十九条 驻镇(街道)执法中队(分局)的办公用房及附属设施、执法车辆、执法装备、办公设备等软硬件建设，根据嘉兴市规范化中队建设标准，由所在镇(街道)负责解决。

第七章　附　　则

第四十条 本办法自2015年4月1日起施行。

嘉善县人民政府令

第 39 号

《嘉善县行政应诉工作规定》已经县十五届政府三十二次常务会议审议通过，现予发布，自 2015 年 9 月 1 日起施行。

代县长　祁海龙

二〇一五年八月六日

嘉善县行政应诉工作规定

第一条　为规范行政应诉工作，提高行政应诉能力，促进依法行政，根据《中华人民共和国行政诉讼法》等法律法规，结合本县实际，制定本规定。

第二条　本规定所称行政应诉，是指行政机关和法律、法规、规章授权的组织在公民、法人或者其他组织提起行政诉讼后，经人民法院通知参加的行政诉讼活动。

本规定所称被诉机关，是指人民法院应诉通知书中列明的被告；本规定所称应诉机关，是指应诉工作具体承办机关。

第三条　本县行政机关（县人民政府、县人民政府工作部门、直属单位，镇人民政府、街道办事处，下同）以及法律、法规、规章授权的组织作为行政诉讼被告或者应诉机关，参加行政诉讼活动，适用本规定。

第四条　县人民政府行政行为引发的行政诉讼，由县政府法制机构统筹协调行政应诉工作。其中，县人民政府工作部门、直属单位以及法律、法规、规章授权的组织以县政府名义作出行政行为引起的行政诉讼案件，由相应部门、单位或组织负责具体应诉事项；应诉责任主体不明确的，由县政府法制机构根据起诉内容提出应诉主体报县政府同意。

以县人民政府工作部门、直属单位以及法律、法规、规章授权的组织为被告的行政诉讼，由被诉机关负责应诉。

以镇人民政府（街道办事处）为被告的行政诉讼，由该镇人民政府（街道办事处）负责应诉。

第五条　应诉机关的法定代表人是行政应诉工作的第一责任人。

应诉机关收到应诉通知书和起诉状副本后，应诉机关应当对案件及时进行研判，拟订应诉方案；对于重大案件，应诉机关主要负责人应当亲自召开办公会议，研究确定应诉方案，主持案件研究、纠纷化解。

第六条　行政诉讼案件诉讼代理人一般为 2 人。被诉机关负责人出庭应诉的，可以另行委托一至二名诉讼代理人。

前款规定的被诉机关负责人，包括正职和副职负责人。

第七条　被诉机关负责人应当出庭应诉。不能出庭的，应当委托应诉机关相应的工作人员出庭。

前款规定的工作人员，指应诉机关当初经办被诉行政行为的工作机构负责人和经办人员。

县人民政府为被诉机关的，应诉机关负责人必须出庭应诉。

应诉机关应当在收到人民法院应诉通知之日起 3 个工作日内，确定出庭应诉人员，并以书面或口头方式向县政府法制机构备案。

第八条　应诉机关法制机构履行下列职责：

（一）审查案件的有关情况，提出由应诉机关负责人或者委托代理人出庭应诉的建议；

（二）督促、协助诉讼代理人撰写答辩状、代理词等材料；

（三）督促、协助诉讼代理人收集作出具体行政行为的依据和证据材料，研究并鉴别、筛选须提交的证据材料和依据；

（四）对被诉的行政行为向本机关提出停止执行以及自行变更、撤销或者部分撤销的建议；

(五)负责行政应诉案件材料的立卷归档,按照有关规定报备;

(六)法律、法规和规章规定的其他职责。

未设立法制机构的行政机关,由该机关负责法制工作的机构承担前款规定的工作。

第九条 委托律师作为诉讼代理人的,委托权限为一般代理,同时必须有应诉机关的工作人员作为诉讼代理人共同参加诉讼活动。

委托律师作为诉讼代理人的,应当委托担任应诉机关法律顾问的律师,确不能委托的,应当要求其提供对应诉方案的意见建议。

第十条 应诉机关当初经办被诉行政行为的工作机构负责人和经办人员,应当全程参与行政诉讼的应诉工作,主动提供作出被诉行政行为的证据、依据和其他有关材料。

有关行政机关和单位应当积极支持、配合应诉人员的调查取证、资料搜集工作。

应诉人员应当全面收集涉案相关证据和法律依据,并在法定期限内向人民法院提交。

第十一条 应诉人员出庭应诉应当遵循以下基本规范:

(一)准时出庭;

(二)遵守法庭纪律和庭审秩序;

(三)着装整洁,举止得体;

(四)语言规范,用语文明;

(五)尊重法官、人民陪审员、书记员和诉讼参与人。

第十二条 庭审过程中,应诉人员应当充分陈述作出行政行为的事实根据、法律依据和理由,并出示相关证据;应当在审判人员的主持下,针对证据的关联性、合法性、真实性,法律依据的准确性、行政程序的合法性以及行政行为的合理性等方面进行质证和辩论。

原告或者第三人提出了其在行政处理程序中没有提出的理由或者证据的,应诉机关应当积极补充证据,并向人民法院提供。

第十三条 应诉机关在人民法院作出判决或者裁定前,发现被诉具体行政行为确有违法或者不当的,应当主动依法纠正或提请被诉机关纠正。

被诉机关作出变更、撤销或者部分撤销被诉具体行政行为的,应当及时书面告知有关当事人和人民法院。

具备调解或者协调和解可能性的行政案件,应诉机关应当积极开展调解或者协调和解工作。

第十四条 行政机关应当自觉履行人民法院生效的判决或者裁定。

第十五条 应诉机关应当认真研究和办理人民法院提出的司法建议,并将处理结果及时函告人民法院。

办理司法建议需要县人民政府决定或其他部门协调配合的,办理部门应当及时报请县人民政府协调。

人民法院在审理行政案件中,认为据以作出行政行为的本县行政机关制定的规范性文件不合法,提出处理建议的,制定机关应当按规定程序处理,并将处理结果及时函告人民法院。

第十六条 应诉机关应当在案件审结后,收到人民法院裁(判)决定书之日起 10 日内,将行政起诉状副本复印件、人民法院的裁(判)决定书和应诉机关负责人出庭应诉情况向县政府法制机构备案。

第十七条 受被诉机关委托担任诉讼代理人的行政机关工作人员,无正当理由不按规定出庭应诉、在出庭应诉活动中存在严重失职行为的,由有权机关依法追究相应责任。

受被诉机关委托担任诉讼代理人的律师,无正当理由在出庭应诉活动中不尽责的,委托机关可以要求其所在律师事务所更换委托律师、按约定与其所在律师事务所解除委托协议、向其所在律师协会提出投诉。

第十八条 对败诉的行政诉讼案件,应诉机关应当认真查找问题,分析败诉原因,提出改进措施。

应诉机关对行政败诉案件反映出的问题未进行整改,导致因同类问题多次被人民法院判决败诉的,要给予通报批评;造成严重后果的,按规定追究相应责任。

第十九条 行政机关行政应诉工作纳入县政府法治政府考核评价的内容。

第二十条 上级机关对行政应诉工作另有规定的,从其规定。

第二十一条 本规定自 2015 年 9 月 1 日起施行,2009 年 4 月 29 日公布的《嘉善县行政应诉工作规则》(政府令第 34 号)同时废止。

文 件 目 录

2015 年嘉善县人民政府规范性文件目录

序号	文　　件　　名	文　　号
1	嘉善县人民政府办公室关于印发嘉善县中心城区景观照明电费补助办法(试行)的通知	善政办发〔2015〕4 号
2	嘉善县人民政府关于印发嘉善县城乡生活垃圾无害化处理管理办法(试行)的通知	善政发〔2015〕33 号
3	嘉善县综合行政执法实施办法	政府令第 38 号
4	嘉善县人民政府办公室关于印发嘉善县临时改变房屋用途管理暂行办法的通知	善政办发〔2015〕51 号
5	嘉善县人民政府办公室关于印发嘉善县在职职工住院医疗互助保障工作实施办法(修订)的通知	善政办发〔2015〕61 号
6	嘉善县人民政府办公室关于印发嘉善县政府产业发展基金管理办法的通知	善政办发〔2015〕104 号
7	嘉善县人民政府办公室关于印发嘉善县企业投资项目“一窗受理、全程代办”实施办法(试行)的通知	善政办发〔2015〕116 号
8	嘉善县行政应诉工作规定	政府令第 39 号
9	嘉善县人民政府办公室关于印发嘉善县公共租赁住房管理实施意见(试行)的通知	善政办发〔2015〕127 号
10	嘉善县县级行政事业单位公款竞争性存放管理暂行办法	善政办发〔2015〕165 号
11	嘉善县人民政府办公室关于印发嘉善县居住出租房屋安全管理实施办法(试行)的通知	善政办发〔2015〕166 号
12	嘉善县人民政府办公室关于印发嘉善县卫生和计划生育局主要职责内设机构和人员编制规定的通知	善政办发〔2015〕168 号
13	嘉善县人民政府办公室关于印发嘉善县农业经济局(县委、县政府农业和农村工作办公室)主要职责内设机构和人员编制规定的通知	善政办发〔2015〕169 号
14	嘉善县人民政府办公室关于印发嘉善县住房和城乡规划建设局(嘉善县人民防空办公室)主要职责内设机构和人员编制规定的通知	善政办发〔2015〕170 号
15	嘉善县人民政府办公室关于印发嘉善县行政审批服务中心(县公共资源交易管理委员会办公室)主要职责内设机构和人员编制规定的通知	善政办发〔2015〕171 号
16	嘉善县人民政府关于对未取得绿色环保标志汽车实施全县县域道路上禁止通行的通告	善政发〔2015〕104 号
17	嘉善县城乡规划管理技术规定	善政发〔2015〕143 号
18	嘉善县人民政府办公室关于调整完善工业用地履约保证金制度的通知	善政办发〔2015〕178 号
19	嘉善县人民政府办公室关于嘉善县全面推进城镇低效用地再开发工作若干意见	善政办发〔2015〕179 号
20	嘉善县人民政府关于印发嘉善县城市节约用水管理办法的通知	善政发〔2015〕144 号
21	嘉善县人民政府办公室关于印发嘉善县城市节约用水“三同时”管理办法的通知	善政办发〔2015〕190 号
22	嘉善县人民政府办公室关于印发嘉善县超计划用水累进加价水费征收管理办法(试行)的通知	善政办发〔2015〕191 号
23	嘉善县人民政府办公室关于印发嘉善县气象监测和服务设施共建共享管理办法的通知	善政办发〔2015〕198 号
24	嘉善县人民政府办公室关于印发关于印发嘉善县排污权储备与出让管理办法(试行)的通知	善政办发〔2015〕202 号

2015年中共嘉善县委发文目录

序　号	标　　　　题
1	关于全面加强基层党组织和基层政权建设的意见
2	关于2014年度先进集体和先进个人的通报
3	关于2014年度嘉善县先进基层党组织和优秀共产党员的通报
4	关于公布2014年度全县基层党委(党组)理论学习中心组先进单位的通知
5	关于2015年度全县干部理论学习的实施意见
6	关于成立嘉善县创建全国文明城市(县级)工作领导小组的通知
7	批转《共青团嘉善县委员会关于召开共青团嘉善县第二十一次代表大会的报告》的通知
8	关于嘉善县2015年创建全国文明城市(县级)工作的实施意见
9	关于2014年度人民武装工作先进单位和个人的通报
10	关于表彰2012—2014年嘉善县劳动模范的决定
11	关于印发《嘉善县人民政府机构改革方案》的通知
12	批转《中共嘉善县科学技术协会党组关于召开嘉善县科学技术协会第九次代表大会的报告》的通知
13	关于明确2015年度各类考核表彰项目的通知
14	关于印发《落实省委巡视组反馈意见整改方案》的通知
15	关于促进嘉善旅游业改革发展加快打造长三角地区重要休闲旅游目的地的实施意见
16	关于调整县委常委分工的通知
17	关于印发《美丽嘉善建设三年行动计划(2016—2018)》的通知
18	关于成立“美丽嘉善”建设行动领导小组及专项行动工作组的通知
19	中共嘉善县委关于省委巡视组反馈意见整改落实情况的通报
20	县委批转县台办《关于召开嘉善县第六次台胞台属联谊会代表大会的请示》的通知
21	批转县文联《关于召开嘉善县文学艺术界联合会第七次代表大会的报告》的通知
22	关于印发《嘉善县领导干部防止利益冲突暂行规定》的通知
23	关于新形势下进一步加强环境保护工作的实施意见
24	关于给予杨智浩等同志记个人三等功的决定
25	关于制定嘉善县国民经济和社会发展第十三个五年规划的建议

2015年嘉善县人大常委会发文目录

序　号	标　　　　题
1	嘉善县人大常委会2015年工作要点
2	关于接受陈伟良请求辞去嘉善县人民检察院检察长职务的报告
3	关于沈斌同志职务任命的通知
4	关于表彰嘉善县2014年度人大代表工作各项先进的通知
5	关于选举钟益民为嘉善县人民检察院检察长的报告

续表

序　号	标　题
6	关于认真办理县十五届人大四次会议代表议案建议的通知
7	嘉善县人大常委会关于批准嘉善县2015年街道办事处财政预算的决定
8	嘉善县人民代表大会常务委员会监督司法机关工作办法
9	关于仲琴同志任职的通知
10	关于徐金华同志免职的通知
11	关于我县国有企业集团运行管理情况报告的审议意见
12	嘉善县人大常委会关于开展"人大代表监督已治理的河"主题实施方案
13	关于许可对县十五届人大代表沈恩达采取强制措施的决定
14	嘉善县人民代表大会常务委员会关于批准《嘉善县环境功能区划》的决议
15	嘉善县人民代表大会常务委员会关于接受沈恩达辞去嘉善县第十五届人民代表大会代表职务请求的决定
16	嘉善县人民代表大会常务委员会关于终止沈恩达县人大常委会副主任职务的通知
17	关于梁吉鸿同志任职的通知
18	关于陆平华等同志职务任免的通知
19	关于王陈燕等同志职务任免的通知
20	关于芮宁宁等49名同志职务任命的通知
21	关于全县城乡污水收集处理一体化情况的审议意见
22	关于对县人力社保局、县卫生局工作评议的实施意见
23	关于接受李小平辞去嘉善县人民政府副县长职务请求的决定
24	关于祁海龙等同志任职的通知
25	关于接受许晴辞去嘉善县人民政府县长职务请求的决定
26	关于祁海龙副县长为嘉善县人民政府代理县长的决定
27	嘉善县人大常委会关于批准嘉善县2014年财政决算的决议
28	关于朱利军等同志职务任免的通知
29	关于鲍引观等同志职务任免的通知
30	关于嘉善县2015年上半年国民经济和社会发展计划执行情况报告的审议意见
31	关于嘉善县2015年上半年财政预算执行情况报告的审议意见
32	关于2014年度嘉善县财政预算执行和其他财政收支审计工作报告的审议意见
33	关于全县大气污染防治和再生资源回收利用管理工作情况的审议意见
34	关于补选祁海龙同志为嘉兴市第七届人民代表大会代表的报告
35	关于县人民法院依法履职、公正司法工作的审议意见
36	关于县人民检察院依法履职、公正司法工作的审议意见
37	关于县公安局依法履职、公正执法工作的审议意见
38	关于县司法局依法履职、公正执法工作的审议意见

续表

序　号	标　　　　题
39	嘉善县人民代表大会常务委员会关于接受徐志刚辞去嘉善县第十五届人民代表大会代表职务请求的决定
40	关于沈定连同志免职的通知
41	关于苏丽萍等同志任职的通知
42	关于嘉善县人力社保局依法行政和履行职责情况的评议意见
43	关于嘉善县卫生计生局依法行政和履行职责情况的评议意见
44	嘉善县人大常委会关于同意嘉善县2015年政府投资项目计划调整的决定
45	嘉善县人大常委会关于同意嘉善县2015年财政预算调整的决定
46	关于宋胜华同志免职的通知
47	嘉善县人大常委会关于嘉善县域科学发展示范点建设情况报告的审议意见
48	嘉善县人民代表大会常务委员会关于接受孟建华辞去嘉善县第十五届人大常委会委员职务请求的决定
49	嘉善县人民代表大会常务委员会关于接受陈福权辞去嘉兴市第七届人民代表大会代表职务请求的决定
50	嘉善县人民代表大会常务委员会关于接受费金英等辞去嘉善县第十五届人民代表大会代表职务请求的决定
51	关于邱建新等同志职务任免的通知
52	关于周宏等同志职务任免的通知
53	关于陈小凤同志免职的通知
54	嘉善县组织实施宪法宣誓制度办法
55	嘉善县人大常委会关于批准嘉善县2015年地方政府债务限额的决定
56	嘉善县人大常委会关于补选嘉善县第十五届人大出缺代表的决定

2015年嘉善县人民政府发文目录

序　号	标　　　　题
1	关于调整部分副县长分工的通知
2	关于同意给予万巧华开除处分的批复
3	关于同意增设富通集团光通信全产业链项目危险化学品建设配套区的批复
4	关于同意嘉善县无障碍设施建设规划的批复
5	关于同意设立嘉善经开资产经营管理有限公司的批复
6	关于同意收回、储备2014－37号地块并招标拍卖挂牌出让国有土地使用权的批复
7	关于同意招标拍卖挂牌出让2015G－1号地块国有土地使用权的批复
8	关于同意嘉善县电子信息产业园(东北片)控制性详细规划进行修编的批复
9	关于表彰第八届嘉善县县长质量奖获奖单位的通知
10	关于同意干窑镇中心镇区JS－GY－C1－01、JS－GY－C1－05单元控制性详细规划的批复
11	关于同意开展嘉善城市新区控制性详细规划(修编)中A－75、A－76－1、A－77号地块控规调整的批复
12	关于同意县城投集团处置部分存量资产的批复

续表

序 号	标 题
13	关于同意对嘉善城市新区控制性详细规划(修编)中C－59号地块控规进行调整的批复
14	关于同意嘉善城市新区控制性详细规划(修编)中A－75、A－76－1、A－77号地块控规调整的批复
15	关于同意嘉善中心城区北区控制性详细规划的批复
16	关于同意嘉善县旧城区东区西区及东北区控制性详细规划的批复
17	关于同意对嘉善城市新区控制性详细规划(修编)中C－39号地块控规进行调整的批复
18	关于同意浙江省嘉善经济开发区实业总公司变更法定代表人的批复
19	关于同意嘉善城市新区控制性详细规划(修编)中C－39号地块控规调整的批复
20	关于同意嘉善城市新区控制性详细规划(修编)中C－59号地块控规调整的批复
21	关于公布嘉善县2015年度审计项目计划的通知
22	关于同意征收、储备2014－43号地块并招标拍卖挂牌出让国有土地使用权的批复
23	关于同意征收、储备2015－7号地块并招标拍卖挂牌出让国有土地使用权的批复
24	关于同意征收、储备2015－6号地块并招标拍卖挂牌出让国有土地使用权的批复
25	关于同意对嘉善县(JS－ZX－C1－12、JS－ZX－C1－29)单元控制性详细规划中部分地块进行调整的批复
26	关于同意给予陈土其行政开除处分的批复
27	关于印发2015年度民兵预备役整组工作的通知
28	关于同意拆除继续建设部分违法建筑的批复
29	关于同意嘉善电子信息产业园(东北片)控制性详细规划修编的批复
30	关于同意嘉善县经济技术开发区(西区)控制性详细规划中2402024、2402025号地块控规调整的批复
31	关于进一步扩大社会保险覆盖面的通知
32	关于同意嘉善县(JX－ZX－C1－12、JS－ZX－C1－29)单位控制性详细规划中部分地块用地性质及指标调整的批复
33	关于印发嘉善县城乡生活垃圾无害化处理管理办法(试行)的通知
34	关于2014年度国防动员工作和后备力量建设先进单位和先进个人的通报
35	关于2015年国防动员和后备力量建设任务的通知
36	关于同意征收2015G－3号等两个地块并招标拍卖挂牌出让国有土地使用权的批复
37	关于同意征收2015G－2号地块并招标拍卖挂牌出让国有土地使用权的批复
38	关于同意在5月12日“防灾减灾日”试鸣防空和防灾警报的批复
39	关于同意征收2015G－5号地块并招标拍卖挂牌出让国有土地使用权的批复
40	关于同意嘉善县西塘镇翠南村农房改造建设示范村规划的批复
41	关于同意嘉善县西塘镇祥符荡区块控制性详细规划的批复
42	关于同意对浙江乔克房地产开发有限公司无证建设楼梯设施不实施拆除的决定
43	关于同意开展嘉善城市新区控制性详细规划(修编)中F－05号地块及油车港两侧用地控规调整的批复
44	关于印发嘉善县关于实行差别化电价水价的实施意见(试行)的通知
45	关于印发嘉善县实施“互联网＋智能制造”战略加快工业经济转型发展行动方案的通知

续表

序 号	标 题
46	关于推进当前工业经济稳增长促发展的若干意见
47	关于同意嘉善县电子信息产业园(西南片)控制性详细规划的批复
48	关于同意征收2015G－6号地块并招标拍卖挂牌出让国有土地使用权的批复
49	关于同意重新确定县级治安保卫重点单位的批复
50	关于收回瀚天公司国有建设用地使用权的批复
51	关于同意使用偿债准备金的批复
52	关于撤销嘉善县人民政府驻上海办事处的通知
53	关于同意征收2015G－7号等三个地块并招标拍卖挂牌出让国有土地使用权的批复
54	关于同意轮换县级储备粮晚粳谷的批复
55	关于同意招标拍卖挂牌出让2015G－10号地块国有土地使用权的批复
56	关于同意嘉善县罗星街道新市镇投资开发有限公司变更国有资产出资人的批复
57	关于印发嘉善县支持浙商创业创新产业基金管理办法(试行)的通知
58	关于收回玻璃纤维织布厂国有建设用地使用权的批复
59	关于同意嘉善县天凝镇麟溪农村土地综合整治项目等三个项目调整部分拆旧地块的批复
60	关于同意成立嘉善县姚庄中心学校的批复
61	关于同意嘉善城市新区控制性详细规划(修编)中油车港两侧用地控规调整的批复
62	关于同意征收2015G－11号等四个地块并招标拍卖挂牌出让国有土地使用权的批复
63	关于同意开展嘉善城市新区控制性详细规划(修编)中C－62－2号地块控规调整的批复
64	关于同意调整棚户区改造规划及年度实施计划的批复
65	关于做好嘉善县工业发展贷款担保有限公司变更国有资产出资人工作的通知
66	关于收回嘉兴华佳通塑业有限公司国有建设用地使用权的批复
67	关于同意嘉善县大云镇大云村农房改造建设示范村规划的批复
68	关于同意嘉善县西塘镇东南区块控制性详细规划的批复
69	关于收回中贝能源、九洲药业国有建设用地使用权的批复
70	关于2014年度征兵工作先进单位和先进个人的通报
71	关于同意嘉善县干窑城镇投资开发有限公司变更国有资产出资人的批复
72	关于表彰2014年度“无违建村(社区)”和“无违建村(社区)”创建工作先进集体的通报
73	关于同意嘉善县天凝城镇基础设施开发建设有限公司变更国有资产出资人的批复
74	关于同意嘉善县干窑镇范泾村美丽宜居示范村规划的批复
75	关于印发嘉善县创建国家农产品质量安全县实施方案的通知
76	关于同意征收、储备2014－33号等地块并招标拍卖挂牌出让国有土地使用权的批复
77	关于同意发布嘉善县第三次经济普查主要数据公报的批复
78	关于调整代县长、副县长分工的通知

续表

序　号	标　　　　题
79	关于表彰旅游工作先进集体和先进个人的决定
80	关于同意成立嘉善县吴镇教育集团的批复
81	关于同意征收2015G—15号地块并招标拍卖挂牌出让国有土地使用权的批复
82	关于省小城市试点嘉善县姚庄镇南鹿等六村农村土地综合整治项目——武长村2号、3号地块闲置土地处置方案的批复
83	关于同意嘉善县天凝镇三店村美丽宜居示范村规划的批复
84	关于同意嘉善县天凝镇东方红村美丽宜居示范村规划的批复
85	关于同意嘉善县姚庄镇绿地系统规划(2013—2030)的批复
86	关于同意开展嘉善县经济开发区西区控制性详细规划中JS—ZX—CA—17—06—02、JS—ZX—CA—17—06—03、JS—ZX—CA—17—06—04号地块控规调整的批复
87	关于同意开展嘉善城市新区控制性详细规划(修编)中A—78号地块控规调整的批复
88	关于同意嘉善县城市新区控制性详细规划(修编)中C—62—2号地块控规调整的批复
89	关于同意征收2015G—16号等三个地块并招标拍卖挂牌出让国有土地使用权的批复
90	关于同意征收2015G—19号等两个地块并招标拍卖挂牌出让国有土地使用权的批复
91	关于同意在9月18日试鸣防空警报的批复
92	关于同意征收2015G—21号等两个地块并招标拍卖挂牌出让国有土地使用权的批复
93	关于同意征收2015G—21号等两个地块并招标拍卖挂牌出让国有土地使用权的批
94	关于同意征收储备2015—16号地块并招标拍卖挂牌出让国有土地使用权的批复
95	关于同意征收、储备2015—11号地块并招标拍卖挂牌出让国有土地使用权的批复
96	关于征收、储备2014—16号地块并招标拍卖挂牌出让国有土地使用权的批复
97	关于同意嘉善城市新区控制性详细规划(修编)中A—78号地块控规调整的批复
98	关于同意修缮县级文保单位杨家宅保护范围内民居的批复
99	关于同意征收2015G—23号等五个地块并招标拍卖挂牌出让国有土地使用权的批复
100	关于加快特色小镇建设的实施意见
101	关于同意嘉善县姚庄新市镇投资开发有限公司变更国有资产出资人的批复
102	关于收回德达化工国有建设用地使用权的批复
103	关于嘉兴市远方物流有限公司闲置土地处置方案的批复
104	关于对未取得绿色环保标志汽车实施全县县域禁行的通告
105	关于同意整体出让嘉善县广联信息网络有限责任公司的批复
106	关于同意嘉善城市新区控制性详细规划(修编)中A—78号地块控规调整的批复
107	关于同意征收2015G—28号等三个地块并招标拍卖挂牌出让国有土地使用权的批复
108	关于同意征收2015G—31号等三个地块并招标拍卖挂牌出让国有土地使用权的批复
109	关于同意征收2015G—34号地块并招标拍卖挂牌出让国有土地使用权的批复
110	关于县水务集团收购嘉善县大成污水环保有限公司的批复
111	关于同意变更嘉善县丁栅至天凝公路改建拓宽工程项目法人的批复

续表

序　号	标　　　　　题
112	关于印发嘉善县土地利用总体规划预留指标管理办法的通知
113	关于嘉善县罗星街道天凝镇农村土地综合整治项目有关问题的通知
114	关于聘请弗莱迪·奥普索默等十名县政府经济顾问的决定
115	关于同意嘉善县干窑城镇投资开发有限公司变更国有资产出资人的批复
116	关于印发嘉善县深化县城基础设施投融资体制改革试点方案的通知
117	关于进一步加快楼宇经济发展的若干意见
118	关于同意实施《嘉善县旅游发展总体规划(2014—2030)》的批复
119	关于同意嘉善县城区城市节约用水中长期规划的批复
120	关于收回干窑镇“城乡统筹一体化”农民安置房建设一期工程(月半湾小区B区)地块国有土地使用权的批复
121	关于同意征收储备2015－20号地块并招标拍卖挂牌出让国有土地使用权的批复
122	关于收回三力荣耀轴承地块国有建设用地使用权的批复
123	关于收回科纳电子地块国有建设用地使用权的批复
124	关于收回创德电子地块国有建设用地使用权的批复
125	关于同意嘉善大云旅游投资管理有限公司变更国有资产出资人的批复
126	关于同意动用预备费的批复
127	关于2015年度嘉善县西塘镇规划预留指标及中心城区规划预留指标核拨方案的批复
128	关于同意下达2015年度县级储备粮轮换补库收购计划的批复
129	关于嘉善县城乡天然气有限责任公司CNG供气站项目闲置土地拟处置方案的批复
130	关于同意嘉善县西塘新市镇投资开发有限公司变更国有资产出资人的批复
131	关于同意征收储备2015－18号等地块并招标拍卖挂牌出让国有土地使用权的批复
132	关于嘉善诚帜管业有限公司闲置土地拟处置方案的批复
133	关于同意招标拍卖挂牌出让2015G－35号等两个地块国有土地使用权的批复
134	关于同意征收储备2015－22号等地块并招标拍卖挂牌出让国有土地使用权的批复
135	关于同意嘉善县魏塘街道长秀等五村农村土地综合整治项目调整部分拆旧地块的批复
136	关于转发加强和改进新形势下征兵工作的意见的通知
137	关于同意征收2015G－37号地块并招标拍卖挂牌出让国有土地使用权的批复
138	嘉善县人民政府关于进一步深化改革推进节约集约用地的实施意见
139	关于同意征收储备2015－40号等地块并招标拍卖挂牌出让国有土地使用权的批复
140	关于2015年度嘉善县天凝镇、陶庄镇规划预留指标核拨方案的批复
141	关于同意征收、储备2015－9、2015－48号地块并招标、拍卖、挂牌出让国有土地使用权的批复
142	关于同意征收2015G－38号等七个地块并招标、拍卖、挂牌出让国有土地使用权的批复
143	关于印发嘉善县城乡规划管理技术规定的通知
144	关于印发嘉善县城市节约用水管理办法的通知

续表

序　号	标　　　　题
145	关于同意给予朱鉴曼开除处分的批复
146	印发关于进一步促进大众创业若干政策意见的通知
149	关于同意嘉善县大云镇镇区控制性详细规划的批复
150	关于同意嘉善县2015年地方政府债务限额的批复
151	关于转发《浙江省人民政府办公厅关于嘉善县大众创业促进机制改革方案的复函》的通知
152	关于责成县综合行政执法局强制拆除违法建筑的决定
153	关于同意苏建林同志辞去公职的批复
154	关于嘉善品冠服饰制造有限公司闲置土地拟处置方案的批复
155	关于嘉善县魏塘新市镇投资开发有限公司等闲置土地处置方案的批复
156	关于收回文创投资两地块国有建设用地使用权的批复
157	关于同意嘉善县姚庄镇北港存耕地质量提升工程项目立项的批复
158	关于同意将车站四社(野师庵浜)地块列入城中村改造地块的批复
159	关于嘉善龙软创园建设发展有限公司闲置土地处置方案的批复
160	关于印发进一步加强新时期爱国卫生工作实施意见的通知
161	关于同意嘉善县天凝镇宏杨村等八村和洪福村等二村土地综合整治项目调整部分拆旧地块的批复

2015年政协嘉善县委员会发文目录

序　号	标　　　　题
1	关于表彰2014年先进活动组、政协委员联络室和优秀政协委员、特邀委员的决定
2	关于表彰重视政协民主监督工作先进单位的决定
3	关于表彰2014年度先进民主监督组和优秀民主监督员的决定
4	关于表彰政协十三届三次会议以来优秀提案的决定
5	关于表彰2014年度提案承办先进单位
6	关于印发《2015年县政协工作要点》的通知
7	关于进一步推进我县美丽乡建设的建议案
8	关于陈斌等同志职务任免的决定
9	关于同意王敏杰等九位同志辞去政协委员职务的决定
10	关于增补政协委员的决定
11	关于沈庆中等同志职务任免的决定

2015年嘉善县新增领导人简介

许　晴　县委书记。女,1971年9月出生,籍贯浙江海盐,1995年1月入党,1989年11月参加工作,在职大学学历,公共管理硕士学位。主要简历:海盐县棉纺织厂工会工作;海盐县总工会工作;海盐县烟草专卖局工作;海盐县妇联副主席;海盐团县委副书记、书记;海盐县秦山镇党委副书记,党委副书记、镇长;海盐县委常委、宣传部部长;嘉兴市委宣传部副部长、市文明办(创建办)主任;嘉兴市委宣传部常务副部长(正县处长级)、市文明办(创建办)主任;嘉兴市委宣传部常务副部长(正县处长级);嘉善县委副书记,县政府副县长、代县长,县政府党组书记;县委副书记、县政府县长、县政府党组书记;县委书记。

县长任职期限到2015年7月17日止。(2015年7月17日,县第十五届人大常委会第二十八次会议,接受许晴同志辞去嘉善县县长职务)

祁海龙　县委副书记。男,1965年3月出生,籍贯浙江绍兴,1986年7月入党,1984年8月参加工作,省委党校研究生学历。主要简历:嘉兴师范专科学校数学专业学习;嘉兴市郊区凤桥中学教师,兼任校团委书记;嘉兴市郊区团委副书记、党组成员;郊区团委书记、党组书记;郊区大桥乡党委书记、人大主席;郊区政府党组成员,区政府办公室主任;郊区(秀洲区)政府党组成员,区政府办公室主任、党组书记;秀洲区副区长;秀洲区委常委、副区长;秀洲区委常委、副区长(常务);嘉兴市政府副秘书长,市对口支援阿克苏地区沙雅县指挥部指挥长、党委书记(正县处长级),沙雅县委副书记;嘉兴市委教工委书记、同济大学浙江学院党委书记(兼),市政府副秘书长,市对口支援阿克苏地区沙雅县指挥部指挥长;嘉兴市教育局局长、市委教工委书记,同济大学浙江学院党委书记(兼);嘉善县委副书记,县政府副县长、代县长,县政府党组书记。

武曜云　县委常委。女,1969年8月出生,籍贯浙江嘉兴,1995年12月入党,1989年8月参加工作,在职研究生学历。主要简历:湖州师范专科学校英语系英语专业学习;嘉兴市第三中学教师、班主任、校团委书记,教育局团委副书记;嘉兴市秀州中学副校长;嘉兴市教育局办公室副主任;嘉兴市教育局办公室主任;嘉兴市教育局副局长、市委教工委委员;嘉善县委常委、县委宣传部部长。

曹惠明　县委常委。男,1971年6月出生,籍贯浙江嘉善,1996年7月入党,1995年8月参加工作,中央党校大学学历。主要简历:浙江林业学校林业专业学习;嘉善县俞汇乡政府工作,党委秘书;县委组织部工作,干部科副科长、参照办主任;县委办副主任;县委办副主任、县委政研室主任(正科级);县委办主任、县委政研室主任;干窑镇党委书记;县委常委、姚庄镇党委书记、姚庄经济开发区党工委书记。

梁吉鸿　副县长。男,1977年5月出生,籍贯宁夏吴忠，1998年7月参加工作，中共党员，在职大学学历。主要简历：重庆民政学校财务会计专业学习；吴忠市利通区民政局干部；吴忠市民政局干部；吴忠市救助管理站副站长；吴忠市救助管理站站长；吴忠市审计局副局长、党组成员；吴忠市审计局副局长、党组成员、嘉善县政府副县长、党组成员。

陆 军 副县长。男，1974年5月出生，籍贯浙江上虞，1996年8月参加工作，民进会员，在职研究生，法学硕士。主要简历：华东政法学院法律系法学专业学习；浙江省外经贸厅外资管理处干部；省外经贸厅外资管理处科员；省外经贸厅进出口管理处科员；省外经贸厅对外贸易发展处科员；省外经贸厅对外贸易发展处副主任科员；省外经贸厅对外贸易发展处主任科员；省外经贸厅政策法规处主任科员；省商务厅政策法规处(反垄断局)主任科员；省商务厅外商投资处副处长；省商务厅外资促进处副处长；省商务厅外资促进处副处长、嘉善县副县长。

文化遗产

嘉善县非物质文化遗产名录汇总表(至2015年底)

国家级名录(1个)

序号	项目名称	项目类别	所属镇	批次
1	嘉善田歌	传统音乐	姚庄镇	第二批

省级名录(8个)

序号	项目名称	项目类别	所属镇	批次
1	嘉善田歌	传统音乐	陶庄镇	第一批
2	西塘古民居建筑艺术	传统技艺	西塘镇	第二批
3	传统纽扣制作技艺	传统技艺	西塘镇	第三批
4	西塘八珍糕制作技艺	传统技艺	西塘镇	第三批
5	京砖烧制技艺	传统技艺	干窑镇、天凝镇	第三批
6	嘉善宣卷	曲艺	陶庄镇、西塘镇	第四批
7	护国随粮王信俗会	民俗	西塘镇	第四批
8	嘉善淡水捕捞渔俗	民俗	姚庄镇	第四批

市级名录(33个)

序号	项目名称	项目类别	所属镇	批次
1	嘉善田歌	传统音乐	姚庄镇	第一批
2	魏塘打连发	传统舞蹈	魏塘街道	第一批
3	嘉善宣卷	曲艺	陶庄镇	第一批
4	嘉兴灶画	传统美术	天凝镇	第一批
5	嘉善京砖烧制技艺	传统技艺	干窑镇、天凝镇	第一批
6	五姑娘	民间文学	天凝镇	第二批
7	蚕花马灯舞	传统舞蹈	魏塘街道、姚庄镇、干窑镇	第二批
8	嘉兴剪纸	传统美术	姚庄镇	第二批
9	西塘古民居建筑技艺	传统技艺	西塘镇	第二批
10	西塘八珍糕制作工艺	传统技艺	西塘镇	第二批
11	杜布织造技艺	传统技艺	天凝镇	第二批
12	传统纽扣制作技艺	传统技艺	西塘镇	第二批增补
13	嘉善农民书	曲艺	惠民街道	第三批
14	砖雕	传统技艺	西塘镇	第三批
15	风筝制作技艺	传统技艺	陶庄镇	第三批

续表

序　号	项　目　名　称	项目类别	所属镇	批　次
16	痢头传统诊疗法	传统医药	天凝镇	第三批
17	嘉善淡水捕捞渔俗	民俗	姚庄镇	第三批
18	护国随粮王信俗	民俗	西塘镇	第三批
19	莲湘舞	传统舞蹈	陶庄镇等	第四批
20	魏塘小热昏	曲艺	魏塘街道	第四批
21	瓦当制作技艺	传统技艺	干窑镇等	第四批
22	蠡壳窗制作技艺	传统技艺	天凝镇	第四批
23	蒋氏祖传伤科诊疗	传统医药	天凝镇	第四批
24	嘉善奏	曲艺	嘉善县	第五批
25	姚庄农民画	传统美术	姚庄镇	第五批
26	杜鹃花造型技艺	传统技艺	嘉兴碧云花园有限公司	第五批
27	明清家具修复技艺	传统技艺	西塘镇	第五批
28	杨庙雪菜腌制技艺	传统技艺	天凝镇	第五批
29	盘窑技艺	传统技艺	嘉善县	第五批
30	姚庄传统木船维修技艺	传统技艺	姚庄镇	第五批
31	义和升云片糕制作技艺	传统技艺	干窑镇	第五批
32	吴氏中医内科	传统医药	嘉善县	第五批
33	唐氏中医妇科	传统医药	罗星街道	第五批

嘉善县文物保护单位

序　号	级别	分　类	名　称	时　代	地　址
1	全国	古墓葬	吴镇墓	元代	魏塘街道花园路 178 号
2	省级	古遗址	大往遗址	新石器时代	姚庄镇展幸村
3	省级	其他	窑墩	清咸丰	干窑镇干窑村乌桥头
4	省级	古建筑	钱氏船坞	清代	干窑镇长生村
5	省级	古建筑	魏塘叶宅	清代	魏塘街道中山东路 482 号
6	省级	古建筑	西塘建筑群(卧龙桥、五福桥、王宅、倪宅、袁宅、钟介福药店、圣堂、护国随粮王庙)	清代、民国	西塘镇塘东街、朝南埭、西街社区
7	县级	近现代史迹及代表性建筑	烈士陵园	现代	魏塘街道陵园路
8	县级	古遗址	张安村遗址	新石器时代	姚庄镇界泾港村
9	县级	古遗址	独圩遗址	新石器时代	罗星街道库浜村
10	县级	古遗址	小横港遗址	新石器时代	罗星街道鑫锋村
11	县级	古建筑	流庆桥	宋代	陶庄镇北
12	县级	古建筑	净土桥凉亭	清代	姚庄镇姚庄村

续表

序号	级别	分类	名称	时代	地址
13	县级	古建筑	圆觉寺前殿	清代	陶庄镇北
14	县级	古建筑	东岳庙	清代	西塘镇华联村
15	县级	古建筑	莲花庵大殿	清代	姚庄镇展幸村
16	县级	古建筑	慈山	清代	魏塘街道嘉善一中内
17	县级	近现代史迹及代表性建筑	钱能训墓	民国	惠民街道惠通村
18	县级	古建筑	三官塘桥	清代	罗星街道南门曹家埭
19	县级	古建筑	圆通桥	明代	天凝集镇
20	县级	古建筑	丰钱桥	清代	大云镇缪家村
21	县级	其他	幽澜泉	唐代	魏塘街道小寺弄 29—30 号
22	县级	古建筑	嘉善城址	明代	罗星街道西城半岛
23	县级	古墓葬	袁黄墓	明代	惠民街道新润村
24	县级	古建筑	金氏后厅	明代	罗星街道盐典埭 50 号
25	县级	古建筑	陆家厅	明代	西塘镇烧香港南 36 号
26	县级	古建筑	尊闻堂	清代	西塘镇下西街石皮弄 3 号
27	县级	古建筑	县丞署	清代	西塘镇南塘东街 7 号
28	县级	古建筑	永寿禅院	清代	西塘镇金明村
29	县级	古建筑	薛宅	民国	西塘镇上西街 84 号
30	县级	古建筑	孙家宅	民国	罗星街道南庵弄 16 号
31	县级	古建筑	西园	清代	西塘镇上西街
32	县级	古建筑	慎德堂	清代	西塘镇西街社区下西街 79 弄 6 号
33	县级	古建筑	澜翠桥	清代	干窑镇黎明村新桥头
34	县级	古建筑	晋贤桥	清代	干窑镇干窑村朱家浜
35	县级	古建筑	福星桥	清代	魏塘街道中山西路 1166 号东
36	县级	古建筑	大通桥	清代	天凝镇镇东村林家埭(洪溪)
37	县级	近现代史迹及代表性建筑	三里塘桥	民国	天凝镇洪福村五眼桥 18 号南(洪溪)
38	县级	近现代史迹及代表性建筑	余庆堂	民国	西塘镇塘东街社区烧香港北街 56 号
39	县级	近现代史迹及代表性建筑	水阳楼	民国	西塘镇塘东街社区烧香港北街 44 号
40	县级	近现代史迹及代表性建筑	花园路小洋楼	民国	魏塘街道花园路 75 号
41	县级	近现代史迹及代表性建筑	炮楼	民国	魏塘街道车站北路老火车站
42	县级	古遗址	董家浜遗址	西周	姚庄镇北港村董家浜(丁栅)
43	县级	古建筑	河西街沈家宅	清代	干窑镇河西街 2 弄 5 号
44	县级	古建筑	杨家宅	清代、民国	西塘镇塘东街 79—83 号
45	县级	古建筑	福源桥	清代	姚庄镇南鹿村荡上东徐浜交界处
46	县级	近现代史迹及代表性建筑	戴家楼	民国	天凝镇天凝村溇西 90 号
47	县级	近现代史迹及代表性建筑	港溇里桥	近代	西塘镇星建村港溇里
48	县级	近现代史迹及代表性建筑	仁天浜桥	近代	姚庄镇姚庄村仁天浜

嘉善县文物保护点

序　号	级别	分　类	名　称	时　代	地　址
1	县级	其他	祥符荡石坝	清一现代	西塘镇金明村、东汇村
2	县级	古建筑	费家大宅	民国	魏塘镇瓶山街北侧
3	县级	古建筑	广安桥	明代	杨庙镇欣杨村
4	县级	古建筑	积善桥	清乾隆	陶庄集镇
5	县级	古建筑	瑞林桥	清代	天凝镇集镇
6	县级	古建筑	宝善桥	清代	洪溪镇洪福村
7	县级	近现代史迹及代表性建筑	余十眉故居	清代	西塘镇南棚下街 55 号
8	县级	近现代史迹及代表性建筑	赵宪初故居	民国	西塘镇北栅街 65 号弄内
9	县级	近现代史迹及代表性建筑	项定荣旧居	民国	魏塘镇上官塘 11、13 号
10	县级	近现代史迹及代表性建筑	硕士街小洋楼	民国	魏塘镇硕士街 2 号
11	县级	近现代史迹及代表性建筑	马逢乐就义处	1939 年	天凝镇戴西港村
12	县级	古墓葬	支大纶墓	明代	惠民街道惠通村章家浜
13	县级	古建筑	胡家宅	清代	西塘镇北栅街 107 弄
14	县级	古建筑	江家宅	清代	西塘镇朝南埭社区塔湾街 41 号
15	县级	古建筑	沈家厅	清代	西塘镇朝南埭社区北栅街 35 号
16	县级	古建筑	薛家店铺	清代	干窑镇河东街一弄 2—3 号
17	县级	古建筑	北弄街 97 号民居	清代	干窑镇北弄街 97 号
18	县级	古建筑	让巷钱家宅	清代	干窑镇长生村让巷 18 号
19	县级	古建筑	顾家厅及河埠	清代	天凝镇洪溪村高浜 96 号
20	县级	古建筑	朱家宅	清代	天凝镇洪溪社区北大街 12 号
21	县级	古建筑	施王庙	清代	姚庄镇俞汇村盛家湾 57 号南(丁栅)
22	县级	古建筑	魏塘石牌坊	明代	魏塘街道体育路寺弄桥西
23	县级	古建筑	李家砖雕门楼	清代	姚庄镇金星村大东王港北 171 号(丁栅)
24	县级	古建筑	干窑廊棚	清代	干窑镇河东街 16—20 号
25	县级	古建筑	青龙桥	清代	大云镇西庄街
26	县级	古建筑	耳顺桥	清代	姚庄镇北港村北港(丁栅)
27	县级	古建筑	广福桥	清代	魏塘街道长秀村三泾港 153 号北
28	县级	古建筑	全嘉桥	清代	罗星街道柳州公园内
29	县级	古建筑	步云桥	清代	罗星街道鑫锋村俞家浜自然村东
30	县级	古建筑	福履桥	清代	罗星街道钱桥村登寿公所
31	县级	石窟寺及石刻	永禁碑	民国	陶庄镇汾南村夏河黄字圩
32	县级	石窟寺及石刻	“永禁渔捕”碑	民国	姚庄镇武长村长浜机埠南
33	县级	近现代史迹及代表性建筑	陶新机制瓦厂遗址	民国	干窑镇干窑村观音堂桥西
34	县级	近现代史迹及代表性建筑	洪溪黄家宅	民国	天凝镇洪溪社区北新街 13 号

续表

序　号	级别	分　　类	名　　称	时　　代	地　　址
35	县级	近现代史迹及代表性建筑	黄家庙黄家宅	民国	天凝镇马塔塘村黄家庙 56 号、57 号
36	县级	近现代史迹及代表性建筑	薛家宅	民国	姚庄镇清凉村窑浜斗 158 号
37	县级	近现代史迹及代表性建筑	陆家宅	民国	干窑镇范东村朱孔浜 12 号
38	县级	近现代史迹及代表性建筑	姚宅	民国	西塘镇朝南埭社区小桐圩 48 号 2 室
39	县级	近现代史迹及代表性建筑	张家宅	民国	姚庄镇清凉村窑浜斗 160、161 号
40	县级	近现代史迹及代表性建筑	安福桥	民国	天凝镇洪福村俞家木桥(洪溪)
41	县级	近现代史迹及代表性建筑	安东桥	民国	天凝镇天凝村安东桥自然村顺六港北水闸
42	县级	近现代史迹及代表性建筑	安澜桥	民国	天凝镇洪溪社区中新街 32 号南
43	县级	近现代史迹及代表性建筑	安坝桥	民国	天凝镇天凝村漤西自然村
44	县级	近现代史迹及代表性建筑	南乌桥	近代	魏塘街道梁桥村乌桥浜自然村南
45	县级	近现代史迹及代表性建筑	种福堂	民国	西塘镇塘东街 72 号
46	县级	近现代史迹及代表性建筑	戴家湾窑墩	清末民初	干窑镇黎明村戴家湾
47	县级	近现代史迹及代表性建筑	西塘入镇口	民国	西塘镇朝东埭 2—17 号
48	县级	近现代史迹及代表性建筑	西塘抗战掩体	民国	西塘镇茜墩村茜墩自然村
49	县级	近现代史迹及代表性建筑	渔渡浜碉堡	民国	干窑镇范泾村渔渡浜自然村北
50	县级	近现代史迹及代表性建筑	墙门碉堡	民国	惠民街道新润村墙门
51	县级	近现代史迹及代表性建筑	“文革”标语墙	近代	魏塘街道庄港村豆腐浜 53 号西
52	县级	近现代史迹及代表性建筑	宝大碾米厂砻糠仓库	近代	干窑镇干窑村乌桥头东南
53	县级	近现代史迹及代表性建筑	圆筒粮仓	近代	姚庄镇河东街 1 号

文明单位名单

国家级

全国文明单位(1个)

嘉善县公安局

省级

浙江省文明村镇(4个)

嘉善县惠民街道

嘉善县陶庄镇翔胜村

嘉善县天凝镇东顺村

嘉善县大云镇曹家村

浙江省文明单位(3个)

嘉善县大云中心学校

中国移动通信集团浙江有限公司嘉善分公司

浙江西塘旅游文化发展有限公司

市级

嘉兴市文明单位(10个)

嘉善县卫生局

嘉善县国家税务局西塘税务分局

中共嘉善县委老干部局

嘉善县地方税务局干窑税务分局

中信银行股份有限公司嘉兴嘉善支行

嘉善县姚庄环境保护所

嘉兴市福莱喷绘写真材料有限公司

嘉善县干窑小学

嘉善县泗州中学

嘉善县西塘镇中心幼儿园

嘉兴市文明村(5个)

姚庄镇姚庄村

天凝镇洪福村

陶庄镇湖滨村

干窑镇黎明村

天凝镇蒋村村

2015年嘉善县新命名(更名)地名

序号	申请人	申请事项	项目名称	所在地
1	嘉善县姚庄镇村镇建设管理站	地名命名	俞北路	姚庄镇
2	嘉善县姚庄镇村镇建设管理站	地名命名	俞新路	姚庄镇
3	嘉善县姚庄镇村镇建设管理站	地名命名	新村路	姚庄镇
4	嘉善县姚庄镇村镇建设管理站	地名命名	体育路	姚庄镇
5	嘉善县姚庄镇村镇建设管理站	地名命名	学苑路	姚庄镇
6	嘉善县姚庄镇村镇建设管理站	地名命名	福源路	姚庄镇
7	嘉善县姚庄镇村镇建设管理站	地名命名	福泰路	姚庄镇
8	嘉善县姚庄镇村镇建设管理站	地名命名	俞西路	姚庄镇
9	嘉善县姚庄镇村镇建设管理站	地名命名	学仕路	姚庄镇
10	嘉善经济技术开发区管理委员会	地名命名	塘子泾路	开发区(惠民街道)
11	嘉善县李家房地产开发有限公司	地名命名	李家河滨花苑	罗星街道
12	嘉善县人民政府惠民街道办事处	地名命名	新二街	惠民街道
13	嘉善县罗星街道和合社区居民委员会	地名命名	和合港小区	罗星街道
14	嘉善县干窑镇人民政府民政办公室	地名命名	镇北路	干窑镇
15	嘉善县干窑镇人民政府民政办公室	地名命名	文明路	干窑镇
16	嘉善县干窑镇人民政府民政办公室	地名命名	康宝路	干窑镇
17	嘉善县干窑镇人民政府民政办公室	地名命名	小窑港路	干窑镇
18	嘉善县干窑镇人民政府民政办公室	地名命名	亭耀路	干窑镇
19	嘉善县干窑镇人民政府民政办公室	地名命名	亭耀东路	干窑镇
20	嘉善县魏塘街道魏中村村民委员会	地名命名	育新西路	魏塘街道
21	嘉善县大云镇人民政府民政办公室	地名命名	米兰路	大云镇
22	嘉善县罗星街道民政办公室	地名命名	站前路	大云镇
23	嘉兴京御房地产开发有限公司	地名命名	孔雀城·塘院	罗星街道
24	嘉善龙禹置业有限公司	地名命名	塞纳蓝湾天悦苑	大云镇
25	浙江云澜湾旅游发展有限公司	地名命名	云澜湾温泉国际·云鼎公寓	大云镇
26	嘉善县人民政府罗星街道办事处	地名命名	灵秀支路	罗星街道
27	嘉兴鼎泰园区建设发展有限公司	地名命名	慈山路	罗星街道、大云镇
28	嘉兴鼎泰园区建设发展有限公司	地名命名	宾阳大道	罗星街道、大云镇
29	嘉兴鼎泰园区建设发展有限公司	地名命名	创业路	罗星街道、大云镇
30	嘉兴鼎泰园区建设发展有限公司	地名命名	环城南路	罗星街道、大云镇
31	嘉兴鼎泰园区建设发展有限公司	地名命名	环西南路	魏塘街道、罗星街道
32	嘉兴鼎泰园区建设发展有限公司	地名命名	子胥路	魏塘街道、罗星街道

续表

序　号	申请人	申请事项	项目名称	所在地
33	嘉兴鼎泰园区建设发展有限公司	地名命名	体育南路	魏塘街道、罗星街道
34	嘉兴鼎泰园区建设发展有限公司	地名命名	亭桥南路	魏塘街道、罗星街道
35	嘉兴鼎泰园区建设发展有限公司	地名命名	武水路	罗星街道、大云镇
36	嘉兴鼎泰园区建设发展有限公司	地名命名	善云路	大云镇
37	嘉兴鼎泰园区建设发展有限公司	地名命名	云湖	大云镇
38	嘉兴鼎泰园区建设发展有限公司	地名命名	云湖路	罗星街道、大云镇
39	嘉善县新城开发投资有限公司	地名命名	反修河桥	罗星街道、大云镇
40	嘉善县新城开发投资有限公司	地名命名	翡翠桥	魏塘街道
41	嘉善县西塘镇人民政府民政办公室	地名命名	东南汇路	西塘镇
42	嘉善县姚庄新市镇投资开发有限公司	地名命名	桃源四郡	姚庄镇
43	嘉善县天凝镇人民政府	地名命名	大王椰路	天凝镇
44	嘉善县天凝镇人民政府	地名命名	塘东路	天凝镇
45	嘉善县天凝镇人民政府	地名命名	盛威路	天凝镇
46	嘉兴京御房地产开发有限公司	地名命名	孔雀城·荷院	罗星街道
47	嘉善县总商会	地名命名	嘉善商会大厦	罗星街道
48	嘉善县大云镇人民政府	地名命名	温泉大道	大云镇
49	嘉善县大云镇人民政府	地名命名	巧克力大道	大云镇
50	嘉善县西塘镇人民政府民政办公室	地名命名	塔湾街	西塘镇
51	嘉善县惠民新市镇投资开发有限公司	地名命名	枫园小区	开发区(惠民街道)

先进名单

先进单位

【民政部表彰】
全国综合减灾示范社区
洪溪村
【文化部表彰】
中国民间文化艺术之乡
嘉善县(嘉善田歌)
全国文化先进县(复评合格)
嘉善县
【交通运输部表彰】
全国农村公路养护与管理先进集体
嘉善县交通运输局
【国土资源部表彰】
全国国土资源管理系统“六五”普法先进单位名单
嘉善县国土资源局
【国家安全生产监督管理总局表彰】
安全生产监管监察先进单位
嘉善县安全生产监督管理局
【全国妇联表彰】
全国巾帼建功先进集体
嘉善县教育局
【国家卫生计生委办公厅表彰】
2014—2015年度群众满意的乡镇卫生院
陶庄卫生院
【民进中央表彰】
民进全国先进基层组织
民进嘉善县委会文化支部
【农工党中央表彰】
中国农工民主党先进基层组织
农工党嘉善县总支
【中央精神文明建设指导委员会表彰】
第四届全国文明单位
嘉善县市场监督管理局
嘉善县公安局
【中国交通运输信息化智能化发展推进大会组委会表彰】
中国交通运输信息化智能化建设优秀项目
嘉善县综合交通信息中心
【中国社会报社表彰】
2014—2015年度民政宣传工作先进单位
嘉善县民政局
【中共浙江省委、浙江省人民政府表彰】
2014年度平安县(市、区)
嘉善县
【浙江省委办公厅、浙江省政府办公厅】
全省“百日维稳攻坚大会战”先进集体
嘉善县委政法委
【浙江省公安厅表彰】
全省公安队伍正规化建设优秀单位
嘉善县公安局
2014年度全省公安信访考核县级优秀单位
嘉善县公安局
2014年度全省公安信访考核县级优秀单位
嘉善县公安局
全省公安机关爱民模范集体
姚庄派出所
2014年度全省执法质量优秀单位
嘉善县公安局
2014年度全省交通管理重点工作成绩突出单位
嘉善县交警大队
2014年度命案全破县(市、区)公安局
嘉善县公安局
2014年度《平安时报》公安新闻宣传工作先进单位(三等奖)
嘉善县公安局
【浙江省高级人民法院表彰】
2015年集体二等功
嘉善县人民法院
【浙江省人民检察院表彰】
第四届全省检察机关派驻监管场所二级规范化检察室
嘉善人民检察院驻看守所检察室

2015年度全省检察机关精品民行监督案件
嘉善县人民检察院(俞伯良等人商品房销售合同纠纷提请抗诉系列案)
【浙江省民政厅表彰】
2014年度全省民政工作先进县(市、区)
嘉善县
【浙江省文化厅表彰】
2015年全省首届群文“微电影”赛
嘉善县文化馆(《追梦》)
2014年度浙江省“文化走亲”先进单位
嘉善文化局
【浙江省国土资源厅表彰】
全省国土资源系统政务信息工作先进单位
嘉善县国土资源局
【浙江省档案局】
第五批省级“示范数字档案室”
交通局综合档案室
【浙江省工商行政管理局表彰】
2015年度全省基层市场监管(工商)部门创先争优绩效评价优胜单位:推进工商登记制度改革
嘉善县市场监督管理局
【浙江省经信委、浙江省统计局表彰】
全省“百亿级”工业强镇
姚庄镇
【浙江省农业厅、林业厅、海洋与渔业局表彰】
第六批浙江省现代农业园区
嘉善县陶庄镇鳜鱼主导产业示范区
【共青团浙江省委办公室表彰】
全省农村基层团建示范乡镇
共青团西塘镇委员会
全省农村基层团建创新项目
罗星街道马家桥村团支部“互联网+甜瓜”项目
省级示范性青少年综合服务平台
姚庄青少年综合服务平台
【浙江省流动人口管理服务工作领导小组办公室、浙江省公安厅表彰】
2015年度全省人口服务管理工作群众满意单位
嘉善县新居民事务局
【浙江省科协表彰】
县级科协工作先进单位
嘉善县科协
【浙江省教育考试院表彰】
2014年度浙江省自学考试工作先进集体
嘉善县教育考试管理中心
【浙江省教育厅新闻办、教育报刊总社】
2014年度教育宣传工作先进集体
嘉善县教育局
【浙江省人民政府办公厅表彰】
2014年度全省政务信息工作先进单位
姚庄镇
【浙江省环保厅办公室表彰】
2014年度总量制度创新工作考核优秀
嘉善县
【浙江省环境监测中心表彰】
2014年度浙江省环境自动监测技术网络运行先进单位
嘉善县环境监测站
【浙江省精神文明建设委员会表彰】
浙江省文明村
陶庄镇翔胜村
【浙江省禁毒委员会办公室表彰】
2014年全省禁毒队伍建设、综合调研成绩突出单位
嘉善县禁毒委员会办公室
【浙江省海洋与渔业执法总队表彰】
省级评查优秀案卷
(2015)善综执字〔7〕002号生产的水产品中含有禁用的有毒有害物质案
【浙江省水政监察总队表彰】
2014年度全省水行政执法典型案例
伟邦家具制造有限公司未经批准擅自取水案
【浙江省总工会、浙江省安全生产监督管理局、浙江省卫生和计划生育委员会表彰】
2014年度浙江省“安康杯”竞赛优胜单位
嘉善海力达工具有限公司
2014年度浙江省“安康杯”竞赛优胜班组
嘉兴市善通运输(集团)有限责任公司杭州快客班组
【浙江省构建和谐劳动关系工作领导小组表彰】
浙江省创建和谐劳动关系暨双爱先进企业
浙江恒丰包装有限公司
浙江省创建和谐劳动关系暨双爱先进园区
嘉善县西塘镇工业功能区
浙江姚庄经济开发区
浙江省创建和谐劳动关系暨双爱活动先进组织
嘉善县总工会
【浙江省汽车维修行业协会表彰】
浙江省机动车维修服务质量规范达标单位(省级)
嘉善汽修厂

【中国电信股份有限公司浙江分公司、中国电信集团工会浙江省委员会表彰】

新兴业务“强县强局”年度卓越奖

中国电信嘉善分公司

2015 年度“最美一家人”

惠民支局、西塘支局、姚庄支局、天凝支局、干窑支局

2015 年度“最美政企一家人”

中国电信嘉善分公司政企客户部

【中国电信股份有限公司浙江分公司表彰】

中小门店提升赛“优秀县分公司”

中国电信嘉善分公司

【浙江省城市公交春运工作领导小组表彰】

2015 年浙江省城市公交春运工作先进单位

嘉善公交公司

【中共嘉兴市委、嘉兴市人民政府表彰】

2015 年度全市新居民管理服务工作考核一等奖

嘉善县新居民事务局

2014 年度社会管理综合治理优秀县(市、区)

嘉善县

市级文明单位

嘉善县环保局姚庄环保所

市级文明村

陶庄镇湖滨村

2014 年度平安镇

姚庄镇

天凝镇

2014 年度创建法治镇先进单位

姚庄镇

第二届世界互联网大会·乌镇峰会保障服务工作先进集体

嘉善县人力社保局

陶庄镇

【中共嘉兴市委表彰】

2013—2014 年度嘉兴市级文明单位

嘉善县卫生局

2014 年度平安镇

大云镇

【嘉兴市人民政府表彰】

2014 年度耕地保护目标责任制考核优胜单位

嘉善县人民政府

2014 年度农村土地整治工作先进单位

嘉善县人民政府

综合行政执法工作先进单位

嘉善县综合行政执法局

先进基层综合行政执法队伍

嘉善县综合行政执法大队罗星中队

先进基层综合行政执法队伍

嘉善县综合行政执法大队魏塘中队

2015 年度嘉兴市依法行政工作先进县(市、区)政府

嘉善县人民政府

2014 年度民政(社会)工作目标责任制考核优秀单位

嘉善县民政局

2014 年度“无违建镇”

大云镇

2014 年度人口和计划生育目标管理责任制考核优秀

嘉善县人民政府

2014 年度嘉兴市生猪养殖业转型发展工作先进基层单位

姚庄镇

2014 年度“无违建镇(街道)”创建工作先进集体

姚庄镇

2014 年度全市消防工作先进集体

姚庄镇

美丽乡村建设先进集体

天凝镇　陶庄镇

优秀粮食专业合作社

嘉善聚丰粮食专业合作社

【嘉兴市人民政府、嘉兴市军分区表彰】

2014 年度嘉兴市征兵工作先进镇

大云镇

【浙江省住房和城乡建设厅表彰】

浙江省园林镇

姚庄镇

【浙江省农业和农村工作办公室、浙江省旅游局表彰】

浙江省农家乐特色乡镇

姚庄镇

【浙江省农业技术推广基金会表彰】

浙江省农业技术推广基金会“宝业奖”

嘉善县姚庄镇农技水利服务中心

【第十五届中国人口文化奖组委会表彰】

民间艺术品和宣传品类优秀奖

姚庄镇计生办

【中国计生协会表彰】

全国计生协先进单位

姚庄镇计生协会

【国家卫生计生委表彰】
全国群众满意的十佳计生机构
姚庄镇计生办
2014—2015 年度群众满意的乡镇卫生院
陶庄镇卫生院
姚庄镇卫生院
【全国肿瘤登记中心表彰】
2014 年度全国肿瘤登记工作突出贡献奖
嘉善县肿瘤登记处
2014 年度全国肿瘤登记随访工作先进单位
嘉善县肿瘤登记处
【浙江省民政厅表彰】
2014 年度浙江省民政政策理论研究优秀成果
探索依老养老新机制建立政府公信力体系(嘉善县民政局　张引华、刘伟文、沈国华、周红紫、高毅、邹清汸、卢江、陆勇、郑辉)
【浙江省卫生计生委表彰】
省级新居民计划生育规范化服务中心
姚庄镇计生办
【浙江省经济和信息化委员会表彰】
全省小微企业培育检测工作考核优秀基层单位
天凝镇人民政府
【浙江省气象局表彰】
浙江省气象防灾减灾标准化村(社区)
天凝镇东方红村、宏杨村、新联村
【浙江省司法厅、浙江省民政厅表彰】
全国民主法制示范村(社区)
天凝镇洪溪村
【浙江省爱国卫生运动委员会表彰】
浙江省卫生村
天凝镇联谊村
【浙江省爱卫会表彰】
2015 年浙江省无烟单位
嘉善县卫生局
【浙江省人力资源和社会保障厅表彰】
2015 年度全省人力资源社会保障宣传工作先进单位
嘉善县人力社保局
【浙江省特色小镇规划建设工作联席会议办公室表彰】
第一批省级特色小镇
嘉善巧克力甜蜜小镇
【浙江省农办、浙江省旅游局表彰】
浙江省农家乐特色乡镇
大云镇
【浙江省水库移民安置办公室表彰】
2014 年度水库移民工作考核优秀县(市、区)
嘉善县

先进个人

【国家工商行政管理总局办公厅表彰】
2015 年度全国工商、市场监管部门政务信息工作先进个人
鄢留宝
【中国人民银行(征信中心)表彰】
企业征信系统数据质量工作优秀个人
冯　屹
【全国白蚁防治中心表彰】
“和谐杯”白蚁防治主题摄影作品大赛(科普图片组)优胜奖
沈富明
【“希望杯”全国数学邀请赛组委会表彰】
26 届“希望杯”全国数学竞赛优秀教练员
李志华
【全国教育科学“十二五”规划教育部表彰】
优秀子课题二等奖
《以培养学生能力为导向的教学模式研究》(包叶红)
【中国木材与木制品流通协会表彰】
中国木业 30 年功勋人物
金月华
【浙江省人民政府表彰】
2014 年度浙江省“无违建县(市、区)”创建工作先进个人
杨伟明(嘉善县住建局)
【政协浙江省委员会表彰】
浙江省优秀政协委员
包叶红
【浙江省公安厅表彰】
全省“最美警察”
钱　凯
个人二等功
金海龙　聂光兵
全省公安机关百城禁毒会战突出个人
聂光兵

【浙江省高级人民法院表彰】
2014 年度人民法院荣誉天平奖章
陈志明　胡锦明
【浙江省高级人民法院司法警察总队表彰】
重点调研课题研讨论文
王　珍(《科学确定司法警察人员编制数量的调查与思考》)
【人力资源社会保障部、国土资源部表彰】
全国国土资源管理系统先进工作者
毛立财
【浙江省国土资源厅表彰】
最美国土资源人
郑利平
【浙江省禁毒委员会办公室表彰】
2014 年全省易制毒化学品管理工作先进个人
何晓俊
【浙江省文化厅表彰】
2014 年度浙江省"文化走亲"先进个人
倪立新
【浙江省文物局表彰】
2014 年度浙江省"文物执法"先进个人
周　浩
【浙江省委政法委、浙江省人力社保厅表彰】
2013—2014 年度全省政法系统先进个人
吴为民
【浙江省信访工作、联席会议办公室表彰】
第二届世界互联网大会期间信访维稳先进个人
张海忠
【浙江省信访工作领导小组、中共浙江省委组织部表彰】
全省信访督查"百千万"专项行动先进个人
郭宇涛
【浙江省人力资源和社会保障厅表彰】
2015 年度全省人力资源社会保障宣传工作先进个人
梁　铮
【浙江省数学会表彰】
2015 年全国高中数学联赛浙江赛区优秀教练员
李志华
【浙江省总工会、浙江省安全生产监督管理局、浙江省卫生和计划生育委员会表彰】
2014 年度浙江省"安康杯"竞赛活动先进个人
浦似石
【浙江省构建和谐劳动关系工作领导小组表彰】
浙江省乡镇(街道)劳动人事争议优秀调解员
俞立中(嘉善县天凝镇人力资源和社会保障所调解员)
【中国民主同盟浙江省委员会表彰】
"道路自信、理论自信、制度自信"征文活动三等奖
陆　琼
【浙江省爱卫会表彰】
浙江省控烟积极分子
王　燕
【浙江省打击传销工作联席会议表彰】
2015 年度打击传销工作先进个人
陈建林
【中国电信股份有限公司浙江分公司、中国电信集团工会浙江省委员会表彰】
新兴业务"强县强局"年度优秀个人
吴　健
【中共嘉兴市委、嘉兴市人民政府表彰】
第二届世界互联网大会乌镇峰会保障服务工作先进个人
孔垂峰　丁建荣　许　峰
【浙江省人民政府第三次经济普查领导小组表彰】
第三次经济普查省级先进个人
张　钧　沈艰艰　江　曦
【嘉兴市人民政府表彰】
2015 年度全市生猪养殖业转型发展先进个人
吴舒羽(嘉善县政府办公室)
2015 年度嘉兴市农业丰收奖三等奖
金寅华
2014 年度征兵工作先进个人
邬晓东

2015年度嘉善县先进集体和先进个人名单

一、工作目标责任制考核考评优胜单位

(一)镇(街道)工作目标责任制考核考评优胜单位

一等奖:姚庄镇、西塘镇

二等奖:罗星街道、开发区(惠民街道)、大云镇

三等奖:魏塘街道、天凝镇、干窑镇、陶庄镇

(二)部门工作目标责任制考核考评优胜单位

1.县级部门

优秀:县发改局(服务业发展局)、县综合行政执法局、县农经局(农办)、县经信局、县公安局

良好:县住建局(人防办)、县交通局、县人力社保局、县民政局、县市场监管局、县教育局、县委统战部(民宗局)、县财政地税国资局、县委党校、县统计局

2.垂直部门

优秀:县国土局、县国税局

良好:国网嘉善县供电公司、人行嘉善县支行(外管局)

3.金融部门

优秀:嘉善农商银行

良好:工行嘉善支行、绍兴银行嘉善支行

(三)部门工作目标责任制考核考评表扬单位

1.县级部门

县商务局、县审批服务中心(公管办)、县法院、县水利局、县科技局、县总工会、县新居民事务局

2.垂直部门

移动嘉善分公司、县气象局

3.金融部门

交通银行嘉善支行、上海农商行嘉善支行

(四)县级部门工作目标责任制考核考评争先进位奖

县广电台、县城投集团、县商投集团

二、县域科学发展示范点建设及综合配套改革先进集体、个人

(一)县域科学发展示范点建设及综合配套改革先进集体

一等奖:姚庄镇

二等奖:西塘镇、罗星街道

三等奖:开发区(惠民街道)、大云镇

(二)县域科学发展示范点建设及综合配套改革优秀部门

一等奖:县发改局(服务业发展局)、县农经局(农办)、县国土局、县民政局、县经信局、县财政地税国资局、县综合行政执法局、县住建局(人防办)

二等奖:县人力社保局、县环保局、县委宣传部、县委组织部、县商务局、县委政法委、县委统战部、县纪委(监察局)

三等奖:县公安局、县交通局、县卫生计生局、县教育局、县市场监管局、县审批服务中心(公管办)、县水利局、县国税局、县委党校、县统计局

(三)县域科学发展示范点建设及综合配套改革“十大标兵”

徐　刚　县发改局局长、服务业发展局局长、合作交流办主任

沈　申　县经信局局长

周　军　县法制办主任

张国其　县人力社保局局长

陆春浩　开发区(惠民街道)党委书记、县开发区管委会主任

周加平　县综合行政执法局局长

张引华　县民政局局长

陈卫强　县委党校常务副校长

陆　芸　大云镇党委副书记、镇长

张　赟　县委政研室副主任

三、“三比一争”工作先进集体、个人

(一)十佳服务部门

县发改局(服务业发展局)、县经信局、县商务局、县财政地税国资局、县统计局、县国税局、县审批服务中心(公管办)、县国土局、县住建局(人防办)、县市场监管局

(二)十佳服务之星

杨智浩　县委办办公会议成员、秘书科科长

沈旭东　县府办副主任

黄林华　县服务业发展局副局长(正科级)
王曙平　县国企办党工委副书记、副主任
孙咬其　县审批服务中心(公管办)副主任
黄　蓁　县工商联副主席
杨　祎　县招商局副局长
朱育刚　县统计局总统计师
梅　蕾　县审批服务中心住建局窗口主任
朱嘉稀　县经信局产业投资科副科长

(三)服务表扬部门

县工商联、县环保局、县审计局、县台办、县科技局、县总工会、县委组织部、县委宣传部、县纪委(监察局)、县委政法委、国网嘉善县供电公司、县水务集团

四、开放型经济工作先进集体、个人

(一)利用外资综合先进奖

一等奖:开发区(惠民街道)
二等奖:西塘镇、姚庄镇
三等奖:魏塘街道、罗星街道

(二)招商引资突出贡献人员

陆春浩　开发区(惠民街道)党委书记、县开发区管委会主任
徐志文　天凝镇党委书记
吴　暄　县委组织部副部长
苏真廉　县商务局副局长
王　荣　嘉兴综保区B区管委会常务副主任(正科级)、西塘镇副镇长
李增水　嘉善归谷科技园区管委会常务副主任(正科级)、罗星街道办事处副主任
胡玉龙　浙江姚庄经济开发区管委会常务副主任(正科级)、姚庄镇副镇长
金志方　魏塘街道副科级领导干部
胡水根　县交通局办公室主任、县驻上海招商二组组长
朱倪微　县旅游局规划市场科科长、县驻上海招商四组组长
贾玉飞　县开发区管委会招商服务局副局长
杨明陆　富士康集团执行副总经理
钱树罗　浙江能势信息技术公司副总经理
李益谦　浙江嘉民物流公司总经理
李继春　富通集团(嘉善)通信技术公司董事长

(三)开放型经济特别奖

国家外汇管理局嘉善县支局
海关嘉善办事处
国检嘉善办事处
海关嘉兴综保区B区办事处

五、工业系统先进集体

(一)工业强镇(街道)考核优胜单位

一等奖:西塘镇
二等奖:姚庄镇、罗星街道
三等奖:开发区(惠民街道)、魏塘街道

(二)工业投入工作考核优胜单位

一等奖:开发区(惠民街道)
二等奖:姚庄镇、西塘镇
三等奖:罗星街道、天凝镇

(三)利用县外内资考核优胜单位

一等奖:姚庄镇
二等奖:天凝镇、开发区(惠民街道)
三等奖:罗星街道、魏塘街道

(四)工业强县特别贡献奖

魏塘街道、罗星街道、开发区(惠民街道)、西塘镇、姚庄镇、陶庄镇、干窑镇、天凝镇、大云镇、县统计局、县经信局

(五)工业经济发展贡献奖

外资:
富鼎电子科技(嘉善)有限公司
阿克苏诺贝尔涂料(嘉兴)有限公司
晋亿实业股份有限公司
浙江昱辉阳光能源有限公司
浙江嘉丰机电有限公司
嘉善华瑞赛晶电气设备科技有限公司
特雷通家具(嘉兴)有限公司
百事高五金机械制造(浙江)有限公司
浙江晋吉汽车配件有限公司
浙江田中精机股份有限公司
内资:
索菲亚家居(浙江)有限公司
嘉善豪声电子有限公司
浙江长盛滑动轴承股份有限公司
浙江海通钢业有限公司
浙江众成包装材料股份有限公司
嘉兴永信精密钢管有限公司

浙江建研科之杰新材料有限公司
浙江双飞无油轴承股份有限公司
浙江恒丰包装有限公司
嘉善吉成铸造有限公司

(六)工业经济发展杰出贡献奖

富鼎电子科技(嘉善)有限公司
阿克苏诺贝尔涂料(嘉兴)有限公司
晋亿实业股份有限公司
浙江昱辉阳光能源有限公司
索菲亚家居(浙江)有限公司

(七)十佳工业亩均产出示范企业

浙江建研科之杰新材料有限公司
阿克苏诺贝尔涂料(嘉兴)有限公司
嘉善豪声电子有限公司
浙江格蕾特电器有限公司
嘉善吉成铸造有限公司
浙江田中精机股份有限公司
浙江日鼎涂装科技有限公司
富鼎电子科技(嘉善)有限公司
浙江精勇精锻机械有限公司
汤普勒化工染料(嘉兴)有限公司

(八)十佳传统产业转型升级示范企业

索菲亚家居(浙江)有限公司
特雷通家具(嘉兴)有限公司
浙江美声服饰辅料有限公司
嘉兴长鼻王食品有限公司
浙江裕华木业有限公司
浙江瑞欣装饰材料有限公司
嘉善海力达工具有限公司
浙江广泉包装有限公司
浙江正华纸业有限公司
嘉善新三缘服饰有限公司

(九)十佳新兴产业发展示范企业

浙江嘉日氟塑料有限公司
承田汽车配件工业(浙江)有限公司
阿克苏诺贝尔涂料(嘉兴)有限公司
晋亿实业股份有限公司
嘉善华瑞赛晶电气设备科技有限公司
浙江众成包装材料股份有限公司
富鼎电子科技(嘉善)有限公司
浙江昱辉阳光能源有限公司
浙江欧丽数码喷绘材料有限公司
浙江智泓科技有限公司

(十)十佳优秀成长型企业

浙江亿力清洁设备有限公司
嘉兴市上村电子有限公司
嘉善求新精密机电制造有限公司
嘉善泰力蜂窝制品有限公司
嘉善五洲无油轴承有限公司
嘉善金亿精密铸件有限公司
嘉善北方机械制造有限公司
浙江万正电子科技有限公司
森立纸业集团有限公司
浙江日鼎涂装科技有限公司

六、融入上海工作先进集体

(一)先进镇(街道)

一等奖:姚庄镇
二等奖:罗星街道、开发区(惠民街道)
三等奖:西塘镇、大云镇

(二)先进部门

一等奖:县商务局
二等奖:县委组织部、县经信局、县财政地税国资局
三等奖:县交通局、县科技局、县市场监管局

七、扩大有效投资和重点项目推进先进集体

(一)扩大有效投资和重点项目推进先进集体

一等奖:西塘镇
二等奖:姚庄镇、开发区(惠民街道)
三等奖:大云镇、魏塘街道

(二)工程建设先进项目

喜力啤酒项目、铠嘉电脑配件项目、嘉善城市科技馆、体育路下穿沪昆铁路改扩建工程、新建实验小学南校区(实验三小)、博文府邸(实验二小东侧小区)、丁栅至新埭(疏港)公路改建工程二期(东升路—G320段)、第四批中央财政小型农田水利重点县工程、嘉善巧克力甜蜜小镇建设项目、姚庄新经济产业园(日本中小企业园标准厂房)

(三)项目前期工作先进单位

县交通局、县水利局、县文化局、县交投集团、罗星街道、干窑镇、陶庄镇、天凝镇

八、服务业发展工作先进集体

(一)服务业发展先进镇(街道)

一等奖:西塘镇

二等奖:魏塘街道、罗星街道

三等奖:大云镇、姚庄镇

(二)服务业发展先进部门

县财政地税国资局、县统计局、县科技局、县国土局、县交通局、县供销社

(三)服务业发展杰出贡献奖

浙江嘉善农村商业银行股份有限公司

(四)服务业发展贡献奖

特易购乐购(中国)投资有限公司嘉善分公司

中信证券(浙江)有限责任公司嘉善晋阳西路证券营业部

浙江嘉善联合村镇银行股份有限公司

上海农村商业银行股份有限公司嘉善支行

(五)重点服务业企业综合考核优胜单位

一等奖:西塘旅游文化发展有限公司

二等奖:嘉善大润发商业有限公司、嘉兴恒利商业管理有限公司、嘉善县商业开发投资集团有限公司

三等奖:嘉兴怡亚通怡源供应链管理有限公司、浙江云澜湾温泉文化有限公司、浙江五芳斋农业发展有限公司、嘉善东泉实业有限公司、浙江和通电子科技有限公司、浙江易优特检测科技有限公司

九、支持浙商创业创新促进嘉善发展工作先进镇(街道)

一等奖:开发区(惠民街道)

二等奖:罗星街道、姚庄镇

三等奖:魏塘街道、西塘镇、天凝镇

十、盘活存量建设用地(节约集约用地)目标责任制考核先进集体

(一)先进镇(街道)

一等奖:干窑镇

二等奖:姚庄镇、开发区(惠民街道)

三等奖:大云镇、魏塘街道

(二)先进部门

一等奖:县审批服务中心(公管办)

二等奖:县经信局、县发改局(服务业发展局)

三等奖:县农经局(农办)、县财政地税国资局、县住建局(人防办)

十一、农房集聚工作考核先进集体

(一)先进镇(街道)

一等奖:姚庄镇

二等奖:罗星街道、开发区(惠民街道)

三等奖:干窑镇、大云镇

(二)先进部门

一等奖:县农经局(农办)

二等奖:县财政地税国资局、县发改局(服务业发展局)

三等奖:县住建局(人防办)、县环保局

十二、耕地保护责任目标考核优胜单位

干窑镇、魏塘街道、陶庄镇

十三、土地开发整治工作考核先进集体

一等奖:天凝镇

二等奖:姚庄镇、西塘镇

三等奖:开发区(惠民街道)、大云镇

鼓励奖:陶庄镇、罗星街道

十四、统筹城乡改革发展和新农村建设工作考核先进单位

一等奖:姚庄镇

二等奖:西塘镇、干窑镇

三等奖:魏塘街道、天凝镇、大云镇

十五、畜禽养殖业转型发展工作先进集体

(一)先进镇(街道)

一等奖:姚庄镇、大云镇

二等奖:干窑镇

三等奖:罗星街道、魏塘街道

鼓励奖:西塘镇、开发区(惠民街道)、天凝镇、陶庄镇

(二)先进部门

县国土局、县委政法委、县综合行政执法局、县人力社保局、县总工会、县环保局、县城投集团、县财政地税国资局、县教育局、县交通局

十六、现代农业发展先进镇(街道)

一等奖:魏塘街道

二等奖:西塘镇、开发区(惠民街道)

三等奖:大云镇、干窑镇

十七、"五水共治"工作先进集体

(一)先进镇(街道)

一等奖:姚庄镇

二等奖:大云镇、西塘镇

三等奖:干窑镇、罗星街道

鼓励奖:开发区(惠民街道)、魏塘街道、陶庄镇、天凝镇

(二)先进部门

县水务集团、县环保局、县水利局、县住建局(人防办)、县农经局(农办)、县委组织部

(三)特别奖

县人大办、县政协办

十八、"三改一拆"和"无违建"创建工作先进集体

(一)先进镇(街道)

一等奖:大云镇

二等奖:姚庄镇、开发区(惠民街道)、魏塘街道

三等奖:西塘镇、罗星街道

鼓励奖:干窑镇、天凝镇、陶庄镇

(二)先进部门

县委办、县府办、县委宣传部、县住建局(人防办)、县国土局、县综合行政执法局、县新居民事务局

十九、平安建设、社会管理综合治理先进集体

(一)平安建设先进镇(街道)

一等奖:干窑镇

二等奖:姚庄镇

三等奖:陶庄镇

(二)社会管理综合治理先进镇(街道)

西塘镇、开发区(惠民街道)、罗星街道

(三)平安建设先进部门

县市场监管局、县信访局、县安监局、县教育局、县委宣传部、县委维稳办、县妇联、县商投集团

(四)社会管理综合治理先进部门

县公安局、县民政局、县人力社保局、县司法局、县综治办(县社会治理网格信息中心)

二十、信访工作优胜单位

(一)"三无"镇(街道)

大云镇、天凝镇

(二)先进集体

西塘镇、大云镇、天凝镇、县人力社保局、县公安局、县住建局(人防办)、县委政法委、县纪委(监察局)、县商投集团

二十一、落实党风廉政建设责任制优秀单位

姚庄镇、魏塘街道、大云镇、县综合行政执法局、县审批服务中心(公管办)、县民政局、县人民法院、县发改局(服务业发展局)、县审计局、县公安局、县市场监管局、县人民检察院、县交通局、国网嘉善县供电公司、县国税局

二十二、文化建设先进镇(街道)

一等奖:姚庄镇

二等奖:魏塘街道、西塘镇

三等奖:罗星街道、干窑镇、陶庄镇

二十三、党政领导科技进步与人才工作目标责任制考核先进集体

(一)科技工作先进镇(街道)

西塘镇、姚庄镇、开发区(惠民街道)、魏塘街道

(二)人才工作先进镇(街道)

罗星街道、魏塘街道、开发区(惠民街道)、姚庄镇

(三)人才工作先进部门

县科技局、县民政局、县人力社保局、县经信局

二十四、第八批有突出贡献和优秀专业人才

(一)有突出贡献专业人才

李其龙　嘉善县肿瘤防治所所长

张敏华　嘉善县史志办主任、中国作家协会会员

陆立刚　嘉善县水产技术推广站站长

金　勤　嘉善县第二实验小学校长、书记

钱承林　浙江田中精机股份有限公司董事长、浙江省“千人计划”专家
黄宏盛　国网嘉善县供电公司运维检修部主任

(二)优秀专业人才

王志康　西塘镇星建村党总支书记
卢　军　浙江卢军律师事务所主任
李子樵　浙江蓝怡医药有限公司董事长
杨应军　嘉善县第一人民医院心血管内科主任
杨晓明　浙江欧仁新材料有限公司技术总监
吴　珉　嘉善第二高级中学副校长
邹　军　浙江亿米光电科技有限公司总经理、“创新嘉兴·精英引领计划”领军人才
汪得利　嘉善华瑞赛晶电气设备科技有限公司总经理
张　伟　嘉兴深博医疗器械有限公司董事长、国家“千人计划”专家
陈岳峰　嘉善县吴镇教育集团总校长
周引春　浙江双飞无油轴承股份有限公司董事长兼总经理
周向阳　嘉善县非遗中心主任、嘉善县摄影协会会长
赵　溶　嘉善县美术家协会会长
黄伟强　嘉善县第一人民医院业务副院长
章利球　嘉善耐博精密仪器有限公司总经理、“创新嘉兴·精英引领计划”领军人才
潘菊明　嘉兴碧云花园有限公司董事长

二十五、水利工作目标责任制考核先进镇(街道)

一等奖:开发区(惠民街道)
二等奖:西塘镇、姚庄镇
三等奖:罗星街道、天凝镇

二十六、安全生产工作先进集体

天凝镇、姚庄镇、陶庄镇、干窑镇、魏塘街道、县安监局、县交通局、县质监局、县消防大队、县交投集团、县商投集团、县供销社、国网嘉善县供电公司

二十七、县级部门审批服务绩效考核先进单位

一等奖:县经信局、县国土局
二等奖:县住建局(人防办)、县发改局(服务业发展局)、县市场监管局
三等奖:县消防大队、县商务局、县卫生计生局、县气象局、县公安局

二十八、“五好”服务型镇(街道)

姚庄镇、西塘镇、罗星街道、大云镇、开发区(惠民街道)、魏塘街道、天凝镇、陶庄镇

二十九、人口计生工作目标管理责任制考核先进集体

(一)先进镇(街道)

一等奖:姚庄镇、开发区(惠民街道)、干窑镇、魏塘街道
二等奖:西塘镇、大云镇、天凝镇、罗星街道、陶庄镇

(二)先进部门

县人民法院、县新居民事务局、县人力社保局、县法制办

三十、新居民管理服务工作先进集体

一等奖:干窑镇
二等奖:西塘镇、魏塘街道
三等奖:姚庄镇、罗星街道

三十一、法治建设考核优胜单位

(一)先进镇(街道)

魏塘街道、开发区(惠民街道)、罗星街道

(二)优秀部门

县委政法委、县编委办、县综合行政执法局、县质监局、县市场监管局、县公安局、县烟草局、县卫生计生局

(三)良好部门

县机关党工委、县科协、县安监局、县交通局、县国税局、县财政地税国资局、县住建局(人防办)、县民政局

三十二、食品药品安全工作目标责任制考核先进集体

姚庄镇、魏塘街道、干窑镇、县市场监管局、县农经局(农办)、县卫生计生局、县综合行政执法局、县财政地税国资局、县教育局

三十三、生态县建设工作先进集体

(一)先进镇(街道)

一等奖:姚庄镇

二等奖:西塘镇、陶庄镇

三等奖:大云镇、罗星街道

(二)先进部门

县治水办、县环保局、县农经局(农办)、县公安局、县财政地税国资局

三十四、公共卫生工作目标责任制考核先进集体

一等奖:姚庄镇、陶庄镇

二等奖:魏塘街道、西塘镇、干窑镇

三等奖:大云镇、罗星街道、天凝镇、开发区(惠民街道)

三十五、"一创建三复评"工作先进集体

一等奖:开发区(惠民街道)、魏塘街道、罗星街道、姚庄镇、大云镇、县委办、县府办、县委宣传部(文明办)、县市场监管局、县财政地税国资局、县住建局(人防办)、县交通局、县综合行政执法局、县教育局、县卫生计生局、县交警大队

二等奖:干窑镇、西塘镇、陶庄镇、天凝镇、县人大办、县政协办、县纪委(监察局)、县委组织部、县机关党工委、团县委、县妇联、县广电台、嘉善报社、县委政法委、县公安局、县发改局(服务业发展局)、县新居民事务局、人行嘉善县支行、县环保局、县农经局(农办)、县水利局、县国土局、县文化局、县旅游局、县水务集团、县交投集团、县城投集团、县商投集团

三十六、2014～2015 年度县级文明单位、文明村、文明社区

(一)文明单位

嘉善县善江公路项目有限责任公司

浙江欧丽数码喷绘材料有限公司

浙江粤海饲料有限公司

森立纸业集团有限公司

嘉善县国家税务局开发区税务分局

嘉善誉丰汽车零件有限公司

中国移动嘉善分公司晋吉路营业厅

嘉兴银行西塘支行

陶庄镇新居民事务所

陶庄柳溪幼儿园

嘉善天晟精密铸件有限公司

浙江九通电子科技有限公司

嘉善双飞润滑材料有限公司

浙江鼎帮家具股份有限公司

浙江云澜湾旅游发展有限公司

(二)文明村

魏塘街道智果村

罗星街道马家桥村

罗星街道亭桥村

罗星街道鑫锋村

惠民街道大泖村

干窑镇长丰村

(三)文明社区

魏塘街道嘉辰社区

干窑镇干窑社区

新闻报道选录

春到江南育生机

——省统一战线助推嘉善科学发展纪事

本报记者　沈吟、李回雄、江帆　县委报道组　刘文书

春到嘉善，呈现一派别样的生机。

在这个全国唯一的县域科学发展示范点，500多平方千米的土地上，科学发展是全县上下的追求。然而在发展过程中，如何高效整合资源、集聚高端人才、吸引优质资本，嘉善也遭遇“成长的烦恼”。

面对人们期待的目光，我省统一战线各单位各显所能，发挥智力丰富、人才荟萃、协调资源等优势，为嘉善科学发展添砖加瓦。一个个招商引智项目相继落地，一项项改革发展实事成效渐显，菜单式点题、全面化助推，省统一战线与嘉善同奏科学发展之歌。

招商引智，各显所能

“是农工党省委会的专家帮我圆了现代农业梦。从一粒种子、一片土壤开始，他们手把手地帮扶。”站在尚品创意农业谷园里，总经理孙军感激地说。

就在两年多前，长秀村村民孙军还在苦苦寻找创富之路。一缺技术、二缺设备让他心中没底，设计团队数易其稿，设计仍达不到要求。直到在县委统战部帮助下，省里的几位农业专家来到嘉善，孙军才有了信心。

在他的620亩农业园区里，有100多亩复耕地并非良田，而改良土壤正是浙江大学教授吴良欢的专长；在李载龙教授帮助下，园区融入农耕文化和善文化元素；孙军还和杭州的检测、营养等专家牵上了线……

地还是那块地，人还是那些人，田野上的变化却让人惊诧。目前，尚品农业已辐射引领26家农业合作社，种植面积达1万多亩。“我们要打造一个集种植、科研、示范、创意、生态、教育一体的现代智慧农业园区。”有了专家的帮助，孙军对未来充满信心。

2013年3月，省委统战部与嘉善签订《浙江省统一战线助推嘉善县域科学发展示范点建设战略合作框架协议》，当时距县域科学发展示范点获批仅一个多月。

两年来，省委统战部、各民主党派省委会、省工商联、省民宗委、省台联、省侨联、省社院、省知联会等，充分发挥议政建言的政治优势、人才荟萃的智力优势、联系广泛的资源优势、协调关系的功能优势，在招商引智、建言献策、文化教育、医疗卫生、平安创建等领域，全力助推嘉善科学发展。

通过举办各种联谊会、交流会、项目洽谈会、推介会等，省统一战线广泛联系工商界人士、海外侨胞和港澳台同胞，为嘉善招商引资、招才引智搭建平台。一批批优质项目和优秀人才来到嘉善，其中包括10余名国家“千人计划”专家。民建省委会引来的中以高科技（嘉善）创新中心、中华两岸文化创意产业园、“浙江华侨产业基金”等也先后落户。

示范引导，谋划长远

一大早，在干窑镇范东村的王家浜自然村，陆彩英就在河边洗衣，肥皂水流入污水管道，最后汇入处理池。66岁的陆彩英在河边生活多年，见证了门口河水变黑又变清的过程。

王家浜的变化，离不开省侨联的资金和设备支持。当省侨联第一次前来踏勘时，村支书任其荣心里并没有底：沿河猪棚一个接一个，生活污水多年直排。更让他担心的是，这是个纯农业村，即使有了污水处理设备，也可能用不起。

如今，这些忧虑早已烟消云散。村里的64户农户，污水全部截污纳管，河边猪棚已拆、河道重新疏浚、生态护岸建成。而省侨联送来的污水处理设备，每天运行费用不到1元钱。望着眼前的小桥流水，任其荣心旷神怡。

看到王家浜的新面貌，范东村其他自然村的村民坐不住了，村民代表大会上，大家纷纷要求治污水、治环境。“今年再整治两个自然村。”任其荣已排好了计划。

治好一处污水、引来一个项目固然重要，但在省统一战线助推嘉善发展的过程中，让新思路、新理念起到示范引领作用同样重要。

干窑镇长丰村有10余家生产低端管桩、预制构件的小企业，眼下他们正在酝酿转型升级——生产新型墙体。给他们启发的，是落户嘉善的森铂瑞建筑科技项目。长丰村人早已意识到，造房子并不一定要现场浇筑，也可以像搭积木一样组装。

省工商联引来的富通集团光通信全产业链项目，已落户西塘镇。该项目投资50亿元，是嘉善目前单体投资最大的工业项目。而“全产业链”这一新理念，也随着项目的到来进入当地人的脑海。

“省统一战线助推工作启动早、规模大、范围广、人员多、效果好。”嘉善县委负责人表示，“我们要借各方之力，推进科学发展，打造可看可学可示范的样本。”

协调资源，改善民生

嘉善县第二实验小学的学生们，如今已习惯捧着杯子，接一杯直饮水解渴。自省知联会向该校捐赠价值20万元的净水设备后，直饮水取代桶装水渐渐被县内各所学校接受。

在教育、卫生、文化等民生事业上，省统一战线充分发挥其各自优势。民盟省委会牵线促成了嘉善第二高级中学与杭州长河高中等学校的校际结对帮扶；民进省委会医卫专家工作站和省医学继续教育（嘉善）培训基地分别挂牌成立，省级医院与当地医院加强协作，嘉善人在家门口就能找省级知名专家看病了……

省统一战线紧密结合嘉善需要，通过菜单式点题，提供项目化服务，不断深化助推民生工作。省委统战部每年安排具体的助推任务，嘉善则及时进行任务分解和项目化管理，不断细化和完善助推工作机制。

民革省委会在嘉善建立了法律援助中心民革工作站，台盟省委会率在杭台商与嘉善企业交流洽谈，致公党省委会、九三学社省委会等先后就新型城镇化建设、有效促进社会善治等方面提出对策建议。

借来东风好扬帆，凝心聚力促发展。嘉善，正在科学发展道路上大步前行。

（《浙江日报》2015年4月12日）

实干兴县开新局

——嘉善县域科学发展示范点建设纪事

本报记者　李回雄、陈培华　县委报道组　刘文书

初夏的嘉善，麦浪翻滚，瓜果飘香。

城乡居民的生活透着盎然生机：门前的小河变清了，村头的小学来了名师，接轨上海的脚步迈得更快了……

习近平总书记多次要求嘉善在主动接轨上海、扩大开放、融入长三角方面迈出新步伐,在推动城乡一体化上创造新经验,在转变经济发展方式上取得新成效。

作为全国县域科学发展示范点,嘉善县牢牢把握“干在实处永无止境,走在前列要谋新篇”的新使命和“继续发挥先行和示范作用”的总要求,以“四个全面”战略思想和战略布局为总抓手,坚持和深化“八八战略”,围绕建设产业转型升级引领区、开放合作先导区、城乡统筹先行区、民生幸福新家园“三区一园”的发展定位,实干兴县开新局。

嬗变的是百姓生活,不变的是铿锵步伐。

一群“好鸟”入笼来

同样的一块地,却种出了不同的“庄稼”。

在嘉善经济技术开发区内,一家用地200亩的纺织企业,去年亩均税收仅1.4万元。去年以来,开发区以此存量资源规划建设微电机产业园,并在纺织企业原厂房内引进了新思考电机公司,一期租赁厂房1.4万平方米、投资2亿元。眼下,这家以研发制造变焦马达及手机摄像模组为主,为国内一线手机品牌配套生产的公司已经试生产。公司负责人说,达产后亩均税收将超200万元。

嘉善根据亩均税收、亩均销售收入、亩均工业增加值等指标,按不同权重,计算出全县3亩以上用地的1829家企业综合得分,将企业分为鼓励发展(A类)、自我提升(B类)、倒逼提升(C类)三类,并在立项、用地、用水、用电、银行信贷、土地使用税等要素配置上实施差别化政策,倒逼企业转产、转业、转移,或引导企业增资、增产、增税但不增地。去年,全县腾退低效用地1452.5亩,规上工业企业亩均税收提高9.8%。

腾出笼子,换来好鸟。喜力啤酒来了,浙江新格来了,瑞资仓储来了……

5月19日,浙江田中精机股份有限公司在创业板上市,成为嘉善今年第一家上市企业。田中公司靠自主研发可为客户量身订制。去年,该企业实现亩均产值1025万元、亩均税收137万元。

5月29日,总投资59.9亿元的富通光通信全产业链项目开工,预计年产值超100亿元。富通集团董事局主席王建沂说,项目将建成全球单体规模最大的光纤、光缆工厂,提升中国光通信行业的全球竞争力。

今年1至4月,全县新批工业投资500万元以上项目117个,平均投资规模为8987万元,同比增长34.51%。

一“网”情深融上海

每天,嘉善耐博精密仪器公司老总章利球总习惯到7000多平方米的厂房内转一圈。

一年多前,章利球在上海一个科创园区孵化了项目,想要产业化却苦于找不到合适的产业园。他经人介绍来嘉善归谷科技园考察后,当即决定将公司设在这里。

“今年1至5月,产值2000万元,同比翻一番。”章利球说,他们生产的金属材料检测仪器供不应求。

项目孵化在上海,产业化在嘉善不是个例。嘉善通过深入推进上海科技成果在嘉善转化、高端人才向嘉善转移,大力实施科技人才招商。签约上海交大科技转移中心嘉善分中心、上海技交所嘉善创新驿站等一批平台合作项目,全年引进高新科技项目和高技术服务业项目40个。

走进嘉善经济技术开发区,处处可见上海的烙印。继“021”区号引入后,又实现了上海移动在开发区漫游资费取消。“我们招商项目信息九成以上来自上海。”开发区管委会主任陆春浩说,嘉善去年设立上海自贸区嘉善项目协作区,成为首个实质性对接上海自贸区的县,并在上海自贸区设立联络处。

眼下,畅联物流项目的工地上正热火朝天,8月就将投入运行。陆春浩说,这个项目一期租赁厂房面积2.2万平方米,项目投资3亿元,届时将凭借嘉善得天独厚的区位优势,将“嘉善畅联”打造成500强物流集聚示范区。去年以来,嘉善通过上海自贸区办事处引进项目8个,还有30多个有意向的项目正在积极洽谈。

此外,嘉善深化与上海合作办医办学机制,大力推进上海教育、医疗、文化等优质资源向嘉善辐射延伸。探索建立与上海公交、医保“一卡通”制度,城乡合作医疗与上海第一人民医院、上海儿童医学中心实现异地刷卡结算。

枫泾至嘉善的“枫嘉线”是嘉兴市首条省际公交线路,也是上海首条真正意义上的毗邻地区公交化班线。“现在好比生活在同一座城市。”上海人董惠珍由嘉善乘车,枫泾下车后,转乘枫梅公交专线,再转一趟地铁，两个小时后就已在上海市区的家中。“比起自己驾车，不仅省钱，而且省心。”董惠珍说，“枫嘉线”开通后，亲戚走动频繁了，感情也更深了。

一盘棋子落城乡

初夏的午后，离嘉善县城最远的俞汇小学校园内热闹非凡：篮球场上，有孩子在尽情挥洒汗水；舞蹈室内，有孩子在苦练舞蹈；才艺教室，有孩子在画布上创作农民画……每周3个下午，这所小学的孩子不用端坐教室内上课，他们可根据自己爱好，选择参加20多门社团课。

“是城乡教师双向流动让我们这所学校完全变了模样。”校长姚彩萍说，如今，不仅学区内学生流失率几乎为零，还有人特意将户口从县城迁回农村，就是为了进俞汇小学。

全县教师流动共788人，其中城乡互动约400人；36所义务教育学校132名校级领导中66人进行了流动，全县有137名骨干教师流入农村学校，尤其是34名名师主要流入农村学校，实现了农村学校名师全覆盖。去年，全县省级重点中学录取农村初中生比例增幅近30%。

在嘉善，城乡鸿沟消弭的印迹不只在学校。去年，全县城乡居民人均可支配收入分别突破4.31万元和2.5万元，收入比为1.72∶1，远低于全省和全国平均水平。

“钱袋子鼓起来，一靠双手，二靠政策。”见到勤燕家庭农场主陈小燕时，皮肤黝黑的她正钻在自家甜瓜大棚里忙乎。“这22个大棚的甜瓜，毛收入大概有30万元。”家住罗星街道李家社区的陈小燕说，作为全县农村产权制度改革试点，当初创业缺资金，她凭一张村集体经济股权证就贷到了6万元。

嘉善在深化农村产权制度改革中，在全省率先推出了融合农村集体经济股权、农民住房财产权和农村土地承包流转经营权三权为一体的农村综合产权抵押产品。截至4月底，全县已累计发放抵押贷款116笔，金额达1.57亿元，改革的红利充分惠及到广大农民群众。

一河清水还复来

微风吹拂，记者来到干窑镇西北的新泾港，但见垂柳依依，清水缓流，亲水绿道蜿蜒。

这条1900米长的河港曾是一条不折不扣的“墨汁河”。这条河是干窑、长生、南宙3个村的母亲河，由于沿岸企业和农户将污水直排入河，成了全镇37条黑河、臭河、垃圾河中最黑的一条。

“没想到这么快就看到鱼虾又游回来了。”68岁的韩贵潮生于斯、长于斯。他说，沿岸160多户村民的生活污水和14家企业的工业污水全部截污纳管后，河水一天天变清，曾经连螺蛳都见不到踪影的河里又见到鱼虾跳。

作为全省两个“五水共治”机制创新试点县市之一，嘉善创新建立机构统一、规划统筹、执法联动、资金多元、应急到位、公众参与的“五水共治”机制。走进县治水办会议室，映入眼帘的是该县“五水共治”作战图。以作战图为指引，嘉善近3年计划投入60亿元实施55个工程项目，统筹推进“五水共治”工作。

陶勇杰曾是惠民街道枫南村的养殖大户，有违建猪棚3000多平方米，年出栏量近2000头。“这一片原来有13户养猪户，4万多平方米的猪棚连成片。最近的离河不到20米，都是直排河道，臭不可闻。”陶勇杰点开手机里的几张旧照片，回忆着这里曾经恶劣不堪的环境。

在“三改一拆”中，陶勇杰带头拆违。如今，周围的猪棚全拆了，陶勇杰的樱桃红农家小院开门迎客。樱桃季，来自上海、嘉兴、杭州的游客把小院挤得满满当当。仅“五一”小长假，收入近20万元。陶勇杰得意地说：“没想到，告别猪棚，迎来果香，日子这么美妙。”

去年，嘉善扛走了浙江省“五水共治”优秀县“大禹鼎”。今年一季度，嘉善全县14个地表水常规监测断面中，劣Ⅴ类断面由去年同期的7个减为0个，Ⅲ类断面由0个增至4个。高锰酸盐指数、氨氮和总磷三个指标的出境断面数据均好于入境断面，且与去年同比分别改善1.05%、47.74%和34.84%，一季度交接断面考核结果保持优秀。

（《浙江日报》2015年6月23日）

美在星光灿烂时

——嘉善扎实开展群团工作纪事

本报记者　沈建波、张丽　通讯员　刘文书

在不久前召开的中央党的群团工作会议上，嘉善开展群团工作的经验引起全国瞩目。近年来，嘉善县委把握政治性、先进性和群众性要求，着力破解群团组织疏离中心工作、远离社会治理、脱离基层群众的“边缘化”问题，发动各领域群众干事创业，先后获得全国工会基层组织创建创新成果优秀奖、全国三八红旗集体等9项国家级荣誉。

秋日夜空，月明星灿。在嘉善，各个群团组织犹如众星拱月，使党的群众工作“星光灿烂”，凝聚起全县上下建设县域科学发展示范点的合力。

融入中心有作为

“千亩桃林花成海，水秀岸绿微田园。”走进魏塘街道三里桥村，绿树依依，碧水潺潺，一派水乡田园风光。而仅仅一年前，这一切还不可想象。

曾经，三里桥村几乎家家户户搭建猪舍禽场，臭气熏天、污水四溢，村民自嘲“屋内像别墅，屋外垃圾场”。两年前，村里开展“五水共治”、“三改一拆”等工作，但因牵涉各家利益，工作推进不快。“多亏了县妇联发起的‘微田园’建设活动。”村干部陈建国说。

在美丽乡村建设中，县妇联发动遍布各村和社区的227个“妇女之家”，拆除违法建筑，改建小果园、小菜园、小花园，使“微田园”成为乡村新风景。这一倡议，得到全县妇女的热烈响应。

姚某是三里桥村“妇女之家”成员，家中有一个违法占用农地的养鸡场，一年四季臭不可闻。因收益可观，她丈夫迟迟不愿拆除。“微田园”创建开始后，姐妹们反复劝导，使一直犹豫的姚某下定决心，劝说丈夫主动拆掉了鸡棚。

就这样，在妇女们带动下，三里桥村顺利拆除违法建筑25万平方米，清理河道18千米，建起一处处“微田园”和亭台楼阁，水乡美景令人流连忘返。

“党委指向哪，群团跟到哪。”这几年，嘉善把群团纳入大党建工作格局，致力于党群工作一体规划、同步推进，县委每年帮助群团组织理清工作思路，引导他们处理好服务中心和发动群众的关系，围绕建设“两美嘉善”等中心工作，在“五水共治”、“三改一拆”、转型升级、文明创建等重点工作第一线建功立业，使各项重大决策部署转化为群众自觉行动。

作为全国唯一一个县域科学发展示范点，产业转型升级是嘉善的一项重要课题。在浙江新嘉联电子股份有限公司，记者感受到一股青春的力量扑面而来。

在这家企业里，一条13.8米长的微电声柔性全自动装配生产线，产品从零部件输入到成品输出，只有两名工人操作。总经理金一栋自豪地介绍：“这条自动装配线，是公司青春班组自主研发的‘机器换人’项目，不仅为公司节省700万元设备购置成本，还使产品装配效率提高30%以上。”

新嘉联公司一度出现招工难、效率低等问题。去年8月，团县委指导新嘉联组建起青春班组，吸收经营骨干和技术能手加入，开展技术创新和科研攻坚。这条全自动装配生产线，就由他们历时9个月研制。如今，“机器换人”已在这家公司显现成效，相应岗位的劳动力成本至少节省一半。

“融入中心，方有作为。”团县委负责人说，年轻人已在转型升级主战场发挥主力军作用，全县共组建48个青春班组，领办一大批攻坚项目，其中今年产值增长最高的一个项目可达1000万元。

社会治理显身手

工资到底涨不涨、涨多少？这曾是困扰魏塘街道南北暑村的一个难题。

南北暑村位于城乡接合部，90多家胶合板企业落户于此，有2000多名员工，大多是外来务工者。虽然同在一个村，但以前由于企业间薪酬不一，经常出现无序跳槽、劳资纠纷等矛盾。过去，尽管对收入不满意，但在村里务工的姚建红说：“作为普通员工，我们哪有资格和老板讨价还价？”

这一情况，从4年前开始得以改变。

针对小微企业单独开展工资集体协商难、签订集体合同难等问题，县总工会以南北暑村为突破口，探索行业工资集体协商。经前期大量工作，当年7月，村工会联合会召开职工代表大会，由商会代表企业方、工会代表职工方，签订行业职工工资协议。

此举首开全省先河。以后的每年7月，企业发多少工资、涨不涨工钱，工会都发放调查问卷，组织双方代表坐下来协商。见到每年的工资在协商后都有增长，一直为供儿子上大学、还房贷焦虑的姚建红，从此安心了。

创新民主参与方式，拓宽协商民主渠道，各界群众依法参与社会事务管理，如今已在嘉善成为常态。多年来，嘉善引导群团组织主动承接政府职能，加强对社会组织的政治引导和联系服务，在基层治理创新中一显身手。

魏塘街道魏中村紧邻嘉善经济开发区，租住着近4万名外来务工人员。如何做好新居民工作，是新时期群团工作的重要内容。早在2011年3月，县妇联在魏中村成立“和阿姨百事坊”，新居民碰到劳资纠纷、就业就学、社会保障等问题，都能在这儿得到解决。如今，“和阿姨百事坊”的职能不断扩大，与街道婚姻家庭咨询服务中心、信访接待中心、司法维权联动中心、妇女谈心室、志愿者服务点对接，为新老居民家庭开展网格式管理、组团式服务，还经常与县法律援助中心结对开展活动。

目前，“和阿姨百事坊”已在全县推广，嘉善还建起300多个新居民职工之家、青年之家、妇女之家，探索新居民自我管理服务模式。县总工会建立劳动争议调解委员会，及时调解劳资纠纷。

“群众在哪里，群团组织就建在哪里。”近年来，嘉善坚持党建带群团建设，在两新组织、新社区、新居民群体和产业链等领域，已建党组织的同步建群团组织，暂不适合建党组织的先建群团组织，使群团组织的触角向各个社会群体延伸。

服务群众唱主角

说起女大学生杨珍的创业传奇，大云镇几乎尽人皆知。

8年前，杨珍从浙江农林大学毕业，放弃留校工作的机会，回老家大云养起了甲鱼。如今，她创办的美华水产养殖场，从最初的4亩发展到150多亩，她本人也被授予“全国农村青年致富带头人”称号。

只有杨珍自己知道，如果没有众多“娘家人”的帮助，她的创业之路会更加曲折多磨：创业初期缺资金，县妇联干部送来及时雨，帮她争取到省补创业扶持资金22万元；销路难以打开，团县委帮助联系各家超市，她得以在超市开出柜台；遇到技术难题，县科协屡次派人上门解决……

“既要围绕中心工作搞好‘公转’，又要聚焦服务群众搞好‘自转’。”嘉善县委负责人说，群团工作千丝万缕，最根本的是服务群众。随着服务对象结构和需求的变化，群团组织的服务内容和方式也要与时俱进。

“群众说好，群团工作才算真正好。”正是基于这样的认识，嘉善各群团组织把主要精力放在服务群众上，为群众送政策、办实事、解难题，开展送技术、送文化、送法律等活动，做实便民利民惠民工作，在服务群众中引领群众、凝聚共识。

脚步丈量民情，群团干部正用辛苦指数换来百姓的满意指数。

团县委建立联系服务青少年机制，每名基层团干部至少联系10名青少年，使团干部联系服务青年常态化，已走访青少年7000余人次、帮助解决困难1342个。

县总工会发挥“蓝领人才成长基地”作用，创建16家高技能人才创新工作室，帮助2678名职工晋升技能等级，帮助7200多名职工获得职业资格证书。

县妇联成立女性创业指导服务中心，每年发放女性创业小额贴息贷款2300万元，帮助妇女突破创业发展资金瓶颈。

“随着社会需求多样化，群团组织只有时刻倾听群众诉求，才能提供精准服务。”县妇联负责人说。48岁的魏塘街道网埭港村村民袁雪英，切身感受到这句话的温度。

袁雪英患有小儿麻痹症，行动不便。7年前，袁雪英开始创业种植草莓，县妇联连续5年提供10万元贴息贷款，县科协经常组织农技员上门辅导，县残联补助2.5万余元帮她盖起四层新楼房……她说：“像我这样的残疾人能在大家帮助下勤劳致富，以前真是想都不敢想。”

（《浙江日报》2015年9月15日）

许晴书记讲述嘉善“两山”故事

大家好,我是嘉善县县委书记许晴。今天我来跟大家分享一下我们嘉善在新常态下践行“绿水青山就是金山银山”过程中的一些感悟。

2008年10月,在全党开展深入学习实践科学发展观活动中,嘉善被确定为总书记的联系点,他对嘉善提出了“要在主动接轨上海方面迈出新步伐,在推进城乡一体化方面创造新经验,在转变经济增长方式方面取得新成效”的要求。此后,总书记也一直非常关心关注嘉善工作,给予了嘉善最大的支持和鼓励,先后作出13次重要批示、4次讲话肯定。

作为全国唯一的县域科学发展示范点,嘉善一直把总书记一系列重要指示精神作为发展指引,特别是在践行“绿水青山就是金山银山”的实践过程中,我们更把“两山”理念作为科学发展的助推器。

经过多年努力,嘉善成功创建为国家级生态示范区、国家园林县城、省级生态县,并成为浙北平原地区第一个通过国家生态县考核验收的县。

新常态下,“绿水青山就是金山银山”被嘉善赋予了新的含义、新的责任、新的任务和新的举措,在这一理念的指引下,我们坚持把生态文明建设作为推动县域科学发展的重要抓手,准确地把握住改革发展稳定的平衡点,近期目标和长期发展的平衡点,改革发展的着力点,经济社会发展和改善人民生活的结合点。以生态建设为发展生产力,以生态建设为改革助推器,以生态建设为社会凝合剂,在转方式、调结构、保民生、推动可持续发展方面取得了实实在在的成效,着力打造出一个符合平原地区实际的生态文明建设的新样本。

经济新常态下,面对能源、土地、环境等要素制约,“绿水青山就是金山银山”不单是偿还“生态债”,科学发展也不再是“摊大饼”,如何推动县域经济发展,关键还是要转变思想认识,对“绿水青山就是金山银山”有新认识,不断激活绿色DNA,探索一条新的发展之路。

这里是位于嘉善罗星街道的归谷产业园,园区里小桥流水、鸟语花香,如同一座江南园林一般。而几年前,这就是归谷园区原来的样子,那是另外一番景象,烟囱林立,污水横流。在这片不大的土地上挤满了纺织服装、金属制造等150多家传统企业。

如何转型、如何发展,说实话当初我们曾纠结过。在规划这片园区的时候,有一种声音说,我们还是发展传统产业,这样的话可能很快就会有产出、有税收。但是也有一种声音说,我们现在应该转型发展,我们要做高端、高楼、高质、高效、低碳的产业,来吸引更多的人才入住到这个园区当中。

面对着经济账、生态账、长远账,我们进一步统一思想,决定把这个园区建设成为高科技园区,把绿色DNA注入到我们的GDP中去,让归国人员在这里创新创业,可这也就意味着我们将在这块土地上,投入更多的资金来进行基础设施的建设,也意味着近几年内很难有大的GDP的产出。

事实证明,有舍才有得,我们的抉择是正确的。虽然我们设置了“亩均税收35万元,亩均产值500万元”的准入门槛,但这个园区还是成为了高端产业和高端人才的香饽饽。

“美国有硅谷,嘉善有归谷。”这是国家“千人计划”专家潘今一走进嘉善罗星街道归谷产业园时的感慨。目前,园区已经引育国家“千人计划”专家25名,省级“千人计划”专家10名,注册高科技项目72个,其中22个项目入选“创新嘉兴·精英引领计划”,成功创建省“千人计划”产业园。

不仅是归谷,在大云,浙江省首批特色小镇国内首家、亚洲最大的巧克力特色旅游风景区正在这里发轫;在新城区,一个集“互联网+”新兴产业和都市文化旅游业的高铁新城也正在快速崛起;在西塘,富通集团光通信全产业链正在开创嘉善“工业4.0”的先河。

近年来,我们一边做减法,退低进高、退二进三;一边做加法,招商选资、招才引智。一手抓传统产业提升,使其“星移斗转”;一手抓新兴产业培育,使其“星火燎原”。

2010年到2014年,嘉善研究与试验发展经费支出从5.7亿元增长到10.7亿元,年均增长达到17%;新兴产业产值从221.2亿元增长到391.3亿元,年均增长达到15.3%。

嘉善的实践证明，脱离环境保护搞经济发展必定是“竭泽而渔”，而离开经济发展抓环境保护也将是“缘木求鱼”。在处理两者关系时，我们把“两山”作为科学发展的一种行为准则、一种价值理念。通过改变不合理的产业结构、资源利用方式、能源结构、空间布局、生活方式，更加自觉地推动绿色发展、循环发展、低碳发展，实现经济社会发展与生态环境保护的双赢。

习近平总书记指出，生态病是一种疑难杂症，既有环境污染带来的“外伤”，又有生态系统被破坏造成的“神经性症状”，还有资源过度开发带来的“体力透支”。它需要多管齐下，综合治理，长期努力，精心调养。

特别是随着经济社会的发展，生态环境问题也呈现了愈来愈多的新现象、新变化，传统的修修管子、查查厂子、贴贴条子等处理方式显然跟不上时代的需要。因此，在践行“两山”理论中，嘉善找出病因，对症下药，开出了“深化改革”这一药方，不断释放改革红利、生态红利，推动科学发展。

都说上善若水，水赋予了嘉善人的生活方式，也赋予了嘉善人的文化传承，千百年来，嘉善人择水而居、依水而荣、与水为善。然而，随着经济社会的发展，水乡无好水却成为水网地区最大的尴尬，也成为水乡老百姓最关注的焦点和热点。

畜禽养殖是我们嘉善的传统农业产业，也是嘉善农民增收致富的重要途径之一，但一直以来，畜禽养殖污染问题却成为了困扰着水乡的一个问题。很多人评价畜禽养殖业说：“养殖户赚钱，全社会埋单。”

痛定思痛，我们开始着手推进畜禽养殖转产，然而对于畜禽养殖转产，许多养殖户都不理解：不养猪，不就活路被断了！

解决生态问题，我们不是光要生态，不要生活；而是要让老百姓过上更好的生活。所以，我们把畜禽养殖转产作为“五水共治”体制机制创新区改革的重要内容之一加以破解。如何通过改革政策破解这一历史难题，我想请大家看段 VCR。

在嘉善惠民街道枫南村曾经有一个 4 万多平米的养猪基地，这里集聚着 13 家养猪户，畜禽排泄物直排河道，环境恶劣不堪、臭气熏天。

村民陶勇杰是枫南村 13 户养殖户之一，他家曾有猪棚 3000 多平方米，年出栏量近 2000 头。在党委、政府多次做工作后，陶勇杰拆除了猪棚，并在政府的支持下，搞起了农家乐和采摘游。

今年“五一”小长假，他的樱桃三天就被上海客人采摘一空，一下子就赚了十多万，比他以往养一年猪的收入还高。他如今逢人就说，猪棚拆对了。

在嘉善像陶勇杰这样的还大有人在，两年多来，嘉善共拆除违章猪舍 208.6 万平方米，生猪存栏量削减至 7.33 万头，转产转业 10276 户。拆了猪棚，农民收入不降反升，农民人均纯收入首次突破 2.5 万元，全县城乡居民收入比缩小到 1.722∶1，远低于全省和全国平均水平。

作为省级“五水共治”体制机制创新区改革试点，我们在全省范围内率先推出了产业准入“双清单管理”模式；建立了居民生活用水阶梯式水价制度和产业用水分行业定额管理制度；同时，在流域性协调机制、排污权交易制度、工业农业服务业项目准入机制、基层水利服务体系建设等方面都进行了创新突破。

创新突破，让嘉善赢得了全省“五水共治”优秀县“大禹鼎”。自去年以来，跨行政区域交接断面水质考核继续始终优秀，四类及以上水体占比达 92.9%。

通过“零审批”改革，嘉善树立了生态优先、环境优先准入机制，大大提升了项目审批时间，16 家企业通过零审批走上了绿色发展之路。

通过要素配置改革，2014 年，我们规上工业企业亩均税收、劳动生产率、高新技术产业增加值分别提高 10%、17.6% 和 23.1%，228 家企业实现了提档升级。同时，化学需氧量、氨氮、二氧化硫等主要污染物排放比 2010 年分别下降 16.1%、14.5% 和 15.7%；通过综合行政执法改革破解了常年存在环境执法中“看得见管不着，管得着看不见”顽疾。在省政府批复给嘉善的《综合配套改革方案》中，涉及生态环境的占到了 4 成，一个新的生态环境发展新体系正逐步形成。

嘉善的实践证明，不仅需要传统的举措，更需要用创新的思路去破解问题，不仅要“赶上时代”，更要“引领时代”。特别是在解决新问题上，我们要有“破”的勇气，“立”的智慧，改掉不合理的举措“旧瓶”，设计出制度“新酒”。

近年来，嘉善县在践行“两山”过程中，创新治理体系，推出“全民”字号，提出“既要靠干部更要靠群众”的思路，变“一手包办”向“全民参与”转化，变

"单向管理"朝"双向互动"转变,将"生态牌"转化为"民生牌"、"民心牌"。积极倡导生态文化,充分调动市民力量参与到生态环境建设中,让老百姓在实现生态"获得感"的同时,自觉成为生态环境的"推动者"。

大家看到的是我们干窑镇的一条1900米的河道,在河网港汊密布的嘉善,这条河并不起眼。但对生活在沿岸的160多户百姓来说,这条河道却一点不短,因为这是一条黑臭河。记得省委书记夏宝龙到现场查看后说到,"水的颜色像墨汁一样!"然而这条河并非没有治理过,就在几年前,村里就对河道进行过疏浚,但光靠政府治理,还没过几年又恢复了黑臭河。面对这样一条黑臭河,我们是用怎么样的办法让它旧貌换新颜的呢?请大家再来看一段VCR。

如何彻底治理好新泾港的黑臭河,嘉善县不仅让党委、政府冲锋在前,更让人民群众也成为了生力军。

为了形成护河公约,干窑村举行新泾港户长会议。那天晚上,户代表都到齐了,有的一家还来了好几个人,村干部都觉得惊讶,以前村里开会讨论再重大的事情,也没这么齐过。

为了不影响污水管网铺设和河岸绿化带修建,村民季永山将父母生前留下的两间老宅拆掉,为工程腾地方。"不能因为我们一户人家拖了大家的后腿。"老季一句朴实的话正是嘉善群众参与生态建设的生动体现。如今的新泾港,水也清了,鱼也回来了,老百姓也笑开了。

是的,水清了,树绿了,天蓝了,老百姓自然也笑开了。大家都知道,"善"是我们中华传统文化中最重要的特质之一。与人为善、惩恶扬善,以和为贵、以善为美的"善文化"既是传承嘉善传统人文美德的需要,也是弘扬时代精神、引领道德价值取向、创新社会管理的需要。

近年来,我们以培育和践行"善文化"活动为抓手,传播生态文明主流价值观,培育绿色生活方式,引导社会公众广泛参与。城乡居民在乐享"生态福利"的同时,"生态认知"意识也在不断增强,并逐步形成了全社会的环保责任、环保自觉,从而实现由观望者到参与者的角色转变。

嘉善的实践说明,在老百姓由过去"盼温饱"到现在"盼环保",由过去"求生存"到现在"求生态"的情况下,脱离群众参与的生态建设,只能是无本之源、无根之木。只有推动生态文明建设必须人人参与,建立政府引导、公众参与、协调联动的运行保障长效机制,才能真正形成人人、事事、时时崇尚生态文明的社会风尚。

面对着嘉善县域科学发展示范点的新使命,驾着"绿水青山就是金山银山"的东风,我们正全力以赴、先行先试,在"四个全面"战略布局的实践中扬帆前行。

(浙江在线,2015年8月5日)

领导视察报道选录

李强在嘉兴调研深化改革工作时强调
大胆创新深耕改革“试验田”

记者 王国锋

本报嘉善8月6日电 8月5日至6日，省长李强在嘉兴调研深化改革工作。他强调，要坚持问题导向和效果导向，加快改革步伐，激发创新动力。嘉兴承担了众多国家和省里的改革试点任务，要大胆创新，抓住改革重点，突破改革难点，深耕改革“试验田”，为全省作出示范。

调研中，李强下车间、入园区、跑特色小镇、看政府服务大厅，实地了解改革情况，共谋改革发展大计。在海宁，他考察了江南总部厂店城小镇；在平湖，考察了涉企中介超市、科世科公司、德西福格公司、伊思佳公司；在嘉善，考察了大云巧克力甜蜜小镇、高铁新城电商产业园。随后，他主持召开座谈会，听取嘉兴及嘉善、平湖、海宁改革试点情况汇报，并对进一步深化改革提出要求。

李强充分肯定嘉兴改革取得的阶段性成效。他说，嘉兴大胆改革、先行先试，不少改革富有开创性和示范性，推动了经济社会持续健康发展，企业和老百姓从中受益。下一步，要按照“干在实处永无止境、走在前列要谋新篇”的新使命，以超前的视野、创新的思路、扎实的举措进一步深化改革。要以更超前的视野，谋划一批重大改革项目。谋划好城乡统筹发展，着力在“化人”上做文章；接轨上海，深入谋划交通对接、人才引进、产业合作、公共资源共享；对接全省“十三五”重大布局，谋划新的发展平台、新的转型通道、新的产业布点、新的项目抓手。要以更有力的举措，深化一批改革项目。着力推进国家和省里部署的改革试点工作，抓住重点、精准施策，实现重点突破，进而带动其他领域改革；坚持问题导向、需求导向、效果导向，谋划推进一批新的改革项目。要以更务实的措施，推动一批改革项目落地。深化“四张清单一张网”和审批制度改革，优化、简化政府管理流程，以创新制度供给推动要素配置最优化，加快政府职能转变；加强改革配套、现场督战，深入一线发现问题、解决问题。

李强要求在改革实效上下功夫，力争更多改革成果在全省复制推广。要确保改革质量，抓住重点项目、重点指标深入推进；加快改革进度，鼓励先行先试，允许不断试错；放大示范效应，成熟后加快推广，形成全省改革的“大合唱”。

（《浙江日报》2015年8月7日头版）

王辉忠在海宁嘉善调研浙商回归工作时强调
当好服务浙商的“店小二”

记者 余 勤

本报讯 近日，省委副书记王辉忠赴海宁、嘉善调研浙商回归工作时强调，新常态下各级各部门要更大力度地支持浙商创业创新，坚持问题导向，注重“一对一”精准发力、“实打实”长效服务，当好服务项目建设和企业发展的“店小二”，为建设“两富”“两美”浙江作更大贡献。

在海宁，王辉忠实地考察了总部基地江南城项目和浙江晶科能源有限公司，详细询问了项目进展和企业建设情况。他指出，要进一步增强推进浙商回归的责任感、紧迫感，加快推动以浙商总部基地建设为主要载体的总部回归,以基金运作、企业并购、银行吸纳为主要形式的金融资本回归,以高端要素为主要内容的人才科技回归,助推浙江经济转型升级。要进一步创新服务理念,准确把握政策和市场导向,做到目标明确、精准发力,努力营造最优质、最便捷的服务环境。

在嘉善,王辉忠认真查看了嘉善跨境电商示范建设项目和富通光通信全产业链项目建设情况。他强调,要当好服务浙商的“店小二”,加大对浙商的情感投入,主动热情、周到细致地服务浙商,健全定期协调服务机制,切实帮助企业解决项目落地、技改扩能等方面遇到的实际困难,为浙商回归项目提供全方位、全过程的优质服务。

王辉忠还两次召开座谈会,听取当地干部和回归浙商代表的意见和建议。他要求,各级各部门要拧成一股绳,攥成一个拳头,创新政策举措,推进项目服务,加强宣传引导,真正把浙江打造成大众创业、万众创新的一片热土。

(浙江在线,2015 年 3 月 16 日)

王辉忠在嘉善调研浙商回归项目落地情况时强调 抓好质量进度　做好精准服务

记者　余勤、袁华明

本报讯　5 月 29 日,富通集团“工业 4.0”光通信全产业链项目建设汇报会暨项目启动仪式在嘉善举行,作为浙商回归项目,预计项目全部达产后销售额将超过 100 亿元。省委副书记王辉忠出席项目建设汇报会,并就浙商回归项目落地情况进行调研。孙文友参加。

今年以来,浙商回归如火如荼。据省经合办统计,1 月至 4 月,全省浙商回归新引进项目 516 个,其中浙商资本回归项目 99 个,累计到位资金 1030.18 亿元,完成目标任务 34.34%。资本回归是今年浙商回归工作的新亮点,1 月至 4 月,资本回归省外到位资金已达 133.29 亿元。目前首期实缴注册资本 50 亿元的“浙民投”已于 4 月 7 日正式运营,成为我省最大的民营投资公司;而计划募资 100 亿元的“浙商成长基金”也即将正式运营,“浙民投”和“浙商成长基金”将成为浙商资本回归的两大重要平台。据了解,今年我省浙商回归工作围绕信息、环保、健康、旅游、时尚、金融、高端装备制造等七大万亿产业开展,力争取得更大的成绩,助推我省转型发展。

王辉忠在调研时强调,各级各有关部门要继续抓好招商引资、扩大有效投资,坚持招大引强选优,突出质量和效益,加快推动浙商总部回归、资本回归,助推浙江经济转型升级。要抓好开工建设、落实有效投资,坚持签约项目抓开工、开工项目抓进度、建成项目抓投产,确保招一个成一个,成一个见效一个。要抓好精准服务、保障有效投资,努力当好服务浙商的“店小二”,强化平台载体保障、要素资源保障、政策服务保障,切实帮助企业解决实际困难,为浙商回归项目提供全方位、全过程的优质服务,为浙商创业创新营造最优发展环境。

(《浙江日报》2015 年 8 月 7 日)

王辉忠在嘉善调研浙商回归项目落地情况时强调 抓好质量进度　做好精准服务

记者:丁锐、胡俊峰(浙江台)、沈晓刚、钱昱超(嘉善台)

【导语】　5 月 29 日,富通集团“工业 4.0”光通信全产业链项目建设汇报会暨项目启动仪式在嘉善举行。省委副书记王辉忠出席项目建设汇报会,并就浙商回归项目落地情况进行调研。

【正文】 富通集团“工业 4.0”光通信全产业链项目是我省浙商回归重点项目，预计项目全部达产后销售额将超过 100 亿元。王辉忠在调研时，要求各级各有关部门要继续抓好招商引资、扩大有效投资，坚持招大引强选优，突出质量和效益，加快推动浙商总部回归、资本回归，助推浙江经济转型升级。要抓好开工建设、落实有效投资，坚持签约项目抓开工、开工项目抓进度、建成项目抓投产，确保招一个成一个，成一个见效一个。要抓好精准服务、保障有效投资，努力当好服务浙商的“店小二”，强化平台载体保障、要素资源保障、政策服务保障，切实帮助企业解决实际困难，为浙商回归项目提供全方位、全过程的优质服务。

据了解，今年 1 至 4 月，全省浙商回归新引进项目 516 个，累计到位资金 1030.18 亿元，其中浙商资本回归项目 99 个。目前首期实缴注册资本 50 亿元的“浙民投”已于 4 月 7 日正式运营；计划募资 100 亿元的“浙商成长基金”也即将正式运营。

孙文友参加调研。

（浙江卫视 2015－05－31《浙江新闻联播》）

新闻报道目录

2015年嘉善电台被中央电台录用播出稿件(59条)

被录用栏目	被录用时间	主　要　内　容
央广新闻	1月21日	传承中华文化,传递欢乐祥和——浙江嘉善:贴窗花、福字
难忘中国之声	1月10日	春运守护人:车辆安全例检员——高冉军
三农中国	2月15日	浙江嘉善:网络助力,本土年货受到追捧
乡土乡情	2月2日	能工巧匠:沈兴元和他的农民画
乡土乡情	2月2日	乡村名品:嘉善黄酒
乡土乡情	2月2日	浙江嘉善:美味青鱼干　河鲜添年味
乡土乡情	2月2日	水乡嘉善传统年俗传承善文化
乡土乡情	2月2日	乡村印象:地嘉人善美嘉善
三农中国	2月26日	浙江嘉善文化礼堂:民俗村晚为村民迎新祈福
三农中国	3月3日	新春伊始,种植户　田间忙
三农中国	3月9日	浙江嘉善:大棚增温　罗氏沼虾放苗早
三农中国	3月11日	浙江嘉善:农户抓紧时机春耕备耕
三农中国	3月15日	浙江嘉善:农资公司备足货源服务春耕
爱在乡村	3月31日	16年如一日把老人当父母的沈照琴
三农中国	4月21日	嘉善:农资质量监督抽检,创造安全使用、销售环境
爱在乡村	4月27日	中国最美社工丁梅芳
三农中国	5月9日	浙江嘉善安全第一的乡村厨师周建斌
三农中国	5月11日	浙江嘉善:现场指导到百姓家中,保证农村家庭聚餐安全
三农中国	5月15日	嘉善南瓜基地遭遇卖难,合作社来帮忙
难忘中国之声	5月20日	嘉善田歌非遗传承人顾家姐妹
乡土乡情	5月20日	嘉善宣卷传承人
美丽乡村	6月1日	美丽乡村——浙江省嘉善县罗星街道库浜村
三农中国	6月2日	浙江嘉善:多多措并举应对阴雨
爱在乡村	6月3日	嘉善县姚庄镇:番茄书记江菊英
三农中国	6月13日	养殖户转型,抱团种甜瓜
三农中国	6月18日	嘉善:包粽子、做香囊,端午活动丰富多彩
三农中国	6月18日	嘉善:非遗技艺表演,传承端午传统文化
三农中国	6月25日	嘉善:年轻农二代,朋友圈里当“农产品经纪人”
美丽乡村	6月27日	美丽乡村——浙江省嘉善县西塘镇荷池村
村里的抗日	7月2日	谢天佑:回忆嘉善阻击战

续表

被录用栏目	被录用时间	主　　要　　内　　容
美丽乡村	7月3日	美丽乡村——浙江省嘉善县大云镇大云村
村里的抗日	7月10日	陈群:幸福生活不忘从前
美丽乡村	7月20日	美丽乡村——浙江省嘉善县姚庄镇南鹿村
美丽乡村	7月30日	美丽乡村——浙江省嘉善县美丽乡村范东村
爱在乡村	7月31日	浙江嘉善:80后小伙义务为消防队员和老人理发
央广新闻	9月2日	各界人民缅怀先烈,盛赞英雄,凤凰籍新居民祭奠嘉善阻击战抗日将士
村里的抗日	9月5日	吴明海:散落在田间地头的碉堡见证历史
爱在乡村	9月9日	浙江嘉善:带领村民致富的“泥巴”书记——王志康
乡土乡情	9月11日	嘉善:铺路石志愿者,服务社会献爱心
三农中国	9月15日	嘉善:“优美庭院”创建,美化农村环境
三农中国	9月15日	浙江嘉善:最美秋景,助力生态旅游
乡土乡情	9月22日	嘉善:村民自掏腰包,建设美丽乡村
三农中国	9月25日	嘉善:金融助力退伍士兵就业创业
三农中国	10月2日	种植能手金月英
美丽乡村	10月7日	美丽乡村——浙江省嘉善县惠民街道惠通村
乡土乡情	10月10日	文化礼堂,村歌嘹亮
三农中国	10月11日	葡萄种植户莫国良,帮助村民共同致富
美丽乡村	10月12日	美丽乡村——浙江省嘉善县干窑镇范东村
爱在乡村	10月13日	累并快乐着　亲民实干好书记——陈俐勤
难忘中国之声	10月15日	陶云林:传统贝壳纽扣制作技艺传承人
爱在乡村	10月20日	残疾人朱连夫义务照顾孤寡老人十五年
三农中国	10月30日	嘉善:“透明农业”可追溯系统,让市民吃上安全绿色蔬菜
三农中国	11月9日	徐冬美:让新居民感受家人般的温暖与关怀
爱在乡村	11月15日	千份快递单背后的故事
三农中国	11月18日	浙江嘉善:晚稻收购“一站式”服务提高售粮效率
三农中国	11月18日	嘉善县行政村实现农村生活污水治理全覆盖
爱在乡村	11月20日	嘉善精心照料老人的李志学
三农中国	11月22日	嘉善:秸秆回收方法多,生态环保有保障
三农中国	11月24日	打造生态循环农业“嘉善样板”

2015年嘉善电视台被中央电视台录用播出稿件

被录用栏目	被录用时间	主　　要　　内　　容
全国新闻联播	1月2日	2014年全国电影总票房达296.39亿元
全国新闻联播	3月3日	精神文明建设要改革创新　重在实效

续表

被录用栏目	被录用时间	主　要　内　容
全国新闻联播	9月3日	铭记伟大胜利　捍卫和平守护正义
新闻直播间	4月6日	浙江嘉善:“红马甲”助春耕到田头
新闻直播间	4月30日	浙江嘉善:出租车翻车　众人忙相救
新闻直播间	10月10日	国家发展改革委:加速推动新型城镇化试点工作
新闻直播间	10月10日	(国家新型城镇化综合试点)农房置换城镇房　宅基地复垦流转
聚焦三农	10月28日	“三权”保证保险贷款打开农村贷款新居面

2015年中央级媒体报道嘉善文章目录

序　号	媒体名称	刊登时间	标　　题
1	《人民日报》	1月29日	做“四有”书记
2	中央电视台	4月6日	浙江嘉善:“红马甲”助耕到田头
3	中央电视台	4月30日	浙江嘉善:出租车翻车　众人忙相助
4	中央电视台	10月10日	国家发展改革委:加速推动新型城镇化试点工作
5	中央电视台	10月28日	“三权”保证保险贷款　打开农村贷款新局面

文论选录

把纪律和规矩挺在前面
牢牢构筑从严治党不可逾越的底线

嘉善县委书记　许　晴

中纪委书记王岐山在浙江省调研时指出，把党的纪律和规矩挺在法律前面，用纪律管住大多数，把从严治党落实到基层。近年来，嘉善县委把守纪律、讲规矩摆在更加突出的位置，强化责任担当，以严的措施和实的行动，真正使党的纪律和规矩成为管党治党的尺子、不可逾越的底线，为嘉善县域科学发展示范点建设提供坚强保障。

把纪律和规矩挺在前就要抓牢主体责任。要以贯彻落实党风廉政建设主体责任为抓手，把履行主体责任牢牢放在心上、抓在手上。要层层分解落实责任。把守纪律和讲规矩作为落实主体责任的重要内容，层层分解任务、传递责任。作为县委书记来说，既要带头，更要带领大家层层抓好落实，确保责任在落实过程中不递减。要完善履责"三报告"制度。我们将切实抓好背书承诺、会商议事、履责报告三项制度，同时强化问责，对违反规定的，既追究主体责任、监督责任，又严肃追究领导责任。要实行廉政谈话制度。每年由县委书记对县其他三套班子主要领导开展廉政谈心谈话，并要求他们对自己的班子成员和分管部门也进行谈话，使党员干部自觉做到不踩红线、不碰高压线。

把纪律和规矩挺在前就要严管干部队伍。把纪律和规矩挺在前是保证干部能干事、干成事、不出事的关键。要把好思想教育关。我们将大力开展分层分类廉政教育，通过廉政考试、廉政谈心、廉政党课、清风宣讲等形式，让党员干部自觉做到敬畏法纪、遵规守纪。要把好选人用人关。我们将深入实施"双考双评双亮"、领导干部"反向提名"、"三考一定"、预警调整等制度，着力打造善于推动科学发展的好干部队伍。要把好日常监管关。创新实施拟提任领导干部廉情公示、财产公开制度，严格规范干部外出考察活动和请示报告制度，开展廉洁从政防止利益冲突专项行动。始终保持正风肃纪的高压态势，严格落实领导干部严守廉洁从政"十个决不能"纪律，出台全县党员干部作风建设"八条禁令"，对不守纪律、不讲规矩的行为实行严格问责追究。

把纪律和规矩挺在前就要扎紧制度笼子。制度是一个组织正常运转和科学发展的保障，把纪律和规矩挺在前就是要织密扎紧制度笼子，用制度管权管人管事。要规范党内生活制度。深入开展"三会一课"、民主评议党员等工作，定期检查各级领导班子和领导干部执行党内生活规定情况，对不认真执行的进行及时纠正和整改。要规范权力运行制度。不断深化一把手"五个不直接分管"和"末位表态"制度，严格执行"四重一大"事项决策等制度，完善县委"十步决策法"，切实筑牢制约权力运行的制度笼子。要强化制度执行的刚性。支持纪委强化监督执纪问责，突出纪检监察主业，坚决维护制度的严肃性和权威性，真正让铁规发力、禁令生威。

干部的内生动力如何激发

浙江嘉善县委书记　许　晴

乐东的嬗变，重要的一点就是树立了鲜明的用人导向。正是因为坚持用好的作风选人，选作风好的人，才使乐东实现华丽转身。乐东之"变"，充分诠释了"用人导向是最大的导向"。

联想到嘉善县,必须突出抓好选人用人,树立正确鲜明的用人导向,打造一支"敢闯敢当、善作善成"的干部队伍。一方面,要让有为者有位。严格按照好干部标准和"三严三实"要求选拔任用干部,重点看其在工作、学习、生活中的表现,看其在关键时刻和重大事件中的表现,看其在推进中心任务中的表现,注重选拔那些埋头苦干、实绩突出的干部。另一方面,要让无为者让位,让更优秀的干部有施展才华的平台。近年来,我县先后出台领导班子和领导干部"双考双评双亮"、领导干部预警调整等制度,有效营造了能者上、庸者下、劣者汰的用人导向。

做"四有"书记

——深入学习贯彻习近平同志关于县域治理的重要论述

郡县治则天下安,县域强则国家强。习近平同志一直很关注县一级工作,对县一级职能、运转和县委书记的角色有亲身感悟。他深刻指出:"县一级承上启下,要素完整,功能齐备,在我们党执政兴国中具有十分重要的作用,在国家治理中居于重要地位。""县级政权所承担的责任越来越大,尤其是在全面建成小康社会、全面深化改革、全面依法治国、全面从严治党进程中起着重要作用。"他强调,要准确把握县域治理的特点和规律,把强县和富民统一起来,把改革和发展结合起来,把城镇和乡村贯通起来,不断取得事业发展新成绩。这些重要论述,深刻阐述了县域治理在国家治理中的重要地位,为县域深化改革、科学发展指明了方向。作为县一级的领导干部,一定要深入学习贯彻习近平同志系列重要讲话精神,奋力推进县域深化改革和科学发展。

坚持强县和富民相统一

习近平同志强调,县一级"是发展经济、保障民生、维护稳定、促进国家长治久安的重要基础""县委书记是直接面对基层群众的领导干部,必须心系群众、为民造福""要着力解决好人民最关心最直接最现实的利益问题,特别是要下大气力解决好人民不满意的问题,多做雪中送炭的事情"。深入学习贯彻这些重要论述,要求我们在县域治理中必须坚持强县和富民相统一,一方面努力推动县域经济社会科学发展,另一方面让人民群众共享改革发展成果。

强县,就是要推动县域经济社会科学发展。县域是我国经济发展和社会治理的基本依托。改革开放以来,我国县域经济取得长足发展,涌现出一批发展速度较快的"全国百强县"。但在当前,随着我国改革进入攻坚期和深水区,经济社会发展中的一些突出矛盾和问题在县域也表现得非常突出。像浙江嘉善这样发展速度较快的县域,当前也存在亩均产出不高、全员劳动生产率不高、创新驱动力不足等突出问题。这些矛盾和问题,制约着县域经济进一步做大做强。解决这些问题,关键是推进产业转型升级,这是推动县域经济社会科学发展的坚实基础。当前,我国经济发展进入新常态,经济发展方式正从规模速度型粗放增长转向质量效益型集约增长。县域也必须适应经济发展新常态,以发展品质经济为目标,全面推进集约发展、集聚发展、集群发展、创新发展,加快腾笼换鸟、机器换人和科技成果应用。推进县域经济社会科学发展,还要将开放合作作为活力之源。县域发展要跳出县域,善于利用周边发达地区平台发展自身,以招商引资推动经济合作,放大"大树底下好乘凉"的"辐射红利"。嘉善毗邻上海,沪善两地素来互动密切,应充分发挥这一区位优势,创新开放合作模式。

富民,关键是坚持以人为本,积极推进群众增收,不断增进民生福祉,以经济发展促进社会事业的全面提升。习近平同志强调,"人民对美好生活的向往,就是我们的奋斗目标""必须使发展成果更多更公平惠及全体人民"。推动县域经济发展,实现强县目标,最终是为了富民,是为了提高人民群众的生活水平,努力使广大人民群众学有所教、劳有所得、病有所医、老有所养、住有所居。只有GDP的增长而无群众生活水平的提高,这样的发展是经不起实践检验、历史检验和人民检验的,从根本上说是心中没有装着老百姓,是政绩观出了问题。在县域治理中，我们要时刻把强县目标与富民目的统一起来，把经济发展与民生改善结合起来。

坚持改革和发展相结合

习近平同志指出："当前，国内外环境都在发生极为广泛而深刻的变化，我国发展面临一系列突出矛盾和挑战，前进道路上还有不少困难和问题。"他强调，"能不能适应新常态，关键在于全面深化改革的力度""面对新形势新任务，我们必须通过全面深化改革，着力解决我国发展面临的一系列突出矛盾和问题"。这些重要论述，深刻阐述了改革和发展之间的辩证关系，也为在县域治理中如何坚持改革和发展相结合提供了遵循。

当前，县域发展还存在许多不足，如产业体系不完整、产业优势不突出、产业层次不高、资源要素短缺、公共服务能力相对薄弱、城乡差别比较大、发展后劲不够足等。这些难题相互交织、相互影响，躲不开、绕不过，亟待在实践中破解。解决这些难题，推进县域科学发展，必须全面深化改革，除此之外别无他途。"春江水暖鸭先知"。现在，一些先发展起来的县域相比其他县域，遇到的困难更早、更多，迫切需要增强发展的内生动力。我们要充分认识全面深化改革在推动县域科学发展中的重要作用，以县域科学发展共性难题和率先发展中遇到的问题为导向进行探路攻坚，以改革动力激发发展活力。对于嘉善来说，就是要切实承担起国家级"县域科学发展示范点建设"赋予的先行先试使命，通过改革促发展。

习近平同志强调："我们提出全面深化改革的方案，是因为要解决我们面临的突出矛盾和问题，仅仅依靠单个领域、单个层次的改革难以奏效，必须加强顶层设计、整体谋划，增强各项改革的关联性、系统性、协同性。"在县域改革实践中，"单兵突进"很难形成"合围之势"，往往会"按下葫芦浮起瓢"，旧的问题没有解决，新的问题又会暴露。这就要求我们坚持高标定位、系统谋划，坚定信心、把握方向，深入推进县域改革。

坚持城镇和乡村相贯通

习近平同志强调：城乡发展不平衡不协调，是我国经济社会发展存在的突出矛盾，是全面建成小康社会、加快推进社会主义现代化必须解决的重大问题。改革开放以来，我国农村面貌发生了翻天覆地的变化。但是，城乡二元结构没有根本改变，城乡发展差距拉大趋势没有根本扭转。从根本上解决这些问题，必须推进城乡发展一体化。这就要求我们在县域治理中坚持城乡统筹、推进城乡发展一体化。

县域涵盖城镇与乡村，是承上启下、沟通条块、联结城乡的枢纽。因此，对于县域来说，做好城镇和乡村贯通这篇文章尤为重要。做好这篇文章需要破解三个难题：一是城乡规划两张图的问题。城里一张图，农村一张图，衔接不起来。二是城乡基础设施建设中两本账问题。城里钱投得很多，农村钱投得比较少。三是城乡公共服务中的二元结构问题。

坚持城镇和乡村相贯通，关键是全面推进空间布局、基础设施、公共服务"三个一体化"，积极打造城乡公共服务圈，让农村居民切实感受到配套跟城里一样、保障跟市民一样。一应以科学规划为引领，着力构建以中心城区为核心、新市镇为主体、城乡一体新社区为基础的县域城乡体系，构建县域城乡发展"一张图"构架，加快推进以人为核心的新型城镇化进程，促进城乡空间布局一体化。二应以硬件提升为先导，加快推进交通、供水、教育、医疗、养老等基础设施一体化进程。三应以均衡普惠为导向，大力发展均衡普惠的社会事业，努力实现城乡基本公共服务均等化，使城乡居民共享改革发展成果。

坚持按"四有"要求建设干部队伍

习近平同志深刻指出："市县领导机关、领导干部和基层单位同人民群众的联系更直接，其不良作风更直接损害群众利益、伤害群众感情。""县一级领导同志要珍惜岗位，秉公用权，安身、安心、安业，多为老百姓造福。"习近平同志对县委书记提出了"心中有党、心中有民、心中有责、心中有戒"的要求。这也是对广大基层党员干部的要求。加强县域治理、实现县域科学发展，必须努力建设"四有"干部队伍。

心中有党，就必须对党忠诚。基层党员干部应深刻认识到自己职位虽然不是很高，但坚守的阵地非常重要，自己的所作所为直接关系党的执政基础，必须心中有党、对党忠诚。心中有党，要体现到自己的世界观、人生观、价值观中，体现到自己的政治方向、政治立场、政治言论和政治行为中，体现到具体的岗位工作中。要自觉同党中央保持高度一致,自觉维护党中央权威。

心中有民,就必须心中始终装着老百姓。全心全意为人民服务是我们党的根本宗旨。基层干部天天与老百姓打交道,如果心中没有老百姓,是不可能真正做好工作的。心中装着老百姓,就要少装一点个人私欲。心中的“私”少一点,“公”就能增一分,从而做到不谋私利、克己奉公。基层党员干部要对个人的名誉、地位、利益想得透一点、看得淡一点,多为老百姓办实事、做好事。

心中有责,就必须敢于担当。基层党员干部在岗一日,必须做到守土有责、守土尽责,遇到事情就要担责、负责。抓落实的过程必然会遇到许多矛盾和问题,只有敢担当、能担当、善担当,才能干成事。要有“钉钉子”的精神和“功成不必在我”的胸怀,多做打基础利长远的事,咬定发展不动摇、加快发展不懈怠、科学发展不折腾,坚持“一张蓝图绘到底”,一任接着一任干,锲而不舍、久久为功,干出水平、干出实绩。

心中有戒,就必须干净干事。党和人民把权力交给党员干部,是让其为民造福、为民谋利的,决不允许用手中的权力为自己谋私利。基层党员干部权力虽不大,但与人民群众的利益息息相关。如果心无所戒、行无所止,就过不了权力关、金钱关、美色关,就不可能干干净净干事。只有正确行使权力,依法用权、秉公用权、廉洁用权,才能为官一任、造福一方。

张敏华的诗

——潮湿的隐喻(组诗)

寒山寺

看到晨钟,我就听见暮鼓
它们生长风和翅膀
如何让我平步登上塔尖,再青云?
内心,依然空寂和苍凉
——关于寒山寺
有我不能说出的隐喻

风在吹

风在吹,湖边的柳树在动
雀鸟惊飞——

风在吹,一场大火
莫名地掏出内心的灰烬

风在吹,一个活在风里的老人
用手拽着爱人的衣袖

你有故乡,而我只有……

在墓地你寻找死去的亲人
我在墓地转身
不悲伤,也不快乐
在我看来,墓地形同虚设——
我看着你祭奠,不想安慰你
不敢惊醒你的回忆
——其实你有故乡,而我
只有母亲的坟墓

洗　澡

两个赤身裸体的男人——
泡在
浑浊的浴池里

我中年的啤酒肚
难以弯下身子
而父亲消瘦的腹部,爬出
两条蛇影般的刀痕

父亲弯腰撑着,我小心地
为他搓着身子
不敢用力,生怕父亲
会倒在
他七十八岁的生日

在为父亲擦干身子时

他抬头告诉我
他那几本存折的密码——
都是我的生日

哦，乌鸦

在去莫干山的路上，我看见了
两只乌鸦
它们隐藏着，惊慌的黑

试图想淡忘或遗忘它们
但对它们的记忆
却越来越黑，我害怕——

现实的，或虚拟的两只乌鸦
对于它们，仅仅是
我的宿命，没有一点哀怨

只是当我一闭上眼睛
那两只乌鸦
就飞出我的体内

梨

把梨洗干净，我惊讶于
它的性感——
它内在的白，以及甜蜜

午夜，我躺在爱人身边
梦见梨
——削去了皮

不　　惑

像一个木偶，她走不出自己的身体
她怕寂寞，撕碎了大海的睡衣
酒醉之夜，她抱紧自己
试图回到自己身边
夜晚是一根火柴，燃烧她
不惑的年龄

香甜之梦

梦见你醒来，梦见你
推开门：无袖的天使，惊讶在舌尖上
风，紧跟在你的身后
干净的夜，我记住了香甜之梦
——恬静的脸，矜持的目光
相视而立，互道晚安
婆娑的树影在草地上连成一片

这一天

像一块饥饿的面包
隐秘的星期一，记住了中年的渴望
无法顾及最初的眩晕
纸上的夏天，过于稀薄

出自南方的血液
不作为孤独，却被孤独替代
午后仰卧干净的身子
爱和被爱，都没有理由

这一天，可能，仅仅只是可能
在难以抑制的满足中呈现
风带走的往事
像一块湿地，不为人知

画　　风

在一张白纸上画风，
画几棵倒伏的树，画大风
为让风静下来，画一群麻雀
突然从天空坠落
——有时我们就这样
故伎重演

夜　　色

月亮像女神
我爱上这一刻，女神有了翅膀

缓下来的夜色
深过我的眼睛——
生命中最黑、也最亮的部分。

夜晚的白纸上，一首诗的节奏
就是夜色
缓下来的理由

二　　月

昨晚，一个人走在大街上

路灯是冷的,商铺都关了门
仿佛整个世界,只有我
一个人在经历
那些不为人知的秘密

醒　来

从睡梦中醒来,感觉有点冷
起床为女儿添了
一床被子,转身时
听见她喊了声:“老爸——”

夜深人静,我听见自己的心跳
窗外的冷风,和火车
缓缓驶出车站的
喘息

清　明

天渐渐亮了
车窗上的水雾,浮动着
绵延的丛林和山峦
大地饱吸雨水,季节落寞而反复
仿佛生来就是在雨声中
练习忘却,筛落一颗颗
无奈而潮湿的心

钟表停了

钟表停了,脱轨的地铁瘫在黑夜里
许多人从时间的轴承上下来
然后在隧道里消失
似乎生命就像一只钟表
指针转动人生的欢乐和悲伤

钟表停了,四周笼罩巨大的宁静
仿佛耳朵都已经失聪
表壳,像一张白色的面膜
渐渐变黑,模糊,无法看清
那些惊叫的孩子
用心跳,起搏钟表的心脏

雨　季

凌乱的雨声,流淌着中年的情欲
一个被失眠囚禁的人
无法在雨声中
辨认出
中年的无奈、迷乱和不安

假　设

剃光黑发,他成了一名囚犯
双眼被意念击瞎
他成了一名算命先生
一场车祸夺走了他的一条腿
沿路乞讨他成了一名乞丐

还给他
一条腿,一双眼睛
满头的黑发
——他还能重新回到过去?

(以上诗歌原载《人民文学》2015年第2期,《诗选刊》2015年第6期转载)

天价特效药

苏丽君　钟爱文

这年头,缺啥,别缺钱,有啥,别有病。可青山村的刘玉珍偏偏缺钱又有病,而且还是了个怪病,一天到晚不是这里痛就是那里疼,头抬不起来,饭吃不下去,可到镇上医院看看却说她没有病。她怀疑自己是生癌了,可能和她姐姐一样得了胰腺癌,也可能得了结肠癌,还有可能是食道癌,小医院里检查不出来。为此,这两年来让她丈夫吴明亮带她跑遍了杭州、上海的大医院,最后连北京都去了,可还是查不出是什么毛病。你说她没病吧,可病却实实在在地存在,最近发展到走路都腿痛得厉害,生活已难以自理。为此,村里有人说,玉珍的病国内的水平可能还没办法查出来,要查只有去国外了。

可这两年来，为了求医，家里那点积蓄早就折腾完了，好好的一份小康家庭如今却成了贫困户了。说句实话，现在连去北京的路费都成问题了，更不用说国外了。为此，玉珍和村里的书记朱国权打了个招呼，让他帮助留心一下，如发现有国外的医学专家来国内看病的话告诉她一下，也许国外的专家还真能查出她的病来。

这天晚上，朱国权来到了吴明亮，对他们夫妻说，最近他自费去美国考察当地的农家乐，抽时间去找了个国际上最权威的肿瘤专家，把玉珍的病症详细地告诉了他，那专家认为，玉诊得的是一种新发现的癌症，外文翻译过来叫"芯里克希"，正好那专家又发明了一种特效药，贵是贵点，但说是一瓶见效，于时，他花了三万元钱帮他们买了瓶药回来。说着，他把那瓶药递到了玉珍手里。玉珍看着瓶上一个也不认识的外国字，开心呀，两年了，总算有外国专家识出了她的病，看来自己有救了。可想想三万元钱又拿不出来，忙说："谢谢书记，可这钱……"

"钱不急，等你病好了，能挣钱了，慢慢还我就是了。"

吴明亮夫妻开心极了，连声道谢。等朱书记走后，玉珍就迫不及待地吃起药来……

说来也奇怪，一瓶药还没吃完，生了两年多毛病的玉珍居然全好了，不但走路腿不痛，胃口也开了，还能下地干活了……这一下当即引起了轰动，来看热闹的，来问真假的，把玉珍家的堂屋都挤满了。其中有一个叫吴林根的，总觉得不可思议。他拿起药瓶横看竖看，趁人们不注意，悄悄拿了一颗药丸，藏进口袋。

吴林根托人把那药丸送到药检所去检验，检验结果一出来，他傻掉了。天呀，这哪是外国的特效药，分明就是普通的不要再普通的小苏打呀。只值一元钱的东西居然说成了三万元，你这个朱国权，你也太黑心了呀！这下把柄在我手里，我就陪你玩玩。徐林根想来想去，还缺个朱国权收钱的证据，只要拿到朱国钱收了那三万元的证据，哈哈，我就会让你吃不了兜着走……

想到这里，吴林根当即去找吴明亮，关切地问："明亮，你家玉珍的病怎么样啦？"

明良开心地，说："好多了，朱书记国外带来的药灵呀，这不，她下地干活去了。"

吴林根又问花了多少钱？明良告诉他，那药灵是灵，就是太贵了，要三万元。家里原有的积蓄都让玉珍看病看光了，早就拿不出钱来了，朱书记说等玉珍病好了挣了钱再慢慢还。吴林根一听，当即叫了起来，"哎呀，这怎么行？朱书记帮了你家的大忙，我们姓吴的不能不讲义气呀。"说着他从包里拿出三沓钱，"啪、啪、啪"地砸在了桌子上。又说："明亮，我钱我借给你，你先去把钱付了，让朱书记写个收条。""这……这不好吧……""什么这的那的，我们一笔写不出两个吴，都是自家人，可朱书记是外姓人，我们不能欠人家的情，丢吴家的脸。"吴明良想想也对，便取来笔和纸，写了张借条给吴林根，就把钱收了起来。

等地上干活的玉珍回家知道这事后，非要明良去把钱退给吴林根。玉珍知道这吴林根原先是村里的支部书记，自从朱国权回乡当选为书记之后，他就变成村委会的副主任了，他一直在找朱书记的岔子，这次主动借钱给我们说不定是想找朱书记的麻烦。吴明亮听玉珍一分析，觉得有道理，当晚便去还钱，并要拿回那张借条。吴林根当着吴明良的面，将那借条撕得粉碎，说："这钱就是你的了，你去付药费吧。"吴明良吃惊地问："这钱不要我还啦？那需要我做些什么呢？"

吴林根"呵呵"一笑，说："你只要把朱书记收款的收条拿来给我看看就行了。"

三万元钱不要还了，这可是天大的好事呀！吴明良什么也顾不得了，拿着钱急急忙忙地跑到朱书记家，要把钱还上。朱书记一见他拿出三万元钱，当即说："这钱是吴林根给的吧？"吴明良一听懵了，咦！他怎么知道的呀？朱书记也没多说，收了钱，打了个收据递给他，说："去吧，拿去给吴林根。"明良转身就跑。朱书记还在背后追上一句："明天上午召开村民大会，请来参加。"

第二天上午，整个礼堂坐得满满当当。吴林根到会场一看，今天是个好机会，这么大的会议上，我把这猛料抖出来，不怕你朱国权不下台，这支部书记的交椅还得我老吴来坐。

吴林根正想得得意洋洋的时候，朱国权的开场白就开始了："乡亲们：我先讲两件事。第一件，我们村建造的小学校舍，不到五年已经成了危房，这教训是沉痛的。不过在我们决定重建之时，收到了一笔捐助款，整整三万元。"话音未落，全场响起一片热烈的掌声。吴林根一下子惊呆了，这是怎么回事呀？此时朱书记又继续说：“第二件事是多年缠病的刘玉珍同志康复了，我们向她表示祝贺。”自己带头鼓掌，会场上又是掌声雷动。这时的吴林根按捺不住了，跳上台，抖动两张纸，大声地喊叫“慢，慢。这里面大有文章。”他一口气把朱国权如何用一元钱不到的小苏打冒充名贵药品从中牟利的事讲深讲透。号召大家检举揭发，并提出要审查朱国权上任两年内的明细账目。

啊，这特效药居然是小苏打？这一下刘玉珍傻掉了，小苏打能治好我的病？这是真的？一时间，众人议论纷纷。朱国权将手往下压，示意大家静一下，将那事情的经过一五一十地告诉了大家。原来，朱国权是学过医的，他发现刘玉珍的病是自她姐姐得癌症故世后受了刺激开始的，从此老是怀疑自己也得了癌症，在多家医院查不出病情后她又觉得自己这个病要国外专家才能治好。其实她得的只是一种‘疑病性神经官能症’，只要通过强烈的刺激，让她达到心理的满足，认为自己获得了别人无法获得的医疗条件的情况下，那么哪怕是喝一杯白开水也能把病治好。由于她心里一直想请外国专家看病，于是朱国权便编了出国找专家咨询的谎言，什么‘芯里克希’，都是他编出来的，但玉珍信了，因为她相信自己有病，其实她主要是心里毛病，其它只是胃酸过多而已。所以小苏打把她多年的病给治好了……

说到这里，朱国权又说：“至于我为何要说这药要三万元？因为说得便宜不会有作用，只有说得贵了，玉珍才会觉得这么贵的药一定有作用。可我想不到的是，居然有人送了她三万元钱，让她来付药费。于是，我就把这笔钱作为捐助给重建小学校舍的捐助款了……”

啊，原来如此，大家都乐了。玉珍脸红了，看了两年的毛病，化了这么多钱。原来只是心里有病呀，只要一元钱的药就能治好，她不由愧疚地望着自己的丈夫，脸红了起来……

最为失意的是吴林根，他做梦也想不到会是这样一个结局，想不到自己花了三万元钱结果不但扳不到朱国权，反而还闹了个自讨没趣，他不由匆匆站了起来，大声喊：“要查账，要查账，查查到底是怎么回事。”

朱书记笑着说：“好啊。我早就提出来要查账，可我们的吴副主任一直反对，这一次他终于同意查账了，这是好事。我们查吧，从五年前的账开始查!”

啊！吴林根心想又上当了，朱国权当两年书记，我防了两年，那里晓得他今天设了个套，我就糊里糊涂地钻进来了，真防不胜防啊。如果说查五年的账，真把当年造小学校舍的账查出来，那轮到我吃不了兜着走了……

想到这里，他不由一屁股瘫软在地上……

（第四届中国(浙江)廉政故事大赛优秀奖）

善地珍闻趣事

【微公交亮相嘉善】 1月中旬，县城晋阳东路上多了几辆外形迷你、颇似 Smart 的电动小汽车，车身白绿相间，印着“微公交”的 logo，尽管只有两个座位，但车内“五脏俱全”。这款迷你电动汽车便是日渐风靡的微公交。微公交即“纯电动微公交”，由吉利集团与康迪公司合作推出的一种环保绿色的便捷出行工具。市民只要有驾照、工作证明、身份证即可办理租车业务，一年起租，月租金 1000 元，其中包含价值 50 万元车险。车辆挡位分前进、后退和空挡，操作简便，如驾驶时全程使用空调，耗电较大。微公交只需要一个普通 220V 的插座，即可完成充电，电池充满一般需 6 到 8 个小时，续航里程为 60 至 80 千米。

【早期民族工业实体被发现】 在素称“千窑瓦都”的干窑镇，嘉善县民间历史学者找到了泰山砖瓦股份有限公司(以下简称“泰山公司”)的办公旧址，将为我国早期民族工业发展研究，特别是江浙沪地区平瓦生产“国产化”探索，提供重要实物证据。办公旧址地处善西公路干窑段“三板桥”东堍，为独门独宅之院落，整个建筑坐东朝西，正面是粉墙墨漆双屏门，类似于海派石库门设计。进门有水门汀天井，主体建筑是颇为高敞的平房，其面积 100 平方米左右。“泰山公司”于民国 9 年(1920)8 月，由戴补斋(嘉善人)、柳佐卿(台州人)和李仁斋(青田人)发起筹建，并在干窑镇三板桥设立泰山一厂；在上海南京路大陆商场五层楼设立总公司，所产砖瓦畅销于上海、南京和杭州等都会城市；民国 13 年(1924)，又在上海新龙华设立泰山第二厂。

【听音乐的兔子】 走进惠民街道惠通村，轻柔的乐声从王长红的兔子养殖基地传来，兔子蹲在圈舍里一动不动，似乎在享受优美的旋律，见人靠近没有丝毫胆怯。王长红说，每逢过年放鞭炮，兔子们都会受到惊吓，受惊吓的兔子不仅长不快，有时还会撞伤，皮、毛也不好，影响卖价。因此在放鞭炮之前，他便让兔子享受轻音乐，分散兔子注意力。王长红每天分上午和下午两个时段给兔子播放音乐，乐曲大多是抒情类的民歌，也有欢快的流行音乐，听音乐的兔子吃得好睡得香，长得皮光毛亮。王长红的“音乐兔”每周出一次货，一次销售量在 200 只至 500 只不等。

【14 岁女孩创作小说出版】 14 岁的陈书缘创作的 10 万字小说《星辰夜空》系列的第一部被中国电影出版社出版，这是她利用暑假两个月时间创作完成的作品。《星辰夜空》中写的是发生在 12 个不同星座的女孩之间的校园故事。取材大多来源于她的校园生活，又增添了许多“魔幻”色彩，有人会控温，有人会创造结界，还有人会飞。据了解，《星辰夜空》系列小说将陆续出版。

【干窑镇长生村举办金婚活动】 5 月 21 日下午，干窑镇长生村在文化礼堂举行了一场金婚活动，为村里的 55 对结婚 50 年以上的夫妇举办金婚庆典。长生村专门请摄影师为老人们一一拍下金婚纪念照，老人们虽已两鬓斑白，但精神矍铄，脸上都挂着幸福的微笑。89 岁的吕望真和 88 岁的张福观老人已经结婚 65 年，他们说，以前条件艰苦，结婚也没有什么仪式，现在村里给他们办了金婚活动，留下了永恒的美好瞬间，他们觉得非常高兴。该村向每一对金婚夫妇送上蛋糕和纪念证书，并安排越剧《卖油郎·叹五更》和京剧《沙家浜》选段等精彩的文艺表演。

【大云镇拍摄“五水共治”微电影】 7 月，大云镇首部以“五水共治”为主题的微电影——《云水之间》拍摄完成。微电影《云水之间》以大学生“村官”回乡工作、奉献的经历为主线，讲述他们积极投身“五水共治”和开展志愿服务工作的感人故事，微电影中还融入大云镇“五水共治”工作亮点和富有地方特色的历史文化、旅游文化元素。《云水之间》用艺术的形式展现了大云镇“五水共治”工作中的亮点、特色。

【爷爷奶奶当学生】 姚庄镇北鹤村居家养老服务中心内办了个“识字·写字”班，学员的平均年龄在60岁以上，原来来上课的是村里的10多位爷爷奶奶辈的学生。“识字·写字”班的老师是居家养老服务中心的社工，他们会提前一天准备第二天要教的字。“笔画不能太多，又要贴近生活，这样老人学起来也有兴趣。”社工小金说。74岁的陆秀英是最大的一位学生，老人非常认真，遇到不认识的字会跟着社工念一遍，还会亲手写一遍，她原先连自己名字都不认识，如今青菜、芹菜、黄桃、家里的住址等都会念会写了。学生李大爷说，自己幼时家里穷没有能力供自己读书，如今生活好了，就想识字认字充实下生活。因为不识字，他不敢坐公交车，也不会独自出门，去银行存钱、取钱，去医院挂号，更是不敢想的难事，这次来“扫盲班”，算是圆了他60多年来的识字梦。

【市民捡到毛茸茸的小动物】 7月中旬，家住惠民街道东方星河湾小区的市民方未艾在魏塘街道三里桥村某泥鳅塘边上，捡到了一直稀奇的小动物，它尖尖的喙，浑身毛茸茸，长得有点像小鸭子。这个小家伙走起路来东倒西歪的，有时候会扑打几下翅膀，蹦跶几下，看上去刚出生不久，把它放进水里，会一下子蹦出来，还不会游水，除了颈部的羽毛是红棕色的，其他身体部位都是黑色的，脚掌有点像鸭掌。经省里的野生动物保护专家鉴定，这是小鸊鷉(pì tī)，浙江省一般保护动物，县农经局的工作人员表示，野生动物不适合家养环境，建议市民及时放生到偏僻的河道。小?? 又名水葫芦，因体形短圆，在水上浮沉宛如葫芦而得名，主要分布于水塘、湖泊、沼泽。

【天凝小村庄上演“排爆总动员”】 10月的一天，县公安局天凝派出所接到报警：“有人正在阻拦我们修路，称地下有炮弹!”民警了解到，该村规划修建一条村道，道路正好经过66岁的村民蒋老伯家门口，施工队员正在操作挖掘机刨地时，蒋老伯冲出来进行阻拦。原来，1994年夏天，为了垫高门前场地，蒋老伯雇人到河里挖淤泥，结果在一摊烂泥中发现了一枚航空炮弹。由于担心炮弹会爆炸，加上法治意识相对淡薄，蒋老伯将炮弹埋藏于自家门前的场地下，在覆盖了厚厚一层淤泥之后，再用混凝土铺平。面对这样的情况，经多方协调与准备，11月20日中午12时30分，“排爆”正式开始。警方抽调100余名警力，进行现场警戒、现场清理、交通维护、医疗救护、指挥联络等工作。挖掘机和排爆员进入中心作业区，机械作业、人工剥离“双管齐下”，最终在地下2米处挖出了一枚长约34公分、直径10公分的航弹。隐患排除后，警方提醒广大群众，如发现埋藏于地下的子弹、炮弹等可疑爆炸物，及时拨打110报警，由专业人员妥善处理。

索　引

索　　引

说　　明

1. 本索引包括汉语拼音索引、汉字笔画索引两种。
2. 汉语拼音索引按拼音字母顺序和音序排列。汉字笔画索引按首字笔画排列。
3. 本索引采用主题分析方法，标引词后数字表示内容所在页码。
4. 阿拉伯数字、标点符号、外文字母开头的词，以词中第一个中文字开始排序。

汉语拼音索引

110 接处警工作　329
110 千伏里泽变改造工程竣工　148
5・18 国际博物馆日活动　314
812 土地整治工程　389
AAAAA 创建　199
E 邮站启用协调会　190

A

爱国卫生运动概况　358
安全保障　291
安全管理　188
安全教育培训　212
安全生产　148　211
安全生产监督管理概况　211
安全事故　211
安全稳定　292
安全宣传　212
安全质量管控　148

B

白蚁防治工作　203
办公室工作概况　228　250
办文办会　251
办学模式改革　306
保税物流　163
保险　176
保障百姓生活　119
保障改善民生　179
保障困境儿童生活　366
保障性住房建设　203

保障中心工作　327
报纸概况　319
被告人不穿囚服出庭受审　332
碧云花海——十里水乡　196
编制管理　255
标准强县　209
濒危项目抢救性记录　314
殡葬服务　367
兵役登记　290
兵役工作概况　290
病媒生物防制　358
不动产登记　389
布鲁氏菌病防治　352
部门改革和机构设置　255

C

财产净收入　121
财政税务综述　178
财政预决算审计　219
参观调研　238
参与“五水共治”　269
参与企业安全管理　277
参与文明创建　240
参政议政　265　267　269　271　272　273　287
餐饮服务食品安全监管　213
餐饮及食品安全管理　408
残疾人事业概况　378
查办首例倒卖车票案　331
产权登记　202
产业化经营项目　140
产业集聚提升　206
产业转型　161
长三角嘉善科技商务服务区概况　164
长生桥改造工程　341
肠道传染病防控　355
常委会议　262
常委会组织开展视察活动　244
常委会组织学法和培训会　244
潮汐、潮位　384
车驾管服务创新　348
成果转化　283
成立县侨商服务联盟　258
成人(社区)教育概况　307
成校基础设施建设　307
承办中国乒乓球联赛　414
诚达药业股份有限公司　145
诚信旅游建设　196
城区亮化建设　337
城区绿化养护　384
城市管理与监督概况　345
城市建设　407
城市建设概况　337
城市绿道建设　383
城乡供水概况　344
城乡规划编制　337
城乡规划与管理概况　336
城乡建设　405　409　412　413　415　417　422
城乡建设管理综述　336
城乡交通概况　340
城乡居民合作医疗概况　362
城乡社区建设　370
城乡社区建设概况　370
城乡污水收集处理一体化　345
城镇低效用地再开发　388
城镇建设　421
出口贸易　157
出口行业　157
出租房屋登记管理　373
船舶制造概况　146
创建国家生态文明建设试点示范县　228
创建美丽家园先锋行动　233
创新型企业培育　172
创业服务管理　172
创业项目引进　172
创优工程　202
春运道路交通安全管理　348
慈善公信　371
慈善救助　370
慈善事业概况　370
慈善文化　371
村、社区名单　117
村电子商务平台启用　408
村镇建设概况　338
村庄布点规划　338
村庄规划评审　338

D

打击非法行医　356

打击刑事犯罪　327
打造美丽嘉善　282
大肠癌早诊早治项目　353
大棚瓜菜种植　135
大气污染治理　398
大润发超市　154
大云温泉省级旅游度假区　196
大云镇概况　421
代表工作　245
代表论坛　245
代表议案建议　245
戴家湾窑墩修葺　419
党的建设　410
党风廉政建设　208
党建调研　408
党盟联谊　270
党史编研概况　242
党史资料征集　242
党校教育概况　240
党章、党规、党纪教育活动　239
党支部活力提升工程　232
档案安全体系建设　256
档案登记备份　255
档案概况　255
档案文化建设　256
档案执法检查　256
道德模范评选　297
道路交通事故专项整治　347
道路交通综合治理机制　347
道路隐患排查整治　347
登革热防控　355
地方病防治概况　352
地方财政概况　179
地方税务概况　183
地方文史资料搜集　257
地方志编研概况　257
地矿管理　390
地理环境　383
地理位置　383
地面水厂四期工程建设　344
地名管理　367
第七次县文代会　286
典型宣传　320
碘缺乏病防治　352
碘缺乏病宣传防治　152
电大嘉善学院　305
电台直播话执行　333
电信　191
电子概况　144
电子化平台建设　215
调查研究　273
定点采购　216
东方大厦　154
东吴证券　177
督促审计整改　220
督导评估　302
督考法治工作　228
读书活动　317
队伍建设　210　221　230　300　320　335　347　357　375
对口帮扶　160
对口协商　265
对台交流　259
对台经贸合作　258
对台宣传　259
对外交流　288
对外交流合作　274
对外联系　198
对外培训　241
多规合一试点　337
多元居家养老建设　367

F

发放市民卡　361
发展4G业务　193
发展壮大社工队伍　369
法律服务　334
法院概况　331
法制工作概况　251
法制宣传工作　391
法制宣传活动　373
法治计生建设　357
法治宣传　277　335
法治政府建设　251
法治质监　210
反腐败协调“四平台”　253
防范体系建设　213
防汛防台概况　393
防汛防台体系建设　393

防汛预案　393
防汛责任制　393
防灾减灾　367
防震减灾概况　383
房地产去库存　202
房地产业概况　202
房屋改造征收　338
纺织服装(服饰辅料)概况　144
放心市场创建　208
非遗实物征集　313
分布情况表　158
分片指导工作制度　218
汾湖水上运动中心建设　316
枫南金三洲集中整治　411
扶贫帮困慰问　217
服务“五水共治”　267
服务发展　210
服务妇女创业　281
服务工作　217
服务建设　351
服务经济稳增长　179
服务品牌创建　240　346　374
服务社会　287
服务社会工程　192
服务台胞台属　286
服务台企　259
服务小微企业转型升级　207
服务业　404　407　409　415
服务业创新　206
服务业发展　414　420
服务业投资　205
服务引资引智　237
服务中心工作　273　346　380
服务重点工作　260
服务转型升级　181
福利彩票发行　366
辐射管理　399
辐射应急演练　396
妇女干部队伍建设　283
妇女健康检查　354
妇女联合会概况　281
妇女维权　282
妇女之家　283
妇女组织建设　282
妇幼帮扶　282
妇幼保健概况　353
妇幼重大公共卫生服务项目　354
富士康富鼎电子项目　163
富通光通信全产业链项目　144
富信成机械有限公司　143

G

改革开放新时期党史专题征编　242
改善城乡面貌　119
改水改厕　358
概况　117　118　120　121　135　136　139　140　143　145　146　187　191
干部队伍建设　257　308　406　414
干部监督管理　231
干部教育培训　240
干部教育培训和实践锻炼　230
干部能下工作　231
干部人事档案专项审核　231
干部人事制度改革　230
干部署名推荐制度　230
干部作风建设　418
干窑镇概况　417
岗位建功科技创新　278
岗位练兵　290
港口管理　188
高层次人才引育　231
高等教育概况　305
高等教育自学考试　305
高铁嘉善南站　189
高铁新城建设　337
高效生态渔业　137
高新技术企业培育　168
高中段招生　304
高中教育改革　305
高中教育概况　304
歌斐颂巧克力小镇　197
各文艺家协会换届　286
耕地保护机制　389
耕地有偿保护　389
工程质量检查　201
工会帮扶　277
工会服务网络建设　278
工商行政管理概况　207
工商业联合会概况　273

工业经济　403　407　409　411　413　415　417　420　422
工业项目联合预审和验收　260
工业综述　141
工资集体协商　276
工资性收入　121
工作现场会　419
公安队伍建设　329
公安改革项目　328
公安概况　327
公安行政管理服务　328
公共安全监管　328
公共服务　405
公共事业　418
公共文化服务　414
公共自行车　340
公交车实现 CAN 配置　340
公交首末站建设项目　341
公路改建工程　341
公路两侧整治　187
公路养护　187
公路运输　187
公铁沿线整治　338
公务员、事业单位招聘　363
公务员职务与职级并行制度　231
供电概况　146
供电配网评估　148
供电营销移动终端　148
供销合作概况　151
巩固“创卫”成果　358
巩固农产品网上交易平台　151
共产主义青年团概况　278
构建新型劳动关系　364
构建幸福家庭　281
购机补贴　140
购买办税服务项目　216
古籍整理　257
古镇保护　198
挂牌督办　212
关爱归侨侨眷　286
关心关爱会员制度　273
关心青少年健康成长　299
关心下一代工作概况　299
馆藏档案资源建设　256
管桩行业规范管理　210
光伏站点信息接入　148
光宽带网络　191
广播电视概况　320
归侨侨眷联合会概况　286
规范管理　292
规范基金管理　362
规范涉企中介机构服务监管　260
规范行政决策机制　252
规范行政执法行为　252
规范盐业市场　152
规划管理　204　337
规划预留指标管理　387
规划中期调整完善　387
国防动员考核　289
国防教育概况　289
国家可持续发展实验区创建　167
国家生态文明示范县创建　397
国家税务概况　181
国民经济和社会发展　118
国内贸易综述　150
国土资源管理综述　387
国有城镇企业管理概况　216
国有企业监督管理改革　214
国有资产管理概况　214

H

海关　159
海内外联络联谊　258
函授教育　241
夯实价格管理基础　218
杭州湾大桥北接线改迁　147
航道养护　188
合作交流　160　268
和谐企业(园区)创建　277
和谐寺观教堂创建　377
河道、水系　384
河道环境综合整治　394
弘扬网络正能量　322
红菱村级供销社　151
红色 E 家园微信平台　233
红十字会工作概况　358
红十字会救助　358
洪溪大桥改建工程　341
后备人才培养　316

后勤保障　292
后勤管理　291
互联网＋智慧统计模式　219
互联网管理　234
护航青年创业创新　287
花卉苗木产业　136
华东建材市场　155
环境保护综述　396
环境管理概况　399
环境监察与监测概况　397
环境卫生整治　358
环境信访　398
环境整治　404　409　412　415
环境治理　422
换届选举　286
黄标车淘汰治理　348
蛔虫感染率调查　356
婚前医学检查　354
婚姻登记　367
活动交流　270

J

机构编制概况　255
机关党员教育管理　239
机关建设　410
机关文化活动　240
机要保密工作　229
积分管理服务　372
积聚发展动力　119
基本农田(示范区)划定　389
基层档案室规范化达标　256
基层工会规范化建设　278
基层基础建设　212
基层民主建设　370
基层侨务工作　286
基层人防(民防)建设　294
基层双拥活动　368
基层网络建设　213
基层系列创建　299
基层协商民主工作机制　265
基层组织建设　239　278　284
基础建设　164
基础设施建设　163
基础设施建设　188
疾病预防与控制概况　354
集体会诊辅导　219
计划管理概况　204
计量工作　209
计生帮扶　357
纪检体制改革　230
纪律检查概况　229
纪念建党94周年活动　238
纪念抗日战争胜利70周年　227
纪念抗日战争胜利70周年系列活动　285
纪念抗日战争胜利系列活动　299
纪念抗战胜利70周年活动　238
技术创新　148
技术协作　350
加快经济转型　118
加快新媒体发展　322
加强督查　175
加强队伍建设　180
加强工资津贴分配管理　363
加强收入管理　179
加强税务稽查　184
加强外汇管理和服务　176
加强县纪委派驻机构建设　228
加强现场检查　175
加强征收管理　183
加强执行财经纪律监督　229
加强组织建设　271
家庭教育活动　373
嘉善宾馆　154
嘉善博物馆　314
嘉善发布微信公众号上线　321
嘉善方言志编纂启动　257
嘉善光彪学院　305
嘉善国际木雕文化园　197
嘉善火车站　188
嘉善金悦王朝大酒店　154
嘉善经济技术开发区概况　161
嘉善罗星阁宾馆　154
嘉善上海淞浦大桥应急备用水源合作　344
嘉善图书馆　314
嘉善文化馆　315
嘉善县A级旅游景区(点)　200
嘉善县工会代表会议　276
嘉善县家庭教育系列读本　309
嘉善县科技创业服务中心概况　171

嘉善县旅行社　199
嘉善县人民代表大会综述　243
嘉善县人民政府综述　246
嘉善县星级旅游饭店　200
嘉善县邮政局更名　190
嘉善县志(1989～2008)出版发行　257
嘉兴综合保税区项目　192
价格调控预警　217
价格调整　217
价格检查　217
坚持依法治税　181
监督工作　244
减轻企业负担　183
检察概况　330
检验检疫　159
建功立业活动　276
建家交友　284
建立“侨之家”平台　286
建设慈善文化　237
建设用地供应　388
建设用地监管　388
建言献策　275
建置沿革　117
建筑和房地产业综述　201
建筑节能　202
建筑市场监管　201
建筑业概况　201
健康教育　358
健全“12315”维权站点网络　376
健全工资协商机制　364
健全工作制度　219
健全管理网络　374
降雨水位　384
交通安全宣传教育　348
交通管理概况　347
交通科技建设　348
交通拥堵综合治理　339
交通运输邮政综述　186
交易监管　215
教师队伍建设概况　308
教师双向流动　308
教育培训　379
教育综述　301
接受监督　330
街道　403
节能减排　345
节水改造和示范工程　393
结核病和艾滋病防控　355
金融审判联席会议制度　333
金融消费者权益保护　175
金融业综述　173
金色蓝领工程实施　363
经济林产业　136
经济园区综述　161
经营服务综合体　151
经营净收入　121
精神残疾鉴定　353
精神卫生知识教育　353
精神文明建设综述　297
精英引领计划实施　362
精准扶贫　379
景区整治　199
敬老爱老活动　368
就业服务　361
就业概况　361
居家养老托管运营　416
居住证制度改革试点　372
举办第十三个党风廉政宣教月　230
卷烟销售　152
军警民共建概况　291
军人荣誉墙建设　289
军事民防综述　289
军事日活动　289
军事训练　291

K

开发区(惠民街道)概况　409
开放合作　279
开通微信公众号　330
开展“双爱”活动　364
开展海外交流　237
开展普法宣传　282
开展主题教育　175
开展专业知识培训　274
铠嘉电脑落户　162
铠嘉电脑配件有限公司　144
康复服务　379
抗日战争胜利70周年纪念活动　242
抗日战争胜利70周年宣传　321

抗日战争胜利纪念　292
科创中心加速器建设　172
科技成果管理　169
科技创新　162　404
科技创新券发行　167
科技创新体系建设概况　166
科技合作　170
科技合作与交流概况　170
科技计划管理　168
科技计划与成果概况　168
科技经费检查　168
科技强企　283
科技投融资体系建设　172
科技中介服务　167
科技综合服务中心建设　166
科普创建　284
科普活动　284
科普宣传　383
科学技术协会概况　283
科学技术综述　166
科研资政　241
课堂教学研讨　309
课题研究和成果评选　280
空中课堂参加全国展览会　310
口福天使及“博爱助医”项目　359
跨村联建创业园　423
扩大保险覆盖面　361

L

劳动保障监察　364
劳动监察概况　364
劳动能力鉴定　364
老干部工作概况　237
老干部医疗保健服务工作总结会　238
老集镇防洪排涝改造　393
老集镇供水管网改造工程　345
老集镇专项整治　411
老旧公厕改造　340
离退休干部党支部书记培训班　238
理论普及　234
理论学习　233
理想信念教育实践活动　273
立案排队叫号机　332
联合财产保险　177
联通概况　193
廉情抄告和约谈提醒制度　229
粮经轮作种植模式　136
粮食订单信用等级评定　150
粮食高产示范方创建　135
粮油购销概况　150
两地报到、双岗服务　233
两非整治　357
两化深度融合　194
两会融合　259
两网化管理　391
两违管控及三改一拆　346
两新党组织“覆盖检修”行动　233
零土地技术改造审批改革　260
领导调研　276
领导调研督查　419
领导视察　378
领导视察活动　269
领导重视　238
柳洲文艺丛书创作研讨会　285
龙头企业　157
楼宇经济　206
旅行社概况　199
旅游安全监管　196
旅游交通标识系统设计　195
旅游文化　411
旅游项目建设　195
旅游行业管理概况　195
旅游宣传　198
旅游宣传服务　196
旅游业综述　195
旅游营销　199
旅游资源概况　196
旅游总体规划编制　195
绿化项目建设　383
绿化行业管理　384
罗星街道概况　406
落实保险待遇　361
落实民族政策　237
落实县内粮食订单收购　150

M

梅园大酒店　154
媒体平台建设　279

媒体新平台 321
媒体综述 318
美丽嘉善建设 228
美丽嘉善水墨丹青写生创作活动 285
美丽乡村建设 121
美丽乡村建设 410
美容针假药案件 331
盟员之家建立 268
秘书信息工作 228
免疫规划 355
民兵预备役概况 290
民间信仰活动场所登记编号管理 377
民生决策 421
民生幸福行动 279
民生资金审计 220
民政、邮政签署合作协议 190
民政事务概况 366
民政综述 365
民主党派工商联无党派 267
民族宗教概况 376
名牌产品名录 211
名师培养 308
名校优生引才 232
母婴保健专项技术服务 354
木材加工及制品概况 144
纳入农村电商建设体系 190
能源工作概况 206
年度计划编制 204
农村工作指导 120
农村公路提升工程 187
农村居民收支特征 122
农村绿化 136
农村通用图集编制 338
农村危旧房改造 339
农工商超市 154
农机安全生产 140
农机人员培训 139
农机社会化服务 139
农贸市场 154
农民建房管理 389
农民素质与技能培训 138
农民信箱工作 139
农民专业合作社建设 151
农田水利标准化建设 392
农田水利概况 392
农业机械化 139
农业机械化作业 139
农业经济 403 406 409 411 413 415 417 420 422
农业科技 138
农业科技创新 168
农业科技服务 139
农业科技项目 138
农业园区建设 135
农业综合开发 140
农用地转用报批 388

N

疟疾防治 352

P

排污权有偿使用和抵押贷款 397
陪审员宣誓 332
培训交流 313
培训学习 271
培育发展社会组织 369
批量集中采购 216
批评和意见情况 245
品牌强县 209
平安建设 407 410 412 414 423
平黎公路东接线工程一期 341
平黎公路交叉口渠化改造 341
平黎公路路灯亮化工程 341
平黎公路绿化补植工程 341
平台建设 162 404 411 422
评价体系建设 363
破获“5·13”魏塘花鸟市场虫草被盗案 329
破解难题 375
普法工作 364
普法教育 300
普通高校招生 304

Q

其他重点卫生监督 356
企情在线系统 232
企业“集中开工日”活动 165
企业 133

企业安全生产 217
企业创新载体建设 166
企业民主管理制度健全 277
企业投资项目审批改革 260
企业信用信息公示 208
企业职工文化 277
气候特征 385
气候与气象概况 385
气象节目无带化传送 321
强村项目推进 121
强化财政资金管理 180
强化党章、党规、党纪意识 230
强化风险防控 175
抢险力量及物资准备 393
侨务工作概况 258
侨务宣传 286
巧克力雕塑创吉尼斯纪录 423
禽流感防控 354
青春班组领办助企攻坚项目 233
青联少先队工作 280
青年创富成才服务 280
青年联合会概况 287
青年志愿者活动 279
清洁能源建设 207
清理调整招投标交易制度 215
情景案例课堂 332
情况表 171
区域合作和对口支援概况 160
区域警务合作 328
区域征迁 164
全国农村优秀学习型乡镇创建 308
全国青年赛艇锦标赛 416
全国社区教育示范街道(乡镇)创建 307
全国助残日活动 378
全面加强基层党组织和基层政权建设 227
全民读书月活动 312
全民健身活动 316
全球市场 157
全市首例 P2P 网贷平台非法集资案 331
全体会议 262
全县工业经济大会 227
全县旅游发展大会 227
全县三级干部大会 226
权利运行监督 220
拳王农庄 197
群团活动 152
群众文化活动概况 311
群众文艺创作 235
群众性精神文明创建概况 298

R

燃煤锅炉淘汰 207
燃气行业监管 339
人保财险 176
人才队伍建设 202 232 368
人才对接 283
人才工作体制机制 231
人才培养 351
人才培养和管理 362
人才平台建设 232
人才人事概况 362
人才引进 362
人大联络站"互联网"模式 408
人防工程建设 294
人防指挥通信建设 294
人均期望寿命 353
人口 118
人口和计划生育概况 356
人口结构优化改革 372
人力资源与社会保障综述 360
人民调解 334
人民防空概况 294
人民生活 121
人寿保险 177
日常受理工作 376
融入上海 160 170
入选嘉兴市新经济园 165
软件和信息技术服务概况 193

S

三产服务业管理概况 205
三改一拆 338 405
三级便民服务体系 261
三社联动 369
三项检察行动 330
三项筛查 354
三小车整治 348
三严三实专题教育 227

三制二告知一评价　216
森林通道二期工程　341
善商典型　273
善文化品牌建设　235
善文化实践活动　279
商标品牌服务　208
商场超市概况　154
商品房购销合同案　331
商品交易市场管理　208
商品质量抽检　376
少数民族工作　377
设施建设　350
设施维护　383
社会保障　405　409　412　418　423
社会保障概况　361
社会服务　268　270　271　272　275
社会福利概况　366
社会公益宣传　234
社会管理　416　421
社会救助概况　365
社会科学界联合会概况　280
社会实践活动　298
社会事业　407　409　412　414　416　421　423
社会信息化建设　193
社会治安动态视频监控建设租赁项目　216
社会治安管理　406
社会综合治理　418
社会组织建设概况　369
社科理论研究　234
社科宣传普及　280
社情民意　266
社区长效管理　370
社区矫正安置帮教　335
社区教育　307
社区医疗与卫生院概况　351
涉外申请公司清算案件听证会　332
申银万国　177
深化党性教育模式　231
深化国地税合作　181
审计创新　220
审计概况　219
审批绿色通道　260
审批制度改革　207
审议半年度政府工作　245
升级示范企业　143
生活垃圾无害化处理　340
生活污水治理　121
生活饮用水监管　356
生态保护概况　396
生态环保宣教　397
生态环境　413
生态环境整治　420
生态建设　417
生猪定点屠宰管理　137
省高院省台办调研　332
省级调剂金补助　361
省级鳜鱼产业示范区　416
省级循环经济示范县建设　206
省特色小镇建设　423
省委巡视组反馈问题整改落实　253
省委巡视组反馈意见整改落实工作　228
师德师风建设　308
师训干训工作　309
师资队伍建设　306
师资培训　302
十三届四次会议提案　266
十三五规划编制　205
十三五信息化战略合作协议签约　192
实施城乡居民生活用水阶梯价格　345
实施宽带战略　193
实现镇(街道)网上代表联络站全覆盖　245
实行立案登记制　332
实训基地建设　363
实验室创建　408
食品安全责任保险　213
食品药品监督管理概况　213
食品药品专项整治　214
食品制造加工概况　145
食用菌栽培　135
世纪联华超市　154
世界互联网大会·乌镇峰会安保任务　327
市场管理　317
市场监管　202
市农经局原副局长受贿案开庭　333
市容管理　346
市政公用事业概况　339
市政行业监管　339
市政养护　339

示范村试点建设 338
示范点建设 205
示范企业 143
示范区创建 311
事故处理专业合成一体化建设 348
事业单位管理 255
收费管理 217
收入情况 183
守纪律讲规矩知识竞赛 239
首个家庭光伏发电站 148
首例集体商标成功注册 419
书画联谊会 266
输油气管道安全 206
述职评议 245
数字化城市建设 339
数字校园建设 310
双拥工作 291
双拥工作机制 368
双拥文化建设 368
双拥优抚政策 369
水环境治理概况 394
水利工程概况 392
水利工程质量检查 394
水利管理概况 394
水利建设 405
水利科技项目 393
水利综述 392
水路运输概况 188
水文概况 384
水污染治理 398
水政执法 394
水质监测 385
水资源管理 394
丝虫病防治 352
司法警察执法资格等级考试 333
司法行政概况 333
司改试点工作调研 332
思想道德建设概况 297
思想工作 292
思想政治建设 264
死因监测 353
四方红色联盟 232
四方红色联盟结对共建 239
孙道临电影艺术馆 197 315

T

台胞台属联谊会概况 286
台升实业有限公司 144
台湾事务概况 258
太平洋财产保险 177
太浦河(浙江段)工程维护 395
太浦河取水二期工程建设 344
探索污水一体化运营管理模式 345
陶庄镇概况 414
特例监测 398
特色小镇 254
特色学校建设 298
特殊教育 304
特种设备安全监管 209
提案办理协商 266
提案和社情民意 266
提高“五保”供养水平 366
提高内审水平 220
提高社会救助水平 365
提高医疗补偿标准 362
提升“双反”工作实效 176
提升管理 149
提升经济发展动能 165
提升履职水平 270
体育概况 316
体育赛事 316
体制改革概述 253
体制机制改革 120
天凝工业园区 165
天凝镇概况 420
天然气公交客车采购投运 340
天然气管线建设及应用 207
铁路运输 188
统计诚信示范单位评创 219
统计电子台账体系 218
统计服务 218
统计概况 218
统计工作站建设 218
统一战线概况 236
突出贡献和优秀专业人才评选 232
突发事件应急预案 330
图书发行概况 317
图书馆建设 310

土地　118
土地管理概况　389
土地规划概况　387
土地和人口　118
土地开发利用概况　388
土地行政审批　390
土地巡查及案件查处　391
土地执法概况　390
土地治理项目　140
土地资源保护概况　389
团结联谊　263
团组织建设　280
推动“两个责任”落实到位　229
推动国地税合作　184
推进“双帮圆梦”活动　365
推进财政改革　180
推进创业　361
推进队伍建设　182
推进沪浙协作　237
推进金融服务　174
推进县域统计科学发展示范点建设　218
推进现代支付体系建设　176
推进协商民主　236
推进行政审批制度改革　252
推进征管改革　181
推进征信体系建设　176
退伍安置　369
拓展引才渠道　232

W

外经外贸管理　159
外省粮食购入　150
外事概况　253
外向型经济概况　157
完成情况表　159
完成省救急难试点　366
完善保险制度　361
完善机制建设　175
完善学法议事制度　251
完善阳光救助机制　366
完善医疗保险制度　362
万名农村党员大轮训　233
网络学习平台　309
危旧房维修　203
危险驾驶入刑四年审理情况新闻发布会　333
微信传播淫秽物品牟利案　331
圩区管理协会建设　394
圩区整治　393
违建整治　407
违章畜禽舍清理　136
维护民宗和谐　237
维护社会稳定　327
维护涉侨对象合法权益　258
维权服务　374
委组工作　265
卫生计生综述　349
卫生监督概况　356
卫生监督协管　356
未成年人思想道德建设概况　298
魏塘工业园区　165
魏塘供销社　151
魏塘街道概况　403
魏塘水厂至白水塘安全供水管线工程　345
文化场馆(站)概况　314
文化创意产业　236
文化惠民　235
文化惠民活动　312
文化建设　193　405　410　421
文化交流活动　312
文化市场管理概况　316
文化四季活动　312
文化体育综述　311
文化系列活动　373
文化演出活动　313
文化遗产概况　313
文化遗产日活动　313
文化艺术周启动仪式　378
文明单位动态管理　299
文明旅游建设　196
文史资料　265
文体活动　238
文物保护维修　314
文物普查　314
文学艺术界联合会概况　284
文艺精品　285
污染行业整治　398
污染源常规监测　398
无党派人士联谊会概况　274
无证幼儿园整治　303

吴镇故里　197
五气共治　228
五水共治　339
五型机关创建　239
五证合一、一照一码　260
武装警察部队概况　292
物价管理概况　217
物流仓储概况　189
物业管理　203

X

西塘AAAAA级景区创建　195
西塘古镇景区概况　198
西塘镇概况　411
县长办公会议　250
县长电话受理　375
县法律援助中心人民法院工作站　333
县科协第九次代表大会　283
县农产品经纪人协会　152
县十五届人大常委会会议　243
县十五届人大常委会主任会议　244
县十五届人大四次会议　243
县十五届人大四次会议代表议案、建议、批评和意见情况　245
县十五届政府第二十九次常务会议　248
县十五届政府第三十次常务会议　248
县十五届政府第三十二次常务会议　249
县十五届政府第三十六次常务会议　250
县十五届政府第三十三次常务会议　249
县十五届政府第三十四次常务会议　249
县十五届政府第三十五次常务会议　249
县十五届政府第三十一次常务会议　248
县体育中心建设　316
县委常委会　227
县委读书会　227
县委权力公开透明运行试点　231
县委十三届九次全体(扩大)会议暨政府十五届七次全体(扩大)会议　227
县域社会治安防控体系　328
县直机关党建概况　239
县总工会第十四届委员会第二次会议　276
现场观摩点　232
现代农业园区情况表　133
宪法日微博视频直播庭审　333
项目表　170
项目建设　164
项目审批服务　399
项目推进　162
消防安全管理　293
消防概况　293
消防规划编制　293
消防设施建设　294
消防宣传　293
消防综合治理　293
消费维权月活动　375
消费者权益保护概况　375
消费支出　122
小城市培育试点　254
小康工程　378
小微企业问卷调查　245
小型平台建设　216
校企合作开发　307
校园食品安全　213
校园文化建设　304　419
校园影视节目作品获奖　310
校园足球特色学校　304
协调督查　251
协调经济统战　237
新材料概况　146
新春团拜会　238
新居民基础信息管理　373
新居民事务概况　372
新能源　146
新农村建设　120　407
新社区成立　408
新生代企业家培养　274
新闻监督　320
新闻网站概况　322
新闻宣传　359
信访概况　374
信访工作　390
信息化建设　241　390
信息化应用　192
信息业综述　191
信息员“报知周”活动　290
星级统计中心评价　219
行业技术服务　167
行业约谈活动　376
行业自律承诺　376

行政监察概况 252
行政区划 117
行政审批服务概况 259
行政执法 187
行政执法办案 208
行政执法改革 255
畜产品质量安全监管 137
宣传概况 233
宣传交流 287
宣传教育 218 294
选派民主监督员 265
学籍管理 304
学前教育概况 302
学生资助 310
学思践悟大比武 230
学习联谊 286
学习培训 274
学校建设 310
学校设施建设概况 309
血吸虫病防治 352
循环经济概况 206

Y

压实责任 374
烟草专卖概况 152
研发智慧环保新平台 399
盐业专营概况 152
阳光工程建设 390
阳光信访 375
阳光智慧监管 213
养老服务概况 367
养老服务设施建设 367
养殖业 136
姚庄电压序列优化建设 147
姚庄镇概况 413
药品安全监管 214
要素资源交易 216
一窗受理、全程代办 260
一创建三复评 235 298
一览表 126
一师一优课，一课一名师 309
医药化工 145
医药行业概况 152
医院概况 350
依法监督收监罪犯 330
依法行政 212 346
依法治访 374
移动概况 193
移动网络建设 192
移民帮扶 367
遗体、器官（组织）捐献 358
以文治水系列创作活动 285
义工队伍 371
义工体验活动 376
义和升云片糕制作技艺入选市非遗名录 419
义务教育概况 303
议案建议交办督办 245
议案提案办理 251
疫情处置 355
银加善品牌宣传 151
银监概况 174
银行概况 175
应急管理能力建设 251
应急救护培训 359
营业厅改造 192
营造创建氛围 320
用户资产接收 148
优抚安置概况 368
优化公共服务 373
优化纳税服务 182
优化生态环境 120
优化信贷服务 175
优美庭院创建 275
优质服务 149 357
邮政概况 189
游泳首次进入体育中考 304
幼儿园建设 303
渔业科技推广 138
渔业生产 137
渔业渔政管理 138
渔业转型 137
舆论监督 319
舆论宣传 273
舆论引导 319
预备役工作 291
预防和化解行政争议 252
园林绿化概况 383

Z

再组织化建设　374
责任落实　357
占补平衡新机制　389
战备工作　291
战备训练　292
招标代理机构管理　215
招才引智　163
招大引强　163
招商成效　156
招商推介　172
招商引资概况　156
招投标交易管理概况　214
镇(街道)部门专业志编纂　258
镇(街道)工业功能区选介　165
镇人大全面推行政府性投资项目票决制　245
镇文化中心投入使用　416
争取新增建设用地指标　387
征兵体检　290
征兵宣传　290
征地补偿　390
正风肃纪常态化　229
正风肃纪检查　240
证券　177
政策性农业保险工作　254
政府部门管理　255
政府机构设置　255
政府权力运行网络建设　251
政府十五届七次全体(扩大)会议　227　248
政府投资项目标后信用评价　215
政府投资项目审计　220
政企对话沟通　274
政务服务大厅建设　261
政务信息服务　251
政协活动　263
政协嘉善县委员会综述　262
政治读物发行　317
支部活动　267
支部建设　292
支持特色小镇建设　179
支持转型升级　183
知识产权保护概况　170
知识产权示范县创建　171
知识产权宣传　171
执法打假　210
执法规范化建设　329
执法检查　212
执行情况表　180
职工技能提升　276
职工医疗互助保障　277
职能转变和机构改革　227
职校实训中心培训　408
职业安全健康监管　212
职业技能培训　307
职业技能培训概况　363
职业健康检查　356
职业教育概况　306
指导基层商会工作　274
指导民主党派换届　236
志愿服务　298
志愿服务机制　278
志愿公益青春奉献　288
制定县第十三个五年规划的建议　227
制度建设　274
治安监控项目　192
治安司法综述　325
治安突出问题整治　327
治堵保畅工程　348
治理交通拥堵　346
质量技术监督管理概况　209
质量强县　209
智慧嘉善建设　194
中共嘉善县委重要文献”系列丛书选编　242
中共嘉善县委综述　225
中共十八届五中全会精神宣讲　228
中国归谷嘉善科技园概况　163
中国国民党革命委员会概况　267
中国民主促进会概况　271
中国民主建国会概况　270
中国民主同盟概况　268
中国农工民主党概况　271
中国新故事之乡”系列活动　285
中韩美术交流　303
中小河流治理　394
中心工作督查　252
中信证券　177

中央财政农田水利重点项目建设　392
终端集中器故障排查　147
肿瘤防治和精神疾病防治概况　352
肿瘤监测　353
种植业　135
重大活动　88
重大项目　162
重点产品监管　210
重点活动　284
重点企业培育　206
重点项目建设　204
重点行业发展　205
重性精神疾病管理　353
重要成果　89
重要会议　87　226　243　248　262
重要决策与活动　227
重要外事活动　253
主流舆论引导　234
主题教育　279　290
主题系列活动　298
主题新闻报道　321
主题宣传　322
主席会议　263
主要成果　351
主要出访　253
主要气候事件　386
主要污染物减排概况　397
主要污染物减排考核　397
住房保障　202
住房公积金管理　203
住宿餐饮业概况　153
助残服务　380
助力“五水共治”　236
助力生态农场　270
助推“示范点”建设　269
助推福利企业发展　366
助推科技创新　270
助推企业转型升级　165
助推示范点建设　236
助推信息化报告获县领导肯定　192
助推轴承行业转型升级　273
著名商标　208
抓好信访工作　364
专家坐诊　271
专卖管理　152
专题调研　269
专题栏目　319
专题协商会　264
专项集体民主监督　264
专项整治　252　317　330
专项整治行动　391
专业市场　154
专业型人员培养　321
转移净收入　121
装备制造　143
资产管理　217
资金募集　370
自动化信息采集　148
自身建设　241　269　272　278　281　331
宗教事务管理　377
宗教文化系列活动　377
综合保税区B区　162
综合调研工作　228
综合交通信息平台项目　192
综合配套改革　205
综合行政执法改革　345
综述　125　156
总工会概况　276
组织概况　230
组织建设　378
组织整顿　290
作品展览　313
做好“营改增”准备　183

汉字笔画索引

110 千伏里泽变改造工程竣工 148
110 接处警工作 329
5·18 国际博物馆日活动 314
812 土地整治工程 389
AAAAA 创建 199
E 邮站启用协调会 190

一 画

一创建三复评 235 298
一师一优课,一课一名师 309
一览表 126
一窗受理、全程代办 260

二 画

人力资源与社会保障综述 360
人口 118
人口和计划生育概况 356
人口结构优化改革 372
人大联络站"互联网"模式 408
人才人事概况 362
人才工作体制机制 231
人才引进 362
人才队伍建设 202 232 368
人才对接 283
人才平台建设 232
人才培养 351
人才培养和管理 362
人民生活 121
人民防空概况 294
人民调解 334
人防工程建设 294
人防指挥通信建设 294
人均期望寿命 353
人寿保险 177
人保财险 176
入选嘉兴市新经济园 165

三 画

十三五规划编制 205
十三五信息化战略合作协议签约 192
十三届四次会议提案 266
万名农村党员大轮训 233
三小车整治 348
三产服务业管理概况 205
三级便民服务体系 261
三严三实专题教育 227
三改一拆 338 405
三社联动 369
三制二告知一评价 216
三项检察行动 330
三项筛查 354
义工队伍 371
义工体验活动 376
义务教育概况 303
义和升云片糕制作技艺入选市非遗名录 419
卫生计生综述 349
卫生监督协管 356
卫生监督概况 356
口福天使及"博爱助医"项目 359
土地 118
土地开发利用概况 388
土地巡查及案件查处 391
土地执法概况 390
土地行政审批 390
土地和人口 118
土地治理项目 140
土地规划概况 387
土地资源保护概况 389
土地管理概况 389
大云温泉省级旅游度假区 196
大云镇概况 421
大气污染治理 398
大肠癌早诊早治项目 353

大润发超市　154
大棚瓜菜种植　135
小型平台建设　216
小城市培育试点　254
小康工程　378
小微企业问卷调查　245
工业经济　403　407　409　411　413　415　417　420　422
工业项目联合预审和验收　260
工业综述　141
工会服务网络建设　278
工会帮扶　277
工作现场会　419
工资性收入　121
工资集体协商　276
工商业联合会概况　273
工商行政管理概况　207
工程质量检查　201
干部人事制度改革　230
干部人事档案专项审核　231
干部队伍建设　257　308　406　414
干部作风建设　418
干部监督管理　231
干部能下工作　231
干部教育培训　240
干部教育培训和实践锻炼　230
干部署名推荐制度　230
干窑镇概况　417
广播电视概况　320

四　画

不动产登记　389
专业市场　154
专业型人员培养　321
专卖管理　152
专项集体民主监督　264
专项整治　252　317　330
专项整治行动　391
专家坐诊　271
专题协商会　264
专题栏目　319
专题调研　269
中小河流治理　394
中心工作督查　252
中央财政农田水利重点项目建设　392
中共十八届五中全会精神宣讲　228
中共嘉善县委重要文献”系列丛书选编　242
中共嘉善县委综述　225
中国归谷嘉善科技园概况　163
中国民主同盟概况　268
中国民主建国会概况　270
中国民主促进会概况　271
中国农工民主党概况　271
中国国民党革命委员会概况　267
中国新故事之乡”系列活动　285
中信证券　177
中韩美术交流　303
书画联谊会　266
云澜湾温泉小镇　197
互联网＋智慧统计模式　219
互联网管理　234
五气共治　228
五水共治　339　404　408
五证合一、一照一码　260
五型机关创建　239
公务员、事业单位招聘　363
公务员职务与职级并行制度　231
公交车实现CAN配置　340
公交首末站建设项目　341
公共文化服务　414
公共安全监管　328
公共自行车　340
公共事业　418
公共服务　405
公安队伍建设　329
公安行政管理服务　328
公安改革项目　328
公安概况　327
公铁沿线整治　338
公路两侧整治　187
公路改建工程　341
公路运输　187
公路养护　187
分片指导工作制度　218
分布情况表　158
办公室工作概况　228　250
办文办会　251

办学模式改革　306
区域合作和对口支援概况　160
区域征迁　164
区域警务合作　328
升级示范企业　143
双拥工作　291
双拥工作机制　368
双拥文化建设　368
双拥优抚政策　369
反腐败协调“四平台”　253
天然气公交客车采购投运　340
天然气管线建设及应用　207
天凝工业园区　165
天凝镇概况　420
太平洋财产保险　177
太浦河(浙江段)工程维护　395
太浦河取水二期工程建设　344
少数民族工作　377
开发区(惠民街道)概况　409
开放合作　279
开展“双爱”活动　364
开展专业知识培训　274
开展主题教育　175
开展海外交流　237
开展普法宣传　282
开通微信公众号　330
支持转型升级　183
支持特色小镇建设　179
支部建设　292
支部活动　267
文化艺术周启动仪式　378
文化四季活动　312
文化市场管理概况　316
文化交流活动　312
文化创意产业　236
文化场馆(站)概况　314
文化体育综述　311
文化系列活动　373
文化建设　193　405　410　421
文化惠民　235
文化惠民活动　312
文化遗产日活动　313
文化遗产概况　313
文化演出活动　313
文艺精品　285
文史资料　265
文体活动　238
文学艺术界联合会概况　284
文明单位动态管理　299
文明旅游建设　196
文物保护维修　314
文物普查　314
无证幼儿园整治　303
无党派人士联谊会概况　274
日常受理工作　376
木材加工及制品概况　144
气候与气象概况　385
气候特征　385
气象节目无带化传送　321
水文建设　385
水文概况　384
水污染治理　398
水利工程质量检查　394
水利工程概况　392
水利建设　405
水利科技项目　393
水利综述　392
水利管理概况　394
水环境治理概况　394
水质监测　385
水政执法　394
水资源管理　394
水路运输概况　188
计生帮扶　357
计划管理概况　204
计量工作　209
车驾管服务创新　348
长三角嘉善科技商务服务区概况　164
长生桥改造工程　341
队伍建设　210　221　230　300　320　335　347　357　375
世纪联华超市　154
世界互联网大会·乌镇峰会安保任务　327

五　画

东方大厦　154
东方大厦扩大连锁网络　151

东吴证券　177
丝虫病防治　352
主要气候事件　386
主要出访　253
主要成果　351
主要污染物减排考核　397
主要污染物减排概况　397
主席会议　263
主流舆论引导　234
主题系列活动　298
主题宣传　322
主题教育　279　290
主题新闻报道　321
代表工作　245
代表议案建议　245
代表论坛　245
以文治水系列创作活动　285
出口行业　157
出口贸易　157
出租房屋登记管理　373
加快经济转型　118
加快新媒体发展　322
加强工资津贴分配管理　363
加强队伍建设　180
加强外汇管理和服务　176
加强执行财经纪律监督　229
加强收入管理　179
加强县纪委派驻机构建设　228
加强征收管理　183
加强现场检查　175
加强组织建设　271
加强税务稽查　184
加强督查　175
占补平衡新机制　389
发放市民卡　361
发展4G业务　193
发展壮大社工队伍　369
古镇保护　198
古籍整理　257
台升实业有限公司　144
台胞台属联谊会概况　286
台湾事务概况　258
司改试点工作调研　332
司法行政概况　333
司法警察执法资格等级考试　333
四方红色联盟　232
四方红色联盟结对共建　239
外向型经济概况　157
外事概况　253
外经外贸管理　159
外省粮食购入　150
夯实价格管理基础　218
对口协商　265
对口帮扶　160
对台交流　259
对台经贸合作　258
对台宣传　259
对外交流　288
对外交流合作　274
对外培训　241
对外联系　198
巧克力雕塑创吉尼斯纪录　423
市农经局原副局长受贿案开庭　333
市场监管　202
市场管理　317
市政公用事业概况　339
市政行业监管　339
市政养护　339
市容管理　346
布鲁氏菌病防治　352
平台建设　162　404　411　422
平安建设　407　410　412　414　423
平黎公路东接线工程一期　341
平黎公路交叉口渠化改造　341
平黎公路绿化补植工程　341
平黎公路路灯亮化工程　341
幼儿园建设　303
弘扬网络正能量　322
归侨侨眷联合会概况　286
打击刑事犯罪　327
打击非法行医　356
打造美丽嘉善　282
未成年人思想道德建设概况　298
正风肃纪常态化　229
正风肃纪检查　240
母婴保健专项技术服务　354
民主党派工商联无党派　267
民生决策　421

民生幸福行动 279
民生资金审计 220
民兵预备役概况 290
民间信仰活动场所登记编号管理 377
民政、邮政签署合作协议 190
民政事务概况 366
民政综述 365
民族宗教概况 376
生态建设 417
生态环保宣教 397
生态环境 413
生态环境整治 420
生态保护概况 396
生活污水治理 121
生活饮用水监管 356
生活垃圾无害化处理 340
生猪定点屠宰管理 137
用户资产接收 148
申银万国 177
电大嘉善学院 305
电子化平台建设 215
电子概况 144
电台直播话执行 333
电信 191
白蚁防治工作 203
示范区创建 311
示范企业 143
示范村试点建设 338
示范点建设 205
立案排队叫号机 332
节水改造和示范工程 393
节能减排 345
议案建议交办督办 245
议案提案办理 251
龙头企业 157

六 画

争取新增建设用地指标 387
交易监管 215
交通安全宣传教育 348
交通运输邮政综述 186
交通拥堵综合治理 339
交通科技建设 348
交通管理概况 347
产业化经营项目 140
产业转型 161
产业集聚提升 206
产权登记 202
价格调控预警 217
价格调整 217
价格检查 217
企业“集中开工日”活动 165
企业 133
企业民主管理制度健全 277
企业创新载体建设 166
企业安全生产 217
企业投资项目审批改革 260
企业信用信息公示 208
企业职工文化 277
企情在线系统 232
优化公共服务 373
优化生态环境 120
优化纳税服务 182
优化信贷服务 175
优抚安置概况 368
优质服务 149 357
优美庭院创建 275
光伏站点信息接入 148
光宽带网络 191
全市首例P2P网贷平台非法集资案 331
全民健身活动 316
全民读书月活动 312
全体会议 262
全县三级干部大会 226
全县工业经济大会 227
全县旅游发展大会 227
全国农村优秀学习型乡镇创建 308
全国助残日活动 378
全国社区教育示范街道(乡镇)创建 307
全国青年赛艇锦标赛 416
全面加强基层党组织和基层政权建设 227
全球市场 157
共产主义青年团概况 278
关心下一代工作概况 299
关心关爱会员制度 273
关心青少年健康成长 299
关爱归侨侨眷 286

再组织化建设　374
军人荣誉墙建设　289
军事日活动　289
军事民防综述　289
军事训练　291
军警民共建概况　291
农工商超市　154
农业机械化　139
农业机械化作业　139
农业园区建设　135
农业经济　403　406　409　411　413　415　417　420　422
农业科技　138
农业科技创新　168
农业科技服务　139
农业科技项目　138
农业综合开发　140
农民专业合作社建设　151
农民建房管理　389
农民信箱工作　139
农民素质与技能培训　138
农用地转用报批　388
农田水利标准化建设　392
农田水利概况　392
农机人员培训　139
农机安全生产　140
农机社会化服务　139
农村工作指导　120
农村公路提升工程　187
农村危旧房改造　339
农村居民收支特征　122
农村通用图集编制　338
农村绿化　136
农贸市场　154
创业服务管理　172
创业项目引进　172
创优工程　202
创建国家生态文明建设试点示范县　228
创建美丽家园先锋行动　233
创新型企业培育　172
华东建材市场　155
协调经济统战　237
协调督查　251
危旧房维修　203
危险驾驶入刑四年审理情况新闻发布会　333
压实责任　374
各文艺家协会换届　286
合作交流　160　268
名师培养　308
名校优生引才　232
名牌产品名录　211
后备人才培养　316
后勤保障　292
后勤管理　291
团组织建设　280
团结联谊　263
圩区管理协会建设　394
圩区整治　393
地方文史资料搜集　257
地方志编研概况　257
地方财政概况　179
地方病防治概况　352
地方税务概况　183
地名管理　367
地矿管理　390
地面水厂四期工程建设　344
地理位置　383
地理环境　383
多元居家养老建设　367
多规合一试点　337
妇女干部队伍建设　283
妇女之家　283
妇女组织建设　282
妇女健康检查　354
妇女维权　282
妇女联合会概况　281
妇幼保健概况　353
妇幼帮扶　282
妇幼重大公共卫生服务项目　354
孙道临电影艺术馆　197
守纪律讲规矩知识竞赛　239
安全生产　148　211
安全生产监督管理概况　211
安全事故　211
安全质量管控　148
安全保障　291
安全宣传　212
安全教育培训　212

安全稳定 292
安全管理 188
巩固"创卫"成果 358
巩固农产品网上交易平台 151
师训干训工作 309
师资队伍建设 306
师资培训 302
师德师风建设 308
年度计划编制 204
成人(社区)教育概况 307
成立县侨商服务联盟 258
成果转化 283
成校基础设施建设 307
执行情况表 180
执法打假 210
执法规范化建设 329
执法检查 212
扩大保险覆盖面 361
收入情况 183
收费管理 217
机关文化活动 240
机关建设 410
机关党员教育管理 239
机构编制概况 255
机要保密工作 229
权利运行监督 220
死因监测 353
污染行业整治 398
污染源常规监测 398
红十字会工作概况 358
红十字会救助 358
红色E家园微信平台 233
红菱村级供销社 151
纪念抗日战争胜利70周年 227
纪念抗日战争胜利70周年系列活动 285
纪念抗日战争胜利系列活动 299
纪念抗战胜利70周年活动 238
纪念建党94周年活动 238
纪律检查概况 229
纪检体制改革 230
网络学习平台 309
老干部工作概况 237
老干部医疗保健服务工作总结会 238
老干部读书会 238
老旧公厕改造 340
老集镇专项整治 411
老集镇防洪排涝改造 393
老集镇供水管网改造工程 345
自动化信息采集 148
自身建设 241 269 272 278 281 331
血吸虫病防治 352
行业约谈活动 376
行业自律承诺 376
行业技术服务 167
行政区划 117
行政执法 187
行政执法办案 208
行政执法改革 255
行政审批服务概况 259
行政监察概况 252
西塘AAAAA级景区创建 195
西塘古镇景区概况 198
西塘镇概况 411
设施建设 350
设施维护 383
防汛防台体系建设 393
防汛防台概况 393
防汛责任制 393
防汛预案 393
防灾减灾 367
防范体系建设 213
防震减灾概况 383
阳光工程建设 390
阳光信访 375
阳光智慧监管 213

七 画

两化深度融合 194
两会融合 259
两地报到、双岗服务 233
两网化管理 391
两违管控及三改一拆 346
两非整治 357
两新党组织"覆盖检修"行动 233
住房公积金管理 203
住房保障 202
住宿餐饮业概况 153

体制机制改革　120
体制改革概述　253
体育概况　316
体育赛事　316
作品展览　313
免疫规划　355
兵役工作概况　290
兵役登记　290
助力“五水共治”　236
助力生态农场　270
助残服务　380
助推“示范点”建设　269
助推示范点建设　236
助推示范点建设　240
助推示范点建设　272
助推企业转型升级　165
助推信息化报告获县领导肯定　192
助推科技创新　270
助推轴承行业转型升级　273
助推福利企业发展　366
劳动人事纠纷调解　364
劳动保障监察　364
劳动监察概况　364
劳动能力鉴定　364
劳模精神宣传　277
医药化工　145
医药行业概况　152
医院概况　350
县十五届人大四次会议　243
县十五届人大四次会议代表议案、建议、批评和意见情况　245
县十五届人大常委会主任会议　244
县十五届人大常委会会议　243
县十五届政府第二十九次常务会议　248
县十五届政府第三十一次常务会议　248
县十五届政府第三十二次常务会议　249
县十五届政府第三十三次常务会议　249
县十五届政府第三十五次常务会议　249
县十五届政府第三十六次常务会议　250
县十五届政府第三十四次常务会议　249
县十五届政府第三十次常务会议　248
县长办公会议　250
县长电话受理　375
县农产品经纪人协会　152
县体育中心建设　316
县委十三届九次全体(扩大)会议暨政府十五届七次全体(扩大)会议　227
县委权力公开透明运行试点　231
县委读书会　227
县委常委会　227
县法律援助中心人民法院工作站　333
县直机关党建概况　239
县总工会第十四届委员会第二次会议　276
县科协第九次代表大会　283
县域社会治安防控体系　328
吴镇故里　197
园林绿化概况　383
坚持依法治税　181
完成省救急难试点　366
完成情况表　159
完善机制建设　175
完善阳光救助机制　366
完善医疗保险制度　362
完善学法议事制度　251
完善保险制度　361
岗位建功科技创新　278
岗位练兵　290
应急救护培训　359
应急管理能力建设　251
志愿公益青春奉献　288
志愿服务　298
志愿服务机制　278
扶贫帮困慰问　217
批评和意见情况　245
批量集中采购　216
技术创新　148
技术协作　350
抓好信访工作　364
抗日战争胜利70周年纪念活动　242
抗日战争胜利70周年宣传　321
抗日战争胜利纪念　292
抢险力量及物资准备　393
护航青年创业创新　287
报纸概况　319
改水改厕　358
改革开放新时期党史专题征编　242
改善城乡面貌　119
村、社区名单　117

村电子商务平台启用　408
村庄布点规划　338
村庄规划评审　338
村镇建设概况　338
汾湖水上运动中心建设　316
社区长效管理　370
社区医疗与卫生院概况　351
社区教育　307
社区矫正安置帮教　335
社会公益宣传　234
社会事业　407　409　412　414　416　421　423
社会实践活动　298
社会服务　268　270　271　272　275
社会治安动态视频监控建设租赁项目　216
社会治安管理　406
社会组织建设概况　369
社会保障　405　409　412　418　423
社会保障概况　361
社会信息化建设　193
社会科学界联合会概况　280
社会救助概况　365
社会综合治理　418
社会福利概况　366
社会管理　416　421
社科宣传普及　280
社科理论研究　234
社情民意　266
纳入农村电商建设体系　190
纺织服装(服饰辅料)概况　144
肠道传染病防控　355
花卉苗木产业　136
证券　177
评价体系建设　363
财产净收入　121
财政预决算审计　219
财政税务综述　178
违建整治　407
违章畜禽舍清理　136
邮政概况　189
阿克苏诺贝尔涂料(嘉兴)有限公司　145

八　画

事业单位管理　255
事故处理专业合成一体化建设　348
供电配网评估　148
供电营销移动终端　148
供电概况　146
供销合作概况　151
依法行政　212　346
依法治访　374
依法监督收监罪犯　330
侨务工作概况　258
侨务宣传　286
其他重点卫生监督　356
典型宣传　320
函授教育　241
制定县第十三个五年规划的建议　227
制度建设　274
卷烟销售　152
参与“五水共治”　269
参与文明创建　240
参与企业安全管理　277
参观调研　238
参政议政　265　267　269　271　272　273　287
和谐企业(园区)创建　277
和谐寺观教堂创建　377
国土资源管理综述　387
国内贸易综述　150
国民经济和社会发展　118
国有企业监督管理改革　214
国有城镇企业管理概况　216
国有资产管理概况　214
国防动员考核　289
国防教育概况　289
国家可持续发展实验区创建　167
国家生态文明示范县创建　397
国家税务概况　181
图书发行概况　317
图书馆建设　310
委组工作　265
学习培训　274
学习联谊　286
学生资助　310
学前教育概况　302
学思践悟大比武　230
学校设施建设概况　309
学校建设　310

学籍管理 304
宗教文化系列活动 377
宗教事务管理 377
定点采购 216
实训基地建设 363
实行立案登记制 332
实现镇(街道)网上代表联络站全覆盖 245
实施城乡居民生活用水阶梯价格 345
实施宽带战略 193
实验室创建 408
审计创新 220
审计概况 219
审议半年度政府工作 245
审批制度改革 207
审批绿色通道 260
居住证制度改革试点 372
居家养老托管运营 416
建功立业活动 276
建立"侨之家"平台 286
建设用地供应 388
建设用地监管 388
建设慈善文化 237
建言献策 275
建家交友 284
建筑业概况 201
建筑市场监管 201
建筑节能 202
建筑和房地产业综述 201
建置沿革 117
征地补偿 390
征兵体检 290
征兵宣传 290
房地产业概况 202
房地产去库存 202
房屋改造征收 338
承办中国乒乓球联赛 414
承办全县文化庭院暨家风家训建设工作现场会 419
拓展引才渠道 232
招大引强 163
招才引智 163
招投标交易管理概况 214
招标代理机构管理 215
招商引资 161 163 164 404
招商引资概况 156
招商成效 156
招商推介 172
放心市场创建 208
服务"五水共治" 267
服务小微企业转型升级 207
服务工作 217
服务中心工作 273 346 380
服务引资引智 237
服务业 404 407 409 415
服务业发展 414 420
服务业创新 206
服务业投资 205
服务发展 210
服务台企 259
服务台胞台属 286
服务企业互联网+智能制造转型升级 258
服务妇女创业 281
服务社会 287
服务社会工程 192
服务建设 351
服务经济稳增长 179
服务转型升级 181
服务品牌创建 240 346 374
服务重点工作 260
杭州湾大桥北接线改迁 147
构建幸福家庭 281
构建新型劳动关系 364
枫南金三洲集中整治 411
武装警察部队概况 292
河道、水系 384
河道环境综合整治 394
治安司法综述 325
治安突出问题整治 327
治安监控项目 192
治堵保畅工程 348
治理交通拥堵 346
法制工作概况 251
法制宣传工作 391
法制宣传活动 373
法治计生建设 357
法治质监 210
法治宣传 277 335
法治政府建设 251
法律服务 334

法院概况　331
物业管理　203
物价管理概况　217
物流仓储概况　189
环境卫生整治　358
环境治理　422
环境保护综述　396
环境信访　398
环境监察与监测概况　397
环境管理概况　399
环境整治　404　409　412　415
现代农业园区情况表　133
现场观摩点　232
疟疾防治　352
知识产权示范县创建　171
知识产权保护概况　170
知识产权宣传　171
空中课堂参加全国展览会　310
组织建设　378
组织概况　230
组织整顿　290
终端集中器故障排查　147
经济园区综述　161
经济林产业　136
经营净收入　121
经营服务综合体　151
罗星街道概况　406
肿瘤防治和精神疾病防治概况　352
肿瘤监测　353
规划中期调整完善　387
规划预留指标管理　387
规划管理　204　337
规范行政决策机制　252
规范行政执法行为　252
规范行政事业单位国有资产管理　214
规范涉企中介机构服务监管　260
规范盐业市场　152
规范基金管理　362
规范管理　292
诚达药业股份有限公司　145
诚信旅游建设　196
责任落实　357
质量技术监督管理概况　209
质量强县　209
购买办税服务项目　216
购机补贴　140
转移净收入　121
软件和信息技术服务概况　193
述职评议　245
金色蓝领工程实施　363
金融业综述　173
金融审判联席会议制度　333
金融消费者权益保护　175
降雨水位　384
青年创富成才服务　280
青年志愿者活动　279
青年联合会概况　287
青春班组领办助企攻坚项目　233
青联少先队工作　280
非遗实物征集　313

九　画

举办第十三个党风廉政宣教月　230
保险　176
保税物流　163
保障中心工作　327
保障百姓生活　119
保障困境儿童生活　366
保障改善民生　179
保障性住房建设　203
信访工作　390
信访概况　374
信息化应用　192
信息化建设　241　390
信息业综述　191
信息员“报知周”活动　290
养老补贴发放　368
养老服务设施建设　367
养老服务概况　367
养殖业　136
品牌强县　209
城乡交通概况　340
城乡污水收集处理一体化　345
城乡社区建设　370
城乡社区建设概况　370
城乡供水概况　344
城乡居民合作医疗概况　362

城乡建设 405 409 412 413 415 417 422
城乡建设管理综述 336
城乡规划与管理概况 336
城乡规划编制 337
城区亮化建设 337
城区绿化养护 384
城市建设 407
城市建设概况 337
城市绿道建设 383
城市管理与监督概况 345
城镇低效用地再开发 388
城镇建设 421
姚庄电压序列优化建设 147
姚庄浙北桃花岛生态旅游区 197
姚庄镇概况 413
宣传交流 287
宣传教育 218 294
宣传概况 233
宪法日微博视频直播庭审 333
思想工作 292
思想政治建设 264
思想道德建设概况 297
总工会概况 276
战备工作 291
战备训练 292
挂牌督办 212
指导民主党派换届 236
指导基层商会工作 274
政务服务大厅建设 261
政务信息服务 251
政企对话沟通 274
政协活动 263
政协嘉善县委员会综述 262
政府十五届七次全体(扩大)会议 227 248
政府机构设置 255
政府权力运行网络建设 251
政府投资项目审计 220
政府投资项目标后信用评价 215
政府部门管理 255
政治读物发行 317
政策性农业保险工作 254
星级统计中心评价 219
春运道路交通安全管理 348
查办首例倒卖车票案 331
柳洲文艺丛书创作研讨会 285
标准强县 209
残疾人事业概况 378
洪溪大桥改建工程 341
洪溪村入选2015中国全面小康十大民生决策 421
活动交流 270
疫情处置 355
省级调剂金补助 361
省级循环经济示范县建设 206
省级鳜鱼产业示范区 416
省委巡视组反馈问题整改落实 253
省委巡视组反馈意见整改落实工作 228
省特色小镇建设 423
省高院省台办调研 332
研发智慧环保新平台 399
种植业 135
科创中心加速器建设 172
科技中介服务 167
科技计划与成果概况 168
科技计划管理 168
科技创新 162 404
科技创新体系建设概况 166
科技创新券发行 167
科技合作 170
科技合作与交流概况 170
科技成果管理 169
科技投融资体系建设 172
科技经费检查 168
科技综合服务中心建设 166
科技强企 283
科学技术协会概况 283
科学技术综述 166
科研资政 241
科普创建 284
科普宣传 383
科普活动 284
突出贡献和优秀专业人才评选 232
突发事件应急预案 330
结核病和艾滋病防控 355
统一战线概况 236
统计工作站建设 218
统计电子台账体系 218
统计服务 218
统计诚信示范单位评创 219

统计概况 218
美丽乡村建设 121
美丽嘉善水墨丹青写生创作活动 285
美丽嘉善建设 228
美容针假药案件 331
药品安全监管 214
要素资源交易 216
退伍安置 369
选派民主监督员 265
重大活动 88
重大项目 162
重性精神疾病管理 353
重点产品监管 210
重点企业培育 206
重点行业发展 205
重点活动 284
重点项目建设 204
重要外事活动 253
重要会议 87 226 243 248 262
重要决策与活动 227
重要成果 89
项目审批服务 399
项目建设 164
项目表 170
项目推进 162
食用菌栽培 135
食品安全责任保险 213
食品制造加工概况 145
食品药品专项整治 214
食品药品监督管理概况 213
首个家庭光伏发电站 148
首例集体商标成功注册 419

十　画

健全“12315”维权站点网络 376
健全工作制度 219
健全工资协商机制 364
健全管理网络 374
健康教育 358
党支部活力提升工程 232
党风廉政建设 208
党史资料征集 242
党史编研概况 242
党员志愿服务总站实体化运作 233
党建调研 408
党的建设 410
党校教育概况 240
党章、党规、党纪专题集中学习轮训 228
党章、党规、党纪教育活动 239
党盟联谊 270
家庭教育活动 373
拳王农庄 197
换届选举 286
旅行社概况 199
旅游文化 411
旅游业综述 195
旅游交通标识系统设计 195
旅游安全监管 196
旅游行业管理概况 195
旅游厕所革命工作 196
旅游宣传 198
旅游宣传服务 196
旅游总体规划编制 195
旅游活动概况 197
旅游项目建设 195
旅游资源概况 196
旅游营销 199
校企合作开发 307
校园文化建设 304 419
校园足球特色学校 304
校园食品安全 213
校园影视节目作品获奖 310
档案文化建设 256
档案安全体系建设 256
档案执法检查 256
档案登记备份 255
档案概况 255
海内外联络联谊 258
海关 159
消防安全管理 293
消防设施建设 294 消防规划编制 293
消防宣传 293
消防综合治理 293
消防概况 293
消费支出 122
消费者权益保护概况 375
消费维权月活动 375

涉外申请公司清算案件听证会 332
烟花爆竹公司仓库投入使用 151
烟草专卖概况 152
爱国卫生运动概况 358
特色小镇 254
特色学校建设 298
特例监测 398
特种设备安全监管 209
特殊教育 304
畜产品质量安全监管 137
疾病预防与控制概况 354
病媒生物防制 358
盐业专营概况 152
监督工作 244
破获“5·13”魏塘花鸟市场虫草被盗案 329
破解难题 375
离退休干部党支部书记培训班 238
秘书信息工作 228
积分管理服务 372
积聚发展动力 119
耕地有偿保护 389
耕地保护机制 389
能源工作概况 206
航道养护 188
被列为全国农村基层党建工作座谈会现场观摩点 232
被告人不穿囚服出庭受审 332
读书活动 317
课堂教学研讨 309
课题研究和成果评选 280
调查研究 273
资产管理 217
资金募集 370
部门改革和机构设置 255
铁路运输 188
陪审员宣誓 332
陶庄镇概况 414
预防和化解行政争议 252
预备役工作 291
高中段招生 304
高中教育改革 305
高中教育概况 304
高层次人才引育 231
高效生态渔业 137
高铁新城建设 337
高铁嘉善南站 189
高清电视非编系统使用 321
高等教育自学考试 305
高等教育概况 305
高新技术企业培育 168

十一画

做好“营改增”准备 183
减轻企业负担 183
商场超市概况 154
商品交易市场管理 208
商品房购销合同案 331
商品质量抽检 376
商标品牌服务 208
培训交流 313
培训学习 271
培育发展社会组织 369
基本农田(示范区)划定 389
基层人防(民防)建设 294
基层工会规范化建设 278
基层双拥活动 368
基层民主建设 370
基层协商民主工作机制 265
基层网络建设 213
基层系列创建 299
基层侨务工作 286
基层组织建设 239 278 284
基层档案室规范化达标 256
基层基础建设 212
基础设施建设 163
基础建设 164
婚前医学检查 354
婚姻登记 367
常委会议 262
常委会组织开展视察活动 244
常委会组织学法和培训会 244
康复服务 379
情况表 171
情况表 184
情景案例课堂 332
排污权有偿使用和抵押贷款 397
探索污水一体化运营管理模式 345

接受监督　330
推动“两个责任”落实到位　229
推动国地税合作　184
推进“双帮圆梦”活动　365
推进队伍建设　182
推进创业　361
推进协商民主　236
推进行政审批制度改革　252
推进县域统计科学发展示范点建设　218
推进沪浙协作　237
推进财政改革　180
推进征信体系建设　176
推进征管改革　181
推进现代支付体系建设　176
推进金融服务　174
教师双向流动　308
教师队伍建设概况　308
教育培训　379
教育综述　301
检验检疫　159
检察概况　330
深化国地税合作　181
深化党性教育模式　231
清洁能源建设　207
清理调整招投标交易制度　215
渔业生产　137
渔业转型　137
渔业科技推广　138
渔业渔政管理　138
理论学习　233
理论普及　234
理想信念教育实践活动　273
移民帮扶　367
移动网络建设　192
移动概况　193
第七次县文代会　286
维权服务　374
维护民宗和谐　237
维护社会稳定　327
维护涉侨对象合法权益　258
综合交通信息平台项目　192
综合行政执法改革　345
综合保税区B区　162
综合调研工作　228
综合配套改革　205
综合配套改革　254
综述　125　156
绿化行业管理　384
绿化项目建设　383
职工医疗互助保障　277
职工技能提升　276
职业安全健康监管　212
职业技能培训　307
职业技能培训概况　363
职业健康检查　356
职业教育概况　306
职校实训中心培训　408
职能转变和机构改革　227
船舶制造概况　146
营业厅改造　192
营造创建氛围　320
著名商标　208
银加善品牌宣传　151
银行概况　175
银监概况　174
领导视察　378
领导视察活动　269
领导重视　238
领导调研　276
领导调研督查　419
馆藏档案资源建设　256
黄标车淘汰治理　348
善文化实践活动　279
善文化品牌建设　235
善文化品牌建设　297
善商典型　273
媒体平台建设　279
媒体综述　318
媒体新平台　321

十二画

富士康富鼎电子项目　163
富通光通信全产业链项目　144

就业服务 361
就业概况 361
强化风险防控 175
强化财政资金管理 180
强化党章、党规、党纪意识 230
强村项目推进 121
循环经济概况 206
提升“双反”工作实效 176
提升经济发展动能 165
提升管理 149
提升履职水平 270
提案办理协商 266
提案和社情民意 266
提高“五保”供养水平 366
提高内审水平 220
提高医疗补偿标准 362
提高社会救助水平 365
敬老爱老活动 368
普法工作 364
普法教育 300
普通高校招生 304
景区整治 199
智慧嘉善建设 194
森林通道二期工程 341
港口管理 188
游泳首次进入体育中考 304
登革热防控 355
禽流感防控 354
编制管理 255
翔胜加油加气站 341
联合财产保险 177
联通概况 193
落实民族政策 237
落实县内粮食订单收购 150
落实保险待遇 361
蛔虫感染率调查 356
街道 403
装备制造 143
道路交通事故专项整治 347
道路交通综合治理机制 347
道路隐患排查整治 347
道德模范评选 297
遗体、器官(组织)捐献 358
集体会诊辅导 219

十三画

廉情抄告和约谈提醒制度 229
微信传播淫秽物品牟利案 331
慈善公信 371
慈善文化 371
慈善事业概况 370
慈善救助 370
数字化城市建设 339
数字校园建设 310
新生代企业家培养 274
新农村建设 120 407
新材料概况 146
新社区成立 408
新居民事务概况 372
新居民基础信息管理 373
新春团拜会 238
新闻网站概况 322
新闻宣传 359
新闻监督 320
新能源 146
楼宇经济 206
概况 117 118 120 121 135 136 139 140 143 145 146 187 191
歌斐颂巧克力小镇 197
盟员之家建立 268
督导评估 302
督考法治工作 228
督促审计整改 220
碘缺乏病防治 352
碘缺乏病宣传防治 152
福利彩票发行 366
粮油购销概况 150
粮经轮作种植模式 136
粮食订单信用等级评定 150
粮食高产示范方创建 135
群众文化活动概况 311
群众文艺创作 235
群众性精神文明创建概况 298

群团活动　152
跨村联建创业园　423
辐射应急演练　396
辐射管理　399
输油气管道安全　206
零土地技术改造审批改革　260

十四画

嘉善上海淞浦大桥应急备用水源合作　344
嘉善大成环保污水厂扩容工程建设　345
嘉善文化馆　315
嘉善方言志编纂启动　257
嘉善火车站　188
嘉善发布微信公众号上线　321
嘉善民间菜品甄选系列活动　197
嘉善农民画展走进上海书画院　285
嘉善百姓缘药品零售有限公司　153
嘉善县A级旅游景区(点)　200
嘉善县人民代表大会综述　243
嘉善县人民政府综述　246
嘉善县工会代表会议　276
嘉善县电子信息产业园(嘉兴综合保税区B区)概况　162
嘉善县电影公司　315
嘉善县志(1989～2008)出版发行　257
嘉善县邮政局更名　190
嘉善县星级旅游饭店　200
嘉善县科技创业服务中心概况　171
嘉善县家庭教育系列读本　309
嘉善县旅行社　199
嘉善国际木雕文化园　197
嘉善图书馆　314
嘉善经济技术开发区概况　161
嘉善信息技术工程学校　307
嘉善商城　155
嘉善博物馆　314
嘉善影剧院　315
殡葬服务　367
碧云花海——十里水乡　196
管桩行业规范管理　210
精英引领计划实施　362
精神卫生知识教育　353
精神文明建设综述　297
精神残疾鉴定　353
精准扶贫　379

十五画

舆论引导　319
舆论宣传　273
舆论监督　319
德国学子到干窑镇开展文化学习交流　419
潮汐、潮位　384
镇(街道)工业功能区选介　165
镇(街道)部门专业志编纂　258
镇人大全面推行政府性投资项目票决制　245
镇文化中心投入使用　416

十六画

濒危项目抢救性记录　314
燃气行业监管　339
燃煤锅炉淘汰　207
融入上海　160　170
餐饮及食品安全管理　408
餐饮服务食品安全监管　213

十八画

戴家湾窑墩修葺　419
魏塘工业园区　165
魏塘水厂至白水塘安全供水管线工程　345
魏塘供销社　151
魏塘街道概况　403

12月19日，董事长陈善雨带队开展元旦节前安全检查 。

12月2日，世界互联网大会之际，总经理曹国忠带队检查。

洪溪大桥改建工程

丁新公路二期完工

6月25日，集团开展重点工程应急救援演练。

道路整修

8月6日，省长李强视察巧克力甜蜜小镇。

11月30日，全省特色小镇现场会在大云镇召开。

大云集镇

11月30日，全省特色小镇现场会在大云镇召开。

大云十里水乡景区内迄今保留着嘉善唯一一座保存完好的建于清光绪七年的三孔石拱桥——丰钱桥。

9月28日，“2015中国嘉善温泉文化旅游节暨云澜湾温泉小镇启幕仪式”在云澜湾温泉小镇举行。

首届巧克力文化节

全县首批清三河达标镇

斯麦乐巧克力乐园

大云德国工业园

云澜湾鸟瞰图

碧云花园接待中心

云澜湾温泉

云澜湾温泉中心启幕

游船码头雪景——十里水乡位于旅游度假区南部，占地面积2000余亩，为国家AAAA级景区。

拳王农庄

人民医院周边绿化项目

文化惠民项目开工

2015年，嘉善城投集团承建政府投资计划项目33项，项目总投资35.7179亿元。计划投资7.3523亿元，其中续建19项、新建14项。2015年，完成投资7.3976亿元（续建6.2978亿元，新建1.0998亿元），完成年度计划的100.6%。

市政基础设施建设项目14项，计划投资1.0459亿元，完成年度投资0.9635亿元。绿化、亮化项目5项，计划投资3200万元，完成年度投资4013万元。房建项目10项，年度计划投资3.9328亿元，完成年度投资3.9328亿元。天然气项目项目3项，年度计划投资1500万元，完成年度投资2000万元。有机更新项目1项，年度计划投资1.9亿元，完成年度投资1.9亿元。

2015年，县城投集团获县级部门工作目标责任制考核考评先进单位奖、畜禽养殖业转型发展工作先进部门、“一创建三复评”工作先进集体，博文府邸（实验二小东侧小区）项目获“工程建设先进项目”称号。

钱桥加气站试运行

南站站前广场公交枢纽

金融商务楼

西塘紫竹苑

嘉善南站站前广场（二期）

嘉善到嘉兴的第三通道

嘉善县城市建设投资集团有限公司

县委书记许晴督查调研魏塘水厂四期工程

“微课堂”现场教学

优质服务获用户认可

现代化营业所

供水主管网抢修现场

节水器具推广活动

突发事件应急演练

先进的制水工艺

污水基础设施建设

科学检测把好水质关

水务集团第一届职工运动会

长白荡备用水源地

加快推进老旧管网改造，保障老集镇、老小区供水安全。

魏塘水厂四期工程投入试运行，全县供水能力提升至31万吨/日。

嘉善县青少年宫位于县文化艺术中心内，以“快乐体验，缔造未来”为教育理念，以“在体验中发展个性，在快乐中健全人格”为恒久愿景，积极打造成美丽家园、体验乐园、成长花园，是青少年德育教育的基地、艺术教育的龙头、科技实践的基地、成长体验的营地。

首届新春嘉年华活动

端午节做香囊活动

三地青少年书法篆刻展

军事冬令营

首届县少儿春晚

野孩子夏令营

居家养老食品配送
解决老人买菜难问题

嘉善县新浙北食品配送中心有限公司是嘉兴市首家专业的食品配送企业。公司成立以来，坚持“食品安全每一天”的经营宗旨，积极参与“校园食品放心工程”和“百县万村放心店工程”建设。建立校园放心店8家，对137家农村放心店开展食品配送服务，与全县近30所学校和30余家机关企事业单位建立业务关系，还与县民政局社区信息服务中心共同建设社区居家养老食品配送服务平台。

多年来，公司致力于规范化配送工作，制订的“食品统一配送服务标准化体系”成为省行业标准。公司积极开展订单式生产、基地化采购，为活跃县域经济、服务三农发展作贡献。近年，公司在对接县外市场，发展电商业务方面取得实质性进展，为嘉善优质农副产品走向全国拓宽渠道。

荣誉榜

省标准创新型企业
省城乡连锁超市龙头企业
市放心粮油经营户
市食品安全突出贡献奖
县消费者信得过单位
县第三产业十佳明星企业
县诚信经营消费者满意企业
县农村社会化服务先进集体

专业化的经营服务团队

食品配送标准化体系通过省级验收

公司运营的一号店特产中国嘉善馆

专业化的配送车辆

4月1日，嘉兴市总工会副主席沈禾丰调研韩明华劳模创新工作室。

4月13日，曹国良副县长指导调研电网建设。

1月20日，跨越高速公路的架空线“上改下”改造工程拆线。

1月20日，嘉善首个家庭屋顶光伏发电站成功并网。

2月9日，国网浙江嘉善县供电公司召开“两会”。

7月21日，浙江申友四达房地产开发有限公司赠“为民服务创先争优，无私奉献情系客户”锦旗。

11月27日，嘉善县伟明生活垃圾焚烧发电项目成功并网。

10月15日，真诚赢得好评价，百岁老人见证“善电”供电优质服务。

1月1日，县供电公司财务调控获国网第一名。

4月29日，参加嘉善县庆五一“劳动者之歌”职工文艺演出。

11月11日，代县长祁海龙陪同浙江大学肿瘤研究所教授（原浙江医科大学校长）郑树、浙江大学医学院常务副院长兼浙江大学公共卫生学院院长陈智一行考察县疾控中心。

嘉善县疾病预防控制中心承担着全县传染病、地方病、寄生虫病、慢性非传染性疾病等预防与控制，突发公共卫生事件应急处置，疫情及健康相关因素信息管理，健康危害因素监测与控制，健康教育与健康促进，实验室检测检验与评价，疾病控制技术管理与应用研究指导等工作。

2015年，县疾控中心根据嘉善县域科学发展示范区建设要求，继续开展以建设“学习型、技术型、创新型、和谐型、节约型”的五型疾控为目标，坚持“预防为主、防治结合”的工作方针，加强传染病疫情监测，提高突发公共卫生事件应急处置能力，建立和完善慢性非传染性疾病综合防控体系建设，扎实有效地落实各项综合防控措施，提高中心整体防病工作水平。

中心实验室现有仪器设备216件，其中万元以上63件，仪器设备A类配置率97%，B类配置率94%，A类检验项目112项，开展率95%，B类检验项目51项，开展率84%。

12月28日，浙江大学副校长罗建红和嘉善县代县长祁海龙为浙江大学公共卫生学院、浙江大学肿瘤研究所和嘉善县政府合作建立的“公共健康协同创新中心”揭牌。

浙江大学公共卫生学院与县疾控中心合作建立的浙江大学公共卫生学院博士生社会实践基地。

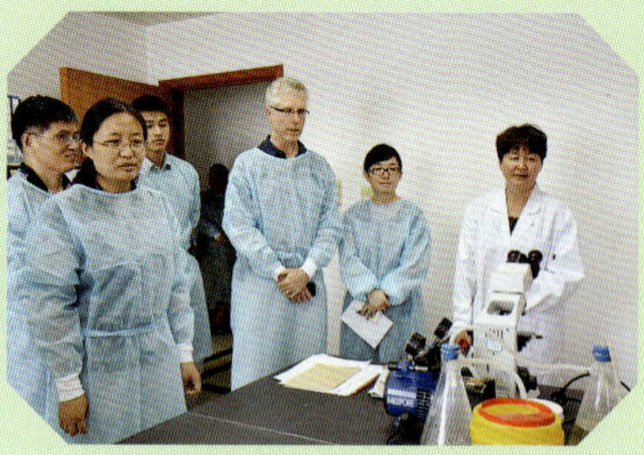

8月14日，美国疾控中心和中国疾控中心专家调研县疾控中心微生物检验实验室。

11月24日，县疾控中心组织开展人感染H7N9禽流感应急演练。

10月19日，县疾控中心首次承办国家级公共卫生化学应急检测技术培训班。

11月6~8日，县疾控中心实验室顺利通过省技术监督局计量认证扩项现场评审，水质检测能力92项。

团中央统战部社团工作处处长张博豪等人考察县第一人民医院“爱在善医”志愿者工作。

浙江省科教处处长沈堂彪、嘉善县卫计局局长陈强等为技能培训中心揭牌。

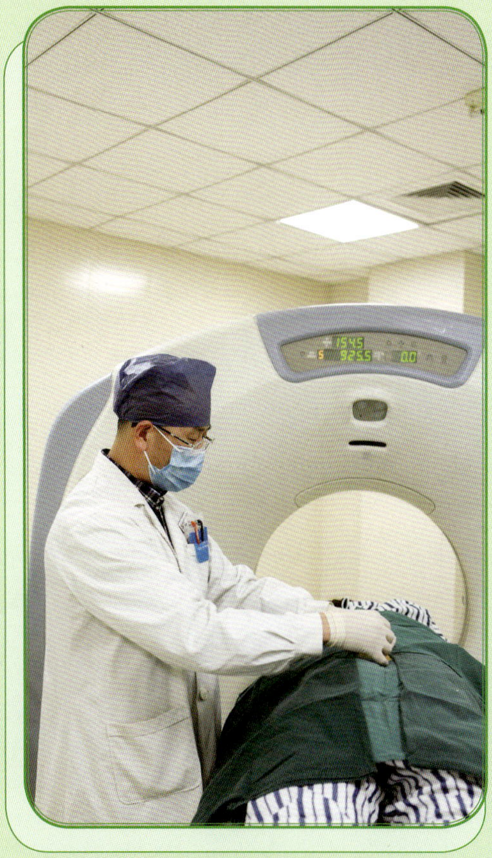

腰椎间盘射频消融手术

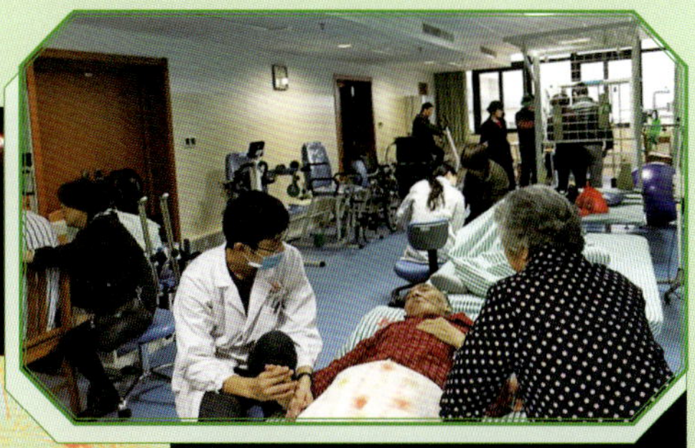

康复治疗

“5·12”国际护士节表彰大会

图书馆、行政楼、教学楼远眺

嘉善光彪学院属于上海杉达学院的二级学院和独立校区，位于人民大道505号，占地27公顷（406亩），建筑面积13.3万平方米。2003年9月建校，2015年，有教职工300余人，其中专、兼职教师200多人，外教20余人。面向上海市、浙江省等20多个省市招生，设置32个本科专业、4个专科专业。学生3200多人（其中本科生2800人、专科生300多人），均为2015级大一新生。

自2013年9月转型为基础部以来，从规范学生日常行为、培养自觉和自主学习起步，以外语、计算机、演讲三大自主学习平台为依托，要求学生实现“两个转变”(平稳度过从高中生向大学生的转变，适应从家庭人到社会人的转变）、“四个学会”（学会学习、学会做事、学会发展、学会与人相处），立德树人，为培养高素质应用型人才的目标打好基础。

理念石、图书馆

学院三维地图

航拍校园景观

20周年庆典

长三角嘉善科技商务服务区围绕县域科学发展示范点建设中建设开放合作先导示范片区的目标，重点加强与上海的区域合作，创新模式，提高水平，积极吸纳上海现代服务业产业外溢，建设“电商新都会·月色新西塘”的产业新城形象，全面实现产业和城市的深度融合。

嘉善高铁新城电商产业园企业签约仪式

嘉善高铁新城新建项目集体开工仪式

配套休闲区

城市规划馆

长三角嘉善科技商务服务区鸟瞰图

2013年10月，经中国银行监督管理委员会批准，在浙江嘉善农村合作银行的基础上，改制成立嘉善农商银行。主要经营吸收公众存款，发放短期、中期、长期贷款，办理国内结算，办理票据承兑与贴现，代理发行、代理兑付，承销政府债券，买卖政府债券、金融债券，从事同业拆借，代理收付款及代理保险业务，从事银行卡业务。注册资本4.71亿元，在岗员工500多人。下辖1家营业部、15家支行、36个网点，遍布嘉善城乡，承担着嘉善九成以上的农户贷款，服务客户数超60万，是嘉善县网点数最多、客户群最广、纳税额最高的金融机构。

近年来，嘉善农商银行始终坚持服务“三农”的经营宗旨，各项业务稳健增长。2015年，存款、贷款总量和增量位居嘉善银行业首位，缴纳各类税收1.04亿元。先后获全国巾帼文明示范单位、省级文明单位、省级卫生单位、全省农信系统“十强”行（社）、全省农信系统“十强”支农支小单位 等称号。

“税银互动”助力小微企业发展，嘉善农商银行与县国税局、县地税局、县银监局签定合作协议。

嘉善农商银行普惠金融特派员进村入企宣传金融政策及业务知识

向社区“妇女之家”发放金融联系卡

下乡走访熟知农情

嘉善农商银行惠民支行大通分理处进校宣传金融知识送爱心

放弃休息为客户清点硬币

嘉善农商银行举办第五届职工运动会

县教育局局长朱利军在嘉善四中指导工作

学校体艺活动蓬勃开展

嘉善四中是2015年度县教育系统先进集体、特色学校。年内，被高级中学提前招生录取44人，列全县第一并连续4年获得提前招生状元称号，连续6年列高级中学录取总人数县公办学校第一。学校为“嘉兴市体育特色项目学校”，排球、跆拳道、足球为特色项目。校“天使合唱团”、跆拳道队获县“百佳学生社团”称号。

嘉善四中在2012年——2015年县重点高中自主招生中，连续4届名列全县第一。

嘉善四中在2015年县重点高中提前招生中上线人数居全县第一。图为上线学生与校领导、班主任合影。

开展金融知识进课堂活动

惠民支行开业

在杭州法纪教育基地开展警示教育活动

嘉善联合村镇银行本着“立足县域、服务三农”的办行宗旨，坚持“做小”“做散”“做深”原则，努力为农户、个体工商户、小微企业提供信贷支持。在增强服务功能、创新服务品种、丰富服务手段、提高服务效率及质量等方面不断突破，积极推进县域支农支小金融业务。2015年，除总行外，嘉善联合村镇银行拥有7家支行网点，金融服务基本实现县域全覆盖。

七一党员活动

行领导调研美丽乡村建设重点支持项目

走进学校宣传反假知识

使用“超级柜台”

成功发放“三权抵押贷款”，受到中央电视台、人民日报等多家媒体关注。

“学雷锋”志愿者服务队定期开展志愿服务

农行嘉善县支行与嘉善县归谷园区及园区企业签订战略合作协议

上级领导莅临我行调研

湖州银行，原名湖州市商业银行，是一家具有法人资格的地方性股份制商业银行。银行成立以来，本着“富达五湖、诚行九州”的银行愿景、“同心同创、共赢共享”的核心价值，强化管理，稳健经营，表现出强劲的发展势头和成长潜力。多年被湖州市政府评为“群众满意单位”；多年被湖州银监分局评为“湖州市小企业金融服务工作先进单位”；近年来获《银行家》杂志“最佳企业形象奖”、中国金融网“中国最佳中小企业服务银行”、《金融时报》“年度最具成长性中小银行”。

2011年1月11日，湖州银行首家异地分行——湖州银行嘉兴分行开业。2013年7月17日，首家县域小微企业专营支行——湖州银行嘉兴嘉善小微企业专营支行开业。支行开业后，坚持“立足地方、面向中小、服务市民”的市场定位，以打造“专门从事中小企业业务和社区服务的精品化、专业化的区域性股份制商业银行”的经营理念，专注小微企业及个人业务的金融支持与服务。支行一直以具有嘉善特色的小微企业群体和广大市民为目标客户，努力提升金融服务水平，加大金融支持的力度，积极为嘉善经济金融发展而奋斗。

宣传金融知识

创建卫生县城志愿者

湖州银行嘉兴嘉善小微企业专营支行

湖州银行嘉兴嘉善小微企业专营支行开业

湖州银行嘉兴嘉善支行

浙江众成包装材料股份有限公司

浙江众成包装材料股份有限公司坐落于全国首个国家级县域科学发展示范点——浙江嘉善。公司成立于2001年，是一家集科研、设计、生产、销售及售后服务于一体的全过程制造企业，是全球知名的高品质POF热收缩膜制造商和国内优秀的POF热收缩膜整体包装解决方案提供商。目前，公司年产能规模4.1万吨，在职员工450余人。

公司自成立以来，始终坚持“赢在领先”的企业精神、“诚信拥抱客户，真情温暖员工”的经营理念和“差异化、个性化”市场战略，着力打造集约高效现代企业，致力于行业高精尖设备、先进生产工艺以及高端、高附加值产品的自主研发，核心设备自制。公司先后承担“国家火炬计划项目”4项，累计获得国家授权专利近30项，先后获得“浙江省著名商标”“浙江名牌产品”“浙江省知名商号”“浙江出口名牌”浙江省转型升级引领示范企业”“浙江省绿色企业”“中国轻工业塑料行业（塑料薄膜及包装）十强企业”“国家高新技术企业”“国家火炬计划重点高新技术企业”等多项荣誉。

经过多年扎实经营，公司自主研发制造的装备处于行业领先水平，生产的产品与国际同步，且大部分为国内首创，积累超过1500家的优质客户，产品远销全球60多个国家和地区，成为国内市场占有率排名第一、全球市场占有率排名第二的POF热收缩膜行业领军企业。当前，公司各项事业蒸蒸日上，发展势头强劲，朝着实现“铸就民族品牌、建设百年众成”的“众成梦”不断迈进。

圣诺盟公司成品仓库出货区域及公司办公楼区域

圣诺盟（浙江）聚氨酯家居用品有限公司隶属于盛诺集团旗下的一家外资企业，注册资金3000万美元，总投资8700万美元。公司位于浙江省嘉兴市嘉善县魏塘街道南星路68号，占地409亩，建筑面积约21万平方米。

自创立以来，秉承健康科技之理念，专注家居生活领域，为全球众多家庭提供健康、舒适、环保的家居用品。

目前，该公司是优质慢回弹枕头、床垫及床褥制造商及销售商。根据弗诺斯特沙利文的资料，按2012年零售销售额计，是美国第二大的慢回弹健康及保健主流产品供货商，占市场份额19.8%；为中国最大的聚氨酯泡沫制造商，为中国的慢回弹健康及保健产品零售市场的最大零售商，分别占市场份额50.7%、4.7%。作为独立的业务线，主要向中国家具制造出售为客户需求及要求特别制订的聚氨酯泡沫。

公司秉承“诚信、包容、创新、共赢”的核心价值观，用科技诠释健康理念，创享优质家居生活，为全球的消费者提供盛诺式的健康家居生活。

公司厂区道路及绿化带

公司海绵生产车间及海绵制品生产车间

圣诺盟公司正门

赛晶电力电子集团有限公司，是广受欢迎的电力电子元器件提供商和电力设备及系统供应商之一。公司强调精益求精的产品品质和服务共赢的客户感受，从而赢得令人盛赞的企业声誉和快速增长的经营业绩。公司的客户群包括中国中车、国家电网、南方电网、西电集团等众多行业的领导企业。2010年10月，赛晶电力电子在香港主板成功上市。

赛晶电力电子在嘉善的子公司有：

嘉善华瑞赛晶电气设备科技公司，重点产品有应用于轨道交通车辆设备的IGBT功率模块及驱动器，应用于特高压直流输电设备的阳极饱和电抗器。

浙江嘉善科能电力设备有限公司，重点产品是广泛应用于各类电气系统的活交流输电技术（FACTS）产品。

浙江赛英电力科技有限公司，重点产品是应用于轨道交通、电力、新能源、船舶等行业电气设备的层叠母排。

赛晶电力电子集团办公楼前景

赛晶电力电子集团生产车间略景

浙江嘉善科能电力设备有限公司——高压禁止无功补偿装置（SVC/RSVC）

浙江赛英电力科技有限公司主要产品——柔性直流层叠母排

赛晶电力电子集团厂区

浙江大昭律师事务所
ZHEJIANG DAZHAO LVSHI SHIWU SUO

浙江大昭律师事务所是一家发展中的综合性律师事务所，提供包括非拆业务、民商诉讼、刑事诉讼等领域的法律服务。执业律师精湛的专业知识和丰富的工作经验，从根本上保证大昭律师事务所能为不同业务领域的客户提供高标准的法律服务。该所的主要执业领域包括企业投资及风险防控、建筑房地产、金融与保险、知识产权等多个业务领域。

大昭律师事务所秉承“重责任、树精品、优服务”的执业理念，执业律师以高度的责任感投身于法律服务中，用自身的专业知识，依法维护客户的合法权益。同时，通过参与社会普法宣传、办理法律援助案件等活动积极参与国家法治建设，尽最大努力履行社会责任。

大昭律师事务所在服务社会的同时，引进先进的管理理念和人才培养机制，发挥专业律师的团队合作精神，致力于成为优秀的综合性律师事务所。

浙江大昭律师事务所外景

united city
嘉善·万联城
万联城·嘉善中心
WANLIAN CITY JIASHAN PLAZA
60万m² 嘉善【城市客厅】
汇聚全嘉善80万人的吃喝玩乐购
2016年底盛大开业
效果图
VIP LINE
财富热线: 8413 3333
项目地址：嘉善大道与世纪大道交汇处
开 发 商：嘉善万联置业有限公司
本广告图文仅供参考，最终解释权归开发商所有。
万联花园
WANLIAN GARDEN
城市中央 · 公园首府
至少嘉善没见过
90%造公园 · 10%造房子
效果图
价值1：城市中轴
价值2：公园首府
价值3：万联城旁
VIP LINE
幸福热线: 8426 6666
营销中心：嘉善大道688号（万联城售楼处内）
开 发 商：嘉善万联置业有限公司 / 全案策划：上海曾公营销机构